suhrkamp taschenbuch 2109

Hildesheimers künstlerische Entwicklung bietet ein komplexes Bild. Auf literarischem, bildnerischem, musikalischem Gebiet hat er gearbeitet. ›Perioden‹, ›Phasen‹ und ›Zäsuren‹ scheinen dieses Werk wie andere zu markieren. Und doch versagen Ordnungsschemata gerade hier: Vor fließenden Übergängen, vorläufigen Abschlüssen und subtilen Wendungen versagt auch die altbewährte Einteilung in Kunst und Leben, in Künstler und Mensch, die Hildesheimer selbst immer wieder verspottet hat.

Volker Jehles Werkgeschichte stellt sich dieser Herausforderung. In eindringlichen Analysen, auf der Basis vieler bislang unbekannter oder kaum zugänglicher Materialien, in behutsamen Zusammenfassungen und Bewertungen führt der Autor seinen Ariadne-Faden durch ein Labyrinth der Beziehungen. Zugleich aber versteht er seine Arbeit als Warnung: vor den Versuchungen des Biographismus und einer wissenschaftlichen Überhebung gegenüber dem, was seiner Eigenart nach sich den Subsumtionen entzieht.

Wolfgang Hildesheimer
Werkgeschichte

von Volker Jehle

suhrkamp taschenbuch
materialien

Suhrkamp

Umschlagfoto: Renate von Mangoldt

suhrkamp taschenbuch 2109
Erste Auflage 1990
© Suhrkamp Verlag Frankfurt am Main 1990
Suhrkamp Taschenbuch Verlag
Alle Rechte vorbehalten, insbesondere das des
öffentlichen Vortrags, der Übertragung durch
Rundfunk und Fernsehen sowie der Übersetzung,
auch einzelner Teile.
Satz: Hümmer, Waldbüttelbrunn
Druck: Nomos Verlagsgesellschaft, Baden-Baden
Umschlag nach Entwürfen von
Willy Fleckhaus und Rolf Staudt

1 2 3 4 5 6 – 95 94 93 92 91 90

Inhalt

Hildesheimers Prosa 9

Hildesheimers Hörspiele und Theaterstücke 213

Hildesheimers Prosa

1 Lieblose Legenden

»Gestern hat mich die Kälte zum Jugenddichter gemacht«, schrieb Wolfgang Hildesheimer am 25. Januar 1950 an seine Eltern nach Haifa, »denn es war im Atelier so kalt, dass ich an den Arbeitstischen am Fenster nicht arbeiten konnte, aber am Ofen ist es nicht hell genug und so schrieb ich stattdessen eine Geschichte für Kinder (...) Ich las sie heute morgen drei Kindern aus dem Dorf (...) vor, die sie sehr schön fanden.«[1]

Ein bescheidener Anfang – doch bereits sechs Jahre danach hatte sich der Maler und Graphiker Hildesheimer als Schriftsteller etabliert und konnte annehmen, daß man sich für den überraschenden Beginn seiner Karriere interessieren würde (... *und so wurde ich Schriftsteller*):

1946 kehrte ich nach London zurück und entwarf Textilien, bis der amerikanische Chefdolmetscher bei den Nürnberger Gerichten meine Befähigung zum Dolmetscher entdeckte (jedoch nicht auf Grund meiner Textilentwürfe). Ich wurde also Simultandolmetscher in Nürnberg und blieb es drei Jahre lang, nach deren Ablauf ich es wieder mit der Malerei versuchen wollte. (Ich halte viel von der Gewohnheit, ab und zu auf den Ausgangspunkt zurückzukommen.) Ich malte jedoch nicht lange, genau bis zum 18. Februar 1950 vormittags. An diesem Tag war es in meinem Arbeitszimmer (in Ambach am Starnberger See) sehr kalt. Ich fror an den Händen und mußte in die Nähe des Ofens rücken, wo es aber zu dunkel zum Malen war. Unlustig – die Unlust hat in meinem Leben immer eine große Rolle gespielt – nahm ich ein Blatt Papier zur Hand und begann wider jegliches Erwarten eine Geschichte zu schreiben. Ihr folgte eine zweite, und so wurde ich Schriftsteller; denn wenn man einmal mit dem Schreiben angefangen hat, scheint es schwer, wieder damit aufzuhören.

Ehe Hildesheimer Schriftsteller geworden war, erprobte er verschiedene Techniken der bildenden Kunst – Holzschnitt, Ölmonotypie, Lithographie und andere –, entwarf Textilien und Typographien, malte mit Öl, zeichnete mit Kohle und Bleistift, gestaltete Krüge und Teller in einer Keramikwerkstatt, plante eine Karriere als Werbedesigner und -texter in den Vereinigten Staaten, kurz: nach seiner Zeit als Dolmetscher bei den Nürnberger Prozessen versuchte er, sich zu orientieren und seine Fähigkeiten auszuprobieren, und dazu gehörte auch die Schreibübung, von der er seinen Eltern berichtete und deren Entstehungsdatum er in seiner *Vita* etwas anders ansetzt: *Der Kammerjäger*.

Auf dem Weg nach Hause trifft Adrian frühmorgens einen Fremden. Der Fremde bittet darum, mit in Adrians Wohnung gehen zu dürfen, wo er dem erstaunten Adrian die Geschichte eines Rattenfängers erzählt, aber nicht die des Rattenfängers von Hameln, denn dieser Fänger spielt auf einer Okarina, aber auch er lockt nicht nur Ratten. Als er seine Geschichte erzählt hat, bittet er um dreißig Mark und erklärt: »sehen Sie, ich tauge weder zum Dieb, noch zum Einbrecher, noch zum Mörder. Meine einzigen Gaben sind eine gewisse Fähigkeit, die Okarina zu spielen und das Geschichtenerzählen, und so versuche ich, mir auf diese Weise meinen Lebensunterhalt zu verdienen.« Adrian, von diesem Einfallsreichtum beeindruckt, gibt ihm das Geld, fragt aber, was er mache, wenn jemand nicht bezahlen wolle: »›Dann‹, sagte der Fremde, ›muß ich *doch* dazu greifen.‹ Er zog einen Revolver aus der Manteltasche und zeigte ihn Adrian. ›Aber gern tue ich das nicht.‹«

Diese Geschichte, die Hildesheimers eigene Situation spiegelt und die, unmittelbar zu Beginn seiner Laufbahn als Schriftsteller, seine Vorliebe für die Variation eines Vorgegebenen zeigt, wurde am 25. März 1950 von der ›Süddeutschen Zeitung‹ gedruckt, wohl eine Ermutigung, weitere Geschichten zu schreiben. So entstanden in den nächsten Jahren jene meist kurzen Texte – alles andere als Geschichten für Kinder –, die später *Lieblose Legenden* genannt wurden. Diese erste Geschichte wird nicht dazugezählt; am 30. April 1950 schrieb er an seine Eltern: »Wahrscheinlich ist der ›Kammerjäger‹ wirklich kleiner Mist.«[2]

Ungefähr zwei Wochen später, am 16. Mai 1950, erschien *Ein hellgrauer Frühjahrsmantel*, die erste Geschichte, die Hildesheimer später als *Der hellgraue Frühjahrsmantel* zu den *Lieblosen Legenden* gestellt hat, nicht in der ›Süddeutschen‹, sondern in der ›Neuen Zeitung‹, in der zahlreiche der frühen *Legenden* erschienen sind, manchmal illustriert, zuweilen mit verstümmeltem Text. Einundzwanzig Geschichten erschienen in den nächsten zwei Jahren in dichter Folge und weiter Verbreitung; zahlreiche Nachdrucke und Rundfunklesungen deuteten schon damals an, was sich inzwischen als Tatsache erwiesen hat: die *Lieblosen Legenden* gehören in den Kreis der Hauptwerke deutscher Nachkriegsliteratur – *Ich schreibe kein Buch über Kafka, Das Ende einer Welt, 1951 – ein Pilz-Jahr, Das Atelierfest* und andere.

1952 erschien in der Deutschen Verlagsanstalt die erste Buchausgabe der *Lieblosen Legenden*, illustriert von Paul Flora, wie auch die zweite Ausgabe, die der Diogenes-Verlag 1956 herausbrachte: drei neue Geschichten und zwei überarbeitete. Zwölf Jahre nach Erscheinen der ersten Geschichte war die Periode der *Lieblosen Legenden* abgeschlossen, und zwar mit der Ausgabe von 1962 im Suhrkamp Verlag, die einige Geschichten – alle in überarbeiteter Fassung – und zwei neue Geschichten bot und noch immer bietet: 1984 hatte die Auflage dieser Ausgabe das siebzigste Tausend erreicht.[3]

Noch immer werden die *Lieblosen Legenden* häufig nachgedruckt und gesendet, inzwischen sind sie in zahlreiche Sprachen übersetzt, und einige von ihnen – *Das Atelierfest, Der hellgraue Frühjahrsmantel* oder *Eine größere Anschaffung* – gehören zum festen Bestand des Schulunterrichts. Schon 1963 erschien eine von John Günther illustrierte Nebenausgabe, die Jahresgabe einer Druckerei, und 1977 erschien die Ausgabe für die Deutsche Demokratische Republik im Eulenspiegel-Verlag, illustriert von Horst Hussel. 1982 brachte der Diogenes-Verlag eine Neuausgabe seiner frühen Publikation heraus, und im Jahr darauf versammelte der Suhrkamp Verlag in einem Band seiner »Weißen Reihe« alle sechsundzwanzig jemals als *Lieblose Legenden* erschienenen Geschichten mit den Illustrationen von Paul Flora, auch jene acht, die seit der Ausgabe von 1952 nicht mehr in Buchform erschienen waren: *Begegnung auf der Kurpromenade, Die Geschichte vom Riesen, Die Suche nach der Wahrheit, Der Tod meines Handlungsreisenden, Gregor Rutz und der Existentialismus, Aus der Laufbahn meines Pudels Cassius, Weyerswyl als Symptom* und *Meine Erlebnisse im Zeitalter der Ausrufe*.[4]

Zu Recht beginnt eine Darstellung von Hildesheimers Prosa mit den *Lieblosen Legenden*. Meist jedoch wird die erste Geschichte vergessen – *Der Kammerjäger* –, und in der Regel beschränkt man sich auf die Ausgaben der überarbeiteten Versionen, wobei man leicht die ersten Fassungen übersieht, jene acht erst 1983 wiederaufgelegten Geschichten zumal; aber nur anhand der ersten Geschichten in ihrem ersten Gewand läßt sich der Hildesheimer der ersten Anfänge erfassen, der Maler, der soeben zum Schriftsteller geworden war.[5]

Die Bezeichnung *Lieblose Legenden* trugen die Geschichten in den ersten beiden Jahren, in denen sie entstanden sind, noch nicht; eine davon wurde allerdings im Untertitel als *Eine lieblose Legende* bezeichnet, und zwar gerade eine von denen, die erst 1983 wiederaufgelegt wurden. Zunächst hieß sie *Reise in den Orient* und ist, wenn man den *Kammerjäger* mitrechnet, die zwölfte Geschichte, die Hildesheimer geschrieben hat. Ab der Buchausgabe in der Deutschen Verlagsanstalt trägt sie den Titel *Die Suche nach der Wahrheit* und eröffnet die ganze Sammlung, steht also an herausgehobener Stelle, deren Wahl auf programmatische Absicht und auf den Ursprung des Prädikats *Lieblose Legenden* deutet. Die ausdrückliche Markierung dieser Geschichte wird noch von einer anderen Äußerlichkeit verstärkt: der ursprüngliche Untertitel – *Eine lieblose Legende* – ist zum Obertitel, zur Kapitelüberschrift geworden, denn in der ersten Ausgabe, und nur dort, sind einige der Geschichten zu größeren Einheiten zusammengefaßt. *Die Suche nach der Wahrheit* aber steht, wie außer ihr nur noch *Der Riese* und *Das Ende einer Welt*, allein in einem Kapitel.

Die Suche nach der Wahrheit

Die ersten Zeilen unter der ersten Kapitelüberschrift der ersten Buchausgabe lauten: »Ein Jüngling namens Andreas, für den das Leben noch mancherlei Geheimnis bot und der die Vielfalt der Dinge nur erahnte, erbte – früh verwaist – ein ansehnliches Vermögen. Nach idealen Grundsätzen erzogen, beschloß er, sein Leben der Suche nach der Wahrheit zu widmen und machte sich nach dem Orient auf, denn dort meinte er, sei ihre Quelle« (DVA, S. 8). Er wollte sich »aller verlogenen Konvention« entledigen, spuckte aber zunächst nur auf den Boden des Orient-Expresses und zog die Notbremse, weil die »ganze Menschheit« in Gefahr sei, »in der Lüge zu versinken«.

Eine erste Wahrheit erfuhr er, falls er davon Kenntnis hatte, als das Zugpersonal den Betrag seiner Ordnungsstrafe redlich unter sich aufteilte. Eine andere Wahrheit erfuhr er, als sich eine »junge Dame aus dem Nebenabteil« um ihn kümmerte, die es lediglich auf sein Vermögen abgesehen hatte und die sich mit ihm, den sie rasch von ihrer lockeren Lebensweise überzeugt hatte, eine schöne

Zeit machen wollte. In Damaskus ging das Geld zur Neige, aber Andreas hatte aus seinen Erlebnissen gelernt – in Wahrheit dreht sich alles um Finanzen – und verhandelte Verena, die junge Dame, einem Straßenhändler, kaufte sich vom Erlös ein Kamel, ritt in die Wüste und gilt seitdem als verschollen. Verena aber fügte sich in ihr Schicksal, beseitigte die Nebendamen des Serails, wurde zur »Lieblingsfrau des Drusenscheichs«, schrieb ihrer Mutter nach Neu-Ulm harmlose Briefe und verbrachte ein Leben »innerhalb der Grenzen orientalischer Konvention« (DVA, S. 10).

Die Suche nach der Wahrheit endet im Ungewissen und mit dem höchstwahrscheinlichen Verderben des Suchers. Diese Entwicklung läuft, wie die späteren Werke Hildesheimers immer wieder belegen, offenbar nach einem zwangsläufigen Gesetz ab. Verena lebt nach einem anderen, ebenso zwangsläufigen Gesetz: sie hat sich gewiß niemals auf die Suche nach der Wahrheit gemacht, und ob die »ganze Menschheit« in Gefahr sei, ist ihr wohl schon immer gleichgültig gewesen. Verena ist der Gegenentwurf zum träumenden Andreas, eine praktische und zupackende Person, die sich nicht entzieht, die nichts wissen will und nichts riskiert, sondern sich stets zu ihrem persönlichen Vorteil zu etablieren weiß. Resignatives Scheitern der sympathischen Figuren oder tumbe Etablierung der unangenehmen, andere Alternativen gibt es weder in dieser frühen Geschichte noch in den späteren Werken, im Gegenteil: dieser Zwiespalt, immer wieder thematisiert, wird zunehmend vertieft.

In *Die Suche nach der Wahrheit* wird zuletzt dem Leser die Rolle des Wahrheitssuchenden zugespielt: er wird vom Erzähler direkt angesprochen, Beweis für die bewußte und kunstvolle Komposition dieser Erzählung: »Und die Moral? Die Aussage? höre ich den befremdeten Leser rufen, die Aussage? die Wahrheit?« (DVA, S. 10) Diese Ansprache zeigt, mit welchen Lesern der Erzähler und wohl auch der Autor rechnen, nämlich mit Leuten, die sich vor den einfachsten Wahrheiten verschließen und lieber in schönem Wahn leben und die, jedesmal wenn sie mit nüchternen Tatsachen konfrontiert werden, beharrlich nach der Moral rufen.

Erfindung und Wahrheit verbinden sich bei Hildesheimer von Anfang an zu einer besonderen Kombination: die Tatsache, daß etwas *wahr* ist – das meint tatsächlich vorhanden –, macht das Unwahrscheinliche nicht wahrscheinlicher. Wahrheit oder gar

Wahrhei*ten* gibt es nicht, es gibt allerhöchstens Wahrscheinlichkei-*ten*, die in ihrer Vielzahl ihre Relativität in sich tragen.

Mitte der fünfziger Jahre gab Hildesheimer einer Rede den Titel *Die Kunst dient der Erfindung der Wahrheit*. Dort zitiert er Max Frischs *Don Juan oder Die Liebe zur Geometrie*: »Die Wahrheit läßt sich nicht zeigen, nur erfinden.« Es geht ihm also nicht um Wahrheitsfindung, wie der Titel der *Lieblosen Legende* spöttisch nahelegt, sondern um »Wahrheitserfindung«. Demnach kann man in Dichtung weder ein Ereignis der Historie »überlieferungsgetreu« wiedergeben, das wäre dramatisierte Geschichtsschreibung, noch ein aktuelles Tagesgeschehen darstellen, das wäre Journalismus: »die Wahrheit kann eben nur erfunden – das heißt: auf übertragene Art dargestellt werden« (S. 28).

Die letzten Zeilen dieser *Lieblosen Legende*, der *Suche nach der Wahrheit*, lauten denn auch spöttisch: »Ich schlage dem Leser vor, diese Geschichte als Unterhaltung zu betrachten und über die Wahrheit die Werke derjenigen zu lesen, die auf diesem Gebiet wirkliche Autorität haben« (DVA, S. 11). Damit werden die Aussagen dieser ersten Geschichte für die ganze Sammlung der *Lieblosen Legenden* gültig: Hildesheimer verspottet Leser, die immer *letzte Wahrheiten* erwarten und sich unkritisch mit dem zufriedengeben, was eilfertig mit diesem Zeichen versehen worden ist; Leser also, die die Wahrheit letztlich gar nicht suchen und denen das Leben Verenas gebührt, stets etabliert in irgendwelchen starren Konventionen. Von ihm, dem Erzähler und Verwandten seiner Figur Andreas, kann man zwar die *Suche* nach Wahrheit erwarten, aber nicht die Wahrheit selbst, denn wie Andreas *wahrscheinlich* in der Wüste umgekommen ist, so führt die ernstliche Suche nach Wahrheit auch Leser und Erzähler in die Wüste, ins Gebiet des Wahrscheinlichen und Ungewissen.

Der Riese

Eine einzige Geschichte im Innern der ersten Buchausgabe der *Lieblosen Legenden* steht so allein unter ihrem Obertitel wie die erste und letzte, nämlich *Der Riese. Ein altes Volksmärchen* im ›Kapitel‹ *Ein Märchen*. »Märchen« wird durch Verdoppelung betont, und ob die spezifizierende Nennung des »Volks-« eine Einschränkung oder eine Erweiterung ist, wird sich gleich zeigen.

Hildesheimer führt zunächst die bekannte Situation vor: »Es war einmal ein Bauer, der hatte zwei Söhne. Der erste war arbeitsam und tapfer (...) Der zweite aber war faul und lebte in den Tag hinein.« In den Nebensätzen allerdings verrät sich schon distanzierender Spott: der Fleißige bestellt seinem Vater das Feld, soweit ganz gehörig, in Parenthese fügt der Erzähler aber hinzu: »– der Vater brauchte es nur abzuholen –«. Der Faule kümmert sich nicht um die Ermahnungen des Vaters, soweit auch dies ganz in der Ordnung, er »scherte sich nicht darob. Er legte sich auf die Wiese und kaute an einem Grashalm« (DVA, S. 66): diese Einstellung wird aber nicht verspottet, vielleicht könnte man sogar von einer leisen Sympathie ausgehen, falls man nicht die altertümlichen Formulierungen dagegenstellen möchte, die aber doch eher der Ironie dienen, mit der die Märchenform durchgehalten wird.

Wie üblich kommt dann der Riese und richtet Verwüstung an; wie üblich läßt der König ausrufen, er werde denjenigen »reichlich belohnen«, der den Riesen töte. Der tapfere Sohn schnürt umgehend »sein Ränzel« und hofft auf die »schöne Königstochter« und das halbe Königreich, wie üblich; allerdings hatte der König *davon* nichts gesagt, er gedachte, »den Riesentöter lediglich mit einer lebenslänglichen Rente und einer großzügigen Versicherung abzufinden, denn persönlich waren ihm solche Leute unbequem« (DVA, S. 66). Das Märchenschema ist endgültig durchbrochen, der Leser bemerkt spätestens hier, daß die ganze Geschichte keineswegs auf alte Zeiten zielt, sondern neue aufspießt und die alten nur insoweit einbezieht, als es schon immer so war und »Märchen« nichts anderes heißt als Vorspiegelung falscher Tatsachen. Hildesheimers Einstellung zum – angeblich – Wahren und Echten, das man in zahllosen Märchensammlungen bewahrt, läßt schon im voraus ahnen, wie man dieses Märchen zu verstehen hat.

Über die Märchen der Brüder Grimm und die Illustrationen von Maurice Sendak schreibt er in *Ungeheuerliche, böse Welt* (1974): die Märchen »handeln von einer unheilen Welt, die nicht wenige negative Verhaltensmodelle der heutigen vorwegnimmt. Zwar sind die zahlreichen Anspielungen auf unsere Zeit – ›als große Theuerung ins Land kam‹ – zufällig, dennoch haben wir es mit Gleichnissen zu tun, aus durchaus heidnischen Sphären und voll behutsamer Grausamkeit, beileibe nicht schlüssig wie die Versionen für Kinder. Ihr Wahrheitsgehalt beruht nicht nur auf krasser Unmoral, sondern auch darauf, daß hier konsequente

Unlogik zum Prinzip erhoben wird. Keiner lernt aus Fehlern oder Erfahrung, und so siegt auch nicht das Gute, geschweige denn die Vernunft, sondern die List des Schlauen oder die Ahnungslosigkeit des Dummen, wenn nicht gar schlankweg die Perfidie« (S. 92).

So auch, auf die Spitze getrieben und dadurch durchschaubar gemacht, in seinem eigenen Märchen. Die märchenhafte Erzählweise wirkt im Verlauf der Geschichte immer widersinniger und entlarvender, die Kluft zwischen der Handlung und ihrem Sinn wird immer größer. In diesem Zwischenraum siedeln die Erzählerkommentare (DVA, S. 66 und 68):

Wie nun unser wackerer Bauernsohn ein gar lustig Liedchen pfeifend rüstig fürbaß schritt, sah er eine schöne Pfauenfeder auf dem Wege liegen. ›Ei der Daus‹, sprach er, ›die nimmst du mit, weißt du doch nie, wozu so etwas taugen mag.‹ (Er sprach immer mit sich selbst und zwar in der zweiten Person Singular.) Er las die Feder auf, steckte sie an seinen Hut und ging weiter. Als er wiederum ein Stück Wegs zurückgelegt hatte, sah er einen großen Mühlstein auf demselben liegen. ›Ei der Daus‹, sprach er (– sein Vokabularium war beschränkt –), ›den nimmst du mit, weißt du doch nie, wozu so etwas taugen mag.‹ Er las ihn auf, steckte ihn in die Tasche und ging weiter. Nach einer Weile sah er einen großen Käse auf dem Wege liegen. Er hob ihn auf und steckte ihn in sein Ränzel; (von einer Wiederholung der Sache mit dem Daus nahm er Abstand, denn das kam ihm inzwischen albern vor). Dann kam er zum Waldrand.

Verspottet wird nicht nur die angeblich arbeitsame Figur, die, ein moderner Raffer sozusagen, doch nur mitnimmt, was sich bietet, sondern auch die anbiedernde Erzählweise des Märchens mit ihrer verdummenden Phantastik – wer könnte einen Mühlstein in die Tasche stecken? – und ihrer Hopplahopp-Mechanik. Am Waldrand liegt natürlich der schlafende Riese; der tätige Bauernsohn kitzelt ihn mit der Feder an der Nase, der Riese öffnet den Mund zum Niesen, der Jüngling wirft den Mühlstein hinein – alles ganz nach Schema, nur – der Riese erwacht, spuckt den Mühlstein aus, »als sei er ein Kirschkern«, frißt zuerst den Jüngling, packt dann den Käse aus dem Ränzel, schält ihn aus dem Silberpapier, ißt ihn hinterher und schläft weiter. Wie zu erwarten war, hatte der »arbeitsame« Sohn keinen Erfolg. Der »faule« Sohn wird unterdessen von der Königstochter auf der Wiese förmlich aufgelesen: ihr gefällt er ganz gut, sie legt sich zu ihm und hält später bei seinem Vater um seine Hand an: »Der Bauer war froh, seinen nichtsnutzigen Sohn loszuwerden und willigte ein« (DVA, S. 68); von Stolz über den sozialen Aufstieg keine Spur.

Die Königstochter ist offenbar gehörig emanzipiert und übernimmt ohne weitere Skrupel die Führung; erstaunlich immerhin, daß sie den Vater überhaupt noch um Erlaubnis fragt, aber vermutlich erzählt Hildesheimer das deswegen, um die kopfstehende Welt seines Märchens ein weiteres Mal darzustellen: der König selbst, der eigentlich die Entscheidung treffen sollte, wird mit einem beiläufigen »Auch dem König gefiel der junge Faulpelz, und er war mit der Wahl wohlzufrieden« abgetan. Natürlich weiß der Leser inzwischen, was das für ein König ist, der keine Riesentöter leiden mag, und weshalb er lieber einen Faulpelz als Schwiegersohn haben möchte.

Soweit wird die Umkehrung des konventionellen Märchenschemas konsequent durchgehalten. Im letzten Absatz aber, als man eben das siebentägige Hochzeitsfest feiert, kommt der Riese, »den man inzwischen völlig vergessen hatte«, und verspeist »die ganze Gesellschaft« (DVA, S. 69). Fauler und fleißiger Sohn, das dezidiert Gute und das ausschließlich Böse, gehen zuletzt unter: wer an schwarzweißmalende Moraleinteilung glaubt, hat hier eine Gegendarstellung gefunden. Sympathie gehörte zunächst dem Faulen, so hatte es den Anschein, doch *er* reißt am Ende »die ganze Gesellschaft« mit, der Fleißige geht an sich selbst zugrunde. Der Faule führt seinen Tod nicht selbst herbei, er ist aber nicht nur faul, nicht bloßer Müßiggänger, sondern gleichgültig und vor allem *denk*faul: er hat auf der Wiese tatsächlich und ausschließlich Grashalme gekaut; sonst hätte er sich der Königstochter nicht bedingungslos ergeben, sondern hätte, wie später der falsche Prinz von Astrachan in Hildesheimers *Prinzessin Turandot* (1954 und öfter), sich die peinliche Stellung als armer und ungelernter Schwiegersohn im reichen Betrieb des Vaters erspart; sonst hätte er, vor allem, den Riesen nicht vergessen. Denkfaul aber zeigt sich nicht nur er allein, sondern »die ganze Gesellschaft«, die über einem – zudem fragwürdigen – Fest den Riesen ebenfalls vergißt. Die Sympathie gehört dem Faulen aus verschiedenen Gründen: die des Königs aus der Gewißheit, in dem Faulen keine Konkurrenz zu haben; die der restlichen Gesellschaft aus dem Behagen an der Freude der Herrschenden, anstatt sich eine Konkurrenz des Königs zu wünschen, die vielleicht beide Herren – den König und den Faulen – neutralisieren könnte. Fauler und König haben eben mit einem Leonce nichts gemein, die Königstochter ist keine Lena, und das Volk ist keine Brechtsche Gesellschaft und kennt seine List nicht.

Wir sind wieder bei der *gesamten* Gesellschaft angelangt: in *Das Ende einer Welt*, wie sich gleich zeigen wird, verschlingt sie das Meer, hier hat sie der Riese verspeist, »und wenn er daran nicht gestorben ist«, schließt der Erzähler bissig, »so lebt er heute noch« (DVA, S. 69); bissig in besonderem Maß, wenn man das Wort »daran« betont und damit die Art der Gesellschaft meint. Die ständige Parallele zur heutigen Zeit legt allerdings nahe, daß der Riese gar nicht alle gefressen hat, sonst gäbe es keine Parallelen mehr, sonst gäbe es nach dieser Geschichte auch keine *Lieblosen Legenden* mehr. Vermutlich also lebt er noch und wird, wenn es weiterhin nur Streber und Schleicher gibt, in irgendeiner Form wiederkommen – Hildesheimer hat dreißig Jahre später, zu Beginn der achtziger Jahre, deutlich gesagt, wie er sich das vorstellt: »Die Genetiker und die Biotechniker in Deutschland und den Vereinigten Staaten haben ihre Regierungen mehr oder weniger wissen lassen, daß, wenn sie auf ihrem Gebiet mit ihren Forschungen weiter so vorwärtskommen, von dem Begriff der Menschheit, so wie wir ihn benutzen und gewöhnt sind, bald nicht mehr die Rede sein wird.«[6]

Das Ende einer Welt

Hildesheimers Spott gilt seit den ersten *Lieblosen Legenden* jenen, die sich zurechtfinden, weil sie sich mit vorfabrizierten Verhaltensmustern und Wertskalen zufriedengeben und nie nach dem suchen, was dahintersteckt. Nicht Wahrheit ist gefragt, so das bittere Fazit, sondern schöner Schein, und wer den Schein nicht trübt, ist anerkanntes Mitglied einer Gesellschaft, die jene zu ihren Idolen macht, die mühelos die schönsten Scheinwelten aufbauen können, die mit den Kategorien des allgemeinen Bedürfnisses nach schönem Schein am besten umgehen können oder die der Allgemeinheit längst als Größen gelten, in Wahrheit aber so lange Scheingrößen bleiben, bis ihre Größe geprüft ist.

Das Terrain, auf dem sich diese Scheinwelt exemplarisch präsentiert und auf dem die *Lieblosen Legenden* denn auch häufig angesiedelt sind, ist der internationale Kulturbetrieb, dessen Auswüchse längst das Normale sind. Die *Lieblosen Legenden* verbleiben in ihrer Kritik im Bereich des Fiktiven und treffen einen allgemeinen Mißstand, hinter dem der Leser stets das finden kann, was er für den speziellen hält.

Hildesheimer hat im Jahr der ersten Ausgabe seiner *Lieblosen Legenden* eine Reihe von Glossen geschrieben, die keinen Zweifel lassen, welche speziellen Mißstände er mit seinen Geschichten treffen wollte. Diese Serie von, so könnte man sagen, konkretisierten *Lieblosen Legenden* erschien 1952 unter dem Titel *Mit dem Bausch, dem Bogen* und behandelt unter anderem den sozialistischen Realismus, angewandte Lyrik und die Bücher Zuckmayers und Rilkes. Die erste Glosse befaßt sich ausführlich mit den »ewigen Werten«:

Da ich sicher sein kann, daß ich mich hier an den Leser mit kultiviertem Geschmack und Sinn für das Höhere im Menschen wende, möchte ich folgendes sagen: wer Wiechert schenkt, fällt nie hinein. Ernst Wiechert dürfte auf keinem Gabentisch fehlen. Denn nicht nur veredelt uns dieser Erhabene, indem er sich an den Teil unseres Wesens wendet, wo das ethische Bewußtsein sitzt, nein, wo man ihn selbst öffnet, überall pulsiert das strotzende Leben, so wie es uns alle angeht.

Nach einigen gelungenen Zitatfunden aus Wiechert geht Hildesheimer zu Waldemar Bonsels über, wo er sich »von der Wahrheit angetastet« fühlt: »Atemlos suche ich nach weiteren gültigen Aussagen. Aber ich brauche nicht lange zu suchen, Bonsels' Bücher sind voll davon. Sein ganzes Werk ist überhaupt nur eine einzige gültige Aussage«; und nach einem Zitat aus Bonsels: »Hier setze ich ab. Zuviel der Erkenntnis. Mein logischer Verstand kann all dies auf einmal nicht aufnehmen. Ich kann hier auch nicht auf die ganze Literatur mit Ewigkeitswert eingehen.«

Noch ein anderer Text von 1952 gehört zu diesen Glossen und Randbemerkungen zur Kulturgeschichte des Ewigen, nämlich *1965 – letzte Buchmesse?* Der Glossist ist mit Vertretern verschiedener Verlage im Gebäude der Buchmesse eingeschlossen worden. Die Chancen auf Befreiung stehen schlecht, weil die Buchmesse offiziell beendet ist. Er macht seine Runde durch die verschiedenen Stände und kommentiert die Auslagen:

A. A. A. Ahlersmayers Abwaschbare Ausgaben, stand über dem Eingang zum Raum dieses Verlages zu lesen. Bei meinem ersten Besuch hier, am Nachmittag, als sich die Türen schlossen, war hier eine große Menschenmenge versammelt gewesen, um den Vorführungen des Vertreters zuzusehen, wie er einen Band Göte (nach alter Schreibweise Goethe) aufschlug und Tinte auf die wachsglatten Nylonseiten des Buches tröpfelte, um sie sodann mit einem nassen Lappen wieder abzuwaschen, woraufhin viele ein solches Buch erworben hatten.

Goethes Werke hätten, wie Hildesheimer auch später immer wieder andeutet, manche Korrektur nötig, nur kann dem Nimbus ihres Schöpfers keine Tinte etwas anhaben, seinen Werken dafür aber radikale Kürzung: in einem Band von hundertdreizehn Seiten sind *Lehr-* und *Wanderjahre*, *Werther* und *Italienische Reise* versammelt. Bücher werden auf Konsummarken verteilt, zum Beispiel die »Engelmannschen Klassikerausgaben, die jedermann gern aufstellt. Göte und Schiller in einem Band, die restlichen deutschen Klassiker in einem weiteren Band« (S. 3). Die Glosse endet damit, daß der Eingeschlossene in der ganzen Buchmesse kein einziges Buch findet, das er hätte lesen können, um sich die Zeit bis zur Wiedereröffnung im nächsten Jahr zu vertreiben.

Hildesheimer hat berichtet, man habe ihm diesen satirischen Text damals übelgenommen. Wer hinter dem »man« steckt, hat er nicht gesagt, es werden aber wohl die Verehrer des Klassischen gewesen sein und die – kaum verhüllt benannten – Verleger, also jene, die am reibungslosen Ablauf des Kulturbetriebs, wie ihn Hildesheimer in den *Lieblosen Legenden* verspottet, maßgeblichen Anteil haben; eines Betriebes, dessen Ende eine der *Lieblosen Legenden* mit aller Deutlichkeit ausmalt, nämlich die letzte Geschichte der ersten Sammlung, durch ihre Position innerhalb des Buches so hervorgehoben wie die erste, *Die Suche nach der Wahrheit*, und wie sie und *Der Riese* allein unter einen Obertitel gestellt – naheliegenderweise *Epilog* –, das Ende des Buches also: *Das Ende einer Welt*.

Herr Sebald, der Ich-Erzähler – von sechsundzwanzig *Lieblosen Legenden* werden einundzwanzig aus der Ich-Perspektive erzählt –, war Besitzer der Badewanne, in der Marat ermordet wurde, mußte sie aber seiner Spielschulden halber verkaufen. Käuferin war die Marchesa Montetristo, eine geborene Watermann aus Little Gidding, Ohio, die im Verlauf der Erzählung ihren beiden Namen alle Ehre macht.[7]

Die Marchesa verwahrte ihre Sammlung von Waschutensilien des 18. Jahrhunderts auf einer Insel, die sie sich »einige Kilometer südöstlich von Murano« hatte aufschütten lassen, »denn sie verabscheute das Festland – sie sagte, es sei ihrem seelischen Gleichgewicht schädlich – und unter dem bereits vorhandenen Inselbestand hatte sie keine Wahl treffen können. Hier nun residierte sie und widmete ihr Leben der Kultur des Altbewährten und Vergessenen oder, wie sie es auszudrücken pflegte, des ›Echten und Bleibenden‹« (DVA, S. 116f.).

Sie hatte ihre eigene Art, mit den anerkannten Höhepunkten abendländischer Kultur Mißbrauch zu treiben: zu ihren Abendveranstaltungen hatte man ausschließlich mit Gondeln zu erscheinen, und keiner der Gäste hätte sich diesen Spielregeln widersetzt. Ihr Palast war äußerlich »eine genaue Replika des Palazzo Vendramin, und innen waren sämtliche Perioden von der Gotik an vertreten, aber natürlich nicht verwoben; eine jede hatte einen eigenen Raum; des Stilbruchs konnte man die Marchesa nicht beschuldigen« (DVA, S. 117).

Zu einer dieser Abendgesellschaften wurde der Erzähler eingeladen und traf auf die Versammlung »einiger illustrer Köpfe des Jahrhunderts« (DVA, S. 117), die alle ebenso skurrile Eigenheiten hatten wie die Marchesa selbst; zum Beispiel die Dombrowska, eine Doppelbegabung: »die Dombrowska hat nicht nur für die Erhaltung und Entwicklung des rhythmischen Ausdruckstanzes, dieser immer mehr verschwindenden Kunstgattung, Bleibendes geleistet, sondern sie war auch die Verfasserin des Buches ›Zurück zur Jugend‹, welches, wie der Titel schon besagt, sich für die Rückkehr zum Jugendstil einsetzte und inzwischen, wie ich wohl kaum zu erwähnen brauche, in größerem Kreise Schule gemacht hat« (DVA, S. 118).

Doppelbegabungen – man mag einen weiteren Exkurs gestatten – stellt Hildesheimer auch in anderen *Lieblosen Legenden* vor, alle in abseitiger oder gar abstruser Kombination: der Konzertpianist Frantisek Hrdla – *Das Gastspiel des Versicherungsagenten* – verkauft den Autogrammjägern Versicherungspolicen. – Der Kritiker Alphons Schwerdt – *Bildnis eines Dichters* – schreibt, nachdem er viele Schriftsteller zum Schweigen gebracht hatte, unter dem Pseudonym Sylvan Hardemuth geschmacklose Gedichte, um wieder Anlaß zu ausgiebigen Verrissen zu erhalten, nur hatte der Lyriker mit seinen Produkten weit mehr Erfolg als der Kritiker, der vollkommen verstummte. – Der Dichter Hubertus von Golch – *Die zwei Seelen* – verklagt den Kritiker Eduard Wiener wegen Verleumdung, und erst im Gerichtssaal stellt sich heraus, daß es sich um ein und dieselbe Person handelt. Die ratlosen Richter suchen nach einem Präzedenzfall und stoßen auf die Geschichte des Philosophen Crispin Ansorge, der als Philosoph die Menschheit für schlecht befand, als Mensch aber die Theorien des Philosophen verurteilte; in diesem Fall kam es zum Gerichtsverfahren Mensch gegen Philosoph, wobei Ansorge mehrmals den Klägerstuhl mit der Anklagebank vertauschte. – Ein Pudel wird menschlich – *Aus der Laufbahn meines Pudels Cassius* –, kann sprechen und gibt eine Literaturzeitschrift heraus; ein Mensch – *Warum ich mich in eine Nachtigall verwandelt habe* – wird kraft Zauberei, die er seit seiner Kindheit gelernt hat, zum Vogel, gibt also, wie Hermann Burger vielleicht in Anspielung auf Hildesheimers Entwicklung schreibt, sein Metier – die Zauberei – auf, »sobald die höchste Perfektion erreicht ist« (*Verzauberung zur neuen Sprache*, S. 76).

Zahlreiche Begabungen, nicht nur zwei, vereinigt Gottlieb Theodor Pilz aus *1951 – ein Pilzjahr*, deren wesentlichste die Verhinderung vieler Werke romantischer Kunst ist, vor allem auf dem Gebiet der Musik und Literatur. Fälschung und Biographieschreibung, zwei thematische Schwerpunkte der Werke Hildesheimers, der Suche nach der Wahrheit verwandt, überlagern sich in dieser Geschichte: sie wird mit Lebensdaten und Zitaten aus Briefen vermischt, sie berichtet von Pilzens Begegnungen mit historisch verbürgten Personen, kurz: sie fügt eine komplette Biographie so zusammen, wie Biographien geschrieben werden.

Fälschung steckt jedoch nicht nur hinter der Tatsache, daß über eine fiktive Figur in ernsthaftem biographischen Stil berichtet wird, daß also der Autor Hildesheimer – hier zum ersten, aber nicht zum letzten Mal – mit diesem Spiel selbst zum Fälscher wird, sondern Fälschung steckt auch hinter einer der Taten, die diese Figur begeht: Pilz vertauschte sein Jugenddrama »Herzog Theodor von Gotland« gegen Grabbes Bearbeitung von »Shakespeares ›Lustige Weiber von Windsor‹«, was Grabbe niemals bemerkte, und vertonte Grabbes Werk schließlich unter dem Pseudonym Otto Nicolai, »nachdem er vorher einige Theoriestunden genommen hatte« (DVA, S. 102). Anders als der faule Bauernsohn, nämlich ein Müßiggänger von Format, lebte Pilz ansonsten nach dem Motto »Mehr Worte, weniger Taten!« (DVA, S. 104), und dieses Motto scheinen sich, in Umkehrung der Worte Heines, die meisten der Figuren Hildesheimers, Doppelbegabungen oder nicht, zu eigen gemacht zu haben.[8]

Literatur, Musik, Malerei und deren Fälschungen bildeten schon früh den Fundus seiner Werke. Wem ›ewige Werte‹ nichts Bleibendes mehr sein können und wem das Ende des ›Echten und Altbewährten‹ unabänderlich scheint, dem muß jeder lächerlich sein, der sich mit Ernst der Pflege des ›Ewigen‹ hingibt. Pilz ist eine Identifikationsfigur, ein Flaneur der Künste, der mit den großen Werken und ihren Meistern spielt, als hätten beide, da keinen Bestand, auch kein großes Gewicht: der Ewigkeit ist eine Grenze gesetzt, und wie bald man die Grenze erreicht haben wird, war damals noch nicht deutlich; der Begriff des ›Ewigen‹ selbst aber, das war klargeworden, ist eine Fälschung. Mit einer Fälschung, groß angekündigt und inszeniert, nähert sich denn auch die Gesellschaft aus *Das Ende einer Welt* ihrem Untergang.

»Nachdem man eine Erfrischung zu sich genommen hatte, begab man sich in den Silbersaal, denn nun kam der Höhepunkt des Abends, eine Darbietung besonderer Art: die Erstaufführung zweier Flötensonaten des Antonio Gianbattista Bloch, eines Zeitgenossen und Freundes Rameaus, den der Musikforscher Weltli – er war natürlich auch zugegen – entdeckt hatte« (DVA, S. 120). Selbstverständlich hatte jedes der Instrumente seine besondere Geschichte, außerdem wechselte man nach der ersten Sonate vom Silbersaal in den goldenen Saal, der zur Tonart f-Moll der zweiten Sonate besser paßte; die Spieler hatten »Rokokokleidung angelegt, und das kleine Ensemble glich – sie hatten sich absichtlich so angeordnet – einem Watteau-Gemälde« (DVA, S. 120).

Die beiden Sonaten hatten natürlich auch eine Geschichte, nicht gerade jene, die Pilzens Werke haben, aber eine, die auf dem Gebiet der Fälschung nahebei liegt: »Hier muß ich nun allerdings sagen, daß die öde Eleganz, die den Flötensonaten zweitklassiger und vor allem neuentdeckter Meister dieser Periode anhaftet, sich in diesem Falle dadurch erklärt, daß Antonio Gianbattista Bloch niemals wirklich gelebt hat, die hier aufgeführten Werke also aus der Feder des Forschers Weltli stammen« (DVA, S. 121).

Die Musikfälschung aus *Das Ende einer Welt* erscheint rund dreißig Jahre später erneut, zu einer Zeit, als das Ende nicht nur der Insel der Marchesa nähergerückt war. In den *Mitteilungen an Max* (1983) werden die Falschspieler nicht beim fiktiven Namen genannt, jetzt beschränkt sich die Fälschung nicht auf eine künstliche Insel, die schon damals, so läßt die Retrospektive vermuten, nicht nur jene Welt gemeint haben könnte, die das Dritte Reich vorbereitete, sondern die ganze Welt.

Die Hölle stelle ich mir vor wie das Zillertal. Oder wie die Tulpenfelder Hollands, oder die Passionsspiele in Oberammergau. Oder wie St. Moritz im Sommer. Jeden zweiten Tag ein neunstündiges Passionsspiel. Dazwischen ein Tag Musik angesichts von Tulpen. Jeden Abend ein Konzert der Wiener Sängerknaben oder der Regensburger Domspatzen, wenn das nicht überhaupt dieselben Knaben bzw. Spatzen sind. Vormittags die Moldau unter Karajan oder etwas auf Originalinstrumenten, handgebastelt und mißgestimmt von Harnoncourt. Oder Triosonaten von Telemann, Piccolini, Ricotta, dal'Abaco, Locatelli oder von Telemann, Rosenmüller, Eppenbauer Vater und Sohn, Wenzlsberger, Telemann, Muffat, Telemann oder von Hans Christian Bach oder von Wilhelm August Bach oder von Carl Maria Bach oder von Johann Wolfgang Bach oder Wilhelm Friedemann Bach oder von Georg Telemann Bach für neun Blockflöten und Continuo. Es spielen Giselher Schramm, Hiroshima Kajumi, Rainer Wekkerle, Kakuzo Kozikawe, Irmengard Wäwerich Sträubler, Mitsubishi Toyota, Hedwig Wunderlich-Buhbe, Kazakumi Kozikawe – vermutlich der Bruder oder die Schwester oder die Frau oder der Mann von Kakuzo Kozikawe, vielleicht aber auch Vater oder Sohn – Osakazu Okakura und Karameli Tazubishi, am Continuo Luitgard-Maria Tashayumi-Spechtle, eine übrigens nicht unbedeutende Continuistin, von der man, so fürchte ich, noch hören wird.

Dieselbe Ensemblekonstellation hier – *Das Ende einer Welt* – wie dort – *Mitteilungen an Max*: Flötensonaten mit Continuo, nur in der späten Prosa durch die neunfache Besetzung, die Besetzungsliste und die Reihe der Komponisten auf die Spitze getrieben. In der Methode der Überspitzung durch Namenkataloge folgt Hildesheimer übrigens Mozarts Nachschrift zum Brief der Mutter vom 26. November 1777 an Leopold, die Hildesheimer natürlich außer in seinem Buch *Mozart* von 1977, dessen Anfänge in die Zeit kurz nach Erscheinen der *Lieblosen Legenden* zurückreichen, auch in seiner Auswahl *Mozart-Briefe* (1975) zitiert: »Wenn ich noch Platz findete, so schreibte ich 100000 Complimente von uns 2, sage von uns zwey, an alle gute freünd und freündinen; besonders an die A. adlgasserische, andretterische, und Arco (graf) H: B bullinger, barisanische, und beranitzky, C Czernin, (graf) Cußetti, und den drey H: Calcanten, D H: daser, deibl, und dommeseer, E Mad^selle Eberlin waberl, H: Estlinger, und alle Esln zu Salzburg« und so weiter, alphabetisch von A bis Z (*Mozart*, S. 44 f.).[9]

Dieser verbale Ausbruch, Postskriptum eines Postskriptums, steht in krassem Gegensatz zum Inhalt der Nachschrift, in der Mozart bedauert, aus Platzmangel nur ganz kurz schreiben zu können: Mozart wendet sich hier spöttisch gegen die Konvention des Grüßenlassens, gegen etwas, das durch Routine längst überflüssig geworden war und, übrigens, heute noch immer ist. Hildesheimer wendet sich, in *Das Ende einer Welt* und in den *Mitteilungen an Max*, gegen die Mode, wiederentdeckte Werke zweitklassiger Komponisten mit einem Aufwand aufzuführen, der schon längst hohle Konvention geworden ist, Karajan und Passionsspiele nicht ausgenommen. In der Verspottung ungeprüfter Konventionen – das meint auch Werte und Größen – und deren Verbrämung hinter leerer Fassade, und nicht nur darin, sind Mozart und Hildesheimer verwandt; Hildesheimer wertet dieses Verhalten allerdings als Symptom des nahen Unterganges, als lächerliche Verrenkungen angesichts des Endes.

In *Das Ende einer Welt* stürzt die Fassade denn auch folgerichtig ein: während des Konzerts tritt ein Diener auf und flüstert der Marchesa – die das Continuo spielt und in der Besetzungsliste der *Mitteilungen an Max* recht am Platz gewesen wäre – ins Ohr. Sie unterbricht ihr Spiel und wendet sich an die Gäste: »wie ich soeben erfahre, lösen sich die Fundamente der Insel und damit des Palastes. Die Meerestiefbaubehörden sind benachrichtigt. Ich glaube, es ist in unserer aller Sinne, wenn wir mit der Musik fortfahren« (DVA, S. 122).

Das Konzert wird fortgesetzt, Ratten huschen über den Boden, Pfützen bilden sich, und leises »Rollen« wird hörbar. Alle Zuhörer geben sich wieder dem Genuß der Musik hin, nur der Erzähler schleicht sich davon, verhält sich also gegen Pilzens Motto – »Mehr Worte, weniger Taten!« –, begeht statt vieler Worte nun doch lieber die rettende Tat und setzt sich bewußt über den Gruppenzwang hinweg; er stellt sich gegen die zum Untergang geweihte Gesellschaft und verläßt das Gebäude – Gebäude in doppeltem Sinn: »Ich entledigte mich meiner Frackjacke und schwamm nun durch den sinkenden Palast der Pforte zu« (DVA, S. 123). In einer späteren Fassung wird der Eindruck des Hohlen und Leeren noch verstärkt: der Erzähler schwimmt dort »mit kräftigen Bruststößen« durch die »Vorhalle« der Pforte zu. »Die von mir verursachten Wellen schlugen leicht gegen Wände und Säulen. Es klang wie in einem Hallenbad. Selten ist es einem vergönnt, in derartigem Rahmen Sport zu treiben. Kein Mensch war zu sehen« (Suhrkamp 1962, S. 15).[10]

Draußen scheint der Mond, »als geschähe nichts, und doch versank hier – im wahren Sinne des Wortes – eine Welt« (DVA, S. 123). Die Diener sind längst geflohen: »*Sie* hatten ja keine Verpflichtung der wahren und echten Kultur gegenüber«, beugen sich also nicht der sinnentleerten Konvention und entgehen deshalb dem Untergang.

Herr Sebald fährt mit der letzten Gondel an den Fenstern des Saals vorüber: »Die Sonate mußte zu Ende sein, denn sie klatschten Beifall, zu welchem Zwecke sie die Hände hoch über den Köpfen hielten, denn das Wasser stand ihnen bis zum Kinn« (DVA, S. 123). Aus einiger Entfernung blickt er zurück: »Das Meer lag im Mondlicht spiegelglatt, als habe dort niemals eine Insel gestanden« (DVA, S. 124). Die letzten Gedanken Sebalds drehen sich um den Verlust der Badewanne, er entschuldigt sich jedoch für diese Banalität: »man braucht ja erfahrungsgemäß einen gewissen Abstand, um ein solches Erlebnis in seiner ganzen Tragweite zu erfassen« (DVA, S. 124).

Die frühen Figuren Hildesheimers finden noch, wie Herr Sebald, stets einen Ausgang aus einer mißliebigen Gesellschaft, in die sie zufällig geraten sind. Der Ich-Erzähler aus dem *Atelierfest* etwa, in dessen Atelier sich ein Fest unaufhaltsam ausbreitet und im Begriff ist, zu ewiger Dauer zu erstarren. Als der Maler gegen Mitternacht an die Wand gedrückt wird, entschließt auch er sich, wie Herr Sebald in aussichtsloser Lage, die rettende Tat zur Flucht zu begehen, hämmert ein Loch in die Wand, steigt in das Schlafzimmer des benachbarten und ob solch ungewöhnlichen Besuches kaum verwunderten älteren Ehepaars ein, nötigt die beiden, am Fest teilzunehmen, und gibt sich, endlich allein, der ersehnten Ruhe hin.

Eine einzige Figur aus den *Lieblosen Legenden* findet keinen Ausweg mehr und deutet mit ihrem Verhalten auf die Konsequenz hin, die aus dem Drang zur Flucht aus unmöglicher Situation folgt, auf eine Konsequenz, der die späteren Werke verpflichtet sind: der Erzähler der *Legende* mit dem bissig gemeinten Titel *Ich finde mich zurecht*, dessen Wohnung vom Kitsch, den »wohlmeinende« Freunde schicken, überwuchert wird und zuletzt vollkommen zuwächst. »Ich stehe nicht mehr auf, denn wenn ich auch den Weg durch das Schlafzimmer zu finden vermag, verlaufe ich mich im Wohnzimmer (...) Schlafen kann ich jetzt wieder, denn eines Nachts habe ich den Kuckuck mit einer Meißner Vase getroffen, gerade als er zurückschlüpfen wollte. Die Penduluhr im Wohnzimmer ist schon vor langem stehen geblieben, und ich kann nicht mehr zu ihr gelangen, um sie aufzuziehen. Außerdem will ich es auch gar nicht, denn es wäre sinnlos« (DVA, S. 20f.).[11]

Im Vorwort der Neuausgabe der *Lieblosen Legenden* (1983) schreibt Hildesheimer: »Es war eine wunderbare Zeit, als man nicht darüber nachdachte, ob die Welt noch zu retten sei oder nicht, und daher jegliche Aktualität ignorieren durfte« (S. 6). Dieser Optimismus der Nachkriegszeit, dem sich selbst der Pessimist Hildesheimer nicht völlig verschließen konnte, zeigt sich nicht zuletzt an *Das Ende einer Welt*: immerhin finden Erzähler und Dienerschaft noch eine Pforte und können die untergehende Gesellschaft verlassen, können sich verneinend distanzieren und in eine andere Welt zurückkehren. Zu Beginn der achtziger Jahre, zur Zeit des Vorwortes der Neuausgabe und des Erscheinens der *Mitteilungen an Max*, war das nicht mehr möglich, da hat Hildesheimer zu Tilman Jens gesagt: »Der Mensch wird in Bälde die Erde verlassen haben« (S. 58), und dabei kann es keine Ausnahmen geben, außer vielleicht einige wenige Überlebende. *Das Ende einer Welt* ist, trotz aller pessimistischer Diagnosen in der Geschichte, ein optimistischer Vorläufer des Endes *der* Welt, wie es Hildesheimer in seinen letzten beiden Hörspielen rund dreißig Jahre später ausmalt.

2 Paradies der falschen Vögel

»Ecce poeta. Erwarte Bestätigung im Roman«, schloß Walter Jens seine Rezension der *Lieblosen Legenden*. Ein Jahr später lag Hildesheimers Roman vor; er ist sein einziger geblieben: *Paradies der falschen Vögel* von 1953. Im Jahr nach dem Roman erschien die nächste und zweiundzwanzigste *Lieblose Legende*, nämlich *Ich trage eine Eule nach Athen*, und im Jahr darauf erschienen die dreiundzwanzigste und vierundzwanzigste, *Westcottes Glanz und Ende* und *Aus meinem Tagebuch*, und drei Jahre nach dem Roman, also 1956, kam, wie gesagt, bei Diogenes die zweite Sammlung *Liebloser Legenden* heraus, in der diese drei neuen Geschichten abgedruckt wurden, dazu zwei der früheren in überarbeiteter Fassung. Inmitten der *Lieblosen Legenden* also der Roman, der die thematische Nähe zu seinem Umfeld nicht bestreitet. 1957 schrieb Hildesheimer keine *Legenden* mehr, und die beiden, die danach entstanden, sind bereits einer anderen Thematik verpflichtet.

In *Aus meinem Tagebuch* werden zwei Ereignisse erzählt, die vor allem deshalb etwas miteinander zu tun haben, weil ihr Hauptakteur derselbe ist, nämlich der Tagebuchschreiber, der in seinem Tagebuch zwei Fälschergeschichten verknüpft: in der einen wird er Opfer einer Fälschung, in der anderen wird er, ohne es zu wollen, selbst zum Fälscher.

Die eine Fälschergeschichte könnte von einem Witz inspiriert worden sein, der wohl schon vor dem Zweiten Weltkrieg in Umlauf gekommen ist: »Ein Geschäftsmann kauft in Italien ein Renaissancegemälde. Damit er es nicht verzollen muß, läßt er schnell eine moderne Landschaft drübermalen. Zuhause übergibt er das Bild einem Restaurator. Der ruft nach einer Woche an und sagt: ›Die Landschaft ist weg, das Renaissancegemälde ebenso. Darunter war ein alter Heiliger und jetzt kann man bereits Mussolini erkennen. Soll ich weiter restaurieren?‹«[12]

In der *Lieblosen Legende* handelt es sich nicht mehr, wie im Witz, um den persönlichen Vorteil eines einzelnen Mannes, sondern, wie häufig in den *Lieblosen Legenden* und dann auch im Roman, um internationale Machenschaften auf dem Gebiet des Kunstmarktes; und nicht mehr um Politik – die Anspielung auf Mussolini entfällt natürlich –, und auch nicht mehr um ein Gemälde aus der Zeit der Renaissance, die Hildesheimer schätzt, sondern um einen Rubens, den Hildesheimer nicht besonders schätzt. Selbstverständlich ist die oberste Gemäldeschicht auch kein Bild eines abfällig bedachten modernen Malers mehr, denn gegen diese zuweilen beinahe selbstverständliche Verunglimpfung der Moderne hat sich Hildesheimer stets gewandt, gehört er doch selbst – als Schriftsteller und als bildender Künstler – zu den Modernen.

In diesem Teil der Geschichte legt der Tagebuchschreiber unter einem Blumenstilleben einen Rubens frei, erhält vom Experten Friedensohn ein Gutachten, das die Echtheit bestätigt, entdeckt aber unter dem »echten« Rubens eine bayerische Gebirgslandschaft des 20. Jahrhunderts und protestiert. Friedensohn schreibt zurück (Suhrkamp 1962, S. 68):

Sie haben sich selbst eines Wertgegenstandes beraubt, indem Sie einem – ich möchte sagen, kindlichen – Forschungsdrang nachgegangen sind: der Begier zu wissen, was dahinter steckt. Das war nicht klug von Ihnen. Zudem ist es nicht üblich. Wo wären wir heute, frage ich Sie, wenn wir dem kleinlichen Zweifel einen Platz in unserer Forschung einräumen würden, deren Ziel es ist, die großen Richtungen zu bestimmen und einzuordnen! Wir Kunstsachverständigen sind dazu da, Wertbegriffe zu wahren und dort, wo sie verlorengegangen sind, aufs neue zu prägen. Ich habe Ihnen mit meinem Urteil einen Wertgegenstand in die Hand gegeben, welchen zu bewahren in Ihrem eigenen Interesse gelegen hätte.

Im anderen Teil der Geschichte, den Hildesheimer wenige Jahre später in einem Hörspiel verarbeitet hat, notiert der Tagebuchschreiber Vorbereitung und Erfolg seiner Rede anläßlich der Enthüllung einer Skulptur, die einen gewissen Bartschedel darstellt. Niemals zuvor hatte er etwas über Bartschedel gehört und betrachtete die Aufforderung, diese Rede zu halten, als ein Versehen. Er informiert sich über Leben und Werk eines Gottfried Willibald Bartschedel und ist erstaunt, daß man einem Quacksalber und Astrologen betrügerischer Art ein Denkmal setzt. Deshalb beschließt er, seine Rede »so allgemein wie möglich« zu halten (Suhrkamp, S. 62 f.):

Bartschedels Vermächtnis muß vor allem in der Schicksalsverlorenheit unserer heutigen Zeit, die des Gefühls für transzendente Werte verlustig gegangen ist, als die verbindende Seinseinheit einer wesensbewußteren Kulturepoche erscheinen. Darin liegt sein großes Verdienst – aber auch eine gewisse Gefahr der Mißdeutung von seiten Unberufener. Soweit sein Werk; – und dann eben die Analyse der Persönlichkeit, wobei ich selbstverständlich nicht nur auf eine tragische Spaltung zu sprechen kommen will, sondern auch seine Suche nach dem Mystischen zu streifen gedenke, ohne welche eine Würdigung dieser Art kaum als vollkommen gelten darf. Die Rede wird gut.

Der Erfolg der Rede und die dem Redner zuteil werdende »Ehrung als größtem lebenden Bartschedelforscher« waren »beinahe beschämend«, doch niemand hatte bemerkt, daß der falsche Redner sprach, und niemand außer dem Redner selbst hatte, »als die Hülle fiel«, bemerkt, daß es sich nicht um Gottfried Willibald Bartschedel handelt, sondern um Christian Theodor Bartschedel, dessen Verdienste »wesentlich allgemeinerer Natur« waren: er »war ein bedeutender Erzieher und Philanthrop, ein mutiger Vorkämpfer für die sogenannte Allgemeinbildung (der Begriff stammt von ihm), Pionier auf dem Gebiet der Abendkurse, ein Pestalozzi für Erwachsene« (Suhrkamp, S. 66 f.).

Auch in *Paradies der falschen Vögel* handelt es sich um die retrospektiven Aufzeichnungen eines Mannes, der Opfer einer Fälschung und zuletzt selbst zum Fälscher wird; auch hier spaltet sich die Handlung in zwei parallel ablaufende Ereignisse; auch hier wird das Spiel mit der Fiktionalität einer historischen Figur betrieben. Aber im Roman handelt es sich nicht um Tagebuchaufzeichnungen, sondern um zwei Lebensgeschichten, nämlich um die eines Malers und die seines Onkels, beide erzählt vom Maler, dem Opfer der Fälschungen seines Onkels, den er zuletzt mit einer Fälschung zu Fall bringt; im Roman verlaufen die einzelnen Teile der Geschichte über weite Strecken getrennt, verknüpfen sich aber am Ende und finden, ganz anders als in *Aus meinem Tagebuch*, zu einer Auflösung; und im Roman werden nicht zwei historische Persönlichkeiten verwechselt, sondern eine fiktive Figur wird von den anderen fiktiven Figuren – wie von Hildesheimer selbst zuvor Gottlieb Theodor Pilz – so dargestellt, als habe sie tatsächlich gelebt.

Anton Velhagen, so heißt der Maler, beginnt seine Aufzeichnungen denn auch mit einer Enthüllung: »Der Maler Ayax Mazyrka, der ›Procegovinische Rembrandt‹ benannt, eine der bedeutendsten Erscheinungen der Kunstgeschichte, hat niemals existiert. Seine Werke sind gefälscht, und die Geschichte seines Lebens ist eine Fiktion« (S. 5).

Anstatt weitere Details zu enthüllen, berichtet Anton Velhagen von sich selbst, wobei er schließlich ebenfalls einiges aufzudecken hat: seine Jugend im Haus seiner Tante Lydia und seine Erziehung durch den Liebhaber der Tante, seinen Hauslehrer Philipp Roskol, eine Erziehung, die später durch seinen Onkel, den Fälscher Robert Guiscard – der mit Kleist übrigens nichts zu tun hat – [13], den letzten Schliff bekommen hatte. Über ihn schreibt Velhagen, er sei »ein genialer Fälscher, ein Fälscher von Gottes Gnaden« gewesen, und fügt hinzu: »die Gioconda war – man wird es kaum glauben – sein Erstlingswerk« (S. 49). Onkel Robert ist aber nicht der einzige erziehungsberechtigte Fälscher im Umkreis des jungen Velhagen.

Der Anfang des Romans, die Jugenderinnerungen Anton Velhagens – Onkel Robert weilt in der fernen Procegovina und kommt nur einmal zu Besuch –, lesen sich wie eine lockere Zusammenfügung *Liebloser Legenden*, verbunden durch identisches Personal. Tatsächlich sind manche Episoden ab Februar 1952 in einigen Zeitungen als abgeschlossene Texte erschienen, zum Beispiel die *Historie unter der Käseglocke. Eine Erzählung*: unter einer Käseglocke hütet die Tante die kümmerlichen Reste jenes Misthaufens, auf den man am 23. März 1618 die kaiserlichen Abgesandten aus dem Fenster des Prager Schlosses geworfen hatte. Anton, noch ein Kind, hebt die Käseglocke und hätte untersucht, was vom Misthaufen übriggeblieben ist, hätte nicht ein Luftzug die letzten Brösel davongeweht. Anton ersetzt den Mist durch Asche aus dem Ofen, und als er später die Echtheit des Haufens anzweifelt, wird er wegen dieser Ungehörigkeit getadelt. Schon früher war er, wie er dann im Roman berichtet, als Banause aufgefallen: »Meine erste ernsthafte Rüge zog ich mir zu, als ich mir mit dem Schnupftuch der Liselotte von der Pfalz die Nase putzte« (S. 17).

Der Misthaufen war also nicht die kostbarste Rarität aus dem Besitz Tante Lydias: »sie war eine Sammlerin großen Formates. Bei ihr handelte es sich um historische Objekte: vom Schönheitspflästerchen des Rokoko über Schnupftabaksdosen zu schweren Möbeln, ja ganzen Einrichtungen« (S. 14). Offenbar ist sie eine nahe Verwandte der Marchesa Montetristo – auch im Roman ist von einem »Silbersaal« die Rede (S. 159) –, fälscht sich aber statt einer Insel ein anderes Fundament, zum Beispiel Grabmale – allesamt Attrappen – berühmter Vorfahren.

Tante Lydia jedenfalls hat entschiedene pädagogische Mängel und ist froh, als Philipp Roskol auftritt: »Roskol war in den mittleren Zwanzigern, als er zum erstenmal den Salon meiner Tante betrat. Es war ihm der Ruf vorausgegangen, er sei ein Experte auf dem Gebiet der frühbyzantinischen Vasenmalerei, über die und deren Meister er in höchst amüsanter Weise zu erzählen wisse. Dies stellte sich als wahr heraus, wenn auch seine Berichte so selbstdichtet, wie die Vasen, um deren Ursprung und Bemalung es sich handelte, falsch waren« (S. 28). Unter Roskols Anleitung kommt Anton zu frühreifen Ansichten: »Nicht ohne einen gewissen Stolz kann ich daher behaupten, daß ich früher als manch anderer zu der Einsicht gelangt bin, daß die Wahrheit verschiedene Aspekte hat und ihre Erkenntnis im Auge des einzelnen liegt« (S. 31). Gegen Ende des Romans definiert Velhagen denn auch, als sei er zu Friedensohn in die Lehre gegangen: »Was ist ein echtes Bild? Ein echtes Bild ist ein Bild, welches von einem oder mehreren Experten als echt erklärt ist« (S. 169).

Auf dieser Erkenntnis des Wahren und Echten hatte Onkel Robert Guiscard, von dem sein Neffe Velhagen nach Abschluß seiner eigenen Jugenderinnerungen erzählt, seine Karriere aufgebaut, eine erstaunliche Karriere, die im kleinen Balkanstaat Procegovina Höhepunkt und jähes Ende fand. Robert Guiscard begann damit, daß er in einer Malklasse die Mona Lisa so perfekt kopierte, daß er seine Kopie heimlich anstelle des Originals im Louvre placieren konnte und mit dem Original den »Rom-Preis« gewann. Statt nach Rom fuhr er nach London und zeichnete, als das Geld ausging, einen Holbein mit dem Titel »Lady Viola Pratt«: »Eine Expertise ergab denn auch, daß diese neuaufgefundene Zeichnung aus Privatbesitz echt sei, und es gelang Robert, das Werk zu einem Preis zu verkaufen, der ihm einige Monate sorglosester Existenz sicherte« (S. 56). Nach einigen weiteren, ähnlich erfolgreichen, Verkäufen dieser Art an verschiedenen Orten Europas, zuletzt einer Ikone in Konstantinopel, wollte Guiscard mit dem Orient-Expreß wieder in »westlichere Regionen« zurückkehren (S. 58).

Im Orient-Expreß hatte Andreas in *Die Suche nach der Wahrheit* seine Verena aufgelesen, und im Orient-Expreß findet Robert Guiscard in *Paradies der falschen Vögel* seine Liane, keine Lebedame, sondern, wie sie behauptet, eine Spionin. Aber die Situationen ähneln sich sehr: hier wie dort wird auf den Boden gespuckt, hier wie dort wird der Zug angehalten, in *Paradies der falschen Vögel* allerdings vom Zugpersonal selbst, das Geld für die Weiterfahrt erpressen will; sogar der Verkauf Verenas aus der *Lieblosen Legende* deutet sich im Roman, in einem Trugschluß, an: Robert Guiscard befindet sich – unabsichtlich – auf der Fahrt nach Píloty, der Hauptstadt der Procegovina, wo er Triumphe feiern wird, was er aber noch nicht ahnt; unabsichtlich deshalb, weil er nach Paris fahren wollte, der Waggon mit seinem Abteil jedoch für die Weiterfahrt umgekoppelt worden war, während er sich, nur mit dem Pyjama bekleidet, in Lianes Abteil aufgehalten hatte. Er findet sich jedoch rasch zurecht: als das Zugpersonal wieder einmal den Zug anhält und Geld fordert, bietet er eine hohe Summe für die Kleider des Heizers, der sich statt seiner im Pyjama bei Liane aufhält, die er wohl als Zusatzvergütung in Naturalien betrachtet. In Píloty angekommen, nimmt Robert Guiscard sie aber doch mit, hauptsächlich wegen ihrer guten Beziehungen zu den hochgestellten Persönlichkeiten des Landes.[14]

Er malt einen Rembrandt zur Aufbesserung seiner Kasse und bietet ihn der staatlichen Galerie an. Kultusminister Srob – er könnte ebensogut Friedensohn heißen – zeigt sich interessiert, weil, wie er sagt, der einzige Holländer der Galerie gefälscht sei, was aber niemand je erfahren werde: »ich bin hierzulande der einzige Experte, der als unfehlbar anzusprechen ist« (S. 78).

Auf der Basis solcher Expertenschaft kann Robert Guiscard seine Idee entwickeln, der Procegovina einen Nationalmaler zu schaffen. Kultusminister und König sind begeistert von der Möglichkeit, den Tourismus anzufachen, und stimmen zu. So entstehen mit staatlicher Unterstützung Leben und Werk des Nationalmalers Ayax Mazyrka: in einem Bauernhof wird seine Geburts- und in einem Kloster seine Arbeitsstätte hergerichtet, und Robert malt Mazyrkas. Natürlich wird ein Kunstexperte mit inzwischen bekannter Qualifikation eingeweiht, der eine Biographie Mazyrkas schreibt. Nach wenigen Jahren hat sich Mazyrka – ähnlich dem Meister der Lübecker Marienkirche, dessen Gotik kurz vor Erscheinen von Hildesheimers Roman als Fälschung bekanntgeworden war – so in der Kunstgeschichte etabliert, daß der Erzähler Anton Velhagen einen nahezu vierseitigen Lexikonartikel zum Stichwort »Mazyrka« samt einem recht ansehnlichen bibliographischen Verzeichnis zitieren kann (S. 85-88). »Falsch oder echt?« schrieb Heinz Piontek in seiner Rezension des Romans. »In dieser Frage begegnen sich Satiriker und Moralist. Es ist eine der ältesten Fragen, die der Mensch an sich richtet.«[15]

Robert Guiscard steht kurz vor dem Gipfel seiner Laufbahn, als Anton Velhagen, eben siebzehn Jahre alt geworden, Tante Lydias Haus verläßt, weshalb auch Philipp Roskol seine kombinierte Stellung als Hausfreund und -lehrer aufgeben muß. Die beiden trennen sich auf dem Bahnhof, wo Velhagen in den Orient-Expreß steigt – offenbar wieder jemand auf der Suche nach der Wahrheit –, um zu Onkel Robert zu fahren. Dort erfährt er auch prompt, wie es in Wahrheit um Mazyrka und dessen Bilder bestellt ist, und bekommt von seinem Onkel einige Wahrheiten mitgeteilt: »›Der Nimbus des Alten‹, sagte er, ›trägt heute mehr zu dem Wert eines Kunstwerkes bei als die künstlerische Qualität. Ein lebender Maler ist nichts; wenn er stirbt, horcht man schon auf, aber einem alten Meister stehen alle Türen offen‹« (S. 121).

In der Procegovina, in der Umgebung Roberts, wo der Boden für derlei offenbar besonders günstig ist, lernt Anton einige weitere skurrile Gestalten kennen, zum Beispiel den abgehalfterten Germanisten und Lyriker Hans Hamilkar Bühl, den Kunstkriti-

ker der procegovinischen Zeitung, über dessen Namen Heinrich
Böll damals schrieb, er sei »nur um jene winzige Dosis übertrie-
ben, die uns in ständigem Zweifel läßt, ob es Bühl nicht doch
gegeben hat«. Aber Böll fügt hinzu: »Dieser Zweifel wird sinnlos,
denn es gibt Bühl in Hildesheimers Roman, und damit ist er da«
(*Ironisierter Kulturbetrieb*).

Einen Bühl gibt es auch im zweiten Text von Hildesheimers
Serie *Mit dem Bausch, dem Bogen*, wo der Glossist seinen Freund
berät, einen Aphoristiker, der zur Abfassung seiner Aphorismen
nur den Vormittag braucht und sich eine Nachmittagsbeschäfti-
gung sucht:

Meinen Vorschlag, Kritiker zu werden, wies er zurück, da man sich – wie er
behauptete – zur Ausübung dieser Funktion mit dem zu behandelnden
Stoff beschäftigen müsse. Ich sagte zwar, das sei durchaus nicht nötig, das
täten nur die Unerfahrenen, aber da mein Freund ein Mensch von hohen
ethischen Grundsätzen ist, die wohl auch zum Handwerkszeug des Apho-
ristikers gehören, gelang es mir nicht, ihn von meiner Ansicht zu überzeugen.

In *Paradies der falschen Vögel* funktioniert der Austausch der Fakultäten – Aphoristiker und Kritiker – tatsächlich, wenn auch in
umgekehrter Reihenfolge: Bühl schreibt und publiziert Aphorismen genau ab dem Zeitpunkt, an dem er als Kritiker verstummt,
ein Verstummen allerdings, das nicht freiwillig ist und mit brach-
liegender Arbeitskraft wenig zu tun hat. Er hatte ein spezielles
System der Kunstkritik entwickelt und verfaßte »seine Besprechungen gewöhnlich vor der Veranstaltung, etwa morgens im
Bett, oder im Café de la Liberté«, viele seiner Artikel »lagen aber
auch schon bei der Zeitung im Satz bereit und wurden von einem
sachkundigen Drucker zusammengestellt« (S. 131). Dieses »System« hatte zwar hin und wieder versagt, was vom Konzertpublikum nicht übelgenommen und vielleicht gar nicht bemerkt worden war, als aber das Konzertprogramm anläßlich des Todes von
Kultusminister Srob abgeändert wird und Bühls Drucker dies
nicht berücksichtigt, kommt es zum Skandal: Bühl muß das Land
verlassen. Robert Guiscard kommt dieser Eklat gerade recht, denn
Bühl wäre eine scharfe Konkurrenz bei der Neubesetzung des
Ministerpostens gewesen, bei der es vor allem darum gehen muß,
den geschicktesten Falschspieler zu finden. Nun ist es keine Frage
mehr: Robert Guiscard wird Kultusminister.

Hildesheimers Prinzip der Komik beruht zu einem nicht unbeträchtlichen Teil darauf, Dinge überzeugend zu erklären, die jedermann selbstverständlich sind, oder Ursache und Wirkung mit Binsenwahrheiten kurzzuschließen; und so fällt auch Anton Velhagens Resümee von Bühls Ende als Kritiker aus: »Was ihm die Leser der Musikkritiken – falls es deren welche gibt – niemals verübelt hatten, verübelten ihm die Anhänger politischer Pietät, deren es unzählige gibt« (S. 133). Nicht etwa Bühls skandalöse Routine bei der Abfassung seiner Besprechungen, sondern allein die Mehrzahl der politisch orientierten Bevölkerung bewirkt seine schimpfliche Entlassung. Dieselben gedanklichen Kurzschlüsse beschreibt Velhagen auch bei seinem Lehrer Roskol: »Stets erfand er, ex tempore, eine besonders plausible und einfache Erklärung eines Umstandes, über welchen niemand jemals nachdenkt. Zweifelsohne war dies bei ihm eine Errungenschaft, die positiv zu werten ist, denn sie drückt das Suchen nach einer Art vereinfachter Wahrheit aus« (S. 97).

Velhagen und Roskol, wie sich zeigen wird, gehören zu den Identifikationsfiguren des Autors Hildesheimer, der seinen positiven Figuren mitgibt, was ihm selbst eignet; Hildesheimers Suche nach Wahrheit ist allerdings, ganz im Gegenteil zu der seiner frühen Figuren, alles andere als auf Vereinfachung aus: Dieter Wellershoff hörte – wie Walter Jens bereits aus den *Lieblosen Legenden* – auch aus *Paradies der falschen Vögel* einen besonderen Ton heraus: »in der boshaften Heiterkeit des Satirikers« verberge sich »die Bitterkeit und die Melancholie des Moralisten« (*Land der Fälscher*). Damit kündigte sich, leise und leicht zu überhören, auch in diesem vom größten Teil der Kritik für zu leicht befundenen Werk jene Verschiebung des Akzents an, die sich wenige Jahre nach Erscheinen des Romans in allen Werken Hildesheimers abzeichnet: seit den späten fünfziger Jahren zeigt sich des Lachens anderes Gesicht, die Verzweiflung.

Anton Velhagen lehnt sich noch zuversichtlich auf und beschließt trotz aller Lehren, die er in der Procegovina erteilt bekommen hat, nicht Fälscher, sondern Maler zu werden, eine Neigung, die sich bei ihm schon früh gezeigt hatte, als er sich nach einer Affaire mit dem Hausmädchen der Aktmalerei widmete: »Vielleicht war es die Liebe, die meine schöpferischen Instinkte aus dem Schlummer der Latenz geweckt hat; aber ich bin eher geneigt zu glauben, daß es die Form des weiblichen Körpers selbst war, die mir zum Erlebnis wurde und durch das Verlangen nach

künstlerischer Übertragung mein Talent ans Licht brachte«
(S. 38). Onkel Robert hatte ihm damals eine beträchtliche Summe
für seine ersten Versuche bezahlt und eröffnet ihm, als Velhagen
bereits in der Procegovina lebt, er habe diese Blätter als echte
Millingtons zu horrenden Preisen verkauft. Millington, erklärt er,
ist »eine amerikanische Frühbegabung des späten neunzehnten
Jahrhunderts. Er ist mit einundzwanzig Jahren gestorben und ist
heute einer der gesuchtesten Primitiven« (S. 122).[16]

Velhagen, allen Ernstes, aber nicht allzulange, Maler, läßt sich
nahe der Landesgrenze nieder, um ungestört malen zu können,
aber Grenzstreitigkeiten der beiden Nachbarn Procegovina und
Blavazien hatte es schon immer gegeben, stets von grimmigen Parolen begleitet. Bei einer solchen Auseinandersetzung verschlägt
es ihn in den feindlichen Nachbarstaat, sein vermeintlicher Tod
wird von der Procegovina propagandistisch zum Politikum hoch-
stilisiert. Anton nimmt einen anderen Namen an und verdient sich
mit Pflastermalerei in Blavazien so viel Geld, daß er sich eine Fahr-
karte nach St. Ignaz (unschwer als St. Moritz zu erkennen) leisten
kann, wo sich offenbar seit je die Halbwelt einzufinden pflegt. Es
erstaunt ihn deshalb nicht, daß dort Hans Hamilkar Bühl – finanziell unterstützt von Tante Lydia – im Silbersaal des Grand Hotels
Gedichte und Aphorismen vorträgt.[17]

Besonders überrascht ist er auch nicht, als er in einer Galerie
Bilder mit seiner eigenen Signatur entdeckt, die gar nicht von ihm
selbst stammen; ihm ist sofort klar, daß Onkel Robert seinen
spektakulären Tod vorteilhaft ausgewertet hat. Der Galerist nennt
ungeheure Summen für die Bilder: »›Handzeichnungen‹, sagte der
Herr, und sein Gesicht nahm einen überlegen-belehrenden Ge-
sichtsausdruck an, ›hat uns der junge Märtyrer nicht hinterlassen.
Wir besitzen noch nicht einmal irgendwelche Skizzen von ihm.
Velhagen pflegte seine Bilder sofort auf die Leinwand zu projizie-
ren, ohne vorher auch nur irgendeinen Entwurf anzufertigen«
(S. 163 f.).

Dagegen protestiert er nun doch, verfertigt einige Handzeichnungen und wird erneut in der Galerie vorstellig: »Selbst ein
verständiger Laie, sagte der Herr, in welche Kategorie er – wahrscheinlich ohne mir zu nahe treten zu wollen – mich einordnete,
könne den subtilen Qualitätsunterschied an diesem und jenem
Detail erkennen; nun, so schloß er, es würde ja so viel gefälscht
heute, und da sei es kein Wunder...« Velhagen kommentiert:

»Was sollte ich nun dazu sagen? Ich war nicht mehr Anton Velhagen; es wäre daher müßig – ja, genau genommen, sogar unwahr – gewesen, hätte ich mich als solcher zu erkennen gegeben« (S. 170).

Die Suche nach der Wahrheit hat ihn so weit geführt, daß er den Schein als Wahrheit nimmt, weil die Wahrscheinlichkeit gegen ihn spricht: das Wahrscheinliche ist wahr, selbst wenn es nicht der Realität entspricht – Ausgangspunkt und Fazit vieler Werke Hildesheimers.

Auch Philipp Roskol hat sich gewandelt: »Schon seit längerer Zeit hatte ihm der Kunsthandel nicht mehr bedeutet, als eine lästige Routine, unter deren Oberfläche es bereits zu gären begonnen hatte, und als er eines Tages einen prominenten Sammler durch seine Galerie führte, um ihm einige Neuakquisitionen zu zeigen, begann er in genau dem gleichen sanften Tonfall, dessen er sich stets mit Erfolg seinen Kunden gegenüber bedient hatte, den tatsächlichen Ursprung seiner Antiquitäten zu erklären: jene Brunnenfigur mit dem edlen Faltenwurf sei nicht Tirol, siebzehntes Jahrhundert, sondern ihr Schöpfer lebe auf dem Lande, nicht weit von Würzburg, sei ein äußerst geschickter Nachschöpfer und habe eine eigene Zucht von Holzwürmern, welche er durch jedes neuangefertigte Stück jage« (S. 174f.).

Nach diesem Sprung vorwärts, der einer etwas anderen Wahrheitsfindung als der Velhagens entsprang – »er hatte vom Blut der Wahrheit geleckt« (S. 175) –, gab es für Roskol kein Halten mehr: er war »mit Gedanken an einen weiteren Vorstoß in das Gebiet der Wahrheit beschäftigt« (S. 175f.), er wollte Onkel Robert entlarven, wozu ihm sein ehemaliger und totgeglaubter Schüler Velhagen gerade recht kam, über dessen plötzliches Auftauchen er sich übrigens kein bißchen wunderte: er war derlei Umstände offenbar gewohnt.

Roskol hatte seinen Lieferanten telegrafisch mitgeteilt, »daß man ihnen auf der Spur sei und sie bereits polizeilich verfolge« (S. 177), was man, wie er Velhagen erklärt, zwar noch nicht wirklich tue, er habe aber feststellen können, daß sie alle auf das Telegramm hin »die Stätten ihrer Tätigkeit verlassen haben« (S. 178). Rund zwölf Jahre später erscheint dieses Handlungsmuster erneut, im Prosabuch *Tynset* von 1965, das auch in diesem Detail die Verschiebung des Akzents deutlich macht: dort haben die Anrufe und ihr wie selbstverständlicher Erfolg an Komik verloren und wenden sich zuletzt sogar gegen den Anrufer selbst, der nun seinerseits die Stätte seiner Tätigkeit verlassen muß.

Velhagen und Roskol können noch, wie viele der frühen Figuren Hildesheimers, ungetrübten Erfolg erzielen und siegesgewiß zusammenarbeiten. Velhagen wird zum Fälscher und malt eine zweite »Lady Viola Pratt«, von Holbein wie die seines Onkels, die vermutlich Roskol, Näheres erfährt man nicht, irgendwo gekauft hat. Roskol, den Guiscard nicht kennt, läßt sich als Mr. Lionel Pratt bei ihm melden und legt ihm seine eigene Zeichnung vor; Guiscard würde sie natürlich gerne zurückkaufen, aber Roskol alias Pratt wehrt ab: »Ich kann dieses Blatt nicht hergeben, da es sich um meine Familie handelt. Lady Viola – von ihren Freunden Vi genannt – war eine meiner Vorfahren, ein geschätztes Mitglied des Hofes und – so erzählt man sich – die Geliebte Sir Thomas Moores. Meine Familie gedenkt nicht, sich von dieser Zeichnung zu trennen, obgleich sie eigentlich nur als Kuriosität Wert besitzt. – Exzellenz, da Sie soeben beim Erinnern sind: sind Sie nicht vielleicht gar der Verfertiger dieses Blattes?« (S. 185 f.)

Robert streitet alles ab, bis Mr. Pratt Velhagens Zeichnung vorlegt, die »Lady Viola Pratt« so darstelle, wie Holbein sie tatsächlich gemalt habe, und verspricht, Robert nicht zu entlarven, sondern mit sich zu nehmen, da er ihn bei seiner Tätigkeit als Kunsthändler brauchen könne; dazu müsse Robert allerdings seinen Ministerposten kündigen, denn hier sei er »zu gefährdet«: »Man fälscht bereits Mazyrkas, und so wird man vielleicht bald auch den echten auf die Spur kommen« (S. 188).

Tatsächlich waren Mazyrkas auf den Markt gekommen, die nicht aus dem Pinsel Guiscards stammten, womöglich auch sie von Velhagen gemalt. Ein Skandal droht, und Guiscard ergreift die Gelegenheit, der Procegovina zu entkommen, wo man ihm für alle Fälle Landesarrest gegeben hatte.

Robert Guiscard, Mr. Pratt alias Philipp Roskol und Liane, die Spionin, die zur Frau eines Ministers geworden ist, sitzen im Orient-Expreß. Robert verhandelt heimlich mit dem Zugpersonal und bietet eine beträchtliche Summe dafür, daß man die Toiletten seines Waggons verschließe und die anderen Waggons abkupple, sobald die Notbremse gezogen werde. Er plant, die Notbremse in dem Augenblick zu ziehen, in dem Mr. Pratt bei der Suche nach einer offenen Toilette in den nächsten Waggon geht. Da man aber Cognac trinkt und Robert »im Vorgefühl eines neuen Sieges«

(S. 192) der Flasche besonders eifrig zuspricht, muß zuerst er eine Toilette aufsuchen.

Liane weiß von seinem Plan nichts und hat inzwischen ihre eigene Maßnahme ausgedacht: sie bedroht Mr. Pratt mit einem Revolver, er hebt die Hände, »aber bloß um mit einer von ihnen an der Notbremse zu ziehen« (S. 192), natürlich ohne zu wissen, welchen Effekt er damit erzielt. Der Zug fährt nach kurzem Halt weiter, wenig später kommt der Schaffner, fordert die Belohnung und bemerkt seinen Irrtum; Liane fällt in Ohnmacht.

Mr. Pratt erkundigt sich nach der Gegend, in der man Waggon samt Robert abgestellt hat, und bekommt die Auskunft, es handle sich um das »blavazische Schroffsteingebirge. Es gibt dort nur mohammedanische Hirten. Sie lieben Fremde nicht«. Auf seine Frage, wie weit es zum nächsten Dorf sei, erhält er die Antwort: »nur wenige Kilometer. Aber dort wohnen nur podhorzische Pferdediebe. Die lieben Fremde erst recht nicht« (S. 194 f.). Mr. Pratt ist sehr erfreut und zahlt den Schaffner aus; Liane kommt wieder zu sich.

»Der Leser«, kommentiert Velhagen, »dessen Gefühl für irdische Gerechtigkeit mit diesem Ende befriedigt ist, mag aufatmen, hüte sich aber, diesen Fall als einen gemeingültigen Beweis für ihre Notwendigkeit zu zitieren. Wie ich sehe, bildet dieser Fall lediglich die Ausnahme der Regel, daß, wer anderen eine Grube gräbt, am längsten währt, und ich bin überzeugt, daß viele Berichte, die dem meinen gleichen, die Öffentlichkeit eben deshalb nicht erreicht haben, weil die Betroffenen noch unter uns weilen und sich für die Verbreitung bitter rächen würden« (S. 198). Das ist die nachträgliche Anpassung des ganzen Geschehens an ein Sprichwort nach Art dessen, was Anton Velhagen schon als Kind für sich beansprucht hat und was für Hildesheimer selbst zutreffend ist: »zu dieser Zeit offenbarte sich bereits die Vorliebe, sogleich das Bildliche einer solchen Redensart in konkrete Wirklichkeit zu übertragen, welche Angewohnheit später zu manchem Mißverständnis geführt hat« (S. 22).

Der autobiographische Zug, der sich in Hildesheimers Werk immer wieder zeigt, erscheint mit einiger Deutlichkeit gegen Ende des Romans wieder, als Velhagen resümiert: »Das Holbeinblatt aber, mit dessen Hilfe Philipp Roskol meinen Onkel zu überführen gedachte, ist mein Werk, mein letztes. Seit dieser Arbeit habe ich weder Pinsel noch Stift zur Hand genommen, und ich gedenke, es auch in Zukunft nicht zu tun« (S. 201).

Wie Hildesheimer in seiner *Vita* schreibt, hatte er 1950 mit Schreiben begonnen und statt dessen nicht mehr gemalt. Das entspricht genau Anton Velhagens Verhalten, der nach seinem Ende als Maler mit Schreiben beginnt und seine Geschichte erzählt. Von Fälschung sprach Hildesheimer im Zusammenhang seiner eigenen bildkünstlerischen Werke niemals, allerdings von Täuschung. Ende der vierziger Jahre, als er noch eine Karriere als Maler anstrebte, hat er an seine Eltern geschrieben: »Falls es zur Malerei nicht ausreicht, ist es jedenfalls nicht der Wille oder die Phantasie, sondern die Farbenblindheit, ueber die andere hinwegzutaeuschen doch eine seelische Anstrengung ist« (1. Dezember 1949).

In *Paradies der falschen Vögel* verarbeitet er Züge seiner eigenen Situation – er selbst wird ja wohl einige Male mit dem Orient-Expreß »in westlichere Regionen« zurückgekehrt sein. Ins Komische gewendet und das Prinzip Zufall hervorgekehrt, das auch für ihn selbst wichtig geworden ist, beschreibt er Gründe des Metierwechsels zu einer Zeit, als er noch nicht wissen konnte, daß er später einmal ausschließlich zur bildenden Kunst zurückkehren wollte.[18]

Velhagen macht mit der Malerei endgültig Schluß und hat, so behauptet er jedenfalls, nicht die Absicht, nun eine Karriere als Schriftsteller zu beginnen, wogegen allerdings seine Aufzeichnungen, der ganze Roman, sprechen: »Ich habe diese Aufzeichnungen mit der Feststellung begonnen, daß mir nichts ferner liegt, als Staub aufzuwirbeln, und ich mich zu der Rolle des Weltverbesserers nicht berufen fühle, was auch übrigens niemanden erstaunen wird, der die Qualifikationen der wirklichen Weltverbesserer kennt (...) und ich rate allen denen, welche durch irgendeinen Zufall – mag er nun dem meinen gleichen oder nicht – Anonymität gewonnen haben, diese als einen kostbaren Besitz zu hüten« (S. 170f.).

Dieses abschließende Fazit ist, kompositorisch gesehen, wieder ein Trugschluß, denn als Velhagen sich in dieser Weise über seine Aufzeichnungen äußert, ist Guiscard noch in Amt und Würden; Trugschlüsse werden sich, eine überraschende und nur aus der Retrospektive zu erkennende Parallele, auch in der Entwicklung Hildesheimers immer wieder feststellen lassen.

Der Suche dieser frühen Figuren nach Anonymität entspricht Hildesheimers zunehmend größeres Verlangen, sich aus lärmendem Tagesgeschehen zurückzuziehen. So äußert sich denn auch die andere positive Figur des Romans zur Anonymität. Als Guiscard – im wahrsten Sinn des Wortes – abgehängt worden ist, sagt Philipp Roskol zur eben aus der Ohnmacht erwachten Liane: »Je anonymer man ist, desto besser ist es. Das werden sicherlich auch Sie schon erfahren haben« (S. 196).

Ehe Velhagen jedoch das Glück des Anonymen preist, widmet er den anderen Figuren nacheinander Schlußbetrachtungen, die zum Ausdruck bringen, wie man jene zu bewerten hat, die sich nicht zurückziehen: »Und so muß ich es der Phantasie des Lesers überlassen, Robert Guiscards abenteuerlichem und anfechtbarem Leben ein ihm gemäßes Ende anzudichten« (S. 197). Guiscards Ende ähnelt jenem von Andreas aus *Die Suche nach der Wahrheit*, auch er gilt als verschollen, und auch er hat sich damit schließlich zurückgezogen: der letzte Ritt in die Wüste ist zur letzten Bahnfahrt ins Schroffsteingebirge geworden. Die Darstellung dieses Endes deutet darauf hin, daß Guiscards Genialität Bewunderung gezollt wird. Immerhin hat Hildesheimer aus Passagen seines Romans ein Hörspiel gemacht – *Begegnung im Balkanexpreß* (1953) –, in dem nicht etwa Velhagen, sondern Robert Guiscard die Rolle von Hauptfigur und Ich-Erzähler spielt, eine Rolle, die Velhagen allerdings, wenn auch unter anderem Namen, in der späteren Hörspiel-Bearbeitung des Romans – *An den Ufern der Plotinitza* (1954/1956) – wieder einnimmt.

Liane aber wird so lieblos gezeichnet wie Verena aus *Die Suche nach der Wahrheit*: sie hat ihren Beruf als Spionin, den sie zugunsten des Berufs als Ehefrau und Ministergattin – falls das ein Beruf ist – vorübergehend aufgegeben hatte, wiederaufgenommen und ist vermutlich »bereits dabei, ihr Scherflein zur Vorbereitung des nächsten Krieges beizutragen«. Sie beweist Mitläufertum und Opportunismus mit jener Gleichgültigkeit, mit der sie ihre disparaten Berufe wechselt, sie hat wenig später, so Velhagen, auch dazu beigetragen, »daß die Procegovina, an welchen Staat sie jedenfalls keinerlei Gefühl der Anhänglichkeit gekettet zu haben scheint, heute zwischen seine Nachbarländer aufgeteilt und endgültig verloren ist« (S. 199); die Beseitigung der Nebendamen aus dem Serail des Drusenscheichs wird zur Beseitigung ganzer Länder.

Hans Hamilkar Bühl erbt das Haus Tante Lydias und füllt »Jahr für Jahr einen neuen Aphorismenband«, und auch »er hat keine Ursache, sich über sein Schicksal zu beklagen, und er tut es wohl auch nicht« (S. 199); harmlose Briefe aus dem Serail heim zur

Mutter nach Neu-Ulm werden zu ganzen Büchern, die Konvention orientalischer Lebensweise wandelt sich zur Routine jährlicher Aphorismenbände: die Kritik an Kritikern, die halbverhinderte Künstler sind, ist vollkommen.

Der letzte Abschnitt gilt Velhagen und Roskol, die beide aus dem Wissen um das, »was dahinter steckt«, gelernt und Anonymität endlich gewonnen haben: »Inzwischen ist es Abend, und wie immer um diese Zeit, erwarte ich Philipp Roskol, der mein Nachbar ist (...) Wir werden, wie gewöhnlich, ein Glas Wein zusammen trinken, eine stille Partie Bezique spielen und vielleicht von alten Zeiten sprechen, da wir beide den neuen mit wenig Spannung entgegensehen« (S. 201 f.).

Roskol und Velhagen haben also ein Loch gefunden, aus dem sie sich aus der Gesellschaft der Fälscher, Mitläufer und Hochstapler flüchten können; aus den Schwimmstößen durch die Vorhalle des sinkenden Palastes der Marchesa (*Das Ende einer Welt*) ist ein Rückzug ins Private geworden.

In *Paradies der falschen Vögel* werden, wie sich gezeigt hat, die *Lieblosen Legenden*, denen der Roman in vielen Details verpflichtet ist, zuletzt doch weiterentwickelt. Nicht die Möglichkeiten des Rückzugs aus der Gesellschaft haben sich erweitert, sondern die Frage nach dem *Wohin* ist in den Vordergrund gerückt: der Roman beschreibt den Weg ins Außenseitertum. Die Figuren aus den *Lieblosen Legenden* haben Auswege gesucht und gefunden, und wenn sie das nicht getan haben, sind sie fast ausnahmslos untergegangen, das Konzertpublikum aus *Das Ende einer Welt* ebenso wie Herrscher und Untertanen aus dem Märchen *Der Riese*. *Das Ende einer Welt* endet allerdings damit, daß der Erzähler dem allgemeinen Untergang entkommt und das Geschehen aus einem offenbar vor Untergängen geschützten Ort rekapituliert. Andreas aus der *Suche nach der Wahrheit* ist irgendwohin aufgebrochen und könnte sich, falls er nicht untergegangen ist, an einem ruhigen Ort befinden, an dem er, wer weiß, die Wahrheit zuletzt doch gefunden hat; womöglich liegt die Wahrheit überhaupt in Untergang und Tod, eine Vermutung, die mancher der späteren Figuren zur Gewißheit wird.

Die Frage nach dem *Wohin* wurde allerdings schon von einigen *Lieblosen Legenden* in jenem Sinn beantwortet, den der Roman als einzige Antwort vorstellt, zum Beispiel in *Das Atelierfest*, wo der mühsame Weg ins Schlafzimmer beschrieben wird, wenn auch die

Frage nach dem zukünftigen Schicksal des Erzählers nur angedeutet bleibt. In *Ich finde mich zurecht* kommt ein Erzähler dann – zum ersten Mal in einem Werk Hildesheimers – zum Entschluß, im Bett liegenzubleiben, das Hauptmotiv späterer Werke, wo die Frage nach dem *Wohin* zur zentralen Frage wird und nicht mehr so einfach wie in *Paradies der falschen Vögel* beantwortet werden kann.

Die Procegovina und ihre Kultur war eine autonome Welt, klein wie die Insel der Marchesa und in ihren Ansprüchen ebenso maßlos, so daß sie nur durch Fälschung bestehen konnte. *Paradies der falschen Vögel* schildert das Ende dieser Welt, die beileibe kein Paradies, sondern nur der Tummelplatz aller Arten falscher Fünfziger und schräger Vögel war, die aus ihrem Paradies von denen vertrieben wurden, die sie daran hinderten, in das Paradies der Anonymität zu kommen. Die Grenzen der Gesellschaftsgebilde und die der Rückzugsgebiete sind scharf gezogen – sei es ein Kleinstaat, eine Insel, ein Atelier oder ein Schlafzimmer –, und für alle Figuren, auch für die positiven, besteht, solange sie keinen Ausweg suchen, immer die Gefahr, bei der Flucht aus der einen in eine andere Gesellschaft ähnlicher Qualität zu geraten, aus Tante Lydias Haus in die Procegovina und von dort nach St. Ignaz: von einem unhaltbaren Zustand in einen nächsten.

Hildesheimer selbst hat die Konsequenz gezogen, hat sich wie seine Figuren verhalten und hat den Ausweg gesucht: er zog sich, vier Jahre nach Erscheinen des Romans, in das kleine Städtchen Poschiavo hinter dem gewichtigen Bernina-Paß zurück, das man mit dem Auto winters ab und zu, wenn der Paß verschneit ist, nur mit einem beträchtlichen Umweg von Süden, über Italien, erreichen kann, will man das Auto nicht in St. Moritz stehenlassen und die Rhätische Bahn, den Bernina-Expreß, benutzen – eine amüsante Parallele: er wohnt also ganz in der Nähe seiner Figuren in einem »Winkel des Auslands«: »Verbaler Zündstoff hat, bis er bei mir angelangt ist, bereits gezündet, oder er ist verpufft« (*Waren meine Freunde Nazis?*).[19]

Wie seine positiven Figuren ist also auch er selbst »Aussteiger« – ein Schlagwort, das in den fünfziger Jahren noch nicht existierte, das er aber Anfang der achtziger Jahre ausdrücklich auf sich bezogen hat. In seinen Werken erscheinen die Aussteiger jedoch von Anfang an: in den fünfziger Jahren suchen und finden sie den Ausstieg, in den sechziger Jahren haben sie den Ausstieg bereits hinter sich, und in den siebziger und frühen achtziger Jahren heben die Biographen in *Mozart* und *Marbot* gerade den allmählichen Rückzug ihrer dargestellten Personen hervor, und Hildesheimer selbst hat gesagt, seine Beschäftigung mit diesen Figuren sei eine »Flucht« ins 18. und 19. Jahrhundert gewesen.[20]

Schon kurz nach seinen ersten Erfolgen, so kann man schließen, bereute er seinen Entschluß, Schriftsteller geworden zu sein, suchte nach einem Ausstieg und schickte seine Figuren auf Erprobungsgänge. So läßt er Philipp Roskol sagen: »ich habe meine Brücken wenigstens angezündet. Nun gilt es, den Brückenbrand zu schüren« (S. 178). Hildesheimer hat den Brand lange geschürt, aber erst dreißig Jahre später, als er beschlossen hatte, das Schreiben endgültig aufzugeben, konnte er seinen Aussteiger in den *Mitteilungen an Max* sagen lassen: »Ich dagegen stehe auf einem festen Standpunkt, zu dem, nachdem ich die Brücken verbrannt habe, ein windschiefer Holzsteg führt, der zur Zeit der Schneeschmelze nicht ganz ungefährlich ist« (S. 27). Am Ende steht also kein Aussteiger mehr, sondern ein Ausgestiegener, der aber noch immer, wie Velhagen und Roskol, den neuen Zeiten »mit wenig Spannung« entgegensieht, allerdings aus anderen Gründen.

Die Tuschzeichnung *Unhaltbarer Zustand*, im Jahr vor den *Mitteilungen an Max* entstanden, zeigt, daß die Zustände, die Hildesheimers frühe Figuren zu Rückzug und Flucht bewogen haben, noch immer herrschen, ihr Ende aber nähergerückt ist; Titel und Dargestelltes beziehen sich auf die ganze Welt, ähnlich der Wendung vom Ende *einer* Welt zum Ende *der* Welt: auf schmaler Basis, wie auf dem dünnen Stiel eines Weinglases, lastet eine Art aufgeblasenes Gebilde, viel zu groß und zu massig, um sich auf dem schlanken Stiel halten zu können, und viel zu groß, um im Bildausschnitt in seiner ganzen Ausdehnung dargestellt werden zu können: man sieht sozusagen nur den untersten Teil des Gebildes. Die ganze Aufmerksamkeit gilt dem im Vergleich dazu winzigen Trägersystem, das sich auch schon, Instabilität verratend, leicht nach links geneigt hat. Auch diese Zeichnung führt vom Ende des Schreibens zu den Anfängen als Schriftsteller zurück: sie könnte, aller zeitlichen Distanz zum Trotz, als Illustration des Romans und, noch deutlicher, einer *Lieblosen Legende* gelten.

In *Die Dachwohnung* vermittelt eine Agentur den Luftraum für Wohnungen, und zwar im halbzerfallenen Skelett eines Hauses: »ein Gerüst mit einigen vertikalen Betonpfeilern und Stahlstützen, die aber nur noch in der Mitte des ehemaligen Gebäudes ihre vollständige Länge hatten, und einigen Querstreben, die diese Stützen zusammenhielten« (DVA, S. 79). Die Hauptfigur – sie heißt übrigens Martin, wie manche der frühen Figuren Hildesheimers – beschließt, den Luftraum für eine Dachwohnung zu mieten, die auf einigen Zusatzstützen in das Gerüst eingebaut wird: »Die Wohnungstür führte ins Freie, und man trat durch sie von der letzten Sprosse einer Strickleiter« (DVA, S. 80).

Beinahe zwangsläufig findet dieser unhaltbare Zustand denn auch sein Ende: beim Möbeltransport gerät Martins Schreibtisch am Seil in Schwingung und zerstört eine Stahlstütze; ein Betonpfeiler bricht, als die Strickleiter dagegen stößt: die Wohnung steht nur noch auf einem Pfeiler und einer Stütze. Martins Freund Robert zertrümmert »mit einem mittelstarken Hammerschlag« (DVA, S. 82) den Pfeiler, und Martin selbst zerschlägt die letzte Stahlstütze, die einzige Verbindung, die seine Wohnung mit der Erde noch hatte, »denn er glaubte längst zu wissen, daß seine Wohnung nicht auf den morschen Trägern ruhe, die das Schicksal willkürlich stehengelassen hatte. Er wollte sich vielmehr dieses einzigen Haltes entledigen, der nur noch Schein war und optisch geradezu lächerlich wirkte. Er dachte, daß nun erst die Wohnung das Ansehen erhabener Sicherheit erhalten werde, als sei sie von unsichtbaren Händen getragen« (DVA, S. 83). Das Unvermeidliche geschieht, die Wohnung stürzt herab und begräbt ihn unter ihren Trümmern. Erzählung und Zeichnung sind gelungene Bilder von Luftschlössern, hohlen Köpfen und philosophischen Systemen, sämtlich aufgebauscht und auf schwachen Füßen. Beim Kontakt mit dem Boden der Realität, im Fall der Dachwohnung von beispielhafter Plötzlichkeit, zerfallen sie und erschlagen ihre Erbauer und Erdenker; Bilder aber auch – erstaunlich als Fazit schon dieser frühen Geschichte – von Wolkenkuckucksheimen, wie die *Vögel* des Aristophanes ihren Staat nennen, von luftigen Gebilden und unerreichbaren Zielen: von der Sehnsucht nach Rückzug und Lösung aller Bindungen, von einem Ziel also, das niemals vollkommen erreicht werden kann.

In Hildesheimers frühen Werken existieren viele verschiedene Welten, jede auf ihre Weise unerträglich, die meisten unhaltbar und dem Untergang geweiht. Die Gesamtheit der Welt zerfiel damals in eine wohl unüberschaubare Menge solcher genau abgegrenzter Welten, deren jede eine andere Version chaotischer Zustände umfaßte. Die ganze Welt als eine Ebene zusammengeschobener Münzen, und nur der Raum zwischen den Kreisen, in dem jedes Leben reduziert und auf sich selbst angewiesen ist, bietet die Möglichkeit individueller Lebensführung. Zu dieser Einsicht gelangen Philipp Roskol und Anton Velhagen zuletzt durch Erfahrung, zu einer Wahrheit, die Hildesheimer in den *Mitteilungen an Max* dreißig Jahre später noch einmal in Anspruch nimmt: »Neulich war ich sogar bei einer Gesellschaft. Ich sah sofort, daß sie verändert werden müsse, veränderte sie und ging früh nach Haus. Seitdem habe ich auch zu Gesellschaften keine Lust mehr« (S. 40 f.).

Diesen Weg »nach Haus«, diesen Ort zwischen den Gesellschaften, den Hildesheimers späte Figuren wohl nur noch in wehmütiger Erinnerung beschwören können – haben die frühen Figuren als letzte Rettung gesucht. Nur wenn sie dort, auf engem Raum mit freier Sicht, verharrten, vermieden sie die Gefahr, wieder in eine der unhaltbaren Teilwelten zu geraten. Sie hatten den Weg ins Abseits gewählt, nicht freiwillig, sondern von den Zuständen gezwungen, und haben sich wohl gehütet, sich noch irgendwohin zu begeben: sie sind in ihrem manchmal mühsam erkämpften Raum zwischen den Welten und deren Zuständen geblieben, wenn auch noch nicht zwischen Raum und Zeit.

Späteren Figuren wird sich – ganz konsequent – die Einsicht erschließen, daß auch Schlupfwinkel bevölkerte Räume sind, daß Außenseitertum zwar Nobilitierung bedeuten kann, Nobilitierung aber nicht vor Leiden schützt. Seit *Schläferung*, der letzten *Lieblosen Legende*, beginnen die Ich-Erzähler, nicht mehr die verschiedenen Welten zu erforschen, sondern die Zwischenräume: die Schlupfwinkel sind unsicher geworden. Wenn aber auch die letzten Refugien als unhaltbar oder gar als unerreichbar erkannt werden, wird die Frage nach dem *Wohin* zur entsetzlichen Qual. Mit diesem Problem befassen sich die Figuren in jenen Werken, die der Periode der frühen *Lieblosen Legenden* und des Romans nachfolgen. Zuletzt aber, zu Beginn der achtziger Jahre, droht der Untergang des gesamten Konglomerats aus Teilwelten und damit auch der Untergang der Zwischenräume.

3 Spätlese der Lieblosen Legenden

1957 war das Jahr der Veränderungen: Hildesheimer zog, wie gesagt, aus der Bundesrepublik weg. Dieser Umzug – ein Rückzug – war von ähnlichen oder denselben Gründen bedingt oder zumindest beeinflußt, die auch zur Akzentverschiebung in seinen Werken beigetragen haben, und zwar in allen seinen Werken aller Gattungen: die letzten beiden *Lieblosen Legenden* heben sich von den früheren deutlich ab und führen, fünf Jahre nach dem Umzug, zu einer völlig anderen Art der Prosa, zu einer neuen Periode, mitgeprägt von Hildesheimers Arbeit an der Übersetzung von Djuna Barnes' Roman *Nightwood*, die zwei Jahre nach dem Umzug abgeschlossen war. Bereits im Jahr danach begann jene Phase der Hörspiel- und Dramenproduktion, die man die absurde nennt; außerdem entstand in diesem Jahr das erste Gedicht – *Rezept* – seit dreizehn Jahren, seit *In Memoriam* von 1945, noch in Palästina geschrieben.[21]

Vermutlich hat sich Hildesheimer – vielleicht unbewußt – an die anderen großen Wechsel seiner Lebensumstände erinnert, an die Rückkehr aus Palästina und an den Beginn seiner Karriere als Schriftsteller, eine Vermutung, die nicht allein davon unterstützt wird, daß das Gedicht entstanden ist, sondern auch von der Tatsache, daß er eben im Jahr des Umzugs wieder begonnen hat, Bilder zu malen. Just im selben Jahr ist ein kleiner Prosatext erschienen, eine Art autobiographischer Notiz, die wohl nicht zufällig an *Aus meinem Tagebuch* erinnert und, wohl ebensowenig zufällig, den Orient-Expreß und seine Stationen als Ort der Handlung wählt: das *Kleine Reisetagebuch um Robert Neumann* enthält Notizen, die Hildesheimer während einer Reise nach Jerusalem aufgezeichnet hat.

Aus dem Umstand, daß dieser Text gerade 1957 erschienen ist, könnte vorschnell gefolgert werden, daß sich in ihm eindeutige Zeichen der Umbruchsituation festellen lassen; das Erscheinungsjahr der Festschrift heißt einzig deshalb 1957, weil in diesem Jahr Robert Neumann sechzig geworden ist; und daß Hildesheimer ausgerechnet zum Geburtstag Robert Neumanns einen Text geschrieben hat, liegt wohl hauptsächlich daran, daß er sich revanchieren wollte, nämlich für das Vorwort, das Robert Neumann zur Buchausgabe seines ersten Theaterstücks geschrieben hatte, zu *Der Drachenthron* von 1955. Vielleicht bereits im Jahr 1955, könnte man vermuten, hat er sich an seinen Beitrag zur Festschrift gemacht, denn in diesem Jahr ist er wohl nach Israel gereist, zumindest hat er *Aufzeichnungen aus Israel* drucken lassen; vielleicht hat er sich aber auch zu einem späteren Zeitpunkt an diese Reise erinnert und seinem Text eine fiktive Reise zugrunde gelegt.[22]

Das *Kleine Reisetagebuch um Robert Neumann* ist, wie die Zeitangabe am Anfang zeigt, stärker von fiktiven als von autobiographischen Elementen geprägt, es sei denn, Hildesheimer hätte tatsächlich zu Beginn des Jahres 1957, also kurz vor seinem Umzug, eine zweite Reise nach Israel unternommen. Unter der Angabe »5. Februar, Orient-Expreß, südlich von Nisch« heißt es (S. 57):

Robert Neumann wird dieses Jahr sechzig, behauptet Kurt Desch. Habe kein authentisches Material, die Wahrheit dieser Behauptung nachzuprüfen, außer Robert Neumann selbst, aber erstens ist er nicht authentisch, zweitens habe ich ihn nicht zur Hand. Und nun habe ich leichtsinnigerweise versprochen, zu einem Jubiläumsband für ihn beizutragen und diesen Beitrag Ende Januar abzuliefern. Ende Januar war vorige Woche, und zwar das allerletzte Ende. Muß heute nacht schreiben, im Hotelzimmer in Saloniki.

Die nächste Eintragung – »Mitternacht, Saloniki« – endet: »ich möchte nun doch nicht wie einer dastehn, der sich einer Verpflichtung durch Flucht in den Orient entzieht. Was tun? Zum einzig wirksamen Verdrängungsmittel greifen: schlafen!« (S. 57)

»Flucht« – das deutet auf Hildesheimers eigene Situation, aber »schlafen« als »Verdrängungsmittel«, und auch noch als einzig wirksames, das läßt aufhorchen, das ist ein neuer Ton, zumindest in dieser Ausschließlichkeit, wenn auch nicht absolut neu, denn bereits die Ich-Erzähler von *Das Atelierfest* und *Ich finde mich zurecht* sind zuletzt im Bett gelegen. Aber sie sind ins Bett, um unerträglichen Zuständen zu entgehen, dieses Ich dagegen geht ins Bett, um einen unangenehmen Gedanken zu verdrängen: »Zudem habe ich eine Abneigung gegen Beiträge« (S. 57).

Viele der frühen Figuren sind der Realität entgangen und waren, endlich allein, zufrieden und erleichtert; dieses Ich ist allein in einem Hotelzimmer, aber weder zufrieden noch erleichtert: es hat die Realität – Zusage eines Beitrags – als innere Verpflichtung mit sich genommen. Diese leichte Akzentverschiebung deutet an, was Hildesheimer in seinen Reden und Essays auch theoretisch formuliert hat: den Unterschied zwischen Realität und Wirklichkeit, zwischen dem in der Umwelt real Existierenden und dem im Geist des Menschen Existierenden, das auch das Potentielle einschließt. Der Realität bereits entflohen, die Wirklichkeit im Schlaf verdrängend – eine in späteren Werken zentrale Konstellation, die sich im Beitrag zur Festschrift für Neumann auch in einer anderen Formulierung verrät: in der Überschreitung des letzten Datums, in einer Fortsetzung des Unangenehmen nach dem »allerletzten Ende«, hier noch amüsiert konstatiert, in späteren Werken entsetzt wahrgenommen: »Der Termin rückt allmählich ins Gebiet der fernen Vergangenheit, wird somit also fällig. (Man sollte einmal ausprobieren, wie weit Verlage die Grenze zwischen dem Fälligen und dem Hinfälligen ziehen.)« (S. 58)

Die letzten Eintragungen des Beitrags folgen dem so gespannten Rahmen allerdings nicht mehr, sie gelten auch nicht mehr der Situation des fiktiven Ichs, sondern Neumann und Hildesheimer. Unter dem Datum »11. Februar, Jerusalem« »huldigt« Hildesheimer – »um nun endlich in den Beitragsstil zu verfallen« – dem »Autor der fremden Federn«: »Denn ohne ›fremde Federn‹ gäbe es auch die ›falschen Vögel‹ nicht, die mit ihnen geschmückt sind« (S. 60).

Er spielt auf Neumanns Parodien *Mit fremden Federn* an, die in einer Neuauflage vier Jahre vor *Paradies der falschen Vögel* erschienen waren, und zwar ebenfalls bei Desch. Der Titel der Parodien spielt mit dem Sprichwort ›Sich mit fremden Federn schmücken‹, das von Aisops Fabeln über Aischylos zu den *Vögeln* des Aristophanes gelangte (Vers 809) und dort auf die beiden Menschen gemünzt war, die in einer »phantastischen Weltflucht« (S. CI) das Wolkenkuckucksheim, den Vogelstaat zwischen Himmel und Erde, zwischen Göttern und Menschen erreicht haben.

Aus Hildesheimers Anspielung wird nicht deutlich, ob er seinen Roman tatsächlich nicht geschrieben hätte, hätte Neumann seine Parodien nicht geschrieben: das würde auf eine inhaltliche Verwandtschaft zielen, die wohl nur darin liegen könnte, daß beide Werke von parodistischem Witz geprägt sind. Man könnte die Anspielung auch so verstehen, daß es vielleicht Robert Neumann war, der Hildesheimer zum Desch-Verlag brachte, denn die *Lieblosen Legenden* sind ja in der Deutschen Verlags-Anstalt erschienen, seit *Paradies der falschen Vögel* aber wurden zahlreiche Werke Hildesheimers von Desch verlegt, Theaterstücke vor allem.

Vielleicht zielt er, wofür einiges spricht, gar nicht in erster Linie auf Neumanns Parodien, sondern auf Aristophanes' *Vögel*, denn dieses Stück bietet nicht nur für den Roman mögliche Vorbilder. Kinesias sagt: »In ein Vöglein wär' ich, die Nachtigall, / Die melodische, gerne verwandelt!« (Vers 1380 f.) Das weist auf *Warum ich mich in eine Nachtigall verwandelt habe*, die zweite *Lieblose Legende*, auch sie Begründung und Beschreibung einer »phantastischen Weltflucht«.

Am Ende der Periode der *Lieblosen Legenden* hat sich keine von Hildesheimers Figuren mehr in einen Vogel verwandelt: die Flucht mag nicht mehr gelingen, das Reich der Vögel ist als Refugium abgeschrieben. Am Theaterstück *Die Verspätung* von 1961 läßt sich die Verschiebung des Akzents auch bei der Behandlung dieser Thematik beobachten: die letzte Hoffnung eines Professors, der Urvogel Guricht, von dem die Menschheit abstamme, scheint pures Hirngespinst zu sein, bis zuletzt tatsächlich Gurichte auftreten, aber beileibe nicht als herrliche Erscheinungen, wie sie der Professor erwartet hatte, sondern als mittelmäßige oder gar mickrige Gestalten. Die Realität ist auf die phantastische Wirklichkeit des Professors getroffen und hat beide zerstört, Wirklichkeit und Professor. Die Idee aber, der Mensch stamme vom Vogel ab, ist in den *Vögeln* vorgezeichnet: die Hoffnung, der Welt zu entfliehen, ist inzwischen erloschen.

Jedenfalls trifft nicht zu, was Neumann über Hildesheimers Verhältnis zu Vögeln sagte. Neumann habe ihn darauf aufmerksam gemacht, daß er »von den falschen Vögeln auf dieser Welt noch zu fasziniert sei, um wahrzunehmen, daß es auch echte gibt« (S. 59 f.). Vögel erscheinen in seinen Werken aber, ähnlich wie in den Werken seines Freundes Günter Eich, immer wieder und vereinigen stets Kombinationen der verschiedenen Konnotationen, die mit der Vorstellung ›Vogel‹ verbunden sind. Nicht nur falsche Vögel und Urvogel Guricht, den Neumann noch nicht kennen konnte, sondern immerhin, was er hätte wissen können, eine Nachtigall, wenn auch eine verwandelte. Später werden Raben erscheinen – sie haben Günter Eich zu einem Nachwort inspiriert –, aber auch Hähne und Möwen, Schwäne, Kormorane und Baßtölpel; in den *Mitteilungen an Max* wird der Beschluß eines ornithologischen Kongresses zitiert und Mozarts Gedicht auf seinen toten Sperling in *Mozart* betont.

Aber auch die bildkünstlerischen Werke spielen, in Titel und

Darstellung, immer wieder auf Vögel an: 1949, kurz vor Hildesheimers Beginn als Schriftsteller, waren es zum Beispiel ein *Eisvogel* und ein *Vogel mit Ei*; im Jahr 1957, kurz nach der Übersiedlung in die Schweiz, ist als erstes Bild nach siebenjähriger Pause wieder ein Vogel entstanden; und seit 1965, als Hildesheimer wieder regelmäßig zeichnete und mit zunehmender Intensität collagierte, entstanden zahlreiche Bilder von Vögeln aller Arten, mit Titeln, die verraten, daß sich die Umwelt für Hildesheimer häufig aus der *Vogelperspektive* (1965) darstellt: *Rächervogel* (1973) und *Rächervögel* (1982), *Historische Vogelgräber* (1981), *Vogelgitter* (1982) und *Galgenvogelnest* (1982), *Apokalypse mit Geflügel* (1982), *Herstellung eines Vogels* (1983), *Vogelhändler* (1983) und *Ornithologisches* (1986).[23]

Hildesheimer würde sich wohl dem anschließen, was Joyce, den er sehr schätzt und dessen *Finnegans Wake* er zu einem Teil übersetzt hat, über Vögel geschrieben hat: sie seien »Symbol des Aufbruchs oder der Einsamkeit«. Demnach verbindet sich im Begriff des Vogels beides: Aufbruch und darin die Hoffnung auf Ausbruch und Flucht, gleichzeitig aber auch die zwangsläufige Folge des Ausbruchs, nämlich Einsamkeit, in der man endgültig gefangen sein kann. Ein zutiefst melancholisches Bild vollkommen ausweglose Einsamkeit hat Laurence Sterne in der *Sentimental Journey* gezeichnet: ein gefangener Star kann den Satz »Ich kann nicht raus« sprechen, aber auf Englisch, so daß ihn in Frankreich niemand versteht.[24]

Daß, wie Joyce geschrieben hat, »die Kreaturen der Luft ihre eigene Weisheit haben«, bewies Hildesheimer im Jahr nach Erscheinen von *Paradies der falschen Vögel* mit der Geschichte *Ich trage eine Eule nach Athen*, in der es sich wieder, wie ja bereits in *Warum ich mich in eine Nachtigall verwandelt habe*, um einen echten Vogel handelt, und zwar wieder um einen, dem exemplarische Bedeutung zukommt.

Ich trage eine Eule nach Athen

In den *Vögeln* des Aristophanes wird gefragt, wer die Eulen nach Athen gebracht habe, was, wie bekannt, meint, dort gebe es ohnehin schon genug (Vers 301); tatsächlich hausten noch zur Zeit des Aristophanes viele Käuze in den Felsen um die Akropolis, heute sind sie ausgestorben, und statt mit Käuzen wird ein anderer Erzähler Hildesheimers rund zehn Jahre später mit den Hähnen Attikas spielen. Die Athener prägten außerdem Käuze auf ihre Münzen, so daß ›Eule‹ doppeldeutig ist und so auch in den *Vögeln* verstanden wurde (besonders deutlich in den Versen 1102 – 1117), und da die Athener reich waren, stimmt das Bild auch in der zweiten Bedeutung. In der dritten, und diese war es wohl, die Hildesheimer besonders reizvoll fand, gilt die Eule, genauer: der Steinkauz, als Sinnbild der Weisheit, nicht als Eule der Athene, sondern der Minerva.

Die Geschichte *Ich trage eine Eule nach Athen*, dies ist der Grund, sie zur Spätlese der *Lieblosen Legenden* zu zählen, steht zwischen *Paradies der falschen Vögel* und den letzten beiden *Legenden*, allerdings nicht allein, denn dazwischen sind noch zwei weitere *Legenden* entstanden, *Westcottes Glanz und Ende* und *Aus meinem Tagebuch*, die ihrer Thematik nach eher zurückweisen, außer der Tatsache allerdings, daß der Allroundkünstler Westcotte, siegreicher Flaneur wie die frühen Figuren, nicht mehr entkommen kann, sondern sein Ende findet. Die Linie führt also, wenn man sich auf die *Lieblosen Legenden* beschränkt und die Werke anderer Gattungen zunächst ausspart, von *Ich trage eine Eule nach Athen* von 1954 zu *Der Brei auf unserem Herd* von 1958; beide spielen bereits im Titel auf Sprichwörter an, die eine Geschichte ganz offensichtlich, die zweite etwas versteckter, nämlich auf ›Viele Köche verderben den Brei‹; die eine steht noch diesseits, die andere jenseits der Grenze, die das Jahr 1957 bedeutet.

In der Geschichte *Ich trage eine Eule nach Athen* vollzieht der Erzähler das nach, was die positive Hauptfigur aus *Paradies der falschen Vögel*, Anton Velhagen, über die positive Nebenfigur Philipp Roskol sagt: er übersetzt das Bildliche einer Redensart in die konkrete Wirklichkeit; allerdings nicht mehr, wie im Roman, mit Worten, sondern mit Taten: der Erzähler trägt tatsächlich eine Eule nach Athen, das heißt: strenggenommen trägt er sie nicht, sondern sie fährt, und zwar mit ihm im Orient-Expreß.

Das Motto von Hildesheimers Figur Gottlieb Theodor Pilz – mehr Worte, weniger Taten – hatte seine Allgemeingültigkeit immer dann eingebüßt, wenn es um Flucht ging, denn Fliehen, das wird nicht bestritten werden können, ist eine Tätigkeit, überdies wohl in den meisten Fällen eine recht aufreibende. Daß sich Hildesheimer zuletzt selbst zum aktiven Rückzug entschloß, kündigte sich, wie man aus der Retrospektive wähnen kann, mit der aktiven Umsetzung einer bildlichen Redensart an: noch immer in einem fiktiven Werk, in dem Worte Taten ersetzen, doch es ist gewiß nicht zufällig, daß Worte nun nicht mehr nur Worte, sondern Taten beschreiben.

Um eine Flucht handelt es sich allerdings gerade in *Ich trage eine Eule nach Athen* nicht, ganz im Gegenteil: Erzähler und Eule kehren nach ihrem Ausflug zurück, zeigen also, daß sie sich durchaus nicht in einem unhaltbaren Zustand befinden und sich auch in Athen nicht darin befunden haben, denn auch die Rückkehr wird nicht als Flucht dargestellt. Allerdings, und darin folgen sie demselben Entschluß wie Velhagen und Roskol: sie ziehen sich ins Private zurück und verharren an zurückgezogenem Ort; ihre vorübergehende Abwesenheit ist Experiment.

Eines Nachts, so beginnt die Geschichte, fällt dem Erzähler ein, eine Eule nach Athen zu tragen. Daß ihm gerade nachts diese Idee gekommen ist, gehört zu jenen Elementen, die auf Hildesheimers künftige Entwicklung deuten, denn die Nacht spielt seit ungefähr 1960 eine große Rolle in seinen Werken. Anders als in den Nächten der späteren Werke fällt dem Erzähler in dieser Nacht ein Sprichwort ein, anders als in späteren Werken macht er sich hier noch aktiv an die Verwirklichung seines Einfalls und läutet bei »seinem« Vogelhändler die »Nachtglocke«. Die Situation ähnelt der eines nächtlichen Krankheitsfalles: man geht zu ›seinem‹ Arzt oder zu ›seinem‹ Apotheker und läutet die Nachtglocke, weder Arzt noch Apotheker wundern sich darüber. Ebensowenig wundert sich der Vogelhändler: »›Aha‹, sagte er und zwinkerte mit den Augen; ›Sie sind ein Kenner. Die meisten Kunden machen den Fehler, sich ihre Eulen bei Tageslicht auszusuchen. – Soll sie ein Geschenk sein?‹« (Diogenes 1956, S. 5f.)

Offenbar kennt er sich mit Sprichwörtern nicht so recht aus, denn er wundert sich auch dann noch nicht, als er den Grund des Eulenkaufs erfährt, sondern rät zu einem Steinkauz. Das behagt dem Erzähler zunächst gar nicht, zuletzt überwiegen aber die Vernunftgründe, die der Händler anführt: Steinkäuze seien widerstandsfähiger als Eulen. Vom Einkauf zurück, findet der Erzähler in *Brehms Tierleben* Tatsachen, die, wie er sagt, sein »philologisches Verantwortungsbewußtsein« akzeptieren kann: in Wirklichkeit war der Vogel der Pallas Athene nämlich ein Steinkauz

(Athene noctua), man hatte nur ungenau übersetzt: »Hier hatte ich ihn, schwarz auf weiß, und nun durfte ich sein lebendiges Ebenbild getrost nach Athen tragen« (S. 9).

Wieder hat eine Suche nach der Wahrheit begonnen: »die Gedanken über Wesen und Sein, über Mensch und Tier, kommen mir nur – wenn überhaupt – innerhalb dieser dunklen, ahnungsschwangeren Zeitgrenze zwischen Nacht und Morgen, zu welcher Stunde selbst ein Steinkauz über seine irdische Gestalt hinauswächst. Ich trug sozusagen ein Symbol im Käfig: das Tier schlechthin« (S. 8).

»Wenige Tage später bestieg ich den Orient-Expreß« (S. 9), der aber, anders als noch in *Paradies der falschen Vögel*, nicht zur Schaltstelle des Unerwarteten wird, sondern Vehikel bleibt. Die Reise erweist sich dennoch als geeignet, unterschiedliche Aspekte der Wahrheit zu beleuchten: ex oriente lux (S. 13):

Denn als ich gegen Abend meines ersten Tages in Athen mit meinem Eulenkäfig zur Akropolis hinanstieg, da überkam mich das Gefühl inbrünstiger Zufriedenheit. Hier vollzog sich eine Handlung, die nicht, wie so viele Experimente von heute, darauf angelegt war, die Thesen der Erzieher und Weltverbesserer von gestern zu widerlegen, sondern die sie – im Gegenteil – bestätigte (...) die Tat war müßig, weil Eulen dort, wie letzten Endes auch bei uns, unbrauchbar sind. Mein Glücksgefühl wird daher ein jeder verstehen, der, wie ich, am liebsten solchen Beschäftigungen nachgeht, deren Konzeption bereits von vornherein verrät, daß sie zu nichts führen können, deren Ausübung daher reiner, seliger Selbstzweck ist.

Auch hier deutet sich an, welcher Richtung die späteren Werke Hildesheimers folgen werden: wer keine Zwecke verfolgt, macht sich nicht schuldig und verübt keine Taten, für deren zum Teil unerwartete und unberechenbare Konsequenzen er einstehen müßte. Selbst in *Mozart* schreibt Hildesheimer: »Wollen wir wirklich das Spiel dieser Beweisführung betreiben – es führt zu nichts –, so können wir (...)«, und betreibt dieses Spiel dann natürlich ausführlich und mit einer Selbstverständlichkeit, die den Ernst des Spielens, der auch im Wort »betreiben« steckt, in jenem Sinn versteht, den einer von Günter Eichs letzten Wünschen meint: »Ich will gar nichts mehr – ich will spielen.« Bald dreißig Jahre nach *Ich trage eine Eule nach Athen* zitiert Hildesheimer »Günter Eichs letzte Worte« in seinem kleinen Prosamosaik *Nachlese* von 1987 und fügt hinzu: »Sehr verständlich« (S. 47).[25]

Wer zweckfreie Spiele betreibt, kann auch nicht die Welt verbessern wollen, was der Erzähler von *Ich trage eine Eule nach Athen* denn auch weit von sich weist. Zu den Weltverbesserern wollte schon Anton Velhagen nicht gerechnet werden, deshalb hatte er sich ins Private zurückgezogen und nur sich selbst gelebt: sein zweckfreies Spiel war Bezique. Velhagen galt die ungeteilte Sympathie des Autors, ob er sie aber diesem Eulenträger noch in vollem Umfang gewährt, bleibt ungewiß; zuweilen hat es den Anschein, als verspotte er ihn und seine Tat.

Wahrscheinlich gilt der Spott dem inbrünstigen Glücksgefühl des Erzählers, das auf der Gefühlsskala so weit ausschlägt, daß es bereits wieder in den Bereich des Unwahrscheinlichen gerät. Der Grund zum Glück nämlich, die Bestätigung der Thesen der Weltverbesserer, egal ob von gestern oder von heute, müßte einen bitteren Beigeschmack haben: Fortschrittsglaube und Hoffnung auf Erziehung zum Besseren sind sinnlos, alles bleibt beim alten, tritt auf der Stelle, beweist irgend etwas, was schon in der Antike bewiesen worden war. Nur wer sich in diesem Bewußtsein zu sinnlosen Taten bekennt, handelt konsequent, alle anderen handeln unvernünftig, weil sie mit ihren Änderungen alles nur schlechter machen. Wer sich, wie dieser Erzähler, zu Taten des reinen Selbstzwecks bekennt, macht sich nicht schuldig: wenn eine Konzeption zu nichts führen kann, führt sie auch nicht zum Untergang.

Das Tier hat es besser, ihm sind »Gleichnis und Vergleich fremd«, und nach Auffassung des Erzählers gewinnt »seine animalische Würde aus eben der Tatsache, daß es noch nicht einmal die einfältigste Fabel über sich selbst kennt« (S. 8). Daß die Sympathie des Autors ausschließlich dem Tier gehört, wird ganz deutlich erst aus der überarbeiteten Fassung: »Im Morgengrauen besah ich den schlafenden Vogel, der von meinen Bedenken und von seiner Legendenumwobenheit nichts wußte: ahnte das gute, harmlose Tier ja noch nicht einmal, daß es ein Steinkauz und keine Eule war. Ich weiß nicht, warum dieser letztere Gedanke mich rührte – vielleicht verspüre ich in diesen Stunden zartere Regungen, die mich der Natur näher bringen« (Suhrkamp 1962, S. 93). Der Vogel hat kein Bewußtsein und kann deshalb keine Verantwortung tragen, und ohne Verantwortung, also ohne Schuld, leben zu können ist die Sehnsucht des Erzählers, die ihn dem Tier und damit der Natur nahebringt, während er sich von den Menschen gleichzeitig entfernt.

Weit entfernt vom rüden Spruch ›ich werd' zum Tier‹ zeigt sich hier der leise Wunsch: ›ich wäre gerne ein harmloses Tier‹, wie zum Beispiel ein paar Jahre zuvor eine Nachtigall, deren »Schlagen« mit menschlichem Prügeln oder Besiegen nicht das geringste zu tun hat. *Warum ich mich in eine Nachtigall verwandelt habe* beginnt mit dem Satz: »Ich habe mich aus Überzeugung in eine Nachtigall verwandelt« (Suhrkamp 1962, S. 74) und enthält die Begründung dieser Überzeugung nicht vor: »die wachsende Erkenntnis, daß man nicht schlechthin im bürgerlichen Sinne einen Beruf ergreifen könne, ohne dabei seinen Mitmenschen auf irgendeine Weise ins Gehege zu kommen«. Das war die Begründung der Flucht, die aber nicht die einzige Konsequenz blieb: »Zugleich mit dieser Erkenntnis kam ich noch zu einer andern, nämlich der, daß die Tatsachen nur von dem augenblicklichen Stand der Dinge abgelesen werden können, es also müßig sei, aus ihnen irgendwelche Schlüsse ziehen oder Erfahrungen sammeln zu wollen« (S. 77). Das ist ein früher Ausdruck von Hildesheimers Geschichtspessimismus, der sich in seinen Werken, in unterschiedlicher Gestalt, zunehmend deutlicher manifestierte.

Die eindeutige Absage von damals, der Wunsch, nicht mehr Mensch sein zu müssen, hatte sich bereits in *Paradies der falschen Vögel* ins Mehrdeutige gewandelt. In *Ich trage eine Eule nach Athen* gibt es die Möglichkeit, Vogel zu werden, nicht mehr, und am Ende der Periode der *Lieblosen Legenden* werden es die anderen sein, die negativen Figuren, die in Vögel verwandelt werden. Der Erzähler von *Ich trage eine Eule nach Athen* hat sich damit abgefunden, Mensch zu sein, und richtet sich in den Gegebenheiten ein: er kann jetzt Erfahrungen machen und Schlüsse daraus ziehen, wenn auch beide, Erfahrungen und Schlüsse, von besonderer Art sind.

Das Experiment, eine Eule nach Athen zu tragen, erbringt zuletzt tatsächlich ein Ergebnis – das Sinnlose meint nicht grundsätzlich das Unsinnige –, der Steinkauz findet nämlich den Weg von Athen zurück und trifft wieder beim Vogelhändler ein: zahme Nachtraubvögel entwickeln eine »große Anhänglichkeit an ihre Besitzer«. Der Erzähler zieht seine Schlüsse und beschließt die Geschichte mit der Bemerkung, die Natur sei »doch immer wieder voller wunderbarer Geheimnisse« (Diogenes, S. 15), und fügt in der überarbeiteten Fassung der Erzählung noch hinzu, es bedürfe »oft nur des glücklichen Zufalls, ein kleines davon zu ergründen« (Suhrkamp 1962, S. 98).

Daß kein Geheimnis des *Menschen* enthüllt wurde, kann – über die misanthropische Grundeinstellung des Erzählers hinaus – als Bestätigung der These vom Rückzug aus einer Gesellschaft gewertet werden, deren Mechanismen Geheimnisse nicht mehr zulassen. Rund fünfundzwanzig Jahre später, in den biographischen Werken *Mozart* und *Marbot*, versucht Hildesheimer dann, das Geheimnis auch für den Menschen zu retten, wenn auch nur für wenige Ausnahmen. Der Erzähler von *Ich trage eine Eule nach Athen*, so weit noch den früheren Erzählern verwandt, zieht die Schlüsse aus seiner Erfahrung nicht selbst, sondern überläßt sie dem Leser.

Mensch und Natur stehen sich gegenüber, der Mensch ist von der Natur ausgeschlossen, er ist unnatürlich geworden und handelt stets dann falsch, wenn er die Welt verbessern will, denn Eingriffe in die Natur können nur schaden. Die Natur, naturbelassen, kehrt zum Altbekannten zurück, wie der Kauz in seine gewohnte Umgebung. Solche Eingriffe in das Gefüge, wie sie der Erzähler vornimmt – schließlich kehrt auch er zurück –, verändern die Natur nicht, sondern lassen ihr die Chance, die Eingriffe rückgängig zu machen.

Ich trage eine Eule nach Athen handelt also von den Bedingungen, die Welt bewahren zu können: Mensch und Natur – der Erzähler sieht sich als Vorbild – haben sich wieder zu verschwistern, was nur gelingt, wenn sich der Mensch an der Natur orientiert. Das Glück des Unbrauchbaren ist demnach, sich nicht den allgemeinen menschlichen Regeln anzupassen, sondern sich wie die Natur zu verhalten, so überflüssig wie ein Kauz in Athen zu sein und sich zurückzuziehen. *Ich trage eine Eule nach Athen* ist ein früher Aufruf gegen den Fortschritt.

Die Aussage des Sprichwortes ›Eulen nach Athen tragen‹, der Begriff ›sinnlos‹, hat sich durch die Behandlung, die er in dieser Geschichte erfahren hat, gewandelt, und seine unterschiedlichen Aspekte sind durchschaubar geworden: Sinn*loses* tun alle, die den Sinn des Lebens darin sehen, etwas Sinnvolles zur Verbesserung des Lebens zu tun; sinn*voll* ist dagegen, die Konsequenz zu ziehen und die Sinnlosigkeit der forcierten Weltverbesserung nicht mitzumachen. Die letzte Konsequenz aus dieser Einsicht, die Überzeugung der absoluten Sinnlosigkeit des menschlichen Lebens, führt wenige Jahre später zu den sogenannten absurden Stücken.

Sprichwörter als Träger des Ewigen und Alten, als Vehikel unscharfen Denkens, sollten nach allem, was Hildesheimers Werke bisher ausgesagt haben, widerlegt werden. Hildesheimer widerlegt sie aber sowenig, wie er die Weltverbesserer widerlegt, sondern er wendet die Sprichwörter um und gewinnt ihnen neuen Sinn ab: das Sinnvolle, das zweckvoll meint, ist sinnlos geworden, das Sinnlose sinnvoll, und das meint zweckfrei. Was geschieht, wenn man sich nicht an dieser Erkenntnis orientiert, zeigt das Resultat einer weiteren Umkehrung der Begriffe: zielgerichtetes Spiel und Zerstörung der Welt. Auch diesen Mechanismus hat er exemplarisch dargestellt: in *Der Brei auf unserem Herd*, der vorletzten *Lieblosen Legende*.

Der Brei auf unserem Herd

Im Jahrgang 1958 der Zeitschrift ›Akzente‹ sind drei Beiträge Hildesheimers erschienen, alle nach seiner Übersiedlung in die Schweiz entstanden, und zwar im vierten Heft das Theaterstück *Pastorale*, das zu den sogenannten absurden Stücken zählt, im sechsten Heft das Prosastück *Der Brei auf unserem Herd*, später den *Lieblosen Legenden* zugesellt, und, früher als die beiden anderen, im zweiten Heft das Gedicht *Rezept*, markantes Signum der veränderten Haltung des Autors.

Das *Rezept* – der Titel kann ganz wörtlich genommen werden – ist die Anleitung eines »Kochs / Aus Leidenschaft«, eines radikalen Misanthropen, der in seinem großen Kessel »Feiertägliche Gäste« zusammenkocht, also jene garmacht, die schon immer Feste gefeiert haben, als habe der Riese aus der *Lieblosen Legende* seine Manieren kultiviert und sich entschlossen, die ganze Gesellschaft nicht mehr roh zu verschlingen. Er selbst gehört nicht zu den Gästen: er steht abseits und rührt im Kessel, spielt also nicht mehr mit souveräner Leichtigkeit, wie viele der früheren Figuren, sondern macht grimmig Ernst.

Es müssen andere Köche sein, die in *Der Brei auf unserem Herd* das Bildliche eines Sprichwortes in die konkrete Wirklichkeit umsetzen, wie das der Erzähler von *Ich trage eine Eule nach Athen* bereits getan hat. Die vorletzte *Lieblose Legende* beginnt: »Ein Brei steht auf unser aller Herd. Um ihn so recht kräftig und gründlich zu verderben, bedarf es vieler Köche« (S. 137).

Wer die internationalen Köche der Reihe nach zum Herd bittet, wird nirgends deutlich gesagt, vermutlich wir alle, jeder für sich und jeder für seinen eigenen Brei; daß hier kein Ich-Erzähler auftritt, sondern ein Wir-Erzähler, bekräftigt diese Vermutung. So kommen die Köche denn der Reihe nach und beweisen ihre Kunst am Brei, der sich nach und nach durch Zutaten verschlechtert; keiner stellt die Grundsubstanz zusammen, der Brei ist schon da, ehe der erste Koch kommt.

»Der erste ist der pausbäckige Koch unserer frühesten Jahre und somit gar kein wirklicher Koch, sondern vielmehr ein Zuckerbäkker« (S. 137) – er kann den Brei nicht verderben, er »ist für seine Zeitbedingtheit zur Genüge bestraft, so wie wir für den anfänglichen Glauben, dies sei der Mann, der unseren Brei verderben könne« (S. 138). – Der zweite ist »der Koch des Bischofs von Mozambique« (S. 138), der »nicht nur nach den Regeln Gottes, sondern auch nach den – völlig anders gearteten – Regeln des Kalorien- und Eiweißgehaltes lebt, womit er seine mönchskargen Zellen aufbaut« (S. 141); auch dieser Koch verdirbt den Brei noch nicht. – Der dritte Koch »entsteigt dem Kurswagen Oostende – St. Pölten – Nisch (mit Anschluß über Cszsewsczs nach Sofija)« (S. 144), also dem Orient-Expreß. Insgesamt treten sechs Köche auf, inmitten der Beschreibung des dritten Kochs aber erscheint das Symbol der Wahrheitssuche, und gerade hier gibt der Erzähler den Schlüssel zur ganzen Geschichte: dem dritten Koch nämlich bescheinigt er, er habe keinen Sinn für das Adjektiv, noch viel weniger für die Metapher, und fügt in Parenthese hinzu: »die wir so lieben« (S. 145).

Damit wird klar, daß das Prosastück *Der Brei auf unserem Herd* nicht nur die Umsetzung einer Metapher als Ausgangspunkt der Handlung nimmt, wie noch *Ich trage eine Eule nach Athen*, sondern daß der Text insgesamt als Metapher zu verstehen ist: die unverdorbene Grundsubstanz des Breis meint den unverfälschten Menschen, sei es das Kind, sei es die Menschheit vergangener Jahrtausende; der erste Koch ist die Historie, der zweite die Religion. Der dritte »hat es mit dem Öl«, das aus »den stehenden Gewässern dunkellebiger, aufrührerischer Städte wie Brügge und Gent gewonnen wird« (S. 143): die Politik, aber auch sie verdirbt den Brei noch nicht. Der vierte ist getaufter chinesischer Schiffskoch, der »auf vielen Schiffen gedient, viel erlebt« hat; sein Traum ist »eine Weiß- und Feinwäscherei in Cincinnati«, für die er durch maßvolles Leben »manch blanken Yen zurücklegen« konnte (S. 147): das sind Proletarier und Spießbürger in einem; aber auch sie verderben den Brei noch nicht. Beim fünften greift man zum »Äußersten«, und zwar zum »Koch des britischen Schatzkanzlers« (S. 148): die Hochfinanz.

Das vorläufige Schlußbild ist folgendermaßen arrangiert: »Die fünf Köche stehen um den Herd, jeder mit Gewürzfäßchen in der Hand, und lächeln in herzerquickender, völkerversöhnender Einigkeit«, würzen der Reihe nach den Brei, der alles verschlingt, geben also – salopp gesagt – ihren Senf dazu: »ein dunkelbraun verkrusteter Klumpen sieht uns an, mit grauen Krater-Augen, unter denen gelbliche Mehl- und Grießkugeln schillern.« Und dennoch ist der Brei noch nicht total verdorben: »Der Geschmack ist nicht angenehm, gewiß. Aber würde etwa ein Verhungernder nicht doch davon essen?« (S. 151)

Die Reihenfolge der Köche, der Einflußfaktoren, ist geschickt gewählt. Noch fünfundzwanzig Jahre später, in den *Mitteilungen an Max*, heißt es: »Ich würde mit meiner Forschung bei den Ursprüngen ansetzen« (S. 23), und so schon hier: über allem steht die Historie, die an der Verderbnis des Breis nicht das geringste ohne menschliches Dazutun verschulden kann; ihr folgt die allumfassende Religion, die sich mit der Historie seit den Anfängen parallel entwickelt hat; beide werden häufig in einem Atemzug genannt, beide sind »demütig-milde Naturen« (S. 140), beide sind »zu gut für diese Zeit, zu milde für diese Welt« (S. 142). Die Religion verdirbt allerdings den Brei doch, zum einen dadurch, daß sie die Menschen zu knapp hält – »streng nach den Regeln der Diät« (S. 139) –, zum andern dadurch, daß sie sich dabei bereichert – die »mönchskargen Zellen aufbaut« (S. 141) –; aber immerhin hat es die Menschheit mit der Religion Jahrtausende ausgehalten. Schlimmer steht es mit der Politik, die Handwerk, Handel und Industrie verquickt: »potent, despotisch, und durchaus nicht ohne die Grillen eines Mannes internationaler Konsequenz und Bedeutung« (S. 143). Hier tauchen »schnurr- und backenbärtige Staatsmänner« auf, das Proletariat zeigt sich im Bild der Ölgewinnung; die fragwürdige Rolle des alten Adels, der sich mit Politik und Wirtschaft gemein macht, wird scharf attackiert: das Öl enthält »sogar Rückstände aus irdischen Resten der düsteren Grafen von Flandern« (S. 143), der Adel ist in einer Allianz mit Politik und Wirtschaft untergegangen.

Dem vierten Koch, Spießbürger, Proletarier, gebeuteltem Untertan und Mann mit kleinkarierter Utopie, wird nicht allzuviel Raum gegeben; von seinem wechselvollen Leben berichtet er »mit gleichmütig froher Miene, die ein Spiegel seiner rechtschaffenen und kindlich-demütigen Seele ist« (S. 147); ein getaufter Chinese als Bild für einen Konvertiten aus Opportunismus; die Hoffnung auf Revolution aus solchen Kreisen wird mit der Nennung des »Traums« von einem kleinen gewinnbringenden Betrieb zunichte gemacht, wie schon Büchner 1835 an Gutzkow schrieb: »Ein *Huhn* im Topf jedes Bauern macht den gallischen *Hahn* verenden« (*Sämtliche Werke und Briefe*, S. 441).

Daß der britische Schatzkanzler seinen Koch an Königin Viktoria nur darum verliehen hatte, weil »ein Geheiß der Königin Viktoria ihn zu diesem Opfer zwang« (S. 148), paßt ins Bild: die Hochfinanz läßt sich, wenn überhaupt, nur von Staats wegen beeinflussen und leiht zwar gern, aber nur gegen hohe Zinsen: an dieser Stelle ist der Brei fast völlig verdorben, man ißt ihn nur mehr, um nicht zu verhungern.

Der Mechanismus dieser fünf Faktoren ist so unausweichlich, daß es kein Entrinnen gibt, entweder spielt man unter einer der fünf Fahnen mit, oder man geht zugrunde. Das Ende des Spiels kündigt sich im Bild vom dunkelbraunen, verkrusteten Klumpen an: es wäre besser, und darin schließt auch diese *Legende* an die vorhergehenden an, nicht mitzuspielen, solange solche Regeln herrschen, sondern zu flüchten: ratlos und bestürzt mag man sich nun allerdings fragen, wohin man denn fliehen könnte. Aus dem »Wir«, das den Erzählerpart innehat, gibt es keine Möglichkeit des Ausbruchs mehr: »Einzig unsere Schuld ist es ja, daß es hier nicht um Gedeih, sondern um Verderb geht« (S. 141 f.).

Dennoch, bisher könnte alles Spiel gewesen sein, wenn auch zweckgerichtetes; die Köche können sich, wie das vorläufige Schlußbild spöttisch nahelegt, bestens einigen: sie kommen als geladene Gäste und benehmen sich höflich, wenn sie auch, unter dem Deckmantel guter Manieren und geregelten Umgangs, die Menschheit verderben. Allerdings haben sie zuletzt selbst bemerkt, daß bei Fortsetzung der üblichen Regeln und Gebräuche ein Verhungernder demnächst lieber verhungern würde als mitzuspielen, daß die Welt also an den Rand des Erträglichen geraten ist.

So ist der augenblickliche Stand der Dinge, und einzig aus ihm kann man Erkenntnisse gewinnen, wie der Erzähler von *Warum ich mich in eine Nachtigall verwandelt habe* gesagt hat, jener Erzähler, der überzeugt war, daß man aus der Geschichte nichts lernen könne, weil aus ihr keine Schlüsse zu ziehen seien. *Der Brei auf unserem Herd* modifiziert diese Behauptung, denn den Köchen wird tatsächlich bewußt, daß es so nicht mehr lange weitergehen kann, daß sich die Entwicklung dem Ende zuneigt, und zwar immer schneller.

Da »öffnet sich die Tür, und ein dicker, kleiner Herr tritt ein: dunkler Anzug, hellgraue Krawatte, glänzender Kugelkopf, nach der einen Seite in fleischigen Kaskaden ausladend, nach der anderen in ein Gesicht. Er stellt sich vor. Er heißt Blutzbach oder Blitzhaus, oder so ähnlich. Mit Vornamen heißt er, wie er sehr ernsthaft behauptet: ›Gestatten‹.« Dieser sechste und letzte Koch ist nicht geladen, er spielt das höfliche Spiel nur mangelhaft mit und scheint gar kein echter Koch alter Klasse zu sein: er »zieht ein winziges Fläschchen aus der Tasche und träufelt zwei Tropfen einer violetten Flüssigkeit in den Brei. Es zischt, Schwefeldampf verbreitet sich im Raum, und im Topf befindet sich ein blauer Kloß, gelblich durchzogen, marmoriert wie negativ gesehener Gorgonzola. Ein Blick genügt: es ist soweit. Der Brei ist verdorben« (S. 152).

Der Untergang kommt, unschwer zu erkennen, durch Chemie und die modernen Naturwissenschaften: ein frühes Warnsignal der Umweltverschmutzung und der Zerstörung der bedenkenlos fortgesetzten Menschheitsgeschichte. Daran hatte – wie später im Hörspiel *Biosphärenklänge* – keiner der Verantwortlichen gedacht, das kommt ungebeten, Pferdefuß und unausweichliche Konsequenz eines systematisch betriebenen Verderbs. Jahrtausendelang wurde zwar immer alles schlechter, hatte die Grenze des Möglichen eben erreicht, eben stellte man sich »still und nachdenklich« die Frage (S. 152), wie es weitergehen soll, als man vom sechsten Koch, von Blitzhaus, überrumpelt wird. Der fragt gar nicht mehr, sondern bringt mit nur zwei Tropfen aus einem winzigen Fläschchen das konsequente Todesspiel zu Ende. Die untergegangene Welt als negativ gesehener Gorgonzola – dagegen ist der schwimmende Flüchtling in der Vorhalle des Palasts der Marchesa Montetristo ein harmloser Sportler.

Humor, so Freud, sei eine Abwehrleistung; das beweist sich an den frühen *Lieblosen Legenden* überzeugend: gelacht wurde, um Angst und Schrecken zu überwinden. Über das Entsetzen, das von den Ungeheuerlichkeiten der Enthüllungen während der Nürnberger Prozesse ausgegangen war und ausgeht, hat Hildesheimer rund vierzig Jahre danach zu Frank A. Meyer gesagt: »das war ein Schock«, »das war traumatisch, das mußte dann verarbeitet und verdrängt werden«. Mit den Jahren hatte dieses Entsetzen seine Übermacht verloren, war verarbeitet oder verdrängt und konnte, Ende der fünfziger Jahre, den Weg umgekehrt nehmen, konnte die Hemmschwelle des Unbewußten überschreiten und wieder ins Bewußtsein vordringen, aber auch dann äußerte es sich noch nicht in direkter Anspielung auf die nationalsozialistischen Verbrechen; das war erst seit *Tynset* möglich. Zwei Jahre zuvor aber, in der Rezension von Hochhuths *Stellvertreter*, schrieb Hildesheimer (S. 810):

Als Angehörigem der Besatzung standen mir in den Jahren 1946–1949 die Nürnberger Archive offen, sowie auch die Sammlung der Gegenstände, die von den Greueltaten der Nationalsozialisten zeugten. Heute bedauere ich, daß der Schrecken über die Möglichkeiten des Menschlichen, der angesichts dieses Materials mich und jeden Betrachter befiel, mich anderes Material hat vergessen lassen, weniger schrecklich vielleicht und damit von weniger unmittelbarer Wirkung, und dennoch voller Bedeutung.[26]

Ende der fünfziger Jahre, zur Zeit der sogenannten absurden Phase, zu der auch das Prosastück *Der Brei auf unserem Herd* zählt, melden sich Vereinsamung, Todessehnsucht und Ausweglosigkeit. Die Ausbrüche aus unhaltbaren Zuständen sind unmöglich geworden, ja selbst die Verantwortung scheint nicht mehr so einfach auf die Schuldigen, die bisher immer die anderen waren, abwälzbar zu sein. Die Kunst, in vielen *Legenden* und in *Paradies der falschen Vögel* Terrain der Auseinandersetzung, hat an Durchschlagskraft verloren. Gerade in *Der Brei auf unserem Herd*, wo ja keine Künstlerfigur mehr auftritt, wird die Frage des einzigen Künstlers laut, der an diesem Text beteiligt ist, die Frage des Autors nach dem Zweck seiner Kunst, die von seinem Kunstwerk selbst beantwortet wird: sie ist machtlos gegen die große Entwicklung zum Untergang.

Das zeigt im Jahr nach *Der Brei auf unserem Herd* die Glosse *Wenn Literaten Cocktails trinken ...*, ein kleiner Prosatext, konkretisiert wie *Mit dem Bausch, dem Bogen*, und auch er nicht in die *Lieblosen Legenden* aufgenommen. Diese Glosse ist das Gegenmodell zu *Der Brei auf unserem Herd*, denn nun treten nur Künstler oder Typen auf, die sich für Künstler halten, und alle beweisen, natürlich ohne das selbst zu ahnen, wie bedeutungslos

sie sind. Der Erzähler – falls man dieses berichtende Ich überhaupt
so nennen möchte – attackiert die Hohlheit von Partygesprächen
und Small talks, an denen er offensichtlich selbst teilgenommen
hat, ehe er sich zum Rückzug entschloß: Kollegenschelte ebenso
wie Eingeständnis der eigenen Machtlosigkeit.

Hildesheimer siedelte diese Party in England an, was die Redaktion der ›Zeit‹ zu dem Kommentar veranlaßte: »Es gibt solche
Parties nicht nur in England«, und das ist natürlich ganz Hildesheimers Meinung, auch wenn er rund fünf Jahre später eine Col-
lage *Englische Dichterparty* (1964) gemacht hat, ein Geschenk zu
Alfred Anderschs fünfzigstem Geburtstag: Figuren aus unter-
schiedlich gerastertem Papier arrangieren sich zu einer lockeren
Gruppe; rechts und links unten befindet sich eine Legende mit
Mustererklärungen wie im Atlas. Zum Beispiel trägt eine Frau ein
Kleid aus »Die schönsten Dokumente«, einen Gürtel aus »mittelmäßige Lyrikgenies« und langes Haar aus »Gespräch/eine neue
Literaturgattung«, ihr Gesicht aber ist leer, eine weiße Fläche.
Arme haben übrigens alle nicht, die meisten nur ein Bein, alle sind
zu körperlicher Untätigkeit verurteilt, doch auch ihre Köpfe sind
leer oder enthalten höchstens Phrasen.

Also noch immer, wie in den früheren *Legenden*, ist die Welt,
die in *Der Brei auf unserem Herd* dargestellt wird, nicht restlos
untergegangen, immer noch bleiben Zuschauer und Gäste, die die
Köche entlassen, und noch immer ist da der Wir-Erzähler, der
unsere Geschichte mit den Worten schließt: »Den Brei garniert
man mit ein wenig frischer Petersilie und fächerförmig geschnitte-
ner Gewürzgurke und serviert ihn heiß, auf vorgewärmten Tel-
lern« (S. 152). Der verdorbene Brei soll also, mühsam unter
Garnierung getarnt, gegessen werden: wer die Suppe eingebrockt
hat, muß sie auch auslöffeln, was Hildesheimer im Theaterstück
Der schiefe Turm von Pisa ein Jahr später – eine weitere Umsetzung der Bildlichkeit eines Sprichwortes – tatsächlich vorführt.
Ein paar Jahre später, in *Tynset*, heißt es jedoch wieder, wie in den
frühen *Legenden*: wer die Suppe eingebrockt hat, läßt sie andere
auslöffeln; in *Tynset* gibt es wieder, wie in den frühen *Legenden*,
die Trennung von Schuldigen und Unschuldigen, es gibt wieder
einen Ich-Erzähler, der den gekonnten öffentlichen Auftritt eines
Kardinals mit den Worten kommentiert: »er würzt das Gericht auf
seinem Herd und macht es für jene schmackhafter, die es auszulöffeln haben« (S. 103).

Hildesheimers Abneigung gegen Garnierung ungenießbaren Essens zeigt sich in seinen Werken immer wieder, selbst in seinen Kochrezepten. Am Beispiel des Essens wiederholen sich die Attacken gegen hohlen Schein und Phrasen, gegen die Garnierung des Entsetzlichen, den Brei, die Klöße. In den *Mitteilungen an Max*, in denen wie auf so manches frühe Anliegen Hildesheimers auch auf den Brei zurückgegriffen wird, heißt es (S. 56f.):[27]

wie Du wahrscheinlich weißt, verderben viele Köche den Brei. *Wie* viele es sind, ist bisher statistisch noch nicht erfaßt (...) Mich beunruhigt aber, daß es nicht *alle* Köche sind, die am Verderben des Breis mitarbeiten oder durch Boykott aller Ingredienzenhersteller die Basis der Breizubereitung untergraben. Denn ich finde, einem rechten Koch die Zubereitung dieser höchst ungesunden Kinderspeise zuzumuten (...) wäre, wie wenn ich einem Schiffskapitän zumuten würde, mich über den Gartenteich zu rudern (...) Daher erscheint mir der Wille vieler Köche zur Breiverderbnis als eine nur allzu verständliche Trotzreaktion, ja, ich möchte sagen, als notwendiges Verhalten (...) Mich beeindruckt die Solidarität dieser noch unbekannten Anzahl von Verweigerern so, daß ich jeden Koch, der den Brei *nicht* verdirbt, scheel ansehe (...) Dieser Blick soll denn auch sagen: du Konformist kochst also an dem Brei, den wir auszulöffeln haben.

Noch immer sind die Köche am Werk, nicht jener aus dem *Rezept*, sondern jene aus *Der Brei auf unserem Herd*. Die Ich-Erzähler der frühen *Lieblosen Legenden* konnten sich gegen die Masse der Falschspieler stellen, konnten Fluchtwege benutzen und ihr Heil im Rückzug suchen, ein Vorgehen, das der Ich-Erzähler der *Mitteilungen an Max* zwar das einzig richtige nennt, dessen Scheitern er aber spätestens seit *Der Brei auf unserem Herd* erkannt haben dürfte und in *Tynset* bereits formulierte: das »Wir« in *Der Brei auf unserem Herd* aber, passiv und ohnmächtig, gehört ab dem ersten Satz dazu, unausweichlich und bis zum Untergang. Von dieser Erkenntnis sind Hildesheimers spätere Figuren geprägt, diese lähmende Einsicht versuchen sie zu verdrängen.

Der tiefe Pessimismus, der aus *Der Brei auf unserem Herd* spricht, ist nicht zu überhören; die leichte und spöttische Veräppelung, diese Tönung früherer *Legenden*, ist nur noch in Nebensätzen hörbar, wie es früher der Pessimismus war. Aus den *Lieblosen Legenden* ist etwas anderes geworden: aus der souveränen und distanzierten Verspottung überzogener Kultur, aus dem Spott über das ewig Alte, über unbedacht tradierte Pseudo-Werte des Ewigen, aus einer Haltung also, die den Rückzug zugelassen hatte, ist Furcht geworden, mitgefangen zu sein, nicht mehr aussteigen zu können; aus Spott über hohlen, sinnlosen Gleichschritt die Angst vor dem Fortschritt, die aus der Einsicht resultiert, daß Sinn und Zweck des ganzen Spiels Untergang sei; aus der Verspottung hoher und hohler Phrasen tödlicher Ernst.

Schläferung

Ehe die letzte *Lieblose Legende* erschien, *Schläferung*, arbeitete Hildesheimer an einem Prosatext, der mit den *Lieblosen Legenden* nichts mehr zu tun hatte und der den Endpunkt dieser Sammlung markiert. Wäre *Schläferung* nicht entstanden oder nicht zu den *Lieblosen Legenden* gestellt worden, wäre *Der Brei auf unserem Herd* die letzte *Lieblose Legende* gewesen, eine Position, für die einiges gesprochen hätte: dieser Text wendet sich nicht mehr einer einzelnen Person zu, sondern der ganzen Menschheit und ihrer Geschichte, faßt den Rahmen also sehr weit und wäre ein überzeugender Abschluß der Sammlung gewesen, Zusammenfassung, Ausweitung und Ausblick.

Nach *Der Brei auf unserem Herd* wandte sich Hildesheimer wieder einem einzelnen zu, und zwar einem Ich, das dem Autor zunehmend nahekam, einem Ich, das für rund zwölf Jahre die bestimmende Figur in seinen Werken spielt, in den *Vergeblichen Aufzeichnungen* (1962), in *Tynset* (1965), *Masante* (1973) und, besonders nahe am Autor, in *Zeiten in Cornwall* (1971). Dieses Ich tritt zum ersten Mal in *Schläferung* auf, bereits in klarer Ausprägung, nicht unvermittelt allerdings, sondern vorbereitet von einer anderen Figur, die dieses Ich während der rund zwölf Jahre stetig begleitet, nämlich von Hamlet, der zentralen Identifikationsfigur des Ichs, das seinerseits zentrale Identifikationsfigur des Autors ist: Hamlet in doppelter Brechung, zu Beginn als Ich-Erzähler, während der zwölf Jahre Bruder und Freund des Ichs, danach nicht verschwunden, sondern, wie das Ich selbst, in verwandelter Erscheinung erneut präsent.

Im Jahr 1961, zwischen *Der Brei auf unserem Herd* und *Schläferung* also, entstand der erwähnte Prosatext, mit dem die *Lieblosen Legenden* beiseite gelegt worden sind, nämlich das erste Kapitel eines Buches, das vielleicht *Hamlet* geheißen hätte, hätte Hildesheimer das Buch vollendet.

In diesem Kapitel sammelt Hamlet die Knochen eines Riesen, die er im Sand an der Küste nach und nach ausgegraben hat, und setzt sie in seinem Zimmer zusammen: der Riese aus dem Märchen, das zu den *Lieblosen Legenden* zählt, ist offenbar verstorben, ehe er die gesamte Gesellschaft verspeisen konnte. Zurückgeblieben sind die Menschen und ihre unhaltbaren Zustände; zurückgeblieben sind auch jene, die früher souveräne Künstler waren, überlegene Arrangeure, die in den *Lieblosen Legenden* mit Klischees gespielt und die Dummheit der Menschen verlacht haben; inzwischen ist ihnen das Lachen allerdings vergangen, sie sind müde und verzweifelt und spielen nicht mehr mit Menschen, sondern mit Knochen. Der Tod, in *Der Brei auf unserem Herd* für alle vorhergesagt, ist für den einzelnen in den Vordergrund gerückt, die Nacht, in *Ich trage eine Eule nach Athen* zum ersten Mal von Bedeutung, ist zur entscheidenden Tageszeit geworden.

Eines Nachts wird Hamlet zu seinem Vater gerufen, erlebt den entsetzlichen Tod seines Vaters und das falsche Trauerspiel seiner Mutter und widersetzt sich den Erfordernissen, die das Leben an einen Prinzen und zukünftigen König stellt: »Für mich gab es hier nichts mehr zu tun, ich wurde nicht gebraucht, Anweisungen wollte ich nicht geben (...) Ich ging zurück zu meinen Knochen, meinem Riesen, den ich zusammenlegen, in dessen Brusthöhle ich wie in einem Käfig knien konnte, dessen Schädel, so weit mir noch Zeit bliebe, ich suchen würde« (*Aus aufgegebenen Werken*, S. 142).

Keine Rezepte mehr, sondern Verweigerung und Rückzug, die in den folgenden Werken an Bedeutung gewinnen – in *Tynset* zum Beispiel steht Hamlets Vater im Treppenhaus –, sind beherrschendes Thema der *Schläferung*: auch in *Schläferung* zieht sich der Erzähler in ein Gehäuse zurück, allerdings nicht in ein Gerippe, aber auch er denkt letztlich an den Tod.

Schläferung ist, wie gesagt, der letzte Prosatext, der zu den *Lieblosen Legenden* gestellt worden ist, allerdings vielleicht nicht ursprünglich von Hildesheimer selbst. In der letzten originären Buchausgabe, das meint: vor den Nachdrucken oder vor der nostalgischen Suhrkamp-Ausgabe 1983, also 1962 in der Bibliothek Suhrkamp, steht *Schläferung* am Ende des Buches. Am Anfang steht *Das Ende einer Welt*, eine Geschichte, die in der ersten Buchausgabe der *Lieblosen Legenden* (DVA 1952), mit programmatischer Absicht, am Ende des Buches stand: das Ende ist zum

Anfang einer neuen Entwicklung geworden, deren Ende weit über das hinausreicht, was damals Ende schien.

Daß *Schläferung* – thematisch gehört dieses Stück nicht mehr dazu – dennoch zu den *Lieblosen Legenden* gezählt wird, hat vielleicht mit Verlagspolitik zu tun, nicht mit innerer Zusammengehörigkeit; als ob Suhrkamp einen Erstdruck in dieser Ausgabe hätte haben müssen, weil ja alle anderen *Legenden* zuvor schon, zerstreut, aber nicht überarbeitet, erschienen waren. Der damals für diese Ausgabe zuständige Lektor war Hans Magnus Enzensberger, ihm ist *Schläferung* gewidmet, und er wird entschieden haben, daß *Schläferung* noch zu den *Lieblosen Legenden* gezählt wird.[28]

Der Erzähler, der in *Der Brei auf unserem Herd* mitgefangen war, zählt sich jetzt, was er auch in den frühen *Lieblosen Legenden* getan hat, nicht mehr dazu: der Schluß der frühen Geschichten, das ersehnte und endlich erreichte Ziel, ist in *Schläferung* Anfang. Der Erzähler ist schon zurückgezogen, Vereinzelter in einer Gesamtheit, und deshalb selbstverständlich kein Wir-Erzähler mehr: eine neue, pessimistisch gesehene Ewigkeit baut sich auf.

In den *Lieblosen Legenden* wurde Bekanntes, Allgemeines und allzu Ewiges lächerlich gemacht, wenn auch in der vorletzten Geschichte kein Lachen mehr aufkommen wollte, aber dort wurde noch, wie oft in den *Lieblosen Legenden*, ein Sprichwort variiert und umgewendet; hier nun, in *Schläferung*, verzichtet Hildesheimer zwar nicht auf den Griff nach Bestehendem, greift aber zu etwas Vereinzeltem, ja Originalem, um seinen Text daran aufzurichten, und zwar zu Hans Magnus Enzensbergers Gedicht *Schläferung*: die verarbeitete Materie ist kein Allgemeingut mehr, sie ist erlesen geworden.

Zwanzig Jahre später, 1982, hat er in der Rundfunkserie *Meine Gedichte* noch einmal Enzensbergers *Schläferung* besprochen, ein Gedicht, das ihn offenbar stark berührt:

Zu den Wunschwelten gehört auch das wehmütig-geheime Zauberelement in einem Gedicht von Hans Magnus Enzensberger, zu dem er übrigens heute keine Beziehung mehr hat. Ich möchte dazu sagen, daß es mich immer ein wenig traurig stimmt, wenn ein Lyriker gerade jene Gedichte mit Vorbehalten betrachtet, die in *meiner* rezeptiven Phantasie eine besondere Rolle spielen, aus der ich sie weder verdrängen kann noch verdrängen will (...) Für mich ist dies ein verführerisch schönes Gedicht, ein in höchstem Maße gelungenes Sprach-Nocturno und gleichzeitig ein Gaukelspiel.

Ein Jonglier-Akt, in dem scheinbar jedes Adjektiv zu jedem Substantiv zu passen hat. Einmal ist die Gitarre, einmal sind die Hände verwundert, und schließlich ist es auch das Holz. Das Holz ist aber auch süß, ist aber gleichzeitig zerbrochen wie die Hände. Die Nacht ruht auf den vergessenen Griffen, wie die Saiten es tun, und auf allem ruht eine verwunderte und süße Melodie der Einschläferung. In der Tat erscheint das Geschehen unübersetzbar in Musik, aber auch ins Bild, – ich sehe es vor mir: an der von Mond*licht* schwach berührten tiefbraunen Intarsienwand lehnt die Genitivmetapher der Nacht, und in ihr das Versprechen auf Schlaf.

Metapher und Adjektiv – dem dritten Koch aus *Der Brei auf unserem Herd* wurde der Sinn dafür abgesprochen, der Wir-Erzähler aber nannte beides das, »was wir so lieben«. Dazu kommt die Einschläferung, vielleicht schon die Verdrängung, und jene Zeitspanne, während der sich beides häufig abspielt: die Nacht. Enzensbergers Gedicht hat ganz offenbar Hildesheimers eigene Situation zu dieser Zeit getroffen, vielleicht gerade wegen seiner Vieldeutigkeit, in der auch ein Spiel steckt, ein anderes Spiel als das, was seine frühen Figuren betrieben haben, jenes Spiel nämlich, ein »Gaukelspiel«, das als einzige Möglichkeit des Spielens übriggeblieben ist, nachdem Spiele mit der Realität vor der Realität versagt haben: das Spiel mit der Wirklichkeit, das Gedankenspiel, zu dem Hildesheimer zwei Jahrzehnte später mit den *Mitteilungen an Max* zurückgekehrt ist, eben zu jener Zeit, als er noch einmal Enzensbergers Gedicht aufgegriffen hat: nicht nur interpretierend in *Meine Gedichte*, sondern noch einmal in Bildlichkeit übersetzt. Auf der Collage *Die stummen Wächter* sieht man in mehreren rechteckigen Rahmen, die Fenster sein könnten, aber auch Räume, Figuren stehen; etwas links von der Mitte führt nach rechts oben eine Halbdiagonale wie eine Treppe: ein Raum über dieser Treppe ist dunkler als die anderen: der Speicher; ein Raum links unten ist grau und weist den Halbbogen eines Tonnengewölbes auf, während die übrigen braun und grün sind: der Keller; die Rahmen um die Räume oder Fenster sind grau: Mauern oder Fensterrahmen. Nur die Gitarre fehlt, keine Form deutet sie an, wenn man nicht die Silhouetten zweier Wächterfiguren über dem Beginn der Diagonalen dafür nehmen möchte.

Enzensbergers *Schläferung* beginnt mit den Zeilen »laß mich heut nacht in der gitarre schlafen / in der verwunderten gitarre der nacht«. Hildesheimers *Schläferung* beginnt: »Ich werd heute nacht in der Gitarre schlafen. Sie liegt bereit, auf dem rechteckigen

Holztisch, in meinem großen getäfelten Raum mit den drei hohen Fenstern. Sie liegt allein, ist nicht etwa Teil eines idyllischen Interieurs oder eines niederländischen Stillebens. Ich plane kein Bild, ich plane meinen Schlaf« (S. 153).

Hildesheimer konkretisiert Enzensbergers Bild, aber ein Bild bleibt es doch, wenn auch ein stark nachgedunkeltes: die »gitarre der nacht«, die Nacht als Gitarre, wird zum konkreten, exakt beschreibbaren Instrument, Instrument in jeder Hinsicht. Er wendet Enzensbergers Bild um und nimmt es wörtlich, unterzieht nun also ein originales Bild jenem Verfahren, dem er früher allgemeine Bilder und Sprichwörter unterworfen hat. Dabei verliert sich die spottende Distanz: vereinzelt wie der Erzähler schon zu Beginn ist, kann nur Vereinzeltes noch Zustimmung finden, können nur noch Signale ausgesendet werden, von einem Versteck zum anderen.[29]

In den *Lieblosen Legenden* schien der Ein- und Ausgang zwischen den untergehenden Welten immer einfacher benutzbar geworden zu sein, in *Der Brei auf unserem Herd* gab es keinen Ausstieg mehr, aber in *Schläferung* heißt es: »Der Einstieg in das Instrument bietet keine Schwierigkeit, ich habe alles geprüft, alles ist vermessen« (S. 153). Die Gitarre wird zum Raum, zum Zufluchtsort hinter verbrannten Brücken: »Hier liege ich, warm und wohlgeborgen, während draußen die Zeit wie ein sanfter aber unablässiger Wind vorbeirauscht – die Nacht ist der Zeit bessere Hälfte! – und mich von allem Ballast, den sie mit sich treibt, ungeschoren läßt« (S. 156). Der Ausstieg wird nicht mehr – oder: noch nicht wieder – gesucht.[30]

Um die nächtliche Gitarre ist es beinahe windstill – Wind spielt in den folgenden Werken eine zunehmend größere Rolle –, sie liegt auf dem Tisch in einem Raum, der exakt beschreibbar ist, und dieser Raum gehört zu einem Stockwerk mit anderen Räumen, die ebenfalls exakt beschreibbar sind, und dieses Stockwerk befindet sich in einem Haus mit mehreren Stockwerken, die im Verlauf der Geschichte, vom Keller bis zum Speicher, durchwandert und exakt beschrieben werden: Verschachtelungssystem, zwiebelschalig bis zum kleinsten Innenraum, der Gitarre, vom Lärm zur Ruhe, von Räumen voll aufdringlichem Gerümpel der Zeit bis zum beinahe völlig ruhigen, fast völlig windlosen und leeren Zimmer, in dem die Gitarre liegt. Spiralig nach innen, ein perfekter Rückzugsplan, hinaus aus Zeit und Raum in Einsamkeit und Dunkelheit, denn Helligkeit wäre Betrieb, und Betrieb – *Der Brei auf unserem Herd* – kann nur zum Untergang führen.[31]

Mit *Schläferung* hört die Ausmessung der untergehenden Welten endgültig auf, hier beginnt die Ausmessung jener Zwischenräume, die bisher Ziel der Figuren aus den *Lieblosen Legenden* und dem *Paradies der falschen Vögel* gewesen sind. Die frühen Figuren hatten die Gesellschaft, die sie verlassen hatten, sich selbst überlassen, dieser Erzähler aber fürchtet, daß die üble Gesellschaft bei ihm eindringen könnte, ihn also gerade nicht sich selbst überlassen könnte. Sie könnte zumindest bis in den Raum vordringen, in dem die Gitarre liegt, in das Instrument selbst allerdings nicht, denn darin hat nur ein einziger Mensch Platz, nun aber wehrloser Spielball möglicher Eindringlinge. Dies ist nicht die größte Furcht des Erzählers, die größere ist, seine Gedanken nicht von dieser Gesellschaft abbringen zu können: damit wäre sie zuletzt doch in die Gitarre gelangt, nicht in der Realität, sondern in der Wirklichkeit des Erzählers, in seinem Geist. Vorsorglich beschließt er: »Ich muß meine Nacht behutsam bevölkern, den Raum mit ein paar stummen Zeugen beleben, Statisten der Nacht und Hüter meines Schlafs« (S. 158).

Schläferung – darin gleicht dieser Text dem *Brei auf unserem Herd* – ist insgesamt eine Metapher, deren Bildlichkeit ins konkrete Bild umgesetzt wird, wobei zahlreiche weitere Metaphern entstehen, die ihrerseits ins Konkrete umgesetzt werden. So meint das Haus – nicht nur in *Schläferung* – die Welt, und diese Welt wird auf der Suche nach Hütern des Schlafs oder, »viel, viel besser noch« (S. 158), Wächterinnen durchsucht, allerdings ohne Erfolg: »Meine drei nächtlichen Helferinnen muß ich mir doch wohl aus anderen Regionen holen. Ich muß den Schritt hinaus aus dem Raum, hinein in die Zeit tun und in ihr, sie überholend, zurückgehen« (S. 163).

Vor der Welt in ihrem gegenwärtigen Zustand oder gar vor ihrer Zukunft, wie sie *Der Brei auf unserem Herd* vorhergesagt hat, bevorzugt der Erzähler, der ab *Schläferung* besser Reflekteur genannt werden sollte, die Vergangenheit, die aber nur in seinen Reflexionen, in seinem Geist leben kann. Zuletzt bleibt nur noch das stumme Selbstgespräch, das heißt ein Leben im kleinsten Innenraum, im kleinsten Instrument, dem Geist, der im Körper liegt, der in der Gitarre liegt, die im ersten Zimmer liegt, spiralig nach außen.

Die Wächterinnen, die der Reflekteur als Hüter seines Schlafs wählt, müssen also stumm sein: Mona Lisa, wieder einmal, wählt er, weil sie eine »edle Haltung« hat, »zudem beherrscht sie das Schweigen, und das ist es, was ich brauche« (S. 164). Außerdem kann sie einige Griffe auf der Gitarre, das heißt, in Anspielung auf *Hamlet*, auf seinem Geist spielen, wie sein Geist mit ihr. Falls er eingeschlafen ist und nicht mehr selbst, mit einer Hand von innen heraus, spielen kann, spielt die Historie mit seinen Liedern, die dann anderen so verfügbar sind wie die Historie jetzt ihm: nach seinem Tod wird er selbst zu Geschichte werden. Daß hinter Mona Lisas Gesicht der Ausdruck »einer flüchtigen aber stets gegenwärtigen Idiotie« lauert (S. 164), stört ihn nicht, sie wird ihm lieber sein als die verderbliche Geschäftigkeit des Chemikers Blitzhaus aus *Der Brei auf unserem Herd*.

Die zweite Wächterin, Schwester Antonia, die nichts von Leonardo oder Mona Lisa weiß, greift er »ohne Zögern« aus dem Leben: »das Wort Renaissance wäre für sie vermutlich gleichbedeutend mit Auferstehung, und zwar einzig und allein der des Herrn, ihres Herrn, nicht des meinen, ich habe keinen Herrn« (S. 165). Schwester Antonia kann nicht auf der Gitarre spielen, sondern stopft ständig schwarze Strümpfe. Sie wird als Wächterin gewählt, weil sie keine Angst vor dem Alter oder der Zukunft hat, »vor der Spanne, die dem Mann noch bleibt, und vor dem, was nach dieser Spanne kommen mag«. Der Reflekteur schränkt sofort ein: »Ich habe keine Angst vor irgendwelchen Spannen, denn ich betrete meine Gitarre.« Dann verrät er aber doch eine gewisse Unsicherheit und fügt, erneut in Anspielung auf *Hamlet*, hinzu: »Und wenn ich auch selbst nicht glaube, daß noch irgendetwas kommt, so will ich doch Antonia in der Nähe haben, die es nicht zu glauben braucht, weil sie es weiß, mit ihrer ganzen Seele weiß. Dies ist ihre große Rolle im Prozeß meiner Schläferung« (S. 167).

Schwester Antonia ist eine Vorläuferin der Haushälterin Celestina aus *Tynset*, deren Glauben der Reflekteur *Tynsets* ebenfalls nicht teilt, doch dort nennt er einen der Gründe dafür, daß ihr Herr nicht der seine sein könnte, selbst wenn er gläubig wäre. Während der Fahrt durch das Labyrinth der Großstadt liest er das Straßenschild »Judengasse« und sagt: »wo ich hingehöre« (S. 118).[32]

Zu dieser Offenheit, gleichzeitig Verteidigung und Vorwurf, ist der Reflekteur der *Schläferung* noch nicht gelangt. Noch hält er für möglich – Hildesheimers Hörspiele dieser Zeit zeigen das ebenfalls –, daß auch er, wie in *Der Brei auf unserem Herd*, seinen Teil der Schuld trägt. Als dritte Wächterin wählt er sich eine wahrhaft Schuldige, nämlich Mary Stuart, die schon immer zu ihren Träumen und Gedanken auf der Theorbe Akkorde gegriffen hat: »Sie träumt vielleicht von Bothwell, den sie liebt, aber nicht so liebt, daß sie nicht auch ihn umbringen würde, wenn sie ihn nicht mehr liebt« (S. 169). Sie wird gewählt, weil ihre Schuld durch ihren entsetzlichen Tod »gesühnt« worden ist, und diese Wahl wirft ein besonderes Licht auf die letzte der *Lieblosen Legenden*, auf das Endstück einer Periode und den Beginn einer neuen.

Mary Stuart erscheint im Werk Hildesheimers fast zur selben Zeit, zu der Hamlet erscheint; beide Figuren haben Vorbildcharakter, beide dienen als Identifikationsmodelle. Hamlet sühnt den Tod des Vaters nicht, er ist unschuldig, aber Mary Stuart sühnt ihre Schuld mit ihrem Ende. Und dennoch: Sühne durch die Art des Sterbens – dieser Gedanke mag vielleicht verwundern; nicht jedem allerdings würde Hildesheimer diese Absolution erteilen, wie es in *Schläferung* heißt: »nicht umsonst habe ich so weit in die Zeit zurückgreifen müssen« (S. 169). Rund acht Jahre später widmete er dem Sterben Mary Stuarts ein ganzes Theaterstück, *Mary Stuart* (1970), sein letztes Theaterstück überhaupt, das – wie *Schläferung* – die sorgfältige und gelassene Vorbereitung auf den Tod behandelt, das Sterben. Wie für Mary Stuart im Stück, so gilt für den Reflekteur der *Schläferung* Souveränität angesichts des letzten Endes als Tilgung der Schuld.

Vierzehn Jahre nach *Schläferung* und vier Jahre nach dem Theaterstück greift Hildesheimer Mary Stuart noch einmal auf: im Gedicht MARY STUART (1974) fragt er mit Horaz, ob sich Sterben lernen lasse, verneint und gesteht Mary Stuart zu, es dennoch gekonnt zu haben: darin folgt er Montaignes *Essai* mit dem Titel *Sterben lernen*, in dem Montaigne als Beispiel eben Mary Stuart nennt. Mit der Neuorientierung seit Ende der fünfziger Jahre, nach der Übersetzung von *Nightwood*, als Hamlet und Mary Stuart auftreten und ihre Bedeutung für Hildesheimer während vieler Jahre behalten, mit diesem Neueinsatz reflektiver Kreativität und mit der Konzentration auf die eigene Person und ihr Ende erscheinen Montaignes *Essais*, in *Schläferung* noch nicht ausdrücklich erwähnt, doch ist *Schläferung* aus dem Geist Montaignes geschrieben.

»Das Ziel unseres Lebenslaufes«, heißt es bei Montaigne, »ist der Tod; zwangsweise richten wir unseren Blick auf ihn: wenn er uns erschreckt, wie können wir da einen Schritt ohne Schaudern gehen« (S. 50). Seit Anfang der sechziger Jahre betrachtet und bewertet Hildesheimers Reflekteur das Leben unter dem Zeichen des Todes und verhält sich damit konsequent so, wie es Montaigne vorgezeichnet hat; diese Konzentration auf das Ende, dieser Versuch, Sterben zu lernen und Sühne zu erlangen, führt, um eine Fluchtlinie anzudeuten, von *Schläferung* zu den Werken der sechziger und frühen siebziger Jahre – zu *Tynset* und *Masante* mit ihrer Konzentration auf das eigene Ende –, von dort zu den Werken der späten siebziger und frühen achtziger Jahre – zu *Mozart* und *Marbot* mit ihrer Konzentration auf das Ende anderer Figuren –, bis hin zu Hildesheimers Ende als Schriftsteller und seiner Rückkehr zur bildenden Kunst.

Zu welcher Art Schlaf der Reflekteur der *Schläferung* ansetzen möchte, ist also ganz offensichtlich. Er sagt über sich und seine Wächterinnen: »Aus diesen drei Körpern habe ich mir den Geist gebaut, der meinen Raum beherrschen soll. Ruhig liege ich im Schoße dieses Geistes, dem ich mich schlafsuchend anvertraut habe. Und wenn auch Schwachsinn und Mord in ihm verwoben sind, so atmet er dennoch nicht den widerlichen Atem jener Mörder und Schwachsinnigen, deren Gegenwart mich dazu bewegt, in meiner Gitarre den langen Schlaf zu tun« (S. 170).

Der Schluß der *Schläferung* kündigt sich, ähnlich dem Kompositionsprinzip in *Paradies der falschen Vögel*, in einem Trugschluß an, in einem vorweggenommenen Ende also, nach dem erst das beginnt, was zum Ende führt. Wie dann in *Mozart* und *Marbot*, in Erinnerung an Montaigne, kurz nach Beginn des Buches vom Tod gesprochen wird, reflektiert der Einschlafende in *Schläferung*, wie es nach einer solchen Nacht aussehen könnte, nach seinem Tod, und beschreibt seine Auferstehung: »Soll ich die Saiten zurückschnellen lassen und aussteigen, um mich einem Tag gegenüberzusehen, der meine kostbaren Kombinationen zunichte macht, als hätte ich mir nicht mühevoll eine Nacht aufgebaut? Nein. Hier liege ich, hier bleibe ich. Hier schlage ich meinen Akkord an, bis meine Hand außen am Holz hinabsinkt, und dann –« (S. 171).

Diese Reflexion mündet in einen Gedankenstrich, der Gedanke gilt dem Tod: die Schläferung wird zum Bild der Todessehnsucht und des Wunsches nach ewiger Nacht. Wie schon, allerdings platter, Velhagen, so überlebt sich der Reflekteur in seinem Zufluchtsort selbst: »Ich höre einem Wechselgesang zu, der nicht erklingt, einem nicht gesungenen, kaum erinnerten, nur vage gedachten Lied, das sich selbst singt. Es singt sich in der Florentinerin Ferne und in der Ferne der Schottin, und von der Querwand herüber höre ich das Schweigen der Vincentinerin, wie sie am Strumpf Gottes stopft« (S. 171).

Schläferung klingt in Absätzen, in drei Akkorden, langsam aus: Mona Lisa und Mary Stuart spielen immer leiser, ihre Fingerspitzen berühren kaum noch die Gitarre, der Erzähler hört sie »kaum noch auf dem Holz, kaum über die Fläche streifend, abwärts rutschen, zwischen Saiten und Holz, dann zwischen Holz und Nacht, und dann in der Nacht für ewig hängen bleiben, –« (S. 172). Dieser Gedankenstrich weist in weite Ferne, in der es dereinst einmal keine Schönheit, keine Kunst, weder Schuld noch Sühne geben wird, also auf den Untergang der Menschheit oder, nicht so weit gegriffen, auf einen Tod ohne Auferstehung, auf ewige Dunkelheit und Stille.

Der zweite Akkord, schon leiser: »während Antonia wacht und ewig Wolle stopft. Ich liege innen, außen wacht Eine und stopft, zwei Andere schlafen zwei verschiedene Schläfe, –«: der Gedankenstrich weist auf ewige Zukunft, ewige Vergangenheit und auf die Mittelposition des Reflekteurs: das ewige Leben ist immer dasselbe, das religiöse, der ewige Tod aber vervielfacht sich.

In einem letzten Nachklang, fast bloßem Echo, versichert sich der Reflekteur, daß sein Wunsch in Erfüllung gehen wird: »und ich drinnen sinke in meinen eigenen Schlaf und schlafe –« (S. 172): auch hier eine Fermate, ein Gedankenstrich, schon beinahe eine Bestätigung der Hoffnung auf ewigen Tod.

Die letzten Sätze der *Schläferung*, der *Lieblosen Legenden* und der letzten originären Buchausgabe wiederholen Enzensbergers Gedichtzeilen und leiten zum Anfang zurück, schließen den Bogen zu einem ewigen Zyklus: »unter den süßen Saiten / im verwunderten Holz« (S. 172).

Der einzige Ausweg aus unhaltbaren Zuständen führt in die Nähe des Wahnsinns, in Heimatlosigkeit, Einsamkeit und Dunkelheit, in Verstummen, Schlaf und Tod: Zentralbegriffe der Melancholie.[33]

4 Vergebliche Aufzeichnungen

Schläferung begründete den endgültigen Rückzug: endlich allein im Versteck, was eben nicht Ende aller Bewegung bedeuten kann, beginnen die Figuren, sich um sich selbst zu drehen. Tatsächlich beherrscht die Kreisbewegung jene Periode im Schaffen Hildesheimers, die der Periode der *Lieblosen Legenden* nachfolgt: die Periode der Monologe und Ich-Reflexionen, die mit dem Kapitel des geplanten *Hamlet* im Jahr 1961 zögernd begonnen hatte und, zwölf Jahre später, im Jahr 1973 mit *Masante* endet, mit einem Buch, in dem der Reflekteur zuerst Hamlet verabschiedet und dann sich selbst.

Der Reflekteur der *Schläferung* hatte den Vorsatz, sein Instrument nicht mehr zu verlassen und den »langen Schlaf« zu tun; er hatte sich bis ins Äußerste von Zeit und Raum zurückgezogen und wollte dort für ewig verharren. Die *Vergeblichen Aufzeichnungen*, im selben Jahr wie *Schläferung* entstanden, werden selbstverständlich, was schon für *Schläferung* hätte gelten sollen, nicht mehr zu den *Lieblosen Legenden* gezählt. Die *Vergeblichen Aufzeichnungen* sind die direkte Fortsetzung der *Schläferung*, denn hier verläßt der Reflekteur, trotz aller Gründe, die er in *Schläferung* vorgetragen hatte, sein Versteck noch einmal, um sicher zu sein, daß der Rückzug gerechtfertigt war. Er mißtraut seinen eigenen Überlegungen nicht, aber er möchte sie noch einmal prüfen.

Dieser Bewegung – von der überzeugenden Darstellung eines Rückzugs im ersten Text zu ihrer Überprüfung im nächsten – folgen auch die beiden anderen Werke dieser Periode, *Tynset* und *Masante*: man könnte von zwei Werkpaaren sprechen: zweimal zuerst die endgültige Begründung des Entschlusses, nie wieder aufzubrechen, zweimal danach Aufbruch und Überprüfung, ein Verhalten, hinter dem ein ›dennoch‹ und ›trotz alledem‹ steht, und beide Male, in den *Vergeblichen Aufzeichnungen* und, wie sich zeigen wird, in *Masante*, bricht der Reflekteur trotz besseren Wissens auf. Er weiß im voraus, daß er genau das bestätigt bekommt, was ihn zuvor – in *Schläferung* wie in *Tynset* – zum Vorsatz gebracht hatte, im Rückzug zu verharren. Überprüfung und Aufbruch sind vergeblich und führen zurück zur Ausgangsposition, schließen den Kreis zum vorhergehenden Werk.

Die einleitenden Sequenzen der *Vergeblichen Aufzeichnungen* wurden und werden oft zitiert, zuletzt, zwanzig Jahre nach ihrem

Entstehen, in der Diskussion um Hildesheimers Entschluß, nicht mehr zu schreiben und zur bildenden Kunst zurückzukehren. Die Rückwärtsbewegung, die für den kleinen Zyklus festgestellt wurde, für die Abfolge von zwei Werken, findet sich auch im Leben des Autors wieder, im großen Zyklus, in der Abfolge aller seiner Werke: eine Rückkehr zu den Anfängen oder, wie Hildesheimer 1956 geschrieben und gerade während dieser Periode seines Werks, nämlich 1966, bestätigt hat: »Ich halte viel von der Gewohnheit, hin und wieder auf den Ausgangspunkt zurückzukommen« (*Vita*, S. 69).[34]

So beginnen die *Vergeblichen Aufzeichnungen* dort, wo *Schläferung* aufgehört hat (S. 7):

Mir fällt nichts mehr ein. Kein Stoff mehr, keine Fabel, keine Form, noch nicht einmal die vordergründigste Metapher. Alles ist schon geschrieben oder schon geschehen, wenn nicht beides, ja, meist sogar beides. Daher ist alles alt. Und wenn es noch nicht geschehen ist, so wird das Geschehen wahrscheinlich gerade vorbereitet oder es geschieht, während ich dies schreibe, oder in fünf bis zehn Minuten und ist von dem Augenblick des Geschehens an alt und überlebt. Und wenn es noch nicht geschrieben ist, so wird es wahrscheinlich jetzt gerade geschrieben, von einem, der entweder fünf bis zehn Minuten vorher angefangen hat, oder von einem, der schneller schreibt als ich, in welchem Fall er sogar später anfangen kann, d.h. das hängt natürlich davon ab, wie schnell er schreibt oder wie spät er anfängt.

Zu Matthias Burri hat Hildesheimer gesagt: »Ein bisschen ist der Titel auch eine Koketterie mit dem Leser, denn dem Ich-Erzähler fällt ja allerhand ein. Aber er verwirft das Ausarbeiten dieser Themen« (S. 152). Auf die vielzitierten Sequenzen der Vergeblichkeit folgt denn auch, nach einem Absatz, der Aufruf, das endgültig Feststehende noch einmal zu prüfen, ein letztes Mal (S. 7):

Man sollte indessen nichts unversucht lassen. (So zumindest sagt man. Ich selbst bin der Überzeugung, daß jene glücklicher sind, die alles unversucht lassen, aber dazu ist es jetzt zu spät, damit muß man früher im Leben beginnen.) Heute bin ich mir einen letzten Versuch, einen letzten kurzen Gang schuldig, bevor ich die Feder endgültig niederlege und mich anderen Dingen zuwende.

Das Motiv des Nichtbegonnen-Habens taucht in Hildesheimers Werken immer wieder auf, in reiner Form bereits neun Jahre zuvor, in *Paradies der falschen Vögel*. Robert Guiscard sagt: »Am besten (...) sind die daran, die niemals geboren sind«, und fügt »mit einem Seufzer« hinzu: »Aber das kommt unter tausend Fällen höchstens zwei- bis dreimal vor« (S. 172 f.). Diese Formulierung entstand kurz nach Hildesheimers Anfängen als Schriftsteller, und dreißig Jahre später, kurz vor seiner endgültigen Rückkehr zur bildenden Kunst, erscheint sie wieder, kaum verwandelt, und zwar in den *Mitteilungen an Max*: »Nicht so übel wäre es auch, gar nicht erst geboren zu sein, aber das kommt immer seltener vor, ich könnte Dir da kaum irgendwelche Fälle nennen, es sei denn auf Anhieb, aber das willst Du gewiß nicht, mit Recht übrigens, ich mag so etwas auch nicht« (S. 17).[35]

Was die anderen Dinge sind, denen sich der Reflekteur der *Vergeblichen Aufzeichnungen* zuwenden will, ist offensichtlich: er möchte, lassen sich keine Gegenbeweise finden, die Schriftstellerei aufgeben und sich der bildenden Kunst widmen. Die Literatur ist es, darauf spielt der Reflekteur deutlich an, die auf ihre Tauglichkeit geprüft werden soll. Auf diesem Gebiet hat sich ihm die Einsicht vermittelt, alles sei alt und wiederhole sich ständig, aber auch die Einsicht, daß es – die *Schläferung* ist nicht restlos geglückt – in der Kreisbewegung kein Ende geben kann: nun wünscht er sich, den Kreislauf gar nicht erst begonnen zu haben, und sieht als einzige Möglichkeit, diesen unhaltbaren Zustand zu beenden, aus dem Kreislauf auszuscheren.

Daß er auf die bildende Kunst zielt, deuten auch die sieben Illustrationen an, die ersten, die Hildesheimer für eines seiner Bücher angefertigt hat. Tatsächlich begann er zu dieser Zeit, nach kurzem Vorspiel Ende der fünfziger Jahre, mit zunehmender Intensität zu zeichnen und zu collagieren und ließ seine Bilder seit 1965, also drei Jahre nach Erscheinen der *Vergeblichen Aufzeichnungen*, nach fünfzehnjähriger Pause wieder regelmäßig ausstellen.

Es ist also ein doppelter Aufbruch, wenn der Reflekteur sein Haus verläßt und – wie in *Schläferung* die Stockwerke des Hauses – nun einen Streifen Meeresküste durchwandert, auf der Suche nach Argumenten, nicht mehr für das Ende, sondern für die Fortsetzung. Doch von Anfang an ist seine Suche von der resignativen Einsicht in das Scheitern solchen Unternehmens geprägt: er spielt kein zweckfreies Spiel mehr, wie in *Ich trage eine Eule nach Athen*, und kein zweckgerichtetes, wie in *Der Brei auf unserem Herd*, aber auch der Ausgang dieses Spiels steht von vornherein fest.

Aus dem Rückzug aus der Welt, in *Schläferung* bis in den eigenen Geist verfolgt, könnte ein Rückzug auch aus der Welt des

Geistes werden, aus dem eigenen Schädel, aus dem kleinsten möglichen Raum, der ja, wie Meer und Haus auch, ein Bild der Welt ist, konzentriert und reduziert. In *Schläferung* wurde der Raum *um* das Haus nicht beachtet, nur stillschweigend angenommen; von dorther hätten die Eindringlinge kommen müssen, hätten sie kommen wollen. Das Zwiebelsystem der Räume wird nach außen erweitert, der Bewegung nach innen entspricht nun eine Bewegung nach außen; auch im zweiten Werkpaar dieser Periode, in *Tynset* und *Masante*, entsprechen sich zwei Bewegungen, nämlich die nach oben und die nach unten. Die Bewegung nach außen aber deutet an, es könnte einen Ausgang geben, hinaus in die Welt der bildenden Kunst, womit allerdings unterstellt würde, daß bildende Kunst nichts – oder doch: wenig – mit Geist zu tun hätte.

Tatsächlich betont Hildesheimer immer wieder das Handwerkliche der bildenden Kunst im Gegensatz zum Geistigen der Literatur: im Reich der Zeichnungen und Collagen verschaffe man dem Geist jene Erholung von der Welt, die beim Schreiben nicht möglich sei, wie schon der Titel einer Schrift über seine Arbeit als Zeichner und Collagist zeigt, einer Schrift, die gegen Ende dieser Schaffensperiode entstanden ist: *Beim Malen überwinde ich Müdigkeit und Depressionen*.

Der einzige Grund, die Anstrengungen des Schreibens auf sich zu nehmen, könnte »Notwendigkeit« sein. Ob es aber überhaupt eine Notwendigkeit des Schreibens gibt und wieviel ein »Wortgebäude« (S. 8) überhaupt trägt, das will der Reflekteur in einem abschließenden Experiment prüfen. Er legt die Feder hin, nimmt seinen Feldstecher, um nichts zu übersehen, und verläßt das Haus, das Wortgebäude, hört also probehalber mit dem Schreiben auf und gibt sein Versteck auf: er betritt die Welt und geht Richtung Meer. Da wird er, kaum hat er sich auf den Weg gemacht, von einem »Windgespenst« überfallen (S. 8f.), und was er dabei empfindet, erinnert an Montaigne, dessen *Essais* schon für *Schläferung* bedeutsam geworden waren; aber in *Schläferung*, man erinnere sich, war es fast völlig windstill.

Dort war es die Nacht, die zur entscheidenden Zeit geworden war, hier nun, in den *Vergeblichen Aufzeichnungen*, ist es der frühe Nachmittag – auch diese Konstellation findet sich im zweiten Werkpaar dieser Periode wieder. Die Nacht steht für Rückzug, der Nachmittag für Aufbruch. Doch der Wind – Metaphern findet der Reflekteur ohne Mühe – bestätigt ihm, ehe er das Meer erreicht hat, daß dieser Aufbruch zu nichts führen wird. Assoziationen von ›dreckige Wäsche waschen‹, ›aufgebauschten Phrasen‹ und ›sinnlosem Gerüttel‹ stellen sich ein: das Feste bleibt fest, und das Lockere wird nicht gelöst, der Wind legt sich, als wäre nichts gewesen, es ist sogar »lebloser als zuvor«, weil die Hoffnung auf Aufwiegelei, auf Veränderung, vorbei ist oder nie wirklich bestanden hatte: »nichts vor mir, nichts hinter mir« (S. 9).

Das Hamlet-Motiv erscheint wieder, hier noch hinter der Verbindung aus Meer und Wind versteckt: »Mad as the sea and the wind when both contend / Which is the mightier« (IV, 1). Doch bei Hildesheimer kämpft der Wind allein, das Meer bleibt ruhig, und der Aufruhr der Winde ist sinnlos geworden, er wird zu einem Sturm im Wasserglas, wird zur gezähmten Natur in kalkulierbarem Rahmen: »Ich sehe mich in diesem Raum um« (S. 9).

Die Küstenlandschaft ist ein Raum, übersichtlich und genau meßbar; der Gang der Küste entlang wird zu einem Planspiel mit gesicherten Grenzen und gewissem Ausgang: »Zu meiner Rechten ragt eine Landzunge ins Meer, genauer gesagt, eine Felszunge. Ich setze den Feldstecher an. Er vergrößert fünfzehnmal. Nein, es ist keine Felszunge, es ist eine Landzunge, auf der einiges namenlose Gesträuch wächst, von Felsen gesäumt« (S. 9).

Schon in *Schläferung* wurde alles vermessen, exakt beschrieben und beiseite gelegt, wurden Räume durchwandert und Funde kommentiert. Der Reihe nach, wie in *Schläferung*, werden nun auch in den *Vergeblichen Aufzeichnungen* Gegenstände in der Phantasie des Strandwanderers – ein Grenzgänger zwischen den Elementen – umgewendet und auf Möglichkeiten untersucht, wobei die Unterscheidung in tatsächlich vorhandene und ausgedachte Gegenstände, der Unterschied zwischen Realität und Wirklichkeit, keine entscheidende Rolle spielt. Zuerst, durch den Feldstecher, die Ferne: eine nicht vorhandene Ruine als Vergangenheit, ein nicht vorhandener Leuchtturm als Gegenwart, und zuletzt die Zukunft: »Noch nicht einmal für den Tod gäbe es hier ein Versteck« (S. 11).[36]

Das Ende der Assoziationskette beim Rückzug in die Gitarre war ewiger Tod, die Gitarre ein Sarg; in den *Vergeblichen Aufzeichnungen*, wo es um die Brauchbarkeit des Schreibens geht, bleibt nicht einmal das: »Aber was soll das! Das ist doch kein Stoff?« (S. 12) Das Fragezeichen deutet darauf, daß die Möglichkeit des Todes als letzter Rückzug nicht von vornherein verworfen wird, als Schreibstoff jedoch nicht taugt, obwohl seit *Schläferung* der Tod Kontrapunkt bleibt.

»Ich setze den Feldstecher ab und betrachte mir die Nähe« (S. 12): Zufälliges nur, Treibgut, versandet, versalzt oder zu Sand und Salz geworden: »Jedenfalls zeugt hier nichts von Versuchen einer Bewältigung oder auch nur einer menschlichen Tätigkeit« (S. 13). Das Gute liegt nicht nah, nah liegt die Nachkriegszeit mit ihren Versuchen der Bewältigung, meist nur beteuert, nie wirklich erreicht. Mit »Versuchen einer Bewältigung« deutet sich also auch in den *Vergeblichen Aufzeichnungen* die zunehmende Beschäftigung mit der Nazi-Zeit an, in diesem Rahmen wird aber auch dies als keine Notwendigkeit des Schreibens bezeichnet; ein Standpunkt, den das andere Werkpaar dieser Periode wieder zurücknimmt.

Denn in *Tynset* und *Masante* treten sie auf, Nazis und Neo-Nazis, meist paarweise, entsetzlich und völlig ungehindert, als wäre jeder Versuch, die Vergangenheit zu bewältigen, tatsächlich vergeblich, weil diese Vergangenheit in die Gegenwart reicht: »Wo war es, daß ich eine Trommel sah, bezogen mit dunkler menschlicher Haut, in Sansibar verfertigt? – und wo war es, daß ich Lampenschirme sah, aus heller menschlicher Haut, verfertigt in Deutschland von einem deutschen Bastler, der heute als Pensionär in Schleswig-Holstein lebt?« (*Tynset*, S. 139). Oder in den *Antworten über Tynset*: »Obwasser und Kabasta existieren tausendfach, ich kenne sie, ich war Simultandolmetscher in Nürnberg, war auch bei außergerichtlichen Verhören zugegen, und ich weiß auch, wer frei ausging und noch geht. Auch den Lampenschirm aus menschlicher Haut – und Schlimmeres – habe ich gesehen. Ob der Verfertiger heute noch in Schleswig-Holstein lebt, weiß ich nicht, halte es aber für wahrscheinlich« (S. 8). Mit der Allgegenwart solcher Typen begründete er, während der Arbeit an *Tynset* und zwei Jahre nach Erscheinen der *Vergeblichen Aufzeichnungen*, seinen Rückzug in einen »Winkel des Auslands«:[37]

Ich bin Jud. Zwei Drittel aller Deutschen sind Antisemiten. Sie waren es immer, und sie werden es immer bleiben.

Im Jahr 1979, also sechs Jahre nach Erscheinen des letzten Werkes dieser Periode der Monologe und Ich-Reflexionen, äußerte er sich noch einmal direkt zur Frage der Bewältigung. Direkt meint: als Autor und nicht als literarisches Ich. Einem Artikel, in dem Fritz J.

Raddatz behauptete, jeder habe einen Nazi zum Freund gehabt, antwortete er mit der bereits erwähnten autobiographischen Notiz *Waren meine Freunde Nazis?*:

also schien ich auch aufgefordert, in mich hineinzuhorchen. Aber ich hörte nichts, noch nicht einmal das Echo der Frage. Auch keinerlei Impuls zu jener Überprüfung, die bei so manchem zu dieser elenden Geste der Vergebung führt, der Milchmädchenaufrechnung von Schuld- und Sühne- und Reuekonten. Ich bin an jeder Wiedergutmachung so unschuldig wie an dem, was sie wiedergutmachen will. Wer Nazi ist, bestimme ich. Diese Maxime, die ich mir und für mich vor dreiunddreißig Jahren, nach meiner Rückkehr nach Deutschland als Besatzungsangehöriger gesetzt habe, die sich mir, mit und trotz ihrer irrationalen Komponente, aufgedrängt hat, mag manchem überheblich, falsch oder gar verwerflich erscheinen. Für mich hat sie sich als richtig erwiesen, ich habe sie niemals überprüfen oder revidieren müssen.

Anfang der sechziger Jahre hatte er begonnen, wenn auch nicht mit der Haltung eines Verzeihenden oder Schuldigen, sich mit der Frage nach Schuld und Schuldigkeit auseinanderzusetzen, und zwar gleich im ersten Werk dieser Periode der Reflekteure, im Fragment des *Hamlet*-Romans. Bezeichnenderweise ist es also Hamlet, der als erster eine Absage formuliert: »Jetzt war für mich der Moment gekommen, mich aller Verantwortung zu entziehen, zu zeigen, daß ich nicht gewillt war, die Welt, so wie sie ist, hinzunehmen, mich darin einzurichten. Der Sohn wird die Geschäfte des Vaters nicht übernehmen (…) Ich ging zurück zu meinen Knochen, meinem Riesen, den ich zusammenlege, in dessen Brusthöhle ich wie in einem Käfig knien konnte, dessen Schädel, so weit mir noch Zeit bliebe, ich suchen würde« (S. 142). Hamlet übernimmt die Geschäfte des Vaters nicht, und Hildesheimers Reflekteur wird – in *Tynset* – Hamlets Vater ignorieren, der mahnend im Treppenhaus erscheint: er hat keine Tat begangen und ist deshalb unschuldig an den Folgen, die aus den Taten anderer entstanden sind, er wird auch in Zukunft keine Taten begehen, um nicht in Zukunft schuldig zu werden.

Kurz nach der Niederschrift des *Hamlet*-Kapitels und vielleicht während der Arbeit an den *Vergeblichen Aufzeichnungen* hat Hildesheimer das Gedicht *9. 8. 1962* geschrieben, das erste Gedicht seit *Rezept*, und auch *9. 8. 1962*, eine Reaktion auf Friedrich Lufts Nachruf auf Marilyn Monroes Tod, drückt seine Absage beinahe programmatisch aus:[38]

Marilyn
hat sich das Leben
genommen.
Luft
(Friedrich, Kritiker)
schreibt in der ›Welt‹:
an ihrem Tod sind
wir alle schuld.
Hiermit gebe ich zu Protokoll:
ich bin
an Marilyns Tod
nicht schuld.

Nicht nur nicht am Tod Marilyn Monroes schuld zu sein, sondern an nichts schuld zu sein, nicht an Vergangenem und nicht an Zukünftigem, das ist seit Anfang der sechziger Jahre Hoffnung und, zunehmend, Überzeugung der positiven Figuren, eine Überzeugung, die der Reflekteur der *Vergeblichen Aufzeichnungen* noch nicht so entschieden äußert wie der Autor des Gedichts, aber er ist auf dem Weg zu dieser Entschiedenheit.

Vorgefundenes Material wie in *Schläferung* oder in den *Vergeblichen Aufzeichnungen*, sinn- und zwecklos, jedenfalls ohne Schuld, kann an Verbrechen höchstens als stummer Gegenstand teilgenommen haben, oder als Opfer. Die Funde der *Vergeblichen Aufzeichnungen* – ein Stück Ölhaut, ein Stück einer Tischplatte, ein zur Flosse geschliffenes Stück Holz – werden, ähnlich den Sprichwörtern der *Lieblosen Legenden*, umgewendet: die Assoziationen, die sich im Reflekteur bilden, ergeben Bruchstücke von Geschichten, meist sofort abgebrochen, manchmal weitergespielt, und zwar bezeichnenderweise bei den Themen Tod, Religion und Historie: der Tod wird genauer beschrieben (ihm gilt sogar eine Illustration), die Historie gibt die glaubwürdigsten Geschichten her, ist besonders geschichtsträchtig, und die Religion wird zwar lächerlich gemacht, aber durch die ständige Hinterfragung – wie in *Schläferung* – nicht endgültig verworfen, sondern ausgeklammert und im Unentschiedenen belassen: »Ich streiche die Notiz« (S. 20).

Der beste Fund zeigt sich zuerst als »eine kleine Insel, eine winzige umgekippte knöcherne Schale, vielleicht fünf Zentimeter im Durchmesser«; »Insel« als Bild des Rückzugs, doch gerade die Gründe des Rückzugs will der Reflekteur hinterfragen und gräbt tiefer: »Die Rundung wächst, es kommen zwei Löcher zum Vorschein, Augenhöhlen. Es ist ein menschlicher Schädel. Ein guter Fund!« Hamlet hat den Schädel des Riesen gefunden: »Ein Strahlenkranz von Möglichkeiten geht von ihm aus und verbreitet sich in dem Raum und von dort in die Zeit. Aber in meinen Raum? In meine Zeit?« (S. 21)

In der bisher äußersten Zone des Fluchtsystems, an der Grenze von Raum und Zeit, stößt der Reflekteur auf ein Zeichen des kleinsten Zufluchtsortes, auf die Hülle des Geistes, als Schädel gleichzeitig Symbol der letzten Zuflucht, des Todes. Aus dieser größtmöglichen Spannung, die das Planspiel erlaubt, resultieren die meisten Möglichkeiten: Tod, Rätsel, Wissenschaft und das Unendliche; alles wird sorgfältig auf Tauglichkeit geprüft. »Aber schon sehe ich diesen Schädel vor meinen Augen schrumpfen, die Möglichkeiten welken und fallen ab, es waren nicht genug, und sie waren nicht gut genug« (S. 29f.). Bleibt man im Bild des Rückzugssystems, wird hier zuletzt die Möglichkeit, im eigenen Geist zu wohnen, bestritten, das heißt, wenn man sich hierher zurückzieht, kann man nur noch mit »Möglichkeiten« spielen, kann man keine Beziehung zur »Totalität« mehr herstellen, weshalb Schreiben, und damit Leben, sinnlos geworden ist: die Notwendigkeit – »vielleicht der einzig gültige Beweggrund, die Feder ans Papier zu setzen?« (S. 30) – besteht nicht. Die Frage, die sich der Erzähler zu Beginn seiner Suche gestellt hatte, findet mit dieser Absage ihre Antwort. Mit ihr könnten die *Vergeblichen Aufzeichnungen* ihr Ende haben, aber hier hat Hildesheimer, wie oft, einen Trugschluß komponiert, ein Element der Retardierung, das den Wunsch anzeigt, endlich aufhören zu wollen, und das die Mühe eines neuerlichen Einsatzes verdeutlicht.

An dieser Stelle kommt der Begriff der »Wahrheit«, der die gesamte Periode der *Lieblosen Legenden* geprägt hat, wieder ins Spiel. Aus der Retrospektive mißt sich Hildesheimer selbst das Gewand des Narren an und rechtfertigt, vielleicht als Antwort auf geringschätzige Kritik, in einem versteckten Selbstporträt seine frühen Texte. Der Reflekteur greift – ganz Hamlet – den Schädel noch einmal auf und probiert ihn verschiedenen Leuten an: war es ein Arzt, ein König oder vielleicht »des Königs Narr?« (S. 29). Diese letzte Möglichkeit, der Narr, verlockt zu weiteren Mutmaßungen: »verweilen wir noch einen Augenblick bei ihm; der Nachmittag meiner letzten Suche ist ohnehin fast vorbei, und nun finde ich nichts Besseres mehr – der Narr war also vielleicht ein Mann von Geist. Und da er Narrenfreiheit besaß – ein wertvoller Besitz, eine der schönsten Freiheiten! – sprach er die Wahrheit, die allerdings keiner am Hof verstand, denn er holte die Worte von weither, vom Dachboden aller Sprache vielleicht, auf dem sich damals noch nicht Gerümpel türmte« (S. 30f.).

Die *Vergeblichen Aufzeichnungen* ziehen *Bilanz*, wie die letzte der Illustrationen dieses Textes heißt (S. 39): ein Narr von Shakespeareschem Format – »O God, your only jig-maker! / What should a man do but be merry?« (*Hamlet* III,2) –, das ist Hildesheimer gewesen. »In Anwesenheit von Gästen, vor allem von weiblichen Gästen, bediente er sich der Weise eines melancholischen und doch zotigen Liedchens, und das scheint mir noch heute die beste, wenn nicht gar die einzige Art zu sein, wie man die Wahrheit einigermaßen überzeugend zum Ausdruck bringen kann: indem man sie still für sich hersingt, wie eine plötzliche, aber nebensächliche Erinnerung einer früheren, halbvergessenen Ahnung; wobei es auf die Melodie ankommt; der Text bildet sich von selbst« (S. 31).

Diese Beschreibung (S. 31-33) trifft den Autor der Werke bis zu *Der Brei auf unserem Herd* genau, den jungen Narren, den Hildesheimer der Anfänge, aber nicht mehr den älteren der *Schläferung* oder *Vergeblichen Aufzeichnungen*, dem sein Reflekteur den Kopf von einem »abgeklärten Spötter« aufsetzt, »der sich schwer auf den Wellen einer sanften, vornehmen Melancholie tragen ließ und sich nur einigen Auserwählten gleichen Sinnes und gleicher Sicht mitteilte« (S. 33). Die bisher stets untertönige Melancholie ist zur tragenden Melodie geworden.

Schon Shakespeares Hamlet hat den Schädel, den der Totengräber ausgegraben hat, verschiedenen Leuten aufprobiert und ist zuletzt zu Yorick gelangt (V,1), »so wie ich jetzt hier mit meinem Schädel im Sand sitze« (S. 34). Hamlet, der mit Yorick in »das Reich der ungenützten Möglichkeiten, das dem Narren das Naheliegende war«, ritt, »in dem auch Hamlet so heimisch wurde, daß ihm später das Reich der eingetroffenen Möglichkeiten, auch Wirklichkeit genannt, dieses Stegreifspiel von Irrsinn, Niedertracht und Mord, zur Hölle wurde« (S. 35): Hildesheimers Erzähler war schon immer Yorick und Hamlet zugleich, bis zu *Der Brei auf unserem Herd* eher Yorick, der im Land der Möglichkeiten zurückbleibt, wie er gleich zu Beginn des Romans *Paradies der falschen Vögel* sagte: »Ich tauge weder zu einem Michael Kohlhaas noch zu einem Prinzen Hamlet, sondern bin und bleibe einer, der sich mit gegebenen Umständen leicht abfindet und nicht nach Ursachen forscht« (S. 5). In *Schläferung* und allen folgenden Werken ist der Erzähler Reflekteur und eher Hamlet, der nicht nur in die Realität gerät, sondern ins Bewußtsein ihrer Wirkung als »Wirklichkeit«, die ihm so unerträglich geworden ist, daß er nicht mehr umhin kann, nach den Ursachen zu forschen.[39]

In den *Vergeblichen Aufzeichnungen* wird Hamlets Geschichte zuletzt doch verworfen, weil Hamlets Vater »ein wunder Punkt, einer großen Geschichte einzige Schwäche« ist (S. 36): »Lassen wir das! Diese Geschichte ist erzählt und damit geschehen, mehr als geschehen. Dazu fällt mir nichts mehr ein, und dazu hat mir auch nichts mehr einzufallen« (S. 37). Wer Sühne auf sich nimmt, akzeptiert die Schuld und setzt damit eine Tradition fort, die zu jener Schuld geführt hat, die man sühnt: in diesem Kreis möchte der Reflekteur, wie gesagt, nicht mitlaufen, sondern ins Reich der bildenden Kunst zurückfinden. Aber auch dort läßt sich die Kreisbewegung nicht vermeiden, die Beschäftigung mit Geschichte, Geschichten und Zitaten, die zur Forschung nach den Ursachen gehört.

So weit ist die Einsicht des Reflekteurs der *Vergeblichen Aufzeichnungen* allerdings noch nicht vorgedrungen, aber bereits fünf Jahre später manifestiert sie sich in einem Werk aus eben jenem Gebiet, in das er flüchten wollte: in einem Werk der bildenden Kunst, und zwar in der Collage *Zitatenschatzkammer* von 1969. Beherrschend ist Violett, die Farbe der Melancholie, auf deren Grund, vorwiegend schwarzweiße, Elemente arrangiert sind: ein Portal, ein Fenster- oder Bilderrahmen, ein Stuhl, Buchstaben und Zahlen. Shakespeare erscheint wieder, sein Portrait hat Hildesheimer mit Bleistift auf der Sitzfläche des Stuhls gezeichnet. Die Buchstaben und Zahlen spielen – wie bei der Zeichnung *Tafel II zum Lehrbuch der Melancholie* – auf Dürers *Melencolia I* (1514) an, auf das magische Quadrat, in dem die Addition der notierten Zahlen immer dieselbe Summe ergibt, ganz gleich, ob man die waagrechten Reihen nacheinander addiert oder die senkrechten oder die diagonalen oder die vier Zahlen in den Ecken, die vier Zahlen um den Mittelpunkt, die zwei mittleren Zahlen der oberen und unteren Reihe oder die zwei mittleren Zahlen der beiden äußeren linken und rechten Spalte: welchen Weg man auch wählt,

was immer man versucht, mit mathematischer Genauigkeit bleibt
alles gleich: »that's all one«, wie der Narr in Shakespeares *Twelfth
Night* sagt (V,1) und was Hildesheimers Figuren dieser Periode
immer wieder zitieren.

16	3	2	13
5	10	11	8
9	6	7	12
4	15	14	1

Der abschließende Absatz der *Vergeblichen Aufzeichnungen* ist genauso gefärbt, nur meint er die Schriftstellerei allein: »Vielleicht
noch ein letzter Blick durch den Feldstecher? Aber inzwischen ist
alles dunkel, Meer, Himmel, Strand und Landzunge, alles indigofarben, auch das Geringe, was sich an Möglichkeiten zu bieten
schien, ist verhüllt« (S. 38). Vergeblichkeit ist »indigofarben« –
diese melancholische Beleuchtung der Dinge war Ausgangspunkt
und Ziel des Reflekteurs. Die *Vergeblichen Aufzeichnungen* beschreiben den Weg in Dunkel und Melancholie und sind, in Anspielung auf Hildesheimers vier Jahre zuvor erschienene sogenannte
absurde *Spiele, in denen es dunkel wird*, ein Prüfungsbericht, in
dem es dunkel wird.[40]

Zuletzt hat der Reflekteur das Gefühl, »in diesem Raum« »aufgeräumt« zu haben, als habe er, »einem Drang nach absoluter
Klarheit, nach unbedingter Übersichtlichkeit folgend, hier mit
letztem Aufwand solch radikale Ordnung geschaffen, daß jetzt
nichts mehr da ist«. Er resümiert: »Ich habe alles verworfen was zu
finden war, und was ich verworfen habe, ist für mich unwiederbringlich verschwunden« (S. 39).

Die nachmittägliche Suche nach einem Motiv, nach einem Stoff,
diese Midlife-crisis des Schriftstellers, hat ins Dunkel, ins Nichts
geführt. Der letztmögliche Raum, der Geist, ist zuletzt ebenfalls
unmöglich geworden: »Es hat auch nichts getaugt, es war nichts
als ein letzter ausgelaugter Rest erschöpften Stoffes, aller Stoff ist
erschöpft. Vielleicht war dies der falsche Ort, aber letzten Endes
sind alle Orte gleich, und gerade um dieses letzte Ende hätte es sich
gehandelt, handelt es sich immer« (S. 39): die Küste, dieser däni-
sche Strand, dieser Raum steht für alle Räume, also für die Welt,
aus der man letzten Endes auch nicht ins Reich der bildenden

Kunst fliehen kann, sondern ausschließlich in den Tod, eine Ausschließlichkeit, die dem Reflekteur noch nicht bewußt geworden ist, die sich aber in seiner Formulierung verrät. Den Tod hatte der Reflekteur erwogen, vielleicht hatte er vor, den Freitod zu wählen, doch auch diesen Weg hat er verworfen.

Die letzten Sätze der *Vergeblichen Aufzeichnungen* lauten denn auch: »Mir ist nichts eingefallen, ich habe es redlich versucht und habe mir nichts vorzuwerfen. Ich gehe« (S. 39). Der Schriftsteller dankt ab und benützt den von vornherein offengelassenen Ausgang, der zunächst Hintertür war, als Notausstieg: er zieht sich ins Reich der Bilder zurück, nachdem er sich mit der Bestätigung der Sinnlosigkeit des Schreibens eine Rechtfertigung verschafft hat.

Doch die weitere Entwicklung zeigt: zwar hat Hildesheimer Mitte der sechziger Jahre wieder zu zeichnen begonnen, collagierte mit wachsender Intensität und Perfektion und ließ seine Bilder ausstellen, doch sein Ende als Schriftsteller hat er nicht gefunden, ganz im Gegenteil: mit *Tynset*, drei Jahre nach den *Vergeblichen Aufzeichnungen* erschienen[41], hat er ein Buch geschrieben, das von manchen Lesern für sein größtes gehalten wird. Die *Vergeblichen Aufzeichnungen* sind, betrachtet man das Gesamtwerk, kompositorisch gesprochen ein Trugschluß.

5 Tynset

Tynset ist, ganz anders als die *Lieblosen Legenden*, nie populär geworden, auch wenn einzelne Stücke daraus nahezu ebenso häufig wie einzelne *Legenden* in Anthologien, Schulbüchern, Zeitungen und Zeitschriften nachgedruckt worden sind und noch werden: die Hähne Attikas, die Bett-Fuge, die Telefon-Episode. Mit *Tynset* kam jedoch der Durchbruch Hildesheimers als ›ernstzunehmender‹ Autor, was immer das sein mag, als wollte der Literaturbetrieb das Gerücht bestätigen, Satire habe in Deutschland keine Chance: *Tynset* erhielt zwei renommierte Literaturpreise, den Bremer Literaturpreis und den Georg-Büchner-Preis; *Tynset* hatte, als erstes Werk Hildesheimers, einen überwältigenden Presse-Erfolg: über hundertdreißig große Rezensionen allein nach Erscheinen des Buches und zahllose weitere zu den Preisverleihungen, von Kritikern und Kollegen wie Hilde Domin, Helmut

Heißenbüttel, Walter Jens, Karl Krolow und Gabriele Wohmann. Bereits ein Jahr nach Erscheinen kam die erste Übersetzung heraus, natürlich ins Norwegische, und, nach zahlreichen anderen, vor wenigen Jahren die neueste, ins Bulgarische; die Publikation der englischen Übersetzung steht hingegen noch immer aus.[42]

Zu einer Zeit, als andere dazu übergingen, sich im Wirtschaftswunder zu etablieren, begann Hildesheimer, Schrecken und Entsetzen des Krieges und der Nachkriegszeit darzustellen, nachdem er während jener Periode, in der andere Autoren dieses Thema aufgegriffen hatten, in die Satire geflüchtet war. Hans Werner Richter erinnert sich in seinem Buch *Im Etablissement der Schmetterlinge* (1986) an die erste Begegnung mit Hildesheimer: »Seine Weltläufigkeit, sein Humor und seine skeptische und satirische Art traten für mich sofort ins Bild, als er vor mir stand. Ich dachte, vielleicht schreibt er auch so, wie er sich gibt, vielleicht kann das wie eine Erfrischung in der zu Ende gehenden ›Kahlschlagperiode‹ wirken« (S. 141).[43]

Falsch wäre, wollte man einen unvermittelten Umkehrmechanismus herstellen, doch zu einer Zeit, als Borcherts *Draußen vor der Tür* eben drei Jahre alt war, Bölls *Der Zug war pünktlich* ein Jahr, zu einer Zeit, als Jens' *Nein – die Welt der Angeklagten*, Zuckmayers *Der Gesang im Feuerofen* oder Richters *Sie fielen aus Gottes Hand* publiziert worden waren, hat Hildesheimer *Begegnung auf der Kurpromenade* oder *Eine größere Anschaffung* geschrieben. 1965 hat man immer noch über den Weltkrieg geschrieben, im selben Jahr wie *Tynset* ist Weiss' *Die Ermittlung*, zwei Jahre zuvor war Hochhuths *Der Stellvertreter* erschienen; doch mehrten sich Bücher über die Standortbestimmung des Ichs in der Wohlstandsgesellschaft: Walsers *Überlebensgroß Herr Krott* und *Halbzeit*, Frischs *Mein Name sei Gantenbein*, Johnsons *Mutmaßungen über Jakob* und *Das dritte Buch über Achim*. Der große Erfolg der *Lieblosen Legenden* beruhte darauf, so kann man aus der Rückschau vermuten, daß in einer Zeit der allgemeinen Erschütterung Gelächter erzeugt und Possen gerissen wurden; der große Erfolg *Tynsets* vielleicht darauf, daß der Narr endlich – wie in den *Vergeblichen Aufzeichnungen* angekündigt – ernst geworden war und sich in eine Reihe mit seinen Schriftsteller-Kollegen gestellt hatte.

Margarete und Alexander Mitscherlich schreiben in ihrem Buch *Die Unfähigkeit zu trauern* (1967): »Der Abgrund zwischen Literatur und Politik in unserem Land ist erhalten geblieben« (S. 57). Winfried Georg Sebald greift dieses Diktum auf, vergleicht *Tynset* und *Aus dem Tagebuch einer Schnecke* von Grass und widerspricht: bei Grass habe die Bewältigung der politischen Vergangenheit und ihre Verknüpfung mit Melancholie »etwas von einer historischen Pflichtübung an sich«, *Tynset* dagegen sei »aus dem Zentrum der Trauer selber entstanden«.

Sebald – mit einigem Amüsement konstatiert man die Identität dieses Namens mit jenem des Erzählers aus Hildesheimers Geschichte *Das Ende einer Welt* –, Sebald hat recht, wenn er die eine Richtung verfolgt, jene, die von der Politik in die Literatur führt: »aus dem Zentrum der Trauer« heraus geschrieben, verbinden sich in *Tynset*, neben vielem anderen, gerade diese beiden Bereiche, Politik sogar in einer Variante, die Hildesheimer bis dahin stets abgelehnt hatte, nämlich als tagespolitische Auseinandersetzung, in *Tynset* objektiviert, im Umfeld *Tynsets* mit einer Schärfe artikuliert, die in seinem Werk bisher nicht vorgekommen war.

Die beiden Preisreden, beide im Jahr nach Erscheinen *Tynsets* gehalten, behandeln getrennt, was *Tynset* verbindet: Tagespolitik und literarische Trauerarbeit. Die Büchner-Preis-Rede befaßt sich unter dem Titel *Georg Büchners atemlose Melancholie* mit *Leonce und Lena*, die Bremer Literaturpreis-Rede unter dem Titel *Von der Herrlichkeit, widerlegt zu werden* mit dem aktuellen politischen Zeitgeschehen.[44] Mehr als die finanzielle Seite des Preises, hat Hildesheimer gesagt – damals waren es fünftausend Mark –, freue ihn »die Anerkennung« seiner Arbeit »durch die Vertreter einer Stadt, die sich einer guten Vergangenheit rühmen« dürfe:

Mit Vergangenheit meine ich hier nicht die hanseatische, sondern vielmehr jene Vergangenheit, die man noch immer als ›die Jüngste‹ bezeichnet, obgleich sie ziemlich alt ist, wenn auch leider noch nicht vom Tode durch Bewältigung gezeichnet. Hier in dieser Stadt aber hat sich Hitler nicht wohlgefühlt und er hat sie daher kaum je besucht. Möge der Glanz einer solchen Abwesenheit niemals stumpf werden (...) Politiker wollen sich durchsetzen und reden von Politik, Schriftsteller wollen ein wenig tiefer an der Wurzel ansetzen und sprechen von moralischen Grundlagen der Politik, einem Gebiet also, das den regierenden Politikern bei uns wenig geläufig ist, weil es sie nicht interessiert, weil es ihnen als wirklichkeitsfremd erscheint (...) Es ist mancher hoffnungsvoller Tage Spätnachmittag geworden, alles wird dunkler – außer der Rede Sinn; der ist nur allzu klar. Portugals politisches System sei beherzigenswert, die Russen seien zu Tieren degeneriert – Meinungen wie diese fallen wie faule Äpfel. Die eine ist die eines Ministers, die andere die eines Generals. (Beide heißen übrigens Jaeger, aber daran – wenigstens! – sind sie schuldlos.) Geleitet von solcherlei Rede treiben wir einem Gebiet entgegen, wo unsere Freiheit langsam gelähmt wird, dorthin, wo der Faschismus auf uns wartet, um uns wieder aufzunehmen. Franco, Salazar und Verwoerd sind unsere Bundesgenossen (...) die Entscheidungen der Welt fallen nicht zwischen links und einer wohltemperierten Mitte. Sie fallen zwischen links und rechts. Ein Extrem hält nur dem anderen Extrem die Waage, nicht aber dem Zünglein. Die linke Position ist vergeben. Links, das sind die ›anderen‹, die im Osten, der potentielle Feind. Die rechte Position wird soeben eingenommen, und zwar von uns. So will es unsere Politik.

Er vertieft die Distanz der beiden Pole links und rechts und spricht unmißverständlich aus, was er nicht will: *Tynset* ist das »Zünglein« dazwischen. Auch in *Tynset* kommt die Konstellation Minister und Kardinal vor, allerdings werden sie dort nicht namentlich genannt, denn in *Tynset* befaßt sich Hildesheimer mit der Vergangenheit als Ursache von Gegenwart und Zukunft und definiert die Position seines Reflekteurs in diesem Prozeß, setzt also ein exemplarisches Ich exemplarischen Situationen aus. Der namenlose Minister und der namenlose Kardinal stehen für die seit Jahrhunderten unselige Verbindung aus Kirche und Politik, die Hildesheimer schon in *Der Brei auf unserem Herd* angeprangert hatte. Die Vorbilder dieser exemplarischen Konstellation können allerdings namhaft gemacht werden, sie heißen nicht Jäger – diese Duplizität der Namen erscheint beinahe als Beweis –, sondern Wendel und Strauß – diesmal ist es der Vorname, Josef, den beide gemein haben –, vereinigt auf einem Zeitungsfoto aus dem Jahr 1961 (S. 101 f.):[45]

ein Bild: Landschaft mit zwei Figuren: der Kriegsminister – oder wie es so heißt, im Schonwortschatz der letzten Jahre, geprägt, um eine nach oben steigende Beunruhigung abzuschöpfen und erkühlen zu lassen: – der Verteidigungsminister küßt den Ring des Kardinals. Den Kardinal hat inzwischen sein Gott zu sich genommen, den Minister noch nicht; – eine Großaufnahme aus der Nähe. Die Szene findet auf einem Flugplatz statt, im Hintergrund steht ein Flugzeug, wahrscheinlich startbereit, wenn auch nicht ersichtlich ist, wen von den beiden es mitnehmen wird, vielleicht beide, Staat und Kirche, durch die Luft, irgendeinem gemeinsamen irdischen Ziel entgegen.

Solche Begebenheiten und ihre Hintergründe, präzise registriert und illusionslos bewertet, zählen zu den Gründen, die schon den Reflekteur der *Schläferung* zum Rückzug bewogen haben. Der Reflekteur *Tynsets*, darin auch jenem der *Vergeblichen Aufzeich-*

nungen verwandt, unternimmt noch einmal den Versuch, im letzten Moment vor dem Verstummen etwas zu finden, für das sich die Mühe des Schreibens lohnen könnte, handelt also zunächst nach dessen Grundsatz, nach dem man »nichts unversucht lassen« sollte, läßt aber, nach seiner – wie in den *Vergeblichen Aufzeichnungen* scheinbar allerletzten – Prüfung aller Umstände, doch alles unversucht.

Der Reflekteur der *Vergeblichen Aufzeichnungen*, der zuletzt gesagt hatte »Ich gehe«, der sich ins Reich der Bilder zurückziehen wollte, ist tatsächlich gegangen. Er ist in das Haus zurückgekehrt, aus dem er zu seiner Strandwanderung aufgebrochen war, und in diesem Haus bleibt er in *Tynset*: »to be too busy is some danger« (*Hamlet* III,4). Er bricht nicht mehr auf, darin ist er konsequent, und daß er noch einmal prüft, ist keine Inkonsequenz, sondern Sorgfalt. Von Anfang an zurückgezogen, zieht sich dieser »Registrator« (Walter Jens) im Verlauf des Buches, ähnlich jenem der *Schläferung*, noch weiter zurück.[46]

Die meiste Zeit liegt er in seinem Bett, seinem Winterbett, aus dem er nur aufbricht, um durch das nächtliche Haus zu wandern oder um sein anderes Bett zu besuchen, sein Sommerbett, das aus der Zeit der großen Pest stammt und sieben Schläfern Platz bietet. Wieder sind es die Gegenstände, die sich im Haus finden, Bücher, Bilder und Hausrat, die als Funde kommentiert werden, und wieder werden Gedanken, Erinnerungen und Phantasien wie Funde behandelt. Immer wieder versucht der Reflekteur, zwischen all dem seine eigene Position zu bestimmen (S. 73):

– ich spüre ein Summen, ein Fließen, einen sanften Sog, ein allmähliches Vergehen, ich spüre mich unter der Haut altern. Aber die Haut, die altert auch. Und mein Atem altert. Alter Atem! Nicht zu reden von meinen Gedanken –, wenn ich das, was ich denke, wirklich noch Gedanken nennen soll, diese Splitter, diese Bruchstücke, abgetakelte Sehnsüchte, deren Objekt mir entschwunden ist oder soeben entschwindet. Meine Erinnerung läßt nach, alles verblaßt und wendet sich ab, Menschen, Ereignisse, Freundschaften, Liebschaften –, nur das Sinnlose bleibt, das schwimmt oben – und doch: da sind noch Augenblicke, kurze Einschnitte, Zäsuren auf dem Weg, retardierende Elemente, Augenblicke, in denen die Fremdheit aufleuchtete: hier ich – dort die trügerische Schönheit der Welt – und dann wieder vorbei –

Dies ist, in nuce, ein Bild des ganzen Buches, einer Collage aus Gedankensplittern und aus letzten, abgebrochenen Versuchen einer Kommunikation mit der Außenwelt, Visionen mit Musik: die Midlife-crisis der *Vergeblichen Aufzeichnungen* ist überwunden, die Gewißheit eines Alternden schlägt durch, eines Denkers, »der sich die Dinge überlegt hat, der weiß, um was es sich handelt, nämlich um nichts, buchstäblich nichts« (S. 265).[47]

Am Anfang war Tynset, eine Bahnstation im Norden Norwegens, eines Nachts zufällig im Kursbuch entdeckt, ein mögliches Ziel, nicht nichts. Tynset, so beginnt das Buch, könnte etwas sein, an Tynset bleiben die Gedanken hängen, versuchen den Klang dieses Namens herzustellen, kreisen um das Y, das an das englische I für Ich erinnert, oder an Yorick, oder, wie Hilde Domin schreibt, an Tyskland. Tynset wirkt rätselhaft und steht als mögliches Ziel des Aufbruchs fest, rückt aber immer mehr ab, sein Geheimnis lüftet sich, die Erinnerungen des Reflekteurs und das, was er für das Wahrscheinlichste hält, lösen Stück für Stück des Rätsels auf, Tynset verliert seinen Charakter als Utopie, bis es zuletzt als Ziel verworfen wird und der Reflekteur in seinem Bett liegenbleibt, um nirgendwohin mehr aufzubrechen.[48]

Was in *Schläferung* gelungen war, bleibt unerreichbare Sehnsucht in *Tynset*: der Reflekteur bereitet zwar seinen Schlaf vor, doch helfen alle Mittel nicht mehr: auch in seinem Geist herrscht nun jenes Entsetzen, dem er in seinen Rückzügen entfliehen wollte. *Tynset* ist radikaler in seiner Fluchttendenz als die Werke bisher, denn zuvor gab es noch die Möglichkeit, sich in sich selbst zurückzuziehen – von einer Idylle, wie am Ende von *Paradies der falschen Vögel*, war allerdings längst nicht mehr die Rede.[49]

Wie in *Schläferung* plant der Reflekteur seinen Schlaf, doch die Gedanken an Tynset und die Erinnerungen an die Gründe seines Rückzugs halten ihn wach. *Tynset* ist der Monolog einer einzigen Nacht, die ganze Welt in Winter- und Sommerbett, in den Gedanken des Reflekteurs, der sich wehrt, sich ja gerade vor der Welt zurückziehen wollte: ein »meditierender Weltmönch«, wie Walter Jens ihn genannt hat (*Ein Ausgelieferter übertönt die Nacht*). Immer wieder stößt er sich von seinen schrecklichen Eindrücken ab, weicht seinen Gedanken aus, findet aber unweigerlich zum Schrecklichen zurück. Kontakte zur Außenwelt hat er abreißen lassen und bedient sich seiner zahlreichen Kurs- und Telefonbücher nicht mehr als Ausgangspunkt von Reisen und Gesprächen, sondern benutzt sie als anregende Lektüre, als Auslöser der Gedanken.

Das Kursbuch scheint er zunächst für positiv zu halten, immerhin eröffnet es die Hoffnung auf Tynset, doch ganz zuletzt wird mit Tynset auch das Kursbuch verworfen; das Telefonbuch war von Anfang an eine zweifelhafte Sache, mit ihm läßt sich überwachen, mit ihm lassen sich Kontakte zu Verbrechern herstellen, und der Reflekteur benutzt es nur noch, um erprobte Nummern zu wählen: Wetterbericht, Kochrezepte oder evangelische und katholische Telefonseelsorge. Dort monologisieren anonyme Stimmen, vereinzelt und nächtlich wie er selbst.

Früher hatte er sich des Telefons bedient, hauptsächlich, um die Verläßlichkeit der Angaben des Telefonbuches zu überprüfen, bis er eines Nachts auf den Namen Huncke stieß, dessen Träger ihm schräg gegenüber wohnte. Er rief ihn an, »nahm Ton und Worte einer dringlichen aber wohlgesinnten Mahnung an« und fragte »freundlich«, als sich Huncke gereizt nach dem Grund der nächtlichen Störung erkundigte: »Fühlen Sie sich schuldig, Herr Huncke?« (S. 32) Hunckes »Schuld« war »aufgerufen«, er »zischte unter Atem«: »Warte nur! Bald sind wir wieder da! Dann geht es Euch an den Kragen!« Aber zu jener Zeit war der Reflekteur noch leichtsinnig und vielleicht noch gar kein Reflekteur, denn er gab sich nicht geschlagen, sondern »legte Gewicht« in seine Stimme: »Herr Huncke, hören Sie mir jetzt bitte gut zu: es ist alles entdeckt. Alles, verstehen Sie? Ich möchte Ihnen daher raten: fliehen Sie, solange Ihnen noch Zeit bleibt« (S. 33). Huncke hängte ein, machte überall Licht und kam eine halbe Stunde später aus dem Haus, »zwei Koffer am Arm«, bestieg ein Taxi und fuhr davon.

Ähnlichen Erfolg hatte er bei Malkusch, bei seinem Nachbarn Selbach und bei einem, der direkt gegenüber wohnte und offensichtlich Nachbar Hunckes gewesen war. Bei Obwasser hatte er keinen Erfolg mehr, Obwasser wurde argwöhnisch, aber bei der Erinnerung an Kabasta entsetzt sich der Reflekteur noch jetzt. Kabasta war von seinem Anruf nicht überrascht, sondern zögerte das Telefongespräch hinaus, wählte eine zweite Nummer, um den Anrufer ermitteln zu lassen: »dann hängte ich ab und war von diesem Augenblick an verfolgt« (S. 45). Bereits am nächsten Tag knackte es in der Leitung, und am übernächsten Tag wollten zwei Arbeiter vom Telefonamt das Telefon überprüfen: »Sie prüften, und nach der Prüfung sah es anders aus.« Seit dieser Zeit benutzte der Reflekteur es nicht mehr: »ich wollte keine Namen mehr sagen, meinen nicht und andere auch nicht, wollte keine Stimme mehr ertönen lassen, wollte mich neben diesem Ding auch nicht mehr schlafen legen. Bald darauf verließ ich das Haus, die Stadt, den Staat, und zog hierher. Das war vor elf Jahren« (S. 46).

Nicht völlig eindeutig ist, ob diese elf Jahre den Zeitpunkt der Anrufe oder des Wegzugs meinen. Aber wenn man diese Zeitangabe überhaupt für autobiographisch halten möchte, führt sie jedenfalls in die Zeit zurück, in der Hildesheimer noch in der Bundesrepublik gewohnt hat. Nimmt man an, die elf Jahre müßten vom Erscheinungsjahr des Buches an gerechnet werden, könnte man auf das Jahr 1954 schließen, also ein Jahr nach Hildesheimers Umzug von Ambach nach München und drei Jahre vor seinem Umzug in die Schweiz. Man müßte aber auch die Jahre in Betracht ziehen, während derer *Tynset* entstanden ist, dennoch: die Reihenfolge stimmt nicht ganz: fort aus der Stadt München, fort aus dem Haus in Ambach und fort aus dem Staat Bundesrepublik Deutschland.

Vielleicht sollte man diese Parallelen nicht zu sehr strapazieren, auch wenn in *Tynset* manches zu klarer Sprache kommt, was sich in Hildesheimers Werken seit seinem Umzug nach Poschiavo erst zögernd, dann immer deutlicher angekündigt hatte. Zuerst die heftige Bitterkeit und vollkommene Ausweglosigkeit, aus der *Der Brei auf unserem Herd* und jene Stücke entstanden sind, die man weithin die absurden nennt. Dann die kaum verhohlene Todessehnsucht mit *Schläferung* und die tastende Neuorientierung der *Vergeblichen Aufzeichnungen*. Seitdem gibt es diese exemplarische monologisierende Figur, die sich, im Verbund mit Hamlet, mit der sogenannten jüngsten Geschichte auseinandersetzt und die, von der eigenen Unschuld zunehmend überzeugt, ihre einzige Hoffnung auf zukünftige Schuldlosigkeit darin sieht, völlig einsam zu bleiben und nirgendwo mehr einzugreifen.

Aber selbst in *Schläferung* war der Reflekteur nicht völlig allein. In *Tynset* hat er statt dreier Wächterinnen seines Schlafs nur eine einzige, Celestina, seine Haushälterin, gläubig wie Schwester Antonia, aber alkoholsüchtig wie später Maxine aus *Masante*, einem ewigen Kreislauf aus Trinken und Beten verhaftet, aus dem sie nur der Tod befreien wird. »Celestina ist aus drei Personen – oder vielmehr: Menschen – zusammengesetzt«, schreibt Hildesheimer in seinen *Antworten über Tynset* (S. 8), ist also vielleicht eine Dreieinigkeit aus Schwester Antonia, Mona Lisa und Mary Stuart.[50]

Mit Celestina findet der einzige nicht erinnerte Dialog statt, der in *Tynset* dargestellt ist, ein Dialog, der wie die erinnerten zeigen, weshalb der Reflekteur Dialogen ausweicht. In dieser Nacht kommt er nämlich auf einer seiner Wanderungen zwischen Sommer- und Winterbett, zwischen Bibliothek und Speicher in die Küche, um sich Wein zu holen, und findet Celestina: »Beiderseits der Kerze, an den Breitseiten des Tisches stehen Weingläser. Das eine Glas ist voll, das andere halbvoll, halbleer. Hinter diesem sitzt Celestina, hinter dem anderen sitzt niemand, hier wird wohl jemand erwartet, der Stuhl ist vom Tisch abgerückt, ein wenig nur. Aber ich bin es nicht, der erwartet wurde, das entnehme ich dem Blick, den Celestina von dem leeren Platz abwendet und mir zuwirft. Er drückt keinen Schreck aus, auch keine Überraschung, ich kann diesen Blick noch nicht deuten, die Szene ist noch nicht klar, das stumme Geschehen noch nicht enthüllt« (S. 219).

Der Reflekteur verspürt »große Lust nach dem Wein«, wartet aber, was Celestina tut: »Sie macht nicht Miene, als wolle sie irgend etwas sagen, vielmehr sieht sie aus, als habe sie schon alles gesagt, als warte sie jetzt auf Antwort von ihrem Gegenüber.« Celestina wartet auch. »Während ich das Glas hebe und endlich trinke und diesen ersten Schluck Rotwein am Tage genieße, folgt sie meinem Schluck, als erwarte sie etwas, vielleicht einen Trinkspruch. Sie beobachtet mich, sie hängt an mir« (S. 220 f.). Er wird unsicher, fühlt sich »in eine unwillkommene Verwicklung geraten«, aus der er sich nicht mehr befreien kann, und sagt mit gekünstelter Gelassenheit: »Es ist kalt geworden.« Nach einer ersten zögernden Bestätigung sagt sie »Ja« und fügt abschließend hinzu: »aber dein Wille geschehe« (S. 222).

Gelähmt vor Schreck kommen die Worte des Reflekteurs »holprig und verquer, zitternd«, als er ihr versichert, es sei gewiß nicht sein Wille, daß es einen frühen Winter gebe. Celestina antwortet nicht, er schenkt beider Gläser wieder voll: »Meine Hand zittert, aber das sieht Celestina nicht, Gottes Hand zittert nicht. Sie hebt das Glas, trinkt, setzt ab, stellt es hin und sagt: ›Vergib mir meine Sünden‹« (S. 224).

»›Sehr gern‹, sage ich freundlich aber streng, ich deute meinen Unwillen an, dieses Spiel weiterzuspielen, dabei ist es wahrhaft alles andere als ein Spiel.« Noch spielt er nicht mit, sondern reagiert wie immer und behandelt Celestina wie üblich, als geschehe hier nichts Ungeheuerliches, als könne er Celestina damit zur Vernunft bringen. Er erklärt freundlich, beinahe liebevoll, sie trage doch gar keine Sünde, trinke aber vielleicht zuviel. Celestina beharrt auf ihrem Wunsch: »Ich weiß, daß du barmherzig bist.« Nach einer Pause, während der sich dem Reflekteur die ganze Einrichtung der Küche minuziös einprägt und er sich fragt, wieso an der Wand ein blauer Fleck sei und seit wann die kupfernen Pfannen an der Wand hängen, sagt sie: »Segne mich!« Pause, dann nochmals: »Segne mich« (S. 224). Nun weicht er nicht mehr aus, sondern beobachtet, gleichzeitig gebannt und gehetzt, wie Celestina sich ihm nähert, und die Darstellung dieser Beobachtung, dieser Zeitlupenbewegung, die ganz langsam zum Stillstand kommt, und die Darstellung seiner Ausbruchsversuche, während er starr steht, gehört zu den Höhepunkten des Buches (S. 225-227):

ich wende mich ihr zu, sehe sie an, sie sieht mich an, nun unruhig, es bereitet sich etwas vor in ihr, jetzt steht sie auf, nein, sie steht nicht auf, sie rutscht langsam vom Stuhl, als rutsche sie in die Knie, aber sie erhebt sich, taumelnd, trunken, ihr Morgenrock – oder was es ist, das sie trägt – verfängt sich in der Stuhllehne, und während sie um die Tischecke geht, zieht er den Stuhl langsam nach vorn, gegen den Tisch, der Stuhl verliert das Gleichgewicht und fällt polternd gegen den Tisch, dann stürzt er um, aber der Morgenrock zieht nun über die Tischplatte, Celestina bewegt sich mir zu, um die andere Tischecke, wie kommt ein blauer Fleck an die Wand, der Morgenrock wischt die Tischplatte, Celestina steht schon wankend vor mir, der Morgenrock wischt und zieht ihr Weinglas mit sich, es fällt um, die kupfernen Pfannen hängen schon lange da, es ist eine Minute nach zwei, Wein ergießt sich rosa über den Tisch und wird vom Morgenrock aufgesogen, er färbt sich rot, vorher war er farblos, grau, in Tynset ist es jetzt grau, der Morgenrock zieht sich naß, wellig, faltig wie ein getränktes, ein vollgesogenes Tischtuch schräg über die Tischplatte, nein, über einen Teil der Tischplatte, Celestina hat nur noch seine Ärmel an, die sich an den Schultern hochkrempeln, sie ist jetzt im Nachthemd, das Glas rollt über den Tisch, fällt gegen den umgekippten Stuhl und zerschellt klimpernd am Fußboden, Celestina ist jetzt vor mir, eine schwere trunkene Masse von Körper in faltigem Weiß, sie fällt in die Knie, es ist zwei Minuten nach zwei, in die Knie, sie rutscht mir auf den Knien entgegen, ich sehe sie an, ich denke an diese Knie, ich fürchte für sie, wegen der Scherben, ich spüre schmerzhaft die Glassplitter in ihren Knien, als seien es die meinen, aber sie liegen an der anderen Seite des Tisches, dennoch, ich lockere mein Fußgelenk und mache eine schnellende fegende Bewegung mit meinem rechten Bein, um den Fußboden zu kehren, auf dem Celestina nun gleich vor mir knien wird, sie kommt schon näher, rutschend, seltsam, dieser blaue Fleck an der Wand, wie kommt er dorthin, da hängen die beiden Pfannen, es ist noch immer zwei Minuten nach zwei, die Uhr tickt langsamer – ist es Reaumur oder Fahrenheit, dort drüben? Ich will den Rotwein nicht vergessen, nachher, später, wenn dies alles vorbei ist, und Celestina sinkt an mir herab, sie umschlingt meine Knie mit ihren Armen, ich spüre ihren Körper schwer und warm und weich an meinen Unterschenkeln, die Brüste einer Büßerin, nicht einer Verführerin, und in diesem Augenblick, es ist zweieinhalb Minuten nach zwei, bleibt die Uhr stehen, sie hat aufgehört zu ticken, die Luft in der Küche ist aufgerührt, der Raum ist um diesen Verlust lauter geworden, ich spüre jetzt seine Dumpfheit, weingetränkt, körperwarm, ich sehe den blauen Fleck an der Wand, spüre Celestinas heißen Atem an meinen Knien, sie hebt den Kopf zu mir, ihre Augen sind naß, sind voller Tränen –

Jetzt ist Celestina da, der Reflekteur kann nicht mehr fliehen, aber in diesem totalen Stillstand von Bewegung und Zeit, durch einen Absatz markiert, den ersten in dieser Szene, überstürzen sich seine Gedanken, die immer schneller geworden waren, und gipfeln im verzweifelten stummen Wunsch: »Weg von hier«. Celestina: »Segne mich!« (S. 230)

Der Reflekteur, der nichts tun wollte und sich zurückgezogen hatte, um nie mehr etwas zu tun, kann nicht mehr anders: »Ich erinnere mich der Geste nicht, ich habe sie nicht gelernt, ich wußte ja nicht, daß ich sie einmal anwenden könne. Ich muß sie durch etwas anderes ersetzen. Ich neige mich zu Celestina herab, nehme ihren Kopf zwischen meine beiden Hände, ich küsse ihre feuchte Stirn, streiche ihr über das Haar und murmle: ›Ich segne dich, mein Kind.‹ – oder hätte ich ›meine Tochter‹ sagen sollen?« (S. 230) Nun hat er gehandelt, nun kann er nichts mehr zurücknehmen, nun hat er sich festgelegt. Während seiner und Celestinas Schrecksekunde wird ihm klar (S. 230 f.):

Nichts hätte ich sagen sollen. Zumindest das nicht, und ich hätte auch nichts tun sollen, nicht das jedenfalls, was ich getan habe. Celestina hat mich erkannt, meine Stimme war nicht die Stimme Gottes, der Kuß nicht der Kuß Gottes, und meine Worte nicht die seinen, noch nicht einmal die eines rechten Priesters. Ich habe sie nur noch tiefer zurückgestoßen, jetzt bin ich ein Sünder, oder vielmehr, ein Sünder war ich auch zuvor, jetzt bin ich verdammt, das war ich zuvor vielleicht noch nicht. Celestina sieht mich an, ihre Augen haben keinen Ausdruck, sind nun leer. Sie steht auf. Sie ist plötzlich nüchtern.

So virtuos hatte Hildesheimer die Sprache in keinem seiner Werke bisher eingesetzt, in solche zutiefst erschreckende Szenerien waren seine Figuren noch niemals geraten, doch er beweist, daß er sie psychologisch überzeugend darstellen kann. *Tynset* ist, nicht zuletzt, auch ein virtuoses Musikstück, eine perfekt gelungene verbale Umsetzung einer musikalischen Kompositionsform: Rondo mit Variationen, in den Episoden eine Fuge, eine Toccata und ein Madrigal. Zum ersten- und letztenmal hat er seinen Assoziationsfluß artifiziell so streng gebunden, wenn seine Sprache auch seit *Der Brei auf unserem Herd* immer deutlicher von musikalischen Elementen bis hin zu den Satzzeichen geprägt war: seit *Tynset* nannte man ihn den Mozart unter den deutschen Schriftstellern, und Patricia Stanley hat für *Tynset* sogar eine Köchelnummer ermittelt: KV 271, das Rondo aus Mozarts Klavierkonzert in es-Moll. Thema des Rondos *Tynset* ist Flucht und Zurückgezogenheit, die Variationen sind Schrecken, Rätsel, Religion und Tod.[51]

In seiner Musikalität rückt *Tynset* in die Nähe von Becketts Werken, über die Martin Esslin gesagt hatte: wenn keine Handlung mehr stattfinde und Dialoge reduziert seien, könne man die Sprache »als eine unendlich klangreiche Symphonie aus poetischen Tönen und subtil variierten rhythmischen Strukturen« erleben (*Jenseits des Absurden*, S. 194). Das trifft *Tynset* genau.

An vielen Stellen, an denen Hildesheimer Musikalisches nicht nur als Strukturmittel verwendet, sondern thematisiert, hat er auch bildkünstlerische Kompositionsaufgaben gelöst: zum Beispiel bei den beiden Madrigalen über Gesualdos Doppelmord und Tod. Das Winterbett des Reflekteurs hat Gesualdo gehört, in diesem Bett hat er seine erste Frau und ihren letzten Liebhaber erstochen, in den hölzernen Himmel dieses Bettes hat er in seinem Todesjahr einen Totenkopf malen lassen, hier ist er gestorben (S. 130 f.):

hier, in diesem Bett, in einer Nacht wie dieser, einer Novembernacht, lag hier, wo jetzt mein Kopf liegt, genau hier, nach rechts geneigt, nein, nicht geneigt, vielmehr nach rechts gefallen, geschlagen, ein Kopf, der Kopf der Fürstin Gesualdo, die Maria hieß, verbunden mit dem Rumpf nur noch durch die Wirbelsäule, die Kehle durchgeschnitten mit einem Stilett, das immer noch irgendwo östlich von Neapel unter der Erde liegt und rostet (...) Hier wo meine Beine liegen, lagen seine Beine, die Beine des Herzogs von Andria, die Knie angewinkelt zwischen ihren gespreizten Oberschenkeln; lag also dieses Paar, das im Leben schön gewesen war – sorprendente bellezza – vielleicht so schön wie Paolo und Francesca – aus seiner letzten Umarmung gelöst, sein Geschlecht dem ihren glitschig enthakt, im Tod einander jäh entglitten, die Glieder wie in einem Tanz verrenkt und übereinandergefallen, wohin es traf, Knochen auf Knochen geschlagen, das

Haar wüst und verklebt, vier Hände verschmiert, zwanzig Finger in einer letzten schrecklichen Verkrampfung erstarrt, vier Augen weit geöffnet, als stehe der allerletzte Schrecken noch bevor, zwei offene Münder, vier Lippen von Blut verkrustet, in einem verhallten entsetzlichen zweistimmigen ersterbenden Schrei, aufgelöst in einem Röcheln, erstarrt und erstickt in einem blutigen Gurgeln, und nun ohne Laut in der Dunkelheit

Diese grausige Szene, die lautlos beginnt, zu einem doppelten Schrei anwächst und langsam in Lautlosigkeit zurücksinkt, hebt sich, nun bildlich betrachtet, dunkel von dunklem Grund ab. Auf die besondere Bildlichkeit weist der Reflekteur bei der Schilderung von Gesualdos eigenem Sterben selbst hin: »die unsteten schwarzen Augen in seinem El-Greco-Kopf nicht erloschen sondern tief in den Raum gerichtet, der Raum von einer Fackel nicht erhellt, eher verdunkelt mit einer schweigenden samtenen Dunkelheit« (S. 238). Bei der Beschreibung der Farben, der Gruppierungen und der Raumaufteilung beweist sich der bildende Künstler, der – was er in *Marbot* zum Generalthema machen wird – ästhetische Probleme bildlicher Darstellung in Schriftlichkeit überträgt, und zwar in mehrfacher Weise: als Rezipient, als bildender Künstler und als Schriftsteller.[52]

Auch die Bett-Fuge, man erinnert Celans *Todesfuge*[53], zeugt von souveräner Beherrschung musikalischer, bildkünstlerischer und schriftstellerischer Mittel. Auch im Sommerbett des Reflekteurs hat ein gespenstischer Totentanz stattgefunden, in seinem siebenschläfrigen Bett, das aus der Zeit der großen Pest stammt. Acht Personen nähern sich, zuerst der Mönch (S. 191), im frühen Sommer des Jahres 1522 dem Haus, in dem die Wirtin sieben Schläfern Schlafstatt bietet, nähern sich dem Bett, nähern sich einander und sterben alle in dieser Nacht und am frühen Morgen, außer Wirtin und Bader, die erst sterben, nachdem sie Sterbende und Tote gefleddert und in den Fluß geworfen haben.

Edelmann und Lustknabe kommen gemeinsam, das Müllerpaar natürlich auch, die anderen allein, der Bader, der bei der Wirtin schläft, zuletzt; und so sind es sechs Personen oder Paare, die sich dem Haus nähern, sieben Personen, die im Bett sterben, und zuletzt neun Tote, deren Sterben Hildesheimer musikalischen Kompositionsgesetzen unterwirft und den Mond als Taktell und als basso ostinato benutzt: eine siebenstimmige Todesfuge, die mit dem frühen Morgen, ehe Wirtin und Bader zum Zug kommen, mit den Betrachtungen des Reflekteurs über die bubonische Pest abbricht: »Auf den letzten Schmerz schwindet das Bewußtsein und folgt sofort die Kälte, der rigor mortis, sie erlaubt weder Beichte noch Einsicht. Fermate. Ende der Fuge« (S. 211).

Die Pest ereilt alle: den Edelmann, der sich dem Soldaten zuwenden will; den Lustknaben des Edelmanns, der von der Müllersfrau verführt wird; den Müller, der die Courtisane Anne verführen will; und Anne, die in dieser Nacht den Mönch und, als ihre letzte Tat, den jungen Soldaten verführt, den einzigen Schuldlosen, der nur schlafen will, der aber die Pest ins große Bett gebracht hat (S. 210f.):

schwach alle, Wellen von Hitze und Frost schlagen über das Bett, Schmerz, Zähneklappern; Tätigkeit eingestellt, fiebriges Dämmern im Dunkeln, Apathie, rasselnder Atem und dazwischen Stille –, bis ein schriller Schrei alle trifft aber nicht mehr wachrüttelt, nicht aus dem Dämmern aufschreckt –, er kommt von Anne, der einzigen, die noch eben, halb aufrecht, in Bewegung war. Müller, Müllerin, Edelmann und Knabe richten leblose Blicke auf Anne, acht Augen treffen sich auf ihr, ohne Teilnahme, gleiten ihren Blick entlang herab zum Gegenstand ihres Entsetzens: weiß, im untergehenden Mond, die senkrechte Säule, die das männliche Glied des Soldaten war, Zeuge nicht des Verlangens sondern der Todesstarre, aufrecht über einer infernalischen Landschaft brestiger, schwellender Körper, ein Kreuz ohne Querbalken, furchtbares memento mori, über einem Schlachtfeld, auf dem die Schlacht noch schwelt –

Auf seinen Wanderungen durch die Räume des Hauses, während der Reflexionen im Winterbett und über das Sommerbett, führen die Phantasien stets zurück zum Entsetzlichen, keine Flucht mag mehr gelingen, selbst im Harmlosen versteckt sich der Schrecken. Einzig gutes Essen kann die Gedanken in erfreuliche Bahnen lenken: »immerhin, das sind Dinge, die es noch gibt, es gibt Minuten, Viertelstunden, in denen das Aroma dieser Dinge Trost verbreitet, Fremdheit vergessen läßt, da wird das Leben zu einer Station im Zuge der Zeit«, aber eben nur für kurze Momente: »die Gedanken, schon steigen sie wieder hinauf, richten sich wieder ein in der Gehirnschale« (S. 123). Die Frage drängt sich auf, wie man dem eigenen Gehirn entkommt (S. 50f.):

Standort? Wo stehe ich denn? Wo? Hier – nirgendwo. Nirgendwo, der einzige Ort, an dem ich atmen kann, frei, von allem gelöst, von nichts bedrängt als von Witterung. Keine Gespräche zu führen, keine Aufträge auszuführen, kein Urteil zu fällen, keine Schuld zu tragen, kein Handwerk zu meistern (...) zu keinem Gott zu beten (...) keinen Weg zu gehen, als den durch die Gärten, sonst nichts, nichts –, ich lasse mich tragen, bis ich nicht mehr bin.

Die Sehnsucht nach dem Nichts, überall präsent in *Tynset*, ist fast immer mit einer Aufwärtsbewegung verbunden, zum Beispiel in den Gedanken zum Straßenzustandsbericht, die Pässe verschneit, vereist, gesperrt (S. 255 f.):

alle möchte ich sie fahren, immer hinauf, tiefer in den Schnee, weiter und weiter (...) ich fahre jede Straße hinauf (...) ich überfahre die Grenze von Hartschnee zu Pulverschnee, immer weiter hinauf, ich stoße mich ab, ich gleite (...) einspurig oder nicht, ich erhebe mich über die Spur, ich fliege (...) ich durchstoße den Nebel (...) ich durchstoße die Nacht, schwebend, fliegend, ich fahre aufwärts, immer aufwärts, wieder den Sternen entgegen, immer wieder, wieder dorthin, wo das Loch in der Milchstraße ist, ich fahre und fahre, wieder durch das Loch, wieder dorthin, wo nichts mehr ist – fahre ins Nichts – nichts –

Des Reflekteurs Himmelfahrt entführt ihn durch ein Loch in der Milchstraße, gesucht und nie wirklich entdeckt. Selbst mit dem Fernrohr – wie in den *Vergeblichen Aufzeichnungen* Requisit der Zeitlosigkeit, das Vergangenheit, Gegenwart und Zukunft verknüpft –, das im Dachstuhl des Hauses installiert ist, kann man niemals einen Ausschnitt wählen, in dem absolute Leere ist, irgendein Stern zeigt sich immer. Selbst wenn man, »mit geringstem Maß der Selbsttäuschung« (S. 184), den letzten Stern wegdenkt, weiß man doch, daß bei stärkerer Vergrößerung dahinterliegende Sterne sichtbar werden würden: »ich weiß zu viel, ich weiß, daß dort, wo Dunkelheit scheint, keine Dunkelheit ist, daß es sie nicht gibt, daß dort, erkennbar mit größeren Teleskopen, ganze Galaxien sind« (S. 184).

Das ist die entschiedene Absage an Dunkelheit und Nacht, die in *Schläferung* noch mögliches Fluchtziel waren: radikales Ende der Nachtstücke. Man entflieht nicht mehr, es bleibt nur das Nichts zwischen den Welten: »für mich ist Nichts der leere Raum, durch den man hindurchsieht auf Etwas, Nichts ist das, wo Zwischenraum ist und sonst nichts« (S. 181). Der Welt entflieht man nicht einmal mehr im Tod, denn das Leben nach dem Tod ist nach dem Vorbild der Welt organisiert, es sei denn, die religiösen Vorstellungen stimmen nicht, und gegen Religion wendet sich der Reflekteur mit größter Schärfe, im Wunsch, die Möglichkeit einer besseren jenseitigen Welt offenzulassen. Der Ort der Sehnsucht liegt »außerhalb allem, in einer anderen Dimension« (S. 249): eine areligiöse Jenseitshoffnung.[54]

In *Tynset* sind die Zwischenräume ausgemessen und bieten keinen Schutz mehr. Das »Nichts« wird exakt so beschrieben, wie man die Zwischenräume der zusammengeschobenen Münzen, die früher als Bild der verschiedenen Welten gedient haben, beschreiben könnte: »This nothing's more than matter« (Hamlet IV,5), und Hildesheimers Nichts meint kein Nirwana, sondern die Pause zwischen zwei Atemzügen, in der sowohl Tod wie Geburt, Ende und Anfang zusammenfallen. Nur in diesem Zwischenreich läßt sich Erneuerung und Vergehen denken, hier steht die Zeit still, wird gleichzeitig zu einer Ewigkeit und zu einem blitzartigen Verstreichen.[55]

Alles andere ist nun verworfen, radikal und endgültig, die einzige Flucht führt in eine Utopie: »ich sah den Schädel hinter dem Fleisch, das Verlangen nach Ungeschehen hinter dem Geschehen wurde damals in mir sehnlich, die Hoffnung, es zu befriedigen, begann zu entschwinden« (S. 151). Das Verlangen nach Ungeschehen erinnert an eine andere Reflexion Hildesheimers: gar nicht erst geboren zu sein, eine rückwärtsgewandte Todessehnsucht, wie es auch in den *Vergeblichen Aufzeichnungen* heißt: »Ich sehe immer den Schädel hinter dem Fleisch, sehe immer, durch die schönsten Mienenspiele hindurch, dorthin, wo wir letzten Endes alle gleich sind –, aber eben erst letzten Endes« (S. 22).

Einzig im Rätsel, im Unerklärlichen, liegen noch Möglichkeiten einer besseren Welt, hier könnten sie sich verstecken, denn alles andere ist auf den zweiten Blick offensichtlich und eindeutig schlecht: »es gilt sorgfältig zu sichten, was Geheimnis ist, und was Nebel. Ich sollte versuchen, eine Nebelgrenze zu setzen, endgültig« (S. 17). Nebel verhüllt nur, ist schöner Schein, der bei genauerer Betrachtung seinen Glanz verliert, nur im Unaussprechlichen wäre eine letzte Chance: »Hier stehe ich und bohre mich tief ins ewig Unvorstellbare« (S. 178).

Gleich zu Beginn reflektiert der Erzähler über den Namen »Tynset«: »Die zweite Hälfte dieses Weges, die Strecke von Ü zu U, hat keine Mitte, hat kein Zeichen, das sie markiert. Hier liegt nichts, liegt Schweigen, liegt, im wahren Sinne des Wortes, das Unaussprechliche, hier beginnt es, in diesen unscheinbaren Dingen tritt es plötzlich hervor, um dann in den scheinbaren ins Unermeßliche anzuwachsen, ins Entsetzliche« (S. 26 f.). Aber

Tynset, der geographisch bestimmbare Ort in Norwegen, ist vorstellbar, gewinnt immer reichere Facetten, verliert sein Geheimnis, eine Möglichkeit nach der anderen bröckelt ab, Tynset kann keine Utopie mehr sein, nichts kann Utopie sein, außer dem Loch in der Milchstraße, das man höchstens erreichen kann, wenn man sich vervielfacht – die sterbliche Hülle bleibt zurück, der Geist teilt sich, die banalen Gedanken bleiben in der Hirnschale, nur ein Teil löst sich, entweicht und steigt auf –, und konsequenterweise bleibt der Reflekteur in seinem Bett liegen, denn jede körperliche Anstrengung wäre müßig. Alles dreht sich ausschließlich um das letzte Ende, um den letzten Versuch, einem Teil des Geistes einen Ausgang aus dem Schädel zu ermöglichen: »Ich werde Tynset entfliehen lassen, werde es vergessen, verdrängen, ja, ich werde das Spiel mit dem Rätsel sein lassen, werde so tun, als sei alles keine Willkür, alles in schönster bester Ordnung. Dazu brauche ich noch nicht einmal aufzustehen, ich kann hier liegenbleiben, in meinem Winterbett« (S. 268 f.).

Raum und Zeit, dazwischen das darüber reflektierende Ich, das weist auf die Duplizität der Erscheinungen bei Hildesheimer: doch das Nichts steht als ein Drittes zwischen zwei exakt beschreibbaren Gegebenheiten, Aus- und Einatmen und dazwischen die Pause, Entweder-Oder, Links und Rechts und dazwischen das »Zünglein« an der Waage, *Vergebliche Aufzeichnungen*, *Tynset* und *Masante* einerseits, *Zeiten in Cornwall*, *Mozart* und *Marbot* andererseits, Schriftstellerei und bildende Kunst und dazwischen Musik, das Sommer- und das Winterbett, dazwischen aber das Totenbett, nicht etwa nur ein »halbes Todesbett«, wie Karl Krolow geschrieben hat (S. 52):[56]

das ist ein Tod, hier hat er gewartet, dieses unbeschriebene Blatt, hierher hat er einen Auftritt verlegt, als Nebelwolke, der sonst als Pique-As auftritt, als Knochenmann oder Tarockspieler, Kupferstecher, Kinderverzehrer, der Halunke, Spießgeselle, dem niemand auf seine Schliche kommt.

Im selben Jahr, in dem *Tynset* erschienen ist, hat Hildesheimer ein Blatt mit dem Titel *Spießgesellen* gezeichnet, das drei Figuren darstellt, den vielfachen Tod, *Todesarten* in Ingeborg Bachmanns Sinn. Der Tod vervielfacht sich, teilt sich auf, wie sich der Reflekteur vervielfachen kann. Er spielt sein ernstes Spiel, das ins Nichts, in das Reich zwischen den Dingen führt, in den Tod.[57]

Bei Shakespeare verschwindet der Geist von Hamlets Vater mit dem Hahnenschrei (I, 1), in *Tynset*, wo Hähne oft schreien, bleibt der Geist da, steht stumm im Treppenhaus und erwartet, daß der Reflekteur ihn anspricht und Kontakt herstellt; Kontakt ergibt sich aber fast nur mit den Hähnen, ihr Schreien dringt zum nächtlichen Wanderer ins Haus. Einmal hatte er sogar, von der Akropolis aus, ein nächtliches Konzert der Hähne Attikas entfacht, die Vereinzelten zu einem großen Gespräch aufgerufen. Aber Hähne meinen mehr: nicht nur Hamlet, Vereinsamung und Kontaktlosigkeit, sondern Schicksal, wenn der Hahnenschrei mit den Anfangstakten von Beethovens fünfter Symphonie verglichen wird, oder Verrat und Schuld, wenn man an den Verrat Jesu denkt.[58]

Hamlets Vater wartet beharrlich, der Sohn wird aber, wie bereits im geplanten *Hamlet*-Buch, die Geschäfte des Vaters nicht übernehmen, er wird keine Schuldigkeit anerkennen, da er keine Schuld trägt (S. 99):

ich bin ohne Schuld – besser vielleicht, vorsichtiger gesagt: ohne wesentliche Schuld –, daher auch ohne Pflicht. Ich habe nichts gutzumachen, nichts reinzuwaschen, jedenfalls wüßte ich nicht was. Niemand hat, soweit ich weiß, durch mich gelitten. Ich bin ohne Last, außer der Last des Lebens, ohne Aussicht außer der Aussicht auf die Dinge hier in diesen vier Wänden und auf die Wände selbst

Schuld haben die anderen, alle: wahllos herausgegriffene nächtliche Telefonpartner, deren Schuld durch den anonymen Anrufer, »es ist alles entdeckt«, wachgerufen ist; dieser Kabasta, der Juden ihr eigenes Grab schaufeln ließ, vor dem er sie dann erschoß. Schuld hat – vielleicht! – Celestina, die trinkt und betet und wegen ihres Trinkens das Beten versäumt: »Gern würde ich einen Teil der Schuld für sie tragen, ich trage selbst wenig eigene Schuld, sehr wenig (...) Ich wüßte auch gar nicht, wie ich ihr die Last abnehmen sollte, diesen Griff beherrsche ich nicht« (S. 24).

In einer Welt der Schuldigen, der Angeklagten, bleibt dem Schuldlosen nur der Rückzug, die Vereinzelung, die Flucht vor Leuten wie Kabasta, die keine Gewissensbisse spüren, weil sie kein Gewissen haben, und die den Ankläger, den Appellierenden verfolgen und vor sich herjagen: aus der Stadt, aus dem Land, in ein Dorf hinter dem Paß, in ein Haus, in ein Bett, in die Gedanken und zuletzt aus den Gedanken. Außer mit Celestina, den Hähnen und den stereotypen Telefonauskünften existiert kein Kontakt mehr, mit Celestina ereignet sich jedoch ein »furchtbarer Irrtum« (S. 228), die Telefonate sind einseitig, und die Hähne dialogisieren zwar, aber nur untereinander: man versteht ihre Schreie nicht.

Eine schuldverstrickte Symbiose, ein Labyrinth, wie es auch explizit in *Tynset* erscheint: die Irrfahrt durch Wilhelmstadt, die Hannover meinen könnte und alle Städte meint; die jungen Leute im Taxuslabyrinth der Villa Barbarigo, das das wirklich existierende Labyrinth meinen könnte (*Antworten über Tynset*, S. 7) und alle Labyrinthe meint.[59]

Vergangene Schuld, weit zurückliegend, gesühnt wie die Morde Mary Stuarts, die in *Schläferung* zur nächtlichen Wächterin gewählt worden war, ist keine Schuld mehr: Gesualdos Doppelmord, Rache an der untreuen Frau und ihrem Liebhaber und schon dadurch entschuldigt, ist in die Madrigale, in die nächtliche Musik eingegangen, die sich Gesualdo auf der Laute vorgespielt haben mag, eine »kalte, sinnliche Musik, ganz teuflische Musik«.[60] Schuld, gesühnt durch Einsamkeit und vereinsamten Tod. Der Tod Mozarts also, der so wenig Schuld trug wie das kleine Kind, zu dessen Begräbnis der Reflekteur gehen will (S. 261 ff.), wenn auch nicht mehr nach Tynset. Denn nach Tynset wird er nicht fahren, er wird auch nicht mehr das näherliegende Ziel wählen und zum Begräbnis des Kindes gehen, sondern er wird in seinem Bett liegenbleiben, vielleicht ab und zu durch sein Haus wandern, aber überall wird er an seinen Gedanken und Erinnerungen leiden. Der letzte Absatz *Tynsets* lautet (S. 269):

in diesem Bett der Winternächte, der Mondnächte und der dunklen Nächte, in dem ich nun wieder liege, tief gebettet, obgleich es Tag ist, liege und für immer liegenbleibe und Tynset entschwinden lasse –, ich sehe es dort hinten entschwinden, es ist schon wieder weit weg, jetzt ist es entschwunden, der Name vergessen, verweht wie Schall und Rauch, wie ein letzter Atemzug –

Der Reflekteur, wie der junge Soldat in der Bett-Fuge einziger Schuldloser unter Schuldigen, versucht die Schuld aller zu sühnen. So falsch wurde er von Celestina gar nicht eingeschätzt, nur ist er kein Heiliger nach ihrem Glauben: er ist Hamlet, der in Gethsemane wacht.

6 Masante

Finnegans Wake ist das Protokoll einer Nacht, *Ulysses* das eines Tages; *Tynset* das einer Nacht, *Masante* das eines Tages und, auf den letzten Seiten, einer Nacht, wobei sich die Gedanken des Reflekteurs in der Zukunft verlieren, wie er sich selbst in der Wüste verliert: Raum und Zeit und mit ihnen alle Gegebenheiten werden unbestimmbar.[61]

Tynset und *Masante* entstammen demselben Komplex, derselben Stoffsammlung, haben denselben Reflekteur als Ich-Erzähler und umkreisen dasselbe Thema in derselben sprachlich glänzenden Reflektierhaltung, allerdings in unterschiedlicher Ausarbeitung: »Die Atemrhythmik«, schreibt Wolfgang Rath, »organisiert *Tynset* vom Mikroskopischen bis ins Makroskopische« und vom »Ein im Text *Tynset* bis zum Aus im Roman *Masante*« (S. 91). Nachdem man Raths Begriff des »Romans« in Frage gestellt hat, könnte man noch hinzufügen: auch vom Ein in *Schläferung* bis zum Aus in den *Vergeblichen Aufzeichnungen*, von der Bewegung nach oben in *Tynset*, nach Norden, bis zur Bewegung nach unten in *Masante*, nach Süden.[62]

Schon die *Vergeblichen Aufzeichnungen* entstammen diesem Komplex, eben dem *Tynset-Masante*-Komplex, wenn man den Zeitpunkt des ersten Erscheinens einiger Paralipomena bedenkt: in den *Vergeblichen Aufzeichnungen* der »Fund« eines menschlichen Schädels im Sand, in *Masante* berichtet der Wirt von einem ähnlichen »Fund«, diesmal in der Wüste (S. 251 f.), und später findet der Reflekteur ein ganzes Skelett. Der Feldstecher, Requisit in den *Vergeblichen Aufzeichnungen* wie das Fernrohr in *Tynset*, erscheint in *Masante* wieder, und zwar wieder in Verbindung mit der Zeitproblematik (S. 366). Celestina, die betrunkene Haushälterin aus *Tynset*, wird zur trinkenden Wirtsfrau Maxine, die, wie Celestina, aus drei Personen zusammengesetzt ist. Hier wie dort: Hähne, Hamlet, Mary Stuart, Labyrinth, Wind, Nazischergen und Tod. »Hamlet. Der kam immer wieder, lange hat er mich nicht losgelassen. Den lege ich hiermit endgültig ab, ihn schicke ich in die Wüste«, sagt der Reflekteur (S. 219), und dorthin schickt der Autor seinen Reflekteur zuletzt selbst.[63]

Auch die Collagen und Zeichnungen aus dieser Zeit – zwischen *Tynset* und *Masante* – spiegeln die Thematik wider: die Rasterpapiercollage zu *Die Margarinefabrik* (1965), *Zur Metaphysik der*

Wüste (Collage 1966), *Urbino* (Bleistiftskizze 1966), *Fata Morgana* (Collage 1971) oder *Fata Morgana Marina* (Collage 1971). Zum *Winterbild* (Chinesische Tusche 1968) läßt sich sogar eine Textstelle in *Masante* finden, die entweder das Bild inspiriert hat oder vom Bild inspiriert worden ist, jedenfalls aber eine überzeugende Bildbeschreibung ist: »In der Wüste ein Winterbild. Verschneite Bäume, Sträucher, wahrscheinlich Garten, im Hintergrund fließt alles ineinander« (S. 33). Und im selben Jahr, in dem *Zeiten in Cornwall* erschienen ist, dieser Text zwischen *Tynset* und *Masante*, entstand die Bleistiftzeichnung *Zwischen zwei Stühlen* (1971), die Veranschaulichung der Suche nach dem Ort zwischen allem und der Problematik dieses Orts.[64]

Der Reflekteur *Tynsets* hielt sich in Hildesheimers Wohnung in Poschiavo auf, die in der Beschreibung der Räumlichkeiten, auch ohne ausdrücklichen Hinweis, erkennbar wird; der Ort seiner Sehnsucht war Tynset im Norden Norwegens. In *Die Margarinefabrik* heißt es: »Auf der Reise aus dem Norden, wo meine Träume angesiedelt sind, in den Süden, wo meine Wirklichkeit angesiedelt ist« (S. 138). In *Masante* kreisen die Gedanken des Reflekteurs um Cal Masante, um Hildesheimers Zweitwohnsitz in Trazanni in der Nähe Urbinos, ein Bauernhaus, das er im Jahr 1976 verkauft hat, also drei Jahre nach Erscheinen *Masantes*. Cal Masante ist ein geographisch genau bezeichneter Ort, an dem sich der Reflekteur nur in Gedanken aufhält, ähnlich wie in *Tynset* in Tynset. Die fernen Orte sind titelführend, meinen aber nicht unbedingt dasselbe: Tynset wurde zuletzt, Masante wird bereits zu Beginn verworfen, von dort ist der Reflekteur zur Wüstenstation Meona aufgebrochen, die Gedanken an Masante gelten Vergangenem, die Rückkehr nach Masante ist von vornherein so unwahrscheinlich wie der Aufbruch nach Tynset zuletzt.[65]

»Es gibt eine Siedlung in Israel, die *Meoná* heißt. Aber hier ist das Geschehen nicht angesiedelt, sondern in der Nähe eines Kibuzzes, der *Yòtvata* heißt. Dazu ist zu sagen, daß alle von mir dargestellten Geschehnisse, wirklich oder fiktiv, sofort atmosphärisch und topographisch an bestimmten Orten angesiedelt sein müssen« (*Die Subjektivität des Biographen*, S. 48). Meona ist geographisch nicht so exakt definiert wie das nördliche Tynset, südlich eben; ein frühes Paralipomenon, *Der Ruf in der Wüste*, spricht von der Wüste hinter Beerscheba, doch so genau sollte der Aufenthaltsort nicht angesiedelt werden. *Masante* beginnt: »Am Rand einer Wüste, einem Punkt des Zufalls, fern von Masante –«, dann, nach einem Absatz: »nein, so nicht. Zuviel vorgegeben, zu wenig Distanz. Zuerst den Zeitpunkt, dann den Ort. Dann erst die Orte, an denen ich nicht bin und ihre Zeiträume. Wenn alles bestimmt ist: die Auftritte« (S. 7). »La dernière chance« heißt das Gasthaus, die Bar, die Absteige, oder wie man das nennen soll, wo der Reflekteur wohnt, mit Wirtspaar Alain und Maxine und einem Iren, dem militärischen Personal der Wüstenstation. »La dernière chance« – kein zufälliger Name. Namen sind bei Hildesheimer nie so zufällig, wie seine Orte scheinen, wie er in *Masante* selbst sagt: »Namen, meine Anhaltspunkte, ohne sie wäre ich völlig verloren, mit ihnen bin ich es nur halb« (S. 94).[66]

Unter dem Titel *Meona* hätte *Masante* bereits Ende 1969 erscheinen sollen, also vier Jahre früher, als es tatsächlich erschienen ist. Schwierigkeiten der Formgebung und Materialbewältigung haben den Abschluß des Buches verzögert, wie Hildesheimer zu Manfred Durzak gesagt hat: »es ist nicht so, daß irgendjemand daran mitgeschrieben hätte. Nur die Unsicherheit mit dem Material hat mich dazu gezwungen, einen Lektor einzuspannen. Ich war diesem Konvolut einfach nicht mehr gewachsen« (S. 282). Statt *Meona* ist deshalb, zwei Jahre vor *Masante*, aus dem Komplex herausgelöst, das Buch *Zeiten in Cornwall* erschienen, das den Beginn der biographischen Periode im Schaffen Hildesheimers markiert und einer Besprechung dieses Komplexes nachgestellt werden soll.

Die Schwierigkeit mit der endgültigen Form spiegelt *Masante* denn auch wider: die Komposition orientiert sich nicht an einer musikalischen Vorlage, sondern vertieft – aus der Not vielleicht eine Tugend – das Prinzip der Collagetechnik: die Erzählung, anhand von Kalenderblättern und Karteikarten weitergetrieben, bewegt sich nicht im Kreis, wie in *Tynset*, verfolgt aber dennoch kein so eindeutiges Ziel. Die, wie in *Tynset* eingeschobenen, Geschichten fallen in keinen von der Form vorgegebenen Dispositionsspielraum mehr, und, vor allem: der Reflekteur erzählt sich seine Geschichten nicht mehr ausschließlich selbst, sondern den Wirtsleuten, hauptsächlich Maxine, und wird selbst zum Hörer von Geschichten, vor allem jener Maxines. Dialog findet statt, ist also wieder möglich geworden; statt des furchtbaren Irrtums zwischen Reflekteur und Celestina herrscht zwischen ihm und Maxine Gleichklang.

Trotz seines Vorsatzes gegen Ende *Tynsets*, für immer im Bett liegenzubleiben, da alle Ferne keine Möglichkeit bietet, ist dieser Monsieur le Vivisecteur (Musil) nun doch noch einmal aufgebrochen. Er sucht diese Ferne nicht nur in Gedanken auf, sondern mit verzweifelter Inkonsequenz tatsächlich. Die »letzte Chance« bietet sich trostlos, wie nach *Tynset* zu erwarten gewesen ist: »Zukunft hebt sich nicht ab, sie hat stattgefunden, alle Ansätze sind vertan, die Möglichkeiten, eine nach der anderen, verwelkt: keine Funde, keine Schätze, kein Glück. Anders die Gegenwart: keine Regel, daher auch keine Ausnahme, das Unwahrscheinliche ist möglich, das als möglich Erkannte wahrscheinlich, – ist das Wahrscheinliche gewiß, das Gewisse unwahrscheinlich?« (S. 23 f.)

Das Thema des Wahrscheinlichen und Möglichen, der Verquikkung von Realität und Wirklichkeit, das schon die *Vergeblichen Aufzeichnungen* beherrscht hat, klingt wieder an. Wie in *Tynset* ist es Hamlet, der erzählt oder leise aus dem Hintergrund spricht. Über ihn, also auch über sich selbst, sagt der Reflekteur: »Da für ihn alles unwirklich ist, gibt er Vermutungen für Tatsachen aus, verwirrt seine Mitwelt, wird auch für seine treuen Anhänger rätselvoll und unberechenbar; unter seinen Inventionen gibt es wilde Dinge, die sich plötzlich als Fakten entlarven, man weiß nicht, woran man ist mit ihm. Redend und überredend vereinsamt er« (S. 220 f.).

Alain, der Wirt, erzählt ihm, was Maxine immer erzähle. Der Reflekteur fragt: »Ist das wahr?«, und Alain gibt zurück: »Wahr wahr! – Es ist eben eine von Maxines Geschichten« (S. 274). Auch zwischen Alain und Reflekteur gibt es keine Irrtümer, hatte der Reflekteur zuvor doch definiert: »Alles nur Einbildung, sagen jene, die auch für das kleinste keine Einbildungskraft aufbringen können. Die Antwort: sehr wahrscheinlich, nur sind Einbildungskraft und Befinden im Resultat des Erlebens dasselbe« (S. 92).

Es gibt keine Unterscheidung in Fiction und Non-fiction, schon in *Tynset* bestimmt die Wirklichkeit des Reflekteurs seine Realität, die Geschichten haben so stattgefunden, wie sie erzählt werden, selbst wenn die Fakten dagegen sprächen. Das zeigt sich deutlicher noch in *Masante*, wo die betrunkene Maxine ihre Erzählungen jedesmal anders faßt: »Meine Mutter war sehr schön. Eine der großen Schauspielerinnen ihrer Zeit (...) Berühmt vor allem als Lady Macbeth. Am schönsten war sie, wenn sie mit der Kerze die Bühne betrat« (S. 57). Oder: »Meine Mutter war eine wunderbare Sängerin, Mezzosopran, sie hat an der Metropolitan die Aida gesungen, sie war Amerikanerin, aus Oklahoma (...) Mein Vater war Spanier, er besaß Wälder von Korkeichen« (S. 99). Im selben Atemzug: »Meine Mutter war eine der großen Sängerinnen ihrer Zeit (...) Sie erreichte mühelos das hohe Es und das viergestrichene Cis. Sie war Amerikanerin, in North Carolina geboren, – mein Vater war Franzose, von Adel, ein de Sélincourt, der verkommene Zweig allerdings.« Dann: »Meine Mutter war Engländerin, sie hieß Isobel Bayliff, später hieß sie Lady Douglas. Mein Vater war Schotte« (S. 169).

Das Wahrscheinliche ist wahr, das Unwahrscheinliche möglich, das Leben findet im Konjunktiv statt: das ist die Ausgangsposition der Bücher *Zeiten in Cornwall, Mozart* und, in letzter und konsequentester Ausprägung, *Marbot*; das ist die Überzeugung des Reflekteurs, aber auch Maxines, die, ganz anders als Celestina, ebenbürtige Dialogpartnerin ist, eine großartige Figur, aber eben dies macht den Reflekteur kleiner: er ist nicht mehr exemplarisch, kein Vereinzelter mehr, und sein Ende – und mit ihm die ganze Konzeption *Masantes* – wird mit Existenz und Überleben Maxines belangloser als sein Entschluß, im Bett liegenzubleiben.

Der »Ort des Zufalls« am Rand der Wüste, natürlich nicht zufällig gewählt, erinnert an die Sehnsucht des *Tynset*-Reflekteurs nach »Nichts«: »In Masante, da dachte ich: nur woanders sein, irgendwo wo nichts ist, und dort wird es sich abspulen« (S. 140). Das in Gedanken gesuchte Nichts *Tynsets*, dieses absolut gesetzte und vergeblich ersehnte Nichts, dessen vollkommene Unmöglichkeit der Reflekteur zuletzt von seinem Winterbett aus erkannte, wird zu einem vagen Nichts der Wüste, zu einem etwas harmlosen Gemeinplatz. Daß sich die Wüste dann als bevölkert erweist, voller Wind, Rätsel, Unheimlichem, Geschichten, Funden und Häschern, überrascht nicht: »ich denke, keine Angst wäre wie die Angst vor einem Laut in einer lautlosen Wüste, außer vielleicht einem einlullenden Sirren des Windes – schlimm, schlimm, Wind! – jetzt geht er leicht, ich höre ihn nicht, doch über dem Boden weht es sachte den Sand auf, nur wenige Zentimeter. Fußstapfen würde er verwehen, mehr nicht« (S. 90).

Der Ort am Rand der Wüste ist jener Zwischenraum, den schon der Erzähler der *Lieblosen Legenden* erreicht haben muß, nachdem er durch die Pforte des sinkenden Palastes geflohen war, ein Raum, der bis zu den *Vergeblichen Aufzeichnungen* undefiniert geblieben und inzwischen vermessen und verworfen ist, so radikal zuletzt in *Tynset*, daß *Masante* dagegen abfallen muß, wiewohl Meona als Beispiel eines Grenzpunktes zwischen Wüste und Nicht-Wüste, zwischen Entweder und Oder, zwischen Leben und Tod zwar paßt, aber etwas abgegriffen ist.

Mit der Suche nach dem Nichts, nach dem Ort dazwischen, verband sich in *Tynset* stets eine Aufwärtsbewegung, in *Schläferung* eine Bewegung nach innen, in den *Vergeblichen Aufzeichnungen* eine nach außen. *Masantes* Bewegung nach unten ist also die einzige Richtung, die offengeblieben ist: »Hielten wir die Erde noch für flach, so könnten wir auf diesen letzten Schritt hoffen, den Himmel ein wenig anheben, und hinab von der Platte und hinaus und hinunter« (S. 38). Oder (S. 321):

Vor dem Ende hatte ich niemals Angst, nur vor den Begleiterscheinungen. Eine Zeitlang rieb ich mich in Sucht und Suche nach möglichen Zielen auf, eines war im Norden und hieß Tynset, das Ypsilon hatte es mir angetan, dann war auch das vorbei, und ich wählte Masante. Dort schlief ich immer schlechter, die Flucht in den Schlaf mißlang, der Schrecken hatte die Gewalt über mich eingebüßt, ich war schon frei oder beinah frei. Es war allerdings ein Verlust. Ich wollte auch in Zukunft nicht auf den Schlaf verzichten, diesen einzigartigen Zeitvertreib.

Die Wüste ist ein Bild der gesamten Welt, der Reflekteur befindet sich am Rand, nur eben nicht an der Grenze zum Nichts: »denn nur die Oberfläche des Meeres ist bewegt; ein paar Meter schon herrscht Stille, und tiefer noch steche ich hinab und stoße in diesen schweigenden Makrokosmos, der Fische brütet und Schlimmeres, Unheimlicheres, leblose riesige Algen, – ihre obersten Arme wiegen sich ragend, fangen mich auf, leiten mich weiter hinab und hinein in die Flora, immer tiefer, zwischen ihr sinke ich auf moosiges Gewächs, das mich glitschig mit Schlangenarmen umfängt, damit ich zur Beute der Meeresungeheuer werde, ungeahnter lautloser Bestien, die sich zuckend über mich hermachen, um mich mit der Muße der Meeresbewohner zwischen ihren Zähnen zu zerfleischen« (S. 116).

Auch das Meer ist, wie schon in den *Vergeblichen Aufzeichnungen*, ein Bild der Welt. Die Ungeheuer, die damals noch nicht aufgetreten sind, meinen die Häscher, eines der Generalthemen *Masantes*, die, wie bei Kafka, immer zu zweit auftreten: »Es sind nur zwei, immer nur zwei, sagte Bloch, Stollfuß und Motschmann, oder Fricke und Globotschnik. Diese Schritte sprechen, sie sagen: alles was von unserer Hand zu beseitigen ist, wird beseitigt, es läuft uns früher oder später in diese Hände, ganz von allein, ihr kommt uns alle entgegen, müßt uns entgegenkommen, ihr seid unter Zwang, wir ziehen euch an« (S. 315). Vor ihrem Gleichschritt entsetzt sich sogar eine Ratte in einem hellerleuchteten Schaufenster eines Geschäfts in Saloniki zu Tode (S. 313):

dem Schaufenster zugekehrt liegt sie auf dem Bauch, wie zu einem letzten tollen Sprung geduckt, die roten Perlaugen weit geöffnet: sie spiegeln das erstarrende Entsetzen vor irgendeinem Anblick, der selbst das Herz einer Ratte stillstehen läßt. Welcher Anblick? Und welcher Art war der Augenblick, in dem es stillstand? Wie lange vorbei? Die Straße ist leer, ich sehe nichts Lebendes, höre nichts, nichts verklingt.

Was die Häscher nicht erledigen, erledigen die übrigen Menschen selbst, die ungeniert feiern, etwa zur Zeit des Karnevals im Palazzo Vendramin (S. 158-164), ein Fest, das, wie die Feste bei Hildesheimer meist, mit dem Untergang einer Welt endet. Anders als in *Das Ende einer Welt* steigt aber hier das Wasser nicht, sondern läuft, der Bewegung nach unten gemäß, aus unerfindlichen Gründen ab: die Menschen steigen in ihren Tod hinab – der Bekehrer nach dem Abschiedsfest in *Tynset* ist den Paß hinaufgefahren und oben in einer Schneewehe umgekommen (S. 162-164):[67]

aber jetzt zuckt es hin und wieder, zunehmend, etwas huscht raschelnd einen Pfahl hinauf oder hinab, es pfeift, es hüpft etwas über den Boden, kriecht aus dem Schlamm und wird wieder unsichtbar: das sind die Ratten (...) sie klettern, rutschen wieder ab, beginnen jetzt, die Pfähle am Fuß anzunagen, immer mehrere an einem Balken, wie pelzige Sterne, deren Strahlen in Schwänze auslaufen (...) ein Pfahl stürzt, und über ihm kracht ein Brocken Palast zusammen, darüber lachen die Gäste, die nicht getroffen sind, die anderen sieht man nicht mehr, eine Perücke hängt an einem Holzstumpf, im Schlamm liegt ein Arm (...) und in diesem Labyrinth lacht es, das Lachen vervielfacht vom Echo der Pfähle und der Balken und Streben und Träger; tief unter Venedig, da stecken sie jetzt, bis zum Nabel im Schlamm, manche versuchen weiterzukommen, andere zu erreichen, wer fällt, versinkt und wird verlacht (...) Einer ruft: jetzt können wir uns mit dem heiligen Sebastian den Arsch abwischen, und der Kopf einer Dame kann sich nicht mehr halten vor Lachen und versinkt und wirft noch eine letzte große Blase, die platzt und entläßt ihren letzten Laut. Ein anderer Herr ruft: Zu steif! Ein Dritter ruft: Was ist zu steif? Der Zweite ruft: Die Leinwand! Zum Abwischen! Darauf wiehern die letzten vier, bis eine Fassade herabstürzt, da lachen nur noch zwei, atemlos, die Gesichter braun verschmiert, wie Mohren im Weihnachtsspiel, sie lehnen an einem Pfahl wie der heilige Sebastian, bis die Ratten auf sie stürzen und an ihnen zu nagen beginnen, da vergeht ihnen das Lachen, sie werden selbst zu Filigran, und nun sind nur noch die Ratten an der Arbeit, ein raschelndes Nagen unter Venedig, hin und wieder ein Krachen, sonst Ruhe.

Nachdem der Reflekteur, der schon in den *Vergeblichen Aufzeichnungen* nichts unversucht lassen wollte, in *Masante* die letzte Richtung, jene nach unten, untersucht und bemerkt hat, daß auch sie nicht offensteht, sondern ebenfalls in den Tod führt, läßt er den Tod näher kommen. Doch vor dem Tod steht, in Anspielung auf Montaigne und Shakespeare, das Sterben: »Todesarten, das sind nicht nur die letzten Demütigungen, sondern auch die letzten Ungerechtigkeiten«, heißt es in *Masante* (S. 199), und auf eine Karteikarte hat Hildesheimer notiert:[68]

nichts im Leben wäre so schön gewesen, wie es war, wenn es den Tod nicht gäbe. Erst die Aussicht auf den Tod macht das Leben *erlebenswert*. Wenn ich mich nach dem Tod sehne, so nur deshalb, weil ich den peinlichen Akt des Sterbens möglichst bald hinter mich bringen möchte.

Auch sein Reflekteur verwirft nicht Tod, sondern Sterben; folgerichtig bleibt sein Ende offen: er hat seine Zeche, wie gefordert, vor Verlassen des Hauses beglichen: »Shall be back presently« (S. 370), und verliert sich, wie gesagt, in der Wüste. Vielleicht hat er den Saum des Horizontes angehoben und ist zwischen Himmel und Erde, zwischen unten und oben hinausgeschlüpft. Doch wohin? An keinem Ort, nirgends, in keiner Vergangenheit, Gegenwart oder Zukunft, in keinem realen und keinem phantastischen Ort, weder unten noch oben, weder außen noch innen könnte das ersehnte Nichts letzte Ruhe bringen. Gesucht wird der Ort zwischen Sein und Nichtsein.

Daß Hamlet in die Wüste geschickt wird, schließt die folgenden Bücher nicht aus: weggeschickt wird der Erzähler, der wie Hamlet reflektiert hat, anwesend bleibt der Autor, der aus dem Geist Hamlets schreibt, nach *Masante* allerdings Bücher anderer Art: *Masante* ist der Schlußpunkt der Periode der Monologe und Ich-Reflexionen. Vielleicht hat Hildesheimer den 1961 aufgegebenen *Hamlet* doch geschrieben, und zwar mit allen seinen Prosawerken von 1961 bis 1973. Ganz nach Art seiner Collagetechnik wäre demnach eine riesige Hamlet-Paraphrase entstanden, deren Collagematerial aus Büchern besteht, die ihrerseits wie Collagen zusammengesetzt sind.[69]

Masante ist, nach Hildesheimers eigenen Worten, radikaler als *Tynset*.[70] Das könnte sich nur darin bestätigen, daß der Reflekteur zuletzt, wenn auch nur höchstwahrscheinlich, umkommt. Doch der Tod als Ende scheint nicht radikaler als ein Ende, bei dem die gedankliche Konsequenz zum Verharren im Bett zwingt. Wer einmal zu diesem Entschluß gefunden hat, kann nur dann noch einmal aufbrechen, wenn er seinen Schlußfolgerungen mißtraut, aber auch dieser Zweifel an der eigenen Überzeugung manifestierte sich schon in *Tynset*. *Masante* ist gleichzeitig Zurücknahme und Bestätigung *Tynsets*, allerdings – und darin eben anders als das andere Werkpaar dieser Periode, als *Schläferung* und *Vergebliche Aufzeichnungen* – mit keinem neuen Schluß: eine Wiederholung in schwächerer Variante. Ob die radikalere Auflösung der Kompositionsform ein radikaleres Buch ergibt, mag dahingestellt bleiben, im Fall *Masante* scheint es nicht so. Wäre *Masante* einige Jahre *vor* *Tynset* erschienen, schiene die Entwicklung konsequenter. *Tynset* kann ohne *Masante* gelesen werden, nichts würde fehlen, *Masante* dagegen nicht ohne *Tynset*.

7 Zeiten in Cornwall

Am 20. April 1945, also wenige Wochen vor dem Ende des Zweiten Weltkrieges, ist in der ›Palestine Post‹ Hildesheimers kurzer autobiographischer Text mit dem Titel *Cornwall Interlude* erschienen: »I arrived one morning in March in a fishing-village called Mousehole (pronounced Mouzle) one of the westernmost points. I was with my friend Anthony and we had travelled down in an old dilapitated Chrysler which we had bought for this purpose at the price of a sandwich.«

Das war im Jahr 1939, denn die Beschreibung von Land und Leuten, von Hildesheimers und Anthonys Unternehmungen als Maler, Strandwanderer und Sammler schließt mit den Worten: »Then something did happen. War broke out. Otherwise I might still be living there.« Damit war das erste Zwischenspiel Cornwall beendet. Zwanzig Jahre lang hat Hildesheimer nicht mehr über Cornwall geschrieben, doch im selben Jahr, in dem *Tynset* erschienen ist, also 1965, hat er zum ersten Mal aus *Zeiten in Cornwall* gelesen (Bayerischer Rundfunk, 25. November), und im Jahr darauf sind die ersten Vorabdrucke erschienen, einer in Anspielung auf die *Vergeblichen Aufzeichnungen* unter dem Titel *Aufzeichnungen in Cornwall*.[71]

Der Strand der *Vergeblichen Aufzeichnungen* wird nicht nur in Dänemark zu finden sein, sondern gewiß auch in Cornwall, wenngleich Hildesheimer in *Cornwall Interlude* schreibt: »You can climb along the seashore (the steepness of the rocks does not allow you to walk) and never hear a noise but the roar of the sea and the occasional scream of a seagull.«

1971 ist das Buch *Zeiten in Cornwall* erschienen, ein Text zwischen den Texten, ein kleiner Text an einem Wendepunkt in Hildesheimers Werk, auch darin den *Vergeblichen Aufzeichnungen* ähnlich: beide Texte entstammen dem *Tynset-Masante*-Komplex, der eine markiert den Anfang, der andere den Schluß, wobei der Umstand keine allzugroße Rolle spielt, daß *Zeiten in Cornwall* zwei Jahre vor *Masante* erschienen ist: *Masantes* Erscheinen war ja für Ende 1969 angesetzt, aber die Ausarbeitung von *Zeiten in Cornwall* dürfte den neueren Stand der Entwicklung repräsentieren.

Falsch wäre, *Zeiten in Cornwall* in den Trend der siebziger Jahre zur Autobiographie zu stellen, so wie es falsch wäre, *Mozart* als Ritt auf der Biographiewelle zu bezeichnen: beide Bücher reichen in ihren Anfängen zu weit zurück, um ihrem Autor, dem Biographieschreibung schon immer Thema war, Trendfolge vorwerfen zu können. Dennoch: es mag kein Zufall sein, daß *Zeiten in Cornwall* im Umfeld einiger künstlerischer autobiographischer Texte erschienen ist, man denke an Wolfgang Koeppens *Jugend* (1976), an Max Frischs *Montauk* (1975) oder an Thomas Bernhards Serie von Autobiographien, die Anfang der siebziger Jahre begann: von der *Ursache* (1971) bis zu *Ein Kind* (1982).

Schon 1945, noch in Palästina, hatte Hildesheimer geschrieben: when »I first came to England, one of my sensations must have been that I was nearer to my aim«, denn seit er mit sechs Jahren Wagners *Tristan und Isolde* gelesen habe, sei ihm dieses Land Ort der Sehnsucht gewesen. Wie in *Tynset* und *Masante* handelt es sich also auch in *Zeiten in Cornwall* um einen fernen Ort: »Ich habe mich in viele verschiedene Orte eingelebt, oft habe ich den allmählichen Wandel von Fremdheit zum Zuhausesein umgekehrt vollzogen, und jetzt wird es Zeit für die Bilanzen, ›the summing-up‹, sonst trage ich alle meine Orte als unerledigte Sachen mit mir

herum (...) Für mich ist Schreiben nicht zuletzt Ablegen«
(S. 98 f.).

»Ablegen« und »the summing-up« – das erinnert an die letzte
Illustration der *Vergeblichen Aufzeichnungen* mit dem Titel *Bilanz*, wie gesagt: die erste Collage Hildesheimers, die erhalten
geblieben ist, und in *Zeiten in Cornwall* findet sich der Hinweis
auf die ersten Collagen, die er gemacht hat. Beide Texte sind
von ihm selbst illustriert, Anfang und Ende des *Tynset-Masante*-
Komplexes hat er damit besonders betont. Hier wie dort hat er
einen Schlußstrich gezogen und gleichzeitig eine neue Richtung
eingeschlagen. Am Ende der Periode der rastlosen Ich-Reflexionen – »*Tynset* und *Masante* sind praktisch autobiographische
Monologe«, wie er 1986 im Gespräch mit Frank A. Meyer gesagt
hat – steht als persönlichste Ausprägung dieser autobiographische
Text, der, bei aller Verbundenheit mit den vorausgehenden Werken, auf die folgenden biographischen Bücher, *Mozart* und *Marbot*, vorausweist.[72]

Ähnlich wie in *Schläferung* und den *Vergeblichen Aufzeichnungen*, in *Tynset* und in *Masante* wird auch in *Zeiten in Cornwall* eine
Randsituation zwischen den Welten beschrieben, eine Existenz
dort, wo nichts ist als Zwischenraum: »ich bin am Rande des Labyrinths, eine Vorsicht hat mich hier angetrieben und flüstert mir
den Rat zu, die Kreuzung vor mir unbeachtet zu lassen« (S. 13).
Der Reigen der Leitmotive wird wieder variiert: Simonetta Vespucci (S. 29); »Nazimörder« und »Häscher« (S. 15 und 45), allerdings weniger, als man nach der zeitlichen Einordnung der Erinnerungen – rund um den Zweiten Weltkrieg – erwarten könnte;
der Zug in seiner Mehrfachbedeutung (S. 58 und öfter); Feldstecher, Wind und Tod. Hamlet ist schon in der Wüste, statt seiner
tritt, was natürlich näherliegt, King Lear auf, auch er mit seinem
Narren (S. 14 f.).

Zur Materialaussonderung aus dem *Tynset-Masante*-Komplex
hat Hildesheimer zu Manfred Durzak gesagt: »Es war so, daß ich
geschrieben habe und riesige Konvolute – zweimal, zuletzt 1970 –
dalagen und ich eigentlich nicht weiterschreiben wollte.« Er, der
bisher stets ohne Lektor gearbeitet hatte, nahm Hilfe von Dierk
Rodewald an, der in dem Jahr, in dem *Zeiten in Cornwall* erschienen ist, den Materialienband *Über Wolfgang Hildesheimer* herausgegeben hat: »Rodewald kam dann, sichtete das Material, legte
einiges beiseite. Ihm habe ich zu verdanken, daß ich aus den wirk-

lich autobiographischen Teilen ein ganz anderes Buch gemacht habe, nämlich ›Zeiten in Cornwall‹, ein Buch, das ich sehr schätze und das von Anfang bis Ende wahr ist« (S. 282).

Auf die autobiographische Gegenwart, also auf den Wohnort und die während der Niederschrift aktuelle Zeit des Erzählers, deutet im Buch lediglich ein kurzer Hinweis: »Das bin ich gewohnt: hinter einem Paß zuhause, bin ich versiert sowohl in den höflichen Gesten stummer Einigung hinter Windschutzscheiben als auch in den daraus resultierenden Manövern« (S. 8). Diese Zeitebene und ihre Bezüge bleiben weitgehend ausgespart; sie finden sich in *Tynset* und *Masante*. *Zeiten in Cornwall* versucht, die Cornwall-Interludes zu vergegenwärtigen, jenes bereits erwähnte von 1939 und ein zweites, 1946, die beiden Aufenthalte eines jungen bildenden Künstlers im Land seiner Sehnsucht; soweit die biographischen Fakten. Diese beiden Zeiten werden mit einer dritten verbunden: der Ich-Erzähler, wieder ein Reflekteur, fährt mit dem Auto durch Cornwall und sucht die Orte der Erinnerung auf, erinnert aber nur Bruchstücke, frühe Erlebnisse und Erfahrungen, Freunde und Bekannte: »Landschaften mit Figuren« (S. 99) – *Landschaft mit Figuren* hatte Hildesheimer 1958 eines seiner Theaterstücke betitelt.

Der Auftritt eines Ich-Erzählers oder Reflekteurs in einem autobiographischen Text mag vielleicht verwundern, im Fall *Zeiten in Cornwall* ist er gerechtfertigt und bekommt sogar eine besondere Note: der Erzähler erzählt sich, also seine Vergangenheit, Gegenwart und, in logischer Konsequenz, seine Zukunft. Hildesheimer hat zu Dierk Rodewald gesagt, es sei »ja tatsächlich so«, daß er »im *Cornwall*text kaum vorkomme«, sondern versuche, »das reflektierende Ich ins Allgemeine zu ziehen«: »ich hätte autobiographische Details hineinbringen können, aber die habe ich absichtlich nicht hineingebracht, weil ich nicht zwei Ichs habe. Ich wollte das verarbeitende Ich haben, aber nicht das tatsächlich erlebende Ich in seiner Beziehung zu anderen Personen« (S. 141 f.).

Das Labyrinth, das in *Tynset* und *Masante* schon eine Rolle gespielt hat, ist nun das Straßennetz in Cornwall und gleichzeitig ein Bild des Erinnerns, der Suche nach dem eigenen Ich. Der Text beginnt wie *Masante* mit einer Selbstpräzisierung: »Ich bewege mich in einem Labyrinth vorwärts. Oder vielmehr: ich sitze still hinter dem Steuer meines Wagens, der sich in einem Labyrinth vorwärts bewegt« (S. 7). Dem Straßennetz *und* den Erinnerungs-versuchen gilt die nächste Definition: »das Labyrinth will seinen eigenen Himmel. Wenigstens ist es nicht tödlich wie das des Minos, auch nicht tückisch wie die Ausgeburt einer Renaissance-Phantasie oder eine jener manieristischen Marotten, hinter denen ein Weltbild steht, – hinter diesem Irrgelände steht wahrhaftig kein Weltbild, eher der Wille von Zufällen in einer jahrhundertelangen Reihe« (S. 7).

Von einem alten Chrysler ist natürlich nicht mehr die Rede, wenn der Reflekteur »travelled down«, von den Felsen zum Meer, wenn er sich für einen Moment in einen Vogel verwandelt und aus der Vogelperspektive hinuntersieht, ehe er taucht, hinunter zum Strand Cornwalls und der *Vergeblichen Aufzeichnungen*, hinunter zur ersten Ebene der Erinnerung (S. 17 f.):

Hinab zum Meer. Endlich senken sich die Hecken und bleiben hinter mir. Ich bin aus dem Labyrinth fürs erste entlassen. Eine leichte Schräge setzt an und hebt mich über eine Schwelle wie über einen schließlich abgerungenen Entschluß, der sich gelohnt haben wird, und ich beginne bergab zu segeln, ein Flugzeug, das zum Landen ansetzt. Die leichte Schräge wird schräger, ich werde zum Vogel, der bald tauchen wird, immer schräger, jetzt schon Gefälle, abenteuerlich, immer schräger, ein Rodel-Abhang, ich ziehe einen Querschnitt durch die Schichten der Erdoberfläche, an den Seiten überlagern einander die Sedimente, unten werde ich dann bei Urzeitlichem anlangen, fahrend erlebe ich ein illustriertes Schulbeispiel der Geologie, ich bin in Cornwall, in England, ›this precious stone set in a silver sea‹; wie eine Mikrobe gleite ich an der geschliffenen Kante dieses Edelsteins hinab, dem Silbermeer zu, das ich erwarte, noch sehe ich es nicht (...) Weiter hinab, beinah im Sturz, die beiden Felshänge zu meinen Seiten werden steil, wachsen an zur Riesenpforte, bremsend schlängle ich mich durch ihre Enge, und mein Weg wird wieder breiter, jetzt kündigt die Bucht sich an, die Wände treten zurück, die Schlucht gibt mich frei, ich bin zwischen Grün in einem Raum von Frühling, unerwartet; kein Wind, es ist mild; oben liegt Cornwall, ich bin unten, außerhalb und unterhalb der Befestigung, die das Labyrinth trägt.

Das ist eine Abwärtsbewegung wie in *Masante*, abwärts in ein Zwischenreich, das dem Tod so nahe ist wie dem eigenen Ich. Die erste Fahrt durch die Sedimente der Erinnerung führt zur oberen Ablagerung, der Zeit *nach* dem Krieg: »ich weiß es, ich kenne diesen Ort. Vor fünfundzwanzig Jahren war ich hier, damals war Sommer« (S. 18 f.). Hier treten King Lear und sein Narr auf, hier bevölkert der Reflekteur die Häuser nach seinen Vorstellungen, hier warten Wladimir und Estragon auf Godot, hier wird Erinnerung zur Fiktion.

1973 ist die Tuschzeichnung *Vorzeitliches* entstanden, auf der man die Abwärtsbewegung durch die verschiedenen Sedimentschichten anschaulich verfolgen kann: von der oberen Bildhälfte, die links außen das Profil eines menschlichen Gesichts andeutet, also aus dem Gehirn, führen einige Bahnen direkt nach unten auf eine Hügellandschaft, die man aus der Vogelperspektive sieht. Die angedeuteten Täler lassen ein labyrinthisches Straßen- und Wegenetz erkennen, von weißen Streifen begrenzt: die Küste Cornwalls: »this precious stone set in a silver sea« (*Richard II*, II,1). Die Gesamtkomposition zeigt in untrennbarer Kombination das Brustbild eines Menschen und eine Landschaft am Meer. Ein Selbstporträt mit Landschaft.

Die Aufwärtsbewegung – sie erinnert an *Tynset*, die Nazimörder deuten sich an – ist rasch beschrieben: »Mit dem Auto muß ich wieder hinauf ins Labyrinth und mich elf Kilometer nördlich der Peripherie entlangtasten bis zur nächsten Abzweigung, links hinab. Wieder hinauf also in einem mächtigen Anlauf, um die Steile zu überwinden, ich gebe Gas – ekelhafter Ausdruck! – und habe Portquin hinter mir« (S. 23). Der Reflekteur ist wieder in der Gegenwart angelangt. Dann: »Wieder über eine Schwelle, wieder abwärts, schräg und schräger, schneller werdend, der nächsten Bucht zu, in der, steil am Abhang und tief in seinem Schatten, Port Isaac liegt« (S. 29). Er ist wieder in der Vergangenheit, vier Malerinnen kommen ins Bild, die nach dem Krieg – noch befindet er sich auf der Zeitebene seiner ersten Abfahrt – mit ihm in Cornwall gelebt haben.

Keine weitere Fahrt nach unten, er bleibt bei den Stränden, bewegt sich um ganz Cornwall – »Cornwall ist an seinen drei Meerseiten von einem Möwengürtel umgeben« (S. 35) –, die Erinnerung hält bei Mousehole, wo Hildesheimer *vor* dem Krieg gelebt hatte: »Kunststudent, schon in sich selbst, ohne Rücksicht auf das Individuum, Schrecknis aller Londoner Zimmervermieter, sie hielten die Verführung des Aktmodells für den notwendigen Zielpunkt aller Kunst; einundzwanzig Jahre alt, in eigenmächtig und auf unbestimmte Zeit verlängerten Semesterferien, in Begleitung von Anthony, achtzehn, der von seiner Schule, Charterhouse, durchgebrannt war, um Maler zu werden, und Paddy, zwanzig, Tochter eines Bankdirektors, die ein Buch über sich selbst schreiben wollte, was sie schließlich auch tat. Wir drei, von der Erscheinung her gewiß nicht völlig unverdächtig, stellten das respektable Drittel unserer neunköpfigen Reisegesellschaft, den repräsentablen Vorschub, denn ihr Rest bestand aus drei Dieben und deren Gefährtinnen, alle sechs älter als wir, und von einer gewissen Erfahrung geprägt« (S. 40 f.).

Die Atmosphäre erinnert an *Paradies der falschen Vögel*, wo Onkel Robert mit dem Original der Mona Lisa – im Louvre hängt seine Kopie – den Rompreis erhalten hatte, statt nach Rom aber nach London fuhr, ehe er sich in der Procegovina unter zwielichtige Kulturträger und Politiker mischte.

Marcel Reich-Ranicki bedauerte in seiner Rezension, daß *Zeiten in Cornwall* »leider kein Striptease« sei, und übersah, daß sich in die Darstellung einzelner Personen, vor allem aus der Zeit vor dem Krieg, Züge von Hildesheimer selbst mischen.[73] Über Anthony liest man: »Die Linien verschwanden wieder, zeichnend stieß er überall auf Vergebliches und zog zurück, unerwartet teilten sich ihm zukünftige, unabänderliche Schrecken mit, und wahrhaftig: alles ist eingetroffen oder trifft ein. Er hat es zuerst gesehen, die Ohnmacht vor den Erregern erkannt, er war ein Pionier des Rückzugs, ein Prophet, der nicht prophezeit« (S. 53 f.). Oder Anthonys Nachtarbeit, die »schlechten Stunden«, die in *Tynset* die nächtlichen, in *Masante* die spätnachmittäglichen waren, und das vom Mund des toten Predigers geformte »A« in *Tynset* und das »A« im Klang des Namens *Masante*: »Da liegt er, mit offenem Mund, als sei er nach einem letzten, laut geatmeten ›Aaahh‹ vom Wachen erlöst und allem entronnen, Gläubigern, schlechten Stunden, Schrecken der Zeit, die er schlafend von sich hält« (S. 53), nachdem er »von oben hinab wie ein Lot an die Wurzeln der Übel zu gelangen« versucht hatte (S. 52).

Reich-Ranicki hat seine eigene Vorstellung von Autobiographien, an die er *Zeiten in Cornwall* anlegt und enttäuscht konstatiert, daß Hildesheimers Buch nicht paßt: »Solche Bücher dürfen und müssen egozentrisch und – in Grenzen freilich – exhibitionistisch sein«; das ist Hildesheimers Buch tatsächlich nicht. Reich-Ranicki bemängelt: »In diesen Aufzeichnungen über Hildesheimer steht viel zu wenig über Hildesheimer«; und kommt denn auch zu erstaunlichen Mißdeutungen: so hat die Fuchsjagd (S. 180-190) für ihn »kaum etwas mit dem Thema zu tun«. Dabei tritt ja King Lear auf, und die letzten Worte seines Narren »and I shall go to bed at noon« werden, wie später auch in *Marbot* (S. 312), als Absicht gedeutet, in den Freitod zu gehen. Was Hildesheimer jedoch nicht zitiert, ist die zweite, unbekanntere Selbstmordankündigung dieses Narren: »A fox, when one has caught her, / And such a daughter, / Should sure to the slaughter, / If my cup would buy a halter; / So the Fool follows after« (I,4) – eine eindeutige Verbindung zwischen Fuchs, Narr und dem Vorsatz, in den Freitod zu gehen. Elisabeth Plessens Arbeit »*Fuchs in Cornwall*« oder *Die Bilderwelt im Filter der Fiktion* zeigt schon im Titel, daß das, was für Reich-Ranicki kaum etwas mit dem Thema zu tun hat, das Thema überhaupt ist.[74]

Zu Dierk Rodewald hat Hildesheimer über seinen Text gesagt: »er gibt natürlich Anlaß zu Reflexionen über ganz andere Dinge. Darin ist ja, das fällt mir dazu noch ein, *Cornwall* einzigartig unter meinen Texten: er greift etwas auf, was ich sonst nie aufgegriffen habe und was ich wahrscheinlich auch nicht mehr aufgreifen werde: ich habe nicht die Absicht, eine Autobiographie zu schreiben« (S. 146).

Während der ersten beiden Zeiten in Cornwall wurde das Fundament seines Schaffens gelegt, die Mitspieler dieser Zeiten waren alle beteiligt. *Zeiten in Cornwall* ist eben nicht eine Autobiographie der persönlichen Details, sondern eine Nachforschung über die eigenen Anfänge als Künstler, wobei die Gegenwart des Erinnernden stets einbezogen bleibt: »Bücher, Bilder, Musik von damals sind geblieben, ihr Material haftet fest. Die abseitigen Hintergründe förderten unser Rezeptionsvermögen, machten uns zu Seismographen jeglicher Strömung, der wir uns auszusetzen beliebten« (S. 61 f.).

Welche Strömung das war, hatte Hildesheimer schon in seinem Text von 1945 geschrieben: »Our cottage by the socalled pier was damp and bare. We soon filled it with what we and the Surrealist Manifesto called ›Found Objects‹. They were mostly strangely shaped shells and parts of old ships which we collected in caves by the seashore.« Die Transposition vom Speziellen zum Allgemeinen, die in *Cornwall Interlude* noch nicht vollzogen war und die das Ich in *Zeiten in Cornwall* vollzieht, bestimmt, wie sich gerade an dieser Passage deutlich zeigt, auch die Darstellung der Details. In *Zeiten in Cornwall* heißt es (S. 62 f.):

Es war die Zeit der Apotheose des Surrealismus, heute historisch und dubioses Objekt der Erinnerung, damals ein Lebensgefühl, eine Einstellung der Sicht, ein eigentümlicher Zwang, die Gegenstände aller Umgebungen in einer scharfumrissenen Bedrohlichkeit zu erfahren. Die Grenzen zwischen Realität und Imagination waren nach beiden Seiten dehnbar; so liefen wir, Schatten werfend, durch unsere Landschaften, nicht im Traum, sondern wach und alert, auf der Suche nach ›found objects‹, also den Dingen selbst, die auf den Bildern erst aus zweiter Hand erscheinen, aber wir hatten sie selbst in der Hand, wir sammelten sie, meist seltsame und suggestive Formen von Strandgut.

Ein autobiographisches Detail, die seltsam geformten Muscheln – das geschliffene Stück Holz aus dem Rumpf eines alten Bootes erscheint ja bereits in den *Vergeblichen Aufzeichnungen* –, wird nicht mehr ausdrücklich genannt, zeigt sich aber, eine Kamm-Muschel mit Bindfaden an einen Fensterrahmen gehängt, auf einer der Illustrationen (S. 65), und im Fenster trocknet der Ast eines angeschwemmten Blasentangs. Diese Illustration versucht im anderen Medium dasselbe wie der Reflekteur: zu vergegenwärtigen, was der junge bildende Künstler damals getan hat, nämlich Strandgut ins Bild zu setzen. Ein anderes Detail, das der Text von 1945 erwähnt, die ins Schweigen ausgestoßenen Schreie der »seagulls«, erscheint in der Zeichnung der Möwen von Sennen Cove wieder, die am Strand stehen und alle nach Westen sehen, als würde Godot gerade aus dieser Richtung erscheinen (S. 37): dort liegt aber, vom Schreibtisch des Autors aus gesehen, Cornwall.

Vergangenheit, Gegenwart und Zukunft sind vereint, die Selbstaussagen kollektiviert oder auf einzelne Spieler verteilt, wie besonders die Darstellung Anthonys (S. 51-61) zeigt, ein hervorragendes Selbstporträt Hildesheimers. Alle Figuren werden bis in die Gegenwart verfolgt, die Figur des Reflekteurs ebenfalls: er fährt natürlich nicht nur nachdenklich durch das Labyrinth der Straßen Cornwalls, sondern reflektiert bei allen Erinnerungen seine Gegenwart mit. Realität und Fiktion sind nicht mehr zu trennen. Da taucht plötzlich, ohne Einführung, Maxine auf (S. 54f.) und erzählt eine Geschichte von Anthony, Maxine aus *Masante*, als sei *Masante* bereits erschienen und nicht nur einzelne kleinere Stücke daraus, die Maxine gewiß noch nicht zum festen Begriff des literarischen Personals gemacht haben konnten. Aage Thaarup, der Hutmacher Queen Marys, von dem in *Masante* erzählt wird, erscheint ebenfalls, als habe er einige Zeit mit Hildesheimer in Cornwall verbracht und, statt wie Hamlet den Menschen Köpfe, den Köpfen Hüte aufprobiert.

Nicht von ungefähr werden Surrealismus und Strandgut in eine Sequenz gesetzt, nicht zufällig werden Musik, Malerei und Bücher genannt, nicht ohne offensichtlichen Zusammenhang erscheinen in *Zeiten in Cornwall* erstmals Rasterpapiercollagen, nicht als Illustration, sondern in der Erinnerung, ein ernstes Spiel, das zu nichts führt. Taffy, einer der Diebe, möchte so etwas auch machen können: »da steht er und grinst, und jetzt erst weiß ich, was er meint: nenne mir einen, dem mit dieserlei Spiel gedient wäre, selbst wenn es gelingen würde, was noch keineswegs sicher ist! Ob du es ein wenig besser oder ein wenig schlechter machst – sinnlos bleibt es auf jeden Fall! – Er hatte recht, schon damals; in gewisser Weise war Taffy ein Pionier« (S. 44).

Der Reflekteur zählt Orte auf, die für Hildesheimer biographisch verbürgt sind, erzählt Details gemeinsamen Handelns und, vor allem, Redens, die von den Beteiligten, sofern sie sich überhaupt noch erinnern, bestätigt werden könnten, doch immer wieder klafft Distanz, nicht nur zeitliche, auch gedankliche, eine andere Sicht der Dinge hat sich darüber und davor geschoben: »Ich habe die Bilder bald darauf vernichtet. Heute würde ich sie mir gern noch einmal ansehen, vielleicht würde ich den Schlüssel zu einem fundamentalen Irrtum entdecken, in den ich mich seitdem lange eingelebt habe« (S. 33).

Die Unmöglichkeit vollkommenen Erinnerns wird zum Thema: »ich taste mich zurück. Das Erinnerungsvermögen kommt in Gang, die Anhaltspunkte sind präsent, die Fäden lassen sich aufnehmen, aber es fehlt eine Stimme in der Synchronie: wie drückten unsere Beziehungen zueinander sich aus, wie war der Wortlaut, das Protokoll? Wie haben wir damals zueinander gesprochen? Ich gäbe viel darum, einen Ton zu hören, einen Tonfall der Mahnung oder des Lobs, der Zuneigung oder der Spannung. Ich höre nur, was verschwiegen wurde« (S. 61).

Es ist Hildesheimer unmöglich, bis ins letzte seine eigene Vergangenheit darzustellen, er behauptet auch nicht, es zu können, im Gegenteil, er ist so ehrlich, den Mangel an Möglichkeiten entweder deutlich zu benennen oder durch die Art der Darstellung zu kennzeichnen, das fiktive Element jeden Erinnerns etwa durch Einführung oder Stehenlassen einer Figur wie Maxine anzudeuten. *Zeiten in Cornwall* ist nicht zuletzt, wenn der Begriff gestattet ist, eine fiktive Autobiographie.

Gegen Ende der *Zeiten in Cornwall* wird, wie gesagt, eine

Fuchsjagd geschildert (S. 80-90), Sprachmusik wird hörbar, die Bett-Fuge bringt sich in Erinnerung. Wieder einmal begeht eine Gesellschaft ein festliches Ereignis, das diesmal allerdings nicht mit dem Untergang der Gesellschaft endet, sondern mit dem Tod des Tieres: »Die Melancholie Cornwalls ist um einen Grad vertieft durch das Fehlen eines Fuchses« (S. 90). Und Maxine erzählt von Anthony, der den Auftrag bekommen hat, Lafontaines Fabeln zu illustrieren, und sich weigert, da man, wie er gesagt habe, keinen Fuchs mehr malen könne, das sei eine Beleidigung der Tiere. Anthony habe gesagt, »er wolle das Gleichnis umkehren und Menschen für Tiere setzen, um zu zeigen, was wirklich ist, ich fand das eine gute Idee, obgleich es mir kaum sinnvoll schien, einen Menschen darzustellen, dem ein anderer Mensch einen Menschenknochen aus dem Hals zieht, wie auch immer« (S. 54).

Die Fuchsjagd ist ein verstecktes Bild der Vergeblichkeit einer Suche nach der eigenen Biographie: man jagt und sucht, aber zuletzt fehlt man sich völlig, der »amor vacui« (S. 57) endet in Melancholie, wie die Beschreibung der verlassenen Maschinenhäuser der Zinnminen zeigt: »hier herrscht Schweigen, es raunt geradezu, eines romantischen Ortes würdig, die Zeit hat sich beim Wort genommen und hat alles gleichgemacht, Kirchen, Burgen und Paläste zeigen als Trümmer das gleiche Gesicht, und Maschinenhäuser gehören anscheinend auch dazu; Merkmale von Jahrhunderten schrumpfen zu einer einzigen Zeit, Vergangenheit« (S. 73).

Die Suche nach dem eigenen Ich wird zu einer Suche nach der Menschheit schlechthin: »Ich arbeite mich zu einem Fenster empor, um hinauszusehen, – und plötzlich ist die Sicht draußen verändert: gesehen durch ein Fenster – Fenster, die unentbehrlichen Requisiten der Melancholie – rücken sich die Dinge in ihrer Gegenwart zurecht« (S. 74).

Vergangenheit, Gegenwart und Zukunft finden sich in diesem fenstergerahmten Bild wieder, eine großartige Sicht zwar, doch eben ein Bild und nicht die Dinge selbst, und folglich Fiktion, ein Bild des Bildes *Zeiten in Cornwall*, ein Schachtelsystem wie in *Schläferung*, oder, wie Hildesheimer zehn Jahre später seine Figur Andrew Marbot an den Lehrer und Freund schreiben läßt: »Bilder erscheinen mir wie gerahmte Rätsel« (S. 119f.).

Kurz vor Ende des Buches entdeckt der Reflekteur »eines dieser zahlreichen neolithischen Ungeheuer Cornwalls«, ein Hünengrab, aus dem die Jahrhunderte »ein surrealistisches Objekt« gemacht haben: die Zeugen der Vergangenheit sind »eher abstoßend, vielleicht ist dieser Einblick in unsere Abstammung peinlich, es gibt ja auch Leute, die keine Affen sehen mögen« (S. 106). Zuletzt wird mit der Ablehnung der mythischen Vergangenheit der Mythos als Geschichtsschreibung überhaupt abgelehnt, wie das Marbot später Goethe gegenüber tut.

Auch damit begründet der Reflekteur, weshalb er keinen »Striptease« geliefert hat. Vor dem Krieg hatten die neun jungen Leute, diese »wir«, die auch Hildesheimer selbst meinen, ebenfalls ein Hünengrab gesehen: »Ein Stück heruntergekommener Mythos, ein Kinderschreck. Ein paar von uns, nicht alle, stiegen aus den beiden Wagen und standen ein paar Sekunden schweigend in stummer Abschätzung darum herum, schon damals fiel mir nichts dazu ein, und den anderen auch nicht. Dann sagte Taffy: ›I think we've seen it‹, und das ist nicht der einzige Kommentar über die späte Steinzeit, dessen ich mich entsinne, aber der beste« (S. 109).

Eine Autobiographie kann, so der Schluß des Reflekteurs, niemals Realität und Wirklichkeit so darstellen, wie sie damals waren. Vergangenes bietet sich als Ruine, wie das Hünengrab, geeignet, Mythen zu bilden. Doch gerade Mythen und Legenden sind fehl am Platze, wenn es um eine möglichst wahrhaftige Darstellung des eigenen Erlebens und der Zeit dieses Erlebens geht. *Zeiten in Cornwall* ist die autobiographische Notiz eines Reflekteurs, der von vornherein weiß, daß solches Unternehmen zu unzulänglichen Resultaten führen muß und zum Scheitern verurteilt ist: ein Spiel, das zu nichts führt. Im Gespräch mit Dierk Rodewald hat Hildesheimer gesagt: »das Scheitern im Malen sollte eben auch stellvertretend für das Scheitern meiner künstlerischen Aktivität überhaupt sein. Das heißt: es ist eigentlich ein vollzogenes Scheitern, diese ganze Aufzeichnung von Cornwall« (S. 142).

Scheitern und zweckfreies Spiel gehören zusammen, wie er seit den *Lieblosen Legenden* immer wieder betont hat. Noch 1983, in seiner Textgraphik *Das Unzulängliche*, spielt er die Schlußworte von Goethes *Faust II* gegeneinander aus:[75]

> Das Unzulängliche,
> Hier ist's getan
> Das ewig Scheiternde
> zieht uns hinan.

Nicht um die Vergangenheit handelt es sich letzten Endes, sondern um die Zukunft, die im Bild des Hünengrabes auch umfaßt wird: »Ich steige nicht aus, das Grab soll mich vergebens gemahnt haben. Ich bin ein Gräberfreund, aber ich habe meine Gräber nicht gern vorzeitlich anonym« (S. 109). Die Zukunft aller, einschließlich des Reflekteurs, ist der Tod, auf den *Zeiten in Cornwall*, wie alle Bücher Hildesheimers, letztlich hinzielt: in ihm sind Vergangenheit, Gegenwart und Zukunft vereint.

Zeiten in Cornwall ist ein Porträt des Künstlers als junger und alter Mann, hier wird, anders als in Prousts *À la recherche du temps perdu*, Zeit nicht mit raffinierten Mitteln gesucht, um sie wiederherzustellen, um einen Lebensersatz zu finden, ganz im Gegenteil: alles ist »zweite Wahl. Das Wesen der Eintragungen erster Wahl ist, daß sie nicht gemacht werden« (S. 100). Erste Wahl ist das Leben selbst, das nicht in Büchern gelebt wird: »Das Erlebnis selbst entzieht sich der Eintragung, es wehrt sich dagegen, zu Geschriebenem zusammenzuschrumpfen. Alles Mitteilbare ist zweitrangig, und erst auf der Ebene des Zweitrangigen entscheidet sich, ob es dennoch mitteilenswert bleibt oder nicht« (S. 101).

Erinnerungen können nie das Ziel haben, das Leben wieder aufleben zu lassen, die Erinnerungen Hildesheimers an Cornwall haben das Ziel, das vergangene Leben abzulegen, um für das Leben erster Wahl unbelastet und bereit zu sein: »Diese Sache, Cornwall, ist nun erledigt, abgeschlossen, und die Erinnerung als aktiver Wunsch wird mit dieser Aufzeichnung ad acta gelegt« (S. 99). *Zeiten in Cornwall* ist, nicht zuletzt, eine Flucht vor den eigenen unerledigten Erinnerungen.

Der letzte kurze Abschnitt lautet: »Jetzt kommt mir links der Straße ein ovales Schild entgegen, auf dem steht: Devon. Ich habe Cornwall verlassen, zum letzten Mal, ohne Wehmut oder Bedauern, eher mit einem Gefühl der Erleichterung: die Reise, die ich seit vielen Jahren machen wollte, habe ich gemacht, die unerledigte Sache ist erledigt, die Erinnerung – oder vielmehr, was die Zeit davon an Greifbarem für mich übriggelassen hat – das hat sich alles willig hergegeben; der ungreifbare Rest besteht aus jenem Stoff, der nicht zur Sprache kommt« (S. 110).

Das klingt nach Wittgensteins Schlußsequenz aus dem *Tractatus logico-philosophicus*: »Wovon man nicht sprechen kann, darüber muß man schweigen« (7), doch Hildesheimers Anstrengungen zielen gerade darauf, das zur Sprache zu bringen, wovon man nicht so einfach sprechen kann wie von biographischen Details. Strenggenommen sind alle seine Werke seit *Schläferung* und den *Vergeblichen Aufzeichnungen*, die ja während der Wittgenstein-Renaissance (um 1960) geschrieben worden sind, Auseinandersetzungen mit dem Nichtsagbaren und verzweifelte Versuche, es dennoch zu sagen, und wenn Wittgenstein gerade in *Mozart* (S. 43) genannt wird, so deshalb, weil Hildesheimer in diesem Buch seinen Begriff des Rätsels, wie er seit den *Vergeblichen Aufzeichnungen* erscheint, mit größter Konsequenz gegen Wittgensteins »Das Rätsel gibt es nicht« (6.5) setzt. Der Schluß der *Zeiten in Cornwall* meint Hamlets letzte Worte vor seinem Tod: »the rest is silence« (V,2).

8 The End of Fiction

Zeiten in Cornwall ist das letzte Werk des *Tynset-Masante*-Komplexes. Die anderen vier hatten sich, wie gesagt, jeweils einer Bewegungsrichtung verschrieben, nach innen und außen *Schläferung* und die *Vergeblichen Aufzeichnungen*, nach oben und unten *Tynset* und *Masante*. Keine Bewegung schien mehr offen, Hamlet und Reflekteur wurden in die Wüste geschickt, doch *Zeiten in Cornwall* wies in eine neue Richtung, nämlich nach hinten, in die eigene Vergangenheit, und damit steht *Zeiten in Cornwall* bereits am Beginn der nächsten Periode in Hildesheimers Schaffen: der biographischen, mit den Hauptwerken *Mozart* und *Marbot*.

Wenn es eine Bewegung nach hinten gibt, so könnte man folgern, müßte es zuletzt eine Bewegung nach vorn geben: vorn steht aber die Zukunft, die immer hoffnungsloser geworden war, vorn steht der Tod und davor das Sterben. Tatsächlich wendet sich Hildesheimers einziger fiktiver Text, der nach *Mozart* und *Marbot* entstanden ist, nach vorn, wenn auch unter der Tarnkappe der Satire, ein Umstand, der gleichzeitig zurückweist, nämlich auf die *Lieblosen Legenden*: die *Mitteilungen an Max*, Schlußpunkt einer Periode wie die *Vergeblichen Aufzeichnungen* und die *Zeiten in Cornwall*, illustriert wie sie und, wie sie, gleichzeitig Anfang.

Die Rückwärtsbewegung benennt der Reflekteur der *Zeiten in Cornwall* in typischer Formulierung: »falls man in die Vergangenheit hoffen kann«, und fragt: »fehlt hier der deutschen Sprache ein

Wort?« (S. 91) So fragen auch die Biographen Mozarts (S. 33) und
Marbots (S. 197 f.), und Marbot selbst schreibt: »Longing is retroverted curiosity« (S. 105). Ungefähr 1974, also nach dem verspäte-
ten Erscheinen *Masantes* und dem endgültigen Abschluß dieser
Periode, ist das Gedicht *Sprachfehler* entstanden, das wieder Vergangenheit, Gegenwart und Zukunft verbindet, eine Dreieinigkeit
herstellt:

> »Ich hoffe, so war es nicht.«
> Ich hoffe in die Vergangenheit?

Nach einem Absatz wechselt Hildesheimer nicht etwa die Thematik, sondern demonstriert an einem Beispiel, wie präzis das Zeit-
kontinuum in all seinen Erscheinungen darzustellen sei und wie
unmöglich diese Forderung erfüllt werden kann:

> Licht ist ungenau.
> Aber ein anderes
> Gegenteil von Schatten
> haben wir nicht.

Wie beim Buchstaben Y im Wort Tynset tritt auch hier das Unsagbare hervor, das Rätsel. In *Tynset* verbergen sich Schrecken und
Entsetzliches im Rätsel, in diesem Gedicht wird das Rätsel nüchtern, wenn auch ob der Ungenauigkeit etwas bedauernd, konstatiert: es bleibt ein Rest des Unsagbaren. Das peinvolle Bemühen
des Reflekteurs der Werke des *Tynset-Masante*-Komplexes, das
Unsagbare zu sagen, hat einem beinahe selbstverständlichen Akzeptieren Platz gemacht, einer Haltung, die gegen Ende der biographischen Periode zu einer gloriosen Erhebung des Unsagbaren
und des Rätsels führt: das Prädikat rätselhaft wird in seiner gestei-
gerten Variante zum Adelsprädikat: unerklärbar bleibt zuletzt nur
das Genie.

Vielleicht hatte sich dieser Wandel der Bewertung des Rätselhaften, Hildesheimer wohl noch nicht bewußt, schon kurz nach der
Fertigstellung *Tynsets* bemerkbar gemacht. Denn wenn er gerade
1966 in seiner *Vita* wiederholt, er habe schon mehrmals mit dem
Schreiben aufhören wollen, kann sich das nur auf die Zeit nach den
Vergeblichen Aufzeichnungen beziehen, die das Ende des Schreibens thematisieren, und auf die Zeit nach *Tynset*. Tatsächlich
wollte er auch nach *Tynset* mit dem Schreiben aufhören, prokla-
mierte diesen Wunsch jedoch nicht öffentlich, wie nach *Masante*,
sondern teilte ihn brieflich mit. Das wurde erst sehr viel später

bekannt, nämlich 1980: in der Festschrift zu Klaus Wagenbachs fünfzigstem Geburtstag zitiert er aus dem gemeinsamen Briefwechsel um seinen Beitrag *Die Margarinefabrik* zu Wagenbachs *Atlas* im Jahr 1965, einen Beitrag, den beide nicht überwältigend fanden, was Hildesheimer damals so begründete: »Ich selbst habe das Gefühl, daß ich nichts mehr schreiben kann. Ich würde gern etwas anderes tun, aber was?«[76]

Nach Erscheinen *Masantes*, dessen schwierige Fertigstellung sein Gefühl wohl bestärkt haben muß, trat er mit seiner Absage an die Öffentlichkeit und erklärte in zahlreichen Interviews, daß er keine Bücher mehr schreiben werde, jedenfalls keine solchen wie bisher:[77]

Es ist das erste Mal in meinem Leben ein Stadium eingetreten, an dem ich keine wirklichen Pläne habe, wo ich also nochmal anfange, wo ich auch meinen Zettelkasten vernichtet habe, um nicht nochmals einen Ansatzpunkt für ein weiteres Werk der Fiktion zu haben. Ich weiß absolut noch nichts.

Er schloß also zunächst nicht aus, weiter zu schreiben, Fiktionen aber gewiß. An Weihnachten 1974 hat er dann Hans Bender brieflich mitgeteilt: »Ich bin dabei, mit der ganzen Literatur zu brechen – nicht etwa aus ideologischen Gründen. Sie interessiert mich nicht mehr« (*Briefe an Hans Bender*, S. 164). Doch man weiß: er hat weitergeschrieben, und *Marbot* wurde von manchen Rezensenten zur »Superfiktion« erklärt; Hildesheimer selbst spricht, aus naheliegenden Gründen, lieber von einer »Hyperfiktion«. Die Absage an die Literatur war wieder einmal, kompositorisch gesprochen, ein Trugschluß.

Im Jahr bevor, von einigen Reden vorbereitet, *Mozart* erschienen ist, hat er im Gespräch mit Manfred Durzak rückblickend seine Situation am Wendepunkt zur biographischen Periode erläutert: »Am Ende von ›Tynset‹ hatte ich diesen Ich-Erzähler noch. Am Ende von ›Masante‹ ist er wahrscheinlich in der Wüste verloren gegangen. Jetzt habe ich niemand mehr. Ich kann nicht einen Roman spinnen mit fiktiven Figuren« (S. 286).

Nun klingt seine Absage an die Literatur wie eine Absage an den Roman, denn im Jahr vor dem Gespräch mit Durzak, also 1975, hatte er sich theoretisch mit seiner veränderten Situation auseinandergesetzt, und zwar in dem Vortrag *The End of Fiction*, den er an vier irischen Universitäten gehalten hat und den er ein halbes Jahr später unter dem englischen Originaltitel in eigener Übertragung im ›Merkur‹ hat drucken lassen.[78]

Im wesentlichen hatte er schon mit diesem Vortrag gesagt, was er neun Jahre später im Gespräch mit Tilman Jens – »*Der Mensch wird die Erde verlassen*« – gesagt hat, allerdings hat er damals noch nicht die Konsequenz aus seinen Worten mit jener Radikalität gezogen, die neun Jahre später zu heftigen Reaktionen seiner Freunde und Kollegen geführt hat. Noch hatte er nicht das Ende der Literatur proklamiert, noch hat er weitergeschrieben.

Der Schriftsteller – so in *The End of Fiction* und im Interview mit Tilman Jens – habe von der Realität keine Ahnung mehr, das Bewußtsein hinke der Wissenschaft hinterher, angesichts der wahrscheinlichen Zukunft sei es sinnlos, weiterhin so zu tun, als könne man ein fiktives Bild der Welt oder auch nur von Teilen der Welt entwerfen. Diese Zukunft hat bereits begonnen, wie *The End of Fiction* erläutert (S. 119 f.):

I contend that our future is unknown to us (...) In face of the unpredictable and – what is worse – the uncontrollable there is prevailing today a feeling of helpless expectation, aroused by every new scientific discovery and technical progress (...) This state of affairs has widened our consciousness by a terrible dimension, a ubiquitous and, indeed, monstrous element of fear. It is only natural that this should nurse our longing for a past of comparative security, this security still being the premises the writer of fiction moves in.

Schon in diesem Vortrag konstatiert Hildesheimer mit größter Schärfe, »die Verarbeitung unserer Zeit in Fiktionen« sei »verzögerte Aktion«: »unser Bewußtsein hinkt der objektiven Wirklichkeit hinterher. Sie verändert sich täglich und erlaubt daher dem Schriftsteller nicht die Verarbeitung durch sein Unbewußtes, das den Weg zur bewußten Gestaltung erst bereiten muß« (S. 243). Das ist nicht die Absage an das, was er bereits 1955 in seiner Rede *Die Kunst dient der Erfindung der Wahrheit* gesagt hatte, im Gegenteil, aber wenn er jetzt noch einmal betont: »Kunst ist Kreativität, nicht Wiedergabe« (S. 243), formuliert er gleichzeitig das Ende der Literatur: »the function of literature is not to turn truth into fiction but to turn fiction into truth: to condense truth out of fiction« (S. 111).

Noch 1967 konnte er sich – in der ersten *Frankfurter Vorlesung* – mit Günter Eichs Rede *Der Schriftsteller vor der Realität* identifizieren, in der es heißt: »Erst durch das Schreiben erlangen für mich die Dinge Wirklichkeit. Sie ist nicht meine Voraussetzung, sondern mein Ziel. Ich muß sie erst herstellen« (S. 19). Das weist auf den von Hildesheimer bis zum Ende des *Tynset-Masante*-Komplexes häufig auf seine Arbeit angewandten Begriff der »Transposition«, das meint, eine Sache nicht abzubilden, sondern lange im Unbewußten getragen zu haben, bis sie, oft völlig verwandelt und kaum mehr als konkreter Anlaß kenntlich, aus dem inneren »Mikrokosmos« des Künstlers in irgendeiner Form wieder auftaucht, sei es auch nur in der Nuancierung einer Formulierung ganz anderer Sachverhalte, wie bei der Beschreibung des Fotos vom Minister und Kardinal in *Tynset*. Aber auf einem der *Letzten Zettel* zitiert er noch einmal Günter Eich: »›Schriftsteller sein, heißt die Welt als Sprache zu sehen.‹ Das würde er heute nicht mehr sagen. Heute würde es ihm die Sprache verschlagen, daher wäre er kein Schriftsteller mehr. Die Welt hat sich von der Sprache weltweit entfernt, und was ihre Beherrscher sagen, hat mit Sprache nichts zu tun« (S. 16).[79]

»Transposition« ist nicht mehr möglich: die Zeit, die beim Gang durch das Unbewußte bis zur nur zum Teil bewußten künstlerischen Verarbeitung vergeht, ist zu lang geworden in einer Zeit, in der sich jene Umwälzungen, die früher Jahrhunderte oder Jahrzehnte gebraucht haben, in wenigen Jahren vollziehen. Doch nicht nur die Zeit ist maßgebend, sondern auch der Raum, die Welt und deren Zersplitterung in hochspezialisierte Kleinbereiche, jeder jeweils nur von einem Fachmann überblickbar, der, seit Albert Einsteins Großtat, den Überblick über das Ganze ebenso verloren hat wie der Schriftsteller: beide sind gleich entfernt vom Ideal des Universalgelehrten der Renaissance, die Hildesheimer schätzt und mit der er sich immer wieder auseinandersetzt; außerdem, das sei nicht vergessen, hatte er sich gerade zwischen *Tynset* und *Masante*, nämlich 1968, einen zweiten Wohnsitz in der Nähe Urbinos gewählt, der Stadt Raffaels und der Fürsten von Montefeltro.

In *The End of Fiction* ist es, natürlich nicht zufällig, ein Naturwissenschaftler – in der deutschen Version ein Genetiker und in der englischen ein Scientist –, der im fiktiven Dialog mit einem Romancier die Schlußworte spricht. Ihm gehören die schlagkräftigeren, wenn auch nicht die erfreulicheren Argumente. Erstaunlicherweise aber ist er es, der an den Romancier appelliert: »Remember that reality includes the possible, the probable, the potential« (S. 121). Das Ende des Dialogs und damit das Ende der

Rede lautet: »Enjoy yourself and entertain your public, as long as there is time« (S. 122) – »Mach weiter mit Deinen Romanen. Viel Vergnügen damit, und auch den Lesern, solange noch Zeit bleibt« (S. 250).

Natürlich ist es eine Rede und kein fiktiver Text mehr, wie zu Zeiten der *Vergeblichen Aufzeichnungen*, eine Rede, die, wenn auch mit fiktiven Elementen verknüpft, das Ende der zweiten fiktiven Periode im schriftstellerischen Werk Hildesheimers proklamiert, aber eben noch nicht das Ende seines Schreibens überhaupt. Schon damals berief er sich auf Grass' Schlagwort, das er in diesem Zusammenhang immer wieder zitiert: »Schriftsteller ist man nur von Mal zu Mal.«[80] In *The End of Fiction* heißt das: »Schriftstellersein« sei keine »Entscheidung fürs Leben« (S. 241) – »Whereas in reality it is no decision but a destiny which may change after every new book« (S. 114).

Nach *Masante* hat sich dieses Schicksal gewandelt: Hildesheimer wandte sich einer anderen literarischen Gattung zu und tauchte bewußt in jene Vergangenheit, die er in *The End of Fiction* den Romanciers vorgeworfen hatte. Nur schrieb er, in konsequenter Fortsetzung und Umsetzung seiner Proklamation, keinen Roman, sondern eine Biographie; eine Biographie, der er mit allergrößter Schärfe alle Elemente des Fiktiven, die auch dieser literarischen Gattung innewohnen, entziehen wollte, was letztlich zu einer Begriffsverwirrung der Rezensenten geführt hat: *Mozart* ist sowenig Biographie, wie *Zeiten in Cornwall* Autobiographie und *Marbot* Roman ist. *Mozart* ist auch keine Anti-Biographie, eher vielleicht ein biographischer Essay immensen Ausmaßes, wie Hildesheimer schon im Gespräch mit Manfred Durzak angedeutet hat: »Daß ich ans Ende meiner Thematik, wohlgemerkt, meiner Thematik als Erzähler – nicht als Essayist oder als Schöpfer irgendwelcher offenen Formen – gelangt bin, als Erzähler ans Ende gelangt bin, daran ist kein Zweifel. Nach ›Masante‹ ist kein erzählendes Werk bei mir mehr möglich« (S. 276).

In den *Mitteilungen an Max* deutete sich der letzte und radikale Wandel an; aus der Angst vor einer ungewissen Zukunft war die Gewißheit über zukünftiges Entsetzen geworden: »Wenn ich höre ›offene Formen‹, was hier in meinem Gebirgsdorf sehr selten vorkommt, muß ich immer an die bunten gerippten Blechformen denken, mit denen die Kinder an den Stränden Sandkuchen backen oder vielmehr *büken*, wenn es noch Strände gäbe« (S. 26). Am

Ende der biographischen Periode sind die Strände der *Vergeblichen Aufzeichnungen* und der *Zeiten in Cornwall* untergegangen.

Zur Zeit von *The End of Fiction* gab es sie noch, der Untergang drohte allerdings und forderte Konsequenzen, doch Hildesheimer wandte sich ab, um in die Vergangenheit zu flüchten. Im Jahr vor Erscheinen *Mozarts* hat er *Sich erinnern* geschrieben, einen kleinen Text, der, wie die *Mitteilungen an Max*, das satirisch behandelt, was zur Zeit seines Entstehens ernstes Anliegen des Autors ist: ein Mann versteigt und verwirrt sich in seinen Erinnerungen vollkommen, bringt Namen und Daten durcheinander und müßte nach dem, an was er sich in seiner Detailflut zu erinnern behauptet, weit über hundert Jahre alt sein. In den *Mitteilungen an Max* muß man solche Erinnerungsergüsse in der Hölle anhören (S. 45-47).[81]

Wohin die Satire zielt, wird klar: auf die Unart, eine Vergangenheit, die man nicht bewußt erlebt hat oder die sich gar vor der eigenen Geburt abgespielt hat, so darzustellen, als könne man Authentisches darüber berichten und, aller Vorbehalte bar, den eigenen Wertmaßstab anlegen. Wer so von Vergangenem spricht, wie dieser Mann in *Sich erinnern* und wie Hildesheimer eben gerade nicht in *Zeiten in Cornwall*, der schafft Fiktion mit dem unredlichen Anspruch auf ein ›so und nicht anders‹. Hildesheimers Anliegen ist aber, durch die Betonung der Fiktionalität der eigenen Erinnerungen und Vorstellungen, ein ›so könnte es gewesen sein‹ zu erreichen, das zwischen allen Möglichkeiten aus allen Wahrscheinlichkeiten vielleicht ein Stück Wahrheit sichtbar werden läßt. Das ist die Ausgangsposition *Mozarts*.

9 Mozart

Am 25. Dezember 1954 hat Hildesheimer an seine Eltern geschrieben: »Ich bin jetzt fest entschlossen (...) mit dem Mozartbuch anzufangen und werde es nach Neujahr meinem Verleger schonend beibringen. Ich glaube, es ist das Beste für mich (...) mich einmal wirklich in eine Figur einzuleben, die tatsächlich existiert hat. Ich glaube, es könnte eine große Sache werden.« Ein Vierteljahr später, nach einer »extensiven Österreichreise«, heißt es:

»Das wichtigste Resultat der Reise ist wohl, dass ich nun endgültig beschlossen habe, das Mozartbuch zu schreiben. Und zwar muß es im Herbst fertig sein, sodass es im Frühling (Mozarts zweihundertster Geburtstag) erscheinen kann« (23. März 1955).

Er hatte sich gründlich getäuscht und ist heute amüsiert über seine Unbekümmertheit von damals. Natürlich schrieb er im Jahr 1955 kein ganzes Buch, sondern hielt im Jahr darauf die Rede *Dionysos – nicht Apollon* im Süddeutschen Rundfunk, die kurz darauf unter dem Titel *Aufzeichnungen über Mozart* im ›Merkur‹ gedruckt wurde. Eine erweiterte Fassung mit dem Titel *Betrachtungen über Mozart* erschien 1963, nun schon ein kleines Büchlein. Aber eine nochmals erweiterte Fassung mit dem Titel *Wer war Mozart?* von 1966 stand wieder in einem, noch immer schmalen, Sammelband.

Das große Buch *Mozart*, 1977 erschienen und das umfangreichste Werk Hildesheimers überhaupt, beginnt denn auch mit der Vorgeschichte: »Dieses Buch ist die vierte, somit also dreimal und diesmal um ein mehrfaches erweiterte Fassung eines Vortrages aus dem Mozartjahr 1956. Aus den vorbereitenden Überlegungen für eine Auftragsarbeit entstand, zunehmend und sich schließlich potenzierend, eine Art innerer Drang, dessen Fluchtcharakter als Motivation nicht geleugnet werden soll, dessen wahre Wurzeln jedoch in einer niemals nachlassenden aktiven Verehrung Mozarts liegen, in der ich bekanntlich nicht der einzige bin. Bekanntlich bin ich auch nicht der einzige im Wunsch nach Dokumentation dieser Verehrung. Zwar ist Mozarts Größe nicht meßbar, doch ist ihre Wirkung feststellbar; ihr Niederschlag als Interpretation, quantitativ überwältigend, bietet ein augenfälliges Beispiel des ewig Scheiternden: des Versuches, die überragende Gewalt des Werkes eines Menschen zu vermitteln, ihrer Eigenart und Einzigartigkeit deutend beizukommen, ihr Geheimnis zu ergründen.« Nach diesem Absatz fährt Hildesheimer fort: »Dieses Scheitern ist denn auch das gemeinsame Element zwischen meinem und allen anderen Versuchen, Mozart als Gestalt erstehen zu lassen; nur eben: Ich habe es in meine Arbeit einkalkuliert« (S. 7).

Die Zuversicht zu Beginn der fünfziger Jahre und am Anfang der überraschend steilen Karriere als Schriftsteller ist, nach *Tynset* und *Masante*, der Einsicht in das Scheitern und in die Unmöglichkeit gewichen, sich in eine Person wie Mozart »einzuleben«. Außerdem zeigt sich – »Fluchtcharakter« – Hildesheimers bewußte Abkehr von der Gegenwart; 1986 hat er zu Frank A. Meyer gesagt: »Das war der Beginn des Aussteigens.«

›Hildesheimer und Mozart‹, das ist keine Konstellation des Zufalls. Schon seit frühester Jugend hatte er sich mit Mozart beschäftigt; in seiner Rede *Die Subjektivität des Biographen* von 1982, die im Typoskript den Untertitel *Zur Entstehung meiner Mozart-Biographie* trägt, den mißverständlichen Begriff »Biographie« aber nicht in die Druckfassung übernahm, schreibt er: »Mit Mozart habe ich mich mehr oder minder aktiv beschäftigt, seit ich als Schüler zuerst seine Klaviersonaten, dann seine Violinsonaten zu spielen versucht habe. Aber ich erinnere mich nicht an die Art der Beschäftigung. Erinnerungen daran werden mir hin und wieder von außen zugetragen. So schrieb mir ein englischer Freund vor ein paar Jahren, kurz vor seinem Tod: ›Weißt Du noch, wie wir uns kennenlernten? Du sprachst intensiv über die *Zauberflöte*, und ich fragte mich, wie ernst Du es damals meintest.‹ Ich erinnere mich natürlich nicht mehr an dieses Gespräch und weiß daher nicht, wie ernst ich es meinte; es muß etwa vor fünfundvierzig Jahren stattgefunden haben« (S. 48). Also kurz vor dem Krieg, während der Zeit mit Anthony, ein autobiographisches Detail: Mozart hätte in *Zeiten in Cornwall* auftreten können, ebensogut wie er in *Tynset* und *Masante* auftritt.

Mozart reicht sehr weit zurück: unter den wenigen erhaltenen Kinderzeichnungen befinden sich zwei Blätter von 1928, einige sehr sicher getuschte Figurinen zur *Zauberflöte*, vermutlich Personal zu einem der Bühnenbilder – außer der *Zauberflöte* auch *Don Giovanni* –, von denen er im Gespräch mit Paul Fiebig erzählt, die er, statt Bagger, aus Märklin-Baukästen gebaut und fotografiert habe. Noch weiter zurück: eine ausgerissene Seite aus einem Schulheft von etwa 1923 bietet Umbesetzungsvorschläge zu *Entführung aus dem Serail* und *Bastian und Bastienne*: Selim Bassa wird zu »D. Bulldogge«, Constanze zu »Dakel m. H.« (mit Halsband), Blondchen zu »Dakel o. H.«, Belmonte zu »S. H. Hase«, Osmin zu »H. Bär«, Pedrillo zu »S. H. Affe« und andere mehr. Mozarts Musik und Briefe wurden offenbar im Elternhaus hochgeschätzt, und Hildesheimers Vater, der Chemiker Arnold Hildesheimer, zitiert im Vorwort zu seinem Buch *Die Welt der ungewohnten Dimensionen*, einer populären Darstellung der Physik und ihrer Einflüsse auf das Geistesleben des 20. Jahrhunderts, zu dem immerhin Werner Heisenberg ein Vorwort geschrieben hat, einen Brief Mozarts über die Verurteilung des Dilettantismus (S. 10).

Die lange Entstehungsgeschichte *Mozarts* spricht, wie schon im Fall der *Zeiten in Cornwall*, gegen eine vorschnelle Etikettierung als Produkt der allgemeinen Biographieschreibung der siebziger Jahre, wie das in wissenschaftlichen Arbeiten zuweilen vorkommt. Hans J. Fröhlich bemerkt in seiner Rezension *Mozarts*, daß dieses Buch zwar »gleichzeitig mit Kühns *Wolkenstein* und Muschgs *Keller* erschienen« sei, was aber »seinen Grund einzig darin« habe, »daß Hildesheimer mit seinem ›Lebensbuch‹, wie er es genannt hat, erst spät fertig geworden ist«, also weder einem »literarischen Trend noch einem Datumszwang« gefolgt sei, »sondern allein seinem schriftstellerischen Verantwortungsgefühl«.[82]

Allerdings: daß er sein jahrzehntelanges Projekt *Mozart* gerade in den siebziger Jahren zum Abschluß gebracht hat, ist vielleicht doch nicht ganz zufällig; die Verleger, die Trends machen, um sie zu gebrauchen, werden die Autoren dazu angehalten haben, auch ältere Projekte fertigzustellen. Immerhin erschienen fast gleichzeitig, außer den genannten Büchern von Adolf Muschg (1977) und Dieter Kühn (1977), die Bücher *Walther von der Vogelweide*, *Klopstock und ich* (1975) von Peter Rühmkorf, *Hölderlin* von Peter Härtling (1976), *Josephine* von Dieter Kühn (1976), *Das Leben des Jean Paul Friedrich Richter* von Günter de Bruyn (Halle 1975, Frankfurt 1976), *Schubert* von Hans J. Fröhlich (1978) und Christa Wolfs Buch über die Günderode *Kein Ort. Nirgends* (1979).[83]

Hildesheimer hat nicht irgendeine Figur ergriffen, sondern die für ihn überragende, und nicht irgendeine Biographie geschrieben, sondern ein Buch, das keine Biographie ist, wie er in seiner Rede *Die Subjektivität des Biographen* sagt: »Jedenfalls habe ich mein Mozartbuch niemals als Biographie empfunden, denn die Absätze bezeichnen *weniger* die Entwicklung des Themas, als die verschiedenen Sichten auf ein nicht erschöpfbares Phänomen« (S. 47).

Die zehn Seiten der Einleitung (S. 7-17) bieten Absatz für Absatz Kernsätze, die Hildesheimers Denken und Arbeiten wie Schlaglichter erhellen und die zugleich auf das Buch vorbereiten: die Einleitung ist das Bindeglied zwischen den vorausgehenden Werken und dem folgenden Werk, wie bereits die ersten Sätze deutlich machen: »Dieses ist nicht zuletzt ein Buch des Widerspruchs, eine Antwort auf Herausforderung, Versuch einer Wiederherstellung, der Reinigung eines im Lauf der Jahrhunderte mehrfach übermalten Frescos« (S. 7) – das ist der »amor vacui« des Reflekteurs des *Tynset-Masante*-Komplexes. Oder: »Der Versuch, in das Wesen eines Genies vom Range Mozarts erkennend einzudringen, ist keine Sache des Gelingens oder Mißlingens. Bestenfalls führt er zu Überzeugungen, die, so fest sie sein mögen, nicht mit Gewißheit zu verwechseln sind. Die Grenzen potentieller Erkenntnis sind omnipräsent« (S. 8) – das ist die Suche nach der Wahrheit. Oder: »Die Beschäftigung wird zum Selbstzweck und natürlich auch zur Selbstbereicherung, bestärkt durch eine Hoffnung, daß sie auch andere bereichere« (S. 8) – das ist das zweckfreie Spiel. Oder: »Je mehr Tatsachen sich erhellen, desto rätselhafter wird das Unbelegte der Begleitumstände und Motivationen: Mozarts Reaktionen auf seine Lebensumstände und Seelenzustände, wie sie sich uns dokumentarisch darbieten, werden durch sein Werk nicht beleuchtet. Sie werden, im Gegenteil, und zwar mitunter· von ihm selbst, unbewußt, aber systematisch, verdunkelt« (S. 8) – das ist das Rätsel, das Unvorstellbare und der Versuch, es dennoch zu ergründen: das Scheitern. Wenn Hildesheimer hinzufügt: »Dies ist eine These meines Versuches und gleichzeitig ein Fazit«, dann erinnert das an die Kreisbewegung, die schon in *Tynset* aufgefallen ist, und an Mary Stuarts Ausspruch, daß in ihrem Ende ihr Anfang sei, nur ist in Hildesheimers Formulierung der Anfang gleichzeitig das Ende.[84]

Nach diesem Präludium in der ersten Person Singular führt er eine Regelung ein, die für das gesamte Mozart-Buch gilt: »Ich hätte das Wort ›vielleicht‹ allzusehr strapazieren müssen – werde es noch oft genug anzuwenden haben – oder durchweg im Konditional schreiben sollen, um meiner Sache bis zu letzter Deutlichkeit gerecht zu werden. Doch das hätte mühsames Schreiben und ermüdende Lektüre ergeben. Daher muß ich dem Leser überlassen, zu ›transponieren‹, das heißt jene Subjektivität zu ermessen und zu bewerten, hinter der die Autorität einer durch Tatsachen gefestigten Überzeugung steht« (S. 8 f.).

Schon die *Rede über das absurde Theater* (1960) hat er mit der Versicherung seiner Subjektivität begonnen, die er seitdem immer wieder in seinen Reden betont: »Zudem – so fürchte ich – werden meine Ausführungen streng subjektiv sein. Aber das halte ich eher für einen Verdienst. Ich hege ein tiefes Mißtrauen gegen all die, welche ihre Objektivität beteuern, wenn es um ihr – wie man es nennt – ›eigenstes Anliegen‹ geht« (›Akzente‹, S. 543).

Ein »streng« subjektives Ich in einem kollektiven »wir« aufzuheben, wie das in *Mozart* und dann in *Marbot* geschieht, scheint problematisch zu sein, kommt aber nicht völlig unvorbereitet, man erinnere sich an den Wir-Erzähler von *Der Brei auf unserem Herd*; und in der Rede *Die Musik und das Musische* von 1967 läßt sich der Übergang vom Ich zum Wir, und zwar zu einem nicht-fiktionalen, genau verfolgen: »Ich bin Laie und spreche von mir und Ihnen, soweit Sie selbst Laien sind. Ich spreche von uns, deren Tätigkeitsfeld der Musik mehr oder weniger entrückt ist und die wir uns der Musik nur dann zuwenden, wenn wir unsere Tätigkeitsfelder verlassen, um uns von ihnen zu erholen« (*Das Ende der Fiktionen*, S. 47).

»Wenn ich«, fährt er in der Einleitung *Mozarts* fort, »von der ersten Person singular auf die erste Person plural übergehe, so betone ich ein Ziel: Wir meinen damit weder den pluralis modestiae noch – wahrhaftig – den majestatis, sondern wir bezeichnen den gemeinsamen Standpunkt des Autors und des sich mit ihm in seinen Thesen, Ansichten und Folgerungen identifizierenden Lesers (...) Pluralis concordiae also. Doch werde ich immer dort zum ›ich‹ zurückkehren, wo ich dem Leser den Nachsprung in die Spekulation nicht sofort zumute« (S. 9).

Dieser Plural der Gemeinsamkeit ist also, und das sollte während der Lektüre des Buches nie vergessen werden, eine ständige, manchmal ironische, Aufforderung an den Leser, sich in die Schlußfolgerungen des Ichs zustimmend zu fügen. Ehe er die Distanz des Gegenübers gewonnen hat, ist er schon involviert; ein Kunstgriff, der auf den ersten Blick verdächtig erscheint, doch eben durch seine Offenlegung zu Beginn des Buches weniger anmaßend klingt als manches unerläuterte »wir« wissenschaftlicher oder pseudowissenschaftlicher Arbeiten. Zudem bedeutet dieser pluralis concordiae einen Ersatz für ständiges Konditional: »wir« betont den spekulativen Charakter und meint gleichzeitig, umgekehrt, das sich mit den Lesern und den früheren Versuchen über Mozart identifizierende Ich.

Es ist gewiß kein Zeugnis der Bescheidenheit, wenn Hildesheimer in der Einleitung denjenigen Lesern, die sich aus dem »wir« ausschließen wollen, entgegenhält: »natürlicherweise hört die Macht der Überzeugungskraft dort auf, wo auf der anderen Seite der eherne Wille zum Unverständnis herrscht« (S. 15). Man könnte meinen, daß Andersdenkende abqualifiziert werden würden oder zumindest werden könnten, ein Verdacht, den kaum entkräftet, daß kurz darauf ein Teil der Ursachen solcher »rezeptiven Versagung« akzeptiert wird, dann nämlich, wenn »ihr Träger« seine Ablehnung auf gründliche Erforschung der Quellen stützen kann: »eine List also«, wie Hildesheimer in *Die Subjektivität des Biographen* sagt, ein »Überredungsversuch, der soviel besagen will wie: Im Grunde bist Du, Leser, mit meiner Aussage einverstanden. Wenn Du es noch nicht spürst, so wirst Du es schließlich, nach Aufnahme meiner Argumentation, *doch* spüren. Aber wie gesagt, es können nicht alle Leser lesen, und so scheiterte denn auch der Versuch, den sogenannten ›eingefleischten‹ Altmozartianer oder Biographieleser zu überzeugen« (*Das Ende der Fiktionen*, S. 131 f.) – als ob nur eingefleischte Altmozartianer und Biographieleser sich gegen diese listige Vereinnahmung wehren könnten. Zu Paul Fiebig hat er dann rückblickend gesagt: »Mit einiger Schläue setze ich voraus, daß der Leser meiner Meinung ist« (S. 91).[85]

Er hat im Interview mit Heinz Kerle aber auch gesagt: wenn das Buch »durchweg in Ich-Form geschrieben wäre, würde ich es einen Monolog über Mozart nennen« (»... *für mich ist es jetzt mit der Fiktion vorbei*«). Dieses »wir« ist, mit all seinen Vorteilen und Distinktionen, dasselbe Ich, das in Hildesheimers fiktiven Monologen agiert, nur versteht es sich dort von selbst, daß Mitvollzug oder Ablehnung des Lesers einem Text im Konditional folgt. Im »wir« steckt das Zugeständnis des vereinsamten Ichs aus dem *Tynset-Masante*-Komplex, nicht völlig allein zu sein. Der Dialogpartner aber, also der Leser, wird, sofern er kein Rezensent ist, der öffentlich reagieren kann, in die Rolle jener Figur gedrängt, die früher das Ich gewesen ist und stumm die stereotypen Telefonauskünfte abgehört hat.

Realität und Fiktion, diese zentralen Begriffe Hildesheimers, sind denn auch Gegenstand der einleitenden Reflexionen: »Nicht etwa, daß Unwahrscheinliches, Unglaubliches plötzlich wahrscheinlich oder schlüssig würde, im Gegenteil: Die Widersprüche zwischen Mozarts Leben und Wirken, seinen – niemals selbst gestellten – Ansprüchen und der Beziehung zu seiner Mitwelt erhärten sich zu unerbittlichen und endgültigen Tatsachen, die durch nichts mehr zu widerlegen sind, und mit deren permanent wiederkehrender Erfahrung wir zu leben haben« (S. 10).

Widersprüche sind es, die bewiesen werden, nicht Zusammenhänge, und die Unmöglichkeit, Erklärungen oder Antworten zu geben: das Rätsel wird zum Ziel einer Argumentation, die den Rückschritt von der vorschnellen Antwort zur offenen Frage als Fortschritt wertet. Hildesheimer hat, nicht nur in diesem Punkt, in Mozarts Leben und Werk die treffendste Verbindung seiner eigenen Anschauung gefunden. Nicht von ungefähr hat ihn Mozart seit Mitte der fünfziger Jahre *ständig* begleitet. Im Interview mit Manfred Durzak erklärte er kurz vor Erscheinen *Mozarts*: »Es ist ja schon immer – schon von den ›Lieblosen Legenden‹, vor allem von den ›Vergeblichen Aufzeichnungen‹ an – mein Prinzip gewesen, die Wirklichkeit so darzustellen, als sei sie absurd, obwohl ja gerade das Absurde das Wirkliche ist« (S. 290).

Mozart ist, wie die Fiktionen Hildesheimers, nach diesem Prinzip arrangiert, dessen Begründung er schon 1960 in seiner *Erlanger Rede über das absurde Theater* vorgetragen und 1967 in seinen *Frankfurter Vorlesungen* erhärtet hat. Was er in der *Erlanger Rede* zum absurden Theater gesagt hatte, gilt, wie er Durzak gegenüber betont hat, nicht allein für die Dramatik: »Unter den rezeptiven Fähigkeiten, die das absurde Stück beim Publikum voraussetzt, ist demnach die Elementarste: daß es – das Publikum – den Schritt von der Antwort zur Frage dem Autor nachvollziehe. ›Das Absurde‹ so sagt Camus ›entsteht aus der Gegenüberstellung des Menschen, der fragt, mit der Welt, die vernunftwidrig schweigt‹« (›Akzente‹, S. 547).[86]

Dies gilt auch nicht nur für Fiktionen, denn in der Einleitung *Mozarts* schreibt er: »In Fiktionen manifestiert sich nicht zuletzt hinter den Gestalten die psychische und mentale Konstitution des Autors. Doch ist der Grad seiner Objektivität kein Kriterium ihrer Qualität; wer wüßte nicht, daß oft gerade die Neurose dem Werk jene monomane, oft monumentale, Subjektivität verleiht, durch die es seinen einzigartigen Wert gewinnt. In der Biographie dagegen muß dieser Grad als das ausschlaggebende Kriterium gelten. Denn der Leser will die Vermittlung, nicht den Vermittler« (S. 10).[87]

Die Lösung der Problematik zwischen Vermittler und Vermitteltem scheint Hildesheimer im Fall einer Biographie dann möglich zu sein, wenn Autor und Leser die »Erkenntnisse der Psychoanalyse, und zwar einer an sich selbst erfahrenen« anwenden: »Denn sie hat ihn gelehrt, den Grad seiner Beziehung *zu* und der Identifikation *mit* seinem Gegenstand zu bestimmen und zu regulieren, somit den positiven wie negativen Affekt so weit wie möglich auszuschalten« (S. 10). Dabei bleibt eben dennoch offen, *wie* weit das Mögliche reicht, ob nicht die Überzeugung der Selbstanalyse zu einem Verwischen der »Grenzen zwischen Wunsch und Wahrheit« (S. 11) auf höherer Ebene führt, wodurch das »Elend der Trivialbiographie« (S. 11) vermieden wäre, nicht aber eine höchst sublime Aneignung des Gegenstandes durch seinen Biographen.

Zu seiner Forderung nach einem analysierten Biographen sagt Hildesheimer in *Die Subjektivität des Biographen*: »Natürlich sah ich, daß ich hier im Glauben an die Psychoanalyse zu weit gegangen war« (S. 128). Dennoch bekennt er, der »Frühanalysierte«, kurz darauf: »Manchmal empfinde ich, daß es zwischen dem Analysierten und dem Nicht-Analysierten keine Möglichkeit der Verständigung gibt« (S. 129). Die Analyse, so Hildesheimer, vermittle die Erkenntnis, »daß die Begriffe *gut* und *böse* einen anderen Stellenwert erhalten, als den allgemein angewandten, daß also die *sogenannten* positiven und negativen Eigenschaften eines Menschen einander durchdringen, wenn nicht gar notwendig machen« (S. 129 f.). Er hält Psychoanalyse für den einzig möglichen Weg zu dieser Erkenntnis, aber darin geht sein Glaube zu weit: Psychoanalyse als neue Religion, die mit den alten Begriffen von Gut und Böse aufräumt.

Er fährt in seiner Rede fort: »Ich selbst – und hier liegt beinah so etwas wie aktiver Identifikationszwang – habe meinen Helden nachzumachen versucht, habe, beim Händewaschen hin- und herlaufend, die Hacken aneinandergeschlagen, habe wie eine Katze miaut (...) und mir erscheinen solche Handlungen durchaus plausibel, wahrscheinlich sogar *notwendig* als ausgleichende Reflex-Symptome einer intensiv kreativen Natur in ihren kreativsten Perioden. Ich wurde also zu Mozart, mit dem mich zu messen natürlich Unfug und Unsinn wäre, dessen Lebensäußerungen ich jedoch, sofern sie sich nach außen *so* deutlich mitteilten, nachfühlen zu können meinte. Und ich denke, daß dies eine wesentliche Vorbedingung für jede Biographie ist: nicht nur die Fixierung an das Objekt, sondern größtmögliche Annäherung durch den Versuch der Identifikation« (S. 133). Alle anderen Biographen, so Hildesheimer, hätten dies nicht getan, weil sie jeweils »das sogenannte Negative« (S. 134) ausgespart hätten. Er hat also doch wohl »das sogenannte Negative« in didaktischer Absicht an Mozart besonders hervorgehoben, allerdings mit dem Ziel, es wertfrei zu machen.

Das »wir« gibt in der Einleitung *Mozarts* allerdings zu bedenken: der »Vermittler« sollte gerade dort akzeptiert werden, »wo er seiner Subjektivität eingedenk bleibt, wir sollten daher Autorität der Überzeugung als Qualität und Disziplin anerkennen. Dazu müßte der Autor freilich vorher ein Bild seiner selbst gegeben haben, das Zeugnis einer Einsicht in sich« (S. 10). Hildesheimer gibt dieses Zeugnis in seiner Einleitung wohl, es handelt sich sogar um mehr als nur eine Einsicht, doch die meisten Einsichten kommen nicht zum Tragen, da sie nur von sorgfältigeren Lesern, als er sie voraussetzt, verstanden werden können.

Ein Autor, der die Welt als absurd und rätselhaft darstellt, der einmal spöttisch seine eigenen Stücke erklärt haben wollte, fordert als Prämisse seiner und aller Biographieschreibung ein Bild des Biographieschreibers selbst. Diese Widersprüchlichkeit führte denn auch zur heftigen Diskussion um *Mozart*, nicht zuletzt deshalb, weil die Musikologen die Einleitung eben nicht als Bild des Autors sehen konnten, da sie die früheren Werke, und natürlich auch *The End of Fiction*, nicht kannten.[88]

Schon in der Einleitung beginnt der »Restaurator« (S. 7), die Übermalungen des Freskos abzukratzen, und belegt an einigen Zitaten von Bruno Walter, Bernhard Paumgartner, Alfred Orel, Erich Schenck und anderen das »Wunschdenken« früherer Biographen oder Musiker: »Bisher hat jeder die stimmige Bilanz gezogen, daß sich hier ein erbärmliches und entwürdigtes Erdenleben letzten Endes in der entrückten Höhe des Schöpferischen doch noch erfüllt habe. Seine Not habe sich sozusagen ausgezahlt. Die Frage: Für wen? wird nicht gestellt« (S. 11).[89]

Aus dem Bewußtsein des ewig Alten der *Vergeblichen Aufzeichnungen* – alles sei schon gesagt oder gedacht – ist die Überzeugung geworden, das sei schon viel zuviel, die Rezeptionsgeschichte Mozarts bestehe aus einer Kette eingefahrener Fehlurteile, von der sie befreit werden müsse.

Besonders scharf werden die Städte, »sofern man eine Stadt als kollektiven Willensträger bezeichnen kann« (S. 13), Wien und Salzburg angegriffen, die, im Bund mit den Biographen, ihre Ansprüche geltend machen: »So hat denn das gestörte Verhältnis Wiens zu Mozart eine Legion von Apologeten gefunden, denen ihr Kulturpatriotismus nicht erlaubte, sich mit einem irreparablen Makel abzufinden« (S. 13). Zu Salzburg: »Mozart hat diese Stadt nun wirklich gehaßt und hat ihre Bewohner bekanntlich mit einem Vokabular bedacht, das an Verbalinjurien grenzt. Darüber freilich hat Salzburg von je hinweggesehen und behauptet seinen ethnischen Anspruch, der ja immer dort herhalten muß, wo das Verhältnis harmonischer Beziehung zwischen Held und Heimat versagt« (S. 13).[90]

Die heftigen und sprachlich glänzenden Angriffe gegen jede auch noch so versteckte Annäherung an den Geist einer Blut- und Boden-Literatur machen neugierig und können den Leser manchmal schon in der Einleitung vergessen lassen, daß er sich gegen das »wir« wehren wollte. *Mozart*, mit gezügeltem Affekt und mit »sublimierter Aggression« geschrieben, provozierte und proviziert entweder stürmische Zustimmung oder heftige Ablehnung; gleichgültige Reaktionen sind Ausnahme geblieben.

Sind auf diese Weise erste Korrekturlinien gezogen, die auf die große Linie des gesamten Buches vorausdeuten, nimmt Hildesheimer nach den Musikologen und Städten die Schriftsteller und Dichter her, zum Beispiel Hugo von Hofmannsthal, der Held und Heimat mit folgenden Worten verband: »Mozart war da, und hier in diesen Gemarken, wo sich das neue und das alte Europa berühren, an diesem Grenzstrich zwischen römischem, deutschem und slawischem Wesen, hier war die Musik entstanden, die wahre, ewige Musik unseres Zeitalters, die volle Erfüllung, natürlich wie die Natur, unschuldig wie sie« (S. 13). Dem hält der Essayist bissig entgegen: »Der Versuch, einem solchen Satz kritisch beizukommen, wäre müßig, denn sein Aussagegehalt ist nicht greifbar. Überdies sind unverhältnismäßig wenige der ›großen Werke‹ Mozarts in den Salzburger ›Gemarken‹ entstanden. Weiterhin entsteht große Musik aus keinerlei mythischem Dunkel oder ethnischer Gebundenheit; vielmehr wird sie, im Ineinandergreifen unbewußter Motive und bewußter Methodik, *gemacht*, ist daher auch nicht natürlich wie die Natur und keineswegs ›unschuldig wie sie‹, sofern wir uns überhaupt dazu entschließen wollen, der Natur Attribute wie unschuldig oder schuldig zuzuerkennen« (S. 13).[91]

Er weist auch »jene Mozart-Literatur« zurück, die ›redlich ›bei der Sache zu bleiben‹ sich bemüht« (S. 14) – auch Alfred Einsteins *Mozart* –, da ihre Autoren leichtgläubig auf die Objektivität der zeitgenössischen Zeugnisse gebaut hätten: »Es gilt also, Mozarts Nachleben von dieserlei Ausflüchten zu reinigen« (S. 13).[92]

Man hat ihm vorgeworfen, in *Mozart* reinige er das Fresko so, daß auch die dargestellte Person verschwinde, schütte Mozart also mit dem Bade aus.[93] Aber schon die Einleitung belegt das Gegenteil: Mozart gewinnt durchaus deutliche Züge: »Es stehen dem Schreiber Mozart außer den Seelen in seiner Brust – es sind weitaus mehr als zwei, doch offenbart er sie überaus selten! – die verschiedensten Verkleidungen zu Gebot, die er mit der jeweils dazugehörigen Überzeugung zu tragen versteht« (S. 14). Aus Hildesheimers Darstellung Mozarts als Briefschreiber spricht die Überzeugung eines bestimmten Mozart-Bildes, die er aber ebensowenig abmalt und mit einem plumpen ›so war er‹ vorträgt wie in *Zeiten in Cornwall* das Bild seiner eigenen Vergangenheit, sondern seine Überzeugung als Movens der häufigen Briefanalysen und Hinterfragungen der zeitgenössischen Urteile einsetzt: »beim Schreiben nahm er die Gestalt des jeweils dargestellten Ichs an. Er schrieb, wie er sich sah, sehen wollte oder sollte, wie er anderen zu erscheinen hatte oder begehrte, und wie er sich die Vorstellung anderer vorstellte« (S. 14). Von einem ›so könnte es gewesen sein‹ ist bei solchen Aussagen, außer dem globalen »vielleicht« der Einleitung, nichts mehr zu spüren. In solch direkten Aussagen über Mozart manifestiert sich die subjektive Überzeugung des Autors, der aber beinahe immer nach solchen Passagen das Geheimnis wiederherstellt: »Aber wie er *war*, das entnehmen wir seinen eigenen Worten nicht mit Sicherheit« (S. 14).

Jedermann könne, so die Einleitung, anhand der Briefausgabe die Quellen nachprüfen und seine Schlüsse selbst ziehen, doch nicht wie es ihm gefällt. Hildesheimer, mit deutlicher Parallele zu den Anmerkungen zu seinem Theaterstück *Mary Stuart*, fährt nämlich fort: »Es ist schwer genug, sich etwa ein Bild vom subjektiven Leben und Erleben eines Genies unseres Jahrhunderts zu machen, und vor einem Genie der Vergangenheit versagt unser Vorstellungsvermögen in zunehmendem Verhältnis zu seinem zeitlichen Abstand, seiner Epoche und, nicht zuletzt, seiner Lebensspanne« (S. 15).

Dieses »nicht zuletzt« meint vielleicht sogar ein ›zuallererst‹, wie das Buch dann beweist, denn außer der zeitlichen Distanz und dem Mißverhältnis zwischen Deuter und Gedeutetem – »Mozart ist nach einem anderen Gesetz angetreten als seine Deuter« (S. 11) – ist es Mozarts früher Tod, der, ganz im Sinn Montaignes, schon den Reflekteur *Tynsets* (S. 265 f.) und *Masantes* (S. 67 f.) beschäftigt hat.[94]

Der vorletzte Absatz der Einleitung beschreibt die Kompositionsweise des Buches mit musikalischen Begriffen: »Wir konfrontieren uns mit einer Partitur von zwei Systemen: der melodieführenden Stimme – Mozarts Musik – und dem Generalbaß – sein äußeres Leben. Die verbindenden Mittelstimmen, die seines Unbewußten, seiner inneren Impulse und Diktate, jene Stimmen also, die auf Movens und Agens schließen lassen, fehlen. Denn ein erläuterndes wörtliches Bekenntnis findet sich bei ihm beinah niemals« (S. 15 f.). In *Zeiten in Cornwall* hieß das: »es fehlt eine Stimme in der Synchronie« (S. 61). Diese Systeme aus zwei, wie Hildesheimer sagt, »Existenten«, denen die verbindende Linie fehlt, erinnert an alle Werke des *Tynset-Masante*-Komplexes, an die Suche nach dem Ort dazwischen und an den Versuch, das Unaussprechliche dennoch auszusprechen, oder, wie Adolf Muschg in seiner Rezension *Mozarts* schrieb: Hildesheimer ziele »auf eine fiktive Nahtstelle zwischen Mozarts Leben und seiner Musik«, verweigere aber den »Brückenschlag«.[95]

Hildesheimer, der »Mozart der deutschen Literatur« und der Komponist solcher Stücke wie der Bett-Fuge aus *Tynset* und der Fuchsjagd aus *Zeiten in Cornwall*, hat den »Brückenschlag« nicht vollkommen verweigert, er hat mit seinem Text die Musik der Mittelstimme hörbar gemacht. Joachim Kaiser schrieb, *Mozarts* »Form, die Leichtigkeit, die souveräne Nervosität« habe »etwas wahlverwandt Mozartsches«, eine Wahlverwandschaft, die nicht erst seit *Mozart* festgestellt wurde: schon 1952 hat Rolf Schroers in seiner Rezension der *Lieblosen Legenden* geschrieben, da sei »viel Mozart drin«. Peter Weiss hat dies in einem Brief an Hildesheimer überzeugend zusammengefaßt:[96]

Es ist Ihnen hier etwas Einzigartiges geglückt: eine Biographie von Musik – nicht eine Biographie eines Komponisten (...) Ausserdem haben Sie ja auch garnicht mal die Musik beschrieben, sondern nur Tonarten, Tempi genannt, nichts von Lautmalereien – und doch ist diese Musik gegenwärtig, unaufhörlich, hervorgebracht von dieser Mozartschen Besessenheit, die Sie so ganz in sich aufgenommen haben, dass Sie sie vermitteln können (...) Deutlich wurde mir auch etwas vom Unterschied zwischen dem Sprache-Schreiben und dem Musik-Schreiben. Wie bei Mozart alles Gedachte in Musik umschlägt, so ist es ja auch bei einem besessenen Buchstaben-Schreiber, nur lässt sich aus dessen Werk mehr von Bewusstseinsprozessen herauslesen (...) Durch die Gegenwart der Musik wird Mozarts Leben hervorgerufen, ein Dasein, weltfremd, melancholisch, vereinsamt, eigentlich ein schreckliches Dasein – er hält sich am Leben überhaupt nur durch

die Musik, und dies frenetisch, bei Tag und Nacht, mit jedem Atemzug –
dies wird in Ihrem Buch ganz deutlich –

Die Verbindung von Bild, Musik und Text, die alle Werke Hildesheimers prägt, findet in *Mozart* einen diffizilen Ausdruck: das zentrale Thema ist das *Bild*, das man sich von Mozart machen könnte, aber gleichzeitig auch das Verarbeitungsprinzip der biographischen Texte des Autors: die Collage. Mozarts *Musik* ist eine Seite der »dokumentierten« Quellen, aber Musik zeigt sich auch in der Komposition, die der Autor sich und anderen Biographen abverlangt: »Wir kennen die Kompositionsaufgabe – auch Mozart hat sie seinen Schülern ad nauseam stellen müssen –, zu zwei vorhandenen Systemen ein drittes, verbindendes, herzustellen« (S. 16). Hier sagt Hildesheimer selbst mit aller Deutlichkeit, daß er den Zwischenraum sucht, den er, in einem rückläufigen Vorgang, von der bestehenden und falsch verbindenden Stimme reinigen will: das Zwischenreich des Unaussprechlichen zwischen dem Aussprechbaren ist sein eigenster Bereich. *Texte* bilden die andere Seite der Quellen, Mozarts Briefe und die Urteile und Äußerungen über ihn, aber aus Texten besteht auch das Collagematerial, aus dem *Mozart* gemacht ist.

Es galt demnach, bestehende Bilder auszulöschen, nicht aber zwischen Leser und Helden zu vermitteln. Es ist, im Gegenteil, die Absicht dieses Versuches, die Distanz zwischen beiden Seiten zu vertiefen (...) Alle haben sich auf ein Bild verlassen, das biographischer Geläufigkeit und gleichsam ererbter Routine entspringt. In ihm wird das Unheimliche überspielt, das als unwesentlich Betrachtete kurzerhand ausgelassen, das Peinliche hinwegerklärt, und somit wird die Figur nach allen Seiten, nach oben und – vor allem – nach unten abgerundet, geglättet und frisiert, bis sie einem vagen apollinischen Ideal – und Idol – entspricht, das freilich allzu oft aus der Rolle fällt.

Hildesheimer, denn in der Einleitung darf man mit einigem Recht Ich oder »wir« noch weitgehend mit dem Autor gleichsetzen, Hildesheimer also hält diesem Bild (S. 16) sein eigenes entgegen (S. 17):

Mozart entspricht keinem apollinischen Ideal: Alle seine Äußerungen, Diktion, Duktus und Interpunktion der verbalen Dokumente, Gestik, Mimik, Habitus, wie sie uns überliefert sind, ergeben eher das Bild eines dionysischen Typus, der allerdings als solcher auch wieder aus der Rolle fällt, denn selbst diese – unscharfe – Typologie trifft auf ihn nicht zu, und schon gar nicht auf sein Werk, das sich diesen Kategorien ganz und gar entzieht.

Das Fazit des letzten Abschnittes der Einleitung betont noch einmal die Rätselhaftigkeit Mozarts: »An diesem Werk ist alles von sublimer Fremdheit, alles unheimlich und, objektiv gesehen, alles wesentlich. Um so mehr erleuchten seine Selbstäußerungen nur immer wieder das Faktum, daß sich uns die Gestalt entzieht, indem sie sich hinter ihrer Musik verbirgt, und auch sie ist uns, in ihrer tiefsten Bedeutung, unzugänglich, insofern sie keine außermusikalische Begrifflichkeit zuläßt« (S. 17). Mit diesen Worten der Vergeblichkeit, des Scheiterns und der Fremdheit, die an den Schluß der *Zeiten in Cornwall* erinnern, wird der Leser aus der Einleitung entlassen und steht einem Buch gegenüber, dessen Vorrede ihn schon beinahe überzeugt hatte, daß man über Mozart kein Buch schreiben könne.

Zu allen Prämissen, die trotz klärender Deutlichkeit den Einstieg in das Buch komplizieren, findet der Leser siebzehn Seiten nach der Einleitung eine Direktive, die er in der Einleitung selbst vermutet hätte: »es kam mir darauf an, Chronologisches zu verwischen« und »der freien Assoziation zu folgen, ohne Bindung an formalen Aufbau« (S. 34). In der Einleitung hieß es knapp: »Der Restaurator geht nicht systematisch vor« (S. 7).

So finden sich über das ganze Buch zerstreut Reflexionen, die sich gerade mit der Möglichkeit befassen, Gültiges über Mozart auszusagen, über ein Genie und, überhaupt, über eine Figur mit diesem historischem Abstand: zwar löscht Hildesheimer überall bestehende Bilder aus, doch nicht etwa, um Leere zu hinterlassen, sondern um einen Raum zu schaffen, in dem er die Figur Mozart neu aufbauen und ihr unverwechselbare Züge verleihen kann. Im letzten Drittel des Buches fragt der Essayist, was »wir« an Leporello »schätzen«, und gibt die Antwort: »Eine Selbstverkörperung Mozarts; denn eine solche Präsenz hätte diese Figur niemals erreicht, steckte nicht in ihr die potentielle Versatilität des Schöpfers« (S. 231). Und zuvor: »Hier ist Geist und ratio, hier bleibt Mozart hart am Text, er wird selbst zu Leporello« (S. 230).

Ein Wechselspiel der Figuren, die ihre Rollen tauschen: Mozart in Leporellos Gestalt, Mozart als Leporello selbst, zumindest für die Dauer *Don Giovannis*. Nicht nur dies: Mozart wird zur Figur Hildesheimers, über die der Essayist als Verkörperung des aus der Wüste zurückgekehrten Reflekteurs *Tynsets* und *Masantes* spricht, der sich keine fiktiven Gegenstände seiner Reflexion mehr wählt, sondern eine angeblich verbürgte Gestalt des 18. Jahrhunderts.

Nach *The End of Fiction* ein fiktives Rollenspiel: alle Aussagen des Essayisten über Mozart und über sich selbst müssen Fiktion sein, was Hildesheimer geahnt haben mag, als er 1973, nach der öffentlichen Verabschiedung seines Reflekteurs, zu Dieter E. Zimmer gesagt hat: »Ich kann mich selbst ja nicht verleugnen, ich kann nicht über andere Leute schreiben. Ich kann nur über mich schreiben.«

Der Tod, zentrales Thema Hildesheimers und seines Reflekteurs, wird zum zentralen Thema Mozarts. Zum C-Dur-Andante des Cecilio vor Chor Nr. 6 im *Lucio Silla* heißt es: »immer hat Mozart genau gewußt, was er mit ›morte‹ anzufangen hatte, dieses Stichwort hat als Inspiration niemals versagt« (S. 151). Hildesheimer organisiert sein Buch auf »diesen dunklen allgegenwärtigen Markstein als Zielpunkt aller Wege und Irrwege des Helden« hin (S. 34): der Tod strukturiert das ganze Buch. Zwar ist auch die Todesthematik über das ganze Buch verstreut, doch könnte man, ähnlich einer Rahmenhandlung, einige Zäsuren setzen: Mozarts Tod zu Beginn, Ausgangspunkt; Tod der Mutter ab S. 95; Tod des Vaters ab S. 200; Mozarts Tod wieder ab S. 305, Schlußpunkt. Im Umfeld der Todesthematik macht der Reflekteur die direktesten Aussagen über Mozart.

Direkte Aussagen – das meint alle Charakterisierungen Mozarts, die nicht ex negativo entstehen, also weder aus der Ablehnung einer in der Biographieschreibung geläufigen Meinung noch aus einer auf das Rätselhafte deutenden Assoziation. Solche direkten Aussagen, auch sie über das ganze Buch verstreut, sind bedeutend seltener als die aus der Negation des Bestehenden erzielten; dennoch geben sie ein Bild Mozarts, und zwar ein eindeutiges.

Zum Beispiel – und auf Beispiele muß man sich bei dieser reichen Fülle der Details beschränken – zeigt sich das »Bild des Mozart der letzten Wiener Jahre« als ein »Prozeß« »fortwährender und frustrierender Kommunikation mit einer Welt, die ihm gegenüber immer gleichgültiger wurde, bis, in Wechselwirkung, sein Appell erlahmt, und die Welt ihn nicht mehr zur Kenntnis nimmt. Für sie ist er erloschen, sein Kreis wird kleiner« (S. 33).

Einige Rezensenten warfen Hildesheimer sprachliche Mängel vor; zunächst scheint der Vorwurf im Fall dieser Formulierung berechtigt: ein Bild, das einen Prozeß zeigt, also den Gegensatz statisch-dynamisch zusammenfaßt. Wenn man sich dabei allerdings Hildesheimers Collagen vor Augen hält, löst sich der

Widerspruch: sie sind oft voller Pfeile, Zahlen und Buchstaben, verkörpern also eine Dynamik im Statischen, sind Bilder der Bewegung.

Die Feststellung der zunehmenden Kommunikationslosigkeit Mozarts erinnert an die von Hildesheimer zitierte Definition des Absurden – Camus' Fragen des Menschen und Schweigen der Welt –, bezeichnet aber auch Hildesheimers Rückzug aus der Welt bis hin zum Ende seines Schreibens, allerdings mit der Einschränkung, daß er nicht übergangen, jedoch vielfach mißverstanden wird: im Gegensatz zu Mozarts ist Hildesheimers Rückzug selbst gewählt, wenn auch nicht ohne den Zwang seiner Überzeugung.

Viele Gedanken zu bestimmten Themenbereichen erscheinen zu Beginn und gegen Ende *Mozarts*, was, bei aller assoziativen Collagetechnik, für eine symmetrische Komposition des ganzen Buches sprechen könnte; so auch der Gedanke, aus der Welt zu geraten: Mozarts Tragik sei »die sich ausbreitende und immer seltener vom Lichtblick eines Kenners unterbrochene Verkennung, das beinah konsequente Übergangenwerden, das Mozart zu ertragen hatte und tatsächlich mit beispielhafter Würde und Beherrschtheit ertrug«. Der Biograph fährt mit einer direkten Aussage über Mozarts psychische Reaktion auf die Verkennung fort: »Daß es ihn gebrochen hat, ist selbstverständlich; zwar hat er es in seinem Bewußtsein verdrängt, doch der vernichtenden Einwirkung konnte er sich nicht entziehen« (S. 293). Hier wird eine Figur zwischen Montaigne und Camus mit Freud gedeutet, ein »Held« des Autors Hildesheimer, wie er spätestens seit den *Vergeblichen Aufzeichnungen* konzipiert ist.

Der Essayist bezeichnet denn auch die Musik der Schlußszene *Don Giovannis* als die »Tafelszene aller Tafelszenen« und gesteht ihr Prädikate wie »imperialen Aufschwung« und »grandiosen Finale-Charakter« zu: hier schließt er, der sich als Nichtmusikologe von Musikanalysen fernhalten will, vom »orchestralen Aufwand« und einem »strahlende(n) D-Dur« – nicht auf Mozarts Leben, sondern auf die dramatische Wahrscheinlichkeit der Figuren: »Es ist, als symbolisiere dieser große Nachdruck auf dem Augenblick das letzte emphatische Verweilen bei sinnlichem Genuß vor der Katastrophe, die der Held, zumindest bewußt, noch nicht ahnt, die wir aber kommen sehen« (S. 233). Demnach hat Mozart, implizit, diesen letzten Augenblick, morte, erkannt und komponiert. Tafelfreuden in strahlendem D-Dur, einziger Lichtblick vor dem totalen Rückzug ins Dunkel bis zum Tod: das ist der Reflekteur *Tynsets*.

Mozarts Kompetenz umfaßte das Absurde, wie der Essayist bei der Interpretation eines Briefes Mozarts vom 31. Juli 1778 an den Vater konstatiert. Mozart schrieb die Krankengeschichte der Mutter minuziös auf, was den Biographen zu der Frage veranlaßt: »sollte es sich auch hier um eine jener Parodien des Banalen handeln, derer er sich in seinen Anwandlungen der Lust am Absurden bediente?« (S. 88) Gegen Ende des Buches taucht dieser Gedanke erneut auf: »In Wirklichkeit hatte Mozart einen stark ausgeprägten Sinn für die Lästigkeit und Lächerlichkeit des Banalen« (S. 282). Andererseits wird gesagt, Mozart habe immer dort »Scherz und Banalität und Albernheit« fallengelassen, »wo es um das geht, was ihn wirklich bewegt« (S. 113).

Alle Charakterisierungen weisen auf Hildesheimer selbst, der sich Ende der fünfziger Jahre für einige Jahre ausschließlich dem sogenannten Absurden zugewandt hat, der aber bereits in den *Lieblosen Legenden* die »Lächerlichkeit des Banalen« satirisch aufgespießt hatte und sich in seinem letzten Text, den *Mitteilungen an Max*, mit dem Untergang der Welt vorwiegend satirisch auseinandergesetzt hat, in Interviews und Essays mit der Vernichtung der Umwelt jedoch todernst.

Das sind Beispiele der Identifikation des Biographen mit seinem Gegenstand, die eine Bandbreite der Identifikationsmöglichkeiten erkennen lassen, und zwar der unbewußten, denn bewußte Identifikation hat Hildesheimer ja als Voraussetzung gefordert. Einmal setzt der Essayist – »Ehrlich gesagt« – ein: »Wir versuchen, keine Wunschbilder zu malen, können aber nicht verhindern, daß es in uns malt« (S. 205). Ein anderes Beispiel: der Exkurs über den Humor (S. 124 f.), der Hildesheimer selbst treffend charakterisiert:

›Humor‹ ist ein viel strapaziertes Wort (...) Auf der Stufe der Überbegabten, als deren ausschließliches Privileg man ihn nicht betrachten kann, aber gerne betrachten würde – denn das Maß der Erträglichkeit nimmt nach unten rapide ab –, entspringt seine Äußerung nicht etwa dem Wunsch, zu heiterem Lebensgenuß beizutragen oder etwa die Welt lustig zu sehen, sondern eher dem Gegenteil: dem Drang, die Schwere des täglichen Lebensvollzugs, des ›Handwerks des Lebens‹ (Cesare Pavese) hervorzukehren, indem es, kontrapunktisch zu seinem Ernst, im Unernst entlarvt, das Absurde betont, das Groteske, Widersinnige, Ungerechte grimmig unterstrichen wird« (– Hier könnten die Sprachreiniger fündig werden –) »Gewiß ist der Prozeß dieser Anwendung meist unbewußt. Unbewußt ist auch die Furcht, sich in der Ernsthaftigkeit zu entblößen; der Unwille, sich mitzuteilen, die private Wirklichkeit verallgemeinern und damit dem Unverständnis jener anderen preisgeben zu müssen, die ihrer Mitteilung nicht würdig sind. So wird denn der Humor zur verfügbaren Methode des Selbstschutzes, als solcher tritt er ins Bewußtsein: Er dient als Hülle, die den Träger unkenntlich macht, indem sie das Gewand eines anderen, Geringeren, vortäuscht, die verhüllte Gestalt aus dem Verkehr zieht und die vorgegebene maskierte Gestalt in der Masse der Spaßmacher oder Narren untergehen läßt (...) Die Anschuldigung mangelnder Würde, oder, im Fall Mozart, des kindischen Verhaltens, nimmt man gern in Kauf: Sie liefert den Beweis für das Unverständnis der Mitwelt, die Unmöglichkeit der Kommunikation auf der Ebene der Konventionen, und rechtfertigt somit die eigene Handlungsweise.

Der Autor der *Lieblosen Legenden*, und, mit zunehmender Sublimierung, aller weiteren Werke einschließlich *Mozart* selbst, rechtfertigt sich und, mit denselben Sätzen, Mozart. Allerdings: »Mozart war anders, er hatte unbändigen und ungebändigten Humor, wenn auch keinen sublimen: Die überlegene geistvolle Replik war seine Sache nicht, dazu fehlte ihm nicht nur die Bildung, sondern vor allem Wunsch und Fähigkeit, sich auf die Mentalität des Partners einzustellen« (S. 125).

Die »überlegene geistvolle Replik«, das ist Sache Hildesheimers, darin, sofern man dieser Aussage folgen will, unterscheiden sich beide grundlegend. Als sei hier ein ursächlicher Zusammenhang zu erkennen: Hildesheimers Argumentation wird unsicher, sobald er sich von seiner Figur zu weit entfernt, denn er widerspricht sich an dieser Stelle selbst, und zwar mit der Feststellung von Mozarts Unfähigkeit, sich auf seine Partner einzustellen: an anderer Stelle hatte er ja gesagt, Mozart habe sich so auf seine Briefpartner eingestellt, daß man aus seinen Briefen mehr über die Adressaten als über Mozart selbst erfahren könne; und später heißt es: »Mozarts Leben besteht ja eben aus den Rollen, die er sich unbewußt anpaßt, um sein Bestes dort zu geben, wo ihm das Thema vorgegeben ist.« Oder deutlicher, denn Mozarts Fähigkeit, sich Rollen anzupassen, betrifft natürlich auch seine Musik: »Wir wissen, daß ihm nichts leichter fiel, als sich in Gegenstand und Thematik der jeweiligen Aufgabe momentan einzuleben« (S. 284).

Diese Beweglichkeit ist es denn wohl auch, die Hildesheimer an Mozart besonders hervorheben will, und auch darin zeigt sich

Verwandtes: im Gespräch mit Frank A. Meyer hat er die Stationen seines Lebens und die Besonderheiten seiner diversen Tätigkeiten aufgezählt und betont, es sei ihm stets äußerst leichtgefallen, sich in seinen neuen Rollen zurechtzufinden. Selbst in der Fähigkeit, das Beste dort zu geben, wo das Thema vorgegeben ist, sind Mozart und Hildesheimer ähnlich: das hat sich an *Schläferung* gezeigt, an der Verarbeitung von Enzensbergers Gedicht, das hat sich an den Assoziationsreihen gezeigt, die sich an die »found objects« knüpften, das zeigt sich an der Arbeit als Collagist, der ja beinahe ausnahmslos mit Vorgegebenem arbeitet, und schließlich zeigt es sich an *Mozart*, in dem mit jedermann Bekanntem und Zugänglichem gearbeitet wird: mit Kompositionen, Libretti, Briefen, Dokumenten und Biographien.

Bei der Interpretation einer Nachschrift Mozarts für seine Schwester im Brief des Vaters an die Mutter (vom 14. August 1773) schreibt der Essayist: »Diese Assoziationsketten beherrschen zum Teil auch noch die Bäsle-Briefe, nur sind sie hier an lapidaren Verrichtungen oder an intimen Andeutungen orientiert. Die sich verleugnende Selbstironie kommt erst viel später hinzu, gegen Ende seines Lebens« (S. 126): die Parallele beruht nicht auf der Thematik der Bäsle-Briefe, falls man nicht den Wunsch zur Darstellung eines »nach unten« *nicht* gereinigten Mozart in diesem Zusammenhang erwähnen möchte, sondern auf der Assoziationstechnik und, vor allem, der Selbstironie. Und auch diese direkte Aussage gilt für Hildesheimer selbst: »Mozarts verbale Phantasie entzündet sich nicht zuletzt an der Konvention und an den Schemata ihrer Artikulation« (S. 122).

Andere direkte Aussagen über Mozart, vor allem sein Gebaren und sein Aussehen betreffend, haben natürlich nichts mit der Person des Autors zu tun, was vor allem für Aussagen gilt, die *nicht* die psychische Konstitution betreffen, wenn sich auch in den Formulierungen stets jene Wertung verbirgt, die Hildesheimer bei anderen Biographen bemängelt. Mozart habe »abnormes Verhalten« und »seltsames Benehmen« gezeigt: »Hier sehen wir ihn, den quecksilbrig-unruhigen kleinen Mann, wie er uns zur Verzweiflung hätte bringen können« (S. 280). Oder: Mozart müsse »eine irritierende, mitunter dämonische – nicht grandios-dämonische, sondern clownhaft-dämonische – Ausstrahlung gehabt haben« (S. 285).

Die direkten Aussagen über Mozarts äußere Erscheinung (vor

allem S. 291-295), die »unter allen Vorbehalten« (S. 291) vorge-
bracht werden, führten trotzdem zu heftigen Angriffen gegen
Mozart und Hildesheimer, vor allem seitens der Wiener und Salzburger, als ob Hildesheimer Mozart verunstaltet hätte. In der
Einleitung hatte er betont, daß Mozart »vor allem nach unten«
gereinigt worden sei, um das makellose Ideal eines »sauberen«
Menschen zu erhalten. In seinem Affekt gegen diese Verfälschung
mag er manches zuviel tun, doch nicht im Bemühen, Verständnis
dafür zu fordern, daß es für die Qualität der Musik Mozarts gar
keine Rolle spielt, ob er miauend über Tische sprang oder schmutzige Fingernägel hatte. Gleichzeitig erreicht er damit sein oberstes
Ziel: den Abstand zwischen Mensch und Musik bis zum absolut
Rätselhaften zu vergrößern: Mozart das Rätsel.

Er hatte diese Angriffe vorausgesehen und die Gedanken der
Einleitung in vorläufiger Fassung in seinem Vortrag *Mozarts
Nachleben als Herausforderung* an verschiedenen Orten vorgetragen, darunter wohl nicht zufällig gerade in Wien und Salzburg,
offenbar vergeblich, denn, wie er in *Die Subjektivität des Biographen* erzählt, bei einem Vortragsabend in Hamburg sei ein Mann
aufgestanden, habe sich als »offiziellen Vertreter des Mozarteums
Salzburg« erklärt und mitgeteilt, daß das Mozarteum *Mozart*
»einmütig ablehne«. Er kommentiert spöttisch: »Wie eine solche
Einmütigkeit zustande kommt, weiß ich nicht. Vielleicht in einer
Abstimmung« (S. 130).[97]

Nicht nur seine Betonung der Absonderlichkeiten Mozarts
hatte er vor Erscheinen des Buches angekündigt, sondern auch
seine Vorliebe für und seine Abneigung gegen bestimmte Opern.
Così fan tutte verteidigt er gegen den Vorwurf zu großer Leichtigkeit und Oberflächlichkeit und rettet damit ein Werk Mozarts vor
demselben Unverständnis, auf das seine eigenen frühen Werke gestoßen waren: »Kein Zweifel, die Sache hat ihm Spaß gemacht«
(S. 301). Oder: »Mozart hat diese Arbeit genossen« (S. 304), so
wie Hildesheimer das Ergebnis dieser Arbeit genießt. Vor allem
aber schätzt er *Don Giovanni*, eine Oper, zu der er ja schon als
Kind eine besondere Beziehung hatte und der er 1976, ein Jahr vor
Erscheinen *Mozarts*, den Vortrag *Der Mozart des Don Giovanni*
gewidmet hat.[98]

Als habe Hildesheimer weder die Vorstufen *Mozarts* seit 1956
drucken noch die Reden als Drucke und in Rundfunksendungen
verbreiten lassen, schrieb Dietmar Polaczek, die »großen Riemen

der Großkritiker« seien »wie ein Pawlowscher Reflex« erschienen und sprächen nur aus verkaufstechnischen Gründen davon, daß man *Mozart* seit langem erwartet habe. Zwar hat Polaczek, wie der Titel seiner Rezension zeigt – *Mozartmythos – Modellwechsel –*, ein Problem *Mozarts* erkannt, doch der höhnische Ton, mit dem er das Buch als sensationell aufgemachten Bestseller abqualifiziert, zeigt ihn als ungeeigneten Leser der Einleitung. Das ist eben das Dilemma der Kritik bei Büchern wie *Mozart* – und, wie sich zeigen wird, *Marbot* –, daß sie in Bereiche übergreifen, die kaum mehr von fachfremden Kritikern bewältigt werden können. Im Fall *Mozart* sollte der Kritiker Literaturkenner und Musikwissenschaftler sein, außerdem sollte er sich auf dem Gebiet der Psychoanalyse auskennen, Probleme der Biographieschreibung analysiert haben und, natürlich, Kenner der Werke Hildesheimers sein.[99]

Hildesheimers scharfe Ablehnung der *Zauberflöte* kam denn für viele Rezensenten völlig überraschend, dabei hätte man sie erwarten können, nicht nur, weil er sie in den Vorstufen zu *Mozart* schon zum Ausdruck gebracht hatte, sondern weil es kurz vor seiner Analyse der *Zauberflöte* in *Mozart* über die Kompositionen für die Loge »Zur Wohltätigkeit« heißt: »Die Vertonung des Wortes ›Menschheit‹ fiel ihm weit schwerer als Beethoven« (S. 325), Mozart habe also einen Widerwillen gegen Pathos gehabt: »Wenn wir betrachten, was er so alles in Musik gesetzt hat, müssen wir ihm das Gespür für den Wert reiner Poesie schlankweg absprechen« (S. 223).

Daß die *Zauberflöte* pathetisch ist, steht außer Zweifel, und daß Hildesheimer Mozarts Widerwillen gegen Pathos teilt, hätte man aus seinen Werken herauslesen können. In einem der Gedichte auf Günter Eichs Tod, *Wollten wir nicht*, schrieb er direkt: »(…) Wollten wir nicht bei Veltliner / in triftigen Gründen sitzen / und Wörter verspielen? Und wer das Wort / ›Jahrhundert‹ sagt, der zahlt eine Münze.«

Die Attacke gegen die *Zauberflöte* erfolgt also aus jener ihm eigentümlichen Konsequenz. Ob er, was man natürlich nicht wissen kann, in seiner Kindheit bereits gegen diese Oper eingenommen war, läßt sich nicht mehr ermitteln, zu *Zeiten in Cornwall* war er es aber ganz bestimmt, und am 3. August 1949 schrieb er seinen Eltern aus Nürnberg über die Eindrücke einer Reise nach Salzburg, was natürlich auch nicht bekanntgeworden sein konnte:

›Die Zauberfloete‹ in der Felsenreitschule, dirigiert von Furtwaengler, war sehr schoen aufgefuehrt aber sie begeistert mich nicht. Der Text – in dem uebrigens viele Leute Bedeutendes sehen – ist mir zu dumm. Vielleicht verstehe ich es nicht. Es ist mir alles zu kindlich-ethisch. Ausserdem langweilen mich die langen Pausen, die noch nichtmal von Rezitativen sondern von gesprochenen Dialogen ausgefuellt sind. Musikalisch sind allerdings Perlen darin, aber auf die muss man lange warten. Es bedeutet mir nicht viel, obwohl ich doch sonst Mozart vergoettere.

Das Urteil fällt in *Mozart* dann mit bezeichnender Wendung zur Person Mozarts aus: »Dieses sakral-monumentale Element, das Palmenwedeln, das Gewändertragen, das weihevolle Wandeln, ist unmozartisch-fremd, so als sei es ihm aufgezwungen« (S. 338). War Mozart im *Don Giovanni*, den Hildesheimer sehr schätzt, als Leporello personifiziert, so ist er in der Handlung der ungeliebten *Zauberflöte* nicht nur nicht präsent, sondern hätte mit ihr nach Wunsch des Essayisten wohl am besten gar nichts zu tun.

Im Begriff »unmozartisch« manifestiert sich, wohl vom jahrzehntelangen Affekt gegen die *Zauberflöte* provoziert, nun doch ein absolutes Mozart-Bild, gezeichnet von einem Autor, der seinen Essayisten an anderen Stellen gegen alle Absolutheitsansprüche zu Felde ziehen läßt. Bei der Darstellung *Mozarts* als literarisches Werk Hildesheimers hat es sich allerdings nicht darum zu handeln, seinen Angriffen eine Analyse der *Zauberflöte* entgegenzustellen, sondern darum, *Mozart* als seine unverwechselbare Komposition und Mozart als seine Hauptfigur darzustellen, was selbstverständlich nicht das primäre Anliegen der Musikkritiker und -liebhaber war.

Angriffe gegen seine Kritik der *Zauberflöte* mußten ihn besonders treffen, war seine Abneigung doch so mit ihm verwurzelt, daß er sich hätte persönlich getroffen fühlen können, als Anwalt Mozarts, beinahe als Mozart selbst – auch wenn er sich selbst hier als »wir« ausgibt. Kein Wunder, daß er Rainer Riehn scharf zurückwies, der ihm im dritten Heft der Serie ›Musik-Konzepte‹ – *Ist die Zauberflöte ein Machwerk?* – Inkompetenz vorwarf und sich im *Brief an Rainer Riehn* (S. 70) diesen Vorwurf zurückgeben lassen mußte, in einem offenen Brief, der, ganz Fair play, im selben Heft abgedruckt wurde: »Was uns trennt, ist nicht nur die Wertung der ›Zauberflöte‹, sondern es sind die Dimensionen Ihres Wunschdenkens und seine Unbefangenheit« (S. 72). Souverän gibt er einige Fehler zu, wenn auch seine Formulierung verrät, daß das

Verhältnis von Aufwand – ein ganzes Heft – und Ertrag eher merkwürdig scheint: »Es hätte wohl noch mehr zu sagen gegeben, aber
die Zeit drängt. Dank, daß Sie mich haben antworten lassen, daß
ich eine Jahreszahl korrigieren, ein falsches Zitat zurücknehmen
und mich an ein tiefes F erinnern konnte« (S. 75).[100]

Bedeutend sachlicher antwortete er auf die wissenschaftliche
Korrektur seiner Annahme in *Mozart* (S. 115 f. und 118 ff.) und
auch in seiner Auswahl *Mozart-Briefe* von 1975 (S. 30 f.), daß Mozart und »das Bäsle« Geschlechtsverkehr gehabt haben. Bereits in
Masante hatte er darüber geschrieben, dort natürlich noch als Ich,
das Mozart vertraulich mit dem Vornamen anredet: die Darstellung eines unüberbrückbaren Abstandes war noch nicht oberster
Grundsatz (S. 66 f.):

Hier hat Wolfgang mit seiner Cousine unflätige Spiele getrieben, hat mit
ihr über einige der fünfundzwanzig menschlichen Ausscheidungen sinniert, wie es seine Art war. Da hinten in dem Stübchen ohne Fenster haben
sie einander zur Nacht die Öffnung betastet, aus der mit vereintem Bemühen, der Kraft und der Sinnlichkeit, die sechsundzwanzigste Ausscheidung
dringt, das ist der Mensch selbst. Da haben sie einander gegenseitig die
Öffnungen lustig gestopft in wechselschenkligem Kanon, haben fröhliche
Wissenschaft getrieben, haben ihre eigenen Übungen belacht und in immer
neuen Verrenkungen versucht, bis dann auch diese Spielzeit vorbei war,
und Mozart weiterzog, nach Paris, wieder glücklos nach diesem glücklichen Zwischenspiel

Korrigiert wurde Hildesheimer im Jahr nach Erscheinen *Mozarts*
von den Herausgebern der wissenschaftlichen Neuausgabe der
Bäsle-Briefe, von den beiden Mozart-Forschern Joseph Heinz
Eibl und Walter Senn, die ihm die Möglichkeit gaben, in einem
Vorwort Stellung zu nehmen: »Obgleich ich – darüber weiter unten – in der Interpretation eines wesentlichen Punktes anderer
Meinung bin als die beiden Autoren, halte ich diese Arbeit für
exemplarisch. Hier wird, erschöpfend und endgültig, Aufschluß
vermittelt« (S. 7). Damit begründet er seine sachliche Stellung-
nahme, denn hier nun wird Mozart nicht mehr »nach unten«
gereinigt, hier werden in hellem Licht jene Seiten gezeigt, gegen
deren Verschleierung *Mozart* Mozart in Schutz nimmt. Wie in der
Einleitung *Mozarts* angekündigt, erkennt er andere Meinungen
an, sofern sie auf exemplarischer Analyse des Quellenmaterials
beruhen und »wertfreie Interpretation« liefern (S. 8).

Die Argumente von Eibl und Senn hatte er von dem New Yorker Psychoanalytiker Kurt R. Eissler prüfen lassen, gibt aber nicht ihre absolute Richtigkeit zu, sondern ihre große Wahrscheinlichkeit: »Der eruptive Stil der Bäslebriefe, die Akkumulation der Bilder und das schwelgerische Verweilen auf der Analsphäre mögen sehr wohl eine Art der Ersatzbefriedigung darstellen, ein Ausweichen auf die Ebene des Verbalen, und es sei zugegeben, daß diese Äußerungen keinen Beweis für eine echte Sexualbeziehung erbringen« (S. 10).

Er gesteht im Sinn des grundsätzlichen »vielleicht« seiner Einleitung zu, daß eine Vermutung, die wahrscheinlich scheint, noch nicht bewiesen ist, sei sie nun von ihm selbst oder von anderen aufgestellt; er läßt die Argumente von Eibl und Senn nicht als Beweis gegen seine eigenen Argumente gelten, sondern hält sich die Möglichkeit offen, dennoch in allem recht gehabt zu haben.

Wahrheit ist letztlich nicht beweisbar, und Wahrscheinlichkeit beruht auf subjektiver Überzeugung, und diese Überzeugung läßt sich mit Beweisen zwar bestimmen, aber nicht erzwingen. Hildesheimer sagt selbst: »stiege Mozart herab und sagte: du hast unrecht, die anderen hatten recht, so wäre ich der Verlierer, und es bliebe mir nur, Mozart zu überzeugen, daß der Schein und damit die Wahrscheinlichkeit mir recht geben« (*Warum weinte Mozart?*, S. 255).

Nur die dargestellte Persönlichkeit selbst könnte dem spekulativen Charakter, den jede Darstellung des Wahrscheinlichen besitzt, die Qualität der Gewißheit geben, falls man ihr, der Persönlichkeit, was Hildesheimer im Fall Mozarts ablehnt, das vollständige Bewußtsein ihrer selbst zugesteht.

Wenn auch wohl nicht bewußt so geplant: Mozart, diese Figur Hildesheimers, wird mit ähnlichen Vorlieben, Abneigungen und Verhaltensmustern ausgestattet wie seine früheren Figuren, mit Eigenschaften, die, mit allem Vorbehalt, ihr Autor selbst trägt, außer eben der einen: mit Tönen Musik komponieren zu können. Doch selbst hier besteht eine Verwandtschaft, wie sich bereits gezeigt hat: nämlich Hildesheimers Fähigkeit, Musik mit Worten zu komponieren.[101]

Mozart hat die Qualität Shakespeares erkannt, hat er doch, wie Hildesheimer das Marbot tun läßt (S. 50-52), einen Monolog Shakespeares kritisch beleuchtet und ihn, anders als Marbot, nicht paraphrasiert, sondern auf seine Bühnenwirksamkeit betrachtet, und zwar im Brief an seinen Vater vom 29. November 1780 (zitiert

S. 244). Mozart ging es um die Länge der Rede des Orakels im *Idomeneo*, die er möglichst kurz haben wollte, weil die Rede des Geistes bei Shakespeare zu lang sei und durch Kürzung gewinnen würde.

Hamlet also – auch er ist, verwandelt, aus der Wüste zurückgekehrt –, gemeint ist aber nicht sein klassischer Monolog, denn die Frage nach Sein oder Nichtsein, so der Essayist, habe sich Mozart nicht bewußt gestellt: »In seinen Opern hat Mozart Gestalten geschaffen, die an dramatischer Präsenz, in ihrer Eigenart und im Volumen ihrer Individualität denen Shakespeares ebenbürtig sind. Gewiß nähren sie sich nicht aus der Tiefe ihrer seelischen Konflikte, in der Deutung psychischer Verstrickung kann Musik die Worte nicht ersetzen, den Zwiespalt ›Sein oder Nicht-Sein‹ kann sie nicht ausmalen. Dafür gewinnen Mozarts Figuren eine andere Art der Wirkung, die mit Worten nicht zu umschreiben ist: Sobald ihre Rollen bestimmt sind, ihr Thema angeschlagen, ihr Charakter angedeutet, werden ihr Schicksal und ihre Seele völlig und ausschließlich zu Musik. Mozart brauchte sie nicht aus dem Leben zu greifen, das Libretto genügte« (S. 250).

Mit solchen Formulierungen charakterisiert und wertet der Essayist Mozarts Musik, ohne sich in Musikanalysen zu verlieren: sie ersetzt psychologische Darstellungen und gewinnt Shakespearesche Dimensionen. Mozart allerdings lebte in einer vorpsychologischen Zeit, was für Mozarts Person gilt, nicht aber für seine Deuter, für Hildesheimer und seinen Reflekteur. Obwohl die psychologische Selbsterforschung schon vor Mozarts Zeiten begonnen hatte, man denke an Montaigne (S. 271 erwähnt), dann vor allem an *Anton Reiser*, ein Buch, das Mozart hätte kennen können, hätte er sich für Literatur wenigstens soviel interessiert wie Marbot.

Doch Selbstanalyse, sagt der Reflekteur, sei Mozart fremd gewesen, wie sie dem Genie, im Gegensatz zum Scheingenie, noch heute fremd sei: das Genie »sieht sich nicht in Relation zur Welt. Es sieht sich überhaupt nicht« (S. 64). Hier betont Hildesheimer einen Unterschied zwischen dieser Figur und den Figuren seiner früheren Werke, denn gerade in den Werken des *Tynset-Masante*-Komplexes hatte er seinen Reflekteur versuchen lassen, sich mit verzweifelter Präzision in Relation zur Welt zu setzen, aus der er geraten war und von der er sich zunehmend entfernte, was Hildesheimer ja auch für Mozart festgestellt hat.

Der entscheidende Bruch in einer beinahe lückenlosen Identifikation, die Selbstanalyse, ja die psychologische Analyse überhaupt, spielt also nicht jene Rolle, die man vielleicht annehmen könnte: es macht letztlich keinen Unterschied aus, ob eine Figur bewußt oder unbewußt aus der Welt gerät. Selbst das eindeutige Diktum, daß sich das Genie »überhaupt nicht« sieht, schränkt der Essayist ein, denn Beethoven gilt ihm als Ausnahme; Beethoven habe sich zwar gesehen, aber: »er sah sich falsch« (S. 64).

Sowenig man bei den meisten Aussagen in *Mozart* das »wir«, in dem der Essayist und sein globales »vielleicht« steckt, ohne Vorbehalte mit dem Autor Hildesheimer gleichsetzen darf, sowenig darf man Mozarts Briefe oder seine Musik mit dem Schreiber oder Komponisten Mozart kurzschließen. Der Essayist sucht in Mozarts Briefen und, seltener, in seiner Musik jene Stellen, anhand derer sich vielleicht dennoch etwas Direktes zur Person aussagen läßt; den Lesern wird es, scheinbar, einfacher gemacht; *scheinbar* nur deshalb, weil sich der Autor Hildesheimer hinter seinem Geschriebenen ebenso versteckt wie Mozart hinter dem seinen. Das Bild seiner selbst, das Mozart nicht von sich hätte geben können, das aber jeder Biograph von sich, nach der Forderung Hildesheimers, zu geben hätte, muß zwangsläufig verschleiert bleiben, um nicht zu sagen »falsch«: der Biograph kann zwar seine Subjektivität betonen, aber welchen tatsächlichen Standort diese Subjektivität einnimmt, kann nicht festgelegt werden, sondern liegt ausschließlich im subjektiven Ermessen des Lesers.[102]

Das Ich bleibt letztlich der entscheidende Faktor. Wenn der Leser jene Passagen untersucht, in der das Ich aus dem Wir hervortritt, bemerkt er, daß sich beide kaum unterscheiden: »Mir schien diesem Werk ein emotionaler Gehalt innezuwohnen, die musikalische Transposition eines inneren Vorgangs darzustellen, in Worten schon deshalb nicht erzählbar, weil er in der außermusikalischen Wirklichkeit nicht stattgefunden hat« (S. 93). Das gilt dem *Adagio* für Klavier in h-Moll (KV 540), das Hildesheimer besonders schätzt, wie er in der Sendung *Meine Schallplatte* ein Jahr vor Erscheinen *Mozarts* gesagt hat.

Bei Reflexionen über Werke, denen Hildesheimers Zuneigung gilt, spricht der Reflekteur nahezu immer als Ich, vor allem dann, wenn er seine Position als Nicht-Musikologe bezeichnet: »Für solches Erleben wird jeder seine eigenen Belege haben; für mich sind etwa die Wendung von g-Moll zu Es-Dur am Ende des ›Qui tollis‹ in der c-Moll-Messe oder das leise ostinato des doppelchorigen ›Salve nos‹ im ›Rex tremendae‹ des ›Requiem‹ atemberaubende Passagen (ich nehme mir die Freiheit des Nicht-Zünftigen: die der Hingabe an ›schöne Stellen‹). Und doch sehe ich Mozart niemals ›inbrünstig‹« (S. 375).

Aber nicht nur bei der Besprechung von Werken, sondern auch bei der Behandlung von Themen, die den Essayisten besonders berühren, tritt das Ich hervor und verrät zuweilen eine leichte Unsicherheit, zum Beispiel bei der Vermutung von Mozarts Todesursache: »Wenn wir uns dazu entschließen, in diesem Dunkel alle jene Faktoren abzustreichen, deren Ausgangspunkte im Reich der Spekulation verbleiben, so neigen wir – neige ich – zu der Annahme, daß Mozart plötzlich, an einer akuten Krankheit, vielleicht einer Epidemie, gestorben ist« (S. 370).

Solche Formulierungen verraten das Dilemma, in dem sich das Ich befindet: Spekulation weist es, wo sie sich in der Biographik bisher gezeigt hat, scharf zurück; so auch in dieser Aussage. Im selben Atemzug jedoch spekuliert das »wir« selbst, allerdings als Ich, und treibt die Spekulation noch weiter in den Bereich des Privaten, wenn es kurz darauf über den Geruch im Sterbezimmer Mozarts sagt: »ich gestehe, daß ich mich schon oft nach seiner Erträglichkeit gefragt habe« (S. 370). Hier zeigt sich der Affekt gegen jegliche Verklärung, ein Affekt, der, wie gesagt, immer dann deutlich wird, wenn Hildesheimer von Mozarts Ende spricht.

Auf komplizierte Weise entsteht so ein implizit kollektives Bild von Mozart, das einige Züge erhält, die subjektiv markiert sind und die deshalb dem Widerspruch anheimgestellt bleiben. Widerspruch könnte sich jedoch auch am vorgeblichen Konsensus entzünden: »Wir suchen im Reservoir unserer passiven Phantasie nach jener Gestalt, in der Mozart uns leiblich und in Aktion präsent würde, doch finden wir sie seltsamerweise nur in den belegten Manifestationen seiner Exzentrizität. Wir sehen ihn eher Grimassen schneiden als zur Tür hereinkommen. Ich denke, nur wer über keine Vorstellungskraft verfügt, kann ihn sich vorstellen, nur wer ohne Phantasie ist und daher nicht darüber hinauskommt, seinen Helden mit den eigenen Attributen auszustatten, sich des eigenen seelischen Erfahrungsschatzes zu bedienen, hat Mozart als Gestalt aus Fleisch und Blut parat. Uns – pluralis concordiae – entzieht er sich selbst in seinen ›normalen‹ Funktionen, wir sehen ihn noch nicht einmal als Schläfer« (S. 288).

Dieses »noch nicht einmal als Schläfer« – an anderer Stelle ist es Mozart als Esser (S. 288 f.) – trägt eine jener unbewußten Markierungen, die sich dem erklärt, der den Autor der *Schläferung* oder *Tynsets* kennt. Die Betonung des Plurals des Einverstandenseins an dieser Stelle scheint eine bewußte Verwischung der Grenzen zwischen dem kollektiven »wir« und dem subjektiven Ich zu sein.

An der Nahtstelle vom »wir« zum Ich siedelt auch folgende globale Aussage, die das ganze Buch betrifft und die mit allem Recht in der Einleitung hätte stehen können: »Es wird dem Leser nicht entgangen sein und auch fernerhin nicht entgehen, daß in diesem Versuch einige der bedeutenden Werke Mozarts nicht behandelt werden.« Das Ich bekennt sich also, gemäß der Einleitung, zur subjektiven Auswahl, die allerdings auch von Sachzwängen bestimmt ist: es geht in *Mozart* »nicht um Werkanalyse«, zu der das Ich, wie es sagt, »weder befugt noch disponiert wäre« (S. 156).

Tatsächlich handelt es sich nicht um musikwissenschaftliche Analysen, sondern um die Möglichkeit, sich ein Genie wie Mozart vorzustellen, und um Biographieschreibung überhaupt. In Hildesheimers Rede *Was sagt Musik aus?* heißt es: »Wer da sagt: ›Mich interessiert nicht der Mensch, sondern seine Musik‹, der hat – dessen kann man sicher sein – auch die Musik nicht erfaßt. Denn jedes Anhören von Musik, jede Kunstbetrachtung überhaupt, löst ein simultanes inneres Interpretationsgeschehen aus, zu dem die Vergegenwärtigung aller Aspekte gehört, und damit auch die Spekulation über seine Entstehung. Sie gehört zum Akt der Wahrnehmung, ohne den der Akt der Anerkennung nicht folgen kann« (S. 44 f.).

Hildesheimers Fragestellung gilt zwar nicht in erster Linie der Musik, sondern dem Menschen, aber er betont immer wieder, daß sich der Mensch Mozart einzig in seiner Musik unverhüllt und ohne Maske ausgedrückt habe, daß seine Musik jedoch keine Schlüsse auf den Menschen zulasse, ebensowenig wie der Mensch Mozart seine Musik erklärt habe: »das Denken in Musik (...) formuliert in höchster Differenziertheit und Präzision. Aber *was* formuliert es? Notwendigerweise werden wir an diese Frage noch mehrmals stoßen, ohne sie im Fall Mozart beantworten zu können« (S. 43).

Aus dieser Gewißheit zitiert er Alfred Einstein zustimmend, ein in *Mozart* seltener Fall. Einstein nennt die sechs Haydn gewidmeten Streichquartette »Musik aus Musik« (Einstein, S. 199), was den Essayisten zu folgender Replik anregt: »›Musik aus Musik‹, das klingt unvergleichlich viel klarer als ›Musik aus übervollem Herzen‹; es gibt unser interpretatorisches Versagen so viel besser wieder als jeder Versuch, Unübersetzbares zu übersetzen« (S. 177f.). Der Mensch Mozart versage »als Schlüssel«, und darin liege eben das »Rätsel Mozart« (S. 50f.).

Wie sich gezeigt hat, kann der Essayist dennoch sehr viel über Mozart sagen. Wenn er etwas sagt – meist in den direkten Aussagen –, scheint er seine Behauptung der Unüberbrückbarkeit der zeitlichen Distanz gerade durch ihre Einbeziehung in seine Argumentation zu widerlegen: er zieht klare Konturen, er sagt Unwiderlegbares über den Menschen Mozart und seine Musik; aber sofort schränkt er ein und nimmt die Klarheit selbst wieder zurück. Im Jahr 1982, zur Zeit der letzten großen Reden über Mozart, entstand die Tuschzeichnung *Ausblick auf Welträtsel*, die diese »Wiederherstellung des Rätsels durch Aufklärung«, wie Thomas Zenke über *Mozart* schrieb, offenbar bildlich festhält: die Tuschzeichnung zeigt zwei eng beieinanderliegende Kreise, die aus einem undefinierbaren Gespinst aus Linien und Flächen runde Zentren konzentrierterer Struktur aus Linien und Flächen herausschneiden. Die zwei Kreise könnten den Blick durch eine Brille meinen, oder auch, was an *Vergebliche Aufzeichnungen*, an *Tynset* und *Masante* erinnert, den Blick durch ein Fernglas, jedenfalls aber durch ein optisches Vergrößerungsgerät. Trotz dieses intensiv verstärkten und suchenden Blickes wird das Gespinst zwar deutlicher erkennbar, aber nicht entwirrt. Selbst bei genauester Untersuchung, wie *Mozart* sie vorführt, lassen sich die Rätsel nicht lösen.[103]

Schon der letzte Satz von Hildesheimers Rede *Bleibt Dürer Dürer?*, 1971 gehalten und wie die fast gleichzeitigen Anmerkungen zu *Mary Stuart* in manchen Punkten eine Vorwegnahme der Position des Reflekteurs in *Mozart*, lautete: »Sein Werk erhellt ihn daher kaum, es macht ihn, in entscheidenden Partien, rätselhafter, fremder, ferner. Und wenn es mir in meinen Worten gelungen ist, nur ein wenig von dieser Ferne zu vermitteln, so wäre mein Zweck erreicht.« Ähnlich beschloß er auch die Rede *Die Subjektivität des Biographen*: »gänzlich vorstellen kann ich ihn mir auch nicht, und wenn es mir gelungen ist, etwas von dieser Unvorstellbarkeit zu vermitteln, zu demonstrieren, daß Mozart *nicht* einer von uns ist, dann ist mein Buch gelungen« (S. 138).[104]

Und so wiederholt auch der Reflekteur *Mozarts* immer wieder: »Für uns bleibt Mozart der ewig Schweigende, beredt nur in der Ablenkung und vielsagend nur in seinem Werk, das er durchweg von anderen Dingen sprechen läßt als von seinem Schöpfer« (S. 228). Oder: »Obgleich tausendfach belegt, wird uns Mozart ewig rätselhaft und unnahbar bleiben« (S. 370). Dabei fällt auf, daß Hildesheimer das Wort »ewig« ohne Einschränkung gelten läßt, sofern es sich um Mozart – nicht etwa um Mary Stuart oder Dürer – handelt und dessen Rätselhaftigkeit verstärkend belegt. Vielleicht deutet sich hier ein weiteres Dilemma sehr persönlicher Art an: der Hildesheimer der *Lieblosen Legenden* hatte sich mit schärfstem Spott gegen die sogenannten ewigen Werte gewehrt – im Fall Mozart, das bleibt unwiderlegbar, gesteht er die Qualität des Ewigen und ihrer Kehrseite: des Einmaligen zu, ohne sie lächerlich zu machen, wenn auch eine geprüfte Ewigkeit und Einmaligkeit. Aus diesem Widerspruch innerhalb des Gesamtwerks rührt vielleicht ein Großteil der Widersprüche innerhalb *Mozarts* her. Doch gleich zu Beginn, kurz nach der Einleitung, steht der Satz: »Verachten wir die Schwärmer nicht! Ihr Gegenstand adelt die Empfindung selbst dort, wo sie sich nicht anders zu artikulieren vermag als ›aus tiefstem Herzen‹« (S. 20).

Nun kann man Hildesheimer wahrhaftig nicht nachsagen, er habe das Vokabular eines Schwärmers, der »aus tiefstem Herzen« schreibt; dennoch ist unverkennbar, wie sich in dieser gleich zu Beginn eingestandenen »niemals nachlassenden aktiven Verehrung Mozarts« (S. 7) unterschiedliche grundsätzliche Auffassungen widersprüchlich vereinigen: »Mozart als einmaliges Phänomen – von diesem Gemeinplatz kommen wir nicht los. Er sei hier nicht als Ausdruck der Schwärmerei angewandt, sondern im Versuch, einen Standort der Klassifikation zu finden« (S. 34).

Im Bewußtsein, sich von mancher seiner Prämissen loszulösen, beschließt Hildesheimer *Mozart* mit einem Absatz, der seine Verehrung Mozarts unverstellt zum Ausdruck bringt. Rückblickend hat er zu Paul Fiebig gesagt, er sei ob des letzten Satzes »angegriffen« worden (S. 93), habe ihn sich aber »geleistet«, um sein Werk für sich selbst »zu krönen« (S. 377):

Wahrscheinlich hat die Zäsur, die sein Tod bedeutete, noch nicht einmal Mozarts engste Mitwelt erschüttert, und niemand hat geahnt, als man am 6. Dezember 1791 den schmächtigen und verbrauchten Körper in ein dürftiges Grab senkte, daß hier die sterblichen Reste eines unfaßbar großen

Geistes zu Grabe getragen wurden, ein unverdientes Geschenk an die Menschheit, in dem die Natur ein einmaliges, wahrscheinlich unwiederholbares – jedenfalls niemals wiederholtes – Kunstwerk hervorgebracht hat.

Mit diesem Schluß »leistet« sich Hildesheimer allerdings nichts, was er sich nicht auch schon im Buch »geleistet« hätte: er hebt Mozart auf die höchste Höhe und folgt darin dem, was anderen Biographen Regel war und ist. Doch letztlich ist nicht nur entscheidend, daß Mozart nach einem anderen Gesetz angetreten ist als seine Deuter, sondern auch, nach welchem Gesetz seine Deuter angetreten sind.

Mozart ist ein großangelegter und großartiger Versuch über das Verhältnis von Wahrheit und Wahrscheinlichkeit, auf den Begriffe wie Fiction und Non-fiction nicht mit letzter Entschiedenheit angewendet werden können. Hildesheimer selbst reflektierte vier Jahre nach Erscheinen seines Buches, in der letzten Rede einer Reihe großer Reden über Mozart, noch einmal dieses Problem, das *das* zentrale Problem jeder Biographieschreibung sein sollte. In seiner Rede *Warum weinte Mozart?*, anläßlich der Eröffnung der Münchner *Idomeneo*-Ausstellung gehalten, sagte er: »Wahrheit und Wahrhaftigkeit sind inkommensurabel. Die Wahrheit existiert objektiv als ein Absolutes, auch wenn sie niemand in ihrer Ganzheit wahrnimmt. Wahrhaftigkeit aber ist subjektiv. Sie ist die Eigenschaft eines Menschen oder seines Denkens oder Handelns. Der Begriff drückt das persönliche Bemühen um die Erkenntnis der objektiven Wahrheit aus und den Vorsatz, sich danach zu richten« (S. 251).[105]

Die Rede *Warum weinte Mozart?* ist im Jahr 1981 entstanden, also im Jahr des Erscheinens von Hildesheimers nächstem Prosawerk *Marbot. Eine Biographie*. Was er aus der Retrospektive über *Mozart* sagt, gilt bereits auch für *Marbot*, ein Buch, das in mancher Hinsicht die logische Konsequenz *Mozarts* ist. Nun betont er, stärker als in früheren Reden, daß jede Art der Biographie Spekulation bleiben müsse, und prägt den Begriff »spekulative Biographik« (S. 251):

Der Begriff erscheint mir adäquat, da er auch die Fragwürdigkeit dieser Disziplin wiedergibt. Die ›spekulative Biographik‹ kann niemals den Anspruch der Wahrheit erheben, denn sie arbeitet mit den Mitteln der Vorstellungskraft. Was sie aufstellt oder konstruiert, ist nicht beweisbar. Demnach bleiben ihre Aussagen Behauptungen. Der Biograph, der sich diese Unbeweisbarkeit zunutze macht, handelt unwahrhaftig. Der Biograph, der sich nicht permanent mit der Frage konfrontiert, ob seine Aussage mit dem Diktat seiner Überzeugung übereinstimmt, handelt leichtfertig und unverantwortlich. Subjektiv richtig handelt daher nur, wer seine Vorstellungskraft unter Kontrolle seines Gewissens hält. Ob er auch objektiv richtig handelt, ist damit allerdings nicht gesagt. Denn auch das makellose Gewissen ist kein Kriterium des Denkens, und der objektive Wert der Vorstellungskraft steht und fällt mit ihrer Qualität.

Mozart, das wird niemand bestreiten wollen, ist die größte Identifikationsfigur Hildesheimers geworden, aber bei seiner widersprüchlichen und anregenden Darstellung verhält es sich eben nicht so, wie er über weniger kongeniale Deutungen in *Die Subjektivität des Biographen* schreibt: »genaugenommen müßte eine solche Bindung an eine einzige Figur zu einer Art der Glorifizierung führen, wie sie für jeden Leser unzumutbar wäre« (S. 137). Ob Hildesheimers *Mozart* unzumutbar ist, entscheidet sich letztlich nicht auf der Ebene der einzelnen Fakten – daran ändern auch seitenlange Korrekturlisten nichts Wesentliches –, sondern auf der Ebene der philosophischen Grundhaltung seines Deuters.

Dietmar Polaczeks Formulierung »Mozartmythos – Modellwechsel« trifft den Punkt: es geht nicht etwa um Entmythologisierung, dagegen wandte sich Hildesheimer auch in seiner Rede *Die Subjektivität des Biographen*: »Die Kritik bediente sich auch des Wortes *Entmythologisierung*, das ich selbst niemals angewandt hätte, denn es wurde ja nicht geschrieben, um Mythen abzubauen, sondern um die Mythologen und Mythographen anzufechten und ihren und meinen Helden so darzustellen, wie meine Vorstellungskraft es mir diktierte« (S. 123). Oder in *Was sagt Musik aus?*, der Eröffnungsrede der Salzburger Festspiele 1980: »Entmythologisierungsversuche an großen Menschen sind insofern sinnlos, als das Vokabular der Nivellierung jene Dimensionen nicht mehr erreicht und nicht mehr zu erreichen sucht, die das Genie von den anderen abhebt« (S. 47). Doch bereits in *Bleibt Dürer Dürer?* hat er den zutreffenden Satz formuliert, der für sein eigenes Buch gilt: »Entmythologisierung schlägt meist in Remythologisierung unter umgekehrten Vorzeichen um« (*Das Ende der Fiktionen*, S. 35).

In *Die Subjektivität des Biographen* sagt er: »Wo es mir also nicht gelingen wollte, das Lesepublikum zu Verbündeten gegen eine Schar Unverbesserlicher zu machen, machte ich meinen Helden zum Verbündeten, der dieses Mißverständnis weder herausgefordert noch verdient hat« (S. 130). Hier spricht er es selbst aus: seinen »wir«-Reflekteur, der in unterschiedliche Rollen schlüpft und sich entzieht, hat er nicht nur »mit einiger Schläue« bewußt gewählt, sondern auch unbewußt. Das »wir« faßt an vielen Stellen Reflekteur und Leser zusammen, gewiß, aber letztlich bedeutet es, Zeichen vollkommener Identifikation, Hildesheimer und Mozart.

10 Marbot. Eine Biographie

Marbot ist, wie der Untertitel des Buches ernsthaft versichert, *Eine Biographie*, zweifellos, aber eine außergewöhnliche, denn der romantische Kunstästhet und -theoretiker Sir Andrew Marbot hat nicht gelebt, seine Aufzeichnungen und Briefe sind erfunden. In *Mozart* hatte das außerfiktionale Element nur scheinbar Priorität, in *Marbot* sind alle scheinbar außerfiktionalen Elemente Fiktion.

Hildesheimer betonte, er wisse nicht mehr, wie er zum Namen »Marbot« gekommen sei, in Graubünden gebe es Familien dieses Namens, was er aber erst hinterher entdeckt habe. Ebenfalls erst später habe er in einem Lebensmittelgeschäft einen Sack Nüsse mit der Banderole »Noix Marbot« gefunden. Außerdem erwähnte er den französischen Offizier namens Marbot, der unter Napoleon gedient und seine Memoiren veröffentlicht hat.[106]

Hugo Mario Caviola bildet in seiner Lizentiatsarbeit *Das Verhaeltnis von Realitaet und Fiktion in der Prosa Wolfgang Hildesheimers* das Titelblatt eines Sonderdruckes der Rede *Arbeitsprotokolle des Verfahrens Marbot* ab, auf dem Hildesheimer ein »anagrammatisches Spiel« mit den beiden Namen Mozart und Marbot betrieben hat: »MOZART / MORZAT / MARZOT / MARBOT«.[107]

Hildesheimer, das zeigen *Die letzten Zettel* und *Nachlese*, spielt zuweilen auf diese Weise mit Wörtern, es könnte also sein, daß er den Namen Marbot tatsächlich so gefunden hat. Franz Loquai hat andere Möglichkeiten anagrammatischer Herleitung entdeckt: »les beaux arts et Mozart / Meaux(z)art – Martbeaux / Mozart – Marbot«, außerdem stecken in beiden Namen »l'art« und »la mort«. Auch diese Versionen des Spiels leuchten ein, wenngleich

Hildesheimer die französische Sprache selten anwendet, aber er läßt Marbots Vorfahren aus Frankreich stammen, genauer: aus dem Périgord, wo sich auch das Schloß Montaignes befindet, und in einer Ausgabe der *Essais* läßt er die Briefe von Lady Catherine an ihren Sohn Andrew, die einzigen, die nach seinem Willen erhalten geblieben sind, rund anderthalb Jahrhunderte überdauern.[108]

Mozarts Name erscheint, was gewiß kein Zufall ist, in *Marbot* nicht. Hildesheimer sagt in Interviews immer wieder, er habe bei der Arbeit an *Mozart* entdeckt, daß man die »ideale Biographie« nur über eine Figur schreiben könne, die nicht existiert hat. Er wendet also die an *Mozart* gewonnenen Erkenntnismittel nun, statt auf Musik, auf bildende Kunst an und stattet seine Figur Marbot, wie Mozart auch, weitgehend mit seinen eigenen Vorlieben und Abneigungen aus.

Im Gespräch »*Mozart*« und »*Marbot*« – *Spiegelbücher?* wurde er von Hanjo Kesting nach dem Zusammenhang von *Mozart* und *Marbot* befragt. Kesting trug seine Theorie vor, in *Marbot* betreibe er das, was er sich in *Mozart* hätte versagen müssen, doch Hildesheimer wich, zu Recht, aus: »der Autor sieht manches nicht, was Kritiker und Literarhistoriker dann doch sehen. Sicher gibt es Zusammenhänge, die ich mir nicht bewußt gemacht habe, weil es sich für mich gar nicht lohnt.«[109]

Die Zusammenhänge existieren, und es lohnt sich wohl doch, den Ursprüngen der Inspiration zur Biographie einer fiktiven Figur nachzuforschen: auf einer der Sammelmappen, in denen Hildesheimer diverses Material verwahrt, hatte er zunächst »Butt« notiert und später »Marbott« darübergeschrieben; der *Butt* von Günter Grass ist im selben Jahr wie *Mozart* erschienen und wurde damals von manchem Kritiker als die wichtigere Neuerscheinung gepriesen.[110] Auf einer anderen Sammelmappe steht »Bott – Ausstellung«, was natürlich den Bildhauer Not Bott meint, über den Hildesheimer einige Texte geschrieben hat und an dessen Werk er immer wieder die Eigenart hervorhebt, aus Vorgefundenem – nämlich aus Wurzelstöcken – Kunstwerke zu gestalten: wie Not Bott aus den Wurzeln alter Bäume, die ihre Geschichte haben, Figuren formt, so formt Hildesheimer aus den Wurzeln der menschlichen Geschichte seine Figur Andrew Marbot. Aus »Butt« und »Bott« könnte »-bott« entstanden sein, und Hildesheimer hat »Marbot« zu Beginn tatsächlich mit doppeltem »t« geschrieben.

Auch *Der Butt* dient nicht nur als Namensspender: im Geburtstagsbrief *Butt und die Welt* kritisiert Hildesheimer – der den *Butt* sonst als »Jahrhundertbuch« rühmt – die Gestaltung der Korrespondenz zwischen Amanda Woyke und Graf Rumford, da die »relative Unwahrscheinlichkeit eines solchen Vorganges (...) auch dann nicht aufgehoben wäre, wenn er wirklich stattgefunden hätte«; in Klammern fügt er hinzu: »Manche Dinge werden ja dadurch nicht glaubhafter, daß sie wahr sind« (S. 966). Er fand sich durch den *Butt* zu manchen Reflexionen veranlaßt, oder zumindest zu deren Formulierung, die er bereits bei der Arbeit an *Mozart* angestellt haben mag und die dann bei der Konzeption und Ausarbeitung *Marbots* ihre Rolle gespielt haben: »Historischen Figuren ein zusätzliches Aktionsfeld anzudichten, das in der Historie (so brüchig sie auch sei) durch keine entsprechende Eigenschaft belegt ist, hat ein Element des Gewaltsamen, da macht die Fabel es sich zu bequem« (S. 967). So hat er, wie er im Klappentext der Erstausgabe *Marbots* selbst schreibt, Andrew Marbot in die Kulturgeschichte des frühen neunzehnten Jahrhunderts derart bruchlos »eingewoben«, daß manchmal selbst Kenner der Epoche die Fiktion nicht erkannt haben.[111]

Im *Butt*, so Hildesheimer, sehe er »die Aufnahme von Weltgeschehen in Form zyklisch sich wiederholender tragischer Märchen vom Scheitern und Versagen« (S. 969), und zu den großen Figuren des Scheiterns gehört, wie schon der Reflekteur der Werke des *Tynset-Masante*-Komplexes, nun auch Andrew Marbot. Das »Ich im Butt« führe »uns das ewig Potentielle vor« – wie die Figuren Hildesheimers auch, einschließlich der Biographen Mozarts und Marbots –, und dieses Ich spricht Hildesheimer in ironischer Gleichsetzung mit dem Autor Grass an, als einen »unter anderen Edeks«, der »selig an den drei Brüsten« der Urmutter Aua sauge, und fügt hinzu: »über die Sehnsucht nach der Muttergeliebten, über diesen Objektverlust kommst Du niemals gänzlich hinweg« (S. 970). Ebenso ergeht es Andrew Marbot, der sich nach vollzogenem Inzest auf Reisen begibt. Die »souveräne Melancholie«, die aus dem *Butt* spreche, resultiere aus der Einsicht, »daß Geschichte und Liebesgeschichte falsch gelaufen sind« (S. 970), eine Einsicht, die sich Andrew Marbot gewiß zu eigen gemacht hat, aber auch Hildesheimer selbst, denn mit *Marbot* versucht er, die Geschichte und die Liebesgeschichte umzuschreiben. Was er über Grass und den *Butt* schreibt, gilt ebenso für ihn, für Marbot und für *Marbot*:

»Etwas nicht lassen können und nicht tun können, das ist nicht bloß ein Thema. Es ist *das* menschliche Thema, und in seiner Behandlung und Meisterung hast Du Vorfahren in Shakespeare und den griechischen Tragikern« (S. 970). Das gilt letztlich auch für *Mozart* und für alle anderen Werke Hildesheimers, in denen er das Unsagbare zu sagen versucht, das gilt aber auch für jene Versuche, das Vergangene zu korrigieren, die Hildesheimer seit seinen Anfängen als Schriftsteller – man denke an Gottlieb Theodor Pilz aus den *Lieblosen Legenden* und verstärkt seit Anfang der sechziger Jahre – unternommen hat, Versuche, die in *Marbot* exemplarischen Ausdruck gefunden haben.

Butt und die Welt ist im Oktober 1977 erschienen, und im November 1977, kurz nach der Rückkehr von der Lesereise mit *Mozart*, begann Hildesheimer, die ersten Pläne zu *Marbot* zu skizzieren; noch schrieb er, wie gesagt, »Marbott« und versah den Vornamen »Andrew« mit einem Fragezeichen. Noch hatte er nicht die Idee der Inzestbeziehung, sondern wollte Marbot homosexuell sein lassen. Noch standen die endgültigen Lebensdaten nicht fest: zunächst hätte Marbot von 1806 bis 1832 leben sollen, wäre also nur ungefähr sechsundzwanzig Jahre alt geworden. Im Januar 1978 stand fest, daß er dreißig Jahre alt werden und sein Leben selbst beenden sollte; zu dieser Zeit hätte er von 1804 bis 1834 leben und in Rom sterben sollen (Brief an Wolfgang Koeppen vom 14. Januar 1978). Tatsächlich lebt Andrew Marbot dann von 1801 bis 1830 und geht, kurz vor seinem dreißigsten Geburtstag, in der Nähe Urbinos, wo Hildesheimer ja selbst einige Jahre gewohnt hat, in den Freitod.[112]

Wie Mozart ist auch Marbot zur Identifikationsfigur geworden. Mozart war »der Fremde« geblieben, »der sich nicht als solcher sehen wollte, der sich der Art seiner Fremdheit niemals bewußt wurde, überdies einer, der sich nicht verriet. Und wenn wir auch aus den lückenhaften Zeugnissen eine Gestalt zu erkennen meinen, so bleibt sie auch uns, in ihrem inneren Wesen, nämlich dem Element, das sein Kreatives und sein Äußeres zusammenhält, dunkel und rätselhaft« (S. 285).

Über Marbots Analyse des Goetheschen Kunstverständnisses schreibt der Biograph: »Hier haben wir Marbot in seinem Element, und seine Geschichte ist die Geschichte dieses Elementes: das Kunstwerk als Diktat der unbewußten Regungen seines Schöpfers. Er hat diese Regungen wie keiner vor ihm und wenige

nach ihm zu ertasten versucht, gewiß, ohne jede Sicherheit, deren
Resultat den Beweis des Zutreffens zu liefern vermöchte, und
doch mit einer Methodik, deren Instrumentarium er sich erst
selbst schaffen mußte, zwar immer eingedenk eines möglichen
Scheiterns, doch mit zunehmendem und überzeugendem Selbst-
vertrauen« (S. 15). Als Kommentar fügt der Biograph einen Satz
Madame de Staëls hinzu: »Wer dem Genie am nächsten kommt, ist
derjenige, der die Gabe besitzt, es zu erkennen und zu bewundern« (S. 16).

Andrew Marbot schreibt seiner Mutter über die Begegnung mit
Berlioz: »Ich sagte ihm, daß ich nicht über Musik spreche, da ihr
Erleben nicht in objektiv gültige Worte zu fassen sei« (S. 273). In
der Einleitung *Mozarts* hat Hildesheimer geschrieben, Musik sei,
»in ihrer tiefsten Bedeutung, unzugänglich, insofern sie keine außermusikalische Begrifflichkeit zuläßt« (S. 17). Er läßt Marbot
also unternehmen, was er und sein Reflekteur in *Mozart* unternommen haben, man könnte verkürzt sagen, Hildesheimer ist der
Marbot Mozarts.

Hildesheimer ist kein Komponist, Marbot kein bildender
Künstler, und doch: beide dringen erkennend und bewundernd in
das Wesen der von ihnen analysierten Künste ein. Hildesheimers
größter Wunsch ist allerdings nicht, Komponist zu sein, er wäre
gern Maler geworden, und diesen Wunsch hat er Andrew Marbot
mitgegeben, hat ihm allerdings die Ausübung dieser Kunst versagt. Was er 1977, also während der Planung *Marbots*, im Gespräch *Das Ende der Fiktion* zu Hanjo Kesting gesagt hat, zeigt,
daß auch diese Versagung nicht etwa nichts mit ihm selbst zu tun
hat, obwohl er ja, im Gegensatz zu seiner Figur, bildender Künstler ist: »Was meine Berufswünsche betrifft, wollte ich eigentlich
Maler werden. Doch ich bin farbenblind, und so habe ich es auf
der Akademie nur bis zu einem bestimmten Punkt gebracht, wo
ich meine Lehrer noch täuschen konnte, wenn es z. B. um Zeichnungen, Collagen und solche Dinge ging. Die Tatsache, daß ich
niemals frei in die Farbtöpfe hätte greifen können, hat vielleicht
eine Art Trauma hervorgerufen, das ich nicht überwunden habe,
und das mich veranlaßt hat, zu einem anderen Medium zu greifen,
da ich wahrscheinlich, wie man so sagt, kreativ veranlagt bin. Zur
Musik konnte ich mich beruflich nicht entschließen, und zur
Schriftstellerei hat es sich dann entschlossen« (S. 55).[113]

So steht auch Andrew Marbot zwischen Schriftstellerei und bildender Kunst. Die Dokumente, die sein Leben und Werk belegen, konnte sich Hildesheimer nach Belieben erfinden: sie stellen Marbots Leben und Werk erst her; denn um ein Werk handelt es sich auch bei ihm, wenn auch um eines von beschreibender, analytischer Qualität, also um etwas Sekundäres und dennoch um etwas in seiner Qualität des Rezeptiven Geniales. Auch dieser Zug, das Rezeptive, erinnert an *Mozart*, über den Adolf Muschg schrieb, er sei eine »gewaltige Etüde zum Thema Rezeption«.[114]

Bei der freien Erfindung von Marbots Leben hat sich Hildesheimer allerdings jene Einschränkung auferlegt, die, wie bei *Mozart* auch, die einzelnen Züge der Figur nicht nach der Einbildungs-, sondern nach der Vorstellungskraft gestalten ließ, also: nach dem Prinzip der größtmöglichen Wahrscheinlichkeit. *Marbot*, eine »Hyperfiktion« nach Hildesheimers eigenem Wort [115], ist aus einer Erkenntnis heraus entstanden, die von *Marbot* gleichzeitig untermauert wird, daß nämlich Schein und Sein austauschbar sind und daß das deutsche Wort »Wirklichkeit« auch das Potentielle in sich schließt.

Hildesheimer hat zuweilen gesagt, er habe das Genre der »fiktiven Biographie« erfunden. In dieser Absolutheit mag man diesen Ausspruch nicht stehenlassen, da widerspricht die Literaturgeschichte, man denke nur an den, allerdings ganz anders gemachten, *Doktor Faustus* Thomas Manns, »erzählt von einem Freunde«. Aber niemand hat bisher die Mittel der Biographieschreibung in dieser Konsequenz auf eine fiktive Figur angewandt wie Hildesheimer: er hat nicht das Genre erfunden, sondern die unübertreffliche Realisation auf diesem Gebiet geschaffen. *Marbot* ist eben *kein* Roman und *keine* Erzählung geworden, sondern Biographie geblieben, wie Hildesheimer sagt: »Die Biographie über Marbot hat einen gewissen didaktischen Wert. Es ist eine Art Modellbiographie: Die Finger lassen von dem, was man nicht weiss.«[116]

Besonders nachdrücklich wies er auf diesen Umstand in seinem Vortrag *Introductary Notes to MARBOT* hin: »*MARBOT* is definitely *not* a novel. It does not dwell on situations – except when diaries and letters are quoted – and there is no direct speech, unless it is reported by other characters in the book or by later commentators.«[117]

Im Interview mit dem ›Schweizerischen Beobachter‹ hat er gesagt, *Marbot* sei entstanden »mit dem Ziel, eine Figur zu erfinden, sie so zu behandeln, als hätte sie existiert«. Für ihn hat sie das, so gewiß wie Mozart: »Diese nunmehr über dreijährige Arbeit bringt es mit sich, dass diese Figur für mich schon längst existiert. Dass ich mich in schwierigen Phasen beim Ausruf ertappe: ›Ich wollte, dieser Marbot hätte nie gelebt!‹ Für mich ist diese Figur keine Fiktion mehr. Ich sehe manche Bilder schon mit Marbots Augen. Natürlich ist Marbot eine fiktive Figur, aber ich will damit eine Realität schaffen. Und das ist mir wahrscheinlich auch gelungen. Mein geheimer Wunsch wäre, dass man Dissertationen über Marbot schreiben würde« (S. 68).

Marbot ist eine »gefälschte Biographie«, wie er in seinem Artikel zum 150. Todestag Andrew Marbots – *Die Wahrheit der Unwahrheit* – ein Jahr vor Erscheinen des Buches geschrieben hatte: niemand kann daher behaupten, er hätte seine Leser mit Vorsatz täuschen wollen, wenn er auch mehrfach versicherte, die Existenz Marbots sei so wahrscheinlich, daß sie *wahr* sei. Und, in der Tat, alle Notizen, Gespräche, Begegnungen und Ereignisse sind so erfunden, daß sie alle ohne weiteres genau so hätten stattfinden können: Marbots Aufenthalt bei Byron in Pisa, sein Spaziergang mit Schopenhauer in Florenz, sein Atelierbesuch bei Delacroix in Paris, seine Gespräche mit Goethe in Weimar und mit Leopardi in Recanati, seine Affairen mit Ottilie von Goethe oder mit Byrons vormaliger Geliebten Teresa Guiccioli.

Bei Mozart konnte Hildesheimer voraussetzen, daß die Leser wenigstens zu wissen glaubten, wer er gewesen war; doch wer war Marbot? *Mozart* mußte eine Einleitung haben, die in die Besonderheit der Analysemethode einführte. *Marbot* benötigte dies nicht, sondern konnte auf *Mozart* aufbauen, wie *Masante* auf *Tynset*, doch *Marbot* ist mehr und anders als *Mozart*, was man von *Masante* als Weiterführung *Tynsets* so eindeutig nicht sagen kann.

Der analytische Ansatz in *Mozart* und *Marbot* ist derselbe, und seine Besonderheit konnte als bekannt vorausgesetzt werden. *Marbot* hätte vielleicht eine Einleitung benötigt, die auf die *Figur* hinleitet, Hildesheimer hat diese Einleitung aber zu Recht nicht geschrieben, denn das ganze Buch stellt die Figur besser vor, als eine Einleitung das je vermocht hätte. Auch der unvermittelte Eingang des Buches, mitten im Gespräch zwischen Marbot und Goethe, ist richtig gewählt. Dem Buch abträglich und Hildesheimer nicht gemäß wäre gewesen, hätte er mit einem Satz folgender Art begonnen: ›Andrew Marbot wurde am 4. April 1801 in Marbot Hall, Northumberland, als erster Sohn Sir Francis Marbots und Lady Catherines geboren‹, oder so ähnlich. Zwar scheint der Anfang des Buches auf einen erzählten Text hinzuweisen, doch in Wirklichkeit handelt es sich ja um eine Aufzeichnung Schultz’. Außerdem wendet sich Hildesheimer gerade gegen die traditionelle Form der Biographieschreibung und würde ihr mit einem traditionellen Eingang das Wort reden. Hinter einer Biographie mit gewöhnlichem Anfang und Ende steht immer die Vorstellung eines geschlossenen Weltbildes – und das kann man aus Hildesheimers Werken nirgends herauslesen. So beginnt er *Marbot* ähnlich wie Sterne die *Sentimental Journey*, mitten in einem Gespräch. Wie Sternes Buch ist auch *Marbot* offen *und* fragmentarisch – eine romantische Form, von ›absurder‹ Weltsicht bestätigt.

Die Einteilung in sechs Großabschnitte scheint, musikalisch gesehen, eine Einteilung in sechs Sätze zu sein, in denen jedesmal *alle* Themen mit unterschiedlicher Gewichtung durchgeführt werden. Strenge Chronologie wird im ganzen Buch nicht eingehalten – nicht zuletzt deshalb hätte *Marbot* nicht mit dem Geburtsdatum Andrews beginnen dürfen –, wenn die Chronologie auch strenger als in *Mozart* ist: immerhin mußte Marbot erst dargestellt werden, Mozart *war* schon dargestellt, wenn auch, wie Hildesheimer betont, falsch.

Jedes Ereignis wird auf diese Weise mehrfach ausgewertet und von verschiedenen Seiten beleuchtet. Der erste Satz des Buches reißt, als Ouvertüre, alle Themen an, der sechste und letzte Satz bringt, als Koda, wenig Neues, aber die letzte und endgültige Konsequenz aus der thematischen Diskussion. Palladios, des Meisters der Symmetrie, *Rotonda* erscheint nicht zufällig in *Marbot*, und gleichzeitig stellt Marbot in Ablehnung dieser Symmetrie seine Ästhetik der Asymmetrie auf, die auf den Spuren des Entstehungsprozesses eines Kunstwerks besteht, ohne die es unmöglich wäre, zum kreativen Akt des Künstlers und damit zu seiner Psyche zu gelangen.[118]

Marbot, so der Biograph, hätte sein »Arbeitsfeld« nicht erklären können: »Seine Disziplin hatte vor ihm noch nicht bestanden, er hat sie für sich aufgebaut und, wie sich herausstellen sollte, nicht nur für sich, sondern für die psychoanalytisch orientierte Ästhetik. Kritik in seinem Sinne gab es noch nicht, und eine Kritik, die von der Frage nach dem Sinn des menschlichen Lebens als Prämisse ausgeht, gab es nur bei Schopenhauer, den Marbot erst spät gelesen hat. Seine negative Antwort an die Welt war Ausdruck der sich stetig akkumulierenden Summe eigener Erfahrungen« (S. 19).

Schopenhauers Denken und Werk spielen in *Marbot* und für Andrew Marbot eine große Rolle, und doch hat Hildesheimer, der Liebhaber Shakespeares wie Andrew Marbot auch, mit dieser Formulierung den einen Gegenstand seiner Verehrung dem anderen geopfert: es gab vor Schopenhauer selbstverständlich eine Kritik, die »von der Frage nach dem Sinn des menschlichen Lebens als Prämisse« ausging, nämlich, man braucht es nicht mehr zu sagen, bei Shakespeare, der nach heutigem Verständnis natürlich kein ›Kritiker‹ war; Marbot aber auch nicht.

Psychologisch orientierte Ästhetik also, jenes Instrumentarium, das Hildesheimer bei Mozart angewandt hat und das er sich zum Teil, wie er Marbot das tun läßt, erst selbst herstellen mußte. Marbot aber war, nach dem Wunsch seines Erfinders, einer der ersten, die auf diesem Gebiet gearbeitet haben, aber er war, im Gegensatz zu Mozart oder seinem Deuter Hildesheimer, eben kein Künstler: »Er hat sich richtig gesehen. Das bedeutet, daß er auch andere richtig sah« (S. 20). Das meint wohl: Marbot soll kein Genie sein, denn: Genies sehen sich nicht, wie Hildesheimer in *Mozart* geschrieben hat, oder sie sehen sich falsch.

Wer sich richtig sieht, kann demnach kein Genie sein. Die Frage aber bleibt, wer beurteilen könnte, ob sich denn der Betreffende tatsächlich richtig sieht. Zu dieser Fragestellung gehört auch Hildesheimers Forderung nach einem analysierten Biographen, der, ehe er sich über seinen Gegenstand äußert, ein Bild seiner selbst geben müsse: wäre der Biograph Genie, müßte dieses Bild seiner selbst zwangsläufig »falsch« sein und also auch das Bild, das er von seinem Gegenstand zeichnet. Ist es das aber nicht auch, könnte man fragen, wenn der Biograph Künstler ist? Sieht Hildesheimer Mozart »richtig«? Das Bild seiner selbst, das er in der Einleitung *Mozarts* gegeben hat, ist zutreffend, wie manche Leser, sofern sie sein Werk kennen, bestätigen könnten, aber es ist natürlich nicht vollständig und, vor allem: interpretierbar und damit unscharf. Die Frage, ob sich einer richtig oder falsch sieht, kann nicht beantwortet werden, von ihm nicht und von anderen nicht, sei er nun Genie oder nicht. So weit kann man aber mit Sicherheit gehen: Hildesheimer hat als Künstler einem Künstler nachgeforscht. Sieht ein Künstler sich »richtig«?

Andrew Marbot war, nach dem Willen Hildesheimers, kein Künstler: ihm war das Schöpferische »schmerzlich versagt geblieben, und eben deshalb mußte er sich in seinem Versuch, es in anderen zu ergründen, als gescheitert betrachten« (S. 20). Diese Aussage steht in direktem Widerspruch zur Aussage, er habe sich selbst richtig gesehen und deshalb auch andere richtig sehen können. In diesem widersprüchlichen Umfeld bewegen sich denn auch noch zwei andere Zitate, die Hildesheimer Marbots Zeitgenossen unterlegt, die ja alle bis auf seinen engsten Familienkreis tatsächlich gelebt haben. Delacroix habe notiert: »Die meisten Bücher über bildende Kunst stammen von Leuten, die selbst nicht Künstler sind; daher alle die verkehrten Vorstellungen« (S. 20). Und Turner habe zur – natürlich auch erfundenen – Erstausgabe von Marbots Schriften gesagt, »Marbot schildere die Seele des Künstlers so, wie kein Künstler sie jemals zu schildern vermöge« (S. 97).

Hildesheimer hätte Delacroix von seinem Biographen ablehnend zitieren lassen müssen, denn wäre Marbot Künstler gewesen, wäre zwar die Forderung Delacroix' erfüllt gewesen, aber dann hätte sich Marbot wie Mozart nicht richtig sehen können und deshalb auch andere nicht. Das Dilemma ist also, daß der Künstler sich nicht sieht, deshalb auch andere nicht richtig sehen kann, aber ein Nicht-Künstler wie Marbot, der sich sieht, kann die Künstler auch nicht richtig sehen: eine Kontradiktion, der Tautologie Rückseite. Ein Zirkelschluß auch hier, ein Kreis, der das Nichterkennbare umfaßt.

Der Biograph, den Hildesheimer zwischen sich und Marbot stellt, bleibt weitaus unschärfer als der Reflekteur *Mozarts*: er ist kein Reflekteur und – wahrscheinlich – kein Künstler; seine zuweilen etwas umständliche Pedanterie legt diese Vermutung nahe. Zu Lasten dieser Figur gehen die Widersprüche, Zirkelschlüsse und die zuweilen auftretende unfreiwillige Komik. Dieser Biograph gibt kein Bild seiner selbst, außer mit der Art seiner Darstellung und der Betonung dessen, was ihn bestürzt oder erfreut. Der Reflekteur *Mozarts* ist – wenngleich einige seiner Züge sich im Biographen Marbots wiederfinden – zum Autor Hildesheimer geworden, der mit dem Unternehmen *Marbot* ein Modell dessen entwirft, was seine Ich-Reflekteure bewegt hat und ihn selbst bewegt.

In seiner Dankrede zur Verleihung des großen Literaturpreises der Bayerischen Akademie der Schönen Künste (1982) hat Hildesheimer gesagt: »Ich denke, niemand arbeitet vier Jahre lang an einem Scherz. Dieses Buch war für mich eine Art Bilanz alles dessen, was ich selbst aus dem Schreiben von Fiktion und Biographik gelernt – und somit eine Engführung aller Wege, die ich, seit ich schreibe, verfolgt habe, – oder, vorsichtiger: zu verfolgen versucht habe: den der Essayistik, den der Kunstästhetik und den der Übersetzung schwieriger Texte.« Und in der Rede *Arbeitsprotokolle des Verfahrens Marbot* im gleichen Jahr: »Marbot ist denn auch alles andere als ein Scherz oder eine Satire oder eine Parodie, und wer das Buch in diese Kategorien einordnet, hat den Ernst der Absicht, den freilich auch ich nicht genau definieren könnte, nicht erfaßt, das Thema verkannt und das Buch mißverstanden« (S. 141).

Hier steckt er wieder, der Widerspruch, denn wie kann jemand die Rezeption dessen, was er selbst nicht genau definieren kann, exakt be- oder schlüssig verurteilen? Hildesheimer ist sich bewußt, seine Motive selbst nicht genau erkennen zu können – eine Art bewußten Unbewußtseins –, und stellt sich damit, unbewußt wahrscheinlich, in die Tradition der großen Künstler, wie er Marbot über Giorgione schreiben läßt: »Der wahre Künstler ist – ohne es zu wissen – sich selbst ein Rätsel, das er aber in jedem Werk aufs neue zu lösen versucht, und dessen Lösung ihm, subjektiv betrachtet, niemals gelingt« (S. 184 f.).

Seinen Biographen gibt er allerdings manchmal der Lächerlichkeit preis, und zwar immer dort, wo er sich in seinen Äußerungen und Auslegungen eindeutig von ihm selbst unterscheidet, zum Beispiel in der Wertung des Inzests als »das Ungeheuerliche«, oder als ein »endlich zur Erfüllung eines heißen gegenseitigen Begehrens« gekommenes Geschehen, »wie es unerlaubter und sündiger kaum zu denken ist, der Vollzug des Inzest, bestürzendes Schicksal« (S. 73).

Was der Reflekteur *Mozarts* sich verboten hatte, nämlich zu werten, ohne zur ersten Person Singular zurückzukehren, was er nicht immer befolgte, das befolgt der Biograph Marbots fast niemals: er verwendet das »wir« *Mozarts* ohne nähere Kennzeichnung oder Begründung und wechselt meist ohne eindeutige Ursache und viel häufiger zum Ich. Es ist eben nicht so, wie Hildesheimer in den *Arbeitsprotokollen* sagt: »dieses Subjekt bin natürlich ich, der Biograph« (S. 140). Diese voreilige Identifikation hat er später natürlich nicht mehr wiederholt.

Marbot besitzt einen Biographen, der sich in weit geringerem Maß als der Essayist in *Mozart* selbst reflektiert hat, wenn er auch einige Wendungen von ihm übernimmt, zum Beispiel: »wenn ich von ›uns‹ als einigermaßen geschulten Lesern und Kunstbetrachtern sprechen darf« (S. 19). Hanjo Kesting meint, Hildesheimer habe diesen Biographen vor sich gestellt, um sich selbst diskret zurückziehen zu können, und diese Diskretion sei »der einzige Schutz des Autors vor jener tödlichen Konsequenz, mit der seine Figur Marbot das Spiegelkabinett der ästhetischen Existenz am Ende zerschlägt« (S. 80). Dabei sieht Kesting die Differenz zwischen Biograph und Autor genau, wertet sie aber wohl doch falsch, denn Hildesheimer ist eben, im Gegensatz zu seiner Figur Andrew Marbot, kreativ, und seine Konsequenzen aus seinem Scheitern und sein Scheitern selbst sind folgerichtig anderer Art.[119]

Noch ganz anders, bei weitem noch nicht so problematisiert, zeigen sich der biographische Erzähler des Lebens und Wirkens von Gottlieb Theodor Pilz, der Biograph aus *Ich schreibe kein Buch über Kafka* und der autobiographische Erzähler von *Aus meinem Tagebuch*, alle drei den *Lieblosen Legenden* zugehörig. Was sich jedoch deutlich zeigt: schon damals standen Probleme der Biographieschreibung zur Diskussion; der Biograph Marbots nennt das dann »diese große verdoppelte Schwierigkeit, über einen Menschen zu schreiben, der über andere Menschen geschrieben hat« (S. 234).[120]

Marbot spielt auf zwei Ebenen: ein fiktiver Biograph versucht mit psychoanalytischem Werkzeug seinen »Helden« darzustellen, der seinerseits mit psychoanalytischem Rüstzeug das Verhältnis von Kunstwerk und Künstler untersucht hat. Wenn Marbots Scheitern schon von Anfang an feststeht, ist auch das Scheitern des Biographen von Anfang an klar. Das Scheitern aller biographischen Versuche, das *Mozart* belegt hatte, erhält mit *Marbot* ein Pendant. Auch insofern ist *Marbot* eine ›Wiederholungstat‹ wie *Masante*.

Auf einer dritten und außerfiktionalen Ebene, die über den immanenten Spielebenen des Buches liegt, agiert der Autor Hildesheimer, der in *Mozart* das vorhandene Material sortiert, ausgewählt und arrangiert hat und der in *Marbot* den Biographen dasselbe mit dem erfundenen Material tun läßt. Diese Aktionen auf dritter und höchster Ebene sind nicht vom Scheitern gekenn-

zeichnet: sowenig wie die Niederschrift der *Vergeblichen Aufzeichnungen* vergeblich war, sowenig sind die Bücher über Mozart
und Marbot gescheitert, sondern sie sind *Demonstrationen* der
Vergeblichkeit und des Scheiterns. Wenn ein Autor, und gerade
Hildesheimer, seine Stoffe aus seinem eigenen Problemkreis
wählt, besteht natürlich die Gefahr, daß auch der Autor selbst
scheitert, doch dann entsteht entweder ein schlechtes oder überhaupt kein Buch. Vielleicht erklärt sich das Unbehagen, das viele
Leser, trotz zahlreicher hervorragender Passagen, bei *Masante*
empfinden, damit, daß sich das Scheitern auch auf der Ebene des
Autors bemerkbar gemacht hatte. Nach den *Mitteilungen an Max*
ist das Scheitern auf der Ebene des Autors wohl manifest und,
gewiß nur unter anderem, ein Grund für das Ende des Schreibens.

Der Biograph Marbots schreibt: »Der typische Biograph ist
derjenige, der nicht nur seinen Helden wählt, sondern der – wie
Freud sagt – auf eigentümliche Weise an ihn fixiert ist, und zwar –
ich ergänze – auf eine solche Weise, daß er zunehmend der Idee
verfällt, von seinem Helden gewählt zu sein« (S. 189); ähnliches
hatte Hildesheimer schon in seiner Rede *Die Subjektivität des
Biographen* über sich und Mozart geschrieben. Diese Verwandtschaft der Thematik, des Personals und auch der Art der Abhand-
lung der unterschiedlichen Fragestellungen ist – und zwar nicht
nur in *Marbot*, sondern grundsätzlich – in aller Literatur gegeben,
sonst gäbe es keinerlei Unterschiede zwischen den Autoren.

Erstaunlich, daß Helmut Heißenbüttel in *Die Puppe in der
Puppe oder Der Hildesheimer im Marbot* meint, etwas Besonderes
darin entdeckt zu haben, daß in allen Figuren *Marbots* – er könnte
dies ohne weiteres auch auf die Figuren anderer Werke ausdehnen –
ein unverwechselbares Stück Hildesheimer steckt: »Manchmal
wiederum, mit fremden Stimmen, höre ich Hildesheimer reden.
Aber versucht er das? Versucht er durchs Zitat zu sagen, was er
denkt, empfindet, wünscht, ahnt, fürchtet? (...) Oft bin ich den
Verdacht nicht losgeworden, daß es sich bei den Mitteilungen aus
Marbots Schriften um originale Zitate von Notizen Hildesheimers
handelt. Als solche sind sie eben nicht so sehr originell.«[121]

Marbot ist aber tatsächlich, über die Problematik der Biographieschreibung hinaus, eine Verdichtung und Vertiefung sämt-
licher Themen, die Hildesheimer in allen seinen Werken bewegt
haben und die er nun – man scheut sich, von einem reifen Alters-

werk zu sprechen – mit größter Souveränität handhabt und die er in der gesamten europäischen Kultur seit der Antike verankert: Malerei, Musik, Philosophie, Ästhetik und Literatur.

Das heißt, daß fast vierzig Gemälde und über fünfzig Maler und Architekten erwähnt und, teils ausführlich, besprochen werden, die hier natürlich längst nicht alle genannt werden können. Genannt werden sollten aber wenigstens Watteaus *Gilles* (S. 108 f.), die Fresken Giottos in der Capella degli Scrovegni (S. 115-119), Botticellis *Heiliger Augustinus beim Studium* und, weit wichtiger, *La Primavera* (S. 157 f.); van Eycks *Ehepaar Arnolfini* (S. 169 f.); Turners *Der Hafen von Dieppe* (S. 171); und dann, vor allem, Giorgiones Selbstbildnis (S. 183-186); Rembrandts *Nicolaus Bruyningh* (S. 199-204); Tiepolos Deckenfresko in der Würzburger Residenz (S. 206-209); Mantegnas Fresken in der Camera degli sposi in Mantua (S. 223-226); die Gemälde der Nazarener (S. 244-246); Delacroix' *Tod des Sardanapal* (S. 266-272) und die symmetrische Kunst Palladios (S. 38-40).

Die Reihe der erwähnten Komponisten ist verhältnismäßig kurz: Berlioz, Mendelssohn-Bartholdy, Haydn, Verdi und Beethoven. Mozart erscheint, wie gesagt, nicht.

Was sich Hildesheimer in *Mozart* aus thematischen Gründen versagt hatte, bringt er nun in größter Fülle: nahezu sechzig Namen aus dem Gebiet der Literatur und Philosophie, nahezu fünfzig Werke teils ausführlich besprochen, von denen einige, wie übrigens einige Gemälde auch, Schlüsselpositionen einnehmen, allen voran Schopenhauers Schriften und Montaignes *Essais*.

Er läßt den Biographen und Marbot neben griechischer, lateinischer, italienischer, französischer, deutscher und spanischer Literatur vor allem englische zitieren, natürlich, denn Marbot verbringt seine Kindheit in England und führt seine Aufzeichnungen in seiner Muttersprache, wenn er auch zuweilen in anderen Sprachen Briefe schreibt.

Die Zitate aus Marbots Briefen und Aufzeichnungen lauten manchmal im ›Originalton‹, also englisch, und die deutsche ›Übersetzung‹ ist in den Fußnoten angegeben; manchmal ist die Reihenfolge auch umgekehrt. Im häufigsten Fall steht ein englisches Wort oder eine Wendung in Klammern nach der deutschen ›Übersetzung‹, als Beleg der Eigenwilligkeit oder Einmaligkeit des ›Originals‹, deren Qualitäten der Art sind, daß Ulrich Weisstein schrieb: »the reader of *Marbot* (...) comes away with the feeling that the book could just as easily been written in English – a rare compliment« (S. 25).

Der auffälligste Fall solcher Spielerei zwischen den Sprachen ist Marbots Paraphrase des Monologes, den Macbeth der toten Lady Macbeth nachruft (S. 48-52) – nicht nur ein übersetzerisches Glanzstück Hildesheimers, sondern auch in der Wahl des Stoffes gelungen, denn dieser Monolog wirft ein eindeutiges Licht auf Marbot: »Das Leben ist ein Schattenspiel, ein Schmierenkomödiant, / Der seinen Auftritt wohl oder übel bestreiten muß / Und dann für immer abtritt. Leben ist ein Märchen, / Das ein Idiot erzählt, voll Schall und Rauch, / Das aber nichts bedeutet!« (S. 49; *Macbeth* V,5)

Fast zu platt gerät die Figur des Biographen durch seine summarische Aufzählung von Marbots Theaterbesuchen: »beinahe allabendlich im Theater, dreimal bei *Hamlet*, zweimal bei *Romeo und Julia*« (S. 275). Oder: »Zusammen sahen sie den *Sturm, König Richard III., Hamlet* sahen sie dreimal und nicht zum letzten Mal zusammen« (S. 173).

Welche Absicht der Autor mit dieser Liste von Stücken verfolgt, ist natürlich einsehbar: er läßt seinen Biographen bei seiner Figur Andrew Marbot dieselbe Vorliebe für Shakespeare und vor allem für *Hamlet* feststellen, die er, der Autor, selbst hat. Hamlet als Identifikationsfigur einer Figur, Marbot, wie eine andere Figur, der Biograph, konstatiert. Marbot geht denn auch in den Freitod, nachdem er die Sinnlosigkeit seiner Existenz und den Leerlauf seines Lebens festgestellt hat; im Gegensatz zu Mozart konnte er die Entscheidung zwischen Sein und Nichtsein bewußt abwägen. Wie der autobiographische Reflekteur in *Zeiten in Cornwall*, so zitiert nun Marbot den Narren aus *King Lear*, und zwar dessen letzte Worte »and I shall go to bed at noon« (S. 312; *King Lear* III,6), die schon bei Shakespeare als Ankündigung gelten, sich das Leben zu nehmen. Dieses Zitat ist Marbots letzte Eintragung unter seine Aufzeichnungen.

Die Handlung fügt sich in der Hauptsache aus Kunstbetrachtungen zusammen, aus deren Einwirkung auf Marbots Psyche und aus den daraus resultierenden Aufzeichnungen und Briefen: eine konsequente innere Handlungsführung; die äußere Handlung wäre rasch zusammengefaßt, aber schon der auslösende Faktor der auf den Untergang zielenden Begebenheiten wird von einem Gemälde bestimmt.

Im Besitz von Marbots Großvater mütterlicherseits, Lord Claverton[122], befindet sich Tintorettos *Entstehung der Milchstraße*, ein Gemälde, das der sechsjährige Marbot betrachtet und erklärt haben will. Da Lord Clavertons Erläuterungen ihn nicht befriedigen, wendet er sich an seine damals fünfundzwanzigjährige Mutter, Lady Catherine, mit dem Wunsch, ihm das Bild noch einmal zu erklären, »vor allem aber, da sie doch sichtbarlich desselben Geschlechtes sei wie die dargestellte Juno, ihm die entsprechenden Teile an ihrem Körper zu entdecken, die bei Juno so befremdlich offen in Erscheinung träten. Die Mutter wies diesen Wunsch zwar zurück, doch nicht etwa in Entrüstung, sondern lachend. Sie schloß das Kind in ihre Arme, so daß es ›dieses geheimnisvolle Gebiet zwar nicht mit den Augen, dafür aber körperlich fühlend‹ für sich erschließen konnte« (S. 60).

In seinen Aufzeichnungen schreibt Marbot später darüber: »... his first conscious memory, and the most wonderful. Here he was, in beauty softly embedded, feeling with all his senses a previously unknown territory which he was to explore and conquer later« (S. 60): dieses Erlebnis ist als Auslöser und Anfang der Inzestbeziehung angelegt.

Kurz vor dem Beginn von Marbots Grand tour im Jahr 1820 läßt Hildesheimer es dann zum ersten Mal zur geschlechtlichen Vereinigung von Mutter und Sohn kommen, zum Vollzug des Inzests, der beide mit Schrecken und Verlangen erfüllt. Kurz danach setzen Marbots Aufzeichnungen und Briefe ein, die vor allem Gemälden und Gesprächen gelten, aber auch, später, Theaterbesuchen oder der Lektüre von Büchern.

Mit der Einbeziehung von Zeitgenossen des Autors – Livio Sichirollo, der eine Rezension *Tynsets* geschrieben hat, oder auch Gisela und Frans van Rossum – wird die fiktive Linie *Marbots* bis in die Gegenwart gezogen und damit ›wahrscheinlicher‹. Sichirollo war es, der, nach dem Plan Hildesheimers, die beiden einzigen erhalten gebliebenen Briefe Lady Catherines an Andrew Marbot erst 1977 in einer alten Ausgabe von Montaignes *Essais* gefunden hat, und zwar am Beginn des Kapitels *Von der Reue* (S. 256f.). Der Biograph möchte sich und dem Leser zwar »Spekulationen über die Zusammenhänge zwischen den Briefen und dem Buch-Kapitel« ersparen, fügt aber hinzu, man könne diesen »Fund einen Glücksfall nennen«, er sei »ein Schlüssel zu alledem, was hier dargestellt werden sollte« (S. 257).

Ob sich der Biograph dabei auf den Fund oder auf die Fundstelle bezieht, bleibt offen, jedenfalls zitiert er den Beginn des Kapitels: »Die anderen formen, wie die bildenden Künstler, den Menschen als Einheit; ich erzähle nach, wie er ist. Und zwar stelle ich ein schlecht geglücktes Einzelexemplar dar; hätte ich dieses neu zu gestalten, so würde ich es ganz anders machen, als es ist. Aber jetzt ist es zu spät dazu« (S. 257).[123]

Im Anschluß an den zitierten ersten Abschnitt des Kapitels schreibt Montaigne, was der Biograph nicht mehr zitiert: »Die Linien meines Selbstbildnisses sind nicht falsch gezogen, obwohl sie sich immer ändern und voneinander abweichen: die Welt ist eine ewige Schaukel.« Das könnte sich auf die kleinen Notate Marbots beziehen oder auf seine Einsicht, daß seine Kunstbetrachtungen von seinem Innern diktiert werden, also Selbstdarstellungen auf verstecktem Wege sind, wobei man auch an Marbots Vorliebe für Selbstporträts denken mag.[124]

Daß sich in *Marbot* ein Selbstbildnis Hildesheimers versteckt, wird durch mancherlei Passagen gestützt: Marbots Aussage über Goethe, die Hildesheimer als Titel seines Beitrages zum Goethe-Jahr 1982 genommen hat: »Er ist ein Kunstwerk, doch mag man sich fragen: bringt ein Kunstwerk Kunstwerke hervor?« (S. 12) – diese Frage Marbots kann durchaus mit Ja beantwortet werden. Ein Kunstwerk bringt Kunstwerke hervor, und zwar durch den Umweg über die Psyche des Künstlers, durch die Black-box der Transposition, wie gerade Hildesheimers Arbeitsmethode des Zitates und der Collage belegt.[125]

Wer keine Wunschbilder malen will (höchstens in die Vergangenheit, aber niemals in die Zukunft), wer also keine Utopien hat, kann nur auf Vergangenes zurückgreifen, auf Kunstwerke, auf historische Ereignisse und Persönlichkeiten, wie Hildesheimer das stets getan hat. Marbot läßt er dagegen vorwiegend Zeitgenossen behandeln, aber das mehrfach gebrochene Spiel zwischen den Figuren und ihrem Autor erlaubt, daß Hildesheimer sie gleichzeitig als historische Figuren darstellt. So erinnert an sein Theaterstück *Mary Stuart* und an *Mozart*, was er Marbot über Turner schreiben läßt: »Allmählich verschwindet alles Festumrissene, es wird zu Atmosphäre, zu Luft, zu Nebel.« Auch einiges andere, was Marbot über Turner sagt, könnte auf Hildesheimer angewendet werden: »Turner ist auf dem Weg, die konkrete Gegenständlichkeit der Natur in Erscheinungsformen aufzulösen«, »er malt nicht mehr die Schöpfung, er schöpft selbst«, und: »Glücklich der, welcher in seinen Objekten lebt und damit selbst zum Objekt wird« (S. 294 f.).

Auch Marbot spielt mit und versteckt sich hinter Zitaten. Er gibt, wie ja auch im Fall des »Tintoretto-Erlebnisses«, in kleinen Fußnoten unter seinen Kunst-Reflexionen, sich in der dritten Person verfremdend, seine eigene Verfassung wieder. Als ihn im Jahr 1822 in Italien die Nachricht vom Tod seines Vaters erreicht, notiert er unter seine Betrachtungen über Botticellis *La Primavera* als Aide-mémoire die Titel der beiden Hauptschriften Schopenhauers, darunter jedoch, »in winzigen Buchstaben, so als müsse die Notiz auch für ihn selbst in Zukunft unlesbar werden«, Vers 987 aus *Oidipus Tyrannos*: »So wird das Vaters Grab dir denn zum höchsten Glück« (S. 142).

Marbot kehrt nach Marbot Hall zurück, Mutter und Sohn setzen die Inzestbeziehung trotz wachsender Schwierigkeiten fort, bis sie die endgültige Trennung beschließen und Marbot, im Jahr 1825, zum letzten Mal von zu Hause abreist. Nach ausgiebigen Kunstreisen und einigen wenigen unerfüllbaren Liebesbeziehungen läßt er sich in Urbino nieder, wo Anna Maria Baiardi seine letzte Geliebte wird, falls das Wort »Geliebte« nicht ausschließlich für seine Mutter, Lady Catherine, reserviert bleiben sollte.

Von Urbino aus unternimmt er noch einige Reisen, schreibt Briefe, arbeitet an seinen Aufzeichnungen und kommt immer mehr zur Überzeugung, daß der Freitod die einzige Lösung für ihn sei. Der Leser weiß dieses Ende schon von Anfang an, hat ja der Biograph schon früh, wieder in Anspielung auf Montaigne, darauf hingewiesen: »Marbots Leben erhält seinen höchsten Sinn durch den Freitod« (S. 20).

An einem Tag im Februar des Jahres 1830, also kurz vor seinem dreißigsten Geburtstag, kehrt Marbot von einem seiner Ausritte nicht mehr zurück und bleibt verschollen; sein Pferd steht am Morgen vor dem Stall. Die Möglichkeit eines Unfalls wird erwogen, dann jedoch ausgeschlossen, als Anna Maria Baiardi nach Wochen schwindender Hoffnung seine Papiere und seine geringen Besitztümer zusammenpackt, um sie an Lady Catherine zu schicken, und entdeckt, daß eine der beiden Duellpistolen fehlt.

Hildesheimer läßt Marbot nicht an emotionaler Bedingtheit zugrunde gehen, sondern an rationaler, wie er den Biographen schreiben läßt: »Im Gegensatz zu so vielen Stümpern im Scheitern hat Marbot das seine gemeistert« (S. 318). Anders Lady Catherine, die den Inzest und ihre Sehnsucht nach seiner Fortsetzung als Todsünde betrachtet und ihren Sohn nur zwei Jahre überlebt. Sie stirbt »an gebrochenem Herzen« (S. 163), also an der »Krankheit zum Tode«, die Goethe erwähnt und über die Kierkegaard geschrieben hat.[126]

In den *Arbeitsprotokollen* heißt es: »es handelte sich bei mir meistens um Fälscher oder um Gescheiterte. In *Marbot* haben wir nun beides: den Fälscher als Subjekt – und dieses Subjekt bin natürlich ich, der Biograph – und den Gescheiterten als Objekt: Sir Andrew Marbot, der ich ebenfalls manchmal bin« (S. 140). Bei allem Vorbehalt gegen die voreilige Identifikation des Autors mit dem Biographen: Hildesheimer ist zum Robert Guiscard der Literatur geworden.

Gefälscht sind die beiden Landsitze der Familien Claverton und Marbot: Redmond Manor und Marbot Hall, die beide im Bildteil *Marbots* abgebildet sind. Redmond Manor heißt tatsächlich Bywell Park, um 1760 in Northumberland erbaut, und Marbot Hall heißt Raynham Hall, um 1630 in Norfolk erbaut. Vor der Haustür von Redmond Manor liegt übrigens ein Fahrrad; erstaunt und amüsiert nimmt man diese wohl zufällige Parallele wahr: so verlassen mag es vor Marbots Wohnsitz in Urbino aussehen, wenn das Pferd nach Marbots letztem Ausritt allein zurückgekehrt ist und vor seinem Stall wartet.[127]

Die Gemälde des Bildteils sind eine Mischung aus Echtem und Gefälschtem: das Porträt von Lady Catherine Marbot stellt eine Mrs. Scott Montcrieff dar, jenes von Andrew Marbot einen Louis-Auguste Schwiter. Von beiden Gemälden ließ Hildesheimer Postkarten anfertigen, auf denen die Namen der Maler und die Museen, in denen die Originale hängen, richtig verzeichnet sind, darunter aber Namen und Lebensdaten Andrew Marbots und Lady Catherines.

Statt Sir Francis Marbot, dem Vater Andrew Marbots, ist tatsächlich Colonel Bryce McMurdo dargestellt; statt Robert Viscount Claverton, dem Vater Lady Catherines, ein Herr von Beust; und Anna Maria Baiardi, die letzte Geliebte Marbots, ist Camille Moke-Pleyel, die Geliebte Berlioz'.[128]

In das Umfeld der Fälschung gehören wohl auch jene Zitate aus den Aufzeichnungen und Briefen Marbots, die Hildesheimer, ohne ihre Herkunft zu erläutern, in seinen Reden oder Essays anbrachte, zum Beispiel in *Was sagt Musik aus?* (S. 43), also *vor* Erscheinen *Marbots*, und, als Motto, in einem der Essays über Horst Janssen, *Janssen und wir* von 1982.

Zur Fälschung gehört die Rezeptionsgeschichte der Schriften Marbots, die Hildesheimer ab der ersten und verstümmelten Ausgabe von *Art and Life* (1834 bei John Murray), also kurz nach dem Tod Lady Catherines, ebenso erfindet wie die erste deutsche Übersetzung mit dem Titel *Die Kunst und das Leben* (1839) und die Monographie eines Frederic Hadley-Chase, auf die sich der Biograph in An- oder Ablehnung an manchen Stellen beruft, in Wendungen, die, wenn man die Fiktion erkannt hat, überaus komisch wirken: »Hadley-Chase hat die Theorie aufgestellt – Renshaw pflichtete ihm bei, und ich selbst möchte sie hiermit erhärten, soweit subjektive Sicherheit ausreichenden Stoff zu einer solchen Erhärtung liefert –« (S. 114). Das Buch *Marbot* sei, so der Biograph, lediglich ein erläuternder Vorläufer einer in Bälde zu erwartenden Neuausgabe der Schriften Marbots.

Die Fälschung ist souverän und perfekt durchgeführt. Nie ist zufällig, wem Marbot begegnet, welches Bild von welchem Maler er wie beschreibt, betrachtet oder auch nur erwähnt. Stets ist von Bedeutung, welches Buch von welchem Autor er gerade liest, kommentiert oder auch nur besitzt; oder in welches Theaterstück er geht und in wessen Begleitung er sich dabei befindet. Die Bildungsreisen Marbots werden, nicht zuletzt, zum Bildungserlebnis der Leser *Marbots*. Auf Beispiele der vielfältigen Beziehungen zur bildenden Kunst, Literatur und, weniger, zur Musik hat man sich zu beschränken: diese Anspielungen sind meist mehrfach beziehbar und kommentieren, relativieren und perspektivieren in ihrer Eigenart die Problematik *Marbots*.[129]

Zum Beispiel Goethe, der schon die Ouvertüre bestimmt und dessen Werk und Person das ganze Buch durchziehen. Die *Wahlverwandtschaften*, wo die Naturgesetzlichkeit sexueller Verbindungen und die ethische Verantwortung diskutiert werden, was im Zusammenhang mit dem Inzest-Motiv und den zwei weiteren Vornamen Andrew Marbots, nämlich Gregory Thomas, an Thomas Manns *Der Erwählte* erinnert, die Bearbeitung der alten Geschichte von Gregorius, dem guoten sündaere Hartmann von Aues.[130] Der *Werther* mit seinem Motiv des Selbstmords aus unerfüllbarer Liebe; sogar der *Faust*, wenn auch in englischer Übersetzung von Gower, also ein angeblich urdeutsches Streben nach

Bildung und Erkenntnis in englischer Version; dann die *Italienische Reise*, denn *Marbot* ist, in Kontrast und Anlehnung, eine *Sentimental Journey* von England nach Italien. Die *Lehrjahre*, in denen die Chancen eines kreativ nur mäßig Begabten abgewogen werden, wo Hamlet eine zentrale Rolle spielt und eine Inzestgeschichte erzählt wird. Goethes Harfner rechtfertigt seine inzestuöse Beziehung mit dem Bild der Lilie: »Seht die Lilien an: entspringt nicht Gatte und Gattin auf einem Stengel? Verbindet beide nicht die Blume, die beide gebar, und ist die Lilie nicht das Bild der Unschuld, und ihre geschwisterliche Vereinigung nicht fruchtbar? Wenn die Natur verabscheut, so spricht sie es laut aus; das Geschöpf, das nicht sein soll, kann nicht werden« (Artemis Bd. 7, S. 625).

Hildesheimer knüpft die Inzestbeziehung natürlich ganz anders, außerdem entwächst ihr kein Kind, aber bezeichnend ist doch, daß gerade an der Stelle, an der die Entwicklung angestoßen wird, die zur Vertreibung aus dem Paradies der Unschuld führt, auf Tintorettos *Entstehung der Milchstraße*, Lilien auftauchen – vielleicht einer der Gründe Hildesheimers, gerade dieses Gemälde zum Ausgangspunkt zu nehmen. Der Harfner spricht also aus, daß was sein kann, auch sein darf, und wendet sich gegen die gesellschaftliche Tabuisierung, wie Andrew Marbot, dessen Auffassung, im Gegensatz zu jener seiner Mutter, sich auch in Diderots *Le neveu de Rameau* in der Übersetzung Goethes finden läßt: »Niemand gehört als sittlicher Mensch der Welt an (...) Hingegen als das, wozu ihn die Natur besonders gebildet, als Mann von Kraft, Tätigkeit, Geist und Talent gehört er der Welt (...) die Welt bilde sich nicht ein, daß sie befugt sei, in irgendeinem anderen Sinne zu Gericht zu sitzen« (Bd. 15, S. 1059 f.).

Auch *Rameaus Neffe* zitiert der Biograph Marbots, und zwar die bezeichnende Passage: »... Wäre der kleine Wilde sich selbst überlassen, und ... vereinigte mit der geringen Vernunft des Kindes in der Wiege die Gewalt der Leidenschaften des Mannes von dreißig Jahren, so bräch' er seinem Vater den Hals und entehrte seine Mutter« (S. 63). An der sorgfältig gekennzeichneten Stelle läßt Hildesheimer folgenden Zusatz aus: »Wäre der kleine Wilde sich selbst überlassen und *bewahrte seine ganze Schwäche* (...)« (Bd. 15, S. 1011 f.). Das Auftauchen des Inzests aus der Latenz und sein Vollzug können für den Biographen Marbots natürlich nicht als Schwäche gelten.

Eine andere grundsätzliche Diskussion, jene um den Freitod, entwickelt Hildesheimer aus der Begegnung Marbots und Schopenhauers in Florenz, aus Marbots Lektüre von *Die Welt als Wille und Vorstellung* und aus seinem Gespräch mit Leopardi in Recanati. *Marbot* als exemplifizierende Darstellung von Recht und Unrecht, seinem Leben ein Ende zu setzen. Marbot beklagt sich darüber, daß der englischen Sprache ein Wort wie »Freitod« fehle, und kommt, mit Montaigne, zum selben Schluß wie Améry: »Der Selbstmord ist die extreme Freiheit des Individuums, der mit der Wahl zwischen Sein und Nichtsein ernst macht« (S. 305). Zu diesem Zeitpunkt hatte er sich »lange schon« – gegen Schopenhauer und Leopardi – für das »Nichtsein« entschieden (S. 315).

Marbot teilt sowohl Schopenhauers als auch Leopardis Ablehnung der Welt, aber nicht den einen Verurteilung des Freitodes, und nicht die kokettierende Haltung des anderen. Marbot hält Optimismus für eine »ruchlose Denkungsart« (S. 303), und mit dieser Formulierung, mit der Hildesheimer Bloch gegen Schopenhauer hält, begründet er selbst – unter anderem – sein Ende des Schreibens.[131]

Während der Arbeit an *Marbot* schrieb Hildesheimer in seiner Besprechung einer Neuübersetzung der Werke Leopardis, *Antiromantischer Romantiker* (1979), Schopenhauer habe in Leopardi »einen Geistesverwandten« gespürt, habe aber »den Dichter, nicht den Philosophen« gemeint, genauer: sein »unerbittlich negatives Lebensgefühl«, das bei Leopardi aber keine Konsequenz philosophischer Gedanken gewesen sei, sondern seine Wurzel in der »physischen und infolgedessen psychischen Konstitution des Zukurz-Gekommenen« gehabt habe. Leopardi sei als Asthmatiker »von Kindheit an kränklich« gewesen, seine Sehkraft habe sich verschlechtert, vor allem aber sei er »verwachsen, daher prädestiniert zu gesellschaftlichem Mißerfolg und, weit schlimmer noch, zu Glücklosigkeit in der Liebe« gewesen.[132]

Krankheit als Wurzel der Kunst, ein altes Thema, das immer neue Varianten findet, auch im Fall des bildenden Künstlers Hildesheimer, den, wie gesagt, seine Farbenblindheit zum Schriftsteller gemacht und zu einer Tätigkeit bestimmt hat, die nicht seinem innersten Verlangen entsprach und entspricht. Und der Schriftsteller Hildesheimer läßt den Kunstästheten Marbot an den Opium-Esser de Quincey über den Dichter Byron schreiben: »Mylord mit einem Faunsfuß als Gegengewicht zu seinem Götterkopf, – dieser Defekt ist die Wurzel alles seines Tuns, er muß sich immer wieder aufs neue beweisen« (S. 124).

»Frustration also«, fährt Hildesheimer in seiner Rezension fort, »das Generalthema aller mehr oder minder geglückten Versuche der Objektivierung, war seine eigene permanente Verfassung.« Die Parallelen zu Marbot stellen sich von selbst dar: Leopardi hatte nicht nur einen »bigotten Reaktionär von engem Geist und mittelmäßigen Fähigkeiten« zum Vater, er war auch von einer »persönlichen Melancholie« geprägt. Daß sich der Rezensent Hildesheimer mit Leopardis Einsicht in die »Nichtigkeit aller Dinge«, die »all diese Texte beherrscht«, bis zu einem gewissen Grad identifiziert, verrät er in einem Nachsatz zur Feststellung, die *Dialoge* blieben »im Unverbindlichen«: bei »sukzessiver Lektüre« ermüde Leopardi »selbst den, der dem Dichter recht gibt«.

Seine Figur Marbot aber läßt sie beiden widersprechen, und Marbot widerlegt sie zuletzt beide, denn wer das Schattenspiel der Welt und seine persönliche Rolle darin als absolut sinnlos erkannt hat, handelt mit dem Freitod konsequent: »Es ist nicht die Absicht dieser Biographie, Marbots negative Antwort an die Welt moralisch zu werten, sondern vielmehr die Motive zu ergründen, denen sie entsprang, und die psychische Konstellation, die sie möglich, oder wenn man so will, notwendig machte« (S. 19).

Der »kategorische Neinsager in Schopenhauers Sinn« (S. 17) empfindet das Gefühl für sein Außenseitertum »gewiß nicht ohne tiefe und anwachsende Bestürzung« (S. 65), und seine Aufzeichnungen zeigen einen »verhältnismäßig früh sich manifestierenden Entscheid gegen das Leben und die anwachsende Sicht auf seinen Tod« (S. 64). Wie in allen Werken seit *Schläferung* ist es wieder der Tod, letzter Fluchtpunkt und endgültiges Ziel aller Überlegungen, bei *Mozart* zuletzt ein erbärmlicher, beinahe vogelfreier Tod, bei *Marbot* ein überlegener Freitod.

Arthur Hübscher, der langjährige Präsident der Schopenhauer-Gesellschaft, Schopenhauer-Biograph und Herausgeber des Schopenhauer-Jahrbuchs, hat nach Erscheinen des Artikels zum 150. Todestag Marbots bei Hildesheimer angefragt, woher er den Wortlaut des Briefes Schopenhauers an Osann über Marbot habe: die Briefe vom 29. Oktober 1822 und vom 21. Mai 1824 enthielten keine derartige Stelle, der zweite spreche nur von »viel Bekanntschaft besonders mit Fremden, die auch eben dort ihr Leben genießen meistens Engländer« (Brief vom 1. April 1980); »meistens Engländer« – ein Blick in Hildesheimers Werkstatt, auf die »grosse synchronoptische Tafel«, auf der er »Marbot richtig einge-fügt« hat.[133]

Auf die Richtigstellung schrieb Hübscher zurück: »Schopen-hauer an Osann: die Stelle klingt echt, sie steht mit den anderen brieflichen Äußerungen an Osann im Einklang, man könnte ver-wegenermaßen an eine unterdrückte Briefstelle denken – aber die Originale sind ja vorhanden – vielleicht also an einen nicht in die Reinschrift übernommenen Entwurf oder sogar Satz aus einem bisher unbekannten Brief (...) Daß Sie aber solche abwegigen Ge-danken überhaupt rege werden lassen, spricht, glaube ich, sehr für die innere Wahrheit Ihrer Mystifikation, – sie wird, meine ich, offenbar gerade dadurch glaubhaft, daß sie örtliche und zeitliche Zusammenhänge mit der Wirklichkeit vortäuscht und glaubhafte Verbindungen mit wirklichen Persönlichkeiten der Zeit- und Gei-stesgeschichte herstellt« (Brief vom 22. April 1980).

Von Hübscher eingeladen, hat Hildesheimer im Jahr nach Er-scheinen *Marbots* vor der Schopenhauer-Gesellschaft die Rede *Schopenhauer und Marbot* gehalten, in der er die Passagen *Mar-bots*, die Schopenhauer betreffen, mit einigen Zusätzen ergänzt.

Schopenhauer, schreibt Marbot an van Rossum, habe ihn ge-fragt, ob er Künstler sei, er habe verneint und gesagt, er wäre es gern. »Da hätte ich recht, sagte er, denn die Künstler seien die einzigen, die, ohne es vielleicht zu wissen, die Welt verstünden, indem sie das interesselose Anschauen pflegten« (S. 157). Er habe nicht sofort verstanden, was Schopenhauer meine, doch dann sei ihm klargeworden, daß der Künstler sich die Welt nicht als Besitz aneignen wolle, sondern sie ideal darstelle. Was Marbot noch nicht hätte verstehen können, ist eben das, was Hildesheimer »zweck-freies Spiel« nennt und das er, theoretisch fundiert mit Worten des frühen 19. Jahrhunderts, auf diese Weise auch in *Marbot* einbringt und in seiner Rede wiederholt.

In der Rede (S. 161-163) – später in der englischen und amerika-nischen Ausgabe *Marbots*[134] – hat Hildesheimer Marbots Refle-xionen über das Verhältnis der Künste untereinander ergänzt, hervorgerufen von Schopenhauers überragender Einschätzung der Musik. In einem »Gewaltakt der Invention« (S. 163) läßt er Marbot die Verhältnisse der Zeit beim Betrachten eines Gemäldes und beim Anhören von Musik untersuchen und der Malerei den Vorzug geben (S. 162):

Dieser Umstand bringt mich auf den Gedanken, daß auch die Malerei Werke hervorbringen könnte, die kein Objekt haben, außer ihrer selbst. Ich stelle mir Tafeln vor, die uns nicht durch die Formen begeistern, wie wir sie im Leben sehen und erfahren, und damit die Dimensionen des Wirklichen vortäuschen, sondern durch Farben und Flächen unmittelbar wirken und jene Art von Emotionen entfachen, die uns nur durch reines Anschauen beschert wird. Bei dem Bild, das Erkennbares wiedergibt, mögen wir leicht dieses Erkennbare begehren. Vermittelt es aber Ungekanntes und Unkenntliches, so begehren wir das Bild selbst, nicht als Besitz, sondern als dauernde Quelle einer Erleuchtung, deren Wirken in Worte nicht zu fassen ist. Das Bild erschiene uns dann als Darstellung einer vorher ungeahnten Ordnung, und als solche wirkt es in unserem Inneren weiter. Es stellt keine Idee dar, vielmehr *ist* es die Idee.

Mit allem Vorbehalt gegen den romantischen Überschwang Marbots – Hildesheimer spielt auch in dieser Rede mit der Existenz Marbots – hält er diese Ausführungen für eine »Vorahnung der abstrakten Malerei«, also für das, was er selbst mit seinen Collagen und Zeichnungen betreibt. Das habe Marbot allein aus seiner »Vorstellungskraft« gesehen, »das erregende Kunsterlebnis ohne das Kunstwerk« (S. 163). Deutlicher als in *Marbot* wird der Andrew Marbot des Schopenhauer-Vortrags zu einem romantischen Vorläufer seines Erfinders, der hier Autor und Biograph zugleich ist.

Marbot habe vergessen, wem er diesen Denkanstoß verdanke, doch Schopenhauers negative Weltsicht und ihr verbaler Ausdruck hätten ihn nicht mehr losgelassen, wenn er auch nicht in allem habe zustimmen können, nämlich eben nicht der letzten Konsequenz: »Schopenhauer meint zwar, der Suizid sei nicht die Antwort auf die Zumutung des Lebens. Vielmehr sollten wir aktiv verneinend weiterleben. Aber er vergißt, daß das Leben als Objekt der Philosophie ein anderes ist als gelebtes Leben (...) Man darf den Suizid nicht als eine Flucht ins Nicht-Sein, und damit als den Ausdruck einer Haltung zur Welt betrachten, sondern als Verweigerung dessen, was die grausame Natur mit uns als einzelnen Individuen treibt oder vorhat« (S. 166).

Nachdem Marbot, nach Hildesheimers Entscheidung, im Jahr 1830 gestorben ist, kann er natürlich die *Parerga und Paralipomena* nicht mehr kennen, in denen Schopenhauer, wie übrigens nach ihm Améry, den Freitod gegen »alle falschen Bibeldeuter, alle Pfaffen und dergleichen aufs heftigste verteidigt« (S. 168). Marbot hat sich also mit Entschluß und Verwirklichung seines Freitodes gegen den frühen Schopenhauer entschieden, und darin ist er kein Vorläufer seines Erfinders, denn Hildesheimer ist ein Leben im Reich des Schöpferischen beschieden, und damit ein Leben im Sinn Schopenhauers.

Jean-Rodolphe von Salis schreibt in seinen *Notizen eines Müßiggängers*: »Der Verfasser des ›Marbot‹ (...) läßt in seiner neuen, diesmal fingierten Biographie seinen Helden durch Selbstmord umkommen. Der Autor selbst lebt in Graubünden einsam weiter, ich vermute, in aktiver Verneinung« (S. 338). Abgesehen von den unüberlegt gebrauchten Worten »Selbstmord« und »Biographie« beschreibt von Salis die Verhältnisse wohl treffend, aber, um Mißverständnissen vorzubeugen: »aktive Verneinung« bedeutet für Hildesheimer ebensowenig wie für seine Figur Marbot – und auch nicht für Schopenhauer, wie Hildesheimer zu Wolf Rosenberg gesagt hat –, daß man »ständig eine morose Haltung und damit eine Unlust an menschlicher Kommunikation an den Tag legen müsse« (S. 159), ganz im Gegenteil: Hildesheimer formuliert dies in seinem Leserbrief zu einer dpa-Meldung, in der dem Erstaunen Ausdruck gegeben wurde, daß bei der Sommerakademie Toskana 1985 Günter Kunert als einziger »zu vorgerückter Stunde spontan aufstand, seine Frau bei der Hand nahm und ins Haus tanzen ging«:[135]

Der Schreiber dieser Zeilen, die in der erstaunten Feststellung kulminiert, daß ›Günter Kunert, der Prophet der Katastrophe, tanzte‹, demonstriert diese, inzwischen geistesnotorisch gewordene Verwechslung der Kategorien, wie sie sich in Gemeinplätzen des Verdrängungsvokabulars wahrlich ad nauseam artikuliert. Eine unsoziale, morose menschliche Grundhaltung, Kontaktlosigkeit, Trübsinn, Melancholie sind Möglichkeiten der persönlichen Konstitution, die mit Vernunft nichts zu tun haben. Dagegen ist das, was die gedankenlosen Verdränger etwa ›Prophetie der Katastrophe‹ oder ›des Untergangs‹ oder ›Schwarzseherei‹ etc. nennen, was aber in Wirklichkeit die einzig richtige Einschätzung der Zukunft ist und auf der Erkenntnis der systematischen Zerstörung unserer Erde und ihren – beweisbar! – *irreversiblen* Folgen beruht, Resultat eines, die Tatsachen registrierenden, permanenten Denkvorganges. Was soll Günter Kunert denn anderes tun als tanzen und damit die schwindenden Möglichkeiten des Vergnügens auskosten? In finsterer Isolation dasitzen und das fortschreitende Unheil messen? Was stellen sich eigentlich diese Verdränger unter der Zukunft vor?

Die Redaktion der ›Zeit‹, jede andere Einschätzung könnte nur zu deren Ungunsten ausfallen, wertete Hildesheimers Ausfall wohl als zu persönlichen Ausdruck, ließ den Leserbrief eines Autors ungedruckt, der ja selbst den Stempel des Propheten der Katastrophe trägt, und bewies die Bereitschaft zu eisernem Unverständnis. Totentanz und carpe diem – in diesen Begriffen läßt sich zusammenfassen, was in der Konsequenz der Weltverneinung entsteht, der Verneinung dessen, was die Welt bis zum Rand der Katastrophe getrieben hat: nicht der Suizid kreativ Unbegabter, in dem Überzeugung und Lebensgefühl in die vernichtende Tat umschlagen, sondern mit Schopenhauer ein Leben in aktiver Verneinung. *Marbot* ist das Planspiel Hildesheimers, das sich auf der anderen, der nichtkreativen Seite der aktiven Verneinung abspielt.

Eng mit der Problematik um die Konsequenzen der Weltverneinung verknüpft, ja die Ursache der katastrophalen Verwicklung, in die Hildesheimer Marbot geraten läßt, sind die verschiedenen Formen des Außenseitertums, die in *Marbot* erscheinen: religiöse, sexuelle, gesellschaftliche, kreative, gesundheitliche, soziale, Müßiggängertum und Melancholie.

Der Biograph Marbots schreibt: bei den Worten, die Goethe zu Eckermann über Marbot sagte, »mag man an Büchners Leonce erinnert sein, von dem Lena nach der ersten Begegnung sagt: ›Er war so alt unter seinen blonden Locken. Den Frühling auf den Wangen und den Winter im Herzen. Das ist traurig.‹ In der Tat, auf den ersten Blick fühlt man sich bei Marbot an Leonce gemahnt, in der Anmut seiner Melancholie, der ironischen Gefaßtheit, mit der er sie trägt. Nur eben hat Marbot mit seiner Schwermut nicht getändelt, er hat sich niemals in ihr gefallen oder sie ausgespielt. Auch hat er, als echter Melancholiker, das Wort ›Melancholie‹ niemals für sich selbst angewandt« (S. 18; *Leonce und Lena* II,3).

Diese Passage hat eine besondere Anziehungskraft für Hildesheimer, er hatte sie bereits fünfzehn Jahre zuvor zitiert, in seiner Büchner-Preis-Rede *Büchners atemlose Melancholie*, die sich fast ausschließlich mit *Leonce und Lena* befaßt. Er hebt an Büchner hervor, daß sich dessen Leben und Werk, in dieser Hinsicht mit Mozart vergleichbar, nicht trennen lassen: »Er war alles in einer Person, politischer Agitator, Wissenschaftler, Schriftsteller, potentieller Menschenfreund, Menschenverächter aus bitterer Erfahrung« (*Büchner-Preis-Reden*, S. 170). Was Hildesheimer Marbot über Schopenhauers Zwiespalt schreiben läßt, schrieb er selbst über Büchner: »Der Zwiespalt begann nach der Flucht aus Darmstadt, als sein Antrieb und sein Drang zur Aktion erlahmt waren, als seine Hoffnung sich zu Enttäuschung und schließlich zu Resignation wandelte, als er seiner – von je latenten – Melancholie zumindest ein Theaterstück lang freien Lauf ließ (...) Sein Traum war ausgeträumt, und so flüchtete er für kurze Zeit in einen anderen Traum. Dieser Traum heißt ›Leonce und Lena‹, er ist ein melancholisches Meisterwerk, eine Tragikomödie des Leerlaufs und der Frustration« (S. 171 f.).

Nicht nur Büchner ist melancholisch, wie Hildesheimer ausführt, auch Leonce und Lena »sind melancholische Figuren. Aber nicht nur das: sie sehen und kommentieren nichts anderes als Melancholie, und zwar nicht nur ihre eigene, sondern auch die ihrer Partner. Wir haben es also mit einfacher und dazu mit doppelt verfremdeter, das heißt sozusagen mit einer dreifachen Manifestation der Melancholie zu tun. So sagt Lena von Leonce: ›Er war so alt unter seinen blonden Locken (...)‹ Das ist vortrefflich gesagt, es charakterisiert Leonce erschöpfend« (S. 175). Leonces Freitod wird von seinem Diener verhindert (II,2). Aber Hildesheimer zitiert Lena: »Der müde Leib findet sein Schlafkissen überall, doch wenn der Geist müd ist, wo will er ruhen?« und gibt die Antwort: »Im Jenseits« (S. 175). Büchner habe sich zeit seines kurzen Lebens mit dem Freitod beschäftigt (S. 178), was Hildesheimer aber über Büchners Konsequenz sagt, klingt, nach dem Ende des Schreibens, wie eine Selbstvorhersage: »Büchner ist nicht *mehr* anwesend, er hat sich zur Untätigkeit verurteilt. Er ist gescheitert« (S. 180).

In *Marbot* stellt Hildesheimer eben jenen konsequenten Weg aus Melancholie zu einem Jenseits dar, wo der Geist ruhen kann, und dieses Jenseits muß für ihn woanders liegen als für seine Figur. In den *Arbeitsprotokollen* sagt er: »Gewiß gehört zu den Motiven des *Marbot*, wie schon im Falle meines *Mozart*, wo ich es gleich am Anfang eingestehe, die Flucht aus der Gegenwart, über deren Schrecken und Unerträglichkeit ich hier wohl nichts zu sagen brauche. Auch diese Flucht ist mir gelungen« (S. 141). Oder im Interview mit dem ›Schweizerischen Beobachter‹: »Daneben – ich gebe es zu – ist es eine Flucht aus der entsetzlichen Realität (...) Natürlich kann man sagen, dass es auch nicht damit getan ist, wenn der einzelne einfach aussteigt. Dies ist jedoch meine streng individuelle Form der Bewältigung« (S. 69 f.).

In der Tendenz zur Flucht treffen sich Büchner und seine Figuren Leonce und Lena ebenso wie Hildesheimer und seine Figur Marbot – und Mozart, denn auch Mozarts Arbeit habe, wie Hildesheimer in *Warum weinte Mozart?* sagt, zunehmend »Fluchtcharakter« angenommen (S. 257). Marbot ist jedoch als Außenseiter unter kreativ begabten Außenseitern dargestellt, als einer, der von Anfang an zum Außenseiter prädestiniert ist, sein Außenseitertum aber nicht kompensieren kann: die Familie der Mutter konvertiert 1790 in Rom zum Katholizismus, Lord Claverton bringt den jungen Jesuiten, Gerardus van Rossum, der die Konversion vollzogen hat, als Familienkaplan mit nach Redmond Manor. Die Konversion mußte »in aller Heimlichkeit« vollzogen werden: »Der diplomatische Dienst war, wie alle englischen Staatsämter, den Katholiken verschlossen« (S. 33). Gerardus van Rossum ist Beichtvater Lady Catherines, ihm beichtet sie den Inzest; van Rossum ist Erzieher und, später, Freund Andrew Marbots, sein Briefpartner bis zu seinem Tod und erster Herausgeber der Aufzeichnungen und Briefe: neben Lady Catherine und Sir Andrew die dritte fiktive Hauptperson des Buches.[136]

Der Katholizismus der Familie Claverton bringt Andrew Marbot in Zusammenhang mit Mary Stuart, der Katholikin, die auf den englischen Thron wollte. Die Stammsitze der Clavertons und Marbots liegen außerdem in Northumberland, also direkt an der schottischen Grenze, wo die Dudleys Herzöge zur Zeit Mary Stuarts waren. Mit Périgord und Northumberland siedelt Marbot zwischen Montaigne und Mary Stuart.

Wie bei anderen zentralen Motiven erscheinen auch in diesem Zusammenhang – Freigeistigkeit und Religiosität – verwandte Figuren der Kulturgeschichte: Konvertiten und Bekehrte, Angelus Silesius, Winckelmann, Herzog Anton Ulrich, Blaise Pascal und Alessandro Manzoni, um nur einige zu nennen.[137]

Daneben treten sexuell auffällige Figuren auf: Byron, der England 1818 wegen der Beziehung zu seiner Stiefschwester verlassen mußte. Winckelmann, der homosexuell war, wie Platen auch, den Hildesheimer Marbot eben in dem Jahr in Urbino besuchen läßt, 1829, in dem er das Drama *Der romantische Ödipus* fertiggestellt hatte, und der, nach dem Willen Hildesheimers, Marbot ins Stammbuch schreibt: »Selbst sündig, suchst Du die Sünde in Anderen« (S. 298). In diesem Zusammenhang erscheint, wieder einmal, Hamlet, der seiner Mutter die Inzestbeziehung zum Bruder seines Vaters vorwirft (III,4), denn nach Renaissance-Verständnis lebt Hamlets Mutter Gertrude mit Claudius, dem Bruder von Hamlets Vater, in inzestuöser Ehe.[138]

Wie der Reflekteur *Mozarts* zitiert auch der Biograph Marbots Freud, er allerdings vor allem dessen Beschreibung des Ödipuskomplexes. Marbot selbst kann natürlich nur Sophokles kennen – schon mit seinem Lehrer van Rossum hatte er *Oidipus Tyrannos* gelesen – und zitiert, wie gesagt, in seinen Aufzeichnungen den ihm wesentlichen Vers.

Selbst *De arte poetica* wird nicht nur als berühmter Vorläufer ordnender Kunstbetrachtung erwähnt, sondern auch wegen des gewaltigen Spottes über alle, die keine Konsequenzen aus der Tatsache ziehen, keine Künstler zu sein, und zu unbegabten und eingebildeten Dilettanten werden. Eben an dieser Stelle verwendet Horaz das Wort »incestus«: »(...) deus immortalis haberi / dum cupit Empedokles, erdentem frigidus Aetnam / insulit. sit ius liceatque perire poetis (...) nec satis adparet, cur versus factitet, utrum / minxerit in patrios cineres an triste bidental / moverit incestus (...)« (V. 464-472).[139]

Miltons *Paradise Lost* wird erwähnt, wo unter anderen Sünden eben ein Mutter-Sohn-Inzest genannt wird (V. 790 ff.): »I fled, but he persu'd (though more, it seems, / Inflam'd with lust then rage) and swifter farr / Mee overtook his mother all dismaid, / And in embraces forcible and foule / Ingendring with me, of that rape begot / These yelling Monsters (...)« (S. 46). Schon der Titel des Werkes weist auf eine für Marbot unbewußte Befindlichkeit: die Sehnsucht nach der Unschuld des Paradieses, die seine Bildanalysen beinflußt. So schreibt er über Botticellis *Primavera*: »Dieser *Frühling* läßt mich nicht los, gestern saß ich eine Stunde davor. Ich glaube, daß sich dieses, übrigens ganz und gar lautlose Geschehen in einem Obstgarten des Elysium abspielt, in dem alle ehemalige Sündhaftigkeit wieder zu Unschuld geworden ist« (S. 138). Aber Marbot ist natürlich kein *Paradise Regained* vergönnt.

Wie gesagt: es ist unmöglich, sämtliche Bezüge darzustellen, die von den einzelnen Kunstwerken und Personen in *Marbot* ausgehen, das reicht von der Schüler-Lektüre Andrews bis zu einflußreichen Begegnungen, die sein Handeln und Denken bestimmen, bis, auf der zweiten Ebene, zu denjenigen Werken, die der Biograph kennen und erwähnen kann, bis, auf der dritten Ebene, zu jenen Werken, die Hildesheimer kennt, aber nicht erwähnt und seine Figur, sofern sie sie gekannt haben könnte, nicht erwähnen läßt; Werke, die bei der Gestaltung *Marbots* und der Anlage der Figur Marbot eine Rolle gespielt haben, zum Beispiel die Werke Hölderlins und seiner Deuter.[140]

Die vielschichtig verwobenen und oftmals kaum angedeuteten Details und Anspielungen fassen Leben und Werk Andrew Marbots um ein beträchtliches weiter, als der Kommentar des Biographen allein es vermocht hätte: durch sie entsteht ein thematisches Geflecht, ein Netz der Beziehungen und Relativierungen, und durch wird jener Eindruck der absoluten Stimmigkeit hervorgerufen, der das ganze Buch mit seiner assoziativen Kompositionsform zu einem vollständigen und beinahe *zu* makellosen Kunstwerk macht.

Marbot stimmt auf allen Ebenen, eben und gerade nicht nur auf jener der Literatur, sondern auf der Ebene der bildenden Kunst – Gemälde und die Bedingungen ihrer Entstehung; und dann, vor allem, stimmt die Leben und Werk verbindende Stimme: die Person Andrew Marbot mit ihren psychischen und physischen Bedingtheiten. Auf jeder Stufe seiner inneren Entwicklung greift Marbot das passende Gemälde auf und notiert seine Gedanken darüber in exakt der Verfassung, in der er sich momentan befindet. Es können Jahre vergehen, bis er die vor Ort gemachten Notizen ausarbeitet und in seine Aufzeichnungen einträgt. Dazu muß Marbot mit einem phänomenalen visuellen Gedächtnis ausgestattet sein, mit dem ihn Hildesheimer auch tatsächlich ausstattet und über das er den Biographen staunen läßt.

Die zeitliche Verzögerung der Aufzeichnungen bietet den Vorteil, daß die Darstellung von Marbots fortschreitender Entfremdung nicht an die Stationen seiner Reisen gebunden bleibt, sondern sich nach der psychologischen Wahrscheinlichkeit seiner inneren Befindlichkeit entwickeln kann. Direkte Reaktionen auf Bilder, Landschaften, Bücher oder Begegnungen, also jene Äußerungen, die nicht über längere Zeiträume hinweg in seinem Unbewußten und in seinen Gedanken – dem »Mikrokosmos« – umgeformt werden, die also nicht bei der Aufzeichnung schon, wie Hildesheimer sagen könnte, transponiert sind, erscheinen stets in seinen Briefen oder in Notaten der Zeitgenossen: auch dies ist völlig plausibel.

Mit beidem, mit den spontanen Äußerungen und mit den transponierten Bildanalysen, bringt Hildesheimer Marbots Psyche in doppelte Beleuchtung, in eine mit seinen Reisen kongruente und in eine andere, nachzeitliche; beide überschneiden sich in den großen Gemälde-Analysen: *Gilles* von Watteau, *Der Hafen von Dieppe* von Turner oder eben *La Primavera* von Botticelli. In diesen Analysen kreuzen sich die Linien des ganzen Buches, in ihnen werden alle Themen enggeführt. Über Delacroix und den *Tod des Sardanapal* heißt es in den Aufzeichnungen (S. 266 f.):

Rufe ihm Wörter wie ›Freiheit! Gleichheit! Brüderlichkeit!‹ zu, und sofort entstünde bei ihm die Idee eines Triptychons, wobei sein einziges Problem wäre, welche dieser Tugenden die Mitte verdiene. So bewundernswert es ist, all dies malen zu können, so seltsam ist es doch, all dies malen zu wollen, und man müßte wohl tief in der Seele des Künstlers nach jenen Quellen forschen, die ihn dazu verleiten. Denn er selbst weiß es nicht: er weiß wenig über sich (...) Doch was steckt hinter dieser feinen Haut, hinter dem Gold, dem Samt, der Seide, hinter den gezückten Dolchen, die im nächsten Augenblick die seidige Haut durchstechen werden! Verbirgt sich dahinter etwa eine Schicht des Künstlers, die er im Leben geheimhält? Eine uneingestandene Sehnsucht, die er lieber im Leben stillen würde, als sie auf zwei Dimensionen zu reduzieren? Ein geheimer, unbewußter Wunsch, für den das Malen nur Ersatz ist? Verbergen sich hier verborgene Phantasien, die der Künstler, um sich ihrer zu entledigen, auf die Leinwand bannt?

Über die Darstellung des vom grausigen Geschehen unberührten Sardanapal (S. 270):

Oder ist es etwa der Künstler selbst, dessen Ängste gleichzeitig seine Wünsche sind, und der hier einen lange gehegten Alptraum (a long harboured nightmare) zerstörerischer Liebe und lustvollen Todes genießt? Es wäre sinnlos, ihn zu fragen, denn er wüßte es nicht, und die Frage würde ihn zutiefst erschrecken.

An Rumohr läßt Hildesheimer Marbot natürlich anders schreiben (S. 171):

ich lobte das Bild, das grandiose Konzept (the overwhelming conception), die Meisterschaft in der Verteilung der Lichtwerte. Ich habe ihm nicht gesagt, was ich wirklich dabei empfinde, denn ein Künstler lernt nicht von anderen, es ist nicht sinnvoll, seine Seele ändern zu wollen. Er muß malen, wie er malt, er unterliegt einem Zwang, vielleicht sogar auch einer Ruhmsucht, über die er selbst sich noch nicht einmal im klaren ist.

Marbot, so der Biograph, »hatte sich beigebracht, Menschen, vor allem die kreativ überbegabten, einzuschätzen, ihr äußeres Verhalten zu analysieren und in ihm nach Symptomen des Innenlebens zu forschen« (S. 12 f.). Wie er also Goethes oder Leopardis

Verhalten betrachtet oder wie er Schopenhauers Philosophie diskutiert, so versucht er auch, die Maler in ihrer persönlichen Eigenart zu erfassen und sie, sofern sie nicht mehr lebten oder Marbot keine Gelegenheit zur persönlichen Bekanntschaft haben konnte, anhand ihrer Entäußerungen, ihrer Bilder, zu analysieren: »Er hat immer des Malers als Schlüssel zum Werk bedurft.« Sein Ziel ist, wie er an Rumohr schrieb, sich »den Maler sozusagen ausmalen zu können«. Der Biograph kommentiert: »So ist für ihn der Begriff der Unvorstellbarkeit (inconceivability) zur rezeptiven Kategorie geworden« (S. 136), und fügt hinzu: »Mir erscheint bedauerlich, daß er aus Kunstwissenschaft und Biographik verschwunden ist. Heute hat es den Anschein, als könne sich jeder jeden vorstellen« (S. 136). Hier sind der Biograph Marbots und der Reflekteur *Mozarts* identisch, hier spricht Hildesheimer selbst.

Seine Figur wird mit den Analysen der Gemälde zum Biographen der Maler. Und doch, und in vielen Details als unbewußte Reaktionen konstruiert, beziehen sich die Aussagen über Gemälde und deren Maler auf die Figur Marbot selbst. Der Biograph schreibt, Marbots Ziel seit dem Vollzug des Inzests sei »ein Aufspüren des Tabu, seiner Quelle in der Seele und seine Rechtfertigung in der Kunst« (S. 76), und dabei habe er nach einer Rechtfertigung seiner selbst gesucht: aus der Frage »Wer war dieser Künstler?« habe für ihn die Frage resultiert: »Wer bin ich?« (S. 79) Oder, wie Hildesheimer Marbot kurz vor seinem Tod ungleich härter formulieren läßt: »wer behauptet, sich selbst zu kennen, ist ein Hochstapler (impostor), und wer sich niemals fragt, ob er sich kenne, und den Versuch nicht macht, unterscheidet sich vom Tier nur durch seinen Anspruch, seine Torheit und seinen Mangel an Würde« (S. 306 f.).

Marbot verhält sich also nach der Forderung Hildesheimers in *Mozart* und versucht, ein Bild seiner selbst zu geben, zunächst natürlich für sich allein, denn seine Aufzeichnungen sollen in dieser Form nicht für Publikum gedacht sein. Aber Marbot schreibt auch: »Jede Selbstdarstellung ist unwahr und, indem sie Objektivität vortäuscht, eine Zumutung (imposition) dem gegenüber, der sie uns abnehmen soll. Sie ist nur dem großen Künstler erlaubt« (S. 307). Mit dieser Einschätzung ist wieder einmal eine Windung der Spirale nachvollzogen: wie zu Beginn der Ausführung über *Marbot* zeigt sich das Dilemma des idealen Biographen, nun gebrochen durch die Spiegelung in der Sprache Marbots: der ideale

Biograph sollte ein großer Künstler sein, um dem Anspruch Delacroix' zu genügen, und nur dann ist er berechtigt, ein Bild seiner selbst zu geben, ohne denen, die dieses Bild betrachten müssen, eine Zumutung zu bereiten. Andererseits ist, wie Marbot sagt, der Versuch, ein zutreffendes Bild seiner selbst zu geben, eine vollkommene Unmöglichkeit: »der Wunsch, sich selbst zu ergründen, ist ein anderer als der Wunsch, sich darzustellen. Wie man sich selbst sieht, ist anders, als wie man gesehen sein will; und wie man ist, ist ein Drittes« (S. 79).

In der Beschäftigung mit dem Zusammenhang von Kunstwerk und Künstler versucht er denn auch, »mit seinem Trauma fertigzuwerden«, wie Gert Schiff geschrieben hat, wahrscheinlich ohne Hildesheimers Gespräch zu kennen, in dem er vermutet, wie zitiert, daß seine Farbenblindheit und ihre Konsequenz bei ihm selbst »eine Art Trauma« hervorgerufen hat. Schiff fährt fort: »Marbot möchte sich selbst verstehen – darum seine Suche nach den unbewußten Quellen des künstlerischen Schaffens, darum sein Beharren, der Inhalt des Kunstwerks sei nicht sein Thema, sondern der Künstler selbst und dessen innere Welt. Marbot leugnet die Möglichkeit normativer Ästhetik, weil er die moralische Norm negiert. Er spricht von sich selber, wenn er auf zwei wunderbaren Seiten Watteaus ›Gilles‹ und dessen ›Unfähigkeit (...) in dieser Welt heimisch zu werden‹ interpretiert« (S. 146).[141]

Hildesheimer läßt den Biographen schreiben: »Andrew experimentierte mit Identifikationsmodellen« (S. 301), denn auch Hildesheimer selbst experimentiert in *Marbot*, wie auch schon, wiewohl eingeschränkt, in *Mozart*, mit Identifikationsmodellen, er spricht von sich, indem er den Biographen über Marbot schreiben oder aus Marbots Briefen und Aufzeichnungen Dinge zitieren und kommentieren läßt, die wieder zum Autor zurückleiten. Auch Hildesheimer betont immer wieder, daß er in dieser Welt nicht »heimisch« werden könne und das auch nicht wolle. Die Gegenwart ist beiden, Hildesheimer und Marbot, unerträglich, in die Vergangenheit können sie nicht mehr zurück, und vor den Gedanken an die Zukunft fliehen beide. Der Biograph über Marbot: »Würde auch er lieber in der Vergangenheit leben, der er mißtraut, und die, wie er einmal gesagt hat, um so ›geheimnisvoller wird, je mehr Phantasie man in ihre Heraufbeschwörung investiert?‹« (S. 243)

Die Heraufbeschwörung der Vergangenheit, diese Flucht, führt

nur immer wieder zu jenem melancholischen *nevermore*, dessen
Wertskala in der zweiten und letzten Strophe von Shelleys Gedicht
A Lament (1821) wohl genau umrissen ist:

> Out of the day and night
> A joy has taken flight;
> Fresh spring, and summer, and winter hoar,
> Move my faint heart with grief, but with delight
> No more – Oh, never more!

Marbots Biograph zielt auf eben diese Stimmung: »der romantische Aspekt, der sehnsuchterzeugende Verzicht, das ›nevermore‹,
die Wollust der schmerzlichen Aufgabe« (S. 168), und Hildesheimer schrieb ein halbes Jahr vor Erscheinen *Marbots* über Mozart:
»Die wehmütige Einsicht des ›nevermore‹, also die Bewußtma-
chung des Unwiederbringlichen«, sei ein »machtvolles Agens der
Seele«, das »sie kontrapunktisch zu beherrschen beginnt« (*Warum
weinte Mozart?*, S. 86).

Auch Marbot soll jene Gestimmtheit teilen, die der endgültige
Verlauf der Geschichte erzeugt: wendet sich die Sehnsucht nach
dem Nichtgeborensein in die Zukunft, bleibt nur der Wunsch nach
dem Totsein, auch er verbunden mit der schmerzlichen und lustvollen Empfindung des »nevermore«, ein Wunsch, der Marbot
letztlich in den Freitod führt.

Diese beiden Richtungen der Sehnsucht liefen auch schon den
anderen Figuren Hildesheimers parallel, vor allem seit den *Vergeblichen Aufzeichnungen*: sie wären gerne nicht geboren worden
und versuchten, der unerträglichen Gegenwart in den Schlaf zu
entfliehen, der allerdings – man denke an *Schläferung* – schon früh
auch Tod bedeutet hat. Den Freitod haben sie nicht mit dieser
Konsequenz gewählt, selbst der Reflekteur *Masante* kam nur
höchstwahrscheinlich um. Marbots Leichnam wurde nie gefunden, wie der Biograph vermerkt, aber die Indizien – das reiterlose
Pferd am nächsten Morgen, das Fehlen der Duellpistole, die Reflexionen über den Freitod in Marbots Aufzeichnungen und Briefen – lassen einen eindeutigen Schluß zu. Seit den sechziger Jahren
waren die Werke Hildesheimers stets offen, und die Reflekteure
verharrten oder verschwanden im Ungewissen; wie auch schon
manche Erzähler der *Lieblosen Legenden*, Andreas aus *Die Suche
nach der Wahrheit* zum Beispiel, oder Herr Sebald aus *Das Ende
einer Welt*, denn niemand weiß, wohin er mit seiner Gondel gefah-

ren ist, nachdem die Insel der Marchesa untergegangen war. Mit *Marbot* ist das Ende der Spiralbewegung erreicht, einer Spirale, an deren beiden Enden Geburt und Tod stehen, mit *Marbot* schließt sie sich zum Kreis.[142]

In der Sehnsucht, nicht geboren zu sein, und in deren Kehrseite, dem Wunsch, ein anderer zu sein, verbirgt sich die vielleicht unbewußte Motivation von Hildesheimers Entscheidung für das Inzestmotiv, und zwar gerade eines Mutter-Sohn-Inzests, denn jede andere Version des Inzests müßte anders gedeutet werden. Damit ist die Motivik *Marbots* auch in dieser Hinsicht, in der psychologischen Konstruktion, zum perfekten Kreis geschlossen: es ist zu spät, in den Mutterschoß zurückzukehren, man ist nun einmal geboren und ist so, wie man ist. Marbot erhält die Ahnung dieser Zusammenhänge, denn Hildesheimer läßt ihn schreiben: »›Longing is retroverted curiosity‹, (Sehnsucht ist rückwärts gewandte Neugier)« (S. 105), und läßt ihn darüber reflektieren, ob man in die Vergangenheit »fürchten« (S. 197) oder »hoffen« (S. 198) könne. Der Wunsch der Wiederentdeckung und Wiedereroberung des Mutterschoßes ist »rückwärts gewandte Neugier«, ist vergebliche Sehnsucht und lustvolle Hoffnungslosigkeit.[143]

Marbot ist ein ernster Versuch, die unerbittliche Linie, die das »nevermore« zieht, mit Kunst zu überschreiten. *Marbot* ist die Frucht jenes »lebensnotwendigen Zeitvertreib(s)«, der Kunst; *Marbot* ist ein »mehr oder minder zum Scheitern verurteilter Versuch, über die Sinnlosigkeit des Lebens hinwegzutäuschen« (S. 21), ein zweckfreies und ernstes Spiel, dessen Scheitern eingeplant ist: die Flucht in die Vergangenheit mag gelingen, nicht aber tatsächlich die Korrektur der Vergangenheit, ohne die eine Korrektur der Gegenwart nicht erfolgen könnte und, vor allem, nicht die Abwehr einer drohenden Zukunft.

Andrew Marbot ist, wie der Biograph schreibt, »dem Rätsel zwar wesentlich näher gekommen als andere, nicht aber der Lösung« (S. 311); den Biographen selbst läßt Hildesheimer Marbot zwar sehr nahekommen, aber nicht einer vollständigen Aufklärung aller äußeren und inneren Umstände; der Autor dagegen hat das Problem aller Biographieschreibung vollkommen dargestellt, nämlich: Geheimnis und Rätsel stehenzulassen und jene Punkte mit allergrößter Offenheit und Deutlichkeit darzulegen, an denen Aufklärung scheitert. Nach *Mozart* auch in *Marbot*: das Rätsel als Orgelton.

Es bleibt unmöglich, einen Mechanismus herauszufinden, der Kunstwerke aus dem Innenleben des Künstlers mit Notwendigkeit reguliert. Marbots letztes Notat vor seinem Freitod und die letzten Sätze des Buches lauten denn auch: »Der Künstler spielt auf unserer Seele, aber wer spielt auf der Seele des Künstlers?‹ Mit dieser Frage enden Marbots Aufzeichnungen. Er hat sie als erster gestellt. Die Antwort steht bis heute aus« (S. 320).

Ob Marbot diese Frage tatsächlich als erster gestellt hat, scheint fraglich: er versuchte sie wohl als erster mit psychoanalytischen Kategorien zu ergründen, und der Versuch des Biographen, mit einer verfeinert fortgeführten Methode Marbots Marbot selbst zu analysieren, führt an die Grenzen der Möglichkeiten der Psychoanalyse. Mit Améry gegen Wittgenstein und seine Nachfolger: es gibt das Rätsel und wird es immer geben. Darin ist *Marbot* Bestätigung *Mozarts*, gleichzeitig aber die Verabschiedung einer Vorstellung, nach der mit psychoanalytischem Rüstzeug vollkommen Aufschluß gegeben werden kann. Doch, gegen Camus, so wie Hildesheimer ihn deutet, begnügen sich weder Marbot noch sein Biograph noch Hildesheimer selbst mit der Frage, sondern suchen die Antwort, wohl bewußt, daß die Frage bleiben wird.

Mit *Marbot* hat Hildesheimer die biographische Periode seines Schaffens, die er mit der autobiographischen Skizze *Zeiten in Cornwall* rund zehn Jahre zuvor begonnen hatte, beschlossen. Der Höhepunkt, wie schon bei der reflexiven Periode, ist das Mittelstück der Triade geblieben – dort *Tynset*, hier *Mozart* –, allerdings aus anderen Gründen: *Marbot* ist – ähnlich *Masante* – Wiederholungstat, wie gesagt, mit *Marbot* hat Hildesheimer die Fiktionalität aller Biographik nicht nur theoretisch untermauert, sondern durch die perfekte Gestaltung einer fiktiven Biographie bewiesen, hat also, wie der Reflekteur *Masantes*, nachträglich durch die Tat geprüft, was er zuvor mit Worten festgestellt hatte. Gerade daran liegt es, daß *Mozart* die Krone trägt: das Thema der Unvorstellbarkeit und des Rätsels, der Biographieschreibung und der Identifikation war mit *Mozart* nicht nur angerissen, sondern, wenn auch durch die abstrakte musikalische Begrifflichkeit schwerer zugänglich, überzeugend abgehandelt: *Marbot* ist die andere, zugespitzte und, nicht nur wegen der Darstellung von bildender Kunst, anschaulichere Bestätigung.

Mozart und *Marbot* sind »Spiegelbücher«, gewiß, doch sind die Spiegelbilder nicht kongruent: auf der einen Seite der widersprüchliche, ungeglättete und gewaltige *Mozart*, auf der anderen der bestätigende und, wie Hildesheimers Collagen aus selbsteingefärbten Papieren, manchmal beinahe zu gefällige *Marbot*; auf der einen Seite die »Jahrtausendfigur«, das Genie, auf der anderen der unkünstlerische und gescheiterte Landadlige – ein ungleiches Paar. In der Mitte Hildesheimer selbst, der sich mit beiden weitgehend identifiziert: »Spiegelbücher« sind *Mozart* und *Marbot* nicht allein, weil sie dieselbe Thematik auf ähnliche Weise behandeln, sondern vor allem deshalb, weil sich in ihnen die Widersprüchlichkeit des Autors spiegelt.

11 Mitteilungen an Max über den Stand der Dinge und anderes

Rund um das Erscheinen der *Mitteilungen an Max über den Stand der Dinge und anderes* entspann sich ein, teils hitziger, Disput um Hildesheimers Proklamation, dies sei sein »letztes« Buch. Bereits nach Erscheinen *Marbots* hatte er sein Ende des Schreibens angekündigt, aber niemand hatte das – wie schon acht Jahre zuvor, bei der Rede *The End of Fiction* – richtig ernst genommen, weil ganz offensichtlich ein Buch im Entstehen war: in der Festschrift *Begegnungen* zu Max Frischs siebzigstem Geburtstag ist im selben Jahr, in dem *Marbot* herausgekommen ist, also 1981, ein kurzer Text Hildesheimers erschienen, der bereits jenen Titel trug, den das ganze Buch zwei Jahre später erhalten hat. Noch im selben Jahr, zwei Tage vor seinem fünfundsechzigsten Geburtstag, hat Hildesheimer im Norddeutschen Rundfunk eine bereits veränderte Fassung gelesen, und zwar unter dem bezeichnenden, aber wohl nicht von ihm selbst gewählten Titel *Grußadresse als Selbstporträt*. Eine erweiterte Fassung ist im Jahr darauf in der Zeitschrift ›manuskripte‹ erschienen, und im selben Jahr hat die ›Bündner Zeitung‹ *Hildesheimer an Frisch: ein pessimistisches Manifest* gedruckt, die Abschrift eines Mitschnitts während einer Lesung, unautorisiert und mangelhaft, eine Abschrift, die aber doch bestätigte, daß das Buch inzwischen weiter gewachsen war.[144]

Auf seine Inkonsequenz hingewiesen, sagte Hildesheimer, er habe da einen »Nukleus«, der langsam wachse, ganz von allein, ungefähr um einen Satz im Monat. 1983 erschien dann das schmale

Buch, mit sechs Tuschzeichnungen Hildesheimers – Illustrationen als Signum einer Umbruchsituation – und einem Glossarium, in dem er Erläuterungen zu einigen Begriffen zitiert, die für das Verständnis dieses Textes wichtig sind – »Knabenschießen« oder »Sechseläuten« –, oder die harten Ausführungen Björn Carlbergs zur Subjekt-Objekt-Verwechslung im Deutschen, aber auch Hölderlins *Hälfte des Lebens* und Rilkes *Herbsttag*, zwei Gedichte, die er ebenso verspottet wie Schillers *Wilhelm Tell* (S. 8 und 32):[145]

Jemand hat auch den letzten Früchten befohlen, voll zu sein, und ihnen noch zwei südlichere Tage gegeben, die zwar unerträglich waren, dafür ist der Obstkeller jetzt gefüllt. Aber irgendeiner – ich weiß nicht, ob es derselbe war – hat auch die letzte Süße in den schweren Wein gejagt. Ich habe den Kerl nicht zu fassen gekriegt, wahrscheinlich hat er nachts gejagt.

Dann komme ich zum See, der still ruht, manchmal lächelt und zum Bade ladet. Ich widerstehe dieser Ladung, ich kann eigentlich allem widerstehen außer der Versuchung, Du auch? Das Wasser ist tief, das entnehme ich seiner Stille, und hat, ich möchte beinah sagen, wenn auch keineswegs steif und fest behaupten, etwas Heilig-Nüchternes.

Der Beginn der *Mitteilungen an Max* gibt sich ganz ernsthaft, aber nur für einen Moment, um den Leser desto unwiderstehlicher in das Labyrinth der Sprache zu ziehen (S. 7):

Wieder ist, wie Du, lieber Max, wahrscheinlich bereits festgestellt hast, ein Jahr vergangen, und ich weiß nicht, ob es Dir so geht wie mir: allmählich wird mir dieser ewigwährende Zyklus ein wenig leid, wozu verschiedene Faktoren, deren Urheber ich in diesem Zusammenhang, um mich keinen Unannehmlichkeiten, deren Folgen, die in Kauf zu nehmen ich, der ich gern Frieden halte, gezwungen wäre, nicht absehbar wären, auszusetzen, nicht nennen möchte, beitragen.

Da ist er, der Satiriker der frühen fünfziger Jahre, der Sprachjongleur, aber merkwürdig verändert, persönlicher geworden, ein wenig wehmütig auch, schon in diesem ersten Satz. Wie Marbot ist ihm der Überdruß am Ewiggleichen abzuspüren, doch zieht er eine andere Konsequenz: er macht sich darüber lustig. Willy Hochkeppel schrieb, Hildesheimer habe zu den *Lieblosen Legenden* zurückgefunden, »wenn auch jetzt ohne Zweifel im tieferen Sinn auf höherer Ebene«. Und: »der Tenor, den Hildesheimer in dieser seiner Prosa letzter Hand anschlägt«, sei »ein sanfter Bariton der Klage, die denjenigen, der Ohren hat, nicht auf den Leim des Kalauers gehen läßt, den Hildesheimer, wie mich dünkt (und stets gedünkt hat), eher als Tarnkappe, wenn nicht gar als Narrenkappe sich überstülpt«.[146]

Hildesheimer hatte Marbot an Teresa Guiccioli schreiben lassen, er wäre »überhaupt gern ein anderer« (S. 254), womit er auf das für *Marbot* bedeutsame Kapitel *Von der Reue* anspielt, in dem Montaigne schreibt: »Was mich betrifft, so kann ich mir nur wünschen, ich wäre überhaupt anders« (S. 290). Und eben dies bekennt der Reflekteur der *Mitteilungen an Max* auch, und zwar zweimal: »Ich wäre gern ein anderer geworden« (S. 17 und 20). Dann zählt er aber spöttisch einige Möglichkeiten auf, die sich ihm geboten hätten: »zum Beispiel einer, der wider den Stachel löckt, aber ich weiß nicht, wie man löckt, kenne auch keinen, der es mir sagen könnte oder der es gar tut, es sei denn, er löcke insgeheim«. Oder: »Vielleicht hätte ich einsamer Rufer in der Wüste werden sollen, aber das erschien mir allzu pathetisch und unzeitgemäß.« Oder: »Gern wäre ich zum Beispiel Durchmesser, ein Beruf von erheblicher Trag- und Spann-Weite, umsichtig und aussichtig, dazu von wunderbarer Gedankenfreiheit, wenn nicht gar Wertfreiheit« (S. 20). Kurz vor Schluß der Buches schreibt dieser Reflekteur jedoch, und Hildesheimer hat dies als »Die LÖSUNG zu mir« bezeichnet (S. 63):[147]

Ich bin eben, wie ich hinlänglich demonstriert zu haben hoffe, immer wieder ein anderer, hoffnungslos und hoffnungsvoll zugleich, abgeklärt und aufgeklärt, abgekehrt und zugekehrt, unscheinbar und doch auf eigentümliche Weise scheinbar. Kurz, wenn ich den Mund einmal vollnehmen darf, ein Polyhistor meiner selbst und meiner Umgebung, der sich nur allzu gern auf Abwege begibt und sich dabei aus den Augen verliert, solange uns noch Abwege und Augen offenstehen.

Gewiß: in den *Mitteilungen an Max* spricht der Narr der fünfziger Jahre, der in den sechziger Jahren zu Hamlet geworden und in den siebziger Jahren in die Vergangenheit geflüchtet ist. Er war immer wieder ein anderer, hat von allem etwas behalten – auch von Hamlet, der allerdings in den *Mitteilungen an Max*, zum ersten Mal in einem Prosawerk Hildesheimers seit fast fünfundzwanzig Jahren, nicht auftritt – und ist zuletzt noch einmal ein anderer geworden. Jetzt ist er wieder in der Gegenwart angelangt, sieht wieder nach vorn, nachdem er lange Zeit fast ausschließlich zurückgesehen hat, und kann seine Bestürzung unter dem »Sprachfeuerwerk« (Hartmut Buchholz) kaum verbergen. Was er in *Das Ende einer Welt* dargestellt hatte, droht zum Ende *der* Welt zu werden, und was er in *Der Brei auf unserem Herd* prophezeit hatte – der Zweck des Spiels sei Untergang –, ist soeben dabei, in Erfüllung zu gehen (S. 52):

Veränderung auf Veränderung. Es ist eben nicht, wie die Wissenschaftler uns, mit beträchtlichem Erfolg, weiszumachen suchen, fünf Minuten vor zwölf, es besteht daher keinerlei Anlaß zur Panik, da es – Dir brauche ich das wohl nicht sagen – bereits dreiviertel drei ist, und jede Panik wäre eine müßige und unangemessene Anstrengung.

Hildesheimer selbst charakterisierte sein Buch vor Lesungen als »misanthropisch« und »humoristisch« und bezeichnete es als »pessimistisches Manifest«.[148] Dazu ist es erst im Lauf seines Entstehens geworden, denn begonnen hatte es vor allem als burleskes Spiel, jetzt ist es das »Satyrspiel nach den Tragödien«, wie Hildesheimer es nennt. In der Festschrift für Max Frisch formulierte er zuerst: »was gestern noch Warnung war, ist heute Empfehlung, und umgekehrt« (S. 60). Im Beitrag für die ›manuskripte‹ wurde er schon deutlicher: »Der Hormonhaushalt von gestern ist die Familienplanung von heute und das Umweltproblem von morgen, falls es das gibt, und umgekehrt« (S. 42). In der Buchausgabe lautet die Formulierung dann: »Der Hormonhaushalt von gestern ist die Familienplanung von heute und das Umweltproblem von morgen, falls es dieses Morgen noch geben sollte« (S. 24).

Und doch beherrscht die *Mitteilungen an Max* ein großes Lachen: »Seit es heißt, man solle Energie sparen, gehe ich nicht mehr zu Fuß, sondern fahre überall hin mit dem Auto. Manchmal, wenn auch nicht oft, frage ich mich, was wir eigentlich mit der überschüssigen Energie anfangen sollen. Aber die Antwort ist natürlich: sparen – das weiß schließlich jedes Kind. Bald wissen es nur noch Kinder« (S. 47 f.):

Es versteht sich unter diesen Umständen, daß ich auch keine Treppen mehr steige, sondern nur noch den Lift benutze. Das kann natürlich auf andere Weise ein Gefühl der Frustration auslösen. Im Hotel ›Österreichischer Hof‹ in Salzburg hängt ein Schild im Lift, auf dem steht: ›Nur für sechs Personen‹. Du kannst Dir vorstellen, daß man an einem stillen Vormittag zu festspiellosen Jahreszeiten mitunter lange warten muß, bis diese sechs zusammen sind. Besonders ärgerlich ist es natürlich, wenn die sechste Person mit ihrem Ehepartner auftritt und, da ich allein bin, mir meine – übrigens angeborene – Höflichkeit gebietet, dem Paar den Vortritt zu lassen, um nun wieder allein dazustehen und auf eine neue Mannschaft zu warten, bei der sich ja nun wieder dieselbe Konstellation ergeben mag, in welchem Fall ich natürlich das Höflichkeitsmanöver nicht wiederhole und es diesmal einem anderen Einzelstehenden überlasse, das Opfer zu sein. Aber der steht schon hinten im Lift und sieht auf den Boden. Ich vertiefe mich also in die im Lift angeschlagene Speisekarte von gestern. Dennoch, hin und wieder habe ich ein schlechtes Gewissen, denn ich denke an die Dame, die nun bei ihrem Zimmer ankommt, um festzustellen, daß ihr unten wartender Ehegatte den Zimmerschlüssel hat

Diese Methode, die Sprache beim Wort zu nehmen, sei eine »Art Befreiungskampf«, schrieb Bruno Schärer, und eine »Art Abschied von (und in) der Sprache« (*Prosa über triftigen Gründen*). Tatsächlich: in diesem Buch des Abschieds läßt Hildesheimer noch einmal die wichtigsten Themen, die ihn seit seinen Anfängen als Schriftsteller bewegt haben, Revue passieren: Schuld, Scheitern, Schlaf und Tod, und wieder ist von Mahlzeiten und ihrer Zubereitung die Rede, wieder werden Sprichwörter und Redewendungen ernst genommen, wieder wird Musik thematisiert und hörbar, wieder werden Bibelstellen widerlegt, Philosophie und Wissenschaft entlarvt. Gleichzeitig amüsiert sich der Reflekteur über sich selbst: »Es gibt eigentlich ziemlich viele Gebiete, findest Du nicht?« (S. 26)[149]

Er trägt seine Beobachtungen und Wahrnehmungen auf allen Gebieten mit dem analytischen Witz der *Lieblosen Legenden* vor, zu denen die *Mitteilungen an Max* eben doch nicht zurückführen, weil sie am Ende stehen – am Ende des Schreibens und am Ende der Welt – und weil sie mit jener Schärfe gemacht werden, die letzten Wahrnehmungen eigen ist. Im Vorwort zur Gesamtausgabe der *Lieblosen Legenden*, die im selben Jahr aufgelegt wurde, in dem die *Mitteilungen an Max* erschienen sind, schrieb Hildesheimer ja: »Es war eine wunderbare Zeit, als man nicht darüber nachdachte, ob die Welt noch zu retten sei oder nicht« (S. 6). In den *Mitteilungen an Max* findet sich diese etwas nostalgische Wehmut wieder: »Es ist eben alles so lange her, lieber Max, findest Du nicht?« (S. 24)

Selbst die Schuldigen und Verantwortlichen, die das Schöne zerstört haben, werden mit einem Spott bedacht, der eher milde scheint. Noch einmal zitiert: »Neulich war ich sogar bei einer Gesellschaft. Ich sah sofort, daß sie verändert werden müsse, veränderte sie und ging früh nach Haus. Seitdem habe ich auch zu Gesellschaften keine Lust mehr« (S. 40f.). Daß sich hier die selbstironische Resignation des Scheiternden ausspricht, verrät eine andere Stelle: »Das Trachten habe ich übrigens inzwischen eingestellt, es kam nichts Rechtes dabei heraus« (S. 31).

Aus den *Mitteilungen an Max* spricht aber auch die Erleichterung dessen, der endlich den Ausweg wieder gefunden hat, den die frühen Figuren meist so mühelos benutzen konnten, den die Figuren der sechziger Jahre nicht mehr gefunden haben und der die Figuren der siebziger Jahre in den Tod geführt hat. Inzwischen ist die dritte Möglichkeit, aus dem unerträglichen Leben zu fliehen, zum obersten Prinzip erhoben, eine Möglichkeit, die den Erzählern und Reflekteuren schon immer offenstand, für die sie sich aber noch nicht entschieden hatten. Ende der fünfziger Jahre hat Hildesheimer jene Passage von Djuna Barnes' *Nightwood* gewiß mit überzeugtem Nachdruck übersetzt, in der es heißt, alles Leben sei von Anfang an falsch verlaufen und sei ein »grober Fehler der Natur«: »Um wieviel übersichtlicher wäre es gewesen, alt geboren zu werden, um sich zum Kinde zu verjüngen und sich zuguterletzt nicht am Rande des Grabes sondern des Mutterschoßes zu finden« (S. 147). Das war die Möglichkeit, die er mit *Marbot* erprobt hatte. Nun hat er sich entschieden (S. 17f.):

Nicht so übel wäre es auch, gar nicht erst geboren zu sein, aber das kommt immer seltener vor, ich könnte Dir da kaum irgendwelche Fälle nennen, es sei denn auf Anhieb, aber das willst Du gewiß nicht, mit Recht übrigens, ich mag so etwas auch nicht. Man hat uns nun einmal das Leben geschenkt – ich finde diese Redensart zwar höchst euphemistisch, aber wie auch immer: Geschenke von Eltern oder solchen Personen, die durch den Schenkungsakt erst zu Eltern *werden*, kann man weder zurückweisen noch weitergeben, denn man fände nicht die rechten Abnehmer. Außerdem beherrscht man gewöhnlich zur Zeit der Schenkung noch nicht das rechte Vokabular, um die Sache für andere schmackhaft zu machen. Nun ja, die Rückgabe wäre ohnehin schlecht möglich. Nur wundere ich mich, daß die sofort nach dem Schenkungsakt einsetzenden Protestschreie des Beschenkten die Schenker nicht stutzig machen. Möglicherweise aber sind sie schon stutzig, nur die Beschenkten merken es nicht, da ihnen ja in diesen Dingen noch die rechte Erfahrung fehlt. Aber wir hätten als Beschenkte ohnehin nicht die Gelegenheit, diese Stutzigkeit auszunutzen, wir wüßten nicht, wo wir ansetzen sollten. Und so beginnen wir denn wohl oder übel mit dem Leben, als ob nichts geschehen wäre.

Das Gesetz von Wohl *und* Übel, das die *Mitteilungen an Max* prägt, ist das Dilemma dessen, der sich gegen die letzte Konsequenz seiner Figur Andrew Marbot entscheidet, deren Gründe jedoch teilt. Während der Arbeit an *Marbot* hat Hildesheimer diesen Zwiespalt in einem Gedicht ausgedrückt:

> Schlafensmüde
> bleibe ich wach,
> Sterbensmüde
> bleib ich am Leben.

Der Reflekteur der *Mitteilungen an Max* aber spielt mit dem »Sensenmann« Zitate-Tauschen – »›Tod, wo ist Dein Stachel?‹ – ›Abgeklöckt!‹« (S. 41), »Natur, wo ist Dein Busen!«, »Natur und Geist, so spricht man nicht zu Christen«, »Hölle, wo ist dein Sieg?!« (S. 42) – und versteckt die Frage nach dem Freitod hinter einem Wortspiel: »Im Frühjahr höre ich das Gras wachsen. Mitunter klingt es ein wenig schrill, dann aber doch wieder so verlockend, daß ich hineinbeißen möchte, welcher Verlockung ich bisher widerstanden habe. Ja, lieber Max, ich habe, weiß Gott, lange genug das Weite gesucht, aber ohne jemandem zu nahe treten zu wollen, was, wie Du weißt, ohnehin nicht meine Art ist, darf ich von mir sagen: ich habe es gefunden« (S. 30).[150]

Rückwärts ist die Flucht verwehrt, vorwärts aber, wie Andrew Marbot geht, ist sie verworfen. Und so geht Hildesheimer seitwärts, in die parallele Linie seiner Kreativität, findet das Weite also auf einem Weg, der als Variation des Wunsches, nicht geboren zu sein, dennoch zurück führt: nämlich vor die Anfänge als Schriftsteller, zurück zur bildenden Kunst, ein Weg also, der gleichzeitig vorwärts führt, denn auf diesem Gebiet entwickelt Hildesheimer sich weiter. Was Hans Mayer in *Außenseiter* über das Ende des Schreibens von Jean Genet schrieb, könnte auch für Hildesheimer gelten, seine Möglichkeit, das Medium zu wechseln, natürlich eingerechnet: der Entschluß, als Schriftsteller zu schweigen und zur bildenden Kunst zurückzukehren, könnte der »Abschluß eines Identitätsvorgangs« sein (S. 302).

»Weil alles gesagt ist. Weil nur noch Abschied bleibt«, schreibt Grass in seinem Roman *Die Rättin*, der drei Jahre nach den *Mitteilungen an Max* erschienen ist, und Grass in diesem Zusammenhang zu nennen ist angebracht: beide Schriftsteller sind sich in ihrer künstlerischen und, seltener, politischen Entwicklung zuweilen sehr nahegekommen. In der *Rättin* spricht sich Grass gegen den Finalismus aus, der sich kurz vor dem Ende der Menschheit breitgemacht habe. Grass und sein Ich-Erzähler stemmen sich gegen ein Ende, das, wie beide sagen, nur unvermeidlich scheine und mit vereinten Kräften abgewendet werden könne. Finalisten seien es, die »leichthin« sagen würden, man solle noch einmal vorbeikommen, ehe es zu spät dazu sei.

Hildesheimer aber beschließt seinen persönlichen Abschied, seinen Abschied vom Schreiben und von der Schönheit der Welt, mit der Gewißheit, daß alle Versuche, den Untergang aufzuhalten, vergeblich sein würden. Er ist kein Finalist in Grass' Sinn, er kündigt den Untergang der Welt und das Ende der Zeit nicht leichthin an, aber er bewahrt mit dem großen Lachen, das trotz allem aus seinem letzten Buch klingt, jene Haltung, die ihm angesichts des gewissen Endes die einzig richtige ist.

Die letzte Mitteilung kündigt denn auch den größten Verlust an: »Wes der Mund voll ist, dem geht das Herz über, seien wir also froh, daß der Magen nicht mitkommt. Dennoch hat sich bei mir schon so mancher gefangen und sich dadurch befreit. Aber Du, lieber Max, bist ja, soweit ich weiß, frei und solltest daher kommen, bevor es drei schlägt. Alle Probleme, Neurosen, Psychosen werden uns im Flug vergehen. Es wird uns alles vergehen, lieber Max, das Hören und das Sehen, als erstes aber das Lachen« (S. 64).

Mit den *Mitteilungen an Max* wollte Hildesheimer sein Schreiben literarischer Texte einstellen und zur bildenden Kunst zurückkehren, wie er gesagt hat. Weiterhin entstehen kunstkritische Essays für Freunde und Kollegen, weiterhin bespricht er das eine oder andere Gedicht für die *Frankfurter Anthologie*, weiterhin hält er Reden – die Eröffnungsrede des Internationalen Musikfests Stuttgart *Der ferne Bach* (1985), die Rede *Der übersetzte Autor* (1985) auf der Lausanner Tagung über Probleme der Übersetzung literarischer Texte, *Watteaus ›Gilles‹ und Marbot* (1988/89) –, und weiterhin äußert er sich zu seiner eigenen Arbeit in Vor- oder Nachworten, so zum Beispiel zu seiner Arbeit als Collagist in den Vorworten der beiden Collagenbände *Endlich allein* (1984) und *In Erwartung der Nacht* (1986). Aber all diese Äußerungen sind nicht mehr mit dem Ziel geschrieben, ein literarisches Kunstwerk zu schaffen, eine ästhetische Form zu bewältigen oder eine gesellschaftliche Konfliktsituation zu bannen. Mit der Gesellschaft, die der Reflekteur der *Mitteilungen an Max* stellvertretend und demonstrativ verlassen hat, befaßt sich Hildesheimer nun in direkter Rede: mit seinen Essays über Baumsterben und sauren Regen; mit seinen Zwischentexten zu Mozarts *Requiem*, einer Predigt gegen die Vergewaltiger der Welt: *Herr, gib ihnen die ewige Ruhe nicht* (1986).

Hildesheimers Abschied vom Bücherschreiben scheint diesmal endgültig. Das Buch *Nachlese* (1987), das, ähnlich wie die *Mitteilungen an Max*, aus einem kleinen Beitrag hervorgegangen ist, nämlich aus *Die letzten Zettel* für das Hildesheimer-Heft der Reihe ›text + kritik‹ (1986), beweist nicht etwa das Gegenteil, sondern bestätigt die Ernsthaftigkeit seines Entschlusses. Denn in diesem Buch arrangiert er jene Gedanken und Reflexionen, die in seinem Zettelkasten nach dem Ende seines Schreibens übriggeblieben sind, verschenkt also Einfälle und Material mit vollen Händen und spricht bei Lesungen die spöttische Einladung aus, jeder dürfe sich dieses Materials bemächtigen und ein Buch daraus machen.[151] Er selbst aber besiegelt damit seine Entscheidung und erschwert sich den Weg zurück: »Ich dagegen stehe auf einem festen Standpunkt, zu dem, nachdem ich die Brücken verbrannt habe, ein windschiefer Holzsteg führt« (S. 27). Aber immerhin: auch Holzstege sind passierbar.

Hildesheimers Hörspiele und Theaterstücke

1 Prinzessin Turandot

Hildesheimers erstes Theaterstück, *Der Drachenthron*, erschien 1955, nicht broschiert wie die *Lieblosen Legenden*, sondern in Leinen gebunden, mit einem Vorwort von Robert Neumann, einem Nachwort von Wolfgang Hildesheimer und Illustrationen von Robert Pudlich, der für die Düsseldorfer Uraufführung unter Gustaf Gründgens das Bühnenbild gemacht hat. Auch mit der Dramenproduktion gelang Hildesheimer ein glänzender Start.

Das Vorwort Robert Neumanns ist kein Vorwort, sondern sein Brief an den Verleger Kurt Desch, der offenbar Referenzen haben wollte: »Als Leute wie Sie und ich nach 1945 den Schaden besahen – die *geistigen* Trümmer –, da erwarteten wir die Auferstehung von allerlei Meisterwerken (...) Wir fanden Gutgemeintes und Redliches; Neues fanden wir nicht. Die Tiefe war nicht tiefer geworden, und die Wolle nicht wolliger. Man war wehleidig, aber nicht wach. Was fehlte, war die Klarheit, die Schärfe, die Präzision. Hildesheimer ist weit und breit der einzige Schriftsteller seiner Generation, der dieses Vakuum auszufüllen verspricht« (S. 5). Ganz abgesehen davon, wie Neumann sich elegant mit Desch über die Diskussion stellt: man fragt sich, ob er Günter Eich und Max Frisch, Ilse Aichinger, Ingeborg Bachmann und viele andere übersehen hat. Aber sein Lob Hildesheimers hört sich, in der Tat, überwältigend an: »*Der Drachenthron* ist eines der wenigen erstklassigen Lustspiele, die Deutschland seit langen Jahren hervorgebracht hat« (S. 7).

Robert Neumann sieht in Hildesheimer auch sich selbst, wenn er fragt, was einer tue, dem »früh und allzu leicht eine allzu blinkende, überaus scharfe Waffe in die Hand geraten ist? Wie schlägt man die Zeit tot, bis die verlockende und gefährliche Unebenheit des Wachstums sich ausgeglichen hat und man bereit ist, die nächste Stufe zu erklimmen?« (S. 6) Mit der »scharfen Waffe« meint er Hildesheimers (und seine) Sprache, die »jenes kleine Defizit in der Sphäre des Herzens spielerisch und mühelos überlärmt« (S. 6). Läßt man das verfehlte Wort »überlärmen« beiseite – mit Lärm hatte Hildesheimer noch niemals etwas anderes im Sinn, als ihn zu fliehen, hatte er ja *Paradies der falschen Vögel* zuerst *Wozu der*

Lärm? nennen wollen –, verfällt Neumann doch einem anderen Irrtum: er nimmt das »Lieblose« im Titel der *Legenden* wörtlich und wertet, sehr erstaunlich, das erste Theaterstück Hildesheimers, das er im selben Atemzug lobt, als Lückenbüßer, als Zeittotschläger und als Unebenheit des Wachstums. Dabei ist *Der Drachenthron* ganz organisch hervorgewachsen, und zwar aus den beiden Hörspielfassungen *Prinzessin Turandot*, beide im Jahr davor gesendet (29. Januar und 10. Oktober 1954) und im selben Jahr, in dem das Theaterstück mit Neumanns Vorwort erschienen ist, mit dem Hörspielpreis der Kriegsblinden ausgezeichnet.

In allen Fassungen wird Prinzessin Turandot, die Tochter des Kaisers von China, ihrem Gelübde zufolge dem zur Frau gegeben, der sie im Streitgespräch bezwingt: verloren hat, wer die Beherrschung verliert und den Gesprächsfaden abreißen läßt – also anders als in der persischen Sammlung *Tausend und ein Tag*, wo die Freier Antworten auf drei Rätselfragen finden müssen. Hildesheimer habe, schrieb Alexander von Cube, »das mythische Fundament der Fabel erweicht«, sein Rededuell verhalte »sich zur Beantwortung der Rätselfragen wie die Diskussion zum Examen« und sein »Held« müsse »keine Prüfung bestehen, um zum Ziel zu gelangen, sondern um die Wette laufen« (S. 678). Hildesheimer dagegen schrieb von einer »neuen Sicht der thematischen Abwicklung«, die er in seinem Stück »für plausibler« hält »als in der Ueberlieferung«. In seiner Preisrede *Die Kunst dient der Erfindung der Wahrheit* schränkte er allerdings ein (S. 27):[1]

ich frage mich, ob ich diese Anerkennung auch verdient habe. Zwar kann ich mir nicht vorwerfen, an dem Hörspiel nicht lange und intensiv gearbeitet zu haben; dennoch hatte ich – und habe heute noch – das Gefühl, daß es noch besser, daß die Ausdrucksskala noch reicher hätte sein sollen; daß, wäre ich noch kritischer mit mir selbst gewesen, das Werk vielleicht makellos geworden wäre (...) Ich glaube aber, daß ich dieses Gefühl des Unbefriedigtseins mit der eigenen Arbeit mit den meisten Schriftstellern teile. Und man kann sogar sagen, daß es ein gutes und für jeden Künstler notwendiges Gefühl ist. Denn Zufriedenheit mit der eigenen Arbeit ist das Ende der Selbstkritik und der Tod des Künstlers.

Dieses »Gefühl des Unbefriedigtseins« hat er denn auch produktiv eingesetzt: im Jahr 1961 entstand die zweite Theaterfassung: *Die Eroberung der Prinzessin Turandot*, und zwei Jahre danach das Fernsehspiel *Turandot*. Noch ehe die erste Hörspielfassung gesendet worden war, berichtete er seinen Eltern: »Ich habe an meinem

Theaterstück noch nicht sehr viel gearbeitet. Im Augenblick lese ich chinesische Legenden und die Geschichte Chinas in der vorgeschichtlichen Zeit, der ich entnehme, dass damals das Matriarchat und Mutterrecht geherrscht hat. Das kommt mir sehr gelegen, denn so kann ich meine Prinzessin Turandot zur Kaiserin machen und ihren greisen Vater zu einem Pantoffelheld« (27. September 1953).

In der Theaterfassung von 1955 ist die Prinzessin dreißig Jahre alt und »blendend schön«. Vor ihrem Fenster zieht ein Trommelzug vorbei, Vorbereitungen zur Hinrichtung des Prinzen von Persien, der am Abend zuvor das Streitgespräch verloren hat. Kanzler Hü, der Liebhaber der Prinzessin, benutzt die Hinrichtung der Freier, bisher waren es neunzehn, um deren Reiche zu erobern – Pnina, Turandots Sklavin, war früher Prinzessin in einem davon – und um selbst Kaiser zu werden, sobald alle Reiche der »bekannten Welt« erobert sind. Er weist die »drei Weisen« an, Streitgespräch, Hinrichtung und Eroberung als Ratschluß der Götter auszugeben, um das Volk ruhig zu halten; der Kaiser von China und die »drei Weisen« sind Marionetten, das Volk ist lenkbare Masse. Nicht *Brot*, sondern Religion und Spiele.

Der Kaiser, mit dem Nachthemd bekleidet, teilt Turandot die Ankunft des Prinzen von Astrachan mit, der ihn seit Stunden durch seine Gespräche amüsiere, weshalb sie ihn heiraten solle, ohne Streitgespräch. Turandot aber will ihn besiegen, begnadigen und Pnina zum Mann geben, die dadurch wieder Prinzessin werden würde. Im Streitgespräch behauptet er aber, seine Vorgänger alle gekannt zu haben; es kommt, wie es kommen muß: als er Turandots Verhältnis mit Hü andeutet, gibt sie zu, verloren zu haben. Pnina verrät allerdings, daß sie ihn unter dem Namen Prinz von Seghalpur kenne – als sie noch Prinzessin war, hatte er sie verführt; gelassen gesteht er: »Ich bin kein Prinz und habe um (*zählt in Gedanken:*) – dreizehn – nein, vierzehn Prinzessinnen gefreit. Ich habe sie alle sitzen lassen« (S. 58).[2]

Hü läßt den echten Prinzen von Astrachan holen, der Turandot ohne Prüfung zur Frau haben und in der Hochzeitsnacht beseitigt werden soll, und will den falschen hinrichten lassen, Turandot statt dessen aber den Kanzler selbst: »Pnina, du wirst erlöst sein, zu erfahren, daß für dich gesorgt ist. Der Prinz von Astrachan ist angekommen. Diesmal, so berichtet man mir, ist es der echte (. . .) Du nimmst ihn, wer er auch sei« (S. 66). Pnina, als Turandot verkleidet, überredet ihn, mit ihr zu fliehen. Turandot läßt den falschen Prinzen aus dem Kerker holen und entdeckt ihm, was die Zuschauer schon früher entdeckt haben, ihre Liebe: »Mein bester Abenteurer: glauben Sie, ich wüßte nicht, daß Sie mit Ihrer Laufbahn am Ende sind? Nennen Sie mir *ein* Reich, dessen Herrscherhof Sie noch ungestraft betreten können!« – »Und so meinen Sie, Prinzessin, da ich mich woanders nicht mehr blicken lassen darf, kann ich jetzt nur noch Kaiser von China werden?! Nein, Prinzessin Turandot, ich bin zwar ein Abenteurer, aber nicht *dieserart* Abenteurer!« (S. 76)[3]

Hildesheimer hat sich mit dem falschen Prinzen wohl weitgehend identifiziert. Vier Jahre zuvor, am 4. Januar 1951, hatte er an seine Eltern geschrieben: »Bei der augenblicklichen Politischen Situation werden tatsächlich die rein aesthetischen Fragen immer unwesentlicher und obwohl ich mich – vielleicht nur aus Mangel an Vorstellungskraft – niemals aufrege, beschäftigt es mich doch und kommt auch in übersetzter Form aber in zunehmendem Masse in meinen Geschichten zum Ausdruck.« Jetzt aber prüft er die Berechtigung, die politische Lage der Bundesrepublik der Nachkriegszeit zu ignorieren. Womöglich hatte er schon zu dieser Zeit die Absicht, sich allem zu entziehen und in die Schweiz auszuweichen, womöglich befürchtete er, es könne einmal zu spät dazu sein.

Denn die Truppen des echten Prinzen haben inzwischen Stadt und Palast besetzt. Turandot will sich mit Hilfe des echten Prinzen am falschen rächen – für den Mißbrauch des Namens Prinz von Astrachan müsse er hingerichtet werden –, doch der echte Prinz, ein Kraftkerl, läßt ihn gerade deshalb nicht hinrichten, »aus rein ehe-pädagogischen Gründen«, wie es in einer Besprechung der Uraufführung heißt, weit eher aber aus Gründen der von widerwärtiger Schläue geprägten Machtdemonstration eines Diktators – falls man dieser amüsanten Komödie mit einer solchen Interpretation nicht zuviel aufbürdet; doch auch an den *Lieblosen Legenden* hat sich gezeigt, daß Schwere sich in leichtem Gewand verbirgt.[4]

In der Schlußszene sagt Pnina zum falschen Prinzen, sie werde jetzt wieder Prinzessin, da der echte auch sie zur Frau nehmen werde. Der falsche Prinz aber hat gehört, daß der echte seine Schwester »Perle der Schöpfung« genannt hat, verabschiedet sich und macht sich auf den Weg nach Astrachan: »Ich bin noch nie dort gewesen. Es soll dort eine Prinzessin von märchenhafter

Schönheit geben. Man nennt sie die Perle der Schöpfung. Ich will sie mir ansehen« (S. 88). Soweit *Der Drachenthron* von 1955.

Die erste Hörspielfassung, im Jahr davor gesendet, folgt in ihrem Schluß noch deutlich Schiller und Gozzi, allerdings nahezu ausschließlich darin: der echte und tumbe Prinz Kalaf von Astrachan fällt auf die Verkleidung Pninas herein, folgt ihrem Fluchtvorschlag und geht einer ungewissen Zukunft entgegen: Pnina hat von Turandot gelernt und setzt die männermordende Strategie fort; Turandot und der falsche Prinz – er ist von ihrer Empfindung gerührt – folgen dem Ruf des Volkes und steigen als zukünftiges Kaiserpaar aus dem Palast hinunter zum Bad in der Menge. Das kam Hildesheimer kurz darauf offensichtlich selbst blauäugig vor.[5]

Für diese Fassung hätte Luigi Nono die Musik schreiben sollen, doch bereits vor der Ursendung im Nordwestdeutschen Rundfunk saß Hildesheimer ja an der Bearbeitung für das Theater und berichtete am 10. Dezember 1953 seinen Eltern:

Ich habe die letzten Tage noch auf Wunsch von Hamburg den Schlussdialog meiner Turandot umgearbeitet, und jetzt ist es wirklich sehr gut geworden (...) Ich habe aber Nono doch noch abgesagt, weil ich zuletzt doch das Empfinden hatte, dass seine Musik das Ganze auf eine völlig andere Ebene gehoben hätte, denn es ist trotz des märchenhaften Milieus ein realistisches Konversationsstück geworden, bei dem die Musik nicht die Funktion hat, die ihr ein Komponist wie Nono geben würde (...) Aber der Turandot-Stoff gibt viel her, und das Hörspiel ist auch schon sehr dramatisch angelegt (...) Die aktuellen Bezüge, die darin sind, ergeben sich von selbst. Denn es darf natürlich kein ästhetisierendes Märchenspiel werden. Das ist es aber auch als Hörspiel nicht.[6]

Für die zweite Hörspielfassung hat er das konventionelle Happy-End so verändert, wie es in der ersten Theaterfassung erscheint, und aus dem empfindsamen Prinzen einen typischen Flaneur gemacht: er ist »Abenteurer und kein Weltverbesserer«, wie Hildesheimer im Nachwort zum *Drachenthron* schreibt: »der einzige, der die Situation vielleicht hätte ändern können entzieht sich achselzuckend dem Geschehen, weil er die persönliche Freiheit dem dornenvollen Weg der menschlichen Pflichterfüllung vorzieht« (S. 91). Das ist eine Absage an Schiller, nicht nur an dessen *Turandot*, zumal wenn man Isolanis Worte bedenkt: »ich bin nicht / Von denen, die mit Worten tapfer sind, / Und kommts zur Tat, das Weite schimpflich suchen« (*Wallensteins Tod*, II,5). »Schimpflich«

war für Hildesheimers Figuren die Suche nach Weite niemals, seit den sechziger Jahren haben sie ausdrücklich danach gesucht und sie zuletzt, wie der Reflekteur in den *Mitteilungen an Max* ja mitteilt, wieder gefunden.

Davor aber – die Theaterfassung von 1961 zeigt es – schien es so, als habe der Flaneur von Astrachan seine Freiheit restlos eingebüßt. Inzwischen ist Turandot fünf Jahre älter, also etwa fünfunddreißig, und nur noch »sehr schön«. Der erste Akt – gegenüber der Fassung von 1955 sind es hier nur zwei Akte – beginnt zwar auch mit Trommelschlägen, die diesmal aber nicht mehr der Hinrichtung des letzten Freiers gelten, sondern der Anwerbung von Soldaten. Denn Freier kommen schon so lange nicht mehr, daß Hü Eroberungszüge unternimmt und die »drei Weisen« anweist, den Angriffskrieg gegen Persien zu bemänteln.

Auch die Konsequenzen für die besiegten Freier haben sich gewandelt: »Verlust Ihres Reiches, Versklavung Ihrer Familie und das Geschenk eines Bettelstabes für Sie« (S. 98). Hü hat nach wie vor sein Verhältnis mit der Prinzessin, stellt ihr aber nun vor Augen, sie solle froh sein, überhaupt noch einen Mann zu bekommen. Der Kaiser, nicht mehr senil wie früher, hat sie einem chinesischen Adligen aus dem Haus Kung versprochen, ohne Streitgespräch natürlich: sie hat an Macht verloren. Und Pnina sagt zum Abenteurer: »Man weiß nicht, wohin die Freier gehen. Fliehe jetzt, bevor es zu spät ist, – und nimm mich mit!« (S. 102) Der Staatsapparat – Kaiser und Kanzler – ist undurchschaubarer geworden, intriganter und gefährlicher. Die Fassung von 1955 hatte noch viel von der Slapstick comedy, die Fassung von 1961 hat dagegen deutliche politische Züge: in der Nachkriegszeit vorwiegend Kultursatire, Umwendung von Schiller und Gozzi, in der Zeit des Wirtschaftswunders gesellschaftskritische Töne.

1955 handelte es sich im Streitgespräch, neben der Schönheit der Prinzessin, bezeichnenderweise um die Wahrheit (man erinnere sich an die *Suche nach der Wahrheit* und an den Fälscherroman *Paradies der falschen Vögel*): »Die Wahrheit, Prinzessin, ist selten rein. Schlicht ist sie nie!« (S. 51) Auch in der Fassung von 1961 untersucht der falsche Prinz die Aspekte der Wahrheit, von der es, wie im *Paradies der falschen Vögel*, mehrere gibt; aber er ist kein strahlender Sieger mehr, sondern ein Reflekteur: »Ich gestehe: *mich* hat das Nachdenken *nicht* zu einem festen Ziel geführt. Und wenn ich hier um mich blicke, Prinzessin, dann sehe ich in den

Gesichtern zwar feste – allzu feste – Ziele: aber ich frage mich, ob es Ziele sind, zu denen man durch *Nachdenken* gelangt« (S. 113).

Er macht sich das Motto von Pilz zu eigen – »Mehr Worte, weniger Taten« (S. 113) –, ein Selbstzitat Hildesheimers, dem inzwischen Worte allerdings verdächtig geworden sind, wie Zeremonienmeister Tses Erläuterungen der Bedingungen des Streitgesprächs zeigen, die übrigens nach demselben verschachtelten Satzbauplan wie die Eröffnung der *Mitteilungen an Max* funktionieren: »Bestehen Sie diese Prüfung, so nimmt die Prinzessin Turandot Sie zum Gemahl. Bestehen Sie sie nicht, so werden Sie, wie das Gesetz – das aus dem Gelübde der Prinzessin – sich keinen Mann – der nicht die Prüfung – welche ihr die Götter auferlegt haben – bestanden hat – zu vermählen – entspringt – es befiehlt – bar Ihrer Habe als Bettler fortgeschickt. Ihre Reiche und Ihre Ländereien fallen an uns. Haben Sie das verstanden, Prinz von Astrachan?« – »Sehr wohl. – Obgleich ich mir vorstellen könnte, daß mancher Freier am Verständnis dieses Wortlautes gescheitert ist« (S. 108).

Jetzt behauptet er, gesehen zu haben, wie die besiegten Freier am Bettelstab das Reich verließen, froh, der Prinzessin und des Kaiserreiches ledig geblieben zu sein; Prinzessin Turandot, die von den Hinrichtungen nichts gewußt hat, erklärt sich für besiegt. Der falsche Prinz wird aber nicht deshalb ins Gefängnis geworfen, weil Pnina ihn verrät – sie versucht es –, sondern weil er ein Staatsgeheimnis aufgedeckt hat. Angriffe aus der »bekannten« Welt sind nicht zu fürchten, die Prinzessin wirft jedoch ein: »Hü macht nämlich den Fehler, Vater, niemals die unbekannten Faktoren in seine Rechnungen einzubeziehen!« (S. 133) – und zwar jene, die das Verderben im drei Jahre zuvor erschienenen *Brei auf unserem Herd* herbeigeführt haben.

Der echte Prinz ist derselbe Kraftkerl wie in den früheren Fassungen, ein Mann der Tat und krasser Gegenspieler des falschen Prinzen, den er sofort hinrichten lassen will, weil er seinen Namen mißbraucht hat. Die Prinzessin nennt ihn aber den »neuen Kaiser von China« und sagt, Hü habe selbst Kaiser werden wollen, und so wird zuerst Hü geköpft. Sie schmeichelt, selbst große Eroberer könnten »niemals die Herrscher« sein (S. 143): »Hören Sie das Volk? Es will den Sieger sehen. Nicht den Eroberer des Reiches, sondern den Bezwinger seiner Prinzessin. Treten Sie hinaus auf den Balkon! (...) Sprechen Sie zum Volk, damit es Ihnen den Sieg auch wirklich glaubt!« Der Prinz reagiert, wie die Prinzessin souffliert – »Ich kann nicht. Ich bin kein Mann der Worte« (S. 146) –, und will den falschen Prinzen als Berater anstellen.

Doch der falsche Prinz fragt, ob die Prinzessin von den heimlichen Hinrichtungen ihrer Freier gewußt habe oder nicht: »Sie haben es *gewußt*, weil Sie es wissen *mußten*, und Sie haben es *nicht* gewußt, weil Sie es nicht wissen *wollten*. Denn, meine Liebe, Sie gehören zu denen, die vor der grausamsten Wirklichkeit die Augen verschließen und ihre Ahnungen ersticken« (S. 152) – das ist die Zeit der *Vergeblichen Aufzeichnungen*, der Vorbereitung *Tynsets* und der bewußten Aufarbeitung der nationalsozialistischen Vergangenheit.[7]

Turandot überläßt dem echten Prinzen Pnina und wird gemeinsam mit dem falschen Prinzen als Berater dienen: »Falscher Prinz: (...) Man soll das Kaiserpaar loben bis ans Ende aller Tage. / Turandot: Und uns? / Falscher Prinz: ... wird keine Chronik erwähnen. Dafür werden wir die Augenblicke genießen ... / Turandot: ... und hoffen, daß sie uns zur Ewigkeit werden« (S. 158). Während der Vorhang fällt, hört man den Jubel des Volkes.[8]

Mit dieser *Faust*-Anspielung stellt Hildesheimer den Rückzug ins Private, den er zwischen der ersten und der zweiten Theaterfassung mit seinem Rückzug ins Ausland selbst vollzogen hatte, als höchstes Glück dar. Der Ort des Rückzugs hat sich allerdings verändert: kein achselzuckendes Bedauern, keine Absage an jede Verantwortung, sondern der Versuch, mit aller Macht, die Distanz zuläßt, die Mächtigen zu beeinflussen. Ein Jahr später, in den *Vergeblichen Aufzeichnungen* mit ihrer Frage nach der »Notwendigkeit« des Schreibens, hat der Reflekteur diesen Versuch als sinnlos aufgegeben; und fünf Jahre später, im Dank für den Bremer Literaturpreis, kam die endgültige Absage: Politiker würden Künstler nur beachten, »um den bellenden Hund als Haustier zu gewinnen, bevor er beißt«.

Am 23. Oktober 1963, nachdem die *Vergeblichen Aufzeichnungen* bereits als Buch erschienen waren, wurde das Fernsehspiel *Turandot* gesendet, Hildesheimers letzte Bearbeitung dieses Stoffes. Turandot ist noch etwas älter geworden und hat kein Verhältnis mehr mit Hü: »Der Kanzler hat Persien den Krieg erklärt (...) und ich habe dem Kanzler den Krieg erklärt.« Nachdenklich fügt sie hinzu: »es sieht so aus, als wollten die Götter mir den Krieg erklären« (S. 8). Diesmal rät sie Pnina: »Vielleicht willst du diesen Prinzen aus dem Hause Kung! (...) Du solltest zugreifen. Vielleicht ist das die letzte Möglichkeit« (S. 21). Und der falsche Prinz sagt: »auf der Suche bin ich weder weiser noch jünger geworden (...) Die Möglichkeiten verringern sich« (S. 29) – das ist, beinahe wörtlich, die Einsicht des *Tynset*-Reflekteurs.[9]

Das Streitgespräch verläuft ähnlich wie in der ersten Theaterfassung: Kalaf – nun wird er zweimal mit dem Namen angesprochen (S. 40 und 62), den er bei Gozzi und Schiller trägt – gibt wieder vor, die Freier alle von früher gekannt zu haben, aber wenn die Prinzessin nun stockt, bedeutet das – neben der Wut einer ehemals Schönen, die um die Ehemaligkeit weiß – die bedrohliche Ruhe eines Machthabers, der sich zu rächen wissen wird.

Auch der Schluß ähnelt auf den ersten Blick der Fassung von 1955: der falsche Prinz wird vom echten nur deshalb nicht hingerichtet, weil die Prinzessin auf die Hinrichtung drängt. Turandot selbst aber, gemäß ihrer neuen Rolle, bewundert jetzt den auftrumpfenden echten Prinzen, der sie die zukünftige »Kaiserin der Welt« nennt und ihr versichert: »Glauben Sie mir, wir passen zusammen« (S. 99).

Turandot und echter Prinz treten wieder auf den Balkon, der Kaiser versichert mehrfach »Das ist ein Kerl, wie, Tse?« und stellt sich zu den beiden. Tse jedoch wiegt das Richtschwert – er hatte darum gebeten, den Kanzler eigenhändig köpfen zu dürfen –, läßt den Vorhang vor der Balkontür fallen und wiederholt für sich: »Ein Kerl!« Die letzte Regieanweisung lautet: »TSE probiert den Schwerthieb, der das Stück beendet« – eine etwas seltsame Formulierung, in der ein Hieb die Fähigkeit bekommt, ein Fernsehspiel zu beenden. Um welche *Art* Hieb es sich handelt, wird allerdings völlig klar: um den Hieb des Scharfrichters, und *für wen* Tse diesen Hieb probiert, ist unschwer zu erraten: Turandot bietet dem falschen Prinzen den Posten als Kaiser auch diesmal an, will ihn aber zum Mord am echten Prinzen anstiften, was er mit dem Hinweis ablehnt, er sei kein »Eroberer« (S. 92). Mit politischen Verbrechern will er nicht das geringste zu tun haben.

Tse jedoch führt die Befehle Turandots bedingungslos aus, sie hat ihn dem echten Prinzen mit liebenswürdigen und doppeldeutigen Worten vorgestellt: »Und dies ist Tse, der Oberrichter und Zeremonienmeister, denn in unserer Tradition sind Recht und Zeremonie verwandt. Sie sehen in unserem Freund Tse jedermanns besten Freund und ergebensten Diener. Sie werden gut mit ihm auskommen, Prinz« (S. 79); natürlich nur so lange, bis der echte Prinz für sie die Welt erobert hat. Sie ist zum verschlagenen Weibsbild geworden; der echte Prinz hat recht: sie und er passen zusammen, Raffinesse und Gewalt.

Der falsche Prinz dagegen wendet sich wieder ab und verläßt das Reich. Daß er die Freier wieder von früher kennt, meint wohl Hildesheimers Überzeugung, daß die nationalsozialistischen Verbrecher, wie er zwei Jahre später in *Tynset* schreibt, nur auf ihre Rückkehr warten. Die Bösartigkeit des Staatsapparates ist offensichtlich: der falsche Prinz zieht sich nicht mehr zurück, um sich lästiger Verantwortung zu entziehen, sondern weil er seine absolute Machtlosigkeit erkannt hat und froh sein muß, entronnen zu sein.

2 Das Ende im Anfang: die frühen Arbeiten für den Funk

Zum *Turandot*-Komplex – er führt von den frühen *Lieblosen Legenden* bis *Tynset* – gehört Hildesheimers erstes Theaterstück; sein erstes Hörspiel aber wurde gesendet, noch ehe die *Lieblosen Legenden* als Buch erschienen waren: *Das Ende kommt nie* (17. Juni 1952). Zu dieser Zeit beschäftigte er sich noch bewußt mit der sogenannten jüngsten Vergangenheit: sie bestimmt – man könnte beinahe sagen: *vor* den *Lieblosen Legenden*, wären sie nicht schon seit 1950 erschienen – sein erstes Hörspiel ganz offensichtlich. Das Medium mag eine Rolle dabei gespielt haben, denn immer wieder hat er sich gerade des Hörspiels als Vehikel politischer Auseinandersetzung bedient. Mit den frühen *Lieblosen Legenden* dagegen hat er Verdrängungsarbeit geleistet, und bereits ehe der *Drachenthron* fertiggestellt war, hatte er sich abgewandt, achselzuckend vielleicht, wie der falsche Prinz der Fassung von 1955.

Das Ende kommt nie

Am 8. April 1952, *Ich trage eine Eule nach Athen* war rund acht Wochen vorher erschienen, berichtete Hildesheimer seinen Eltern über sein Hörspiel: »ich muss sagen, ich finde es sehr gut, vor allem, wenn man bedenkt, dass es die erste dramatische Arbeit, und das erste toternste Stück ist, das ich geschrieben habe.« Den Stoff wollte er ursprünglich zu einem Roman ausarbeiten, seine Begründung, weshalb er diesen Plan verworfen hat, erlaubt einen Einblick in die Werkstatt des Schriftstellers der ersten Anfänge. *Das Ende kommt nie* und *Paradies der falschen Vögel* entstammen demselben Plan, wie Hildesheimers Brief an seine Eltern vom Frühjahr 1952 zeigt:

Ich habe mich nach harten inneren Kämpfen entschlossen, den Roman völlig anders zu schreiben, das heisst, ich habe eigentlich aufgehört und habe einen neuen angefangen, an dem ich jeden Tag ungefähr sechs Seiten tippe – allerdings ins Unreine – mit Intensität und grosser Überzeugung, während ich an dem anderen zuletzt rumdruckste.

Warum? Es war mir unmöglich die verschiedenen Ebenen, die der Realität und die der Phantasie unter einen Hut zu bringen. Ich hätte in irgendeiner Form zum Beispiel die Kriegszeit einbeziehen müssen, denn für eine völlig unwirkliche Ebene war er zu real. Für eine wirkliche Satire ist eine konsequentere Übertragung nötig, (siehe Gulliver) und wirkliche Städte und Bilder sitzen dann schief. Ausserdem störte mich das permanente Narrativ, ohne Dialog, die Aufzeichnung der Ereignisse, die etwas sentimentale Wehmut der Erinnerung. Es war »gefällig« und hätte auch gefallen, aber ich hätte es so nicht fertig schreiben können, ohne Spontanität (!) zu verlieren.

In die neue Erzählung habe ich die Hauptpersonen übernommen und werde auch einen Teil der Ereignisse als Nebenhandlung übernehmen. Aber diese Erzählung, zu der der Titel »Wozu der Lärm« viel besser passt, behandelt den Zeitraum von etwa einem Jahr, was mir viel gemässer ist, als ein ganzes Leben. Es spielt in einem Haus auf dem Lande, wozu ich ein Modell hier in der Nähe habe, ein ganz städtisch aussehendes Haus, ganz einsam auf einer Hochebene im Gebirge.

Die Atmosphäre ist völlig übertragen, ungefähr so irreal wie das Atelierfest oder das Ende einer Welt. In diesem Haus wohnen mehrere Familien, die alle eine gewisse Schicht darstellen. Damit meine ich nicht direkt eine Gesellschaftsschicht, sondern natürlich etwas noch allgemeineres. Die Sache fängt an mit einem Brief, der von der Behörde kommt, in welchem sämtliche Bewohner aufgefordert werden, in Kürze das Haus zu räumen, da man den Platz für öffentliche Gebäude benötige. Nun beginnen die Reaktionen der verschiedenen Bewohner. Merkwürdige – komische und furchtbare – Interrelationen zwischen ihnen stellen sich heraus. Jeder von ihnen versucht noch schnell, etwas zu vertuschen oder aus der Welt zu schaffen, was sich bei diesem Auszug unweigerlich herausstellen würde. Nun kommt der zweite Brief, der den Termin in Bälde ankündigt und es kommt zu furchtbarer Unruhe, beinahe Panik. Alles wird schon geregelt, gepackt, eine Familie ernährt sich nur noch von harten Eiern, die sie jedesmal wieder aus dem Reisekorb hervorzieht. Und nun kommt garnichts! Die Unruhe wird zum Permanenzzustand. Jeder ist – in seiner Art – aufbruchbereit. Ich selbst packe wieder aus und beschliesse, mein Geschick zu erwarten indem ich so tue, als sei nichts geschehen. Und auf dieser Note des Wartens endet das Ganze. Es bleibt also eigentlich alles, wie es ist, nur intensiviert sich der Zustand, also gewissermassen ein Gegenstück zu Jens oder Huxley und Orwell, bei deren Utopien irgendwann einmal der Bruch eingetreten sein muss, der das Leben verändert hat. Hier geht alles weiter, aber im nächsten Moment kann alles aus sein.

Diese Unwirklichkeit ermöglicht mir nun, alles tendenziös zu steigern. Um nur ein kleines Nebenbeispiel zu geben: der Musikkritiker, der schon seit Jahren die Konzerte nicht mehr besucht, die er zu besprechen hat, sondern aus seinen früheren Kritiken abschreibt, da er ja die Musik »akademischer Konzerte« aus dem ff kennt, und auch um die Eigenarten der gängigen Dirigenten weiss. Es kommt zwar hin und wieder vor, dass im letzten Moment ein Programmpunkt geändert wird, was dann die bereits im Voraus geschriebene Kritik nicht berücksichtigt, aber das schadet nichts, denn das Publikum liest keine Kritiken mehr, und wenn sich doch jemand empört, so wird das als eine Beckmesseriade betrachtet.

Den gewieften Musikkritiker kennt man aus *Paradies der falschen Vögel*, die »Gesellschaft« in diesem »Haus auf dem Lande« in der Nähe von Ambach aber hat Hildesheimer in *Das Ende kommt nie* dargestellt: unter dem Dach wohnt Martin Roehrich, mit dem sich Hildesheimer, wie der Bericht an seine Eltern zeigt, offenbar absolut identifiziert hat; das Ehepaar Vogler darunter; unter ihnen Frau von Goliath mit Dienerin Franziska, der Freundin Roehrichs; ganz unten Doktor Brun mit Diener Albert. Außer von den Dienern erfährt man von keinem Bewohner, wie er sich seinen Unterhalt verdient; das ist kein Versäumnis, denn Hildesheimer weist an: »Durch das ganze Spiel muß durch akustische Mittel angedeutet werden, daß die Handlung auf ›übertragener‹ Ebene stattfindet« (S. 8), eine Anweisung, die bei der Ursendung unter Gert Westphals Regie mit »mechanischer Musik« zwischen den Szenen und an Beginn und Ende des Spiels befolgt wurde: ein Mechanismus läuft ab, genau so, wie ihn Hildesheimer seinen Eltern beschrieben hat:

Der anonyme Bote – nicht nur *Nein. Die Welt der Angeklagten*, *1984* und *Brave New World*, sondern auch *Das Schloß* – bringt den Brief eines anonymen Amtes. Vogler kündigt gewaltige Schritte an, unternimmt aber nichts; Frau von Goliath will einen Minister anrufen, mit dem sie früher ein Verhältnis hatte, berät sich tatsächlich aber zuerst mit Brun, mit dem sie früher ebenfalls ein Verhältnis hatte; Brun, wie sein Diener Albert sogenannter alter Nazi, legt keinen Wert darauf, einen Minister auf sich aufmerksam zu machen, und bringt Frau von Goliath mit dem Hinweis auf ihre gemeinsame Vergangenheit zum Schweigen: »Wir sitzen alle in *einem* Boot, meine Liebe, und wo es hinsteuert, dort fahren wir *alle* hin. *Alle zusammen*« (S. 17).

Die »übertragene« Ebene ist klar: das Haus ist der Staat, das Spiel handelt von den untergetauchten Verbrechern, die, als biedere Bürger getarnt, notfalls mit Gewalt ihre Schlupfwinkel verteidigen, in denen sie der Reflekteur *Tynsets* rund fünfzehn Jahre später aufstöbert. Sie wollen natürlich »keinen Staub aufwirbeln«, wie Brun sagt – »Wenn der Schnee von gestern schmilzt, so erscheint zunächst das faule Laub von vorgestern« (S. 17) –, und so erstickt er die Bemühungen aller, sich gegen die Behörden zur Wehr zu setzen, und verpflichtet Vogler, einen großmäuligen Feigling und – damals wie heute – typischen Mitläufer, jeden daran zu hindern, das Haus zu verlassen.

Roehrich ist nach Bruns Ansicht »ein etwas lockerer Vogel« (S. 25) und »unberechenbar«, denn er muß seine Vergangenheit nicht verbergen. Er bewohnt »die Atelierwohnung«, ist vermutlich Maler, jedenfalls Künstler, besitzt Bücher und ist Verwandter Anton Velhagens aus *Paradies der falschen Vögel* und des Malers aus dem *Atelierfest*. Allerdings möchte er nicht *heraus* wie der Maler, sondern *drin* bleiben – darin mag sich Hildesheimers Entschluß spiegeln, trotz der entsetzlichen Einsichten während seiner Nürnberger Zeit im Land Hitlers und seiner Handlanger zu bleiben. In diesem frühen Stück legt er seiner positiven Figur noch jene Vorwürfe in den Mund, die er selbst erst wieder seit den sechziger Jahren ausgesprochen hat, und zwar beinahe wörtlich: »Es *ist* eben schon zu spät (...) Ja, es ist zu spät, weil die Wirklichkeit schon das ist, was *andere* aus ihr gemacht haben. *Heftig*: Es sind Leute wie *Sie*, die alles schon verdorben haben« (S. 23) – sechs Jahre danach, in *Der Brei auf unserem Herd*, sind es die Köche.

An die Handwerker, die bereits im *Atelierfest* ihre üble Rolle gespielt haben und in manchen Hörspielen und Theaterstücken noch spielen werden, erinnert, was Brun sagt: »Albert, ich glaube, wir müssen unserem jungen Freund das Handwerk legen« – »Das

wird schwierig sein, wenn Du nicht weißt, was das Handwerk *ist*«
(S. 23). Er setzt Vogler, der von »früher, als noch andere Zeiten
waren«, redet, auf Roehrich an (S. 24). Ein paar Bauarbeiter untersuchen die Dachziegel auf Wiederverwertbarkeit – eine Anspielung auf die Entnazifizierung –, reißen aber nur Lücken ins Dach,
der zweite Brief mahnt und löst jene »Unruhe, beinahe Panik«
aus, von der Hildesheimer schreibt, nur hat sie nichts von der
Komik in *Paradies der falschen Vögel*.

Albert macht sich von Brun los – »Du wirst immer wieder auf
die Füße fallen« (S. 28) –, verläßt das Haus und wird von herab-
stürzenden Dachziegeln erschlagen; Brun hämmert mit dem Be-
sen gegen die Decke, weil ihn die Schritte Frau von Goliaths
nervös machen; Vogler hätte es lieber gesehen, wenn die Dachziegel Roehrich getroffen hätten: »Er ist mir verdächtig. Er plant
etwas. Und man weiß nie, was es ist. Den hätts treffen sollen, dann
wären wir ihn los« (S. 29); Franziska kündigt Frau von Goliath
den Dienst: »Ich habe es auch nicht verdient, hier sitzen zu müssen, während Sie vor mir hin und herlaufen, tage- und nächtelang,
wie ein Uhrpendel« (S. 30). Franziska aber verhält sich wie Roehrich: sie will das Haus nicht verlassen, hat ja auch sie nichts zu
verbergen.

In der Schlußszene versammelt Hildesheimer zahlreiche Motive, die in seinen späteren Werken immer wieder anklingen: Zeit,
Ende, Wind, Nacht, Schlaf, das ewig Wiederkehrende und die
unmerklichen, aber endgültigen Grenzüberschreitungen. Roehrich hat wieder ausgepackt, die Vorhänge wieder aufgehängt und
die Bücher ins Regal gestellt, darunter wahrscheinlich einen He-
mingway, denn als Franziska klopft, denkt er, »die Stunde hätte
geschlagen« (S. 30). Er kann wieder schlafen, obwohl Dachziegel
fehlen und Wind durch sein Zimmer pfeift – »Vor allem nachts hört
man ihn« –, und erklärt: »Man *muß* ja schlafen. Man kann ja nicht
nur warten, Franziska. Vielleicht kommt das Ende nie und man
wartet vergeblich? Vielleicht wird alles so bleiben? (...) Die Dro-
hungen verlieren allmählich an Schrecken. Sie wirken nicht mehr.
Ich glaube nicht mehr daran. *Pause*. Sieh nicht immer aus dem
Fenster, Franziska, *Pause*. Nein, ich glaube nicht daran (...) Keine
wirkliche Veränderung kommt *plötzlich*. Sie kommt *allmählich*.
Wir merken es kaum. Und es *scheint*, als ob alles so bliebe, wie es
ist« (S. 31).

Vielleicht hat Hildesheimer schon damals nicht nur an das Ende des Nazi-Terrors gedacht, sondern an den Untergang der Welt – *Das Ende einer Welt* deutet das ja an –, jedenfalls läßt er Roehrich aussprechen, was er seit den siebziger Jahren immer deutlicher auf die Verwüstung der Natur bezogen hat: das Ende kommt nicht plötzlich, die entscheidenden Katastrophen haben stattgefunden, die Grenze, nach der die Rückkehr unmöglich ist, wurde bereits überschritten.

Das Ende kommt also doch, und zwar wegen der Taten derer, die glauben, es komme nie, und die, so Roehrichs Überzeugung, nur von diesem letzten Ende beseitigt werden können. So macht er es sich denn mit gelassener Resignation so erträglich wie möglich und stellt sich so weit außerhalb, wie einer kann, der sich entschieden hat, mit »den anderen« in einem Haus zu leben: mit den Verbrechern und ihren Helfershelfern in einem Staat. Behaust in einem *Unhaltbaren Zustand* bezieht er die Position des Gegenübers, der anders denkt, aber nicht handelt.

Das Ende einer Welt

Seit Sommer 1952, also kurz nachdem *Das Ende kommt nie* gesendet worden ist, haben Hans Werner Henze und Hildesheimer die Funkoper – oder das »Radiophonische Spiel«, wie es im Klavierauszug heißt – *Das Ende einer Welt* geplant. Was im Zeitalter der Multiplizierung der Massenmedien kaum noch denkbar ist: der Nordwestdeutsche Rundfunk hat für die Sendung der »ältesten Buffo-Oper« *La Serva Padrona* von Pergolesi und der »jüngsten Buffo-Oper« *Das Ende einer Welt* eine Einladung verschickt, gedruckt auf Bütten: »Wir glauben, ein so wichtiges Ereignis in keinem Rahmen würdiger veranstalten zu können als in Ihrer eigenen Wohnung. Machen Sie uns bitte die Freude, am 4. Dezember 1953 von 20,05 bis 21,45 Uhr an Ihrem eigenen Rundfunkapparat unser Gast zu sein. Mit besten Empfehlungen Musikabteilung Funkhaus Hamburg.«

Zum selben Termin, also zwischen November und Dezember 1953, erschien als elfter Band der Reihe »studio frankfurt«, die Alfred Andersch für die Frankfurter Verlagsanstalt herausgab, das Buch zur Oper, mit Hildesheimers Text und Henzes Ausführungen zu seiner Komposition, mit Reproduktionen der handschriftlichen Partitur und Illustrationen Gisela Anderschs. Einen Tag nach der Uraufführung schrieb Hildesheimer seinen Eltern: »Ausserdem sende ich Euch mein Opernbuch, das vorige Woche herausgekommen ist, und das Flora-Buch. Beide sind in Druck und Ausstattung Meisterwerke geworden, und wir freuen uns sehr über meine reichhaltige Herbstproduktion. Von dem Opernbuch hat der NWDR gleich 500 Stück gekauft, um die Musikwelt auf die Premiere vorzubereiten. Sie war gestern abend. Das Band ist beim Bayerischen Rundfunk schon bestellt. Wir selbst haben es nicht abgehört, da wir bei Hermann Scherchens Konzert in der Musica Viva waren, wo auch mit grossem Erfolg ein Orchesterstück von Nono aufgeführt wurde« (5. Dezember 1953).

Also Klavierauszug, Buch und Einladung, pünktlich vor der Premiere bereitgestellt und bis auf den Klavierauszug verschickt – mit seiner zweiten Arbeit für den Rundfunk gelang Hildesheimer, wie mit seinem ersten Theaterstück, ein glänzender Start. Henze am 11. Dezember 1953: »lieber balthasar, mit gleicher post kamen mehrere briefe von kollegen, dirigenten etc. die das ›ende‹ gehört haben und vor begeisterung nach worten nur so ringen (...) ich glaube wir dürfen mit fug und kanon stolz sein über die NWDR aufführung.«

Hildesheimer hat einen Erzähler und einen Kommentator eingeführt, die beide nicht dem Ich-Erzähler Herr Sebald aus der *Lieblosen Legende* entsprechen, der allerdings – jetzt unter dem Namen Herr Fallersleben – seine Funktion als Erzähler nicht ganz aufgibt. Diese Dreiteilung der Erzählperspektive läßt die Handlung in weite Ferne rücken: der Erzähler spricht im Imperfekt oder Perfekt, Herr Fallersleben im Präsens, der Kommentator je nach Situation. Dazu kommt ein Chor, der durch die Wiederholung einzelner Gesprächsstücke einen Echo-Effekt erzielt und dadurch die Gäste (einen »homogenen Gästekörper«, wie es in der *Lieblosen Legende* heißt), gleichzeitig aber auch die Hörer der Oper verkörpert. Das liest sich schon als Text sehr künstlich, in brechtschem Sinn verfremdet, von Henzes Musik noch ganz zu schweigen (S. 28, 34 und 35 f.; Schluß von *2. Rezitativ, Terzett und Chor*):

Herr Fallersleben: Ich darauf, eifrig: Wie hat Ihnen, Herr Golch, die Ausstellung zeitgenössischer Malerei im Luxembourg gefallen? Denn man darf – ja sollte – annehmen, daß die hier Versammelten alles gesehen, gelesen, und gehört haben, was wahre Bedeutung besitzt. Dazu sind sie hier. Chor: Denn dazu sind wir hier, sind wir hier.

Der Kommentator: Golch blickt nach oben, als suche er ein Wort im Raum. Dann müde, aber nicht ohne weise Überlegung:

Golch: Passé, mein Freund. Ich kann nur sagen, völlig passé.

Der Erzähler: Er gebrauchte die damals übliche englische Betonung des Wortes. Auch die Worte clichee und pastiche wurden damals englisch ausgesprochen.

Chor: Clíchee, pástiche, clíchee, pástiche . . .

Herr Fallersleben: Hier habe ich wohl einen faux-pas begangen, indem ich das Zeitgenössische erwähnt habe. Ich bin eine Stufe zurückgerutscht, habe aber durch die Ermahnung gelernt.

Der Erzähler: Nun ging man zum Büffet. Hier stieß Herr Fallersleben auf Signora Sgambati, die Astrologin. Das war, weiß der Himmel, auch keine Alltagserscheinung, diese Sgambati, man sah es ihr an.

Der Kommentator: Sie sprach:

3. Arie

Signora Sgambati: Meine Theorie, daß aus den Sternen nicht nur das Schicksal des Einzelnen ersichtlich ist, sondern ganze kulturhistorische Strömungen abgelesen werden können, hat vor einiger Zeit großes – was sage ich? unerhörtes – Aufsehen erregt.

Der Erzähler: Dennoch ist es unbegreiflich, daß die Signora unter den Umständen in der Sternkonstellation nicht den drohenden Untergang einiger wesentlicher Mitglieder der Geisteswelt gesehen hat.

Hildesheimer hat einige hübsche Details der *Lieblosen Legende* nicht übernommen, etwa den Hinweis auf den Alltag, der den Erzähler inzwischen wieder »gefangen«nimmt. Das Personal hat er verringert: Herr Fallersleben, Marchesa Montetristo, die »Doppelbegabung« Dombrowska, die Astrologin Sgambati, der »Kulturträger« Golch und der Politiker Professor Kuntz-Sartori. Außer Fallersleben und den neu eingefügten Figuren – Erzähler und Kommentator – treten sie alle wie Schießbudenfiguren auf, stellen sich vor und treten wieder ab, zum Beispiel Kuntz-Sartori: »Ich bin der Politiker und Verfechter der royalistischen Idee, der seit Jahrzehnten versucht, in der Schweiz eine Monarchie herzustellen« (S. 38).

Die Typisierung vertiefte sich bei der Ursendung: Anneliese Rothenberger sang den Part der Astrologin – soweit ganz richtig –, aber den Part der Dombrowska sang Fritz Göllnitz, den des Erzählers Gisela von Collande: die »Doppelbegabung« Dombrowska fördert angeblich den rhythmischen Ausdruckstanz und hat ein Buch »Zurück zur Jugend« geschrieben, das den Jugendstil meint, aber in Wirklichkeit sind das keine zwei Begabungen, wie die Besetzung mit einem Mann nahelegt: die Doppelbegabung der Dombrowska besteht darin, daß sie Frau und Mann zugleich ist.

Außerdem wurde in der Uraufführung die Rolle des Kommentators nicht besetzt, sondern zwischen Fallersleben und Erzähler aufgeteilt: Textbuch und Klavierauszug, die ihrerseits den Text in etwas unterschiedlicher Fassung bringen, stimmen nicht völlig mit der Uraufführung überein. Einer der Verfremdungseffekte geht mit dem Kommentator verloren, an anderer Stelle wird der Effekt dagegen verstärkt: Fallersleben verläßt die Konzertgesellschaft und wird demnächst durch die Pforte des sinkenden Palastes schwimmen, da meldet sich eine »Ansagerin«: »Hier ist der Nordwestdeutsche Rundfunk. Meine Damen und Herren, Sie hörten soeben den ersten Akt der Oper ›Das Ende einer Welt‹ von Hans Werner Henze und Wolfgang Hildesheimer. Bis zum Anfang des zweiten Aktes in wenigen Minuten hören Sie Musik. Das Unterhaltungsorchester des Nordwestdeutschen Rundfunks spielt Ihnen das Menuett von Antonio Gianbattista Bloch« (S. 56) – soweit die Textbuch-Fassung. Bei der Ursendung spricht diesen Part »der Erzähler«, also eine Frauenstimme, und der Hörer gerät mitten ins Geschehen. Etwas verwirrt beginnt sie: »Ach. – Ja. – Verehrte Hörer. – Eine rechte Oper hat, wie jeder Musikliebhaber weiß, mehrere Akte und, zumindest, eine Pause, so daß sich der Hörer von dem Geschehenen erhole und sich auf das zu Geschehende vorbereite. Diese Pause glauben auch der Komponist und der Dichter Ihnen nicht vorenthalten zu dürfen und nennen das, was Sie soeben gehört haben, kurzerhand den ersten Akt. Wir glauben Ihren Wünschen gerecht zu werden, wenn wir Ihnen die Pause mit ein wenig Musik verkürzen. Gespielt wird das bekannte Menuett von Antonio Gianbattista Bloch.«

Das Menuett Antonio Gianbattista Blochs stammt selbstverständlich aus Henzes Feder. Dann meldete sich, mit gelangweilter Herablassung, wieder die Ansagerin/der Erzähler: »Bravo, bravo. – Von einer Inhaltsangabe des zweiten Aktes sehen wir ab. Es ist der ausdrückliche Wunsch des Komponisten und des Dichters, daß der Hörer das volle Ausmaß der Katastrophe nicht im voraus erfahre.« Die Musik setzt wieder ein – unter anderem Akkordeon und, wohl von Hildesheimer vorgeschlagen, Okarina –, und Fallersleben singt »Ich bin draußen«.

Henze hat die Künstlichkeit der Textvorlage überzeugend verarbeitet; zum Beispiel die Vertonung des oben zitierten Ausschnitts, den Schluß der Nummer 2 (Rezitativ, Terzett und Chor): den Beginn des Zitats – »Ich darauf eifrig« – hat Fallersleben zu einem mittelstarken punktierten gis^1-cis^2 der Blockflöten »flüsternd« zu bringen, ritardando, weil das der Schluß der ersten Canzonette Golchs ist (Klavierauszug, S. 27). In einem Andantino aus Kontrabaß (pizzicato), Violine, Mandoline und Akkordeon fragt Fallersleben nach der Ausstellung zeitgenössischer Malerei im Luxembourg, bis zum »dazu sind sie hier«. In einem Allegro (S. 29) setzt der vierstimmige Chor fortissimo ein, der Baß »Da«, der Tenor »zu«, der Alt »sind«, und der Sopran »wir hier«. Die tieferen Stimmen halten ihren Ton, bis der Sopran den Satz vollendet hat, gefolgt von einem raschen vierstimmigen »sind wir hier, wir hier, hm« auf dem Ton, den jeder angestimmt hatte, zuletzt bekräftigend »gesprochen«. Zum Chor klingt, ebenfalls fortissimo, eine kurze Tonfolge verteilt auf Röhrenglocken, Vibraphon und Glockenspiel, die ihre angeschlagenen Töne zu einem Akkord ausklingen lassen; dazu, auch fortissimo, eine zweitaktige Figur aus Sechzehnteln, gespielt von zwei Konzertflügeln, die pianissimo zum Ausklang des Akkords aus Röhrenglocken, Vibraphon und Glockenspiel verklingt, allerdings mit einer Anweisung Henzes: »Gesamtklang der Klaviertakte A und B, der dadurch erzielt wird, daß beim Spielen das Pedal in beiden Instrumenten die 2 Takte hindurch liegen bleibt, die Aufnahme aber erst kurz nach dem letzten Anschlag erfolgt«, wodurch, wie er im Text-Buch schreibt, »der Klangcharakter des Klaviers völlig verloren geht« (S. 33).

Das Quartett aus Sgambati, Marchesa, Dombrowska und Kuntz-Sartori setzt ein, alle über Hall und più allegro (Klavierauszug, S. 30 f.). Sgambati: »Dazu, ha«, Pause, dann »juchzend« ein schnelles »ha ha«; Marchesa: »Voilà, he he he he, marvelous indeed«, Pause, dann ein getrilltes »jah«; Dombrowska: »Rotorataplan«, ohne Pause in einem glissando rapidamente »ohò«; Professor Kuntz-Sartori spricht »sehr hoch« ein »Hey« und »sehr tief« ein »hupp«, lange Pause und dann ein secco »plums«, den Fall Fallerslebens in der Achtung Golchs mit der zynischen Beobachtungsgabe des Intellektuellen vorwegnehmend. Kurz nach dem »ohò« der Dombrowska setzt »über Hall, sehr hohl und etwas echoartig« der Chor mit einem gesprochenen »Ho ho ho, Fallersleben« ein, während die Montage der Konzertflügel-Figur schon beim Einsatz des Quartetts dazugespielt worden ist, als der Chor noch Pause hatte. Der Flügel spielt »klappernd« eine zweitaktige Phrase: »Die im System I notierte Musik wird so gespielt, wie sie geschrieben ist und auf Band aufgenommen. Dann wird das Band *rücklaufend* abgespielt, so daß der im System II notierte Text erklingt« (S. 30). Beide Systeme laufen gleichzeitig ab, und zwar »schneller als das Tempo von Soli und Chor«; der zweite Takt der Flügelmontage, in dem der Chor singt, wird hauptsächlich von Trillern auf beiden Systemen ausgefüllt, die so lange ausgehalten werden, »bis der durch das schnellere Tempo erreichte Vorsprung des Klaviers mit Beginn des 3. Taktes ausgeglichen ist«.

Über dem ganzen dritten Takt trillert die Sgambati ihr letztes »ha« auf einem gellenden cis^3; der Chor, noch immer hohl: »ho«, von allen vier Stimmen »tief gesprochen«. Auf dem vierten Takt liegt für Klavier, Soli und Chor eine Fermate »für die Dauer des gesprochenen Textes« (S. 31): der Kommentator spricht: »Golch blickt nach oben, als suche er ein Wort im Raum; dann müde, aber nicht ohne weise Überlegung:« – moderato also, untermalt von einem Schlagzeug mit Rumbaholz, Tomtom und großer Trommel, niederschlagend, wie es seiner Aussage entspricht: »Passy, mein Freund. Ich kann nur sagen, völlig passy« (S. 31).

Das Tempo wechselt: Slowfox, Partystimmung; das Quartett wird zum Quintett, denn Golch kommt dazu, hält sich aber sechs Takte lang zurück, räuspert sich im siebten und achten Takt jeweils einmal, lacht im neunten »he he he he« – und zwar »sehr dunkel gefärbtes e, fast o« – und schweigt im zehnten Takt wieder. Die restlichen Sänger des Quartetts sagen vier Takte lang »aha«, und zwar »laut, triumphierend« und über Hall. Der Hall hört auf, die nächsten vier Takte singt die Sgambati »Picasso imposible«, im achten Takt dann »...sy«; die Marches »passy, passy«, im achten Takt ohne Singstimme »ha ha ha ha«; die Dombrowska »Ja, passy, pas...«, wirft also, gut eingespieltes Lästerpaar, der Sgambati das »pas« zum »sy« zu; Kuntz-Sartori »Vorbei, plums, passy, oja, ...ssy« – auch er gehört zum Lästerclub. Während Golch das »he he he he« pianissimo vorbringt, schweigen die anderen bis auf die Sgambati, die wegen der zugeworfenen »pas« stolz ist und »sehr alteriert« in ein »hach« ausbricht, Tonhöhe »ungefähr cis«, dreigestrichen.

Dazu spielt ein kleines Tanzorchester aus Violine, Mandoline und Gitarre, und zwar während aller Takte, außer dem zehnten, in dem die Gitarre allein vier Sechzehntel auf dem kleinen h spielt;

dazu ein Schlagzeugrhythmus, auf dessen Notierungslinie der zehnte Takt in dem Moment besetzt wird, als die Gitarre verstummt: »Ein Cocktailglas zerschellt.« Natürlich hat Herr Fallersleben nicht wirklich ein Glas fallen lassen, wiewohl er erschrocken ist: sein Image ist in Scherben gegangen, er ist verwirrt (S. 33).

Der Erzähler: ›Golch gebrauchte die damals übliche englische Betonung des Wortes. Auch wurden damals die Worte *clichee* und *pastiche* englisch ausgesprochen.‹
dazu Montage: 1.) Das Slowfox-Tempo von § bis ⊕ in Bandaufnahme *ohne* Instrumente *rückwärts* laufend im *Originaltempo*
dann folgen anschließend:
2.) Das vorige Band *vorwärts schnell* laufend
3.) Dasselbe Band *rückwärts schnell* laufend
4.) Das Slowfox-Tempo von § bis ⊕ in Bandaufnahme *mit* Instrumenten *vorwärts* schnell laufend
5.) Analog dem cis³ der Sgambati (und daran anschließend) der Pfiff einer Lokomotive. Dazu das Stampfen eines D-Zuges in schneller Fahrt. Der Lokomotivpfiff wiederholt sich einigemal. Pfiffe und Zuggeräusch werden immer schwächer (entfernen sich). Dauer des Zuggeräusches ca. 10-15 Sekunden.

»Es ist jedoch unerheblich für das Verständnis eines Musikstücks«, so Henze, »die Methode zu erkennen, nach der es gemacht ist. Es kommt auf die spontane Reaktion des Hörers an, besonders jedes einfachen, unverdorbenen Hörers, dessen Sinne die Verfeinerungen und Nuancen viel elementarer aufnehmen, als die des ›Kenners‹, der in allem, was er hört, Witz oder Zote wittert, Anspielung oder Sensation, und der nun Vermutungen darüber anstellt, unter wessen Einfluß die Musik entstanden ist, oder was der Komponist damit bezweckt hat« (Textbuch, S. 15).

Dennoch erläutert er ausführlich Absicht und Technik seiner Komposition: so völlig ohne Hintergrund wollte er von seinen Hörern wohl doch nicht gehört werden, sonst wäre sein Arbeitsbericht überflüssig; gerade auf das Urteil der »Kenner« – »kollegen, dirigenten etc.« – hatte er ja besonderen Wert gelegt. Vielleicht liegt dieser Widerspruch aber auch in Henzes Schwierigkeit, sich theoretisch zu äußern, wie es bei Künstlern gerade dann häufig vorkommt, wenn ihr Metier nicht die Sprache ist – wenngleich auch dies keine Garantie für glänzende Theorie oder gar zutreffende Selbstaussage ist. Faßbinder, um ein gravierendes Beispiel zu nennen, war in seiner kühlen Bildlichkeit Avantgardist wie Henze, und verkündete stets das Gegenteil von dem als Absicht, was er dann schließlich erreicht hat, zum Glück: er wollte Melodram in Hollywoods Manier und hat *Effi Briest* gemacht. Henze dagegen wollte überhaupt kein Moderner sein und hat alle abgelehnt, angefangen bei Stockhausen.

Hildesheimer jedoch verteidigte die Moderne schon in den vierziger Jahren; daß Fallersleben mit der Erwähnung auf das »Zeitgenössische« einen Fauxpas begeht, wirkt wie ein Seitenhieb auf Henzes falsche Selbsteinschätzung und nebenbei wie ein gezielter Schlag gegen alle, die das ›Echte‹ und ›Wahre‹ erhalten wollen und dabei Fälschungen aufsitzen oder, wie in seinen späteren Werken, gegen jene, denen große Kunstwerke nur als Bemäntelung übler Machenschaften taugen.

Über den Vorschlag von Hermann Spitz, dem musikalischen Leiter der Ursendung, zum Untergang der Insel ein Schlagzeugsolo zu komponieren, war Henze empört, wie er am 31. Oktober 1953 Hildesheimer schrieb: er wollte keine Klangmalerei. Aber was ist das zerschellende Cocktailglas anderes, oder der Lästerchor, das Stampfen der Lokomotive, oder gar die rücklaufenden Tonbänder, als Fallersleben versucht, den Fall aus seiner Rolle wieder zurückzunehmen? Vor der Fertigstellung des Text- oder Studio-Buches schrieb er an Hildesheimer: »wozu ich eben wirklich nicht besonders imstande bin, ist: gutes deutsch zu schreiben und mich unmissverständlich auszudrücken (...) also bitte sei so gut, hilf mir und poliere die ganze sache, ich wäre Dir sehr dankbar« (Brief vom 7. Juli 1953).

Offensichtlich hat Hildesheimer Henzes Texte für das Studio-Buch bearbeitet; manchmal lassen sich auch typische Formulierungen entdecken, etwa in der Passage – einige Doppeldeutigkeiten sind allerdings stehengeblieben –, in der Henze weniger von seiner Musik als von seiner Haltung gegenüber dem Stoff schreibt: »Ich habe den Vorgängen gegenüber nicht immer beschauliche Ruhe bewahrt. So ergibt es sich, daß ich zuweilen dem einen oder anderen Gast der Marchesa auf die Schleppe trete, ihm ein Bein stelle oder auf sonst eine Art seiner Würde Abbruch tue, was manchem Hörer als ein unfreundlicher Akt erscheinen mag. Mit Recht, denn so ist es gemeint. Es ist nicht die Aufgabe dieses Arbeitsberichtes, die Ursachen solcher Gefühle zu erläutern. Der Reiz des Librettos lag für mich zum großen Teil darin, daß ich die in ihm zutage tretende Ansicht teile: die schlimmsten Feinde des modernen, freiheitlichen Lebens, das voll ist von Wundern und wunderbaren Gefahren, und das viel Mut und Kraft erfordert, – die bösartigsten Widersacher sind jene lächelnden Snobs und Zyniker, die auf den künstlichen Inseln der Scheinkultur ihr Wesen treiben, und von hier aus das Festland mit Steinen bewerfen. Mögen sie auch selten treffen, so bleiben sie doch auf dem Wege liegen, so daß man unvermutet stolpert (sic!). Es sind also auch von meiner Seite oft recht krasse und aggressive Momente in die opera buffa eingeflossen, Überzeichnung und Spott, wobei ich mich bemüht habe, den Sinn des Textes nicht zu entstellen oder zu vergröbern« (S. 11).

In seinem Manuskript standen »worte wie ›hass‹«, wie er Hildesheimer schrieb: »daß uns welten deutscher ernsthaftigkeit, deutscher hin oder her, trennen, hat mir das vertonen Deines textes oft schwer gemacht – aber daß ich es, nämlich das die menschlichkeit bedrohende leben und treiben jener kreise, nicht mehr zum lachen finde, das ist nun mal so, da fehlt mir auch die überlegenheit, da muss ich mich blossstellen« (Brief vom 7. Juli 1953). In seinem Arbeitsbericht heißt das: »›Ironie‹ ist in dieser Partitur nicht etwa durch Zitat oder Verzerrung dargestellt. Die Musik verhält sich objektiv und, gewissermaßen, unbewegt – bis auf die erwähnten gelegentlichen subjektiven ›Ausbrüche‹. Die Ironie liegt innerhalb der objektiven Konstruktion. Es kam darauf an, die ›künstliche‹ Atmosphäre des Sujets nachzuzeichnen und auszuweiten (...) Die dauernd auftretenden radiotechnischen Tricks, – Montagen verschiedener Magnetofon-Bänder, Hall- und Echo-Wirkungen, krebsläufig geführte Bänder etc. –, dienen nur zur Darstellung von Gedanken und Gefühlen, während sorgfältig vermieden wurde, sie in tonmalerisch beschreibender Weise ins Feld zu führen« (S. 11 und 13).

Aber er komponiert die Flötensonate Antonio Gianbattista Blochs tatsächlich: »Hier mußte ich versuchen, eine alte Sonate ›aus galanter Zeit‹ zu entwerfen, die man im ersten Moment für echt halten könnte. Allerdings: schon die Chromatik der ersten Achtel im zweiten Takt ›läßt aufhorchen‹« – er amüsiert sich und andere Kenner mit der Fälschung einer Fälschung und den Hinweisen auf deren Entlarvung. »In dem Moment, da Fallersleben den fernen Donner vernimmt, vernehmen ihn auch die Musizierenden, und infolge dieser Ablenkung vermehren sich die Fehler und Irrtümer ihrer Interpretation um ein Beträchtliches« (S. 45). Henze hat also doch gemalt, aber wirklich ausgezeichnet, zum Beispiel gerade diese kleinen Irrtümer der Marchesa am Cembalo, die, statt c zu spielen, c/cis vergreift oder einen c^1/a^1-Zweiklang rasch zu cis^1/a^1 korrigiert (Klavierauszug, S. 52 f.).

Als Fallersleben den Palast gerade verlassen hat, malt Henze offensichtlich und ist sich dessen bewußt: »Zu den zwölfstimmigen Akkorden auf zwei denaturierten Klavieren« (die zu Snobs denaturierten Menschen) »tritt hier als Begleitung des Textes ›Draußen ist Mond‹ die Einblendung der verstärkten Aufnahme eines menschlichen Herzschlags hinzu. (Irgendwie ist Fallersleben doch aufgeregt.) (...) Dann, nach der Mitteilung über die Flutwellen, (...) eine Art ›übersetzte‹ Wassermusik. Primitive Melodiefloskeln bauen sich übereinander, dazu erklingen wechselnde Akkorde, an Vielstimmigkeit ab- und zunehmend, in Streichern und sordinierten Blechbläsern. Dadurch, daß diese ›Wellenfiguren‹ von den Primitiv-Instrumenten, naiv geflötet und gequäkt, interpretiert werden, hoffe ich, daß sich der Eindruck mäßigt, ich hätte hier das Prinzip, alle Tonmalerei zu vermeiden, durchbrochen« (S. 61).

Am 17. Dezember 1953 schrieb Hildesheimer seinen Eltern: »unsere Funkoper hat viel Staub aufgewirbelt.« In der Tat: die Presse reagierte äußerst heftig und nicht nur positiv: Arthur van Dyck verglich die beiden Buffo-Opern, die der Nordwestdeutsche Rundfunk zusammengekoppelt hatte, die älteste, Pergolesi, und die jüngste, »o weh«, Henze, und spottete: »Hier sollte wohl (gänzlich ohne tiefere Bedeutung) mit Satire und beißender Ironie zwölfton-kakophonisch ad absurdum geführt werden, was der alte italienische Meister zur Freude auch noch ganz moderner Musikfreunde einst geschaffen hat (...) Der Rundfunkansager bat seine Hörer mit dem Unterton der Entschuldigung, doch ja nicht abzuschalten, denn vielleicht entpuppe sich Henzes Werk mindestens als kolossaler akustischer Witz. Wir empfanden es eher als eine riesige snobistische ›Pflaume‹, die, mit frecher Delikatesse serviert, höchstens das Vergnügen des Intellekts an dieser und jener gut sitzenden Pointe des Librettisten Wolfgang Hildesheimer auslöste.« Damit ist van Dyck auf den Leim Hildesheimers gegangen, der diese Ansage wohl ebenso geschrieben hat wie den Text zwischen den Akten, eine Vermutung, die von der Besprechung Wilhelm Matthes' bestätigt wird: »Zu Beginn der Sendung sprach jemand von Narretei, von akustischem Witz, und er beschwor mit der Redegabe eines gewandten Verkäufers die Hörer, falls sie entsetzt sein sollten, nicht vorzeitig abzustellen, denn sie würden am Schluß sicherlich angenehm enttäuscht werden« – das ist Hildesheimer, zweifellos, womöglich von Fallerslebens Stimme gesprochen.

Von angenehmer Enttäuschung war, zumindest bei den Rezensenten, wenig zu spüren; was sie jedoch nicht bedacht haben: der künstlichen Insel der Marchesa Montetristo entsprechen in der Funkoper *Das Ende einer Welt* die Künstlichkeit der Wort- und der Musiksprache, und alles Befremdliche des Gesamteindrucks korrespondiert mit dem Befremden, das den Hörer beim Untergang dieser Welt überkommen soll. Henze und Hildesheimer haben ein glänzendes Kunstwerk geschaffen.

Ungefähr zehn Jahre später, am 25. Juli 1964, schrieb Henze: »Ich möchte gern unser ›Ende einer Welt‹ umarbeiten, um es im Theater spielen zu können. Ernst Schnabel meinte auch, es könne mit Hilfe einer solchen Bearbeitung dem Fernsehen zugänglich gemacht werden (...) Ich denke, es wird darauf ankommen müssen, dass die Dinge, die Herr Fallersleben bisher erzählte, nun sichtbar sein sollten. Wie Du das machst, überlasse ich Dir. Ich würde Dich nur sehr herzlich bitten, mich so schnell wie möglich wissen zu lassen, ob Du Lust hast, diese Arbeit zu machen. Wahrscheinlich kannst Du das ganze an einem Vormittag erledigen: ein geringer Zeitaufwand also (...) Schott will nämlich einen neuen Katalog meiner Werke drucken, und es wäre sehr günstig, wenn die Bühnenbearbeitung des ›Ende einer Welt‹ bereits darin angeführt wäre.«

Er wollte also noch eine Nummer für den Katalog haben und insistierte: »das Einzige, was eine leichte Wehmut hervorruft, ist, dass Du vor November nicht an die Bearbeitung gehen kannst. Hatte ich mir doch eingeredet, das Ganze gegen Ende August, gewissermassen als Ferienzeitvertreib, wenn mein ›junger Lord‹ beendet ist, zu bewerkstelligen. Ausserdem soll im September ein neuer Katalog meiner Werke gedruckt werden (...) Bitte überlege Dir doch, ob Du nicht doch schon jetzt gleich die Sache machen kannst« (Brief vom 6. August 1964). Hildesheimer stand vor dem Abschluß *Tynsets*, seine Verzögerung war gewiß kein Zeichen des Ärgers – als ob er sich nicht schon die erste Absage überlegt hätte –, obwohl dieser Ärger berechtigt gewesen wäre, denn in der Tat, die Alternative Schott-Katalog oder *Tynset* ist lächerlich.

1953 hatte Henze darum gebeten, daß Hildesheimer seinen Text »poliere«; 1964 wies er ihn an: »Bitte lass bald von Dir hören und denke schon einmal darüber nach, wie ›Das Ende einer Welt‹ sich umschreiben lässt. Es müsste eigentlich ohne den erzählenden Herrn Fallersleben auskommen, wenn das überhaupt technisch möglich ist« (Brief vom 25. Oktober). Dennoch: Hildesheimer war zur Zusammenarbeit bereit und fuhr, nach Absprache mit Henze, am 28. November nach Rom. Henze war nicht am verabredeten Treffpunkt, Hildesheimer mußte sich durchfragen, aber Henze ließ ihm durch seinen Diener mitteilen, er könne ihn erst später empfangen. Hildesheimer fuhr wieder ab.

Henze hatte seine Briefe, zumindest die an Hildesheimer – wie Hans Magnus Enzensberger –, stets mit Phantasienamen unterschrieben, zum Beispiel über dem maschinenschriftlichen »Massimo Pane« die Unterschrift »Max Brod«, oder über »Hermann-Hugo Eisenbart«: »Ermanno Wolf-Ferrari«. Die nächsten beiden Briefe, die vorletzten, die er, wie er mitteilte, nach seinem stenographierten Konzept von seinem Sekretär tippen ließ, unterschrieb er mit vollem Namen: »I suggest that I make the Bearbeitung as good as I can (I have already made the necessary orchestral reductions for the theatre (...) and send you the results hoping for a consent. This makes it easier for both of us. Of course, if you think it is better not to do anything about it, I shall accept that as well. It is now all up to you« (Brief vom 18. Dezember 1964). Die Situation von 1953 hatte sich wiederhergestellt.

Am 22. Februar 1965, der Schott-Katalog war inzwischen gedruckt: »Voilà the libretto. I'm not at all sure about the ending which I took from the beginning of your new Suhrkamp edition (...) Please let me know at your earliest convenience if you agree with this stage version. We are in time to alter whatever you may want altered.« Der letzte Brief Henzes an Hildesheimer ist mit »Fastnacht« über »Carnevalli« unterschrieben: »James dear, Thanks for your note and for your agreement with the libretto. Do you really insist on having my name with the text? I think it is exaggerated and not necessary, only confusing. Unless you think that those little interjections in foreign languages are to be taken on my account. But these were already in the original version, and will appear in the stage version in the same way: as a cocktail party chatter, just sounds. I shall take into account your corrections. Please think my observations over and please allow me to say text by W.H. without mentioning me. I am in Eile too. Good-bye. Yours« (Brief vom 4. März 1965).[10]

Er hatte also selbst bemerkt, daß der Schluß seines Librettos nicht überzeugt, übernahm er ja den Anfang der »new Suhrkamp edition«, also der Neuausgabe von 1962, die von *Das Ende einer Welt* eröffnet wird. Der erste Absatz der Legende und damit des Buches lautet: »Die letzte Abendgesellschaft der Marchesa Montetristo hat mir einen bleibenden Eindruck hinterlassen. Zu diesem Eindruck hat natürlicherweise auch der seltsame, beinahe einmalige Abschluß beigetragen. Schon dieser allein war ein Ereignis, das man nicht leicht vergißt. Wahrhaftig, es war ein denkwürdiger Abend« (S. 7). Eine gelungene Ouvertüre, von Henze ausgerechnet zum Schluß gemacht. Der Fallersleben der Fassung von 1953 sagt am Schluß: »Schade um die Badewanne, denke ich, denn *dieser* Verlust ist nicht wieder gutzumachen«, und der Erzähler fügt hinzu: »Dieser Gedanke mag vielleicht manchen kaltherzig anmuten. Aber man braucht ja erfahrungsgemäß einen gewissen Abstand, um ein solches Erlebnis in seiner ganzen Tragweite zu erfassen« (Textbuch, S. 66) – diese Unterkühlung paßte Henze nicht ins veränderte Konzept.

Hildesheimers Fallersleben ist kaltschnäuzig, distanziert und so lieblos wie Herr Sebald in der *Lieblosen Legende*: der Untergang der Welt berührt ihn nicht. Die Hartherzigkeit, so deutet er an, hätte sich mit dem »gewissen Abstand« gemildert, aber Fallersleben argumentiert aus dem Geist der untergegangenen Gesellschaft, der die Badewanne als ›echter‹ und ›bleibender Wert‹ wichtig gewesen wäre, welcher sich aber ebensowenig als bleibend erwiesen hat wie die Gesellschaft selbst. Das ist die Erkenntnis Fallerslebens, denn er erzählt ja bereits mit einem »gewissen Abstand«.

Henzes Fallersleben, den Henze entgegen seinem eigenen Vorschlag auftreten läßt, schließt mit den Worten: »Schade um die Badewanne, denke ich, denn dieser Verlust ist nicht wieder gutzumachen. Die letzte Abendgesellschaft der Marchesa Montetristo hat mir einen bleibenden Eindruck hinterlassen. Zu diesem Eindruck hat natürlicherweise auch der beinahe einmal'ge Abschluß beigetragen, den man nicht leicht vergißt« (Klavierauszug 1965, S. 78-80). Dabei hat Fallersleben eben gesehen, wie die Gäste der

Marchesa, das Wasser bis zum Kinn, mit den Händen über dem Kopf applaudieren und wie die Insel versinkt – das haben die Opern-Besucher natürlich auch gesehen, effektvoll mit Bild und Ton demonstriert. Wenn Fallersleben ihnen nun mitteilt, das sei ein »beinahe einmal'ger Abschluß«, den man »nicht leicht« vergesse, bezieht sich das nicht mehr auf den Untergang der Insel, sondern auf die Demonstration des Untergangs und auf die Qualität der Darstellung – und ist peinlich.

Die Musik hat Henze auf die veränderte Situation eingestellt – bis auf einen Fall keine radiotechnischen Gags –, den Text aber nicht: er hat auf Erzähler und Kommentator verzichtet, logisch, weil die Vorgänge nun visuell verfolgbar sind, aber wieso hat er den kurzen Satz »Sie setzt sich wieder, gibt Monsieur Béranger das Zeichen« (S. 58) nicht gestrichen, statt dessen aber den Spott Fallerslebens, daß die Sgambati den Untergang der Insel hätte aus den Sternen ablesen können. Nur zur Hälfte ins andere Medium transportiert, bleibt diese Oper Zwitterding.

Fallersleben, die tragende Figur, trägt nicht: natürlich ist er nicht mehr distanziert, nicht mehr überlegen, wie es die Retrospektive erlaubt, mit der Hildesheimer ihn gestaltet hat: jetzt spricht er im Präsens. Henzes Affekt, den er in der Funkoper mühsam gezügelt hatte, schlägt durch: Fallersleben ist dicht beim Geschehen und erzählt überhaupt nicht mehr, das Spannungsmoment aus aktuell gezeigter und erinnerter Handlung geht verloren, und nur selten gewinnt Henze dadurch etwas Neues, aber nur scheinbar etwas Besseres: »Golch gebraucht die neuerdings übliche englische Betonung des Wortes ›passé‹. Auch werden heute die Worte ›clichee‹ und ›pastiche‹ englisch ausgesprochen« (S. 32). Das will aktuell sein und Aktuelles treffen, aber jeder weiß, daß diese Worte heute nicht so gesprochen werden, und zuckt die Schultern.

Der Affekt stößt ins Leere, Fallersleben wird zum wehleidigen Outsider: nach seinem Fauxpas – der Erwähnung des »Zeitgenössischen« gegenüber Golch – zieht er sich »nachdenklich und bedrückt in eine Ecke zurück« (S. 34). Aber wenn er diese Gesellschaft für lächerlich hält, wieso reagiert er, als habe er einen Fauxpas begangen; er könnte sich bestätigt sehen.

Bei Hildesheimer begutachten die Gäste Fallersleben, Henzes Fallersleben betrachtet die Gäste: die Dombrowska läßt er mitten im Satz stehen (S. 23), und die Erscheinung Kuntz-Sartoris kommentiert er »für sich«, also in einem jener »asides«, die Hildesheimer für unglücklich hält. Die Sgambati erzählt, völlig unlogisch, ihre astrologischen Erkenntnisse Professor Kuntz-Sartori, aber die beiden kennen sich längst und sind, auch diesmal chorisch unterstrichen, Mitglieder des Lästerclubs, ebenso wie Kuntz-Sartori, der sich der Sgambati vorstellt: »Ich bin der Politiker (...)« (S. 37).

Das Wasser steigt, Bühnendonner rollt, Fallersleben bindet die letzte Gondel los, und Henze läßt, als einzigen radiotechnischen Trick, wieder den tonmalerischen Herzschlag als »Einblendung hinter der Bühne« laut werden, angeblich weil Fallersleben »aufgeregt« ist – »Man sieht im Hintergrund die obere Hälfte des Palazzo, die langsam sinkt« (S. 69) –, tatsächlich aber ist er entzückt. Sobald er die Flöte »aus weiter Ferne« hören kann, singt er seinen Text »swinging« (S. 70); zu »stürzen nun die Fluten in den Palast« spielt die Musik dolcissime (S. 71); nachdem er vom »Ernst der Lage« gesprochen hat, summt er, »als ob er die Dombrowska imitiere« (S. 73). Regieanweisung: »Dunkel. Leiser Bühnendonner. Man sieht nur noch das Gesicht Herrn von Fallerslebens« – das »von« ist wohl ein Flüchtigkeitsfehler, fragt Fallersleben ja auch nach der Ausstellung »in Luxemburg« statt »im Luxembourg« (S. 27) –, und Fallersleben setzt »sachlich und forsch« ein: »A, da setzt das Getöse eines zusammenstürzenden Gebäudes ein! (für sich) Tschingbum, Tschingbum, Tschingbum (leise pfeifend, fröhlich) (laut) der Palazzo fällt! (hinzu ein lauter Bühnendonner)« (S. 75). Der nachdenkliche und bedrückte Fallersleben ist zuletzt ein höhnischer und schadenfroher Kerl, der diesem Untergang – Triumph der Perfidie – mit offensichtlichem Genuß applaudiert.

Man mag sich fragen, wie dieses Libretto ausgesehen hat, ehe es Hildesheimer durchsah. Wie gesagt: Henze dankte für Korrekturen und wollte sie berücksichtigen. Wieweit Hildesheimer korrigiert hat und wieweit Henze das berücksichtigt hat, ist wohl nicht mehr zu ermitteln – jedenfalls: Hildesheimer muß einiges angemerkt haben. Höchstwahrscheinlich hat er das Unzureichende an diesem Libretto erkannt, vielleicht schon auf den ersten Seiten, und hat womöglich, wie bei lästigen Texten oft, gar nicht weitergelesen. Daß er seinen Namen gerne zurückgezogen hätte, spricht für sich; daß er Henzes Bitte nachgekommen ist und seinen Namen hergegeben hat, kann ihm aber nur bei jenen schaden, die nicht über die Entstehung der Bühnenfassung von 1964 Bescheid wissen.

3 Die Prosabearbeitungen der fünfziger Jahre

Prosabearbeitungen sollen jene Stücke genannt werden, die aus Hildesheimers Prosawerken hervorgegangen sind. In den fünfziger Jahren sind natürlich Bearbeitungen der *Lieblosen Legenden* entstanden – wie die Funkoper *Das Ende einer Welt* ja auch – und des Romans *Paradies der falschen Vögel*. Es sind ausschließlich Arbeiten für den Rundfunk, die er den Erfolgen seiner ersten beiden Prosabücher nachgeschickt hat.

Die erste Prosabearbeitung, *Begegnung im Balkanexpreß*, sein zweites Hörspiel überhaupt, wurde am 12. Februar 1953 vom Nordwestdeutschen Rundfunk erstmals gesendet, also noch vor der Sendung der Funkoper. Es folgten *An den Ufern der Plotinitza* (1954), *Das Atelierfest* (1955) und als letztes in dieser Reihe *Die Bartschedel-Idee* (1957). Das einzige Hörspiel dieser Zeit – außer den ersten *Turandot-* und *Helena*-Fassungen –, das keine Prosabearbeitung war, *Die Toten haben es gut* (etwa 1955), hat Hildesheimer zurückgezogen.[11]

Begegnung im Balkanexpreß

In *Begegnung im Balkanexpreß* benutzte Hildesheimer nur jenen Handlungsstrang aus *Paradies der falschen Vögel*, der Robert Guiscards Geschichte erzählt, nun aber statt aus Anton Velhagens aus der Perspektive Onkel Roberts, der, wie Fallersleben, Erzähler und agierende Figur zugleich ist. Er beginnt: »Ich heiße Robert Guiscard und bin Kunstfälscher. Aber keiner von diesen kleinen Wald- und Wiesenfälschern, die sich einen kurzen Abschnitt der Kunstgeschichte vornehmen und ihn auswendig lernen« (S. 7). Ziemlich ausführlich referiert er seine Charaktereigenschaften, die sich auffällig mit jenen decken, die den falschen Prinzen von Astrachan der frühen Fassungen auszeichnen: »Ich habe niemals das gefühlt, was man eine ethische Verpflichtung der Kunst gegenüber nennt. Ein unmoralischer Mensch, sagen Sie? Ganz recht! Ich will es nicht leugnen. Aber bedenken Sie: ich bin, meiner Veranlagung nach, *kein* Revolutionär.« Oder: »Sehen Sie: andere Künstler suchen berühmt zu werden, bei uns Fälschern aber ist es mit der Karriere vorbei, sowie man die Anonymität verloren hat. Ich habe also vor den andren das voraus, daß ich die Anonymität nicht scheue« (S. 7). Damit besitzt er bereits das, was Velhagen im Roman schließlich erreicht: Anonymität.

Liane, die Guiscard wie im Roman gegen die Kleider des Heizers im Orient-Expreß zurückgelassen hat, entdeckt ihn im Hörspiel zufällig in der Hauptstadt der Procegovina, nicht mehr Píloty, sondern Sludyewatz, wo er sich, was im Roman Velhagen tut, als Pflastermaler Geld verdient. Wieder ist es Liane, die den Kontakt zum Minister herstellt, und wieder möchte Guiscard nach einiger Zeit das Land verlassen, aber nicht, weil fremde Mazyrkas auftauchen – dieser Zug fehlt dem Hörspiel völlig –, sondern weil er findet, daß seine Leistungen zu gering honoriert werden.

Diesmal erkennt er, daß die »Lady Viola Pratt«, die ihm der Erpresser Mr. Pratt vorlegt, ebenso falsch wie seine eigene ist. Pratt ist natürlich nicht mehr der Hauslehrer Velhagens – Velhagen tritt gar nicht auf – und hat auch nicht mehr die Absicht, Robert Guiscard zu entlarven: er will Kunsthändler werden und sich von ihm billig beliefern lassen, doch Guiscard benützt den Erpresser, um vom Staat seinen Abschied zu erpressen. Diesmal gelingt Guiscards Anschlag im Orient-Expreß: er kann Mr. Pratt mit Hilfe des Zugpersonals abhängen und vernichtet dessen Holbein-Zeichnung, den Beweis für seine eigene Tätigkeit als Fälscher: »Dann ist die ganze Sache aus der Welt geschafft, selbst, falls er eines Tages wieder auftauchen sollte, was ich für unwahrscheinlich halte« (S. 28).

Das Hörspiel endet, wie es angefangen hat, mit einem erzählenden Monolog Guiscards: »ich habe seitdem noch viel gefälscht. Ich werde nicht verraten, *was* es ist, denn ich möchte nicht das Wesen der Kunstbetrachtung untergraben. Ebensowenig werde ich verraten, wo ich im Augenblick *bin*, oder wie ich in Wirklichkeit heiße. Für *Sie*, verehrte Hörer, bleibe ich *Robert Guiscard*« (S. 28).

Die Abenteurerfiguren, die in den frühen Werken Hildesheimers häufig auftreten, entlarven oft ganz unabsichtlich einen Mißstand oder sind zuweilen sogar aktiv an Mißstand oder Entlarvung beteiligt, aber sie gehen entweder an ihrem Spiel zugrunde, oder sie suchen früher oder später den Ausstieg. Zwischen den Ursendungen von *Begegnung im Balkanexpreß* und der ersten Fassung der *Prinzessin Turandot*, genauer: am 17. Dezember 1953 schrieb Hildesheimer an seine Eltern:

Mir sind die Zustände wichtiger, als die Menschen, und ich will auch keine Ewigkeitswerte schaffen. Es kommt mir vielmehr darauf an, wirklich bestehende Missstände ins Schwarze zu treffen. Ob solche Literatur dann überlebt, wird sich erst viel später herausstellen, sie aber mit diesem Ziel zu schreiben, wäre falsch. (Obwohl Thomas Mann das wohl tut.)

Daß ihm die Menschen weniger wichtig waren, brachte seinen Werken das Etikett der Lieblosigkeit; daß er keine »Ewigkeitswerte schaffen« wollte, zeitigte jene leichten und amüsanten Werke, in denen die leichten und amüsanten Abenteurer ihr Spiel treiben. So wie ihr Autor selbst sein Spiel getrieben hat, ehe er sich ins Private zurückzog, wenn auch nicht mehr ins Anonyme, denn der Versuch, wirkliche Mißstände zu treffen, gelang ihm immer präziser, und seine Bekanntheit wuchs. Zumindest gegen seine damals erklärte Absicht und höchstwahrscheinlich nicht mit bewußtem Vorsatz schrieb er seine großen Bücher, die so lange leben werden, solang man Bücher liest. *Begegnung im Balkanexpreß* gehört nicht dazu.

An den Ufern der Plotinitza

Das Gegenstück zu *Begegnung im Balkanexpreß* ist *An den Ufern der Plotinitza* (22. Juni 1954). Das meint allerdings nicht, daß Hildesheimer nun die zweite Handlungslinie des Romans in leicht verändertem Wortlaut dialogisiert hätte. Zwar erscheint Robert Guiscard nicht mehr, aber die Hauptfigur heißt nicht Anton Velhagen, obwohl die Handlung jenem Teil des Romans entstammt, der Velhagens Geschichte erzählt, und einsetzt, als Velhagen die Landschaft an der Plotinitza malt, ehe es ihn ins feindliche Blavazien verschlägt. Überhaupt: das gesamte Personal hat sich verändert: eine Journalistin namens Ilona Mayerle, eine Mohammedanerin namens Suleika, dazu blavazisches und procegovinisches Militär, kurz: die Berührung zwischen *Paradies der falschen Vögel* und *An den Ufern der Plotinitza* ist leicht. Das mag den Reiz dieser Bearbeitung ausmachen.

Die Anfänge beider Hörspiele gleichen sich allerdings sehr: auch hier ist die Hauptfigur gleichzeitig Erzähler und stellt sich zuerst einmal vor: »Mein Name ist Eduard Merlin. Dieser Name, meine Damen und Herren, dürfte Ihnen allen ein Begriff sein, und den Kunstkennern unter Ihnen sogar mehr als das. – Ich bin *der*

Eduard Merlin! Ich bin zwar noch nicht alt – heutzutage altern die Lebensfrohen unter uns langsam – aber dennoch alt genug, um Ihnen von einer Begebenheit zu erzählen, die beinahe dreißig Jahre zurückliegt, *ohne* dabei Gefahr zu laufen, daß Sie sich ihrer noch entsinnen. Denn inzwischen hat es ja bekanntlich andere, wichtigere Dinge gegeben, die ein derartiges Ereignis aus der Erinnerung verdrängt haben. *Damals* jedoch waren die Zeitungen und vor allem natürlich die *illustrierten* Zeitungen voll davon« (S. 132).

Wie in *Begegnung im Balkanexpreß* nimmt der Erzähler die Hörer bei der Hand, genauer: beim Ohr, um sie durch das Stück zu führen. Mit den wichtigeren Dingen ist natürlich der Zweite Weltkrieg gemeint, und die Art, wie Merlin darüber spricht, ist ausgesprochen lieblos. Tatsächlich gibt es starke Anklänge an die Legende *Die Suche nach der Wahrheit*. Der Seitenhieb auf die illustrierten Zeitungen läßt bereits erkennen, daß es sich weniger um Kunstfälschung handelt, sondern um eine Abrechnung mit dem Journalismus, die dem eben berühmt gewordenen Autor wohl von Herzen kam; nach *Die Herren der Welt* (1958) und *Nocturno im Grand Hotel* (1959) fand er Journalisten keiner Erwähnung mehr wert.

Ilona Mayerle vom »Trara« schreibt, wie sie Merlin ungeniert mitteilt, für den »Quark« als Giselher Förwald: die Umkehrung der Figurenkonstellation der *Turandot*. Der Abenteurer ist diesmal aber keine der beiden Hälften dieser Doppelexistenz, sondern Eduard Merlin, der Turandot gewiß ebenso leicht wie der falsche Prinz von Astrachan im Rededuell besiegt hätte. »Ja, das war die Jugendzeit der Tatsachenberichte, deren Aufgabe es ja noch heute ist, Ereignisse zu historischer Wahrheit zu verarbeiten« (S. 133).

Welche Länder mit den beiden benachbarten Ländern Procegovina und Blavazien gemeint sind, wird auch zu Beginn klar: die Bundesrepublik Deutschland und die Deutsche Demokratische Republik. Denn Merlin zitiert die »Stimme der Propaganda (Hall): Die Plotinitza, Procegovinas Strom, nicht Procegovinas Grenze!«, und aus der Sicht Blavaziens: »Die Plotinitza, Blavaziens Strom, nicht Blavaziens Grenze!« (S. 133) Das ist besonders scharf, denn diese Formulierung bezog sich zur Zeit des nationalsozialistischen Terrors auf den Rhein: die Parolen der Zeit des kalten Krieges unterscheiden sich also nicht von denen der Nationalsozialisten, nur spricht man jetzt von Oder und Neiße.

Merlin malt »das blavazische Schroffsteingebirge jenseits des Flusses« (S. 133), Ilona Mayerle sagt »Guten Tag«, eine Formel, der Hildesheimer in diesem Fall sehr viele Nuancen abgewinnen möchte, sie soll das nämlich »flott, sachlich, kalt, penetrant, arrogant, schnoddrig« sagen: »Journalistin!« Sie will über den Krieg in diesem »internationalen Unruheherd« schreiben, doch Merlin hat sich bereits – wie sein Autor erst später – ins schöne Reich der bildenden Kunst zurückgezogen. Frau Mayerle: »Sagen Sie mal: *Sie* haben wohl keine Ahnung von den Dingen.« Merlin: »Es kommt darauf an, von *welchen* Dingen« (S. 134).

Sie findet den »weltfremden Künstler« amüsant, »der nicht weiß, daß er auf dem Pulverfaß sitzt«, vergleicht seine Bilder mit denen des berühmten Merlin und erfährt, daß er der berühmte Merlin selbst sei, da waten blavazische Soldaten durch den Fluß und umringen Ilona und Merlin (S. 137). Ilona behauptet, das Gemälde sei eine verschlüsselte Landkarte und Merlin selbst Spion. Nach der ersten Flußüberquerung trifft Merlin auf Suleika, die Tochter des blavazischen Generals, die klagt, ihr Vater brauche Geld und wolle sie dem Sultan als vierte Frau geben; da wird er von den Procegovinern als feindlicher Blavazier wieder ans andere Ufer geschleppt, aus Rache, da der berühmte Merlin von blavazischen Horden verschleppt und ermordet worden sei: »Die ganze Welt weiß es und ist empört. Die Zeitungen haben Extrablätter herausgebracht, in denen die grauenvolle Tat bis in die kleinsten Einzelheiten beschrieben ist. Seine letzten Worte waren: ›Lebe wohl, mein procegovinisches Vaterland!‹« (S. 148 f.) Merlin ist also, wie Velhagen, zum politischen Märtyrer geworden, nur steckt diesmal nicht Onkel Robert dahinter, sondern Ilona Mayerle: nun sind die Journalisten die Fälscher. Ab diesem Punkt folgt das Hörspiel nicht einmal mehr in groben Zügen dem Roman.

Diesmal behauptet Ilona, Merlin sei ihr Vetter, doch Merlin beweist, Merlin zu sein. Ilona schlägt vor, »die Abwicklung der Ereignisse korrigieren und möglichst schnell ...« (S. 151) Aber selbst der Offizier empfindet Abscheu: »Ich verstehe, Fräulein, verstehe völlig. Ihre Absichten sind durchaus – – durchaus Ihrem Beruf angemessen.« Ilona spricht von »Tatsachenbericht« und »Verantwortung« der Presse: »Und *Sie*, Herr Merlin?! Sie sind tot! Verstehen Sie? *Tot*! Die ganze Welt ist über Ihr Schicksal bereits eingehend informiert. Sie sind nicht groß genug, um den Willen des Schicksals zu korrigieren, wenn Sie ›Quark‹ und ›Trara‹ gegen

sich haben. Die illustrierte Presse straft die Wahrheit Lügen!«
(S. 152)

Das ist der härteste Schlag gegen die Presse, den Hildesheimer in diesem Hörspiel austeilt, hart vor allem deshalb, weil er der Journalistin selbst in den Mund gelegt wird. Man erinnert Bölls *Verlorene Ehre der Katharina Blum*: »Sie müssen zugeben, Herr Merlin: zu solchem Ruhm hätte Sie es bei Lebzeiten nicht gebracht« – ein Gedanke, den in *Paradies der falschen Vögel* Robert Guiscard dem jungen Velhagen mitteilt, dort allerdings, um ihn von der Laufbahn eines Kunstmalers auf die eines Kunstfälschers zu bringen. Merlin antwortet denn auch: »Ganz recht, Fräulein Mayerle, aber – das werden *Sie* allerdings kaum verstehen –: dieserart Ruhm habe ich niemals angestrebt« (S. 152) – und erläutert, welchen Stellenwert Kunst für ihn hat: »Für *Sie* gibt es fraglos wichtigeres. Für mich nicht. Für mich ist sie das, was für Sie Krieg ist« (S. 153).

Merlin betrifft das Geschehen persönlich, er hat um sein Leben zu kämpfen und kämpft mit Bravour, aber nicht, weil er einen der beiden Zwerg-Staaten bevorzugt, sondern weil er ungestört malen möchte. Als die Blavazier das Hauptquartier der Procegoviner einnehmen, will der blavazische Offizier Ilona Mayerle festnehmen: sie habe einen »feindlichen Akt« begangen und die Weltmeinung gegen Blavazien aufgehetzt. Nun behauptet Merlin, den der Offizier inzwischen mit Hochachtung behandelt, was Ilona zuvor behauptet hat: er sei mit ihr verwandt und habe einen besseren Plan. Nach der – dritten und ehrenvollen – Flußüberquerung überzeugt er Suleika, daß auch Ilona dem Sultan genüge, sie selbst könne mit ihm in den freieren Westen gehen. Dem Abgesandten des Sultans gibt er so harte Maßregeln zur Behandlung Ilonas mit, daß Suleika zwar mit ihm fliehen, ihn aber nicht mehr heiraten will. Eduard sagt »erlöst aber freundlich«: »Vielleicht haben Sie recht, Fräulein Krikorovánovitsch (…) ich mache Ihnen einen Vorschlag. Ihrem Vater schicke ich einen Scheck. Und wir, wir wollen zunächst einmal hier fort und nicht den neuen Angriff der Procegoviner abwarten. Dieser Krieg wird allmählich langweilig, finden Sie nicht? (…) Und ich verspreche Ihnen, daß Sie im Ausland bald jemand finden (…) den Sie lieber heiraten möchten als mich« (S. 161). Die Farce ist komplett.

Krieg ist langweiliger als Kunst, das hat Merlin mit aller Deutlichkeit bewiesen, Krieg ist eine Spielerei, die von Künstlern über-

legener als von Kriegern erledigt werden kann; ebenso souverän
erledigen sie die Zwänge der Konvention und die Angelegenheiten
des Herzens. Suleika verliebt sich »kurz hinter der Grenze« in
einen mittellosen Journalisten, dem Merlin »die Chance seines
Lebens« bietet: »die alleinigen Rechte auf die Geschichte, die ich
Ihnen soeben erzählt habe, inclusive Fräulein Ilona Mayerles ein-
zigartigem Schicksal«. Der Journalist verkauft seine Berichte an
»Trara« und »Quark« – »trotz der Tatsache, daß sie auf Wahrheit
beruhten« –, heiratet Suleika und übernimmt »bald darauf Fräulein Mayerles Posten bei diesen Blättern«. Unter anderem mit
einem wörtlichen Zitat aus der *Suche nach der Wahrheit* schließt
Merlin, in der Rolle des Erzählers, das Hörspiel: »Über Fräulein
Mayerle selbst hat meines Wissens niemals mehr jemand etwas
gehört, aber es ist anzunehmen, daß ihr Leben innerhalb der
Grenzen orientalischer Konvention verlaufen ist. Sie ist verschollen, – aber *ihresgleichen* wandeln viele unter uns. Nicht wahr,
meine Damen und Herren?« (S. 161 f.)

Der Künstler Eduard Merlin, der so manche Ansicht vertritt,
die Hildesheimer auch für sich geltend gemacht hat, steht souverän über den täglichen und den außergewöhnlichen Widrigkeiten.
Er siegt mühelos, entscheidet jede Situation und schafft sich ohne
größere Anstrengung den Weg in Freiheit und Ruhe. Gewalt wendet er durchaus an, allerdings aus persönlicher Rache, nicht aus
politischen Gründen, und auch dann nur gegen die einzelne Person, an der er sich rächen will. Wer ihn in Ruhe läßt, den läßt auch
er in Ruhe, und wer das nicht tut, ist selber schuld. Er verlacht
zwar die Journalisten, verhindert aber nicht, daß Suleikas zukünftiger Mann Journalist wird, ja, er verhilft ihm sogar dazu.[12]

Damit nicht genug: Merlin wird zum Arrangeur politischer
Auseinandersetzungen; seine Berühmtheit beeinflußt, zumindest
zum Teil, das Kriegsgeschehen: »Künstler sind immer verdächtig
und machen Scherereien« (S. 147) – ähnlich hat sich schon Doktor
Brun über Martin Roehrich geäußert (*Das Ende kommt nie*).
Doch Merlins Allüre des einflußreichen Superstars, Schlachtenfla-
neurs und Weltenbummlers mit der Sehnsucht nach künstlerischer
Abgeschiedenheit kam nach diesem Hörspiel nie wieder in einem
Werk Hildesheimers mit dieser Deutlichkeit zum Ausdruck. Ganz
im Gegenteil: wenige Jahre später, mit den späten *Legenden* – mit
Der Brei auf unserem Herd und *Schläferung* – und, vor allem, mit
den *Vergeblichen Aufzeichnungen*, war die Vereinzelung und Aus-

sichtslosigkeit des Künstlers Generalthema geworden und blieb es auch noch, als Künstler wie Aleksandr Solženicyn bewiesen hatten, daß Berühmtheit es sogar einer Weltmacht wie der Sowjetunion unmöglich machen kann, den unbequemen Künstler in Sibirien – im wahrsten Sinne des Wortes – auf Eis zu legen. Die Macht des einzelnen kann aber, gerade wie in Hildesheimers Hörspiel oder in Solženicyns Fall, nur das persönliche Einzelgeschick betreffen: große politische Entscheidungen hängen nicht von Künstlern ab.

Die Toten haben es gut

An den Ufern der Plotinitza ist hauptsächlich gegen Journalisten geschrieben, *Die Toten haben es gut* dagegen, wie Hildesheimers Notiz besagt, ist »nicht gegen die Gattungen der Kunsthändler, der Bankiers oder der hysterischen Frauen gerichtet, sondern lediglich gegen Solche, die sich davon persönlich getroffen fühlen«. Die Handlung spielt im Atelier eines Malers abstrakter Kunst – »Ein begabter Hund« (S. 13) wie der Maler aus dem *Atelierfest* – und inszeniert denselben Aspekt der »Wahrheit«, den Robert Guiscard Velhagen vermittelt hat und den nun der Kunsthändler Möhrengast dem Maler Philipp Sänger vermittelt (S. 13 f.):[13]

Möhrengast (mit falschem Mitgefühl): Mein lieber Sänger, natürlich *kann* ich ihnen diese beiden Bilder abkaufen, aber ich kann ihnen nicht mehr als ein Taschengeld dafür *geben*, denn ich bezweifle, ob *ich* sie jemals verkaufen kann. Das soll keine Kritik an ihrer Kunst sein, beileibe nicht; aber sie wissen ja, wie schwer es mit den Lebenden ist.
Philipp (durchweg mit Ironie): Ja, ja, ich weiss es. Die *Toten, die* haben es gut.
(...)
Möhrengast: Vom Standpunkt des Verkaufs aus gesehen, ja.
Philipp (langsam, nachdenklich): Wissen sie, *eines* Tages tu' ich ihnen den Gefallen. Aus Spass.
Möhrengast (entrüstet): Mit solchen Dingen soll man nicht scherzen, Herr Sänger.
Philipp: Wer sagt ihnen, dass ich scherze. Ich bin ganz ernst, so ernst wie sie. Lieber Herr Möhrengast, sie sehen heute sogar *besonders* ernst aus. Das steht ihnen vorzüglich. Sie sehen beinahe seriös aus. Ich glaube wirklich, ich werde sie doch noch einmal malen.

Nach seinem Tod versammelt Lucy, seine Frau, all jene Bekannten um sich, die ihnen schon immer unangenehm gewesen sind: natürlich Möhrengast, dazu Bankier Herbert Flühe, von dem Philipp sich stets Geld geborgt hatte, und dessen Frau Ruth, die in Philipp verliebt war und mit ihm fliehen wollte; außerdem die stets pathetische Frau Rentz-Hersau, die sich in Philipps Atelier breitgemacht und blasierte Kunstliebhaber beigeschleppt hatte: eine Mäzenin, die Frau von Hergenrath aus dem *Atelierfest* in nichts nachsteht. Sie spricht unbewußt aus, wer Philipp zu seinem Entschluß getrieben hat: »Hätten wir von seiner Verzweiflungstat geahnt, so hätten wir ihm wohl *alle* zur Seite gestanden« (S. 16). Alle beteuern ihre Bewunderung der Bilder, deren Preise inzwischen ungeheuer gestiegen sind, und behaupten geläufig das Gegenteil ihrer früheren Aussagen, bis Lucy eröffnet, Philipp habe seinen Vorsatz ausgeführt und Porträts gemalt, nicht nur von Möhrengast, sondern auch – in Rückblenden zeigt Hildesheimer jene Situationen, die zu den Porträts geführt haben – von Herrn und Frau Flühe: »Bildnis eines Bankiers« und »Frauenbildnis«.

Der offensichtliche Genuß, mit dem sie diese Kulturbagage gegeneinander ausspielt, läßt bereits ahnen, was als Überraschungseffekt kommen soll; vielleicht einer der Gründe, aus denen Hildesheimer dieses Hörspiel zurückgezogen hat. Philipp Sänger ist natürlich gar nicht tot, hat ein Jahr lang im Süden gelebt und beweist, was Guiscard bereits bewiesen hat: daß ein toter Künstler tatsächlich erfolgreicher ist und daß es genügt, wenn man *glaubt*, er sei tot. Anders aber als Velhagen zieht sich Philipp nicht in die Anonymität zurück, sondern kann – ähnlich Eduard Merlin – solche Wahrheiten, die aus Gemeinplätzen bestehen, souverän handhaben. In einer der Rückblenden hatte er zu Frau Rentz-Hersau gesagt: »Glauben sie, dass ich eine Zukunft habe? Aber die Gegenwart wäre mir im Augenblick, ehrlich gesagt, wichtiger« (S. 17). Jetzt hat er die Zukunft in seine Gegenwart geholt, in einem Vorgriff, einem kalkulierten Experiment, das gleichzeitig jene Narren heißt, die von Kunst nichts verstehen, nur ihren zukünftigen Geldwert in Erwägung ziehen und den Künstler darüber hungern lassen. Er hat, ganz anders als der Maler im *Atelierfest*, nicht resigniert, sondern sein Atelier zurückerobert. Ein Anton Velhagen, der sein Verschwinden allerdings ebenso glänzend arrangiert wie seine triumphale Rückkehr: auf die Verhaltensmechanismen lästiger Mäzene und gieriger Händler kann er sich verlassen. Als die

Gäste, wie beabsichtigt, entrüstet die Wohnung verlassen haben, sagt er: »*Endlich* allein!« (S. 22)

Schon Mitte der fünfziger Jahre – kurz ehe er wieder mit Malen begonnen hatte – hat Hildesheimer einer seiner Figuren jene Formulierung in den Mund gelegt, die er rund dreißig Jahre später – nach dem ernsten Spiel um den Freitod Andrew Marbots, nach dem befreiten Spiel mit Gemeinplätzen in den *Mitteilungen an Max* und nach der Rückkehr in sein Atelier – zum Titel seines ersten Collagenbandes gemacht hat: *Endlich allein* – eine Parallele, die man, mit verstecktem Vergnügen ähnlich dem Lucys, kaum zu weit ziehen könnte.

Die Bartschedel-Idee

Die Legende *Aus meinem Tagebuch* ist in zwei Handlungsstränge geteilt: der eine gilt dem Kauf eines Gemäldes von Rubens, dem der Experte Friedensohn eine Echtheit attestiert, die sich nicht erhält, weil unter dem Rubens Schichten neueren Datums zum Vorschein kommen – das führt ins *Paradies der falschen Vögel*. Der andere Strang gilt der Rede zur Enthüllung eines Bartschedel-Denkmals, deren Erfolg nicht schmälert, daß sie einen ganz anderen Bartschedel würdigt – das führt nahe an der *Lieblosen Legende* von Gottlieb Theodor Pilz vorbei ins Hörspiel *Die Bartschedel-Idee*, das zwar gesendet (21. 2. 1957), aber über dreißig Jahre nicht gedruckt worden ist: Hildesheimer zog in diesem Jahr in die Schweiz und begann, ganz andere Stücke zu schreiben.

Die Handlung entwickelt sich, wie in *Die Toten haben es gut*, aus einem Experiment, das im Bereich zwischen Realität und Fiktion angesiedelt ist und das, eine weitere Parallele, Gemeinplätze und Klischees gegen jene ausspielt, die sie prägen: »Wichtig ist«, so Hildesheimers Anmerkung, »daß alle Stimmen den in ihnen geäußerten Klischees gemäß und mit ihnen identifizierbar sind. Es handelt sich um *Typen*. Dies gilt auch für das weitere Hörspiel: es ist ein Hörspiel der Klischees« (S. 167).

Gesprächsweise äußerte er einmal, bekanntlich würde kein Mensch etwas gegen eine noch so unglaubliche Behauptung vorbringen, wenn man sie mit einem überzeugten »bekanntlich« aufstelle. So hätten er und Wolf Rosenberg eine Festgesellschaft mit der Behauptung verblüfft: »bekanntlich haben die Chinesen das Herz rechts«, und keiner der Anwesenden hätte widersprochen. Dieses autobiographische Detail zeigt, daß er sehr bewußt Rezeptionslenkung betreibt; es zeigt auch, wie eng selbst in Hörspielen, die ja bekanntlich selten Ich-Erzähler haben, die Handlung mit Persönlichem verbunden ist. Das könnte gerade für *Die Bartschedel-Idee* wichtig werden, wo gleich die erste Szene demonstriert, aus welchen Anlässen eine Figur wie Marbot entstehen kann.

Florian Geyer – so heißt die Hauptfigur – hat die Bartschedel-Idee während einer kleinen Gesellschaft, die Bürgermeister Hochhaus gibt, zu der auch Florians Frau Silvia – namensgleich mit Hildesheimers Frau – und drei weitere Gäste geladen sind: eine Frau, ein »Herr Doktor« und ein »Mann der Wirtschaft«. Der Doktor gibt sich »professoral, pedantisch, eitel, gewichtig« und berichtet von seinen Weltreisen: »so ließ ich denn die Träger zurück. Die Leute fürchten sich vor dem Sonnenaufgang (...) sie nennen ihn Barmhurbànazar« (S. 167). Die Frau ist von seinen Berichten hingerissen und schwärmt »sehnsüchtig-vetraut« von »Tabus«; der Mann der Wirtschaft gibt sich nüchtern und kalkuliert wahrscheinlich bereits eine Zweigstelle seiner Firma; Bürgermeister Hochhaus, in der Rolle des Gastgebers, fragt beflissen, welcher Rasse diese Eingeborenen angehören: »Ich persönlich teile sie – im Gegensatz zu meinen *mit tiefer Verachtung:* geschätzten Kollegen – den indo-astodoiden Mongolen zu!«[14]

Hildesheimer hat in dieser Szene Personal versammelt, das er in einigen seiner Stücke wieder auftreten läßt, allerdings verwandelt: die Naturforscher und Weltreisenden der sechziger und siebziger Jahre haben längst erkannt, daß der *Brei auf unserem Herd* verdorben ist, und verzweifeln an dieser Einsicht. Sie werden, zunehmend, zu Identifikationsfiguren Hildesheimers, hier aber hat er einen »Herrn Professor« als negative Figur gestaltet, der mit Eingeborenen und Natur gerade so umgeht, daß der Brei endgültig verdorben wird: verständnislos, aber bahnbrechend für die wirtschaftliche Ausbeutung der letzten unberührten Regionen der Erde. Lediglich angedeutet, ist dieses Thema aber noch nicht Zentrum eines ernsten Spiels, sondern Auslöser einer komischen Entwicklung.

Denn Florian Geyer wird geradezu selbstverständlich zum Gegenspieler. Wie ernst es ihm ist, zeigt nur der Hinweis auf seine »drohende Aufmerksamkeit«, die Konsequenz aus seinen Beobachtungen dagegen ist noch ganz der Welt der strahlenden Flaneure verhaftet: »wie nach einem Entschluß« wirft er »seelenruhig« in die Runde: »Bekanntlich haben die Mongolen ja keine Backenzähne. *Verlegene Pause, Hüsteln*. Sie, Herr Professor, werden mir das bestätigen!« Er behauptet, einer der »größten Söhne dieser Stadt« habe »mongolisches Blut« gehabt: »Aber *Sie*, Herr Doktor Hochhaus, als Oberbürgermeister, müßten das doch wissen!« Hochhaus ist natürlich gereizt: »Ich weiß im Augenblick nicht, wen Sie meinen. Die Stadt hat so viele große Söhne« (S. 167 f.). Auf der Heimfahrt fragt Florian: »Sag mal, Silvia: findest du nicht auch, daß man in dieser Stadt endlich ein Bartschedeldenkmal errichten sollte? (...) *Mit Pathos*: Die Zeit krankt an einer großen Armut an Denkmälern!« (S. 169)

In *Die Toten haben es gut* war eine Figur scheinbar tot, in *Die Bartschedel-Idee* erhält eine Figur scheinbar Leben. *Wie* Christian Theodor Bartschedel (1778-1857) aber eingeführt wird, allmählich an Gestalt gewinnt, für alle immer wahrscheinlicher wird und zuletzt solche Präsenz erreicht, daß niemand mehr an seine Nicht-Existenz glaubt – das könnte für die Entstehung *Marbots* gelten, nur daß sich bei *Marbot* alle bewußt waren und sind, daß er eine fiktive Figur ist. Was Florian Geyer über seinen Bartschedel sagt, hat Hildesheimer rund fünfundzwanzig Jahre später mit ähnlichen Worten über seinen Andrew Marbot gesagt: »ich habe es mir zur Aufgabe gemacht, die Geschichte zu bereichern« (S. 178). Oder: »Ich bin nicht Bartschedel. Bartschedel hat vorausgeahnt. Ja, – vielleicht sollte ich mich bald an seine Biographie machen, als Leitfaden für zukünftige Doktorarbeiten« (S. 196). Silvia fragt, was er »eigentlich von diesem Bartschedel« habe: »Nichts. Aber Beschäftigungen, von denen man nichts hat, sind die besten, liebe Silvia. Nur wissen das die meisten Leute nicht. Oder sie glauben es nicht. Bedenke, wie schön die Welt wäre, wenn die Menschen nur solchen Beschäftigungen nachgingen, die zu nichts führen. Es wäre ein Paradies« (S. 196). Zweckfreies Spiel also, wie nach *Ich trage eine Eule nach Athen* in vielen Werken.

Florians Rede – noch immer hat er nicht festgelegt, was Bartschedel gewesen sein soll – ist der Höhepunkt der Veranstaltung, schon die Anrede ist ein kleines Meisterwerk: »Hochverehrter Herr Minister, sehr verehrte Herren Staatssekretäre und -sekretärinnen, verehrte Herren Ministerialdirigenten, -direktoren und -räte, meine Damen und Herren, liebe Mitbürger!« (S. 185) – noch ist diese Häufung öffentlicher Titel- und Würdenträger Anlaß zur Belustigung; rund fünf Jahre später, in *Nachtstück*, Grund des Entsetzens, und bereits im Jahr nach der *Bartschedel-Idee* konnte sich Hildesheimer über die klischierte Sprache nicht mehr amüsieren, wie das *Pastorale* zeigen wird.

Bartschedel ist als »Pionier der Verinnerlichung« etabliert (S. 186), Florian schreibt die Dramen für das erste Bartschedel-Festspiel, alle in jenen phrasenhaften Wendungen, die von den offiziellen Kulturmanagern verwendet und von den Kulturkonsumenten genossen werden. Das Spektakel nimmt, einmal eingefädelt, den Verlauf, den er ihm vorbestimmt hat. Bis die Kulturdezernentin Frau Bruhlmuth – wohl die Frau des Mazyrka-Experten aus dem *Paradies der falschen Vögel* – die Fälschung entdeckt, ist es zu spät: der Tourismus hat jenes Ausmaß angenommen, das er nach Einführung des Nationalmalers Mazyrka im *Paradies der falschen Vögel* erreicht hatte. Die Erfindung des »Kulturphilosophen« Florian Geyer hat sich verselbständigt, sein Experiment ist vollkommen geglückt.

Dem Nachkommen Bartschedels, der sich mit dem Anspruch meldet, er allein sei im Recht, die Werke seines Vorfahren zu bearbeiten, überläßt er die Rolle als Arrangeur sofort: »Es werden noch viele kommen, die auf der Aufführung ihrer Werke bestehen. Es wird Ihnen also gar nichts anderes übrig bleiben, als sich auf einen harten Konkurrenzkampf vorzubereiten. Aber, mein Freund, *vergnügt, zuversichtlich*: *das* besprechen Sie am besten mit der Frau Kulturdezernent und dem Herrn Oberbürgermeister. Beide dürften daran interessiert sein, daß die gemeinsame Arbeit still und möglichst reibungslos vor sich geht. Denn, ehrlich gesagt, Herr Bartschedel: *mir* ist es *völlig* gleichgültig! Ich bin in Gedanken schon nicht mehr hier. Leben Sie *wohl*, Herr Bartschedel. *Lacht wie Puck im Sommernachtstraum*. Und grüßen Sie mir alle zukünftigen Nachkommen des großen, einzigen, einmaligen ... *Ausblenden*« (S. 210).[15]

Ironie der Duplizität könnte man nennen, daß sich nach *Marbots* Erscheinen ein Nachkomme Andrew Marbots bei Hildesheimer meldete, ein Mario Marbot, der authentische Details aus dem Leben seiner Vorfahren beibrachte und *Marbot* korrigieren wollte. Schon im ersten Antwortbrief schrieb Hildesheimer, das müsse ein Scherz sein, hatte er diesen Scherz doch schon fünfundzwanzig Jahre zuvor erfunden. Mario Marbot trieb sein Spiel noch einige Zeit weiter, bis er sich, wie gesagt, als Basler Lizentiatskandidat Hugo Mario Caviola entpuppte.

Daß Hildesheimer von den Nachdichtungen *Marbots* – außer von der künstlerisch kreativen Gerold Späths in *Sindbadland* – nicht viel gehalten hat, mag, ähnlich wie im Fall Mario Marbot alias Hugo Mario Caviola, damit zusammenhängen, daß er, so bewußt wie seine Figur Florian Geyer, die Mechanismen des Kulturbetriebs durchschaut und mit ihnen spielt. Wäre *Marbot* sein letztes schriftstellerisches Buch geblieben, wie er vor Erscheinen der *Mitteilungen an Max* gesagt hatte, hätte er die Literaturszene verlassen wie Florian Geyer die Kulturszene.

4 Das Opfer Helena

Ähnlich dem *Turandot*-Stoff hat Hildesheimer den *Helena*-Stoff mehrmals bearbeitet: hier wie dort fallen die frühesten Fassungen in die Mitte der fünfziger Jahre, beide zuerst als Hörspiel, und die späteren in die sechziger Jahre, bei *Turandot* zuletzt ein Fernsehspiel, bei *Helena* ein Kammermusical. Vom Hörspiel zum Theaterstück – das ist keine Gesetzmäßigkeit: die erste Hörspielfassung 1955, die zweite 1961 und die dritte 1965; 1959 aber, vor der zweiten Hörspielfassung, das Theaterstück; das Kammermusical von 1968 ist ein besonderer Fall.[16]

In allen *Helena*-Fassungen arbeitet Hildesheimer wieder mit einem Erzähler, genauer: mit einer Erzählerin, nämlich Helena selbst. Sie spricht wie eine Frau des zwanzigsten Jahrhunderts, agiert aber als Figur der Antike in einem antiken Geschehen, das seinerseits Züge moderner Auseinandersetzungen erhält. Die Hörspielfassung von 1955 eröffnet sie ohne Anrede – »Ich darf voraussetzen, daß heute allen Menschen der troische Krieg ein Begriff ist« –, erzählt die Geschichte, wie sie in der *Ilias* nachzulesen ist, wertet sie aber als Fälschung, der ganze Jahrhunderte aufgesessen seien: Paris habe sie gar nicht entführt, schon gleich gar nicht, weil Aphrodite sie ihm als Dank für ihren Sieg über Hera und Athene versprochen hätte: »Es ist falsch, die Götter für alles verantwortlich zu machen, was an Menschlichem und Unmenschlichem geschehen ist.« Diese Darstellung sei, »wie *alle* historischen Wahrheiten, unwahr« (von Mitte der fünfziger Jahre direkt

zu *Mozart* und *Marbot*). »Das würde bedeuten, daß wir alle nur
Puppen in der Hand der Götter gewesen wären, und keinen von
uns die Schuld träfe. Tatsächlich ist, daß uns alle die Schuld trifft, –
auch mich; aber mich am wenigsten. Ich will die wahre Geschichte
erzählen und es nochmals der Nachwelt anheimstellen, mir meinen Anteil der Schuld zuzumessen« (S. 154). Hildesheimer diskutiert das Verhältnis von Schuld und Unschuld, überläßt die
Entscheidung aber noch dem Publikum; erst zehn Jahre später läßt
er den Reflekteur *Tynsets* sagen, er trage keine oder nur unwesent-
liche Schuld.

Helena, einunddreißig Jahre alt, also ungefähr im Alter der Turandot der frühen Fassungen und, wie sie, sehr schön, entgeht
Menelaos' Öde, indem sie jeden Gast verführt, und hat den entsprechenden Ruf beim Volk und gewiß auch bei denen, die als Gäste
geladen waren. Deshalb eröffnet ihr Menelaos, er werde, nach dem
Besuch des jungen Paris von Troja, nur noch Männer über siebzig
zu Gast laden; doch sie durchschaut ihn: »Du willst, daß ich alle
meine Künste aufbiete, um zu bewirken, daß *er* mich entführt –
und *ihr* endlich eine wirksame Ursache zu einer Kriegserklärung
habt« (S. 161). Nach Ankunft Paris' verabschiedet sich Menelaos:
»Am späten Abend bin ich zurück. *Falls* ich dich nicht mehr antreffen sollte, leb wohl. Wir sehen uns nach dem Krieg!« (S. 168)[17]

Natürlich will sie mit Paris fliehen, aber nicht nach Troja, sondern auf eine einsame Insel. So, glaubt sie, könnte sie Menelaos
entrinnen und den Krieg vereiteln oder zumindest nicht provozieren. Es hätte ihr auffallen müssen, wie unbedenklich Paris einwil-
ligt – sein Gefolge scheint nur darauf gewartet zu haben –, doch
Helena teilt der fünfzehnjährigen Hermione mit, sie habe Paris
zur Flucht überredet, und schöpft auch dann noch keinen Verdacht, als Paris korrigiert: *er* habe *sie* dazu verleitet. Auf dem
Schiff erfährt sie: er ist ausgeschickt worden, um sie zu entführen
und nach Troja zu bringen. Auch die Troer sind zum Krieg gerü-
stet und brauchen, wie die Spartaner, einen Vorwand: »Ich habe
natürlich darauf verzichtet, dem Schändlichen zu sagen, daß auch
ich ihn betrogen hatte, – daß ich bei der Anstiftung zur Flucht
ebenfalls im Auftrag gehandelt hatte. Damit hätte ich mich nur mit
ihm auf die gleiche Stufe gestellt, und das wollte ich nicht. Außerdem wäre es schließlich nur die *halbe* Wahrheit gewesen.« Die
andere Hälfte, so behauptet sie, bestehe darin, daß sie »diesen
Paris liebte, den Unwürdigen« (S. 181).

Ganz so ehrlich, wie sie angekündigt hat, stellt sie ihren Teil Schuld am Trojanischen Krieg nicht dar: sie liebt nicht Paris, sondern hätte ihn für ihre Zwecke lediglich benutzt, wie ihr in Giraudoux' *Kein Krieg in Troja* ins Gesicht gesagt wird: »Nicht Paris lieben Sie, Sie lieben die Männer« (S. 221). Ihr ist nur peinlich, selbst benutzt worden zu sein: »Ich war also das erste Opfer des troischen Krieges. Ich war das Opfer des Menelaos und des Paris, das Opfer der Griechen und der Troer. Aber letzten Endes war ich doch nur mein eigenes Opfer: ich liebte die Männer. Aber die Männer lieben Krieg« (S. 181 f.).

Nach dem Krieg macht Menelaos sie für die »ganze verheerende Sinnlosigkeit« verantwortlich (S. 182), und so sieht das natürlich auch Hermione, die aber, noch tugendhafter und unerträglicher geworden – noch in *Masante* nennt Hildesheimer sie »ein Tugendschaf, ein Engelchen, das beinah auf den Kalender gehört« (S. 136) –, ihrer Mutter verzeihen will. Helena stellt fest, daß ihrer Tochter zum Verständnis von Schuld und Unschuld »Körper« *und* »Seele« fehlen, und sagt abschließend, in ihrer Rolle als Erzählerin: »Allerdings komme ich mehr zu der Erkenntnis, daß gerade diese den meisten Menschen fehlt. – Aber *ich* hatte von früh auf ihr Wesen erfaßt und sie immer als den wichtigsten Bestandteil des Menschen betrachtet, – lange bevor ein großer Landsmann von mir festgestellt hat, daß sie *unsterblich* ist« (S. 185).

Das Opfer Helena ist, wie Giraudoux' *Kein Krieg in Troja* und anders als Hofmannsthals *Die ägyptische Helena* (1928), ein Appell gegen den Krieg. Hildesheimer stellt die Menschen als selbstverantwortlich dar, beschränkt Menschliches aber nicht, wie Peter Hacks mit *Die schöne Helena* (1964) in der Nachfolge Brechts, auf gesellschaftliche Bedingungen; hatte er ja bereits Brecht selbst, mit den *Turandot*-Fassungen, abgelehnt.[18]

Kein Krieg in Troja ist ein Spiel *vor* dem Krieg, das mit der Kriegserklärung endet; *Das Opfer Helena* ist ein Spiel *nach* dem Krieg, ein Spiel von Schuld und Unschuld und davon, wie die Waffen sich gegen den Bewaffneten wenden. Paris sagt zu Helena: »Du siehst: ich habe die Unschuld in langen mühevollen Jahren von Grund auf gelernt. Deshalb darf ich sagen, daß ich sie besser beherrsche als die meisten. Und wie Du gemerkt hast, führt sie, bei richtiger Anwendung, zum Erfolg« (S. 180). Diese Unschuld meint Hildesheimer natürlich nicht, denn dann wäre Helena so schuldig wie kaum eine andere seiner Figuren; sie vermerkt bitter,

Paris, seine Brüder und Spießgesellen wären bereit, »Gefühle ganzer Generationen für ihre finsteren Zwecke zu opfern« (S. 181).

Aus den leichten Spielen um Fälschung und Wahrheit hat sich ein neues Thema kristallisiert: Verführbarkeit, Tat und Schuld. Hildesheimer nähert sich also – wenn auch, ähnlich den frühen *Turandot*-Fassungen, in leichtem Ton – bereits jener Problematik, die sein Werk seit den sechziger Jahren beherrscht. Kurz nach der vermeintlichen Verführung sagt Helena: »Wenn du erst älter bist, lieber Paris, wirst du einsehen, daß das Schuldgefühl nicht das schlechteste der Gefühle ist. Man kann sagen was man will, aber es setzt doch wenigstens eine frische Tat voraus, an der sich die Schuld entzündet hat.« Paris wirft ein: »Es kann aber auch eine *böse* Tat sein«, doch diese Dimension fehlt Helena angeblich: »Ich weiß eigentlich nicht genau, was eine böse Tat ist, aber ich vermute, daß man danach Reue empfindet. – Das ist – soweit ich weiß – wieder etwas völlig anderes« (S. 174) – dabei setzt sie ihre »frische Tat« ja gerade gegen die bösen Taten ihres Mannes ein.

Menelaos, Paris und die übrigen Machthaber beider Länder schieben die Schuld der absichtsvoll bösen Tat Helena zu, auch Hermione, die selbst kaum Schuld trägt, jedoch bereit ist, alles zu vergessen, und unbewußt Vorschub leistet; Helena durch ihr vorbehaltloses Gefühlsleben allerdings auch: ihr sind die Spielregeln so bekannt, wie sie den frühen Figuren bekannt waren, auch sie spielt mit, aber nach Mißlingen *ihres* Spiels weist sie die Schuld Menelaos zu. Der einzige Unterschied zwischen beiden besteht darin, daß sie keine hehren Worte von Ehre, Pflicht und Vaterland verkündet, sondern ganz ungeniert ihrem persönlichen Vergnügen lebt, ihrem Gefühl, mit dem sie erst dann schadet, wenn sie ihren privaten Bereich verläßt; sie ist ein Stück mißbrauchbarer Natur: »Frauen brauchen nur ihrer Natur zu folgen, und schon sind sie in aller Munde« (S. 159) – eine Darstellung, die mancher Frau nicht behagen dürfte, die aber zeigt, daß Hildesheimer begonnen hat, die selbstverständliche Position eines Eduard Merlin oder Florian Geyer zu hinterfragen.

Wie diese beiden zögert auch Helena keinen Moment, Privates mit Offiziellem zu verbinden, und hätte auch nicht gezögert, Paris der Schmach preiszugeben, wäre er tatsächlich mit ihr auf eine einsame Insel geflüchtet: Paris der Pantoffelheld und zuletzt, nach Helenas Lust sehr wahrscheinlich, Paris der Betrogene. Wenn schon Menelaos den Betrug verdient haben mag: Paris, wäre er tatsächlich so unerfahren gewesen, wie Helena angenommen hat, hätte ihn nicht verdient. Es ist nicht Helenas Verdienst, daß Paris sie getäuscht hat, sondern der einzige Grund, weshalb sie nicht an ihm schuldig geworden ist.

Helena trägt viele Züge der frühen Figuren Hildesheimers, tritt sogar als Schlachtenbummmler und Flaneur ganz besonderer Prägung auf, das Thema aber, das Hildesheimer sie diskutieren läßt, erträgt die leichtfüßige Behandlung nicht mehr. Das war wohl der Impuls für die späten Fassungen, die, was gewiß kein Zufall ist, gerade nach den sogenannten absurden Stücken entstanden sind. An *Das Opfer Helena* der ersten Fassung jedenfalls läßt sich ablesen, wie ein Thema allmählich aus dem Unbewußten aufsteigt, der Stil zu seiner Behandlung aber noch nicht entwickelt ist. Merlin oder Geyer fühlten sich vollkommen im Recht und hatten keinen Grund, nach Schuld oder Unschuld zu fragen; dagegen löst Helenas Versuch, sich ihrer Schuld zu entledigen, Unbehagen aus.

Die Hörspielfassung von 1961 ist »Der ›Helena‹ in jedem Weibe« gewidmet, der Akzent hat sich also verschoben: nun rükken allgemeine Verhaltensmechanismen in den Vordergrund. Zunächst hat es allerdings den Anschein, als habe sich nicht sehr viel verändert: Helena fühlt sich vom Besuch des greisen Nestor angewidert und fragt Hermione, was denn an ihm interessant sei, es könne ja durchaus sein, daß ihr einmal etwas entgehe. In der ersten Fassung antwortet Hermione: »Oh, ich glaube, es entgeht dir viel, Mama« (S. 163); jetzt aber: »Oh, ich glaube, es entgeht dir nicht viel, Mamà« (S. 69).[19]

An der Veränderung der Beziehung zwischen Helena und Menelaos läßt sich die Akzentverschiebung allerdings ablesen: wieder nimmt er sich einen Tag frei, um ihr Zeit zu Verführung und Flucht zu geben, jetzt sagt er aber: »Falls ich dich nicht mehr antreffen sollte – was ich hoffe –: leb wohl. Du hast unserer Sache einen großen Dienst geleistet« (S. 74). Er ist seiner Sache gewiß, Helena ihrer unsicher: »*Noch* habe ich *nichts* geleistet.« Jetzt weiß sie schon im voraus, daß sie *etwas* leisten *wird*: das Verhältnis von Tat und Untat, Schuld und Unschuld ist diffiziler geworden. Helena, in ihrer Rolle als Erzählerin: »Dieser Krieg war also für ihn eine Gewißheit, die sich aus *meiner* Tat ergeben sollte. – – – Aber ich wollte seinen Plan zunichte machen«, und dieses »wollte« weist ihr mehr Schuld zu, als sie eingestehen will: tatsächlich läßt sie sich ja von beiden Parteien in beiden Fassungen sehr leicht benutzen.

Nun aber sind psychologische Mechanismen entscheidend, unausweichliche und dadurch beinahe wieder ›schicksalhafte‹ Abläufe. Helena will wieder – mit Körper und Seele – physische und psychische Liebe, resigniert und sieht ein, daß sie sich in den Männern und damit im gesamten Weltgefüge getäuscht hat. Mit dieser Resignation gehört sie zu den Figuren der sechziger Jahre, die nicht mehr eingreifen wollen, weil sie erfahren haben, daß sie damit nichts ändern können.

In der ersten Fassung hat Helena das Schicksal der einzelnen Kämpfer aufgezählt, völlig unberührt von der Verheerung, an der sie immerhin mitgewirkt hat: »Auf dem Schiff fragte ich ihn, als liebevolle, einfühlende Gattin: (honigsüß) Bist du auch mit dem Resultat deines Krieges wirklich zufrieden, mein Freund?« (S. 182) Menelaos war beleidigter Sieger mit dem Gebaren des Besiegten, reagierte auf die Sticheleien empfindlich und sprach von Volk und Vaterland. In der zweiten Fassung trumpft er auf: »Du siehst, liebe Helena: ich *habe* dich zurückerobert« – »Immerhin hast du zehn lange Jahre dazu gebraucht« – »Lang? Ich nehme doch nicht an, daß *dir* die Zeit lang geworden ist – zumindest nicht, bevor dein Paris gefallen ist« (S. 87). Beider Ton unterscheidet sich in keiner Nuance vom Vorkriegston. Doch dann läßt Hildesheimer Helena fragen: »Aber wofür, mein Freund, wofür? Was habt ihr gewonnen? Wo ist eure Beute, euer Gold, Kolonien? – Denn ich nehme an, dafür führt man Kriege. Wo ist Achilles, Patroklos? Erschlagen! Diomedes, Aias, Philoktetes? Tot! Odysseus? Verschollen! Wofür habt ihr denn gekämpft?« (S. 87 f.) Wenn er jetzt seine Phrasen drischt, sind das die entsetzlichen Stereotypien, mit denen schon immer Kriege gerechtfertigt worden sind und werden: »Wofür? Um ein mächtigeres Griechenland erstehen zu lassen, dessen Bewohner einmal glücklich und zufrieden im Wohlstand leben werden, dessen Kinder frei von Furcht aufwachsen, in dem Handel und Gewerbe blühen, die Künste und Wissenschaften ... *langsam ausblenden*« (S. 88).

Helenas Worte – aus der Retrospektive – gelten nicht mehr dem unzureichenden Ehemann, sondern dem Kriegsverbrecher: »Gewiß, die Umstände hatten ihm recht gegeben: auch Troja hatte den Krieg gewollt. Aber das macht ihn nicht besser; es macht vielmehr die Troer so schlecht wie ihn. Aber sie hatten dafür gebüßt« (S. 88) – der Gedanke der Sühne durch Buße, wie im Jahr darauf in *Schläferung*, aber auch hier problematisch: wird Schuld dadurch geringer, daß man den Krieg verliert? Die Troer haben vielleicht die Neigung zur Rechtfertigung des Krieges verloren und sind, so unterstellt Helena, nicht so unbelehrbar wie Menelaos, der, einer der Hauptschuldigen, seine Schuld mit dem Hinweis auf die Ziele abzustreifen versucht und sich neu schuldig macht, weil er die Grundlagen für den nächsten Krieg schafft.

Die zweite Hörspielfassung zeigt also, wie die gleichzeitig entstandene Theaterfassung *Die Eroberung der Prinzessin Turandot*, den Periodenwechsel an: nicht mehr *Lieblose Legenden*, auch keine ›absurden‹ Stücke mehr, sondern der Beginn der Arbeit am *Tynset-Masante*-Komplex: die bewußte Auseinandersetzung mit dem Zweiten Weltkrieg. Die Fragen nach Schuld und Sühne, nach Mitschuld, Unschuld und Verführbarkeit, die bereits die erste Fassung gestellt hat, sind noch längst nicht beantwortet.

»Bewundert viel und viel gescholten« – daran haben auch diese Stücke nichts geändert. Auch wenn Helena das anders sieht: der Trojanische Krieg wäre auch dann ausgebrochen, wenn sie sich überhaupt nicht eingemischt hätte, gewiß, aber nur dann wäre sie tatsächlich unschuldig, und nur dann würde sie der Schelte, von der Goethe schreibt, zu Recht entgehen. Das Unbehagen, das die erste Fassung hervorgerufen hat, hat sich auch jetzt nicht verflüchtigt. Das mag vielleicht daher kommen, daß Hildesheimer gerade diese Identifikationsfigur gewählt und sich, mehrfach distanziert, gerade diesem Thema nur zögernd genähert hat.

Zwischen halben Zugeständnissen und zögernder Verteidigung laviert hier eine Figur, mit der er sich gar nicht restlos identifizieren kann, hat er doch immer wieder betont, daß er sich weder als Opfer der Nationalsozialisten noch als Exilant betrachtet habe. Er hatte Deutschland sofort nach der Machtergreifung Hitlers verlassen und hat auf der Berliner Tagung der Gruppe 47 gesagt, und zwar 1955, also zur Zeit der ersten *Helena*-Fassung, ihm fehle das »innere Erlebnis der Nazizeit«. Mit Roehrich, Merlin oder Geyer hat er sich identifiziert, seine Helena, darauf spielt der Titel dieser Stücke an, ist dagegen ein schuldiges Opfer oder eine geopferte Schuldige.[20]

Daß er gerade eine Frau zur Hauptfigur gemacht hat, deutet auf einen erstaunlichen Umstand: er hat versucht, sich nicht als Jude zu sehen, sondern als einer, der im Land Hitlers gelebt und überlebt hat. Wer dageblieben – und kein Jude! – war, konnte hinterher, aus der Retrospektive wie Helena, nur versuchen, die

Schuldfrage zu relativieren, was ja immerhin heißt: Schuld einzugestehen. Hildesheimer hat viel gewagt und sich, in der Rolle einer Frau verfremdet und geschützt, exemplarisch in die Rolle der Dagebliebenen versetzt. Das Ergebnis dieses Unternehmens konnte natürlich nicht wirklich befriedigend sein, das Unternehmen selbst dagegen zeugt von einer bewundernswert vorbehaltlosen Suche nach der Wahrheit.

Die dritte und letzte Hörspielfassung, 1965 entstanden, ist eine Bearbeitung der Theaterfassung, die 1958 geschrieben, 1959 uraufgeführt und erst 1969 gedruckt worden ist. Beide Fassungen – sie unterscheiden sich, bis auf die Regieanweisungen, nur minimal – zeigen tiefgreifende Änderungen, nicht im Ablauf der Ereignisse, sondern in der Darstellung. Im Jahr 1959 hatte Hildesheimer die Übersetzung von Djuna Barnes' *Nightwood* abgeschlossen, eines Buches, das großen Einfluß auf sein Werk hatte und, zum Beispiel, am Tonartwechsel der letzten *Lieblosen Legenden* beteiligt war: das hat sich ja bereits an der Hörspielfassung von 1961 gezeigt; merkwürdig allerdings, daß Hildesheimer nicht diese Fassung als Grundlage der Bearbeitung von 1965 genommen hat, sondern beinahe unverändert – die zwei Jahre ältere Theaterfassung. Vielleicht ist er bei der Bearbeitung für das Hörspiel von 1961 dem Hörspiel von 1955 gefolgt – sei es aus Mangel an Zeit für weitreichende Änderungen, sei es, weil das Medium dasselbe ist –, jedenfalls aber hat er das Stück 1958/59 bei der Bearbeitung für das Theater vollkommen umgestaltet: auf diese Weise repräsentiert es tatsächlich den neueren Stand der Entwicklung; und daß die Auseinandersetzung mit der ›jüngsten‹ Vergangenheit schon damals – einer der frühesten Hinweise! – endgültig aus der Verdrängung aufgestiegen war, zeigt die Regieanweisung zu Menelaos' Phrasen: »aber bitte nicht wie Hitler!« (S. 9 beziehungsweise S. 7 f.)[21]

Die Hörspielfassung von 1965 – man denke, wie gesagt, die Theaterfassung von 1959 stets mit – ist beträchtlich umfangreicher als die anderen Hörspielfassungen: Helenas Kommentar ist ausführlicher, und die Dialoge sind komplexer, wie bereits die Introduktion zeigt: »Guten Abend, meine Damen! Guten Abend, meine Herren! Ich will Ihnen etwas erzählen, – von mir und dem troianischen Krieg. Ich setze voraus, daß Ihnen Allen der troianische Krieg ein Begriff ist. Vielen von Ihnen mag er sogar mehr als das sein: eine von früh auf vertraute Reihe heroischer Bilder von hochherzigen Helden, in erbittertem aber ritterlichem Nahkampf.

Nun –, das war er nicht. Aber nicht davon wollte ich sprechen. Sie wissen auch – oder, vielmehr meine Damen und Herren –, Sie *glauben* zu wissen, wie es zu diesem Krieg kam« (S. 7).

Sie spricht also die Zuhörer/Zuschauer direkt an, nach Geschlecht geschieden, wie sie das im Stück praktiziert; daß sie »etwas erzählen« will, zeigt, daß sie nicht einmal mehr Arrangeur der Vorstellung ist. Hochherzigkeit und Ritterlichkeit haben auch die früheren Stücke entlarvt, allerdings hat Helena nicht gleich zu Beginn davon gesprochen; daß man nur zu wissen »glaube«, was sich tatsächlich zugetragen hat, hatte sie früher auch gesagt, aber nicht mit dieser Akzentuierung: das ist Hildesheimers Überzeugung, daß man aus Geschichte außer Geschichte nichts lernen könne. Kurz: Helena überblickt das Geschehen nicht nur, sondern hat es verarbeitet und wiederholt einen Satz der Einleitung von 1959 nicht mehr: Paris habe zwar, wie die Götter prophezeit hatten, Unheil gebracht, doch er sei »auch nicht viel mehr als ein Instrument« gewesen (S. 83). Jetzt legt sie besonderen Wert auf den Unterschied zwischen seiner Rolle und ihrer eigenen.

Als Helena diesmal Menelaos' Plan durchschaut, sagt sie: »*Ich* – als Ursache eines Krieges! Das dürfte nicht sein! Diesen Plan würde ich durchkreuzen, so *dachte* ich« (S. 25). Sie habe »im Interesse des Friedens« handeln wollen, wie sie beteuert (S. 52), sei aber »gescheitert« (S. 29). Als sich Menelaos verabschiedet hat, sinniert sie: »*Nach dem Krieg!* Dieser Krieg war also für ihn bereits eine Gewißheit (...) Aber ich würde den Plan zunichte machen –, so *dachte* ich. Dieses Spiel wollte *ich* gewinnen, er und seine Spießgesellen sollten die Verlierer sein –, so *dachte* ich!« (S. 37) Das verstärkt zwar ihre subjektive Meinung, sie sei unschuldig am Krieg, tatsächlich ist sie aber ebenso schuldig wie früher: sie betont damit ja gleichzeitig ihren raffinierten Plan, der auch diesmal nicht primär der Erhaltung des Friedens dienen würde: Frieden wäre ein günstiger Nebeneffekt. Helena bemerkt dies aber nicht nur, sondern formuliert eindeutig: »Ich war mitschuldig geworden!« (S. 37)

Ihre ›Reflektiertheit‹ zeitigt nicht nur Positives: jetzt weist sie auf ihre Göttlichkeit selbst hin – früher hatte das Menelaos getan –, ist sich also ihrer Person bewußter, aber sie setzt dieses Wissen ein, wie es ihr gerade paßt: die Widmung »Der ›Helena‹ in jedem Weibe« hat Hildesheimer natürlich gestrichen. Jetzt sagt Helena zu Paris: »Ich bin nicht wie andere Frauen« (S. 50). Ihre Ausrede, sie wisse nicht, was eine »böse« Tat sei, hat Hildesheimer etwas gemildert: »*Ich* habe niemals eine böse Tat begangen, weiß daher auch nicht genau, was das ist« (S. 47). Diese Begründung, eine Beteuerung trotz besseren Wissens, macht sie allerdings nicht glaubhafter.

In Giraudoux' *Kein Krieg in Troja* sagt Hektor zu den Gefallenen: »Wir sind die Sieger. Das ist euch gleichgültig, nicht wahr? Auch ihr seid Sieger (...) Doch wir sind die lebenden Sieger. Hier setzt der Unterschied ein und für mich ein Gefühl der Schmach« (S. 242). Das Motiv des toten Siegers hat Hildesheimer aufgegriffen – Helena begrüßt Menelaos als einen »der wenigen *überlebenden* Sieger« (S. 65) – und zu einem fundamentalen Appell gegen alle Kriege gemacht: »Kriege gewinnt man nicht« (S. 59). Das war – schon in der Fassung von 1961 – die endgültige Absage an Schlachtenbummler, strahlende Sieger und Flaneure vom Schlag Eduard Merlins.

In der Fassung von 1965 verteidigt sich Helena mit diesen Worten allerdings selbst: sie gibt sich als Sieger über Menelaos und Paris aus und stellt sich, als habe sie alles von Anfang an gewußt. Sie sollte sich an ihren Satz halten, nachdem *man* Kriege nicht gewinnt, auch nicht im privaten Bereich. Das, so hat es den Anschein, sieht sie selbst; im abschließenden Gespräch mit Hermione sagt sie, wie in den anderen Fassungen: »ich glaube, dir versprechen zu können, daß ich für immer geheilt bin« (S. 70), bezieht das jedoch nicht mehr ausschließlich auf ihren Umgang mit Männern, sondern – »für immer« zeigt es – auf ihren Versuch, in die politische Auseinandersetzung einzugreifen. Jetzt bricht sie das Gespräch mit Hermione nicht mehr in der stillen Resignation dessen ab, der jedes Wort für verloren hält, sondern in der anklägerischen Haltung, mit der sie schon Menelaos' Sieg angegriffen hat. Bis zuletzt versucht sie also, mit halben Entschuldigungen und versteckten Angriffen ihre Schuld zu bemänteln. Auch sie hat aus dem Krieg nichts gelernt: sie sieht bestätigt, was sie von Anfang an wußte, und formuliert zuletzt wieder in früherer Lieblosigkeit: »Immerhin: es war eine Genugtuung für mich, daß dieser Krieg niemandem Gutes gebracht hat, weder den Siegern noch den Besiegten« (S. 64) – und hat offenbar vergessen, daß es nur Besiegte geben kann.

Helena weiß, daß sie schuldig geworden ist, gibt ihren Anteil an der Schuld aber nun nicht mehr, wie in der ersten Fassung, zur

Beurteilung frei, sondern stellt sich als vollkommen Unschuldige dar, was man gerade ihr nicht abnehmen kann. Da hat der Autor *Tynsets* die Überzeugung von der Schuldlosigkeit seines Reflekteurs einer Figur übertragen, die guten Gewissens davon gar nicht überzeugt sein kann. Damit hat Hildesheimer die Zugeständnisse der ersten und zweiten Fassung zurückgenommen, vielleicht unbewußt, denn noch immer versucht er, sich mit einer Figur zu identifizieren, die für etwas steht, was er seit den sechziger Jahren scharf abgelehnt hat: das Unbehagen an der Figur Helena hat sich zuletzt wieder verstärkt, denn ihre Bemäntelungsversuche scheinen zu rechtfertigen, was in *Tynset* angegriffen wird: daß Täter und Schuldige frei ausgegangen sind und, ob sie nun Hans Filbinger oder Kurt Waldheim heißen, hohe Ämter bekleiden oder in der Tarnung als biedere Bürger unerkannt weiterleben. Helena, diese widersprüchliche und anregende Figur, ist zuletzt ein raffiniertes Weibchen geworden.[22]

Vielleicht liegt es an dieser letzten Akzentverschiebung, daß Helena in der Kammermusical-Fassung von 1968 tatsächlich aller Schuld bar scheint, jedenfalls betont Hanns Dieter Hüsch, der 1959 den Paris gespielt hat, gerade diese Helena in seinen Lyrics, die er in die Hörspielfassung von 1965 eingeschoben hat und die zuweilen sogar wesentliche Passagen wie Einleitung und Schluß ersetzen. Jetzt beginnt das Stück mit einer Introduktion, »grandioso« für Quintett aus Flöte, Altsaxophon, elektrischer Gitarre, Kontrabaß und Schlagzeug, komponiert von Gerhard Wimberger; es folgt der »Song Helena«, dessen Text in der Partitur etwas anders lautet als im Textheft, jedenfalls aber von Hüsch nach Hildesheimer geschrieben worden ist: »Guten Abend meine Herren, / guten Abend meine Damen. / Meine Herren und Damen! / Ich setze voraus / daß Ihnen der trojanische Krieg ein Begriff ist« (S. 3).

Ein hübscher Einfalls Hüschs, durch die Wiederholung nur unwesentlich geschmälert, daß Helena zuerst die Männer anspricht, der aber gleich zu Beginn bestätigt, daß aus den erotischen Anspielungen, bei aller lyrischen Vieldeutigkeit, anzügliche Eindeutigkeiten geworden sind. Eindeutig auch das Spiel mit der historischen Dimension und die Figurenzeichnung. Außerdem sind Hüschs Texte zuweilen zu schwach, um mit Hildesheimers jahrelang gefeilten Sätzen konkurrieren zu können: »Ich habe niemals Nein gesagt / Wenn man mich nach dem Ja gefragt / Und wer in meine Nähe kam / Mich zärtlich dann beim Worte nahm / Singt heute noch das schöne Lied: / Gegensätze ziehen sich an! / Aber dann? Aber dann? / Da gab es Nächte voller Glut / Und Morgenstund' hat Gold im Blut / Wer je in meiner Türe stand / Mich *so* sah, wie mich Zeus erfand / Singt heute noch das alte Lied: / Weg mit den Kleidern, Strümpfe und Schuh'! / Nur zu! Nur zu!«– und so weiter (S. 14). Hans J. Fröhlich schrieb zu Recht von den »manchmal recht einfältigen Reimereien«.

Helenas Schluß-»Song« zeigt Hüschs verharmlosende Version von Hildesheimers fundamentaler Aussage »Kriege gewinnt man nicht«: »Ach was ist nur mit den Männern / Könntens doch viel leichter haben / Müssen stets Karriere machen / Hinter Bücher sich vergraben / Große Leistungen vollbringen / Und vor allen Dingen / Kriege führen / Die sie dann doch meist verlieren / Männer, Jünglinge und Knaben / Könntens doch viel leichter haben« (S. 64). Hüsch baut eine feministische Helena auf, die an Männern alles verächtlich findet, bis auf das eine, wobei man sich fragt, wie sie ihre Nähe dabei überhaupt aushält: »Männer! / Auch die prahlenden Frauenkenner / Die Witzeerzähler vom Dienst / (...) / Eigensinnig, hirnverbrannt / Mit dem Kindskopf durch die Wand / Nur für Volk und Vaterland« (S. 64f.). Hüschs Nutzanwendung, die Moral, die Ende der sechziger Jahre an jeder Mauer zu lesen war: make love not war.

Es ist offensichtlich: Hildesheimer hat bei dieser Bearbeitung, wie an der Bühnenfassung von *Das Ende einer Welt*, nicht mitgewirkt, sondern lediglich seinen Text zur Verfügung gestellt; obwohl wieder ein Satz verändert ist, den er bei jeder Bearbeitung verändert hat: Helena sagt nicht mehr »Ich bin nicht wie andere Frauen«, sondern überläßt diese Feststellung Paris und dem Publikum: »Bin ich wie andere Frauen?!« (S. 48) Vielleicht hat Hildesheimer seinen Text noch einmal durchgesehen, bevor er ihn Hüsch zur Bearbeitung überließ, die Bearbeitung selbst aber gewiß nicht, es sei denn, er hätte sie so korrigiert wie Henzes Bühnenfassung.

5 Das Ende der Flaneure

In den Prosabearbeitungen der fünfziger Jahre spielte der souveräne Künstler und Flaneur mit Konventionen, mit Gemeinplätzen und deren Konsequenzen, kurz: mit der eingefahrenen Dummheit der Gesellschaft, die er beide, Dummheit und Gesellschaft, zu persönlichen Zwecken nutzen konnte. Die unterschiedlichen Rollen spielte er mit solcher Perfektion, daß er dem Rollenzwang entging: scheinbar Marionette unter Marionetten, war er Arrangeur des Spiels. Was sich tatsächlich Ende der fünfziger Jahre geändert hat – die späten Fassungen der *Turandot* haben gezeigt, was bereits die erste Fassung der *Helena* angedeutet hat –, ist die Darstellung der Abhängigkeiten: die Protagonisten, ob Künstler oder nicht, ziehen nicht mehr die Fäden, sondern werden gezogen; die Systeme, vor allem aber die psychologischen Mechanismen haben sich als stärker erwiesen. Am Wendepunkt, vor den ›absurden‹ Stücken, stehen *Nocturno im Grand Hotel* und *Die Herren der Welt*.

Nocturno im Grand Hotel

Das Fernsehspiel *Nocturno im Grand Hotel*[23] wurde am 10. September 1959 ausgestrahlt, also erst, nachdem die ›absurden‹ Stücke gesendet oder aufgeführt worden waren; entstanden ist es aber wohl, wie die Analyse zeigt, davor: Karolin, Dirigent von Weltrang und naher Verwandter des Konzertpianisten Frantisek Hrdla aus dem *Gastspiel des Versicherungsagenten*, empfindet bei seiner Arbeit Überdruß: »Dirigieren ist kein Risiko – immer das tun, was ein anderer, Größerer vorgeschrieben hat! – Karolin, der ›Wahrer ewiger Werte‹, der ›Liebling des Publikums‹!« (S. 372) Er beschließt, Einbrecher zu werden, und zwar Fassadenkletterer, hat er doch seine Hotelzimmer seit langem ausschließlich, um Autogrammjägern zu entgehen, über den Balkon betreten. Sein Diener Viktor, eine »Perle«, rät ab, doch Karolin, schon die Maske vor dem Gesicht, erwidert: »Niemand ist zum Verbrecher geboren. Die Gesellschaft macht ihn dazu. (vergnügt) Bei mir ist sie gerade dabei« (S. 372) – noch einmal die Absage an eine marxistische Philosophie, denn Karolin hat weder Geld nötig, noch wird er von gesellschaftlichen Zwängen beherrscht, denen er sich, wie die frühen Künstlerfiguren, mit eher gelangweilter Lässigkeit entzieht, um seinen persönlichen Vorlieben nachzugehen: »Mich reizt nicht die Beute, sondern die Tat« (S. 371).

Anders aber als Philipp Sänger oder Eduard Merlin, benutzt

Karolin seine Fähigkeit, souverän mit Klischees zu spielen, nicht dazu, sich materieller Sorgen frei oder von allen Widrigkeiten unberührt seiner Kunst widmen zu können: Kunst, so impliziert diese Konstellation, ist keine Tat, wenn sich der Künstler auf gängige Klischees festgelegt sieht: er möchte den Klischees entkommen, und zwar durch einen Metierwechsel. *Nocturno im Grand Hotel* könnte Hildesheimers Reaktion auf seinen Erfolg und dessen Mißdeutungen sein, so wie *Die Toten haben es gut* ein früher Reflex auf den Beginn einer möglichen Karriere als Schriftsteller war: damals ging es um Ruhm und die nachfolgenden materiellen Vorteile – um Materielles, nicht um Materialistisches –, jetzt, nachdem der wachsende Ruhm die materielle Basis geschaffen hat, um den Ausbruch aus den damit verbundenen Rollenzwängen.

Karolin klettert also an der Hotel-Fassade hinauf, zerschlägt eine Fensterscheibe und steigt ins Zimmer Madame Chopins, die an seinen martialischen Sprüchen ihre Freude hat: »Es ist mein Prinzip, meine Opfer zu unterhalten, anstatt sie einzuschüchtern, wie es die meisten meiner Kollegen tun« (S. 376). Und: »(blasiert) Ich pflege meine Opfer zu erwürgen (...) Zu Pfingsten waren es vier. Die Marquise von Châteauneuf nicht eingerechnet« (S. 377 f.). Da spricht der Abenteurer der frühen *Turandot*-Fassungen, aber nun stößt er ins Leere: Madame Chopin hat ihn sofort erkannt, reserviert sie doch stets im selben Hotel wie er. Sie entdeckt, daß die Schmuckschatulle leer ist, und erklärt, Charlie müsse Karolin zuvorgekommen sein, ein Berufseinbrecher, mit dem sie zusammenarbeite.

Die beiden begegnen sich denn auch auf der Fassade. Charlie will seine Beute loswerden und zwingt Karolin, mit ihm die Jacke zu tauschen: ein Polizeiaufgebot steht vor dem Hotel. Danach verirrt sich Karolin ins Zimmer von Miss Virginia Shrankmaker, die ihn sympathisch findet, aber noch nie von ihm gehört hat: »Vielleicht sollten Sie zunächst einmal etwas über mich lesen! Ich leihe Ihnen gern eine Biographie. Daraus werden Sie entnehmen, daß es zwei Karolins gibt: den Künstler und den Menschen. Den Künstler lassen Sie außer acht und beschäftigen sich stattdessen mit dem Menschen« (S. 395). Zwischen *Aufzeichnungen über Mozart* und *Betrachtungen über Mozart* entstanden, deutet dieses Stück bereits auf die Problematik *Mozarts* und *Marbots*, wenn auch im Ton leichten Amüsements.

Von Virginia Shrankmaker auf die Spur gesetzt, kommen In-

spektor, Hoteldirektor, Mrs. und Miss Shrankmaker und ein bestohlener Gast – Rosenbarth, Karolins Impresario – zu Karolins
Suite, als Viktor, die Perle, zum wiederholten Mal, eine Reporterin mit Fotografen abzuwehren versucht, auf die er den Verdacht
lenkt. Der Inspektor läßt sie abführen, geht auf den Balkon und
erwartet Karolin, der über die Brüstung klettert und ein Gespräch
über die angenehme Witterung beginnt. Viktor findet überzeugende Erklärungen und schaltet auch den Inspektor aus: Journalisten und Staatsgewalt sind offenbar spielend zu meistern. Eduard
Merlin in der Rolle des Butlers eines Künstlers, der Künstler selbst
erreicht sein Ziel allerdings nicht mehr.

Denn sobald der Inspektor fort ist, kommt Charlie mit gezogenem Revolver durch die Balkontür und nimmt außer Rosenbarths
Schmuck und Karolins Geld auch Virginias Armband und einige
Wertgegenstände des Hoteldirektors an sich. Zu Karolin sagt er:
»Bleiben Sie bei Ihrem Beruf!« und weist ihn zurecht, als er seine
Gier »unersättlich« nennt: »Unersättlich? – Ich nehme meinen
Beruf ernst!« – »Deshalb können Sie doch mal einem Opfer was
schenken!« – »Schenken? Mir schenkt auch keiner was. Ich muß
mir alles erarbeiten.« Stolz bekennt er: »*Ich* habe es allerdings zu
etwas gebracht. Ich dürfte heute einer der gefürchtetsten Einbrecher sein: Charlie Bols!« (S. 423 f.)

Da hatte Anton Velhagen mal eben in die Politik eingegriffen,
Philipp Sänger in den Kunsthandel, Florian Geyer in die kleinstädtische und Robert Guiscard in die kleinstaatliche Kulturpolitik. Karolin aber, dieser unglückliche Verwandte der Doppelbegabungen aus den *Lieblosen Legenden*, scheitert: er kann sein Metier
nicht mehr wechseln, kann nicht mehr siegreich in eine andere
Rolle schlüpfen und ist zuletzt erfolgloser als sein Diener, der
niemals auf die Idee verfiele, etwas anderes als Diener sein zu
können. Karolin, einer der letzten Flaneure, nimmt Klischees so
wenig ernst wie seinen Beruf oder seinen Metierwechsel, erfährt
aber, daß er nicht mehr entkommen kann. Die Maxime dieses
leichten und witzigen Spiels könnte lauten: ›Schuster, bleib bei
deinem Leisten‹. Das klingt durchaus amüsiert, als belächle der
Autor Klischees wie seine Figur; kurz darauf allerdings klingt es
ganz anders.

Im Gesamtverzeichnis des Desch Theaterverlags vom Jahr 1958 ist
Die Herren der Welt verzeichnet, im Verzeichnis von 1960 nicht
mehr: Hildesheimer hat dieses Stück zurückgezogen, es wurde nie
aufgeführt, vielleicht wurden nicht einmal Theatertyposkripte
hergestellt, jedenfalls kann der Desch Verlag keine Auskunft geben; dennoch ist es nicht verlorengegangen, denn Hildesheimer
hat sein Typoskript bewahrt.

Jack, vielleicht etwas jünger als sein Autor, versucht, in einen
politischen Machtkampf einzugreifen, nicht versehentlich wie
Eduard Merlin, nicht zwangsläufig wie Helena und, vor allem,
nicht mehr zum eigenen Vergnügen wie Karolin. Man schreibt das
Jahr von *Der Brei auf unserem Herd*: die Lage ist ernst geworden.
In der Vorbemerkung erklärt Hildesheimer: »Die Handlung dieser Komödie ist zwar frei erfunden, doch enthält ihr Hintergrund
starke Parallelen zur Wirklichkeit. Demjenigen, der die Behandlung internationaler Machenschaften für zu grotesk hält, kann ich
authentisches Quellenmaterial vorlegen, welches ihn überzeugen
mag, daß die Wirklichkeit um Wesentliches unwahrscheinlicher ist
als mein Spiel. Diesem Umstand entsprechend sind auch die han-
delnden Figuren – außer den Wunschfiguren: Diane, Jack und dem
Butler – der Wirklichkeit entnommen. Jede Ähnlichkeit, die der
Zuschauer oder Leser mit realen Personen konstatieren mag – und
ich hoffe, er tut es – ist nicht etwa zufällig, sondern angestrebt. Die
hier geäußerten Klischees sind nicht die meinen, sondern die des
öffentlichen Lebens, der Industrie und der Wirtschaft, dieser großen Prägerin zeitgenössischer Klischees« (S. 72).

Diese »Komödie« – mancher Autor hätte daraus eine Tragödie
gemacht – behandelt die Intrigen auf Schloß San Ignazio, die sich
rund um den Verkauf des Fürstentums an einen multinationalen
Konzern entfalten. In *Paradies der falschen Vögel* steht St. Ignaz
für St. Moritz, außerdem erinnert San Ignazio an die künstliche
Insel San Amerigo aus *Das Ende einer Welt*. Doch nicht das Ende
einer Welt kündigt sich an, sondern das Ende der Flaneure; denn
den Sieg erringen die gegnerischen Falschspieler: Hamilton B.
Shrankmaker – womöglich der Vater Virginias –, Horst-Dieter
Seelsorge, Scheich Achmed Abd el Hussabi und »der mächtigste
Mann der Welt« (S. 75), dessen Name nicht zufällig an Onassis
erinnert: Platon Aischylos Melassis.[24] Gastgeberin ist Fürstin

Olga; Prinz Igor, vorgeblich Ästhet und weltfremder Träumer, der allabendlich auf dem Flügel im Salon Sonaten spielt, ist tatsächlich Verbündeter Melassis'. Beide haben eine verarmte Verwandte aufgenommen, die Marquise Madeleine von Châteauneuf; Karolin hatte ja nur behauptet, er habe sie erwürgt.

Eine der »Wunschfiguren«, Diane, die Tochter des Hauses, gibt sich ihren Idealen und Gefühlen hin: eine Helena des 20. Jahrhunderts vielleicht. Die zweite »Wunschfigur«, der Butler, eine »Perle« wie Viktor, hat gelernt, ihre spontanen Einfälle zu maßvoller Ausführung zu bringen. Die Haupt- und dritte »Wunschfigur«, Jack Elmsby, verschlägt es – ähnlich wie die Hauptfigur in Hildesheimers aufgegebenem und unvollendetem Fernsehspiel *Das Unwetter* (etwa 1955)[25] – während des Gewitters zufällig nach San Ignazio. Jack klärt Diane und Butler zwar auf, wird aber von allen anderen für den Sekretär gehalten, der den Auftritt Melassis' vorbereiten soll.

Mit der Eleganz und Lässigkeit aller Flaneure findet er sich in dieser Rolle zurecht und will »den Verkauf des Fürstentums sowie die Pläne der Beteiligten« vereiteln (S. 143). Offenbar hat er Züge Helenas, die Krieg verhindern will, aber er steht seinem Autor bedeutend näher. Schon hat er die Kostenaufstellungen für den Verkauf und für die Konferenz erhalten, um mit den Geschäftspartnern vorab alle Punkte durchzugehen, außerdem erfindet er persönliche Bequemlichkeiten seines »Chefs«: der Flügel soll ins Schlafzimmer gestellt werden, weil Melassis morgens Choräle singt, zu regelmäßigen Zeiten soll er eine Haferschleimsuppe bekommen, und die grünen Vorhänge sollen ausgewechselt werden, weil er Grün nicht ausstehen könne.

Wieweit sich Hildesheimer mit Jack identifiziert haben mag, hat sich erst 1986 gezeigt, als Frank A. Meyer den Satz aus den *Mitteilungen an Max* »Ich bin eben immer wieder ein anderer« ungebrochen auf ihn übertragen wollte, Hildesheimer aber modifizierte: »man ist immer derselbe, der sich in andere Rollen hineinversetzt, andere Rollen spielt und auch dann in die Rollen hineinwächst, wie ich es ja auch getan habe. Das ist mir immer sehr leicht gefallen.«

Doch Jack, ein falscher Prinz von Astrachan, hat seinen Gegenspieler gefunden, keine Turandot, aber auch keinen Charlie Bols, denn Melassis, »ein großer Lächler« (S. 129), ist von Prinz Igor informiert und hält bereits bei seinem ersten Auftritt die Fäden in der Hand: »*Jack ist entsetzt aufgesprungen und steht ein wenig abseits. Diane beobachtet ihn. Es entsteht eine kurze atemlose Pause, dann:* Melassis *lächelnd zu Jack:* Nun, Elmsby?! Möchten Sie mich nicht vorstellen?!« Ein Streitgespräch beginnt, diesmal aber zwischen Gesprächspartnern, die sich durchaus ebenbürtig sind, zumindest im Gespräch.

Der Butler bringt die Haferschleimsuppe, doch Melassis bedauert die vergebliche Mühe des Kochs. Bereits mit diesem kleinen Handlungszug – wie gesagt: das Jahr von *Der Brei auf unserem Herd* – kündigt sich Jacks Niederlage an. Wie in Hildesheimers anderen Werken ist »Haferschleimsuppe« ein ekelerregendes Gericht, das zuweilen als Bild grauenerregender Zustände dient. Hildesheimer läßt Jack versuchen, Melassis zu zwingen, jene Suppe auszulöffeln, die er der Menschheit mit seinem Projekt einbrocken will; läßt also einen – wenn auch genialen – Außenstehenden den Versuch unternehmen, den Hauptverantwortlichen daran zu hindern, sich den Folgen seines Tuns zu entziehen, ein Unternehmen, dessen Scheitern von vornherein unvermeidbar ist.

Auf der Konferenz versucht Jack, Shrankmaker gegen Seelsorge auszuspielen, beide gegen den Scheich und alle drei gegen Melassis. Diane will ihn unterstützen und führt eine Gruppe Reporter herein, die sie angeblich zur Schloßführung geladen hat. Dieser gutgemeinte Plan erinnert an das *Paradies der falschen Vögel*, wo Liane Robert Guiscards Plan vereitelt, Mr. Pratt samt dem nächsten Waggon abzukuppeln, weil sie ihren eigenen Plan ausführt: die gegenseitige Behinderung der negativen Figuren ermöglichte damals den Sieg der positiven, die in *Die Herren der Welt* aber nach demselben Prinzip verlieren: Jack hat, was Diane nicht weiß, Melassis eine Pressekonferenz vorgeschlagen, um ihn zu verunsichern; auch jetzt will er die Journalisten gegen Melassis einsetzen, rechnet aber nicht damit – sie sind nahe Verwandte Ilona Mayerles aus *An den Ufern der Plotinitza* –, daß sie angesichts von Shrankmaker und Seelsorge raunen, vor Melassis aber in Ehrfurcht erstarren. Beim Versuch radikaler Bloßstellung redet er sich in Affekt – das hatte schon Jahre zuvor die Freier der Turandot den Kopf gekostet –, und Melassis unterbricht ihn »ruhig lächelnd«: »*Genug*, Jack! *Nimmt die Sonnenbrille ab.* Ihr Eifer geht einem ja förmlich auf die Nerven! *Mit beifallheischendem Blick auf die Reporter.* Und diese Erregung! Ich glaube, Bester, Sie brauchen Ihren Urlaub! *Die Reporter lächeln über die Bonhomie des großen*

Mannes. Außerdem dürften Sie bemerkt haben, daß sich die verehrten Anwesenden nicht mehr für Sie interessieren, seitdem Sie *mich* vorgestellt haben. *Beifälliges Murmeln der Reporter.* Meine Damen und Herren, trotz alledem: *vertraulich:* er ist einer meiner besten Sekretäre!« (S. 152)

Melassis nennt Jack einen kleinen »Weltverbesserer in der Westentasche«, die Stimmung erwärmt sich, und Melassis dirigiert eine allgemeine Gemütlichkeit: »Ich fürchte, Jack, man nimmt Sie hier nicht mehr ganz ernst« (S. 154). Phrasen über Liebe und Ehe werden laut, Diane und Jack werden in die Rolle des romantischen Paares gedrängt. Nach kurzem Wortgefecht gibt Jack auf und sagt »mit resignierender, ironischer Fassung«, also jenem Ton, der Hildesheimers Werk weithin auszeichnet: »Melassis, – ich fürchte, Sie haben gewonnen« – »Und Sie sind der größte Narr, dem ich jemals begegnet bin« (S. 155).

Wahrheit ist machbar, das wußten schon Hildesheimers frühe Figuren; sie dient aber den Machthabern, und ein Narr ist, wer das nicht weiß: das ist, zum ersten Mal, der Narr, wie ihn der Reflekteur der *Vergeblichen Aufzeichnungen*, der ins Reich der Möglichkeiten geflohen ist, rund vier Jahre später sieht. Dieser Reflekteur, der die Machtsysteme durchschaut, aber nicht mehr eingreift, nennt die Figuren aus Hildesheimers frühen Stücken Narren. Jack wird im Verlauf des Stücks vom Flaneur zum Reflekteur: am Anfang gehört er zu denen, die den Schauplatz zufällig betreten, souveränes Rollenspiel betreiben und sich siegreich wieder zurückziehen können; am Schluß aber ist er sich seiner vollkommenen Ohnmacht bewußt und sagt »resigniert«: »Ja, meine liebe Diane, – ich fürchte, das Rad des Weltgeschehens werden *wir* beide *nicht* drehen«; und sie fügt hinzu, was der Reflekteur der *Vergeblichen Aufzeichnungen* und nach ihm zahlreiche Figuren sagen: »Es ist gut, wenigstens den Versuch gemacht zu haben« (S. 156f.).

Jack, der falsche Sekretär von San Ignazio, ist ein Abenteurer und Mann der Worte, der zuletzt scheitert, weil er keinen tumben Kraftkerl als Gegenspieler hat, sondern einen Machthaber, der zu seinen Taten stets die rechten Worte und das bestätigende Echo der Öffentlichkeit findet, eine Kombination, gegen die ein Mann bloßer Worte nicht ankämpfen kann. Gottlieb Theodor Pilz' Motto »Mehr Worte, weniger Taten!«, dem falschen Prinzen noch ausreichender Leitfaden, ist überholt. Worte, früher Privileg der positiven Figuren, stehen auch der falschen Seite zur Verfügung, sie sind mißbrauchbar; diese Lektion hat Jack noch nicht völlig verarbeitet, aber er spürt ihre Folgen schon: »Wissen Sie, nach alledem, was ich durchgemacht habe, verspüre ich eine vorübergehende Abneigung gegen Worte!« (S. 160)

Der Butler hat den Daimler aus der Garage geholt und als Fluchtauto bereitgestellt. Da er von »unserer« Flucht spricht, wird er wohl, in der Rolle des Chauffeurs, mit den beiden fliehen und fragt, ob Diane zufrieden sei: »Zufrieden!? – Wir sind sogar *glücklich*! – Nicht wahr, Jack?« Doch Jacks Schlußworte beschreiben exakt jene Verfassung, aus der Hildesheimers Werke in der Folge entstanden sind, selbst die Reaktion des Publikums scheint vorweggenommen: »Glücklich, – vielleicht. *Lachen aus dem Nebenraum. Aber zufrieden!? Halb zu Diane, halb zum Publikum:* Manchmal – in den schlimmen Augenblicken – denke ich, ich bin im Unrecht und alle anderen sind im Recht. *Sofort einsetzendes schallendes Gelächter aus dem Nebenraum, welches anhält, bis der Vorhang gefallen ist*« (S. 161).

In *Die Herren der Welt* behandelt Hildesheimer ein sehr persönliches Thema, obwohl er nicht von Kunst spricht, sondern von multinationalen Konzernen: er hat keinen Künstler auftreten lassen, natürlich erst recht keinen bildenden Künstler wie Eduard Merlin oder Philipp Sänger. Zu dieser Zeit hat er wieder zu malen begonnen, bildende Kunst galt ihm höchstwahrscheinlich als völlig autonomer Bereich und als Rückzugsgebiet schlechthin: hätte er einen bildenden Künstler scheitern lassen, hätte er seine letzte Zuflucht aufgegeben. Mit Jacks Abneigung gegen Worte hat er sich gewiß identifiziert: eine Absage an die eigene Rolle als Schriftsteller, die er wohl ebenso unerträglich fand wie Karolin die Rolle als Dirigent – später hat er ja stets betont, Schriftsteller sei kein Beruf, Schriftsteller sei man nur von Mal zu Mal –, eine Absage erst recht an die Rolle eines Schriftstellers als ›Gewissen der Nation‹.

Dieses Stück, wie *Nocturno im Grand Hotel* kurz nach Hildesheimers Übersiedlung in die Schweiz entstanden, zeigt am speziellen Beispiel die Machtlosigkeit des einzelnen gegen staatliche oder internationale Mächte. Jack, Diane und der Butler beginnen einzusehen, was Helena an der Vergangenheit bereits erfahren hat: daß auch in Zukunft ab einer bestimmten Größenordnung der Ereignisse jeder Versuch einzugreifen, um Schlimmes zu verhüten, zum Scheitern verurteilt ist. Vielleicht war diese Einsicht einer der Gründe Hildesheimers, die Bundesrepublik zu verlassen. Vielleicht war diese Einsicht auch einer der Gründe für die erste tiefe Niedergeschlagenheit, aus der seine ›absurden‹ Stücke entstanden sind, die er dieser zurückgezogenen »Komödie« direkt hinterhergeschickt hat. Dort führt er mechanisierte Typen vor, die in unabänderlichen, aber undurchschaubaren Systemen zappeln; in *Nocturno im Grand Hotel* und in *Die Herren der Welt* hat er gezeigt, wie seine Figuren dorthin geraten konnten.

6 Die sogenannten absurden Stücke

In den letzten beiden der fünfziger Jahre sind jene Stücke erschienen, die von der Kritik stets in der Nachfolge Ionescos, Becketts oder des frühen Grass gesehen und als ›absurde‹ bezeichnet wurden und werden; dabei ist doch höchst unwahrscheinlich, daß sich Hildesheimer plötzlich entschlossen haben sollte, nach spektakulären Vorbildern zu schreiben; das Gegenteil ist der Fall: seine sogenannten absurden Stücke sind konsequenter Ausdruck seiner eigenen Entwicklung, wie man sie, mit aller Vorsicht, an seinen Figuren ablesen kann: aus dem melancholischen Spötter ist ein verzweifelt spottender Melancholiker geworden.

Spiele, in denen es dunkel wird

Die Stücke, die man die absurden nennt, sind zwischen Februar 1958 und September 1959 entstanden; gewöhnlich nimmt man zu den dreien, die bereits 1958 in *Spiele, in denen es dunkel wird* zusammengefaßt worden sind – zu *Pastorale*, *Landschaft mit Figuren* und *Die Uhren* –, noch *Der schiefe Turm von Pisa* hinzu.

Das schon längst nicht mehr, nach Martin Esslin, *sogenannte* »Theater des Absurden« begann bei Hildesheimer mit einem Hörspiel, und zwar am 7. Februar 1958 mit *Pastorale oder Die Zeit für Kakao*; am 30. Mai 1958 folgte das Hörspiel *Die Uhren* und am 18. September 1958 das erste Theaterstück, das *Pastorale*, uraufgeführt an den Münchner Kammerspielen und Hildesheimers zweites Theaterstück überhaupt, wenn man das zurückgezogene *Die Herren der Welt* nicht zählt. Am 18. April 1959 wurden die beiden

Einakter *Die Uhren* und *Der schiefe Turm von Pisa* im Schloßtheater Celle uraufgeführt, von denen nur *Die Uhren* im Sammelband *Spiele, in denen es dunkel wird* abgedruckt ist. Die Hörspielfassung von *Der schiefe Turm von Pisa* wurde am 8. September 1959 gesendet, und als letztes Stück, wenn man von der Neubearbeitung des *Pastorale* absieht, wurde *Landschaft mit Figuren* uraufgeführt, und zwar am 29. September 1959 in der Berliner tribüne. Wie abwegig die einseitige Klassifizierung dieser Stücke ist, zeigt sich schon daran, daß die Neubearbeitung des *Pastorale* 1965 erschienen ist, im selben Jahr wie *Tynset*, zu einer Zeit also, die wohl niemand mehr zu Hildesheimers ›absurder‹ Phase zählen würde.

In erster Linie wird der Sammelband *Spiele, in denen es dunkel wird* für die Etikettierung Hildesheimers als ›absurder Theaterautor‹ verantwortlich sein, genauer: seine Rezeption, die vom Erscheinen von Esslins *The Theatre of the Absurd* drei Jahre später, also 1961, scheinbar bestätigt worden ist; dabei ist sie in zweifacher Hinsicht unsinnig: in ihrer Betonung des ›Absurden‹ und in ihrer Festlegung auf das Theater.

Drei Theaterstücke waren so leicht greifbar, daß man geradezu von einer Verführung durch bequemen Zugang sprechen kann: die Uraufführung der Dramenfassung von *Das Opfer Helena*, die keine zwei Wochen nach *Landschaft mit Figuren* stattfand, fiel überhaupt nicht ins Gewicht, zumal der Text ja erst zehn Jahre später gedruckt vorlag; *Die Bartschedel-Idee*, kurz vor der sogenannten absurden Phase gesendet, blieb sogar über dreißig Jahre ungedruckt; das Fernsehspiel *Nocturno im Grand Hotel* jedoch, dessen Ursendung knapp drei Wochen vor der Uraufführung von *Landschaft mit Figuren* stattgefunden hat, wurde bereits 1959 und 1960 gedruckt, wäre also zugänglich gewesen.

Heute, nachdem das meiste publiziert oder wenigstens bibliographisch nachgewiesen ist, sollte man die einseitige Klassifizierung Hildesheimers und seiner Stücke als historisches Mißverständnis betrachten und die Stücke selbst als Ausdruck extremer Verunsicherung eines künstlerischen Selbstverständnisses.

Pastorale oder Die Zeit für Kakao

Von einem international gefeierten Dirigenten, der an Hotelfassaden herumklettert und sich als Einbrecher versucht, bis zu den

Sängern aus dem *Pastorale*, die sich auf einer Wiese zu Tode singen, ist – was die Absurdität betrifft – kein allzugroßer Schritt; entscheidend ist, und zwar wie beim gleichzeitig entstandenen *Der Brei auf unserem Herd*, der Zweck des Spiels, nämlich nicht mehr Ausbruch, sondern Untergang.

Brei spielt auch im *Pastorale* eine Rolle, zumindest in einer Erzählung des Dieners, einer »Perle« (S. 42) wie James aus *Die Herren der Welt* oder Viktor aus *Nocturno im Grand Hotel*: »Vor geraumer Zeit lebte einmal ein großer, mächtiger König. Sein Volk liebte ihn gar sehr, denn er aß stets artig seinen Griesbrei, Apfelbrei, Haferbrei, Haferschleim, Reis-Schleim, Mußtopf und Grützengrieß und *fällt aus der Rolle* wie sie alle heißen, die uneßbaren Gerichte der Kindheit« (S. 42). Das Thema ist, wie im *Brei auf unserem Herd*, der Untergang der Menschheit, diesmal nicht von Köchen vorexerziert, sondern von vier Sängern und ihrem Dirigenten. In *die entstehung des pastorale* schreibt Hildesheimer:

an dem einakter ›pastorale‹ – übrigens nicht *die* pastorale wie bei beethoven, sondern *das* pastorale, nämlich die rustikale idylle – habe ich eineinhalb Jahre gearbeitet, achtundsiebzig wochen. siebenundsiebzig wochen davon hieß das stück ›die herren der welt‹, hatte drei akte, die struktur einer komödie, klassischen aufbau, einen positiven und mehrere andere helden, chargen, haupt- und nebenhandlung, konflikt und apotheose, schürzte sich hier, retardierte dort, ging von einem thema aus, enthielt viel ehrliche, wenn auch sublimierte entrüstung in leichtem dialog versteckt, verarbeitete ein anliegen, machte aussagen und endete am ruhetag der siebenundsiebzigsten woche, fix und fertig, wie es war, im papierkorb: thema, entrüstung, anliegen, aussage, apotheose und konflikt und alles was dazugehörte. den montag und den restlichen teil der achtundsiebzigsten woche verbrachte ich damit, genau das gegenteil der vorhergehenden wochen zu tun, und so entstand das pastorale: die lehre aus den fehlern, resultat meiner festen überzeugung, daß das klassische theater mausetot ist.

Und so treffen sich die vier Sänger – Präsident Glinke, Fräulein Dr. Fröbel, Bergassessor Dietrich und Konsul Abel Asbach, und, als Dirigent und Spielleiter, des Präsidenten Diener Philip – auf ländlicher Wiese zur Probe und singen Texte, die aus ebensolchen Klischees zusammengesetzt sind, aus denen die Dialoge zwischen den Sängern bestehen. Daß auch das *Pastorale* ein Spiel der Klischees ist, verrät gleich zu Beginn die Weise des Hirten: »Wie war der Abschied so lau, / Wie waren die Birnen so blau, / Da sprach die Rose am See: / Wie tut der Sommer so weh!« (S. 11) Gegen

Ende des Spiels singt der Hirt: »Wie tut der Sommer so weh! / So sprach die Rose am See. / Wie war der Abschied so lau, / Wie waren die Birnen so blau!« (S. 63) Er rezitiert seinen »Schwachsinnsvers im Krebsgang«, wie Christoph F. Lorenz, außer was den musikalischen Begriff »Krebsgang« angeht, ganz zutreffend schreibt (S. 100).

Klischees, ohnedies schon verschoben, behandelt Hildesheimer wie Kulissen, an Ausbruch denkt keine seiner Figuren mehr, auch Philip nicht, obwohl er in der positiven Rolle des Dieners noch eine gewisse Überlegenheit behalten hat. Philip spielt mit bis zum Untergang, dem er selbst allerdings entgeht. »Wie Sie sehen«, sagt er über den Aufbau des letzten Satzes des Gesangstücks zu den Sängern, »handelt es sich hier um ein Thema mit Variationen. Das Thema trägt den Titel ›Durch Licht zur Nacht‹, ist also, wie aller musikalischer Ausdruck, im Menschlichen verwurzelt« (S. 32) – »im Menschlichen verwurzelt« meint die Unausweichlichkeit, mit der dieser Mechanismus abläuft. So ist die Reaktion der Sänger auf ihren Text, gerade an Stellen, wo sie vom »Menschen« singen, völlig einsehbar: sie weinen. »Durch Licht zur Nacht« ist die zwangsläufige Bewegung zum Untergang, in den *Spielen, in denen es dunkel wird* optisch nachvollzogen: die Bühne verdunkelt sich zunehmend.

Allenthalben Untergang und Vergänglichkeit: »Seien wir froh, daß wir noch Schatten haben, zum Längerwerden!« (S. 39) Oder: »Wovon hängt eigentlich die Zukunft ab, *zu Philip*, haben Sie darüber eigentlich einmal nachgedacht? – Nein, es ist auch ein weites Gebiet« (S. 56f.). Dabei wird sowohl die Vergangenheit: »Ich folge jedem Befehl« (S. 45), als auch die Zukunft angesprochen: »Nichts. Es wird nichts mehr. Nicht hier« (S. 61). Die Gegenwart findet auf der Bühne statt, allerdings kein kurzer Ausschnitt eines Nachmittags, sondern zuerst ein Tages-, dann ein Jahreszyklus: trotz des Anscheins des Immergleichen wird am Ende allen Geschehens das Nichts stehen. Denn die Menschen sind unbelehrbar: auf die Frage »Hören Sie mir zu?« folgt die Antwort: »Ich? Nein! – Bei mir können Sie sich aussprechen, sich offenbaren« (S. 51).

Vielleicht von Djuna Barnes gelernt, ziemlich sicher aber durch die Pläne zur Übersetzung von *Nightwood* gefördert, erscheint im *Pastorale* zum ersten Mal die Technik der assoziativen Bildverknüpfung, die seit *Schläferung* (*Der Brei auf unserem Herd* war eher reihend) und spätestens seit den *Vergeblichen Aufzeichnungen* Hildesheimers Prosa bestimmt hat; nur hat er sie zuerst in seinen Theaterstücken und Hörspielen angewandt.

Nicht mehr die geistvolle Replik schafft absurde Konstellationen, sondern die Übertragung der Handlung in einzelne Bilder, die nicht mehr nach einem handlungslogischen, sondern nach einem inhaltslogischen Prinzip arrangiert sind: logisch sind sie beide, absurd auch. Ein absurdes Geschehen wie die von der Geschichte geprägte Gegenwart führt logischerweise zum Untergang: das *Pastorale* ist ein Bild aus Bildern dieser Konsequenz.[26]

Zuerst stirbt Präsident Glinke, und zwar an Formulierungen wie: »Der Mensch sieht gern seine Rechte bedroht« (S. 45), »Im Winter sind unsere Kriege so kalt«, »Konflikte, bewaffnet und seelisch«, »Gesegnet sei unser guter Kern, / Seine Spaltung wie seine Waffen!«, »Nation und Freiheit und ewiger Wert«. Philip gibt ihm den Einsatz, statt zu singen flüstert er aber: »Fassung, Fassung!«, sinkt vom Stuhl, verhauchend: »Fassung!«, und mit dem letzten Atemzug: »Fass . . .« (S. 46).

Man faßt denn auch ungeniert zu: umgehend beginnen die Auseinandersetzungen der beiden Asbachs um die wirtschaftlichen Konsequenzen: Ämter und Unternehmen sind verfügbar geworden. Dieser Auseinandersetzung ist Dietrich Asbach nicht gewachsen und stirbt. Abel Asbach, der sich als Sieger fühlt, nähert sich Fräulein Dr. Fröbel, die auch zufaßt und sich in eindeutiger Absicht an den plötzlich arbeitslosen Philip heranmacht, sofort aber von ihm abläßt, denn Abel verspricht Reichtum.

Das Kindermädchen Selma, für die beiden Asbachs zuständig und bisher in allen Fragen Ratgeber, hat nicht mitgesungen; jetzt ruft sie nach ihnen wie Gott nach Kain. Abel versucht, seine Schuld auf Dietrich zu wälzen: »Philip! Verstehen Sie? Ich war es nicht! Er war es!« – »Sie waren es ja auch wirklich nicht!« (S. 58); getröstet folgt er Selmas Ruf. Das ist die Umkehrgeschichte des Brudermordes: Abel ist der Täter, Kain/Dietrich das Opfer. Schuld ist, so in *Tynset*, Gott selbst, weil er das Blutopfer Abels vorgezogen hat. Da es aber keinen Gott gibt – in den *Helena*-Fassungen waren die Götter nur Vorwand, im *Pastorale* ist Gott Kindermädchen und Kindermärchen –, sind die Menschen selbst schuld.

Politik, Wirtschaft, Religion, Sexualität, Geschichte und Kunst sind die Themen, die Hildesheimer im *Pastorale* variiert. In *An den Ufern der Plotinitza* hat die Kunst den strahlenden Sieg über die Politik davongetragen; im *Pastorale* heißt es dagegen: »Zurück zur Kunst! Sie ist die Würze des Lebens!« (S. 39) Kunst ist also nur noch Zutat, Raffinesse, wie die Gewürze der Köche in *Der Brei auf unserem Herd* – Signum für die Krise eines von Anfang an erfolgreichen Autors, für den Pessimismus, der ebenfalls von Anfang an latent vorhanden war, der nun die Oberhand gewonnen hat und seine beherrschende Rolle nicht mehr verlieren sollte.

Mit zunehmender Dunkelheit kommt die Kälte: »Ein früher Winter«, wie Philip sagt. *Tynset* sollte ursprünglich *Tynset oder Ein früher Winter* heißen, was den Akzent, wie diese Passage des *Pastorale* zeigt, offenbar stärker auf Untergang und Tod gelenkt hätte, als Hildesheimer das zuletzt wollte. Zum Umfeld des frühen Winters gehören verlassene Stallungen, Schnee und Kälte, runde und weiße Hügel, violette Schatten, ein Himmel wie Zinn, Stille, schwarze Raben auf Pfählen – Begriffe und Bilder der Melancholie: man denke an die weiße Nabatäerstadt in *Tynset*, durch die schwarz der Tod reitet, an die vielen Vögel in Hildesheimers Zeichnungen und Collagen, an den bleiernen Himmel und die verlassenen Maschinenhäuser der Zinnminen in *Zeiten in Cornwall*, an die leerstehende *Margarinefabrik*.

Auf die Frage Fräulein Dr. Fröbels, was die Pfähle tun, antwortet Philip: »Sie stecken den Weg ab! (...) Damit man ihn nicht verliert« (S. 53), aber aus *Masante* weiß man, daß sie in den Tod führen, und gegen Ende des *Pastorale* sagt Philip: »Das Paradies ist eine Wüste (...) Eine große, leere Wüste!« (S. 61): solange Pfähle gesteckt werden, ist die Wüste nicht leer, die Pfähle führen zu einem Ziel, und jedes Ziel ist Untergang. Das Paradies wäre Paradies, wäre es leer. Auch im *Pastorale* erscheint der Feldstecher, der Leere vergeblich sucht, wie in den *Vergeblichen Aufzeichnungen* oder, als Fernrohr vergrößert, in *Tynset*. Im *Pastorale* ist er Requisit des Präsidenten, der damit auch noch die nächste Nähe betrachtet.

Erstaunlich allerdings der Schluß: Philip sagt zu Selma: »Ich denke, wir gehen« (S. 61). Vielleicht ist das nur ein Reflex der Ausbruchsversuche früherer Figuren, vielleicht aber tatsächlich ein Zeichen der Identifikation, hat Hildesheimer ja drei Jahre später seinen Reflekteur die *Vergeblichen Aufzeichnungen* mit den Worten beschließen lassen: »Ich gehe« – mit diesen Worten hatte sich bereits Herr Sebald von der untergehenden Gesellschaft verabschiedet (Suhrkamp 1962, S. 14). Doch die Unterhaltung zwischen Philip und Selma, gegen Ende des *Pastorale*, legt die Vermutung nahe, daß sie nur einen anderen Weg zum Untergang gehen werden.

»Ich denke, wir gehen« ist einer der Sätze, die Hildesheimer 1965 gestrichen hat; natürlich hat er dem *Pastorale* nicht nur einen ganz anderen Schluß gegeben, sondern die Hinweise auf den Untergang vermehrt. Über die Sonne heißt es: »Seien wir doch froh, daß sie überhaupt noch steht« (*Theaterstücke*, S. 142). Und Philip sagt: »Der letzte Satz ist, wenn ich mich nicht irre, ein Scherzo. *Er spricht es aus wie ›Scherz‹*« (S. 135) – das könnte man auch von den *Mitteilungen an Max* sagen. Jetzt ißt der sagenhafte König aus Philips Märchen auch noch »Schleimbrei« (S. 145), und die Brüder Asbach, die nicht mehr nur jeden Befehl ausführen, sondern zur »Erschießung« »Immer bereit!« sind (S. 147), werten die »Judenjagd« als erfreuliches Erlebnis ihrer Jugendzeit (S. 145). Die Haschenszene beim Auftritt der beiden Brüder vergleicht Hildesheimer mit einem englischen »Jagdstich« (S. 129), wie die Jagdgesellschaft aus *Zeiten in Cornwall*; der Präsident nennt die anderen nun »Weggenossen« (S. 139) auf dem Weg zum »Ruin« (S. 125). Kurz: »Der Krug geht zum Brunnen und zerbricht« (S. 156), und »das Ende kommt immer noch früh genug« (S. 158).

In der Fassung von 1958 wird die Bühne erst kurz vor Schluß heller, als Selma auftritt und der Winter hereinbricht, und ist zuletzt ganz hell: ein Jahreszyklus, Frühling bis Winter, eine Paraphrase von *Nun singen sie wieder*, eine Betonung der ›jüngsten‹ Vergangenheit, Ausdruck des Vorsatzes, nicht mehr mitzusingen. Die Fassung von 1965 beschäftigt sich mehr mit der Gegenwart: »Ja, dem Menschen wird viel geboten, heutzutage« (S. 120) – womit der Präsident die Natur meint, die von Menschen für Menschen sei, wie die Abendkurse, die Philip besucht: »Ja, es wird viel getan, heute. Ich meine, für den Menschen« (S. 123); die Brüder Asbach haben folglich keine Botanisiertrommel und kein Schmetterlingsnetz mehr: man kümmert sich nicht mehr um die Natur, die Ausbeutung hat größere Ausmaße und größere Selbstverständlichkeit erreicht.

Nun wird die Bühne bereits während der Unterhaltung zwischen Philip und Fräulein Fröbel heller, als von den Raben auf den Pfählen und dem frühen Winter die Rede ist (ab S. 155): Philip will die Hinterlassenschaft des Präsidenten aufräumen, probiert sich jedoch Stück für Stück die Kleider an, bis er »ganz Präsident« (S. 162) ist: er kann also wieder, was Karolin oder Jack vergebens versucht haben, in eine Rolle schlüpfen. Fräulein Fröbel beoachtet ihn fasziniert, während Dietrich Asbach verzweifelt monologisiert: »Ach ja, wissen Sie, manchmal frage ich mich: was bedeutet das eigentlich: Zukunft? Wie? Das hat eigentlich noch keiner dieser Philosophen so recht gelöst« (S. 158 f.). Er kann keine Reichtümer mehr versprechen, niemand hört ihm zu; erst als er zum wiederholten Mal beteuert, nicht der Mörder seines Bruders zu sein, weist ihn Philip zurecht: »Aber Sie waren es ja, Asbach! Wer sollte es denn sonst gewesen sein?« (S. 160 f.) Zu Selma, die er in dieser Fassung heiraten will – Zeichen der zerstörerischen Union von Staat und Kirche wie das Foto von Minister und Kardinal in *Tynset*: »Ich spreche bildlich« (S. 163) –, sagt er: »Ich habe ihn ruiniert« (S. 162). Philip: »Es weht ein neuer Wind, beziehungsweise: es weht der alte. Nur der Steuermann ist neu. Ich hoffe, die Sache ist klar« (S. 161). Das sind die alten Nazis, die neuen Faschisten, wie in *Tynset* und, mehr noch, in *Masante*. Der Rollentausch, früheren Figuren Mittel zu gutem Zweck, ist verdächtig geworden: die negativen Figuren sind austauschbar und haben ihre Individualität verloren; zur selben Zeit, in *Tynset*, versucht sich eines der letzten vereinzelten Individuen gegen diese Übermacht zu behaupten.

Selma tritt diesmal, statt mit dem doppellägerigen Kinderwagen, mit einem Rollstuhl auf: vom Rollentausch keineswegs überrascht erwartet sie, daß Philip ihn bald benötigen wird; und so geschieht es auch: Philip, kurz zuvor noch Diener und Dirigent, möchte nun selbst singen, bekommt Herzbeschwerden wie Präsident Glinke, erhöhten Blutdruck und kurzen Atem. Selma bleibt ungerührt: »Der neue Präsident ist schon gewählt« (S. 165). Und: »Wart ein wenig! Bald hast du alles hinter dir« (S. 166). Zuletzt schiebt sie ihn im Rollstuhl von der Bühne, die »am Ende des Stückes wieder ganz hell ist. Die Landschaft ist die gleiche geblieben, aber es ist Winter. Alles ist mit Schnee bedeckt« (S. 155) – ein Leichentuch.

Das ist ein anderer Abgang als in der Fassung von 1958: jetzt kann niemand mehr »gehen«, jetzt wird er geschoben, keine positive Figur mehr, sondern eine von denen, die den Untergang verschulden; zuletzt ist der Mensch von der Weltbühne verschwunden. Aber immerhin: noch bleibt, wie im *Pastorale* von

1958, die Bühne, die *Landschaft*, unberührt; in Hildesheimers letzten Hörspielen geht sie mit den Menschen unter.

Landschaft mit Figuren

Der Ort der Handlung ist ein Atelier, und wie im *Atelierfest* spielt auch in *Landschaft mit Figuren* ein Glaser eine Rolle, der kommt, ohne bestellt worden zu sein. Der Maler Adrian Hügel wundert sich, daß es überhaupt etwas zu glasen gibt, doch der Glaser belehrt ihn: »Das weiß nur der Fachmann. Sie aber sind Laie! *eindringlich* Wo käme unsereins hin, so frage ich Sie, Herr Hügel, wenn der Laie besser Bescheid wissen wollte, als wir Leute vom Fach? Haben Sie darüber schon einmal nachgedacht?« Adrian: »Oft! Nächtelang!« Der Glaser: »Na, sehen Sie!« (S. 68) Er hat es in seinem Beruf offenbar zu etwas gebracht und ist so stolz darauf wie Charlie Bols, der Berufseinbrecher. Adrian Hügel aber, anders als der Berufsdirigent Karolin, versucht nicht mehr, sein Metier zu wechseln, sondern weist nicht nur seine Besucher darauf hin, daß sie sich an den Glaser zu gewöhnen hätten, er unterstützt ihn sogar, holt und hält die Leiter. Der Glaser setzt hellviolette Scheiben ein, die Bühne wird immer dunkler, Adrian malt immer mehr hellviolette Streifen auf sein Bild, und als alle Fenster im Atelier hellviolett sind, ist auch die Leinwand vollständig hellviolett: Resignation hat sich ausgebreitet.

Doch Adrians Modelle – eine ältere Dame der feinen Gesellschaft, ihr jugendlicher Liebhaber und ihr ältlicher Freund – verändern sich mit den Kleidungsstücken oder Requisiten, die er ihnen zuteilt, benehmen sich also wie Philip im *Pastorale* von 1965. Sie hassen und streiten sich, Liebe spielen sie nur vor, denn Machtgier und Intrige bestimmen ihr Verhältnis. Sie müssen – im wörtlichen Sinn – nach Adrians Peitsche tanzen, er nimmt sie – auch dies im wörtlichen Sinn – gefangen: zuerst den jugendlichen Liebhaber, der sich seiner Frau Bettina in eindeutiger Absicht nähern will und den er in einen goldenen Käfig steckt, zuletzt alle drei: er läßt sie nicht mehr aus dem Atelier, bis sie sich, alt geworden und in ihren Posen erstarrt, nach der Melodie einer Spieluhr bewegen: »Wir haben die Gegenwart gezähmt« (S. 134).

Hildesheimer läßt also wieder einen bildenden Künstler auftreten, hatte er ja selbst, wie gesagt, zu dieser Zeit wieder mit dem

Malen begonnen. Daß Adrian sein Metier nicht mehr wechseln will, könnte vielleicht Ausdruck von Hildesheimers Sehnsucht sein, niemals mit Schreiben begonnen zu haben: im *Pastorale* die grimmig vorgetragene Enttäuschung, der Künstler – gerade der Schriftsteller – sei Garneur des Lebens und entgehe dem Klischee nicht; in *Landschaft mit Figuren* – vielleicht gerade weil ein Maler Maler bleiben will – wieder ein Arrangeur: ihn läßt er – Apotheose der bildenden Kunst – nicht nur, wie Merlin, in die politische Auseinandersetzung zweier Kleinstaaten eingreifen, ihm verleiht er die Fähigkeit, das inzwischen unerträgliche Leben zu bannen, um das es auch in diesem Spiel geht: »es kommt immer etwas dazwischen, ich meine, im Leben, – haben Sie das nicht auch festgestellt?« – »Ich stelle es immer wieder fest, mit wachsendem Unbehagen« (S. 73).

Zwar wird es auch diesmal Winter (S. 129), aber kurz darauf pflückt der Sammler, der zuletzt kommt und dem Maler sein Kunstwerk abkauft, einen Frühlingsstrauß. Wieder ein ewiger Zyklus, dessen Ziel Untergang ist: »So zieht das Leben an uns vorbei« (S. 151). Das scheint ein Widerspruch in sich zu sein, denn entweder bleibt alles gleich, oder es verändert sich auf ein Ziel hin; doch in diesen Stücken beginnt die spiralige Bewegung, die in *Tynset*, diesem Rondo mit Variationen, die überzeugendste künstlerische Umsetzung gefunden hat; die Spirale, diese Verkettung von Beinahe-Kreisen, die Anfang und Ende hat: »Alles ist wie es war« – »Als mein Vater jung war, war es ganz anders« – »Und als dessen Vater jung war?« – » . . . war alles das gleiche. So schnell ändern sich die Zeiten« (S. 131). Unmerklich für alle, die im Zyklus befangen sind, wird die Grenze überschritten, ab der man dem Ende zueilt: »es ist alles ein wenig endgültig« (S. 154), und das, obwohl der ständige Wechsel der Uhr- und Jahreszeiten glauben macht, nichts Endgültiges könne eintreten. »Wenn der Schnee / Von gestern schmilzt, erscheint zunächst / Das faule Laub von vorgestern« (S. 100), zitiert Hildesheimer die Freundin des Alt-Nazis Brun aus *Das Ende kommt nie*. Inzwischen ist allerdings das Ende des Kreislaufs aus Untat und Vergessen in Sicht: »Es ist noch nicht aller Tage Abend!« – »Aber der meisten!« (S. 97 f.)

Adrian und seine Frau Bettina, die Koeppens »Treibhaus« (S. 76) entstammen könnte und zuletzt selbst zur Peitsche greift, widerstehen diesem Kreislauf und sind nach dem Wechsel vom ersten zum zweiten Teil des Stückes nicht gealtert; ihre Modelle dagegen sind vergreist. In *Das Atelierfest* ist der Maler vor den Eindringlingen geflohen, hat sie sich selbst und seiner Frau überlassen und beobachtet, wie das Fest zu ewigwährender Dauer ansetzte. In *Landschaft mit Figuren* flüchtet er nicht vor den Eindringlingen, sondern arrangiert mit Hilfe seiner Frau die ewigwährende Erstarrung selbst und verkauft sie als Kunstwerk. Für den Sammler scheinen die Probleme des Lebens bewältigt: »Ein reizendes Problem! (...) Es wird das Beste dieser Art in meiner Sammlung« (S. 144). Sammler und Maler feilschen um den Preis der drei Modelle nebst ihren Problemen, die sie auf Abruf vortragen, ein Kunstwerk, das Adrian eben »Landschaft mit Figuren« nennt, der Sammler bezahlt den geforderten Preis, die Figuren werden in Kisten verpackt. Der Sammler – er kommt immer zur selben Jahreszeit – ist so zeitlos wie Adrian und Bettina: er ist der Tod, dem sie offensichtlich ein Schnippchen schlagen können. Sie verharren im Atelier und lassen die Zeit an sich vorübergehen.

Als Adrian den Glaser verabschiedet und die Tür hinter ihm schließt, fällt eine der hellvioletten Scheiben heraus und zerbricht. Vom Lärm gestört erscheint Bettina, wie zu Beginn im Nachthemd – sie hat sich während des Spiels ständig verwandelt –, und klagt, sie könne nicht schlafen. Adrian bietet ihr ein altes Hausmittel an, das schon ihren Eltern bekannt gewesen sei und an das man »kindlich« glauben müsse: »Vergessen, was man weiß« (S. 163) – diesen Rat versuchen die Schlaflosen auch in Hildesheimers späteren Werken zu befolgen, allerdings vergebens. Adrian und Bettina aber können noch einmal entfliehen; Adrian fügt nämlich hinzu: »Tu' dir Watte in die Ohren!« Das ist das Gegenstück zum ersten Rat: gar nichts zur Kenntnis nehmen, was Vergessen dringlich machen könnte. Sie beginnen zu lachen und besprechen, endlich befreit, die Ereignisse der letzten Zeit: daß der Sammler den vollen Preis für die Figuren bezahlt hat, dabei hätte Adrian ihn bezahlt dafür, daß er sie mitnimmt: »*er setzt sich auf eine der Kisten und zieht Bettina zu sich herab, klopft auf die Kiste* Ich bin froh, daß ich das Zeug los bin! *Beide lachen. Es fallen noch einige Fensterscheiben herab. Das Licht ist wieder so wie am Anfang*« (S. 164).

Die Verdunklung ist aufgehoben, wie im *Pastorale*, doch nicht mehr als Zeichen des Untergangs, sondern des Ausbruchs und der Befreiung. Die Zeichen trügen allerdings, denn noch sind die Kisten nicht abgeholt. Adrian und Bettina fühlen sich aber in ihrer

Täuschung wohl, und eben davon rührt die Melancholie, die über diesem Stück liegt: Hildesheimer beschwört eine Unbeschwertheit, die er zu diesem Zeitpunkt vermutlich vollkommen verloren hatte und die er, wie die Konzeption dieses Stücks nahelegt, seiner Überzeugung nach nicht verloren hätte, wäre er bei seinem Metier, der bildenden Kunst, geblieben. Die Rückkehr schien unmöglich – zumindest für einige Jahre, bis zu den *Vergeblichen Aufzeichnungen* mit ihrer Entscheidung gegen das Schreiben: »Ich gehe.«

Gegangen ist Hildesheimer damals allerdings noch nicht, doch rund zwanzig Jahre nach *Landschaft mit Figuren* ließ er noch einmal ein Ehepaar sich die Ohren verstopfen, in *Biosphärenklänge* – das Leben ist nicht mehr zu bannen, die Welt ist aus allen Fugen –, und wenige Jahre darauf, nach den *Mitteilungen an Max*, ist er ja tatsächlich zur bildenden Kunst zurückgekehrt: seine Reaktion auf diese endlich erreichte Rückkehr beweist, daß die Sehnsucht, die aus *Landschaft mit Figuren* spricht, auf treffender Selbsteinschätzung beruht: bei der Arbeit als bildender Künstler nimmt er die unerträgliche Umwelt nicht mehr wahr und fühlt sich – endlich allein – befreit.

Die Uhren

Die Scheiben, die der Glaser in *Die Uhren* einsetzt, sind nicht mehr hellviolett, sondern unzerbrechlich, schußsicher und schalldicht, »undurchsichtig wie eine Gefängnismauer« und vor allem schwarz wie »Raben im Schneefeld« (S. 181). Einer der Ratschläge Adrians wäre jetzt überflüssig, denn das Ehepaar, Gertrud und Robert, kann zuletzt tatsächlich nichts mehr zur Kenntnis nehmen, aber für sie wirkt das nicht als Befreiung: sie sind keine bildenden Künstler. Schon vor dem Besuch des Glasers leben sie völlig abgekapselt und sehen, wie Velhagen und Roskol, der Zukunft mit wenig Spannung entgegen – doch die Idylle war schon im *Pastorale* zur Pose verkommen. Diese beiden müßten Adrian und Bettina gar nicht Modell stehen, sind sie doch schon zu Beginn des Spiels beinahe vollkommen erstarrt. Ihr einziger Kontakt mit der Außenwelt findet durch das Fenster statt, sie haben sich in ihre kleinen Streitereien eingelebt und kommen nur in einem Spiel zusammen, wie das Geschehen vor dem Fenster zu interpretieren sei. »Zeit tropft vom Himmel« (S. 167). Als dann endlich jemand auf die Haustür zusteuert, sagt die Frau: »Noch trennen ihn Welten«, und der Mann gibt zurück: »Wie uns« (S. 170).

Die Zeit steht still, und gleichzeitig vergeht sie »einem zwischen den Fingern« (S. 169): »Morgens ist man noch jung, – zur Teezeit um Jahre gealtert (...) Nicht zu reden von der Schachpartie am Abend« (ebd.). *Zeit* ist das oberste Gesetz des Stückes, vor allem Gegenwart und Zukunft, das Thema aber ist wieder der Wechsel des Metiers, und die Ausführung ist geprägt vom Entsetzen dessen, der keinen Ausweg mehr findet: »Es gibt viele Möglichkeiten«, heißt es über den Glaser, die aber von ihm abfallen, »wie Schuppen indem er näherkommt« (S. 170). Wie lange der Regen, das meint: der jetzige Zustand *schon* dauert, will Robert nur »ungefähr« wissen, wie lange er *noch* dauert aber: »Genau, bitte!« (S. 167)

Sie leben in einer Phantasiewelt aus Klischees und kommen darin um, wie die Figuren im *Pastorale*. Die Phantasie ist vergiftet, Rückzug hilft nicht, die größte Gefahr aber droht, wie in *Schläferung*, von den Eindringlingen. Wie früher Florian Geyer und Silvia machen sich nun auch diese beiden ein Spiel nach Punkten; auch diesmal treffen ihre Vermutungen bis in die Details zu: der Glaser hat tatsächlich Gicht und züchtet Tomaten. Doch ihr souveränes Spiel hilft nichts mehr: der Glaser – »Ich sehe nur geradeaus« (S. 191), ein Meister seines Fachs mit Meisterbrief im goldenen Rahmen – fragt: »Was ist das Geheimnis des Lebens?« Sie antworten: »Fragen Sie die Schmetterlinge!« (S. 187) Sie können nicht verstehen, daß er aus ihnen macht, was Adrian aus seinen Modellen gemacht hat.

Während der Glaser Scheibe um Scheibe ersetzt, das Ehepaar aber dennoch nicht schwarz sieht – eine Sicht, die in ihrer Welt nicht vorkommt –, lassen sie sich vom Glaser die Neuigkeiten vor dem Fenster noch beschreiben und ihre Vorstellungen bestätigen. Dann erscheint der zweite Besucher, auch er ein Meister seines Fachs, ein Vertreter, der Uhren verkauft und sich, wie es dem Klischee entspricht, im zunehmendem Dämmerlicht an Gertrud heranmacht. Er und der Glaser nennen sich bei den Vornamen, sie gehören zusammen wie die Häscher in *Masante*; die Hörspielfassung verdeutlicht: »Unsere Hände haben sich des öfteren gegenseitig gewaschen«, die »Zweige der Berufe berühren sich«, greifen »ineinander wie Zähne« (S. 26).[27]

Der Vertreter: »Hier dieser Küchenwecker (...) legt die Minuten frischer Eier fest, das Huhn im Topf des Bürgers, spart Zeit« (S. 202); die Anspielung auf Büchner verrät: aufzubegehren wäre sinnlos. Er stellt das Zimmer mit Uhren voll: Küchenwecker, Stand-, Vitrinen-, Kuckucks- und Armbanduhren, und je mehr Uhren er anbietet, um so desinteressierter wird das Paar am Leben vor dem Fenster und interessiert sich nicht einmal mehr für zwei Riesen mit Transparent, gefolgt von zwei Zwergen auf einem roten Dromedar. Glaser und Vertreter verabreden sich zu einem feucht-fröhlichen Abend und verlassen singend das Haus: die Rechnungen kämen morgen. Ein letzter Rat des Glasers: das Fenster neun Wochen nicht zu berühren: »Das Glas muß darin zu Ewigkeit erstarren« (S. 210).

Widerstandslos, ohne es recht bemerkt zu haben, sind Gertrud und Robert lebendig begraben. Im nur »unwirklich« (S. 213) beleuchteten Raum mit schwarzen Fensterscheiben stehen, liegen und hängen die Uhren, die Eheleute irren zwischen den Zeiten umher, Gefangene der Zeit, und rufen sich unterschiedliche Uhrzeiten zu, reduzierter Reflex ihrer früheren kleinen Streitigkeiten und Signum ihrer vollkommenen Desorientierung. Zuletzt sind sie vollkommen machanisiert, ticken, rasseln und schlagen. Die Kuckucksuhr schlägt elfmal: der Ausweg ist endgültig versperrt. Mit diesem Hinweis auf das unausweichliche Ende beschließt Hildesheimer sein schwärzestes Stück: keine Abrechnung wie im *Pastorale*, keine Melancholie wie in *Landschaft mit Figuren*, sondern Tiefpunkt einer schweren Depression.

Der schiefe Turm von Pisa

Der Weg zurück zur bildenden Kunst, *Landschaft mit Figuren* zeigt es, schien unerfüllbare Sehnsucht; Hildesheimer schrieb weiter, nun aber, nach dieser Krise seines künstlerischen Selbstverständnisses, im Bewußtsein seines Scheiterns: Jacks »vorübergehende Abneigung gegen Worte« (*Die Herren der Welt*) hatte sich zum Mißtrauen in die Brauchbarkeit der Phantasie gesteigert, zum Widerwillen gegen Klischees, zum radikalen Zweifel an einer Sprache, die auch der falschen Seite nützt, und zur Überzeugung von der absoluten Machtlosigkeit der Literatur – der bildenden Kunst zwar auch, sie aber nützt wenigstens dem Künstler, der sich bei seiner Beschäftigung mit ihr den Gedanken an die Umwelt entziehen kann.

In seinem ersten Stück nach der depressiven Phase, die man gemeinhin als ›absurde‹ mißversteht – Hildesheimer hat die vollkommen assoziative Dialog- und Bildregie der *Spiele, in denen es dunkel wird* wieder aufgegeben –, beschäftigte er sich mit der Frage nach dem Individuum in einer Gesellschaft, die Kunstwerke als Dekoration mißbraucht: *Der schiefe Turm von Pisa.*[28]

Dr. Ralf Benrath und seine Frau Verena haben sich eine Wohnung mit Blick auf den Schiefen Turm gemietet; Ralf erklärt seine Besonderheiten, muß aber ständig im Reiseführer nachsehen; Verena erwidert seinen dozierenden Ton mit mildem Spott. Obwohl die Wohnung noch nicht eingerichtet ist, hat Ralf Gäste geladen, für Verena eine Friseuse bestellt und ein Dienstmädchen engagiert; Friseuse und Dienstmädchen heißen beide Lucia, und Ralf erklärt, in Italien hießen alle Frauen Lucia und alle Männer Luigi: »Ich sage dir ja immer, mein Kind, das Leben ist nicht so kompliziert, wie du es immer machst (...) Man muß nur stets tun, was getan sein muß (...) Und immer sein Ziel vor Augen haben!« (S. 104)

Welches Ziel er tatsächlich stets vor Augen hat, zeigt sich, als die Gäste kommen. Frau Blücher, für Herrn Blücher »Mäusi«, heißt natürlich Lucy, und so benimmt sie sich auch: »geschwätzig« fragt sie: »Wissen Sie das Neueste!«, Verena sagt: »Ja« und läßt sie stehen (S. 115). Die beiden Männer dagegen besprechen eine internationale wirtschaftliche Transaktion. Auch die beiden Lucias benutzen den Turm nur als Kulisse, zur Belebung ihrer Geschäfte: beide sind extreme Verkörperungen der Klischees ›Friseuse‹ und ›Zimmermädchen‹. Die Friseuse fragt Verena, die das nicht anders erwartet hat, ob sie zuerst über Mode oder zuerst über das Intimleben der Stadt erzählen solle: »Emilio hat gesagt, und man sah ihm an, / wie sehr ihn die Zukunft bewegte, – er sagte: / die Büsten werden kürzer, und noch bevor sich / unsre Zeit ihrem bitteren Ende zuneigt, sind die Taillen / von der Erde verschwunden, und die Hüften gehen mit!« (S. 108) Was sie mit diesem Zitat des »großen Modeschöpfers Emilio« allerdings sagt – es erinnert an den Schluß der *Mitteilungen an Max* –, versteht sie selbst natürlich ebensowenig wie das Zimmermädchen, das zum Film will und sich die Annäherungsversuche Ralfs noch lieber als die Friseuse gefallen läßt.

Der Turm neigt sich zunehmend, aber niemand will das recht glauben, und als die Neigung nicht mehr zu übersehen ist, beruhigen sich die beiden Männer damit, daß – wie beim Untergang der künstlichen Insel der Marchesa Montetristo – die zuständigen Behörden benachrichtigt sind: der Turm ist Tarnung der Geschäfte, der Staat Garant.

Der Kellner, der die Mahlzeit aus dem Restaurant bringt, ist nach Hildesheimers Vorbemerkung zur Hörspielfassung die einzige rundum positive Figur des Stücks. Er antwortet Verena, Luigi heiße er *auch*, und fragt, welchen Namen sie bevorzuge; auf ihren Vorschlag nennt er sich Paolo und sie Francesca. Mit seinen Menüvorschlägen entlarvt er die Unkenntnis der Blüchers und Ralfs und amüsiert Verena, die ja auch nicht gerade eine rundum negative Figur ist. Als er zum erstenmal auftritt, will die Friseuse eben von der Mode auf das Intimleben kommen; Verena wehrt ab: »Zuerst die Speisekarte, dann die Unmoral« (S. 108) – wohlgemerkt: nicht etwa ›Fressen‹ und ›Moral‹, denn Hildesheimers Herren sind nicht schlechter als die Knechte, sondern Ralf und die Blüchers sind ebenso schlecht wie die beiden Lucias und Verena beinahe ebenso gut wie der Kellner: ihn als einzigen erschreckt sie mit ihrer Bemerkung nicht: »Vielleicht wird der Turm gar nicht schiefer, sondern *gerade*. Nur *wir* werden alle schief!« (S. 117)

Doch Blücher setzt zu einer Rede an, in der, wie in *Die Herren der Welt* und *Landschaft mit Figuren*, die Strophenform eben das hervorhebt, was gerne bemäntelt wäre: »Ein Kulturdenkmal erster Qualität, zwei Sterne / im Führer, besser als drei auf der Flasche. Man wüßte / nicht mehr, an was man sich halten sollte, / wenn die ewigen Werte fallen. Gewiß: man beschäftigt / sich wenig genug mit dieserlei Dingen, es fehlt an Zeit. / Aber man weiß, daß sie da sind, (*feierlich*) weiß / um ihre stetige Allgegenwart im Hintergrund / wie Goethes Faust und Beethovens Egmont« (S. 118).

Hildesheimer sucht mit seinem Stück nach einem Rezept, vergebens offenbar, denn noch acht Jahre später, in der Rede *Die Musik und das Musische*, hatte sich nichts geändert – erneuter Beweis für die Machtlosigkeit der Literatur (*Das Ende der Fiktionen*, S. 53 f.):[29]

In den Genuß der Musik, in Abreaktion der alltäglichen Mühsal durch Aufstieg in höhere Sphären teilen sich Missionar und Mörder. Kunstgenuß und Ausübung als Alibi oder Legitimation gelten nicht mehr, nachdem wir die Skala dessen erfahren haben, wozu der musikalische Mensch fähig ist.

Der musizierende Konzentrationslagerkommandant ist nicht nur vorstellbar, er ist so existent wie Sie und ich. Unter den Angeklagten der Nürnberger Prozesse waren unverhältnismäßig viele passionierte Hausmusiker. Ein berüchtigter Richter bei Freislers Volksgericht, großer Verhänger unverdienter Todesstrafen, war ein Prototyp des ›musischen Menschen‹, ein Einsatzgruppenführer Opernsänger (...) Einerseits also haben wir die Fehleinschätzung der Musik als Wertmaßstab des persönlichen Ethos, andererseits haben wir ihren Verschleiß, indem wir sie mißbrauchen, uns ihrer zu Repräsentationszwecken bedienen, als diplomatisches Programmfüllsel, als stets disponiblen Bedarfsartikel. Was tun wir, wenn der Schah von Persien uns mit seinem Besuch beehrt? Wir spielen ihm die *Zauberflöte* vor

Der Kellner: »Darf ich die Suppe bringen? (*Sieht ins Parkett*.) Ich glaube, es wird Zeit.« Ralf »schmatzend und schlürfend«: »Bitte, bitte! Nur immer her.« Nur »Mäusi« fragt, nach einer Pause, nachdenklich: »Was meinte er damit: es wird Zeit?« (S. 119) Blücher: »Ja, was ich sagen wollte: die Transaktion / ist hundertprozentig gelungen, dank Ihrer Umsicht / und meiner Scharfsicht, und umgekehrt. Das Urteil / wird ohne Widerruf rechtskräftig, Konkurrenz / wird ausgebootet, wir übernehmen das Ausland ...« Ralf: »... und stellen die Mehrheit.« Blücher: »Versteht sich.« Mäusi »mit Wohlbehagen nagend und schlürfend«: »Ihr Männer, immer mit eurer Finanzpolitik, / anstatt die Ferien vom Ich zu genießen. Ich darf / mit gutem Gewissen von mir sagen, daß ich / von diesen Dingen nicht das Geringste verstehe« (S. 119). So hatte sich schon Helena von der »bösen Tat« zu distanzieren versucht.

Hildesheimer meint wohl eine Suppe, die wie der *Brei auf unserem Herd* zusammengebraut worden ist, eine Suppe, die von den Schuldigen ausgelöffelt werden muß, wobei inzwischen klar ist, daß auch die Unschuldigen mitzulöffeln haben. Der Blick ins Parkett, den er in diesem Spiel häufig anweist, wirft den Zuschauern eben jene Vergehen vor, die von den Männern gefeiert und von »Mäusi« genossen werden. Wenn sie von »gutem Gewissen« redet, spricht sie aus, was statt dessen angebracht wäre, auch für die »Mehrheit« im Parkett, was ihr aber selbst nicht bewußt ist: Lucy lebt sich zustimmend, ganz im Unterschied zu Verena, von den Untaten der Männer so fett wie die beiden Lucias.

Der Turm neigt sich unübersehbar; der Kellner sagt »vergnügt«: »Die Suppe gefällig, zuppa di verdura!« (S. 119) Die Friseuse fordert ihr Geld: »Schnell! Ich muß fort« (S. 120). »Mäusi« verlangt »weinerlich« den Aufbruch; Ralf und Blücher beschimpfen sich und nennen sich mit den Namen, die ihnen gebühren: niederträchtige Schufte. Ungerührt bietet der Kellner die Suppe an: »Lassen Sie mich doch mit Ihrer Suppe in Ruh!« (S. 120) »Mäusi« und Blücher machen Ralf für alles verantwortlich und verlassen wütend die Wohnung: »Die Sache wird ihr Nachspiel haben!« (S. 121) Nur Verena nimmt einen Teller: sie ist bereit, für ihren Teil der Schuld – sie hat nicht eingegriffen, sondern, wenn auch distanziert, mitgespielt – die Verantwortung zu übernehmen.

Der Turm fällt natürlich tatsächlich. Auch die beiden Lucias machen, halb zum Publikum gewandt, Ralf für den völligen Zusammenbruch verantwortlich, ehe sie die Wohnung verlassen. In der Hörspielfassung bietet der Kellner noch einmal Suppe an, obwohl sie inzwischen kalt geworden ist, und Ralf wehrt »sehr nervös« ab: »Bleiben Sie mir doch endlich mit Ihrer Suppe vom Leib! (...) Als hätten wir jetzt nicht andere Sorgen!« Verena aber nimmt noch einmal: »Ich esse gern kalte Suppe. Man sollte sich vielleicht auch daran gewöhnen.« Der Kellner antwortet, was als Motto über den *Mitteilungen an Max* stehen könnte: »Das Unvermeidliche ist geschehen, die Drohung vorbei« (S. 45 f.). Die Suppe ist kalt geworden, aber daß man sie trotzdem auszulöffeln hat, weiß schon Verena: die Grenze ist überschritten, heiße Gemüter hätte es vor der Grenzüberschreitung geben sollen, inzwischen aber ist das »Unvermeidliche« geschehen und die Frage nach der Zukunft überflüssig: es ist nicht mehr elf Uhr, wie am Schluß von *Die Uhren*, fünf vor zwölf aber war es, ehe der Turm fiel.

Ende der fünfziger Jahre hält Hildesheimer allerdings noch ein Rezept für möglich, das den endgültigen Untergang aufhalten könnte; ein Kommissar soll alle Schuldigen verhaften: »Jetzt heißt es durchgreifen! Nicht locker lassen!« (S. 125)

Der schiefe Turm von Pisa ist kein Spiel, in dem es dunkel wird: alle negativen Figuren sind verhaftet oder abgeführt. Verena und Kellner sind allein, wenn auch nicht ganz allein, wie der Kellner mit einer Geste zu den Zuschauern sagt, denen deutlich gemacht wird, wen man noch alles verhaften müßte. Der Kellner wurde nie als Schuldiger in Betracht gezogen, er versteht von den Machenschaften der Schuldigen noch weniger als Helena von der »bösen Tat«. Für ihn ist der Turm gestürzt, weil er seit Jahren gefallen ist, für ihn ist Venedig wegen Holzwürmern, Salzwasser und Fäulnis gesunken, die Mona Lisa kennt er nicht. Er könnte einer der Diener der Marchesa Montetristo sein, er schätzt die Dinge nüchtern ein und baut auf ihnen keinen Überbau. Er kann weiterleben, nachdem die Katastrophe stattgefunden hat, aber nicht, wie spätere Figuren, im Bewußtsein des endgültigen Untergangs, sondern mit der Gewißheit, daß die Schuldigen verhaftet sind und der Untergang verhindert ist. Er sagt: »Es gibt immer Leute, die Hunger haben« (S. 126). Verena: »Aber essen sie vor leeren Plätzen?« Kellner: »Gewiß. Gern.« Verena: »Ohne Aussicht?« Kellner: »Es wird ihnen bald nichts mehr anderes übrig bleiben.« Verena: »Aber schön war er doch!« – »Was?« – »Der schiefe Turm von Pisa« – »Er wird immer schöner.« Verena: »Du hast recht.« Kellner: »Jetzt hat man ihn für sich allein.«

Hildesheimer führt vor, nach welchem Rezept die endgültige Katastrophe verhindert werden könnte, und zwar im letzten Moment. Sein Rezept – die radikale Verhaftung aller Schuldigen und Verantwortlichen – gilt nicht, wie in anderen Werken, dem Individuum, das sich immer weiter zurückzieht, sondern der ganzen Gesellschaft: Vereinzelung ist in jedem Fall das Resultat. Übrig bleiben nur solche, die noch nie an den Zerstörungen beteiligt waren, wie der Kellner, oder solche, die beschlossen haben, sich von den Schuldigen zu trennen und für ihren Teil Schuld zu büßen, wie Verena. Ende der fünfziger Jahre konnten sich diese Übriggebliebenen noch ungestört der großen Kunstwerke erfreuen; anfangs der achtziger hielt Hildesheimer das nicht mehr für möglich.

Ausgerechnet jener Obrigkeit, der er in zahlreichen anderen Werken die Schuld zuweist, gesteht er die Fähigkeit und, weit mehr, das Verantwortungsgefühl zu, die Schuldigen zu bestrafen; als könnte es tatsächlich eine »zuständige Behörde« geben, die nicht von denen regiert wird oder abhängig ist, die man verhaften müßte. Gerade die vollkommene Unerfüllbarkeit dieses Vorschlages verrät: Hildesheimer hat, nach seiner Einsicht in die Machtlosigkeit des Künstlers, wenigstens ein Stück lang an die Einsicht der Mächtigen geglaubt – vielleicht eine Therapie durch vorsätzliche Selbsttäuschung.

Doch ungefähr zu dieser Zeit hatte er begonnen, politische Manifeste zu unterzeichnen, zuerst, soweit bekannt, am 1. April 1958 den *Aufruf gegen die Atombewaffnung der Bundeswehr*; offensichtlich also hat er zumindest versuchsweise geglaubt, man könne gemeinsam wirkungsvoller sein. Nach der Unterzeichnung der Resolution *Äxte & Eichen* gegen den Springer-Konzern am 7. Oktober 1968 hat er diese Aktivität wieder eingestellt: seine Rede *Die Musik und das Musische* vom Jahr davor zeigt, weshalb. Ende der fünfziger Jahre hatte er sich auch zum ersten Mal Günter Grass genähert und hat das Gedicht *Rezept* geschrieben, als wisse er, was Herbert Schymanski aus *Die bösen Köche* mit ins Grab genommen hat:[30]

> Feiertägliche Gäste kocht man am besten
> In einem großen Topf von Eisen, auf dessen
> Blankgescheuerter Außenwand man male.
> Man male kühn, in strotzenden Farben,
> Die sieben Menschenalter und, wenn noch Platz ist,
> Ein kleines Haus, –
>
> Und zwar gesehen durch die Brille eines Kochs
> Aus Leidenschaft; eines Kochs, der vor Selbstgekochtem
> So wenig zurückschreckt wie vor festlichen Gästen. –
> Der Topf ist groß, doch fehlt der Deckel.
> Auch einen Boden hat er nicht. Und dadurch gleicht sich
> Alles wieder aus.

Die feiertäglichen Gäste, in *Die bösen Köche* und in *Der schiefe Turm von Pisa* ja auch die Zuschauer, sind Leute wie die Blüchers und sollen in einem Topf gefangen werden, wie die Figuren Adrians in der Kiste oder die Verantwortlichen vom Kommissar: alle werden sie in derselben Suppe zusammengekocht. Der Koch, ein wahrer Koch-*Künstler*, schreckt vor dem Umgang mit solchen Leuten sowenig zurück wie der Kellner aus *Der schiefe Turm von Pisa*, auch nicht vor seiner eigenen Suppe: er ist, wie Verena, bereit, die Suppe, das Selbstgekochte, mit auszulöffeln. Sämtliche Menschenalter stecken in der Suppe: Historie und Religion haben ihren Teil beigetragen; selbst das kleine Landhaus Herbert Schymanskis ist enthalten, Signum der Resignation: dort hat er sich den Tod gegeben, um das Rezept nicht preisgeben zu müssen.

Das kleine Haus ist auch Zufluchtsort des einzelnen, der bei Hildesheimer seinen Teil an der Schuld trägt und versucht, weil er scharfsichtig ist, zu retten, was noch zu retten ist: kein böser Koch, sondern ein Koch mit Engagement, der eigentlich lieber hätte Gast bleiben wollen wie Schymanski, ein Koch, der die Vergeblichkeit seines Rezeptes einplant. Sein Kochtopf muß groß sein, um die gesamte Menschheit zu fassen, wird aber – er hat keinen Deckel und keinen Boden – zur Durchgangsstation auf dem Weg in die bodenlose Zukunft: panta rhei. Es ist gleichgültig, ob man die Schuldigen einsperrt oder nicht, alle werden in einen Topf geworfen, auch die Unschuldigen, ganz gleich ob bildender Künstler oder Schriftsteller, denn auch sie fallen zuletzt: »Und dadurch gleicht sich / Alles wieder aus«, oder, wie Hildesheimers Reflekteure der sechziger Jahre immer wieder sagen: it's all one.

Erlanger Rede über das absurde Theater

Die Rezeption der sogenannten absurden Stücke weist, wie gesagt, eine merkwürdige Tradition auf, die in den seltensten Fällen mit dem Hinweis gerechtfertigt wird, daß sich Hildesheimer in seiner *Erlanger Rede über das absurde Theater* von 1960 und im Jahr davor mit *Die Jüngeren schwören auf Beckett* selbst zu den ›absurden‹ Autoren gestellt hat. Vielleicht war er damals tatsächlich der Ansicht – das Gefühl der absoluten Machtlosigkeit des Schriftstellers –, er könne im Verbund mit anderen etwas in Bewegung setzen; sein, wenn auch nicht allzu heftiges, politisches Engagement dieser Zeit könnte das bestätigen. Wie er später, vor allem nach Abschluß *Masantes*, mit enttäuschter Schärfe festgestellt hat, hatte er sich geirrt. Vielleicht ist er auch nur den Kritikern gefolgt, die seine depressiven Stücke ›absurd‹ nannten und ihn mit Beckett und Ionesco, manchmal mit Adamov, selten mit Tardieu verglichen, seltener allerdings mit all jenen, die kurz darauf Martin Esslin als »Parallelen und Proselyten« Becketts, Ionescos und Genets bezeichnet hat, neben Hildesheimer Albee, Arrabal, Grass, Pinter, Vian, sogar Frisch.

Hildesheimer beginnt denn auch die *Erlanger Rede über das absurde Theater* sehr vorsichtig: er sei »weder ein Theoretiker noch ein Systematiker«, er schreibe »selbst ›absurdes‹ Theater«, wobei er »absurd« sicher nicht zufällig in Anführungszeichen setzt, aber dann macht er eine kleine Drehung, und selbst die aus heutiger Sicht beinahe stereotyp wirkende Beteuerung seiner »Subjektivität« kann nicht verbergen, daß er »absurd« plötzlich für etwas hält, das nicht mehr in Anführungszeichen gesetzt werden muß: er schreibe »absurdes« Thater, »und zwar aus solch tiefer Überzeugung«, daß ihm »nicht-absurdes Theater mitunter absurd« erscheine (*Wer war Mozart?*, S. 79).

Er trage eine »Rechtfertigung« vor; man fragt sich: für was? Er antwortet allerdings, ohne explizit darauf einzugehen, mancher Unsitte der Rezensenten: Ionesco und Beckett hätten wenig gemeinsam, und beweist das, nach einer Analyse, damit, daß Ionescos *Nashörner* nicht »absurd« seien. Daß aber einer nicht zum Nashorn werde und das positive Prinzip vertrete, sollte er nicht als Argument gegen die Absurdität dieses Stückes anführen: dann könnte er – man denke an *Landschaft mit Figuren* oder *Der schiefe Turm von Pisa* – seine eigenen Stücke nicht »absurd« nennen. Das Besondere, so Hildesheimer, liege nicht in der Rebellion gegen eine hergebrachte Form des Theaters; das hatte er aber kaum zwei Jahre zuvor selbst behauptet, und zwar in *die entstehung des pastorale*: »es ist um der form willen geschrieben«, ein »bekenntnis zum formalismus«, und auch noch in seinem Kommentar zur Uraufführung der *Landschaft mit Figuren*, *Empirische Betrachtungen zu meinem Theater*. Das Besondere liege, sagt er nun, in der »Rebellion gegen eine hergebrachte Form des Theaters als gegen eine hergebrachte Form der Weltsicht, wie sie sich des Theaters bedient und sich auf ihm manifestiert« (S. 82). Nichts anderes kann die »didaktische Tendenz« (S. 84) der ›absurden‹ Stücke sein, als die Zuschauer von dieser Weltsicht zu überzeugen und sie zum »Schritt von der Antwort zur Frage« (S. 86) zu veranlassen.

Die philosophische Haltung also ist es, die so oder ähnlich von jenen Autoren vertreten wird, die Hildesheimer als »Vertreter einer Gattung« zusammenfaßt (S. 81). Aus dieser Haltung heraus verbietet es sich von selbst, »Ersatzantworten« zu geben: für Hildesheimer gibt es, wie in *Mozart* und *Marbot* exerziert, überhaupt keine Antworten. Zur Zeit der *Erlanger Rede* berief er sich allerdings auf Camus' Satz vom Menschen, der fragt, und von der Welt, die »vernunftwidrig« schweigt – dabei hätte ihm unklar scheinen müssen, weshalb die Verweigerung der Antwort »vernunftwidrig« ist, wenn die Vernunft erwiesen hat, daß man keine schlüssigen Antworten erwarten kann.

Fragwürdig ist auch die Behauptung, jedes sogenannte absurde Theaterstück sei eine Parabel; zwar sei auch die Geschichte vom verlorenen Sohn eine Parabel, aber dort sei ein einfacher Analogieschluß möglich, beim ›absurden‹ Theater dagegen nicht, weil jegliche Aussage fehle. Gleichzeitig betont Hildesheimer aber, das »absurde Theater« stelle die »absurde Welt« in ihrer Totalität dar; das *ist* jedoch eine sinnvolle Aussage durch Analogieschluß: das

Weltgeschehen ist sinnlos. Wenn er sagt, daß jedes Stück nur einen kleinen Ausschnitt zeigen könne und folgerichtig alle ›absurden‹ Stücke zusammen erst die ganze ›Absurdität‹ darstellten, ist er inkonsequent; denn entweder drückt schon das einzelne Stück die ganze Welt durch seine von der Weltsicht geprägte Darstellung aus, oder es drückt eben doch nur einen Ausschnitt aus, dann stimmt die Definition nicht mehr, nach der das ›absurde‹ Stück eine Parabel des Weltgeschehens schlechthin sei.

Hildesheimer, in einer Phase der Neuorientierung, wahrscheinlich ohne sich zunächst bewußt darüber zu sein, ließ sich ins Lager der ›Absurden‹ stellen; was er über das »absurde Theater« sagt, beschreibt jedoch seine persönliche Situation: »Absurdes Theater aber bedeutet: Eingeständnis der Ohnmacht des Theaters, den Menschen läutern zu können und sich dieser Ohnmacht als Vorwand des Theaterspiels zu bedienen«; »Ohnmacht und Zweifel, die Fremdheit der Welt, sind Sinn und Tendenz jedes absurden Stückes, das somit ein Beitrag zur Klarstellung der Situation des Menschen wird« (S. 93).

Für Hildesheimer hat, ohne daß er es sagt, und er verrät es nur in der Unsicherheit seiner Argumentation, eben nicht das Theater allein als Läuterungs- oder gar Erziehungsanstalt des Menschen abgedankt, sondern alle Kunst. Ziemlich bitter berichtet er von der Entwicklung eines Künstlers zum »Absurden« und löst damit sein Versprechen zu Beginn der Rede ein, auch »über die Motive« zu sprechen, »die einen Autor veranlassen mögen«, im »Absurden« »heimisch zu werden« (S. 79), wobei dieser Künstler, wohlgemerkt: nicht nur der Dramatiker, natürlich er selbst ist (S. 94):

Der absurde Dramatiker vertritt die Ansicht, daß kein Kampf der Welt jemals auf dem Theater ausgefochten worden ist. Daß das Theater noch keinen Menschen geläutert und keinen Zustand verbessert hat, und sein Werk zieht – je nach Veranlagung des Autors – bittere oder komische Konsequenz aus dieser Tatsache. Erfahrung hat ihn gelehrt, daß etwa der Politiker A sich im Theater selbst unter dem Holzhammer nicht erkennen und meinen wird, es handle sich um den Politiker B, den er für korrupter hält als sich selbst, und daß beide Politiker vor allem dort herzlich lachen werden, wo ein Autor bitter wird oder gar – wie man es nennt – mit Herzblut schreibt.

Hildesheimer spricht vom »Gefühl für das Absurde«, das in einem Autor (er meint an dieser Stelle Ionesco), also in ihm selbst, »tiefer verwurzelt« sei »als sein bewußtes Entscheidungsvermögen«

(S. 94). Damit hat er – vermutlich unbewußt – ausgesprochen, was für ihn selbst gilt: eine bewußte Entscheidung, ab 1958 wie die »Vertreter« des ›Absurden‹ zu schreiben, hat er gewiß nicht getroffen. Daher die Widersprüchlichkeit der *Erlanger Rede über das absurde Theater*.

Zitiert man allerdings nicht zuerst Camus in Hildesheimers Worten und setzt man sich über Hildesheimers Beschäftigung mit Beckett und Ionesco und deren Unterschiede hinweg – nimmt man diese Rede einmal nicht en détail, erschließt sich jene fundamentale Einsicht in das Weltgefüge, die zu den depressiven Stükken geführt hat: je größer der Ausschnitt der Betrachtung, desto widersinniger die Details. Daß Hildesheimer auf diesen umfassenden Radius zielt – ein Ziel, das er offensichtlich während seiner Rede zuweilen verloren hat –, wird deutlich, wenn er sagt, einen »Sinn der Schöpfung« gebe es nicht (S. 86), und von der Reaktion der Zuschauer spricht, die für ›absurd‹ halten, was ihm und anderen sogenannten Absurden selbstverständlich sei. Der Zuschauer sei »innerhalb der Grenzen eines logischen Systems« befangen und würde »größerer Zusammenhänge« bedürfen, halte sich statt dessen aber an hergebrachte »Ausschnitte aus seinem System« und weise jeden »Anhaltspunkt einer Analogie oder gar einer Identifikation« »entrüstet von sich« (S. 87).

Die Weite des Blickwinkels also ist entscheidend. Die Welt als Totalität im Blick, nicht mehr den einzelnen Menschen oder einzelne Klassen, ist Hildesheimer zunächst unsicher geworden, nicht nur in der *Erlanger Rede*: seine einzelnen waren bisher stets in ihrem Bereich erfolgreich, und wenn sie ihren Bereich – oder ihr »System«, wie Hildesheimer sagt – verlassen haben, sei es aus Spaß oder Zwang, konnten sie sich erfolgreich behaupten und das andere, auch überindividuelle System, mit lässiger Selbstverständlichkeit narren.

Ende der fünfziger Jahre, das hat sich gezeigt, begann Hildesheimer bewußt zu verarbeiten, was er bisher verdrängt hatte: die Eindrücke als Dolmetscher bei den Nürnberger Prozessen. Manche wissenschaftlichen Autoren untersuchen die Ursprünge des ›absurden‹ Theaters, weisen auf die Situation der Nachkriegszeit mit ihrem Vakuum aller Lebensbereiche hin und sagen, hier sei das ›absurde‹ Theater verwurzelt. Nicht aber die Nachkriegszeit war entscheidend, sondern der Krieg selbst, der *Welt*krieg, der alle Teilsysteme erfaßt hat, und dies in denkbar großem Rahmen: nicht nur Kultur, Wirtschaft, Politik, Militär und Religion eines einzigen Landes, sondern zahlreicher Länder, wenn auch noch nicht der ganzen Welt: er gab ungeheuerliche Sichten auf das frei, was Menschen möglich ist.

Das Weltganze ist in variable Teilgrößen zerfallen, die ihrerseits in variable Teilgrößen zerfallen sind, die ebenfalls teilbar sind, je nach Ausschnitt und Betrachtungsweise – ein dynamisches System, zu dessen Veranschaulichung sich das Bild eignet, das schon für die frühen Werke herangezogen worden ist: das Bild von den vielen Welten als zusammengeschobene Münzen, deren Zwischenräume früher noch Schutz geboten haben. Damals war dieses Gesamtsystem noch statisch, jetzt ist es dynamisch; damals waren die Zwischenräume leer, jetzt gehören sie als Teilgrößen zum Ganzen.

Hildesheimer hatte sich zunächst auf einzelne Figuren beschränkt, den Ausschnitt also klein gehalten, und die Widersprüche zu satirischen Symbiosen vereinigt. Der einzelne war zu dieser Zeit durchaus noch eine Einheit, etwa der falsche Prinz von Astrachan oder Eduard Merlin, und als Einheit konnte eine solche Figur, in ihrem direkten Umfeld, zielgerichtet, erfolgreich und damit sinnvoll agieren.

Vielleicht seit der Übersetzung von Djuna Barnes' *Nightwood* war der einzelne kein lässiger Sieger mehr. Die Definition schon des kleinsten Systems, des Menschen, änderte sich: Sinnlosigkeit, Widersprüchlichkeit, Ausweglosigkeit und Hoffnungslosigkeit waren die Folge: der einzelne war zum Teil des unerträglichen Ganzen geworden. An der Grenze dieser Erkenntnis stehen Karolin aus *Nocturno im Grand Hotel* und Jack aus *Die Herren der Welt*, die beide ihr Scheitern zu Beginn der Stücke noch nicht eingeplant hatten, am Ende aber um die Zwangsläufigkeit ihres Scheiterns wußten. Die *Spiele, in denen es dunkel wird* und die anderen Stücke und Hörspiele dieser Zeit zeigen den verzweifelten Versuch einzelner, sich gegen diese Einsicht zu wehren: der Rückzug auf die eigene Person oder in den ureigensten Bereich ist zu unerfüllbarer Sehnsucht geworden; wenige Jahre danach kann der Reflekteur *Tynsets* den leeren Raum, das Nichts, nur noch mit vorsätzlicher Selbsttäuschung im Kosmos entdecken.

In *Landschaft mit Figuren* gelingt der Ausweg mit knapper Not, nachdem die eindringende Welt das Paar (eine kleine Einheit) schon beinahe überrumpelt hatte; im *Pastorale* und in den *Uhren* gelingt der Ausweg nicht mehr, die Schuld daran aber haben diejenigen, die sich bereits der eindringenden Umwelt (*Uhren*) angeglichen hatten oder die die Umwelt selbst repräsentieren (*Pastorale*, vor allem die Fassung von 1965). In *Der schiefe Turm von Pisa* macht Hildesheimer diese Umwelt ausdrücklich verantwortlich, schlägt ihre, natürlich unmögliche, Amputation als einzige Lösung vor und schreibt das *Rezept* dazu.

Mit wachsender Hoffnungslosigkeit und Verzweiflung zeigt er die Versuche einzelner, sich gegen die Macht aller zu behaupten, wobei die Macht immer erdrückender und der einzelne immer machtloser geworden ist (*Nocturno im Grand Hotel*, *Die Herren der Welt*): er kann nicht einmal mehr seine privaten Neigungen verwirklichen (*Nocturno im Grand Hotel*, *Das Opfer Helena* der späteren Fassungen); er muß sich in mühevoller und lebenslanger Arbeit die Umwelt vom Hals schaffen (*Landschaft mit Figuren*); er fällt dieser Umwelt zwangsläufig zum Opfer, wenn er sich mit ihr zu arrangieren versucht (*Pastorale*, *Helena*); er ist auch nicht gesichert, wenn er sich zurückzieht (*Uhren*); er überlebt nur, wenn er mit der Umwelt nichts mehr gemein hat (*Der schiefe Turm von Pisa*).

In *Der Brei auf unserem Herd* erstmals als Planspiel exerziert und in den *Vergeblichen Aufzeichnungen* bestätigt, laufen die Mechanismen der großen Systeme mit unveränderlicher Gesetzmäßigkeit dem Untergang zu; noch immer sind Flucht und Verweigerung beherrschender Impuls der Figuren, die sich nun aber mit zunehmender Intensität mit den Fragen *wohin?* und *wozu?* auseinandersetzen.[31]

Hildesheimers ›absurde Phase‹ ist also keine vorübergehende Annäherung an Beckett und Ionesco und gleich gar kein epigonaler modischer Schick, sondern extremer Ausdruck einer verzweifelten Erkenntnis und Signum einer Umbruchsituation. *Schläferung* und, erst recht, die *Vergeblichen Aufzeichnungen*, beide drei Jahre nach dem letzten der sogenannten absurden Stücke entstanden, verraten, daß das Entsetzen der Einsicht in die Machtlosigkeit des einzelnen einem zögernden Akzeptieren Platz gemacht hat; und im selben Jahr hat Hildesheimer in *Die Realität selbst ist absurd* gesagt: »Für mich haben meine Stücke nicht das geringste mit Ionesco zu tun, sie sind vielmehr die logische Fortsetzung meiner ›lieblosen Legenden‹.«

Aber noch 1967, in den *Frankfurter Vorlesungen*, hatte er sich nicht von der Klassifizierung als ›absurder‹ Autor befreit, dabei war *Tynset* ja bereits zwei Jahre zuvor erschienen. Inzwischen allerdings – zu dieser Zeit hat er selbst keine Theaterstücke mehr geschrieben und sollte danach nur noch ein einziges schreiben – hat er den Begriff »Theater des Absurden« um den Begriff ›Prosa des Absurden‹ – wörtlich: »absurde Prosa« (S. 57 und 72) – ergänzt.

Er geht, wie in der *Erlanger Rede*, von der einzig legitimen »Weltsicht« (S. 57) aus: »Absurde Prosa weist auf das Schweigen der Welt hin, indem sie die Tragikomik der Ersatzantworten beschreibt; indem sie jene anprangert, die sich als Stellvertreter der Welt sehen und Ersatzantworten erteilen, und indem sie jene verspottet, die sich nach den Ersatzantworten richten« (S. 73); denn bei näherer Betrachtung enthülle sich »der Sinn der Schöpfung« nicht, sondern werde »immer rätselhafter« (S. 82). Das führt von der *Erlanger Rede* direkt zu *Mozart* und *Marbot*, aber auch zu Bach, Büchner, Dürer, Mary Stuart und Watteau: »Die Mitteilung des unmittelbaren Erlebens absurder Realität also bleibt der Prosa vorbehalten, in der ihr Autor mit dem Erlebenden identisch ist, während das Theater notwendigerweise nur das Sekundär-Erlebnis des Absurden vermitteln kann (...) Absurde *Prosa* aber ist unmittelbare Aussage, Mitteilung der Erfahrung, oft noch im Prozeß des Erfahrens« (S. 85).

In den Werken seit den *Vergeblichen Aufzeichnungen* erklärt sich die Nähe von Erzähler- oder Biographen-Ich zum Autor-Ich also durch die Ablehnung einer Figur, die in ihrer Differenz zum Autor zwangsläufig zu einem ›nicht-absurden‹ Ich werden müßte.

Hildesheimer unterscheidet Schriftsteller danach, ob sie von der Realität ausgehen, wie Pound und Eliot, und darin reaktionär, oder ob sie Realität mit ihrem Werk erst herstellen: Kafka, Bekkett, Ingeborg Bachmann, Celan, Peter Weiss, Günter Eich und andere. In deren Werk sei ihre »absurde« Weltsicht in jedem Detail ersichtlich, jede Formulierung sei geprägt von den »Elementen des Bewußtseins«, die eventuell ins »Unterbewußtsein« (!) abgesunken sein können und damit zu jenem »inneren Mikrokosmos des Dichters« gehören (S. 78), von dem Hildesheimer schon 1959 in den *Empirischen Betrachtungen zu meinem Theater* gesprochen hatte (S. 45). Sie würden keine »Teil-Aspekte« oder »Ausschnitte« (S. 78) einer als konsistent angenommenen Realität bieten, sondern, wie er in *Die Realität selbst ist absurd* sagt, auf das »große, unüberblickbare, ungeheuerliche Leben des Menschen« und auf die »Unlogik seiner Existenz« hinweisen und betonen, »daß Sinnloses das Sinnlose gebiert und ernährt«.[32]

Pound und Eliot werden nicht beschimpft, wie die Bezeichnung »Reaktionäre« nahelegen könnte, sondern ihr Werk wird unter einem ganz bestimmten Aspekt exakt qualifiziert. Immerhin hat Hildesheimer Eliots Vorwort zu *Nightwood* übersetzt – Shaws *Preface to Saint Joan* dagegen nicht, wohl weil es ihm nicht zusagt –, und Pound stellt er im Gedicht *Die Verstorbenen des Jahres 1972* neben Günter Eich: »Flick, Lübke, der Herzog von Windsor, / Gulbenkian und Truman – wahrhaftig, / du hättest dir diese Gesellschaft / nicht ausgesucht. Doch neben dir, / mißmutig, fehl am Platz wie du, Ezra Pound. / A man of no fortune and with a name / to come. Wie Du.«[33]

Schon in *Empirische Betrachtungen zu meinem Theater* hatte er gesagt, die Zukunft sei zum »Bild ihrer Absurdität« geraten, das ihn »mit Angst oder mit Grauen« erfülle, sie sei eine »ad absurdum geführte Gegenwart«. In den *Frankfurter Vorlesungen* sagt er, die Werke jener, die »absurde Prosa« schreiben, würden nicht »nur Grauen« darstellen, »sondern auch Flucht und blitzartige Ausblicke auf die furchterregende Instabilität der Welt, das Absurde« (S. 78). Wenn man in diesem Zitat die letzten beiden Worte – »das Absurde« – streicht, hat man das entscheidende Problem gelöst: die Linie führt von Mitte der fünfziger Jahre, von Frischs ›die Wahrheit kann man nur erfinden‹, zu Eichs ›Realität muß man erst herstellen‹ Mitte der sechziger Jahre, zu Hildesheimers ›Realität ist nicht mehr herstellbar‹ Mitte der siebziger Jahre, bis zu seinem »Ja« auf die Frage Frank A. Meyers Mitte der achtziger Jahre, ob sein Ende des Schreibens bedeute, daß die Welt »unbeschreibbar« geworden sei.

7 Die sechziger Jahre

Nach den *Spielen, in denen es dunkel wird* hat Hildesheimer, wie gesagt, wieder Konversationsstücke geschrieben, allerdings aus dem Geist jener »Weltsicht«, die er in der *Erlanger Rede* erläutert hatte; die Ursachen der Melancholie sind dieselben geblieben, aber der Tiefpunkt depressiver Gestimmtheit war durchschritten.

Herrn Walsers Raben, am 8. März 1960 gesendet, erschien als
Buch mit einem ähnlich prominenten Kommentar wie fünf Jahre
zuvor *Der Drachenthron* – nicht mehr von Robert Neumann natürlich, hatte sich Hildesheimer in *Die Jüngeren schwören auf
Beckett* doch gegen ihn gewandt, sondern von Günter Eich, mit
dem er sich nicht nur in der *Erlanger Rede* und den *Frankfurter
Vorlesungen* identifiziert hat. Die außergewöhnliche Freundschaft
mit Günter Eich manifestierte sich Ende der fünfziger Jahre zum
ersten Mal öffentlich. In seiner Interpretation von Eichs *Briefstelle*
aus dem Jahr 1959 schrieb Hildesheimer: »dieses Gedicht ist mein
Gedicht. Nach der ersten Lektüre konnte ich es auswendig, und
nun brauche ich es noch nicht einmal herzusagen, ich brauche nur
daran zu denken: schon lösen seine verhaltenen Bilder eine Art
Schauer aus, und ein beglückender Akt der Identifikation vollzieht sich; Identifikation mit einem Dichter, der mein Programm
dichterisch erläutert und begründet, und zwar nicht mit rhetori-
schen Figuren, sondern mit Greifbarem, mit Gegenständen (...)
die ich mit geringer Veränderung auch als die meinen ansehen
darf« (S. 56 f.). Ein »Programm« also, kaum ein Jahr nach der
Desorientierung; Günter Eich hat den Weg aus der Depression
gewiesen.[34]

In Eichs Nachwort zu *Herrn Walsers Raben* heißt es: »Seitdem
Gulliver gereist ist, wissen wir, wie nahe sich Märchen und Satire
sein können. Beiden genügt die Welt nicht, und in den glücklichen
Fällen (zu denen ich Wolfgang Hildesheimers Spiele rechne) hat
der Hohn die Farben der Phantasie« (S. 38).[35]

Im Gegensatz zu den meisten Kritikern schätzte Eich die *Spiele,
in denen es dunkel wird* und lobte gerade das, was – man denke an
Die Uhren – Hildesheimer selbst zu dieser Zeit fragwürdig geworden war: die »Phantasie«; und so sah er, wie sein Nachwort verrät,
keine Zäsur zwischen den depressiven Stücken und *Herrn Walsers
Raben*, dabei zeigt gerade dieses Hörspiel, welchen Ausweg Hildesheimer gefunden hat: früher, in *Warum ich mich in eine Nachtigall verwandelt habe*, entfloh der Ich-Erzähler der Gesellschaft
kraft Zauberei ins Reich der Vögel; Adrian Walser aber schickt
dorthin lieber die anderen und bleibt selbst hier: wie in *Der schiefe
Turm von Pisa* entzieht sich nicht mehr der einzelne, um allein zu
sein, sondern beseitigt die Allgemeinheit, nun allerdings nicht mit

behördlicherseits angeordneter Verhaftung – diese Utopie hat Hildesheimer aufgegeben –, sondern nach märchenhaftem Rezept. Eichs Kommentar: »Denn, um das klarzustellen: Es ist nicht möglich, einen Menschen in einen Raben zu verwandeln. Damit erübrigt sich die Frage, welche Probleme der Autor dieses Hörspiels lösen will, indem er seinen Helden zum Zauberer werden läßt« (S. 38).

Das erübrigt sich natürlich nicht: Adrian ist, wie sein Namensvetter aus *Landschaft mit Figuren*, wieder Arrangeur, aber er befreit sich nicht mehr, sondern weiß um die Vergeblichkeit seines Unternehmens – für ihn keine Ursache tiefer Depression, sondern, anders als in den Stücken kurz davor und danach, Ursache milder Melancholie: Adrian Walser ist Hildesheimers erster Reflekteur.

Er hat »in einem Anfall von Ärger« (S. 27) Onkel Fabian in einen Raben verwandelt, ohne zu wissen, daß dieser ihn als Alleinerben seines beträchtlichen Vermögens eingesetzt hat. Adrian ist Täter, zweifellos, Reflex der grimmigen Rezepte aus den Jahren zuvor, nicht etwa ein unabsichtlicher wie Helena, aber auch kein Gottlieb Theodor Pilz, denn für Adrian sind Wort und Tat gleichbedeutend: er hat Zauberworte, die unfehlbar wirken und unwiderruflich sind, denn er hat seinen Lehrer Marinelli in jugendlichem Übermut verwandelt, ehe dieser ihn die »Rückverwandlungsformel« (S. 27) gelehrt hatte.

Die Verwandtschaft erscheint, will Geld erpressen und spricht von Mord, Adrian dagegen von Verwandlung, die er denn auch regelmäßig vollzieht; aber er unterstützt die Hinterbliebenen, jene, die nichts gefordert haben und ihm seine Ruhe lassen. Er ist kein unschuldiger Schuldiger, er will kein Unheil verhindern, außer den Verlust seines persönlichen Reichtums, er ist keine Helena, aber auch kein Eduard Merlin, der sich an denen hart rächt, die ihm – ohne das geringste Verschulden seinerseits – das Malen unmöglich gemacht haben: er selbst ist schuld an der Kettenreaktion, die seine Tat ausgelöst hat, und begeht weitere Taten, um die Konsequenz nicht tragen zu müssen; er ist Wiederholungstäter mit belastetem Gewissen und schläft schlecht – der erste Schlaflose in Hildesheimers Werk.

Wie üblich hat er getrunken und ist verkatert, als ihn kurz vor zwölf Uhr – wieder diese Zeitangabe! – seine Haushälterin Frau Borgward weckt. Die Zeichnung der Haushälterin, im Jahr nach der *Nightwood*-Übersetzung, weist eher voraus als zurück: die Religion gab ihr Hildesheimer zwei Jahre später mit – Schwester Antonia in *Schläferung* –, den Wein fünf Jahre später - Celestina –, und als Maxine hat sie nur noch den Alkohol.[36] Frau Borgward aber kann Adrian noch nicht verstehen: »Wenn der abziehende Schlaf uns verläßt wie eine weiße, weiche Nebelwolke, und wir uns krampfhaft bemühen, einen Zipfel von ihr noch zu erhaschen, zurückzufliehen in den kostbaren Schlaf (...) Ja, in den Armen des Schlafes sind wir alle Engel, auch ich« (S. 8). Noch behauptet er nicht, wie der Reflekteur *Tynsets*, schuldlos zu sein: »Kennen Sie das, wenn einem die Wachheit so ganz langsam die Beine hochkriecht?« (S. 9); sie aber meint, er wolle spazierengehen, als er fragt: »Ein Tag, an dem es einen drängt, das Weite zu suchen?« (S. 10) Hier beginnt die bewußte Suche nach einer Weite, die den frühen Figuren selbstverständlich war, den Figuren der depressiven Phase verlorengegangen ist und die erst der Reflekteur der *Mitteilungen an Max* wieder finden sollte.

Tante Cosima, Cosima von Hergenrath, ist offenbar verwandt mit der unerträglichen Mäzenin aus dem *Atelierfest* und mit Frau Rentz-Hersau aus *Die Toten haben es gut*, die Adrian bereits verwandelt hat, denn Tante Cosima ist seine letzte Verwandte, abgesehen von einem verschollenen Onkel Nikolaus: um an das Vermögen heranzukommen, möchte sie Adrian mit ihrer häßlichen Tochter verheiraten. Wie all die anderen Erpresser hält sie ihn für einen Mörder und hat sich einen Leibwächter mitgebracht, Herrn Mönkeberg, der das Gespräch – Ohr an der Wand – mit großer Aufmerksamkeit verfolgt. Adrian erfährt, sein Erbonkel Fabian sei ein Schurke gewesen, und ist erleichtert: da er schon zu Lebzeiten »rabenschwarz« (S. 17) gewesen ist, hat er ihm nur zu einer angemessenen Existenz verholfen und fühlt sich jetzt vollkommen schuldlos. Die krächzenden Raben um sein Haus braucht er nicht mehr mit Gewissensbissen zu betrachten; sie büßen für ihre Geldgier.

Er würde Tante Cosima durchaus eine Rente zahlen, warnt sie jedoch, auf ihren Plänen mit der Heirat zu bestehen: seine Zauberformel wirke, sobald er seine Gegenüber in Aufregung versetzt habe, was die Tante natürlich aufregt, und so handelt er, seiner Überzeugung nach, in Notwehr. Mönkeberg erscheint zu spät, natürlich, denn er war schon Leibwächter aller früherer Erpresser und ist, wie er Adrian mitteilt, der verschollen geglaubte Onkel

Nikolaus: er habe abgewartet, bis die Verwandtschaft restlos beseitigt ist, habe den Lehrgang bei Marinelli vollständig absolviert und sei der einzige, der die Rückverwandlungsformel kenne; wer aber einmal zurückverwandelt sei, könne nicht wieder zum Raben werden: Adrian hat seinen gefährlichsten Gegner gefunden.

Mit der Erwähnung eines »Maharadscha von Seghalpur« (S. 34) weist Hildesheimer selbst auf die Parallele hin: das Streitgespräch beginnt, wie in den *Turandot*-Fassungen, anders aber als Jack in *Die Herren der Welt* kann Adrian wieder siegen, obwohl Onkel Nikolaus den Überraschungseffekt und die Drohung mit der Rückkehr der ganzen Verwandtschaft auf seiner Seite hat: er kämpft eben wieder, wie Turandot und anders als Melassis, ausschließlich mit Worten. Adrian kann seine Erregung zügeln und redet Onkel Nikolaus ein, er leide an einer schweren Krankheit, weshalb er am besten seinen Freund Dr. Schelling rufe. Onkel Nikolaus erregt sich immer mehr, da kommt Frau Borgward und fragt, ob Mönkeberg über Nacht bleibe. Onkel Nikolaus faßt sich, Adrian wäre verloren, aber Frau Borgward, die beobachtet hatte, wie Mönkeberg die Raben gefüttert hat, spricht nun ebenfalls von seiner Krankheit und schickt Adrian nach Medizin. Als er zurückkommt, ist Onkel Nikolaus verwandelt. Frau Borgward fordert lediglich, daß Adrian früher aufstehe, weniger trinke und pünktlich zu den Mahlzeiten erscheine; selbst das Testament zu ihren Gunsten dürfe er ruhig ändern, er sei ein junger Mann und überlebe sie ohnehin: »Aber Herr Walser, versprechen kann ich es nicht. Es gibt ja auch noch höhere Gewalt. Es können Katastrophen kommen!« Adrian »nachdenklich«: »Richtig! (...) Es könnte sogar der Fall eintreten, daß ich Sie *bitte*, mich in einen Raben zu verwandeln. Werden Sie es dann tun?« – »In einem solchen Fall werde ich Sie bitten, gleichzeitig das gleiche für *mich* zu tun« – »Das war es, was ich wissen wollte. Vielen Dank, Frau Borgward« (S. 37).

Für die Verwandtschaft – die Schuldigen, Ausbeuter und Zerstörer – ist die Verwandlung Strafe; anders aber als zu Zeiten von *Der schiefe Turm von Pisa* glaubt Hildesheimer nicht mehr, daß alle Schuldigen beseitigt werden und die Unschuldigen, endlich allein, überleben können. Onkel Nikolaus ist, wie Chemiker Blitzhaus in *Der Brei auf unserem Herd*, jener unberechenbare Faktor, von dessen Existenz man weiß, dessen Eintreffen man aber nicht kalkulieren kann. Doch Onkel Nikolaus führt nicht mehr, wie Blitzhaus, unausweichlich zum Untergang – das war die depressive Phase –, Frau Borgward und Adrian Walser können sich behaupten. Das war allerdings nicht die letzte Katastrophe, wie der Schlußdialog andeutet, es können größere kommen, die sich nicht mehr bannen lassen: die gegenseitige Verwandlung, die sich Frau Borgward und Adrian für diesen Fall versprechen, steht für den Tod, die letzte Rettung; statt in den Himmel der Gläubigen kommt man allerdings in das Reich der Vögel. Dem Erzähler von *Warum ich mich in eine Nachtigall verwandelt habe* war das areligiöse Utopie eines besseren Lebens nach dem Tod, die einzige Chance, das Weite zu gewinnen. Dorthin möchte Adrian Walser nur noch notgedrungen: das Reich der Vögel ist ja inzwischen von den verwandelten Schuldigen bevölkert. Vollkommen verworfen war die Möglichkeit, sich als Vogel zu entziehen, allerdings erst im Jahr darauf, und zwar endgültig, wie das Theaterstück *Die Verspätung* zeigt.

Die Verspätung

Bürgermeister, Lehrerin und Wirtin sitzen in einem »ländlichen Gasthaus«; im Vordergrund schläft neben seinem Bier, als auffällige, wenngleich in einer Dorfschenke nicht unwahrscheinliche Erscheinung, ein Sargtischler, sein Meisterstück, einen Prunksarg, unterm Tisch – scheinbar eine ländliche Idylle, tatsächlich aber ein zweites *Pastorale*, in dem allerdings nicht mehr allein Worte den Untergang beschwören: das Dorf, dessen Name bereits auf Raben anspielt – »Dohlenmoos« –, bietet ein »Bild chronischen Abbruchs«, wie Hildesheimers Regieanweisung vorschreibt (S. 7): die Kirchturmuhr hat kein Uhrwerk, die Post ist geschlossen, Telefon gibt es nicht mehr, der Bahnhof stürzt ein, zuletzt die Bedürfnisanstalt, deren ohnehin schon längst niemand mehr bedurft hatte; das Dorf ist bis auf die Leute in der Gaststube restlos entvölkert: »der Huflattich breitet sich aus« (S. 23), ein Szenarium Günter Eichs. Die Lehrerin korrigiert Schulhefte, der Bürgermeister liest Zeitung: »neun Nationen bemühen sich um den Frieden!« – »Es werden immer mehr. Man bekommt beinahe Angst« (S. 8). *Die Verspätung* ist wieder ein Spiel, in dem es dunkel wird.

Professor Scholz-Babelhaus tritt auf, ein »Wanderer zur falschen Zeit«, ein »Männlein auf absterbendem Ast« (S. 11). Er ist kurzsichtig und hat einen Feldstecher, wie Glinke im *Pastorale*, und eine Botanisiertrommel wie die beiden Asbachs, altmodische Touristenkleidung, dicke Brille, »im ganzen eine jämmerliche Figur« (S. 12). Er protzt: »Ich bin Professor Doktor, Doktor honoris causa Karl Wilhelm Gustav Alexander von Scholz-Babelhaus!« (S. 18) – ein Dr. Matthew-Mächtig-cum grano salis-Dante-O'Connor aus *Nightwood*, der hier auf den nächsten Zug warten will, das Dorf und die Gäste der Schenke mit Widerwillen und Herablassung betrachtet und in Wut gerät, weil man seinen Rivalen Möllendorf hier kennt, ihn selbst aber nicht.

Ein »früher Winter« bricht herein, wie im *Pastorale*, und Scholz-Babelhaus verzweifelt: »Schnee auf den Geleisen – Züge fallen aus! Und all das heute! Am Tag des Abends der Sitzung des Präsidiums der Akademie der schönen Wissenschaften und der exakten Künste! Klingsberg wird triumphieren, mit seiner hohlen Stimme und seinen leeren Worten, wird sich in den Vordergrund spielen, nicht zu reden von Hergenrath« – offensichtlich hat Adrian Walser doch nicht alle Verwandten verwandelt – »Er wird wieder tänzeln! Nun, man wird die beiden auslachen! Aber es beeinträchtigt die Würde der Gelegenheit! Man wird mich vermissen, gut! Aber die Vorbereitung des Vortrags vor dem Gremium der Förderungsgesellschaft zur Erforschung der Menschheit in Anwesenheit des greisen Staatspräsidenten und seiner feinsinnigen Gemahlin und weiteren Würdenträgern der Wissenschaft, der Kunst und der Kirche, morgen vormittag? Wer soll da repräsentieren?« (S. 19)

Ausgelacht wird statt dessen aber Scholz-Babelhaus selbst, und zwar von Lehrerin und Bürgermeister; die Wirtin erinnert in ihrer ausladenden Sachlichkeit eher an Frau Borgward. Sie veräppeln ihn, erzählen von den Sehenswürdigkeiten des Ortes und seiner Umgebung, kurz: sie konfrontieren ihn mit dem gewöhnlichen Leben, also mit dem, woran die Figuren des *Pastorale* gestorben sind. Der Professor wehrt ab: »Das interessiert mich nicht. Ich bin Forscher! Mich kümmert nicht, was sich jedem Bauernlümmel, jedem Gänselieschen offenbart! Ich schürfe tiefer, entdecke Verstecktes, entlocke den vier Kategorien der Natur ihre verborgensten Geheimnisse, bin großen Dingen auf ihrer winzigen Spur. Ich bin Anthropologe, Paläontologe, aber – *etwas ruhiger* – im Augenblick mache ich mir die Ornithologie zu eigen, bin an einer Spekulation, die nicht nur die Welt der Wissenschaft erschüttern wird. Ein Scholz-Babelhaus besteigt nicht Berge, um andere Berge zu sehen, er bückt sich nicht, um an Blumen zu riechen ...« (S. 17f.) Die Lehrerin sagt »beiläufig«: »Ein großer Fehler.« Scholz-Babelhaus wehrt sich zunehmend entsetzter: »Zum Teufel! Was geht mich das an!?« (S. 22), und als er den Lokführer eines Güterzugs bitten will, ihn mitzunehmen, sagt man ihm zu Recht: »Er versteht Ihre Sprache nicht« (S. 20). Scholz-Babelhaus über-hört einen Zug, Lehrerin und Bürgermeister brechen auf: »Gehen wir?« – »Gehen wir!« (S. 35)

Scholz-Babelhaus hat die Schmetterlinge nach dem Geheimnis des Lebens gefragt, wie Gertrud und Robert in *Die Uhren* dem Glaser geraten haben: »Der Mensch stammt vom Vogel ab! (...) Vom Guricht!« (S. 27) Lehrerin und Bürgermeister dagegen kön-nen gehen, wie Glaser und Vertreter, die Wirtin kocht und hört nicht zu, der Professor kann sich »offenbaren«. Das Ziel der Handlung ist Untergang, das Thema die Chance des Schriftstel-lers; denn Scholz-Babelhaus verrät, als was er sich gerne sehen möchte: »Der echte Gelehrte ist der Schöpfung näher als der an-dere« (S. 27) – so ähnlich liest man auf dem Grabstein Paul Klees. Scholz-Babelhaus wäre lieber »Musiker«, am liebsten aber bilden-der Künstler: »ja warum nicht? Visionen bändigen – in zwei Dimensionen bannen und sich mit dem Lächeln des Wissenden über die Zukunft der Künste ausschweigen!« (S. 39); und: »alles hätte ich werden können, aber ich habe den letzten Zug versäumt« (S. 40).[37]

Denn als Lehrerin und Bürgermeister wiederkommen, hört Scholz-Babelhaus den Pfiff der Lokomotive, des letzten Zuges eben; er ist so endgültig gefangen und mit seinen Phantasien allein wie das Ehepaar in *Die Uhren*, kann sich weder zurückverwandeln noch einrichten: »ich habe nichts erforscht, nichts entdeckt. Alles war erforscht, entdeckt, vom Größten bis zum Kleinsten. Da habe ich Entdeckungen erdacht, mir aus den zehn Fingern gesogen (...) So mußte ich denn zum Äußersten greifen: das ist der Guricht! Meine letzte Erfindung, der Schwanengesang eines Gescheiterten. *Völlig zermürbt*: Was sage ich? Schwanengesang? – Das Dohlen-gekrächz, der erstickte Ruf des Versinkenden im Morast! Der Guricht. Ich habe ihn mir mit Mühe und Schweiß erdacht, ihn beschrieben, bestimmt, begründet, untermauert, ihn gezeichnet und gemalt und gemessen, mit Träumen gestopft, gemästet, aber es nützt nichts. Man wird ihn mir nicht abnehmen, ich habe alles verwirkt« (S. 38) – das führt von den *Spielen, in denen es dunkel wird* zum Vorsatz der *Vergeblichen Aufzeichnungen*, wieder mit Malen zu beginnen, und von *Marbot* zur Collage *Herstellung eines Vogels*.

Doch Scholz-Babelhaus hat die Hoffnung noch nicht völlig aufgegeben, er möchte, wie der Reflekteur der *Vergeblichen Aufzeichnungen*, nichts unversucht lassen und beginnt, zur Belustigung von Lehrerin und Bürgermeister, den Guricht zu rufen: käme er tatsächlich, wären die Phantasien zuletzt gerechtfertigt. Diese Hoffnung verleiht ihm neuen Schwung, er spürt eine »Art Wind« (S. 42), noch keine Windsbraut allerdings, diese Einsicht hat er erst am Schluß des Stücks; zu Beginn des zweiten Teils aber gewinnt er Größe, nicht nur eingebildete, kritisiert eine »Weltkonsumgesellschaft«, die »Wind in Dosen« herstellt (S. 58), und weist Bürgermeister und Lehrerin in ihre Schranken: »Sie sehen mich an? Auch Sie warten, nicht wahr? Sie erwarten, daß etwas *nicht* geschehe, was aber geschehen wird. *Überlegt*: Geschehen wird? *Modifiziert*: Nun, *wahrscheinlich* geschehen wird! Ich kann mich irren« (S. 43). Das ist nicht mehr allein das Warten auf den Guricht, sondern das Warten auf den Untergang, da spricht der Professor Hildesheimers Befürchtungen aus, jene Überlegungen über das Eintreffen des Unvermeidlichen, deren Berechtigung auch die folgenden Stücke – *Unter der Erde, Nachtstück* – nachmessen und zu bestimmen versuchen: »Was tun wir? – Oder, anders formuliert: was sollen wir tun? Eine schöne, reiche Frage, auf die es viele köstliche Antworten gibt, einen ganzen Wald voll Antworten. Aber – *sachlich* – je länger man die Frage vor sich herschiebt, desto lichter wird es im Wald der Antworten. Und schließlich kommt der Punkt, da man sich vergeblich nach einer Antwort umsieht, denn es sind keine mehr da, keine außer der einen, die sich vor einem auftürmt. Sie hier, Sie sind an dem Punkt angelangt. Für Sie gibt es nur eine Antwort: Sie müssen fort« (S. 45). Das ist Hildesheimers Weg bis zur *Erlanger Rede* mit ihrer Überzeugung, daß es keine Antworten mehr gibt, das ist das *Rezept*, die Beseitigung der üblen Gesellschaft, und das sind Hildesheimers Zweifel, ob sich nicht doch etwas unternehmen lasse; denn Scholz-Babelhaus ist noch nicht überzeugt, daß auch er fort muß. Jetzt behauptet er, die Verödung selbst angeordnet und mit behördlicher Hilfe durchgeführt zu haben, da der Guricht nur in entvölkerte Gegenden komme.

Statt dessen kommt ein Vertreter, wie in *Die Uhren*, der sich wieder beiläufig an die Lehrerin heranmacht und sich gleich mit Vornamen vorstellt, als habe er die Freunde des Glasers vor sich. Allerdings ist er kein Händler der vier Jahreszeiten mehr: »Alle gehören dazu, wir wenden uns an alle. Man muß alle miteinbeziehen, um Freunde zu werben. Durch Miteinbezug verbrüdern, wie es ein Fachmann einmal ausgedrückt hat. Sehen Sie mich an, ich nenne mich immer einen Kreuzfahrer der Menschenliebe. Menschenliebe ist ein Appell des Herzens an das Herz« (S. 50).

Bei Scholz-Babelhaus verfangen solche Reden nicht, gehört der Vertreter doch gerade zu jenen, die zu beseitigen wären, damit, wie am Ende des *Schiefen Turms*, das Erdachte schön und wirkungsvoll sein kann. Er will sich nicht als Tarnung oder Garnierung übler Machenschaften mißbrauchen lassen, er will sich nicht gemein machen und den Vertreter nicht mit dem Vornamen anreden: »Ich werde mich hüten. Damit Sie mich in den Griff bekommen!« (S. 54) Auf diesem Weg möchte er seiner Gefangenschaft nicht entgehen, obwohl ihn der Vertreter mit allerlei schönen Worten zu locken versucht: »Ich will ehrlich sein: mich betrübt der Gedanke, daß hier einer unter uns ist, der nicht mit uns geht« (S. 51). Diesmal fällt aber nicht der schiefe Turm, sondern es droht, wie in *Das Ende kommt nie*, der Einsturz des ganzen Hauses: »Das Haus wird fällig.« Doch der Vertreter beruhigt, das sei »ein kleiner Schaden, wie er heute oft vorkommt« (S. 52).

Der Vertreter steigert sich in seine Rolle hinein und will Scholz-Babelhaus zum Mitgehen zwingen; jetzt zeigt er sein wahres Gesicht und spielt so treffsicher mit Klischees wie Gertrud und Robert oder gar Scholz-Babelhaus selbst: er errät seinen Namen, er kennt seine Entdeckungen, er vermutet sogar ganz richtig: »Sie erwarten ein Fabeltier, etwa einen großen Vogel. Aber das kann nicht sein. Die großen Vögel sind ausgestorben. Sie erwarten also nichts« (S. 59). Zuletzt behauptet er gar, Möllendorf zu sein: »Im tiefsten Grunde Ihres Herzens sind Sie nämlich auch einer von uns (...) Mögen wir auch noch so verschieden geartet sein, in einem sind wir doch alle gleich: – *sehr erregt* – im tiefen Gefühl der Verantwortung für den Nächsten, die doch das Höchste ist, was *... er greift sich ans Herz und sinkt, völlig erschöpft, schwer atmend, auf einen Stuhl. Ächzend*: Wir sind doch – – – alle Brüder ...« (S. 60) Aber er ist kein Präsident Glinke, er stirbt nicht mehr, sondern sagt zu Scholz-Babelhaus, was schon Melassis zu Jack gesagt hat: »Und Sie! Sie sind mir die erbärmlichste Figur, die mir in meinem Leben vorgekommen ist« (S. 61). Aber Scholz-Babelhaus ist eben auch kein Jack mehr, sondern »verneigt sich lächelnd«: »Zuviel der Ehre!« Er kann also – Adrian Walser konnte es schon – wieder den Sieg im Gespräch erringen, aber es sind die anderen, die gehen: sie entziehen sich dem Untergang und verlassen im Auto des Vertreters das Dorf, nur Sargtischler und Professor bleiben zurück. Hildesheimer kommentierte (*Aus Briefen Wolfgang Hildesheimers an den Regisseur*):

Was nun den Vertreter betrifft: er ist natürlich, vordergründig gesehen, der Prototyp des Vertreters, Summe und Synthese aller Vertreter. In der Rohfassung des Stückes hatte er tatsächlich noch einen Musterkoffer mit sich, aus dem er dauernd ein auf identische Flaschen gezogenes Mittel hervorzog, ein Mittel gegen alles, Hauseinsturz, Depressionen, Herzbeschwerden, Klimakterium, Kälte und Winter. Aber das war mir dann doch zu possenhaft vordergründig. Nun vertritt und verkauft er nur noch ›Menschenliebe‹ und ›Verbrüderung‹ und Zufriedenheit, also alle die Voraussetzungen, um sich auf der Erde einzurichten und heimisch zu fühlen. Damit vertritt er auch das establishment und jene canaille, der er sich hier zugesellt. Mit den anderen zusammen vetrit er das böse Prinzip des Stückes, im Gegensatz zum positiven Prinzip des Stückes, dem Professor, der zwar ganz und gar lächerlich ist – darin symbolisiert er für mich die Situation des Menschen auf der Welt –, der aber doch – für mich – im Lauf des Stückes an Kraft gewinnt, er gewinnt auch an Würde, der Würde des Gescheiterten. Erst der Mißerfolg zeigt den Vertreter in seiner wahren seelischen Konstitution: den Professor hat er nicht bezwingen können, hat sich in Wut gesteigert, einen leichten Infarkt erlitten, und nun wird er, um sich schadlos zu halten, die anderen bis aufs Blut ausnützen (vorausgesetzt, daß sie mit dem Wagen fortkommen und daß der Bürgermeister ihn nicht mit der Axt erschlägt!).[38]

Scholz-Babelhaus steht zwischen Gottlieb Theodor Pilz und dem Reflekteur *Tynsets*: »Ich habe nichts geleistet, das ist vielleicht etwas Großes, ein großes Verdienst. Aber rühmen wir uns nicht! (...) Ich bin niemand, ich habe ein paar Rollen gelernt, wußte diese oder jene Antwort, das ist mir am Ende noch zugute gekommen (...) Einst sollte ich – wie nennt man es? – beitreten. Der Ehrengesellschaft zur Rettung der halben Menschheit. Eine Einladung schickt sie mir ins Haus, golddurchwirkt. Ich habe die Regenwürmer damit gefüttert. Sie gingen daran ein. Das war mein größtes Vergehen, – *denkt nach* – mein einziges. *Pause, er sieht sich um.* Ich habe mir nichts vorzuwerfen« (S. 62 f.).

Er hat die gewünschte Leere erzeugt; den Sargtischler zählt er offenbar nicht mit: »Ich habe einen Vogel gebaut. Den suche ich!« (S. 58) Aber nun ereignet sich, was Adrian Walser und Frau Borgward befürchtet haben: die letzte Katastrophe. Denn der Guricht erscheint tatsächlich, erweist sich aber in keiner Hinsicht den Erwartungen gewachsen: er kommt nicht allein, sondern in Scharen, keine edlen großen Vögel, sondern geradezu mickrige Tiere, die Würmer fressen – als seien Vertreter, Bürgermeister, Lehrerin und Wirtin in verwandelter Gestalt zurückgekehrt. Die Phantasie des Professors hat gerade für ein Zerrbild gereicht, hat sich als haltlos und sinnlos erwiesen, untauglich als Entwurf eines besseren Lebens; Adrian Walsers letzte Chance ist verworfen: »Alles – alles ist anders, als man es sich vorgestellt hat (...) Ich habe ihn überschätzt! (...) Ich habe alles überschätzt« (S. 64); nicht einmal der Name Guricht stimmt: »Nun finde ich keinen Namen mehr. Die Namen sind besetzt, die Eigenschaften vergeben. Verschenkt! Es ist zu spät! *Pause.* Ich wußte mehr als andere – aber die anderen haben recht behalten. Es gab Möglichkeiten, – aber mir haben sie sich entzogen. *Pause, dann schwächer:* Ich bin verlassen. Ich bin der Punkt, von dem sich alles wegbewegt. *Pause.* Kein Scherenschnabel, kein Wandelfuß, kein Sinn, kein Guricht. *Pause.* Nein – *Pause* – nein, – *er schüttelt den Kopf* – ich habe micht nicht überzeugt!« (S. 66)

Die letzte Hoffnung hat getrogen, Scholz-Babelhaus »sinkt tot auf dem Stuhl zusammen«. Er hat sich »nicht überzeugt«, er hat also trotz besseren Wissens gehandelt, er hat die Chancen des Schreibens geprüft, wie der Reflekteur der *Vergeblichen Aufzeichnungen*, und auch er hat sie verworfen. Für ihn, der Sargtischler als memento mori, bedeutet es den Tod. Er hat »Warnzeichen« (S. 46) gegeben, aber niemand hat ihn gehört: »hier ist eine Wüste geplant« (S. 59) – in dieser Wüste kommt er um, wie der Reflekteur *Masantes*, weil seine Utopie, der Glaube an den Guricht – Gott und Godot – sich als unhaltbar erwiesen hat. Das negative Prinzip überlebt, das positive geht zugrunde; jetzt ist es der Bürgermeister, der Adrian Walsers Grundsatz vorträgt: »Nur Ruhe, nur keine Erregung« (S. 15).[39]

Die einzige Chance – das meint der Titel des Stücks – wäre die Herstellung des Zustandes vor der Schöpfung, um den Gang der Geschichte in die Katastrophe zu korrigieren, ein Unternehmen, das so unmöglich ist wie die Verwandlung in Raben: alles andere aber ist Ersatzhandlung, setzt zu spät an, einzig in der bildenden Kunst könnte man sich, wie Scholz-Babelhaus sagt, »mit dem Lächeln des Wissenden über die Zukunft der Künste ausschweigen«: darin überkreuzen sich sich die beiden Sehnsüchte der Figuren Hildesheimers zum ersten Mal in aller Deutlichkeit: nicht geboren worden zu sein und nicht mit dem Schreiben begonnen zu haben. In diesem Jahr hat Hildesheimer jedoch mit *Hamlet* begonnen, hat also weitergeschrieben, ist aber einen anderen Weg als Scholz-Babelhaus gegangen, und zwar in jene Richtung, in die der Professor gewiesen hatte, als er sich unwiderruflich gefangen sah: »Ja – das Bett. Der letzte Hafen des Versagers« (S. 38).

Unter der Erde

Scholz-Babelhaus sagt, man erwarte, daß etwas *nicht* geschehe, was aber geschehen *werde*, zumindest *wahrscheinlich*: »Ich kann mich irren« (S. 43); er hat sich geirrt, *und* es ist etwas geschehen. Ein Jahr später überprüft Hildesheimer diese Wahrscheinlichkeit noch einmal, das heißt: er läßt sie prüfen, wieder einmal von Frau und Mann, beide ohne Namen, wie die Ehepaare der späten Hörspiele auch: ein Planspiel auf engstem Terrain, eine Versuchsanordnung, ein Experiment im Labor: das Hörspiel *Unter der Erde*.

Das Ehepaar ist so zerstritten wie Gertrud und Robert in *Die Uhren*: »Ich verstehe dich nicht« – »Das weiß ich seit Jahren« (S. 62). Diese beiden spielen jedoch nicht mehr mit Klischees, sondern sprechen über ganz konkrete Dinge, über Erfolg und Mißerfolg der Rettich- und Spinatzucht, können aber die Dimension ihrer Auseinandersetzung selbst nicht begreifen: als Demonstrationsobjekte diskutieren sie darüber, ob aus der Saat die Ernte folge, und der Hörer versteht: es handelt sich darum, ob aus der Vergangenheit des Menschen, wie Scholz-Babelhaus sagt, die Katastrophe zwangsläufig resultiere: »Man kann beinahe sicher sein, daß etwas, was jedes Jahr schlecht gewesen ist, nicht plötzlich, eines schönen Jahres, gut wird« – »Beinahe sicher. Aber nicht ganz sicher« – »So gut wie sicher« – »Ebenso gut könnte man annehmen, daß etwas, was jedes Jahr schlecht gewesen ist, eines schönen Jahres gut werden muß« – »Du meinst – *zitiert ironisch*: ›Was lange währt, wird endlich gut!‹« (S. 61 f.)

Im Rettichbeet stößt der Mann auf eine große Steinplatte: »Du hast auf Stein gesät« (S. 65): die Vergangenheit. Die Platte bedeckt einen Höhleneingang: »Ein Gang in die Hölle« (S. 68): die Zukunft. Hier beginnt die Auf- und Abwärtsbewegung, die den *Tynset-Masante*-Komplex prägt: aufwärts in *Tynset*, abwärts in *Masante*, auf- und abwärts in *Zeiten in Cornwall*. *Unter der Erde* siedelt denn auch am Übergang von Vergangenheit und Zukunft.

Der Mann möchte die Höhle erforschen und steigt hinab, die Frau schüttet aber den Eingang wenig später zu. Nach drei Wochen kehrt der Mann zurück, erzählt von einem Palast, den er dort unten gefunden habe, und behauptet, durch ein Loch am Waldrand herausgekrochen zu sein; das Loch im Obstgarten hält Gärtner Lattmann für einen Fuchsbau. Die Frau möchte ihre Zweifel ausräumen, der Mann konstatiert: »Ich stelle nur fest, daß du hinab willst, obgleich du nicht an die Existenz des Palastes glaubst« – »Glauben und zweifeln sind, wie du vielleicht weißt, zweierlei« (S. 78). Die Frau steigt hinab und bleibt vier Wochen fort. Auch sie schwärmt vom Palast, auch sie behauptet, aus dem Loch am Waldrand gekrochen zu sein, und auch sie findet es nicht mehr – denn nun ist es der Mann, der seine Zweifel ausräumen will. Er habe Lattmann angewiesen, den Eingang zu verschütten, habe das aber doch selbst getan, um Spinat zu säen, und zwar erst tags zuvor, wie er mit den Keimlingen beweisen kann.

Als sie ihre Phantasien endlich überprüfen und zu zweit hinuntersteigen – auf der übertragenen Ebene: die Zukunft einholen –, stellen sie fest, daß dort kein Palast ist: das ist, mit anderen Mitteln, das Thema der *Verspätung*. Der Mann kommentiert: »Du hast mir meinen Palast so sehr geglaubt, daß *ich* ihn schließlich *dir* geglaubt habe« (S. 97). Inzwischen aber hat Lattmann seinen Auftrag ausgeführt und den Eingang zugeschüttet. Die beiden kommen zum Schluß, daß es angesichts ihrer Lage »müßig« sei, »die Schuldfrage klären zu wollen« (S. 101), obwohl sie nun »ja Zeit, viel Zeit« hätten (S. 104). Sie geben ihren Streit auf, wandern im Höhlensystem herum, erträumen gemeinsam den Palast und sind überzeugt, daß man sie, wenn überhaupt, erst nach Jahren finden würde, als Skelette vereint. Doch dann entdecken sie einen Ausgang: »Das Loch unterm Birnbaum!« (S. 107) Kaum ans Tageslicht gekommen, beginnen sie ihre Streitereien wieder: sie sind wieder ganz so, wie sie waren.[40]

Dieses Mal hat die Katastrophe also nicht zum Untergang geführt, sie hat die Betroffenen nicht einmal betroffen gemacht, abgesehen von einem kurzen Moment unter der Erde, den Hildesheimer als Zustand *nach* der entscheidenden Katastrophe gestaltet hat: ein Weiterleben ist möglich, das Ende allerdings gewiß, und jede Anstrengung, wie in den *Mitteilungen an Max*, wäre »müßig«. Der Palast einer herrlichen Zukunft hat sich als ebenso unhaltbar erwiesen wie der Guricht, wenngleich das Resultat des Experiments nicht eindeutig und die Frage nicht geklärt scheint, ob die Regel stimmt, daß etwas, das schon immer schlecht war, einmal gut werden kann oder muß, oder ob stimmt, daß etwas, das einmal gut war, immer gut bleibt. Eins aber ist so schlecht geblieben, wie es war: das Ehepaar. Darin unterscheiden sie sich nicht von Helena und Menelaos, deren Umgangston sich nach dem Krieg nicht geändert hatte. Was Hildesheimer jetzt damit ausdrückt, unterscheidet sich aber doch: aus der Retrospektive ist eine Zukunftsvision geworden: die Menschen sind unbelehrbar und lernen aus der Vergangenheit nichts, irgendwann in der Zukunft werden sie sich endgültig unter die Erde bringen, die Utopien einer wunderbaren Zukunft sind vollkommen haltlos.

Lattmann ist der unberechenbare Faktor, wie Chemiker Blitzhaus oder Onkel Nikolaus: *daß* er ins Spiel kommt, hätten sie wissen müssen; *wann* er ins Spiel kommt, hätten sie nicht wissen können; aber *wie* er sich auswirkt, ist offensichtlich. Schon Lattmann »fällt ins Gebiet der ›technischen Nebenwirkungen‹. Jener unerwarteten Effekte, die kein Wissenschaftler einkalkuliert hat«, wie es rund fünfzehn Jahre später in *Biosphärenklänge* heißt. Lattmann hätte das Loch unterm Birnbaum ebenfalls zuschütten können und hätte das auch getan, hätte er inzwischen den Fuchs entdeckt und – wenn auch nicht so stilvoll wie in *Zeiten in Cornwall* – getötet. Zuletzt, so das Ergebnis des Experiments, werden die Auswege – das Prinzip Zufall als Programm – alle verschüttet sein.

Nachtstück

In *Nachtstück*, im Jahr nach *Unter der Erde*, also 1963, uraufgeführt, spielt Hildesheimer die Möglichkeiten durch, den Zufall auszuschalten, allerdings nicht mehr in einem kühlen Experiment: zum ersten Mal führt er einen einzelnen vor, der seine Vereinzelung nicht erst, wie Scholz-Babelhaus, herstellen muß, sondern der bereits zu Beginn so gefangen und kontaktlos ist wie das Ehepaar in *Die Uhren* zuletzt.[41]

Zu diesem absoluten Rückzug haben ihn seine Erlebnisse getrieben, die ihn als Erinnerungen verfolgen, denen er durch Schlaf zu entgehen hofft: das ist bereits die Ausgangsposition *Tynsets*. Allerdings glückt dem Mann in *Nachtstück* Schlaf nur mittels ausgeklügelter Medikamentierung, er erzählt sich also keine Geschichten wie der Reflekteur *Tynsets* und wirkt dadurch radikaler – als habe er längst erkannt, daß man dadurch dem Entsetzlichen nicht entgeht, den Erinnerungen, die Djuna Barnes nicht anders hätte schildern können.

Von leichteren zu mittelschweren und schweren Schlafmitteln steigert der Mann seinen Konsum, kennt Wirkung und Dosierung jedes Mittels genau und entsinnt sich, nach welchem Erlebnis er welches Mittel gekauft hat. Der Anblick der Pillen und der Klang ihrer Namen bringen ihm Anlaß und Notwendigkeit ihres Kaufs zurück. Von seinen Erinnerungen gequält, nimmt er stets mehr Pillen, als er ursprünglich wollte. Er zählt an seiner Medizin die Stationen seiner Leidensgeschichte ab, von einem schlimmen Ereignis zum schlimmeren, und befindet sich offenbar schon lange in einer sich zuziehenden Spirale, an deren Ende ewiger Schlaf durch Überdosierung steht: »Rezepte habe ich«, sagt er (S. 74), allerdings kein *Rezept*, denn er beseitigt nicht das Entsetzliche, sondern sich selbst.

Darin ist *Nachtstück* Theater- und Hörspiel-Version der letzten *Lieblosen Legende*, der *Schläferung*, die im Jahr davor entstanden ist. In *Schläferung* ist die Todessehnsucht musikalisch beschwingt, in *Nachtstück* gewaltsam erzwungen: dieser Mann hat keine Chance zu gelassener Überprüfung wie der Reflekteur *Tynsets*, ihm bleibt keine Wahl. Sein Ende steht fest, so sehr er sich dagegen wehrt, aber er wehrt sich nicht mehr mit letzter Kraft, wie Scholz-Babelhaus das noch getan hatte, der ja auch schon »verschleierte Generalswitwen« gesehen hat, die »Wohltätigkeitsschulen« gegründet haben (S. 58). Der Mann weiß zu Beginn, was der Professor erst zuletzt wußte: »dazu ist es jetzt zu spät« (S. 80).

Im gleichen Jahr wie *Schläferung* ist Ronald Searles *Which way did he go?* in Hildesheimers Übersetzung unter dem Titel *Quo vadis?* erschienen – wohl keine zufällige Anspielung auf Sienkiewicz. Searle hat einige Stationen seiner Reise durch Europa und die Vereinigten Staaten zeichnerisch festgehalten, Hildesheimer hat die Texte dazu übertragen. Den Schluß bildet die Zeichnung eines engmaschigen Spinnennetzes (S. 128), dessen schwarze Fäden zuweilen nach System sortiert sind, zuweilen aber verknotet und verwirrt finstere und unentwirrbare Zentren bilden. Noch die Spinne bei der Arbeit und hängt an einem Faden unter ihrem Werk, das den Betrachter in sich hineinzuziehen scheint: »Gehen wir! Wohin?«[42]

Der Mann im *Nachtstück* sagt: »Ich bin ein Sammler, der den Sand unter den Füßen sammelt, während er geht. (Pause) Geht? (Leise) Wohin?« (S. 53); er fragt sich also, was er den Reflekteur der *Vergeblichen Aufzeichnungen* hätte fragen können, der im Jahr davor noch gesagt hatte: »Ich gehe.« Wie in den *Spielen, in denen es dunkel wird* zitiert der Mann Shakespeare: »Ja, es ist alles dasselbe« (S. 56); die Sehnsucht von Scholz-Babelhaus, Musiker oder Maler zu sein, hat dieser Mann nicht mehr, die Auswege sind versperrt: er hat sich als sein »eigener Gott« eine »Landschaft« aus Schlafmitteln aufgebaut, in der er sich verstecken will. Er unternimmt nichts gegen den Untergang der Welt oder gegen jene, die ihn beschleunigen; diese Nicht-Tat schließt einen Teil der Schuld am Untergang ein, allerdings den geringeren. Kurz vor Ende des Stücks sagt er über sich und sein Verhältnis zu Gott: »Er vergibt auch (gähnt) mir – obgleich ich gar nichts getan habe – (...) – ich habe nichts, – noch nicht einmal eine rechte Sünde – so wie Andere – (...) fähig war ich zu allem, aber getan habe ich nichts (...) Ich habe auch nicht viel gefragt – es gibt nämlich keine Antworten, – daher habe ich auch nicht viel gesagt« (S. 96). Er verweigert Taten, kann aber dem Widerspruch nicht entgehen: »wer schlafen will (...) der muß Nachwirkungen in Kauf nehmen. Schließlich (...) hat ja auch alles, was wir im Wachen tun, seine Nachwirkung (...) *und* seine Nebenwirkung« (S. 68).[43]

Um alle Zufälle – Nebenwirkungen wie Lattmann – auszuschalten, hat er eine Liste im Nachttisch, nach der er seine Sicherheitsvorkehrungen trifft: Haustür abschließen, Fensterläden zumachen, Licht im Bad löschen, Zimmertür verschließen und zuletzt, mit dem Revolver in der Hand, unter das Bett sehen – doch eben diese Routine ist das Dilemma: er erinnert sich nicht mehr, was er bereits erledigt hat, überprüft seine Überprüfungen, findet sich lächerlich, weil er noch niemals etwas vergessen hat, und beschließt, nicht nachzuprüfen, ob er die Haustür abgeschlossen habe. Als er aber nachprüft, ob er nachgeprüft habe, ob jemand hereingeschlichen sei, und, den Revolver in der Hand, unter das Bett sieht, schlüpft auf der anderen Seite der Einbrecher hervor.

Der Mann fesselt ihn mit einem Seil, das er für diesen Fall bereitgehalten hat, und fragt ihn, ob wenigstens er die Haustür abgeschlossen habe, was der Einbrecher lächerlich findet: »Es werden nicht zwei Einbrecher in einer Nacht kommen.« Der Mann aber, ohne zugehört zu haben, stellt ein Gesetz der Unwahrscheinlichkeit auf: »von allem war das, was eintraf, immer das Unwahrscheinlichste (...) bis man das Unwahrscheinliche erwartete und es dadurch zum Wahrscheinlichen wurde« (S. 65). Er hat den Einbrecher eingeplant: »Es wundert mich beinah, daß Sie jetzt erst gekommen sind« (S. 64). Er ist aber, wie Scholz-Babelhaus, enttäuscht: »Ich habe Sie ja seit meiner Kindheit erwartet (...) wenn ich auch gestehen muß, daß ich Sie mir größer vorgestellt habe – breiter und bedeutender (...) aber schließlich ist alles was eintrifft um eine Dimension geringer als man es sich vorgestellt hat« (S. 62).

Der Einbrecher ist die Katastrophe, die nicht unmittelbar zum Untergang führt, eine Demonstration dessen, wovor sich der Mann in sein Gefängnis zurückgezogen hat. Ausgerechnet ihm erzählt er seine Erlebnisse, die, wie er sagt, Fragen provozieren sollten. Der Einbrecher hält aber Antworten bereit: »In diesen Situationen muß man schießen.« Auf die Frage, ob er selbst denn geschossen *hätte*, sagt er: »Ich?! Ich habe nichts gegen Kardinäle« (S. 71). Er gehört zu den Mördern mit sensiblem Kern, schreit während der Erzählung von den Generalswitwen »Aufhören!« und beginnt, sich zu befreien. Als der Mann vom Gesang der Staatssekretäre »Freude schöner Götter Funken« erzählt, hat er seine Fesseln gelöst und beginnt laut mitzusingen, der Mann »fällt ein, in Verzweiflung«, und der gemeinsame Gesang wird zum Urbild absoluten Mißverstehens. Der Mann sagt: »Die Sprache der Eidechsen, ja, die spreche ich« (S. 97).

Den Totschläger in der Hand, lehnt der Einbrecher am Bettpfosten, kommentiert zuweilen oder antwortet, wenn der Mann ihn anspricht; doch der Mann will keine Antworten hören und nimmt nicht einmal mehr das Telefon ab: ihn rufe niemand mehr an, alle Anrufe seien Fehlverbindungen, und zwar mit Methode; er habe die Nummer 6068, und ein Teil der Anrufer wolle eine Orgelbaufirma mit der Nummer 6067, ein anderer Teil den Orthopäden

Doktor Alfried Söderbaum unter 6069, und diese zweite Gruppe der Anrufer gebe eine Kombination aus Zahlen und einem Buchstaben durch, jeden Tag fünf andere. Er habe damit experimentiert, habe wahllos Nummern angerufen, die notierten Zahlenkombinationen durchgegeben und gehört, wie die Angerufenen sie in größter Selbstverständlichkeit notierten. Wenn er eine selbsterfundene Kombination durchzugeben versucht habe, sei abgehängt worden. Jetzt notiere er die Zahlen nur noch, es sei »zu spät« für Experimente.

Die Schlafmittel wirken; der Einbrecher gibt telefonisch detaillierte Pläne zur Aufstellung einer Orgel durch: »(Er hängt ab, klopft die Wand ab, findet nichts, sieht sich im Raum um und gähnt laut und lang. Er wendet sich gähnend zum Mann, betrachtet ihn einen Augenblick, dann nimmt er vom Fußende des Bettes Thermosflasche und Butterbrotdose, setzt sich damit wieder aufs Bett, öffnet Dose und Flasche, entnimmt der Dose ein Butterbrot, schenkt sich aus der Flasche ein. Die Wanduhr schlägt elf) Elf Uhr. (Er überlegt einen Augenblick, dann legt er Butterbrot und Becher hin, nimmt den Telefonhörer ab und dreht eine – irgendeine – Nummer und nimmt den Schreibblock vom Nachttisch. Nach einer Pause) Ja bitte – notieren Sie: 3188-B-6, (Pause) 0242-C-7, (Pause) 9854-N-1, (Pause) 2653-H-8. (Pause) Nein, – es sind nur noch vier Zahlen. (Pause) Ja, nur noch vier, und bald werden es wahrscheinlich noch weniger. (Pause) Nein, kein Grund zur Besorgnis. Gute Nacht! (Er hängt ab) Kein Grund zur Besorgnis! (Er nimmt sein Butterbrot und beißt ab) Alles fließt, (er trinkt einen Schluck) alles läuft und rutscht, (er kaut) greift ineinander (er schluckt) und schiebt sich zurecht – (er lächelt breit) von ganz allein. (Er frühstückt in Ruhe)« (S. 101) – »Though this be madness, yet there is method in it« (*Hamlet*, II,2).[44]

Wieder läuft ein Mechanismus ab, dessen Korrektur, wie die *Verspätung* sagt, unmöglich ist, da er »von ganz allein« läuft. Der Künstler hat ausgedient, auch er geht »von ganz allein« zugrunde. Der Einbrecher braucht den Totschläger gar nicht, denn er ist ein einzelgängerischer Vorläufer der Häscher aus *Masante*, pars pro toto, eine Personalunion aus Handwerker und Vertreter, deren Berufe ineinandergreifen »wie Zähne« (*Die Uhren*): er rührt den Mann sowenig an wie die beiden Häscher die Ratte, ihre Gegenwart genügt.[45]

Der Einbrecher hat seine Mission erfüllt und hat sich von der

Unschädlichkeit dieses Mannes überzeugt: das System kann – »bald werden es wahrscheinlich noch weniger« – ungestört weiterlaufen. Vielleicht ist er aber doch nicht tot? Vielleicht könnte man ihm Günter Eichs *Träume* wünschen: »Wacht auf, denn eure Träume sind schlecht! / Bleibt wach, weil das Entsetzliche näher kommt (...) Nein, schlaft nicht, während die Ordner der Welt geschäftig sind! / Seid mißtrauisch gegen ihre Macht, die sie vorgeben für euch erwerben zu müssen! / Wacht darüber, daß eure Herzen nicht leer sind, wenn mit der Leere eurer Herzen gerechnet wird! / Tut das Unnütze, singt die Lieder, die man aus eurem Mund nicht erwartet! / Seid unbequem, seid Sand, nicht das Öl im Getriebe der Welt!« (Bd. II, S. 321 f.)[46]

Hildesheimers Figuren der frühen fünfziger Jahre haben diese Aufgabe noch nicht einmal wahrgenommen, die Figuren der späten fünfziger Jahre sind an ihr gescheitert, die Figuren der frühen sechziger Jahre haben ein »Indessen« versucht, wie der Reflekteur der *Vergeblichen Aufzeichnungen*: zuerst radikale Rezepte, dann Experimente trotz besseren Wissens. Der Mann im *Nachtstück* aber hat sich selbst schon beinahe ganz entfernt: er weiß, daß er beim Erwachen unverändert das vorfinden wird, was ihn in den Schlaf getrieben hat, daß er nach dem Ausbruch aus einem System in ein anderes System kommen wird und daß alle Systeme zum Untergang führen.

8 Die Prosabearbeitungen der sechziger Jahre

In den fünfziger Jahren hat Hildesheimer seine Prosabearbeitungen den *Lieblosen Legenden* und dem *Paradies der falschen Vögel* nachgeschickt, in den sechziger Jahren *Tynset* und *Masante* voraus: Bearbeitungen des *Tynset-Masante*-Komplexes, ausgeschiedene Episoden, Paralipomena, in ein anderes Medium transportiert; *Nachtstück* zählt allein deshalb nicht dazu, weil es noch keine wörtliche Übereinstimmung mit *Tynset* aufweist. So sind auch die Prosabearbeitungen der sechziger Jahre ausschließlich Hörspiele: *Monolog* (1964), *Es ist alles entdeckt* (1965, zeitlich und inhaltlich am nächsten) und *Maxine* (1969).[47]

In *Nachtstück* hat Hildesheimer die Flucht in den – geplanten? – Suizid immerhin angedeutet, in *Tynset* ist sie verworfen: der Teufelskreis aus Erinnerung und Gegenmittel hat sich noch enger geschlossen, Entrinnen ist nur noch durch das Loch in der Milchstraße möglich, der Reflekteur sucht das Nichts, die Summe aller Sehnsüchte der Figuren seit *Der schiefe Turm von Pisa*. *Monolog* ist die vorletzte Überprüfung der Gründe des endgültigen Rückzugs, *Tynset* die letzte – *Masante* ist ein anderer Fall –, nachdem schon seit der depressiven Phase die Entwicklung auf zunehmende Monologisierung wies. Mann und Einbrecher in *Nachtstück* waren ja bereits keine Dialog-, sondern Monologpartner, am Schluß steht die beinahe sprachlose Küchenszene mit Celestina, denn selbst die Dialoge der Telefonepisode in *Tynset* sind erinnert. Im Gespräch mit Matthias Burri hat Hildesheimer erklärt: »es war tatsächlich noch ein Telefonanruf, aus dem habe ich ein Hörspiel gemacht. ›Monolog‹ heisst es, und da sind auch tatsächlich einige Seiten aus ›Tynset‹ drin. Die beiden Helgas, die da vorkommen, die waren zunächst im Buch. Und dann habe ich gemerkt, das passt nicht. In dieses Buch passt kein Dialog« (S. 145).

In *Monolog* stellt das Telefon, bereits in *Nachtstück* Requisit reduzierter Kommunikation, die einzige Verbindung zur Außenwelt her, ist aber kein Instrument geheimnisvoller Systeme mehr, dieses Geheimnis wird gelüftet, was dem Mann in *Nachtstück* allerdings wenig geholfen hätte. »Trost« evangelisch: »er will nicht, daß du verzweifelst. Er weiß, daß du dich meistern, daß du dein Mißgeschick bekämpfen kannst, wenn du den guten Willen hast. Daß du dich selbst besiegen kannst, daß daher kein Grund zur Verzweiflung besteht« (S. 88); und »Trost« katholisch erklärt »die Verzweiflung zu einer Todsünde« (S. 89). Der Reflekteur kommentiert: »Jüdischen Trost und Zuspruch scheint es nicht zu geben, vielleicht brauchen Juden keinen Trost und keinen Zuspruch. Oder es gibt keine Juden mehr, das ist es wohl, oder zumindest nicht genug, daß Trost und Zuspruch sich auszahle« (S. 121).

Die Auseinandersetzung mit dem nationalsozialistischen Terror findet hier zum ersten Mal zu jenem klaren und harten Ausdruck, den Hildesheimer seinen Reflekteuren seitdem verliehen hat und den er selbst – man denke auch an das Statement über Antisemitismus im Jahr vor *Monolog* – in seiner Rede *Von der Herrlichkeit, widerlegt zu werden* gebraucht hat. Er beschreibt die Fortdauer des braunen Faschismus, bestätigt also *Das Ende kommt nie*; gleichzeitig zeigt er, daß Faschismus auch alle anderen Färbungen haben kann: aus den Schändern der Menschheit gehen die Schänder der Natur hervor, nahtlos, die Rezepte zur Behandlung der Allgemeinheit werden endgültig verabschiedet: eine stereotype Tonbandstimme rät zu Zutaten wie »Semmelmehl«, »Kartoffelmehl«, »saurer Rahm« und »Yoghurt«, um eine »Masse« herzustellen, die man zu »faustgroßen Klößen« formen soll (S. 91) – der *Brei auf unserem Herd* ist verdorben, die Menschheit unbelehrbar, die Zukunft gewiß: »Das Fallende trägt den Sieg davon« (S. 84). Der Kommentar zum Straßenzustandsbericht: »das sind Geschehen über mir, die ich mir gefallen lasse. Da hat keiner seine Hand im Spiel. Von dieser Art ist mir alles willkommen« (S. 86), und: »Das ist das Beste: Lawinenbulletin. Das klingt nach einem Programm von Katastrophen« (S. 87). Die Chancen, dieses Programm aufzuhalten, wiegt Martin ab, ein Reflekteur, der noch einmal einen Namen bekommen hat – von *Unter der Erde* bis zu Hildesheimers Ende des Schreibens tragen die Reflekteure keine Namen mehr: Martin steht seinem Autor vermutlich sehr nahe.

Gleich zu Beginn liegt er im Bett, im »letzten Hafen des Versagers«, wie Scholz-Babelhaus gesagt hat, fühlt sich altern und beschreibt das mit nahezu identischen Wendungen wie der Reflekteur *Tynsets*; hier enden die Zeitangaben allerdings kurz nach zwölf Uhr: die Entscheidung ist gefallen. Erinnerungen ziehen vorbei, bei weitem keine so entsetzlichen wie in *Nachtstück*: »so ein Tag im späten Herbst, Oktober, wenn der Oktober vor Dunst schon novembrig wird und im Nebel die Möwen lauter schreien«, ein Tag und ein Wetter, wie sie genauso in *Tynset* beschrieben werden: »ein weißer Dampfer«, »eine Rostrinne«: »ich bin im Bild, und ich betrachte es mir von außen, ich bin allein, und ich bin zu zweit (...) Eine weibliche Stimme ruft mir etwas zu, obgleich ihre Trägerin neben mir ist, aber es weht ein Wind, er weht ihre Worte fort, er weht durch ihr Haar, es ist blond« (S. 76f.). Diese Frau, die in *Tynset* und *Masante* Niki oder Vanessa heißt, gewinnt in *Monolog* deutliche Konturen und zeigt, weshalb der *Tynset*-Reflekteur, der sich ja an Entlegenstes erinnert, die Erinnerung an sie verdrängt hat.

Helga ruft an – die Nummer, mit der Martin sich meldet, ist

übrigens Hildesheimers Telefonnummer – und berichtet Details ihrer Beziehung vor ungefähr neun Jahren, nennt Namen und Orte, die in ihm keine Erinnerung wecken: »Gewiß, ich sehe Bilder vor mir, aber ich bin nicht darinnen« (S. 96). Die Bilder bedrängen ihn, der Ehebruch, den Helga mit ihm begangen hat, die verlassenen Kinder, der verzweifelte Ehemann, die Konversion nach schwerer Krankheit: »Und doch muß ich es gewesen sein, der dritte Partner in diesem widerlichen Gesellschaftsspiel« (S. 98).

Gesellschaftsspiele beherrscht er wie Florian Geyer, und ebenso treffsicher sagt er die nächsten Klischees vor sich hin, noch ehe Helga sie ausspricht, aber sie quälen ihn wie den Mann in *Nachtstück* die Erinnerungen. Zuerst hält er nur für möglich, zuletzt ist er sogar überzeugt, daß er in diesem Spiel mitgespielt hat, hatte er sich doch zurückgezogen, um sich nie mehr zu beteiligen, um nie wieder schuldig werden zu können. Er hatte alles verdrängt und hat sich bereits restlos unschuldig gefühlt, bis zum Anruf Helgas: »Nein. Nein, diese Strafe kommt zu spät, sie ist unverdient (...) Nichts ist unverdient außer dem Leben, das hat keiner verdient« (S. 99). Schwere Ironie: ausgerechnet Helga, die wieder zu ihm zurückkehren und alles von vorn beginnen will, sagt: »es ist ja eigentlich alles das gleiche« (S. 105).

Martin weiß, daß er schuldig geworden ist: »Aber ich – habe ich all dies noch nicht gebüßt? Ist es denn nicht verjährt? Ich, der Partner! Ich habe dies alles vergessen, ich habe einen Berg weggedrängt, habe ihn geebnet, und nun türmt er sich plötzlich vor mir auf, und ich erkenne ihn nicht wieder« (S. 99). Er hängt ein.

Auf eine der zahlreichen Umfragen, die zu dieser Zeit wegen der Verlängerung der Verjährungsfrist für Naziverbrechen stattgefunden haben, hat Hildesheimer geantwortet:

Das Verjähren dieser Gesetze am 8. Mai 1965 ist eine Schande – ich kann es noch gar nicht glauben, bis es soweit ist –, und ich bin fest überzeugt, daß es sich bitter rächen wird. Denn es ist noch gar nicht abzusehen, wer da aus seinem Schlupfloch wieder hervorkommt. Es wird sich herausstellen, daß es noch unzählige kleine und große Eichmänner und Eiseles gibt. Aber dann ist es zu spät.

Das sind jene, die schuldig bleiben. In der Antwort auf eine andere Umfrage erweiterte Hildesheimer den Kreis der endgültig Schuldigen: »Ein Mörder wird nicht dadurch unschuldig, daß seine Tat 20 Jahre zurückliegt. Ich finde die Verjährung der Straffrist für

Mord in *jedem* Falle unverständlich, welcher Art Mord es auch sei.«[48]

Ob geringere Schuld leichter zu büßen und ab welchem Ausmaß Sühne nicht mehr möglich ist, sagt Hildesheimer nicht explizit, diskutiert das aber immer wieder in seinen Werken: seine frühen Figuren hielten jene, die sich ihnen in den Weg stellen wollten, für selbst schuld und ihre eigene Härte für entschuldigt, allen voran Eduard Merlin. Die erste Figur, die das Verhältnis von Schuld und Sühne zu bestimmen versuchte, war Helena: es ist gewiß kein Zufall, daß *Monolog* mit der letzten Hörspielfassung von *Das Opfer Helena* zu einem Buch zusammengebunden worden ist, mit der Fassung von 1965, in der Helena eindeutig sagt: »ich war mitschuldig geworden.« Mit den Reflekteuren, die sich mit Hamlet identifizieren, war die Frage nach Schuld und Sühne, Schuldigkeit, Tat und Untat endgültig in den Vordergrund gerückt; der Reflekteur der *Schläferung* hält ja Mary Stuarts Vergehen für gesühnt – immerhin Morde –, sie selbst allerdings nicht für schuldlos; von seiner Unschuld überzeugt ist erst der Reflekteur *Tynsets*.

Martin aber glaubt, einen nicht unbeträchtlichen Teil Schuld an dem Entsetzlichen zu haben, das Helga vor ihm ausbreitet, wehrt sich jedoch zunehmend entschiedener gegen sein Schuldgefühl und sieht seine Sühne, wie Hildesheimer jene Mary Stuarts, in der Art, wie er die Konsequenzen trägt – so konnte schon Verena in *Der schiefe Turm von Pisa* der Verhaftung entgehen. Wieder mit sich allein, versucht er, seine Rolle in diesem Spiel zu finden, und ist zuletzt überzeugt, daß er das nicht gewesen sein *kann*. Er will Helga anrufen, um »den reinen Tisch«, den sie ihm »zuschieben wollte, zurückschieben« zu können (S. 114), stellt allerdings fest, daß er zwar mit einer Helga spricht, sogar der Nachname stimmt – Voss –, und daß sie tatsächlich die Helga seiner Erinnerungen an Somerset, das Labyrinth der Villa Barbarigo und Venedig ist, nicht aber die Helga des ersten Anrufs. Diese Helga sagt gleich zu Beginn: »Ich bin es, ja. Aber eben eine andere als die Helga vor zwölf Jahren« (S. 115). Er ist erleichtert: »Ich bin wieder einmal Instrument einer Tragödie geworden, ein unheilvolles Requisit« – so wie Helena – »Aber ich, ich habe das üble Spiel nicht gespielt« – anders als Helena, die zu Martins Einsicht niemals kommen könnte: »Keine Erinnerung tragen: die einzige Sicherheit, daß ich auch keine Schuld trage« (S. 116f.).

Er beschließt: »Die Erinnerung tilgen, und damit jeden Makel«

(S. 118), und streitet selbst das ab, was er mit Helga – Helga II – tatsächlich erlebt hat: kein Somerset, keine Villa Barbarigo, kein Venedig; daß er ihre Haarfarbe nicht mehr erinnern kann, wertet er erleichtert als Indiz erfolgreicher Verdrängungsarbeit. Sorge macht ihm allerdings, ob er ihr geschadet habe, als er sie plötzlich verlassen hatte, und er sagt zu sich selbst: »Einer, der das Handwerk nicht meistert, für den es keinen goldenen, sondern überhaupt keinen Boden hat – einer, dem sich der Halt entzieht, der die Dinge nicht in den Griff bekommt, der fällt, wo andere klettern, sollte nicht einen anderen mit hinabziehen« (S. 119). Er ist beruhigt, als Helga ihm die Stelle eines Liebhabers anbietet und sagt, sie könne sich nicht mehr erinnern, ob sie ihn damals überhaupt gern gehabt habe. Sie hängt ein.

»Verdamme Bindungen! Segne Lockerungen!« zitiert Martin (und zwar falsch), wie der Reflekteur *Tynsets*. Er kehrt zu seiner ursprünglichen Beschäftigung zurück und wählt unverbindliche Nummern, den Straßenzustandsbericht, das Lawinenbulletin und die gesperrten Pässe, doch in seiner Phantasie fährt er den Weg des *Tynset*-Reflekteurs voran: »ich durchstoße die Nacht, schwebend, ich fahre, aufwärts, immer aufwärts, den Sternen entgegen, dorthin, wo das Loch in der Milchstraße ist, ich fahre durch das Loch, dorthin, wo nichts mehr ist« (S. 122).

Martin gehört nicht zu den Handwerkern oder Vertretern, er hat nichts gemein mit Leuten, die das Leben auf Kosten anderer meistern, aber er gehört noch nicht zu denen, die die Kosten anderer bezahlen, wie der Reflekteur *Tynsets*. Er hat seinen Rückzug abgeschlossen, erfindet sich keinen Guricht mehr, an dem er zugrunde gehen könnte, sondern versucht, mit den letzten Erinnerungen auch das zu löschen, was dem Mann in *Nachtstück* Grund des Entsetzens war. Er hat ein neues Rezept: absolute Tatenlosigkeit, in Zukunft ohnehin, in der Gegenwart auch, möglichst aber auch in der Vergangenheit. Er möchte selbst die kleinsten Makel tilgen – größere Schuld hat er nicht auf sich geladen –, und der Hinweis auf sein Judentum weist in die Richtung derer, die untilgbare Schuld haben: sie werden nie taten- oder gar schuldlos sein, auch in Zukunft nicht; sie werden wie Helga I noch einmal von vorn anfangen, unbelehrbar; sie und ihre Nachfolger werden schuld daran sein, daß das »Fallende« den Sieg davonträgt und das »Programm von Katastrophen« so zwangsläufig eintrifft wie die Klischees von Helga I.

Mit *Es ist alles entdeckt* (1965) hat Hildesheimer eine Collage aus
Passagen *Tynsets* gemacht: kein Text, der nicht auch dort zu finden
wäre. Wieder beginnt das Stück mit den Vorbereitungen des
Schlafs – »Es ist spät. Ich will versuchen zu schlafen« (S. 1) –,
endet aber schon vor Mitternacht, zu der Zeit, zu der *Monolog*
beginnt: »Elf Uhr. Jetzt – jetzt werde ich alt« (S. 19). Die erinnerten Dialoge aus *Tynset* bleiben zwar Erinnerung, rücken allerdings – sie werden mit verteilten Rollen gesprochen – in größere
Nähe. Entscheidend ist jedoch die Auswahl des Materials: die Telefonepisode, die in dieser Form, so ausschließlich vorgetragen,
eine andere Qualität als in *Tynset* bekommt.

Der Reflekteur trägt keine Schuld mehr, seine Verdrängungsmechanismen haben funktioniert, er hat Martins Distanz von
Anfang an. Jetzt erst kann er sich als Beobachter und Registra-
teur mit der Vergangenheit der wahrhaft Schuldigen befassen,
mit den entsetzlichen Verbrechen, an denen er selten als Opfer,
aber stets als potentiell Verfolgter beteiligt war – allerdings auch
nicht als Verhinderer, und die Auseinandersetzung mit diesem
Vorwurf sollte bis Mitte der siebziger Jahre, bis *Hauskauf*, immer schärfer werden; in den letzten Hörspielen hat Hildesheimer diese Frage endgültig erledigt. Helenas Schuld oder jene,
die Martin beim Anruf von Helga I befürchtet hat, nämlich
durch ein Leben nach persönlichen Bedürfnissen widerstands-
loses oder unabsichtliches Requisit entsetzlicher Taten geworden zu sein, ist verschwindend klein, gemessen an der Schuld
derer, die sich dieser Requisiten bedient haben: der Reflekteur –
wieder weist er auf sein Judentum hin – ist zum Ankläger geworden.

Wie in *Tynset* erinnert er sich, daß er nachts Leute angerufen
und gefragt hatte, ob sie sich schuldig fühlen, und alle waren
schuldig und sind geflüchtet, wahllos oder gezielt angerufen, und
keiner hat geantwortet, was er selbst in aller Gelassenheit »jedermann« und »auch dem Fremdesten« geantwortet hätte: »nein«
und noch einmal »nein, ich nicht« (S. 5). Das war wieder ein Rezept zur Beseitigung der Schuldigen, diesmal unternommen von
einem, der seinen Glauben in behördliche Unterstützung vollkommen verloren hat. Er hat sie alle fortgejagt, bis auf Kabasta,
der, wie gesagt, derselbe geblieben ist: Handwerker haben das

Telefon überprüft, das danach anders ausgesehen hat; der Reflekteur ist ins Ausland geflüchtet.

Er mag aber in seiner Trauer und Empörung etwas von seinem sonst so scharfen Differenzierungsvermögen eingebüßt haben, denn er kann nicht besten Gewissens gewiß sein, tatsächlich nur Schuldige erreicht zu haben. Vielleicht hat er jemanden angerufen, wie Helga I in *Monolog* Martin, jemanden, der so geringe Schuld hat wie er? Vielleicht hat er, ohne es zu wissen, einen bestraft, der ebenso gesühnt und »einen Berg weggedrängt« hat, der sich plötzlich wieder vor ihm aufbaut und zur Flucht veranlaßt? Vielleicht hätte auch einer der Angerufenen den »reinen Tisch« zurückschieben wollen, konnte aber ebensowenig wissen, wer ihn angerufen hat? Der Reflekteur hat sich selbst zum Richter ernannt, hat aber nicht die Skrupel eines Richters. Vielleicht – und allein die Möglichkeit sollte ihn, der ansonsten jede Möglichkeit wägt, ebenso entsetzt haben wie der Gedanke, ins Spiel von Helga I verwickelt zu sein –, vielleicht hat er diesmal tatsächlich ein fürchterliches Spiel getrieben: ihm, dem Verfolgten, könnte jemand zum Opfer gefallen sein.

Denn er hat sich nicht um die Art der Schuld gekümmert, wundert sich allerdings, daß nach seinem Anruf beim Nachbarn, dem wieder eine Flucht gefolgt war, der Schrei »Artur! Artur!« durchs Haus gellte, beruhigt sich aber damit, das müsse ein »parallel laufendes Geschehen« gewesen sein, da sein Nachbar nicht Artur geheißen habe; er läßt sich also nicht einmal durch dieses Ereignis, das er immerhin für erzählenswert hält, zu weiterreichenden Spekulationen anregen: dabei wäre zwar unwahrscheinlich, aber nicht unmöglich gewesen, daß er Helga I angerufen und entscheidend in eines jener Gesellschaftsspiele eingegriffen hat, vor denen er sich zurückziehen wollte; schließlich erwähnt er auch diesmal die telefonische »Wettervorhersage«, die ein »Panorama von Möglichkeiten« aufreißt. Woher weiß er, daß *alle*, die er angerufen hat, so schuldig wie Kabasta waren? Vielleicht – es wäre möglich! – haben gerade sie einen Schlag gegen Kabasta vorbereitet und glaubten sich nach dem Anruf, entsetzt wie der Reflekteur selbst, entdeckt und fürchterlicher Verfolgung gewiß.[49]

Man mag einem zutiefst Betroffenen nicht nachrechnen, daß er in der Doppelrolle des Richters und Vollstreckers manches übersehen haben könnte; zudem hat er seine Verdrängung kalkuliert, um sich Ungeheuern wie Kabasta überhaupt nähern zu können. Allerdings: sein Schluß von der eigenen Schuldlosigkeit auf die Schuld anderer ist nicht zwingend, eine Lücke bleibt, ein verzweifeltes ›ich begehre, nicht schuld daran zu sein‹, nicht nur nicht an Kriegen, sondern an allem Entsetzlichen nicht. Und so mag man nicht stärker einschränken als er selbst, wenn er wie in *Tynset* sagt: »Ich bin ohne Schuld – besser vielleicht, vorsichtiger gesagt: ohne wesentliche Schuld –, daher auch ohne Pflicht. Ich habe nichts gutzumachen, nichts reinzuwaschen, jedenfalls wüßte ich nicht was. Niemand hat, soweit ich weiß, durch mich gelitten« (S. 16).

Maxine

Zwei Jahre vor Erscheinen von *Zeiten in Cornwall* und vier Jahre vor *Masante*, also im Jahr 1969, in dem *Masante* als *Meona* hätte erscheinen sollen, ist *Maxine* gesendet worden, laut Untertitel ein »Hörspiel«, doch ebensogut könnte man von einer »Funkerzählung« sprechen wie bei *Es ist alles entdeckt*. Das ausgesprochen umfangreiche Stück – viermal so lang wie *Es ist alles entdeckt* – verläuft in drei Abschnitten, die alle von den Reflexionen des Monologisierenden begleitet und umrahmt werden: den längsten Dialog führt er mit Maxine, wie in *Masante* Wirtin der Wüstenbar »La dernière Chance«; einen kürzeren Dialog mit Maxines Mann, dem Wirt Alain; den letzten und sehr kurzen Dialog mit einem anderen Gast, über den Maxine zuvor gesprochen hatte. Alle drei Dialoge beleuchten, aus unterschiedlichen Perspektiven, Maxine, die Hauptfigur.

Manche Themen *Masantes* sind völlig ausgeklammert oder waren damals noch nicht angeschlagen: die Häscher-Thematik, die Rückbeziehung auf Cal Masante, den Wohnort des *Masante*-Reflekteurs, die Namenstage, Kalenderblätter und andere mehr. Andererseits zeigen einige Passagen, auf welche Weise *Zeiten in Cornwall* aus dem *Tynset-Masante*-Komplex herausgelöst worden ist, vor allem jene, in denen Maxine über Anthony spricht, den Freund des *Cornwall*-Reflekteurs.

In *Zeiten in Cornwall* setzt der Reflekteur unvermittelt ein: »Maxine sagt: ›Einmal hatte Anthony den Auftrag, ein Buch zu illustrieren, ich weiß nicht, was es war, es kam ein Löwe darin vor, dem ein Fisch einen Gänseknochen aus der Kehle zieht, oder vielleicht auch ein Fuchs, dem ein Kranich eine Fischgräte aus den

Zähnen zieht, vielleicht war es auch der Fisch, dem ein Fuchs einen Löwenknochen aus dem Hals zieht, jedenfalls war es etwas, das nicht sehr oft vorkommt – ja, ich erinnere mich, es waren die Fabeln von Lafontaine, das war es, Anthony sagte, einen Fuchs könne man heute nicht mehr zeichnen, einen Löwen erst recht nicht, es sei eine Beleidigung des Löwen, der immer für alles herhalten müsse« (S. 54).

Der Leser der *Zeiten in Cornwall* konnte zum Zeitpunkt ihres Erscheinens noch nicht wissen, wer Maxine ist, es sei denn, er hätte die Paralipomena *Texte aus Masante* oder *Cal Masante* (beide 1969) gelesen oder eben das Hörspiel *Maxine* gehört, denn gedruckt wurde es erst knapp zwanzig Jahre nach seiner Ursendung. Maxine fragt den Reflekteur, woher er komme: »Von Berchtesgaden und Göteborg und vom Trasimenischen See und aus Fulda. Auch aus Wien und aus dem Weserland« – in *Tynset* wohnen die Opfer des Naziterrors in Wien und im Weserland – »Und was sind Sie?« – »Vieles. – Maler« – »Anthony war Maler. Ein sehr guter Maler. Aber er malte nicht« – »Ich auch nicht. Es gibt nichts zu malen« – »Er sagte, es gäbe nichts zu malen. Er stand vor einer leeren Leinwand, oder er saß vor einem leeren Blatt Papier. Er hatte recht, es gibt nichts zu malen. Aber damals war er der einzige, der das wußte« – »Er war eben seiner Zeit voraus« – »Ich erinnere mich – er hatte den Auftrag, ein Buch zu illustrieren – ich weiß nicht, was es war, Pascal oder Plato oder so etwas – ein Fuchs kam darin vor« – »Lafontaine. Die Fabeln. Die werden alle fünf Jahre wieder neu illustriert« (S. 336). Daß sich Hildesheimer mit Anthony wohl zu einem guten Stück identifiziert hat, zeigt schon dieser Dialog, und was er Maxine danach über Anthony sagen läßt, trägt Züge eines Selbstporträts (S. 336f.):

Er sagte, einen Fuchs könne man heute nicht mehr zeichnen, es sei eine Beleidigung des Fuchses – aber er saß doch acht Monate vor dem weißen Papier und wagte den ersten Strich nicht, jede Woche habe ich das Papier abgestaubt. Einmal machte er einen Strich, es war spät in der Nacht, aber er war nicht gut, am Tag darauf hat er ihn wieder ausradiert. Später meinte er, der Strich sei doch nicht schlecht gewesen, er trauerte ihm nach. Dann legte er das Papier weg und saß vier Monate vor der leeren Tischplatte. Dann nahm er das Papier wieder vor, aber es war vergeblich, er machte einen Strich, aber der war nicht wie der erste. Er sagte, jetzt sei er befangen. Dann legte er alles weg und sah nur noch in die Zeitungen, die ich nach Hause brachte, ich bekam sie auf dem Markt, das Gemüse war darin eingewickelt, sie waren also alt. Und Anthony konnte auch kein Griechisch.

Aber er wußte alles, was geschah, und ahnte auch, was kommen würde, und es ist ja auch alles gekommen. *Trinkt.* Nein – nein – wahrhaftig, es gibt nichts zu malen – nichts allerdings *trinkt* es gibt ja auch sonst nichts zu tun – sonst hätte ich es ja getan –

Die Lafontaine-Anspielung lautet hier also völlig anders: Anthony soll nur einen Fuchs zeichnen, und der Fuchs ist es, der beleidigt wird. Dieser deutliche Hinweis auf den Fuchs geht in *Zeiten in Cornwall* durch die merkwürdigen Tierkombinationen und ihre Tätigkeiten nahezu unter; und gerade in *Zeiten in Cornwall* hat der Fuchs ja eine besondere Funktion, die in der Schilderung der Fuchsjagd deutlich wird: der Zweck ist Untergang, Ausrottung als Gesellschaftsspiel, und die Melancholie, die aus jener Leere kommt, die der erlegte Fuchs hinterlassen hat. Anthony hat Scheu, diese Leere mit einem Ersatz, den eine Zeichnung ja nur sein kann, auszufüllen, als ob er die Ausrottung aus Wiesen und Büschen auf dem Papier ungeschehen machen wollte oder könnte. Seine Zeichnung wäre, so betrachtet, bloße Ersatzhandlung, womöglich sogar Zustimmung zur Ausrottung.

Maxine und er bestätigen sich, daß es nichts zu tun gibt, das heißt, daß man nichts Entscheidendes tun *kann*, was, wie früher, mit der bekannten Shakespeare-Anlehnung zusammengeht: es ist »alles gleich« (S. 338). Der Reflekteur und Maxine sind so nahe verwandt wie der *Cornwall*-Reflekteur und Anthony. In *Maxine* bemüht sich der Reflekteur sogar bewußt, den letzten Abstand zu überbrücken, und übt Maxines Art des Erzählens. Damit hat Hildesheimer der Gegenspielerin seines Reflekteurs eine höhere Position eingeräumt als dem Reflekteur selbst. Gegen Schluß, als Maxine betrunken auf ihrem Bett liegt, läßt er ihn ihre Rolle und ihr Erzähl-Muster vollkommen übernehmen, erst gegen Schluß also läßt er ihn – in der Identifikation mit Maxine – hohe Qualität erreichen.

Bis dahin bekommt er etwas erzählt, und zwar besser, so will es das Stück, als er selbst erzählen könnte. Wie gut dieser Reflekteur aber erzählen kann, hatte er mit *Tynset* bewiesen. Seine Zurückhaltung in *Maxine* wirkt wie eine Geste des Überlassens: er räumt Maxine seinen Platz ein, ohne ihn vollständig verlassen zu können, um ihn zuletzt wieder einzunehmen. So klingt der Dialog mit Maxine wie ein Selbstgespräch mit verteilten Rollen, wie es dann, rund fünf Jahre später, in *Hauskauf* tatsächlich stattfindet. Vieles, was Maxine sagt, hätte auch er sagen können, und vieles von dem, was er sagt, hätte auch Maxine sagen können. Manches davon ist beim Transport der Anthony-Episode, wie sie das Hörspiel bringt, in die *Zeiten in Cornwall* ja tatsächlich anders zugeordnet worden. Die anderen Dialoge mit Maxine, mehr noch jene mit Alain, erscheinen dagegen weitgehend identisch in *Masante*. In *Masante* und in *Zeiten in Cornwall* hat aber der in *Maxine* zurückgenommene Reflekteur durch seine ausführlicheren monologisierenden Reflexionen weitaus mehr Profil.

Maxine spiegelt das »Man sollte indessen nichts unversucht lassen« der *Vergeblichen Aufzeichnungen* wider, jenen Schritt, der von *Tynset* zu *Masante* geführt hatte, vom Entschluß, nicht mehr aus dem Bett aufzustehen, zur Entscheidung, noch einmal aufzubrechen. Schon gleich zu Beginn des Hörspiels deutet der Reflekteur an, daß solche Reisen keine endgültige Flucht sein können, daß man sich also von einem Aufbruch nicht zuviel versprechen sollte, sondern daß man, wie auch Maxine sagt, »nichts tun« könne, also auch – die Entscheidung für die kleinere Schuld durch Nicht-Tat – nichts verhindern: »hielten wir die Erde noch für flach, so könnten wir auf einen letzten Schritt hoffen, den Himmel ein wenig anheben und, hinab von der Platte und hinaus, ein endgültiger und erlösender Fall« (S. 321). So aber gibt es weder Tat noch Flucht; die Bedrohungen, in *Maxine* nicht so greifbar wie in *Masante*, berühren sogar die Wüste, wo »selbst das häßliche Winterweiß schön« wird (S. 334), der frühe Winter und der frühe Tod. Der Reflekteur erschrickt über Maxines Weihnachtsbaum und stellt eine fürchterliche Sequenz auf: »Weihnachtsbaum – Hausmusik – eiserne Ordnung – Verhör und Folterung – Judenmord – –« (S. 334).

Das ist der Monologisierende aus den anderen Hörspielen der sechziger Jahre und aus *Tynset*, dem die Nacht zur besonderen Qual geworden ist, und noch nicht auch der Nachmittag, wie dem Reflekteur *Masantes*. Die Dialoge mit Maxine sind Versuche, die Nacht zu beginnen, nicht so allein zu sein wie in *Nachtstück* oder *Tynset*. Jetzt ist es der Reflekteur, der von außen kommt, aber er ist kein Einbrecher, obwohl der Anklang an die Kompetenz als Orgelbauer – die »Windorgel« – unüberhörbar ist und sogar Buxtehude, wie in *Nachtstück*, erwähnt wird (S. 350f.). Diesmal ist es Maxine, die einschläft, aber der Reflekteur versteht eben, anders als der Einbrecher, ihre Sprache: »Draußen ist es nun dunkel. Und heiß. Es flimmert nicht mehr wie am Tag, es beginnt zu drücken, das Angespeicherte breitet sich aus, ordnet sich zu Alpträumen, ich habe Angst vor der Nacht. Auch diese Schläferin hier macht mir angst, ihr Schlaf hat etwas Endgültiges, sie schläft sich ein, sie probt, damit es ihr eines Tages gelinge, nicht mehr zu erwachen« (S. 339).

Damit erklärt der Reflekteur auch die Motive seiner eigenen Schläferungen: Sterben zu lernen, um mit Horaz und Montaigne zu sprechen, den Tod zu proben und den Zustand der Unschuld wieder zu erreichen. »So, wie sie da liegt, wird sie einmal liegen, wenn dies alles vorbei ist. Wie eine, aus der jede Sünde entweicht, eine, die im Tod ihre Unschuld wiedergewinnt – erlöst« (S. 341). In der Projektion auf Maxine kann die Schuldfrage noch einmal gestellt und Schuld unumwunden zugegeben werden, wobei die areligiöse Erlösungshoffnung auf die Befreiung von Schuld zielt. Für sich selbst hatte der Reflekteur der vorhergehenden Stücke, wie gesagt, Schuld mit zunehmender Überzeugung dementiert, doch seine Interpretation der schlafenden Maxine gilt auch ihm selbst und verrät, vermutlich unbewußt, hinter seiner Verdrängung Schuldgefühl.

Maxine hat jene »Sünden« begangen, die der Reflekteur in *Monolog* weit von sich gewiesen hat. Sie hat ihrem Beichtvater ihre Sünde vorgeführt und ihn dann geheiratet, hat also etwas *getan*, wenn auch, nach Meinung des Reflekteurs, nichts Wesentliches. Ihr rechnet er nicht an, was ihn noch in *Monolog* bei sich selbst entsetzt haben würde. In diesem Punkt unterscheiden sich Maxine und Reflekteur doch, denn der Reflekteur sagt von sich, ihm sei »nicht gegeben zu handeln« (S. 346), das heißt, daß er keine Schuld trägt: »Ich war immer machtlos« (S. 344). Machtlos war Maxine zwar auch, aber gehandelt hat sie doch, und jetzt büßt sie ihre Tat mit Trunksucht, ähnlich wie der Mann in *Nachtstück* seine Nicht-Tat mit Tablettensucht, und beide büßen mit ihrer Einsamkeit.

Anders als in *Masante*, vor allem mit ganz anderer Begründung, stellt der Reflekteur, im Bewußtsein seiner Schuldlosigkeit, die Möglichkeit einer Wüstenwanderung ohne Wiederkehr dar, die Perspektiven einer Tat, die Maxine und Alain offenbar von allen ihren Gästen erwarten und die nach Maxines Aussage auch von allen Gästen begangen worden ist. In der Szene mit Alain überlegt er: »Soll ich ihm sagen, daß er sich in mir irrt? Daß es nicht meine Absicht ist, in der Wüste zu verdursten und auszutrocknen – ich

bin kein Märtyrer, brauche mir auch keine Buße aufzuerlegen (...)
Ruhe bedeutet ewige Ruhe.« Schließlich sagt er: »Ich gedachte
noch ein wenig im Angesicht der Wüste zu leben. Die Freiheit vor
mir« (S. 345).

Zu dieser Zeit hatte Hildesheimer demnach noch nicht beschlossen, seinen Reflekteur in die Wüste zu schicken. Man mag
sich fragen, ob der Reflekteur *Masantes* denn zum Märtyrer geworden ist: das wohl nicht, sondern er hat die Konsequenz gezogen und sich die Freiheit des Freitodes genommen. In *Tynset* hatte
er die Einsicht, daß alles gleich ist, geprüft und ist zu dem Resultat
gekommen, daß es gleich ist, ob er in seinem Bett liegenbleibt oder
auf Reisen geht. Im Bett muß er noch einmal Zweifel bekommen
haben, ob es irgendwo anders vielleicht nicht doch anders ist. In
Masante beseitigte er seine Zweifel und erhielt die unausweichliche Bestätigung. Seinen Entschluß zum endgültigen Gang in die
Wüste haben in *Masante* außerdem die üblen Vertreter der Welt
beeinflußt, die Täter und Häscher, die in *Maxine* noch nicht in
Erscheinung treten, wenngleich vermutet werden. In *Maxine*
bleibt ihm jedoch die Freiheit der Wahl: sich die letzte Freiheit zu
nehmen, oder, in der Gewißheit ihrer Nähe, »noch ein wenig« zu
leben.

Im Entschluß, *noch* weiterzuleben, kündigt sich das Ende bereits an, in dieser Formulierung spiegelt sich aber auch eine Nuance der früheren Werke: nach der Katastrophe weiterleben zu
können. Die Erde *ist* schon verwüstet, die entscheidenden Katastrophen *haben* bereits stattgefunden. Die allerletzte Katastrophe
bedeutet Befreiung von einem Leben, das bis auf wenige Bereiche
unerträglich geworden ist. Das endgültige Verschwinden des Reflekteurs in der Wüste ist demnach eine radikale Konsequenz,
wenn auch nicht radikaler allerdings, als es der Entschluß des *Tynset*-Reflekteurs war, im Bett liegenzubleiben: für beide gibt es
nichts mehr, was das Leben noch erträglich machen könnte. Doch
so aussichtslos sieht der Reflekteur in *Maxine* die Lage noch
nicht – oder: nicht mehr –, die Wüste, also die bisherigen Katastrophen, bedingt nicht den endgültigen Untergang. Noch kann man
umkehren, wie der Klavierzertrümmerer aus Maxines Erzählung,
der in *Masante* verschollen bleibt: »der polnische Klavierzertrümmerer, der vor ein paar Monaten in die Wüste gegangen ist, ist
wieder hier«, heißt es in *Maxine*, »er ist auferstanden« (S. 349).

Diese Rückkehr überrascht den Reflekteur: das Unwahrscheinliche ist, wieder einmal, eher als das Wahrscheinliche eingetroffen. In *Masante* wird die Möglichkeit der Rückkehr dann mit der gleichen, nahezu völligen, Gewißheit ausgeschlossen wie die Rückkehr des Reflekteurs selbst, der als Teil des Wirs in *Mozart* und *Marbot* aber, wider Erwarten wie der Klavierzertrümmerer, tatsächlich zurückgekehrt ist: »Es hat in den letzten Jahren immer weniger Dinge gegeben, über die ich mich gewundert habe. Aber jetzt scheine ich den Schritt in ein weiteres Gebiet zu tun, in dem das Unwahrscheinliche möglich, das Mögliche unwahrscheinlich, das Wahrscheinliche zur Gewißheit wird. Das Gewisse aber ist schon vorbei, abgetan« (S. 349).

In *Maxine* wird eine Umkehr vor dem drohenden Untergang der Welt noch für möglich gehalten. Man kann noch überlegen, ob man vorwärts oder rückwärts gehen möchte, und selbst jene können wieder zurückkehren, die schon einige Schritte Richtung Untergang getan haben. Die Rückkehr aus dem sicheren Verderben bedeutet Wiedergeburt. Diese Auferstehung, die der Reflekteur anspricht, hat nichts mit Religion zu tun, sie ist ihm vielleicht so unglaubwürdig und unwahrscheinlich wie die Auferstehung Jesu. Doch würde dann das Innehalten des Reflekteurs auf dem Weg ins endgültige Verderben, oder gar die Rückkehr, die dem Klavierzertrümmerer gelingt, die letzte mögliche Rettung bedeuten, nämlich eine Auferstehung, als der Untergang schon so gewiß und unabwendbar schien, daß er strenggenommen – das »Gewisse« – bereits stattgefunden hatte, »vorbei« gewesen war und »abgetan«.

Nachdem in *Maxine* aber »alles möglich« geworden ist und das Unwahrscheinliche eher eintrifft als das Wahrscheinliche, bleibt ein kleiner Rest Hoffnung; in *Masante* ist dieser letzte Rest zur Neige gegangen. Nach *Masante* hat sich Hildesheimer von der Beschäftigung mit der Gegenwart und der sogenannten jüngsten Vergangenheit abgekehrt, um nicht ständig mit der höchstwahrscheinlichen Zukunft konfrontiert zu werden: in dieser Hinsicht gab es »nichts zu tun«. Er wandte sich der Vergangenheit zu, gelangte zu *Mozart* und *Marbot*, ein erster Schritt dorthin aber führte zu *Mary Stuart*.

9 Mary Stuart

Mary Stuart, die sich der Schlafsuchende, besser: der Lebensmüde in *Schläferung* als eine der drei Wächterinnen seines Schlafes gewählt hat, gehört zu den Identifikationsfiguren, die Hildesheimer, wie Hamlet und Mozart, eine lange Wegstrecke begleitet haben. Das Theaterstück *Mary Stuart*, 1970 unter der Regie von Konrad Swinarski mit Maria Becker als Mary in Düsseldorf uraufgeführt, ist die Frucht jahrelanger Beschäftigung, denn spätestens vier Jahre nach *Schläferung*, also seit 1966, hat Hildesheimer sein Stück geplant: ein Jahr nach den ersten Hinweisen auf *Zeiten in Cornwall*, ein Jahr nach der Übersetzung von Shaws *Saint Joan* und natürlich ein Jahr nach Erscheinen *Tynsets*. *Mary Stuart*, so könnte man sagen, ist eine Ausgrenzung aus dem *Tynset-Masante*-Komplex und wurde, noch ehe *Zeiten in Cornwall* erschienen war, zum ersten Werk der (auto)biographischen Periode, wenn man von der dritten und letzten Vorstufe *Mozarts* absieht, die gerade im Jahr 1966 erschienen ist und eine Frage als Titel hat: *Wer war Mozart?* Im selben Jahr hat sich Hildesheimer gefragt: ›wer war Mary Stuart?‹, wie ein Notat vom Oktober zeigt:[50]

Mary ist im Entschwinden. Je mehr wir uns mit einer geschichtlichen Figur zu befassen suchen, desto nebelhafter wird sie, unschärfer, verwischter, und wenn wir alles erfahrbare über sie erfahren haben, dann ist sie entschwunden, hat sich aufgelöst wie der Geist von Hamlets Vater. Je sicherer ihre Existenz mit Daten festgesteckt ist, desto unsicherer wird alles Zusätzliche, gewiss da steht dann das Skelett der Figur, wir sehen sie in der Geschichte stehen und müssen wohl oder übel daran glauben, aber an dieses Skelett klatscht ein jeder Historiker anderes Fleisch, Versionen, die nichts anderes sind als Fantasie, abgestimmt auf das Rezeptionsvermögen, jeder behandelt sein Objekt im Rahmen seiner Möglichkeiten (...) Geschichte kann Strömungen bestimmen, dort wo sie Kollektives behandelt, mag sie Wahrheit enthalten – aber Biographie ist Imagination, passive Fantasie. Betrachte ich mir diese Mary Stuart, oder vielmehr wälze ich das im Gewühl meiner Gedanken herum, was ich weiss, wobei ich erst einmal die Fakten vergessen muss, die ich gelernt habe, Schule und Schiller, schottische und englische, katholische und protestantische Versionen gegeneinander abwäge, was bleibt? Eine Erscheinung wie ein prähistorischer Geist, eine gute Fee und ein Dämon, alles hebt einander auf. Würde ich es selbst wagen, von meiner Erkenntnis zu sprechen, so würde ich sagen, dass sie farblos war, aber ich wage es nicht. Sie hat im Dreck geschlafen, sie hat ihre Hinrichtung grossartig gespielt, all dies Dinge, die nicht mit dem zu erklären sind, was wir ›Fassung‹ nennen würden. Drogen gab es damals noch nicht. Wie sah es in ihrem Innern aus? Nichts spiegelt es wieder. Ihre Handschrift gibt nichts wieder, ihr Gesicht – wenn es überhaupt ihr Gesicht war – auch nicht. Und was könnte zwischen Zeilen von Briefen zu lesen sein, in denen eine verhasste Feindin ›geliebte Schwester‹ tituliert wird.

Tynset streift Hildesheimer in dieser Tagebuchnotiz mit der Erwähnung von Hamlets Vater; die Überlegungen über die Aussagefähigkeit historischer Fakten, der Inhalte von Briefen, Deutungen der Schrift- oder Gesichtszüge aber weisen über den *Tynset-Masante*-Komplex hinaus und sind fundamental für Hildesheimers Auseinandersetzung mit historischen Figuren: so hat er die Fremdheit Mozarts, Dürers (1971, knapp einen Monat nach der Uraufführung des Stückes), Büchners (1966, also zur Zeit der zitierten Tagebuchnotiz) und Bachs (1985) dargestellt, und so hat er sich nach Fertigstellung des Stückes in seinen *Anmerkungen zu einer historischen Szene*, die übrigens passagenweise nahezu wörtlich in *Mozart* erscheinen, noch einmal zur Unfaßbarkeit der Gestalt Mary Stuarts geäußert. *Mary Stuart* und die Hörspielfassung *Mary auf dem Block* sind, mitten im *Tynset-Masante*-Komplex, Ausdruck jener Hinwendung zur Historie, die zu *Mozart* und *Marbot* geführt hat.

In *Zeiten in Cornwall* prüft Hildesheimer seine Überzeugung von der Unüberbrückbarkeit der Kluft zwischen Ich und Historie an der eigenen Vergangenheit: die Bedingungen sind denkbar günstig, wenn auch vielleicht nicht so günstig wie bei *Marbot*, denn die Autobiographie, sofern sie ehrlich ist, erfindet nichts. Doch nicht einmal die eigene Person läßt sich wiederherstellen: die Suche nach der eigenen Vergangenheit bleibt immer, auch in *Zeiten in Cornwall*, ständiges Messen an der eigenen Gegenwart. Nur im Verhältnis zum gegenwärtigen Ich läßt sich Vergangenheit darstellen oder, besser, *nicht* darstellen, denn dargestellt wird ein *Verhältnis*.

Wäre *Masante* bereits 1969 erschienen, wäre die innere Logik der Folge aller Werke Hildesheimers mit jener Konsequenz bewahrt geblieben, die sie sonst überall auszeichnet. Der Reflekteur *Tynsets* hatte sein Sterben gelernt und hätte, endgültig zurückgezogen, mit Fassung seinen Tod erwartet; der Reflekteur *Masantes* hatte weniger Zeit, als ob er etwas nachzuholen hätte, und ging dem Tod entgegen, den er dann auch fand: *Masante* war, wie gesagt, eine Verspätung.[51]

Zwei Jahre vor der Uraufführung *Mary Stuarts* hatte Hildesheimer beschlossen, wie er 1968 im Gespräch mit Walter Jens gesagt hat, sich »auch mit Mary zu identifizieren« (S. 92). Identifikation ist nie vollkommen; nie aber scheint zufällig, welche Grundzüge ein Autor seiner Figur mitgibt, wo er sie abstoßend oder anziehend gestaltet; und wenn sich in der Gestaltung einer ganzen Reihe unterschiedlicher Figuren Übereinstimmung herstellt, kann der Autor selbst nicht allzuweit sein. Die Frage nach dem Autor hinter seinen Figuren ist übrigens ein Teil der Frage nach dem Künstler hinter dem Kunstwerk, für Marbot die zentrale Frage der Kunstbetrachtung überhaupt.[52]

Vermutlich hat die Gesprächssituation – Hildesheimer und Jens haben ihr Gespräch vor der Fernseh-Kamera geführt – zu diesem Satz (sich »auch mit Mary zu identifizieren«) manches beigetragen, und Hildesheimer hätte sein Gespräch vielleicht mit ähnlichen Worten vom Druck zurückziehen können wie Max Frisch das seine: »Die Abschrift des gesprochenen Textes hat mir gezeigt, was nicht anders zu erwarten war: daß ein gesprochener Text sich nicht ohne weiteres für den Druck eignet. Die Formulierungen meines Standpunktes sind mir doch zu unpräzise.«[53]

Denn Hildesheimer sagt über Mary: »Du kannst sie nicht so darstellen, wie sie wirklich gewesen ist (. . .) In Wirklichkeit war sie todlangweilig« (S. 92). Damit wagt er also doch, was er laut seiner Tagebuchnotiz zwei Jahre zuvor nicht wollte, geht sogar darüber hinaus und sagt statt »farblos« »todlangweilig«. Auffälliger aber ist, daß er offenbar ein sehr genaues Bild von der »Wirklichkeit« Mary Stuarts besitzt oder zumindest zu diesem Zeitpunkt besaß, so daß man auch die Tagebuchnotiz über das Verblassen einer historischen Figur bei zunehmender Beschäftigung mit ihr sehr vorsichtig werten muß: würde dieser Prozeß konsequent zu Ende laufen, hätte die Gestalt Mary Stuarts nach den zwei Jahren, die zwischen Tagebuchnotiz und Gespräch mit Walter Jens liegen, noch unschärfer erscheinen, wenn nicht gar vollkommen entschwunden sein müssen.

Hildesheimer problematisiert in diesem Gespräch nicht, wie sonst immer und überall, den Terminus »Wirklichkeit«, sondern, so könnte man aus seiner Formulierung lesen, stellt Marys »Wirklichkeit«, wie er sie durchaus sieht, nur deshalb nicht dar, weil das ein langweiliges Stück geben würde. In den *Anmerkungen* hat er sich dann präzise zur Ferne aller historischen Figuren ausgesprochen, vor allem wenn sie vor dem 19. Jahrhundert gelebt haben, da sie selbst sich nicht mit psychologischen Kategorien analysiert hätten; Ausnahmen wie Montaigne, Pascal und Moritz erwähnt er allerdings nicht.

Womöglich konnte er den Grund seiner besonderen Gestaltung Marys nicht anders als mit einer Inkonsequenz auf theoretischem Gebiet angeben. Unbewußte Motivation vielleicht, denn mit der Langweiligkeit Mary Stuarts hat er sich gewiß nicht identifiziert, sondern mit der Haltung angesichts des Todes, auch wenn er von der Langweiligkeit aus argumentiert: »ich will also eine glanzvolle Figur aus ihr machen. In der Tat war ja auch ihr einziger wirklich glanzvoller Moment der Moment ihres Todes« (S. 92).

Wie nahe die Todesthematik sein Schaffen zu diesem Zeitpunkt beeinflußt hat, zeigen seine Ausführungen zum Stand der Entwicklung *Masantes*, das, wie gesagt, im Jahr nach dem Gespräch mit Walter Jens hätte erscheinen sollen. Inzwischen – vielleicht war *Maxine* bereits fertiggestellt – muß er beschlossen haben, seinen Reflekteur in der Wüste umkommen zu lassen: »die Todesangst läuft parallel mit einer Euphorie (...) mit dieser Todeseuphorie löst sich sein logisches Denken auf, löst sich die Sprache auf, und zum Schluß löst sich das Ganze also in eben dieser Euphorie, die er in der Wüste erfährt, auf. D. h. der Ich-Erzähler ist am Ende nicht mehr da« (S. 91). Und über sich selbst: »Erstens mal hat sich meiner eine gewisse Euphorie bemächtigt, die Euphorie dessen, der ein endgültiges Versteck gefunden hat, in dem ihm nichts mehr passieren kann« (S. 91).

Aus dieser Euphorie heraus ist *Mary Stuart* geschrieben, und was das endgültige Versteck darstellt, kann man nur vermuten: wahrscheinlich den Tod, von den Reflekteuren schon lange thematisiert und noch in den *Vergeblichen Aufzeichnungen* und *Tynset* unter verzweifeltem Zwang lächerlich gemacht, jetzt vielleicht von Hildesheimer selbst als letzte Zuflucht akzeptiert oder gar ersehnt. So läßt er seinen Reflekteur in der Wüste sterben, so organisiert er *Mozart* auf den Tod hin, so spielt er mit *Marbot* die Bedingungen und Möglichkeiten des Freitodes durch; und so wählt er die letzten beiden Stunden vor Mary Stuarts Hinrichtung.

Mary Stuart ist Modell: »vor dem Henker sind alle Menschen gleich wie vor Gott« (S. 16). Sie ist Täter und Opfer zugleich und darin zeitlos wie Helena. Hildesheimer hat nicht versucht, eine

Figur des 16. Jahrhunderts plausibel zu machen, sondern die modellhafte Konstellation des Opfers vor seinem Mörder im Kreis derer vorzustellen, die von der Opferung profitieren. Da ihm diese Darstellung geglückt ist, wird auch Mary glaubhaft. Anders als in seinen Stücken über Helena zeigt er jedoch nicht die Vorgeschichte, die seine Figur zum Opfer werden läßt, was den Eindruck des Allgemeingültigen erhöht und dem erstaunten ›so muß es gewesen sein‹ des Zuschauers ein ›so ist es immer‹ hinzufügt und außerdem – Hildesheimers Arbeit als Dolmetscher bei den Nürnberger Prozessen eingedenk – ein ›so war es kürzlich‹. Er lenkt die Aufmerksamkeit also auf eine Perspektive, die Elizabeth Petuchowski überzeugend beleuchtet und zum Schluß kommt, *Mary Stuart* sei »contemporary and timeless, in historical dress«.[54]

Zu Beginn sitzt Mary – wie der Schlafsuchende im *Nachtstück* nur mit einem Nachthemd bekleidet – auf dem Richtblock. Dort finden sie der Henker und sein Knecht, als sie kommen, um sich zur Hinrichtung vorzubereiten. Gerüst und Block sind, wie bei Schiller, mit schwarzem Samt beschlagen, die Bühne bevölkert sich jedoch, in Umkehrung von Schillers Beschreibung, erst nach und nach: »Voll Menschen war / Der Saal, die um das Mordgerüst sich drängten / Und heiße Blutgier in dem Blick, das Opfer / Erwarteten« (V, 5). Bei Schiller tritt Mary Stuart als letzte in den Raum, in dem sie hingerichtet werden soll, bei Hildesheimer als erste: sie kommt ihrem Tod entgegen, wie der Reflekteur *Masantes*, sie ist fasziniert vom Beil und will es spüren, sie fühlt sich mehrfach, wenn der Scharfrichter sie anfaßt, schwärmerisch vom Tod berührt. Der Tod wird nicht als dunkler Zielpunkt dargestellt, sondern als einziger klarer Weg. Anders als in den *Spielen, in denen es dunkel wird*, erhellt sich die Bühne in *Mary Stuart* zunehmend: ein Spiel, in dem es heller wird, je näher der Tod kommt: »Ja, langsam habe ich gelernt, meinen Tod zu lieben« (S. 20).

Wie im Fall Helena unternimmt Hildesheimer eine Ehrenrettung auch im Fall Mary, diesmal jedoch nicht, weil die Vergehen nicht so schwer wiegen und verständliche Ursachen haben: »Dein Werkzeug, Gott! Aber gib, daß ich nicht als ein Werkzeug der Menschen, meiner Mörder, erscheine!« (S. 20f.) Da ist er wieder, der Gedanke des Mannes aus *Monolog*, und seine Furcht, als schuldloses Requisit Entsetzliches zu verschulden. Aber Mary Stuart, daran läßt Hildesheimer keinen Zweifel, ist schuldig, ihre Buße allerdings exemplarisch.

Mary Stuart behandelt denn auch keine der Fragen nach Schuld oder Unschuld, denn Mary ist schon jenseits von Gut und Böse, sie hat den Schuldspruch bereits hinter sich und bereitet sich nun auf die unausweichliche Konsequenz, die Hinrichtung, mit größtmöglicher Fassung vor. So gesehen gehört auch *Mary Stuart* zu jenen Werken, die das Leben nach der Katastrophe darstellen, den sicheren Untergang vor Augen. Mary Stuarts Haltung – dies ist der Punkt der Identifikation – schien Hildesheimer allerdings beinahe zu unwahrscheinlich; daß er Arzt Raoul und Apotheker Symmons Mary einige Male Mixturen beibringen läßt, ist ein Zugeständnis an die psychologische Wahrscheinlichkeit seiner Figur; demnach ist Marys Gähnkrampf nicht das einzige Zugeständnis dieser Art, wie er in den *Anmerkungen* behauptet.

Mary wird zur Hinrichtung hergerichtet: die beiden Zofen Jane und Anne, die eine für den Kopf, die andere für die Kleidung zuständig, die Diener Gervais und John, der Träger Didier, der Arzt und der Apotheker bemühen sich um ihre äußere Erscheinung, während sie selbst abwechselnd betet, Erinnerungen nachhängt, mit ihren Untergebenen oder mit dem Scharfrichter spricht, währenddessen sie die meiste Zeit auf der chaise percée sitzt, auch später noch, als man den Sekretär Andrew holt, dem Mary ihre letzten Briefe diktieren will.

Daß Andrew zuerst geweckt werden muß, zieht eine Parallele zur Leidensgeschichte Jesu, zur Szene am Ölberg; allzuweit führt die Parallele allerdings nicht: Marys Dienerschaft verleugnet sie nicht, hängt sich auch nicht wegen Verrats auf oder wäre gar bereit, sich selbst hinrichten zu lassen. Marys Untergebene wissen genau, daß die protestantischen Henker und Schaulustigen wissen, daß sie katholisch sind, doch rechnen sie sich schon die Chancen einer guten Anstellung aus, natürlich erst nach der Konversion; und so versuchen sie, sich den Herrschaften möglichst vorteilhaft zu präsentieren, indem sie Mary in bester Verfassung vorführen.

Bei Schiller verteilt Maria zuletzt ihren Schmuck aus dem »Schmuckkästchen« (S. 120) und verspricht ihrer Dienerschaft auch jene Stücke, die sie zur Hinrichtung trägt; bei Hildesheimer dreht sich auf seiten der Dienerschaft alles um diese »Kassette«, die Andrew verwaltet und aus der er bereits die besten Stücke beiseite geschafft hat. Apotheker Symmons wird wegen seines Judentums von den anderen ständig verspottet und angegriffen, aber

Raoul, der Arzt, beschützt ihn, weil er ihn als genialen Medizinlie-feranten braucht. Als Symmons für das Wohlgefühl, das Mary nach Einnahme seiner Medizin verspürt, einen Ring bekommt, wird er von Gervais und dem Henkersknecht ermordet und be-raubt, sein Leichnam die Treppe hinuntergeworfen.

Symmons ist eine Figur, die Hildesheimer gegen die Überliefe-rung eingeführt hat, wiewohl ein Apotheker bei der Hinrichtung anwesend war, aber eben kein Jude; in den *Anmerkungen* schreibt er: »Sein schreckliches Ende steht stellvertretend für andere alltäg-liche Schrecken nicht nur der Zeit, sondern auch des Ortes« (S. 77) – natürlich nicht nur dieser Zeit und nicht nur dieses Ortes. Symmons wird allerdings ein wenig zurückgenommen, um nicht unschuldiger als Mary zu wirken, wenn auch versteckt und aus der Perspektive Raouls gesprochen: »Der weiß die Antworten, wie? (...) Dieser Apotheker! Weiß die Antworten« (S. 42). Symmons erscheint als einer, der sich in einer Welt eingerichtet hat, die Ant-worten nicht gibt, als einer, der Scheinantworten parat hat; aber er büßt dafür.

Als sich herausstellt, daß Andrew die Kassette schon halb ent-leert hat, beginnt ein Kampf mit dem Messer zwischen ihm und Gervais. Selbst der alte Didier, auf dessen Knie Mary als Kind geschaukelt hatte, verläßt seinen Sitzplatz an der Tür, wenn sie davon spricht, ihren Schmuck zu verteilen. Raoul fühlt ihr den Puls und betrachtet dabei die Ringe an ihren Fingern, wie der Minister in *Tynset* den Ring des Kardinals. Er erhält tatsächlich einen der Ringe, den anderen aber, den zweiten, den Symmons hätte bekommen sollen, steckt er in seine eigene Tasche. Als An-drew den Fuß einmal von der Kassette nimmt, greift sich Gervais blindlings einige Stücke und macht sich aus dem Staub. Kurz dar-auf hört man einen »gräßlichen Schrei«: die Wachen haben ihn ermordet und sind mit ihrer Beute geflüchtet.

Mary wirkt, als schenke sie dem wüsten Geschehen um sich her keinerlei Beachtung. Als sie völlig hergerichtet ist, fordert sie ih-ren Schmuck, um ihn bei der Hinrichtung zu tragen. Andrew erfindet rasch Ausreden, warum das Kruzifix, das Maria auch bei Schiller auf dem Gang zur Hinrichtung in Händen hält, schon in seiner Tasche steckt. Zuletzt, als sie ihren Schmuck angelegt hat, wird sie »geplündert wie ein Weihnachtsbaum« (S. 69).

Einmalig in ihrer Bloßheit sind die zahlreichen sexuellen Hand-lungen. Erotische Anspielungen finden sich in Hildesheimers

Werk zwar immer wieder, manchmal auch sexuelle, etwa im Gespräch zwischen der älteren Frau und ihrem Liebhaber in *Landschaft mit Figuren*, doch weder vorher noch nachher führt er Sexuelles in solcher Direktheit und solcher Häufung vor, selbst über den Mutter-Sohn-Inzest in *Marbot* hat er ja einen Schleier gebreitet.

In den *Anmerkungen* gesteht er Didier relative Loyalität zu; aber Didier hatte, wie ein Gespräch zwischen ihm und Mary zeigt, an dem kleinen Mädchen auf seinen Knien zuviel Vergnügen, beteuert aber, dafür gebüßt zu haben. Doch Andrew begattet, auf Marys chaise perchée, ungeniert Jane und unterhält sich nebenbei mit den anderen; John greift »mit Genuß« unter Annes Rock und an ihren Busen; Gervais betastet die Muskeln des Henkersknechtes; der Henker zeigt mit exhibitionistischem Vergnügen seinen muskulösen Körper Mary, die zwischen Empörung und Faszination schwankt und zusehen muß, wie er sich bis auf »eine Art ledernes Dreieck« entkleidet, »das allerhand zu halten scheint und verbirgt« (S. 34).

Die sexuellen Handlungen verstärken, wie die verbrecherischen, den Eindruck des Totentanzes, der *Mary Stuart* letztlich ja auch ist: diejenigen, die der Tod diesmal nicht trifft, entfesseln ein Geschehen aus Niedertracht, Mordlust und Sexgier. Für Mary baut sich, weit sublimer, eine beinahe erotische Beziehung zu ihrem Tod auf: »Aaaahhh – das ist er, der Tod! Der Tod!« schreit sie »schrill, gleichsam verzückt«, wenn der Henker sie berührt (S. 9 und öfter). Sie will Laute spielen und tanzen und mit dem Henkersknecht Hinrichtung spielen, wie sie es als Kind getan hat. Sie versucht, ihrem Tod auszuweichen, sich vorzumachen, alles sei nur Spiel: das ist ein weiterer Tribut an die Psychologie der Figur. Aber auch ihre unerwarteten Umschwünge zeugen von völlig klarem Bewußtsein: »Unerträglich – seit zehn Jahren unerträglich und seit zehn Jahren ertragen – Ja – dies alles, das zerfällt – es ist schon zerfallen – aber etwas in mir hält es zusammen« (S. 11) – der Reflekteur, wie in *Maxine*, in der Rolle einer Frau.

Machtstreben und Besitzgier haben für sie keinen Sinn mehr, sie hat nur noch eine Retrospektive und, in Anbetracht ihrer kurzen Lebensspanne, kaum noch eine Zukunft außer der Zukunft in einem katholischen Jenseits, die sie zu verteidigen gedenkt, und eine Zukunft im Andenken zukünftiger Generationen. Sie will ihren Tod glanzvoll inszenieren, nicht zuletzt, um ihren protestantischen Widersachern die Überlegenheit ihres Glaubens zu demonstrieren. Erst ganz zuletzt, als sie sich mit Ausflüchten nicht mehr täuschen kann, gewinnt sie jene Größe, die ihr Schiller von Anfang an zugesteht: die größtmögliche Gelassenheit angesichts des Unausweichlichen und Entsetzlichen. Zuletzt steht ihr einziger Weg als unentrinnbare Zukunft vor ihr, und diesen Weg möchte sie mit aller Würde gehen: sie hat abgerechnet.

Als Kent auftritt, um die Ankunft der Gäste mitzuteilen, und Mary an eine weit zurückliegende Begegnung »in den Bädern von Buxton« erinnert, hat sie das retrospektive Ausweichspiel bereits aufgegeben und antwortet: »Lord Kent, wenn Sie mir nichts Wichtigeres zu sagen haben, als was ich ohnedies weiß, schlage ich Ihnen vor, sich mit jemand anderem zu unterhalten. *Jetzt in bester Verfassung.* Veränderte Zeiten, die sind ein unsterbliches Thema. Doch ich muß jetzt an mein Sterben denken. Ich habe Wichtigeres zu tun, als Vergangenes zu betrachten« (S. 68). Als Kent sie fragt, ob sie »bereit« sei: »Auch auf diese Frage habe ich gewartet. Aber auch sie ist nicht das Schlimmste, was mir auf dieser Erde nicht erspart geblieben ist. Ja, Lord Kent, ja, Sie sehen: ich bin bereit! Ja!« (S. 69)[55]

Jetzt, und auch dieser plötzliche Umschwung ist keinesfalls ›absurd‹, nimmt sie die Intrigen und Machtkämpfe der Dienerschaft wahr: »Mein treuer Diener Gervais hat die Kassette geplündert. Ihr anderen – ich sehe euch nicht, aber glaubt ihr, daß ich euch nicht spüre? Noch sitzt mein Kopf auf meinem Körper, und mein Körper lebt, vielleicht wie niemals zuvor. Er nimmt Abschied von meiner Seele. – Aber ihr habt recht. Ihr seid betrogen worden. Und ich brauche das Zeug nicht mehr« (S. 69). Jetzt verschenkt sie Teile ihres Schmucks und fragt nach Didier, dem einzigen ihrer Diener, der es ein Leben lang mit ihr ausgehalten habe. Sie ist tatsächlich bereit, und jetzt kann sie, was Hildesheimers Figuren seit langem nicht mehr gekonnt haben: sie wird zum souveränen Arrangeur und sagt zu ihrem Gefängniswächter Paulet: »Sie sehen aus, als gingen Sie zu *Ihrer* Hinrichtung. Aber wenn ich es mir recht überlege: Sie haben niemals anders ausgesehen« (S. 70); und zu ihren Untergebenen sagt sie treffend: »Lebt wohl, ihr Räuber und Diebe um mich herum!« (S. 70)

Als Paulet fragt, was Kent zuvor gefragt hat, nämlich ob sie »bereit« sei, antwortet sie ganz anders: »Paulet, diese Frage trifft mich so unerwartet, daß ich die Antwort darauf aus dem Stegreif nicht weiß.« Inzwischen hat sie sich ihrem Tod noch einen weiteren Schritt genähert. Jetzt kann sie sogar über Paulet und diese Frage spotten, denn Spott muß es sein, gerade gegen ihren Kerkermeister, dem sie offenbar besonders gerne ihre Überlegenheit und Freiheit demonstrieren möchte; sie fährt nämlich fort: »Ich bin Ihnen aber auch, meinem Gott sei Dank, keine Antwort mehr schuldig. Hier unten bin ich niemandem mehr eine Antwort schuldig. Meine Worte hier unten sind gezählt. Denn jetzt ist er da, mein großer Augenblick« (S. 71).

Nach dieser Abkehr von den Menschen und von allem Irdischen manifestiert sich ihre Todeseuphorie in einer vermessenen Gottesanrufung, die für die Ohren der Menschen berechnet ist: »Denn jetzt ist er da, mein großer Augenblick. Mein Gott, du hast ihn herbeigeführt, du siehst mich! Mach, daß alle ihn sehen! Daß sich mein Bild über die Welt verbreite. Es ist nicht meinetwegen. Ich will nur eine bescheidene Heilige an der Tafel der Heiligen sein, ganz unten, wo ich als Königin niemals gesessen habe. Denn ich habe die Königin abgestreift. Ich bin deine Märtyrerin und hoffe, eines Tages in der Ewigkeit Deine Heilige zu sein!« (S. 71)

Das ist natürlich ein Affront gegen Elisabeth und ihre Schergen: nicht diese, sagt sie, sondern Gott hat diesen Augenblick herbeigeführt; nicht diese, sondern Gott weiß von Marys Unschuld; nicht der protestantische, sondern der katholische Glaube triumphiert zuletzt; keine armselige Delinquentin ist sie, sondern die Heilige ihres Gottes. Sie hat »die Königin abgestreift«, doch nur für Gott; den Menschen zeigt sie sich um so großartiger. Nach diesem Ausbruch beginnt sie leise zu beten und besiegelt ihre Abkehr demonstrativ.

Hildesheimer schätzt Psychologie in den *Anmerkungen* vielleicht deshalb nicht besonders, weil er sich noch mit seinem Ruf als ›absurder Autor‹ zu befassen hat, Psychologie aber wäre ja schließlich Sinngebung, Erklärung von Ursache und Wirkung. Im Stück selbst konnte er jedoch – gegen seine theoretischen Erwägungen – die psychologische Figurenzeichnung nicht vermeiden: *Mary Stuart* ist sein kompliziertestes Drama, sein Meisterstück, das in Anlage und Ausführung beträchtlich über das hinausweist, was er in den *Anmerkungen* formuliert. Die Kompliziertheit der Anlage zeigt sich schon rein äußerlich an der Dreispaltigkeit des Drucks: links Regieanweisungen, in der Mitte und rechts zwei parallel laufende Dialog- oder Monologtexte, die sich immer wieder aufeinander beziehen. Dadurch kann er, wie zum Beispiel in dem Augenblick, als Mary ihren Gott anruft, über bloßes Simultangeschehen eine parallele Monologregie ablaufen lassen, einen doppelten Monolog, einen unüberbrückbaren Abgrund.[56]

Denn während Mary spricht, tritt der Dekan auf: »Guten Morgen allerseits! Ich meine euch, Freunde, Brüder in Christo, *nicht* euch, ihr Papisten dort! Ihr werdet alle in eurer Hölle schmoren, das wird werden ein Heulen und ein Zähneklappern! Freunde, unser Herrgott sieht mit unendlichem Wohlgefallen auf den Tod dieser Hexe hier« und so weiter, aber im selben Moment, da er die ersten Worte spricht, beginnt Mary von ihrem großen Augenblick zu sprechen, stößt sich also an der Person des Dekans und seiner Worte ab und gewinnt immer erhabenere Höhe, je tiefer er sie verdammt. Das Wett-Beten der beiden hat schon Schiller angedeutet: »Die Stimme des Dechanten – Er ermahnet sie – / – Sie unterbricht ihn – Horch! – Laut betet sie – / Mit fester Stimme« (V, 10). Bei Hildesheimer wird daraus ein Machtkampf der Konfessionen. Der Dekan »donnert« los: »Du gottverlassene Kreatur, niedrigste der Schlangen, Schande der Christenheit, Verworfene in alle Ewigkeit, Amen. Laß dich niederstrecken« und so weiter, bis er einmal Luft holt, und Mary, die leise gebetet hat, ihn »sehr ruhig« unterbricht: »Lieber Herr! (. . .) Sparen Sie sich Ihre Worte! Ich weiß: Sie haben alles mühsam auswendig gelernt. Dennoch: sagen Sie, was Sie zu sagen haben, nächsten Sonntag in Ihrem Stall, den Sie Kirche nennen. Zwar werde ich Ihre Botschaft dann nicht mehr hören, ich werde weit weg sein, dort droben, aber ich würde sie auch jetzt nicht anhören (. . .) Dennoch sind diese Leute, die da stehen, nicht gekommen, um Sie, lieber Herr, anzuhören, sondern um mich, die Königin von Schottland, sterben zu sehen. Sie sollen ihr Schauspiel haben« (S. 72).

Mary – »segne Lockerungen« – benutzt die Losgelöstheit von allem Irdischen, die sie zu ihrer großartigen Haltung befähigt, und die gekonnt vorgetragene Gewißheit ihrer Seligkeit als Waffe, mit der sie den Dekan zur Ruhe bringen kann. Doch als sie von ihrer »Unschuld« und von sich als »Märtyrerin« spricht, setzt er wieder ein: »Du ekelhafte Pest, Aussatz der Erde, Hure Babylons, niedrigster aller Würmer, die auf dieser unserer Erde kriechen.« Mary wird lauter: »Ich sehe meinem irdischen Ende mit Freude entgegen, denn *lauter* in meinem Ende ist mein Anfang« (S. 73). Beide werden immer lauter, Mary beginnt sehr laut das Glaubenbekenntnis zu beten, eben als der Dekan sie eine »mißgestalte Metze« nennt, aber sie setzt sich mit ihrem Gebet durch und bringt ihn völlig aus dem Konzept. Zuletzt versuchen beide, sich mit »Amen« zu überbrüllen, aber Mary – »Lauter als der Dekan« – gewinnt: ihr letztes »Amen« ist ihr letztes Wort in diesem Stück (S. 73).

»En ma fin est mon commencement« – »In meinem Ende ist mein Anbeginn«, hatte Mary Stuart in ein Kissen gestickt.[57] Daß Hildesheimer sie kurz vor ihrem Schlußgebet die Entwicklung ihrer Geschichte vorauszeichnen läßt, wirkt zunächst psychologisch nicht überzeugend: das hätte sie früher sagen sollen, als sie sich noch um irdische Dinge kümmerte, zu dieser Zeit hat sie aber noch versucht, ihren Tod zu verdrängen. Und so kombiniert sie im letzten Augenblick unterschiedliche Absichten: während sie ihren protestantischen Richtern und Henkern falschen Glauben vorwirft, spekuliert sie, mit denselben Worten, auf ihren Nachruhm, der ihr ein ewiges irdisches Leben verschafft, und formuliert mit noch einmal denselben Worten ihre Gewißheit auf ein ewiges Leben im Jenseits. So sind ihre letzten Worte der Gipfel bravouröser Stilisierung und höchster Ausdruck gekonnter Inszenierung.

Das Ende im Anfang: der Ansager, den Hildesheimer das Stück eröffnen läßt, beschließt es auch, ähnlich wie der Hirte das *Pastorale*. Schon am Anfang, nachdem er das Jahr der Ereignisse falsch angegeben hat, verheddert er sich mit seinem lateinischen Text, verfällt ins Zitieren und, zuletzt, in bloße Rekapitulation lateinischer Deklination: »SIC EXIVIT MARIA SCOTIAE REGINA SUMPTISSIMA (...) ARS LONGA VITA BREVIS. *Pause, Räuspern.* HIC HAEC HOC *zaghaft, verklingend* HUIUS HUIUS HUIUS – HUNC – NUNC – *erlischt*« (S. 7). Der Ansager beginnt, als eröffne er eine Heiligenlegende, und verrät schon mit seinem Eröffnungstext, daß es keine sei. Und so endet er denn auch: »ARTIS VITAE LONGAE BREVISQUE *Musik setzt jäh wieder ein* HIC HAEC *leise* HOC *kaum noch hörbar* HUNC – HUNC – HUNC – *Gräßliche Musik*« (S. 74).

Plötzlich also wird er seiner Sache unsicher und hält sich lieber an einen der Aphorismen Hippokrates', der zum Sprichwort geworden ist.[58] Wie dem Autor selbst werden auch ihm Sprichwörter trügerisch; er will sich an Grammatikregeln halten, die ihre Gültigkeit zwar behalten, aber nichts anderes aussagen als sich selbst. Das Hippokrateszitat, bereits zu Beginn schief, hat im Verlauf des Stücks seine feste und gefügte Form völlig verloren.

Korrekt würde die Formel »Vita brevis, ars longa« lauten, am Ende hat sich aber gezeigt, daß Leben *und* Kunst kurz sind. Vollständig heißt die Sentenz ja: »Vita brevis, ars longa, occasio praeceps, experientia fallax, iudicium difficile«, und auf Leben und Sterben Mary Stuarts angewandt bleibt nur Hildesheimers Einsicht in die Unvorstellbarkeit dieser Person und dieses Ereignisses und in die Unmöglichkeit, ein eindeutiges Urteil zu fällen oder das Geschehen in irgendeiner Form näherzubringen. »Nicht rechten, Mary! Nicht richten!« ermahnt sie sich gleich zu Beginn (S. 8).

Durch die gekonnte psychologische Führung hat Hildesheimer Mary aber doch nähergebracht. Leser und Zuschauer sind versucht zu sagen: genau so hat es sich abgespielt, obwohl die historischen Fakten dagegensprechen, wie Hildesheimer in den *Anmerkungen* schreibt: Mary lag auf ihrem Bett, als man sie zur Hinrichtung geholt hat; verschiedene Figuren, die Hildesheimer am Ort der Hinrichtung versammelt, waren nicht anwesend oder hießen anders. Ihm geht es weniger um ein historisierendes Spiel als um die Darstellung eines unvorstellbaren Geschehens, um die Konstellation der Mitspieler und die Psyche der Hauptfigur. Wenn er schreibt, er habe »den geschichtlichen Zwang« gesucht (*Anmerkungen*, S. 77), kann er nicht Faktentreue meinen, wie sie einem Dokumentarstück angemessen wäre.

Sein Interesse gilt vor allem der Wahrscheinlichkeit einer Figur, die angesichts ihrer Hinrichtung solch großartige, historisch verbürgte, Haltung bewahrt hat. Alle anderen Handlungen, die sich um diesen letzten Moment herumgruppieren, brauchen historisch nicht verbürgt zu sein, müssen sich jedoch in das Spiel um die Hauptfigur fügen. Wenn historisch verbürgte Details – das Kruzifix, der Morgengruß Dr. Fletchers – ins Spiel passen, hat Hildesheimer sie übernommen; andere Details hat er erfunden, zum Beispiel die ausgestopften Hunde, die von John auf die Bühne getragen werden und die sie, in einem gräßlichen Halbkreis um den Richtblock, allmählich füllen; erfunden, weil sie das Geschehen um die Hauptfigur und die Hauptfigur selbst beleuchten: die Herrschaften, die zur Hinrichtung kommen, werden im voraus charakterisiert, Marys Freude, dem entsetzlichen Leben bald entfliehen zu können, wird motiviert, und ihre Abkehr von allem Irdischen am Ende des Stückes wird glaubhaft. Außerdem erinnern die Hunde, die dem Tod beiwohnen, in ihrer Verkörperung als Zuschauer und Helfershelfer an die *Verspätung*, vor allem an die Fernsehfassung, wo eine Gruppe von Gurichts das Ende des Professors durchs Fenster beobachtet.

Die Bühne wird heller, je voller sie wird: das Licht gilt Marys wachsender Bereitschaft zur Freiheit im Tod; die Überfüllung – man denke an *Ich finde mich zurecht* – gilt der Unerträglichkeit des Lebens. Mary bekommt typische Züge der Figuren Hildesheimers, natürlich, denn auch er kann nicht anders als im »im Rahmen seiner Möglichkeiten« bleiben, was ja nur bei entsprechendem Rahmen ein Vorwurf wäre; seine Mary bleibt zwar »Skelett«, aber er »klatscht« nicht Fleisch an dieses Skelett, wie er es in der Notiz von 1966 den Historikern vorgeworfen hat, weil er nicht mit der Detailtreue des Historikers vorgeht. Schiller ist wohl bei diesem Ausfall mitgemeint, aber Hildesheimer schreibt in den *Anmerkungen, Maria Stuart* sei gerade dort am besten, wo Schiller »kraß unhistorisch« werde (S. 77).

Mary Stuart ist nahezu ausschließlich unhistorisch, doch stellt Hildesheimer das Geschehen so dar, daß es wahrscheinlicher als die verbürgten Abläufe wird. Der Untertitel *Eine historische Szene* hat demonstrative Funktion: nicht eine historisierende Darstellung, sondern eine historische Tatsache – die Haltung Marys vor dem Schafott –, so dargestellt, wie man sie heute verstehen kann: eine *Möglichkeit* des Geschehens, keine Behauptung außer eben der einen: Marys Sterbenlernen – im Stück bis kurz vor Ende dargestellt – und ihr Sterben, der Beweis, daß sie ausgelernt hat.

Im Jahr 1972 erschien Günter Eichs Gedicht *Freund und Horazleser*, das, zwei Jahre nach *Mary Stuart* entstanden, direkt an Hildesheimer gerichtet scheint und als Korrektiv gemeint sein könnte:

> Sag mir nicht wieder: Horaz
> und sterben lernen.
> Keiner hat es gelernt,
> es fiel sie nur an
> wie die Geburt.

Vielleicht hat Eich gestört, daß sich Hildesheimer mit *Mary Stuart* entschieden für den Rückzug ausgesprochen hat: die Beschäftigung mit Figuren früherer Jahrhunderte als Flucht vor einer Gegenwart, die ihm so unerträglich geworden war wie Mary Stuart die ihre. Hildesheimers Gedicht MARY STUART, zwei Jahre nach Eichs Gedicht und im Jahr nach Eichs Tod geschrieben, ist eine Antwort, ein Widerspruch:

> Sterben lernen?
> was man nur einmal
> zu absolvieren hat,
> lernt man nicht. Es hat aber
> solche gegeben, die haben es dennoch
> gekonnt.

Unter dem Titel *Variation eines Gedichts* hat sich Christoph Meckel elf Jahre später direkt auf Eich bezogen, indirekt aber vielleicht doch auf Hildesheimer:[59]

> Sag mir nicht wieder: Horaz
> und sterben lernen.
> Keiner hat es gelernt.
> Es reisst mich hinaus
> in das ganze Nichts.

Meckel pflichtet Eich bei: »Keiner hat es gelernt.« Aber während Eich auf die Parallele zwischen Geburt und Tod hinweist, die direkt zu Mary Stuart führt und Eichs Auseinandersetzung mit diesem Stück belegt, könnte sich Meckels »Nichts« nicht mehr auf *Mary Stuart* oder MARY STUART beziehen, sondern auf *Tynset* und *Masante* und, gleichzeitig, auf Hildesheimers Ende des Schreibens. Sterbenlernen – Montaignes *Essai* immer mitgedacht – hat Hildesheimer in zahlreichen seiner Werke seit den späten fünfziger Jahren exerziert. In den *Spielen, in denen es dunkel wird* wurde es für jene dunkel, die sich falsch verhalten und ihren Untergang selbst verschulden: das waren stets die anderen, die negativen Figuren. Seit den frühen sechziger Jahren – in den Stücken, in denen es bereits dunkel ist – war es auch für jene dunkel, die sich zunehmend schuldlos gefühlt haben: das waren die Reflekteure, die positiven Figuren, die alle Bindungen lösen wollten, um befreit in Dunkel, Schlaf und Tod zu fliehen.

Aber schon während der Arbeit am *Tynset-Masante*-Komplex hat sich Hildesheimer damit beschäftigt, welchen Tod historisch verbürgte Figuren gefunden haben: die Heilige Johanna oder Büchner; und Mozart, so stellt er das bereits in *Tynset* dar, war so unschuldig wie das kleine Kind, zu dessen Beerdigung der Reflekteur dann doch nicht geht. Marbot dagegen ist schuldig, mehr als Maxine, obgleich er sich, wie die Reflekteure, schuldlos glaubt, aber er geht so souverän in den Freitod wie der Reflekteur *Masantes*. Anfang der achtziger Jahre begann Hildesheimer, sich von seinen Ich-Figuren zu lösen und sich auf sich selbst zu konzentrieren: auch das Ende des Schreibens ist eine Lockerung der Bindungen, ist Rückzug und Abkehr, ist Sterbenlernen, ein Stück Wegs dem Tod entgegen.

Mary Stuart, die sich selbst nicht mit psychologischen Maßstäben messen konnte und deren Innenleben vielleicht noch rätselhafter als das Mozarts ist – nicht etwa an der künstlerischen Genialität Mozarts gemessen, sondern an der größeren zeitlichen Distanz und der dürftigeren Dokumentation –, Mary Stuart war schuldig, hat Sterben gelernt und starb, mit Hildesheimers Wort, »gekonnt«. Sie ist Gegenfigur, Prüfstein und Vorbild zugleich. Mit dem Stück über diesen Tod zog sich Hildesheimer endgültig aus einem speziellen Bereich seiner künstlerischen Tätigkeit zurück: *Mary Stuart* ist sein letztes Theaterstück. 1986, also rund fünfzehn Jahre nach dem Ende seiner Dramenproduktion und drei nach dem Ende seines Schreibens, hat er zu Birgitta Ashoff gesagt: »Ich habe nicht den Ehrgeiz und nicht den Wunsch, für das Theater zu schreiben. Er war nie besonders stark, muß ich sagen, und ich habe mich nie als Dramatiker betrachtet, und wenn die Stücke dann doch aufgeführt wurden, habe ich immer gedacht: also so ernst wars auch wieder nicht gemeint.«[60]

Diese Aussage kann man tatsächlich nicht ganz ernst nehmen. In *Mary Stuart* hat er die wichtigsten Themen, die ihn zu dieser Zeit bewegt haben, zu einem glanzvollen Theaterstück verbunden, das zu einem seiner größten Erfolge als Theaterautor geworden ist. Hildesheimer vollzieht die Bewegung vom Ende zum Anfang nicht nur *im* Stück nach, sondern auch *mit* dem Stück. Die Worte des Ansagers deuten darauf hin: *Mary Stuart* ist eine *Lieblose Legende* auf dem Theater, führt also zurück zu Hildesheimers Anfängen als Schriftsteller; selbst die Wahl des Ortes der Uraufführung führt zu einem Ausgangspunkt zurück, denn auch sein erstes und ebenfalls erfolgreiches Theaterstück, *Der Drachenthron*, wurde in Düsseldorf uraufgeführt. Vielleicht unbewußt: er hat seinen Abgang als Dramatiker so bravourös inszeniert wie die Hauptfigur in seinem letzten Stück ihr Sterben.

10 Die Hörspiele der siebziger Jahre

Im Jahr 1973 hat Hildesheimer mit *Masante* seinen Reflekteur verabschiedet, seine Prosa der Ich-Reflexionen beendet und sich endgültig der Biographik zugewandt. Auch in den Theaterstücken und Hörspielen war der biographische Zug über die Jahre hin und wieder spürbar, zunächst als Reflex der *Lieblosen Legenden* und des Romans *Paradies der falschen Vögel*, sehr deutlich in *Die Bartschedel-Idee*; doch gerade die Hörspiele und Theaterstücke waren immer wieder Forum der Auseinandersetzung mit Problemen der Gegenwart, wie ja auch *Mary Stuart* gezeigt hat.

Während sich Hildesheimer in den siebziger Jahren mit seiner Prosa in die Vergangenheit flüchtete, setzte er sich in seinen Hörspielen ausschließlich mit der Gegenwart auseinander und fand zu zunehmend radikalerem Ausdruck. Als er sich mit den *Mitteilungen an Max* auch in der Prosa wieder der Gegenwart zuwandte, entstand ein Text des Abschieds. Bereits drei Jahre davor, also 1980, hatte er seine Hörspielproduktion eingestellt: auch in diesem Ende liegt – ähnlich wie im Ende als Dramatiker und im Ende als Schriftsteller – eine Rückkehr zu den Anfängen: nach *Das Ende kommt nie* und *Das Ende einer Welt*, vorbereitet und erklärt von *Hauskauf* und *Biosphärenklänge*, die endgültige Absage: *Endfunk*.

Hauskauf

In *Hauskauf* läßt Hildesheimer nicht Mann und Frau wie in *Unter der Erde*, sondern zwei Männer einen exemplarischen Dialog führen, auch sie bleiben namenlos: A ist der Besitzer eines Hauses, B ein potentieller Käufer. In *Hauskauf* handelt es sich um das Haus, das bereits in *Das Ende kommt nie* fällig geworden war: damals bedeutete es den Staat, die Bundesrepublik Deutschland und die Fortdauer des braunen Terrors; in diesem Haus ersehnte der Reflekteur in *Schläferung* den Tod, und dieses Haus hat der Reflekteur der *Vergeblichen Aufzeichnungen* verlassen wie Hildesheimer den Staat; das Haus, in dem der Reflekteur *Tynsets* wohnt, ist ein anderes, und die Erfahrung des Reflekteurs in *Masante* zeigt: nun bedeutet das Haus die Welt, nun kommt das Ende eben doch, und zwar für alle.

A und B besichtigen das Haus von außen und innen und sprechen über seine Vor- und Nachteile: sie machen Mitteilungen über den Stand der Dinge und anderes, diskutieren beide, Stand und Dinge, und kommen vom speziellen Detail zu umfassender Sicht: Sokrates am Ende der Welt; allerdings sind beide, A und B, psychologisch geschult und zielen mit zunehmender Treffsicherheit auf ihr Innenleben.

A nimmt die Dinge, wie sie kommen, er ist ein Martin Roehrich aus *Das Ende kommt nie*, der den Dingen aber auch Taten entgegensetzt wie manche der anderen Figuren der fünfziger Jahre. B dagegen weiß von den Dingen, die kommen, er ist der Reflekteur der sechziger Jahre, der erfahren hat, daß man »nichts tun kann«. Nach einiger Zeit lassen sie das offizielle »Sie« beseite und reden sich mit »du« an, dann tauschen sie die Rollen, und zuletzt werden sie identisch, sprechen sich mit »ich« an und fragen sich selbst: »Fange ich schon wieder an?« (S. 81) Erst in der letzten kurzen Szene, als sie vor das Haus treten, gelangen sie wieder zum »Sie«: »Fangen Sie schon wieder an?« (S. 81)

Die beiden Männer bestätigen sich, daß sie ein Spiel treiben: mit ihren Fragen und Mitteilungen bewegen sie sich im Kreis umeinander herum, testen Möglichkeiten gegenseitiger Einsicht und Zustimmung, sind aber beide eins, ganz wörtlich: sie sind der personifizierte Zwiespalt innerhalb einer einzigen Person, die sich für die Dauer des Hörspiels gespalten hat, zwei beinahe gleich starke Hälften wie Maxine und der Reflekteur, die ein »echtes Selbstgespräch« führen, wie der Reflekteur der *Mitteilungen an Max* sagt (S. 28): wieder einmal ein Spiel, das zu nichts führt. Auch *Hauskauf* demonstriert, was Hildesheimer mit Shakespeare immer wieder sagt: es ist alles gleich. In der Inszenierung unter der Regie von Gert Westphal, vom Bayerischen Rundfunk am 23. August 1974 gesendet, hat er denn auch die Rollen beider Männer gesprochen. *Hauskauf* ist, wie *Biosphärenklänge*, ein Produkt der (auto)biographischen Periode; die unübersehbaren autobiographischen Details bestätigen das.

A, der Hausbesitzer, ist Aktivist, Bergsteiger, Weltreisender, Forscher und aktiver Menschenfreund, ein Scholz-Babelhaus, der die letzten Ureinwohner der Erde vor der Ausrottung bewahren will und nun zu seiner letzten Reise aufbricht, von der er nicht wiederkehren wird, wie er sagt; deshalb verkauft er das Haus. B, der Käufer, will sich in dieses Haus zurückziehen und vor der Welt verschließen, weil er keine Hoffnung mehr hat, irgend jemanden irgendwo retten zu können, weder Tier noch Mensch, weder hier noch in der Ferne. Das ist der Gegensatz zwischen aktiver und passiver Figur, zwischen echtem und falschem Prinzen von Astrachan, erstem und zweitem Teil der *Verspätung*, Mann und Einbrecher in *Nachtstück*, Helga I und Helga II in *Monolog* – allerdings ist inzwischen auch der aktive Teil Reflekteur.

Als ob der *Tynset*-Reflekteur mit dem *Masante*-Reflekteur diskutieren würde: das Gespräch von A und B erinnert an eine Rekapitulation, an das Abfragen von längst Besprochenem: »Bestanden«, sagt der eine einmal zur Antwort des anderen. Hildesheimer, wie er sich in zahlreichen Interviews zu erkennen gab und gibt, hat seine Überzeugung und Lebensweise der Figur B mitgegeben, der Figur A aber seine Zweifel, seine Selbstkritik und die Kritik anderer an seiner Überzeugung. Ein Exerzitium: *Hauskauf* ist Überprüfung, Rechtfertigung und zuletzt Selbstbestätigung; denn der politische Aktivist A hat sich – wie gesagt: ein Scholz-Babelhaus – seine Erlebnisse, bis auf das allererste, nur in der Phantasie ausgemalt, weil er schon bei der ersten Aktion erfahren hat, wie sinnlos Taten sind.

Der Wind ist ständiges Hintergrundgeräusch, ab und zu hört man das Knarren der Windfahne, einen Wetter-Hahn, vielleicht ein Verwandter der Hähne *Tynsets*, der zuweilen »klirrt«, wie »bei Hölderlin« (S. 10), wie in jenem Gedicht also – *Hälfte des Lebens* –, das die *Mitteilungen an Max*, noch spöttischer, wieder aufnehmen. Der Wind, überzeugend gelungene Transposition biographischer Details, steht für die Turbulenz, die der erregt, der sein ruhiges Versteck noch einmal grundsätzlich in Frage stellt, eine Windsbraut, die an allem rüttelt, hinterher jedoch scheint es ruhiger als zuvor, aber auch das Rieseln und Verwischen aller Spuren im Wüstensand *Masantes*, das Reinigende und das Zerstörende, der unaufhaltsame Untergang.[61]

Hauskauf wäre, hätte Hildesheimer seinen Vorsatz ausgeführt und nach *Masante* nichts mehr geschrieben, sein letztes Buch geblieben. So ist es, wie die *Vergeblichen Aufzeichnungen*, ein Summing up als Zwischenbericht. *Tynset* wird beschworen: »B: So wie man im Geist ja schon vieles getan hat, was man in Wirklichkeit nicht tut, nicht wahr? / A: Sie denken ohne Zweifel an Hamlet« (S. 39). Auch Hamlet, angeblich in der Wüste *Masantes* verschollen, ist zurückgekehrt. Die *Vergeblichen Aufzeichnungen* und die

Verspätung klingen an, wenn B sagt, er setze sich keine so fernen Ziele wie A, aber die näheren seien »alle besetzt«. A: »Wie viele Male am Tag und in der Nacht sagen Sie sich das vor?« (S. 43) *Tynset* auf dem Prüfstand: B sagt, er kaufe das Haus und wolle in »der Mitte sitzen und nach allen Richtungen Ruhe haben, alles durch die Grenzen« seines »Gebietes abhalten lassen«; A wirft ihm vor, er sei »Schöngeist und Parasit«; B verteidigt sich: »Bitte. Ich bin niemandem Rechenschaft schuldig. Noch nicht einmal meinem Schöpfer. Dem am wenigsten«, worauf A sagt, eine weitere Gemeinsamkeit andeutend, das hätte er auch am wenigsten erwartet: »Ich sehe Sie hier in Ruhe sitzen und sich Ihre eigene Unruhe schaffen« (S. 51).[62]

B wirft dafür A vor, er sei ein »Möchtegern-Weltverbesserer« (S. 55), ganz ähnlich wie Melassis in *Die Herren der Welt* Jack; zu diesem Zeitpunkt ist noch offen, ob A seine Reisen zur Rettung der Ureinwohner der Welt nicht doch gemacht hat und weitere unternehmen wird; immerhin hat er sich ein Boot gebaut und erzählt, daß er und Williams »die Straße von der Viktoria-Bucht ins Landesinnere gesprengt« und »Minen gelegt« haben: »Er saß vor seinem Lager, einem Kral, da kamen sie, die Mörder...« – »In Khaki, so wie Sie!« – »... mit ihren grünen Helmen und schossen vor sich her...« – »Und Sie? Sie haben aus dem Versteck zugesehen?« – »... und lachten dabei. Ich sah ihre weißen Zähne...« – »... und sind geflohen. Sie waren also nicht mehr dabei, als man den Frauen die Bäuche aufschlitzte?« – »Nein« – »Essen Sie noch Bananen?« – »Nein« – »Aber das bleibt denn auch Ihr einziger Protest?« – »Was sollte ich noch tun?!« (S. 65 f.)[63]

Mörder und ihre Opfer, »Folterkammern«, Nazischergen mit expansivem Betätigungsfeld: »Wer braucht Luftstützpunkte, Raketenbasen, neue Reiseziele, Abschußrampen, Skipisten? Wo rücken sie nicht vor, die Ausrotter!« (S. 17) A wollte den Stamm der Innuit retten, die Schuldlosen, die sich »für die einzigen Menschen« halten (S. 16), also für die Menschheit stehen, die »schon ausgerottet« ist: »Das Pentagon wollte sie mit Giftgas vernichten, das wußten wir. Aber da waren ein paar redliche Senatoren, die sagten, es sei unmenschlich, einen ganzen Stamm auszurotten, bevor man das Land in Besitz nehmen könne. Es könne ja noch fünf Jahre dauern, und diese solle man ihnen geben. Diese fünf Jahre wollten wir ausnutzen (...) Helikopter konnten dort nicht landen. Das Tal war gleichmäßig bewachsen. Mit einer Art Zwergkiefer, Mandibula Gordonensis. Ein Holz wie Eisen, brennt schlecht, splittert scharfkantig. Daher konnten die Ausrotter auch mit Fallschirmen nicht abspringen (...) Was wir nicht wußten, war, daß sich die Low Chemical Company der Sache angenommen hatte (...) ihre Leute überfliegen das Tal und versprühen ein Gas, das die Vegetation endgültig vernichtet. Die Bäume faulen ab, die Erde wird hart wie Stein, die Menschen schmelzen, es bleibt noch nicht einmal das Skelett« (S. 22 f.).

Von den Gaskammern zu den Atombomben: die Ausrottung der Menschheit mit Hilfe von Industrie und Wissenschaft schreitet fort; jeder Eingriff kommt zu spät, so wie A zu spät zu den Innuits gekommen ist, zu spät zu den Kaffern, zu spät zu den Anaki. Gegen die Natur kann man sich besser schützen; A erklärt, weshalb kein Blitzableiter am Haus ist: so »ist das Haus ein *mögliches* Ziel für den Blitz, so gut wie jedes andere Haus, wie jeder Baum oder Telegrafenmast. Es duckt sich unter den Blitzen und bleibt vielleicht – wahrscheinlich – unberührt« (S. 16). Aber während der Blitz »wahrscheinlich« nicht einschlägt, schlägt der Mensch gewiß zu, er wird zum Mörder der Natur selbst. »Eisbären, Otter, Polarfüchse« hat B bereits aufgegeben: »Tiere sind nicht zu retten.« Und A, der sich für alles Leben einsetzen wollte, gibt diese Einschränkung zu: »Das habe ich auch eingesehen« (S. 30). Oder: »Das kennt man. Die Fische ausgestorben, kein Leben mehr im Wasser, alles vergiftet. Ein Gemeinplatz« (S. 46). Rund zehn Jahre später hat Hildesheimer gesagt, immerhin ist er Mitglied des Tierschutzvereins und der Organisation Greenpeace: »Menschen zu retten hat keinen Sinn mehr, aber für Tiere setze ich mich gerne ein.«[64]

A und B bestätigen sich – ein weiteres autobiographisches Detail –, daß es besser sei, keine Kinder zu haben, und zwar mit ähnlichen Gründen wie Hildesheimer im Interview mit Roman Brodmann: »Die Furcht vor einer unberechenbaren Schuld. Wenn die Erde sich verhärtet und giftig wird, ist da keiner, der sein furchtbares Ende uns zu verdanken hat« – »Und wer weiß: vielleicht hätte man einen Ausrotter gezeugt« (S. 24). Und: »Es ist besser, sich etwas vorzuwerfen, was man *nicht* getan hat, als etwas, was man getan hat« (S. 80). Aber auch die Entscheidung für die geringere Schuld durch Nicht-Tat, die nach Helena alle Protagonisten Hildesheimers getroffen haben, wird kritisiert: »Wie lange kann man *das* vor sich her sagen?« Als schwacher Trost bleibt: »Das

Nichtgetane ist nicht unwiederbringlich«, aber auch diese letzte Hoffnung wird noch abgeschwächt: »Ich fürchte doch.« Gewiß: Nicht-Tat ist besser als Untat, zuletzt wird aber auch diese Unterscheidung sinnlos sein.

A und B stimmen zunächst nicht darin überein, daß sie nichts tun *wollen*, sondern, wie in *Maxine*, nur darin, daß sie nichts tun *können*: »Glück? Zu retten ist nicht mehr viel, nirgends. Man kann nur noch versuchen, das Schicksal der Aussterbenden zu teilen und die Ausrotter wenigstens zu dezimieren« (S. 75). Das sagt natürlich A, der Sprengsätze und anderes Terroristengerät bereithält. Er braucht diese Sachen, wie das Boot, um sein Gewissen zu beruhigen, aber B zwingt ihn, die Alibi-Funktion zuzugeben. Sie tatsächlich zu benutzen wäre eine »schlechte Antwort«, wie B sagt und A zugibt (S. 65).

Beide fühlen sich unschuldig, beide wollen auch nicht schuldig werden, und beide bestätigen sich in wechselseitiger Ergänzung und zunehmender Identifikation, daß man nichts tun kann, ohne schuldig zu werden: »So wird auch der Keller demnächst wieder gefüllt, während weit weg von hier, im Tal des Todes, die Armeen der Ausrotter und der Verbrecher vorrücken und die letzten Ureinwohner der Welt vernichten...« – »...während Kriegsschauplätze gebaut, Wüsten gelegt werden für alle Ewigkeit, und an den fruchtbaren Hängen von La Espagnola Luxushotels für die Familien der Ausrotter entstehen« – »Mögen sie an ihren Guaven ersticken« – »Gewiß. Aber wir helfen nicht nach. Alle Einmischung...« – »Alle Einmischung ist sinnlos« (S. 78 f.).

Welcher Art Taten zuletzt übrigbleiben, sagt B mit bezeichnender Wendung des Wortes »Taten«, als er begründet, warum er sich in das Haus zurückziehen möchte: »Ausruhen vom Scheitern, zugegeben. Aber immerhin von Taten. Scheitern ist eine anstrengende Tätigkeit« (S. 56). Der Zwiespalt zwischen der Einsicht in die Notwendigkeit des Tuns und der Einsicht in die Sinnlosigkeit des Tuns muß, wie in *Hauskauf* vorexerziert, ausgetragen und verarbeitet und kann eben doch nicht, wie in *Monolog* versucht, verdrängt werden: »Die Möglichkeit des Gelingens immer vor Augen haben und dabei gegen sich selbst zu arbeiten, ohne daß man cs weiß«, sagt B und fügt hinzu: »Zwar kommt einem das Scheitern der Welt zuvor, aber das ist kein Trost.« A: »Und doch beruhigt es das Gewissen« (S. 56).

Ersatzhandlungen statt Taten, doch vor sich selbst kann man

deren Scheinfunktion nicht verbergen: eine gepflegte Küche und – autobiographisches Detail wie in *Tynset* – rote Weine gehören zu den wenigen Dingen, die Trost in trostloser Zeit bieten; gerade zu dieser Zeit, zwischen *Masante* und *Mozart*, hat Hildesheimer seine Kochrezepte publiziert und im Jahr vor Erscheinen von *Hauskauf* zu Dieter E. Zimmer gesagt: »Den Vorwurf des Parasitären muß ich auf mir sitzen lassen.« Und so läßt er, als A und B die Küche besichtigen, A aussprechen, was er vermutet, daß B von ihm sagen könnte: »Der Bewohner dieses Hauses hat sein Scheitern durch Genuß getarnt«, B fügt zustimmend hinzu: »Und ersetzt« – als ob sich Scheitern ersetzen lassen könnte. A gibt zu: »Ein Ersatz, der ihn belastet hat.« Doch scheint dieser Ersatz oder diese Tarnung das einzige zu sein, was den Zwiespalt zwischen Untat und Nicht-Tat erträglich macht. »Hier in der Küche werden auch Sie Ihr Scheitern zelebrieren« (S. 73).[65]

Mit aller Gedankenschärfe läßt Hildesheimer diesen zwiegespaltenen Mann die Berechtigung seiner Resignation überprüfen, obwohl sie beide – Hildesheimer und seine Figur – wissen, daß sie berechtigt ist. Sie wissen, daß sie nichts tun können, um den Untergang der Welt aufzuhalten, tun aber, weil sie sich nichts vorwerfen und, wie der Reflekteur der *Vergeblichen Aufzeichnungen*, nichts unversucht lassen wollen, noch einmal so, als könnten sie etwas tun: *Hauskauf* ist wieder ein Spiel mit gewissem Ausgang. A: »unsere Zeit läuft aus.« B: »Der Satz warf beinah ein Echo« (S. 63).

Zur letzten Szene weist Hildesheimer an: »Kein Wind« (S. 82). Die Windsbraut ist vorbei, die Melancholie vertieft und die Resignation besiegelt. Die beiden Männer – aus A folgt B und A folgt aus B – stehen vor dem Haus, ein bekanntes Requisit in der Hand. B sagt: »Mit dem Feldstecher erkenne ich sogar den Saturn« – jetzt ist er der Forscher. A zitiert: »›Den tiefgründigen Anführer der Nacht‹« – jetzt ist er der »Dichter«, was ihm B spöttisch vorhält. B hat sich zum Kauf entschlossen: »Ich nehme das Haus«, und A sagt: »Ich auch« (S. 82) – jetzt sind beide eins.

Das ist, in letzter Konsequenz, die Entscheidung gegen den Reflekteur *Masantes*, der das Haus endgültig verlassen zu haben schien: er ist wieder nach Hause zurückgekehrt, und zwar endgültig: nun wird er nie mehr aufbrechen.

Die Handlung spielt im selben Haus, allerdings wohnen nun Mann und Frau darin, namenlos wie das Paar in *Unter der Erde*, eingespielt wie Silvia und Florian Geyer in der *Bartschedel-Idee* und überzeugt von ihrem Rückzug wie die zweieinigen Männer in *Hauskauf*: in *Biosphärenklänge* aber, 1977 erstmals gesendet und vielleicht kurz nach Fertigstellung *Mozarts* entstanden, zeigt sich, daß die Tat- und Schuldlosen, die Zurückgezogenen, Ausgestiegenen und Verweigerer mit den Ausrottern gemeinsam zugrunde gehen: ein *Pastorale* mit positiven Figuren. Auf die Frage, weshalb sie hier wohnen, sagt die Frau: »Weil du ein Idylliker bist und einen Hang zum Landleben hast« (S. 12). Aber damals konnten Selma und Philip noch sagen: »Ich denke, wir gehen«; das können diese beiden natürlich nicht mehr, das wäre zwecklos – *Hauskauf* hat es bewiesen –, die Idylle ist endgültig zerstört, wie der erste Dialog bereits ankündigt: »Frau: Ist etwas geschehen? / Mann: Ja. / Frau: Was? / Mann: Ich weiß es noch nicht« (S. 7). Der Mann ist der erste, der das Überschreiten der »Erträglichkeitsgrenze« (S. 11) und »Spürbarkeitsgrenze« (S. 12) wahrnimmt, Symptome der »End-Epidemie« (S. 12). Wie in *Maxine* heißt es: »Möglich ist inzwischen alles« (S. 41), bis auf eines offenbar, bis auf die Umkehr.

Die beiden erwarten den Besuch eines Martin – sein Name deutet darauf hin, daß Hildesheimer ihn als positive Figur gedacht hat, man denke an Martin Roehrich in *Das Ende kommt nie* und Martin in *Monolog* –, eines Naturwissenschaftlers, angestellt in einem Labor, ungefähr neunzig Kilometer entfernt. Er gehört also zu denen, die am Untergang mitschuldig sind, und wird dennoch von den Unschuldigen eingeladen: ein treffendes Bild für die unlösbare Verquickung von Schuld und Unschuld. Natürlich ist er nicht ihr Sohn: »Immerhin eines: wir haben keine Kinder. Diese Schuld trifft uns nicht«, sagt der Mann; und: »wir müssen jetzt nicht an einen Sohn denken, der irgendwo weit von hier studiert und nun plötzlich erfährt, was wir erfahren. Oder an eine Tochter, die gerade selbst ihr erstes Kind erwartet. Mir genügt schon der Gedanke an anderer Leute Kinder (...) Fragen sich eigentlich Eltern, bevor sie Kinder zeugen, wie die Zukunft dieser Kinder aussehen mag? (...) es war ja immer schon zu spät, die Kinder waren nun einmal da. Und die Eltern hätten natürlich *auch* gesagt: *so* schlimm wird es ja nicht gleich werden und hätten auf die unbewohnten Regionen der Welt hingewiesen, als lägen dort die Paradiese der Zukunft« (S. 62 f.). Wie es um diese »Paradiese« bestellt ist, hat *Hauskauf* gezeigt.[66]

Auch diese beiden spielen ein Spiel aus Meinung und Gegenmeinung, wieder ein Spiel, das zu nichts führt, diesmal allerdings, weil sein Ausgang inzwischen unerheblich geworden ist. Die Umwelt diktiert das Ende aller Spiele, die Indizien stellen sich ein: ein großer schwarzer Vogel fällt vom Himmel, die Telefonleitung ist tot, Sherry und Cognac schmecken nicht mehr, Hunger stellt sich nicht mehr ein, die Nachbarskinder kommen nicht vorbei, und Martin bleibt aus; Totenstille herrscht. Aber dann kommt plötzlich Wind auf, die Stromversorgung bricht zusammen, ein ekelhafter Geruch macht sich breit, Hunde in den Nachbarhöfen beginnen zu jaulen, Kirchenglocken läuten.

Zunächst scheint es, als habe der Mann einen Anfall von Empfindlichkeit, wie er offenbar zuweilen einen hat, denn seine Frau nimmt ihn nicht ernst. Ihr Gespräch wirkt wie ein Kommentar Hildesheimers zu seinem literarischen Werk: »Es hat mich plötzlich etwas angerührt...« – »Kennen wir das nicht? Ist es nicht wieder der Tod? Er rührt dich doch dauernd an, in irgendeiner Gestalt. Er ist dir doch lebensnotwendig« (S. 9); oder: »Du spielst mir wieder dein Todesspiel vor. In einer neuen Variante« (S. 24); oder: »Du stellst dir das Ende immer wieder anders vor« (S. 40). Er entschuldigt sich für sein Pathos und versucht, statt »Menschheit« »Erdbevölkerung« zu sagen; sie wehrt sich – hin und wieder auch mit Spott – gegen seine Untergangsvisionen, wie sie das offenbar schon immer geübt hat (S. 11):

Mann: (...) Um es lapidar zu sagen: unser aller Ende hat begonnen.
Frau: Nichts Geringeres?! (...) Aber hat dieses Ende nicht schon vor Jahren begonnen?
Mann: Doch. Nur gibt es da einen erheblichen Unterschied zwischen der meßbaren und sichtbaren Feststellung und der Erfahrung am eigenen Leib. Was verseucht ist, wird zwar registriert; was abstirbt oder abgestorben ist, das stellen wir fest, oder wir sehen es. Aber jetzt beginnen wir, es in uns zu spüren.
Frau: Ich spüre noch nichts.

Sie erwartet auf ihre Frage nur die Bestätigung längst bekannter Ansichten, kann aber noch nicht verstehen, daß der Mann inzwischen weiter ist: »Du bist wie der Junge in der Geschichte, der allzu oft gerufen hat: ›Der Wolf kommt!‹« (S. 16) Der Mann ist überzeugt, daß der Wolf tatsächlich kommen wird, und die Verteidigung seiner »Taktik der Aufstörung« mit ihrem deprimierenden Resultat könnte genauso von Hildesheimer selbst formuliert werden: »Ich wollte, ich hätte irgend jemanden aufgestört« (S. 16). Aber der Mann hat recht behalten, jetzt kann er nicht mehr *Von der Herrlichkeit, widerlegt zu werden* sprechen: »›Recht haben‹ ist etwas Lächerliches. Ich habe es nie gewollt. Aber was sollte ich dagegen tun?« (S. 44) *Monolog, Tynset, Nachtstück* – sinnlos geworden, der Blick unters Bett »kindisch« (S. 22). Selbst die letzte Möglichkeit, der Rückzug in *Hauskauf*, ist vertan: »Ich fürchte, es ist zu spät. Was jetzt unerträglich wird, sind nicht meine Ahnungen, sondern es ist das Geahnte« (S. 17). Jetzt sind die Fragen nach Tat, Untat oder Nicht-Tat, Schuld oder Unschuld nicht gerade gleichgültig, aber unerheblich: »hilflos sind wir jetzt alle, schuldig oder unschuldig«; und in einer Anspielung auf Claudius' *Kriegslied*: »Jedenfalls ›begehre ich, nicht Schuld daran zu sein‹« (S. 25).

Wieder, wie in *Hauskauf*, werden die Motive aufgereiht und mit der Haltung Mary Stuarts vor dem Schafott einer letzten Prüfung unterworfen; denn *Biosphärenklänge* setzt den Komparativ von ›letzten‹ ins Wort: »ein bestimmtes historisches Geschehen (...) dessen Ausgang bekannt ist« (S. 14). Vor diesem Ende hält nichts mehr stand: »Ich schlage vor, wir tun, als geschehe nichts. Gehn wir in die Küche und kochen« (S. 18). Aber selbst dieses bewährte Mittel versagt: »Zum Kochen wäre es jetzt ohnehin zu spät« (S. 27).

Trostlos passieren die früheren Begriffe und Einstellungen Revue: »Ich hatte nur *meine* Worte. An denen bin ich denn auch gescheitert (...) Wer sollte mich schließlich ernst nehmen? Ich konnte mich ja selbst nicht ernst nehmen; ich hatte immer dieses Scheitern vor Augen« (S. 64). Ein Ausweg nach dem anderen wird verworfen: die Kirche, die ihre Glocken eine Zeitlang bimmeln läßt, als die Hunde schon jaulen und der Wind weht; die Religion, nicht lächerlich, eher respektvoll mit der Erwähnung der Offenbarung des Johannes; selbst der Wind hat einen neuen Aspekt bekommen, wie die Frau sagt: »Du hast deinen Wind falsch gedeutet. Nichts läßt er zerstieben. Im Gegenteil: er trägt das Furchtbare an« (S. 58). Schopenhauer und Bloch werden zitiert, der eine zustimmend, der andere ablehnend (S. 63):

Hoffnung hat ja immer ein Gebiet gefunden, auf dem sie sich ausbreiten konnte. ›Hoffnung‹, ein tückisches Prinzip. ›Ruchlos‹ hätte Schopenhauer gesagt. Manchmal hat sie ihre Krisen und zeigt ihre Schattenseiten. Dann kommt das auf, was man gemeinhin ›echte Besorgnis‹ nennt. ›Echte Besorgnis‹ – wohl im Gegensatz zur unechten. Da wurde vor Auswirkungen gewarnt, da man versäumt hatte, vor den Ursachen zu warnen. ›Umweltschutz‹, so nannte man das System, das den Dreck der ganzen Welt von der Umwelt fernhalten sollte und in die Umwelt des Nächsten ableitete. Oder eben in jene Gebiete, in denen sich dann die nächste Generation tummeln soll.

Die Schuld an den Ursachen trifft einen kleinen Kreis, die Auswirkungen treffen alle: technische Nebenwirkungen, jene »unerwarteten Effekte, die kein Wissenschaftler einkalkuliert hat« (S. 21). Das sind die Folgen jenes Systems, dessen Ziel Untergang ist, wie in *Der Brei auf unserem Herd* rund zwanzig Jahre zuvor, die zunehmende Unerträglichkeit bis zum plötzlichen Umkippen. In *Biosphärenklänge* heißt das: »Betrachte den Vorgang wie eine langsam sinkende Temperatur. Wenn sie den Nullpunkt erreicht, sinkt sie zwar nicht schneller als zuvor, nur eben: genau an diesem Punkt geschieht etwas, nämlich das Wasser gefriert. Davon weiß die Temperatur aber nichts, sie ist wertfrei wie die Wissenschaft. Nur eben hat sie für uns einen Stillstand bewirkt. Wir haben eine Grenze überschritten und sinken dem Punkt entgegen, an dem alles erlischt« (S. 65 f.).

Die Frau kann sich den Interpretationen des Mannes nicht mehr entziehen, als sie seine sinnlichen Wahrnehmungen zu teilen beginnt: daß Essen und Trinken nicht mehr reizvoll sind, hätte noch Folge der Suggestion sein können; der üble Geruch aber, der sich überall ausbreitet, nicht mehr. Die apokalyptische Vision vom »Ende des Endes«, nämlich daß »Tausenderschwärme großer schwarzer Vögel vom Himmel fallen« (S. 40), wehrt sie noch ebenso ab wie die Erläuterungen zum »Richardson-Effekt«, die ihr zu sehr nach der Lektüre im »Wartezimmer eines Zahnarztes« klingen (S. 40). Der Mann gibt zu: »Da habe ich es auch gelesen. Aber klingen nicht alle Prognosen so? Das Wort ›Futurologie‹ klingt doch nach einem Kreuzworträtselblatt. Nur leider bedeutet das nicht, daß die Vorhersagen nicht eintreffen. Binsenwahrheiten sind die hartnäckigsten Wahrheiten, keiner will sie hören, weil sie so wahr sind« (S. 41). Auch das Spiel mit Klischees ist zum Ende gekommen.

Richardson-Effekt meint, daß sich »das Überschreiten der letzten Grenze« in einem »sehr hohen Ton« ankündigt, der durch »die Verseuchung der Zone zwischen Atmosphäre und Stratosphäre durch anorganische Schadstoffe« entsteht: »Die Schallwellen des Lärms auf der Erde und in der Luft werden nicht mehr absorbiert, sondern in einem einzigen, allerdings sehr hohen Ton auf die Erde reflektiert« (S. 41). Die Sphärenmusik der Pythagoreer wird hörbar, aber aus Gründen, die mit der Sphärenharmonie des Aristoteles (*De Caelo* II,9) nicht mehr das geringste zu tun haben. Statt des Gesanges der Engel im Himmel – über deren Chöre schon die *Vergeblichen Aufzeichnungen* gespottet haben – hört man nun, um es salopp zu sagen, alle Engel im Himmel singen, das meint: der Himmel gibt wieder, was der Mensch produziert, allerdings nicht so, wie er es produziert. Ein Echo, von dem es in den *Mitteilungen an Max* beinahe harmlos heißt, es töne nicht so aus dem Wald zurück, wie in ihn hineingerufen werde.[67]

Noch als der Mann sagt, er höre diesen Ton schon – »Ein viergestrichenes G, wenn ich mich nicht irre. Ein klebriger Ton« (S. 72) –, wehrt die Frau ab, doch dann: »Jetzt! Jetzt höre ich den Ton« (S. 73). Der Mann: »Jetzt wird er vielleicht schon von vielen gehört. Bald hören ihn alle. Manche wahrscheinlich erst in ein paar Tagen oder Monaten. Aber sie *werden* ihn hören. Dann werden Kinder geboren, mit diesem Ton im Ohr. Wenn ihnen ein paar Jahre Leben gegönnt sind, werden sie vor ihrem Ende erfahren, daß es einmal eine Zeit gab, in der man diesen Ton nicht hörte. Jetzt werden ein paar Kinder ihre Eltern fragen, was dieser Ton wohl zu bedeuten habe. Auf diese Frage möchte ich nicht zu antworten haben« (S. 74) – ein Gegenstück, gespenstisch und ausweglos, zum ersten der *Träume* Günter Eichs.

Noch einmal versichern sich die beiden ihre Schuldlosigkeit, zum letzten Mal: »Wir sind in diesen Schrecken *getrieben* worden. Behalten wir uns das bis zuletzt im Auge. Für eine Weltsicht konnte man sich entscheiden. Für eine Partei auch. Sogar für gut und böse – ich meine: nach Ermessen dessen, der sich entscheiden wollte. Aber die Entscheidung, daß die Erde nicht bewohnbar bleiben soll, haben andere getroffen. Wir sind nicht gefragt worden. Die Frage hat sich den Schuldigen *selbst* nicht gestellt. Dazu hat ihr Gehirn nicht ausgereicht (...) Wie gern hätte ich in vielem unrecht gehabt!« Die Frau: »Es war besser, das Unrecht anderen zu überlassen« (S. 74f.). Die Schuldigen werden, ihrer Dummheit, Wertfreiheit und Kurzsichtigkeit wegen, von der bösen *Absicht* freigesprochen, nicht aber von der Verantwortung.

Mann und Frau beschließen, sich vor dem Ton zu schützen und sich, was Adrian in *Landschaft mit Figuren* schon Bettina geraten hatte, Watte in die Ohren zu stopfen (S. 75):

Mann: Falls wir einander noch etwas *in Worten* mitzuteilen haben, wäre jetzt der Augenblick gekommen. Gibt es noch etwas zu sagen?
Frau: Laß mich überlegen. (*Pause*) Nein. Ich wüßte nichts.
Mann: Ich auch nicht. (*Ton um eine Nuance stärker, dann jäh ausblenden*)

In *Biosphärenklänge* rekapituliert Hildesheimer sein eigenes Werk und stellt fest, daß es machtlos war und ist. Die Katastrophen werden kommen, ihre Verheerung wird zunehmen, die Natur wird sich verweigern. Kurz vor dem letzten Ende werden alle wissen, was er selbst seit Ende der fünfziger Jahre weiß und vorhersagt: die entscheidenden Katastrophen sind längst geschehen, das Ende ist gewiß, nur wird diese Einsicht verdrängt, selbst Mary Stuart hat das zu Beginn des Stückes noch versucht. Kein Werk ist bisher diesem letzten Ende, das alle treffen wird, so nahe gerückt: die unerträglichen Anzeichen des letzten Endes können nicht mehr wegdiskutiert oder verdrängt werden. Dieses Ende kommt nicht mit Donner und Blitz, erzeugt auch nicht, wie Hildesheimer Eliot zitiert, ein »Wimmern« (S. 40) und hat nichts mit biblischen apokalyptischen Visionen zu tun: dieses letzte Ende ist, als logische Konsequenz eines Prozesses, selbst ein langwährender Prozeß: noch immer können Mann und Frau weiterleben.

Der Mann sagt: »Unglücklicherweise muß einer der erste sein, der das Ende spürt. Ausgerechnet bin ich es« (S. 22 f.). Das meint die Qual dessen, der zu allen Unerträglichkeiten des letzten Endes auch noch die Ungläubigkeit seiner Mitmenschen ertragen muß, die ihn, weil nicht so sensibel oder unbeirrbar optimistisch, womöglich verspotten, mißdeuten und als Endzeit-Propheten in jene Schublade stecken, in die sie schon die früheren Propheten gesteckt haben, um sie ad libitum als Gegenbeweise zu mißbrauchen. Dabei handelt es sich nicht um Prophezeiung, sondern um den Mut zur Konsequenz, auch wenn das Resultat fürchterlich ist. Solange das physische Erleben die Verdrängungsmechanismen aber nicht vereitelt, wird dieser erste, so er nicht eine Frau hat wie der Mann in *Biosphärenklänge*, mit seinem Leiden und seiner Gewißheit allein bleiben. Eine tragische Konstellation.

Hildesheimer *ist* in die Schublade der Endzeit-Propheten gesteckt worden, er *hat* den Mut zum logischen Zu-Ende-Denken und zu dessen Artikulierung – etwa zwei Jahre vor *Biosphärenklänge* in seiner Rede *The End of Fiction* –, er *hat* die Vorlieben und Abneigungen des Mannes aus *Biosphärenklänge*, und die Dialoge zwischen ihm und seiner Frau könnten bis hin zu manchen Details genauso ablaufen. Darüber hinaus: Hildesheimer *hat* die Konsequenz des Mannes aus *Biosphärenklänge* gezogen; denn noch eine andere Formulierung dieses letzten Dialoges vor dem endgültigen Verstummen deutet auf ihn selbst, nämlich ob man sich noch etwas »*in Worten*« (Hervorhebung von Hildesheimer) mitzuteilen habe.

Sein Ende des Schreibens entspricht dem Entschluß seiner Figuren, sich Watte in die Ohren zu stopfen, um das Unerträgliche nicht mehr wahrnehmen zu müssen, in der Gewißheit, daß das letzte Ende nicht mehr aufzuhalten ist, ganz gleich, ob und was man dazu noch sagen könnte. Hildesheimers Rückkehr zur bildenden Kunst ist der Versuch, sich einen letzten Rest des Erträglichen zu retten, solange es diese Möglichkeit noch gibt, wobei er natürlich in Kauf nimmt, in seinen Äußerungen reduziert zu sein. Denn der Schluß der *Biosphärenklänge* bedeutet ja nicht, daß man sich gar nichts mehr mitzuteilen hätte, man teilt sich nur nichts mehr *in Worten* mit, aber vielleicht, wie Hildesheimer, in Bildern.

Endfunk

In *Biosphärenklänge* stellt Hildesheimer zunehmendes Verstummen dar, in *Endfunk*, auch darin ist seine letzte Arbeit für den Funk die logische Folge, das Ende dieses Prozesses: das Stummsein. Nun gibt es keine Hauptfiguren mehr, das heißt: eine zentrale Figur, Mann oder Frau, muß wohl anwesend sein, äußert sich jedoch nicht, sondern bleibt anonym, nicht einmal ihr Aufenthaltsort kann bestimmt werden. Das einzige, was man sicher von ihr weiß, ist, daß sie an irgendeinem Morgen in irgendeinem Zimmer Radio hört und daß ihre einzige Tat darin besteht, die Tasten des Radios zu drücken. Die Situation hat sich verkehrt: in den sechziger Jahren hatten die Hauptfiguren Monologe zu sprechen, zuweilen unterbrochen von Stichwortgebern wie dem Einbrecher in *Nachtstück*, den stereotypen Bändern des Telefondienstes oder den wenigen Anrufern in *Monolog*; in *Endfunk* übernimmt das Radio den Monolog, genauer: fünf Monologe, denn der Hörer – nennen wir ihn zur Vereinfachung so – wechselt ständig zwischen fünf Kanälen hin und her und hört die Mitteilungen in Wort und Ton – Musik von Jan Wisse – in absolutem Schweigen ab.[68]

Das Stummsein wird im Verlauf der Funkoper – wenn man sich zu dieser Gattungsbezeichnung entschließen will – mit einer zunehmenden Zahl Ausrufezeichen versehen und bekommt jenen Ruch des Pathetischen, den Hildesheimer bei der Anlage seiner Texte für die fünf Kanäle streng vermeiden wollte: denn dieser Hörer verfolgt an seinem Radio den Weltuntergang, erlebt, wie die Sender erfaßt werden, einer nach dem anderen, und kann nichts anderes mehr annehmen, als daß er selbst in Kürze erfaßt werden wird. Hätte ihn Hildesheimer, wie er zunächst geplant hatte, die Radiosendungen kommentieren lassen, wäre vielleicht das Pathos des Schweigens vermieden worden; statt dessen hätte er die Inkonsequenz der Entwicklung aus *Biosphärenklänge* erreicht. So aber liegt in diesem Stummsein, einer kompositorischen Leerstelle klassischen Formats, die ganze Ausdrucksskala von müdem Weghören bis zu atemlosem Gefesseltsein; vom Wunsch, nicht sprechen zu müssen, bis zur Unmöglichkeit, etwas sagen zu können; vom resignierten Schweigen bis zum sprachlosen Entsetzen. Auch *Endfunk* beschreibt das Leben nach der Katastrophe, doch was für ein Leben mag das noch sein, bis das Ende auch diesen Hörer erreicht hat: in *Biosphärenklänge* hat das letzte Ende seinen Anfang genommen, in *Endfunk* findet es sein Ende, *Biosphärenklänge* war der Komparativ von ›letzte‹, *Endfunk* ist der Superlativ. Der Abstand zwischen entscheidender und letzter Katastrophe ist auf ein Minimum geschrumpft.[69]

Kanal 1 bringt Wetter- und Umwelt-Vokabeln: starkböige Sprühregenwolken, Senkwirbelsturm, Sturmtief und Sturmhoch, Hochnebel mit Tiefnebelfeldern, Quellnebelballungen, Kaltfront, Ausfall an Ausfallstraßen, Warnsignale in Funktion. Diese Begriffe tauchen in den verschiedenen Zustandsberichten über das ganze Stück verteilt immer wieder auf, und zwar, wie auf jedem der fünf Kanäle, je später, um so »gestörter«, wie Hildesheimer anweist und in der letzten Phase auch sprachlich nachvollzieht.

Zunächst jedoch – es ist 6.45 Uhr – bringt Kanal 1 Nachrichten, in denen eine Rede von Papst Johannes Paul II. zitiert wird: »Die

Wahrung des Weltfriedens sei unabdingbare Bedingung, um den Frieden auf der Welt zu bewahren« (S. 2). Das ist ein kleines Meisterstück des »tautophilen Dilettanten« Hildesheimer, wie er sich in den *Mitteilungen an Max* nennt; das ist der normale Wahnsinn, den man täglich zu hören bekommt, und nebenbei ist das ein Hieb Richtung Kirche, allerdings noch kein sonderlich bedrohlicher. Die weiteren Nachrichten bringen einen ähnlichen Hieb Richtung Wirtschaft und Industrie, eigentlich eine alltägliche Nachricht, die nur deshalb auffällt, weil sie in diesem Rahmen steht: Töne, die jeder verstehen könnte, wäre er nicht schon an sie gewöhnt und hätte die Sensibilität des Mannes aus *Biosphärenklänge* nicht längst verloren, falls er sie jemals besessen haben sollte.

Bedrohlich und erstmals leicht gestört klingt die Nachricht vom Passagierflugzeug, von dem jede Spur fehlt (S. 4). Ab hier steigern sich die Katastrophenmeldungen, vorgetragen zunächst noch ganz im Ton normaler Nachrichten. Überall wird Regen gemeldet, und trotzdem geben die Wasserstandsmeldungen ausschließlich sinkende Pegel an. Da wird von einem »Wasserschutzgesetz« geredet: zu spät, wie der Hörer ahnt und spätestens seit der *Verspätung* hätte wissen können. Dann folgen Nachrichten, zum Beispiel über die Diskussion des Paragraphen einundachtzig des Grundgesetzes, der – nicht ausdrücklich erwähnt – die Notstandsgesetze betrifft; oder ein Zitat aus einem Vortrag mit dem Titel »Moral und Technik in der Umwelt«: »trotz aller Stirnfalten der klassischen Ökonomen ist das allgemeine Umweltbewußtsein letzthin um Wesentliches gewachsen« (S. 8). Ebenfalls zu spät.

Allmählich werden die Nachrichten immer verstörter: zunächst Versprecher wie »Handstoffbrendel« (S. 9), später nur noch Bruchstücke: »zur Wahrung einer Währung im Umwelthandel – durch die ökologische Auswirkung –«. Oder: »allgemeine Stagnation – Verendung – in der Umwindung – der Mißnahmen – im Umwalt« (S. 9f.). Und: »Durchsäge – umgeletet – verlöscht – ausgefallen – Achtung – Lietsendunst – Nallquebel –« (S. 10). Darin verrät sich die Wahrheit: »Mißnahmen« sind es tatsächlich, die tagtäglich begangen werden, um die Umwelt zu retten, zum Beispiel, wie »Umwalt« spezifiziert, den Wald; das ist bloßer »Umwelthandel«. Der Ausgang solcher Mißnahmen ist letal, der Mensch wird »umgeletet«. Auch *Endfunk* zeigt also, wie *Biosphärenklänge*, den Übergang von scheinbarer Ordnung zu offensichtlicher Unordnung und Katastrophe, nur bleibt jetzt nicht einmal mehr die Zeit zu einem Gedanken an einen Fluchtversuch. Starr sitzt der Hörer da und erwartet das Ende, das ihn in aller Bälde ereilen wird.

Der Sender versucht, ehe er erlöscht, zu warnen, doch nun ist es endgültig zu spät: die sinkenden Pegelstände und der zunehmende Regen lassen den Hörer ahnen, was in den Sendern soeben geschieht und sich ihm nähert, bestärkt durch Hintergrundgeräusche, ein Rauschen und Fließen, ›panta rhei‹, wie nicht nur der Einbrecher in *Nachtstück* vorhergesagt hat: die Menschheit ersäuft, die mißbrauchten Elemente rächen sich, die Erde kehrt auf ihren Ausgangspunkt zurück und bedeckt sich wieder mit Wasser. Die Wassermassen sind allerdings nicht von einem strafenden Gott entfesselt, sondern von den Menschen selbst: eine areligiöse Sintflut, keine Strafe für Sünde, sondern, wie in *Biosphärenklänge*, logische Konsequenz aus falschem Verhalten.

Kanal 2 bringt Musik, aber von Anfang an »gestört«: als der Hörer Kanal 2 zum ersten Mal ansteuert, läuft eben die Absage einer »Sonate in E-Dur für zwei Violinen und Continuo von Jean Marie Leclair« mit einer Besetzungsliste, die dem Höllenkonzert der *Mitteilungen an Max* angemessen wäre. Gleich darauf wird »die Sonate in F-Dur für Blockflöte, Viola da Gamba und Cembalo von Giovanni Battista Sviluppi« angesagt, mit entsprechender Besetzungsliste natürlich: »Es spielen Karlheinz Liebstock C-Blockflöte, Hiltrud Wagenscheid Viola da Gamba und Rosl Plötz-Immermann Cembalo« (S. 11). Das erinnert, wie der steigende Wasserstand auch, an *Das Ende einer Welt*, Flöte und Cembalo, damals hieß der Komponist angeblich Gianbattista Bloch, und damals hat der Erzähler gesagt, man hätte das Konzert bei diesem Wasserstand abbrechen müssen, wäre in diesem Stück ein Cello vorgeschrieben. Jetzt steht das Ende *der* Welt bevor, jetzt ist mit der Gambe der Vorläufer des Cellos unter den Instrumenten. Die Absage lautet denn auch völlig anders als die Ansage: »Sie hörten die Sonate in D-Moll für Blockflöte, Viola d'amore und Cembalo von Alessandro Sviluppi. Es spielten Hildegund Eberlin-Schroll Querflöte, Suzuki Tanakarawa Cello und Ekkehard Schmiedl Harfe« (S. 12).[70]

In einer Notiz für Jan Wisse heißt es: »Es fragt sich, ob wir den Witz beibehalten sollen, in der Absage andere Namen, andere Bezeichnung, Tonarten zu nennen, als in der Ansage. Ich möchte nicht (...) daß das ganze (...) Witze enthält, die mit der Sache selbst nichts zu tun haben.« Tatsächlich wirkt dieses Prinzip auf den ersten Blick als bloßer Witz, aber es gilt, was Grass schreibt: »Wir dachten, das sei ein Witz, / als uns plötzlich / das Lachen verging« (*Die Rättin*, S. 88). Hildesheimer hat entschieden: »Ich glaube, daß der Kontrast wirkungsvoller – und komischer – ist, wenn auf diesem Kanal die obligate Rokokomusik – wenn auch wachsend gestört – weitergespielt wird, als wenn die fünfte Symphonie zum allgemeinen Pathos beiträgt.«

Das Konzert auf Kanal 2 setzt sich entsprechend fort: »Hören Sie nun die Sonate in K-Dur für zwei Oboen von Aloys Xaver Pfoerchtl. – Es spielen Karl Anton Schröckmaier Klarinette und Friedebald Weinhold Fagott. (Die Sonate ertönt: Horn und Posaune. Allegro con moto. *Hin und wieder leicht schwankend*.)« (S. 12) Pfoerchtl, Schröckmaier und Friedebald sind sprechende Namen, kündigen Furcht und Schrecken an und deuten, in spöttischem Hinweis auf den Frieden bei Gott, auf den baldigen Untergang hin. Das Spiel mit Namen und falschen Angaben setzt sich fort, unter anderem mit der Ankündigung einer Sonate in c-Moll für Okarina, Horn und Kontrabaß, die von Klavier, Violine und Klarinette gespielt wird. Die Erwähnung der Okarina erinnert an *Biosphärenklänge*, wo der Ton der verseuchten Atmosphäre dem Mann wie der Klang einer Okarina vorgekommen war, oder an Henzes Komposition zum *Ende einer Welt*, wo der Untergang der künstlichen Insel unter anderem von einer Okarina untermalt wurde. Bereits in Hildesheimers allererster Geschichte, *Der Kammerjäger*, steht: »Meine einzigen Gaben sind eine gewisse Fähigkeit, die Okarina zu spielen und das Geschichtenerzählen.« In *Nachlese* heißt das: »Rinnsal, Scheusal, Labsal, Trübsal, von jedem etwas. Ich blase Trübsal, – ich stelle mir da ein blockflötenartiges Instrument vor oder auch etwas mit dem tönernen Timbre einer Okarina, lugubrious, (unübersetzbar)« (S. 65).

Ein Sprecher meldet: »technische Störungen noch ungeklärter Art behindern uns an der normalen Durchführung unseres Programmes. Wir hoffen jedoch, daß sie bald behoben sein werden und fahren mit unserer Musik fort, indem wir Sie bitten, eventuelle kleine Störungen zu verzeihen« (S. 13). Da sind sie wieder, diese gewöhnlichen Durchsagen, bei denen sich niemand mehr Gedanken macht, nicht einmal wenn – wie im Oktober 1985 im Zweiten Deutschen Fernsehen – totaler Stromausfall ist: die Zuschauer bleiben stundenlang vor der schwarzen Scheibe sitzen und warten auf den nächsten Spielfilm.

In *Endfunk* fallen die Sender allerdings nicht plötzlich aus, sondern durchkreuzen einander, zum Beispiel Kanal 1, der nach einiger Zeit über oder unter der Musik auf Kanal 2 hörbar wird. Die Töne beginnen zu schwanken, »fading« ist vorgeschrieben, Morsezeichen mischen sich ein, eine bereits gespielte Komposition klingt wieder an und wiederholt ein paar Takte, »als sei sie stehengeblieben« (S. 14). Der elektrische Strom fällt aus, die Sonate wird »schwächer, tiefer und langsamer, geht aber weiter, sich wiederholend«, ist »immer noch hörbar, sehr leise, ersterbend«, und zuletzt bringt ein »Nicht erkennbarer Kanal« über »Hall, schwankend« die letzten Lebenszeichen: »... Löschsignale ausgefallen – Warnung – an alle Fußgänger – Achtung bei Nebelschaltsignalen«, und mit anderer Akustik: »Morgenhochwasser an alle Seefahrer – südschwenkende Steuerung – Sumpftonnen verlischt – ... (Pausezeichen schwankend)« (S. 15).

Kanal 3 beginnt, wie die anderen Kanäle, zunächst bei Alltäglichem: Marktbericht mit Vieh- und Fleischpreisen. Es folgt die Sendung »Für die Hausfrau« mit zwei Rezeptvorschlägen: »Heute ist Donnerstag. Ein ganz gewöhnlicher Wochentag also, und damit der Tag für ein nahrhaftes, aber schmackhaftes Alltagsgericht, und zwar diesmal aus unserem Nachbarland Österreich. Wie wär's also mit einem Pustertaler Gemüsepudding!« (S. 16) Kochrezepte wie jene in *Monolog*, Gerichte, die nicht nur Hildesheimer den Appetit verderben: Pudding, Mehl, erkaltete Schwitze, Masse, Scheibchen, spletzen, kleine Röschen – Abscheulichkeiten wie in *Der Brei auf unserem Herd*, zubereitet und garniert von der »kalten Mamsell« aus den *Mitteilungen an Max*: »Ein köstliches und nahrhaftes Alltagsgericht, übrigens auch geeignet für unsere fleischlosen Freitage« (S. 18).

Der nächste Tag, ein Freitag, wird wahrhaft fleischlos sein. Das *Rezept* klang allerdings schon mit der Formulierung »in einen großen Topf« an, aus dem, weil ja der Boden fehlt, alles ins Bodenlose fließen wird. Eben davon handelt auch dieses Rezept: »Wer also den Pustertaler Gemüsepudding lieber auf morgen verschieben möchte, dem empfehle ich, am heutigen Donnerstag vielleicht einmal einen Entschlackungstag einzuschieben, wie wir ihn eigentlich ...« (S. 18): »eigentlich« entschlackt sich eben die Erde und befreit sich von überflüssigem Ballast: dem Menschen.

Natürlich machen sich auch auf diesem Kanal die Störungen bemerkbar: zwischen »der rascheren Passage des Speisebreis« und der Ausscheidung der »schwerer verdaulichen Stoffe« – in *Masante* war die sechsundzwanzigste Ausscheidung des Menschen der Mensch selbst – mischen sich »starke Quellnebel«, eben als man »eine Tasse Weizenbrei in Buttermilch« aufquellen lassen soll und einem die Vorstellung zugemutet wird, die »Lösung lauwarm« zu trinken (S. 19). Zuletzt »unter Wellengeräusch, leise, langsam ersterbend« Hinweise auf Ursache und Wirkung: »Ballastbrei – und Spiestrakt – auch Yoghurt – und Darmgurt – der Gifttrakt – in Molke – im Dackdirm – an Vi – ta – mi – nen der Schlaum-heit – verdau – ungs – waage – Ball-lust – tee Was-ser Was-ser – – – (Pausezeichen) Wasser – (unhörbar)« (S. 20).

Kanal 4 bringt Morgengymnastik, die inzwischen ebenso sinnlos geworden ist: »und *hö*-er und *hö*-her und *strek*-ken, hin*auf* / vom *Zeh* bis zum *Haar*-an- satz *deh*-nen und *deh*-nen / und *strekken* und *deh*-nen / so *wer*-den wir *lang* und lang und länger / und hoch und hoch / und wie-der hin-ab und hin-ab / und lok-kern, ent-span-nen – / wir fal-len und fal-len entspannt und gelockert / und schüt-teln die Ar-me erst rechts und dann links« (S. 21). Nicht nur die unrhythmischen Zusätze gehören, wie die Entschlackung und Entgiftung bei der Diät, zur Ebene des Autor-Kommentars: entschlacken und entgiften wird sich die Erde, der Mensch wird »fallen«, und zwar entspannt und gelockert, weil er von seinem Untergang nichts ahnt oder wissen will. Er wird »lang und länger«, als liege er auf dem Prokrustesbett, und dann »hin-ab und hin-ab«, zwar »ent-spannt und ge-lok-kert«, aber endgültig »zum letz-ten Mal«. Das ist ein harter Schlag gegen alle Verdränger; zuletzt werden sie zappeln wie Hampelmänner. Zu Mary Stuarts Haltung ist keiner fähig, keiner hat das Sterben gelernt, aber nun hat sie begonnen, die Hinrichtung des Menschen durch die Natur.

Die Gymnastik wird zum Totentanz: »Und zuletzt versuchen wir, die Bickenwerbel unter rundischer Drehung des Oberrumpfes bis zu den Ziehenspetzen durch Halbdrehung des Brustkorbes« – das sind die grotesken Verrenkungen angesichts des Untergangs: »die lickernde Workung auf Moskeln und Gelunke entsteht bei Tripeldrehung der Säubelwirbe« (S. 24). Die letzten Zuckungen »erlöschend, gestört« und »langsamer« (S. 23): »Und hinab und hinzu und himself und RUCK / Und Ausatemstoss ffffff – und Einatemsog ssssss – / und fffff – und sssss – Stoßatem ffffff – Saugatem sssssss« (S. 23). Die Atemzüge werden langsamer und unregelmäßig: die Menschheit liegt in den letzten Zügen, ihr letztes Wort, ihr Vermächtnis, ist »*darmtrakt*«: die Erde hat den Menschen satt und scheidet ihn aus: »ssssssssssssssssss« (S. 25).

Kanal 5 beginnt, eine bissige Pointe, übergangslos mit Orgelmusik, als ob der Leichnam direkt zur kirchlichen Bestattung überführt worden sei, mit dem Sinn und Zweck, das ewige Leben im Jenseits zu erlangen. Auf der Spielebene von *Endfunk* bedeutet diese Musik die Ankündigung der Auseinandersetzung mit kirchlichen und theologischen Fragen, die Orgelmusik gilt als »Einleitung zur Morgenandacht« (S. 25).

Oberkonsistorialrat Helmuth Dörpinghaus aus Wuppertal hebt an: »›Seid fröhlich von Herzen! Frohlocket und trinket Euch satt an der Quelle des Trostes, der in Fülle Euch fließt!‹« Wieder das Fließen, aber in einem Zusammenhang, als habe Dörpinghaus eben die Diätvorschriften von Kanal 3 gehört. Nach diesem munteren Zuruf beginnt er: »Liebe Freundinnen und Freunde: lasset uns dieses Wort aus Isaja, Kapitel sechsundsechzig, Vers zehn bis elf, zusammen bedenken, nachfühlen und schließlich beherzigen, als Auftakt zu dem heutigen schlichten Wochen- und Arbeitstag. Lasset uns diese Worte wägen und nach ihrem versteckten Sinn suchen. Denn nur wenn wir wirklich suchen… …enthüllt sich uns die Wahrheit. Liebe Freunde: ich sehe den Zweifel auf Euren Gesichtern stehen, ich sehe Eure Lippen die traurige Frage formen: Ja, aber worüber soll ich denn fröhlich sein? Bin ich denn mit Gründen zum Frohsinn, mit Gesundheit, Wohlsein und irdischem Gut so reich gesegnet, daß ich wirklich jedem Tag frohgemut entgegenblicken kann?« (S. 26)

Bereits an dieser Stelle kommt die erste »Leichte Schwankung«, natürlich, denn dieser Donnerstag ist weder schlicht noch einfach: es ist der letzte Tag der Menschheit, angesichts dessen die Frage, ob man »wirklich jedem Tag frohgemut entgegenblicken kann«, geradezu leichtsinnig erscheint: »Zweifel« sind angebracht, ganz im Gegensatz zu »Frohsinn« und »Wohlsein«; »irdisches Gut« und »Gesundheit« haben ihren Sinn verloren. Die große Lücke zwischen »wirklich suchen« und »Wahrheit« – *Die Suche nach der Wahrheit* – legt die Betonung auf »wirklich«, aber dieser Oberkonsistorialrat sucht nicht, er hat Antworten gefunden, Scheinantworten im schlechtesten Sinn, nämlich Bibelzitate, die er jeder Situation überstülpt, fragwürdige Autoritäten mit noch fragwürdigerer Auslegung. Immerhin: noch kann er korrekt zitieren.

Das sechsundsechzigste Kapitel Jesaja ist das letzte – schon dieser Umstand deutet auf das Ende hin. Doch Dörpinghaus hat für sein Zitat knapp danebengegriffen, denn in diesem Kapitel wird Gottes Rache verkündet, die außer den wenigen Gläubigen alle und alles zerstören wird, wie Luther übersetzt: »Und sie werden hinausgehen und schauen die Leichname der Leute, die übel gehandelt haben« (66,24). Das ist, wenn man wirklich sucht, die Wahrheit. Doch nicht Gott hat dies bewirkt, und man wird auch jene schauen, so Hildesheimers inzwischen feststehende Überzeugung, die nicht übel gehandelt haben. An solchen Wahrheiten aber geht Dörpinghaus haarscharf vorbei: »ohne die Bürde der Bangnis um seine Existenz auf Erden, wenn nicht gar um sein Überleben, ist keiner von uns, selbst wenn er es nicht weiß. Ohne diese Sorge fehlte unserem Leben sein Maß und sein Gewicht« (S. 27). Unbelastet zitiert er weiter: »Wie heißt es im Psalm neunzig, Strophe zehn, so wunderbar? ›Unser Leben währet siebenzig Jahr, und wenn's hoch kommt, so sind's achtzig Jahr, und wenn's köstlich gewesen ist, so ist's Mühe und Arbeit gewesen‹« (S. 27). Wie Hildesheimer das einschätzt, hat er auf einem Blatt, das zu seinen Arbeitsunterlagen gehört, unter dem Titel *Amoralische Anmerkungen* notiert:

Diesen Satz halte ich für eine unverantwortliche Irreführung, vor allem, wenn man ihn Kindern und Jugendlichen sagt. Ich möchte einen einzigen Zinnminenarbeiter in Bolivien oder eine unterdrückte schwerarbeitende Mutter und Frau hören, die auf dem Sterbebett sagen würde: das Leben ist doch köstlich gewesen.

Die Hoffnung auf ein jenseitiges Leben wird durch den Spott, mit dem dieser Prediger gezeichnet wird, als grundlos, wenn nicht gar als »ruchlos« dargestellt: der Existenz auf Erden folgt keine im Himmel. Dörpinghaus hat nämlich wieder exakt danebengegriffen, denn der neunzigste Psalm spricht von Vergänglichkeit und Untergang, und wenn man den Beginn abzieht – »Herr, Gott, du bist unsere Zuflucht für und für« –, bleibt nur noch die Wasserwüste, die sich in *Endfunk* wieder herstellt. Die Wahrheit, die Hildesheimer dem Oberkonsistorialrat zur Predigt empfohlen haben könnte, steht auch im neunzigsten Psalm und wäre der Situation angemessen gewesen; aber der Prediger hätte sie vermutlich falsch ausgelegt, wie alle seine Bibelzitate: »Lehre uns bedenken, daß wir sterben müssen, auf daß wir klug werden« (Psalm 90,12). Die

Prediger als Vertreter der Kirche und die Kirche selbst werden in *Endfunk* attackiert, und nicht etwa die Bibel. Auf die Bibel spielt Hildesheimer, wie in *Biosphärenklänge*, durchaus ernsthaft an, wenn sie Apokalyptisches prophezeit: Offenbarung, Psalm neunzig, letztes Kapitel Jesaja, Paulus' Brief an die Römer.

Aber so ein Prediger meint von seinem Gott zu wissen, daß er »auch um die kleinen Störungen des Alltags« weiß, und umgehend melden sie sich: »Wrackleuchttonne zweiundzwanzig Grad sieben Minuten achtzehn Sekunden Nord, hundertelf Grad zweiundzwanzig Minuten elf Sekunden West: Wrackleuchttonne als verlöscht gemeldet« (S. 28). Dörpinghaus hält dagegen den guten Rat bereit: »immer hinstreben zum kleinen Glück, anstatt hinanzustreben zum großen Glück der himmlischen Offenbarung« (S. 29). Damit hat Hildesheimer die Umkehrung der Werte erreicht, die Apokalypse als großes Glück.

Dörpinghaus streift noch einige andere Bibelstellen und rät wiederum, als ob er die Diätvorschläge auf Kanal 3 gehört hätte, daß wir »uns seelisch entschlacken« sollen. Aber als er den 24. Vers des 34. Kapitels Jesaja, den es gar nicht gibt, zitieren will, melden sich die Störungen endgültig, Kanal 1 schaltet sich dazwischen: »der Verkehr ist lahmgelegt, Stumpftonnen sind ausgelegt, Warnsignale sind in Funktion« (S. 30). Noch einmal setzt Dörpinghaus mit »Frohsinn und Wohlsinn« ein, doch nun »schwächer und langsamer, tiefer«, untermalt von »Pausezeichen« oder »Morsezeichen«: »und jenem großen Licht das uns geschenkt wird als verborgene Gabe unserer Lebenswoge Seiner Ebenbildlichkeit durch Euch meine Freunde und Freundinnen in ewiger Geborgenheit als großes Schocksal unserer Grinzen des ordischen Labens innegeworden unserer Loge zu ermaßen wünschen...« (S. 31) Die Grenzen sind überschritten, der Rest wird gewiß keine Labsal sein, sondern ein Schocksal.

»Lebenswoge« zeigt: das Wasser steigt; ein »Nicht festzustellender Kanal« bringt die Nachricht »wie von sehr weit, schwankend, langsam, erlöschend«: »... Tyemouth südwest ausgefallen – Den Helder: keine Nachricht. Skagen-Fornaes: keine Nach – – – – (meteorologische Geräusche, Hall) keine – Nach – – Warnung – alle Straßen...« (S. 32) Das Wasser steigt, »Geräusche wie von Fließen und Wind im Hintergrund« untermalen die nun offensichtlich groteske Predigt: »verstickter Senn und verbirgener Sog im Wissen – um die Allmacht – und Umwelt – der Liebe – zu ihm hinan – und – hinab . . . « Jetzt kommt das Ende vom Ende: »im Hintergrund dröhnend«, dazu »ersterbend« die letzten Worte des Predigers: »unsere Eeeewigkeit – die in Fille – uns flößt – und erliest – ist die Trelle – des Flostes – und Illmacht der Laabe – der Ziehversucht – und Frohlecken – (Pausezeichen schwankend) – im erdischen Lieben – um Gitt – und Walt – (Pausezeichen) – und Locht – – – – – – und Senn – – – – und Wirt – – – und Lecht – – – – (Rauschen) – und Friede – – – und Trist – und Sog – – –« (S. 32). Nach einer großen Pause der letzte Atemzug: »eeeeewügkeeiit / – – – ewig – – . . .« (S. 33)

Soweit die Texte der einzelnen Kanäle. In der durchgängigen Fassung für die Produktion unter Regie von Klaus Schöning beginnen die fünf Kanäle zunächst der Reihe nach von eins bis fünf, das Orgelvorspiel zur Andacht setzt dabei eben nicht nach Totentanz und Exitus auf Kanal 4 ein, sondern gleich zu Beginn, als fünftes Stück. Dadurch ist eine, wenn auch nicht entscheidende, Möglichkeit vergeben. Auch mancher Fehlgriff der radiophonischen Trickanwendung erscheint harmlos: die Orgel, die Dörpinghaus' Predigt unterlegt, verlöscht in einem tiefersinkenden Mißklang, als habe das steigende Wasser elektrischen Kurzschluß hervorgerufen; der Hörer stellt sich qualmende Sicherungskästen und die schwelende Orgelbank vor, aber kurz darauf spielt die Orgel weiter, als sei der Monteur rechtzeitig eingetroffen und habe den Schaden repariert.

Schwerwiegend ist allerdings, daß Wisse und Schöning die Regieanweisungen einer ganz langsamen Zunahme der Störungen nicht beachtet haben: zu den Wetterberichten Schlagzeug, zu den Kochrezepten eine verzückte Frauenstimme, zur Morgengymnastik spitze Schreie der Vorturnerin, und Dörpinghaus verfällt nach wenigen Worten in liturgischen Gesang. Diese zu frühe und überstarke Stilisierung in Sprache und Musik verhindert jede unmittelbare Wirkung: das Ende der Welt als ästhetischer, nur etwas weniger als die Gymnastikübungen verunglückter Totentanz; *Endfunk* als nicht allzu schlagkräftiger Vorschlag, wie sich dieses oder jenes Ende dieser oder jener Rundfunkanstalt abspielen könnte. So sterben denn die Sprecher der fünf Kanäle der Reihe nach in einem ausgedehnten Todeskampf, den sich der Hörer in viel zu vielen Kanalwechseln in seine Stube holt: alles tief, verlangsamt, verzerrt, über Hall. Ein qualvolles Verenden als Resultat verfehlt eingesetzter technischer und kompositorischer Mittel.

Außerdem hat Wisse einen sechsten Kanal eingebaut: Unterhaltungsmusik; sie klingt ein paarmal an und wirkt als Kontrast zum früh einsetzenden Röcheln; später ertönt sie nicht mehr, als sei dieser Kanal nur nicht mehr gewählt und vom Untergang ausgenommen. Vermutlich als Gag war gedacht, daß sich als letztes hörbares Geräusch das Knacken, das beim Kanalwechsel entsteht, zweimal wiederholt: auch der Hörer hat überlebt, ja, er glaubt noch nicht einmal, was er eben gehört hat. Als ob die verlöschenden Texte und Musikeinlagen nicht zur Genüge verdeutlicht hätten, daß das Radio nun endgültig stumm ist und das Ende des Hörers unmittelbar bevorsteht.

Denn jetzt werden alle die Zeichen verstehen, die in *Biosphärenklänge* nur den Hellhörigsten in ihrer Endgültigkeit deutlich geworden sind. Jetzt werden alle erfaßt, Optimisten wie Pessimisten, Schuldige und Unschuldige, Menschen aller Rassen und Konfessionen. Die ausgeklügelten Intrigen und Fälscherspiele der fünfziger Jahre haben ebenso ausgespielt wie die rastlosen Ich-Reflexionen der sechziger. Hildesheimers biographische Arbeiten der siebziger Jahre, die er parallel zur wachsenden Gewißheit des näherkommenden Untergangs unternommen hat, sind nicht die einzigen, aber für ihn die letzten Möglichkeiten: auch sie Flucht und Selbstbeschäftigung, wie er seine Arbeit als Collagist genannt hat.

Mit *Endfunk* hat Hildesheimer die Zukunft eingeholt, die er immer wieder vorhergesagt hat. Nach *Endfunk* hat er in der ihm besonders eigentümlichen Konsequenz kein Hörspiel mehr geschrieben. Er hat sein Anliegen, die Warnung der Gegenwart vor der Zukunft, mit den Mitteln des Hörspiels in größtmöglicher Deutlichkeit vorgetragen. Nach den *Mitteilungen an Max*, Abschied und letzter literarischer Ausdruck des zentralen Anliegens, entstanden Reden und Essays zur bildenden Kunst, Musik und, immer noch, Literatur; sie können aber nicht als schriftstellerische Arbeiten in dem Sinn gelten, den Hildesheimer in *The End of Fiction* meint, auch wenn sie so kunstvoll sind wie die seinen. Die Warnung vor dem unausweichlichen Ende bedient sich nun anderer Formen: Interviews, Stellungnahmen zu Greenpeace und Essays über Baumsterben, Ozonloch und Tempolimit.

Im bisher letzten Essay – *In den Wind geschrieben* (1988) – hat er die Aussagen von *Biosphärenklänge* und *Endfunk* theoretisch zusammengefaßt: »Die Katastrophe muß eben schon über uns gekommen sein, spürbar auch für den schlichtesten Insensiblen, wir müssen ihren Geschmack schon auf der Zunge haben, ihre Luft schon atmen, ihre Stofflichkeit schon auf der Haut spüren, kurz: ihre Anzeichen müssen sich schon zu Geschehen entwickelt haben, um den hartnäckigen Bejahern des Fortschritts oder den gegenwartsfremden Intellektuellen oder den ethisch verantwortungsscheuen Parteipolitiker zur Vernunft zu bringen. Doch dann ist es zu spät, denn den endgültigen Beweis liefert erst unser aller Untergang« (*Klage und Anklage*, S. 36).

Heinz Puknus trifft mit seiner Frage, ob *Biosphärenklänge* »appellativ gemeint« (S. 114) sei, einen wichtigen Punkt. Die Tatsache, *daß* Hildesheimer dieses Hörspiel überhaupt geschrieben hat, deutet darauf hin, daß er, trotz aller gegenteiliger Argumentation *im* Hörspiel, an eine letzte Umkehr glaubte. Nach *Endfunk* – das Puknus nicht kennen konnte, falls er nicht zufällig die Rundfunksendung gehört hatte – könnte man so nicht mehr ohne weitere Einschränkungen schließen: des sprachlosen Hörers einzige Tat ist das Niederdrücken der Programmtaste, eine Art von Wahl, doch was er auch wählt: ihm wird der Untergang serviert. Alles ist letzten Endes dasselbe.

Das Verstummen als Schriftsteller aber deutete auf das Ende aller Hoffnungen, wie Puknus denn auch seinen Aufsatz über *Hauskauf* und *Biosphärenklänge* mit dem Hinweis auf eine der ersten Stellungnahmen Hildesheimers, *Klage und Anklage* von 1984, beschließt. Puknus hat schon in *Biosphärenklänge* ein für Hildesheimer erstaunliches Maß an Pathos festgestellt, das der Mann in *Biosphärenklänge* ja selbst anspricht: es werde »immer schwerer, dem Pathos auszuweichen« (S. 17). Zu *Klage und Anklage* schreibt Puknus: »Und nochmals, auch hier, glaubt er auf ein sonst ›kaum zulässiges Maß an Pathos‹ nicht verzichten zu können – er nimmt die dramatisierenden biblisch-eschatologischen Wendungen auf, wie sie sich ähnlich schon in *Biosphärenklänge* fanden: ›Die Apokalypse droht, und zwar, um zu strafen (...) Sie wird, wenn sie kommt, auch die Gerechten vernichten, aber diese dürfen wenigstens ihr gutes Gewissen bis zum Ende hüten‹« (S. 116). Aber immerhin: Hildesheimer hat *Klage und Anklage* geschrieben.[71]

1986, vielleicht mit der *Rättin* und den Argumenten von Grass im Bewußtsein, hat er das *Notat eines Verlierers* geschrieben. Zwar spricht er in Anspielung auf die ›Krankheit zum Tode‹ von einem

»Wachstum zum Tode«, aber immerhin hält er, bei aller Einschränkung, inzwischen doch wieder für möglich, »den Ruin unserer Erde zu bannen«, was ihm aber schon zuviel gesagt scheint, denn er fügt hinzu: »oder zumindest hinauszuschieben«. Manche Passagen klingen wie eine Zurücknahme von *Endfunk*, wie das Zugeständnis, es könne vielleicht doch noch etwas für eine Umkehr getan werden, was aber bereits *Hauskauf* abgestritten hatte: »Wir beginnen schon jetzt, das zunehmende Sichversagen der Natur zu spüren, dessen Symptome allmählich in Reduktion übergehen und als solche in Stadien überprüfbar sind. Das Waldsterben potenziert sich im Augenblick zwar nicht, doch reduziert es sich auch nicht, sondern schreitet fort. Dafür potenziert sich das Aussterben der tierischen und pflanzlichen Spezies, und zwar rapide. Das sind apokalyptische Perspektiven, doch angesichts der Häufung dieser Teilgeschehen und des Auftretens niemals geahnter Auswirkungen mag auch der Agnostiker beginnen, an die gerechte Rache Gottes zu glauben, sofern Er sich als Natur versteht und sich in ihr offenbart« (S. 22).[72]

Zu Günter Abramzik, der Hildesheimer als eine Art modernen Seelsorger bezeichnete, hat er gesagt: »Du kannst dem, was wir heute erleben, nur eigentlich mit Pathos beikommen, es ist gar nicht anders möglich. Und, in der Tat, das Apokalyptische dieser Zeit wird entweder gar nicht ausgedrückt (...) aber wenn du tatsächlich deinen Finger auf die Wunde legen willst, kannst du es heute nur noch mit Pathos tun.« Und so sind denn seine Zwischentexte zu Mozarts *Requiem*, die *Gedanken über Leben und Tod*, die er unter dem Titel *Herr, gib ihnen die ewige Ruhe nicht* am Totensonntagmorgen 1986 im deutschen und Schweizer Fernsehen vorgetragen hat, zu einer Predigt ganz eigener Art geworden (S. 43 f.):[73]

Laß dies kein Requiem für sie sein, Herr! Nicht für die skrupellosen Schänder, die Verseucher der Ebenen, Verplaner der Gebirge, Verunreiniger der Gewässer, Verpester der Sphären! Nicht für jene, die uns ewige Verlierer manipulieren und berauben, nicht für diese Zyniker, die Nutzbarmacher und Rationalisierer, die unter dem Deckmantel der Erschließung unsere Welt mit Umsicht und System zunichte machen. Herr, kein Requiem für sie. Allerdings auch kein ewiges Leben. Denn das erwarten sie. Sie betrachten die Erde als ihr Eigentum und leben, als würden sie ewig leben. Sie zeugen sich fort, sie hinterlassen ihre anstößigen Denkmäler als Zeugen ihres verderblichen Wirkens. Ihnen ist die Erde untertan. Bis sie schließlich verschwinden, sind wir, ihre Opfer, längst verschwunden. Sie werden das letzte Wort behalten, und die letzte Tat, und die letzten Dinge. Sollen sie wirklich der ewigen Ruhe teilhaftig werden? Wäre ich gläubig, so würde ich sagen: sie sollen es nicht. Sie sollen zur Einsicht gebracht werden. Ihnen soll das ewige Licht nicht leuchten.

Hildesheimer beschwört den rachsüchtigen Gott des Alten Testaments und bestätigt, was er mit den doppelsinnigen Worten des Predigers in *Endfunk* angedeutet hat: »DIES IRAE, DIES ILLA – Aber wann soll er denn kommen, jener Tag des Zornes, den ihr mit Recht fürchtet und besingt und durch euren Gesang zu bannen hofft? Der Tag der letzten furchtbaren Abrechnung, der die Welt in Asche verwandeln soll, wird er jemals kommen? Und wenn er kommt, kommt er nicht zu spät? (...) Wäre ich gläubig, wollte ich den Herrn anrufen: Laß sie an Deiner Gnade nicht teilhaben! Bestrafe sie, bevor das Ende der Menschheit auf der Erde kommt, das sie vorbereitet haben. Denn an diesem Tag werden die Gerechten mit ihnen zugrunde gehen, die Unschuldigen. Gib ein Zeichen, Herr – so würde ich sagen, wäre ich gläubig –, daß Du diesen *Dies irae* wirklich kommen läßt! Wir wollen Zeugen sein – so würde ich sagen –, wie Du den Unterschied zwischen gut und böse machst« (S. 46f.).

Als ob der Mann aus *Hauskauf* und *Biosphärenklänge* auf die Kanzel gestiegen wäre: »Der Mensch ist nicht die Krone der Schöpfung, er ist mißraten. Nimm ihm daher seine Fruchtbarkeit, er mißbraucht sie. Herr, erinnere Dich dessen, was Dein Sohn gesagt hat: Denn siehe, es wird die Zeit kommen, in welcher man sagen wird: Selig sind die Unfruchtbaren und die Leiber, die nicht geboren haben. Diese Zeit ist nunmehr gekommen« (S. 52).

Diese gewaltige Epistel voller Rache und Verdammung endet mit dem Zugeständnis dessen, der dennoch weiterlebt: »Ist nun alle Hoffnung dahin? Oder hoffen wir noch? Auch jene, für welche Verzweiflung keine Sünde ist? Ist es die Hoffnung, die uns aufrechterhält? Hoffen wir auf Einhalt der verheerenden Machenschaften und damit auf Stillstand der todbringenden Zerstörung? *Spero, ergo sum?* Ich hoffe, also bin ich? Mir erscheint es eher umgekehrt: ich lebe noch. Das muß wohl zu bedeuten haben, daß ich noch hoffe. Vielleicht hofft es in mir, ohne daß ich es weiß, und es ist das, was mich am Leben erhält? *Sum, ergo spero?*« (S. 63f.).[74]

Die Hoffnung, die sich in diesen Schlußworten ausspricht, ist natürlich nicht die Hoffnung auf ein Überleben der Menschheit, sondern die Hoffnung eines Künstlers, der weiterarbeiten kann und möchte. Gewiß: Hildesheimer schreibt diese Essays und engagiert sich für Greenpeace, aber er spricht über den Untergang der Welt im Bewußtsein, das Sinnlose zu tun. Die Situationen ähneln sich: er will nichts unversucht lassen, um sich nichts vorwerfen zu müssen, wie schon rund fünfundzwanzig Jahre zuvor in den *Vergeblichen Aufzeichnungen*, nachdem die sogenannten absurden Stücke die absolute Wirkungslosigkeit des Künstlers thematisiert hatten.

Rund zehn Jahre zuvor hat *The End of Fiction* eine zweite depressive Gestimmtheit signalisiert, nicht angesichts der gleichen Wirkungslosigkeit, sondern angesichts des zunehmenden Mißverhältnisses zwischen Kunst und Leben. Das Ende des Schreibens ist die Reaktion auf das absolute Mißverhältnis zwischen Anspruch des Künstlers und tatsächlichem Lauf der Welt. Nach *The End of Fiction* kam ein Neueinsatz, kamen *Mozart* und *Marbot*; auch nach dem Ende des Schreibens kommt ein neuer Einsatz: denn Hildesheimers Engagement, das sich in den Hörspielen immer mehr von der Konzentration auf das Ich zu einer Konzentration auf die Außenwelt entwickelt hatte, ist über den Horizont der Literatur aufgestiegen und will nun direkt und unvermittelt eingreifen.

Wie schon in den *Vergeblichen Aufzeichnungen* und in den *Mitteilungen an Max* ist sich Hildesheimer bewußt, daß dies eben jene »müßige und unangemessene Anstrengung« ist, die seine Figuren ablehnen oder gar verspotten. Das *Notat eines Verlierers* endet denn auch, als spräche das gespaltene Ich aus *Hauskauf* eine potentielle Schlußsequenz (S. 27 f.):

Ich bin mir natürlich im klaren darüber, daß ich niemanden überzeugen werde, der nicht schon überzeugt ist. Ich habe dies aus einem sehr egoistischen Grund geschrieben, nämlich um mein Gewissen zu entlasten. Möglicherweise haben wir Verlierer nicht in allem recht, doch davon geht die Welt nicht unter. Das tut sie nur, wenn die Gewinner nicht in allem recht haben.

Hildesheimers Übersetzungen und Bearbeitungen

Die Prosaübersetzungen

Hildesheimer hatte schon Jahre als Übersetzer gearbeitet, ehe er daran dachte, Schriftsteller zu werden. Zwischen 1943 und 1945 – das genaue Datum läßt sich nicht mehr feststellen – ist seine Übersetzung eines titellosen Gedichts aus Stefan Georges *Das Jahr der Seele* in der Jerusalemer Zeitung ›Forum‹ erschienen; und 1946 – also zur Zeit seines zweiten Cornwall-Aufenthalts – seine Übersetzung von Kafkas *Elf Söhne* in der Londoner Anthologie *New Road*. ›Hinübersetzungen‹ hat er danach bis auf zwei Ausnahmen nicht mehr unternommen: ungefähr 1960 hat er sich mit der Funkoper *A World Ends* um den Prix Italia beworben, und 1967 ist *Nightpiece* erschienen.[1]

1933, kurz vor der Machtergreifung Hitlers, kam er auf die Frensham Heigths School nach Surrey, absolvierte zwischen 1934 und 1937 in Jerusalem eine Tischlerlehre und nahm daneben Unterricht in Zeichnen, Möbeldesign und Innenarchitektur. 1937 ging er wieder für zwei Jahre nach London, auf die Central School of Arts and Crafts, kehrte 1939 oder 1940 aber wieder nach Palästina zurück, wurde für zwei Jahre British Teacher am British Council des British Institute in Jerusalem und, seit 1943, für knapp drei Jahre Information Officer beim Public Information Office der britischen Mandats-Regierung und bereiste in deren Auftrag einige Länder des Nahen Ostens, unter anderem Syrien und den Libanon. 1946, Hildesheimer war eben wieder nach London gekommen und hatte seinen zweiten Aufenthalt in Cornwall bereits hinter sich, bekam er, diesmal von den Amerikanern, den Auftrag, als Simultandolmetscher bei den Nürnberger Prozessen zu arbeiten; seit 1949 arbeitete er an zwei Bänden der Prozeß-Protokolle für die amerikanische Ausgabe mit.

Als er sich 1949 als Maler und Graphiker in Ambach am Starnberger See niederließ, hatte er also über sechzehn Jahre in englischsprachigen Ländern verbracht oder sich, seit 1946, intensiv mit der englischen Sprache befaßt – abgesehen von einem Semester Bühnenbild bei Emil Pirchan in Salzburg im Jahr 1937 und seinem Aufenthalt in der Schweiz und in Frankreich im Jahr 1939, während er auf ein Visum nach Palästina wartete. So ist es wohl nicht zutreffend, wenn man seine frühen Übersetzungen als Hinübersetzungen bezeichnet, denn er war zu dieser Zeit nicht etwa absolut zweisprachig, wie man so schön sagt, sondern sprach und schrieb Englisch besser als seine Muttersprache Deutsch, wie die Briefe an seine Eltern aus dieser Zeit und die Anglizismen der frühen *Lieblosen Legenden* zeigen.[2]

Übersetzt hat er aus keiner anderen Sprache, bearbeitet allerdings 1961 ein Stück von Goldoni: zu dieser Zeit wohnte er bereits vier Jahre in Poschiavo, nahe der italienischen Grenze, und sieben Jahre darauf wählte er ja Cal Masante in der Nähe Urbinos als zweiten Wohnsitz. Aber übersetzen würde er aus dem Italienischen wohl nicht, denn sein Kriterium der Sprachbeherrschung ist die Beurteilung der Qualität von Lyrik – deshalb, von Zitaten und kurzen Passagen abgesehen, auch keine Übersetzungen aus dem Französischen, Lateinischen, Griechischen oder Hebräischen. *Marbot* zeigt: Englisch ist seine sprachliche Heimat geblieben.

Chapman: Aktion »Dschungel«

Das erste Buch, das Hildesheimer aus dem Englischen übersetzt hat, ist Frederick Spencer Chapmans *The Jungle is Neutral* (1949). Unter dem Titel *Aktion »Dschungel«. Bericht aus Malaya* ist die Übersetzung drei Jahre später erschienen, also 1952, im Verlag der ›Frankfurter Hefte‹, in denen ja einige der *Lieblosen Legenden* erschienen sind. Antiquare handeln dieses Buch als sogenannten ›Erstling‹ teuer, sofern sie Hildesheimers Namen überhaupt wahrnehmen, meist sortieren sie es aber unter ›Militaria‹ oder gar ›Reiseberichte‹ ein, wofür tatsächlich einiges spricht: dem dicken Wälzer sind schwarzweiße Fotos von malaiischen Dörfern, Eingeborenen und Urwaldszenen beigegeben, außerdem ist hinten eine Faltkarte eingeklebt.

Am 6. März 1952 berichtete Hildesheimer in bezeichnend trockener Wendung seinen Eltern: »Jetzt habe ich endlich ein paar Exemplare des von mir übersetzten Buches bekommen. Es sieht gut aus, heißt ›Aktion Dschungel‹, kostet DM 22.80, ist ein Riesenschinken und ich verstehe überhaupt nicht, dass ich jemals die Geduld gehabt habe, das zu übersetzen.« Das – und nicht nur die »Geduld«, wahrhaftig! – versteht erst recht nicht, wer sich mit dem Inhalt dieses gutaussehenden Buches befaßt hat: mit des britischen Offiziers und Partisans Frederick Spencer Chapman Bericht von seinem Kampf gegen die Japaner im malaiischen Urwald und gegen den Urwald selbst.[3]

Auch wenn man die Tatsache unvoreingenommen zur Kenntnis nimmt, daß Hildesheimer dieses Buch übersetzt hat, um Geld zu verdienen, fragt man sich bestürzt, was gerade dieser Übersetzer, wenige Jahre nach seiner Tätigkeit bei den Nürnberger Prozessen, während seiner Arbeit gedacht haben mag. Das ist natürlich nicht mehr zu rekonstruieren, die Unsicherheit in der Festlegung des Erscheinungsjahres dieser Übersetzung scheint symptomatisch und fördert die Verdrängung: in keiner Untersuchung der Werke Hildesheimers wurde sie bisher zur Kenntnis genommen, in keinem Interview hat er jemals von diesem Buch gesprochen, nirgends hat er es erwähnt, auch nicht 1985 in seiner Rede über sich als Übersetzer.

Chapman, der von »Partisanen-« oder »Menschenmaterial« spricht, mutet seinen Lesern denn auch starke Stücke zu: »kaum waren wir gelandet (...) raste auch schon eine Patrouille, bestehend aus einem Dutzend japanischer Radfahrer, den Weg entlang, nur 12 m von uns entfernt. Mit Mühe widerstanden wir der Versuchung, auf sie zu schießen« (S. 39 f.); von seiner Mordlust später mehr, denn kurz darauf stellt er die Japaner als Klasse vor: »Das waren also die ersten feindlichen Japaner, die ich aus der Nähe beobachten konnte, und ich war über ihre außerordentliche Ähnlichkeit mit den gängigen Karikaturen erstaunt. Kleine bösartige prahlerische bebrillte Kerlchen mit riesigen Ohren, hervorstehenden Vorderzähnen und Zahnbürstenschnurrbärten in unordentlichen Uniformen und großschildrigen Jokeimützen« (S. 48) – »I was astonished by their extraordinary resemblance to current caricatures of them – little evil blustering bespectacled popinjays with huge ears, projecting front teeth and toothbrush moustaches, wearing high-peaked jockey caps and untidy uniforms« (S. 32). Zuletzt komplettiert er sein Feindbild mit ein paar Aktionen: »Einige der Offiziere, die in Stabswagen eintrafen, hatten mehrere Chinesen und Malaien bei sich, und diese wurden von einem Dolmetscher gepeinigt und geschlagen. Bei einer Gelegenheit gab ein vierschrötiger, wichtigtuerischer japanischer Major einem unglückseligen Malaien eine Ohrfeige und bedrohte ihn mit seinem Säbel. Ich wünschte, ich könnte ihre ungeschlachte Sprache verstehen. Hier jedenfalls konnte von einer Zusammenarbeit mit den Japanern keine Rede sein; sowohl Malaien als auch Chinesen waren offensichtlich in Todesängsten, und es war klar ersichtlich, daß die Japs völlig skrupellos waren und ihnen bedenkenlos die Köpfe abhacken würden« (S. 48).

Der Leser wundert sich nicht mehr, wenn Chapman angibt, alles schon vorher gewußt zu haben: »An dieser Stelle möchte ich die Schlußsätze meines Berichtes wörtlich zitieren, um nicht in den Verdacht zu kommen, ich sei erst aus Erfahrung klug geworden« – und dann zitiert er diesen Schluß seines damaligen Berichts tatsächlich wörtlich: »Bei den japanischen Truppen, die ich beobachtet habe, handelt es sich um gutes zweitklassiges Material. Sie sind anständig ausgebildet, aber schlecht ausgerüstet. Ihre Verbindungslinien dürften sich als äußerst schwach gegen Angriffe geschulter Partisanen erweisen« (S. 55).

Kaltschnäuzig referiert er Ungeheuerliches: »Beim Diner gab es ein Fleischgericht, über dem ein gewisses Geheimnis zu liegen schien. Ich fand es ausgezeichnet; es hatte nicht den starken Nachgeschmack des Affenfleisches, war allerdings nicht so gut wie Wildschwein. Nach dem Essen verriet man mir, daß ich Japaner gegessen hatte. Ob das stimmt oder nicht, kann ich nicht sagen; allerdings hatte ich in einigen Lagern gehört, daß die Leute das Herz und die Leber von Japanern aßen, die bei Gefechten am Dschungelrand getötet worden waren. Wenn ich auch nie bewußt ein Menschenfresser geworden wäre, so war es doch recht interessant für mich, Menschenfleisch gekostet zu haben« (S. 286) – »Though I would not knowingly have become a cannibal I was quite interested to have sampled human flesh« (S. 231).

Chapman gehörte offenbar zu jenem »Menschenmaterial«, von dem er schreibt, zu jenen Menschen, die mit ihrem ungeheuerlichen Sinn für das Praktische jede beliebige Aufgabe hundertprozentig erfüllen können und auch wollen, ganz gleich, ob es sich um die Besteigung des Mount Everest, um ein Skiwettrennen oder um das Abschlachten der Japaner handelt; zu jenen Menschen, die Systeme für Gaskammern erklügeln, auf fortwährende Perfektionierung bedacht ihren Effekt minuziös schriftlich niederlegen und stolz von ihren Erfolgen berichten; zu jenen Ungeheuern, die, gewohnt, Ungeheuerliches zu leisten und zu befehlen, ungeheuerlichen Befehlen mit dem Drang zur Übererfüllung gehorchen.

Wäre Chapman nicht englischer, sondern deutscher Offizier gewesen, wäre er wohl zu so einem »musischen Konzentrationslagerkommandanten« geworden, von dem Hildesheimer in *Die Musik und das Musische* schreibt. Denn Chapman war – das auch noch! – durchaus gefühlvoll und schreibt, nach der Rückkehr in die englische Heimat habe er keinen Kinofilm mehr ansehen können, ohne in Tränen der Rührung auszubrechen. Solche natur- und kunstbeflissenen Bestien gibt es, was Chapman so wohl nicht darstellen wollte, aber überzeugend beweist, überall, nicht nur unter den Angeklagten der Nürnberger Prozesse, allerdings wohl meist mit bloßem Kraft*meiertum* und mit öffentlich demonstriertem Biedersinn. Hildesheimers echter Prinz von Astrachan, dieser Kraftkerl, der sich nimmt, was er will, könnte an Chapman modelliert sein: gewaltsam, brutal, durchaus gewitzt, aber geistig beschränkt und vollkommen unreflektiert, auf eine abstoßende Art vertraulich, zum Mitfühlen und Miterleben einladend: eine Zumutung, die jeder einigermaßen zivilisierte Leser von sich weist.

Hildesheimer lehnte Chapmans Bericht natürlich ab, wie seine Übersetzung zeigt, soweit eine Übersetzung Ablehnung eben zeigen kann: Chapmans letztes Kapitel trägt den Titel »Operation Anti-Climax«, Hildesheimer dagegen übersetzt lapidar und demonstrativ aus dem Geist Chapmans: »Die Japaner machen Schluß.« Chapman verkennt die tatsächlichen Ereignisse, denn heute weiß man zur Genüge, *wer* in Ostasien Schluß gemacht hat, nachdem am 7. Mai Mussolini hingerichtet worden war und am 8. Mai Deutschland kapituliert hatte. Nicht einmal das unvorstellbare Grauen, die Atombombenabwürfe auf Hiroshima und Nagasaki, die ersten und (bisher) einzigen der Menschheitsgeschichte auf besiedeltes Gebiet, kann Chapman berühren. Im Schlußkapitel erwähnt er die Abwürfe zweimal, und beide Male in seinem gewohnten kaltschnäuzigen Berichtsstil: »Am 6. August wurde die erste Atombombe auf Hiroshima abgeworfen, und drei Tage später vernichtete eine zweite Nagasaki. Am 11. August wurde es klar, daß die Japaner drauf und dran waren, zu kapitulieren; am 17. wurde an das gesamte Personal des Kommandos 136 im Felde der Befehl gegeben, das Feuer einzustellen« (S. 509).

The Jungle is Neutral ist, wie gesagt, im Jahr 1949 erschienen, zu einer Zeit also, zu der Chapman die Berichte über die grauenerregenden Folgen der Abwürfe hätte zur Kenntnis genommen haben können. Er aber berichtet mit Siegermiene von den abschließenden Aktionen in Malaya, hatte es ja bloß radfahrende Karikaturen getroffen, und räsoniert unerschüttert: »Wenn man die Sache vom malaiischen Standpunkt betrachtet, sieht es so aus: wäre die Atombombe lange genug zurückgehalten worden, um es der A. J. A. M. zu ermöglichen, an der Vertreibung der Japaner aus Malaya wirklich teilzunehmen, dann wäre die Wiederherstellung des Normalzustandes ein noch kleineres Problem gewesen, als es in Wirklichkeit war« (S. 519) – »If only – looking at the matter purely from a Malayan point of view – the atomic bombs could have been delayed sufficiently to allow the M. P. A. J. A. to take part in actually driving the Japs out of Malaya, then the resettlement of Malaya would have been even less of a problem than it was« (S. 421).

Also: nicht der Abwurf an sich war schlecht, sondern der Zeitpunkt des Abwurfes, aus taktischen Gründen; in solchem Zusammenhang von einer Wiederherstellung des Normalzustandes, wenn auch nur in Malaya, zu sprechen, sollte sich von selbst verbieten. Doch Chapman verbietet sich auch auf den letzten Seiten nichts, sondern zeigt sich von den Ordensverleihungen und Ansprachen tief beeindruckt, kritisiert die letzten Entwaffnungen und berechnet die Überschüsse bei der Waffenrückgabe.

Field Marshall Earl Wavell schreibt im Vorwort zur Londoner Ausgabe: »This war has shown, as others have done before it, that the British make the best fighters in the world for irregular and independent enterprises« (S. VI). Wavell vergleicht Chapman mit Thomas Edward Lawrence, dem Lawrence of Arabia, schränkt aber wenigstens ein: »he has not T. E.'s literary genius, nor his introspection« (S. VII) – das kann man wahrhaftig nur als britisches Understatement verstehen.

Dieses Vorwort hat Hildesheimer nicht übersetzt, natürlich, aber ebenso natürlich fragt man sich, weshalb er dieses Buch denn überhaupt übersetzt hat: selbst wenn er den Auftrag als »Geldarbeit« angenommen hatte, hätte er ihn ja zurückgeben können. Vielleicht, und auf Vermutungen ist man angewiesen, wollte er darauf hinweisen, daß nicht nur die in Nürnberg Angeklagten Ungeheuer waren, nicht etwa in der billigen Manier derer, die stets auf Stalin zeigen, wenn von Hitler die Rede ist, sondern mit dem Entsetzen dessen, der erkannt hat, zu welch grauenhaften Taten Menschen fähig sind, ganz gleich welcher Nationalität.

Vielleicht, so könnte man schließen, ist die Übersetzung Aktion »Dschungel« die Arbeit eines Mannes, der aus Palästina zurückgekommen war und vermitteln mußte, und zwar zwischen jenen, die ihn, wäre er nicht außer Landes gewesen, unweigerlich vernichtet hätten, und jenen, die einem Chapman Mordaufträge geben oder Atombomben abwerfen; die Arbeit eines Mannes, der beschlossen hatte, im Land Hitlers zu bleiben, und der – sich und anderen – zeigen wollte, daß es solche Ungeheuer überall gibt, gerade auch in jenem Land, in dem er eben einige Jahre gelebt und überlebt und für dessen Regierung er – ungefähr zur selben Zeit, zu der Chapman für sie im Fernen Osten mordete – im Nahen Osten als Information Officer Kulturwerbung betrieben hatte.

Dennoch: daß er dieses fürchterliche Buch übersetzt hat, ist zutiefst erschreckend. Es ist unwahrscheinlich, man möchte sogar – sein Gesamtwerk im Blick – sagen, es ist vollkommen unmöglich, daß er selbst dieses Erschrecken nicht schon während seiner Arbeit an der Übersetzung empfunden hat; es kann nicht sein, daß er sich mit Chapman identifizieren wollte, ließ er doch wenig später seine Helena aussprechen, was Chapman niemals verstanden haben würde: »Kriege gewinnt man nicht.« Wenn man seine Übersetzung mit seiner eigenen typischen Frage nach dem ›Wozu‹ befragt, könnte man vielleicht vermuten, daß er den Versuch unternommen hat, Chapmans Kriegsverherrlichung zu einem Appell gegen den Krieg umzumünzen. Dafür könnte sprechen, daß seine Übersetzung fast immer streng der Vorlage folgt, daß sie also leistet – und nur an seltenen Stellen durch Überhöhung verdeutlicht –, was Chapman selbst nicht vermitteln wollte: daß die Mechanismen des Tötens durchschaubar und verhinderbar werden. Der Versuch ist gescheitert, der Schrecken bleibt, denn entsetzt liest man dieses Buch heute, nach Vietnam und Korea, nach Kambodscha, Afghanistan und Beirut.

Piper: Jack und Jenny

Aktion »Dschungel« ist – wiewohl nach 1949 entstanden – die Arbeit des Hildesheimer der Nürnberger Prozesse, so könnte man sagen, und ist darin einzigartig: denn keines seiner Werke führt *vor* die Periode der *Lieblosen Legenden* zurück und begründet sie, kein anderes Werk ist also während jener Zeit entstanden, zu der er noch nicht beschlossen hatte, sich von den Greueln der Kriegsjahre abzukehren, ganz bewußt wahrscheinlich, und sein Entsetzen hinter Gelächter zu verbergen. *Aktion »Dschungel«* läßt die Vermutung zu: diese Abkehr war ein Akt der Notwehr, Selbstverteidigung und Selbstschutz in einem. Wie tief das Entsetzen wurzelte, zeigte sich, als er – erst rund zwölf Jahre später, nachdem er die Bundesrepublik bereits Jahre wieder verlassen hatte – diese Greuel aufgriff, vom aufgegebenen *Hamlet* und den *Vergeblichen Aufzeichnungen* bis zu *Tynset* und dem beinahe gescheiterten *Masante*; das Gelächter war schon nach dem Ende der Flaneure verstummt, zur Zeit der depressiven Stücke und der Übersiedlung in die Schweiz; rund zwölf Jahre später, nach *Masante*, kam die zweite Flucht, mit bezeichnendem Sprung über die ›jüngste‹ Vergangenheit hinweg ins 18. und 19. Jahrhundert: die zweite Phase der Verdrängung.

Der ersten Phase der Verdrängung kam Anne Pipers Roman *Early to Bed* entgegen, der zwei Jahre nach *The Jungle is Neutral* in London herausgekommen ist. Hildesheimers Übersetzung ist im Jahr 1955 erschienen, zu einer Zeit, als er den Hörspielpreis der Kriegsblinden für *Die Eroberung der Prinzessin Turandot* erhielt und *Der Drachenthron* gedruckt wurde: die Übersetzung *Jack und Jenny* ist typisch für die Periode der *Lieblosen Legenden*.[4]

Nichts erinnert mehr an die Schrecken des Krieges, obwohl Jack vier Jahre als englischer Kampfpilot im Fernen Osten verbringt und Chapman kennengelernt haben könnte und obwohl Jenny die Kriegsjahre im zerstörten London verlebt – vom Krieg handelt *Jack und Jenny* nicht, falls man nicht der Auffassung beipflichten will, daß Liebe der Kampf der Geschlechter sei, doch nicht einmal dies: Liebe ist Geplänkel, wie schon der erste Satz ankündigt: »Die meisten von ihnen habe ich dann schließlich geheiratet« (S. 5). Der Krieg hält höchstens als Grund einiger Verwicklungen her: um Jenny in einer Bombennacht zu helfen, einen abweisenden Liebhaber in die Nähe rücken zu lassen; um Jack ständig ankommen und abreisen zu lassen; und um eine martialische Hintergrundkulisse als Gegensatz zu der zarten, schmalen und unwiderstehlichen Jenny zu konstruieren, lieblos also. Jenny erzählt ihr Liebesleben so offen, ehrlich und unreflektiert wie Chapman sein Kriegsleben; den Kriegsausbruch kommentiert sie: »Ach du lieber Gott (...) Betsy meint auch, daß es Krieg gibt. Wie schrecklich doch alles ist. Wo es doch alles so schön sein könnte« (S. 122).

Sie behauptet zwar einmal, völlig nach ihrem Gefühl zu handeln, aber sie bekennt auch, keine Menschenkenntnis zu besitzen, und tatsächlich: sie täuscht sich vor allem über sich selbst. Sie erfüllt das Klischee von der schönen und dummen Frau perfekt, zu perfekt, man hat den Eindruck, dieses schnoddrige Kuschelweibchen könne seine Geschichte gar nicht so perfekt erzählen: ein Mangel an der Logik der Erzählperspektive. Außerdem hat man den Mechanismus der Liebesbeziehungen bald durchschaut und wird der Aneinanderreihung der Liebhaber und Hochzeiten allmählich überdrüssig, woran auch Hildesheimers glänzende Dialogregie wenig ändern kann. Man lacht zuerst, amüsiert sich ganz in der leichten Art, die Jenny propagiert, verspürt aber auch zunehmend den schalen Geschmack, den sie selbst nach Jahren solchen Liebeslebens empfindet. Dabei handelt es sich bei diesem Buch, angeblich einer »der schönsten und unkompliziertesten Liebesgeschichten«[5], an keiner Stelle um Pornographie, aber eben auch nicht um eine Analyse weiblicher Psychologie, und zuletzt macht sich der Mangel an geistigen Interessen Jennys als Mangel des ganzen Buches bemerkbar: außer Schlagfertigkeiten, skurrilen Zusammenstellungen von Männern, Frauen und Familien (zuletzt wohnen auch noch Affe Sam und Bär Flynn bei Jenny), außer exklusiven Schauplätzen – englische Herrensitze, Bombay, Himalaya, Côte d'Azur, Villa in Aix-en-Provence – und außer den ständigen Selbstversicherungen Jennys, ihren Sex-appeal betreffend, bietet das Buch nicht viel.

Die Sprache Hildesheimers, die kunterbunte Handlung und manch lieblose Tirade erinnern an das zwei Jahre zuvor erschienene *Paradies der falschen Vögel*, aber dort hatte Hildesheimer meisterhaft verstanden, die Handlung so zu verknüpfen, daß man zu allem Amüsement während der Lektüre den Ausgang gespannt erwartete; bei aller Leichtigkeit hatte sein eigenes Buch eine Fülle von Anspielungen und letztlich sogar einen Anflug von philosophischer Auseinandersetzung um Wahrheit und Fälschung. Anne Pipers *Early to Bed* hat außer im Oberbegriff ›humoristisch‹ nichts mit Hildesheimers Roman zu tun und mit seinen anderen Werken dieser Zeit nur im Oberbegriff ›Klischee‹. Wie im Fall Chapman war es wohl so, daß Hildesheimer der geeignete Mann zu sein schien, vom Verlag zur Übersetzung aufgefordert wurde und den Auftrag annahm, weil die Vorlage dem entsprach, was er als seiner eigenen Situation gemäß empfand: *The Jungle is Neutral* als Dolmetscher der Nürnberger Prozesse, *Early to Bed* als Satiriker der *Lieblosen Legenden*.

Vermutlich hat er sich erst seit der Übersetzung von *Nightwood* seine Vorlagen selbst ausgesucht, denn erst seit *Nachtgewächs* entsprechen seine Übersetzungen nicht nur seiner Situation, sondern auch dem Stand seiner künstlerischen Entwicklung – unter diesem Aspekt wirken *Aktion »Dschungel«* und *Jack und Jenny* wie fremde Einsprengsel –, und erst seitdem haben die übersetzten Werke Einfluß auf die Werke des Übersetzers. *Aktion »Dschungel«* fiel der Verdrängung anheim, an der es vielleicht immerhin als Motivierung beteiligt war; *Jack und Jenny* dagegen hinterließ nicht die geringste Spur, auch wenn man bei der Lektüre einer kleinen Passage zunächst stutzt: ausgerechnet der Erpresser Johnny könnte ein Vorläufer der saufenden Maxine aus *Masante* sein, denn wie sie trägt er einige Variationen seines Lebenslaufes vor: »Ich wurde in einem Londoner Slum als zehnter einer dreizehnköpfigen Familie geboren. Meine Mutter trank und schlug meinen Vater. Ich lief unbeaufsichtigt in London herum und geriet bald in die Untergrundbahn oder vielmehr Unterwelt – –« (S. 187f.). Oder: »ich bin in Cambridge geboren, als einziges Kind harmloser, aber intelligenter Eltern aus dem Mittelstand. Sie waren beide Gelehrte und überließen mich dem Kindermädchen, das ein furchtbarer alter Drachen war – – –« (S. 188). Oder: »Mutter Schauspielerin, Jugend in Putney, Vater mehrmals verheiratet, und infolgedessen eine riesige Familie mit verschiedenen Kindern – – –« (S. 188).

Das ist aber nicht *Biographie – ein Spiel*, sondern der harmlose Versuch eines intriganten Detektivs, sich interessant zu machen; Jenny übertrumpft ihn denn auch mit ihren Erlebnissen mühelos, aber selbst das wäre zuviel gesagt, denn das ließe die Vermutung zu, hier käme – wie in *Masante* – die Problematik von Wahrheit und Fiktion zu Wort. Jenny erwidert einfach, sie habe bisher dreimal geheiratet, und Johnny ist beeindruckt.[6]

Eine Nummernrevue, deren Zusammenhalt ermüdende Bett- und Liebesgeschichten sind. Nicht viel aufregender ist die durchgängige Bett- und Liebesgeschichte mit Jack, deren Happy-End man mit zunehmender Gewißheit kommen sieht. Jack war Jennys erster Liebhaber, ein Kunstmaler, der, ganz anders als Velhagen in *Paradies der falschen Vögel*, zu Ruhm und Geld kommt. Er entdeckt die junge, unerfahrene und bildschöne Jenny in einem Kaufhaus, wo sie Verkäuferin ist, schmeichelt ihr, geht mit ihr nach Hause, schläft mit ihr, zeichnet und malt sie in allen Lagen, zieht bei ihr ein, fällt ihr alsbald mit Schlafmanieren und Malutensilien auf die Nerven und macht ihre Wohnung zur Absteige zahlloser Malerkollegen, für die sie zuletzt Putzfrau und Köchin spielt, falls sie nicht nackt für alle Modell steht. Jack ist dreist, hat schöne Augen und belehrt Jenny im Bett. Später sagt er, was ihn und sie verbinde, sei der völlige Mangel an Takt. Noch während sie zusammen in der ärmlichen Wohnung Jennys wohnen, nimmt sie den Antrag Edwards an und erklärt Jack: »Niemand hat mir bisher einen Heiratsantrag gemacht, und ich kann es mir nicht leisten, einen Antrag aus diesen Kreisen abzulehnen.« Jack reagiert gelassen: »Baut sich sein Nest, während noch die Sonne scheint. Na ja, hier wird ohnehin nicht viel zu holen sein – und außerdem werde ich wohl eine Grippe bekommen« (S. 19).

Prompt erscheint er in der Nacht vor der Hochzeitsnacht – er selbst hat Jenny mit Edward bekannt gemacht und wird als Trauzeuge geladen – in Jennys Schlafzimmer. Bei allen weiteren Hochzeiten erscheint er zu spät, das heißt immer kurz nach der Trauung, und jedesmal verbringt er die Nacht mit ihr; der Leser gewöhnt sich daran und weiß schon, was passieren wird, sollte Jack einmal rechtzeitig eintreffen, also vor der Hochzeit, er erwartet dieses Ereignis wie der Maler im *Atelierfest* den obligatorischen Schulterschlag Engelhardts, und dieser »unausstehliche Gesellschafter« stürzt ins Atelier und schlägt zu.

In der Nachkriegszeit muß Jenny arbeiten gehen, während Jack inzwischen als Maler berühmt und reich geworden ist, ganz in der Nähe wohnt und ihr erklärt – während er ein Aktbild nach einem atemberaubenden Modell anfertigt –, ihn interessiere ausschließlich seine Malerei. Jenny arbeitet als Sekretärin bei Gerald, dem Herausgeber einer Tier-Zeitschrift, die er nur betreibt, um Steuern zu sparen: »Nach einem Monat machte er seinen Heiratsantrag, und ich war sehr erfreut, endlich wieder einen großen Brillantring geschenkt zu bekommen (. . .) Im Büro steckte er mir den Ring an den Finger, und ich lief voller Ungeduld und Eifer zu Jack, um ihm den Ring zu zeigen« (S. 216).

Um im Bild zu bleiben: im vorletzten Kapitel hebt Engelhardt die Hand, im letzten schlägt er zu. Denn Jack hat nun ja rechtzeitig von der Hochzeit erfahren, und man wird den Verdacht nicht los, daß selbst Jenny diesen Mechanismus, trotz geistiger Trägheit, inzwischen durchschaut hat. *Jack und Jenny* schließt mit einem Dialog, der, von was sonst, von Heirat und Geld handelt: »›Jack, du hast mir nie gesagt, warum du so lange mit deinem Heiratsantrag gewartet hast.‹ Er legte den linken Arm um mich, mit dem rechten zeichnete er weiter: ›Liebling, ich wollte ganz sicher sein, daß du mich nur des Geldes wegen heiratest‹« (S. 219) – eine Schlußpointe, die der Müdigkeit Rechnung trägt, die den Leser bis dahin zur Gänze erobert hat: sie hat Geld, er sein Malen, die beiden haben einander und sind vor Seitensprüngen sicher. Sie haben sich bis zur Erschöpfung aller ausgetobt.

Barnes: Nachtgewächs

Absurder Zufall: auch in Djuna Barnes' *Nightwood* (1936), in Hildesheimers Übersetzung 1959 als *Nachtgewächs* erschienen, liest jemand *Niedergang und Ende des römischen Kaiserreiches*, allerdings nicht wie David, einer der Liebhaber Jennys, als stilvolle Ablenkung während der Bombardierung Londons, sondern irgend jemand in irgendeiner Toilette, und zwar sämtliche Bände, während außen ein anderer auf und ab läuft: ein Bild der Nervosität, das Doktor O'Connor, eine der Hauptfiguren, mit spöttischem Pinselstrich malt (S. 188): *Early to Bed* und *Nightwood* haben nicht das geringste miteinander zu tun, Walter Jens sprach geradezu von einer »Zufalls-Wende« in der Entwicklung Hildesheimers.[7]

Jack und Jenny ist frivol und nicht pornographisch, *Nachtgewächs* dagegen ist nirgends frivol, zuweilen aber wird Pornographisches nur durch die Intensität genialer Bilder verhindert, »Feuerwerke, aber mit Zeitzündern«, wie Hildesheimer geschrieben hat (S. 143):

Sieh auch nach den Mädchen in den Toiletten nachts, und du wirst sie finden, kniend in diesem großen, geheimen Beichtstuhl, wie sie zwischen den Zungen die furchtbarsten Bannflüche ausstoßen: ›Sei verdammt, fahre zur Hölle! Daß der Schlag dich stehend treffe! Sei senkrecht verflucht! Verdammt sei er, schrecklicher und verdammter Fleck! Verdorre er zum Grinsen des Todes, auf daß die straffen Lippen zurückweichen ins hohle Knirschen der Beckenrippen! Sei dies deine Folter, dies deine Verdammnis! Gott hat mich vor dir verdammt, und nach mir sollst du verdammt sein, kniend und abseits, bis wir zu nichts geworden sind! Denn was weißt du von mir, du Stück Mannsfleisch? Ich bin ein Engel auf allen Vieren, mit Kinderfüßchen hinter mir, auf der Suche nach meinen Gefährten, die es noch nicht hinter sich haben, hinab, untertauchend, Gesicht vorab; ich trinke die Wasser der Nacht aus dem Ausguß der Verdammten, ich gehe in die Wasser, hindurch bis zum Herz, die schrecklichen Gewässer! Was weißt du von mir? Heb dich hinweg, verdammte Tochter! Verdammt und trügerisch!‹

Guido Bruno (alias Curt Kisch) hat Djuna Barnes im Dezember 1919, also rund achtzehn Jahre vor Erscheinen von *Nightwood*, gefragt, weshalb sie »nur so schrecklich morbide« sei. »›Morbide?‹, war ihre bissige Antwort. ›Da kann ich nur lachen. Dies Leben, das ich schreibe und zeichne und porträtiere, ist das Leben wie es ist, und folglich nennen Sie es morbide. Sehen Sie sich mein Leben doch an! Sehen Sie sich das Leben um mich herum doch an! Wo ist denn die Schönheit, die bei mir angeblich fehlt? Wo sind die hübschen Episoden, die andere schildern? Ich meine das Leben von Menschen, denen man die Masken weggenommen hat« (*Portraits*, S. 202).

Verzweiflung, vermischt mit Religion, Wahnsinn und Sexualität aller Spielarten: Bilder der Nacht und des Todes, gegen die *Jack und Jenny* als billige Vorstadtrevue abfällt. Im Nachwort zur Neuausgabe seiner Übersetzung schreibt Hildesheimer: »Nach ›Nightwood‹, dessen Figuren ›bis in die Knochen zerfressen von Liebe‹ sind, gehört der ›Liebesroman‹ der Trivialliteratur an« (S. 191).

Im Februar 1984 hat sich Hildesheimer mit Katharina Kaever für eine Rundfunksendung über Djuna Barnes und *Nachtgewächs* unterhalten, die Sendung ist zustande gekommen, allerdings ohne Hildesheimers Beiträge – er hätte übrigens eben das Kapitel *Wächter, was spricht die Nacht?* gelesen, aus dem das vorige Zitat stammt, eine Zentrale des ganzen Buches und bestimmend für Hildesheimers weiteres Werk. Katharina Kaever gab das Stichwort »Bilderbogen«, das an *Jack und Jenny* erinnern könnte, aber Hildesheimer erwiderte: »Im ganzen Aufbau des Romans steckt etwas zutiefst Dilettantisches (...) Das Großartige ist, daß das überhaupt nicht ins Gewicht fällt, und das überkommen zu können, finde ich schon eine gewaltige Leistung.« Er sprach von »makabren Visionen«, die im Schlußkapitel zum »sublimen Schauerroman« werden: »diese Erfindung ist fabelhaft (...) Besser *kann* ein Buch gar nicht aufhören.« Thomas Stearns Eliot hält in seiner Einleitung das Schlußkapitel zunächst für »überflüssig« und die Introduktion für »langsam und schleppend«, aber zuletzt das ganze Buch für überwältigend und ist sich der »Anmaßung, dieses Buch überhaupt einzuleiten, bewußt« (S. 17).[8]

Ein großes Buch, ein Bilderbogen des Ver-rücktseins, die Handlung einfach, die Ausführung alles, wie Jürgen Becker über Djuna Barnes' lyrische Prosa schrieb: »Die Schwierigkeit des Buches gründet nicht in einer kompositorischen Verflechtung dessen, was im Geschehen offen oder verborgen liegt. Eher in seiner metaphorischen Benennung jener Sachverhalte, die eigentlich nicht zu benennen und Sache des Schweigens sind.« Seit der Übersetzung von *Nightwood* versucht Hildesheimer zunehmend, das Unsagbare zu sagen, um dann – auch ein Signum des Scheiterns –, vielleicht schon seit *Mary Stuart* und hin bis zu *Marbot*, das Unsagbare Rätsel sein zu lassen und die Gründe für die Unlösbarkeit zu beschreiben.

Wolfgang Koeppen schreibt, man könne die Handlung von *Nightwood* »leider« nicht wiedergeben; dennoch: die Handlung läßt sich umreißen. Das erste Kapitel: ein Wiener Jude bastelt sich – man erinnert Tante Lydia aus *Paradies der falschen Vögel* – eine adlige Vergangenheit und nennt sich Baron von Volkbein. Sein Sohn Felix versucht, die Größe Österreichs in der Rekapitulation großer Namen und der Devotion gegen große Personen am Leben zu halten: er hält sich an die Titel, um von ihrem Glanz zu profitieren. In der Gesellschaft von Schauspielern, die wie er adlige Übernamen haben, fühlt er sich wohl, mit ihnen möchte er einen Grafen Altamonte besuchen, trifft aber statt dessen auf den amerikanisch-irischen Doktor Matthew O'Connor, der ihn mit seinen Reden vor den Kopf stößt. Das zweite Kapitel: Felix, fasziniert und abgestoßen, und Doktor sitzen in einem Pariser Hotel, bis der Doktor zu einer jungen Frau gerufen wird, die in Ohnmacht gefallen ist. Felix geht mit, bemerkt die Unsicherheit des Doktors – er darf nicht praktizieren –, beobachtet, wie er sich etwas Lippenstift auflegt und einen Geldschein einsteckt, der auf dem Nachttisch neben der ohnmächtigen Frau liegt. Felix heiratet die Frau, Robin Vote, und zieht mit ihr nach Wien, wo er ihr vergeblich die vergangene Größe Österreichs vor Augen führt: er möchte einen Sohn, um die Tradition fortzusetzen. Robin beginnt zu schweifen, reist planlos tagelang umher und verläßt Felix, nachdem sie ihm einen schwachsinnigen Jungen geboren hat. Das dritte Kapitel: Robin Vote lernt Nora Flood kennen, die in Amerika einen schäbigen Künstlerzirkel hält; eine Liebesbeziehung entsteht, verfallen und süchtig: Robin zieht in die Bars, Nora spürt ihr verzweifelt nach und gibt zuletzt auf, bleibt zu Hause, weint und tobt. Das vierte

Kapitel: Jenny Petherbridge taucht auf, die schon immer aus zweiter Hand gelebt hat, mischt sich in das verworrene Verhältnis von Robin und Nora ein und spannt Robin aus. Das fünfte Kapitel: die verlassene Nora sucht den Doktor auf, um sich von ihm Klärung aller Verwirrungen zu erbitten. Das sechste Kapitel: der verlassene Felix kommt mit ähnlicher Absicht zum Doktor. Das siebte Kapitel: Nora und der Doktor unterhalten sich über die Ereignisse. Das achte Kapitel: Robin sucht Nora, ohne sie tatsächlich treffen zu wollen; in einer Kapelle nahe ihrem Haus beobachtet Nora, wie Robin im wahrsten Sinn des Wortes auf den Hund kommt, und zwar auf Noras Hund. Soweit die Oberflächenhandlung, die über diesem »Logbuch der Leiden« (Jürgen Becker) liegt, in dürren Worten.

Aber Djuna Barnes' Worte sind eben alles andere als dürr. Hildesheimer hat zu Katharina Kaever gesagt, er wisse nicht mehr, wie er auf den Titel »Nachtgewächs« gekommen sei, er wisse niemals, wie er auf irgend etwas gekommen sei, was an die Spekulation um den Namen Marbots erinnert. Die Geliebte von Djuna Barnes hieß Thelma Wood[9], der Roman erinnert an diese Liebe, und der Originaltitel *Nightwood* ist schon allein deshalb unübersetzbar. Hildesheimer assoziierte »Nachtschattengewächs«, das blasse Treiben nächtlicher Pflanzen. Man mag auch, wie Katharina Kaever, an Titel wie *Treibhaus* von Koeppen denken: schwüle Atmosphäre. Jedenfalls: die Figuren dieses Romans treiben es schwül, schwul und blaß, man sieht bei allen Reden, vor allem denen des Doktors, das giftige, zwielichtige Violett der Belladonna-Blüten, Schwarzviolett, die Farbe schwerer Melancholie.

Das siebte und zentrale Kapitel *Watchman, what of the Night!*, das Hildesheimer unter dem Titel *Wächter, was spricht die Nacht?* vor Erscheinen des Buches auszugsweise übersetzt und kommentiert hatte drucken lassen, dieser grandiose Monolog des Doktors, der sich selbst Dr. Matthew-Mächtig-cum grano salis-Dante-O'Connor nennt, der, wie Eliot treffend sagt, »neben seiner Ich-Bezogenheit und seiner Aufschneiderei (. . .) auch ein Objekt verzweifelter Selbstlosigkeit und tiefer Demut ist«; dieser Monolog, der von wenigen Fragen Noras nach den Umständen von Robins Davonlaufen unterbrochen ist, diese Tirade nächtlicher Trostlosigkeit kündigt sich bereits nach wenigen Sätzen an:

Es war gegen drei Uhr morgens, als Nora an das kleine Fenster der Portiersloge klopfte und fragte, ob der Doktor zuhause sei. Wütend über die gestörte Nachtruhe hieß sie der Concierge, sechs Stockwerke zu ersteigen: dort oben, unter dem Dachstuhl links, würde sie den Doktor finden.

Nora nahm die Stufen langsam. Sie hatte nicht gewußt, daß der Doktor so arm sei. Sie tastete, klopfte, suchte die Klinke. Not der Seele mochte ihren Besuch entschuldigen; doch wußte sie auch, daß ihr Freund spät aufblieb. Sie hörte sein ›Herein‹, öffnete die Tür und stand sekundenlang gebannt: so erschütternd war die Unordnung, der ihr Blick begegnete. Der Raum war so klein, daß es eben noch möglich war, seitwärts zum Bett vorzudringen, als hätte ein zum Grabe Verdammter beschlossen, sich wenigstens hier keinen Zwang aufzuerlegen.

Ein Stapel medizinischer Bücher, neben Wälzern verschiedenster Arten, reichte beinah bis zur Decke, wasserfleckig, staubbedeckt; darüber ein kleines vergittertes Fenster, die einzige Lüftung. Auf einer Kommode aus Ahorn, offenbar nicht europäischer Herkunft, lagen ein paar verrostete Geburtszangen, ein verrostetes Skalpell, ein paar andere seltsame Instrumente, deren Zweck ihr rätselhaft war, ein Katheter, einige zwanzig zumeist leere Parfumflaschen, Pomaden, Cremes, Lippenstifte, Puderdosen, Puderquasten. Die Schubladen dieser *chiffonière* waren halb geöffnet, und über die Ränder quollen Spitzen, Bänder, Damenstrümpfe, Damenwäsche und ein Bruchband, das aussah, als habe es dem gesamten Weibertand Notzucht angetan. Ein Abfalleimer stand am Kopfende des Bettes, bis zum Rand mit widerlichstem Unrat angefüllt. Der Raum hatte etwas erschreckend Entwürdigendes, ähnlich einem Zimmer im Bordell, wo selbst den Unschuldigsten das Gefühl überkommt, Mitschuldiger gewesen zu sein. Dennoch hatte er auch etwas muskulös-männliches an sich, war ein Mittelding zwischen einem *chambre à coucher* und dem Trainingsring eines Boxers. Ein Fluidum der Feindseligkeit herrscht in einem Raum, den eine Frau nie betreten hat. Jeder Gegenstand bekämpft die eigene Fessel, und über allem liegt metallisches Aroma, wie vom Schmiedeeisen auf dem Amboß.

Auf schmalem eisernem Bett, zwischen groben, dreckigen Leintüchern lag der Doktor, in einem Damennachthemd aus Flanell.

Sein Kopf mit den übergroßen, schwarzen Augen, den vollen Wangen, dem unrasierten, gewehrstahlfarbenen Kinn, war vom goldenen Halbrund einer Perücke gerahmt. Lange Hängelocken berührten die Schultern, fielen locker auf das Kissen und zeigten dort die schattige Seite der Spirale; Schminke war dick aufgetragen, die Wimpern waren geschwärzt. Nora durchfuhr der Gedanke: ›Mein Gott, Kinder wissen etwas, was sie nicht sagen können. Sie mögen Rotkäppchen und den Wolf im Bett!‹ Aber dieser Gedanke, nicht mehr als das Gefühl eines Gedankens, dauerte nur die Sekunde, während der sie die Tür öffnete; schon in der nächsten hatte der Doktor sich die Perücke vom Kopf gerissen, er sank im Bett zurück und zog sich die Decken weit über die Brust. Als Nora sich wieder gefaßt hatte, sagte sie: ›Doktor, ich bitte Sie, mir alles zu sagen, was Sie von der Nacht wissen< (S. 123 f.) – God, children know something they can't tell, they like Red Riding Hood and the wolf in bed! (...) Doctor, I have come to ask you to tell me everything you know about the night (S. 117).

Nora meint natürlich *die* Nacht, in der Robin sie verlassen hat: selbstverständlich versteht der Doktor das, aber er sagt alles, was er vom »Generalthema« Nacht überhaupt weiß, von der »Nacht um uns und in uns« (*Nachwort* 1971, S. 191). Was sich angebahnt hatte, bricht jetzt aus: das Panoptikum der Verrückung gibt nun, seit seiner Eröffnung, erstmals den Blick in die größte Tiefe frei, allerdings keinen völlig klärenden Blick, wenn auch nicht gar so verhüllt, wie Koeppen schreibt: »bei Djuna Barnes bieten sich die Deutungen höchstens wie Irrlichter in einem verzauberten Wald an.«

Der Doktor war übrigens tatsächlich eine Figur der Pariser Szene, und Djuna Barnes schrieb 1959 an Hildesheimer: »I also pleased that you so much like the doctor. Yes he was a real man, he did indeed exist. Everyone of my generation who were in Paris at that time knew him, though no one had the idea that he would make a great figure for a novel, except me, fortunately for me, and for him while he lived, for he had pride in being Dr. Mighty-Grain-Of-Salt (...) He died only a little a while back.«[10]

Der Ton, den sie den Doktor anschlagen läßt, nein: nicht nur ihn, sondern alle Figuren, den sie selbst anschlägt und den Hildesheimer mit seiner Übersetzung getroffen hat, wurde in seinem Werk vorher nicht wahrgenommen und nachher nie mehr überhört. Die Melancholie der *Lieblosen Legenden* war untertönig, die meisten Leser hörten darüber hinweg. Aber nun wurde dieser Ton stark und bestimmend, begründete den Wechsel der Tonlage der beiden letzten *Legenden*, tastend noch in *Der Brei auf unserem Herd*, in klarem Laut in *Schläferung*, dieser Rhapsodie der Nacht, in der nicht, wie bei Djuna Barnes, ein Wächter, sondern drei Wächterinnen wachen. Nun begann Hildesheimer, seine Nachtstücke zu schreiben und zu collagieren, selbst noch die *Mitteilungen an Max* und manche der späten Collagen, zum Beispiel *Die stummen Wächter*, erinnern an *Nachtgewächs*.

Tynset hört man aus folgenden Sätzen des Doktors: »laß einen Menschen sich niederlegen in das große Bett, und seine Identität ist nicht mehr die seine, sein Vertrauen hat ihn verlassen, seine Bereitschaft ist umgewandelt und gehorcht einem anderen Willen. Sein Schmerz ist wild und namenlos. Er schläft in einer Stadt der

Finsternis, Mitglied geheimer Bruderschaften. Er erkennt weder sich selbst noch seine Vorreiter, wütet in Dimensionen des Entsetzens und steigt aus dem Sattel – wie durch ein Wunder – ins Bett!« (S. 126) *Tynset* in der Charakterisierung Felix Volkbeins: »Er wußte, daß Weitschweifigkeit sein einziger Kontakt war, und er bediente sich ihrer mit langem Atem und detailsicherer Sachkenntnis« (S. 30). *Tynset* und auch *Masante* in der ersten Außenansicht, die der Leser vom Doktor erhält: er »erzählte von sich, denn in sich selbst sah er der Natur amüsanteste Fehlleistung« (S. 37). *Tynset* auch in der Beschreibung Noras: »Ihrer Veranlagung nach war Nora eine Frühchristin; sie glaubte den Buchstaben. Es gibt einen Riß im ›Weltschmerz‹, durch den der Einzelfall für immer und ewig hinabstürzt, ein Körper, im überblickbaren Raume fallend, des Rechts beraubt, heimlich zu entschwinden« (wie später Marbot), »als entferne sich die Heimlichkeit unbarmherzig und lasse, eben durch den Sog ihres Rückzugs, den Körper in dauernder Abwärtsbewegung, immer auf derselben Stelle und ewig vor Augen. Ein solcher Einzelfall war Nora. Es war eine Verschiebung in ihrem Gleichgewicht, was sie vor ihrem eigenen Fall rettete« (S. 86f.).

Oder der Weltweise und Seelenheiler Dr. O'Connor, der, ähnlich dem *Tynset*-Reflekteur eine Art negativer Christusfigur, die Sünden der Welt auf sich nimmt: »Nora quälte ihn, Noras Leben und das Leben der Leute in seinem Leben. ›Eines Menschen Weg im Nebel!‹, sagte er. Er hängte seinen Schirm an die Theke. ›Denken ist Kotzen‹, sagte er zum Barmann. Der Barmann nickte« (S. 225): das ist der Nebel *Tynsets* in der Kneipe »La dernière chance« *Masantes*, wo Maxine die Bar bedient. Hildesheimer erklärte Manfred Durzak: »Ich glaube heute sagen zu können, daß eine Figur wie Maxine in ›Masante‹ vielleicht ohne den Doktor in ›Nightwood‹ nicht denkbar wäre. Das hat mich stark beeinflußt, völlig unbewußt« (S. 275).[11]

Über die schweifende Robin heißt es: »Ihre Gedanken waren in sich selbst eine Form der Fortbewegung« (S. 96) – das ist *Tynset* in nuce. »Morgengrauen! (...) Um diese Stunde balanciert der Einwohner der Nacht auf einem Faden, der sehr dünn wird« (S. 202) – das ist *Tynset* und *Masante* en détail. *Tynset* ist *Nightwood* ohne kompositorische Mängel, *Masante* ist es mit ihnen.

Diesen Prägungen aus verwandtem Geist stehen Detailgleichheiten gegenüber. Der Doktor beschreibt die Nacht: »Finsternis ist die Kammer, da deine Geliebte ihr Herz rasten läßt; ist das Nachtgeflügel, das sich deinem und ihrem Geist krächzend entgegenkrallt; dessen Gedärm zwischen dir und ihr die furchtbarste Entfremdung fallen läßt« (S. 135); in *Tynset*, man denkt an die nächtlichen Hähne, an den Riß zwischen Reflekteur und Welt, heißt das: »Das Dröhnen im Blut verebbt, mein Herz legt die Flügel wieder an, faltet sie locker ineinander, wie wildes Geflügel, das sich mit gespeicherter Wärme auf die Kälte der Nacht vorbereitet« (S. 250); und in *Masante*: »tief dort drinnen kündigt sich schon die Nacht an. Sie wird mit rauschenden Flügeln aufsteigen und sich ausbreiten; dort hinten, das sind die Speicher der Nacht« (S. 89).

Die Nacht als Geflügel, die ganze Kette der Assoziationen aus *Nachtgewächs*, das womöglich ›Nachtgeflügel‹ hätte heißen können, und aus *Tynset*: das sind die Collagen und Zeichnungen, gerade seit 1958, die mit Vögeln zu tun haben, *Apokalypse mit Geflügel* (1982) oder *Herstellung eines Vogels* (1983), alle aus der *Vogelperspektive* (1965) gesehen.[12]

An den Reflekteur *Tynsets*, der mit dem Fernrohr das Nichts zwischen den Sternen sucht, erinnert, was der Doktor sagt: »Nichts ist genau das, was jedermann möchte, nach diesem Gesetz läuft die Welt« (S. 189), ein zynischer Satz, denn in Wirklichkeit will immer jeder alles, nach *diesem* Gesetz läuft die Welt, und gerade davor sucht sich Hildesheimers Reflekteur zu schützen. Aber für beide, für ihn und für den Doktor, gilt der Satz aus *Nachtgewächs*: »Zynismus, Gelächter, die zweite Schale, in die der hüllenlose Mensch kriecht« (S. 88) – dieser Satz, dieses Axiom der Melancholie, trifft schon auf die ersten *Lieblosen Legenden* zu und behält seine Gültigkeit bis zu Hildesheimers letzten *Mitteilungen*.

Was schon bei *Jack und Jenny* harmlos vorgeprägt war, das Spiel mit der eigenen Biographie, ein Spiel, das Maxine aus *Masante* perfektioniert, das erscheint auch in *Nachtgewächs*, nicht nur in Baron Volkbeins gefälschtem Stammbaum, dieser Unsicherheit, die ihn fragen läßt: »›Ist er wirklich ein Graf?‹« Und schon ihm antwortete eine »Herzogin«: »›Bin ich das, was ich sage? Sind Sie es? Oder der Doktor?‹ Sie legte ihre Hand auf sein Knie. ›Ja oder nein?‹ Der Doktor zündete sich eine Zigarette an, und in ihrem Glimmen sah der Baron, daß er grinste« (S. 49). Der Doktor, das ist wohl die gravierendste Unsicherheit des Herkommens und der

Identität, ist nach Aussehen ein Mann, nach Verhalten eine Frau; Anaïs Nin schreibt übrigens in ihren Tagebüchern: »Ich wollte kein Mann sein. Djuna Barnes war männlich« (Band 3, S. 292).[13] Was bei Anne Piper Geplänkel war, Liebe, ist bei Djuna Barnes Kampf, tödliche Auseinandersetzung zwischen den unterschiedlichen und den gleichen Geschlechtern, zwischen unterschiedlichen Personen und innerhalb einer einzigen Person: »Liebe, dieses schreckliche Ding!« (S. 117) Jürgen Becker traf es genau: »Eliots ›die Hölle ist man selbst‹ und Sartres ›die Hölle sind die anderen‹ gerät in solchen Beziehungen zur Synthese.«

Nora will Robin, die sie verlassen hat, um mit der ekelhaften Jenny zu ziehen und sie bald darauf ebenfalls zu verlassen, wiedergewinnen, schreibt Brief um Brief, klagt dem Doktor ihre Erfolglosigkeit und wird von ihm scharf zurückgewiesen: »Kannst du nicht endlich Schluß machen, kannst du nicht aufgeben? Ruhig jetzt, da du weißt, um was es in der Welt geht – nämlich um nichts!« (S. 183): das ist der Hildesheimer der *Mitteilungen an Max*, der das Weite gesucht und gefunden hat, der Schluß machen will mit seinem Schreiben, endgültig, weil er, schon in *Tynset* mitgeteilt, »weiß, um was es sich handelt, nämlich um nichts, buchstäblich nichts« (S. 265).

Das Weite suchen: der Doktor erzählt von einer Kuh, die samt der Bäuerin in einer Bombennacht im Luftschutzkeller Unterschlupf gefunden hat: »ob Sie es glauben oder nicht, diese Kuh hatte eilends das Weite gesucht, und es dort gefunden, wo unsereins es nicht erahnt; und doch stand sie auf der Stelle« (S. 47). Und Andrew Marbots Biograph schreibt – mehr als zwanzig Jahre später – über die Landschaft, in der Marbot Hall liegt, über das nördliche Northumberland also: »überall Schafe, wie aus dem Vollen geschöpft und großzügig über die Weite der Felder gesprenkelt (...) weidend bewegen sie sich zentimeterweise in allen Richtungen vorwärts und blicken hin und wieder, mahlend und kauend, ins Weite wie zur Beruhigung« (S. 27). Und: »Die Weite dieser Landschaft« habe Marbot »in seinen späteren Jahren zwar niemals bewußt gesucht«, er sei aber »auch niemals gänzlich von ihr losgekommen«, sie sei »die unbewußte kontrapunktische Begleitung zu jenen, als grandios erkannten Szenerien« geblieben, »die sich ihm auf seinen Reisen boten« (S. 28).[14]

Der Fliehende sucht das Weite vor der entsetzlichen Realität, die sich aber in ihm selbst fortsetzt, er flieht vor sich selbst und sucht, als letzte Möglichkeit, das Nichts. Aber das Nichts bietet keinen Raum, es ist nichts als Zwischenraum, wo sonst nichts ist, und sollte der Fliehende dieses Nichts je erreichen, wäre es nicht mehr Nichts, sondern ausgefüllt vom Geflüchteten und mit ihm von der Realität, vor der er geflüchtet ist.

Die Vergeblichkeit dieses Kreislaufs hat Hildesheimer zu seinen Spekulationen über die Wohltat des Nichtgeborenseins veranlaßt, dessen anderer Pol das Nichtmehrleben ist, vor dem aber – Furcht nicht vor dem Totsein – das Sterben steht. Marbots Versuch, in den Mutterleib zurückzukehren, zielt auf das andere Ende desselben Weges, den Marbot zuletzt in den Freitod geht, nachdem er die Vergeblichkeit des Inzests erkannt hatte: Marbot ist der Einzelfall, der sich heimlich entfernt. Nicht von ungefähr erscheint Michel de Montaigne in einem Werk Hildesheimers erstmals eben in seiner Übersetzung von *Nightwood* (S. 145 und 153). Diese Auslotung, dieses Sterbenlernen, wie Djuna Barnes es zeigt, kannte Hildesheimers Werk vordem nicht: Djuna Barnes hat Montaigne zu Hildesheimer gebracht. Das ist die philosophische Linie, die von *Nachtgewächs* zu *Marbot* führt: der Inzest ist deutlich angelegt, nicht nur, weil Sexualität auf den einzelnen Menschen zurückgeworfen wird, sich im Verkehr des einzelnen mit sich selbst abspielt – man denke an die Zwittergestalt des Doktors –, sondern weil in der lesbischen Liebe, etwa zwischen Robin und Nora, einer im anderen sich selbst liebt: »Robin bedeutet auch Inzest« (S. 223).

Aus diesem Wissen heraus beschreibt der Doktor eine besondere Form des Sterbenlernens: »übrigens ein grober Fehler der Natur. Um wieviel übersichtlicher wäre es gewesen, alt geboren zu werden, um sich zum Kinde zu verjüngen und sich zuguterletzt nicht am Rande des Grabes sondern des Mutterschoßes zu finden« (S. 147) – »How much tidy had it been to have been born old and have aged into a child, brought finally to the brink, not of the grave, but of the womb« (S. 142). *Marbot* ist, nicht zuletzt, eine Diskussion dieser Erkenntnis und ihrer Möglichkeiten, und selbst die Fiktionalität *Marbots* scheint bei Djuna Barnes angelegt: »Seltsam, wie sehr das Leben einem selbst gehört, wenn man es erfunden hat« (S. 173).

Hildesheimer hält *Nightwood* zu Recht für eines der größten Bücher der Weltliteratur, selbst wenn mancher einwenden mag, er komme zu dieser Auffassung vor allem auch deshalb, weil *Night-*

wood für ihn dieses Maß an Bestimmung erreicht hat. Diese Bestimmung zeigt sich selbst in harmlosen Details, wie dem »hohen L« einer Sängerin, das Djuna Barnes spöttisch erwähnt (S. 152) und das in Hildesheimers kleinem skurrilen Text *Sich erinnern* wieder erscheint, wo sich, wie gesagt, ein Mann weit über das Datum seiner eigenen Geburt, also seiner Erlebnismöglichkeit hinaus, zurückerinnert: eine Variation des Nichtgeborenseins, die auch der Doktor in *Nightwood* durchspielt, wenn er erzählt, was Katharina die Große zu ihm gesagt habe, als er ihr einen Blutegel ansetzte.

Das Schlußkapitel führt Nora und Robin wieder zusammen; Nora, den »Engel, der nicht fallen kann«, und Robin, »zu je einem Drittel Kind, Tier und Unwesen, deren Wertfremdheit und Amoralität von solcherart Tragik ist, daß selbst Tiere bei ihrem Anblick weinen« (*Nachwort* 1971, S. 192). In diesem Schluß fulminiert, was Koeppen treffend beschrieben hat: »›Nachtgewächs‹ ist ein Testament der Verwirrung und der Verzweiflung, kein gottloses Buch, doch trägt Gott in ihm noch zur Verwirrung und Verzweiflung bei.« Robin umschweift tagelang Noras Haus, bis Noras Hund eines späten Abends die Witterung aufnimmt, zu einer nahen Kapelle läuft und bellt. Nora weiß sofort, daß sie Robin dort wiedertreffen wird, ist aber entsetzt von dem, was sie tatsächlich findet (S. 239-241 bzw. S. 238 f.):

Auf einem selbstgemachten Altar, vor einer Madonna, brannten zwei Kerzen. Ihr Licht fiel über den Boden, über die staubigen Bänke. Vor dem Bild lagen Blumen und Spielzeug. Vor ihnen, in ihren Knabenhosen, stand Robin. Ihre Bewegung war im Schreck abgebrochen und an dem Punkt erstarrt, da die Hand beinahe ihre Schulter erreicht hatte. Und in dem Augenblick, da Noras Körper gegen das Holz schlug, begann Robin niederzugehen. Sie glitt hinab, immer tiefer hinab, das Haar pendelte, die Arme waren ausgestreckt. Und da stand der Hund, bäumte sich zurück, die Vorderläufe schräg gestemmt; seine Pfoten zitterten mit dem Zittern seines Hinterkörpers, sein Haar stellte sich auf; die Schnauze stand offen, die Zunge hing seitwärts über die scharfen leuchtenden Zähne hinab; er winselte und wartete. Und nieder ging sie, bis ihr Kopf neben dem seinen hing, bis sie da lag auf allen vieren, die Knie angezogen. Bis die Adern hervortraten, im Nacken, unter den Ohren, in den Armen angeschwollen und breit und pochend in die Finger stiegen, während sie sich vorwärts schob.
Der Hund, bebend in jedem Muskel, sprang zurück, die Lefzen verzerrt, seine Zunge ein steifer, krummer Schrecken im Maul. Rückwärts bewegte

er sich, zurück, als sie näher kroch, nun auch sie winselnd, sich vorwärtswälzend, den Kopf krampfhaft seitwärts gedreht, grinsend und winselnd. In die entfernteste Ecke gezwängt, bäumte sich der Hund auf, als wolle er einer Gefahr weichen, die ihn mit solchem Grauen erfülle, daß er sich schwebend über den Fußboden erheben müsse; dann sank er ab, krallte sich seitwärts in die Wand, auf der seine erhobenen Vorderpfoten abrutschten. Und Kopf nach unten, die Stirnlocken durch den Staub schleifend, fiel sie gegen seine Seite. Er stieß einen einzigen Klageton aus und schnappte nach ihr, hüpfte bellend um sie her; und wie er von Seite zu Seite sprang, den Kopf ihr zugewandt, schlug sein Körper gegen die Wand, jetzt an dieser, jetzt an der anderen Seite.

Da begann auch sie zu bellen. Hinter ihm herkriechend bellte sie, zwischen Krämpfen von Gelächter, abstoßend und ergreifend. Der Hund begann zu jaulen, rannte mit ihr, sein Kopf direkt neben dem ihren, als wolle er sie überlisten; weich und langsam liefen seine Pfoten. Er rannte hierhin und dorthin, ein Jammern tief unten in seiner Kehle; und sie grinste und heulte mit ihm. Ihr Schluchzen kam in immer kürzeren Abständen. So krochen sie Kopf an Kopf, bis sie aufgab und ausgestreckt liegen blieb, die Hände neben sich, das Gesicht abgewandt und weinend. Nun gab es auch der Hund auf. Er legte sich nieder, seine Augen blutunterlaufen, sein Kopf flach über ihren Knien ausgestreckt.

Then she began to bark also, crawling after him – barking in a fit of laughter, obscene and touching. The dog began to cry, running with her, head-on with her head, as if to circumvent her; soft and slow his feet went. He ran this way and that, low down in his throat crying, and she grinning and crying with him; crying in shorter and shorter spaces, moving head to head, until she gave up, lying out, her hands beside her, her face turned and weeping; and the dog too gave up then, and lay down, his eyes bloodshot, his head flat along her knees.

Das ist der Schluß von Djuna Barnes' *Nightwood* und das Ende aller harmlosen Liebesgeschichten, *Jack und Jenny* und anderer Trivialliteratur, wie sie allerdings noch immer produziert, verlegt und von all jenen verschlungen wird, für die sie ja auch gemacht ist. Hildesheimer hat keinen Roman mehr geschrieben oder übersetzt, es hat ihm, könnte man sagen, den Roman verschlagen. Auch *Masante*, das in der ersten Auflage, und auch dort nur auf dem Cover, die Bezeichnung »Roman« trägt, ist kein Roman, verleugnet ja auch die Nachfolge von *Nightwood* gar nicht, sondern verarbeitet die Schlußszene zur Geschichte des degenerierten Adligen, der im Schloßhof auf allen vieren läuft, von einem stummen Diener an der Leine geführt wird und an Bäumen sein Bein hebt. Aber Hildesheimers Variation erreicht nicht die Intensität des vorgegebenen Themas, bei ihm leidet nicht die Kreatur mit dem Menschen, und der Mensch nicht wie die Kreatur, sie werden nicht eins, wie bei Djuna Barnes. In anderen Variationen, die sich weiter vom vorgegebenen Thema entfernen, hat er Eigenes aus Eigenem und aus Material von Djuna Barnes geschaffen und so mit seinen besten Werken Ebenbürtiges erreicht.

Er war von den *Lieblosen Legenden* gekommen, diesem leichten schweren Spiel mit dem Kulturgut der abendländischen Geschichte, das ihm zu Füßen lag wie Spielzeug: found objects. Kurz vor Ende der fünfziger Jahre kam mit Camus und dem ›Absurden‹ der Leerlauf, die vorgefundenen Dinge – Objekte, Fakten und Gedanken – splitterten auseinander, wurden immer zweifelhafter und ergaben keinen Sinn mehr: das Spielzeug war zerbrochen. Da lag denn nur noch ein Scherbenhaufen, den er nachdenklich umwendete, der Vergeblichkeit bewußt, *Vergebliche Aufzeichnungen*, und wenig später Collagen, diese Versuche, dem Sinnlosen Sinn zu geben, Collagen aus Texten und Bildern, aus Gedanken und Ereignissen: die Technik der assoziativen Verknüpfung, bestimmend schon für die depressiven *Spiele, in denen es dunkel wird*.

Die Übersetzung von Djuna Barnes' Roman markiert einen Wendepunkt, wie Hildesheimer selbst gesagt und auch schon während der Arbeit an der Übersetzung gewußt hat, als er Djuna Barnes die »Schöpferin einer einzigartigen Bildersprache, einer bisher ungeahnten Art der Metaphorik« nannte und für sie »den gebührenden Platz an der Spitze der zeitgenössischen Literatur« forderte (›Merkur‹ 1959, S. 742). Djuna Barnes schrieb die neue Spielanleitung, mit ihrem ganzen Buch und im Buch immer wieder explizit: »Legende ist ungekürzte Fassung, Geschichte aber ist, schon wegen ihrer Darsteller, Schändung. Jede Nation mit Humor ist eine verlorene Nation, und jede Frau mit Humor ist eine verlorene Frau. Die Juden sind das einzige Volk, das es noch versteht, den Humor in der Familie zu pflegen, ein Christ streut ihn über die ganze Welt« (S. 37 f.).

Diese Anleitung hat ihre Gültigkeit für Hildesheimer behalten, wenn auch mit den letzten Jahren seine Gewißheit zunahm, daß der Boden, auf dem die Scherben liegen, selbst unsicher geworden ist, daß auch er zu bröckeln begonnen hat und droht, mit seinem Fall alles zu vernichten: Hildesheimer hat, vor allem in seinen letzten Hörspielen, dieses Ende immer exakter beschrieben, und selbst *Biosphärenklänge* könnte nach der Spielanleitung von Djuna Barnes entstanden sein, die einmal gesagt haben soll: »Die Welt erzeugt ein Geräusch, sie nennen es Zivilisation.«[15]

Joyce: Anna Livia Plurabelle

Djuna Barnes hat von Joyce gesagt, er sei »sowohl traurig als auch müde«, und hat hinzugefügt: »aber es ist die Traurigkeit eines Mannes, der einen mittelalterlichen Leidensfreibrief erwirkt hat, außerhalb der Zeit und nirgendwo.« Diese Formulierung zeige, schrieb Hildesheimer 1971 im Nachwort zu *Nachtgewächs*, »daß der Stil von ›Nightwood‹ ihr natürlicher Ausdrucksmodus war« (S. 188). Joyce hat zu Djuna Barnes gesagt: »Ein Schriftsteller sollte nie über das Außergewöhnliche schreiben. Das ist etwas für Journalisten«; und Hildesheimer hat auch diesen Satz kommentiert: »Ob er recht hatte, soll hier nicht beurteilt werden; ›Finnegans Wake‹ hatte er damals noch nicht geschrieben«, aber »sowohl Joyce als auch Djuna Barnes« hätten »sich danach gerichtet« (S. 190).

Djuna Barnes hat ihr Porträt Joyces im April 1922 geschrieben, zu einer Zeit also, zu der Joyce eben den *Ulysses* veröffentlicht hatte, und zitiert: »Im *Ulysses* habe ich festgehalten, gleichzeitig festgehalten, was ein Mensch sagt, sieht und denkt, und was dieses Sehen, Denken und Sagen dem antut, was ihr Freudianer das Unbewußte nennt. Aber was die Psychoanalyse angeht‹, brach er ab, ›so ist sie nicht mehr und nicht weniger als eine Erpressung‹« (*Portraits*, S. 138). Hildesheimer hat denn auch 1979, in seinem Essay über den *Ulysses*, seinen Satz über das gemeinsame Festhalten am Alltäglichen zurückgenommen: »Sollte Joyces Satz als Warnung an die Adresse Djuna Barnes gedacht sein, so hat sie ihn in ihrem Roman ›Nightwood‹ triumphal in den Wind geschlagen. Er selbst aber hat ihn sein Leben lang beherzigt.«

Über *Finnegans Wake* hat er 1969, also zehn Jahre zuvor, geschrieben: »meine Einstellung zu dem Werk ist streng unwissenschaftlich, sie ist die des bewundernden Lesers, eines Lesers allerdings, der zur Zeit der ersten Lektüre, vor etwa 25 Jahren, im Englischen besser zuhause war als im Deutschen« (S. 21 f.).[16]

Damals, dreiundzwanzig Jahre zuvor, also 1946, hatte er in Jerusalem seinen ersten literaturkritischen Essay überhaupt geschrieben, und zwar über Joyce und natürlich auf Englisch:

»Joyce's (...) two early collections of poetry, naive and conventional, have nothing of the richness of language which is one of the outstanding factors in his novels. His early play ›Exiles‹ is a weak effort in the Ibsen manner.« Ähnlich bei Djuna Barnes, wie gesagt, doch dann verzweigen sich die beiden Linien: bei Djuna Barnes herrscht direkte Rede vor, metaphernreiche, erschütternde Bildlichkeit, hinter der Psychoanalyse als Grundstruktur durchscheint, aber keine *Analyse* ist, sondern sprachlicher Ausdruck dessen, was in der Psychoanalyse zu objektivieren versucht wird; das gilt zwar auch für Joyce, aber Joyce abstrahiert kühl, verlegt die Bildlichkeit in die einzelnen Wörter und löst die Sprache dabei entweder völlig auf oder verknotet die Bedeutungen zu oftmals unlösbaren Verwirrspielen.

Dies hat Joyce, wie er ja auch zu Djuna Barnes gesagt hatte, erstmals im *Ulysses* durchgeführt, wo er, so Hildesheimer 1946, »introduces his ›stream of consciousness‹ method, i. e. the exact and automatic recording of the working and reaction of the mind« – das ist die Exaktheit, die Kompliziertes schafft, während Djuna Barnes Kompliziertes mit ständig neuen Bildern komplex wiedergibt.

Mit *Finnegans Wake*, »his last and most difficult book«, hat Joyce seine Methode perfektioniert: »›Finnegans Wake‹ is more complex. Here Joyce deals no longer with one character at a time but with many embodied in one.« Und über die Schwierigkeiten: »One word has in it the roots of many others (...) The whole book is one long, onomatopaeic flow of language and sound. But it is at the same time a terrifying psychoanalytical selfconfession and we may therefore look at its apparent obscurity as intentional. Those who do not shy the effort of deciphering its meaning will be awarded by a tremendous discovery of truth and neverbefore experienced richness of imagery.«

Wahrheit und Vorstellungskraft also, zwei der Themen, die Hildesheimers Werk prägen, fand er schon früh bei Joyce. Er stellt Joyce sehr hoch, man weiß nicht recht, wo Djuna Barnes dabei bleibt: *Nightwood* gehört für ihn zu den fünf größten Büchern der Weltliteratur, aber für die »Zeitbibliothek der 100 Bücher« schreibt er über den *Ulysses* und schließt seinen Essay: »Eine Nebenfigur im ›Ulysses‹ sagt: ›Nach Gott hat Shakespeare am meisten geschaffen.‹ Joyce-Kenner haben hinzugefügt: ›Nach Shakespeare hat Joyce am meisten geschaffen.‹ So ist es.« Joyce ist also nach Shakespeare der größte Schriftsteller, und schon im Essay von 1946 hat Hildesheimer Thomas Mann und Franz Kafka als mindere Joyce-Nachfolger vorgestellt, Thomas Mann »with technical perfection but without humility«, und Kafka bescheinigte er »naive imagery, knowing the reflex only too well but often not the roots«, was, mit Einschränkungen, auch für *Nightwood* gelten kann.

Gesprächsweise sagt Hildesheimer zuweilen, die deutsche Literaturszene spalte sich in zwei Lager, zum einen gehörten jene, die Joyce als den größten Autor des 20. Jahrhunderts ansehen, zum anderen jene, die Thomas Mann dafür halten und die nichts von Literatur verstehen. Gegen Thomas Mann hat er sich denn auch mit lakonischer Schärfe ausgesprochen: auf die Frage »Welches Interesse hat für Sie heute, 20 Jahre nach seinem Tod, das Werk Thomas Manns?« antwortete er: »Keines«; auf die Frage »Welche Bedeutung hat Thomas Mann für Ihre Entwicklung als Schriftsteller gehabt, und sehen Sie einen Einfluß auf Ihre eigene Arbeit, insbesondere unter dem Aspekt des Handwerklichen?« sagte er: »Keine Bedeutung. Keinen Einfluß«; auf die dritte Frage antwortete er ausführlich, wobei er gleichzeitig einen anderen großen Deutschen mitgemeint haben könnte, nämlich Goethe; für Frager und Gefragten schien Bert Brecht nicht in Betracht zu kommen. Die Frage: »Thomas Mann gilt nach der allgemeinen Einschätzung als der große repräsentative Schriftsteller seiner Epoche, als der einzige unumstrittene Klassiker der deutschen Literatur in diesem Jahrhundert. Halten Sie diese Einschätzung für zutreffend?« Die Antwort: »›Klassiker‹ ist ein sehr populäres Wertmaß. Ich habe weder Zeit noch Lust, darüber nachzudenken. Denn ich müßte ihn wieder lesen, wozu ich die Neigung nicht verspüre. Ein Buch, das man nicht alle fünf Jahre wieder liest, kann man überhaupt nicht mehr beurteilen. Viele Fehlurteile kommen dadurch zustande, daß die Kritiker die bereits eingeordneten Bücher niemals wieder lesen. Ich habe Thomas Mann mit Vergnügen – buchstäblich mit Vergnügen – gelesen. Wenn ich heute an die Lektüre zurückdenke, fällt mir dazu ein ganz früher Aufsatz von Hans Egon Holthusen – mit dem ich nicht immer einer Meinung bin – ein: er schrieb über irgend ein Buch von Thomas Mann einen Aufsatz, der den Titel trug: ›Welt ohne Transzendenz‹. Auf die Gefahr hin, daß Sie mich für einen ›verinnerlichten‹ Menschen halten, muß ich sagen: das finde ich auch« (*Über Thomas Mann*, S. 181).

Für Hildesheimer, übrigens Mitglied des Stiftungsrates der Zürcher James-Joyce-Stiftung, ist, das steht außer Frage, Joyce der ›Klassiker‹, dem er Essays gewidmet hat und 1984 die Bloomsday-Dinner-Speech auf dem Internationalen Joyce-Symposium in Frankfurt: *The Jewishness of Mr. Bloom*, auf Englisch wie den ersten Essay über Joyce auch, eine Rede, die im ersten Satz schon verrät, daß er »about every four or five years« den *Ulysses* liest (S. 7), nach eigenem Maßstab zur Beurteilung des Buches also befähigt ist. Das frühe Diktum über Kafka nimmt er, nach achtunddreißig Jahren, in dieser Rede zurück, als er – ich zitiere seine eigene Übersetzung – über die »Retardierungsmechanismen« bei Joyce spricht, für die er »alle bewegten und bewegenden Szenen, alle Rede und Aktion, Diktion und Struktur der Zeitgenossen Joyces« geben würde; einschränkend fügt er in Parenthese hinzu: »Kafka ist ein besonderer Fall und ein anderes Kapitel« (S. 65).

Auch in der Bloomsday-Dinner-Speech zitiert er, was Joyce über Psychoanalyse zu Djuna Barnes gesagt hat, erwähnt Djuna Barnes aber nicht mehr, wie noch 1979 im Essay über den *Ulysses*: offenbar hat Joyce inzwischen endgültig die überragende Stellung errungen; es könnte auch sein, daß er gerade auf dem Joyce-Symposion nicht auf Unterschiede der psychoanalytischen Aspekte beider Autoren eingehen wollte. Es handelt sich um die bereits in der Übersetzung von Katharina Kaever zitierte Passage des Interviews mit Djuna Barnes, wo Joyce über den *Ulysses* sagt: »I have recorded simultaneously what a man says, sees, thinks, and what such seeing, thinking, saying does to what you Freudian call the subconscious. But as for psychoanalysis, it's neither more nor less than blackmail« (S. 32 f.).

Nun widerspricht Hildesheimer dem, was er noch 1971 unwidersprochen zitiert hatte, natürlich, denn der »frühanalysierte« Hildesheimer hat seine eigenen Werke zunmehmend mit psychoanalytischem Maßstab gemessen: »I shall never understand why psychoanalysis should be blackmail, but let us forgive Joyce this unqualified remark, it is not the only one he made. However, it might be well worth remembering here that Freud himself found the word ›subconscious‹, which originates in nineteenth-century psychiatry, highly unsatisfactory, misleading, and had dropped it before 1900. Since then it has become a trivial, ill-used platitude« (S. 33). Diese Replik kann nur verstehen, wer den Fehler in der Übersetzung Katharina Kaevers bemerkt; statt »was ihr Freudianer das Unbewußte nennt« übersetzt Hildesheimer korrekt: »was Ihr Freudianer das ›Unterbewußtsein‹ nennt« (S. 66).[17]

Eingedenk der Praktiken der frühen Psychiatrie ist Joyces Widerwillen gegen dieses Wort verständlich; darin stimmt Joyce mit Freud überein und wird, wie Hildesheimer impliziert und Joyces Bücher bestätigen, zu einem Freudianer wider Willen. Die frühe Psychiatrie war ja tatsächlich Erpressung und Vergewaltigung, bis die Romantik, ganz im Sinn der antiken Nobilitierung psychischer Krankheiten, Kranksein im Sinne von Außenseitertum zum kämpferischen Begriff gemacht hatte. »Erpressung« meint, daß mit Hilfe der Psychoanalyse die künstlerischen Außenseiter in ihrer Individualität auf ein eindeutiges und erklärbares Muster reduziert werden. Bedenkt man den offenen Schluß *Marbots*, dieses psychoanalytischen Künstlerbuches, wo gerade die zentrale Frage – »wer spielt auf der Seele des Künstlers?« – *nicht* beantwortet werden kann, ist Hildesheimer selbst an die Grenze der Psychoanalyse, an die Grenzen der letzten Erkenntnis der »roots« gestoßen und bestätigt damit Joyces Qualifizierung der Psychoanalyse als »Erpressung«, wenn vielleicht auch er wider Willen, das heißt: unbewußt.

Im *Ulysses*, so die Bloomsday-Dinner-Speech, halte sich Joyce an seine Ablehnung der Darstellung des Außergewöhnlichen, denn Leopold Bloom sei »ein unbedeutender Mann« mit durchschnittlichen »Denkfähigkeiten«. Und: »die Funktion selbst des unerwarteten und trivialen Details, abstrakt oder konkret, wie es die Literatur zuvor nicht gekannt hat«, diene Joyce dazu, »ein möglichst lückenloses Gerüst physischer Realität aufzubauen«, einer Realität, die »jedoch niemals die Grenzen zum *Meta*physischen überschreiten« sollte: »Transzendenz, mitunter freilich in Parenthese, hatte sich Joyce für *Finnegans Wake* vorbehalten« (S. 40 f.).

Transzendenz also, die Hildesheimer bei Thomas Mann vermißt, als Qualitätskriterium: »*Finnegans Wake* wird durchaus beherrscht von Joyces Methode, eine Partitur variabler Stimmen auf ein einziges, lineares System zu reduzieren, innerhalb dessen die Worte zu Akkorden und gleichzeitig zu Bedeutungsballungen werden. *Finnegans Wake* ist daher eine Steigerung und Verdichtung des inneren Monologes, der im *Ulysses* waltet« (S. 41). Trotz der prominenten Essays über den *Ulysses*: die Krone trägt *Finnegans Wake*, ein Werk, das Hildesheimer, wenn auch nur in Auszügen, übersetzt und eindringlich kommentiert hat. Auch in diesem

Werk vereinigen sich zahlreiche Motive, die für ihn wichtig geworden sind: die Spiralbewegung, das Ende im Anfang, die Überzeugung, daß alles zusammenhängt und alles fließt. Wäre *Masante* vor *Tynset* erschienen, würde sich der Schritt von *Ulysses* zu *Finnegans Wake* auch in Hildesheimers Werk finden, gilt der *Ulysses* ja als »Tagbuch«, *Finnegans Wake* als »Nachtbuch«.

Hildesheimer hatte, wie sein früher Joyce-Essay beweist, *Finnegans Wake* kurz nach Erscheinen der Ausgabe von 1939 gelesen; *Nightwood* dagegen kannte er noch nicht, als Neske ihn zur Übersetzung aufforderte. Ohne Zweifel aber gewannen beide erst prägenden Einfluß auf sein eigenes Werk, nachdem er sie übersetzt hatte. Seine Beschäftigung mit der Teilübersetzung von *Finnegans Wake* manifestierte sich erstmals im Jahr 1966, und zwar in der Rundfunk-Sendung *All about Anna Livia*, also im Jahr nach Erscheinen *Tynsets*, und er schloß seine Arbeit an der Übersetzung 1970 ab, also ein Jahr vor der Niederschrift des Nachwortes zur Neuausgabe von *Nachtgewächs*.

Im Jahr 1966 – *Mary Stuart* und *Zeiten in Cornwall* lassen sich, wie gesagt, bis ungefähr zu diesem Jahr zurückverfolgen, und in diesem Jahr ist der Mozart-Essay mit dem Fragezeichen im Titel erschienen – hat eine Phase der Neuorientierung begonnen. *Tynset* trägt deutlichere Spuren von *Nightwood* als *Masante*, das zu dieser Zeit im Entstehen war, dann aber, wie gesagt, nicht in erwünschtem Maß zur fertigen Form kommen wollte: Djuna Barnes hatte Hildesheimers literarische Entwicklung Ende der fünfziger Jahre verändert, *Tynset* als höchster Ausdruck dieser Veränderung; Joyce, so könnte man mutmaßen, hat die formale Perfektion zerstört, die *Tynset* gegenüber *Masante* und *Nightwood* auszeichnet, und die Beschäftigung mit Joyce und der Übersetzung von *Finnegans Wake* gehört wohl zu den Ursachen der kompositorischen Schwierigkeiten, die Hildesheimer mit den Resten des *Tynset-Masante*-Komplexes hatte, und zu den Ursachen dafür, daß er *Masante* und danach, in weit stärkerem Maß als *Tynset*, auch alle weiteren Bücher nach dem Prinzip der freien Assoziation komponiert hat. Wie Djuna Barnes war auch Joyce ein großer Zerschlager, einer der größten, aber auch ein »Finder«, wie Walter Jens sagt, und darin fähiger als Djuna Barnes, die eher eine große Deuterin war.[18]

Noch ehe *Zeiten in Cornwall* ausgesondert und publiziert war und als eben *Masante* unter dem Titel »Meona« erscheinen sollte, im Jahr 1969 also, ist, als erster Teil des Sammelbandes *Interpreta-tionen*, die *Übersetzung und Interpretation einer Passage aus ›Fin-negans Wake‹ von James Joyce* erschienen. Wie der Titel schon sagt: Hildesheimer zeigt die Problematik der Übersetzung offen auf, bietet zunächst die Passage im Originaltext, gibt dann allge-meine Erläuterungen – dem Umfang nach das größte Stück dieses Komplexes – und stellt danach bescheiden seinen »Interpreta-tionsversuch« und seinen »Übersetzungsversuch« vor. Die für dieses Buch gewählte Passage aus *Finnegans Wake* umfaßt sechs-undfünfzig Zeilen nach der Originalausgabe von 1939, den An-fang des achten Kapitels des vierten Buches.

Im Jahr darauf, ein Jahr vor Erscheinen der *Zeiten in Cornwall*, also 1970, hatte er das achte Kapitel vollständig übersetzt, jetzt unter dem Titel *Anna Livia Plurabelle*, der sich nach dem Titel des ersten Vorabdrucks von *Finnegans Wake* eingebürgert hat; seine Übersetzung, allerdings ohne den Kommentar, wurde zusammen mit einem Vorwort von Klaus Reichert (ihm und Fritz Senn ist die Bloomsday-Dinner-Speech gewidmet), dem Originaltext Joyces und den Übersetzungen von Hans Wollschläger, C. K. Ogden, Georg Goyert, Samuel Beckett, Philippe Soupault, Ivan Goll und anderen in einem Buch mit dem naheliegenden Titel *Anna Livia Plurabelle* versammelt; 1977 wurde seine Übersetzung, nebst Wollschlägers, in den vierten Band der Frankfurter Joyce-Ausgabe übernommen: die endgültige Fassung, in der einige Details der Übersetzung von 1969 verändert sind.

Hildesheimer hat das Manuskript seiner Übersetzung als einen aus einzelnen Papieren zusammengeklebten Bogen von der Größe seines Arbeitstisches beschrieben, eine riesige Collage, auf der er Assoziationen, Anspielungen und Bedeutungsvarianten jedes ein-zelnen Wortes notiert habe, lange Listen zahlloser Möglichkeiten, von denen er für die Druckfassung nur jeweils eine habe auswählen können: dieses Manuskript, das zur Zeit leider verschollen ist, wäre also weit wichtiger als das gedruckte Buch. Für alle gedruck-ten Fassungen gilt, was Hildesheimer zu seiner Übersetzung von 1969 gesagt hat: »Was hier also als deutsche Version angeboten wird, ist demnach nicht mehr als eine Paraphrase (...) Niemals aber kann sie das originale Idiom wiedergeben, seine verblüffende und zwingende Genauigkeit, seine Schönheit. In gewissem Sinne handelt es sich also um eine Demonstration der Unübersetzbar-keit. Als solche sollte sie überzeugen« (S. 21).

Der Übersetzer von *Finnegans Wake* wird zu einem Interpreten ganz besonderer Art, wie Hildesheimer schreibt: »Gewiß kann man nicht behaupten, daß dieser Text unmittelbar einleuchte. Die Form ist obskur und enthüllt daher den Stoff zunächst nicht, so scheint es. In Wirklichkeit sind aber in diesem Werk Stoff und Form gleichbedeutend. Das eine ist ohne das andere unverständlich und unerklärbar, Laut und Inhalt sind nicht voneinander zu trennen. In anderen Worten: was dieses Buch zu sagen hat, sagt es in der einzig möglichen Form, nämlich indem das Wort seinen Gegenstand nicht bezeichnet, sondern indem es ihn – selbst erst neu entstehend – schafft. Sprache und Gegenstand, der Laut und sein Sinn sind identisch, gleichzeitig abstrakte Inventionen der Sprache und der Bezeichnung konkreter Elemente des Lebens und der Vorstellung; außerhalb der Sprache ist hier kein Inhalt« (1969, S. 11). Joyce wird also, wie eine der Konnotationen des Namens der Hauptfigur von *Finnegans Wake* meint, nicht nur zu Adam, er wird zu Gott selbst: er beschreibt nicht allein, er schafft neue Gegebenheiten, die nach neuen Kategorien zu beschreiben sind.

Aus der äußersten Genauigkeit heraus, die eine kreative Übersetzung bedingt – Wiedergabe, Beschreibung und Schöpfung –, gelingen Hildesheimer glänzende Interpretationen: »die beiden Wäscherinnen sind nur in ihrer Sprache, in ihrer Diktion und in ihrem Tonfall existent. Außerhalb ihrer akustischen Fakultäten also sind sie Phantome (...) Wohlgemerkt, nichts ist geschehen, es hat keine Metamorphose stattgefunden; vielmehr stellt sich heraus, daß die beiden niemals etwas anderes gewesen sind als Elemente der Uferlandschaft (...) Es erhebt sich also die Frage, wer hier eigentlich spricht, eine Frage, die sich am Ende des Buches erschöpfend beantwortet haben wird: niemand spricht. Ein Mythos artikuliert sich selbst, in der für ihn einzig möglichen Lautsprache, er läßt sich selbst entstehen und verwischt sich, unaufhörlich sprechend, tönend, singend, fließend, niemals aber erzählend, wieder weg« (S. 12 f.). Und: »In ›Finnegans Wake‹ geschieht nichts, außer daß, gemessen nach verschiedenen zyklischen Maßen, Zeit und Zeiten vergehen (...) aber alles Geschehen ist bereits vorbei, wird als Vergangenheit rekapituliert (...) Und alles Gegenwärtige – Aktion, Spiel und Gegenspiel, Rede, Frage und Antwort – ist nur Traum, geträumt von den Gestalten des Buches und – ideal gesehen – vom Leser« (S. 14 f.).

Nicht allein die Hauptfigur Earwicker träume, so Hildesheimer, sondern die Träume seien auf verschiedene Personen oder selbst Dinge verteilt; und ›Earwicker‹, also ›Ohrenkäfer‹, sind es tatsächlich, die Earwickers Traum stören. Im Hinblick auf den gewählten Ausschnitt – die ersten sechsundfünfzig Zeilen – teilt er das »Personal« in drei Kategorien ein, denen, worauf er später eingeht, zahllose unterschiedliche Stimmen zur Verfügung stehen: in die Hauptfigur HCE, oberflächlich also Humphrey Chimpden Earwicker; in ALP, also Anna Livia Plurabelle, die Frau von HCE; und in »Verkörperungen«, also Gegenstände.

Humphrey Chimpden Earwicker ist zunächst Dubliner Kneipenwirt; HCE steckt aber auch in »Here Comes Everybody«, der Prototyp »des Mannes schlechthin« (S. 16); oder »Haveth Childers Everywhere«, was Hildesheimer mit »Kinder hastu überall« übersetzt (S. 16), also als Schöpfer, Adam, Vater, Sexprotz, Ausschweifling, Wüstling et cetera. In den ersten sechsundfünfzig Zeilen des Kapitels taucht die Formel HCE außerdem als »Huges Caput Earlyfouler« auf, und Hildesheimer schreibt in seinem Exkurs über den »immensen Beziehungsreichtum« dieser verbalen Assoziationsangebote: »Die Formel enthält Hugo (englisch: Hugh) Capet, den Gründer der Dynastie der Kapetinger, sowie seinen Zeitgenossen König Heinrich den Vogler. Frankreich und Deutschland erscheinen hier als Symbol streitender Parteien und stehen somit für die streitenden Söhne des HCE, Shem und Shaun, die sich in ihm als Haupt der Familie – lateinisch: caput – vereinen. Hugh ist zu Huges abgewandelt; ›huge‹ heißt: enorm, hünenhaft. Fowler – Vogler – wird zu Fouler abgewandelt, ist also nicht von fowl – Wildgeflügel – abgeleitet, sondern von foul: von Fäulnis befallen, widerlich. Fouler bedeutet also Beschmutzer, Beflecker. Wir haben die Formel mit ›Hüno Caput Erstvögler‹ übersetzt, wofür gute Gründe bestehen. Ohne Zweifel könnten viele andere Übersetzungen sich auf ebenso gute Gründe berufen« (S. 16). Hans Wollschläger zum Beispiel übersetzt mit »Huges Cappes Eiligvögler«, betont also den schweifenden Wüstling mehr als den »Erstvögler« Adam, läßt mit »Huges« die englische Vieldeutigkeit stehen und deutscht mit »Cappes« das lateinische »Caput« ein, bereichert um eine Nuance des Spottes durch die Bedeutung ›Kohlkopf‹, der die Dimension des Familienvaters nahezu verlorengegangen ist (1970, S. 102); Georg Goyert läßt den Namen unübertragen (S. 142), und Joyce selbst – der die Gemeinschaftsübersetzung von Beckett, Soupault, Ivan Goll und anderen beraten hat – ebenfalls (S. 168). Hildesheimer, nachdem er noch einige Bedeutungsvariationen vorgeschlagen hat, schließt seinen Exkurs mit der Feststellung: »Die genaue Anzahl seiner Verkörperungen ist noch nicht – und wird vielleicht niemals – gefunden« (S. 17).

Anna Livia Plurabelle ist die Frau des HCE in all seinen Bedeutungen: »die Frau und Mutter schlechthin, Eva, Isis und Isolde und viele andere. Verdinglicht ist sie Wolke und Fluß – vor allem, wie der Name suggeriert, die Liffey –, abstrahiert ist sie das Schweben der Wolke, das Fließen und das Rauschen des Flusses (...) Und nicht zuletzt bedeutet ALP auch den Alpdruck. Entmaterialisiert wird sie zum Geist, der über allen Wassern der Welt schwebt« (S. 18); als Fluß erschien sie übrigens schon im *Ulysses*, wie Wollschläger übersetzt: »an den Ufern der Anna Liffey« (S. 429).

»Verkörperungen« – Hildesheimers dritte Kategorie – meint, daß »Gegenstände der nicht-menschlichen Welt zum Teil als Verkörperung der menschlichen Welt auftreten. Und hier wird denn die Auflösung der Logik zum System, das – gleichsam als einziges logisches Prinzip – das Werk beherrscht« (S. 18). Der Leser muß also jederzeit mit der Möglichkeit rechnen, nicht nur die zahllosen Variationen des HCE und der ALP nachzuvollziehen, sondern auch in Erfahrungsbereiche einzudringen, die außerhalb des Menschen liegen: »Auch im Traum ist niemand von uns je ein Stein, ein Berg oder eine Blume gewesen, geschweige denn ein Gewitter, Dämmerung oder Wachstum. Auch im Traum lebt niemand zu mehreren Zeiten gleichzeitig (...) Der Nachtträumer von ›Finnegans Wake‹ jedoch ist überall zugleich, erfährt in einer Nacht viele Nächte, und er ist Zeuge der Identität zwischen Mensch und Ding, Ding und Ort, Mensch und Ort« (S. 18f.), kurz: er wird zum Gott schlechthin, denn selbst Gott besitzt in diesem multivalenten System unterschiedliche Ausprägungen, gemäß der jeweiligen Religion, dem jeweiligen Gläubigen und dessen jeweiliger Position in der Geschichte der Menschheit.

Hildesheimer faßt zusammen, was er aus dem Anfang des achten Kapitels des ersten Buches von *Finnegans Wake* liest: »Die beiden Wäscherinnen also verkörpern die Uferlandschaft der Liffey, aber, indem sich Klatsch mit dem Fließen und Rauschen mischt, auch die Liffey selbst. Indem sie Männerwäsche waschen, waschen sie auch die Wäsche des HCE. Jeweils eine verkörpert also ALP, die somit Subjekt und Objekt ihrer eigenen Erzählung wird. Da die beiden aber auch untereinander identisch sind, weiß man nie genau, welche spricht: erst durch die Rede der einen wird die Gegenrede der anderen provoziert. Anna Livia verkörpert aber auch die Liffey selbst, und die Liffey steht für alle Flüsse der Welt, Dublin, die Stadt, durch die sie fließt, steht für alle Städte der Welt und Irland für die Welt zu allen Zeiten« (S. 19).

Diese Zusammenfassung gilt ihm noch nicht als Interpretation, liefert er ja auch gar keine Interpretation, sondern einen Interpretations*versuch*, eine Formulierung, die seine Bewunderung für *Finnegans Wake* zum Ausdruck bringt. Mit dieser Zusammenfassung steht er aber auch nicht direkt vor dem Beginn seines Interpretationsversuches, sondern setzt zu einem Exkurs über die Problematik des Übersetzens an: daß alle Assoziationen getroffen werden könnten, sei ohnedies ausgeschlossen, er schätzt auf zwei oder »im Glücksfall« drei: »der Rest geht verloren« (S. 20). Erschwerend komme hinzu, daß »Euphonie und Rhythmus so wichtig wie der semantische Wert des Wortes und die Kontinuität des Stoffes« seien: »Übersetzen bedeutet also in diesem Fall Jonglieren zwischen Äquivalent und Buchstabentreue« (S. 20). Der Übersetzer muß demnach, was Joyce legitimiert hat, weg von einer Wort-für-Wort-Übersetzung und hin zur »Methode des Ersetzens durch Gleichwertiges, den gleichen Gegenstand beschwörender Wörter«. Rhythmische Eigenheiten, die zum Verständnis beitragen, nennt Hildesheimer »Suggestions-Motive«; zum Beispiel »›Don Dom Dombdomb‹ – der Rhythmus des Hochzeitsmarsches aus ›Lohengrin‹ (...) In Deutsch könnte man den Hochzeitsmarsch artikulieren ›Dam-di-tataaa‹. Hier wurde das anklingende ›Ithaka‹ verwendet, um das an anderen Stellen anklingende Odysseus-Motiv anzubringen« (S. 20f.). Die Bezüge müssen also teilweise, bei Wahrung aller Vieldeutigkeit, neu geknüpft werden. Außerdem beruhe die Klangstruktur auf Konsonanz, Euphonie, Rhythmus und Onomatopoesie und, wie Hildesheimer entschuldigend hinzufügt, auf Alliteration, die im Deutschen, »vor allem in der Akkumulation«, als »Richard Wagners unseliges Erbe« manchmal »komisch« wirke, als »zusätzliches laut-parodistisches Element« jedoch unersetzlich sei (S. 22).

Erst auf dieser Höhe souveräner Erläuterung setzt sein »Interpretationsversuch« ein: er betrachtet den Text so, »als entfächere hier die einzige Stimme eine vielstimmige Partitur, deren zuunterstliegendes System der Generalbaß ist. Er ist doppelt vertreten:

sowohl durch das Rauschen des Flusses als auch durch das Geklapper der Wäscherinnen. Es ist das onomatopoetische Element, anfangs gekennzeichnet durch viele Lingual- und Zischlaute, bis die Labial- und Sprenglaute jener Stimmen sich einmischen, die vergangenes Geschehen vermitteln, hin und wieder unterbrochen durch Hinweise auf die Aktion: das Waschen. Diese Stimmen teilen das vermittelte Kontinuum zwischen sich auf. Die Melodie bleibt also nicht immer bei der tragenden hohen Stimme, sie wird mitunter an tiefere weitergegeben oder durch Pausen unterbrochen, in denen andere Stimmen stärker hervortreten, um das Thema zu variieren« (S. 23).

Zu Beginn seines Essays hatte er sich gegen das Prädikat »gewaltige Wortsymphonie« gewandt: »Das klingt gut, die Parallele mit Musik scheint sich aufzudrängen, ist aber, wenn wir analytisch auf sie eingehen, vage und widersinnig. Eine Symphonie setzt eine Partitur voraus. ›Finnegans Wake‹ ist aber, beinah prototypisch, das Gegenteil einer Partitur, etwas, was zwar in der Sprache, nicht aber in der Musik zu verwirklichen ist. Eine Partitur bezeichnet eine Vielzahl verschieden getönter Stimmen, die dem Hörer, zwar mehr oder minder homogen, auf jeden Fall aber in einer bestimmten Konsonanz zu erklingen haben. Hier ist es umgekehrt: die Vielzahl der parallel laufenden Stimmen (...) ist einzeilig in einer einzigen Stimme eingefangen, die unaufhörlich Mehrschichtiges zu artikulieren und Mehrdeutiges zu formulieren hat« (S. 13 f.). Er hatte zunächst also im Hinblick auf die Reduktion der unterschiedlichen Linien auf eine einzige Stimme den Begriff der Partitur abgelehnt; jetzt aber, als Hilfsmittel der Interpretation, benützt er ihn dennoch, und zwar ähnlich wie in der Einleitung *Mozarts*, wenn auch im Bewußtsein seiner Unschärfe: interpretatorisches Versagen scheint durch, das er ja auch in *Mozart* belegt: »Musik aus Musik« bei Mozart, Sprache aus Sprache bei Joyce, das Werk beider letztlich nicht beschreibbar.

Deshalb unternimmt er einen Interpretations*versuch* und unterscheidet unterschiedliche Stimmen einer Partitur, die strenggenommen keine ist: »Die tragende Stimme« spricht über den konkreten Vorfall, also über Anna Livia Plurabelle und ihren Mann Humphrey Chimpden Earwicker, dessen Wäsche gewaschen wird, in doppeltem Sinn schon hier: entsprechende Flecken an den Kleidern bringen die Erinnerung an Gelegenheiten, sich solche Flecken beizubringen, an den Vorfall im Phoenix-Park also, wo Earwicker eine sexuelle Verfehlung beging; über seine illegale Schnapsbrennerei, über das Verhältnis zwischen Earwicker und seiner Frau, wie sie geheiratet haben und was er trotz dieser Verheiratung mit anderen Frauen treibt und ob seine Frau nicht auch mit anderen Männern geht et cetera; die Wäscherinnen waschen also nach der saloppen Wendung ›die dreckige Wäsche vor aller Welt‹ und haben außerdem ›ein Gewäsch‹.

»Die zweite Stimme« spricht in übertragenem Sinn, ist also eine Überblendung des Klatsches der Waschfrauen, des Klatschens der Wellen und der Wäsche auf den Wellen; Hildesheimer paraphrasiert: »erzähl mir alles von den Wassern der Welt – erzähl mir's beim Waschen! – Erzähl von der Liffey – vergiß darüber das Riffeln nicht! – Erzähl von Riffen und Klippen! – Krempel die Ärmel hoch, lockere die Leine! – Also los: erzähl mir von Warthe und Saale und Seine, und wie man's treibt am rechten Ufer und am linken Ufer! – (...) und weiter, weiter über Moldau, über Don und Dnjepr zum Euphrat und Tigris – von Wellen und Segeln, von Isthmus und Delta und Meerengen – von Booten und Barken, von der Heimfahrt durch den irischen Ozean, in den die Liffey wieder fließt und immer fließen wird« (S. 24 f.).

Dazu tönen andere Stimmen, simultan, aber nicht parallel; zum Beispiel eine, die »nur sporadisch das Schema erweitert« und die »Mythos, Bibel, Sage und Geschichte anklingen« läßt, und zwar »in thematischen Allusionen« und »in Form von Sinn-Kombinationen und Laut-Assoziationen« (S. 25). Eine andere »parodiert Alltagssprache und wandelt sie ins Komische, Pathetische, ins Vulgäre und Obszöne ab. Sie travestiert Sprichwörter und Redensarten (...) fromme Sprüche und Heiratsformeln, verwandelt sie wortspielerisch, oft wortakrobatisch, bis sie dem intendierten Sinn und Klang entsprechen« (S. 25 f.). Diese Stimmen sprechen auch in Hildesheimers Werk: die Sprachwitze und Kalauer; aber auch Bibel, Geschichte, Sage und Mythos; Ton und Musik; Kosmisches und Allumfassendes. Er findet aber noch andere Stimmen in *Finnegans Wake*, die »obskur, wahrscheinlich willentlich obskur« seien, »privater Scherz« oder »bereicherndes Kunstmittel« sein könnten, »wahrscheinlich beides« (S. 26).

Hier ist die letzte Grenze des Deutbaren erreicht, und hier betont er das Rätselhafte: »Auch dort, wo ein Rest von Rätsel bleibt, wo aus der Vielzahl der Stimmen sich eine Stimme unserer Kontrolle entziehen mag, entsteht ein Sprachfluß, der Kosmisches wiedergibt und damit ein rezeptives Erlebnis vermittelt, das in seiner Gestalt selbst und nicht in den agierenden Gestalten liegt. Es handelt von nichts als von sich selbst und ist darin eine Wiedergabe der Welt« (S. 26).

Mit diesen Worten beschließt er seinen »Interpretationsversuch«, und mit ähnlichen Worten hat er wenige Jahre danach Mozarts Musik beschrieben. Nur: bei Mozart hat er ja weder nur einen »Rest von Rätsel« festgestellt noch das Rätselhafte als Einschränkung gewertet: in *Mozart* ist das Rätsel Zeichen des absolut Genialen. Zur Zeit seiner Joyce-Übersetzung war ihm noch nicht das *Unvorstellbare* zum Maßstab der Größe einer Figur oder eines Werkes geworden, sondern – auch dies weist auf *Mozart* – die *Unübersetzbarkeit*: »Trotz wagemutiger Experimente in vielen Sprachen, ist und bleibt ›Finnegans Wake‹ unübersetzbar« (S. 19).

Beckett: Wie die Geschichte erzählt wurde

Im Jahr 1985 hat Hildesheimer auf dem Lausanner »Colloque sur la traduction littéraire« die Rede *Der Autor als Übersetzer – Der übersetzte Autor* gehalten, in der er sich, neben seinen Erfahrungen als übersetzter Autor, mit allgemeinen Problemen des Übersetzens vor allem von Prosa beschäftigt, und zwar aus der Retrospektive, natürlich, denn im Jahr zuvor hatte er das Ende seines Schreibens erklärt, und dies, so bedeutet er jetzt, sei auch das Ende seines Übersetzens gewesen. Was er über den Beruf des Schriftstellers oder des Biographen schon öfters gesagt hatte, sagt er hier über den des Übersetzers (S. 103):

Mir sind Übersetzer verdächtig – ich erinnere an meine Subjektivität! –, die aus mehreren Sprachen übersetzen, vor allem wenn es sich um verschiedene Sprachstämme handelt. Ich bezweifle, ob in solchen Fällen nicht der Beruf über die Berufung siegt. Allerdings bezweifle ich auch, ob Übersetzer ein Beruf ist. Günter Graß hat einmal gesagt, Schriftsteller sei man nur von Mal zu Mal. Damit meinte er, daß man erst in dem Augenblick seinen Beruf gefunden habe, da das Konzept des zu schreibenden Werkes als zwingendes Projekt vor einem stehe und man sich entschließe, es zu verwirklichen. Und die Funktion erlösche in dem Moment, da das Werk fertig ist. Daß man also nicht deshalb schreibe, weil man sich nun einmal für den Schriftstellerberuf entschieden habe und ihm nun Genüge tun müsse, sondern weil man sich das Privileg des Kreativen von Buch zu Buch neu zu verdienen habe. Dieser Maxime pflichte ich vorbehaltlos bei, weshalb ich denn auch kein Schriftsteller mehr bin. Und in meiner Sicht gilt sie auch und in besonderem Maße für den Übersetzer. Empathie und Affinität sollten entscheiden, ob ich ein Buch übersetze oder nicht, nicht aber Routine. So habe ich denn *Nightwood* von Djuna Barnes und ein Kapitel *Finnegans Wake* übersetzt, und, als ich jung, sorglos und vermessen war, Kafkas *Elf Söhne* ins Englische.

Notwendigkeit also ist das entscheidende Kriterium des Schreibens, Wahrhaftigkeit das des biographischen Schreibens und »Affinität« das des Übersetzens. Und so sagt Hildesheimer: »das Übersetzen ist ja nicht mein primärer Arbeitsbereich gewesen, sondern eine kurze Reihe von Zwischenspielen, zu dem Zweck, mich an anderen, besseren zu messen. Diese Messung fiel denn auch immer zu meinen Ungunsten aus, was natürlich an meiner Auswahl lag. Denn ich fühlte mich nur dann in der Lage, ein Buch zu übersetzen, wenn ich es gern selbst geschrieben hätte« (S. 103).

Natürlich erwähnt er in diesem Zusammenhang seine Chapman- und Piper-Übersetzung nicht und erinnert an seine George-Übersetzung nur mit einem kleinen Exkurs über das Übersetzen von Lyrik: »Sie fährt jene Freiheit nach, die der Dichter genießt, bei der Übertragung seiner Wirklichkeit in seine Metapher« (S. 100). Was er über den Grund seiner Auswahl sagt, klingt zunächst verfälschend: wer könnte sich vorstellen, daß er *The Jungle is Neutral* oder *Early to Bed* tatsächlich gerne selbst geschrieben hätte? Das sind Arbeiten eines Berufsübersetzers; als solche hat er sie eben doch bedacht.

Nach zahlreichen treffenden und für ihn bezeichnenden Beispielen über den unterschiedlichen Bedeutungs-»Raster« der Sprachen – so beschäftigt er sich mit »Melancholie« im Unterschied zum italienischen »malinconia« (S. 100), mit »Realität« und »Wirklichkeit« oder mit den Nuancen der Wörter das »Unaussprechliche«, das »Unaussprechbare«, das »Unsagbare« oder das »Unsägliche« (S. 104 f.) –, abschließend also definiert er die Rolle des Übersetzers, wie er sie sieht, und nach dieser Definition ist er tatsächlich nicht der *Übersetzer* von *The Jungle is Neutral* und *Early to Bed*: »der ›wirkliche‹ Übersetzer – und hier könnte ich nicht etwa sagen: der ›reale‹ Übersetzer – der wirkliche Übersetzer also, und damit meine ich den freiwilligen, der sich ›seinem‹ Autor verbunden fühlt, opfert sein kreatives Ich, das latent vorhanden sein muß, einem, den er als seinen ›miglior fabbro‹ betrachtet, und hinter dem er tatsächlich verschwindet, im Wissen, daß ihm seine Arbeit dann gelungen ist, wenn der Leser weder seine Leistung noch seine Existenz zur Kenntnis nimmt« (S. 105).

Dieser Schluß ist denn doch zu bescheiden: angesichts der kreativen Leistung der Übersetzungen von *Nightwood* und *Anna Livia Plurabelle* kann von einem Opfer des kreativen Ichs nicht die Rede sein: ohne den glänzenden Interpreten Hildesheimer wären sie völlig anders ausgefallen. Allerdings, und auch dies selbstverständlich, bleibt selbst die anspruchsvollste Übersetzung, jene, die im Fall von Lyrik stets ›Übertragung‹ genannt wird, dem Vorgegebenen verhaftet, ist die Kreativität nicht restlos und absolut frei.

Mit der Übersetzung von Samuel Becketts *As the story was told* – rund zwölf Jahre vor der Lausanner Rede entstanden und in der Rede nicht erwähnt – hat sich Hildesheimer scheinbar tatsächlich völlig in den Dienst eines anderen, genauer: in die Dienste zweier anderer gestellt, denn dieser anderthalbseitige Text und seine Übersetzung stehen im Buch *Günter Eich zum Gedächtnis*: Beckett schrieb und Hildesheimer übersetzte also – für Eich. Bei oberflächlicher Betrachtung könnte man sogar vermuten, Beckett habe Eich nur einen bis dahin ungedruckten Text gewidmet, der wenig mit Eich zu tun habe, zumal seine handschriftliche Widmung wiedergegeben ist, als ob betont werden sollte, was bei anderen Beiträgen selbstverständlich ist.

Wer in Hildesheimers Übersetzung liest: »Dies war nicht so seltsam, wie es auf den ersten Blick klang« (S. 11), mag wegen der Verbindung aus Blick und Klang stutzen; doch der Vergleich mit der parallel abgedruckten Vorlage zeigt, daß schon Beckett diese Verbindung so geknüpft hat: »This was not so strange as at first sight it sounded« (S. 10). Hildesheimer hat sich also exakt an das Original gehalten und sich in einem Fall – wie während seiner Arbeit an *Nachtgewächs* öfters – der Zustimmung des Autors versichert, nämlich gleich bei der Übersetzung der ersten Sätze: »As the story was told me I never went near the place during sessions. I asked what place and a tent was described at length, a small tent the colour of its surroundings. Wearying of this description I asked what sessions and these in their turn were described, their object, duration, frequency and harrowing nature« (S. 10) – »ihren Zweck, Dauer, Zyklus und quälenden Verlauf«, was ihm zu frei schien, doch Beckett antwortete: »I appreciate your difficulty with ›nature‹« und »›Verlauf‹ is the best solution« (9. September 1973).

Wie der Beginn schon zeigt: ein Ich erfährt über sich nur aus den Berichten anderer, die nirgends Gestalt gewinnen. Es ist in ein Geschehen involviert, von dem es nur weiß, was »man« ihm in Ausschnitten berichtet oder was es in Bruchstücken erlebt, in Teilstücken, die zu einem tödlichen Ganzen gehören, dessen Zusammenhang es aber nicht durchschauen kann. Das entscheidende Geschehen läuft in einer Hütte ab, deren Beschreibung das Ich – stark vereinfachend: den Ich-Erzähler – an die enge und drückende Hütte seiner Kindheit erinnert. Er selbst ist nicht in dieser Hütte, sondern wird in nächster Nähe festgehalten, in einem Zelt nur zweihundert Meter von der Hütte entfernt, und man versichert ihm: »eine Entfernung, wie sie auch der lauteste Schrei nicht tragen könne, er sterbe vielmehr auf der Strecke« (S. 11). Offenbar ist er gefangen und erwartet Urteil und Strafe, weiß aber weder, welche Verfehlung man ihm zur Last legt, noch, welche Instanz über ihn zu Gericht sitzt. Die Sitzung, während der die Entscheidungen getroffen werden und von der man den Ich-Erzähler ausgeschlossen hat, endet wie immer pünktlich um sechs Uhr, man reicht ihm ein Stück Papier, das er liest, in vier Teile zerreißt und zurückgibt: »Kurz darauf verschwand die ganze Szene« (S. 11).

Vielleicht, so scheint es an dieser Stelle, assoziiert der Ich-Erzähler, was ihm von anderen über jemand anderes erzählt wird: er erlebt sich als Fremden. Hier setzt die Geschichte noch einmal neu an und führt – wie überhaupt der ganze Text – ohne optisch markierten Absatz zum Schluß: »Wie mir die Geschichte erzählt wurde, erlag der Mann schließlich seiner Mißhandlung, obschon damals wirklich alt genug, um auf natürliche Weise alters zu sterben. Ich lag da lange ganz still – schon als Kind war ich ungewöhnlich still und wurde es im Laufe der Jahre mehr und mehr – bis es wohl so schien, als sei die Geschichte aus. Doch schließlich fragte ich, ob ich wohl wüßte, was der Mann – gern würde ich seinen Namen angeben, kann aber nicht –, was genau dem Mann auferlegt wurde, was genau es sei, das er nicht sagen wollte oder konnte. Nein, war die Antwort, nach einigem Zögern; nein, ich wüßte nicht, was dem armen Mann zu sagen auferlegt wäre, damit ihm vergeben würde, aber ich hätte es sofort erkannt, ja, auf einen Blick, wenn ich es gesehen hätte« (S. 13).

Ein Zeugnis der Identifikation: zwei Menschen werden von einem Geschehen gefoltert, undurchschaubar, aber mit grausamer Pünktlichkeit, nicht greifbar und ohne Möglichkeit des Eingreifens. Nach dem Neueinsatz gegen Ende der Geschichte hat sich die Lage verändert: einer von beiden ist den Mißhandlungen erlegen, einer, dessen Namen der Überlebende nicht nennen kann, der jedoch Günter Eich lauten müßte, wäre diese eingrenzende Deutlichkeit überhaupt angemessen. Der Überlebende, vordergründig also Beckett, wird immer ruhiger und beginnt, den anderen fremd und des Gleichgesinnten entblößt, sich selbst Fragen zu stellen und sich selbst Antworten zu geben, Ausdruck der Vereinzelung, Eingeständnis der Vergeblichkeit und, in letzter Konsequenz, der Trauer um den Verlust eines Gesprächspartners, einer Trauer, die Hildesheimer teilt und die sich in *Hauskauf*, im Jahr darauf, auf ähnliche Weise niedergeschlagen hat.

Becketts Text ist eine *Verspätete Antwort*, wie Hildesheimer eines seiner Gedichte auf Günter Eichs Tod genannt hat; und seine Übersetzung ist von jener »Affinität« geprägt, von der er in der Lausanner Rede gesprochen hat: er hat Beckett nicht nur für seinen »großen toten Freund« (*Mitteilungen an Max*) übersetzt: denn Djuna Barnes und James Joyce stehen miteinander in Verbindung, wie Joyce und Beckett, und alle drei mit Hildesheimer und Günter Eich. Nicht nur, daß Beckett und Hildesheimer *Anna Livia Plurabelle* übersetzt haben, sondern Beckett hat, wie Hildesheimer und Djuna Barnes auch, über Joyce Essays geschrieben, und Hildesheimer außerdem über Djuna Barnes, Günter Eich und, natürlich, über Beckett.

Schon 1955 hatte er das editorische Engagement des Suhrkamp Verlages gelobt, der *Molloy* in deutscher Übersetzung herausgebracht hat: »ein großartiges Buch, neben dem, meiner Meinung nach, die ganze Romanproduktion der letzten Jahre verblaßt. Ich wollte nur, alle Schriftsteller fühlten sich so klein daneben wie ich.« Rund zwölf Jahre später, in seiner Rezension der *Auswahl in einem Band*, hält er Beckett für »den wahrscheinlich größten zeitgenössischen Dichter, den die Strömungen und Tendenzen nicht berühren, sondern der sie, unwillentlich, schafft, indem er in die Bereiche des kaum noch Artikulierbaren vorstößt, in eine ganz und gar ihm vorbehaltene Region« (*Zu deuten gibt es nichts*, S. 99). Er drückt also exakt aus, was ihn an Beckett fasziniert und was sich in seinem eigenen Werk niedergeschlagen hat: die konsequente Entwicklung vom Noch-nicht-Verstummtsein zum Nahezu-Verstummtsein. Ähnliches wie für Hildesheimers Reflekteur gilt, nach seinen Worten, auch für Beckett: durch sein ganzes Werk »schleppt sich, verstummend und erlahmend und erleidend, eine einzige Figur, Becketts exemplarische Figur, durch den immer fremder werdenden Raum« (S. 98).[19]

So nennt er Becketts *4 Texte um nichts* (1950) »Beispiele jener Selbstgespräche, fluktuierend zwischen sich abfindender Entsagung und verhaltener Sehnsucht nach einem anderen Leben« (S. 99). Ihm bescheinigt er, was er Thomas Mann abgesprochen hat: jene »ebene der transzendenz«, wie er in seinem kurzen Essay *becketts spiel* 1963, also zwei Jahre vor Erscheinen *Tynsets*, geschrieben hat: »seine figuren sind nicht am leben gescheitert, vielmehr sind sie gescheitert, weil sie gelebt haben, zum leben verurteilt waren.« Der Wunsch nach Nicht-Geborensein prägt ja auch *As the story was told*, und Hildesheimer stellt in einem seiner eigenen Werke denselben Aspekt, in die Zukunft gewendet, mit Figuren Becketts dar: in *Zeiten in Cornwall*, wo Vladimir und Estragon auftreten und auf eine Erlösung hoffen, die niemals kommen wird.

Mit der Angabe zu *Das letzte Band* – »eines abends spät in der zukunft« – vermittle Beckett die Vorstellung von einem Abend »als ein tiefes dunkles loch, in die masse von zukunft gebohrt, die alles überrollt und vertilgt hat«; und in *Endspiel* warte »niemand mehr«: »was zu erwarten war, ist eingetroffen oder trifft soeben ein« – das ist bis in die Formulierung hinein der Beginn der *Vergeblichen Aufzeichnungen*, die ein Jahr vor *becketts spiel* erschienen sind. Aber »das ende dieses endes – und darin liegt der schrecken – ist noch nicht in sicht«: das ist die schreckliche Gegenwart mit ihrer entsetzlichen Vergangenheit und ihrer drohenden Zukunft, wie sie Hildesheimer in *Tynset* und *Masante* darstellt, und das »ende dieses endes« führt von *Endspiel* direkt zu *Endfunk*. In Becketts *Spiel* würden die Figuren »im versuch, sich von der vergangenheit zu distanzieren, die würde des tragischen gewinnen«: das ist der Versuch, die Geschichte der Menschheit rückgängig zu machen, den Scholz-Babelhaus unternimmt, die rückwärtsgewandte Hoffnung, Neugier oder Befürchtung in und mit *Marbot*.

Die Unterschiede zwischen zwei der drei Autoren, die Hildesheimer nach seiner Definition der Lausanner Rede tatsächlich übersetzt hat – Djuna Barnes, Joyce und Beckett –, benennt er in der Rezension von 1967 explizit: »Beckett ist kein Hermetiker, nichts bei ihm ist dunkel, es findet sich bei ihm kein Symbol, die Metapher ist ihm undenkbar (...) Im Gegensatz zu Joyce bleibt Beckett deskriptiv. Was er in seinem Essay über Joyce schreibt – ›Hier *ist* die Form der Inhalt, der Inhalt *ist* die Form‹ und ›Er schreibt nicht *über* etwas; sein Schreiben ist dieses Etwas selbst‹ – gilt für ihn selbst nicht (...) denn nicht – wie bei Joyce – das Ineinanderwirken sinnlicher und geistiger Wahrnehmungen ist sein Thema, sondern das Gegenteil: ihr Erlöschen und Ersterben« (S. 98).

Dies war, mit eigenen Mitteln und mit Mitteln von James Joyce, von Djuna Barnes und von Samuel Beckett, auch Thema Hildesheimers, auch Günter Eichs übrigens, der im Dezember 1972 gestorben und zu dessen Gedenken der Band *Günter Eich zum Gedächtnis* erschienen ist. Wenig später, eben im Jahr 1973, hat Hildesheimer den erwähnten Strich, den vorletzten, unter sein Schreiben gezogen: seine exemplarische Figur, der Reflekteur, hatte sich in der Wüste *Masante* verloren, aus der er aber noch einmal zurückgekehrt ist, um in *Mozart* und *Marbot* neues Leben zu gewinnen, und der, in den *Mitteilungen an Max* und – mit größter Nähe zum Autor wie in *Herr, gib ihnen die ewige Ruhe nicht* – in den Essays, das »Verlöschen und Ersterben« zum Generalthema gemacht hat; wie ja auch Beckett trotz zunehmenden Erlöschens weitergeschrieben hat. Mit *Masante* hat Hildesheimer »Abschied vom Bücherschreiben in dieser Art« genommen und im selben Jahr, weithin unbemerkt, mit *Wie die Geschichte erzählt wurde* Abschied vom Übersetzen in dieser Art.

2 Die Theaterbearbeitungen und -übersetzungen

Ende der fünfziger Jahre hat Hildesheimer nach langer Pause wieder zu malen begonnen, und Ende der fünfziger Jahre hat er, wie gesagt, *Nightwood* übersetzt: das war vermutlich ein Versuch, jener Verunsicherung entgegenzuwirken, die seine literarischen Werke dieser Zeit – die depressiven Stücke – widerspiegeln, und so hat er sich seiner Ausgangsposition als Maler und Übersetzer versichert; hatte er ja schon kurz vor seiner Übersiedlung in die

Schweiz in der autobiographischen Notiz von 1956, ... *und so wurde ich Schriftsteller*, geschrieben: »ich halte viel von der Gewohnheit, ab und zu auf den Ausgangspunkt zurückzukommen.«

Mit den *Lieblosen Legenden* hat er in dieser Zeit abgeschlossen, einige Theaterstücke und Hörspiele früherer Jahre hat er einer Bearbeitung unterzogen, und einige wichtige neue – außer den depressiven – sind entstanden, aber erst seit 1960; kurz danach hat er wohl mit der Arbeit am *Tynset-Masante*-Komplex begonnen, mit einer Arbeit, die in gewisser Hinsicht Signum der Rückorientierung war, gleichzeitig aber auch Versuch einer Bestimmung des Ausgangspunktes neuer Unternehmungen, begonnen vielleicht als *Bilanz*, wie er die letzte Illustration des ersten publizierten Stückes aus diesem Komplex, den *Vergeblichen Aufzeichnungen* (S. 39), ja betitelt hat.

Übersetzungsarbeit, das zeigt seine literarische Entwicklung, unternahm er zumeist an Wendepunkten. So begann er 1962 nicht nur wieder häufiger zu zeichnen, sondern übersetzte gerade ab diesem Zeitpunkt die Bildgeschichten Edward Goreys und im selben Jahr Ronald Searles *Which way did he go?*, ein für diese Zeit ebenso bezeichnender Titel wie *Bilanz*. Kurz zuvor, nämlich 1960, war seine erste Theaterbearbeitung uraufgeführt worden – Richard Brinsley Sheridans *The School for Scandal* unter dem Titel *Die Lästerschule* –, und im Jahr darauf ist sie als Hörspiel gesendet worden. Die zweite und dritte Theaterbearbeitung hat er direkt hinterhergeschickt, beide im Jahr 1961 uraufgeführt, also noch ehe die *Vergeblichen Aufzeichnungen* erschienen waren, nämlich Sheridans *The Rivals* unter dem Titel *Rivalen* (im gleichen Jahr auch als Hörspiel) und Carlo Goldonis *Un curioso accidente* unter dem Titel *Die Schwiegerväter*.

Der Grund für die Bearbeitung gerade dieser Stücke läßt sich unschwer in seiner Orientierung an den eigenen Anfängen als Schriftsteller finden: sie sind elegant und witzig, frech und amüsant, Gesellschaftssatire wie manche der *Lieblosen Legenden* und Stücke der frühen fünfziger Jahre. Gleichzeitig mag er Genugtuung empfunden haben, all jenen, denen er in *Der schiefe Turm von Pisa* den Mißbrauch des sogenannten ›Klassischen‹ vorgeworfen hatte, eine völlig ›unklassische Klassik‹ vorzuführen; vergeblich natürlich, denn sechs Jahre später, in *Die Musik und das Musische*, hat er dieses Thema ja noch einmal aufgegriffen. Diese Stücke –

nicht pathetisch, nicht gewaltig – vermitteln weder das ›Wahre‹, ›Edle‹ und ›Erhabene‹, noch eignen sie sich als Tarnung und Garnierung verbrecherischer wirtschaftlicher oder politischer Geschäfte, ganz im Gegenteil: sie führen deren Entlarvung vor.

Kurz nach Erscheinen *Tynsets* hatte Hildesheimer die Übersetzung – wohlgemerkt: keine Bearbeitung – von George Bernard Shaws *Saint Joan* fertiggestellt, eine Übersetzung, die unter dem Titel *Die heilige Johanna* noch im gleichen Jahr wie *Tynset* als Buch gedruckt vorlag und im Jahr darauf uraufgeführt worden ist. In der Phase der Neuorientierung, im Jahr 1969, als ›Meona‹ nicht erscheinen konnte und *Zeiten in Cornwall* sich noch nicht abgezeichnet hatte, hat er noch einmal ein Stück von Shaw übersetzt, *Arms and the Man*, das unter dem Titel *Helden* im Januar 1970 uraufgeführt worden und im selben Jahr als Buch erschienen ist; ein Stück, das wieder den leichten Ton anschlägt, und das war für ihn vermutlich Gegengewicht zum gescheiterten Erscheinen ›Meonas‹. Shaw gehört, was Hildesheimer betrifft, zum *Tynset-Masante*-Komplex.

Danach hat er für rund zwölf Jahre keine Theaterstücke mehr übersetzt oder bearbeitet, bis er nach Fertigstellung *Marbots*, als er bereits sein Ende des Schreibens erklärt hatte und die *Mitteilungen an Max* im Entstehen waren, seine letzte Theaterbearbeitung unternahm: William Congreves *The Way of the World*, das unter dem Titel *Der Lauf der Welt* 1982 als Theatertyposkript herausgekommen, erst 1985 uraufgeführt worden und 1986 als Buch erschienen ist.

Dieser Nachzügler trägt, wieder einmal, einen Titel, der sich auf Hildesheimers eigene Situation beziehen könnte. Vielleicht haben die Titel der Werke, die er übersetzt oder bearbeitet hat, eine nicht unbedeutende Rolle bei ihrer Auswahl gespielt – *Nightwood* oder *As the story was told* ja ebenfalls –, neben deren Inhalt natürlich. Jedenfalls hatte er die Bearbeitung gerade dieses Stückes von Congreve zu einer Zeit fertiggestellt, zu der er mit zunehmendem Nachdruck auf das Ende des Laufes der Welt hingewiesen hat. Andererseits löst diese Restoration comedy keineswegs das ein, was man nach der Verbindung aus ihrem Titel und Hildesheimers eigener Entwicklung annehmen könnte: sie ist, wie die Stücke Sheridans und Goldonis, elegant und witzig; mit ihrem deutschen Untertitel *Eine lieblose Komödie* weist sie außerdem auf Hildesheimers Anfänge hin. Über diesem Stück aber steht für den, der

Hildesheimers Aussagen über die drohende Zukunft kennt, der Pessimismus im Titel; als habe Hildesheimer zuletzt, wie *in* seiner *Verspätung* und *mit* den Sheridan- und Goldoni-Bearbeitungen, noch einmal auf eine Vergangenheit hinweisen wollen, in der eine bessere Zukunft möglich schien, auf eine Vergangenheit, in der aber bereits jene Fehler begangen und fortgesetzt wurden, die diese Zukunft verschulden.

Was für Auswahl und Besonderheit seiner Übersetzungen der Prosawerke gegolten hat, gilt ebenso für seine Theaterbearbeitungen und -übersetzungen, nämlich das, was er über Horst Janssens kreativen Umgang mit den Vorbildern der Kunstgeschichte geschrieben hat: *Mit fremder Stimme eigene Melodien singen.*

Sheridan: Die Lästerschule

The School for Scandal wurde am 8. Mai 1777 im Drury Lane Theatre uraufgeführt und hat seitdem die Bühnen Englands nie mehr verlassen. Merkwürdig mutet an, daß der Original-Theaterzettel die Uraufführung auf »Friday, the 9th of May, 1777« datiert, also einen Tag später als alle späteren Angaben. In Deutschland ist das Stück nicht recht heimisch geworden, obwohl es bereits 1780 in Berlin gespielt worden ist und 1782 das Buch mit der deutschen Übersetzung vorlag. Harry R. Beard, der anläßlich der Schwetzinger Aufführung von Hildesheimers Bearbeitung (am 25. Mai 1961) im Foyer des Schloßtheaters eine theatergeschichtliche Dokumentation aufgebaut hatte, schrieb: »This must, indeed, be the only play that has held its place in the regular repertory of the English stage for close upon two centuries, during which time London alone must have seen as many as a hundred different productions and has never let so long as 10 years slip by without at least one revival. In Germany, although there are several translations of Sheridan's masterpiece, it is a play that is not often given« (*German View of Sheridan's Masterpiece*).[20]

In der Schwetzinger Aufführung durch das Ensemble des Renaissance-Theaters Berlin unter Kurt Raeck, die von den Rezensenten zu Unrecht als Erstaufführung der Bearbeitung bezeichnet worden ist[21], hat die Rollen der beiden gegensätzlichen Brüder ein einziger Schauspieler gespielt, nämlich Peter Moosbacher, für den, wie einer der Rezensenten geschrieben hat, Hildesheimer das

Stück eigens umgeschrieben habe. Diese Bearbeitung ging, nachdem sie am 10. Juni 1961 im Fernsehen übertragen worden war, auf kleine Tournee, spielte in Berlin und, anläßlich der Ruhr-Festspiele, in Recklinghausen. Hildesheimer hat aber an dieser Fassung, die berühmt geworden war, noch ehe das Stück als Buch vorlag, gar nicht mitgewirkt, wie er im Vorwort zur Buchausgabe der *Lästerschule* schreibt (S. 7 f.):

Bisher (Juli 1962) hat zumindest *ein* Regisseur durch das Verändern zweier Szenen (für das ich, wohlgemerkt, nicht verantwortlich bin) aus den Brüdern Charles und Joseph eine Doppelrolle – und damit eine ›Bombenrolle‹ – gemacht. Das kann man natürlich tun, vor allem, wenn die Besetzung dieser Rolle mit einem Star die dominierende Absicht der Inszenierung ist. Ich bin freilich der Ansicht, daß ein solcher Eingriff dem Vergnügen an dem Stück nicht förderlich ist. Meiner Meinung nach will der Zuschauer an sich selbst eine Verfremdung vollziehen, indem er sich zum naiven Zeugen eines naiven Geschehens macht, er will sich ein paar Stunden an seiner eigenen Lust an der Illusion ergötzen, will, auch in solch völlig unwahrscheinlichen Konstellationen, wie dieses Stück sie bietet, Partei ergreifen, sich mit dem positiven Helden identifizieren können und sich schließlich über seinen Sieg freuen. Wenn aber der Kontrast zwischen dem positiven und dem negativen Bruder nur auf der Verwandlungskunst des Darstellers und der Invention des Kostümbildners beruht, wird der Zuschauer des Vergnügens an der Illusion beraubt. Und der befreiende Augenblick, da Sieger und Besiegter miteinander konfrontiert werden, bleibt ihm vorenthalten, und zwar aus technischen Gründen, die immer die schlechtesten aller Gründe sind.

Im übrigen beschränkt er sich auf »Anmerkungen« zu seiner Bearbeitung »und auf die Rechtfertigung der Tatsache, daß sie ›frei‹ ist« (S. 5). Trotz freier Bearbeitung aber bleibt der Handlungsablauf nahezu vollständig erhalten. Zunächst fällt allerdings auf, daß er die Eigennamen geändert hat: die Blossoms sind bei Sheridan die Teazles; Lady Hunter heißt Lady Sneerwell; Jack, der Freund von Charles und ein Verwandter desjenigen Jack, der die Hauptrolle in *Die Herren der Welt* spielt, heißt bei Sheridan Careless; Sir Oliver, Joseph und Charles heißen nicht Flynn, sondern Surface. Hildesheimer kommentiert: »im englischen Original sind die Personen durch Familiennamen charakterisiert. Diese Charakterisierung ist nur zum Teil sinnvoll. Sie schlägt dort fehl, wo grundverschiedene Mentalitäten« – wie bei Joseph/Charles/Sir Oliver und Sir Peter/Lady Blossom – »denselben Namen tragen. Daher, und weil das Stück ja auch nicht in Deutschland spielt, habe ich nicht den

Versuch unternommen, die Namen sinngetreu zu übersetzen. Namen wie ›Frau Wunderlich‹ oder ›Herr Quälgeist‹ sind mir auch zuwider. Andrerseits wollte ich sie auch nicht beibehalten, denn sie bieten der deutschen Schauspielerzunge Schwierigkeiten« (S. 7).[22]

Aber nicht nur die Namen: er hat die Charaktere verändert, die Handlung gestrafft und die Dialoge pointiert; kurz: er hat eine Komödie mit fünf Akten und mehreren Szenen in eine Komödie mit zehn Bildern umgearbeitet. In Sheridans Schlußszene spricht nicht Lady Blossom, sondern Sir Peter die Worte: »And may you live as happily together as Lady Teazle and I intend to do«; das augenzwinkernde Verzögern des »zu werden gedenken«, das bei Hildesheimer zur Schlußpointe wird, war in Sheridans »intend to do« nicht angelegt, und mit diesem Satz beschloß Sheridan sein Stück auch nicht. Statt dessen dankt Charles dem Diener Rowly – bei Hildesheimer das Familienfaktotum Russel; und Sir Peter sagt, Rowly habe ihm prophezeit, Charles werde sich noch einmal bessern. So beschließt denn Charles das Stück: »Why, as to reforming, Sir Peter, I'll make no promises, and that I take to be a proof that I intend to set about it; but here shall be my monitor – my gentle guide – ah! can I leave the virtuous path those eyes illumine?« Charles verspricht also nur, er werde *versuchen*, sich zu bessern, und setzt abschließend zu einem Lob Marias an, das er zuletzt in Gedichtform vorträgt. Die letzten beiden Zeilen spricht er zum Publikum: »You can, indeed, each anxious fear remove, / For even Scandal dies if you approve.«

Sheridan hat sich gegen Rührseligkeit und Restauration gleichermaßen gewandt: »Die Angehörigen der Lästerschule nehmen durch Klatsch und Gerücht als Voyeurs am Leben teil. Sie reden über das, was die Helden der Restaurationskomödie noch aktiv beschäftigte. Der Klatsch über Sexualität, Liebe und Heirat tritt an die Stelle der insgeheim gewünschten eigenen Erfahrung«, schreibt Paul Goetsch (S. 238 f.), und in der Tat: Lady Teazle hat ja tatsächlich keine erotische Beziehung zu Joseph, ebensowenig Lady Sneerwell; Maria und Charles geben sich wie schüchterne Verliebte; selbst die glänzende Enthüllungsszene enthüllt statt Taten Intrigen, und das Duell, das sich die Klatschmäuler als unausweichliche Konsequenz der Enthüllungen ausmalen, findet nicht statt. Die Täuschungsversuche der schlechten Seite werden von den Täuschungsmanövern der guten mühelos zunichte gemacht, und die sogenannte gute Gesellschaft wird, wie in Hildesheimers eigenen Werken der frühen fünfziger Jahre auch, der Lächerlichkeit preisgegeben.

Hellmuth Karasek hat zur Schwetzinger Aufführung geschrieben: »Der irische Esprit des Dialogs war von Hildesheimer stets um eine Nuance überdreht, so daß Sheridan als eine Art Vorläufer der modernen Absurden erschien.« Wieder einmal versucht man, Hildesheimer ins Lager der sogenannten ›Absurden‹ zu ziehen, und deutet falsch, was sein eigener Ausdruck ist. Täuschung, Fälschung und Wahrheit, Schuld und Unschuld, das sind seine Themen, Wortspiele und Dialoge voll geschliffenem Witz sind seine Sache. Die sogenannte gute Gesellschaft, also jene, die zu multinationalen Transaktionen den letzten Satz von Beethovens neunter Symphonie hört, hat in diesem Stück kaum Platz. Der Zuschauer kann sich am Geschehen einer Vergangenheit erfreuen, die er als Abgeschlossenes betrachtet. Darin steckt jedoch nicht nur reines Vergnügen, wie die fast gleichzeitig entstandene *Verspätung* zeigt. Die einzig richtige Konsequenz, die ja auch der Reflekteur der *Vergeblichen Aufzeichnungen* zieht, liegt in den Worten, mit denen Lady Blossom das Stück beschließt: »Gehen wir!«

Es muß also ironisch gemeint sein, daß Hildesheimer gerade Frau Maxwell, ein Mitglied des Lästerclubs, sagen läßt: »Es ist niemals zu spät«, nämlich ausgerechnet als Replik auf Josephs hochtrabende Worte über den rechten Weg, zu dem Charles gewiß zurückfinden werde. So wird dem Zuschauer die Freude am Spiel der *Lästerschule* zuletzt doch vergällt, denn Hildesheimer führt vor, wie die mächtige gesellschaftliche Oberschicht schon immer ohne Rücksicht auf Verluste gehandelt hat. Erfreulich, daß die halbwegs Guten siegen, typisch aber, daß die Bösen nicht endgültig besiegt sind: was werden zum Beispiel Joseph und Lady Hunter aushecken? Sie gehören zu jenen, deren zerstörerische Umtriebe ein andermal Erfolg haben, denn nicht jedesmal kann ein souveräner und reicher Sir Oliver kommen, und so wird, aus einigem Abstand betrachtet, mit der *Lästerschule* eben doch nichts Abgeschlossenes vorgeführt.

An einer Stelle nähert sich Hildesheimer besonders auffällig dem Lieblosen der *Legenden*, das immer wieder durch die Dialoge scheint und belegt, daß diese Bearbeitung eine Rückkehr zu den Anfängen ist; und zwar bei dem einzigen Gedicht, das er – gegen sein Prinzip der Straffung – aus der Vorlage übernommen hat, obwohl es mit der Handlung nicht direkt in Zusammenhang steht (II,2). Sir Benjamin, ein Mitglied des Lästerclubs, kokettiert mit seinem Ruf als Ex-tempore-Dichter und erzählt, er sei mit Lady Betty Curricle, die im Stück keine Rolle spielt und bei Hildesheimer Lady Peach heißt, durch den Hyde Park gefahren. Sie habe ihn, bei Sheridan, um ein Gedicht auf ihre Ponys gebeten, bei Hildesheimer bittet sie aber um ein Gedicht auf ihren reichen Onkel Lord Mills, der »endlich gestorben sei«. Hildesheimer zieht also eine Parallele zum Erbonkel Sir Oliver, die in Sheridans Stück nicht angelegt war. Das Gedicht, das er demnach völlig frei geschrieben hat, gehört natürlich nicht zu seiner Lyrik, denn Sir Benjamin hat ja nur den Ruf eines Dichters; er mußte den Ton treffen, den ein Dichterling anschlagen könnte, und dabei ist ihm ein ›liebloses Gedicht‹ gelungen: »Der edle Lord Mills liegt unter der Erde. / Auf daß sein sterblicher Rest zu Erde werde. / An Geist und Seele war er nicht eben groß. / Dafür hatte er Geld. Und nun sind wir ihn los« (S. 35).

Das könnte gleichzeitig eine Anspielung auf *Unter der Erde* sein, wäre dieses Hörspiel nicht erst zwei Jahre später entstanden. Auch Sir Peters kleiner Monolog über die Lust an den kleinlichen Streitereien mit seiner Frau klingt wie eine Vorausdeutung; und selbst Sir Oliver wirkt wie ein harmloser Vorläufer des Gärtners Lattmann: das Prinzip Zufall, das – Sir Oliver – zum Guten führt, nachdem alles verloren schien, das aber – unberechenbar wie Lattmann – irgendwann den Untergang verschuldet. Und gerade im kleinen Monolog Sir Peters spielt Hildesheimer auf jenen Begriff an, der die Periode der Reflekteure, vor deren Beginn die Sheridan-Bearbeitungen entstanden sind, für rund zwölf Jahre maßgeblich geprägt hat: »gescheitert« (S. 34).

Natürlich hat er im Vorwort zur *Lästerschule* nicht seine sämtlichen Eingriffe genannt; eines aber, das er ausdrücklich ausgeschlossen haben wollte, hat er nicht vermieden, nämlich das Beiseitesprechen, das ihm »als Ausdruck des Laut-Gedachten« immer »unbeholfen und störend« vorkomme und ihm als Mittel der Verfremdung zwar noch möglich scheine, aber unelegant sei: »schön ist es niemals« (S. 6). Als Charles mit Hilfe Jacks Sir Oliver die Bilder der Ahnengalerie verkaufen will, läßt Hildesheimer Sir Oliver »(*bei sich*)« sagen: »Lumpenbande!«; und als sie tatsächlich zur Galerie hinaufsteigen, soll er, »*der als letzter geht, zum Publi-*

kum« sagen: »Das werde ich ihm nie verzeihen! *Nie!«* (S. 66)
Innerhalb dieser kurzen Passage hat Hildesheimer also beides, das
»Laut-Gedachte« und die Verfremdung durch Ansprache an das
Publikum, stehenlassen, obwohl »Lumpenbande« völlig wegfal-
len könnte, denn Charles und Jack sollen es ja nicht hören, und das
Publikum, für das es bestimmt ist, kann sich die Gefühle des Onkels vorstellen. Der kurze Satz ins Publikum, ein Mittel, das
Hildesheimer in seinen Theaterstücken seit den *Spielen, in denen
es dunkel wird* zuweilen als allgemeine Schuldzuweisung angewandt hat, soll als Verfremdung möglich sein, notwendig ist aber
auch das nicht. Er versucht damit – allerdings vergeblich –, den
unglaublichen Zufall, der zu Charles' Rehabilitierung führt,
durch Überbetonung zu motivieren.

Einen bezeichnenden Eingriff ganz anderer Art erwähnt er
ebenfalls nicht. Zwar schreibt er, er habe zwei Nebenfiguren (Trip
und Sir Toby Bumper) und zwei kleinere und unwichtige Szenen
gestrichen – einmal vor und einmal nach Sir Olivers Besuch bei
Charles (III, 2 und IV, 2); daß er aber die besondere Art einer dritten Nebenfigur nicht erwähnt, die in diesen Szenen auftritt,
scheint symptomatisch für die Zeit vor dem Beginn der Arbeit am
Tynset-Masante-Komplex zu sein: Hildesheimers Pfandleiher
Slick, der Onkel Olivers Verwandlung in den Geldverleiher Price
überwacht und ihn bei Charles einführt, ist bei Sheridan eine Gestalt unausrottbaren Vorurteils: Moses, der jüdische Wucherer.
Natürlich hat Hildesheimer auch außerhalb dieser kurzen Szenen
alle Anspielungen auf Figur und Funktion des Juden gestrichen,
zum Beispiel wenn Sir Oliver einige Worte aus der Sprache der
Geldleiher lernen soll: »how the plague shall I be able to pass for a
Jew?« (III, 1)

Das wurde offensichtlich als komisch empfunden; daß man das
aber überhaupt komisch finden konnte, belegt jenen schon selbstverständlichen Antisemitismus, der rund anderthalb Jahrunderte
später zur Massenvernichtung geführt hat. Hildesheimer hat dieses Grauen zur Zeit seiner Sheridan-Bearbeitung noch mit Stillschweigen übergangen und Moses aus der *Lästerschule* gestrichen;
gegen Ende der Arbeit am *Tynset-Masante*-Komplex, rund neun
Jahre später, hat er, auch dies gegen die Überlieferung, in sein
letztes Theaterstück einen Juden eingeführt und ihn in seinem
Nachwort grundsätzlich kommentiert, nämlich Symmons in
Mary Stuart, exemplarisch wie Moses, aber ein Exempel anderer

Art: Moses steht für Ursachen, die alles andere als komisch sind, und Symmons, den es das Leben kostet, für deren entsetzliche Wirkung.

Sheridan: Rivalen

The Rivals ist das erste Stück Sheridans, und in Erwin Kalsers Nachwort zur *Lästerschule* heißt es: »Auf der Höhe des Erfolges, den er mit der *Lästerschule* hatte, gab er das Schreiben auf. Er ging in die Politik« (S. 125). Es wäre nun natürlich sehr schön, wenn Hildesheimer zuerst Sheridans letztes und danach sein erstes Theaterstück bearbeitet hätte; so ist es aber nicht, denn Kalser irrt. Zwar ging Sheridan tatsächlich in die Politik und avancierte, als Anhänger von Charles Fox, zum gefeierten politischen Redner, aber er wandte sich nicht auf der »Höhe des Erfolges« mit *The School for Scandal* vom Schreiben ab, sondern schrieb danach noch *The Critic* (begeistert aufgenommene Uraufführung am 30. Oktober 1779) und *The Glorious First of June*, inszenierte noch zwei Stücke Kotzebues und bearbeitete Defoes *Robinson Crusoe* für die Bühne. Hildesheimer hat also nicht, längst vor seinem eigenen Ende des Schreibens, mit seiner ersten Theaterbearbeitung das letzte Werk eines Autors vor dessen Ende des Schreibens gewählt; und danach, um genau zu sein, auch nicht dessen erstes Stück, sondern die überarbeitete Fassung, also das erste Stück in zweitem Gewand.

Die erste Fassung von *The Rivals* ist am 17. Januar 1775 im Covent Garden Theatre uraufgeführt worden und durchgefallen; die zweite und erfolgreiche Fassung ist allerdings noch im selben Jahr in London als Buch erschienen. Hildesheimers *Rivalen* wurde am 18. Oktober 1961, während in Düsseldorf noch *Die Verspätung* lief, an den Städtischen Bühnen Münster mit großem Erfolg uraufgeführt, wird seitdem immer wieder gespielt, am 18. Januar 1986 auch in einer Theateraufzeichnung des Ersten Deutschen Fernsehens, liegt aber noch über fünfundzwanzig Jahre nach der Uraufführung nicht gedruckt vor (die Hörspielfassung vom 30. Mai 1961 ist ebenfalls nicht gedruckt worden, stammt die Bearbeitung für den Funk ja auch nicht von Hildesheimer selbst).

Wie mit *The School for Scandal* hat sich Sheridan auch mit *The Rivals* gegen die empfindsame Komödie gewandt, in der edle Taten untadeliger Helden bewundert werden; wie in *The School for Scandal* sind auch in *The Rivals* die Guten nicht in jedem ihrer Züge tadellos, bleiben aber dennoch die Guten und gewinnen zuletzt: sie werden dem Lachen über ihre Unzulänglichkeit preisgegeben. In *The School for Scandal* lassen sich aber die Schlechten eindeutig identifizieren: sie haben sich zuletzt nicht gebessert und bleiben vom Happy-End ausgeschlossen; nicht so in *The Rivals*: unzulänglich läßt Sheridan alle seine Figuren sein, sich eines Happy-End erfreuen auch.

»Was lachst du? Ändere die Namen, und schon handelt die Geschichte von dir«, heißt es bei Horaz[23], und daran könnte sich Hildesheimer bei seinen Theaterbearbeitungen gehalten haben, denn, wie später bei den anderen Bearbeitungen – nicht bei den Übersetzungen! –, hat er auch hier die Namen der Figuren geändert, wenn auch nicht alle: Mrs. Malaprop bleibt natürlich Mrs. Malaprop, hat sie doch im Englischen dem Mißbrauch von Fremdwörtern die Bezeichnung verliehen; Julia Melville und Lydia Languish behalten ihre Namen ebenso wie Sir Lucius O'Trigger, ein Name, der von Hildesheimer erfunden sein könnte; Charles Faulkland bleibt Charles Faulkland, aber sein Freund Captain Jack Absolute wird zum Hauptmann Jack Wellington und damit sein Vater zu Sir Anthony Wellington: beide von stürmischem Charakter, womit Hildesheimer auf seine Weise die sprechenden Namen, die er aus Sheridans Stücken verbannen wollte, wieder einführt, allerdings sehr elegant, denn bei Wellington denkt man zuerst an den englischen Feldherrn; Jack und Charles erinnern außerdem an das gleichnamige Freundespaar in der *Lästerschule*, hier wie dort Figuren der Sympathie, wie Jack in *Die Herren der Welt*: der Jack dieser Bearbeitung kann allerdings wieder ein Rollenspiel betreiben – wohl einer der Gründe für Hildesheimers Vergnügen. Den fiktiven Fähnrich Beverley nennt er Leutnant Edward Simpson, den feigen Acres nennt er Moon, und den Mond hat er zwei Jahre danach, in *Nachtstück*, den schlechtesten Gesellen der Nacht genannt. Lucy bleibt natürlich Lucy, gehört sie doch zum festen Bestandteil der Komödienliteratur und erinnert außerdem an die drei negativen Frauentypen in *Der schiefe Turm von Pisa*. Fag, der Diener Jacks, bleibt Fag; aber David, der Diener Acres', wird zum (aus der *Lästerschule* völlig gestrichenen) Trip, und Coachman, der Diener Charles', verliert seinen Nachnamen und wird, viel plausibler, mit seinem Vornamen Tom angesprochen.

In dieser Bearbeitung hat Hildesheimer, im Unterschied zu jener von *The School for Scandal*, am Handlungsablauf einen wesentlichen Punkt verändert, nämlich den Schluß. Bis dahin allerdings hält sie sich, wiederum im Unterschied zu jener von *The School for Scandal*, bedeutend näher an das Original, bis auf die Szenen natürlich, die den veränderten Schluß vorbereiten, vor allem ab Sheridans dritter Szene des vierten Aktes und Hildesheimers achtem Bild, seinem Beginn des zweiten Aktes: aus Sheridans Stück mit fünf Akten und zahlreichen Szenen ist ein Stück mit zwei Akten und elf Bildern geworden.

Natürlich hat Hildesheimer den *Rivalen*, wie auch der *Lästerschule*, ein völlig neues Sprachgewand gegeben, das den Stücken Aktualität verleiht, ohne die Leichtigkeit der Rokoko-Vorlage zu zerstören oder ihr gar eine Schwere aufzubürden, die sie nicht tragen könnte. Auf der Pressekonferenz, die vor der Uraufführung in Münster abgehalten wurde, hat er über das Stück und sein Personal gesagt: »Wenn sie dem Publikum so viel Vergnügen bereiten wie mir, dann darf ich mein Unternehmen als berechtigt ansehen«; zum Programmheft der Uraufführung hat er die *Notiz zu den ›Rivalen‹* geschrieben und die Quellen seines Vergnügens und die Art seiner Bearbeitung genauer erläutert:[24]

Die Stärke der Figuren schien mir ein hinreichender Grund zu sein, das Stück zu bearbeiten, die Schwäche der Fabel eine hinreichende Rechtfertigung, es nach meinem Gutdünken zu verändern und die Handlungsfäden so zu knüpfen, wie ich es getan hätte, wären die Figuren meiner Phantasie entsprungen. Es ergab sich hier für mich die Gelegenheit, mit einer Form zu spielen, die viel Reiz in sich birgt, aber, für das heutige Theater angewandt, keine Gültigkeit mehr besitzt.
Exposition, Aufbau, und somit die gesamte äußere Form habe ich beibehalten. Innerhalb dieser Form jedoch entwickeln sich die Figuren meiner Version anders als im Original (...)
Das Stück ist um weniges kürzer als die Zeitspanne, in welcher das dargestellte Geschehen sich vollzieht. Demgemäß erforderte die absolute Einheit der Zeit – um nicht zu sagen: Überschneidung! – eine Zeittafel, so minutiös wie der Fahrplan einer Lokalbahn mit Anschlußzügen. Die Verknüpfung von einer Haupthandlung mit zwei Nebenhandlungen ergab gegen Ende die Notwendigkeit einer Schürzung, die man, musikalisch ausgedrückt, einen vierfachen Kontrapunkt nennen könnte. In der Tat mußte das Duell vertikal wie eine Partitur entworfen werden, denn es wurde zu einem Duell à quatre (...)
›The Rivals‹ ist kein psychologisierendes Stück. Psychologie war Sheridan

so unbekannt, wie ihre Anwendung für mich unangebracht gewesen wäre. Und dennoch scheint mir, daß, was in meiner Fassung, dramaturgisch gesehen, eine Scheinbefriedigung sein mag, die Zukunft der Figuren in einem befriedigenderen Licht erscheinen läßt als im Original. Das klassische happy-end, das stets auf dem großmütigen Verzeihen von Fehlern des Partners beruht, scheint auf ein weitaus zweifelhafteres Schicksal hinzuweisen, als eines, das auf der kühlen Einsicht beruht, daß man mit einem anderen Partner besser daran wäre, und wenn es auch gegen die klassische Ordnung der Komödie verstößt. Schließlich möchte man das Theater doch mit dem erquickenden Gefühl verlassen, daß jeder den ihm gemäßen Dekkel gefunden hat (...)

Die Exaktheit des Fahrplans einer Lokalbahn – das ist die Rangieraktion des Bernina-Expresses in *Masante*; die musikalische Begrifflichkeit deutet vielleicht auf die Beschäftigung mit den *Betrachtungen über Mozart*, die zwei Jahre nach der Uraufführung der *Rivalen* erschienen sind; »vertikal wie eine Partitur« hat Hildesheimer ja sein letztes Theaterstück, *Mary Stuart*, und sein letztes Hörspiel, *Endfunk*, komponiert; und der Deckel auf jedem Topf erinnert an sein *Rezept*, das rund drei Jahre vor *Rivalen* entstanden ist.

In der Tat, *Rivalen* endet, wie auch Fag kurz vor Schluß zu Lucy sagt: »Alle Töpfe scheinen einen Deckel gefunden zu haben« (S. 202). Denn, im Unterschied zu Sheridan: der nüchterne Jack bekommt nicht die schwärmerische Lydia und der Träumer Charles nicht die sachliche Julia, sondern – dies ist das psychologische Moment, von dem Hildesheimer schreibt – jeder den, der zu ihm paßt: Nüchternheit paart sich mit Sachlichkeit, Schwärmerei mit Träumerei, Jack mit Julia und Charles mit Lydia. Die Szene im neunten Bild, die den plötzlichen Umschwung einleitet, gehört zu den glanzvollen Stellen der Bearbeitung, zeigt Hildesheimers meisterhafte psychologische Figurenführung: eigentlich wollte Lydia zu ihrer Freundin Julia, findet aber statt dessen den Freund ihres Zukünftigen vor, mit dem sie zunächst höflich konversiert, seine Verfassung aber sofort errät und ihn, nach zaghaften Andeutungen eigenen Unglücks, zunächst durchaus im Glauben läßt, er allein sei unglücklich. Zuerst will sie ihn trösten und ist damit noch weit entfernt von einem Gedanken an eine Verbindung mit ihm, aber dann, und damit nähern sich die beiden einander bereits ein wenig, spricht Charles von seinem Gefühl und Lydia von ihrem tiefen Nachempfinden, wenngleich beide sich noch nicht gegenseitig damit meinen und Charles Lydias Anteilnahme »schön« findet. Mit der Nachricht, daß auch Lydia Jack verloren hat, steht der Verbindung der beiden auch äußerlich nichts mehr im Weg, was ihnen jedoch noch nicht bewußt ist (S. 158 f.):

CHARLES: Vielleicht werde ich sie niemals wiedersehen!
LYDIA: Edward hat mir alles bedeutet.
CHARLES: Ich bin mit einem Schlage vereinsamt.
LYDIA: Vielleicht werde ich nie mehr heiraten.
CHARLES: Ich kann es noch nicht glauben!
LYDIA: Ich werde ihn nie mehr wiedersehen. Er ist tot!
CHARLES: Wer?

Erst als das Wort »tot« fällt – der Tod hat Hildesheimer seit dieser Zeit zunehmend beschäftigt –, nimmt Charles Lydia wieder wahr. Nun entwickelt sich aus Charles' schwachem Plädoyer für den wahren Charakter seines Freundes Jack und seiner Bewunderung für das, was Jack als Edward Simpson getan hat, ganz langsam das, was seit Konrad Lorenz »Triumphgeschrei« heißt: die beiden tauschen immer rascher die Worte, nähern sich einander immer mehr, sehen sich zwischendurch prüfend an, um zuletzt, vor allem zu Lydias Überraschung, in völligem Einklang zu stehen. Das führt, bei aller Unwahrscheinlichkeit, die eher der Vorlage eignet, zu einem völlig neuen Stück. Die ersten Anzeichen der Beziehung zwischen dem nüchternen Jack und der sachlichen Julia lesen sich dagegen bedeutend kürzer – was der Art der Darstellung des Originals entspricht – und bedeutend kühler, was den Charakter dieser beiden Figuren unterstreicht: für sie gibt es zunächst nur »Möglichkeiten«.

Das elfte und letzte Bild gilt dem »Duell à quatre« und dem Happy-End, wo sich Hildesheimer endgültig von seiner Vorlage entfernt. Nach einigen amüsanten Verwechslungen gibt Jack sein Doppelspiel zu erkennen, Moon will sofort zurückstehen, doch Sir Lucius besteht darauf, daß er sich »mindestens mit einem der drei Herren« schieße (S. 187), wozu sich Jack bereit erklärt, obwohl die beiden nicht den geringsten Grund hätten. Die Angelegenheit gerät vollends zur Farce, als Charles, der schließlich nur als Sekundant gekommen ist, für Jack gegen Moon antreten will. Moon ist entsetzt, doch Sir Lucius zieht eine Pistole und will sich nun statt Jack Charles vornehmen, der sich auch dazu durchaus bereit erklärt: »Die Situation wird ein wenig verwirrend...« – »Das meine ich auch. Man weiß nicht mehr, wer gegen wen...«

(S. 190) Doch Sir Lucius nimmt die Sache in die Hand: »Darf ich die Herren bitten, sich hierher zu stellen? Die Rücken formen ein Viereck! (alle vier stellen sich in die Mitte der Bühne, mit dem Rücken gegeneinander) Fünf Schritte vorwärts! Ich befehle! Eins, zwei, drei, vier, fünf! (alle vier marschieren in den vier Himmelsrichtungen auseinander und bleiben nach fünf Schritten an den vier Ecken der Bühne stehen, den Rücken einander zugewandt (...))« (S. 191)

Ähnlich der Vorlage treten im letzten Augenblick Sir Anthony, Frau Malaprop, Lydia und Julia auf, aber auch Trip, Fag und Tom. Sir Anthony verlangt Aufklärung, doch Jack meint: »Das wird schwierig sein. Ich habe selbst den Faden verloren« (S. 192). Kompliziert war die Aufklärung schon in Sheridans Stück, weil Frau Malaprop ja nicht weiß, daß Sir Lucius nicht weiß, daß er mit ihr und nicht mit Lydia korrespondiert hat; komplizierter ist sie in Hildesheimers Stück, weil Jack und Charles sich noch immer nicht ausgesprochen haben. Zuletzt aber bekommt jeder die Seinige beziehungsweise jede den Ihrigen, und Hildesheimers Kleiderfetischist Moon schwelgt in der Vorstellung seines Anzugs, den er bei der Tripelhochzeit tragen will, aber niemand hört ihm zu. – An dieser Stelle beschloß Sheridan sein Stück:[25]

FAULK. Our partners are stolen from us, Jack – I hope to be congratulated by each other – yours for having checked in time, the errors of an ill-directed Imagination, which might have betray'd an innocent heart; and mine, for having, by her gentleness and candour, reformed the unhappy temper of one, who by it made wretched whom he loved most, and tortured her heart he ought to have ador'd.

ABS. Well, Faulkland, we have both tasted the Bitters, as well as the Sweets of Love – with this difference only, that *you* always prepared the bitter cup for yourself, while I –

LYD. Was always obliged to *me* for it, hey! Mr. Modesty? – But come, no more of that – our happiness is now as unallay'd as general.

JUL. Then let us study to preserve it so: and while Hope pictures to us a flattering scene of future Bliss, let us deny its pencil those colours which are too bright to be lasting. – When Hearts deserving Happiness would unite their fortunes, Virtue would crown them with an unfading garland of modest, hurtless flowers; but ill-judging Passion will force the gaudier Rose into the wreath, whose thor offends them, when its Leaves are dropt!

Hildesheimer dagegen erfindet eine ganz andere Schlußszene, in der sich keine Spur des unbefriedigenden und moralisierenden Kompromisses mehr findet, den er an *The Rivals* bemängelt; er beendet die *Rivalen* mit einem Gespräch der Bediensteten: Lucy hat ihr einträgliches Botengeschäft verloren, glaubt aber, sie habe alles eingefädelt und nicht nur für dieses Happy-End, sondern auch für ihren eigenen beträchtlichen Wohlstand gesorgt. Dies wiederum ruft Fag, Tom und Trip auf den Plan, die neuen Rivalen.

Wie dieser Schluß – die Wiederholung ähnlicher Verwicklungen auf der Ebene der Diener – andeutet, hat Hildesheimer jenen Grundsatz in Szene gesetzt, den er seine Figuren seit dieser Zeit immer wieder aussprechen läßt und den ja Sir Lucius beinahe wörtlich zitiert: »Ist es nicht gleichgültig, wie Ihr Rivale heißt, oder ob er nun Leutnant oder Hauptmann ist?« (S. 188) Ob Charles oder Jack Lydia oder Julia bekommen, ob Sir Lucius Lydia oder Mrs. Malaprop ehelicht, ob sich Lucy für Fag oder einen anderen Diener entscheidet: it's all one. Diesen Eindruck haben Hildesheimers plausible psychologische Figurenzeichnung und die Verdopplung des Doppelduells verstärkt.

Mit der Bearbeitung von *The Rivals* hat er sich also über das amüsiert, was seinen Figuren wenig später Grund des Entsetzens ist: alles fließt und schiebt sich zurecht, ganz von allein, bis jeder Topf seinen Deckel hat. »Reines Vergnügen gab es endlich«, kommentierte Anneliese de Haas die Uraufführung, und gewiß: tiefschürfend ist das Stück nicht, aber Otto Königsberger schrieb, die »Handwerksarbeit« sei »einfach perfekt«, und tatsächlich: Hildesheimers Perfektion vermittelte den Zuschauern jenes »Vergnügen«, das er selbst empfunden hat, wie er in der *Notiz zu den ›Rivalen‹* und im Vorwort zur *Lästerschule* bekannte: die Bearbeitung der Stücke Sheridans war Ablenkung und Erholung.

Goldoni: Die Schwiegerväter

Goldoni hat, wie bekannt, an die zweihundert Stücke geschrieben, zeitweilig hat er vertragsgemäß sechs Stück pro Jahr allein an das venezianische Teatro San Luca geliefert; er ist, wie man mit Friedrich Luft treffend sagen kann, der »stückeheckende Venezianer«. Wenige seiner Stücke sind in Deutschland gespielt worden, noch weniger haben sich bis heute gehalten – *La baruffe Chiozzotte*, *La bottega del caffè*, *Il servitore di due padroni* und einige andere –, doch die Behauptung, *Un curioso accidente* sei vor Hildesheimers Bearbeitung niemals ins Deutsche gebracht worden, stimmt nicht: J. H. Saal übersetzte das Stück unter dem Titel *Der seltsame Zufall* bereits 1767, also acht Jahre vor der Londoner Uraufführung von Sheridans *The Rivals*; danach allerdings ist es in Deutschland für fast zweihundert Jahre vergessen geblieben.[26]

Der Vielschreiber Goldoni und der frühverstummte Sheridan haben manches gemeinsam: Goldoni hat die Commedia dell'arte überwunden, Sheridan Restoration comedy und empfindsame Komödie, und beide haben statt Typen Charaktere mit ihren Schwächen und Vorzügen auf die Bühne gestellt. Beide gehören dem 18. Jahrhundert an – Goldoni eher dem Barock, Sheridan eher dem Rokoko -, beide haben eine Zeitlang die Leitung eines Theaters übernommen, beide haben in der Politik mitgesprochen, und beide sind nach rauschenden Erfolgen verarmt gestorben. Vor allem aber: beide haben in einer Zeit des Umbruchs gelebt, an einer Grenze, und beide haben etwas Neues versucht und erreicht: dies ist höchstwahrscheinlich einer der Gründe dafür, daß sich Hildesheimer gerade zu dieser Zeit, zu der er sich selbst orientierte, mit den Stücken dieser Autoren befaßt hat.

Un curioso accidente war wohl eines der Auftragsstücke für das Teatro San Luca, wo es am 11. Oktober 1760 uraufgeführt worden ist. Hildesheimers Bearbeitung *Die Schwiegerväter*, seine dritte Bearbeitung eines Theaterstücks und die einzige aus dem Italienischen, ist an der tribüne Berlin am 4. Dezember 1961 uraufgeführt worden, und zwar, wenn man den Kritikern glauben darf, mit mäßigem Erfolg, an dem allerdings Regie und Bühnenbild beteiligt gewesen sein sollen. Immerhin ist 1983 die Neue Schaubühne München mit diesem Stück sehr erfolgreich auf Tournee gewesen, unter der Regie Ilo von Jankos übrigens, der schon bei der Uraufführung von 1961 Regie geführt hatte.[27]

Ingo Neise hat eben nur bedingt recht, wenn er behauptet: »Hildesheimer gelang der Durchbruch nicht« (*Jurist inszeniert Juristenwerk*). Neise hat allerdings, mit Hilfe von »italienischen Sprachspezialisten«, keine Bearbeitung, sondern eine moderne Übersetzung unternommen (Stadttheater Lüneburg am 3. Oktober 1984) und rechtfertigt sein Unternehmen mit Goldonis Vorliebe gerade für *Un curioso accidente*, dem er in seinen *Mémoires de M. Goldoni* »in zwei verschiedenen Abschnitten je zwei Seiten« eingeräumt habe: das ist nun wahrhaftig falsch, denn Goldoni nennt – das ist die eine und einzige einigermaßen ausführliche

Erwähnung – *Un curioso accidente* im zweiten Buch seiner *Memoiren* ein »Lustspiel in Prosa« und gibt, wie übrigens zu all den übrigen seiner zahllosen Stücke, einige Daten zur Uraufführung und die Namen der Schauspieler an; dem fügt er hinzu: »Es ist auf eine wirkliche Begebenheit gegründet. Dieser merkwürdige Vorfall war einem beleibten holländischen Kaufmann zugestoßen. Das Stück hatte vollen Erfolg und man fand die Entwicklung sehr geschickt, die Einzelheiten fein und reizvoll.« Beinahe übergangslos fährt er aber fort: »Ein anderes gefiel noch besser, ›La Donna di Maneggio‹« (S. 74). Die zweite Erwähnung – im dritten Buch der *Memoiren* – ist noch kürzer, betrifft sie ja nur einen französischen Übersetzer, dessen Name Goldoni entfallen und dessen Übersetzung im Jahr 1784 durchgefallen ist (S. 226 f.). Kürzer kann er sich kaum noch zu einem seiner Stücke äußern, und ähnliches sagt er zu vielen anderen. Er gibt durchaus zu, wenn eines seiner Stücke durchgefallen ist, aber immerhin schreibt er seine *Memoiren* als alter Mann, der seit Jahren nicht mehr in seiner Heimat lebt und in Paris aus großer Entfernung auf seine glanzvolle italienische Karriere zurückblickt. Durchgefallen ist *Un curioso accidente* wohl tatsächlich nicht, aber besonders großen Erfolg beim Publikum und besondere Zuneigung Goldonis hat dieses Stück ziemlich sicher nicht genossen.

Hildesheimer schreibt in der Notiz *Zu ›Die Schwiegerväter‹* für das Programmheft der Schweizer Erstaufführung:

›Un curioso accidente‹ ist eines von Goldonis schwächeren Stücken, ein Nebenwerk. Liebe, Täuschung, Mißverständnis, Intrige, Happy-End, das ist das Schema, es war schon zu Goldonis Zeiten ein wenig strapaziert. Daher erschien es mir als kein Sakrileg, die Fabel auszubauen, den Aktionsradius zu erweitern, Andeutungen zu verdeutlichen; all dies nur gering, denn ich wollte kein neues Stück schreiben, wollte auch nicht aktualisieren, nicht überfrachten.

Natürlich hat er auch diesmal die Namen verändert, ist ja tatsächlich nicht einzusehen, weshalb Goldoni, der sich von der stereotypen Namensgebung der Commedia dell'arte gelöst hat, seinen Holländern italienische Namen gibt und die Männer mit französischem »Monsieur« anspricht. Monsieur de la Cottiere heißt wieder de la Cottiere und hat den Vornamen Armand bekommen; sein Diener, wie sein Herr Franzose, wird natürlich nicht mehr mit Monsieur Guascogna angesprochen, sondern mit seinem Vornamen Philippe. Filiberto heißt van Haarlem, Monsieur Riccardo

Herr Bosch, Costanza – wie eine andere, bekannt-berüchtigte Frau des 18. Jahrhunderts, nämlich Mozarts Frau – Constanze, und Marianna, die Zofe Gianninas, heißt Marianne. Giannina selbst wird zu Julia, wie die eine der beiden Frauen in den *Rivalen* heißt, ein Name, der seit Shakespeare für die große Liebende steht.

Anders als in den Notizen zu den beiden Stücken Sheridans geht Hildesheimer jedoch nun, aus der Retrospektive – immerhin war *Tynset* zwei Jahre vor dieser Notiz erschienen –, auf die politischen Aspekte seiner Rückwendung ins 18. Jahrhundert und auf seine Beschäftigung mit einem »Nebenwerk« ein:

Mir gefiel zum Beispiel die Soldatenfeindlichkeit des Herrn van Haarlem, aber es wäre ein Fehler gewesen, aus einem französischen Offizier des achtzehnten Jahrhunderts einen deutschen Offizier des zwanzigsten zu machen. Das hätte bedeutet, daß ich aus einem holländischen Kaufmann einen rheinischen Industriellen hätte machen müssen, denn die Einsätze sind heute größer, die Spieler gewichtiger. Auch die Typen haben sich gewandelt, aber immer noch sind es Typen (...)
Ich bearbeite gern. Es gibt mir die Gelegenheit, das Handwerk des Stückeschreibens zu prüfen und gleichzeitig für ein paar Wochen in ein Jahrhundert meiner jeweiligen Wahl zu flüchten, das sich zwar in den leichten Stücken meiner Wahl nicht erschöpfend offenbart, aber doch einen Teilaspekt freigibt – genug, um meinem Engagement zu erlauben, sich zeitweise in den Zustand der Latenz zurückzuziehen und auszuruhen.

Natürlich wäre es, objektiv betrachtet, kein »Fehler« gewesen, das Geschehen ins 20. Jahrhundert zu transportieren, subjektiv aber doch: die Begründung der Erholung und des Rückzugs, die ja auch für die beiden Stücke Sheridans gilt, also schon früh, erstmals bewußt formuliert fast zur selben Zeit, bis zu der sich die Anfänge von *Mary Stuart* und *Zeiten in Cornwall* zurückverfolgen lassen, zur Zeit *Mozarts* und *Marbots* ebenfalls als »Flucht« bezeichnet und zuletzt als entscheidender Grund der Rückkehr zur bildenden Kunst angeführt. Was aber außerdem für die Bearbeitung gerade dieses Stückes gesprochen haben mag, formuliert Hildesheimer nicht: das Rollenspiel Costanzas, das seinen eigenen Figuren Ende der fünfziger Jahre unmöglich geworden war, das er, ähnlich Jacks Spiel in *Rivalen*, wieder so perfektioniert hat wie die Rollen der anderen Figuren auch:

Die Rolle des zweiten Kaufmanns, Bosch, habe ich um die dazuerfundene Szene der Konfrontation mit van Haarlem erweitert, um damit das Schwiegervater-Element ein wenig breiter ausspielen zu können – aber auch wieder nicht zu breit: alles sollte schnell verlaufen, die Einheit der Zeit mußte gewahrt werden, darin lag ein Reiz des Originals.

Auch in den *Rivalen* hat er die Anweisung gegeben: »Das Stück muß sehr schnell gespielt werden, ohne Pausen zwischen den Szenen. Es ist nämlich nur um weniges kürzer als die Zeitspanne, während der sich die Handlung abspielt« (S. 3). Die Stücke Sheridans waren jedoch schon so raffiniert vorgeprägt, daß sich Hildesheimers Witz an ihnen entzünden konnte; vielleicht spielt auch eine Rolle, daß er im Italienischen – wie er in *Der übersetzte Autor* sagt – nicht so heimisch ist, daß er die Qualität von Literatur, vor allem von Lyrik, prüfen kann, denn dies ist, wie gesagt, für ihn das entscheidende Kriterium der Sprachbeherrschung.

Und auch schon von den Deckeln war in *Die Rivalen* die Rede, aber in *Die Schwiegerväter* geraten sie weitaus schlichter auf die Töpfe, obwohl sich die Eingriffe in den Handlungsablauf ähneln: wie Hildesheimer aus dem doppelten Duell der Rivalen ein vierfaches macht, so verdoppelt er in den *Schwiegervätern*, wo die Rivalen eben die Schwiegerväter sind, das Täuschungsmanöver, mit dem einer dem anderen den mißlichen Schwiegersohn zuspielen will. In den *Rivalen* gibt es einen falschen doppelten Liebhaber, Jack alias Simpson, und in den *Schwiegervätern* gibt es einen Liebhaber, dem eine falsche Geliebte untergeschoben wird. In den *Rivalen* gibt es zwei Liebespaare, wenngleich die Partner wechseln, und einen Schwiegervater; in den *Schwiegervätern* gibt es ein Liebespaar, wenngleich es zeitweise so aussieht, als seien es zwei, und zwei Schwiegerväter. Hier wie dort gibt es zwei befreundete Frauen, hier wie dort beide mutterlos, aber statt der einen Tante, Mrs. Malaprop, haben in den *Schwiegervätern* nun beide ihre Tanten, Hortense und Gertrud. Hier wie dort verdoppelt Hildesheimer außerdem das bereits mehrfach verdoppelte Geschehen auf der Ebene der Herren, indem er es spiegelbildlich auf die Ebene der Diener verlegt, die – man erinnere sich an die Butler, die »Perlen« seiner Stücke Ende der fünfziger Jahre – meist gewitzter, zumindest aber sachlicher als die Herren sind.

Wie in der *Lästerschule* könnte man auch in *Die Schwiegerväter* glauben, Hildesheimer spiele auf sein Hörspiel *Unter der Erde an*, vielleicht hatte er ja tatsächlich schon mit der Arbeit daran begonnen, denn auch nun heißt es einmal: »unter der Erde« (S. 11). Diese Anspielung würde passen, denn wie die Eheleute im Hörspiel sich gegenseitig täuschen, so täuschen sich in *Die Schwieger-*

väter Bosch und van Haarlem oder Constanze und Julia; und in beiden Stücken täuschen sie sich mit ihren Täuschungsmanövern auch selbst. Aber in *Die Schwiegerväter* begibt sich niemand tatsächlich unter die Erde, niemand wird begraben, und nirgends scheint die Zukunft fragwürdig.

Nur an einer einzigen Stelle klingt ein ernster Ton an, der aber in diesem harmlosen Umfeld bereits zu ernst wirkt. Julia sagt zu de la Cottiere: »Ich frage Sie: was würde geschehen, wenn alle Leute abreisten, wenn sie lieben. Dann wären alle Menschen ständig unterwegs. Es gäbe nur noch Kolonien, wo Leute sich sammeln, die einander hassen. Ganz abgesehen davon gäbe es auch bald keine Menschen mehr auf der Welt.« Cottiere: »Das ist ein schreckliches Bild.« Julia: »Ob es nun so schrecklich ist, weiß ich gar nicht« (S. 15) – das ist natürlich die Thematik der nahezu gleichzeitig entstandenen *Verspätung*, die zunehmende Verödung. Das Zukunftsbild einer entvölkerten Welt jedenfalls ist de la Cottiere schrecklich, der geistig regen Julia scheint dieser Zustand – wie Kellner und Verena in *Der schiefe Turm von Pisa* – nicht gerade wünschenswert, aber unvermeidlich und, wenn er endlich eingetreten sein sollte, nicht ganz ohne jeden Vorteil: dann gibt es zwar keine Liebe mehr, aber auch keinen Haß und keine Zerstörung. Doch, und dies ist unübersehbar: das ist zwar Hildesheimers Meinung, in die sich ein Gran Menschenverachtung mischt, in einem leichten Stück wie *Die Schwiegerväter* wirkt aber selbst die Anspielung darauf deplaciert. Dieses Stück mit seinem optimistischen Prinzip war ja gerade die Erholung von der Depression eines Pessimisten, dem sich Optimismus versagt.

Bei seinen Bearbeitungen von *The Rivals* und *The School for Scandal* hat er sich so weit von den Vorlagen entfernt, daß *Rivalen* und *Die Lästerschule* durchaus zu seinen eigenen Stücken geworden sind; bei der Bearbeitung von *Un curioso accidente* hat er sich zwar auch von seiner Vorlage entfernt, allerdings nicht so weit, wenn auch sein Prinzip der Verdoppelung an *Rivalen* erinnert; entscheidend aber ist, daß die Vorlage eben nicht die Qualität der beiden Stücke Sheridans erreicht: die auffälligste Verdoppelung besteht in diesem Fall darin, daß er einer schwachen Vorlage eine schwache Doublette nachgeschickt hat. Sollten *Die Schwiegerväter* ebenfalls ein Stück Hildesheimers sein – wofür ja manches spricht –, wäre es jedenfalls von einer Harmlosigkeit, die in seinem Werk ihresgleichen sucht.

Abgesehen vom kleinen Zwischenspiel mit Goldoni, wandte sich Hildesheimer nach Sheridan, dem »Shaw des englischen Rokoko«[28], im Jahr 1965 Sir George Bernard Shaw selbst zu, und zwar, wie im Fall Sheridans, zunächst dessen erfolgreichstem Stück, nämlich *Saint Joan*; das ältere und leichtgewichtigere, *Helden*, hat er hinterhergeschickt, wie die *Rivalen* hinter der *Lästerschule*. Aber, und dies ist der entscheidende Unterschied: er hat die Stücke Shaws nicht bearbeitet, sondern übersetzt, hat also nicht in die Handlung eingegriffen, und dennoch ist seine Übersetzung als »sehr frei« bezeichnet worden. Auch Namen – soweit das überhaupt möglich ist – hat er übersetzt, wenn auch nicht ausschließlich ins Deutsche: Joan nennt er Johanna, »das Mädchen«, aber einen Franzosen, der mit der Handlung wenig zu tun hat und den Joan mit Jack (S. 61) anspricht, nennt Johanna Jean (S. 13): der Name Jack bleibt für positive Hauptfiguren reserviert.[29]

Man mag sich fragen, weshalb er nach Erscheinen *Tynsets* seine erfolgreichen Bearbeitungen englischer Komödien des 18. Jahrhunderts nicht fortgesetzt hat, warum er gerade auf Shaw und zuerst auf *Saint Joan* gekommen ist und weshalb er nicht auch die Stücke Shaws bearbeitet hat: der Suhrkamp Verlag wollte zu dieser Zeit, nachdem Siegfried Trebitschs Monopol abgelaufen war, eine zweibändige Ausgabe mit neuen Übersetzungen herausbringen, und seine Entscheidung für dieses Stück hat Hildesheimer selbst erklärt: »als ältester der in Frage kommenden Übersetzer hatte ich die erste Wahl und hab' mir das ausgesucht, was ich als das beste Stück betrachtete, nämlich die *Saint Joan*.« Diese Übersetzung ist also zum Teil Auftragsarbeit, zum Teil freie Wahl; daß er sich überhaupt am Unternehmen einer Neuübersetzung Shaws beteiligt hat, mag mit seiner Vorliebe für irische Schriftsteller zusammenhängen: Sheridan, Beckett und natürlich, allen voran, Joyce.[30]

Saint Joan ist am 28. Dezember 1923 im Garrick Theatre New York uraufgeführt worden und im Jahr darauf als Buch erschienen. *Die heilige Johanna* lag 1965 gedruckt vor – ohne Shaws *Preface to Saint Joan*, das erst der Ausgabe von 1971 vorangestellt worden ist, und zwar in der Übersetzung Siegfried Trebitschs – und ist im Jahr darauf, am 2. Januar 1966, an den Städtischen Bühnen Bielefeld zum ersten Mal aufgeführt worden, also nur rund vierzig Jahre nach der Uraufführung. Doch nicht allein deshalb steht Hildesheimer *Saint Joan*, gerade zur Zeit *Tynsets*, viel näher als Sheridan oder gar Goldoni.

Hildesheimers Entscheidung für die Übersetzung von *Saint Joan* mag zum Teil, das hat sich gezeigt, von jenen Passagen beeinflußt worden sein, die Shaw so geschrieben hat, wie er sie wohl selbst schreiben würde: »Ich weiß, ich weiß es nur zu gut. Es gibt keine Milch, es gibt keine Eier. Morgen wird es gar nichts mehr geben« (S. 9) – »I know, sir. I know only too well. There is no milk: there are no eggs: tomorrow there will be nothing« (S. 58). Shaw hat das natürlich nicht so verstanden, wie Hildesheimer es in einem anderen Kontext auslegen könnte, nämlich nicht als historisch verbürgte Merkwürdigkeit der Hühner und Kühe auf Schloß Vaucouleurs, die erst wieder Eier und Milch produzierten, als Johanna Männerkleider und Rüstung erhalten hatte, sondern als Hinweis auf eine Zukunft, in der sich die Natur versagen wird.

»Gott kommt durch die Phantasie«: Shaw war der Auffassung, Johanna sei weder verrückt gewesen, noch habe sie göttliche Stimmen gehört, sondern sie sei, wie er im Vorwort schreibt, ein »vernünftiges Weib« (S. 19) gewesen, habe allerdings viel Phantasie gehabt: die »Stimmen und Visionen« seien zwar »illusorisch« gewesen, aber vernünftig (S. 26): »Der Beweis für die geistige Gesundheit ist nicht die Üblichkeit der Methode, sondern die Klugheit der Entdeckung« (S. 18). Hildesheimer, der die Existenz Gottes wohl so bezweifelt wie Shaw, könnte diesen Satz jedoch als Lob der Phantasie verstanden haben wollen, als Hinweis auf den einzigen Weg aus unerträglicher Realität, den seine Reflekteure ja auch gehen.

Die Szene an den Ufern der Loire – der Wind dreht sich, als Johanna kommt – mag ihn besonders berührt haben: »Westwind, Westwind, Westwind! Hure! Flattert davon, wo sie hängen bleiben sollte, hängt sich an, wo sie davonflattern sollte (...) Schwing um, du verdammte englische Dirne von einem Wind! Wende dich, komm von Westen! Von Westen, sag ich! (...) Westwind, Flatterwind, Lotterwind, Weiberwind, falscher Wind, du, dort hinter dem Wasser, willst du denn niemals wieder wehen?« (S. 46 f.) Das erinnert an das Windgespenst in den *Vergeblichen Aufzeichnungen*, die drei Jahre vor dieser Übersetzung erschienen sind, und die Wiederholung »Westwind« läßt an Hildesheimers Collage *Westwärts* (1981) denken, bei der er selbst allerdings weniger an Shaw als an die erste Zeile von Wagners *Tristan und Isolde* denkt, wie er in *Endlich allein* schreibt, offensichtlich spöttisch: denn in der ersten Zeile des *Tristan* steht buchstäblich nur »Westwärts«, und zwar als Beginn eines Liedes: »Westwärts / schweift der Blick: / ostwärts / streicht das Schiff. / Frisch weht der Wind / der Heimat zu: / mein irisch Kind, / wo weilest du?« (S. 5) So singt der junge Seemann im Mastkorb von Tristans Schiff, das von Irland nach Cornwall fährt: »Westwärts« geht der Blick also nach Irland, »ostwärts« fährt das Schiff nach Cornwall, und beiden Ländern fühlt sich Hildesheimer ja in besonderer Weise verbunden.[31]

Wie er selbst immer wieder, reflektiert auch Shaw – neben der Problematik von Schuld und Sühne – die Aspekte der Wahrheit: »Gott erlaubt nicht, daß die volle Wahrheit gesagt werde. Ihr würdet auch gar nicht verstehen, was ich sage. In einem alten Sprichwort heißt es: wer zuviel Wahrheit sagt, der ist des Henkers sicher« (S. 105) – »God does not allow the whole truth to be told. You do not understand it when I tell it. It is an old saying that he who tells too much truth is sure to be hanged« (S. 132). Hildesheimer hat »You do not understand it when I tell it« wohl deshalb so übersetzt, und nicht ›Ihr würdet sie auch gar nicht verstehen, wenn ich sie sagen würde‹ – die Wahrheit –, weil alle Vorhersagen über die Zukunft, selbst wenn sie absolut wahr sind, nicht ernst genommen werden, als ob man sie nicht verstehen würde. Und so entgeht auch Johanna, wiewohl mehrfach gewarnt, ihrem Untergang nicht.

Shaws *Preface to Saint Joan* hat Hildesheimer nicht übersetzt – wohl aus Protest. Shaw spricht darin denn doch sehr harte Urteile über zwei Schriftsteller aus, die Hildesheimer viel bedeuten, nämlich über Shakespeare und dessen *Henry VI* – wobei Shaw vor allem den ersten Teil meint – und über Schiller und dessen *Jungfrau von Orleans*; des Spötters Voltaire *La Pucelle d'Orléans* riß den Spötter Shaw natürlich zu keiner Polemik hin, aber Shakespeare habe die übelsten Verleumdungen über Jeanne d'Arc aufgegriffen und ein so schlechtes Stück daraus gemacht, »von Anfang bis Ende gemein«, daß sein Ansehen stark darunter leide; vielleicht, so mutmaßt Shaw, stamme dieses Stück gar nicht von Shakespeare, und dies wurde von der Forschung tatsächlich lange Zeit bezweifelt. Bei Schiller aber sei Johanna »in einem Hexenkessel tobender Romantik ertrunken« (S. 36) und habe »nicht einen einzigen Berührungspunkt mit der echten Johanna noch überhaupt mit irgendeinem sterblichen Weibe, das jemals auf Erden wandelte«. Schiller hat sich die Freiheit genommen, seine Jungfrau nicht auf dem Scheiterhaufen, sondern, gegen alle Überlieferung, auf dem Schlachtfeld sterben zu lassen. Aber Shaw bringt jene unerträgliche Anspielung, die Hildesheimer – gegen seine Vorlage – aus der Bearbeitung von *The School for Scandal* gestrichen hat: »It is all those scoundrels of Jews: they get in every time money chance hands« (S. 96). Vielleicht ist Symmons in *Mary Stuart*, den Hildesheimer ja auch gegen die Überlieferung eingeführt hat, eine doppelte Demonstration: gegen den Antisemitismus, den Shaw ebenso transportiert, wie Sheridan das getan hat, und für künstlerische Freiheit.

Als unhaltbar muß er empfunden haben, daß Shaw behauptet und weitläufig – übrigens zuweilen glänzend – darlegt, er wisse, wie Jeanne d'Arc wirklich gewesen sei – die »echte Johanna« hat er ja auch gegen Schiller ausgespielt. Hildesheimer jedenfalls überging das *Preface to Saint Joan* mit Stillschweigen und äußerte sich auch – außer einmal aus der Retrospektive – an keiner Stelle zu seiner Übersetzung der *Saint Joan*. In seinen *Anmerkungen zu einer historischen Szene* hat er sich aber, wie bekannt, fünf Jahre später, ohne Shaw zu erwähnen, klar gegen die Möglichkeit ausgesprochen, eine historische Figur so darzustellen, wie sie wirklich gewesen ist, wobei, wie gesagt, die Schwierigkeiten mit wachsendem zeitlichen Abstand zunehmen; und Jeanne d'Arc hat noch ein gutes Jahrhundert vor Mary Stuart gelebt.

Vielleicht war es die Ablehnung von Shaws *Preface to Saint Joan*, die Hildesheimer dazu gebracht hat, gerade zu dieser Zeit seine Mozart-Essays von 1956 und 1963 zu bearbeiten und seinem dritten Essay, im Jahr nach der Shaw-Übersetzung erschienen, die Frage in den Titel zu stellen: *Wer war Mozart?* Zu dieser Zeit jedenfalls, während der Arbeit am *Tynset-Masante*-Komplex, begann seine Rückwendung zur Historie, wie sich ja an der Tagebuchnotiz von 1966 gezeigt hat: Mary ist im Entschwinden. Shaw nennt Joan »ein Genie und eine Heilige« (*Vorrede*, S. 12), und Hildesheimer läßt Mary Stuart ihr Sterben inszenieren, als sei sie das ebenfalls. Shaw läßt Warwick zum Henker Jeannes sagen: »Na, Bursche? Wer bist du?«, und er antwortet »würdevoll« und mit beinahe denselben Worten wie der Henker Marys: »Ich werde nicht mit ›Bursche‹ angesprochen, Mylord. Ich bin der Meister Scharfrichter von Rouen. Ich bin ein Künstler auf meinem Gebiet« (S. 125).

Vielleicht hatte bereits Shaw die Parallele bemerkt: wie Mary Stuart hält auch Jeanne d'Arc das Kreuz bis zum Ende, wie Mary ruft sie zuletzt ihren Gott an, und was Mary über sich gesagt hat, läßt Shaw auch über Jeanne d'Arc sagen und stellt das im Epilog dar: »Das ist nicht ihr Ende. Es ist ihr Anfang« (S. 124). In beiden Stücken stehen sich katholische und protestantische Konfession gegenüber, in beiden England und Frankreich, und beide Stücke, so unterschiedlich die Überzeugung ihrer Autoren und deren Darstellung auch sein mögen, enden mit einer Hinrichtung als zwangsläufige Konsequenz politischer und religiöser Erwägungen.

Shaw: Helden

Arms and the Man, am 14. April 1894 in London uraufgeführt, hat Shaws Ruf als Dramatiker begründet: ähnlich wie im Fall Sheridan hat sich Hildesheimer nach dem besten Stück demjenigen zugewandt, das den Durchbruch seines Autors gebracht hatte. Seine Übersetzung, *Helden*, ist am 15. Januar 1970 an den Städtischen Bühnen Köln erstmals gespielt geworden, also zu Beginn jenes Jahres, an dessen Ende die »historische Szene« *Mary Stuart* uraufgeführt worden ist. Er hat an seiner Übersetzung demnach während des Jahres 1969 gearbeitet, als das Erscheinen *Masantes* gescheitert war und er sich in einer ganz anderen Situation befand als zur Zeit der Übersetzung der *Saint Joan*: nun ist er – mit der Übersetzung eines Stückes der Anfänge seines Autors – wieder einmal auf seinen eigenen Ausgangspunkt zurückgekommen.

In seiner *Anmerkung des Übersetzers* schreibt er von Shaws »historischen – oder, sagen wir, mutwillig historisierenden – Stücken« und verrät damit nachträglich, was er von Shaws Anspruch hält, die »echte Johanna« dargestellt zu haben: »Shaw berechnet die Wirkung sehr genau, wenn er die heilige Jungfrau Johanna sagen läßt: ›Sechstausend Pfund! Junge Junge! (Eh, laddie) – Soviel Geld gibt man für mich aus!‹ Das war einmal frech, heute ist es zahm genug, aber wirkungsvoll ist es doch.« Hildesheimer stellt also *Saint Joan* in eine Reihe mit *Arms and the Man*, einem Spektakel, das Shaw in der seinerzeit jüngsten Geschichte angesiedelt hat und das wohl kaum jenen Anspruch eines historischen Spiels erhebt, den er in seiner Vorrede für *Saint Joan* und Hildesheimer in seinen *Anmerkungen zu einer historischen Szene* für *Mary Stuart* reklamiert. Diese Gleichsetzung beider Stücke Shaws ist Polemik durch Auslassung; Hildesheimer fährt nämlich fort: »Nun ist allerdings dieses Stilmittel eines augenzwinkernden enfant terrible der Jahrhundertwende inzwischen zwei Generationen alt, Geringere als er haben es aufgegriffen, man kennt es. Dennoch haben die ›Helden‹ ihre Frische behalten, vielleicht weil es sich hier nicht um Entmythologisierung handelt.« Immerhin sind zwischen den Uraufführungen von *Arms and the Man* und *Saint Joan* dreißig Jahre vergangen, und die Jahrhundertwende war weit überschritten. Doch *Arms and the Man* gehört, wenngleich es sich aus historischen Ereignissen entfaltet, zu Shaws »plays pleasant«, und das könnte gewesen sein, was Hildesheimer zu dieser Zeit gereizt hat:

unhistorischere, alltäglichere Geschöpfe als diese Sieben hier bewegen sich kaum auf der Bühne, auch im Boulevardstück nicht. Prototypen, gesunde problemfreie Parvenüs, selbst wenn sie romantisch fühlen und mit dem entsprechenden Ausdruck ringen. Auch hier ist es der – mitunter leuchtend – prosaische Geist, der den Text belebt. Auf ihm beruht zur Hälfte die Wirkung des Stückes; (die andere Hälfte ruht in schönster Selbstsicherheit auf den Modell-Konstellationen der Komödie). Sieben Engländer, sechs davon als Bulgaren verkleidet und einer als Schweizer, treiben das Geschehen voran durch metaphernfreie Demonstration ihres praktischen Verstandes, ihres Materialismus, so unverbrämt, daß er umwirft.

Der als Schweizer verkleidete Engländer Bluntschli gewinnt denn auch den letzten Kampf der serbisch-bulgarischen Krise (1885/86) und kann die Eltern der geliebten Raina, Major Petkoff und Frau, mühelos von seiner Ebenbürtigkeit, wenn nicht gar von seiner Überlegenheit überzeugen, denn er hat, wie ihm Briefe rechtzeitig melden, sechs Schweizer Hotels geerbt: »Ich habe neuntausendsechshundert Paar Leintücher und Bettdecken, zweitausendvierhundert Daunenkissen. Ich habe zehntausend Messer und Gabeln und dieselbe Anzahl von Dessertlöffeln. Ich habe dreihundert Angestellte, ich habe sechs palastartige Gebäude, dazu zwei Mietställe, einen Teegarten und ein Privathaus. Ich habe vier Medaillen für hervorragende Dienste. Ich habe den Rang eines Offiziers und den Stand eines Gentleman. Ich habe drei Muttersprachen. Jetzt bitte: zeigen Sie mir einen Mann in Bulgarien, der das gleiche bieten kann!« (S. 102 f.)

Mit dieser Suada, so Hildesheimer in der *Anmerkung des Über-*

setzers, stelle Shaw einen »Kontrapunkt zu den stilisierten Bühnensprachen aller Zeiten« her, »auf dessen Wirkung man sich verlassen« könne. Doch dann verrät er, welchen Gedanken er durch die Übersetzung dieses Stückes entgehen wollte: auf diese Wirkung könne man sich nämlich nur verlassen, »solange man noch Shaws Sprache spricht oder versteht«. Und so beschließt er seinen Kommentar mit der Bemerkung: »Wie lange das noch sein wird, weiß ich nicht.«

Im Stück selbst findet sich kein Hinweis auf das Ende aller Dinge, ganz im Gegenteil: wie in den leichten Sittenkomödien des 18. Jahrhunderts spielen Intrige, Verwechslung und Geld jene Rollen, die von den Figuren als Ehre, Liebe und Romantik ausgegeben werden. Wieder gibt es ein verhindertes Duell – diesmal natürlich zwischen Sergius und Bluntschli –, wieder gibt das Verhältnis von Herren und Dienern und von Zivilisten und Soldaten Anlaß zu Verwicklungen, nur müssen diesmal weder die Verdoppelung auf der Ebene der Bediensteten erst durch Bearbeitung eingeführt noch die ehelichen Verbindungen psychologisch motiviert werden. Denn Shaw hat bereits auf jeden Topf den richtigen Deckel gesetzt: den Offizier, der nicht mehr weiß, was er will, auf das Dienstmädchen, das sehr genau weiß, was es will; und den reichen Bluntschli, der behauptet, mit seiner »unheilbaren romantischen Veranlagung« habe er sich »alle Chancen im Leben verdorben« (S. 99), auf die schwärmerische Tochter aus wohlhabender Familie.

Shaw mag es mit diesem Stück auch darum gegangen sein, romantische Kriegsbegeisterung anzuprangern, läßt er ja Bluntschli über alte und gewiefte Soldaten sagen: »Die wissen, daß sie nur Kanonenfutter sind, und daß es sinnlos ist, zu kämpfen« (S. 24). Doch sollte man diesen Appell nicht überbewerten, denn schließlich unterläuft Bluntschli selbst jede ernsthafte Einschätzung und wird zur absolut lächerlichen Figur: die Beteuerung seiner romantischen Veranlagung ist natürlich nur ein Trick, um sich vor Raina in günstiges Licht zu setzen. In Anbetracht von Shaws späterer Auseinandersetzung mit der Rolle der Frau könnte man sogar darauf verfallen, das als Hinweis darauf zu verstehen – worauf Hildesheimer ja auch immer wieder hingewiesen hat –, wie sich kühle Rechner Romantik und Rührseligkeit zunutze machen: dann wäre Raina eine ausgenutzte und verführte Frau und ein in didaktischer Absicht eingesetztes Beispiel für Shaws Leserinnen und Zuschauerinnen, wie man sich gerade nicht verhalten solle; schreibt er im *Preface to Saint Joan* ja: »Männer sind weit eher entbehrlich und werden dementsprechend geopfert« (S. 31).

Dieser Satz zeigt es schon: man würde sein perfekt gemachtes frühes Stück mit solchen Überlegungen erdrücken; auch mit Hildesheimers Situation hat es – außer als Erholungsarbeit und Lükkenbüßer – so wenig zu tun wie *Un curioso accidente*. Daran ändern auch manche vertrauten Anklänge nichts, zum Beispiel wenn Sergius sagt: »Das Leben ist eine Farce« (S. 89), denn er ist damit nur ins Gegenteil seines Romantizismus gefallen und von Marbots Paraphrase des *Macbeth*-Monologes himmelweit entfernt. Natürlich kann man Parallelen zwischen *Helden* und Hildesheimers Werken konstruieren, aber eben zu den Werken seiner Anfänge: so erinnern Shaws Bulgarien und Serbien an die kleinen Balkanstaaten in *Paradies der falschen Vögel*, und der serbisch-bulgarische Krieg ist ebenso Schmierentheater wie der blavazisch-prozegovinische. Vielleicht mag sich Hildesheimer selbst an seine Anfänge erinnert gefühlt haben, an eine Zeit, in der seine eigenen Figuren ihre Mitwelt so souverän handhaben konnten wie Shaws Bluntschli die seine.

Nur eine kleine Passage hat mit der Zeit zwischen *Tynset* und *Masante* zu tun: Raina will den erschöpften Bluntschli dazu überreden, an der Dachrinne hinunterzuklettern, damit er nicht erschossen werde, sollte man ihn in ihrem Schlafzimmer entdecken, doch er erwidert: »death is sleep: oh, sleep, sleep, sleep, undisturbed sleep! Climbing down the pipe means doing something – exerting myself – thinking! Death ten times over first« (S. 33). Hildesheimer gewichtet etwas anders und übersetzt »thinking« mit »sich entscheiden«: »Tod bedeutet Schlaf – ah – schlafen – schlafen – schlafen – Klettern bedeutet: etwas tun – sich anstrengen – sich entscheiden. Lieber zehnmal tot!« (S. 27)

Congreve: Der Lauf der Welt

Der Anfang der siebziger Jahre war für Hildesheimer, wie gesagt, tatsächlich eine Zeit der Entscheidungen: *Mary Stuart*, im selben Jahr wie *Helden* erstmals gespielt, ist sein letztes Theaterstück geblieben, und mit *Masante*, drei Jahre danach, hat er die Periode der Reflekteure endgültig abgeschlossen. Seine letzte Arbeit für das Theater ist allerdings erst rund zwölf Jahre später entstanden, nämlich nach Abschluß *Marbots*, während die *Mitteilungen an Max* bereits im Entstehen waren, und wenn man die Bearbeitungen der Stücke Sheridans und Goldonis als Stücke Hildesheimers betrachten will, muß man *Mary Stuart* den Rang streitig machen und *Der Lauf der Welt* von 1982, die Bearbeitung von William Congreves *The Way of the World*, sein letztes Theaterstück nennen.

Es ist wohl kein Zufall, daß er Anfang der sechziger Jahre, als er seinen Reflekteur die *Vergeblichen Aufzeichnungen* mit den Worten beschließen ließ: »Ich gehe«, gerade Stücke Sheridans bearbeitet hat, gehört Sheridan ja zu denen, die das Schreiben aufgegeben haben; und daß er Anfang der achtziger Jahre, als er tatsächlich im Begriff war, als Schriftsteller zu gehen – sein Ende des Schreibens hatte er bereits vor den *Mitteilungen an Max* angekündigt –, ein Stück Congreves bearbeitet hat: als die Comedy of manners *The Way of the World* im März 1770 in London uraufgeführt worden war, wandte sich auch Congreve, zu dieser Zeit eben dreißig Jahre alt, vom Schreiben ab, um die restlichen neunundzwanzig Jahre seines Lebens anderen Dingen zu widmen.

Hildesheimer hat offenbar gerade zu dieser Zeit keinen Wert darauf gelegt, als Bearbeiter genannt zu werden, vielleicht weil ihm dann Inkonsequenz vorgeworfen worden wäre. Und so heißt es auf dem Theatertyposkript von 1982 und auf der Buchausgabe von 1986: »Deutsch von Wolfgang Hildesheimer«, anstatt ihn, was zutreffend gewesen wäre, als Autor zu nennen und Congreves Stück als Vorlage: ›frei nach Congreve‹; zumal der Untertitel »Eine lieblose Komödie« – wiewohl er auch auf die Vorlage paßt – deutlich auf Hildesheimer weist, und zwar auf dessen Anfänge: er ist wieder einmal auf seinen Ausgangspunkt zurückgekommen – die *Mitteilungen an Max* zeigen das ja ebenfalls – und hat auch in dieser Bearbeitung mit fremder Stimme eine eigene Melodie gesungen.[32]

Die Rezensenten der Uraufführung – 18. Mai 1985 am Schauspielhaus Zürich – lobten das Stück, priesen die Inszenierung und Maria Beckers Leistung und sprachen von der Begeisterung des Publikums, doch wer es überhaupt bemerkt hatte, rügte die Tatsache, daß Hildesheimer auch auf Theaterzettel und Plakat Übersetzer genannt wurde: er habe, schrieb Curt Riess, »das Stück nicht nur übersetzt, sondern in einem Ausmass bearbeitet, dass er als

Mitautor zeichnen sollte. Dass es nicht geschieht, gehört sich eigentlich nicht.« Als ob man Hildesheimers Eingriffe tatsächlich habe verbergen wollen, wurde im Begleitheft »Schauspielhaus Extra« wörtlich Walter Kluges Artikel aus *Kindlers Literatur Lexikon* über das englische Original zitiert, allerdings ohne Kluge zu nennen: man hatte nur die – wie bei allen Bearbeitungen – veränderten Namen der Figuren eingesetzt, bis auf einen: Maria Becker bestand darauf, eine Lady Wishfort zu spielen, und nicht etwa eine Lady Dunne, wie sie im Typoskript und im Buch steht.[33]

Die alternde Lady Wishfort ist also die stark alternde Lady Dunne, ihre Nichte Millamant heißt Vanessa Bell, trägt also den Vornamen, den der Reflekteur *Tynsets* jener Frau anprobiert, mit der er einige Wochen verbracht hatte: Vanessa ist natürlich eine der positiven Figuren. Mrs. und Mr. Fainall heißen Margaret und Philip Blackwell; Edward Mirabell heißt Charles Midland, auch er eine positive Figur, aber eben kein Jack. Congreves Dummköpfe Witwoud und Petulant sind die beiden Tolpatsche Benjamin Pickering und Peter Petty, und Pickerings Halbbruder Sir Wilfull ist Sir Edward Pickering. Auch die Namen der Diener hat Hildesheimer verändert und nennt Faible, Peg, Mincing und Waitwell nun Lucy, Peggy, Mary und Tom, Betty aber immer noch Betty, und Tom spielt den Onkel Charles Midlands nicht unter dem Namen Sir Rowland, sondern als Sir Robert. Eine der Damen hat allerdings ihren Namen behalten, nämlich Mrs. Marwood, eine nahe Verwandte der Intrigantin aus *Miß Sara Sampson*.[34]

Heinz Kerle hat Hildesheimer und Gerd Heinz, den Regisseur der Uraufführung, gefragt, ob der Text eine Bearbeitung oder eine Übersetzung sei, aber beide schienen sich nicht endgültig entscheiden zu wollen. Gerd Heinz' Antwort: »Hildesheimer übersetzt einen Subtext, eine Linie, die dann in ihrer Präzision für mich den Gehalt des Congreveschen Witzes wesentlich besser einfängt, als eine Wort-für-Wort-Übersetzung dies tun könnte.« Hildesheimers Antwort:

Dazu kommt, dass viele der Metaphern Congreves heute nicht mehr nachvollziehbar sind. Die Namensänderungen habe ich vorgeschlagen, weil in Deutschland nun einmal die englische Aussprache so entsetzlich ist, dass ich leicht aussprechbare englische Namen wollte. Ein anderes wesentliches Element meiner Bearbeitung war, dass ich versucht habe, wenn möglich auch die Monologe aufzulösen (...) Es ist eine typische Bearbeitung. Freilich konnte man diesem Stück heute nur Sinn geben, indem man es noch ein bisschen härter machte; es kommt nicht von ungefähr, dass bei mir praktisch keine positive Figur mehr vorkommt (...) Ich hatte früher ›The School of (!) Scandal‹ und ›The Rivals‹ von Sheridan übersetzt (!), und die sind ganz gut angekommen. Bei den ›Rivals‹ habe ich übrigens tatsächlich stark eingegriffen, indem ich jedem der beiden Liebenden die Dame des anderen gab, so dass es am Ende zu einem Duell à quatre kam. Jetzt hatte ich Lust, mal wieder etwas zu übersetzen (!), weil ich selbst nicht mehr schreiben wollte. Zunächst habe ich an Shakespeares ›Troilus und Cressida‹ gedacht. Shakespeare war mir aber zu schwierig. Es ist wirklich Musik, hinreissend. Congreve dagegen ist immer sachbezogen, bei ihm steht ein Monolog im Zusammenhang mit der Handlung, während Shakespeare ungeheuerliche Weisheiten offenbart.

Wer sich an Marbots Paraphrase des *Macbeth*-Monologes erinnert, bedauert, daß Hildesheimer sich nicht doch an Shakespeare gewagt hat, womöglich an *Hamlet*, und nicht nur an eine Übersetzung, wie man sie landläufig versteht, sondern an eine, wie er sie offenbar in diesem Interview meint und vielleicht auch mit der Angabe in Buch und Theatertyposkript gemeint hat.

Den Titel seiner Nachbemerkung zur Buchausgabe – *Zu dieser Übersetzung* – relativiert er denn auch sofort: »Um dieses Prosastück aus dem Jahr 1700 heute und auf deutsch spielbar zu machen, bedurfte es mehr als bloß einer Übersetzung, die natürlich, wäre sie auch noch so wortgetreu gewesen, die Qualität und den Reichtum der Sprache des Originals niemals hätte wiedergeben können« (S. 133). Wieder vergleicht er Congreve mit Shakespeare: »Das Geschehen artikuliert sich zu einem erheblichen Teil in der Metapher, und diese ist, im Gegensatz zur Metapher im früheren englischen Drama, die zu allgemein menschlichen, bei Shakespeare zu welthaltigen, Vergleichen greift, heute unverständlich, da sie sich der Sitten, der Moden und anderer äußerlicher Manifestationen des Zeitgeistes bedient« (S. 134). Er habe allerdings, so Hildesheimer, »niemals den Sinn des zu Vermittelnden oder des Anzudeutenden verändert«, wenn er auch »bei zwei oder drei Textpassagen durch gezielte Überinterpretation« versucht habe, »einen unverständlichen Charakterzug verständlich zu machen« (S. 134 f.).

Die Wahl seines Untertitels »Eine lieblose Komödie« bezieht er ausschließlich auf das Original und stellt die heute absolut grausam anmutende Gefühlskälte der Figuren heraus, die er bei seiner Bearbeitung wenigstens zum Teil zu mildern versucht habe – aber zu Kerle hat er ja gesagt, er habe das Stück »ein bisschen härter« gemacht –, und erläutert zum Beispiel die Anlage Midlands: »Irgendein mildernder Umstand mußte gefunden werden, eine *saving grace*, die ihn uns nicht liebenswert, aber weniger hassenswert macht« (S. 137).

Er ventiliert moralische Empörung und zeigt gerade damit, daß er von einer Übersetzung weit entfernt ist: er hat die Figuren aus ihrem historischen Kontext genommen, mit modernem Maßstab gemessen und nach seinen Vorstellungen verändert. Es war aber wohl doch diese beinahe grandiose Kälte der Figuren, die ihn an der Bearbeitung gerade dieses Stückes gereizt hat, hatte er doch manche seiner Figuren während der Periode der *Lieblosen Legenden* ebenfalls kalt angelegt: man denke an die Befriedigung, mit der Roskol und Velhagen Guiscard im »blavazischen Schroffsteingebirge« bei »podhorzischen Pferdedieben« verschollen sehen, oder an den Verkauf der Journalistin Ilona Meyerle und die harten Anweisungen, die Eduard Merlin dem Einkäufer des Sultans zu ihrer Behandlung mitgibt. Bei aller Künstlichkeit mancher Szenerien seiner eigenen Stücke – man denke auch an *Das Ende einer Welt* – hatte er die Härte seiner Flaneure jedoch stets motiviert oder dem Gelächter preisgegeben. Und so schreibt er denn auch über Congreve: »Mich faszinierte das ganz und gar Artifizielle dieses Stückes, die Manierismen der *Comedy of manners*, die aus der Kälte kommen und damit diese Komödie zu einer überzeitlichen Darstellung menschlichen Verhaltens machen« (S. 137).

Der Lauf der Welt ist also, zweifellos, keine Übersetzung, sondern eine Bearbeitung: Hildesheimer hat die strenge Symmetrie des Originals – fünf Akte, von denen die ersten beiden jeweils neun, der mittlere achtzehn, die letzten beiden jeweils vierzehn Szenen haben – aufgelöst, natürlich, hatte er doch im Jahr zuvor Marbot eine Ästhetik der Asymmetrie vortragen lassen: zwar behält er die Einteilung in fünf Akte bei und unterteilt den ersten und vierten Akt in zwei Bilder, doch er verzichtet auf Congreves Szeneneinteilung und öffnet damit die Entwicklung des Geschehens. Er hat auch nicht nur, wie zu Heinz Kerle gesagt, die Monologe aufgelöst, sondern, wie bei der Bearbeitung der Stücke Sheridans und Goldonis, auch den monologisierenden Dialog und läßt die Figuren mit seiner eigenen Sprache sprechen. Natürlich hat er, vielleicht in bewußter Ablehnung des epischen Theaters, auf die Lyrik-Einschübe und auf den Song zwischen III,12 und III,13 verzichtet und, wie bei seinen anderen Bearbeitungen, auf die Pro- und Epiloge.

»Was sich auf der Bühne genau zuträgt, kann hier nicht referiert werden«, hat Günter Fässler zur Uraufführung geschrieben, »die Handlung ist aberwitzig kompliziert«; und tatsächlich hat im Umfeld dieser Uraufführung niemand, außer dem anonymen Abschreiber von Walter Kluges Artikel, den Versuch unternommen, die Handlung des Stückes zusammenzufassen. Um alle Intrigen und Verwechslungsspiele zu entwirren, bedürfte es mehrerer Seiten Raum. Um die Besonderheit der Bearbeitung zu demonstrieren, mögen deshalb ein paar Anmerkungen zum Schluß genügen, den Hildesheimer, wie bei seinen anderen Bearbeitungen, auch diesmal verändert hat.

Kurz vor dem – etwas überschatteten – Happy-End läßt Congreve Mirabell, den Midland Hildesheimers, Millamants Hand küssen und Sir Wilfull, Hildesheimers Sir Edward, einen Tanz vorschlagen, da alle anderen ja nichts so Erfreuliches zu tun hätten wie die endlich versprochenen Liebenden. Congreve weist an: »A dance.« Hildesheimers Liebende benehmen sich weniger galant, sprechen sich mit »Liebste« und »Liebster« an, und Sir Edward – froh, selbst allen Heiratsplänen entgangen zu sein – sagt: »Am besten spart Ihr eure Geständnisse auf, bis ihr allein seid. Bis dahin wollen wir Abschied feiern« (S. 131). Der Tanz fällt aus, denn Ausgelassenheit möchte Hildesheimer seinen Figuren denn doch nicht zugestehen, das wäre ein zu offensichtlicher Triumph der Perfidie.

Congreves Lady Wishfort ist zuletzt völlig erschöpft und möchte sich zurückziehen, vergewissert sich aber zuvor, ob sie nicht Angst vor Rache haben müsse, und Mirabell spricht die Schlußworte: »Madam, disquiet not yourself on that account; to my knowledge his circumstances are such, he must of force comply. For my part, I will contribute all that in me lies to a reunion; in the meantime, madam, (to Mrs. FAIN.), let me before these witnesses restore to you this deed of trust; it may be a means, well managed, to make you live easily together« (S. 234).

Mirabell hat also bis zuletzt alles in der Hand: er verspricht Lady Wishfort die Versöhnung mit Fainall, dem Blackwell Hildesheimers, und sichert sogar Mrs. Fainall zu, daß sie sich mit ihrem Mann aussöhnen könne, wenn er, Mirabell, es vermittle. Er erscheint als Liebhaber, dem seine Täuschungsmanöver zu verzeihen sind, da er sie ja nur unternommen hat, um die geliebte Millamant zu gewinnen und die frühere Geliebte, Mrs. Fainall, zu retten. Millamant und Mirabell sind, zweifellos, die Figuren, die Congreve positiv gedacht hat. Völlig erledigt ist allerdings Mrs. Marwood, die, wie Walter Kluge schreibt, »nicht vor der Enthüllung ihres Ehebruchs« mit Blackwell zurückschreckt und »damit gewissermaßen gesellschaftlichen Selbstmord« begeht, und das gilt, so Kluge, »in der ausschließlich sozial definierten Welt der *comedy of manners* als schlimmste Katastrophe«. Mrs. Fainall aber läßt sich nicht scheiden, und Mr. Fainalls Ansehen hat unter seinen Seitensprüngen noch niemals gelitten. Die Gesellschaft der Wits hat, trotz aller Intrigen, die für sie eben zum Lauf der Welt gehören, ihre Selbstverständlichkeit nicht eingebüßt. Anders bei Hildesheimer, der den Ehebruch beiden Beteiligten zur Last legt und beide erledigt sein läßt (S. 131):

LADY DUNNE: Brauche ich nicht zu fürchten, daß dieser Blackwell gräßliche Rache an uns nimmt?

MIDLAND: Fürchten Sie nichts, Madame. Er muß jetzt seine Energie für anderes sparen. Er muß arbeiten.

LADY DUNNE: Arbeiten?! Entsetzlich.

PICKERING: Ist das Ihr Ernst, Midland?

MIDLAND: Ich wüßte keinen anderen Weg für ihn, sich über Wasser zu halten.

PICKERING: Er *ist* ein Scheusal, gewiß. Aber ob er *das* verdient hat...

PETTY: Ja, das Schicksal kann grausam sein!

MIDLAND: Machen wir uns um ihn keine Sorgen. *Zu Frau Blackwell*: Liebe Margaret! Darf ich Ihnen hiermit zurückgeben, was Sie mir anvertraut haben. Und sollten Sie wieder heiraten...

FRAU BLACKWELL: ... was ich nicht für ausgeschlossen halte...

MIDLAND: ... dann werde ich vorsichtshalber diese schwarze Kassette wieder in Verwahrung nehmen.

LADY DUNNE: Recht so. Den Menschen ist nicht zu trauen.

MIDLAND: Das ist der Lauf der Welt.

Er hat Congreves *The Way of the World* also nicht zufällig als Vorlage gewählt, denn hier ist bestätigt, was er seit der *Verspätung* immer wieder betont hat: daß die Fehler der Vergangenheit die Zukunft verschulden, weil die Gegenwart nicht aus ihnen lernt. Was damals zum Lauf der Welt gehört hatte – Intrige, Geldgier, Machtkampf, Dummheit und Hinterlist –, konnte nur eine exakt definierte Gesellschaft berühren, heute gefährdet es die ganze Welt.

Mit allen seinen Theaterbearbeitungen und -übersetzungen, die er wohl auch nicht zufällig seit der Zeit unternommen hat, in der die *Verspätung* entstanden war, hat er seine Auffassung vom Lauf der Welt geprüft und sie, abschließend und bestätigend, im *Lauf der Welt* noch einmal dargestellt: mit der heiligen Johanna das 15. Jahrhundert, mit Congreve das 17., mit Sheridan und Goldoni das 18. und mit *Helden* das 19. Jahrhundert. Das 16. Jahrhundert hat er mit seinem eigenen Stück geprüft, mit *Mary Stuart*, und es gleichzeitig ins 20. Jahrhundert transportiert, wie die anderen Jahrhunderte auch. Er ist also mit seinen Theaterbearbeitungen und -übersetzungen nicht nur auf seinen eigenen Ausgangspunkt zurückgekommen, sondern auf den Ausgangspunkt der Neuzeit: als ob er Scholz-Babelhaus' Überzeugung, einzig eine Korrektur der Vergangenheit hätte die Entwicklung zum Untergang aufhalten können, bestätigen wollte.

Mit *Der Lauf der Welt* ist die Prüfung abgeschlossen: »Den Menschen ist nicht zu trauen / Das ist der Lauf der Welt.« Dieses Stück – übrigens das älteste, das er bearbeitet hat – war nicht nur Congreves letztes Stück vor seinem Verstummen, sondern auch das »Glanzstück« der Comedy of manners, wie Walter Kluge schreibt, und ihr »letzter Höhepunkt«. So steht Congreves Stück am Ende von dessen Schreiben und am Ende einer Epoche, und Hildesheimer hat es kurz vor dem Ende seines Schreibens bearbeitet und, worauf er auch in diesem Stück immer wieder hinweist, kurz vor dem Ende der Welt. Denn er hat eben gerade das getan, was er ausgeschlossen haben wollte: er hat sehr wohl »den Sinn des zu Vermittelnden oder des Angedeuteten« verändert.

So läßt er Midland davon sprechen, daß Blackwell jetzt seine Energie sparen müsse und also den Kleinkrieg gegen Lady Dunne nicht fortsetzen könne – doch was Hildesheimer, vielleicht gerade zur selben Zeit, über das Energiesparen in die *Mitteilungen an Max* geschrieben hat, zeigt ganz klar, daß wegen Energiemangels Kriege nicht ausbleiben werden: »Manchmal, wenn auch nicht oft, frage ich mich, was wir eigentlich mit der überschüssigen Energie anfangen sollen. Aber die Antwort ist natürlich: sparen – das weiß schließlich jedes Kind. Bald wissen es nur noch Kinder« (S. 47 f.).

Und so spielt er in *Der Lauf der Welt* mit dem Lauf der Zeit fast ebenso wie in den *Mitteilungen an Max* und in seinem Gedicht *Antwort*, ein Spiel, dessen harmlose Variante er bei Congreve angelegt fand: Midland sitzt in der Konditorei, wartet darauf, daß man ihm die Hochzeit von Tom und Lucy melde, und fragt, wieviel Uhr es sei. Congreves Betty antwortet: »almoust one o'clock« (S. 171). Ein Diener meldet, die Hochzeit sei vollzogen, und Midland will sich mit ihnen um ein Uhr treffen, um den entscheidenden Schlag gegen Lady Dunne zu führen. Hildesheimers Betty aber – außer Marwood der einzige Name, den er übernommen hat – sagt, es sei zwölf Uhr, und Midland ist überrascht: »Schon?« Betty, bereits von Congreve schnippisch dargestellt, antwortet: »Es ist immer später, als Sie denken, Herr Midland.« Midland nennt sie »ziemlich frech«, aber sie gibt zurück: »Ich sage immer die Wahrheit. Im Gegensatz zu vielen anderen Leuten« (S. 13).

In den *Mitteilungen an Max* liest sich das Spiel mit der Zeit, wie bekannt, so: »Es ist eben nicht, wie die Wissenschaftler uns, mit beträchtlichem Erfolg, weiszumachen suchen, fünf Minuten vor zwölf, es besteht daher keinerlei Anlaß zur Panik, da es – Dir brauche ich das wohl nicht sagen – bereits dreiviertel drei ist, und jede Panik wäre eine müßige und unangemessene Anstrengung« (S. 52). Im Gedicht *Antwort*, jenen gegeben, die Hildesheimer als Propheten des Unheils abqualifizieren wollen, ist es bereits später, nämlich »bald« fünf Uhr. Und auf diesen Lauf der Zeit weist er auch in *Der Lauf der Welt* hin; denn Midland fragt, anders als in *The Way of the World*, kurz darauf noch einmal: »Betty, wieviel Uhr ist es? Ach so, ich vergaß – es ist zwölf Uhr.« Aber Betty: »Inzwischen ist es schon später« (S. 14). *Zu* spät, zur Umkehr nämlich, und, so die Schlußszene, nach dem Ende des Laufes der Welt wird es auch zu spät sein, sich für den Lauf der Zeit zu interessieren, zumindest für Menschen.

Hildesheimer und die bildende Kunst

1 Kunst-Rezeption

Musik hat in Hildesheimers Leben stets eine große Rolle gespielt, er aber erst seit *Mozart* eine große Rolle im Leben der Musik. In seiner Jugend hatte er Violin- und Klavierunterricht, »brachte es« aber, nach seinen eigenen Worten, »nicht weiter« als bis zu Mozarts a-Moll-Sonate (Klavier) und zu Mozarts e-Moll-Sonate (Violine), beides gewiß keine Anfängerstücke, doch die Schlußpunkte seiner Laufbahn als ausübender Musiker, wie er sagt: »interdisziplinär kann man leider nicht dreigleisig reisen.« Und doch begleitete Musik seine Entwicklung als Schriftsteller und bildender Künstler stets, und zwar mit einer eindeutigen Wendung ins Sekundäre, wenn man von den zahlreichen Musiker-Figuren in seinen literarischen Werken absieht: was er sich auf jenen Gebieten weitgehend versagt, auf denen er selbst ausübender Künstler ist, auf dem Gebiet der Literatur und bildenden Kunst, betreibt er auf dem Gebiet der Musik mit Überlegenheit: er analysiert und theoretisiert, wenngleich nicht systematisch.[1]

Schon früh, nämlich bereits 1956, hat er die erste Rede über Musik gehalten, *Aufzeichnungen über Mozart*, der weitere Reden, nicht nur über Mozart, folgten: 1967 *Die Musik und das Musische*, 1975 und 1976 die beiden auf *Mozart* vorbereitenden Reden *Mozarts Nachleben als Herausforderung* und *Der Mozart des Don Giovanni*. 1980 hat er die sechzigsten Salzburger Festspiele mit *Was sagt Musik aus?* eröffnet, 1981 die *Idomeneo*-Austellung in der Bayerischen Staatsgalerie mit *Warum weinte Mozart?* und 1985 das Internationale Musikfest Stuttgart mit *Der ferne Bach*.[2]

Für den Rundfunk – der natürlich auch seine Reden gesendet hat und zuweilen wiederholt – hat er einige musikalische Sendungen produziert: 1970 *Octandre – Hyperprism – Intégrales*, eine Sendung über Edgar Varèse; 1975 *Die Seelen in der Brust und die Verkleidungen*, eine Sendung über den »späten Mozart in seinen Briefen«; 1976 hat er für eine Sendung der Reihe *Meine Schallplatte* ausgefallene Werke Mozarts ausgewählt, und 1986 hat er sich dreieinhalb Stunden mit Paul Fiebig in der Sendung *Musik, das war schon immer mein Thema* unterhalten.

Noch früher begann seine Tätigkeit als Musik-Journalist, wobei dieses Wort nicht mißverstanden werden darf: Musik-Kritiker war er nie, denn er besuchte keine Konzerte oder Festspiele, um darüber zu berichten – das verspottet er in *Paradies der falschen Vögel*; sondern wenn er zufällig auf etwas stieß, das er eines regulierenden Kommentars für bedürftig fand, äußerte er sich in Berichten, Rezensionen oder Leserbriefen; ein Bedürfnis nach korrektivem Kommentar, das auch *Mozart* und die Reden über Musik geprägt und auch seine eigenen Ausführungen getroffen hat, wie sein Vorwort zu Joseph Heinz Eibls und Walter Senns Ausgabe von Mozarts Bäsle-Briefen (1978) zeigt: er schließt die Möglichkeit nicht mehr aus, wie in *Mozart*, daß Mozart und das Bäsle vielleicht auch keinen Geschlechtsverkehr gehabt hätten. Rainer Riehns saloppe Abrechnung mit seiner Auffassung der *Zauberflöte* hat zwar den *Brief an Rainer Riehn* (1978) provoziert, aber kaum eine Selbstkorrektur wie im Fall der Bäsle-Briefe, sondern eine Korrektur Riehns.

Bereits 1946 ist in der Jerusalemer ›Radio Week‹ Hildesheimers *London Review* über die Promenade Concert Season erschienen. 1956 hat er Furtwänglers *Vermächtnis* mit scharfen Worten rezensiert, 1957 im Leserbrief *Gesang der Jünglinge und Echo der Kritik* einen Vortrag von Meyer-Eppler über moderne Musik und 1984 unter dem spöttischen Titel *Endlich ein Buch über Mozart* vernichtend Francis Carrs *Mozart & Constanze*. 1985 hat er ein kurzes korrektives Statement zu Formans Film *Amadeus* geschrieben und, ebenfalls 1985, den korrigierenden Leserbrief zu einem Artikel über Bach: *Kleine Chronik – eine Fälschung*.[3]

Wie in den anderen Künsten ist er auch auf dem Gebiet der Musik Vertreter der Moderne, für die er sich besonders einsetzt, auch wenn seine Beschäftigung mit Figuren der weit zurückliegenden Musikgeschichte wie Mozart oder Bach dies nicht zu bestätigen scheint; die Art und Weise seiner Beschäftigung aber ist es, die von einem Teil der etablierten Musikwissenschaft mit Entrüstung aufgenommen wurde und wird. Er verschließt sich weder modernen Kompositions- noch modernen Reproduktionstechniken, wie seine Zusammenarbeit mit Hans Werner Henze und Jan Wisse zeigt. Andere Opernversuche mit Karl Amadeus Hartmann, Luigi Nono, Peter Racine Fricker und Winfried Zillig kamen nicht über das Gesprächsstadium hinaus, beweisen aber seine Bevorzugung moderner Musik, sobald er das Gebiet des Sekundären verläßt und zu produktiver Zusammenarbeit gelangen will. Zu seinem Freundes- und Bekanntenkreis zählen zahlreiche Musiker und Komponisten, etwa Walter Levin vom LaSalle-Quartett, Luigi Nono, Wolf Rosenberg, Dieter Schnebel und andere.

Nach dem Ende seines Schreibens befreit, gab er sich dem Genuß modernster technischer Reproduktionstechniken hin: er kaufte nicht nur zum ersten Mal einen Fernseher, sondern dazu die perfekte Video-Anlage, außerdem zur ohnedies hervorragenden Stereo-Anlage ein Compact-Disk-Gerät. Von der modischen Walkman-Welle ließ er sich begeistert mitnehmen: »Mein Gerät ist ein Sony Professional und kann auch aufnehmen. Da ich ohnehin nicht damit auf die Strasse gehe, sondern immer zu Hause, also manchmal im Bett höre, ist das herrlich. Walkman ist wahrscheinlich der grösste Genuss, Musik zu hören, überhaupt. Sie hören es so, wie Sie es in natura niemals hören und wie es auch gar nicht gemeint ist. Unser Musikgenuss ist aber schon so denaturalisiert, dass es darauf nicht mehr ankommt. Unser Musikgenuss hat mit dem nichts zu tun, wie es damals gewesen ist. Ich muss sagen, mit dem Walkman Musik zu hören ist ein ganz grosser Genuss: Sie haben einen Hall im Ohr, ein Echo, das etwas ganz Besonderes ist, ein Raumgefühl, innerhalb dessen Sie die Instrumente sehr genau unterscheiden können.« Heinz Kerle, der ihn zum Walkman befragt hatte, schreibt dazu, sein »grosses Demonstrationsobjekt« sei Brahms' *Der Abend* nach Schiller, für vier Stimmen und zwei Klaviere, wobei sich Kerle wohl dahingehend täuscht, daß Hildesheimer dieses Musikstück besonders in der Compact-Disk-Aufnahme schätzt und seine Ausführungen zur Wirkung dieses Stückes nicht allein der Walkman-Qualität gelten: »Das ist für mich der perfekte Kunstgenuss, man hat das Gefühl, man sitze im Piano drin.«[4]

Diese Formulierung erinnert an *Schläferung*, an den Versuch, in die Gitarre zu kriechen, und legt die Vermutung nahe, daß Musik Fluchthilfe leistet. Genuß – wie in *Tynset*, *Hauskauf* und anderen Werken – als Tarnung des Scheiterns. Sein auch von den literarischen Werken immer wieder thematisiertes Scheitern begründete er im Gespräch mit Matthias Burri eben zu der Zeit, als er sein Ende des Schreibens verkündet hatte und wieder ausschließlich zur bildenden Kunst zurückkehren wollte: »Weil ich das, was ich wollte, eigentlich nicht getan habe, das war Malen. Ob es dazu nicht ausgereicht hat, weiss ich nicht. Wahrscheinlich wäre ich dabei geblieben, wenn ich das Gefühl gehabt hätte, ich könne auf diesem Gebiet etwas leisten. Ich habe einen verhältnismässig guten Ausweg gefunden mit dem Schreiben. Aber ein Mensch, der das, was er zutiefst plant, nicht ausüben kann, ist gescheitert (...) jetzt habe ich wieder angefangen. Vielleicht kommt jetzt erst das Nicht-Scheitern« (S. 150). Aber dann weitet er den Radius seines Scheiterns aus: »Vielleicht ist Scheitern auch mehr das starke und nachhaltige auf die Zeit Wirken-Können. Die Welt wird sich von sich aus nicht ändern. Ich habe eine ganz pessimistische Weltsicht. Ich glaube, dass die Erde chemisch abgewirtschaftet und vergiftet ist, bevor die Ideologen und Ideologien überhaupt zum Zuge kommen« (S. 151).

Sein Interesse gilt, das zeigen seine Ausführungen zum Scheitern ebenso wie jene zum Walkman, immer wieder den Fragen der Rezeption. Schon 1967 hat er in der Einleitung seiner Rede *Die Musik und das Musische* gesagt: »Ich spreche also nicht über das Kreative, sondern über das Rezeptive.«[5] *Mozart* beschäftigt sich in großen Stücken mit der Mozart-Rezeption; die Bachrede unter anderem mit der Unsitte originalgetreuer Aufführungspraxis, wie sie Nicolaus Harnoncourt betreibt, den ja schon der Reflekteur der *Mitteilungen an Max* in die Hölle verbannt hatte: das ist Rezeption der Rezeption. Selbst eine Rezeption der Rezeption der Rezeption, also eine dreifache Umkehrung, stellt sich her, wenn Hildesheimer, wie im Fall des erwähnten Vorworts zu den Bäsle-Briefen oder im *Brief an Rainer Riehn*, sich zur Rezeption eines seiner eigenen Werke, das sich mit der Rezeption beschäftigt, äußert. Rezeption ist der zentrale Begriff, Rezeption ist, letztlich, auch der Genuß alles Schönen und Guten, aller Musik, Literatur und bildenden Kunst, des Essens und Trinkens, aller Rezeptions*theorie* fern, allen Fragen kultivierter Ausübung nah.

Der einige Zeit geplante zweite Teil *Mozarts*, von dem hier und dort, auf der Suche nach der Inkonsequenz von Hildesheimers Ende des Schreibens, geflüstert wurde, von dem er aber nur eine einzige Seite geschrieben hat, trug den Arbeitstitel *Nachträge zu Mozart oder Antworten*:[6]

Nach Beendigung meines Buches war es nicht meine Absicht gewesen, mich jemals wieder mit Mozart aktiv-kritisch auseinanderzusetzen, und dies wird auch nicht das Hauptthema dieses Buches sein. Es erscheint nur dort, wo der Bericht mich thematisch dazu führt, eine neue Einsicht oder Erfahrung mit Mozarts Musik zu dokumentieren. Der Beweggrund dieses Antwortbuches war die Reaktion auf das, was mir seit Erscheinen des

Buches von aussen zugetragen wurde und wird. Das heisst, diese Seiten wären niemals geschrieben worden, wenn es nach Erscheinen des Buches still geworden wäre, und kein Leser hätte sich gerührt, um nur Beifall zu spenden, oder mich zu belehren oder seiner Bestürzung Ausdruck zu geben. Dieses Buch setzt voraus, dass der Leser mein Mozartbuch von 1977 gelesen, nicht aber, dass er es verstanden hat. Denn vieles daran ist der Entgegnung des Unverständnisses und des Missverständnisses zugedacht.

Biographieschreibung ist stets eine rezeptive Disziplin gewesen: *Mozart* und, in gewisser Hinsicht, *Marbot* sind, neben allen anderen Möglichkeiten ihrer Rezeption, ausdrückliche Versuche, rezeptive Mißverständnisse auszuräumen. Hildesheimer hat kein statisches System der Kunstbetrachtung, ganz im Gegenteil, wendet er sich ja gegen jene, die sogenannte ›ewige Werte‹ auf Abruf bereit haben. Musikrezeption, und mit ihr wohl die Rezeption aller Kunst, bildet für ihn ein dynamisches System, das bei der Vergangenheit einsetzt und zur Moderne führt. *Mozart* wäre demnach der Versuch einer Korrektur der Vergangenheit gewesen, ähnlich dem, den Professor Scholz-Babelhaus in der *Verspätung* für die Entwicklung der Menschheit erhofft und für zu spät befunden hatte. Die Aufgabe des zweiten Teils *Mozarts*, dieser geplanten und verworfenen Korrektur der verfehlten Rezeption seiner Rezeptionskorrektur, legt allerdings die Vermutung nahe, daß er Korrekturen inzwischen auch auf dem Gebiet der Kunstrezeption nicht mehr für sinnvoll hält.

Zu einer Zeit aber, 1967, als ihm die Korrektur der menschlichen Entwicklung zum Abgrund bereits unmöglich erschien, galten ihm für das Musik-Verständnis solche Versuche nicht als hoffnungslos verspätet, wenigstens nicht für *alle* Rezipienten, sonst hätte er seine Rede *Die Musik und das Musische* mit ihrem didaktischen Impetus wohl gar nicht gehalten; daß er sie in den Sammelband *Das Ende der Fiktionen* (1984) wieder aufnehmen ließ, läßt vielleicht auf die Hoffnung schließen, daß doch noch nicht alles zu spät ist, zumindest auf dem Gebiet der Kunst.

Damals hat er über klassische Musik gesagt: »Ihr Kurswert als Gebrauchsartikel, als Programmnummer oder Stimulans wird ihren wahren Wert niemals verdrängen, der in ihrer Gegenwärtigkeit und Verfügbarkeit für den besteht, der sie weder als Bildungsgut noch als Kulturvorrat sieht, sondern in ihrer Vielfalt von Epochen, Strömungen und Gestalten, und der sich die für ihn wesentlichen Phänomene herausgreift, um aus ihnen – aktiv oder passiv – ein Konzept entstehen zu lassen; ein Konzept, das nicht zum vollendeten Bild vergangener Zeiten führt, nichts Abgeschlossenes darstellt, nicht stillsteht, sondern sich im Lauf des Lebens ergänzt, fluktuiert, in Bewegung bleibt, Lücken füllt, indem es weiterführt, tief in die Gegenwart hinein, also in die neue Musik« (S. 55).

Diese Überlegungen gelten natürlich nicht allein der Musik, sondern aller Kunst, wie auch jene Überlegungen, aus denen er im weiteren Verlauf der Rede rezeptive Kategorien entwickelt: »Der Ausruf ›Ich verstehe die moderne Musik nicht‹ setzt voraus, daß der Rufer die klassische Musik verstehe. Aber was bedeutet das in der Kunst: Verstehen? Das Erkennen eines dargestellten Gegenstandes auf einem Bild von Rembrandt hat mit dem Verständnis nichts zu tun. Die Erkenntnis des Kompositionsprinzips, Erforschung der Objektwahl und nicht zuletzt Versuch des Nachvollzugs der schöpferischen Intensität, das sind bleibende Kriterien zur Beurteilung eines Kunstwerkes, und eben das ist es, was es in uns allen zu kultivieren gilt. Behagen sollte uns selbst nicht genügen, wenn wir nicht die Gründe des Behagens aufzuspüren wissen. Was macht das Bedeutende bedeutend, das Einmalige einmalig? (...) So wie es auf der kreativen Seite unter den Komponisten elektronischer Musik kaum einen geben dürfte, der nicht einen vierstimmigen Satz schreiben könnte, wenn es darauf ankäme, so ist auch auf der rezeptiven Seite analytisches Verständnis klassischer Musik Vorbedingung zum Verständnis der neuen Musik. Wer bereit ist, es sich zu erarbeiten, der wird feststellen, daß er als Hörer nicht Objekt – oder, wie er befürchten mag, Opfer – des Experimentes wird, sondern daß er selbst experimentiert, indem er Reaktionen an sich registriert, prüft und somit wesentliche Manifestationen der Veränderung des Lebens in sich aufnimmt. Er mag Musisches vermissen, aber dafür wird ihm Information zuteil, die heute nicht mehr ausschließlich Sache des Wortes ist, sondern auch der Musik, die, indem sie über sich selbst Auskunft gibt, dem Hörer Aspekte seiner Existenz vermittelt« (S. 57).

Die sogenannte ›klassische‹ Musik, die ja nicht allein die Werke der Wiener Klassik meint, soll demnach als Wegbereiter der Moderne verstanden werden, als unentbehrliche Verständnishilfe auf dem Weg zum Verständnis moderner Musik, auf die Hildesheimer seine Ausführungen zuspitzt: in ihr vollzieht sich das aktuelle Geschehen. Wenn die klassische Musik ihre Aufgabe der Verständnishilfe nicht erfüllen kann, weil sie über Jahrhunderte falsch rezipiert wurde, fehlt dem Verständnis der modernen Musik die fundamentale Dimension. So betrachtet wären *Mozart* und *Der ferne Bach* fundamentale Korrekturen mit dem Ziel, die Moderne besser zu verstehen, aber auch, nicht mehr allein auf Musik beschränkt, *Marbot*, die Büchner-Rede, die Dürer-Rede und jene literarischen Werke, die sich der Vergangenheit zuwenden. Musik, bildende Kunst und Literatur bilden, im Idealfall, ein dynamisches Beziehungs-System, das von der Vergangenheit ausgeht, in die Gegenwart führt und, in zunehmend engeren Grenzen allerdings, in die Zukunft weist.

Zielrichtung Gegenwart bedeutet also nicht, daß Hildesheimer die Größen der Vergangenheit nicht anerkennen würde, ganz im Gegenteil: Mozart gilt ihm als der größte Komponist aller Zeiten, als das größte Genie, ein Prädikat, das er nicht leichtfertig vergibt, auch nicht aus Schwärmerei, sondern, wie die lebenslange Beschäftigung gerade mit Mozart beweist, nach rastloser, kritischer und selbstkritischer Prüfung.

Ihm ist bewußt, daß der Geniebegriff in einer Zeit der soziologischen Analyse anfechtbar geworden ist, wie seine Ausführungen zu Horst Janssen zeigen, den er, wohl als einzigen außer Mozart, Genie nennt, auch ihn erst nach reiflicher Prüfung, die sich in weit mehr Artikeln, Vorworten und Rezensionen niedergeschlagen hat, als er zu jedem anderen bildenden Künstler geschrieben hat. Er findet Janssens Zwang zur Selbstdarstellung, der menschliche Kontakte seiner Kunst opfert, »das typische Merkmal des monomanischen Genies«, fährt aber in bezeichnender Wendung gegen verfehlte Rezeption seiner Klassifizierung fort: »Und damit wäre das Wort gefallen, das die Gesellschaftsanalytiker und die Bestimmungs-Schematiker mir mit Hohn ankreiden werden. Doch gebe ich allen Kirche-beim-Dorf-Lassern zu bedenken, daß ein sporadisches Auftauchen des genial Überbegabten dem Gesetz der Wahrscheinlichkeit eher entspricht als sein Ausgestorbensein. Um so mehr sei diese Behauptung hiermit zu Protokoll gegeben. Sie entspringt übrigens keineswegs einer Parteinahme für die figürliche Kunst, sondern der Erkenntnis einer epochalen Ausnahme« (*Ergo und Ego*, *Janssen und wir*).

Wie in seinen großen Büchern, *Mozart* und *Marbot* allen voran, beweist sich sein Prinzip der Kunstbetrachtung auch in den subtilen und zuweilen glänzenden Essays zur bildenden Kunst, die oft nur auf Einladungskarten oder Faltblättern zu Ausstellungen oder zu einzelnen Werken gedruckt worden sind, und zwar ausschließlich moderner Künstler, wenngleich von durchaus unterschiedlichen Stilrichtungen: Gisela Andersch, Francis Bacon, Marcel Berlinger, Not Bott, Jürgen Brodwolf, Kurt Hediger, Silvia Hildesheimer, Horst Janssen, Jo von Kalckreuth, Herbert List, Brigitte und Martin Matschinsky-Denninghoff, Mario Negri, Gian und Giuliano Pedretti, Elio Pelizzatti, Paolo Pola, Valerio Righini, Maurice Sendak, Paul Suter, Enrico della Torre und Angelo Vaninetti. Also Essays über Bildhauerei, Fotografie und Malerei, und zwar in den seltensten Fällen über die allgemeinen Besonderheiten einer handwerklichen Technik, wenngleich sich solche Bemerkungen immer wieder finden, sondern hauptsächlich über die Bewältigung der besonderen Technik durch ihren speziellen Künstler: Hildesheimer konzentriert sich auf die konkreten Kunstwerke, die sich dem Leser der Essays, selbst wenn keine Fotografie oder Reproduktion des Werkes greifbar ist, in ihrer eigentümlichen Besonderheit erschließen und ihn zu grundsätzlichen Fragen leiten.

Nur manchen Essays hat Hildesheimer einen theoretischen Passus vorausgeschickt und die Zusammenfassung jenes Allgemeinen geliefert, das seine speziellen Interpretationen nicht nur des Modernen stets bestimmt. In seinem Text über *Kronos*, die Eisenskulptur, die Paul Suter für die Kraftwerke Brusio in einem Nachbarort Poschiavos gestaltet hat, heißt es:

Bei jeglicher Kunstbetrachtung empfiehlt es sich, Paul Klees fundamentalen Satz im Gedächtnis zu halten, der lautet: ›Kunst gibt nicht das Sichtbare wieder, sondern macht sichtbar.‹ Demnach ist es weder Aufgabe noch Funktion der Kunst, existierende Formen oder Vorgänge unseres Lebens nachbildend wiederzugeben, sondern die Welt gleichnishaft erstehen zu lassen, Markierungen einer metaphorischen Wirklichkeit zu schaffen, in der wir die kollektiv erfahrene Wirklichkeit als symbolische Darstellung erkennen, als eine nicht in Worte zu fassende Wahrheit. Der Künstler überträgt sein Erleben – und damit natürlich sein Leben – auf sein Schaffen, indem er ihm bildlich verschlüsselt Ausdruck gibt, nicht aber indem er Elemente seiner Welt nachbildet. Was wir bei Michelangelo oder Donatello bewundern, ist nicht Naturnähe oder Naturtreue, sondern das gewaltige Mass an schöpferischer Kraft, mit dem sie ihr tiefes inneres Erleben auf ihr Material übetragen haben. Sie haben nicht das Sichtbare wiedergegeben, sondern Gestalten sichtbar gemacht, und damit unsere metaphysische Erfahrung erweitert. Dies ist die Aufgabe des Künstlers. Er teilt sein unbewusstes Erleben mit, indem er es, höchst bewusst, in sein Medium legt. Und es ist die Aufgabe des Betrachters – denn Kunstbetrachtung ist nicht ausschliesslich Genuss, sie ist aktive Vergegenwärtigung, also geistige Arbeit –, die Subjektivität dieses Erlebens für sich, je nach seinen rezeptiven Fähigkeiten, zu objektivieren. An dem Mass, in dem er diese Aufgabe bewältigt, ist sein Kunstverstand zu messen, so wie natürlich das Mass in dem das Kunstwerk eine solche Vertiefung erlaubt, der ausschlaggebende Massstab seines Schöpfers ist. An ihm hat sich im Lauf der Jahrhunderte nichts geändert, es gilt wie je auch für die zeitgenössische Kunst, immer vorausgesetzt selbstverständlich, dass der Künstler über eine geräumige und geordnete innere Welt verfüge, und die Gabe besitze, diese von der Aussenwelt geprägte Innenwelt darzustellen. Die Aussenwelt des Künstlers allerdings hat sich im Lauf der Zeiten gewandelt und erweitert, sie wird nicht mehr, oder zumindest nicht mehr ausschliesslich von Sage, von Mythos oder Bibel geprägt, sondern vornehmlich von der Welt, in der er lebt, von seinen Erfahrungen und Erschütterungen, seinen Entdeckungen, Errungenschaften und Gefahren.

Diese Ausführungen, denen ergänzend hinzugefügt werden sollte, daß sich nicht nur die Außenwelt *des Künstlers* gewandelt hat, wenden die Grundsätze aus der Rede *Die Musik und das Musische* auf die bildende Kunst an: die Zielrichtung gilt der aktuellen Auseinandersetzung des Künstlers mit seiner Wirklichkeit und des Betrachters mit dem Kunstwerk. Das Kunstwerk, so könnte man sagen, ist – und war – Ausdruck der Rezeption der Außenwelt durch den Künstler, und Kunstbetrachtung ist – aber war nicht immer – Nachvollzug dieser künstlerischen Leistung. Der Kunstbetrachter kann deshalb nicht vor dem Werk stehenbleiben, sondern muß versuchen, den Künstler in seine Betrachtung einzubeziehen, soweit ihm die Innenwelt des Künstlers anders als in ihrem Ausdruck – dem Kunstwerk – überhaupt zugänglich ist.

Der Text für Paul Suter enthält bereits in nuce die Aufgabe, der sich Marbot zuwandte: den Zusammenhang zwischen Kunstwerk und Künstler zu ergründen. Aber Paul Klees Satz »Kunst gibt nicht das Sichtbare wieder, sondern macht sichtbar«, den Hildesheimer gegen Ende der siebziger Jahre in einigen seiner Kunstessays wörtlich zitiert[7], wird zu seinem Grundsatz auch dort, wo er ihn nicht ausdrücklich erwähnt. Nach diesem Grundsatz, so kann man annehmen, hat er nicht nur seine eigenen Bilder komponiert, sondern auch seine Bücher seit den sechziger Jahren, nach einem Grundsatz, dessen höchster Ausdruck *Marbot* ist.

In *Die letzten Zettel* und in *Nachlese* wiederholt er wörtlich, was er Marbot über Asymmetrie hat schreiben lassen, zitiert sich also selbst und verleiht dadurch diesem Notat einen starken Akzent: »da aber Schönheit keineswegs ausschließlich in der Vollkommenheit des Resultates liegt, sondern auch in der Arbeit daran, nicht also nur im *Be*stehenden, sondern auch im *Ent*stehenden und in der sehenden und spürenden Zeugenschaft dieses Entstehenden, so liegt sie auch in der Arbeit an der Überwindung des primär Gegebenen, des produktiven, vor allem des kreativen Veränderns, und damit im Schaffen asymmetrischer Formen, deren Proportionen sich in eine neue und zwingende εντελεχεια fügen« (S. 14 f.; S. 54).

2 Künstlerische Entwicklung als Kunstwerk

»Er ist ein Kunstwerk«, läßt Hildesheimer Marbot über Goethe ja sagen, »doch mag man sich fragen: bringt ein Kunstwerk Kunstwerke hervor?« (S. 12) Marbot meint Goethes Erscheinung, die Selbstinszenierung und die Inszenierung einer Legende zu Lebzeiten. Goethe ist Marbot aber nur Anlaß und besonders eindrucksvolles Beispiel für seine Frage nach dem grundsätzlichen Zusammenhang von Künstler und Kunstwerk. Seine spezielle Frage, ob ein Kunstwerk Kunstwerke hervorbringen kann, muß mit einem uneingeschränkten Ja beantwortet werden, wenn man das Potentielle betont: ein Kunstwerk *kann* Kunstwerke hervorbringen, aber eben nicht allein.

Man hat sich von Marbots Affekt gegen Goethe zu befreien und sollte – zumindest probehalber – die Frage anders fassen: gibt es ein Kunstwerk, das diese Bezeichnung tatsächlich verdient, das nicht auf anderen Kunstwerken basiert, und zwar in mannigfacher Weise? »Literatur kommt von Literatur«, hat Günter Grass einmal gesagt: das hat sich gerade bei der Betrachtung von Hildesheimers schriftstellerischem Werk bestätigt. Kunst kommt natürlich nicht ausschließlich von Kunst, sondern entsteht aus jenem kreativen Wechselspiel von Bestehendem und Entstehendem, das Hildesheimer Marbot untersuchen läßt. Bedingung ist handwerkliches Können, das meint: die gekonnte Umsetzung der künstlerischen Absicht ins Kunstwerk; beteiligt ist die Gegenwart als Realität, die der Künstler als Wirklichkeit erfährt und umsetzt; beteiligt ist die Vergangenheit, also die bestehenden Kunstwerke als Zeugen einer Entwicklung, an deren Ende der Künstler steht; und beteiligt ist die Zukunft, nicht nur hinsichtlich des entstehenden Kunstwerkes, sondern auch hinsichtlich seiner Wirkung, die sich ja ausschließlich in einer Zukunft zeigen kann, die – in glücklichen Fällen – ihrerseits vom Kunstwerk beeinflußt worden ist. So produzieren die bestehenden Kunstwerke die zukünftigen in einem jahrhundertelangen Prozeß, und der Künstler – der nicht nur Gestalter ist, sondern auch Vermittler – vollzieht diesen Prozeß in seiner eigenen künstlerischen Entwicklung – man könnte sagen: im kleinen Maßstab – nach.

Hildesheimers Entwicklung, das hat sich an vielen Details bewiesen, folgt einer auffälligen Struktur, deren wesentlichstes Merkmal die Rückkehr auf den Ausgangspunkt ist, von der er selbst gesprochen hat: in Abständen von – merkwürdiger Zufall! – rund zwölf Jahren auf die Anfänge als bildender Künstler: 1950 der Wechsel von der bildenden Kunst zur Schriftstellerei, 1962, 1971 und 1983 als Signum der Neuorientierung eigene Illustrationen zu jenen Werken – *Vergebliche Aufzeichnungen*, *Zeiten in Cornwall*, *Mitteilungen an Max* –, die an den Wendepunkten erschienen sind, und nach 1983 die Rückkehr zur bildenden Kunst. Außerdem kehrte er mit seinem letzten literarischen Werk zu seinem ersten zurück: die *Mitteilungen an Max* und die *Lieblosen Legenden* stehen sich sehr nahe. An zahlreichen seiner Werke hat sich überdies gezeigt, daß er nicht nur auf die eigenen Anfänge zurückgeht, sondern auf die Anfänge der Menschheit, um die Fehler zu entdecken, die zum Untergang führen werden: das Ende im Anfang als Strukturprinzip.

Seine künstlerische Entwicklung verläuft auf mindestens drei Linien – auf einer literarischen, einer bildkünstlerischen und einer musikalischen –, ein komplexes Bild also, zukünftigen Biographen zur Warnung, vor dem die scheinbar altbewährte Einteilung in Art and Life, in Künstler und Mensch, die Hildesheimer selbst immer wieder verspottet und zuletzt – mit *Mozart* und *Marbot* – erledigt hat, natürlich versagen muß.

Nach Abschluß der Mitarbeit an der Redaktion zweier Bände der Nürnberger Prozeßakten ließ er sich – hatte er ja nicht erst seit seiner ersten Ausstellung, 1945 in Palästina, Maler werden wollen und die entsprechenden Fakultäten studiert – als freier Maler und

Graphiker in Ambach am Starnberger See nieder, beteiligte sich an einigen Gemeinschaftsausstellungen[8], malte und zeichnete bis zu jenem Februartag des Jahres 1950, den er in seiner *Vita* beschreibt, als es am hellen Fenster des Ateliers zu kalt, in der warmen Ecke zu dunkel war. Danach wandte er sich von der kreativen Ausübung der bildenden Kunst vollkommen ab; ihre Spuren hat sie jedoch unübersehbar in seinem literarischen Werk bis spät in die fünfziger Jahre hinterlassen: Künstler, häufig Maler, in den *Lieblosen Legenden*, in *Paradies der falschen Vögel* und in den Hörspielen, oft Doppelbegabungen, gegen Ende dieser Periode aber immer öfter Figuren, die an Metierwechseln scheitern. Zur Zeit der depressiven Stücke begann er wieder zu malen: aus den Jahren 1957 und 1958 sind einige Bilder nachgewiesen, danach erst wieder aus dem Jahr 1962, seit da allerdings, mit zweijähriger Pause, aus jedem Jahr.

Musikrezeption, wie gesagt, war von Anfang an wichtiger Bestandteil: schon während seiner Nürnberger Zeit besuchte er Konzerte, kommentierte in den Briefen an seine Eltern Radiosendungen von Klemperer, Hindemith, Furtwängler und anderen. Stets verteidigte er die Moderne gegen jede falsche Verabsolutierung des Etablierten; dies zeigte 1953 die Funkoper *Das Ende einer Welt*, die er ja mit Hans Werner Henze zusammen gemacht hat. Während der Zeit der depressiven Stücke, nachdem kurz zuvor mit *Aufzeichnungen über Mozart*, dem Leserbrief zur modernen Musik und der Furtwängler-Rezension erste Hinweise einer Wendung ins Sekundäre an die Öffentlichkeit gekommen waren, während er, wie gesagt, wieder zu malen begonnen hatte, beschäftigte er sich nicht mehr mit Musik; erst nach Beginn der neuen Periode, nämlich 1963, ist *Betrachtungen über Mozart* erschienen, die zweite Vorstufe *Mozarts*.

In die literarischen Werke dieser Umbruchphase sind Musik und bildende Kunst allerdings eingeflossen, und zwar mit jener Zweiteilung, die später zwischen *Mozart* und *Marbot* aufgefallen ist: Musik bildet im *Pastorale*, bildende Kunst in *Landschaft mit Figuren* die Folie, auf der die Handlung abläuft. Alle drei Schaffenszweige vereinen sich in einer Engführung in den *Spielen, in denen es dunkel wird*.

Seit 1962, dem literarischen Neueinsatz, begann er wieder regelmäßig zu zeichnen und, mit zunehmender Intensität, zu collagieren. Die Arbeit am *Tynset-Masante*-Komplex war ständig begleitet von bildkünstlerischer Kreativität, und 1965, im Jahr *Tynsets*, ließ er zum erstenmal seit fünfzehn Jahren wieder Bilder ausstellen: die Periode der Ich-Reflexionen war eine Auseinandersetzung auch mit sich selbst als bildender Künstler. Seit der Umbruchphase Ende der fünfziger Jahre sprach er vom Scheitern und stellte seine Figuren als Gescheiterte dar, aber erst nach dem Ende dieser Periode sagte er in Interviews, mit »gescheitert« meine er sich als bildender Künstler: in dieser Zeit versuchte er eine literarische Bewältigung bildkünstlerischer Probleme; eine musikalische übrigens auch, wie die Kompositionsaufgabe *Tynset* und die musikalischen Sprachformen in anderen Werken dieses Zeitraums zeigen: die Fuchsjagd in *Zeiten in Cornwall*, die Rangieraktion in *Masante* und andere mehr. Einen der Schlußpunkte der Auseinandersetzung mit allen drei Schaffenszweigen hat er im Jahr 1974 gesetzt, also im Jahr nach *Masante* und im Jahr von *Hauskauf*, und zwar mit der Collage *Scheiterndes*.

Im Jahr 1971, dem vorgezogenen Beginn der (auto)biographischen Periode, ist *Zeiten in Cornwall* erschienen, mit eigenen Illustrationen markiert wie 1962 *Vergebliche Aufzeichnungen*. Doch der Vorsatz, zur bildenden Kunst zurückzukehren, wich der zunehmenden Beschäftigung mit musikalischen Problemen: der umgekehrte Vorgang wie am Ende der fünfziger Jahre. Nach 1974, während die Arbeit an *Mozart* und an den vorbereitenden Reden und Rundfunksendungen in den Vordergrund rückte, entstanden nahezu keine bildkünstlerischen Arbeiten mehr. Zum Vergleich: von 1965 sind vierundvierzig Blätter nachweisbar, von 1973 nur noch neun, von 1974, als er nach *Masante* nicht mehr schreiben wollte, immerhin neunzehn, aber von 1975 nur drei, von 1976 acht und von 1977 sechs. Das bedeutet nicht, daß er in den Jahren zwischen *Masante* und *Mozart* seine Bilder nicht ausstellen ließ, doch fallen in diesen Zeitraum die meisten Gemeinschaftsausstellungen: 1974 in Kiel *Autoren machen Bilder*, 1974/75 in Großbritannien *Word & Image*, 1974 und 1975 in Chur die regionalen *Weihnachtsausstellungen*, 1975 die Ausstellung gemeinsam mit seiner Frau Silvia und Not Bott in Poschiavo, die Nürnberger Ausstellung *Bild Text/Text Bild* im Jahr 1976 und 1977 in Lugano *Alter Ego*; dazu kommt, als einzige Einzelausstellung, die Abschiedsausstellung und Retrospektive von 1975 in Urbino, in dessen Nähe er ja von 1968 bis 1976 den Zweitwohnsitz Cal Masante gehabt hat.

Die einzige Ausstellung in der Zeit zwischen *Mozart* und *Marbot* fand 1978 in Bonn statt, auch sie keine Einzel-, sondern eine Gemeinschaftsausstellung, allerdings nicht mit einer Gruppe, sondern mit Günter Grass: vielleicht wollten beide – Grass nach Erscheinen des *Butt*, Hildesheimer nach *Mozart* – schon zu diesem Zeitpunkt zur bildenden Kunst zurückkehren. Doch Hildesheimer beschäftigte sich mit Problemen der bildenden Kunst theoretisch – die Beschäftigung mit Problemen der Musik manifestierte sich in den Reden *Was sagt Musik aus?* und *Warum weinte Mozart?* – und gab bis zum Erscheinen *Marbots* die eigene bildkünstlerische Kreativität nahezu ganz auf: 1978 entstanden nur noch vier Arbeiten, 1979 und 1980 gar keine mehr.

1981, nach Erscheinen *Marbots* – Hildesheimer sprach bereits jetzt vom Ende seines Schreibens – hatte er in Zürich die erste Einzelausstellung seiner Bilder seit, von Urbino abgesehen, zehn Jahren, und seitdem in jedem Jahr mehrere, aber keine Gemeinschaftsausstellungen mehr, außer 1982 in München, wieder gemeinsam mit Günter Grass, der in in diesem Jahr seine Feltrinelli-Rede *Die Vernichtung der Menschheit hat begonnen* gehalten hat, nachdem er im Jahr zuvor ebenfalls das Ende seines Schreibens angekündigt hatte.

Hildesheimers bildkünstlerische Produktion nahm seit 1981 ständig zu: 1981 dreiunddreißig Collagen und Zeichnungen, 1982 neununddreißig und 1983 sogar vierundsiebzig, am meisten also in dem Jahr, in dem mit den *Mitteilungen an Max* – mit Illustrationen als Zäsur markiert – das Schlußstück der schriftstellerischen Produktion erschienen ist. Das bedeutete natürlich kein Ende des *Schreibens*, da Hildesheimer weiterhin schreibt, nämlich Reden, Rezensionen und Essays über bildende Kunst, Literatur und Musik. Selbstverständlich können diese Texte die literarische Qualität nicht plötzlich verlieren: so bleibt auch nach 1983 der Dreiklang aus bildender Kunst, Literatur und Musik erhalten, nur jetzt, wieder einmal, mit anderer Färbung.

Keine der *Perioden* von ungefähr zwölf Jahren verlief ohne *Phasen*, die Periode der *Lieblosen Legenden* schließt die depressive Phase ein, die Periode der resignativen Monologe überschneidet sich mit der historischen, und der Ton der Perioden ändert sich mit dem Einsetzen der Phasen. Außerdem kann Hildesheimers bildkünstlerische Arbeit nicht von seiner schriftstellerischen getrennt werden, beide folgen aber nicht derselben Struktur aus Periode,

Phase und Zäsur, wenn man auch in den Jahren 1950, 1962 und 1983 deutliche Parallelen ziehen kann; aber der Phasenwechsel des Schreibens um 1970 zeigt sich in der bildkünstlerischen Produktion erst 1975. Die musikalische Linie aber, die das Werk seit den Anfängen durchzieht, läßt sich überhaupt nicht eindeutig periodisieren. Und dennoch: Hildesheimers Entwicklung stellt sich als Netz aus kunstvoll nach einer Grundstruktur geknüpften Beziehungen dar, die sich nach derjenigen Stelle verziehen, an der man einen Faden oder Knoten durch besondere Betrachtung hervorhebt. Seine Entwicklung ist ein Kunstwerk, das manchen Künstler inspirieren könnte, und dieses Kunstwerk, wie wohl niemand bezweifeln wird, hat Kunstwerke hervorgebracht.

3 Literatur und bildende Kunst

Dem Ende des Schreibens und der Rückkehr zur bildenden Kunst – 1984 nach einem spektakulären Interview von einer breiten Öffentlichkeit zur Kenntnis genommen und heftig diskutiert – stehen der Beginn des Schreibens und das Ende des Malens – wenigstens für sieben Jahre – gegenüber, ein Ereignis, das im Jahr 1950 in aller Stille stattgefunden hat. Ende des Malens bedeutet jedoch nicht, daß sich Hildesheimer nicht mehr mit bildender Kunst beschäftigt hat, aber eben – während der Periode der *Lieblosen Legenden* bis zur depressiven Phase – nicht mehr als ausübender Künstler: er schrieb, kurz nach Erscheinen von *Paradies der falschen Vögel*, die Einleitungen zu zwei Büchern mit Bildern von, natürlich, satirischen Zeichnern: 1953 Vorwort und Kommentare zu Paul Floras *Floras Fauna* und 1954 das Vorwort zu Loriots »Lieblosen Zeichnungen« *Auf den Hund gekommen*.[9]

Flora hat 1950 die ersten Zeitungsdrucke einiger *Lieblosen Legenden* und 1952 ihre erste Buchausgabe illustriert, worauf Hildesheimer in seinem Vorwort auch anspielt: »Flora lebt heute in Innsbruck. Er hat in vielen Ländern – übrigens meist Kulturländern – ausgestellt und den Wert einiger Bücher durch seine Illustrationen erhöht« (S. 7). Mit spöttischer Umständlichkeit karikiert er die Pedanterie der Kunsthistoriker und – schon damals – die Unsitten der Biographen (S. 6):

Paul Flora erblickte im Jahre 1922 das Licht der Welt, und zwar erblickte er es zu Glurns im Tirol, welcher Tatbestand schon als solcher seltsam und geheimnisvoll ist. Ob er ein sensibles Kind war, ist heute nicht mehr festzustellen, aber es besteht auch kein Grund zur Annahme, dass er es *nicht* gewesen sein sollte. Zweifelsohne hätte er, wie jeder vernünftige Mensch, dessen Biographie schreibenswert ist, das Gymnasium seiner Vaterstadt besucht, hätte seine Vaterstadt über ein solches verfügt. Da dies jedoch nicht der Fall war, besuchte er das Gymnasium zu Innsbruck, wo sich früh seine ausserordentliche Begabung offenbarte, und zwar vornehmlich auf solchen Gebieten, die mit dem humanistischen Lehrplan nichts zu tun haben.

Schon damals wollte Hildesheimer ja ein Buch über Mozart schreiben, und vermutlich hatte er schon damals, drei Jahre vor dem ersten Essay über Mozart, eine unüberwindliche Abneigung gegen die – eben erst entsetzlich mißbrauchte – Art, irgend jemand und mit Vorliebe natürlich große Persönlichkeiten aus ihrer Heimat zu erklären, aus Geburtsort oder gar Landschaft: »zu Glurns im Tirol« oder »zu Innsbruck«. Diesen meist auch noch umständlichen Stil führt er durch Imitation ad absurdum: »welcher Tatbestand schon als solcher seltsam und geheimnisvoll ist«, »Vaterstadt«, aber in »Zweifelsohne« steckt ja der Sohn des Zweifels; und mit »seltsam und geheimnisvoll« ironisiert er nicht etwa den Begriff des Rätsels, den er in *Mozart* und *Marbot* ins Zentrum gerückt hat, sondern seine falsche Anwendung in der traditionellen Biographik.

Gekonnt verspottet er auch die falsche Art der Kunstbetrachtung: »Über Floras Strichführung wäre mancherlei zu sagen, und ich bin überzeugt, dass der Betrachter beim Anblick der folgenden Zeichnungen mancherlei sagen wird« (S. 7). Wie in vielen gewichtigen Arbeiten so üblich, hängt er dieser leeren Aussage eine Fußnote an, die einen mehrfachen Umfang dessen hat, was sie kommentiert:

Ich sehe manches Lippenpaar vor mir, wie es die Worte ›dicht‹ oder gar ›skurril‹ formt. Diese jedoch, welchen es nicht gelingt, den rechten Ausdruck ihrer Reaktion zu finden, verweise ich auf mein demnächst erscheinendes Buch: ›Floras Strichführung; Versuch einer graphologischen Deutung der Reifezeit des Tiroler Meisters‹. Ich möchte jedoch bei dieser Gelegenheit darauf hinweisen, dass der zweifelsohne ebenfalls in Kürze erscheinende Versuch: ›Flora und Kafka‹ *nicht* meiner Feder entstammt, daher ich für eine Deutung in dieser Richtung nicht verantwortlich gemacht werden darf.

Wer *kein Buch über Kafka* schreibt, hält selbstverständlich auch nichts von einem über Kafka und Flora – was die *Lieblose Legende* impliziert, spricht diese Fußnote aus: die Flut der Bücher über Kafka ist unverantwortlich. Außerdem verrät sich auch hier Hildesheimers Interesse an der Rezeption: er macht sich Gedanken, wie die Betrachter reagieren könnten, setzt voraus, daß sie alle entweder die falschen oder gar keine Worte finden und daß er sie alle auf den rechten Weg führen kann. Schon früh zeigt sich der pädagogische Zug, der sich in seinen Werken immer wieder bemerkbar macht, je später, um so weniger selbstironisch.

Auf den Hund gekommen war Loriots erstes Buch, entstanden aus einer Zeichenserie für den ›Stern‹, die heftige Proteste der Leser provoziert hat, wie er in *Möpse & Menschen. Eine Art Biographie* (1983) – seinem Beitrag zur Biographiewelle – berichtet, zum Beispiel: »Ich empfinde die Zeichnung ›Auf den Hund gekommen‹ als eine Geschmacklosigkeit, die des Niveaus Ihres Blattes unwürdig ist. Das ist m. E. weder Humor noch Witz, sondern es wirkt quälend und ekelerregend.« Nach sieben Folgen hatte Henri Nannen die Serie eingestellt, aber Daniel Keel hat daraus das Buch gemacht, wie Loriot schreibt: »Der unbekannte Verleger druckte das Buch des unbekannten Autors« (S. 49). Der Vorwort-Autor Hildesheimer war offenbar der einzige, der schon einen Namen hatte, aber bei ihm provozierten die Zeichnungen, wie sein Vorwort verrät, ganz offensichtlich keine wütende Empörung, sondern eher mäßiges Interesse; Loriot erwähnt ihn denn auch an keiner Stelle.

Hildesheimer greift Loriots ein wenig schlichtes Austauschprogramm auf – Hunde als Menschen und Menschen als Hunde –, und entsprechend schlicht ist sein Vorwort ausgefallen: an dieser Vorlage hat sich sein Witz nicht entzündet, zumal er diese Idee in *Aus der Laufbahn meines Pudels Cassius* zwei Jahre zuvor selbst weit besser ausgeführt hatte. Schon der erste Satz beweist seine eher reservierte Haltung: »Das vorliegende Werk füllt eine Lücke aus, die sich während der letzten Jahre in zunehmendem Maße bemerkbar gemacht hat. Immer häufiger sehen wir Hunde uns vor die Frage gestellt: sollen wir uns einen Menschen halten oder nicht?« Er klingt ein bißchen witzig, ein bißchen gesellschaftskritisch, aber nirgends hat er den Biß, der die *Lieblosen Legenden* auszeichnet: »Mögen unsere zweibeinigen Hausgenossen oft die Quelle reiner Freude und Heiterkeit sein, so hat die Frage ihrer

Haltung doch auch ihre ernste Seite, denn wir müssen uns darüber im klaren sein, daß wir als Freunde und Beschützer der Kreatur eine Verantwortung tragen: der Mensch hat – allen gegenteiligen Behauptungen zum Trotz – eine Seele, die nicht selten tiefer, ausgeprägter, und daher empfindsamer ist, als uns und ihm lieb ist. Er erhebt Anspruch darauf, ernst genommen zu werden.«[10]

Zu Loriots Zeichnungen äußert er sich kaum und zur Frage der Rezeption mit eher harmlosen Nebenbemerkungen: »Die in diesem Bande sehr überzeugend geschilderten Stadien des Zusammenlebens zwischen Hund und Mensch mögen dem Betrachter die Konsequenzen vor Augen führen, die sich aus dem täglichen Verkehr mit diesem Wesen ergeben, das man gern als des Hundes besten Freund betrachtet. Als besonders anerkennenswert sei vermerkt, daß der Künstler, obgleich er sich freimütig zu den Menschenfreunden bekennt, in seinen Darstellungen kühle Sachlichkeit hat walten lassen. Es geht eindeutig aus ihnen hervor, daß man dem Menschen nichts Gutes tut, indem man ihn verwöhnt, daß vielmehr äußerste Strenge in der Überwachung seiner Gewohnheiten am Platze ist.«

Nachdem Hildesheimer den unfreiwilligen Humor des Menschen und die Darstellung des »Standardmenschen« als kluges Ausweichen vor der Rassenfrage gestreift hat, erfindet er einen Hund des 18. Jahrhunderts, wobei die heute beinahe peinlich anmutende Wahl der Namen und die unglückliche synthetische Orthographie seine Unlust verraten: »Der große Menschenkenner Pluto Setter-Dobermann hat einmal gesagt: ›Man saget vom Mänschen, daß er jähzornig und unverträglich sey. Mag dieser Vorwurf auch wohlbegründet seyn, so wird man doch gemeynhin beobachten können, daß sich seyne Wuth vor allen Dingen gegen seyne eygene Rasse wändet.‹ Zweifelsohne hat es mit diesem Ausspruch seine Wahrheit. Dennoch müssen wir dem altrömischen Hund beipflichten, der da ruft: ›Cave hominem sapientem!‹ Denn man weiß eben doch niemals, wann er beißt.« Wann der Hund beißt, hat Hildesheimer in den *Mitteilungen an Max* rund dreißig Jahre später genauestens untersucht; daß aber der Mensch zuweilen ebenfalls unerwartet beißt, hat er rund zwanzig Jahre später mit seiner Rezension von *Loriots heile Welt* aus dem Jahr 1973 demonstriert, zu einer Zeit, als er die Gründe seines Rückzuges mit aller Schärfe hinterfragt und bestätigt hat.

Gleich in den ersten Sätzen gibt er seinem Unbehagen, das sich im Vorwort von 1954 mittelstark bemerkbar gemacht hat, starken Ausdruck: »Dem Absatz eines heiteren Hausbuches kann der Kritiker nichts anhaben, und in diesem Fall will er es auch nicht. Er schätzt Loriot in Maßen, nur mag er der Nimm's-leicht-Parole nicht mehr so recht gehorchen« (S. 169). In manchen *Lieblosen Legenden* schien es so, als würde er eben dies tun, aber diese Zeit ist längst vorbei: *Tynset* ist acht Jahre zuvor erschienen, *Masante* ein Jahr zuvor, und *Hauskauf* ist eben in Arbeit. Die Perspektive hat sich im Lauf der letzten zwanzig Jahre nicht völlig verändert, aber sie folgt anderen Fluchtlinien: jetzt spricht Hildesheimer von »Trivialhumor« und nimmt dabei Loriots Fernseh-Szenen und vor allem *Advent* aus, die *Ballade von der Förstersfrau*, »die in einer Adventsnacht ihren Gemahl schlachtet, das Fleisch für Knecht Ruprecht in Geschenkpapier verpackt«: das sei »Beispiel lapidarer Entmythologisierung« und gehöre in den »Balladenschatz jedes deutschen Haushalts«.

Die Sequenzen der Bildwitze erledigt er mit harten Worten, hat er sich doch selbst seit Jahren mit dem Verhältnis von Wahrscheinlichkeit und Möglichkeit auseinandergesetzt und war selbst zur Zeit seiner eigenen Satiren, zur Zeit seines Vorwortes zu *Auf den Hund gekommen*, niemals so schlicht und schematisch vorgegangen: ein »allmählich erstarrendes shaggy-dog-story-Schema – das Unwahrscheinliche wird als Norm vorgeführt, das Fernstliegende zum Gebrauch empfohlen, das Abstruse als Verhaltens-Variation vorgeführt, und jedes Naturgesetz ad libitum aufgehoben«. Er fragt: »Komisch? In Grenzen. Sublim? Kaum. Der Effekt ist allzu erprobt.«

Das Milieu dieser Figuren, die sich, so Hildesheimer, niemals wandeln und niemals wirklich aufgeschreckt worden seien, sei »fiktiv«, und dies ist ihm, zwei Jahre vor *The End of Fiction*, Grund zur Kritik: »zwar sind sie Kleinbürger, aber sie unterliegen keinerlei Systemzwang.« Damit spricht er aus, was für ihn selbst inzwischen zum Problem geworden ist und was für seine Flaneure der früheren fünfziger Jahre noch keines war: Zwängen gehorchen zu müssen, sich nicht mehr entziehen zu können. Er kritisiert an Loriots Karikatur-Welt den Mangel an dem, was für seine eigene Welt zum Entsetzlichen geworden ist, und damit letztlich Loriots stehengebliebene Entwicklung und das Fehlen kritischer Auseinandersetzung: »Ja, diese Welt ist nicht nur in der Parenthese ihres Schöpfers heil. Kein Schrecknis der Zeit hat sie getrübt, geschweige denn verändert. Die Widrigkeiten des Lebens werden spielend gemeistert, höchstens bricht einmal eine Hängematte zusammen (...) und wer wissen will, wie man Elefanten in einer Mietwohnung hält und beschäftigt, hier lernt er es; er lernt aber auch, wie man mit den Übeln der Zivilisation fertig wird, nämlich mit Humor.«

Mit bissigen Worten sortiert er Loriot in die Landschaft deutscher Karikatur und Satire ein: »Auf diese Weise macht sich Loriot zum Anwalt einer anspruchslosen Mehrheit und dadurch, ohne es zu wollen, zum Ventil kleinkarierter Meinung.« Angesichts der Zeichnung vom Künstler, der sich in der Ausstellung seiner modernen Kunst erhängt hat und als ihr unverkäufliches Glanzstück bestaunt wird, schreibt er: »Komisch? Es fragt sich, für welcherart Geschmack.« Diese billige Anbiederung an das in kleinbürgerlichen Kreisen verbreitete Mißbehagen an moderner Kunst nimmt er besonders übel, ist er doch selbst kreativer und rezeptiver Modernist. Welchen Zeichnern er den Vorzug geben würde und weshalb, verschweigt er dabei nicht: »Nichts von der metaphysischen, entlarvenden Bosheit eines Tomi Ungerer oder von der dämonischen Gleichnissprache des großen, in Deutschland freilich glücklosen Edward Gorey. Und eben auch nichts von der Zeichenkunst eines Paul Flora.«

Eben erst, 1973, ist der Sammelband mit Hildesheimers Übersetzungen der Texte erschienen, die Gorey zu seinen Bildgeschichten geschrieben hat; und Flora, dieser frühe Weggenosse wie, in engeren Grenzen, Loriot auch, hat sich seitdem weiterentwickelt, von ihm braucht er sich nicht zu distanzieren.[11] Die Art, wie er sich von Loriot distanziert, erinnert an die Korrektur der Vergangenheit, an ein Vorgehen also, das allerdings in Hildesheimers eigenem Werk, nicht nur in der *Verspätung*, immer wieder zum Scheitern verurteilt ist. Im Fall Loriots ist es geglückt, denn der veränderte Hildesheimer legt seinen veränderten Maßstab an den immergleichen Loriot an: »Loriots Beliebtheit beruht auf einem programmatischen Sieg der Unschuld, der die Frage, wo denn das Positive bleibe, verstummen läßt. Er führt es vor mit seinen Figuren, und es ist ihm immerhin gelungen, mit seinem Standardmännchen einen Archetypen zu prägen, den kleinen Begleiter, den harmlosen Vergnügenspender für viele. Das macht ihn – ich hoffe, das Wort ist nicht zu hart – liebenswert.«

Der Mangel an pädagogischem Prinzip beziehungsweise die Anstiftung einer dumpfen Mehrheit zu noch mehr Dumpfheit als falsches Prinzip ist es also, was er Loriot zum Vorwurf macht: er bestätige das, was diese Mehrheit als Negatives empfinde, und zementiere dadurch die bestehende Ordnung, die, das haben Hildesheimers Werke gezeigt, eine Ordnung mit dem Ziel unausweichlichen Untergangs ist.

Rund zehn Jahre später hat er noch einmal über Loriot geschrieben, nicht mehr über den Zeichner allerdings, sondern über den Schriftsteller, und zwar über jene Ballade, die er in seiner Rezension von Loriots *Heiler Welt* schon empfohlen hatte. Auf Loriots andere Texte geht er nicht ein, und daß er das bildnerische Werk mit keinem Wort erwähnt, scheint demonstrative Absicht zu sein. Ursprünglich für einen nicht erschienenen Band zu Loriots sechzigstem Geburtstag 1983 verfaßt, ist *Gedanken zu einem Gedicht von Loriot* erst 1985 in Haffmans' *Rabe* erschienen und behandelt mit einer jener gelungenen Hildesheimerschen Gewürzmischungen – gelehrte Ernsthaftigkeit und spöttischer Unernst – die Ballade *Advent*.

Er setzt bei Caroline und Dorothea Schlegel, den Brüdern Schlegel, Tieck und Novalis an, bei deren Amüsement über Schillers *Glocke*, streift Bürger und Goethe, vermutet bei zwei Versen einen Tonartwechsel von d-Moll nach C-Dur, hätte Hugo Wolf die Ballade vertont, fühlt sich an das *Abendlied* von Matthias Claudius erinnert, setzt Loriots Sachlichkeit gegen Stefan Georges Pathos und Rilkes Selbstmitleid, kurz: er reißt ein Panorama auf, vor dem Loriot versagen muß (S. 153 f.):

Da wir nun schon bei den – wahrhaftig geringen – Schwächen des Werkes sind:
Der Gedanke:
> Voll Sorgfalt legt sie Glied auf Glied,
> (was der Gemahl bisher vermied)

an sich ein schöner Gedanke, befriedigt dennoch nicht vollends. Hier wäre das Perfekt am Platz gewesen, denn dieses so subtil angedeutete Verhalten liegt nunmehr in einer abgeschlossenen Vergangenheit, daher auch das Wort ›bisher‹ etwas Irreführendes hat. Denn es hätte ja zu bedeuten, daß der Zustand, auf den es sich bezieht, sich in Zukunft ändern mag, wovon kaum die Rede sein kann. Sonst aber erscheint mir das Gedicht vollkommen (. . .) Loriot hat den Mut zur Schlichtheit. Er wird niemals hermetisch, aber auch, trotz der lapidaren Wucht der Mitteilung, niemals grob realitätsbezogen; immer hebt das vorherrschende Erhabene die nüchterne Mitteilung in seinen Bereich. Der Dichter bleibt stets in souveränem Bewußtsein der Zusammenhänge alles Bestehenden.

Mit solcherart Lob nimmt er das Lob zurück, das er dieser Ballade in seiner Rezension von 1973 gezollt hat, und wenn er sie nun wieder, ähnlich wie in der Rezension, jedem deutschen Haushalt empfiehlt, hat er Loriot einen ganz anderen Platz zugewiesen, als seine Worte vorgeben: »So gehört denn auch dieses Gedicht in jedes deutsche Haus, es wird nicht altern, sondern in seinem stillen Glanz, seiner verhaltenen Gemütstiefe, ewig frisch bleiben. Dazu kommt, daß jedes Kind es zu verstehen, wenn vielleicht auch noch nicht in seiner letzten Tiefendimension auszuloten vermag, in jener sublimen Einheit von Stoff und Form, die das große Kunstwerk ausmacht« (S. 154). Er exerziert das vor, was er in der Rezension von 1973 als Loriots Mangel bezeichnet hat, bedient sich also des Loriotschen Austauschmechanismus von 1953, tauscht aber die Wertbegriffe aus und parodiert ihn so glänzend, daß Loriot ihm schrieb: »Die ›Advent‹-Exegese ist das Komischste, was ich seit Jahren gelesen habe!« (Karte vom 14. Mai 1985)[12]

Zwischen dem Vorwort zu *Auf den Hund gekommen* und *Gedanken zu einem Gedicht von Loriot* hat sich, ganz offensichtlich, Hildesheimers Perspektive geändert. Wie in seiner literarischen Entwicklung, setzt in seiner künstlerischen gegen Ende der fünfziger Jahre eine Phase des Umbruchs ein. Beinahe programmatischen Charakter bekommt, obwohl das Thema Gebrauchsgegenstände vor allem aus Porzellan berührt, sein Artikel *Missverstandene Moderne* von 1956, der schon im Untertitel die allgemeine Auseinandersetzung verrät: *Wie lebt man modern?* Er beginnt: »Diskussionen über Fragen des Geschmacks sind selten fruchtbar. Sie rufen gewöhnlich den bekannten Einwurf ›de gustibus non est disputandum‹ hervor, diese bequeme Behauptung römischer Kunstbarbaren, und damit ist das Gespräch mit Erfolg (...) abgedrosselt. Nun ist es zwar richtig, daß man über den Geschmack nicht streiten kann; – aber nicht – im Sinne des Sprichworts –, weil nun einmal jedermann seinen eigenen Maßstab hätte, sondern vielmehr weil – im Gegenteil – feste Kriterien des Geschmacks bestehen.«[13]

Mit der Neuorientierung Ende der fünfziger Jahre kam er zu grundsätzlichen Erwägungen, die seine Position im Kreis der zeitgenössischen Kunst und diese Kunst selbst definierten, also das als allgemeine Reflexion vortrugen, was kreativ geschaffen wurde und werden sollte:

modern ist ein äußerst heikler und zwiespältiger Begriff, dessen Bedeutung davon abhängt, ob der Freund oder der Feind der Moderne sich seiner bedient. Ich bediene mich des Wortes im folgenden in seiner *positiven* Bedeutung: als Indikation der echten, notwendigen, oft kühnen Neuerung. In diesem Sinne also erfordert die moderne Form eine bestimmte Einstellung, das Nachvollziehen von Gedankengängen ihres Schöpfers, mit denen man sich auseinanderzusetzen hat, bis sie sich allmählich – unmerklich – in die Kulturgeschichte eingliedern wie die atonale Musik, die abstrakte Malerei oder die Architektur der Männer, die aus dem Bauhaus hervorgegangen sind. Die Schöpfungen der echten Moderne sind kompromißlos. Sie machen keine Konzession an modisches Zierbedürfnis oder Verkäuflichkeit, sondern setzen sich *allmählich* durch, um zu bleiben.

Bereits in diesem frühen Aufsatz stellt er rezeptive Kategorien auf. Seinem Spott, wie er sich in seinen literarischen Werken abzeichnet, über das falsch verstandene ›Echte‹, ›Wahre‹ und ›Ewige‹, das nur zur Tarnung übler Machenschaften mißbrauchte anerkannt große Kulturerbe, setzt er nun seine Begriffe des Echten, des Wahren und des – mit »bleiben« verhalten modifizierten – Ewigen entgegen: keinen nostalgischen Kitsch, keine »sentimentale Symbolik« und keine afunktionale Gestaltung, sondern streng funktionsbezogene Formgebung, nüchterner und kontrollierter Ausdruck des Künstlers, geistige Leistung auf der Höhe der Zeit, die der Rezipient nachzuvollziehen hat. »Abstrahierende Vereinfachung« sei in der Bildhauerei am Platz, nicht aber bei Gebrauchsgegenständen, die dadurch in ihrer Funktion beeinträchtigt werden. Mit didaktischem Nachdruck weist er immer wieder auf das Wesentliche hin: »*Kein* Künstler steht jemals dem ›Empfinden für gepflegte Wohnkultur‹ aufgeschlossen gegenüber, und was die ›Entwicklung einer schmückenden Eleganz‹ betrifft, so wird sich jeder wahre Künstler entschieden dagegen wehren, auch nur das geringste damit zu tun zu haben. Es sei nochmals betont: der Künstler auf dem Gebiet der modernen Formgebung ist jemand, der einen Stil prägt, sein Material beherrscht, der mit *Formen* so lange experimentiert, bis er *die Form* gefunden hat; er besitzt den notwendigen Sinn für Funktion und Bestimmung des zu schaffenden Gegenstandes und dazu unbeirrbare Geschmackssicherheit.«

»Das Moderne ist nicht zuletzt eine Sache der Gesinnung«, hat er damals geschrieben und würde heute gewiß das Wort »Gesinnung« ersetzen, doch wird ersichtlich, was er sagen will, wenn er fortfährt: »Der Wunsch, ihr zu dienen ist immer dann im höchsten Grade suspekt, wenn er von einer Seite geäußert wird, die daneben mit dem gleichen kaufmännischen Elan für das Gegenteil – das Eingebürgerte, Altbewährte – eintritt.« Dieses »Altbewährte« und »Eingebürgerte« muß zerstört werden, wie Paolo Pola in den siebziger Jahren schreibt und Hildesheimer an Polas Werken positiv hervorhebt; das Alte muß, um moderne Kunst zu schaffen, seine richtige Bewertung als historische Grundlage wieder erhalten und sich nicht als Kitsch oder Weihe mißbrauchen lassen; umgekehrt setzt das richtige Verständnis der Moderne das richtige Verständnis ihrer Entwicklung aus der Kulturgeschichte voraus.

In diesen Zusammenhang reihen sich die Bearbeitungen und Übersetzungen der Theaterstücke von Congreve, Goldoni, Shaw und Sheridan ein, die bezeichnenderweise nach der Phase des Umbruchs im Jahr 1960 mit Sheridans *Lästerschule* einsetzten und 1982 mit Congreves *Der Lauf der Welt* endeten: Demonstrationen des richtigen Umganges mit der Vergangenheit und Beweisführung gegen falsche Vereinnahmer. Ebenfalls in diesem Zusammenhang setzten, fast zur selben Zeit, nämlich 1962, die Übersetzungen der Texte zu Edward Goreys Bildgeschichten ein, die Hildesheimer in seiner Rezension von *Loriots heile Welt* gegen und weit über Loriot gestellt hat: *Ein sicherer Beweis* (1962), *Die Draisine von Untermattenwaag* (1963), *Eine Harfe ohne Saiten oder Wie man einen Roman schreibt* (1963), *Das Geheimnis der Ottomane. Ein pornographisches Werk* (1964), *Das unglückselige Kind* (1967) und *La Chauve-Souris Dorée* (1969).

Fast zur selben Zeit also, zu der er nach langer Pause selbst wieder bildkünstlerisch kreativ wurde, hat er sich mit einem Künstler beschäftigt, der ein unvergleichliches Verhältnis zwischen Vergangenheit und Moderne herstellt, dessen Technik und, oberflächlich gesehen, Darstellung ins viktorianische England zurückführen, dessen Inhalte und Texte jedoch jenen »schwarzen Humor« zeigen, der die Frage nach dem Positiven provoziert, die Hildesheimer bei Loriot, außer in seinem Gedicht *Advent*, ja vermißt. Die Beschäftigung mit Edward Goreys Werken steht für eine zweite satirische Phase; die erste ist die der *Lieblosen Legenden*, deren letzte, *Schläferung*, im selben Jahr wie die erste Gorey-Übersetzung erschienen ist und zeigt, daß sich Hildesheimer seiner Entwicklung gemäß nicht mehr selbst als Satiriker ausdrücken wollte und wohl auch nicht mehr konnte; und in dieser zweiten

Phase mit ihrer Wendung ins Nachschaffende – das ist eine Übersetzung stets, sofern sie gut ist –, also ins Sekundäre, wenn man so will, hat die Satire jene Färbung, die seine eigenen Werke bekommen haben: violett bis schwarz. So gefärbt ist schon der Text der ersten Bildgeschichte, *Ein sicherer Beweis*:

Es war inzwischen beinahe Donnerstag, / und noch immer hatte man die Beinprothese seiner Durchlaucht, des Herrn Grafen nicht gefunden. / Daher wies er das Gesinde an, ihm ein paar Wannenbäder zu richten, / ergriff die heiße Feuerzange / und machte sich auf den Weg zum See, / wo um diese Tageszeit das Gespenst seiner seligen Väter sein töricht-trauriges Wesen trieb. / Diesem schenkte er ein ordentliches Stück Bindfaden / und ging weiter, zur Siegesstatue der versiegten Hoffnung, / um hier den Herbstbeginn abzuwarten. / Wärenddessen wollte es aber das Schicksal, daß auf dem Turm / Madame de O. ihrem früheren Cousin begegnete, / nur um alsbald festzustellen, daß er einen falschen Schnurrbart trug, / worauf sie sich jählings in die Tiefe stürzte / und für ewig im Zwielicht verschwand. / Er indessen stieg die Wendeltreppe hinab, zerriß den Brief ungelesen / und schritt rücklings ins Wasser, wegen der Aussicht. / ›Großartig! Einmalig!‹ riefen die Leute im Kahn, / aber das Echo antwortete nur: ›Zählet die Kandelaber!‹ / Dies scheuchte im nahen Wäldchen eine Fledermaus auf. / Vielleicht war es aber auch ein Regenschirm. / Jedenfalls rief es in den Betrachtern längst vergangene Bilder einer unglücklichen Kindheit wach. / Bald darauf bildete sich der Verdacht (obgleich es nirgendwo Buchbinderleim gab), / daß dem Herrn Pfarrer etwas zugestoßen sein müsse. / Ein ferner Böllerschuß schien dieser Vermutung Gewißheit zu verleihen. / Als daher in der späten Dämmerung noch keine Nachricht vom Asyl gekommen war, / begab man sich zum Pavillon, / stellte dort aber bald fest, daß die Törtchen eigentümlich grün angelaufen waren. / Die Teekanne dagegen war leer. / Und als man sie umstülpte, entfiel ihr ein Kärtchen, darauf nur ein einziges Wort zu lesen stand: / ›Lebewohl!‹

Aus den Bildern geht eindeutig hervor, daß es nicht seine Durchlaucht, der Graf ist, der Befehl zu Wannenbädern gibt und sich kurz darauf, übrigens mit zwei gesunden Beinen, auf den Weg zum See macht; aber das ist ja nicht die einzige Ungereimtheit dieser Bilderfolge. Die Bilder und Texte – nicht nur dieser einen Geschichte! – reimen sich jedoch alle auf Melancholie: die »Siegesstatue der versiegten Hoffnung« findet ihr Gegenstück in Hildesheimers Wüsten-Bar »La dernière Chance«; ein Echo, das etwas anderes antwortet, erscheint in den *Mitteilungen an Max*; und das »Lebewohl« hat denselben wehmutsvollen Klang wie das »nevermore« in *Marbot*.

Nach der Phase der depressiven Stücke und dem sich manifestierenden Bewußtseins des Scheiterns hat Hildesheimer in Gorey (dessen *Sicherer Beweis* übrigens im Original gerade 1958 erschienen war) den kongenialen Künstler gefunden. Angesichts einer verlassenen Fabrik heißt es in der Geschichte des Schriftstellers in *Eine Harfe ohne Saiten oder Wie man einen Roman schreibt*: »es herrscht eine Stimmung von Melancholie und mildem Unheil« (S. 18), eine der Figuren steht abends im Treppenhaus wie Hamlets Vater in *Tynset* (S. 24), und Shakespeare wird denn auch wenig später erwähnt (S. 32). An anderer Stelle heißt es: »Ach, die Gesichter verblassen, die Bilder schwinden...« (S. 4), als ob sich Hildesheimer mit Mary Stuart oder Mozart befaßt; und als ob es seinen eigenen Werken entnommen sei, liest sich das folgende Zitat: »Im Schreckensbann der blauen Stunde vor Morgengrauen sitzt er hilflos auf dem Bettrand und wünscht, er wäre ein anderer oder tot« (S. 30).

Das unglückselige Kind und *La Chauve-Souris Dorée*, 1967 und 1969 erschienen, enden beide mit dem denkbar unglücklichsten Ausgang der Ereignisse: das unglückselige Kind aus reichem Haus verliert beide Eltern, fällt unter Gesindel, erblindet und wird zuletzt von seinem totgeglaubten Vater mit dem Auto überfahren. Die Ballett-Tänzerin ›Die goldene Fledermaus‹ erlebt Aufstieg und Glanz, während ihr privates Leben immer gleich eintönig bleibt, und kommt, auf der Höhe ihres Ruhms, bei einem Flugzeugabsturz ums Leben: »Bei der Galavorstellung hing ihr Kostüm in der Bühnenmitte, und zu ihrem Gedenken erklang die Musik zu ihrem unvergeßlichsten Part.« Die Texte dieser beiden Bildgeschichten hat Hildesheimer übersetzt, kurz bevor das Erscheinen *Masantes* gescheitert und das Hörspiel *Maxine* gesendet worden ist: von allen Möglichkeiten trifft die schlimmste ein, scheinbar bleibt aber immer alles gleich: Kurzbiographien in Bild und Text, eben an der Stelle seiner eigenen Entwicklung übersetzt, als er sich der Biographieschreibung zuwandte.

Der Sonderfall ist *Das Geheimnis der Ottomane. Ein pornographisches Werk* (1964), das einige Tage im Leben der jungen Ariane nachzeichnet: als sie auf einer Parkbank sitzt und Trauben ißt, stellt sich ihr ein Herr namens Herbert vor und nimmt sie zu einer Autofahrt mit: »Im Fond taten die beiden etwas, das Ariane noch nie zuvor getan hatte«; die Zeichnung zeigt ein altertümliches Fahrzeug, am Steuer der Chauffeur, Herbert bleibt unsichtbar, von Ariane sieht man nur Hand und Arm, deren Stellung die Vermutung nahelegt, daß sie auf dem Rücken liegt. In ähnlichen Anspielungen durch Aussparung stellt Gorey auch die restlichen Erlebnisse dar, bis hin zum Besuch bei Sir Egbert, der seinen Gästen »seine berühmte Ottomane« vorführen will: »Ariane spürte den Schauder einer furchtbaren Ahnung. / Die Ottomane stand in einem fensterlosen Raum, mit Eisbärpelz ausgelegt, sonst war er leer. Sie war mit purpurnem Samt überzogen und hatte neun Beine und sieben Arme«; auf der Zeichnung sieht man die Gäste, deren Rücken die Sicht auf die Ottomane aber versperren. »Als die Gäste im Raum versammelt waren, verriegelte Sir Egbert die Tür, legte das Schloss vor und setzte den inneren Mechanismus des Möbelstückes in Bewegung«; auf der Zeichnung sieht man den Rücken des Möbels, aus dem ein Hebel ragt, den ein langbärtiger alter Mann umlegt. »Als Ariane sah, was nun geschah, verfiel sie in einen Schreikrampf«; auf der Zeichnung sieht man die Trauben, von denen sie auf der Parkbank gegessen hat, vor der Ottomane liegen, von der Ottomane selbst aber nur zwei Beine und das vorderste Stück des Polsters, ansonsten ist das Bild bis auf eine Art feinen Strichelregens leer. Einziger und vager Hinweis auf mögliche Absonderlichkeiten des Möbels ist die auffällige Krümmung des einen Möbelbeins – das erinnert an die wandernden Betten in Ronald Searles *Quo vadis?* –, während das andere so streng klassizistisch stützt, wie es sich gehört. Damit endet dieses »pornographische« Werk, aber nicht die Geschichte seiner Publikation.

Paul H. Burg hat unter dem Titel *Dekadenz-Revival*, immerhin in ›pardon‹, über die Wiederentdeckung des »oft als morbid, dekadent und lüstern« gescholtenen Fin de siècle geschrieben: »Schon gibt es Künstler unserer Tage, die Stil und Inhalte der Fin de siècle-Kunst übernehmen und bis zu einer Vollkommenheit treiben, die Staatsanwalt und Sittenrichter verstummen lassen. So konnte selbst in der sittenstrengen Schweiz niemand den Zürcher Diogenes-Verlag daran hindern, ein Büchlein des Amerikaners Gorey herauszubringen, das sich im Untertitel ohne Scheu als pornographisches Werk bezeichnet. ›Das Geheimnis der Ottomane‹ heißt es und schildert in kargen Texten und deutlich von Beardsley beeinflußten Zeichnungen die Erlebnisse eines Mädchens namens Ariane, das in schlechte Gesellschaft kommt und dort Dinge treibt, Dinge, die nie so recht klar werden, aber auf jeden Fall sehr wüst sein müssen. Spiele zu dritt, die ›Kitzelkissen‹ oder ›Zwölf-

Uhr-Läuten‹ heißen, gibt es da, merkwürdige Leibesübungen, an denen selbst Hunde teilnehmen.«

Zum Beweis will Burg vielsagend »ein Bild sprechen« lassen; doch auf diesem Bild sieht man nicht mehr als auf allen anderen: Ariane im Unterrock, eine überlange Schmuckkette um den Hals, steht vor zwei vollständig bekleideten Männern. Laut Burg ist das ein Bild, das »deutlich zeigt, mit welchen Mitteln Gorey die Phantasie seiner Leser zu verderben trachtet und verdirbt«. Burg fragt sich und die Leser: »Sind wir wieder so weit?« und gibt die Antwort: »Wir sind schon viel weiter, lehrt die besorgniserregende Bilanz. Was muß das erst für ein Fin de siècle werden, wenn das Jahrhundert wirklich zu Ende geht!«

Das war wahrhaftig eine seltsame Frage im Jahr 1965, als die Mitte des Jahrhunderts näher als sein Ende lag. Inzwischen stellen sich ganz andere Fragen ein, Besorgnis ganz anderer Art, größer und berechtigter; und dennoch werden auch heute noch Bücher indiziert, wie – ein besonders spektakuläres Beispiel – der Fall Thomas Bernhard zeigt, dessen *Holzfällen* 1984 in Österreich beschlagnahmt worden ist. Das Schlagwort von der »sittenstrengen Schweiz« hat ausgedient, viel eher könnte man vom sittenschnüffelnden Österreich sprechen, falls man überhaupt bereit sein sollte, einem Staat ein Prädikat zuzuordnen. Denn schon 1966 hat ein »p. e.« im ›Luzerner Tagblatt‹ geschrieben: »Einen Heiterkeitserfolg hat die österreichische Zensur kürzlich mit dem Verbot des Diogenes-Tabu-Bändchens ›Das Geheimnis der Ottomane‹ erzielt. Der Wiener Amtsschimmel wieherte und setzte sich unter dem Vorwand des Schutzes der Jugend und des Kampfes gegen ›unzüchtige Veröffentlichungen‹ in Trab (...) Ein Buch, das sich solchermaßen selbst im Untertitel bezeichnet, *muß* doch verboten werden – so lautete die schnelle Reaktion der Herren von der Generaldirektion für öffentliche Sicherheit im Innenministerium der Republik Österreich. Daß das kleine Buch in einer Karikaturenreihe erschien und ganz einfach eine *Karikatur* auf gewisse Verfasser und Leser anstößiger Bücher darstellt, welche mehr auf die schwüle Phantasie spekulieren als handfeste Pornographie zu bieten, müßte auch einem Betrachter dieses neuen Gorey-Bändchens auffallen, der sonst keinerlei Sinn für Karikaturen hat.«

Die Begründung des Verbotes liest sich denn auch wie ein Witz und verrät, vor allem, daß die Behörde das Buch nicht einmal geprüft hat, sondern sich ausschließlich auf den Untertitel bezog:

»Das gegenständliche Druckwerk, das sich selbst als ein Pornographisches bezeichnet, enthält ausschließlich, wenn auch in etwas angedeuteter Form, Schilderungen von Perversitäten mit illustrierenden Federzeichnungen. Dieses Druckwerk ist daher geeignet, die sittliche, geistige und gesundheitliche Entwicklung Jugendlicher, insbesondere durch Reizung der Lüsternheit und Irreleis(!)tung des Geschlechtstriebes, schädlich zu beeinflussen. Da der Sachverhalt von vornherein klar gegeben war, wurde ... von der Durchführung eines Ermittlungsverfahrens abgesehen. Gegen diesen Bescheid ist kein ordentliches Rechtsmittel zulässig.«[14]

Im selben Jahr, in dem seine Loriot-Rezension erschienen ist, 1973, also ziemlich spät und wohl anläßlich der Neuausgabe der Gorey-Übersetzungen in einem Band, hat sich Hildesheimer treffsicher und abschließend zu den skandalträchtigen Vorgängen um die deutschen Gorey-Publikationen geäußert, und zwar im Artikel *Dem Edward Gorey in die Falle gegangen*: der Untertitel »Ein pornographisches Werk« sei eine »freimütige Selbstbezichtigung« und »natürlich nicht nur Falle für den prüden Schnüffler«, sondern auch Aufforderung, »daß der differenzierende Betrachter den Geist der in diesem Wortlaut enthaltenen Parenthese aufgreife und den Witz ihres Gegenstandes unter dem entsprechenden Aspekt würdige«. Goreys »Handlungsabläufe« seien »auf einer parallelen und mitunter völlig anderen rezeptiven Ebene weiterzuvollziehen als auf der Szene des vordergründig Dargestellten«. Mit Goreys Helden könne man sich nicht identifizieren, was einigen Betrachtern als Mangel erscheinen könnte; anderen Betrachtern fehle der Sinn für die »Trauer des schwarzen Humors«, und jene würden den »goldenen Humor mit seiner ehernen Lebenslüge« vorziehen – natürlich eine Anspielung auf Loriot. Zum österreichischen Verbot schrieb er, das Innenministerium sei »also Gorey in die Falle gegangen, indem es die genau ausgesparte Obszönität in das Werk hineingedichtet« habe, und fügte spöttisch hinzu: »es sah das Fleisch hinter dem Geist: ein Ministerium mit Phantasie«.[15]

Wo Gorey in Hildesheimers eigener Welt siedelt, lassen die letzten beiden Absätze seines Artikels deutlich erkennen: »Worüber also sollen wir lachen? Über ein potentielles Ich, das trotz allem in einem verborgenen Winkel dazu neigt, vielleicht verleitet von persönlicher Erinnerung, im Handeln dieser artifiziellen, theatralisch übersteigerten Gestalten ein reales Geschehen nachzuerleben; über die Möglichkeit, daß dieser oder jener Betrachter die penetrante Moral oder die krasse Unmoral in ihrer drastischen Unbarmherzigkeit als bare Münze nehmen könne; über das österreichische Innenministerium, den exemplarischen Hereinfall. Aber das Lachen ist ja nicht der einzige Reflex des Vergnügens, und, in der Tat, Gorey verlangt von seinem Publikum mehr: Er zwingt zur Teilnahme, zur Partnerschaft, und sei es auch eine gegnerische Partnerschaft. Er nötigt es, sich einzuleben in die Albumblätter seiner Moritaten, die Zeit der Apotheose wohlsituierter Bourgeoisie, in deren Räumen und Landschaften ein Geschehen mit unerbittlicher Konsequenz seinem schrecklichen Ende entgegengeht, und nichts sich zum Besseren wendet; in eine pessimistische Allegorie, die der Erkenntnis dienen soll, daß all unsere Humanität nichts als elende Rührseligkeit ist, wenn wir uns, anstatt über unsere Wirklichkeit, über das Gleichnis in Form phantastischer Fiktionen erregen.«

In die Zeit der Auseinandersetzung um pornographische Kunst fallen bezeichnenderweise Hildesheimers Rezension von Christian Enzensbergers Buch *Größerer Versuch über den Schmutz* aus der ersten Nummer des ›Spiegel‹ des Jahres 1969 und seine Rezension von Walter Jens' Buch *Erasmus* für die ›Silvester-Bibliothek‹ des Norddeutschen Rundfunks ein paar Tage zuvor, ein ironischer Streich, der bis heute nicht gedruckt worden ist:

Erscheint bei uns in Deutschland ein pornographischer Roman, so werden die Kritiker nicht müde zu versichern, daß auch hinter der Darstellung wüstesten Exzesses ein Kern der Sehnsucht nach Idealen stecke. Der Autor sei in Wirklichkeit Moralist, der durch das Wühlen im Verruchten unsere Sensibilität für das Erhabene schärfen, unser Mitgefühl für die Tragik des Unausweichlichen, des zur Sensualität verdammten Menschen erwecken wolle (…) Wie erfrischend wirkt nun ein Roman, der von vornherein keinen Zweifel daran aufkommen läßt, daß er in keiner anderen Absicht geschrieben wurde als in der, den Sumpf der Ausschweifung auszuloten, den Sinnengenuß verbal zu vollziehen und dem Leser zum Mitvollzug anzubieten, also die Sünde und nicht die Reue darzustellen. Ich jedenfalls konnte in dem Roman ›Erasmus‹ von Walter Jens keine andere Absicht entdecken (…) Gewiß ließe sich argumentieren, daß nun auch Jens einer von jenen ist, die auf der Sex-Welle reiten; aber er meistert sie wie kein anderer. Er hat sich die Aufgabe gestellt, das Ungeheuerliche sprachlich zu sublimieren, und, in der Tat, in jeder Zeile behält die Sprache die Gewalt über ihren Gegenstand. Der Stil ist nicht ohne Pathos, nicht ohne berechnete Emphase. Jens wäre nicht Jens, wenn ihm sein Thema nicht auch hier Assoziationen mit dionysischen Kulthandlungen aufdrängte (...)

Gewiß identifiziert sich Jens, wie wir zumindest annehmen, nicht bis zum letzten mit seinem Helden, dennoch hat er auch diesem Verworfenen die eigene Gabe verliehen, Klassisches ad libitum zu zitieren, und er zitiert es auch in Momenten letzter körperlicher Hingabe. Dies also unterscheidet das Buch nicht von anderen Büchern des Autors. Nicht selten vermeint der Leser, in Hellas zu sein. War es in anderen Büchern Delphi, so ist es hier Eleusis.

Pornographie lacht nicht, ihren Autoren ist es ernst. Auch hier gibt es nichts zu lachen. Man muß Jens aber eher dem Marquis de Sade oder der Réage vergleichen, als dem Schöpfer von ›Fanny Hill‹, in deren fröhlichen Freudenhäusern die Freude von beiden Partnern geteilt wird. Hier herrscht keine Freude, sondern Ergebenheit vor der Sache, die Figuren bleiben dem Ding verhaftet. Jens bleibt düster, die heraufbeschworenen Sünden lasten auf dem Leser, die Katharsis erfolgt nicht. Jens' Geschöpfe wollen nicht erlöst werden, außerhalb ihrer sinnlichen Sensationen sind sie Schemen. Das Obszöne als Selbstzweck – Jens hat es erreicht, er hat mit einem Tabu aufgeräumt und den göttlichen Marquis in den Schatten gestellt.

Die Komik dieser Rezension beruht nicht nur auf der Vorstellung, Walter Jens könnte tatsächlich einen pornographischen Roman geschrieben haben, auch nicht auf den freundschaftlichen Seitenhieben, die Hildesheimer austeilt, zum Beispiel mit der Anspielung auf Pathos und Emphase oder auf die Verpflichtung zu Humanität und Klassik; die Komik beruht auch nicht nur auf der betonten Sachlichkeit und dem nahezu pedantischen Ernst, sondern darauf, daß Hildesheimer – das macht ihn Gorey verwandt – mit der Dimension des Nicht-Vorhandenen spielt, mit eben jenen Aussparungen, die Phantasien wüster Exzesse provozieren, ohne die Exzesse selbst zu beschreiben, wenngleich sie zuweilen mit eindeutigen Termini benannt sind. Ein Verfahren, das in *Marbot* seine höchste Ausformung erreichte, man denke an das Spiel mit der historischen Nichtexistenz Andrew Marbots, aber auch an die behutsam – »ich stelle mir vor« – dargestellte Inzestbeziehung. Die entscheidende Aussparung ist natürlich das Buch *Erasmus* selbst, zu dem nach dieser Rezension wohl so mancher greifen wollte: über solches Tun und solchen Wunsch hätte, wie Hildesheimer über *Das Geheimnis der Ottomane* schrieb, gelacht werden dürfen.

Bereits dieser Exkurs in das Spannungsfeld zwischen bildender Kunst und Literatur, den die Werke der »Doppelbegabungen«

provoziert haben, allen voran natürlich Edward Gorey – »ein Zeichner und Erzähler von eigenen Gnaden« (Petra Kipphoff) –, hat gezeigt, daß Hildesheimer sich stets dann positiv über Künstler äußert, wenn sie ihm verwandt sind, und immer jenes Werk oder Detail besonders hervorhebt, das zum Stand seiner eigenen Entwicklung paßt – ein Grundmuster, das sich ja auch aus Auswahl und Behandlung dessen erschlossen hat, was er an Prosawerken und Theaterstücken übersetzt oder bearbeitet hat, ein Grundmuster offenbar, das in all jenen Bereichen seiner künstlerischen Tätigkeit vorherrscht, die man die nachschaffenden – Übersetzungen, Bearbeitungen – oder die sekundären – Reden, Essays, Rezensionen – nennen könnte. Dieses Muster zeichnet sich natürlich vor allem deshalb in aller Deutlichkeit ab, weil er sowenig Berufsbiograph wie Berufsredner, -übersetzer, -bearbeiter oder gar -kritiker ist, sondern ausschließlich das behandelt, was ihm zu dem Zeitpunkt, an dem er es behandelt, wichtig und wert ist. Selten hält er etwas eines berichtigenden Kommentars für bedürftig, auch Verrisse schreibt er nur, wenn er wichtige eigene Themen falsch behandelt sieht, Unsägliches aber übergeht er mit Stillschweigen.

4 Die Essays zur bildenden Kunst als Spiegel

Im Jahr 1963, also kurz nachdem Hildesheimer, nach der Phase des Umbruchs, die Texte des verwandten Zeichners Edward Gorey übersetzt und selbst wieder mit zunehmender Intensität als bildender Künstler zu arbeiten begonnen hatte und Literatur und bildende Kunst parallel liefen, hat er begonnen, sich mit dem Werk anderer und ausschließlich bildender Künstler auseinanderzusetzen: Katalogtexte und Essays, die er seitdem und auch noch nach dem Ende seines Schreibens geschrieben hat.

Katalogtexte schrieb und schreibt er vorwiegend für und Essays hauptsächlich über seine Freunde und Bekannten oder, von regionaler Zufälligkeit bestimmt, über Künstler Graubündens oder, wie der Essay über Paul Suter schon gezeigt hat, über solche, die dort eines ihrer Werke, meist Auftragsarbeiten, realisiert haben. Aus der Auswahl der Künstler, die er bespricht, läßt sich also kein Programm ablesen, aus seinen Texten jedoch durchaus einiges Programmatische.

Den ersten Katalogtext hat er 1963 für Jo von Kalckreuth geschrieben. Ehe er begann, wollte er alle Bilder sehen, die ausgestellt werden sollten, und vereinbarte ein Treffen: »Solltest Du nicht da sein, so schreibe mir bitte, wie ich in die Wohnung komme. Ich brauche Dich zwar nicht – Du verstehst ohnehin nicht viel von Deinen Bildern – aber es wäre natürlich sehr schön, Dich wiederzusehen.« Das Treffen kam nicht zustande und Hildesheimer nicht in die Wohnung, der Katalogtext entstand aber dennoch: »Jo von Kalckreuth malt was er sieht. Das heißt natürlich, er malt nicht alles was er sieht, aber er malt nichts was er nicht sieht (...) Er sieht das Objekt nicht in seiner Realität, sondern in seiner Transposition: so wie es sich der ihm eigenen seismographischen Sensibilität darbietet. Das heißt: er übersetzt nicht, sondern er sieht bereits Übersetztes.« Die erste Einschränkung dieses liebevoll verklausulierten allgemeinen Textes – »er malt nicht alles was er sieht« – ist eine der spezifischen Spitzfindigkeiten Hildesheimers, die er in den *Mitteilungen an Max* auf die Spitze getrieben hat, denn kaum jemand verfiele bei der Formulierung »malt was er sieht« auf die Idee, daß hier ein Maler vorgestellt werden sollte, der ebenso viele Dinge malt, wie ihm vor die Augen kommen.[16]

Der zweite zentrale Begriff, der Hildesheimer selbst gilt, ist »Transposition«, ein Begriff, den er gerade seit den sechziger Jahren für seine schriftstellerischen Arbeiten immer wieder angewandt und nach Anfang der siebziger beiseite gelassen hat. »Transposition« meint die innere »Wirklichkeit« des Künstlers, die Black-box der Transposition, in der unbewußtes Erleben und Verarbeiten sich mit bewußtem kreativem Willen mischt, ein künstlerisches Geschehen also, noch ehe ein Wort geschrieben, ein Strich gezeichnet oder eine Farbe gemischt ist, Grund für die durchaus nicht unfreundliche Mitteilung, Kalckreuth verstehe von seinen Bildern selbst nichts. In der logischen Konsequenz würde das allerdings bedeuten, daß auch Hildesheimer, zumindest zu Zeiten, zu denen er »Transposition« auch für seine Werke nachdrücklich reklamierte, von seinen eigenen Werken ›nichts‹ verstanden hätte. Des weiteren würde »Transposition« auch für alle anderen Künstler gelten, denn ohne diese Kombination aus unbewußtem und bewußtem Vorgang, ohne diesen »persönlichen Mikrokosmos«, wie Hildesheimer Ende der fünfziger Jahre geschrieben hat, arbeitet wohl überhaupt kein Künstler, der diese

Bezeichnung verdient – weshalb Selbstaussagen der Künstler ja stets mit Vorsicht zu genießen sind.

Der dritte der Begriffe, die für Hildesheimer selbst Wichtigkeit gewonnen haben, ist »Übersetztes«, ein Begriff, der aus Günter Eichs Vortrag *Der Schriftsteller vor der Realität* (1956) stammt, mit dem er sich in seiner ersten *Frankfurter Vorlesung* (1967) auseinandergesetzt und den er für sich selbst geltend gemacht hat. »Übersetzung« bezeichnet den kreativen Prozeß, den zweiten künstlerischen Schritt nach der Transposition, sozusagen ihren sichtbaren Nachvollzug. Beide Begriffe, »Transposition« und »Übersetzung«, bezeichnen Vorgänge der Veränderung eines, wie Eich sagt, »Urtextes«, und zwar einmal die innere, einmal die äußere Veränderung. Der »Urtext« wäre die kollektiv erfahrene Realität, ein Begriff, der etwas bezeichnet, das es nicht gibt, denn selbst jeder Nicht-Künstler nimmt das, was man als Realität bezeichnet, anders auf als ein beliebiger anderer Nicht-Künstler. Dennoch lebt Kunst von ihrer Beziehung zu dieser fiktiven Größe, zu dieser kollektiven Realität, in der jeder Betrachter, Leser oder Hörer etwas anderes sieht; gerade deshalb werden Kunstwerke ja von einzelnen stets unterschiedlich aufgenommen, von Epochen jedoch stets neu und exemplarisch gewertet.

Drei Jahre danach hat Hildesheimer für Angelo Vaninetti einen Katalogtext geschrieben, der eine neue Facette dessen zeigt, was ihm an bildender Kunst wichtig ist: »Es gelingt ihm, mit der Wiedergabe eines Stückes Mauer, eines Winkels oder eines Fensters das Abbild einer geheimnisvollen Stille zu schaffen, einen Mikrokosmos der Melancholie sichtbar zu machen.« Das ist dieser »Mikrokosmos«, den er mit der inneren Welt meint, und die Kombination von Fenster, Stille und der – mit »Winkel« nahegelegten – Leere mit Melancholie hat seine schriftstellerischen Werke gerade zu dieser Zeit – Periode der Reflekteure – geprägt.

Höchstwahrscheinlich ist ihm selbst nicht bewußt geworden, daß er mit seinen differenzierten Aussagen über Werk und Person anderer Künstler Ausschnitte seiner eigenen Arbeit und Person erhellt, nicht nur seiner literarischen Werke, sondern auch seiner bildkünstlerischen: »Das einzelne Bild«, so weiter über Vaninetti, »beschränkt sich meist auf eine schmale Farbskala, innerhalb derer allerdings ein grosser Reichtum an Tonwerten sichtbar wird. Sparsamkeit wird hier zur Stärke. Auf ihr beruht die Wirkung der Ruhe, der Stille des festgehaltenen Augenblickes, das Equilibrium.« Die schmale Farbskala, der große Reichtum an Tonwerten und das ruhige Equilibrium zeichnen auch nahezu ausnahmslos Hildesheimers Collagen aus, allerdings gibt es bei ihm, zunehmend, keine festgehaltenen »Augenblicke« mehr, sondern sichtbare Abstrakta.

Wie Hildesheimer Vaninettis Arbeitsweise beschreibt, könnte man auch seine eigene Arbeitsweise charakterisieren: »Vaninetti plant nicht, entwirft nicht, skizziert nicht«, denn so erläutert er sein Verfahren zur Herstellung der Collagen, deren Plan erst im Verlauf ihres Entstehens reift. Über Vaninetti schreibt er: »Der Akt künstlerischer Transposition vollzieht sich bei ihm jenseits der Gedanken, er ist im Akt des Sehens enthalten«, und auch dies gilt für ihn selbst und ist wohl letztlich der Grund, weshalb er seine bildkünstlerische Arbeit als Erholung von einer entsetzlichen Realität bezeichnet: Transposition vollzieht sich unbewußt. Auffällig ist an seiner Formulierung allerdings, daß er »Transposition« hier als äußere Manifestation bezeichnet, also als das, was im Text über Jo von Kalckreuth noch »Übersetzung« war, natürlich, lassen sich beide Begriffe ja nicht restlos trennen.

In zahlreichen Essays findet sich der Begriff der »Spontaneität«, den man allerdings nicht ohne weitere Einschränkung auf Hildesheimers eigene Arbeit, vor allem als Collagist, anwenden darf: sein Verfahren fordert Spontaneität zunächst bei den versuchsmäßigen Spielen um das Arrangement. Der erfolgreiche Versuch, dessen Ergebnis das genau und endgültig plazierte Stück bedruckten Papieres im Bildausschnitt der Collage ist, fordert jedoch konzentrierte und gewiß auch sehr bewußte Gedankenarbeit und differenzierte Überlegungen zumal dann, wenn der Titel, der sich erst während der Herstellung der Collage herausstellt, einmal feststeht und die weitere Arbeit auf ein bestimmtes Ziel zuläuft. Wenn er also von der »Spontaneität des Farbauftrags« bei Vaninetti schreibt, gilt das nur eingeschränkt für ihn selbst: die Verarbeitung von Farbe mit dem Pinsel ist natürlich von der mit bedrucktem Papier, die ja überhaupt Versuchsanordnungen zuläßt, zu unterscheiden.

In den Essays zur bildenden Kunst zeigt sich denn auch ein ambivalentes Verhältnis zur Spontaneität, denn einmal hebt Hildesheimer lobend sie hervor, ein anderes Mal lobt er aber das intellektuelle Kalkül, denn beide Verfahrensweisen wendet er selbst während der Arbeit an einer einzigen Collage an. »Frische also anstatt Routine« stellt er bei Vaninetti fest, und damit könnte er den ersten Teil des Prozesses seiner eigenen Arbeit beschreiben.[17]

Gemeinsames artikuliert er auch in folgenden Sätzen über Vaninetti: »er weiss, dass das Diffuse, das grosse erschöpfende Panorama nur ein visuelles also oberflächliches Erlebnis vermittelt, während das stellvertretende Detail eine tiefere Dimension aufreisst.« Das sind die found objects, die er in *Zeiten in Cornwall* und *Vergebliche Aufzeichnungen* beschreibt: er teilt die »objektbedingte Leidenschaft« mit Vaninetti, wenngleich seine eigenen Objekte völlig anderer Art sind, aber beide erreichen, »bei aller Subjektivität der Auffassung«, jene »einmalige Authentizität, die das wesentliche Merkmal des legitimen Malers ist, sei er nun abstrakt oder gegenständlich«. Und »abstrakt oder gegenständlich« ist denn auch einer der auffälligsten Unterschiede, was aber, wie der souveräne Kunstbetrachter Hildesheimer betont, keinen wesentlichen Unterschied in der Bewertung der Qualität des Kunstwerks ausmacht: er zollt Bewunderung auch einer Kunst, die seinen eigenen Maßstäben nicht in allem folgt, ist er ja bereit, einen Künstler, der nicht dem Abstrakten verpflichtet ist, weit über alle gegenwärtige Kunst zu stellen, also auch über seine eigene: das »Genie« Horst Janssen.

Die »objektbedingte Leidenschaft« ist auch die auffälligste Verbundenheit mit dem Bildhauer Not Bott, dessen Atelier ein paar Steinwürfe von seinem eigenen Atelier entfernt liegt. Er hat Bott von Anfang an beraten, öffentlich kommentiert aber hat er seine Arbeit erst, nachdem der ehemalige Grenzwächter aus dem Münstertal davon abgekommen war, aus Baumwurzeln Souvenirs zu schnitzen. In seiner ersten Besprechung einer Ausstellung der Werke Not Botts, 1968, schrieb er: »Botts wahre Stärke zeigte sich erst, als er sich zum Weglassen entschloss, zu einem notwendigen Minimum an Bearbeitung«, und zwar Bearbeitung von teils riesenhaften Wurzelstämmen, die er sich aus den Wäldern herbeischaffen läßt und die in gewaltigen Haufen hinter seinem Atelier lagern: »glückliche Funde«, wie Hildesheimer 1968 schrieb, »durch bedachte Bearbeitung nicht vergewaltigt sondern, in Ausnutzung der durch Wachstum bedingten Gegebenheiten, zu assoziationsgebundenen Objekten verarbeitet«. In Größe und Beschaffenheit des Materials liegen die unübersehbaren Unterschiede zwischen Botts und Hildesheimers künstlerischer Arbeit;

»glückliche Funde« jedoch, zu »assoziationsgebundenen Objekten verarbeitet«, bestimmen beider Werk, allerdings verarbeitet Hildesheimer nicht, wie Bott, natürlich gewachsenes, sondern bereits künstlerisch oder zumindest, im Fall von Reklameplakaten, von Menschen gestaltetes Ausgangsmaterial. Natürlich, das braucht nicht betont zu werden, sind die Arbeitsprozesse schon allein von der Technik her völlig unterschiedlich, und von Hildesheimers Collagen als von »Objekten« zu sprechen wäre verfehlt, die Betonung auf der Einladung zur Assoziation trifft jedoch genau.

Im Jahr 1977 – *Mozart* ist soeben erschienen – schreibt Hildesheimer: »Bott findet das Ebenmass, wo das Wachstum es nahelegt, er bändigt das Chaos, wo im Vorleben die wilde Wucherung geherrscht hat. Doch wird hier nicht das Natürliche zum Ereignis, sondern seine Transposition«: mit dieser Definition wird der Unterschied im Ausgangsmaterial beider Künstler unwesentlich. Hildesheimer fährt fort: »Daher führt Bott uns Akte einer kreativen Verfremdung vor (...) ja, wenn man so will, sogar einer bewältigenden Korrektur.«

Hier spricht er es aus: entscheidend ist die Korrektur, nicht allein als Movens der schriftstellerischen Werke, sondern auch der bildkünstlerischen, zumal wenn er Reproduktionen von Werken jener Künstler zerschneidet und neu arrangiert, die er nicht besonders schätzt, wie er von einem Bildband Fritz Wunderlichs berichtet hat, oder wenn er aus Kokoschkas *Windsbraut* einen *Windsbrautzug* macht, die Vorlage aber nur als eine unter vielen Assoziationsmöglichkeiten erhält.

Über Botts Skulpturen schreibt er: »Daher ist die fertige Figur niemals als Abbild des Menschlichen zu verstehen, sondern als Verwirklichung einer Vorstellung, die dem Assoziationsvermögen des Betrachters sich stellt und ihm die Antwort freistellt. Sie ist das Resultat der scharf gezielten und beherrschten Verwandlung eines glücklichen Fundes in ein Kunstwerk.« Und für ihn selbst gilt auch, was er 1979 über Botts Einsatz der Kreativität geschrieben hat: »Der schöpferische Prozess, die gedankliche (...) Arbeit beginnt bereits mit dem Sammeln des Materials.« In seinem *Brief an Not Bott* (1988) heißt es: »Du arbeitest manchmal bewusst an der Elimination des Gefälligen, und darin bewundere ich Dich, ganz abgesehen davon, dass ich darin auch eine Verwandtschaft mit Dir spüre. Möge sie andauern.«[18]

Eine Verwandtschaft ganz anderer Art zeigt sich im Katalogtext *Spontaneität als Stilmittel* für Elio Pelizzatti: »es zieht ihn nicht fort aus dem Veltlin, der verlässt sich darauf, dass sich ihm die Veränderungen der Welt auch im Abgelegenen mitteilen. In der Tat fängt er die Manifestationen der kollektiven Erregung unserer Zeit telepathisch auf.« Mit dieser Aussage beschreibt Hildesheimer weniger das Kunstwerk und seine Rezeption als die Rezeption des »Urtextes« durch den Künstler. Er selbst hat, besonders deutlich in *Waren meine Freunde Nazis?*, seinen Rückzug ins Puschlav betont, um allzu lautem Tagesgeschehen zu entgehen; und Tagesgeschehen findet er auch nicht bei Pelizzatti, sondern »kollektive Erregung«, also größere und übergeordnete Strömungen.

Natürlich ist er kein in seinem Tal verborgener Eremit: die Zündstoffe, die ihn noch 1979, zur Zeit des Artikels *Waren meine Freunde Nazis?*, erst nach Wochen erreicht hatten und bis dahin verpufft waren, zünden jetzt mit nicht weniger Verzögerung als bei jedem anderen, der einen Fernseher hat. Außerdem haben Baumsterben und saurer Regen auch die Refugien Puschlav und Veltlin erreicht: selbst wenn sich dort noch Geburt und Tod die Waage halten, wie es in den *Mitteilungen an Max* heißt, wenn die Überbevölkerung also, von der Hildesheimer nicht nur in der Sendung *Bernina-Expreß* spricht, hier noch nicht ihre Schäden angerichtet hat – abgesehen von einer steigenden Zahl Touristen –, so halten sich doch Mensch und Umwelt nicht mehr die Waage. Aber auch ehe er sich einen Fernseher gekauft hatte, konnte von einem Eremitendasein keine Rede sein, auch wenn der Artikel *Meine Landschaft: Das Veltlin* (1966) – in dem übrigens mit »Angelo« wohl Vaninetti angesprochen ist – diesen Eindruck erwecken könnte: Zeitungen und Zeitschriften, wenn auch mit Verzögerung, Anrufer, Besucher und Briefe aus aller Welt tragen ihm die ›kollektiven Erregungen‹ pünktlich zu. Außerdem unternimmt er nach wie vor Reisen, wenn auch keine großen Vorlesetouren mehr: zur Berliner Akademie, zu den Eröffnungen der Ausstellungen seiner Bilder, Reisen in der Schweiz, nach Italien, Frankreich, Deutschland und Österreich.

Seit den siebziger Jahren spricht er mit zunehmender Resignation über die Chancen des Künstlers, die »entsetzliche Zukunft« zu verhindern; das zeigt sich in seinen schriftstellerischen Werken, in Interviews, Reden und – wenn auch mit zeitlicher Verzögerung – in seinen Bildern: *Apokalyptisches* (1973), nach einer Pause von fünf Jahren aber *Sturmwarnung* (1978, 1983, 1985), *Flurberei-nigungsplan* (1981) – mit den unmißverständlichen Buchstaben »ex« und einem Pfeil nach unten –, *Warnsignale* (1982), *Apoka-lypse mit Geflügel* (1982), *Unhaltbarer Zustand* (1982), *Erdball-spiel* (1983), *Vorhölle* (1983) und viele andere. Und so schreibt er in seinem Essay *Zu den Radierungen Brodwolfs*, den er im Jahr 1972 in der exklusiven Kunstzeitschrift ›Sigill‹ veröffentlicht hat: »Das Wort ›Künstler‹ ist heute ambivalent, wenn nicht gar suspekt ge-worden. Das Gebiet der Kunst ist weitgehend zu einem Schau-platz der Antikunst umfunktioniert, auf dem Gestus, Gebärde und Aktion traditionelle Techniken und persönlichen Duktus er-setzen. Insofern diese Entwicklung den Weg vorzeichnet, der aus der Ruhe unserer Tradition in eine unbekannte und furchterre-gende Zukunft führt, ist sie notwendig: sie macht ein kollektives Empfinden der Verunsicherung deutlich, deren Symptom das Ver-harren im Experiment ist« (S. 24).

Mit dieser Beschreibung der Situation des modernen Künstlers, der aus der Tradition nicht eigentlich ausgebrochen ist, sondern sich gemäß der notwendigen Entwicklung aus der Tradition ver-hält – die Tradition als Wegbereiter nicht nur zu respektieren, sondern praktikabel zu beherrschen und produktiv weiterzufüh-ren (*Die Musik und das Musische*) –, meint er sich selbst auch. Denn er steht mit seiner Arbeit als Collagist besonderer Art an der Spitze der Tradition: seine Materialien sind eben nicht abgelegte und zufällige Abfälle der Konsumgesellschaft, sondern nahezu ausschließlich hochwertige Reproduktionen oft berühmter Ge-mälde: damit bezieht er sich mit jeder Collage auf die Tradition. Seine Technik, das Collagieren, hat bei ihm »persönlichen Duk-tus« gefunden und ist gleichzeitig dennoch modern, nicht allein durch »das Verharren im Experiment«, das vor allem den ersten Teil seiner Arbeit prägt.

Wenn er über bildende Kunst oder Musik spricht, nimmt er das konkrete Kunstwerk und den Künstler zum Anlaß, um über die Probleme der Gegenwart zu sprechen, was spätestens seit den siebziger Jahren heißt: über die Vernichtung der Menschheit. So äußert er sich zum Beispiel in seiner Besprechung der Illustratio-nen Maurice Sendaks von 1974, die *Grimms Märchen* in eindeuti-gem Licht erscheinen lassen: »Ihr Wahrheitsgehalt beruht nicht nur auf krasser Unmoral, sondern auch darauf, daß hier konse-quente Unlogik zum Prinzip erhoben wird. Keiner lernt aus Fehlern oder Erfahrung, und so siegt auch nicht das Gute, geschweige denn die Vernunft, sondern die List des Schlauen oder die Ahnungslosigkeit des Dummen, wenn nicht gar schlankweg die Perfidie« (S. 92).

In seinen literaturkritischen Essays spiegelt sich diese aktuelle Problematik nicht im selben Maß, aber wenn er in seiner Rezension von Christian Enzensbergers *Größerem Versuch über den Schmutz* zitiert, was er in *Masante* aufgenommen hat: »Die sechsundzwanzigste Aussonderung des Menschen ist er selbst« und kommentiert: »Das ist unwiderlegbar« (S. 96), so klingt unausgesprochen jene Vorstellung mit, die er in *Endfunk* artikuliert: daß die Erde den unbelehrbaren Menschen zuletzt ausscheide. Diese ›Zukunfts‹perspektive deutet sich, ähnlich unausgesprochen, auch im Brodwolf-Aufsatz an: »Mit dem ›Künstler‹ scheint auch der ›Betrachter‹ zu verschwinden« (S. 24). Das erinnert an das Theaterstück *Der schiefe Turm von Pisa*, wo mit den Taillen die Büsten verschwinden, wie die Friseuse Lucia sagt, oder an den Schluß der *Mitteilungen an Max*, wo man froh darüber sein soll, daß nicht der Magen mitkommt, wenn das Herz voll ist und der Mund übergeht.

Mit der Vorstellung von der Vernichtung der Menschheit, diesem endgültigen Prozeß, verbindet sich, wie beim Völkermord der Nationalsozialisten, stets die Frage nach Schuld oder Chance des einzelnen, und eben dies stellt er in den Bildern Brodwolfs fest: »Was vermittelt wird, sind Teilaspekte einer imminenten Katastrophe aus Selbstvernichtung, Symptome im Prozeß der Elimination des Schwächeren durch den Stärkeren; tatsächlich handeln seine Bilder, übertragen gesehen, von Schuld und Unschuld« (S. 24).

Brodwolfs Situation ist auch seine eigene: »Brodwolf aber gehört zu der allmählich sich verringernden Anzahl jener, die eine Zwischenposition einnehmen, der wenigen, die auf der Höhe der Zeit und all ihren Erscheinungen auf der Spur, dennoch nicht auf das hergebrachte Ausdrucksmittel des im strengen Sinne Figürlichen verzichten; die immer noch die Trennung wahren zwischen dem Diktat des Themas und dem Diktat des Materials, tatsächlich gibt es bei ihm ›Stoff‹ und ›Form‹ wie beim Schriftsteller« (S. 24). Natürlich meint das »Figürliche«, auf Hildesheimers bildkünstlerische Werke bezogen, nicht bloßes Abbild, sondern Figürliches in Transposition, und das gilt auch für Brodwolf, wenn auch die Transposition eine andere Übersetzung zeugt.

Seit den *Lieblosen Legenden* baut er seine literarischen Werke häufig nach ähnlichem Prinzip: vom harmlosen Anfang zum entsetzlichen Ende; in *Tynset* hat er dies sogar vervielfacht und als Strukturmittel eingesetzt: der Reflekteur, Opfer und Unschuldiger, kehrt unweigerlich zum Entsetzlichen zurück, von dem er sich abwenden will, aber erst in *Endfunk* führt dieses Prinzip zum endgültigen Ende, zum Untergang auch der Unschuldigen. Hildesheimer über Brodwolf: »Brodwolfs bildnerische Phantasie entzündet sich am Harmlosen, immer jeweils an einem einzigen Ding, das er seines objektiven Zusammenhanges beraubt und in pathetischer Vereinzelung aufbaut (...) wir sehen den Täter als Vertreter und Verbreiter des Schreckens, oder wir sehen, stellvertretend, sein Werkzeug« (S. 26 und 28). Dem Pathos seit je abhold, entging Hildesheimer ihm doch selten völlig, denn gerade in den Situationen der Vereinzelung, die seine schriftstellerischen Werke seit Ende der fünfziger Jahre aufbauen, liegt ein gewisses Pathos, selbst wenn die Sprache der Vereinzelten alles andere als pathetisch ist oder die Figuren, wie in *Biosphärenklänge*, über Pathos sprechen oder gar, wie in *Endfunk*, überhaupt keine Sprache mehr haben. Allerdings: Hildesheimer stellt keine Täter dar, ganz im Gegenteil, die Wirkung ihres Tuns aber wohl. Er baut seine Werke, nicht nur die schriftstellerischen, nach jener »Geometrie des Tragischen«, die er 1973 im Werk eines anderen aus der Zahl seiner Verwandten festgestellt hat: im Werk Gian Pedrettis.

Paolo Pola, auch er einer der Verwandten, hat im Katalog der Ausstellung von 1979 einige seiner aphoristischen Arbeitsgedanken abdrucken lassen: »Ich meine eine Mauer zu bauen aus zerbröckelten Fragmenten vergangener Kulturen.« In dieser Formulierung ist der Unterschied zwischen der Malerei Polas und dem Collagieren Hildesheimers auf ein Minimum reduziert; hinter diese Mauer aus Fragmenten vergangener Kulturen flüchtet sich Hildesheimer vor der unerträglichen Gegenwart. Pola weiter: »Je länger ich male, desto mehr erkenne ich, dass Kreatives und Destruktives einander verdammt nahe sind (...) Die Kräfte und Energien, die mir zur Verfügung stehen, geben mir zwei Möglichkeiten: gestalten und zerstören. Das Zerstören löst das Gestalten aus und umgekehrt.« Obwohl dies nicht Hildesheimers Wortwahl wäre, am wenigsten das »verdammt nahe«, könnte man doch mit diesen Worten etwas Grundsätzliches über die Arbeit gerade eines Collagisten sagen, der nicht zufälliges Gebrauchsgut zusammenfügt, sondern Kunstwerke zerschneidet und zerstört und dadurch erst das Material für ein neues Kunstwerk erhält. Hildesheimer weist denn auch in seinem Katalogtext auf diese Gedanken und Aphorismen Polas ausdrücklich und zustimmend hin, auf »das Zertrümmern-Müssen, um aus den Trümmern Elemente einer neuen Welt aufzubauen, einer erfundenen Wirklichkeit als künstlerische Deutung unseres Daseins. Paolo Pola ist zu einer universalen Aussage vorgestossen.« Der Begriff »erfundene Wirklichkeit« findet sich natürlich nicht zufällig in einem Text, der während der Arbeit an *Marbot* entstanden ist.[19]

Sechs Jahre zuvor hatte er schon einmal über Pola geschrieben, also im Jahr 1973, nach Abschluß *Masantes*, als er bereits nicht mehr schreiben wollte: »Oft scheint es, als wolle der Maler mit aller Kraft einen Akt des Versagens darstellen, gleichsam Unzulänglichkeit demonstrieren, indem er dort aufhört, wo die Bild-Elemente in endlicher Harmonie zusammenströmen« – als ob Hildesheimer die Brüche in seiner künstlerischen Entwicklung erläutern würde, die Wechsel zwischen bildender Kunst und Literatur: würden die Werke Harmonie widerspiegeln, hätte die Transposition, die Übersetzung aus dem »Urtext«, einmal rückwärts betrachtet, ein kollektives Empfinden des Harmonischen zum Grund, also das Gegenteil dessen, was Hildesheimer in den Werken feststellt und mit der besonderen Komposition seiner Bücher und Bilder ausdrückt. In dieser Aussage über Pola verrät sich einer der – vielleicht unbewußten – Gründe des Impulses, immer wieder das Medium zu wechseln, wobei nicht unerheblich, aber letztlich nicht entscheidend wäre, was Hildesheimer selbst jeweils bewußt als Gründe vorgetragen hat.

In einer dieser Umbruchzeiten, 1973, ist zum siebzigsten Geburtstag eines seiner langjährigen Freunde der Essay *Über Herbert List* erschienen. List ist, wie Hildesheimer über sich selbst in *Zeiten in Cornwall* zwei Jahre zuvor geschrieben hat, vom Surrealismus hergekommen; List allerdings, als der ältere, blieb dem Surrealismus verschrieben, solange er überhaupt kreativ gearbeitet hat, denn auch er gehört zu denen, die auf der Höhe ihrer künstlerischen Souveränität beschlossen haben, die Arbeit einzustellen: »Die vorgefundenen Dinge, objets trouvés, eben Strandgut, flotsam and jetsam, die klassischen Requisiten des Surrealismus, Schlüssel zu seinem Erleben, Symbole freilich auch seines irrationalen Wirkens. Eine Welt, belebt von Dingen, die darin ihr Eigenleben führen, und sei ihre Funktion auch nur, einen Schatten zu werfen oder eine ferne Assoziation zu wecken« (*Fotografia metafisica*, S. 34). Hildesheimers Beschreibung erscheint, und er betont, daß er von Vergangenem schreibe, wie eine Retrospektive auf sein eigenes Werk: »dem Pathos ist er abhold – wohlgemerkt: im Leben; in seiner Kunst ist das Pathos in jenem genau abgewogenen Maß enthalten, wie die Art des Objektes und der Grad seiner Identifikation mit ihm es befehlen« (S. 31). Und, sehr persönlich: »List ist ein Mann der Betrachtung, der sich das Privileg geschaffen hat, die Dinge seines Umgangs auszuwählen: kein Mann der Aktion. Das potentielle Odium, das einer solchen Feststellung anhaftet – ›elitär‹ sagen die einen, ›parasitär‹ die anderen –, nehme er mit der ihm eigenen Gelassenheit hin« (ebd.). Gerade um diese Vorwürfe kreist die Diskussion der beiden Männer in *Hauskauf*, das zu dieser Zeit wohl bereits begonnen war.[20]

Hildesheimers Kunstkritik ist ein Spiegel seines eigenen Werkes und zuweilen seiner eigenen Person, ein Spiegel, der all denen, die sein Werk und ihn selbst kennen, zuweilen mehr zeigt als die Werke, die zwischen ihn und den Leser ein fiktives Ich oder, noch entfernter, aber immer seltener, ein Er stellen; und mehr als die bildkünstlerischen Werke, die bemüht sind, den Prozeß ihres Entstehens zu verwischen, wie Hildesheimer übrigens auch bemüht war, die Vorstufen und Notizen seiner literarischen Werke zu beseitigen: er ist ein großer Wegwerfer dessen, was ihm unwesentlich erscheint, was er jedoch nicht unbedingt zu sein braucht, wie manche zufällig erhalten gebliebenen Vorarbeiten und Notizen zeigen, man denke an das Tagebuchblatt mit den Überlegungen zu *Mary Stuart* oder an die erste Seite von *Mozart II*. Er hat also jenen Weg erschwert, den er Marbot gehen ließ, den er mit *Marbot* selbst gegangen ist und den er in seinen Essays als den wichtigsten Zugang zur Kunst überhaupt bezeichnet: vom Kunstwerk über den Arbeitsprozeß zum Künstler, oder anders: jene Einsicht in die Beziehung zwischen Künstler und Kunstwerk, die von Begriffen wie »Transposition« und »Übersetzung« aus dem »Urtext« ja nur äußerlich beschrieben wird.

Auch im Bemühen, die Spuren des Entstehungsprozesses zu verwischen, hat er einen verwandten Künstler gefunden, nämlich Mario Negri, der 1972 eine Großplastik für das Betriebszentrum der Kraftwerke Brusio gestaltet hat: Negri verschließe »sein Werk dem Bereich aller möglichen Rückschlüsse« mit »Diskretion«, bei

ihm scheine »jeder Arbeitsprozess die endliche Katharsis einzu-
schliessen (...) aus der das Werk in seiner sublimierten Vergegen-
ständlichung hervortritt: bewältigt und fertig«. Aber gerade auch
in diesem Text fordert Hildesheimer: »Betrachtung eines Kunstwerkes bedeutet: Erkenntnis des Konzeptes und Nachvollzug des
Prozesses seiner Verwirklichung.« Aber: »Plastik in ihrer vollen
Verwirklichung setzt sich ihr eigenes Thema, nämlich Plastik. Die
Assoziation überlässt sie dem Betrachter.«

Offensichtlich entstehen aus dieser Überlassung zuweilen
grundlegende Mißverständnisse, wie die Reaktion auf Giuliano
Pedrettis *Kuh* (1974) zeigt, auf eine Plastik, die 1984 (?) in Kloster-
see aufgestellt worden ist und den Leserbrief eines Schreibers
»hg.« provozierte – den aus der Perspektive der einheimischen
Kühe geschriebenen Beitrag *Die verzauberte Heimkuh* –, von
dem sich wiederum Hildesheimer provozieren ließ, zu einer korrigierenden Anmerkung zu verfehlter Rezeption, die er stets dann
»Antwort« nennt, wenn sie ihn selbst betrifft oder er sie zu seiner
eigenen Sache macht; also zur *Antwort auf ›Die verzauberte
Heimkuh‹* (ungedruckt):

Immer wieder ist man verblüfft über die ahnungslose Unbefangenheit, mit
welcher offensichtlich kunstfremde Bürger ihr Mißfallen über dieses oder
jenes Kunstwerk äußern, so als seien sie im Besitz eines objektiven und
allgemein gültigen Urteils. Dies beruht auf dem naiven, doch immer noch
populären, ja, virulenten Glauben, daß der Künstler ein Abbild seines
Gegenstandes zu malen oder zu formen habe, während es sich doch eigentlich herumgesprochen haben sollte, daß jedes bedeutende Kunstwerk das
Resultat einer geistigen Verarbeitung seines Gegenstandes ist, das überset-
zende Herausarbeiten seines Wesentlichen, wie der Künstler es empfindet.
So ist Giuliano Pedrettis ›Kuh‹ nicht das ›Untier‹, für das es der entrüstete
Leser ›hg.‹ hält (...) der damit stellvertretend das Urteil der ›Klosterseer
Heimkühe‹ ventiliert, deren Geschmack er offensichtlich kennt und teilt.
Sie ist weder ein Untier noch ein Tier, sondern eine Skulptur, und damit
Vollendung eines gleichzeitig gedanklichen und handwerklichen Vorgangs:
die metaphysische Idee der Kuh, der geglückte Versuch, die einsame Hilf-
losigkeit des Tieres darzustellen, und damit den Betrachter zu erschüttern:
eines der großen Kunstwerke der letzten Jahre.

Diesen Leserbrief hat er vielleicht geschrieben, während er bereits
an einem exemplarischem Essay über Bildhauerei arbeitete, der
1985 im Katalog der Ausstellung von Skulpturen und Zeichnungen Brigitte und Martin Matschinsky-Denninghoffs erschienen

ist. In *Notate angesichts des »Herkules«* exerziert er vor, wie sich das Verhältnis von Künstler, Kunstwerk und Betrachter, ideal gesehen, gestalten könnte. Er beginnt mit Assoziationen, die, auf einem Weg von außen nach innen, vom Titel der Plastik ausgehen: »Seltsam, daß mir dies zum ersten Mal vor einer Plastik von Brigitte und Martin Matschinsky-Denninghoff auffällt: In der bildenden Kunst hat sich ausschließlich der lateinische Name Herkules durchgesetzt (...) Im Vergleich zum ›schwergeprüften‹ griechischen Helden Herakles ist Herkules ein römischer Bodybuilder« (S. 29). Er legt also zuerst den allgemeinen Rahmen fest, innerhalb dessen er sich dem zentralen Inhalt der Betrachtung nähert, der Skulptur selbst: »Brigittes und Martins ›Herkules‹ erscheint mir als die trefflichste Charakterisierung dieser Gestalt, die ich kenne. Wendig und doch ungelenk stemmt er sich an seinem Eigengewicht in die Höhe. Nicht etwa stehend oder gar kämpfend, sondern halb sitzend löst er eine seiner Aufgaben, und zwar in einem Kraftakt, der hoher Konzentration bedarf, im Vertrauen auf seine Stärke, und doch in seiner – wenn man so will, edlen – Einfalt so in sich selbst vertieft, als sei die Aufgabe die Meisterung seiner selbst« (S. 29).

Dann kommt er auf den Schaffensprozeß zu sprechen, verhält sich also konsequent nach seiner eigenen Forderung, die Dreiecksbeziehung zwischen Kunstwerk, Künstler und Betrachter zu untersuchen: »Man denke nicht, daß ich diese Feststellung etwa den beiden Künstlern als Motive oder Gedanken unterstelle. Ich bin sicher, daß sie mit dem Schaffensprozeß nichts zu tun hat, und selbstverständlich habe ich mit ihnen niemals darüber gesprochen. Wer selbst kreativ tätig ist, der weiß, daß die – meist unwillkommenen und zum Teil sogar hochgradig unerbetenen – Interpretationen anderer bei geringsten Anlässen auf den wehrlosen Schöpfer nur so niederprasseln. Und doch bin ich überzeugt, daß die Qualität eines Kunstwerks sich nicht zuletzt darin offenbart, daß es nachempfindende Imaginationskraft freisetzt und damit die verschiedenartigsten Systeme interpretativer Folgerungen zuläßt« (S. 29).

Daß sich die Qualität eines Kunstwerks in der Vielzahl potentieller Deutungen erschließt – man kann noch hinzufügen: Deutungen, die jede Dekade, jedes Jahrhundert neu finden muß, wie die großen Werke der Kunstgeschichte beweisen und damit letztlich ihre Größe demonstrieren –, das gesteht der kreative Künstler

Hildesheimer widerwillig und nur in seiner Eigenschaft als Kunstbetrachter zu. Denn Interpretationen seiner eigenen Werke, die seiner eigenen Ansicht zuwiderlaufen, provozieren ihn, wie gesagt, immer wieder zu korrigierenden Antworten, deren mildeste Form noch das Zugeständnis eines Mißverständnisses darstellt. Der Hinweis auf die multivalente Auslegbarkeit eines Kunstwerks dient ihm hier nicht zuletzt als Alibi seiner Funktion als Interpret.

Nach diesen allgemeinen Ausführungen wendet er sich wieder den Plastiken zu, allerdings nicht mehr dem *Herkules* allein, der nur Anlaß und Ausgangspunkt ist: »Dies«, also die Möglichkeit verschiedenartigster »interpretativer Folgerungen«, »gilt für Brigittes und Martins Monumentalplastiken in besonderer Weise, denn das strenge gedankliche Konzept, dessen Resultat sie sind, umfaßt in erster Linie formale Inventivität ohne Rücksicht auf Assoziierbarkeit; die Berechnung neuer, unmittelbarer – also nicht tradierter – Möglichkeiten des Ausdrucks, wenn nicht gar den Willen zum niemals zuvor Ausgedrückten, ein Streben nach den Grenzen des in Material Ausdrückbaren« (S. 29). Dieses strenge gedankliche Konzept, das der Künstler selbst entwickelt, stellt offenbar die Berechtigung andersartiger Interpretation nicht in Frage, sondern ignoriert sie, zumindest während des Schaffensprozesses. Das gilt, so vermutet man, für Hildesheimers Schaffensprozeß an den Collagen ebenfalls, vor allem, wenn er fortfährt: »erst im Lauf eines langwährenden Arbeitsprozesses bildet sich für das Werk ein Name, in erster Linie als assoziationsfördernder Hinweis gedacht, als wegweisender Vorschlag, der aber, wenn es dem Betrachter beliebt, ihn aufzunehmen, ein weites Gebiet nachschöpferischer Einbildungskraft eröffnet« (S. 29).

Auch Hildesheimer findet die Namen für seine Zeichnungen und Collagen erst während des Arbeitsprozesses, auch er bezeichnet sie als Hinweise auf Möglichkeiten der Assoziation, als Assoziationshilfen. Erstaunlich ist allerdings immer, daß er, und mit ihm zahlreiche gerade große Künstler, von seinem Konzept des einzelnen Bildes recht wenig verrät, von einem »streng gedanklichen« Konzept also, das verbal, so sollte man annehmen, ausgedrückt werden könnte. Der bekannte Hinweis mancher Künstler ›könnte ich in Worte fassen, was ich ausdrücken wollte, hätte ich kein Kunstwerk geschaffen‹ wirkt wie ein verärgertes Blockieren jeglichen Eindringens in die Person des Künstlers; davon kann aber nicht die Rede sein, wenn nach dem gedanklichen Konzept gefragt wird: hier manifestiert sich vielleicht der Wille, die Spuren des Arbeitsprozesses zu verwischen. Dadurch wird allerdings nicht nachprüfbar, inwieweit es dieses gedankliche, vor allem »strenge«, Konzept tatsächlich gibt, inwieweit dem Künstler Vorstellung und Ausführung geglückt sind oder inwieweit nicht doch eine Black-box der Transposition, also ein unbewußter und damit keinesfalls streng gedanklicher Vorgang am Werk war. In vielen Fällen, so könnte man behaupten, ist ein Kunstwerk von der Interpretation des Betrachters abhängig, ja, manche Kunstwerke werden erst durch geniale Interpretation zu großen Werken. Das Dilemma des Künstlers besteht wohl darin, Interpretationen seiner Werke für unliebsam, unwillkommen und stets verfehlt zu halten, während das Dilemma des Interpreten darin liegt, vom Künstler kaum Hinweise zum Verständnis zu erhalten und sich darin natürlich gegenüber dem Künstler in einem folgerichtigen Nachteil zu befinden. Interpreten von Werken der Vergangenheit können zumindest nicht mehr vom Künstler selbst korrigiert werden oder nur noch in jenem fiktiven Fall, auf den Hildesheimer in *Die Subjektivität des Biographen* angespielt hat: daß Mozart herabstiege und die Aussagen über sich und seine Werke widerlege.

Wenn der Künstler aber Auskunft gibt, zumal über ein bildkünstlerisches Werk, so entweder über allgemeine Konzepte, über Detailfragen oder, wie gerade auch im Fall der Bildbände *Endlich allein* und *In Erwartung der Nacht*, über das Material. Als Hildesheimer bei der Vernissage seiner Ausstellung mit Grass (30. Juni 1982) zu seiner Collage *Scheiterndes* gefragt wurde, weshalb sie denn diesen Titel trage, sah er verblüfft auf, als sei die Antwort auf diese ›dumme Frage‹ selbstverständlich: »die Figuren fallen.« Mehr zum »strengen gedanklichen Konzept« dieser Collage wollte oder konnte er nicht sagen.

Damit ist man bei jenem Dilemma der Kunstbetrachtung angelangt, das schon bei der Interpretation *Mozarts* und *Marbots* aufgefallen ist: nach Delacroix' Forderung sollte der Interpret eines Kunstwerkes selbst Künstler sein, andererseits ist der Künstler, wie Hildesheimer betont, aber gerade jemand, der sich entweder überhaupt nicht oder, wie Beethoven, falsch sieht. Natürlich ist es ein Unterschied, ob ein Künstler über sein eigenes Werk Auskunft gibt oder ob er das Werk eines anderen Künstlers interpretiert. Wer sich selbst nicht sieht – was Hildesheimer Jo von

Kalckreuth freundlich bescheinigte –, muß nicht mit zwingender Konsequenz auch andere nicht sehen. Außerdem, das zeigt das Beispiel von Hildesheimers Essays zur bildenden Kunst, geraten solche Darstellungen eines Künstlers von einem Künstler, neben aller erhellenden Darstellung des besprochenen Künstlers, zur Beleuchtung des besprechenden Künstlers. Man bekommt, zu nicht geringem Teil, nicht das Interpretierte, sondern den Interpreten, wie Hildesheimer selbst ja zuweilen gesagt hat.

So beschließt er denn, nach allgemeinen Betrachtungen verschiedener Skulpturen der Matschinsky-Denninghoffs, seine *Notate angesichts des »Herkules«* wieder mit *Herkules*; und hier, ganz zuletzt, spiegelt sich seine Ablehnung, erkennbar nur für den, der sein eigenes Werk kennt und seine Kunstkritik immer auch als Selbstdarstellung liest: »Er ist rund und eckig, still und doch agitiert, Mensch und Maschine zugleich, und eben durch diese Vielgestalt und Mehrdeutigkeit eine symbolische Chiffre unserer Zeit, die sich dauernd selbst verleugnet, um dem Pathos zu entrinnen. Herkules und alle anderen Archetypen von Brigitte und Martin sind in hohem Sinne pathetisch, denn in ihrer sublimen Würde sind sie stoffgewordene Metaphern« (S. 31).

Im sich selbst verleugnenden Versuch, dem Pathos zu entkommen, könnte man durchaus noch einige der literarischen Werke Hildesheimers mitverstanden wissen, vor allem jene, die sich mit dem Ende der Menschheit befassen, mit Katastrophe und Apokalypse. Marcel Berlingers Bildern bescheinigte er im Jahr zuvor, daß sie »mit einer Art behutsamem Pathos etwas Überzeitliches« herstellen (1983). Aber seine eigenen bildkünstlerischen Arbeiten entgehen, allein schon wegen ihres geringen Formats, dem Ruch des Pathetischen. Die Formulierung »im hohen Sinne pathetisch« verrät jedoch: er ist bestrebt, an den Skulpturen seiner Freunde Brigitte und Martin Matschinsky-Denninghoff etwas positiv zu deuten, was ihm letztlich nicht zusagt. Diese Monumentalplastiken, zumal die abgesägten riesenhaften Rohre, deren Schnitte wie Deckel auf abgesägten Ästen und deshalb – auf jedem Topf ein Deckel – wie Notlösungen wirken, hält er eben doch, entgegen seinen beschwichtigenden Ausführungen, für Monumente.

Ganz anders, aus liebevoller Distanz, hat er sich 1986 zu den Reproduktionen von sechs *Winterbildern* seiner Frau Silvia geäußert, zu Bildern also, deren Entstehen er – wie die beiden datierten Bilder, 1982 und 1983, nahelegen – vielleicht im gemeinsamen

Atelier verfolgt und wohl auch kommentiert hat. Silvia Hildesheimers Bilder entstehen in monatelangen Arbeitsprozessen, ganz anders also als seine Collagen, die manchmal in wenigen Tagen oder gar Stunden ihre endgültige Gestalt gefunden haben (zum Beispiel die Collagen *Liebespaar* – »Das Werk von zwei Stunden« – und *Kaskade*, beide von 1986), die er aber häufig dann verwirft, wenn er sie immer wieder aufgreift und verbessern möchte. Über den Schaffensprozeß Silvia Hildesheimers enthält er sich natürlich jeden Kommentars: »Auf Silvia Hildesheimers Winterbildern ist der Winter gleichgesetzt mit einer ubiquitären, durch kein Ereignis unterbrochenen Stille, in der Veränderung weder stattfindet noch erwartet wird. Es ist Tag, aber die Tageszeit ist nicht erkenntlich, die Sonne scheint nicht, es entstehen keine Schatten. Die Bilder suggerieren einen intimen, regional bedingten Winter dort, wo die Künstlerin zu Hause ist. Die Häusergruppen und Ortschaften des Puschlav und Veltlin sehen uns an, einsam, oft scheinbar entvölkert.«

Er selbst hat eine ganze Reihe *Winterbilder* gemacht, und seine eigenen *Winterbilder* haben mit dem frühen Winter *Tynsets* zu tun, mit einem Ende, das früher als erwartet hereinbricht. Man mag sich an das Ehepaar aus *Biosphärenklänge* erinnern, an den Mann, der schon immer von unmerklichen Veränderungen gesprochen hat und der als erster die Anzeichen der letzten, irreversiblen Veränderung wahrnimmt; an die Frau, die sich gegen die Mitteilung seiner Beobachtungen wehrt, bis sie sich ihr selbst mitteilen. Und so scheint es in Silvia Hildesheimers Bildern still, so still wie in *Biosphärenklänge*, kurz bevor Wind aufkommt und Raben vom Himmel fallen: noch sitzen – auf *Winterbild III* – zwei schwarze Vögel auf einem Kamin, Veränderung scheint nicht stattzufinden und wird auch nicht erwartet. Der Mann aber deutet die Zeichen anders: Landschaft und Häuser sind zwar nur »scheinbar entvölkert«, doch gerade diese Leere – bis auf die zwei Vögel – löst eine ganz andere Assoziation aus: dies ist die Stille danach, nach der Katastrophe, nach der es wieder still sein wird, nach der keine Veränderung mehr stattfindet und auch niemand mehr dasein wird, der sie erwarten könnte. So liest sich Hildesheimers Satz wie eine Vorhersage: »Es ist Tag, aber die Tageszeit ist nicht erkenntlich, die Sonne scheint nicht, es entstehen keine Schatten.«[21]

An den Mann aus *Biosphärenklänge* erinnert auch die Interpretation von Francis Bacons *Studie zu der Krankenschwester in dem*

Film ›Battleship Potemkin‹, unter dem Titel *Der durchdringende Schrei* im selben Jahr erschienen wie die Anmerkung zu Silvia Hildesheimers Bildern. Was dort Andeutung war, führt er hier aus: »Bacons Figur – das hat sie mit Edvard Munchs schreiender Figur gemein – schreit aus keinem ersichtlichen Grund. Sie ist völlig nackt. Der herabhängende Zwicker, der im nächsten Moment fallen wird, ist der einzige Fremdkörper an ihr. Sie sitzt wie eingesperrt innerhalb eines angedeuteten Konstruktes«, das Hildesheimer »einen toten und tödlichen grünen Fluchtwinkel ohne Ausweg« nennt (S. 148 f.). Bacons Gemälde als Hildesheimers Bild der Situation des Menschen vor der unentrinnbaren und entsetzlichen Zukunft: »Das Bild ist ein Alpdruck (…) Bacons Schrei aber, so spürt man zunehmend, geht uns an wie selten ein bildnerisches Geschehen, er trifft tief ins Unbewußte. Denn es handelt sich um das extreme Hervorbrechen eines inhärenten und nicht mehr seltenen Lebensgefühls; der Schrei ertönt stellvertretend für die Schreie des baren Entsetzens angesichts dessen, was auf uns zukommt« (S. 149 und 151).

Die Stille – nun spricht er es aus – scheint von einem durchdringenden Schrei zerrissen, aber es ist die Totenstille, die den Hörer in *Endfunk* erfaßt hat, die Stille, in der das Entsetzliche unaufhaltsam herankommt und jeden Schrei erstickt: »Der grüne Raum, den er erfüllt, erscheint als so schalltot, daß ein Echo kaum möglich wäre, daher wirkt er auf unheimlichste Weise stumm, der Schrei nimmt sich selbst zurück, das Grauenhafte an ihm ist seine Vergeblichkeit. Es hört ihn niemand mehr« (S. 151). Auch hier die Vision vom Zustand nach der Katastrophe, ausgelöst vom Geschehen kurz davor (S. 151):

Das Bild hängt im ersten Stock rechts, im letzten Raum, an einer Stelle, auf die man sich von weitem zukommen sieht und von der es bezeichnenderweise nicht mehr weitergeht. Dort gehört es hin. Gegenüber hängt ein weiblicher Akt von Giacometti. Die Figur sitzt aufrecht emporgereckt, stumm und statisch. Bei beiden Bildern handelt es sich um Würdigungen und zugleich Manifeste der Tragik des Menschen, bei Giacometti um das erleidende Objekt als Maß aller Dinge, bei Bacon um die Überschreitung dieses Maßes, den furchtbaren und elementaren Ausbruch akuten und unerträglichen Schmerzes.

5 Die Collagen

Ausgerechnet die Collage *Schöne Aussicht* (1981) eröffnet den Bildband *In Erwartung der Nacht*. Hildesheimer kommentiert dieses Bild denn auch mit bezeichnenden Worten: »In diesem Titel liegt, wie bei so vielem, dicht neben der Nostalgie die Selbstironie.« Es ist eben nicht die Aussicht auf die Zukunft, sondern, und in dieser Ungleichheit der Sichten liegt schwere Ironie, die Sicht auf die Vergangenheit mit ihrem wehmütigen Element. So fährt er in seiner Beschreibung fort: »Fenster sind immer sowohl Anlässe als auch Bausteine der Melancholie. Dies ist der spontane Versuch, einen Augenblick des Nacherlebens festzuhalten, scheinbar ohne Rücksicht auf Formales, sonst wäre das Bild vielleicht um einen Grad asymmetrischer geworden.« Und die Titelcollage *In Erwartung der Nacht* ist, wie er schreibt und auch über Silvia Hildesheimers Bilder hätte schreiben können, beherrscht vom »Äquilibrium zwischen Beruhigung und Drohung«.

Hildesheimers Essays über bildende Künstler und bildende Kunst haben, wie sich gezeigt hat, Aspekte seines eigenen Schaffens beleuchtet, und zwar, über die Querverbindungen zur Literatur hinaus, vorwiegend seiner Arbeit als Collagist: dieser Bereich seines bildkünstlerischen Werkes ist es denn auch, den er, in dieser spezifischen Ausprägung ohne Vorbild und Parallele, entwickelt und fortgeführt hat.

Bereits 1967 hat er auf die Frage, warum und wie er Collagen mache, geantwortet: »Weil ich mit präfabrizierten Mustern und Farben Wirkungen erziele, die ich mit anderen Mitteln nicht erziele. Da ich hauptberuflich Schriftsteller bin, arbeite ich gern mit einer gewissen Anzahl gegebener Faktoren« (*Collage 67*, S. 89). Kurz darauf hätte er wohl nicht mehr gesagt, sein Hauptberuf sei Schriftsteller, er, der ja zuweilen Günter Grass' »Schriftsteller ist man nur von Mal zu Mal« zitiert, was auch, bei Hildesheimer und Grass, meinen könnte: bildender Künstler ist man nur von Mal zu Mal, wobei sich bei beiden beide Tätigkeiten abwechseln und durchdringen.

Die Formate der Collagen sind klein, die größten Seitenlängen übersteigen zwanzig Zentimeter hin und wieder und dreißig Zentimeter, soweit ich weiß, niemals, allerdings sind die Formate einiger Bilder seit 1988 wieder größer geworden, zum Beispiel der *Nachtmahr*. Das Collagematerial besteht aus zerschnittenen,

meist farbigen und stets hochwertigen Reproduktionen oft berühmter Gemälde, gedruckt als Einzelblatt, Poster, Ausstellungs-
plakat, Katalog, Zeitschrift, Wandkalender oder Bildband; anderes Material, zum Beispiel Reklameplakate für Lebensmittel,
verschmäht Hildesheimer nicht grundsätzlich, aber eben meist
doch, weil die Qualität der Reproduktion und des Papiers natur-
gemäß bei solchen Drucken nicht jene Stufe erreicht, die er von
seinem Material fordert, um Nachdunkeln oder Verblassen zu verhindern oder, bei den schwarzweißen Collagen, die seit 1985
entstehen, das Vergilben. In seltenen Fällen benutzt er Fotografien
als Ausgangsmaterial[22], jedoch nicht etwa Originalfotos auf Foto-
papier, sondern reproduzierte Fotografien, zum Beispiel für die
Collage *Sturmwarnung II* (1983), zu der er schreibt: »Land-
schaftsphotos und Gemäldetextur lassen sich kaum je kombinie-
ren, die Verschiedenheit der Raster läßt es nicht zu, es sei denn,
man mache die Vereinung zweier Gegensätzlichkeiten zum Programm« (*Endlich allein* Nr. 26).

Bereits die Auswahl der Papiere ist demnach nicht allein Handwerk, sondern kreativer Akt – nicht nur Raster und Textur –, und
die Farben werden wie auf der Palette gemischt: reines Schwarz
oder reines Weiß, wie wohl auch sonst jede Farbe in reiner Form,
wird sparsam oder programmatisch verwendet oder ist, wie im
Fall des Weiß in der Collage *Ich, Über-Ich und Unter-Ich* (1983),
»fertigen Bildern entnommen« und dadurch »gewissermaßen also
reproduktiv entschärft« (*Endlich allein* Nr. 18).

Hildesheimers Entscheidung für Reproduktionen vorwiegend
von Gemälden als Collagematerial ist kreative Rezeption: er überblickt als Rezipient die Kunstgeschichte von den Anfängen bis zur
Gegenwart und vollzieht das kreativ nach, was er von Kunst*rezeption* grundsätzlich fordert.

Rezeption also, eines der zentralen Anliegen seiner Essays,
steckt in besonderer Weise in seinen Collagen. Im Vorwort zu
Endlich allein schreibt er: »Wenn ich sage, daß meine Collagen
einzigartig sind, so spreche ich selbstverständlich nicht von ihrer
künstlerischen Qualität, sondern ich demonstriere die Erweiterung des Begriffes Collage. Ich spreche von den Sonderheiten
meiner Materialwahl, meines Arbeitsprozesses und der damit verbundenen intendierten Bildwirkung. Ich verwende weder Teile
von Kupferstichen aus früheren Dekaden, wie Max Ernst und Peter Weiss es taten, noch dienen mir die inkongruenten Abfall-

stücke, wie sie bei Kurt Schwitters zu Poesie wurden. Auch arbeite ich nicht mit selbsteingefärbten Streifen wie Italo Valenti oder gar mit proklamatorischen Elementen, wie Hannah Höch oder John Heartfield es taten.«

Reproduktion ist Hilfsmittel und zuweilen sogar Voraussetzung der Rezeption, denn nicht alle Gemälde sind zugänglich ausgestellt, und in den seltensten Fällen wird einmal jemand in der Lage sein, jedes Museum, jede Galerie oder jede Ausstellung nach freier Wahl zu besichtigen. Im Hinweis auf Geschichte und ihre Rezeption könnte also doch ein Teil eines übergeordneten theoretischen Konzepts stecken, von dem Hildesheimer im Vorwort zu *Endlich allein* und zu *In Erwartung der Nacht* sagt, er habe keines, außer zu jedem einzelnen Bild ein eigenes: »Das Besondere an meinen Collagen ist, daß jedes einzelne Bild seinem eigenen Stilprinzip gehorcht und daher seiner eigenen Ästhetik unterliegt, deren Gesetz immer wieder anders geartet ist. Dieses Gesetz entsteht mit der selbst gestellten Aufgabe und erlischt mit ihrer Erfüllung« (*In Erwartung der Nacht*).

Seine Materialwahl erschwert übrigens die Reproduktion seiner eigenen Bilder ungemein, also die Rezeption der Rezeption, nicht allein der subtilen Farbgebung halber, sondern vor allem wegen der unterschiedlichen Rasterung seiner Papiere und der Drehung der Raster bei ihrer Anordnung. Ausgehend von Sekundärem, also von Reproduktionen, schafft er nicht nur bildhaft Originales, sondern nahezu nicht mehr ins Sekundäre, in die Reproduktion zu wendende Originale. Das änderte sich bei einzelnen Collagen, als er seine Papiere seit 1985 zum Teil eben doch selbst einfärbte, das Collagematerial also original wurde und dadurch reproduzierfähig, und zwar vollkommen, da er, zumindest bisher, innerhalb einer Collage noch nie selbsteingefärbtes und bedrucktes Material vermischt hat.[23]

Das Verfahren, Bildbände wie *Endlich allein* und *In Erwartung der Nacht* herzustellen, in dem der Künstler zu jedem einzelnen seiner Bilder Ausgangsmaterial, ästhetisches Konzept und Entstehungsprozeß beschreibt, ist ungewöhnlich. Für Hildesheimer ist aber auch die Rezeption seiner eigenen Bilder wichtig, und wie die Titel der Bilder, so bieten auch die erklärenden Texte über die Bilder dem Betrachter und Leser assoziative Möglichkeiten an: »für den Betrachter mag der Titel auswechselbar sein: für mich selbst ist die erste, spontane Assoziation bindend und endgültig«

(zu *Höhere Rheintöchter*, *In Erwartung der Nacht* Nr. 13). Außerdem versucht er mit seinen Hinweisen auf die Entstehung des einzelnen Bildes, seiner eigenen Forderung gemäß, dem Betrachter den Nachvollzug des Entstehungsprozesses zu erleichtern, allerdings in einer von ihm selbst gesteuerten Richtung, wie auch in seinen Reden über *Mozart* und *Marbot*, *Die Subjektivität des Biographen* und *Arbeitsprotokolle des Verfahrens Marbot*, in seinen Statements zu seinen Übersetzungen oder Bearbeitungen, in seinen zahlreichen Stellungnahmen zu einzelnen seiner Werke – *die entstehung des pastorale*, *Antworten über Tynset*, *Anmerkungen zu einer historischen Szene* und andere.

Noch einmal zitiert und betont: Hildesheimer läßt Andrew Marbot in seine Aufzeichnungen, und zwar an der Stelle, an der er sich mit Palladio, dem scheinbaren Ideal und Meister der Symmetrie, auseinandersetzt, die Notiz eintragen: »Da Schönheit keineswegs ausschließlich in der Vollkommenheit des Resultates liegt, sondern auch in der Arbeit daran, nicht also nur im Bestehenden, sondern auch im Werdenden und der sichtbaren Zeugenschaft dieses Werdenden, so liegt sie auch in der Arbeit an der Überwindung des primär Gegebenen, des produktiven, vor allem des kreativen Veränderns, und damit im Schaffen asymmetrischer Formen, deren Proportionen sich in eine neue und zwingende εντελεχεια [Eigengesetzlichkeit] fügen« (S. 40).

Marbot ist ein Buch über einen Kunstrezipienten, also Rezeption der Rezeption; die Rezensionen *Marbots* sind Rezeption der Rezeption der Rezeption; die Passagen in Hildesheimers Reden oder Interviews, die sich auf die Rezensionen beziehen, Rezeption der Rezeption der Rezeption der Rezeption; und sogar eine fünffache Umkehrung hat sich in einem Fall hergestellt, als die Redaktion einer Zeitung, auf deren *Marbot*-Rezension Hildesheimer eine Richtigstellung geschrieben hat, eine Richtigstellung der Richtigstellung schrieb. Unabdingbar für die Rezeption, so schreibt Hildesheimer, so schreibt Marbot, ist nicht das Verharren vor dem fertigen Werk, sondern Einsicht in die Entstehung und damit in die Psyche des Künstlers.

Hildesheimer wendet bei der Herstellung seiner Collagen ein Verfahren von Trial and Error an, das schon bei der Wahl des Bildausschnitts beginnt. Er nimmt eines der bereits in verschiedenen Formaten ausgeschnittenen Passepartouts zur Hand und hinterlegt dem leeren Bildausschnitt versuchsweise größere Ausschnitte aus Reproduktionen in verschiedenen Lagen oder legt das Passe-partout auf Poster oder Plakate und verschiebt es so lange, bis im Bildausschnitt wie im Sucher einer Kamera ein Rahmen festgelegt werden kann, entlang dem der erste Schnitt erfolgt. So entsteht zunächst, in einem Wechselspiel aus Zufall und Entscheidung, der Hintergrund aus einem, häufig aus zwei und zuweilen aus noch mehr ausgeschnittenen bedruckten Papieren.

Nach Farben und Größen sortiert, wegen seiner Rot-Grün-Blindheit in seltenen Zweifelsfällen von seiner Frau beraten, sammelt er ausgeschnittene Papierstücke in seinem »Resteregal«, die er, je nach Bedarf und ästhetischem Konzept, gezielt zuschneidet oder sich aus unzerschnittenen Reproduktionen neues Material schneidet, das er auf dem Hintergrund arrangiert. Während dieses Arbeitsprozesses entsteht, zuweilen nach manchem Wechsel, der endgültige Titel der Collage, der aus dem bisher nach rein ästhetischen Erwägungen komponierten Gebilde assoziativ entstanden ist und der, sobald er einmal feststeht, den folgenden Arbeitspro-zeß bis zur fertigen Collage beeinflußt; in seltenen Fällen bildet sich ein Titel auch erst, nachdem das Bild seine endgültige Form gefunden hat, zum Beispiel *Hochspannung* von 1986 (*In Erwar-tung der Nacht* Nr. 32).[24]

Der Schaffensprozeß zerfällt also gewöhnlich in zwei Haupt-teile, nämlich in den einen, der ausschließlich von Material, Form und Farbe inspiriert ist, und in den zweiten, der mit der Titelfin-dung einsetzt und zu den ästhetischen Erwägungen das »streng gedankliche Konzept« fügt. Hildesheimer beschreibt seine Arbeit im Vorwort zu *Endlich allein* so: »der Arbeitsvorgang ist ein Ge-duldspiel. Dies ist wörtlich zu verstehen: ein kreatives Spiel von ›trial and error‹ und gleichzeitig eine fortwährende, extreme Kon-zentration erfordernde Geduldsprobe (...) Ein falscher Schnitt, ein Verrutschen des befestigten Stückes, und das Konzept ist zer-stört und kann nur noch durch glücklichen Zufall gerettet werden (...) jede einzelne Arbeit entspringt einer Aufgabe, die gelöst wer-den soll. Die Aufgabe ist thematisch noch nicht definierbar, denn erst die Lösung liefert rückwirkend die Definition (...) Ich kann Stunden damit verbringen, immer wieder den gleichen nur ein paar Millimeter großen Teil zu schneiden und aufzulegen, bis er in Farbe, Schattierung, Ton und Umriß meiner Vorstellung ent-spricht.«

Diesen zwei Hauptteilen des Schaffensprozesses gehen zwei

vorbereitende Schritte voraus: die schon beschriebene Festlegung des Bildausschnittes und die, selbstverständlich und von Hildesheimer auch schon in seinen Essays bei anderen Künstlern beschriebene, Auswahl des Materials, wie gesagt ein künstlerischer Prozeß, der natürlich während des gesamten Prozesses bis zur fertigen Collage andauert. Die Auswahl des Materials nach Form, Format und Farbe, Eigenschaften, die Hildesheimer mit Schere, Schneidemesser und zuweilen mit Tusche oder Farbstiften beeinflußt, wird durch ein stetiges Wechselspiel der Beeinflussung zwischen dem zunehmend komplexeren Gebilde, dem Konzept nach der Titelfindung und dem zufällig oder gezielt geschaffenen Bestand an Reproduktionen und Stücken aus dem »Resteregal« geprägt.

Zunächst wird wohl das Hintergrundpapier den Bildausschnitt bestimmen, in selteneren Fällen wird der Ausschnitt – der sich in zufälligem Ausmaß bereits im Passepartout befindet – die Wahl des Hintergrunds bestimmen; ab und zu wird auch ein bestehender Ausschnitt, je nach den Forderungen, die das Hintergrundpapier stellt, verändert, was ja nicht nur Vergrößerung bedeutet; Verkleinerung erreicht Hildesheimer durch Hinterkleben des Hintergrunds mit einfarbigen, um Millimeter größeren Papieren, die im Bildausschnitt wie ein, zuweilen mehrere Rahmen erscheinen. Manchmal bedingt eine besondere Reproduktion wohl auch den Zuschnitt eines neuen Passepartouts.

Beim nächsten Schritt bestimmt die Beschaffenheit des Hintergrunds – einschließlich des oder der Rahmen – die weitere Auswahl des Bildmaterials, gleichzeitig beeinflußt das vorgefundene Material, also die zugeschnittenen oder unzerschnittenen Reproduktionen, die Auswahl der weiteren Stücke. Nach der Titelfindung prägt, ohne den Einfluß des Reproduktionsmaterials völlig auszuschalten, der Stand des entstehenden Gebildes und seines Konzeptes die Suche nach ganz bestimmten Formen und Farben und legt den Zuschnitt des Materials fest. Hildesheimer schreibt über die Entstehung der Collage *Endlich allein* (1983): »Die Kontraste, schweifende Formen und ihre Schatten, alles war im Material vorgegeben. Ich habe es dreimal zerteilt, Übergänge weggeschnitten und die Fugen mit Fremdelementen gedeckt« (Nr. 27).

Während dieser Periode des Schaffensprozesses, ohne die anderen Perioden außer acht zu lassen, kann man wohl mit der größten Berechtigung die Formulierung anwenden, die Hildesheimer auf

Not Botts Arbeit gemünzt hat: die Verwandlung von glücklichen Funden in ein Kunstwerk; mit eben dieser Formulierung beschreibt er den ersten Schritt zur Collage *Plutonischer Gebirgskamm* (1983): »Ein glücklicher Papierfund« (*Endlich allein* Nr. 25).

Der Fundus Hildesheimers ist nicht, wie im Fall Botts, die Natur, oder wie im Fall zahlreicher anderer Collagisten Müll oder Strandgut, sondern bereits Kunst, und so kann man, wie Hildesheimer zustimmend Alfred Einsteins Satz über die Musik Mozarts zitiert, die »Musik aus Musik« sei, von Hildesheimers Kunstwerken als von ›Kunst aus Kunst‹ sprechen: das weist über seine bildkünstlerischen Arbeiten hinaus auf seine schriftstellerischen, in die immer wieder bildende Kunst und Musik als Thema, Struktur- und Stilmittel eingeflossen sind.

Im Vorwort zu *In Erwartung der Nacht* schreibt er: »Handelt es sich um Reproduktionen von mir geliebter Bilder oder gar Favoriten, so bedarf es einer kurzen Atempause der Selbstüberwindung, bevor ich das Messer oder die Schere ansetze. Im Falle minderrangiger Bilder dagegen schneide oder reiße ich mit gutem Gewissen – es kommt mir dann vor, als gelte es, den betreffenden Künstlern zu demonstrieren, daß aus ihrer Arbeit doch noch etwas zu machen war.«

Destruktion und – zumindest zuweilen korrigierende – Kreativität, von deren Zusammenhang Paolo Pola bereits geschrieben hat, bedingen und ermöglichen einander dann, wenn ein Künstler, wie Hildesheimer das tut, mit Reproduktionen arbeitet, die er zerschneiden und also zerstören muß, um sein Ausgangsmaterial herzustellen. In diesem Vorgehen liegt ein Hauch des Revolutionären, nicht des Terroristischen, denn alle Tätigkeiten und Absichten beschränken sich ausschließlich auf das Gebiet der bildenden Kunst und auf die Zerstörung von Reproduktionen, die ihnen innewohnende Gewaltsamkeit bleibt ästhetisch gebunden. Im Fall anderer Collagisten, solcher, die Abfälle als Material verwenden, haben den destruktiven Akt jene begangen, die diese Abfälle als Umweltverschmutzung produziert oder weggeworfen haben, der Collagist dagegen begeht bei seiner Bildkomposition einen rein kreativen Akt. Anders Hildesheimer, der sich der destruktiven Komponente seines Schaffens als Collagist – nicht als Zeichner oder Aquarellist – durchaus bewußt ist: zur Entstehung seiner Collage *Tragödie* (1983) schreibt er, als Material habe er eine Reproduktion von Botticellis *La Primavera* genommen, und fügt hinzu: »Das Zerschneiden dieser Reproduktion hat mich immer ein wenig Überwindung gekostet, da das Bild mir viel bedeutet. Ratschlag an potentielle sentimentale Collagisten: zuerst die Köpfe wegschneiden und vernichten. Damit erlischt die Herkunft bis zu einem gewissen Grad« (*Endlich allein* Nr. 30).

Botticellis *La Primavera* hat auch, nach dem Willen seines Schöpfers, Andrew Marbot viel bedeutet. An seinen Großvater Lord Claverton schreibt er: »Überhaupt ist Botticelli ein Maler des Weltlichen, alle seine Figuren haben etwas Heidnisch-Sündiges, sie sind sehr schön und sehr unfroh (uncheerful), und man weiß niemals woran sie denken, sie sind dem Geschehenen, an dem sie vordergründig teilnehmen, entrückt. Keine der Gestalten auf dem Gemälde *Der Frühling* in den Uffizien denkt an den Frühling, keine freut sich, – ich denke, der Künstler wird gewußt haben, warum (...) Dennoch ist er ein wunderbarer Maler, unvergleichlich in der Zartheit seiner hellen Töne und in der Sicherheit seiner Zeichnung, vor allem aber der sich bewegenden Figuren, die immer gelassen und, wie ich sagte, manchmal teilnahmslos, doch auf eine seltsam kühle Weise belebt sind. Sie scheinen von irgend einer seltsamen Trauer beseelt zu sein, vielleicht darüber, daß sie nicht lange zu leben haben. Dieser *Frühling* läßt mich nicht los, gestern saß ich eine Stunde davor. Ich glaube, daß sich dieses, übrigens ganz und gar lautlose Geschehen in einem Obstgarten des Elysium abspielt, in dem alle ehemalige Sündhaftigkeit wieder zu Unschuld geworden ist« (S. 138).

Marbots Biograph schreibt dazu: »Dieser *Frühling* also läßt ihn nicht los. Oder ist es eher das Thema der zu Unschuld gewordenen Sündhaftigkeit, das ihn nicht losläßt?« (ebd.) Wenige Seiten später, im Zusammenhang mit Schopenhauer, den Marbot den »Erfinder der absoluten Wahrheit über den Menschen« nannte (S. 142) und sich den Titel von *Die Welt als Wille und Vorstellung* als Aide-mémoire auf den unteren Rand der Seite mit seinen Aufzeichnungen über Botticelli schrieb, zitiert der Biograph eines jener kleinen Notate, die Marbots Auseinandersetzung mit der Beziehung zu seiner Mutter mit schlaglichtartiger Deutlichkeit beleuchten. Unter dem Titel von Schopenhauers Hauptwerk notierte Marbot den Vers aus *Oidipus tyrannos*: »So wird des Vaters Grab dir denn zum höchsten Glück« (ebd.).

Die Sehnsucht Marbots nach einem Zustand, in dem Schuld nicht mehr existiert, erinnert an die Versuche des Mannes in *Mo-*

nolog, alte Schuld zu verdrängen und zukünftig so zu leben, daß er sich nicht mehr schuldig macht, nämlich zurückgezogen und kontaktlos. Wenn Marbot seiner Mutter schreibt, er betrachte ihre inzestuöse Beziehung nicht als Sünde, hat er ein Stück Verdrängungsarbeit geleistet, flieht eine Fortsetzung der Beziehung aber nicht nur deshalb, weil seine Mitwelt Inzest ächtet und die Folgen dieser Ächtung ungeheuer wären, sondern weil er sich nicht noch schuldiger machen möchte. Er kann sich nicht mehr, wie Hildesheimers frühe Figuren, über die Konventionen erheben, und wenn er sich auch subjektiv unschuldig fühlt – wie der Reflekteur *Tynsets* –, so weiß er doch, daß er nicht wirklich unschuldig ist. Er ersehnt einen Zustand, in dem es keine Schuld – er spricht von »Sünde« – mehr gibt, damit verrät er verdrängtes Schuldbewußtsein, und da er einen solchen Zustand ins Elysium verlegt, weiß er um die Unmöglichkeit vollkommener Schuldlosigkeit, denn gläubig ist er nicht.

Marbots Thema, Schuld, ist also auch Hildesheimers Thema, die Sehnsucht nach Unschuld kennzeichnet beide, und Marbots Vorliebe für Botticellis *La Primavera* teilt Hildesheimer. Was Marbot in den Figuren dieses Bildes sieht, ihr Entrücktsein, ihre Teilnahmslosigkeit und Gelassenheit, läßt sich, wenn man Marbots Beispiel folgen und über das Kunstwerk *Marbot* zur Person des Künstlers gelangen will, durchaus auf Hildesheimer beziehen. Er hat sich aus dem Geschehen, das schuldhafte Verstrickung bringt, zurückgezogen, nimmt daran nicht teil und betrachtet mit Gelassenheit, wenn auch unfroh und »von irgend einer seltsamen Trauer beseelt«, welchem Ziel dieses Geschehen zusteuert: nicht mehr lange zu leben haben, was Marbot auf die Figuren des Bildes bezieht, allerdings ohne das »mehr«.

Dieses »nicht mehr lange« und »niemals mehr« könnte Marbot auf sich eben so angewandt haben wie Hildesheimer auf die Menschheit; tatsächlich spielt ja das »nevermore« eine große Rolle in *Marbot*. Das endgültige »nevermore«, das für die ganze Menschheit gilt, hat Hildesheimer mit *Endfunk* warnend vorgeführt, aber nicht nur in seinen schriftstellerischen Werken spricht sich diese Warnung aus, sondern auch in seinen Bildern, zum Beispiel gerade in der Collage *Sturmwarnung II*, zu der er schreibt: »Das gezackte Instrument in der Mitte, kompliziert, aber einleuchtend, tastet die Atmosphäre nach kommenden Störungen ab und signalisiert sie« (*Endlich allein* Nr. 26).

Marbots Flucht in die Kunst mißlingt, deshalb endet er im Freitod. Andere Figuren, vor allem die frühen Figuren, haben die Flucht in die Kunst erfolgreich gemeistert, zum Beispiel Eduard Merlin (*An den Ufern der Plotinitza*), für den Krieg nur auf dem Terrain der Künste stattfindet, dessen Erfolg auf dem nicht von Schuldverstrickung gefährdeten Terrain der Kunst ihn aber befähigt, auch alltägliche Begebenheiten souverän zu meistern, sich ihrer zu entledigen wie einer lästigen Pflicht, um sich um so ungestörter seiner Malerei widmen zu können. Hildesheimer selbst nennt immer wieder seinen Rückzug in das Reich der bildenden Kunst Flucht, wie seine Beschäftigung mit Mozart, Marbot und, überhaupt, Vergangenem auch.

Schon sehr früh, ehe er begonnen hatte, eine Zukunft als Schriftsteller in Erwägung zu ziehen, war ihm der Fluchtcharakter seiner Tätigkeit als Maler bewußt. Während seiner Zeit als Dolmetscher bei den Nürnberger Prozessen malte und zeichnete er und erprobte Techniken. Am 6. Juli 1949, also während er schon die Prozeß-Protokolle redigierte, schrieb er an seine Eltern: »Zum Glueck ist mir Frankfurt« – dort hatte er dienstlich zuweilen zu tun – »diese Woche erspart geblieben sodass ich mich in meiner Freizeit privaten Dingen zuwenden kann. Ich male wieder an einem Oelgemaelde und kann jeden Tag den Moment garnicht abwarten, wenn ich nach Hause gehen kann. Heute allerdings gehe ich zu meiner Lithographieanstalt«, wo er sich einen Arbeits- und Ausbildungsplatz verschafft hatte. Im gleichen Brief schreibt er: »Dass die Nazis wieder ueberall an der Spitze sind, ist natuerlich auch eine Uebertreibung, die ich auch nur mit juedischem Ressentiment erklaeren kann. Andrerseits ist es richtig, dass es immernoch Nazis gibt und immer geben wird.« Von einem Absatz kaum getrennt fährt er fort: »Im Moment interessieren mich nur meine Bilder. Ich kann mich nicht erinnern, dass der ›creative impulse‹ jemals so stark gewesen ist, wie gerade jetzt, denn ich denke an fast nichts anderes.«

Vermutlich haben ihm seine Eltern die Konzentration auf seine Bilder und die Beiläufigkeit seiner Auskünfte über die aktuelle politische Lage vorgehalten; in *Tynset* und *Masante* schreibt er dann selbst von den Nazis, die wieder Spitzenpositionen eingenommen haben; zur Zeit *Tynsets* und *Masantes* hatte sich der Abstand zu den Prozessen bedeutend vergrößert und damit den Bezug zur alltäglichen Beschäftigung mit den Nazis verloren. Auf die Vorwürfe der Eltern damals, die man nur indirekt erschließen kann, da von den Briefen der Eltern wohl nur wenige erhalten sind, hat er im Brief vom 26. Juli 1949 allerdings mit grundsätzlichen Ausführungen reagiert, in denen sich unter anderem die Ausgangsposition der *Verspätung* theoretisch formuliert findet, also eines Stückes, das er ja erst nach der Periode der *Lieblosen Legenden* und der depressiven Phase geschrieben hat:

Ich will heute auf einen anderen Punkt eingehen, naemlich auf den meines ›gluecklichen Temperaments‹. Bis zu einem gewissen Grade hat Vati wohl recht, aber ich moechte doch etwas dazu erklaeren. Ich muss da auch Thomas Mann zitieren, der in seiner frankfurter Rede – die uebrigens wunderbar war – ungefaehr sagte: ›Wie waere es einem Kuenstler jetzt moeglich zu leben, wenn er nicht durch seine Phantasie aufrecht erhalten wuerde.‹
Bei Vati ist es die Naturwissenschaft und bei mir ist es die Phantasie. Beides ist eine Flucht, weil die Wirklichkeit – man kann es ruhig sagen – unertraeglich ist. Ich bin mir schon seit vielen Jahren des Verfalls der europaeischen Kultur bewußt, schon seit lange bevor dem Krieg. Damals war es mir vielleicht nicht gegeben, mir Gedanken darueber zu machen, heute will ich es nicht mehr. Es fuehrt naemlich zu nichts, aendern kann man es ja doch nicht und wo sollte man auch anfangen. Aber es ist auf jeden Fall ein Vorgang der unter unseren Nasen ablaeuft und kein intelligenter und sensibler Mensch kann ihn ignorieren. Die Herrschaft geht entweder ueber auf Amerika, ein Parvenuestaat ohne Tradition, mit ganz anderen Lebensbegriffen als Europa, der auch noch auf dem besten Wege ist, fascistisch zu werden – schon allein die Taetigkeit des Committee of Un-American Activities ist genug um einen krank zu machen – oder auf Russland, wo eine Kunstdiktatur getrieben wird, so wie sie in Nazideutschland war. Alle Politiker, wie sie da sind, sind korrupt, Politik ist mir ueberhaupt widerlich und aller Nationalismus ist mir in tiefster Seele verhasst.
Mit all dem will ich nur sagen, dass es nicht etwa so ist, dass ich ueber diese Dinge nicht nachdenke. Aber bis zu einem gewissen Grade gelingt es mir, sie auszuschalten, sonst haette ich mich schon laengst aufhaengen koennen. Und so geht es nicht nur mir sondern Vielen, die sich auch schon lange nicht fragen, was man eigentlich tun kann. Man kann eben nichts mehr tun, denn die Fehler die gemacht worden sind, haben sich nur aus frueheren Fehlern entwickelt und jetzt ist es zu spaet. Warum ich *Euch* das schreibe weiss ich garnicht, Ihr wisst es doch auch ganz genau. Wieder muss ich Thomas Mann's frankfurter Rede zitieren. Er sagte: Zu meinem verstorbenen Sohn Klaus – auch ein Opfer dieser Zeit – sagte ein grosser franzoesischer Dichter, Andre Gide: Wenn die Juengeren mich fragen, ob es nicht doch irgendeinen Ausweg aus dem Chaos gibt, dann werde ich mir meiner Ohnmacht bewusst, denn ich weiss keinen, und ich muss ihnen sagen, dass auch ich keinen weiss. Und wenn er keinen weiss, wer bin ich (misplaced

modesty) dass ich einen wissen soll. Ende des Zitats. Wenn die beiden also keinen wissen, dann brauche ich garnicht erst darueber nachdenken. Deshalb scheint mir fuer mich eine policy of non-cooperation and disinterest die geeignetste. My time is up, ich muss was arbeiten, ich bin naemlich im Buero. Herzliche Gruesse, ich schreibe wohl morgen oder uebermorgen wieder.[25]

Das Ende einer Welt bezieht sich eben nicht nur auf diejenige Gesellschaft, die mit Ende des Zweiten Weltkrieges ihr Ende gefunden hat, sondern auf die europäische Kultur überhaupt. Der Geschichtspessimismus, den Hildesheimer mit zunehmender Deutlichkeit zuletzt auf die ganze Welt bezog, spricht bereits aus diesem frühen Brief; er war damals dreiunddreißig Jahre alt und hatte, wie gesagt, noch nicht mit dem Schreiben begonnen. Thomas Mann, den er in späteren Jahren mit wachsendem Unbehagen betrachtet hat, galt ihm damals noch als Autorität; in anderen Briefen an seine Eltern berichtete er begeistert von seiner Lektüre des *Doktor Faustus*, aber schon mit eingeschränkter Bewunderung von *Lotte in Weimar*; und André Gide lobte er (in einem anderen Brief) als den Verfasser des besten Goethe-Aufsatzes, den er jemals gelesen habe.

Thomas Manns Rückzugsstrategie, nämlich André Gide vorzuschieben, nennt er »misplaced modesty«, aber wie er seinen englischen Kommentar in das Zitat einflicht, erinnert an das Verfahren, Marbots Briefe und Aufzeichnungen zu zitieren, wo ja ebenfalls englische Versionen in Klammern stehen, dort allerdings nicht als Kommentar des Biographen, sondern als englische ›Original‹-Formulierungen. Das Spiel mit Autoritäten und Zitaten also schon früh, denn Thomas Manns Rückzug hinter Gide zeitigte Hildesheimers Rückzug hinter Thomas Mann, und das nannte er durchaus nicht »misplaced modesty«, wie man es heute nennen würde, da er selbst ein großer Mann geworden ist. Aber niemand kann behaupten, daß er sich nicht doch Gedanken über die Zukunft und ihre Möglichkeiten gemacht hat, und zwar mit zunehmender Intensität, ganz anders als zu Beginn seiner schriftstellerischen Laufbahn, als er seinen Figuren jene Möglichkeit eines Auswegs zugestand, die er der Gesamtheit absprach.

Das Wesentliche dieses Briefes, der Grund dafür, daß er im Umfeld der bildenden Kunst zitiert wird, liegt in Hildesheimers Begründung seines Rückzugs vor der Welt und in seiner Betonung des Fluchtcharakters seines Malens. Ehe er zu schreiben begann und nach dem Ende seines Schreibens dieselbe Situation: die »Wirklichkeit« ist ihm »unerträglich«, wie er Ende der vierziger Jahre schrieb, ehe er Wirklichkeit und Realität unterschieden hatte; aber schon damals verwendete er die typische Formulierung »man kann es ruhig sagen«, die später als »sprechen wir es aus« wiederkehrte. Kunst als Flucht vor dem Leben, das Verhältnis von Art and Life, das *Mozart* und *Marbot* in unterschiedlicher Weise prägt, Art and Life als Grundlinie des Werkes, persönlicher Ausdruck der Verfassung des Künstlers: das Verhältnis von Kunstwerk und Künstler.

1973, nach Abschluß des *Tynset-Masante*-Komplexes, als Hildesheimer schon nicht mehr schreiben wollte, erschien *Beim Malen überwinde ich Müdigkeit und Depressionen*, ein kleiner Text, der auf persönliche Gestimmtheit hinweist: »Zeichnen und Malen enthält für mich ein beschäftigungstherapeutisches Element (...) die Gedanken sind niemals beim fertigen Werk, sondern bei der Tätigkeit, mitunter – bei Collagen – beim manuellen Vollzug, die Arbeit hält mich in Atem, beinah zu jeder gewählten Stunde. Nichts ist auf Gelingen angelegt, nichts wiederholbar.«

Bildkünstlerische Tätigkeit wendet die Gedanken von der entsetzlichen Gegenwart oder Zukunft in das Reich des Schönen oder auf das Gebiet des unverfänglichen Manuellen. Da nichts auf Gelingen angelegt ist und Gelungenes erst nach seiner Fertigstellung als gelungen wahrgenommen und das Mißlungene vernichtet wird, fehlt jene bezeichnende Parallele zur Entwicklung der Menschheit, die auf zukünftiges Gelingen unabdingbar angewiesen ist, da deren Scheitern alles auslöschen wird. Collagieren in Hildesheimers Weise bedeutet den Nachvollzug eines historischen Entstehungsprozesses wie des menschlichen, allerdings mit der Möglichkeit einer Korrektur des Historischen und, vor allem, der Chance, ein gelungenes Ergebnis zu erzielen. Die Tragweite dieses Nachvollzuges bleibt auf engen Raum beschränkt, und die Vernichtung des Mißlungenen läßt einen Neubeginn – wenn auch keine Wiederholung – zu, und darin liegt der entscheidende Unterschied und das Wohltuende dieser Beschäftigung: »In den Ateliers der Maler fühle ich mich zu Hause, in meinem eigenen bin ich glücklich, d. h. ich vergesse, daß ich arbeite, ich bin ›bei der Sache‹ und nicht bei der Verarbeitung eines Themas« (ebd.).

Hildesheimer ist sich also der Parallele zwischen der Entstehung seiner Collagen und der Entwicklung der Zukunft nicht bewußt, er ist »bei der Sache«, nicht aber bei theoretischen Reflexionen über das Grundsätzliche seiner Tätigkeit und nicht bei den dabei transportierten Inhalten, wie das bei seinen schriftstellerischen Arbeiten der Fall ist: hier liegt, bei aller Gemeinsamkeit, einer der zentralen Unterschiede in der Entstehung seiner bildkünstlerischen und seiner schriftstellerischen Werke, ein Unterschied, den er erst in späteren Jahren theoretisch analysierte und fundierte, der seine Arbeit jedoch von Anfang an geprägt hat. Im Brief vom 1. Dezember 1949 schrieb er seinen Eltern: »Die Kunst ist für mich doch eine Art Zwang, die mich ueber viele Dinge hinwegsetzt und dabei ist es noch nicht mal nur l'art pure sondern alle Entwuerfe, typographische oder Textil, alles wobei ich basteln oder spielen kann, alles wozu Phantasie gehoert.«

Über das Vorwort zu *In Erwartung der Nacht*, mehr als fünfunddreißig Jahre später also und nach dem Ende seines Schreibens und der Rückkehr zur bildenden Kunst, schreibt er – wie über *Die letzten Zettel* – als Motto einen der letzten Sätze Günter Eichs: »Ich will gar nichts mehr, – ich will spielen«, und eröffnet das Vorwort, wieder als eine seiner typischen »Antworten« formuliert, mit der Erläuterung des Unterschieds zwischen schriftstellerischer und bildkünstlerischer Tätigkeit:

Oft werde ich an den Widerspruch gemahnt, der darin liege, daß ich dem Schreiben entsagt habe, weil ich der Literatur keine Zukunft mehr gebe, die bildende Kunst dagegen weiter betreibe. Glaube ich denn, daß die bildende Kunst im allgemeinen und meine Collagen im besonderen eine Zukunft hätten? Nein, das glaube ich natürlich nicht. Aber das Schreiben zwingt permanent zum Nachdenken über unser Leben, über unsere Vergangenheit, vor allem aber über unsere Zukunft, in der die Rezeption stattfinden soll. Die Collage dagegen zwingt zum Nachdenken über Farbtöne, Schnittflächen, Papierstärke und ein sehr allmählich entstehendes Gebilde reiner aktiver Phantasie. Das heißt, daß Zeit und reale Welt ausgeschaltet bleiben. Die Einbildungskraft entzündet sich ausschließlich an sich selbst und nicht an Stationen menschlichen Lebens, geschweige denn an seinem fiktionalen Rankenwerk. Zudem ist es keine Tätigkeit, der ein ›einsam großes Werk‹ entspringt, sondern es ist ein dauernder Anreiz, ein erregendes geistiges und manuelles Spiel, ein – zumindest vordergründig – rein ästhetischer Vollzug, oft auch ein Konflikt zwischen Absicht und Zufall, der mit fortschreitender Arbeit stetig komplexer und intrikater wird.

Die Tätigkeit als Collagist ist geprägt vom Wissen um die sich in wachsendem Maß reduzierenden Möglichkeiten der Zukunft. Übrig bleibt, Vergangenes aufzugreifen und neu zu arrangieren.

Über der Tätigkeit des Collagisten Hildesheimerscher Prägung liegt, trotz des revolutionären Handelns eines Aufbaues durch Zerstörung, der Hauch resignierter Zukunftshoffnung. Dieses Collagieren ist ein Spiel mit Zitaten, mit denen er ja auch in seinen literarischen Werken spielt, ein Spiel mit Bekanntem, mit »feststehenden Faktoren«, von denen er im Katalog der *Collage 67* geschrieben hat, Faktoren aber, denen er die festgefügte Ordnung nimmt, um eine neue, schönere Ordnung herzustellen.

1983, also bereits nach dem Ende seines Schreibens, ist er von Hanjo Kesting anläßlich der Eröffnung seiner Collagen-Ausstellung im Wilhelm-Busch-Museum Hannover interviewt worden (*Rückzug in die Welt der Bilder*). Seine Collagen, so Hildesheimer, seien »absolut legitimer Ausdruck« seiner selbst, »wenn man so will« seines »Innenlebens«. Er weist also nachdrücklich auf die Verbindung zwischen Künstler und Kunstwerk hin: »ich bin auf das Collage gestoßen, was doch wahrscheinlich meine eigene Ausdrucksform ist, weil ich sehr gern mit vorgegebenen Elementen arbeite (...) Es ist tatsächlich ein Arbeiten mit bereits Bestehendem, was mich immer gereizt hat, die Anordnung, die neue Anordnung des bereits Bestehenden.« Hinter diesem Arrangement des Bestehenden und Vergangenen zu neuer Schönheit steht der Wunsch, Schönheit zu bewahren, wie er zu Kesting gesagt hat: er mache seine Collagen, weil sie für ihn »das Heraufbeschwören einer schönen Vergangenheit suggerieren, sagen wir ruhig das nostalgische Element, das Unwiederbringliche«, und diejenigen, denen seine Collagen gefielen, würden ebenso wie er »das Schöne als das Verlorene« empfinden, »das es gilt zu bewahren, solange wir es noch bewahren können«.

Ein Jahr später, in jenem spektakulären Interview »*Der Mensch wird die Erde verlassen*«, das stets zu Unrecht als Beginn seines Verstummens zitiert wird, hat ihn Tilman Jens gefragt, ob er denn, wenn er schon nicht mehr schreibe, noch irgend etwas lese: »Als Trost, den ich unbedingt brauche, die Werke von Montaigne. Außerdem lese ich Joyce. Für mich ist diese Lektüre ein ganz besonderes Erlebnis: Das ist ein Untertauchen in eine humanere Vergangenheit, wo man der Bedeutung des Menschen noch etwas beimaß« (S. 60).

Montaigne, der ja nicht nur für Marbot eine große Rolle spielt, als Trost, das überzeugt; Joyce als Trost, das mag verwundern, doch leuchtet ein, daß Hildesheimer, der Joyce von Anfang an bewunderte und in sein schriftstellerisches Werk manche Anregung einfließen ließ, in dessen Werk einen letzten und höchsten Ausdruck der Gesamtsicht einer Welt sieht, die noch nicht dem zwangsläufigen Untergang geweiht zu sein schien. Aber auch für Hildesheimers bildkünstlerisches Werk läßt sich bei Joyce einiges finden, wenngleich nicht in ästhetischen oder kunstkritischen Essays und deshalb nur mit Vorsicht herauszulösen und gesondert zu betrachten oder zu verallgemeinern. Gemeint ist die Kunstdiskussion, die Stephen Dedalus in *A Portrait of the Artist as a Young Man* führt, eine Diskussion, die sich mit dem Verlauf des Buches weiterentwickelt, die vollkommen in Dialoge aufgelöst und die eben, was nicht unterschlagen werden kann, fiktiven Figuren in den Mund gelegt ist, so vieldeutig auch Joyce hinter Stephen Dedalus stecken mag. Man kann ja auch nicht, was selbstverständlich sein sollte, *Zeiten in Cornwall*, ebenfalls eine Art Porträt des Künstlers als junger Mann, ungebrochen auf Hildesheimer selbst beziehen.

Kunst, sagt Stephen Dedalus, »ist das dem Menschen eigene Arrangement sensibler oder intelligibler Materie, auf einen ästhetischen Zweck hin ausgerichtet« (Frankfurter Ausgabe, S. 481). Dies scheint eine Kunstdefinition, wiewohl sie im Fluß einer weiterführenden Auseinandersetzung steht, die einen Schlußzustand der Kunst bezeichnet. Zu Beginn des Jahrhunderts mochten andere Möglichkeiten offen sein, doch bezeichnenderweise kam gerade zu dieser Zeit die Technik der Collage mit Picasso, Schwitters und anderen zu erster Reife, und wenn man *Finnegans Wake* so sehen will, kann man durchaus eine Riesencollage darin erkennen, deren Material – Sprache, ihre Inhalte und Klänge – zu einem neuen Gesamtganzen komponiert ist. Zerstückelung der Wörter und Kombinationen einzelner Silben aller Sprachen, Bruchstücke aus den Philosophien, Sagen, Literaturen, Religionen, musikalischen, ästhetischen und wissenschaftlichen Systemen aller Zeiten und Kulturen – »sensible und intelligible Materie« – als Collage-Material zu neuem Arrangement gefügt, zur Zeit Joyces noch nicht Ausdruck des Unterganges, sondern der anbrechenden Moderne und der Verquickung aller Lebensbereiche.

Hildesheimers Collagen stehen am Ende der Moderne, am Ende der Welt, in ihnen kann sich kein Gesamtentwurf einer zukünftigen besseren Welt mehr ausdrücken, auch sie sind jedoch Arrangement sensibler und intelligibler Materie, und auch Hildesheimer richtet diese Materie auf einen ästhetischen Zweck hin aus, zumal wenn man den Arbeitsprozeß in die Betrachtung einbezieht. Seine Collagen sind Ausdruck einer Zeit, die keine Zukunftsperspektive mehr offenläßt, nachdem die Verquickung aller Lebensbereiche die Erde ausgeraubt und zerstört hat. Geschlossene Weltbilder sind zerschlagen, und Utopien funktionieren nicht mehr nach dem *Prinzip Hoffnung* (Collage 1983). Übrig sind Relikte einer Vergangenheit, von der die Gegenwart geschaffen worden ist, Relikte, die man neu arrangieren kann, um noch einmal Schönheit zu erzeugen, eine Schönheit des Details, über der das Wissen um die Vergänglichkeit nicht nur der Schönheit liegt, Ausdruck eines Künstlers, der sich bewußt ist, etwas zum letzten Mal zu tun, wie er im Vorwort zu *In Erwartung der Nacht* abschließend schreibt:

Ich habe angedeutet, daß während der Arbeit jegliches Zeitgefühl ausgeschaltet bleibt. Da gibt es also weder Vergangenheit, außer der, die ich soeben zerschneide, noch Gegenwart, außer dem Akt des Schneidens und Klebens, noch Zukunft, außer dem sich nähernden Resultat dieser Tätigkeiten. Die Konzentration gilt dem technischen Arbeitsvorgang am Bild und natürlich, zunehmend, dem sich stufenweise entwickelnden, sich gleichsam aus dem Nichts schälenden Bildinhalt, dieser immer wiederkehrenden Überraschung. Sehr allmählich also, und immer mit retardierenden Detail-Korrekturen, öffnet sich die Sicht, um eine neue Region zu erschließen, eine metaphorische Parallele und gleichzeitig eine Paraphrase der Realität. Angesichts der gelösten Aufgabe sinkt der Arbeitsprozeß in die Vergangenheit, wenn nicht in Vergessenheit. Ich sitze vor einem in Verkleinerung konzentrierten Panorama, das es nunmehr zu deuten gilt, wie ein Blatt aus dem Szondi-Test, mit dem Unterschied allerdings, daß ich in Einzelheiten noch korrigieren, ergänzen oder eliminieren kann. Ist das Bild gelungen, habe ich einen Aspekt innerer Wirklichkeit vor mir, so klar, eindeutig und einleuchtend, daß im Verhältnis zu ihm die kollektive Realität zu einer unzureichenden Parabel wird. Der Aufwand hat sich gelohnt, aber das Spiel ist aus, und ich stehe vor der Frage: wie oft werde ich es noch wiederholen können?

6 Die Entwicklung als bildender Künstler

Unter dem Titel »Entwicklung als bildender Künstler« sollen nicht noch einmal Hildesheimers verschiedene Ausbildungsgänge nachvollzogen werden, also Bühnenbild, Textilentwurf, Innenarchitektur, Zeichnen, Malen, Tischlerhandwerk, Möbeldesign, sondern es soll die Vielfalt der tatsächlich oder auch nur als Hinweise greifbaren Kunstwerke vorgestellt werden.

Eine Buntstiftzeichnung des ungefähr Fünfeinhalbjährigen ist erhalten geblieben und sogar exakt datiert, vermutlich von seinem Vater: 20. März 1922. Auf den ersten Blick wirkt diese Zeichnung unbeholfen, wie Kinderzeichnungen meist. Doch die Raumaufteilung ist auffallend gut gelungen, die beiden Personen, eine steht, eine sitzt in einem Auto, sind nahezu gleich groß; und doch stimmen die Größenverhältnisse nicht vollkommen. Wenn auch die Größe des Autos, heute würde man von einem Oldtimer sprechen, einigermaßen zu den Figuren paßt, so ist doch das Haus mit roten Wänden und braunem Dach viel zu klein, nämlich ungefähr so lang wie das Auto und nur um ein Drittel höher. Natürlich ist die Gruppe aus Haus mit rauchendem Kamin, Gartenzaun zur Rechten, Mann mit Stock und Hut zur Linken, Auto und Autofahrer etwas weiter rechts vom Haus, nicht perspektivisch gezeichnet, aber sie steht nicht, wie bei vielen Kinderzeichnungen, im freien Raum oder auf einem dünnen Strich, der die Erdoberfläche andeuten soll, sondern auf einem breiten, quergestrichelten grauen Grund, den eine Wellenlinie und drei schwarze Querstriche durchziehen. So ist zuletzt doch eine Perspektive gelungen: die Gruppe wirkt, als stehe sie am Ende eines großen Ackers vor dem Horizont, klein und nicht allzu farbig gegen den hellen Himmel. Die Figurengruppe ist also auch nicht, wie bei vielen Kinderzeichnungen dieser Altersstufe, in irgendein Eck des Blattes gezwängt oder an den unteren Rand gedrängt, sondern etwas unter halber Höhe des Querformats und ein wenig links von der mittleren Breite arrangiert. Darunter, aber nicht etwa bis zum Bildrand, erstreckt sich der Acker. Nun wäre natürlich der Himmel, etwa zwei Drittel der Höhe des Blattes über der Figurengruppe, zu hoch geworden, doch Hildesheimer zog mit sicherem Maß für Proportionen mit dem Bleistift einen Halbkreis über Akker und Figurengruppe, den man als Regenbogen sehen könnte, der rechts und links und oben nicht ganz bis zum Blattrand reicht. Auf dieser Linie schrieb Hildesheimer wie auf der Linie eines Schulheftes: »In zoonen haus wil Wolf woonen«, in großen bemühten deutschen Buchstaben, die dem Halbkreis folgen und ihn betonen.

Dieses Blatt gibt Zeugnis eines zeichnerischen Vermögens, das

weit über dem orthographischen stand, wie auch die zwei Kinder-
gedichte zeigen, die ungefähr zur gleichen Zeit entstanden sind:
vöklein singe mir was schönes for und *ess ist Abent*. Schon damals
also Schriftstellerei, bildende Kunst und, wie man gleich sehen
wird, Musik.

Die Tuschzeichnungen des ungefähr achtjährigen Hildesheimer
zeigen bereits auffallend sicheren Strich, zum Beispiel das *Orche-
ster*, genauer: vier Streicher auf Stühlen und ihr Dirigent auf einem
Podest, gezeichnet auf das linierte Blatt eines Schulheftes. Die
Raumaufteilung ist hier souverän: im Zentrum steht der spreizbei-
nige befrackte Dirigent auf seinem schweren, perspektivisch gezeichneten Podest und hebt theatralisch beide Arme, den rechten
durch einen Taktstock verlängert: ganz offensichtlich ein wuchti-
ger Mann, wie sein breiter und sehr nackter Nacken verrät; sein
hochgeschorener Hinterkopf deutet auf eine abenteuerliche Frisur. Rechts von ihm sitzen drei Geiger, der erste, sehr klein, muß
seine Füße auf einen Schemel stellen und sieht etwas bedrückt aus,
der zweite ist massig, hat eine Verbrechervisage und ein längsge-
streiftes Jackett, der dritte, dünn und mit noch kürzeren Beinen als
die beiden anderen, stellt die Unterlippe weit vor, als sei er verblüfft, daß ihm eben ein Fehler im Spiel unterlaufen ist. Alle drei
halten die Geigen auf gleicher Höhe waagrecht, die Bogen gleich
weit hinaufgestrichen, als würde eine Waagrechte von drei Parallelen geschnitten: in ihrer akkuraten Arbeitshaltung bieten sie mit
dem beherrschenden Dirigenten ein äußerst komisches Bild. Der
vierte Musiker ist Cellist, links hinten, zum einen Teil vom Podest
des Dirigenten verdeckt, zum anderen von seinem Instrument.
Man sieht ihn von vorn, das heißt, man sieht ein sehr zierlich
gezeichnetes Cello und ein Bein des Musikers, das hinter dem
Cello hervorkommt, man sieht die Hand, die den Bogen führt,
den Bogen selbst und die Hand, die auf dem Hals Griffe greift.
Von Hals und Wirbel des Cellos verdeckt, läßt sich eine Kopfbe-
deckung erahnen, die in der Hauptsache an Napoleon erinnert:
auch der Cellist arbeitet als siegessicherer Kämpfer der Musik.

War es eine Mahnung des Lehrers oder das Ende der Schul-
stunde: dieses Bild scheint Fragment, es sei denn, bereits zu dieser
Zeit hätte sich Hildesheimers Neigung zum Surrealen angedeutet.
Nicht, daß die linke Blattseite bedeutend mehr Rand läßt als die
rechte, sondern daß neben der Stelle unter dem Hut des Cellisten,
unter dem sein Gesicht zu sehen sein sollte, und zwar en face und

vom Hals des Cellos halb verdeckt, ein merkwürdiges Profil nach links erscheint, fast schon auf Höhe des Hutes, mit weit vorspringendem Kinn, spitzer Nase und, als dritter Spitze, nach vorn gekämmter Frisur. Ein Gesicht, das nicht dem Cellisten gehören kann, das um einiges größer als die anderen Gesichter ist, ein halbverworfenes Detail, das auch dann kaum zu einer anderen Figur des Orchesters hätte passen können, wenn Hildesheimer alle Musiker gezeichnet hätte. Wie dem auch sei: plötzlich, in einem Umfeld ernsthaft-satirischer und gekonnt figürlicher Darstellung, erscheint ein verfremdendes Element, das stellvertretend für die Leere des linken Randes stehen könnte: die größere Zahl der Musiker ist bereits beseitigt, während die hinterbliebenen unbeirrt weiterspielen.[26]

Eine der anderen frühen Tuschen zeigt in sehr kleinem Format drei Bühnenentwürfe für Opern und eine kleine Gruppe von vier Figuren. Die Requisiten und Figuren sind bereits stark stilisiert, das Bild wird wohl einige Zeit später entstanden sein, doch gewiß noch in Hildesheimers Jugendzeit: ein frühes Indiz seiner Hinwendung zum Bühnenbild.

Bühnenbilder sind, tatsächlich und bedeutend später, allerdings nur vier entstanden, soweit nachzuweisen ist, nämlich zu Čechovs *Djadja Vanja*, Shaws *Mrs. Warren's Profession* und zu *Jedermann* – »nicht das Hofmannsthalsche, sondern das originale, englische«, wie er 1970 zu Stefan Reinhardt gesagt hat –, alle drei Ende 1938 bis Anfang 1939 am Londoner Tavistoc Little Theatre, und das vierte zu Büchners *Leonce und Lena*, nach einem Entwurf in der Londoner Bühnenklasse 1938 für eine Aufführung von *As You Like it*, die nicht zustande kam, von Hildesheimer 1978 als Modell gebaut, das er in seinem Atelier aufbewahrt.

Auf einem Foto hat sich die Eselsmaske erhalten, die er sich 1932 auf der Odenwaldschule gebastelt hat, wo er im *Sommernachtstraum* in der Rolle Zettels aufgetreten ist. Birgitta Ashoff erklärte er: »Ich hatte bereits im Alter von sechzehn sämtliche Shakespearedramen gelesen, auf Deutsch allerdings, und der Zettel war natürlich meine Traumrolle (. . .) Der Unernst der Rolle hat mich ungeheuer angezogen, und dieses Mittelding zwischen Schlauheit und Doofheit, dieser Handwerker, das war mein Typ, das waren die Typen, die ich gerne gespielt hätte, wenn ich Theater gespielt hätte.«[27]

Auch der Stuhl von 1937, sein Gesellenstück als Schreiner und

Abschluß seiner handwerklichen Ausbildung in Jerusalem – ein »Stilmöbel« mit geschwungenen Beinen, wie er zu Birgitta Ashoff gesagt hat –, ist wohl nicht erhalten geblieben.

Dafür existiert ein Theaterzettel, immerhin als Kopie, zur Aufführung von *Macbeth* von »members of the Police Orchestra (...) and members of the P. B. S. Orchestra«, unter der Regie W. G. Powitzers zur Musik William von Blaeses in Jerusalem. Wann genau diese Aufführung stattgefunden hat, ist wohl kaum mehr zu ermitteln, vermutlich während des Zweiten Weltkrieges. Jedenfalls zeichnete Wolf Hildesheimer für »Settings & Costumes« verantwortlich. Wie das ausgesehen haben mag, wird man nie mehr feststellen können.

1941, Hildesheimer wurde im Dezember dieses Jahres fünfundzwanzig Jahre alt, hat er den Einband des inzwischen berühmten ersten Almanachs *Ariel* gestaltet, den Manfred Vogel in Jerusalem »In memoriam Ernst Toller« herausgegeben hat. Der Almanach ist dünn, ein Heftchen in sehr kleinem Hochformat, etwas größer als eine Postkarte. Dieses Kleinformat lag Hildesheimer offensichtlich schon immer: auf vielleicht einstmals weißem Papier entwarf er mit schwarzer Tusche, ohne einen Rahmen zu ziehen, in großen Buchstaben das Wort »Ariel« in stilisierter Schreibschrift, darunter eine Tuschezeichnung, unter ihr in der gleichen, aber kleineren Schrift »Almanach«, und darunter, in derselben, noch einmal verkleinerten und nun leicht schräggeneigten Schrift, auf einer Zeile »Jerusalem 1941«: eine Komposition aus Bild und Schrift, Textgraphik also, eine Kompositionsform, die später nicht nur immer wieder, sondern, wenn man an die ins Bild integrierten Titel seiner Zeichnungen und Collagen denkt, nahezu ausschließlich vorkommt.[28]

Die Zeichnung auf dem Einband zeigt ein Geschling aus dünneren und dickeren, teils bauchig gewölbten, teils eckig anschließenden, zuweilen auch eichenblättrig gewellten Tuschelinien, die neben einer verfließenden und eingeflochtenen Figur in wallenden Gewändern, die man am Rund des Kopfes leicht erkennt, zahlreiche verschiedene Figuren ahnen lassen: der Ausschnitt zwischen linkem Arm und Körper könnte, nach einer leichten Rechtsdrehung des Titelblattes, auch ein großes Lippenpaar sein, wobei man rätseln kann, wie die anderen Teile des Gesichts gedacht sein könnten. Das Gebilde rechts außen erinnert an einen Drachen – jedenfalls eher an den Luftgeist aus *The Tempest* als an das Symbol des Tempels –, mit Schwanz, Flügel und erhobenem Kopf, der dieser einen erkennbaren Figur an den Kragen gehen will. Links unten erkennt man ein Doppelblatt jener schmalblättrigen Pflanzen, die tief am Boden zwei Blätter treiben und deren Stiel außer Blüten nichts trägt, wie Knabenkräuter oder manche Lilien.

Der Almanach enthält zwei getuschte Illustrationen zu Manfred Vogels *Stilleben* (S. 23-30), ohne nähere Angaben, auf welche Textstelle sie sich beziehen. Vogels Text ist das surrealistische Expressivo eines verzweifelten Dichters, der Leere braucht, um sie mit Kunstwerken zu füllen: »Eine aetherische Helle nacktblutender Adern, neigt sich ein schlanker Kran voll Hirn und Galle nieder zur stroemenden Alabasterflaeche, malt mit verlorenem Kiel seine Krankheit, wehmuetig nach Farben suchend, schreiende Resignation, weit vor der Zeit erschoepft, Primitivitaet als Verbrennungsrueckstand enthusiastischer Jugend, malt mit verlorenem Kiel seine Krankheit, nach differenzierten Farben suchend, erschoepft nichts als ein halbwuechsiges Schwarz gewinnend, malt auf dem Buckel seines Nachbarn auf alabasterweissen Grund, malt seine Krankheit, nennt es die Krankheit der Welt« (S. 24).

Die erste der beiden Illustrationen (S. 31) könnte sich auf den folgenden Satz beziehen: »Stilleben in riesiger Unendlichkeit, greifbar im letzten Winkel geometrischer Illusion, Stilleben« (ebd.), ein frühes Beispiel geometrischer Illusion, wie sie Hildesheimer in seinen Collagen und Zeichnungen erst wieder seit den sechziger Jahren exerziert: in den vielfach verschlungenen bauchigen Formen, die der Titelzeichnung ähneln, finden sich verschiedene Schraffuren, die an Ausschnitte aus der geometrischen Spielerei eines Ringgerüstes erinnern. Die zweite Illustration (S. 33) bezieht sich recht eindeutig auf das erste der beiden eingestreuten Gedichte in Vogels Text: »An der Violinwurzel / Kreist der Sechsfuss wild Ballett, / Aus den Schultern springen Haende, / Wachsen einwaerts in die Lende. / Auf dem Hals winkt ein Barett« (S. 27).

Im Gegensatz zu den beiden anderen Zeichnungen wirkt diese Illustration nicht wie eine dekorativ flächige Arbeit: ein plastischer Körper stellt sich vor, dem man tatsächlich in den Hals blicken kann, von dessen Rand eine Feder weht. Das Bein ist die Hälfte einer Violine, mit exakt gezeichneten Zargen, deren Hals, halbverwachsen mit dem Körper, um die Lendengegend einen Kreis beschreibt, ein kreisrundes Loch weißen Papiers frei läßt, um dann über den Bauch an den realistisch gezeichneten Brüsten vorbei zur Schultergegend zu kriechen. Bei all dieser Beschreibung bleibt die Figur vieldeutig: vielleicht ist die halbe Violine gar kein Bein, sondern eine Wurzel, wie das Gedicht ja nahelegt, und der Kreis meint den ersten Lichtblick, wenn der Trieb aus dem Grund bricht. So verstanden, hinge ein männliches Geschlechtsorgan – der Kreis wäre dann das weibliche – seitlich aus der Lendengegend und würde, seinerseits Wurzel, neben der Violine als kleiner Seitentrieb in den Boden ragen. Ein Hermaphrodit also, der überraschende Ähnlichkeit mit Hildesheimers erst 1968 entstandener Tuschzeichnung *Pathologischer Fall* aufweist. Sexuelle Auffälligkeit, wie sie in seinem schriftstellerischen Werk selten vorkommt, wenn man nicht gerade an die Szene *Tynsets* denkt, wo Gesualdo seine Frau und ihren Geliebten während des Geschlechtsakts durchbohrt; oder an das Treiben der Dienerschaft Mary Stuarts während der Vorbereitung zur Hinrichtung; oder an den allerdings spektakulären pathologischen Fall: die Inzestgeschichte in *Marbot*.

Die anderen frühen Bilder sind, bis auf wenige Ausnahmen, nicht greifbar. Noch nicht einmal die drei Ausstellungen, an denen sich Hildesheimer um 1945 in Palästina beteiligt hat, lassen sich genau ermitteln, geschweige denn natürlich, mit welchen Bildern er die Ausstellungen beschickt hat: vor 1945 in der Jerusalemer Galerie Schlosser, um 1945 gemeinsam mit Reggie Weston und William Gear im Museum Tel Aviv und ungefähr zur selben Zeit gemeinsam mit Reggie Weston in den Katz Galleries in Tel Aviv. Besprechungen dieser Ausstellungen mag es wohl gegeben haben, und wenn die Jewish National and University Library in Jerusalem bereit wäre, einige Jahrgänge der ›Palestine Post‹, des ›Forum‹ und seiner Beilage ›Radio Week‹ auszuleihen, könnte man gewiß die eine oder andere Besprechung oder sogar manchen Artikel von Hildesheimer selbst entdecken.

Einige Besprechungen haben sich aber, wenn auch ohne Hinweis auf Zeitung oder Datum, im Familienarchiv der Hildesheimers gefunden. Höchstwahrscheinlich zur Ausstellung in den Katz Galleries schreibt ein oder eine »S. H.« unter dem Titel *Hildesheimer and Weston*: »Hildesheimer has gone forward since his last show in that his designs are better co-ordinated. As always the underwater quality predominates in his colour and while his paintings are not at all representative he has obviously been influenced by the shapes of shells, pebbles and bones.«

Die Unterwasserqualität der Farbgebung, übrigens eine hübsche Formulierung, war also schon früh hervorstechendes Merkmal seiner farbigen Arbeiten, die sich auch heute noch häufig in der schmalen Palette zwischen Blau, Grün und Grau mit überraschend vielen Tönen bewegen. Man fühlt sich außerdem an seine Collage von 1971 erinnert, an *Marina* – das Meer und seine Küstenlandschaften tauchen auch in den schriftstellerischen Arbeiten immer wieder auf –, zu der er schreibt: »Eine gerahmte Sicht auf eine Ansammlung von disparaten Bestandteilen nautischer Objekte und Relikte«, eher aber noch die Sicht auf den Meeresgrund, auf dem Abfall und Wrackteile herumliegen, darunter gewiß auch einige Relikte nautischer Instrumente, die aus einem geborstenen Schiffsrumpf gefallen sind (*Endlich allein* Nr. 1).[29]

Selbst die Formen, die sich an Muscheln, Kieselsteinen und Fischgräten orientieren, meint man heute noch zuweilen in den Bildern zu entdecken, allerdings dominieren sie nicht mehr. Die einzige typische shell-Form, wenn man davon ausgeht, daß damit die Form der Kamm-Muscheln (Pectinidae) gemeint ist, die sich im Mittelmeer besonders häufig finden und die jedem als Signum des weltweiten Ölkonzerns ein Begriff sind, kann man auf einer der Illustrationen zu *Zeiten in Cornwall* betrachten: *Blick aus dem Fenster* von 1971 (S. 65), dort allerdings zu einer Art unheimlichen Vorderlaufs eines krallenbewehrten Tieres geworden; vielleicht eine Detailsicht auf die wandernden Betten in Searles *Quo vadis?*

Auf einem anderen dieser Zeitungsausschnitte hat sich wohl eine Besprechung der Ausstellung in der Galerie Schlosser erhalten: *Junge Kunst in Palästina*. Franz Goldstein schreibt: »Hildesheimer führt etwa die Linie Jean Cocteaus (von dessen Federzeichnungen: ›Dessins‹) fort. Der junge Graphiker ist eminent geschmackssicher, technisch zuweilen virtuos, besitzt Rhythmus, neuerdings eine farbige Palette, viel Charme und Grazie in seinen kleinen Hafenstücken und Weltstadt-Interieurs, sehr jazz-like – ebenso unüberhörbar indes eine leicht melancholische Note. Eine ausserordentliche Talentprobe stellt sein Zyklus nach Baudelaire's ›Les Fleurs du Mal‹ dar; voll Verve ein Porträt des jungen Komponisten Wolf Rosenberg.«

Der Zyklus zu Baudelaire ist wahrscheinlich verloren, immerhin kann man dieser Nachricht entnehmen, daß Hildesheimer zu Beginn seiner künstlerischen Tätigkeit wohl häufiger illustrierte, eine besondere Form künstlerischer Rezeption also, und wenn er nach langer Pause 1962 damit wieder begann, nämlich mit Illustrationen eines seiner eigenen Werke, der *Vergeblichen Aufzeichnungen*, mag das für eine gewisse Unsicherheit des Neubeginns sprechen, aber auch für eine selbstsichere Konzentration auf das eigene Werk.

Bleibt noch ein letzter undatierter Ausschnitt aus der ›Palestine Post‹, der sich höchstwahrscheinlich auf die Ausstellung im Museum Tel Aviv bezieht. Olivia Manning hält Hildesheimer für »a genuine surrealist«, auch sie beschreibt die nuancierte Farbgebung: »He deliberately limits his palette to a severe range of greys and shell-blues, relieved with an occasional red.« Olivia Manning dürfte eine der ersten sein, die seine besondere Art der Ironie in der Weise beschrieben haben, die dann schon bald, seit den *Lieblosen Legenden*, auch auf seine schriftstellerischen Arbeiten angewandt worden ist: »His intellectual sense of humour is delightful.«

Von unvermuteter Seite kann man einige interessante Details über die Bilder der Zeit in Palästina erfahren, und zwar aus dem Roman *Kopf oder Schrift*, den der Herausgeber des Almanachs *Ariel*, Manfred Vogel, 1979 in Wien drucken ließ. Hildesheimer ist darin als Munia verschlüsselt, und der Ich-Erzähler, der zur Pflicht hat, die Ereignisse eines Jahres aufzuschreiben, um seine Aufzeichnungen »in Munias Atelier« gegen die Geburtstagsgeschenke einzutauschen, schreibt am Vorabend seines Geburtages im Jahr 1939: »Im übrigen zweifle ich nicht, daß Munias Bar gut bestückt ist. Ich würde mich bei ihm auf nichts verlassen, außer auf seine Freundschaft und seine Getränkekarte. Und natürlich wird er mir zur Feier des Tages eines seiner aphoristischen Bilder verehren. Etwa vier senkrechte Balken und eine schwebende Diagonale: ›Liebesrausch‹. Eine grün und blaßrosa karierte Leinwand, über die zwei hauchzarte Wellenlinien tanzen: ›Phallische Phantasie‹. Oder ein weißes Quadrat mit einem kleinen, sauberen schwarzen Punkt in der Mitte: ›Die Geschichte der Welt von ihren Uranfängen bis zur Gegenwart‹. Nur nicht wieder die zwei Halbdiagonalen, die unten zu einem V zusammenstoßen und ›Lesbos‹ heißen! Die kenne ich schon auswendig« (S. 14) – »abstrakte Bilder für Feinschmecker«, läßt Vogel seinen Erzähler sagen, gemalt von einem, der sich vom »Salonkommunismus« den Salon nehme (S. 58). Interessant an seinen Bildbeschreibungen: die besondere Art der Titelgebung war offensichtlich von Anfang an typisch.

Was Vogel über Hildesheimers politische Haltung schreibt – er findet noch härtere Worte –, wird durch das Nachwort von Walter Lovis Arie Sternheim Goral zu seinem Gedichtband *Um Mitternacht* unterstützt. Goral beschreibt die deutschsprachige »Dichterenklave« in Jerusalem während des Zweiten Weltkrieges: »superb extravagant introvertiert Manfred Vogel, genannt das Vögelchen, das Unzucht trieb mit liebestrunkenen Blütenzweigen (Else Lasker-Schüler sagte einmal dazu: ›Nein, alles darf er, nur das nicht, die Blumen sind mir heilig.‹« Und: »Wolfgang Hildesheimer, in Jerusalem zumeist von einer erötisch außergewöhnlich dunkel Schönen begleitet, kultivierte Dandytum und galt unter Insidern ohne viel dafür zu tun als exclusiver Geheimtyp« (S. 81). Den Ruch des Exklusiven hat Hildesheimer nie verloren; vor allem in *Hauskauf* aber hat er sich eingehend mit den Vorwürfen auseinandergesetzt, die einem Mann stets gemacht werden, wenn er sich so auf sich selbst zurückzieht, wie Hildesheimer das ja auch über Herbert List geschrieben hat, und wenn er sich nicht im Tagesgeschehen verliert, Vorwürfe hauptsächlich wohl von jenen, die im Tagesgeschehen bereits verloren sind.

Noch eine andere Besonderheit klingt in Vogels Roman an, nämlich Hildesheimers Wechsel zwischen Malerei und Sprache, die damals allerdings noch nicht die künstlerische Sprache war. In den Aufzeichnungen des Jahres 1943/44 schreibt der Ich-Erzähler: »Sogar Munia, der neuerdings zwischen Ägypten, Syrien und dem Libanon viel durch die Gegend schwirrt, ist wieder im Lande. Kurios, Munia, finde ich deine Purzelbäume. Erst hast du die abstrakte Malerei eingepackt, um dich mit einer anderen verständlicher zu machen« – Vogel meint damit wohl jene Art, die sich im *Ariel* findet – »und dann die Malerei überhaupt. Plötzlich sorgst du nur noch mittels Sprache für Verständigung, und nicht etwa als Propagandist deiner eigenen Ideen, sondern als Automat, der auf fremden Knopfdruck funktioniert. Ist das ein Beruf für dich – Dolmetscher beim englischen Geheimdienst? (...) Du willst, sagst du, wenn alles vorüber ist, auf dem schnellsten Weg nach Europa zurückkehren und meinst, das sei die beste Ausgangsposition. Na schön« (S. 139). Schon damals also gab es einen scharfen Bruch in Hildesheimers Entwicklung, schon damals konnte er seine künstlerische Tätigkeit seinen persönlichen Bedürfnissen und den politischen Bedingungen gemäß konsequent aufgeben.

Diese romanhaft dargebotenen Details dürfen durchaus als private, kaum verhüllte Geschichtsschreibung Vogels genommen werden, zumindest was die Daten betrifft: pünktlich zum Jahr 1945/46 läßt er seinen Ich-Erzähler von einer Ansichtskarte schreiben, die Munia, jetzt ja tatsächlich Dolmetscher bei den Kriegsverbrecherprozessen, aus Nürnberg geschickt habe (S. 187).

Wenn man Vogels Aufzeichnungen also glauben will, hatte Hildesheimer nach 1943, als er Information Officer der britischen Regierung geworden war, das Malen aufgegeben, zumindest für einige Zeit, aber gewiß nicht länger als zwei Jahre, denn um das Jahr 1945 hat er sich, wie gesagt, bereits wieder an Ausstellungen beteiligt. Aus dieser Zeit sind sechs Tuschzeichnungen erhalten, Illustrationen zu einem nicht erschienenen Gedichtband Gabriel Jabras, erhalten geblieben nur deshalb, weil Hildesheimer am 5. August 1947 aus Nürnberg an seine Eltern schrieb, er bitte um einige Abzüge der »Jabraillustrationen«, die noch »irgenwo herumliegen muessen« – Abzüge auf getöntem Papier und nicht etwa die Originale, die wohl verloren sind. Diese Zeichnungen zeigen eine Weiterentwicklung in jene Richtung, die von der zweiten Illustration zu Vogels *Stilleben* in *Ariel* angedeutet worden ist: eine Mischung aus figürlicher Detailtreue und zuweilen skurriler Abwandlung, beides souverän gehandhabt; und wieder Textgraphik, gerade bei diesen Bildern, denn vier davon integrieren die Gedichtzeilen, auf die sie sich beziehen.

Das konventionellste illustriert die Zeile *The House of Shadows*: ein junger Mann lehnt an einer Hausmauer aus Ziegeln, an einen Ausschnitt aus einer Fassade mit Simsen und Vorsprüngen und einem Kamin. Dem Mann gegenüber, hinter einem schmiedeeisernen Gartenzaun, steht ein Baum mit Aststümpfen ohne Blätter, der sich bei näherem Zusehen in eine Frauengestalt verwandelt. Der Mann streckt einen Arm nach dieser Gestalt aus, aber der Ärmel aus kariertem Anzugstoff wird in fließendem Übergang zu einem Ast, der sich nicht von denen des Baumes oder der Frau unterscheidet und der gemeinsam mit einem Ast des Baumes eine Laterne hochhält, in deren Glas statt der Flamme ein Herz leuchtet. Das Bild ist, wie die anderen dieser Bilderfolge, sehr dunkel, Hintergrund und Untergrund sind fast vollkommen schwarz, nur in der Mitte heben sich die schwach beleuchteten körperlichen Partien weich ab; die Hausfassade allerdings liegt in stärkerem Licht, mit ihr, so hat es den Anschein, ist der junge Mann zum Teil verwachsen, vielleicht ist er aber auch eben aus dem Fenster herausgeklettert, unter dem er steht und aus dem eine Wolke zieht, die den Himmel verhüllt. Nun steht er da, halbverwachsen mit der Baum- oder Frauengestalt, halb mit dem Haus, im Schatten des Hauses und Schatten selbst.

Die Illustration zur Zeile *The Annals of Love* ist das ungewöhnlichste dieser Blätter: in einem geschwungenen Gebilde mit Durchbrüchen und Einlässen, Ausbuchtungen und Hohlräumen, durch die man eine Uferlandschaft mit Trauerweide sieht, reichen sich ein nackter Mann und eine nackte Frau die Hände. Der Mann sitzt oben in einer der Ausbuchtungen, den Himmel über sich, die Frau kniet unten, der Erde verbunden; der Mann sieht auf die Frau herab, die Frau sieht, vielleicht ob ihrer Nacktheit beschämt, zu Boden. Die Trauer über diesem Bild rührt nicht allein von der Trauerweide her, sie ist sogar fast zu plattes Symbol, sondern von den Assoziationen, die von der merkwürdigen Sitzgelegenheit des Paares ausgehen: mit derselben Wahrscheinlichkeit, mit der die Aus- und Einbuchtungen Geschlechtsorgane sein können, kann das ganze Gebilde das Skelett des menschlichen Beckens sein, ein ähnliches Knochengerüst, wie es Hildesheimer 1962 zu seinen *Vergeblichen Aufzeichnungen* unter dem Titel *Ich sehe immer den Schädel hinter dem Fleisch* gezeichnet hat (S. 23). Vom Becken, aus dem das Kind kommt, hin zur körperlichen Liebe zwischen Mann und Frau, bis hin zum Tod umfaßt dieses Bild alle Stadien einer Liebe, die über ihre Vergänglichkeit trauert. Damit sind die Annalen der Liebe geschrieben.

Nach dem Krieg ist Hildesheimer für kurze Zeit nach England gekommen – während dieser Zeit hat er Cornwall zum zweiten Mal besucht – und ist dort, wie gesagt, als Dolmetscher verpflichtet worden: der Chefdolmetscher habe ihn, wie er Frank A. Meyer erzählt hat, in die amerikanische Botschaft bestellt, »und dort hat er in einem Zimmer ein Band mit einer Hitler-Rede ablaufen lassen, ich saß im anderen Zimmer und übersetzte das auf Band, dolmetschte simultan. Das ging gut, und so wurde ich engagiert (...) Beim Übersetzen der Hitler-Rede damals, in der amerikanischen Botschaft, ging verhältnismäßig wenig in mir vor. Hitler war tot, die Sache war vorbei. Konfrontiert allerdings mit einigen Kriegsverbrechern, sah die Sache natürlich wieder anders aus, und das ging nicht ganz ohne Schrecken ab, nicht wahr, da wurde etwas Realität, von dem man vorher nur gehört hatte. Das war traumatisch, und das mußte dann natürlich verarbeitet und verdrängt werden. Wir Dolmetscher waren die enfants gâtés der Prozesse, wir hatten also zwei Tage Arbeit, vormittags anderthalb Stunden, nachmittags anderthalb Stunden, zwei Tage und den dritten Tag frei, das heißt, wir hatten sehr viel Freizeit.« In *Mein Judentum* schreibt er: »Drei Jahre lang lebte ich als Angehöriger der Besatzungsmacht in einem großen Zimmer im Grand Hotel in Nürnberg, das ich mir als Atelier hergerichtet hatte, um mich beim Zeichnen und Malen von dem Schrecken dieser ausführlich rekapitulierten Vorgänge abzulenken, was mir gelang« (S. 268).

Am 25. Februar 1949 hat er aus Nürnberg an seine Eltern geschrieben: »Meine Jabra Illustrationen erkenne ich heute nicht mehr an, denn mein Stil hat sich vollkommen geaendert. Ich haette mal Photographien eingeschickt, aber ohne die subtilen Farben kann man eigentlich keinen Eindruck mehr gewinnen. Gestern habe ich zum ersten Mal seit einigen Wochen wieder mit Erfolg gearbeitet, das heisst, ich habe riesige Bogen Papier mit Tusche vollgeschmiert, um wieder in Uebung zu kommen und dabei sind einige Blaetter als Skizzen zu spaeteren Oelgemaelden ganz gut herausgekommen, vor allem eine Ente, die ich schon in Oel angefangen habe und dieses Wochenende malen will. Voegel sind im Augenblick meine Spezialitaet und von meinen Bildern, die ich innerhalb dieses Jahres gemalt habe sind einige betitelt: Eisvogel, Vogel im Kaefig, und Zwei Schwaene.«

Andere Titel, wie *Vogel mit Ei* (Öl 1949), aber auch *Der Geometer Otokar L.*, finden sich in weiteren Briefen, die Bilder selbst sind wohl verschollen, obwohl *Vogel mit Ei* anläßlich der Ausstellung zum Blavins Davis-Prize 1950 im Münchner Art Collecting Point – nicht prämiert, aber unter den besten – ausgestellt worden ist, wie die Exponatenliste ausweist, die außerdem noch den *Eisvogel* verzeichnet. Von einer speziellen Vogelart, die vor allem dem Reflekteur *Tynsets* wichtig ist, erfährt man in Hans Werner Richters *Im Etablissement der Schmetterlinge*. Richter erinnert sich: »Einmal malte er einen Hahn, den er mir schenkte. Es ist lange her und muß in den Anfängen, in der Nachkriegszeit gewesen sein. Diese Zeit muß für ihn eine Zeit der Hähne gewesen sein, denn er malte viele Hähne« (S. 146). Aber zwei der drei Vögel, die Hans Werner Richter freundlicherweise auf Anfrage zur Verfügung gestellt hat, sind aus späterer Zeit, beides großformatige Hähne in Öl, einer, ein sehr realistisch gemalter, datiert von 1957; der dritte Vogel, eine Tuschzeichnung, tatsächlich vom »Juli 1950«, aber kein Hahn, eher eine Kreuzung zwischen Pfau und Krokodil, ist gar nicht von Hildesheimer, wiewohl von einem »W. H.« signiert.[30]

Vögel jedenfalls schon damals, vielleicht nicht ganz ohne Zusammenhang mit den Ereignissen der Nazizeit, die vor Hildesheimer ausgebreitet wurden und die er in seinen Briefen an die Eltern fast immer ausgespart hat: Vögel als Sinnbilder des Leichten, Schwerelosen, als Inbegriff dessen, das jederzeit das Weite suchen und sich mühelos aller Bindungen entledigen kann, wie der Erzähler von *Warum ich mich in eine Nachtigall verwandelt habe*. Vögel als Wunschbilder, und erst später, vielleicht in unbewußter Koppelung mit den entsetzlichen Berichten der Prozesse, Vögel als jene manchmal unheimlichen Wächter- und Warnfiguren, wie sie in zahlreichen Collagen und Zeichnungen gerade seit 1965 erscheinen.

Wie notwendig diese Wunschbilder der Flucht gewesen sein mögen, wie notwendig die Flucht in die bildende Kunst, beweist Hildesheimers Brief vom 16. Juli 1947, in dem er seine Betroffenheit zu verdrängen sucht, aber nicht verbergen kann: »ich bin im Moment im Justizpalast und werde in einer Viertelstunde ›on duty‹ sein. Ich habe temporär mit Sigi getauscht, er dolmetscht bei den Industriellen und ich bei den Aerzten, die gerade ihre letzten Reden halten bevor ein Drittel von ihnen aufgehängt wird. Ich bin ziemlich ›run down‹ und trotz eigentlich schandenmässig geringer Arbeitszeit sehr angestrengt.« Kurz zuvor hatte er sich Malutensilien gekauft, kurz darauf hat er nur noch auf direkte Fragen knapp über den Verlauf der Prozesse geschrieben, ungefragt aber ausführlich über seine bildnerischen Projekte und Ideen.

In den Briefen aus Nürnberg und den ersten aus Ambach ist, wie sich bereits gezeigt hat, viel von verschiedenen Techniken die Rede, von Holzschnitten, Ölbildern, Lithographien, Zeichnungen mit Tusche und Kohle, Aquatinta, Tempera und anderen – außer ein paar wenigen Titeln, die sich in den Briefen finden, ist davon nichts erhalten, zumindest zur Zeit verschollen. Allerdings hat sich eines der schwarzweißen Fotos gefunden, die Hildesheimer nach Haifa geschickt hat, obwohl sie, wie gesagt, die subtile Farbgebung nicht vermitteln, weshalb es sich – von einem titellosen Temperabild gemacht – nicht als Grundlage einer Bildbesprechung eignet. Auffällig jedoch, daß sich die Formen in diesem Bild völlig von denen früherer Bilder unterscheiden. Nichts Figürliches ist mehr zu erkennen: unterschiedlich gemusterte und geformte Flächen durchqueren, überlagern und treffen sich, wie später bei den Collagen. Noch ist die Komposition, soweit man ohne Berücksichtigung der Farben davon sprechen kann, nicht so schwerelos wie bei den Collagen vor allem der späteren Jahre, noch zeigt sich expressive Bewegung und ein Zuviel an verschiedenartigen Elementen, doch der Weg zu den späteren Bildern läßt sich bereits ahnen.

Am 1. März 1949 hat Hildesheimer seinen Eltern mitgeteilt, er sei aufgefordert worden, ein Titelblatt für die Münchner Zeitschrift ›Glanz‹ zu entwerfen, habe auch schon einen Entwurf gemacht und plane einen zweiten zur Auswahl; doch keines der Titelblätter ist von ihm entworfen, obwohl tatsächlich jedes von einem anderen Künstler gestaltet worden ist. Am 25. Oktober 1947 schreibt er, zwei seiner Bilder seien für die Ausstellung *Extreme Malerei* angenommen worden, die im November in der Fränkischen Galerie des Germanischen Nationalmuseums tatsächlich eröffnet worden ist, doch der Katalog, von dem er auch schreibt, zeigt, daß er sich zuletzt doch nicht beteiligt hat. Eine Zeitlang hatte er vor, als Werbegraphiker in den Vereinigten Staaten zu arbeiten, betrieben hat er diesen Vorsatz jedoch nicht mit überzeugendem Nachdruck; kurz nach seinem Umzug an den Starnberger See 1949 hatte er ihn endgültig verworfen.

Tatsächlich hat er aber, zumindest zu Beginn seiner Nürnberger Zeit, einen Abend in der Woche Kinder in »Zeichnen und Handfertigkeiten« unterrichtet (Brief vom 4. April 1947)[31], und gegen Ende hat er Vorträge über moderne Kunst gehalten, die natürlich, falls er sie überhaupt aufgezeichnet hat, verschollen sind (Brief vom 7. Oktober 1949). Schon früh jedenfalls hat er sich um die Vermittlung dessen bemüht, was er an moderner Kunst für wichtig erachtet. Außerdem schreibt er immer wieder von seinen Textilentwürfen und daß er für einen Keramiker Vasen entworfen und selbst Vasen gemacht hat. Er war auf der Suche nach seinem eigenen Stil, nach einer ihm gemäßen Technik und, nicht zuletzt, nach einer Möglichkeit, sich durch seine Bilder und Entwürfe finanziell halten zu können. Im Brief vom 15. Dezember 1949 an seine Eltern heißt es (*Zen 49*, S. 304):

Nach einem kurzen darstellerischen Interlude sind meine Bilder jetzt umso abstrakter (...) Wenn man, wie ich, sich in einem zwar grossen, aber doch begrenzten Kreis bewegt, verliert man natürlich etwas den Kontakt mit der

Allgemeinheit, d. h. dem Publikum, die die öffentliche Meinung bilden und deshalb kann ich schon garnicht mehr verstehen, wie man solche Bilder nicht verstehen kann. Für mich wird die zeitgenössische Kunst und Musik und Dichtung immer interessanter und bedeutet mir immer mehr, das bedeutet aber nicht, dass ich nicht kritisch bin. Ich weiss, dass sehr viel Mist fabriziert wird, aber auch nicht mehr, als zu jeder anderen Zeit.

Mit dem Erfolg der *Lieblosen Legenden* ist 1950 der Abbruch der bildkünstlerischen Arbeit gekommen, und zwar für zwölf Jahre, wenn man von dem kleinen Vorspiel Ende der fünfziger Jahre absieht, während dessen auch die *Hähne* entstanden sind, von denen Hans Werner Richter erzählt, die dorthin natürlich viel besser passen: in die Phase der Niedergeschlagenheit bis zum Wegzug aus der Bundesrepublik Deutschland, in eine Zeit, in die, wie gerade diese Bilder nahelegen, womöglich die Wurzeln *Tynsets* zurückreichen. Mit Vögeln hatte er 1950 aufgehört, mit Vögeln begann er wieder.

Das heißt nicht, daß er nicht hin und wieder zum Zeichenstift gegriffen hätte, um sich, wie er in seinem Vortrag *Watteaus › Gilles ‹ und Marbot* über Watteau gesagt hat, die Finger zu wärmen. So hat er auf einer Autorentagung, veranstaltet vom Süddeutschen Rundfunk am 24./25. Oktober 1952 in Heidelberg, auf einer Serviette ein surrealistisches Figurenensemble versammelt: im Zentrum steht ein ernster, glatzköpfiger Mann, der sich mit einer Hand auf einen geschlossenen Regenschirm stützt, wobei der Abstand vom Boden bis zur Unterkante der Finger mit 38 Zentimetern angegeben ist. Mit der anderen Hand stößt er sich einen Spazierstock in den Bauch. Rechts über ihm hängt ein grinsender Glatzkopf, um 40 Zentimeter vom Rumpf getrennt. Rechts unten kauert eine Frauengestalt, den Kopf in die Hand gestützt: der Abstand von ihrem Scheitel bis zum Knauf des tödlichen Spazierstockes ist mit 29,4 Zentimetern angegeben. Links oben purzelt ein junger Mann mit geöffnetem Regenschirm herunter. Links, auf halber Höhe, wächst ein männliches Brustbild aus einer Blume. Darunter schlingt sich eine männliche Figur um die Taille einer Frau, die sich in hübschem Schwung der zentralen Figur zuwendet. Ganz links unten, hinter der Frau, sitzt eine männliche Figur auf dem Boden.

Dem genaueren Betrachter erschließt sich eine konsequente Abfolge der Ereignisse, die links oben beginnt: der junge Mann mit seinem Regenschirm – man denke an den Erfinder des Regenschirms in *Masante* – rettet sich an die Taille der Frau, die Frau aber läßt ihn fallen; soweit senkrecht von oben nach unten am linken Bildrand entlang. Die Linie setzt sich von hier diagonal nach rechts oben fort: mit graziösem Schwung deutet die Frau auf den alten Mann im Zentrum, der wohl darstellt, was aus dem jungen Mann geworden ist. Er hat die Illusion, mit dem Schirm zu fliegen, längst verloren, hat ihn zusammengeklappt und benützt ihn lediglich als Spazierstockersatz, den Spazierstock selbst aber als Mordinstrument. Nach vollzogenem doppeltem Selbstmord – Erstechen und Kopfabschneiden – überblickt er, rechts oben, grinsend sein Leben. Vielleicht ist seine Physiognomie aber auch mißlungen, vielleicht soll sie jene Verfassung spiegeln, die in der *Verspätung* elf Jahre später dem bildenden Künstler zugesprochen wird: »Visionen bändigen – in zwei Dimensionen bannen und sich mit dem Lächeln des Wissenden über die Zukunft der Künste ausschweigen!« – »Und das Wissen«, um mit Schillers *Kassandra* fortzufahren, »ist der Tod« (*Schillers sämmtliche Werke*, Bd. I, S. 200). Von hier setzt sich die Linie, am rechten Bildrand entlang, wiederum senkrecht nach unten fort: unten rechts kauert die wohl ebenso nachdenkliche wie trauernde Muse, den Kopf in die Hand und den Arm auf die Knie gestützt; der Schwung ihrer Beine leitet den Betrachter rechts unten aus dem Bild, in einer Diagonale, die zur Neigung des abgeschnittenen Kopfes parallel läuft. Auf halber Höhe der Senkrechten am rechten Bildrand zweigt eine Nebenlinie – 29,4 Zentimeter über dem Kopf der Frau, wie gesagt – waagrecht nach links ab, folgt dem Spazierstock, der sich in den Bauch des alten Mannes bohrt, folgt der Spitze des Stockes, die aus dem Rücken ragt, und stößt – eine geschweifte Klammer faßt die Ereignisse zusammen – auf das Brustbild des Mannes am linken Bildrand, das – so betrachtet – natürlich nicht aus einer Blume wächst, sondern ein Grabmal darstellt, vor dem eine Blume steht. Die Linie folgt, leicht nach unten versetzt, dem Blumenstengel und wird am äußersten linken Bildrand von einer Senkrechten, dem Unterrand der Blumenblätter, jäh gestoppt: mors ultima linea rerum.

Dieses Bild, im selben Jahr gezeichnet, in dem die *Lieblosen Legenden* zum ersten Mal erschienen sind, hat Hildesheimer in deutscher Schreibschrift mit einem Titel versehen, der zu Spekulationen über seine Situation nach dem Wechsel von der Malerei zur Schriftstellerei anregt: *Der Selbstmord von Herrn Wolfgang Hildesheimer*.

Eines der als schwarzweiße Fotos erhaltenen Bilder nach dieser Zeit, ein Tempera von 1957, stellt wieder einen Vogel dar, und zwar in nur wenig abstrahierender Figürlichkeit, allerdings in abstrakter Landschaft, von Senkrechten und Waagrechten bestimmt, als sei er in einer Hochhauslandschaft gelandet. Auch dieses Bild – es erinnert an den undatierten Hahn aus Hans Werner Richters Besitz: Eisblau und Betongrau – macht, soweit man das ohne Berücksichtigung der Farbe sagen kann, einen sehr kühlen Eindruck, nicht allein wegen der geometrischen Landschaft, sondern weil der Vogel den Gegensatz zwischen seiner geschwungenen Eleganz und den plumpen Recht- und Dreiecken der Hochhäuser offenbar mit Spott zur Kenntnis nimmt: mit kaum überraschtem Schwung blickt er über den Rücken auf alles, was hinter ihm liegt, den Schnabel mit jenem leichten Bogen nach unten verzogen, den verächtlich herabgezogene Mundwinkel haben.

Im Jahr darauf, 1958, also etwa zu der Zeit, als Hildesheimer *Die Herren der Welt* verworfen und statt dessen das *Pastorale* geschrieben hat, das erste jener Stücke, die man als ›absurde‹ mißverstand, hat er wenigstens vier Bilder gemalt, denn so viele sind zumindest als Fotografien erhalten und zugänglich, nämlich: *Stühle* (Tuschzeichnung), *Paar mit Anstandsdame* (Tempera) und *Winterbild* (Öl); *Der Spaziergang* (Tempera) befindet sich in Privatbesitz. Daß die vier Bilder in drei verschiedenen Techniken ausgeführt sind, läßt vielleicht die Vermutung zu, er habe nach seiner Flucht (?) aus der Bundesrepublik noch weiter fliehen wollen – im Jahr zuvor als erstes wieder Vögel – und habe nun schon zum zweiten oder gar dritten Mal den Weg zurück zur Malerei gesucht und sich probend seiner Technik versichert.

Die *Stühle*[32] sind eine geometrische Komposition auf einem Hintergrund aus Waagrechten, Senkrechten und wenigen Diagonalen; ohne Farben sieht das ähnlich aus wie beim Vogel von 1957. Es sind zwei Stühle, deren Sitzflächen sich überschneiden, als seien sie zusammengewachsen, deren Beine also beiden Stühlen gemeinsam gehören und das Stuhlgewächs keinesfalls tragen können. Vielleicht geht eine Interpretation zu weit, die aus Hildesheimers Zwiespalt zwischen Literatur und bildender Kunst das Sujet der beiden verwachsenen Stühle ableiten will, doch hat sie ihren besonderen Reiz: um 1958 könnte er sich so vorgekommen sein, als habe er sich zwischen zwei Stühle gesetzt, weil er die Malerei, seinen ursprünglichen Vorsatz, aufgegeben hatte zugunsten der

Literatur, die ihm immer fragwürdiger geworden ist und die ungefähr seit dieser Zeit das Scheitern thematisierte.

Jedenfalls: seitdem verschwinden während der ganzen sechziger und zu Beginn der siebziger Jahre, also während der Arbeit am *Tynset-Masante*-Komplex und dem Neueinsatz der bildkünstlerischen Arbeit, die Stühle nie mehr völlig aus den Bildern: Stühle als Signum des Zwiespalts und der Melancholie. 1971, kurz vor Abschluß *Masantes*, nach dem er mit Schreiben aufhören wollte, und als er sich eben in *Zeiten in Cornwall* mit seinen Anfängen als Maler beschäftigt hatte, zeichnete er denn auch in Tusche *Zwischen zwei Stühlen*.

Auch das *Winterbild* von 1958 zeigt zwei Stühle, einen großen und einen kleinen: auf diesen beiden könnte man tatsächlich sitzen, allerdings stehen sie hintereinander wie Gestühl in einem Veranstaltungssaal, der kleinere hinter dem großen. Auch dieses Bild lädt zu weitreichender Interpretation ein: hinter dem großen Erfolg des Schriftstellers, der das Gefühl für das Scheitern nicht überlärmen kann, steht der kleine Stuhl, die bisher wenig erfolgreiche Malerei. Die beiden Baumgerippe, blattlos und nahezu astlos, stehen ebenfalls hintereinander, doch ganz anders als bei den Stühlen, deren Größenunterschied kaum von perspektivischer Verkleinerung herrühren kann, leuchtet der Größenunterschied der Bäume ein, weil ein beschneiter Hügel dazwischen liegt: vielleicht tragen beide Zweige des künstlerischen Schaffens, Literatur und bildende Kunst, keine Früchte, vielleicht sind sie auch nur von winterlichem Weiß verborgen. Das Spiel mit der Perspektive jedenfalls läßt beide Möglichkeiten offen: wieder hat Hildesheimer einen Zwiespalt thematisiert.

Winterbilder hat er bis 1974 noch zwei geschaffen, 1968 eines in Chinesischer Tusche: eine verschneite menschenlose Waldlandschaft in Schwarz, Blau und Weiß; und 1974 eine Collage, deren Reproduktion als kleines Zeitungsfoto Bildbeschreibung nicht zuläßt. Außerdem ist 1966, im Jahr nach *Tynset*, eine Collage *Winterquartier* entstanden. Wenn man das erste Winterbild von 1958 mit dem Winter in Zusammenhang bringt, der im zu dieser Zeit entstandenen *Pastorale* hereinbricht und als etwas Unangenehmes und Melancholisches beschrieben wird – Schnee als Leichentuch –, könnte man das *Winterquartier* von 1966 als den Ort bezeichnen, an dem es sich der Maler im Entsetzlichen so eingerichtet hat wie der Reflekteur *Tynsets* in seinem Haus. *Tynset* sollte ja ursprünglich den Untertitel »oder ein früher Winter« tragen: inmitten schnee- und eisfarbiger Gebilde, Weiß-, Blau-, Grau- und Rosa-Töne, befindet sich ein Refugium aus warmen, kräftigen Farben: Rot, Gelb und Schwarz, im Innersten sogar ein Hauch von Grün.

Zuweilen, das zeigt sich bereits an diesen Blättern, kann man sich des Eindrucks nicht erwehren, als habe Hildesheimer mit zahlreichen seiner Bilder, auch wenn er nicht ausdrücklich darauf hinwies, Illustrationen seiner Werke geschaffen, Illustrationen, denen allerdings der Charakter einer Illustration im üblichen Sinn, die ohne den Text unvollständig wäre, nicht anhaftet. Diese Blätter bezeichnen ein und denselben künstlerischen Standort, einmal vom Schriftsteller, einmal vom bildenden Künstler eingenommen.

In *Zeiten in Cornwall* schreibt er von den »ersten Collagen« (S. 46), die er versucht habe. Das war, wie man aus einer Kombination der drei Zeitebenen des Buches mit den biographischen Daten ermitteln kann, während des ersten Cornwall-Aufenthaltes, der, ist die Angabe exakt und war er damals einundzwanzig Jahre alt (S. 40), im Jahr 1938 stattgefunden haben müßte, wie *Cornwall Interlude* aber nahelegt, ins Jahr 1939 fällt. Welcher Art Collagen das waren, läßt eine andere Stelle vermuten: »Ich sitze vor einer Collage aus gemusterten Papieren« (S. 43), also vermutlich vor einer Rasterpapiercollage, was nicht ausschließt, daß er nicht auch Collagen aus anderen Papieren oder Materialien gemacht hat. Er schreibt von den »found objects«, von der »Zeit der Apotheose des Surrealismus« (S. 62 f.), von der Suggestion der Dinge.

Doch durch die ganzen Jahre bis 1962 findet sich sonst kein Hinweis auf Collagen mehr, auch nicht in den Erinnerungen an den zweiten Cornwall-Aufenthalt, 1946, also kurz vor der Nürnberger Zeit. Er schreibt: »Ich malte nicht wie die anderen. Ich malte damals ›ungegenständlich‹. Dennoch wurden die offensichtlichen, die typischen Elemente dieser Landschaft auf den Bildern in symbolartigen Wahrzeichen sichtbar: nicht nur war das abstrahierende Sieb zu grob, sondern mein Begriff von Übertragung war zu simpel. Ich habe die Bilder bald darauf vernichtet. Heute würde ich sie mir gern noch einmal ansehen, vielleicht würde ich den Schlüssel zu einem fundamentalen Irrtum entdecken, in den ich mich seitdem lange eingelebt habe« (S. 32 f.). Und: »wenn ich bedenke, daß damals in Port Isaac mich wenig anderes bewegte als die Wiedergabe visueller Konstellationen, wie ich sie im Geist und als Geister vor mir sah! Dieses lächerliche ›innere Auge‹! Oft konnte ich das Tageslicht kaum erwarten, um den Kampf mit meiner Unzulänglichkeit zu beginnen, deren Einsicht mich gleichzeitig als Impuls beherrschte und als Herausforderung niederzwang« (S. 91). Die Erfahrungen dieser zweiten Periode gehören wohl zu den Gründen, aus denen er sich als Maler letztlich gescheitert fühlt.

Aber selbst seine Bücher komponierte er als Maler, wie er im Jahr 1976, also während der Arbeit an *Mozart*, zu Manfred Durzak gesagt hat: »ich bin ein Maler. Meine Requisiten sind tatsächlich, wie ich auch in ›Masante‹ sage, die sichtbaren und greifbaren Dinge, an denen meine Phantasie einhakt, die Dimension des Potentiellen an Objekten, die ich vorfinde, an Leuten, an Namen, an Sätzen, an musikalischen Themen, Bildern usw.« (S. 288) – und außerdem an den eigenen Gedanken, wie die Collage aus den *Letzten Zetteln* der Kartothek vorführt, aus dem »Bodenrest des niemals Verwendeten«, wie er 1987 im Vorwort zu *Nachlese* schreibt: »Es hat mir immer Spaß gemacht, Sinn-Assoziationen aus Zufällen oder aus konstruierten oder scheinbaren Zufällen herzustellen« (S. 8).

Aus dem Jahr 1962, als letzte Illustration der *Vergeblichen Aufzeichnungen* (S. 39), ist die früheste Collage erhalten, eine Mischform: auf einen getüpfelten Tuschehintergrund geklebte Zeitungsfetzen, also noch nicht in der Technik ausgeführt, die seine Collagen »einzigartig« macht. Man ist versucht, aus den Worten, die auf den Zeitungsfetzen zu lesen sind, Hinweise zum Titel *Bilanz* zu erhalten. Da steht zum Beispiel sehr groß »Francoforte sul Meno«: das könnte auf Hildesheimers Verlagswechsel zu Beginn der sechziger Jahre hinweisen, von München nach Frankfurt, von Desch zu Suhrkamp. Da stehen Wörter wie »Kulturkritik«, »Literatur« oder auch nur »Wort«, Begriffe, die sich auf seine schriftstellerische Arbeit beziehen könnten. Auf einem Fetzen liest man etwas über den Hörfunk in Bayern, wo er, neben Hamburg, mit seinen Hörspielen erste Erfolge hatte, und auf einem italienischsprachigen Fetzen steht »Homburg« statt Hamburg. Als auf seine Person gemünzt könnte man einen anderen Ausschnitt lesen: »Freund der Künste« und »Erholungssuchender«. Man könnte im Arrangement der Zeitungsfetzen, das von Tuschschattierungen unterstützt wird, eine umgestürzte Gestalt sehen, die in völliger

Verwirrung reglos liegt, während über ihr zwei weiße Wolkenfetzen ziehen, auf denen etwas über »blaßblaue Luft«, »Seelenfrieden« und »kühle Sanftheit des Juliwindes« geschrieben steht. Das ist, zweifellos, Bilanz des bisher Erreichten und Hinweis auf eine Zukunft, in der sich Hildesheimer, vor allem bis 1973, als Gescheiterter bezeichnet.

Illustrationen also zu den *Vergeblichen Aufzeichnungen*, zu einem eigenen Werk, Markierung des Abschlusses und Neueinsatzes, wie mit den Illustrationen in *Zeiten in Cornwall* und *Mitteilungen an Max* auch. Doch nicht nur eigene Werke hat er seit dieser Zeit illustriert, sondern, und zwar mit Rasterpapiercollagen, wie jene ersten Collagen, von denen er in *Zeiten in Cornwall* schreibt: 1963 Ilse Aichingers *Der Querbalken* und rund zehn Jahre später die vierzehnte von Günter Eichs *17 Formeln*: »Schrei, meine Gleichung, schrei!« Diese Rasterpapiercollage integriert die Worte Eichs, das in »GLEICHUNG« enthaltene »EICH« ist durch fettere Buchstaben hervorgehoben. Hildesheimers Gedicht *Günter Eich zum ersten Todestag* enthält die Zeile »(...) Formeln, / den Schrei deiner Gleichung«, bezieht sich also, wie die Collage, auf die vierzehnte Formel. Da das Gedicht – nicht die Illustration – 1973 in der ›Frankfurter Allgemeinen Zeitung‹ erschienen ist und Hildesheimer auf die Rückseite der Collage eine Notiz für Marcel Reich-Ranicki geschrieben hat, läßt sich dieses Bild auf 1973 datieren und gleichzeitig als Doppelillustration verstehen: als Illustration von Eichs und von Hildesheimers Gedicht. Das war – abgesehen von den neuen Illustrationen zu *Vergebliche Aufzeichnungen* (1988) – die letzte Rasterpapiercollage, vielleicht schon eine Rückschau mit nostalgischer Note, ein Rückblick auf die fünfziger und sechziger Jahre, während der sich Eich und Hildesheimer häufig getroffen und geschrieben haben.

Noch drei weitere Rasterpapiercollagen sind nachweisbar, alle drei aus der Mitte der sechziger Jahre, zwei davon wiederum Illustrationen eigener Texte, nämlich die *Stadt am Meer*, eine Illustration zu dem kleinen Text *Die Margarinefabrik*, einem Paralipomenon des *Tynset-Masante*-Komplexes; und *Aufgegebener Entwurf zu »Tynset«*, ein Blatt, das Hildesheimer vermutlich vernichtet hat. Die dritte Collage ist nicht zu einem textlichen Anlaß entstanden, sondern anläßlich von Alfred Anderschs fünfzigstem Geburtstag im Jahr 1964: die bereits erwähnte *Englische Dichterparty*.

Rasterpapiercollagen umfassen alle Töne zwischen Weiß und Schwarz und sind darin Zeichnungen gleich, außerdem arbeiten sie mit einer bestimmten Rasterung oder Schraffur, also mit vorbestimmten Formen, und gleichen darin den Collagen aus Gemälde-Reproduktionen. Gleichzeitig legen die geometrisch exakten Papiere strenge und kühle Kompositionen nahe, wie sie Hildesheimer seit den späten fünfziger Jahren bis heute immer wieder schafft. Rasterpapiercollagen stehen, wie auch die *Bilanz* aus den *Vergeblichen Aufzeichnungen*, zwischen Zeichnung und Collage und können als frühe Fingerübungen in der Collage-Technik bezeichnet werden, veranstaltet von einem, dem Illustration immer der halbe Schritt zum souveränen Werk und dem geometrisches Spiel stets Orientierungshilfe gewesen ist.

So gestaltet sich der Übergang von den vereinzelten Versuchen Ende der fünfziger Jahre zum souveränen Neueinsatz der bildkünstlerischen Kreativität wie folgt: 1957 zwei Hähne und ein anderer Vogel, 1958 vier Bilder in drei unterschiedlichen Techniken, drei Jahre Pause, 1962 sieben Illustrationen, 1963 eine Illustration, 1964 die Rasterpapiercollage für Andersch und zu Beginn des Jahres 1965 die ersten vier Illustrationen zu *Zeiten in Cornwall* (die anderen drei 1971, als die Buchausgabe beschlossen war). Andere Bilder sind von 1957 bis Anfang 1965 nicht entstanden, zumindest nicht nachweisbar. Nach Fertigstellung *Tynsets* jedoch, so legt die große Zahl der neuen Arbeiten nahe, wollte Hildesheimer zurück zur bildenden Kunst und hat nach fünfzehnjähriger Pause wieder zahlreiche Ausstellungen beschickt.

1965 ist das Jahr der Tuschzeichnungen: zwanzig neue Blätter, außer den vier getuschten Illustrationen zu *Zeiten in Cornwall*, Zeichnungen, die ihrerseits, bei aller Eigenständigkeit, als Stufe zwischen Illustrationen und den Collagen gesehen werden können; außerdem, Signum einer Zeit des Experimentierens, einige andere Techniken: sechs Sepia, davon eine mit Tusche und zwei mit Bleistift; sechs Bleistiftzeichnungen, davon eine mit Chinesischer Tusche und Buntstift. Bereits in diesem Jahr aber auch die ersten Collagen aus Gemäldereproduktionen, sechs Blätter, von denen Hildesheimer eines wieder vernichtet hat. Das Collagieren hat ihn wohl sofort gefesselt, denn 1966 sind nur noch zwei Tuschzeichnungen, zwei Bleistiftzeichnungen, eine Sepia und zwei Aquarelle entstanden, aber, mit deutlichem Übergewicht, sieben Collagen, von denen er ebenfalls wieder eine vernichtet hat.[33]

Eine der typischen Zeichnungen dieser Zeit ist *Nachtstück* von 1965, also titelgleich mit dem Theaterstück von 1963, auch sie keine Illustration, sondern eine der erwähnten bildkünstlerischen Umsetzungen desselben Ausdrucks, den das schriftstellerische Werk gefunden hat. Das Bild ist, wie die anderen Tuschen dieser Zeit, komponiert aus einem System feiner Strichelung, die mit ihren Rastereffekten an die Rasterpapiercollagen erinnert, aber auch an Edward Goreys Bilder, mit denen sich Hildesheimer in den sechziger Jahren, wie gesagt, befaßt hat. Beinahe geometrisch exakt, auf einem Hintergrund aus Senkrechten, Waagrechten und wenigen angedeuteten Diagonalen, arrangieren sich zahlreiche ineinander verschachtelte Stühle und Tische mit Stahlrohrbeinen, ein geometrisches Konglomerat aus Stühlen, auf denen man ebenso unmöglich sitzen kann wie auf den zweien des Bildes *Stühle* von 1958. Und doch: auf den Stühlen sitzen Figuren, mit bösen spitzen Schnäbeln drei Vögel, schwarz wie *Herrn Walsers Raben*, denen die einzigen geschwungenen Linien gelten, außer dem Kreisrund des Mondes, »Gottes steckengebliebenem Steinwurf« (*Nachtstück*), zu dem der erste und größte Vogel offensichtlich aufschaut; der zweite Vogel sieht zwar noch nach oben, aber sein Schnabel zielt bereits am Mond vorbei; der dritte jedoch, der kleinste, hat sich endgültig vom Mond abgewandt und sieht waagrecht nach rechts aus dem Bild.[34]

Andere Tuschzeichnungen mit Vögeln und Stühlen oder Stühlen und Mond sind zum Beispiel *Schlafzimmer* (1965), *Vogelperspektive* (1965) und *Nach der Vorstellung* (1965). Gerade das letzte dieser drei Bilder, dessen Titel auf Becketts *Fin de partie* anspielt, zeigt einige Häuser im Hintergrund, gewürfelt wie aus dem Steinbaukasten, oder kubische Formen wie in der Rasterpapiercollage *Stadt am Meer*. Zwischen den Stühlen im Vordergrund aber stehen ein sehr großer und ein sehr kleiner Vogel, als ob am Ende der *Verspätung* beide Vögel des Professors Scholz-Babelhaus erschienen seien: der erwartete große und einer der eingetroffenen kleinen Gurichts, das Verhältnis zwischen Ersehntem und Erreichtem. Also wieder einmal ein melancholischer Blick aus dem Fenster, nämlich der des Professors aus dem Dorfgasthaus, auf Vögel und verlassenes Dorf.

Neben der bei aller Transparenz doch dunklen Strichelung, die für diese Jahre typisch ist, gibt es noch eine zweite Tuschetechnik, die sehr hell wirkt, da sie filigranartige Phantasie-Gebilde unperspektivisch auf weißen Hintergrund stellt. Dazu gehören *Spießge-*

sellen (1965), *Mittagtraum* (1965), *Urfisch* (1965) und *Das Paradies* (1965). Bis auf die *Spießgesellen* sind das Blätter, die Phantasie
zwar fordern, aber bald in eine Sackgasse leiten, Bilder, die in ihrer
vorwiegend dekorativen Gestaltung etwas flach wirken.[35]

Die erste Collage aus Reproduktionen ist *Notturno di frutta* von
1965, eine Ready-made-Collage; Formen und Gegenstände, die in
der Reproduktion vorgegeben waren, sind also unverändert oder
nur wenig verändert übernommen. Bei dieser Collage bestand das
Ausgangsmaterial wohl nicht aus Reproduktionen von Gemälden
alter oder neuer Meister, sondern vielleicht aus einem Plakat mit
Werbung für den Verzehr von Früchten und aus einer Zeitschrif-
tenreportage über eine Gemäldegalerie. Keine Fensterrahmen und
doch Fassungen der Melancholie, nämlich Bilderrahmen, aus denen die Gemälde ausgeschnitten sind, die entweder leer geblieben – was an Westcottes großen Erfolg erinnert – oder mit anderen
Inhalten gefüllt sind – was vielleicht an den Fälscher Robert Guiscard erinnern mag; sie arrangieren sich zu einem seltsamen Raum,
genauer: sie bilden, perspektivisch überzeugend, Wände um eine
offene Tür, die ebenfalls aus einem Bilderrahmen besteht, hinter
der weitere Bilderrahmen zu sehen sind. Vier Früchte sind, wenn
man den Raum als Maßstab nimmt, übergroß auf dem Bild verteilt: in den oberen Ecken links Trauben und rechts eine Orange,
im linken Eck unten eine Birne, im rechten Eck unten, als geplante
Unregelmäßigkeit, ein Ausschnitt aus einem Bilderrahmen. Die
vierte Frucht, ein Apfel, sieht hinter der großen Tür hervor, und
auf diesen Apfel weist das Arrangement mit Nachdruck hin: vielleicht ist er die Frucht vom Baum der Erkenntnis, das verlorene
Paradies, das Thema von Schuld und Unschuld.[36]

Berthold Hänel hat das Verdienst, 1986 eine Ausstellung von
rund hundertzwanzig Arbeiten Hildesheimers zusammengestellt
zu haben, die bis dahin größte Ausstellung seiner Bilder überhaupt, in der – eine besonders seltene Gelegenheit – viele der
älteren Blätter zu sehen waren, die in früheren Ausstellungen –
Hänel war einer der ersten, die Hildesheimers Arbeiten nach 1965
ausgestellt haben – verkauft worden und als Leihgaben zu dieser
Retrospektive zurückgekehrt sind, darunter einige der frühen
Collagen: *Bankgeheimnis* (1965), *Zauberkunststück* (1966) und
Fata Morgana (1971). *Zur Metaphysik der Wüste* ist 1968 entstan-
den, vielleicht als sich das Scheitern ›Meonas‹ abgezeichnet hatte:
Fensterrahmen, Mond und asymmetrische Figuren.

Daß die allererste Collage – wenn man von der Mischform *Bilanz* absieht – eine Ready-made-Collage war, ist einleuchtend. Das sind Fingerübungen für Hildesheimer, wie er sie auch später noch zuweilen gemacht hat. Ins Umfeld dieser Collage-Technik gehören auch die Collagen *Mini Lisa* (1971) und *Luther* (1983), die allerdings nach einem etwas anderen Verfahren als *Notturno di frutta* entstanden sind: Leonardos und Cranachs Gemälde sind zwar Vorlage und Materialspender, doch hat Hildesheimer die Gesichter in Streifen zerschnitten und unter Auslassung einiger Streifen wieder zusammengesetzt, wodurch sie kurz und überraschend fremd werden: Korrekturen nicht der Gemälde, sondern der vereinnahmenden Selbstverständlichkeit einer falschen Betrachtung sogenannter ›ewiger Werte‹. Der Bilderrahmen um das eine Auge Mona Lisas deutet auf diese Absicht ebenso hin wie Schnurrbart, Monokel und Zigarette Luthers.

Das Triptychon *Goethe*, 1982 als Auftragsarbeit für Siegfried Unseld entstanden und bildkünstlerisches Gegenstück zum fiktiven Interview über Goethe – *Er ist ein Kunstwerk, doch mag man sich fragen, ob ein Kunstwerk Kunstwerke hervorbringt* –, spielt die beiden Möglichkeiten rezeptiven Verhaltens durch – nämlich *Goethe breit* und *Goethe schmal*, die Reproduktion von Tischbeins Gemälde einmal waagrecht-, einmal senkrechtgeschnitten – und stellt die Synthese *Goethes Breitenwirkung* aus senkrechten Zuschnitten mehrerer Reproduktionen dar, vervielfacht also ein und dasselbe Bild. *Goethe* steht allerdings bereits am Ende der (auto)biographischen Periode, die man ja ebenso treffend, nach der reflexiven, die rezeptive nennen könnte.

An der Grenze zwischen beiden Perioden, nach der Arbeit am *Tynset-Masante*-Komplex, läßt sich auch auf dem Gebiet der bildenden Kunst eine deutliche Zäsur erkennen. Hildesheimer hat zu dieser Zeit – Signum der Orientierung – vor allem Tuschzeichnungen gemacht; daneben nur wenige Collagen, deren eine den bezeichnenden Titel *Windstille* trägt und im selben Jahr wie *Hauskauf* entstanden ist. Noch immer arbeitete er mit Schraffuren, zum Beispiel *Kulthandlung* (1973), das wieder Stühle, Tische und stilisierte Figuren darstellt; aber dann *Apokalyptisches* (1973) und das im Zusammenhang mit *Zeiten in Cornwall* bereits vorgestellte Blatt *Vorzeitliches* (1973), Bilder, die sich von allem Figürlichen frei gemacht haben.

Doch im gleichen Jahr, also 1973, sind Tuschen neuer Art entstanden, zum Beispiel *Carlo Bo als Idee*: zum ersten Mal keine Schraffuren, sondern Punkte, die nicht wahllos gespritzt, sondern höchst kontrolliert Punkt für Punkt auf das Blatt gesetzt werden, ein Verfahren, das von derselben starken Vergrößerungsbrille ermöglicht wird, die Hildesheimer auch bei der Arbeit mit den oft nur millimetergroßen Papieren seiner Collagen hilft. In dieser Technik sind zum Beispiel *Blitzableiter* (1973) und *Erscheinungen* (1974) ausgeführt, oder auch eine Mischtechnik – Tusche und Collage – mit dem Titel *ES* (1974), ein Blatt, auf das, wie später bei der zweiten Phase dieser Tuschzeichnungen nach 1981, Buchstaben collagiert sind, hier natürlich »es«, und zwar in Rot und Schwarz.[37]

Als eine der letzten Collagen des Jahres 1974 ist, wie erwähnt, *Scheiterndes* entstanden. In den Jahren 1975 bis 1978 sind wenige Blätter entstanden, aber ausschließlich Collagen, und in den Jahren 1979 und 1980 gar keine bildkünstlerischen Arbeiten. Im Jahr 1981, als Hildesheimer nach *Marbot* nicht mehr schreiben wollte und eine große Zahl von Collagen und nur zwei Zeichnungen produzierte, hat er *Scheiterndes* noch einmal aufgegriffen und datiert: »1974-81«, als sei das Ende des Scheiterns gekommen.

Für eine solche Interpretation spricht nicht zuletzt Hildesheimer selbst, der ja im Gespräch mit Matthias Burri angedeutet hat, daß nach seiner Rückkehr zur bildenden Kunst die Zeit des »Nicht-Scheiterns« kommen könnte. Das bezeichnet die Rückkehr zu den Anfängen, die Auferstehung als bildender Künstler, der seinen »Ausweg«, das Schreiben, in der Gewißheit verschließt, daß er keine Ausflüchte mehr braucht, daß er sich seinen tiefsten und letzten Wunsch, nämlich Maler zu sein, nicht mehr versagen muß. Tatsächlich hat er danach ja noch die *Mitteilungen an Max* geschrieben, doch dann, 1983, seine Produktion schriftstellerischer Texte eingestellt. Als ob er es noch einmal beschwören müßte, gab er in diesem Jahr einer Collage den Titel *Das grosse Scheitern*.

1982, als die *Mitteilungen an Max* wuchsen, wuchs mit ihnen seine Gewißheit, daß dieses Buch das Satyrspiel nach den Tragödien *Mozart* und *Marbot* und der Endpunkt seines Schreibens werden würde. Zu diesem Zeitpunkt und in dieser Situation hat er noch einmal mit Zeichnungen begonnen, nicht nur, weil er sich orientierte, sondern weil er wohl beschlossen hatte, ein Zeichen zu setzen und die *Mitteilungen an Max* wieder selbst zu illustrieren.

Gegenüber dreizehn Collagen hat er in diesem Jahr dreiund-zwanzig Tuschzeichnungen der feingepunkteten Art der Illustra-tionen zu *Mitteilungen an Max* produziert. Daneben sind Tusch-zeichnungen entstanden, die, wie die Collagen auch, in ihren Titeln den zunehmenden Schrecken vor der Zukunft anzeigen: *Rächervögel* (1982), *Apokalypse mit Geflügel* (1982), *Unhaltbarer Zustand* (1982), *Ausblick auf Welträtsel* (1982), *Brand* (1982), die drei *Fragezeichnungen* (1982) und, in leichter und bald enttäusch-ter Hoffnung wegen des wachsenden Umweltbewußtseins, *Sich ausbreitende Glaubenswahrheit* (1982).

Als Besonderheiten sind im Jahr 1982 zwei Beiträge zu Fest-schriften entstanden, die, als sollte wiederum ein Zeichen gesetzt werden, keine schriftlichen Beiträge mehr waren, wie es die *Mit-teilungen an Max* gewesen sind. Der eine Beitrag ist eine gepunk-tete Tuschzeichnung, der andere eine Collage, und beide sind schwarzweiß: die Tuschzeichnung *Ex libris für Walter Jens*, zum sechzigsten Geburtstag, und *WH*, eine Buchstabencollage für Walter Höllerer, ebenfalls zum sechzigsten Geburtstag, die mit der Identität der Anfangsbuchstaben der Namen Walter Höllerer und Wolfgang Hildesheimer spielt.[38]

Im Jahr 1983 war die Phase der Zeichnungen bereits abgeschlos-sen: in diesem Jahr sind ausnahmslos Collagen entstanden. So auch im Jahr 1984, in dem das erste Buch erschienen ist, das sich ausschließlich den bildkünstlerischen Arbeiten zuwendet, *Endlich allein*; mit einer bezeichnenden Ausnahme allerdings, nämlich ei-ner Illustration, und zwar der Tuschzeichnung für das Cover der gesammelten Reden *Das Ende der Fiktionen*.

In den Jahren 1985 und 1986, soweit man das überblicken kann, hat Hildesheimer ausschließlich Collagen produziert, wobei sich seine Konzentration auf diese ihm allein und völlig eigene Aus-drucksform darin zeigt, daß er mit ihnen nun, wie früher mit Zeichnungen, experimentiert hat: zum ersten Mal hat er für einige Collagen selbsteingefärbtes Papier als Material genommen, wo-durch eines der charakteristischen Merkmale zugunsten eines zu-weilen beinahe zu geglätteten Ausdrucks verlorengegangen ist. Außerdem hat er zum ersten Mal einige schwarzweiße Collagen gemacht, die nicht, wie die ja ebenfalls schwarzweiße Buchstaben-collage oder die früheren Rasterpapiercollagen, von bestehenden stereotypen Mustern ausgehen, sondern von Reproduktionen, wie seine anderen Collagen auch, aber eben von schwarzweißen.

Die Beschäftigung mit schwarzweißen Collagen rührt von der Absicht, Collagen reproduzierfähig zu machen, was sie bisher, der diffizilen Farbgebung halber, nur eingeschränkt waren; eine der Schwierigkeiten bei der Reproduktion bleibt allerdings erhalten: die Drehung der Rasterung, die in der Reproduktion nur durch relative Unschärfe ausgeglichen werden kann.

So sind Illustrationen wie *Contrapunctus* (1985) und *Engführung* (1985) entstanden, die Hildesheimer für das Programmbuch des Internationalen Musikfestes Stuttgart gemacht hat, aber auch *Apokalyptisches* (1985), *Kernspaltung* (1985), *Mene Tekel* (1985), *Der Tod und das Mädchen III* (1985), *Scheusal* (1985, oval), *Gespenst* (1985) und andere mehr, die er allerdings nicht zum Verkauf anbietet, weil er für die Farbechtheit des schwarzweißen Materials nicht garantieren kann.[39]

Im Jahr 1987, nachdem er Ende 1986 erwogen hatte, seine selbsterrichtete Hürde zu überspringen und wieder ein schriftstellerisches Projekt zu beginnen, hat Hildesheimer die Produktion der Collagen unterbrochen und sich auf das Zeichnen nach der Natur konzentriert: der Ausgangspunkt war ein Rehschädel. In dichter Folge sind Bleistiftzeichnungen und Chinesische Tuschen entstanden, zunächst eine ganze Reihe *Rehschädel* (1987), dann, zunehmend abstrakter, *Schädellandschaft* (1987), *Querschnitt durch eine Psychose* (1987) und, neben einigen anderen, in Erinnerung an die eigenen Anfänge als surrealistischer Dramatiker: *Pansuun* (1987).[40]

Diese kurze und intensive Phase rührte wohl auch daher, daß Hildesheimer einen Band mit Chinesischen Tuschen und Bleistiftzeichnungen erwogen hatte, zu denen er, wie zu den Collagen in *Endlich allein* und *In Erwartung der Nacht*, kurze Texte schreiben wollte, diesmal allerdings nicht als Auskünfte über Material und ästhetische Zielsetzung, sondern erzählende, aphoristische oder autobiographische. Da er diesen Plan aber zugunsten der Vorbereitung eines dritten Collage-Buches aufgegeben hat, sind nur drei dieser Texte entstanden.

Zu *Rehschädel I* heißt es: »Diesen Schädel hat Gian Pedretti vor langer Zeit Silvia geschenkt. Sie kramte ihn zufällig in dem Augenblick hervor, da die Naturereignisse hier sich lähmend auf die schöpferische Lust auszuwirken begannen, andrerseits aber Beschäftigungstherapie erforderten. Es war ein guter Fund. Nicht nur erschien er mir als Objekt der Situation als eigentümlich angemessen, sondern er bot, und zwar auf geradezu tückische Weise, alle zeichnerischen Hindernisse, die sich dem Wunsch entgegenstellen mochten, ›von vorn anzufangen‹, d. h. Gegenstände gegenständlich wiederzugeben. Denn ein solch radikales Exerzitium war geplant, natürlich nicht als Selbstzweck, sondern als Repetitionskurs. Und als solcher wurde er auch vollzogen, unlustig, doch immer in der Hoffnung, daß die Imagination vom Objekt abrücke und sich selbständig mache. Dies allerdings tat sie bei dieser Zeichnung noch nicht.«

Ein »guter Fund« – das erinnert an die *Vergeblichen Aufzeichnungen*, wo der menschliche Schädel, den der Reflekteur aus dem Sand gräbt, mit denselben Worten kommentiert wird: ein »Strahlenkranz von Möglichkeiten« geht von ihm aus. Hildesheimer assoziiert also – vielleicht unbewußt – an der Grenze zu einem erneuten Einsatz seiner schriftstellerischen Kreativität einen programmatischen Text aus einer anderen Phase des Umbruchs, die *Vergeblichen Aufzeichnungen* sozusagen als Warntafel; dafür sprechen auch »Repetitionskurs« und der Wunsch, »von vorn anzufangen«. Außerdem zeigt sich, wie er die Unlust in seine produktive Kalkulation einsetzt. In der *Vita*, wo er den Beginn seiner literarischen Produktion im Jahr 1950 mit einer Unlust verknüpft und wo er davon spricht, daß er immer wieder gerne auf den Ausgangspunkt zurückkomme – auch das Zeichnen nach der Natur ist eine Rückwendung –, schreibt er ja: »die Unlust hat in meinem Leben immer eine große, wenn nicht gar entscheidende Rolle gespielt, und ich habe ihr viel zu verdanken« (S. 69 f.).

Und doch läßt sich die Situation nicht wiederherstellen, steht Hildesheimer ja nicht mehr am Anfang. So läßt sich sein Text zu *Macabre* (1987) lesen: »»Macabre‹ ist hier Substantiv (wie der ›Grand Macabre‹ von Ghelderode). Der Tod natürlich, in lockerem Tanz, nicht als die tiefe Nacht, nicht als Rethelscher Glockenläuter und schon gar nicht als der, in dessen Armen das Schubertsche Mädchen ruhig schlafen soll. Plutone furioso e ballante. Wenn ich aber Pluto ins Griechische zurück übertrage – ›Hades‹ klingt sanfter und statischer, wenn auch dunkler als ›Pluto‹ – so ist es nicht nur der Gott, sondern auch sein Ort, die Unterwelt. Hier, inmitten der gezeichneten Gestalt, ist sie anatomisch gegliedert, also mit vielen Herzkammern, intrikat ineinander verschachtelt. Plutone also, und nicht la morte. Der Tod ist auf Italienisch (und auf Französisch) weiblich. Daran habe ich mich niemals gewöhnen können. Wer soll da zu dem Dürerschen Dreiertreffen mit dem Ritter und dem Teufel erscheinen, wer in Flandern reiten? Ist die Sensenfrau denkbar? Oder ein weibliches Äquivalent zu Freund Hein? Nein, der Tod ist männlich, das Leben weiblich: la vita.«

Der Text zu *Geröll* (1987) zeigt, wie Betroffenheit einen Künstler überfällt, der immer wieder mit Klee darauf hingewiesen hat, daß der wahre Künstler näher an der Schöpfung lebt – wenn sich diese Nähe plötzlich mit aller Brutalität beweist: »Ich begann diese Zeichnung am 14. Juli (1987). Des Datums entsinne ich mich deshalb, weil irgendwann an diesem Tag der quattorze juillet ins Gedächtnis schwebt (und natürlich sogleich wieder verschwindet, wie alles was einem so geläufig wird, daß man die Bedeutung ins Vergessen sinken läßt). Während ich zeichnete, begann es zu regnen. Als ich zwei Stunden später die Zeichnung beendete, regnete es immer noch, und zwar so, wie es hier noch niemals geregnet hatte, in langen Schnüren, beinah in Wasserfetzen. Und nach weiteren zwei Tagen – ich hatte längst die nächste Zeichnung angefangen – kam, wie auf diesem Bild, das Geröll. Ein gigantischer Bergsturz, Steine, Felsbrocken, Schlamm und Wasser. Das Dorf wurde überschwemmt, zum Teil zerstört. Es wird niemals wieder so werden, wie es war, und in zwanzig Jahren wird das gesamte Tal unbewohnbar sein, denn im Tal Varuna wartet weiteres Geröll auf Wasserstürze, die es zu Tale tragen. Also: keine Zeichnung mehr, die zu Prophetie Anlaß geben könnte.«[41]

In diesem Jahr, 1987, sind nur wenige Collagen entstanden, unter anderem die Buchstabencollage *Die siebenstimmige Fuge des Satzes vom zureichenden Grund* zu einem Buch, das Volker Spierling anläßlich von Schopenhauers 200. Geburtstag herausgegeben hat.[42] Aber eben auch wieder Collagen in Hildesheimers besonderer Manier: kein selbsteingefärbtes Papier mehr, nicht mehr schwarzweiß, sondern farbige Reproduktionen als Ausgangsmaterial: *Parenthese* (1987) oder *Wallfahrt* (1987) zum Beispiel. Im Jahr darauf, nun wohl schon im Hinblick auf den Plan eines dritten Collage-Buches, sind weniger Chinesische Tuschen und wieder mehr Collagen entstanden: *Omen*, *Tragödie* und *Windvögel*, in Anspielung auf *Biosphärenklänge* die *Erträglichkeitsgrenze*, und wieder einmal, wie zur Zeit einer anderen Phase des Umbruchs (1973), *Vorzeitliches* (1988).

Die Annäherung an das Schreiben, gleichzeitig die Warnung davor, der Hinweis auf die Wirkungslosigkeit und die Qual der erneuten Anstrengung zeigen sich daran, daß Hildesheimer in der zweiten Hälfte des Jahres 1988 noch einmal Rasterpapiercollagen gemacht hat, die er »Textscherben« nennt: *Mir fällt nichts me* in einem resignierten Bogen nach rechts unten; oder *nruhig / wandern wenn / die Blätt* oder *lichkeit anders als / ine irreführende erfi*. Rasterpapiercollagen als Signum einer Rückwendung, schwarzweiß, denn sie sind als Illustrationen entstanden, und zwar zu einem eigenen Werk, wie stets zu Zeiten künstlerischer Neubesinnung, diesmal aber nicht zu einem neuen Text, sondern bezeichnenderweise zu einer neuen Ausgabe der *Vergeblichen Aufzeichnungen*. So ist dieser Text, fünfundzwanzig Jahre nach seinem Entstehen zum ersten Mal als selbständige Ausgabe, Anfang 1989 zur Auslieferung gekommen und ist so, als Vorläufer der gesammelten Essays wider die Zerstörung der Umwelt und der Predigt *Herr, gib ihnen die ewige Ruhe nicht*, die unter dem Titel *Klage und Anklage* kurz darauf erschienen sind, zum beziehungsreichen Pendant geworden: die *Vergeblichen Aufzeichnungen* als Kommentar zu *Klage und Anklage*. Die letzte der acht »Textscherben« integriert die Worte: *onflikt zerriss ihm die Seele / le / ihr die Seele*.

7 Kunst aus Kunst

Im Jahr 1986 ist, wie gesagt, der zweite Band der Collagen erschienen, dessen erste Abbildung, *Schöne Aussicht*, in ironischem Verhältnis zum Buchtitel *In Erwartung der Nacht* steht. Die zweite Abbildung zeigt die erste Collage aus dem Zyklus *Der Tod und das Mädchen* (1983), die sich ebenfalls auf den Buchtitel beziehen läßt: »Das Mädchen, robust und keineswegs todesbereit, scheint energisch auszuschreiten, aber der Tod hält Schritt, beim Schreiten erläutert er ihm die Vorteile des Totseins.« Der Inhalt des Bildes handelt also von einer Grenzüberschreitung, vom Leben zum Tod, und bezeichnenderweise erwähnt Hildesheimer den Akt des Sterbens, der dazwischensteht, mit keinem Wort, sondern betont den Lebenswillen des Mädchens auf der einen, das Totsein auf der anderen Seite. In *Nachlese* heißt es: »Wer sich nach dem Tod sehnt, tut es wohl deshalb, weil er den schmerzhaften und darüberhinaus entsetzlich peinlichen Akt des Sterbens möglichst bald und schnell hinter sich bringen möchte« (S. 16).

In Erwartung der Nacht verrät: Hildesheimer ist bewußt, den Untergang der Welt, von dem er immer wieder gesprochen hat und spricht, nicht mehr zu erleben; er wird den Weg ins Totsein vorausgegangen sein. Wohin ihn dieser Weg aber führt, zumindest welches Ziel er sich ersehnt, zeigt die dritte Abbildung, die Collage *Dorthin* von 1984, auch sie in genau abgewogenem Verhältnis zum Buchtitel, aber sie weist, bar aller Ironie, weit über das Leben hinaus und verliert sich in der unendlichen Weite des Totseins:

Das Wort ›Dorthin‹ ist hier Zitat, das letzte Wort eines Schlüsselsatzes aus meinem Buch ›Tynset‹ (Seite 186). Ein Blick durch das Okular eines Teleskops läßt den Ich-Erzähler scheinbar ins All entschweben, hinauf ins Nichts, in das dunkle Loch in der Milchstraße, eben ›dorthin‹. Ein Gedankenbild also, dem alles dekorative Beiwerk und alle Farbschwelgerei geopfert wurden. Wichtig war mir die perspektivische Sicht auf einen Verschwindungspunkt, den sich befreienden Blick hinaus, ins Freie.

Soviel er wisse sei das, so Hildesheimer zu Birgitta Ashoff, die einzig bewußte Umsetzung einer Textstelle eines seiner schriftstellerischen Werke. So mag man das nicht recht hinnehmen, denn bei den Illustrationen hat er dies wohl auch getan; daneben gibt es aber die bereits erwähnten Bilder, die wie Illustrationen wirken, obwohl sie so gar nicht geplant waren, man denke an die *Winterbilder*, die an *Tynset* oder *Masante* erinnern, an *Windstille* aus demselben Jahr wie *Hauskauf* oder an die Collage *Die stummen Wächter*, die, wie *Dorthin*, auf ein Werk anspielt, das bereits rund zwanzig Jahre zuvor entstanden ist, auf *Schläferung*.[43]

Auch in den schriftstellerischen Arbeiten, wie sich gezeigt hat, zitiert sich Hildesheimer zuweilen selbst, und das Verhältnis von einem Werk zum anderen kann dasselbe sein wie das Verhältnis zwischen einem schriftstellerischen und einem bildkünstlerischen, wobei sich gerade bei diesem Wechselspiel größere zeitliche Verschiebungen bemerkbar gemacht haben: die Haltung jedoch, aus der sie entstanden sind, ist dieselbe.

Aber nicht nur Selbstzitate; in seinen schriftstellerischen Werken arbeitet er mit Zitaten aller Art: seien es in den frühen Arbeiten Sprichwörter und Redewendungen – oder in *Schläferung* Enzensbergers Gedicht –, die mit einer ganzen Geschichte paraphrasiert werden, seien es direkte Zitate innerhalb eines Werkes – die grotesken Verdrehungen im *Pastorale*, Blake in *Tynset*, Claudius in *Hauskauf* und viele andere –, seien es Zitate aus Mozarts Briefen und aus der Literatur über Mozart oder erfundene

Zitate wie in *Marbot*, seien es Anlehnungen, wie zum Beispiel an *Nightwood* in *Tynset* und *Masante*, seien es Shakespeares Figuren und Gedanken, sei es der Name einer Figur wie Florian Geyer in *Die Bartschedel-Idee* oder ein Mozart-Rondo als Strukturprinzip *Tynsets*, Joyces Assoziationstechnik oder Becketts zunehmendes Verstummen.

Alle diese Versionen finden sich auch im bildkünstlerischen Werk. Das Collagematerial, die Reproduktionen berühmter Gemälde, mit denen sich Hildesheimer – in Zustimmung oder Ablehnung – grundsätzlich auf ein bildkünstlerisches Werk bezieht, das er entweder in seinen Erläuterungen in den Collage-Büchern nennt oder dessen Titel er zuweilen sogar direkt im Titel seines eigenen Bildes variiert. Zuweilen bezieht er die Titel auch auf literarische Werke: auf ein eigenes, zum Beispiel *Nachtstück*; oder auf ein anderes, zum Beispiel mit *Toteninsel* (1983) auf Vergil; und die *Dark Lady* hat sowenig mit Shakespeares *Sonets* zu tun wie Florian Geyer mit Gerhart Hauptmann. Manchmal bezieht er einen Titel zugleich auf ein eigenes und ein fremdes literarisches Werk, die Rasterpapiercollage *Schrei, meine Gleichung, schrei* zum Beispiel, die ja auf Günter Eichs *17 Formeln* und auf Hildesheimers Gedicht *Günter Eich zum ersten Todestag* anspielt. Aber noch weitaus komplexer, zum Beispiel in Material, Titel und Darstellung der Collage *Westwärts*: das Hintergrundpapier ein Himmel von Turner, der Titel ein Zitat aus Wagners *Tristan und Isolde*, die Anspielungen weisen auf Shaws *Saint Joan*, gleichzeitig aber auch auf *Zeiten in Cornwall* und auf Hildesheimers Wunschwelt: Irland, die Darstellung geometrisches Spiel, und im Kommentar teilt er mit, daß von seinem Arbeitstisch aus gesehen Westen rechts ist.[44]

Sie alle, auch die Illustrationen und Bilder zu besonderen Gelegenheiten, beleuchten den Zusammenhang von schriftstellerischer und bildkünstlerischer Kreativität und den Zusammenhang von Kunstwerk und Künstler; sie alle bezeichnen, in unterschiedlicher Kombination, die verschiedenen Transpositionsmöglichkeiten, nämlich vom Bild zum Wort, vom Bild zum Bild, vom Wort zum Bild und, gerade in den Titeln, auch vom Wort zum Wort. Möglichkeiten also, die es in der sprachlichen Kunst ebenfalls gibt, wenn Bildlichkeit so verstanden wird, wie der musikwissenschaftliche Begriff des Transponierens ja auch meint. Auch Musik macht sich in den Bildern bemerkbar, nicht erst seit den schwarzweißen

Collagen, die musikalische Termini ins Bild setzen – *Contrapunktus*, *Enharmonische Verwechslung*, *Engführung* und andere –, und nicht allein im Zitat, sondern, Strukturmittel wie in den schriftstellerischen Werken, auch im Farb-›Ton‹ oder in der Bild›komposition‹.

Dabei gestaltet sich schon allein das Beziehungsspiel vom Bild zum Bild sehr komplex: die *Hommage a Ben Nicholson* spielt in Titel und Material (zwei Bilder Nicholsons) auf die Vorlage an, und wie verflochten die Bildaussagen sein können, demonstriert zum Beispiel die Collage *Hommage a Morandi* von 1981 – auch andere Collagen erinnern an Morandi, nicht nur die ebenfalls im Jahr 1981 entstandenen *Flaschen*. Vielleicht sind die beiden Collagen in memoriam Morandi gerade deshalb 1981 entstanden, weil in diesem Jahr eine große Morandi-Ausstellung im Münchner Haus der Kunst stattgefunden hat und ein umfangreicher Katalog von Franz Armin Morat mit ausgezeichneten Reproduktionen erschienen ist: die Ausstellung, die Hildesheimer besucht hat, war Anlaß, der Katalog Materialspender und Morandis Bilder Assoziationsauslöser.

Das Beispiel Morandi zeigt, daß die Anlässe zu Hildesheimers bildkünstlerischen Arbeiten oft reaktiven Charakter haben, wie das bei der Verarbeitung von Zitaten wohl immer der Fall ist; Anlässe, die zuweilen zufällig sein können, sich also nicht etwa aus jener inneren Notwendigkeit ableiten lassen, die sich erst in der speziellen Gestaltung des Zitates und, mit ihm, des Bildes manifestiert.

Als Titelbild des Kataloges wurde Morandis *Natura morta* von 1939 gewählt, das im Katalog als Nummer 25 noch einmal abgebildet ist. Schon der Titel bringt in Erinnerung, daß Hildesheimer mehrere Blätter mit diesem Titel geschaffen hat, nicht etwa nur während einer bestimmten Phase, sondern immer wieder und gerade in den Jahren der Abkehr vom Schreiben: 1966 *Natura morta*, 1971 *Natura morta con moro* und 1971 ebenso wie 1983 *Natura morta*. Anders als für Morandi, zumindest wie ihn Gottfried Boehm interpretiert (*Morandis Stilleben*, vor allem S. 59 f.), ist für Hildesheimer dieser Titel Hinweis auf irreversible Schäden.

Hommage a Morandi ist zweifellos aus Morandis *Natura morta* von 1939 entstanden, offensichtlich sogar ausschließlich aus Reproduktionen dieses Bildes. Der Hintergrund beider Bilder ist derselbe, das Verhältnis der Farben, die zwischen Weiß und Braun spielen, und der Anteil des hellen Rot ist in beiden gleich, beide zeigen eine ganze Anzahl von Flaschen, die auf einem Tisch aufgereiht sind, darunter bei Morandi zwei, bei Hildesheimer nur ein Becher, bei Morandi außerdem eine Petroleumlampe mit hohem braunem Glaszylinder, die man auf den ersten Blick ebenfalls für eine Flasche halten könnte.

Morandi hat die Ruhe dargestellt, die über einem Tisch herrscht, nachdem die Trinker das Petroleumlicht gelöscht und sich in bedächtiger Schwere zur Ruhe begeben haben. Sie werden die ganze Nacht durchschlafen und sich am nächsten Morgen, wenn das Dienstmädchen den Tisch geräumt hat, zum Frühstück setzen, um sich für den neuen Tag wohl zu rüsten. Die gefällige Ordnung der Flaschen, der Gläser und der Lampe erscheint künstlich und absichtsvoll, als habe ein beschaulicher Geist, den es noch nicht ins Bett zog, eigens ein Arrangement auf dem Tisch geschaffen, und zwar ein weitaus anziehenderes, als es sich sonst auf derart verlassenen Tischen zu befinden pflegt: er hat die umgestürzten Gläser aufgerichtet, die überquellenden Aschenbecher abgeräumt, die Krümel vom Tisch gefegt und die halbgetrockneten Lachen Wein aufgewischt. Und nun, während seine Trink-Kumpane schlafen, malt er, ehe das Dienstmädchen kommt und alles zerstört, nach seinem Arrangement das Stilleben *Natura morta*, das nur mit diesem Titel, in keiner Weise aber mit dem Dargestellten auf etwas Zerstörtes hinweist. Wenn Boehm recht hat, wollte Morandi sich auch so nicht verstanden wissen. Die Dinge, die sich auf dem Tisch befinden, sollen der zerstörerischen Zeit entgegenstehen, sie sollen demnach sagen: zwar ist die Runde aufgelöst, es steht jedoch alles bereit, die nächste zu beginnen.

Hildesheimer könnte dieser nächtliche Maler sein, ein nächtlicher Wanderer in den Räumen des Hauses in *Tynset*, nachdem die letzten Gäste des letzten Festes, das der Reflekteur gab, voll trunkenen Ärgers das Haus verlassen haben. Aber keine Petroleumlampe weist auf Dämmerschein hin, elektrisches Licht muß es sein, das den verlassenen Tisch scharf beleuchtet: die Zeichen deuten auf Verwüstung und Zerstörung, scharfe Kanten und spitzige Ecken, eine halb umgestürzte Flasche, ein harter Riß im Tisch, und die Flaschen rechts davon sehen aus, als würden sie neben dem Tisch nicht stehen, sondern seien im letzten Moment vor dem endgültigen Sturz auf das Papier gebracht worden. Vielleicht sind diese beiden Flaschen gar keine Flaschen, sondern Trinker, personifizierte Flaschen, die ihren Teil der Schuld an der Zerstörung zu tragen und zu leiden haben. Die beiden hellroten Flaschen Morandis sind keine Flaschen mehr, sondern die eine ist zu einer Ecke des Tisches geworden, die andere, links am Bildrand, zu einem undefinierbaren Etwas, vielleicht zu einem von Trunkenheit entstellten Gast, oder zu einem Feuer, das von links ins Bild scheint, Ankündigung des endgültigen Endes der Zerstörung und der Trinker.

Wie eng sich die Bezüge zu allen Bereichen der Kunst zu einem neuen und eigenständigen Kunstwerk verflechten, zeigt sich auch an der Collage *Windsbrautzug* von 1983. An einem der Dreh- und Angelpunkte in Hildesheimers Werk, im Jahr 1962, eröffnete er die *Vergeblichen Aufzeichnungen* mit den inzwischen berühmten Sequenzen der Vergeblichkeit: »Mir fällt nichts mehr ein. Kein Stoff mehr, keine Fabel, keine Form, noch nicht einmal die vordergründigste Metapher. Alles ist schon geschrieben oder schon geschehen, wenn nicht beides, ja, meist sogar beides. Daher ist alles alt« (S. 7). Das liest sich wie eine Begründung der Verarbeitung von Zitaten und Vorlagen. Für den *Windsbrautzug* von besonderer Bedeutung ist aber jene Passage, die sich direkt an den Vorsatz anschließt, nichts unversucht zu lassen, um sich nichts vorwerfen zu müssen (S. 8 f.):

Ich lege die Feder hin, stehe auf, nehme meinen Feldstecher, verlasse das Haus, ein Gasthaus (...) und gehe zum Meer (...) Ich bin schon in Sicht des Meeres, da erhebt sich ein Wind. Ein Windgespenst. Ich habe es aufgescheucht. Nein, ich habe es nicht aufgescheucht, im Gegenteil, ich bin ihm nur im Weg. Es war im Hinterhalt der Dünen, hat nicht auf mich gelauert, sondern auf seine Stunde gewartet, den frühen Nachmittag, die Zeit für Wind. Es fegt über mich hinweg, streicht mir durch die Ärmel und ist mir schon im Rücken, vermehrfacht sich dort hinter mir, treibt stiebend auseinander, fächert in die Breite, bläht sich in die Höhe, gewinnt an Fläche, an Raum, nun schon kein Gespenst mehr, sondern eine Schar von Gespenstern und Bräuten, die blasen, während es sie bläst, als gelte es, noch vor Abend das Hinterland aufzuwiegeln, die Wäsche des Kontinents in Flattern zu versetzen, an allem zu rütteln, was sich ihnen entgegenstellt, das Feste zu lockern und das Lockere zu lösen. Und kaum ist das Gespenst an mir vorbei, ist es auch schon wieder windstill, gespensterstill, höre ich keinen Hauch mehr von ihm, spüre ich nichts, bewegt sich hier nichts mehr, nichts vor mir, nichts hinter mir, ist es lebloser als zuvor

Die Windsbraut ist, wie gesagt, Zeichen vergeblicher Auflehnung und vergeblicher Versuche, etwas Entscheidendes zu unternehmen: man könnte ein wenig Wirbel machen, damals wie heute, dabei weiß man aber bereits im voraus: außer einem kurzen und, vor allem, sinnlosen Aufbäumen wäre nichts erreicht; ein Pessimismus, der sich in allen Werken und schon in den Briefen aus Nürnberg ausdrückt: für Hildesheimer ist ja, mit Schopenhauer, Optimismus eine »ruchlose Denkungsart«.

Found objects: im Titel der Collage steckt auch der Zug, und das ist bei Hildesheimer gewöhnlich nicht nur der Luftzug oder der Eisenbahnzug, wiewohl beide Konnotationen gut passen; aber in *Nachwort*, einem der Gedichte auf Günter Eichs Tod, schreibt er: »Den Passanten flüstere ich / deine Vorhersagen zu. Und unverhörens / treffen sie ein, pünktlich / wie der Zug der Zeit (...)« Zeit also, die auslaufende Zeit, die gewiß kommt und gewiß ein Ende findet, gegen das sich aufzulehnen »müßige und unangemessene Anstrengung« wäre. So kann man den Titel dieser Collage in ›Windsbraut‹ und ›Zug‹ zerlegen – Sprache als Collagematerial –, daß darin aber auch noch ein ›Brautzug‹ steckt, verrät das augenzwinkernde Lächeln und den tiefen Humor, der sich in allen seinen Werken zeigt.

Er wäre nicht Hildesheimer, wenn er außer mit seinem Collagematerial, den Reproduktionen, und wenn er außer mit den Worten nicht auch noch mit dem Zitat einer unzerschnittenen Vorlage sein ernstes Spiel betriebe – es ist eben alles alt und schon geschehen oder geschieht gerade –, nämlich mit Kokoschkas *Die Windsbraut* von 1914, die im Basler Kunstmuseum hängt. Beide Bilder spielen im Farbbereich zwischen Grau, Blau und Orange, beide haben Querformat, doch von der expressionistischen Stimmung in Kokoschkas Bild, die »durch die breit fließenden, hier glutvollen, dort eisigen Farben symbolisiert« wird, ist in Hildesheimers Collage nichts mehr zu spüren.[45]

Kokoschka hat die unerfüllte Liebe zu Alma Mahler dargestellt: auf seinem Bild sieht man ein Liebespaar, das von Hildesheimer natürlich nicht wiederholt wird, eher wiederholt er die Stimmung des »auf dem Weltmeer einhertreibenden Bootes«, allerdings führt die navigatio vitae bei ihm unmißverständlich und unverbrämt in eine eindeutige Richtung. Seine Collage ist viel verhaltener in Form, Format und Farbe: Kokoschkas Bild hat die Maße 181 auf 220 *Zentimeter*, Hildesheimers Collage aber 146 auf 160 *Millimeter*. Die Collagepartikel sind zu hauchdünnen Linien beschnitten und lassen Kokoschkas kräftig betonte Umrißlinien, das »bengalisch beleuchtete Meer« (Kokoschka), nur noch ahnen. Hildesheimer hegt eine Abneigung gegen Umrißlinien, die eine festgefügte Form vorgaukeln, in einer Zeit, in der alles unsicher geworden ist, außer dem Untergang.

Der Mensch steht nicht mehr im Zentrum, kein Liebespaar, überhaupt niemand mehr. Der Mensch hat sich im Wirbel aufgelöst, und das Aufgelöste hat sich verflüchtigt. Die Windsbraut ist übriggeblieben, hat sich mit der Zeit verselbständigt und ist zu einem Abstraktum geworden, wie es Montaigne formulierte: »Ich lege also Wert darauf, jedes einzelne Schöne im Leben bewußt zu erfassen; und doch finde ich, wenn ich genau hinsehe, eigentlich weiter nichts darin als Wind. Warum nicht? Alles in uns ist wie der Wind: und dazu ist der Wind noch klüger als wir: er freut sich, wenn er rauschen und wehen darf; er begnügt sich mit seiner Bestimmung, und es verlangt ihn nicht nach Eigenschaften, die er eben nicht hat, nach Beständigkeit und Dauer.«

In seinem *Widerspruch aus Liebe* hat sich Peter Härtling mit Hildesheimers Ende des Schreibens auseinandergesetzt; rund drei Wochen zuvor war das Interview »*Der Mensch wird die Erde verlassen*« erschienen. Selbst wenn man einmal über Härtlings ein wenig betulichen Gestus hinwegsehen will, kann man ihm nicht recht geben: »Mit den Erläuterungen, die Sie den Bildern beigaben, lieber Wolfgang Hildesheimer, widerrufen Sie, wenngleich zögernd und lakonisch, das Schweigen, das Sie sich auferlegt haben. Das läßt mich hoffen.« Hildesheimer hatte sich jedoch kein mönchisches Schweigen auferlegt, sondern gesagt, er schreibe keine Fiktionen mehr und wende sich wieder der bildenden Kunst zu. Daß er seinen Bildern Kommentare mitgegeben hat und das auch weiterhin tun wird, hat mit dem Ende seines Schreibens nichts zu tun. Was Härtling in den Bildern entdeckt, ist nichts anderes als die gegenseitige Durchdringung der schriftstellerischen und der bildkünstlerischen Arbeit: »Sie ziehen nämlich, beherzt und zugeneigt, Wirklichkeit zusammen, schenken Partikeln und Fragmenten Sinn und Hintergrund, erzählen Geschichten und geben Rätsel auf.« Das bezeichnet den Standpunkt des Surrealisten Hildesheimer, dem die Welt sinnlos ist und der in der Kombination von – aus dem Zusammenhang geschnittenen – sinnlosen Partikeln Sinn gibt, Fragen nach dem Rätsel aufwirft und Rätsel demonstrativ selbst schafft.[46]

Seine Collagen sind, wie seine literarischen Werke auch, Gesamtkunstwerke ganz eigener Prägung. Sie deuten mit Anspielung und Material auf die Tradition, nach Arbeitstechnik und Ästhetik stehen sie in der Moderne, und mit den Bildinhalten und -aussagen weisen sie nicht selten in die Zukunft. »Er transportiert Kunstgeschichte«, hat er über Janssen geschrieben, und wieder einmal gilt das für ihn selbst, wenn unter »Kunstgeschichte« auch Literatur und Musik verstanden wird: Kunst aus Kunst, wie gesagt. Denn was er über das Genie Janssen geschrieben hat, kann für ihn selbst geltend gemacht werden: die »Synthese von Angeeignetem und Eigenem, wobei das Angeeignete beinah noch seltener in Qualität oder Manie der Vorlage besteht (...) als in jenen Vorbildern, an deren Gegenstand die nachschöpfende Phantasie des Künstlers sich (...) entzündet« (*Mit fremder Stimme eigene Melodien singen*).

Die Tatsache, daß er gerade seine Collagen als sein eigentümlichstes Medium sieht, spricht für seine Weltsicht und begründet seinen Rückzug, den er in zahlreichen seiner literarischen Werke und in vielen Interviews dargestellt und erläutert hat, einen Rückzug als Konsequenz aus dem Wissen, daß die entscheidenden Fehler bereits geschehen sind, als Konsequenz der Überzeugung, daß die Geschichte schon immer Sinnloses geboren hat und noch immer Sinnloses gebiert und daß die Gegenwart, wenn sie einmal Geschichte geworden ist, nichts Besseres geboren haben wird.

Allerdings wird einmal in diesem scheinbar ewigwährenden Prozeß eine Grenze erreicht sein – der Zweck des Spiels ist Untergang, wie bereits in *Der Brei auf unserem Herd* warnend dargestellt –, vielleicht zuerst eine »Erträglichkeitsgrenze« wie in *Biosphärenklänge*, wo es heißt: »Die Grenze ist ja kein Strich; sie ist ein weites Niemandsland, in dem sich zunächst jeder auf seine eigene Art zurechtzufinden hat« (S. 12). Zuletzt aber eine endgültige Grenze wie in *Endfunk*.

Die Collage *An der Grenze* (1982) trennt nichts, vor und nach der Grenze sieht es gleich aus. Zwar wird der »Streifen absolutes Weiß« von Hildesheimer als »die Grenze« bezeichnet (*Endlich allein* Nr. 22), doch davor und danach liegen ähnliche Streifen, bräunlich, beige, dazu die Linien der Schnittkanten zwischen verschiedenfarbigen Papieren; keine einzige dieser waagrechten Linien schneidet ohne Unterbrechung durch den gesamten Bildausschnitt, an irgendeiner Stelle bleibt stets ein Durchlaß, eine Ausweichmöglichkeit. Der Betrachter sieht aus der Vogelperspektive – vom Standort dessen, der das Weite gefunden hat – ein

System aus Grenzen, eine Grenzlandschaft, die letztlich gar keine Grenze zieht. Diesseits des Systems, in der linken Bildhälfte, ist eine dunkle Fahne aufgepflanzt, das heißt: die Fahnenstange steht diesseits, die Fahne weht aber, vielleicht von einer Windsbraut gebeutelt, perspektivisch verschoben, jenseits. In der rechten Bildhälfte, jenseits der Grenze, also oben rechts, korrespondiert mit der Fahne »ein dunkles undefiniertes Etwas, das sich nach außen verfranst« – vielleicht das, was aus der Fahne, nämlich den großen Vorsätzen, den Religionen und Philosophien, beim Grenzübertritt geworden ist: zwar sieht es vor und nach der Grenze gleich aus, der Übergang geschieht unmerklich, Nebengrenzen überschreitet man beiläufig, Durchlässe passiert man unbemerkt; doch dann ist man plötzlich in einem Reich ohne Wiederkehr, dessen Zukunft dunkel und undefiniert ist, jedenfalls in Fransen ausläuft, verzettelt und unhaltbar, das Ende andeutend: ein Reich ohne Personal, die Grenzlandschaft ist menschenlos, entmenscht, »dunkle Fahne« und »dunkles undefiniertes Etwas« stehen als letztes sinnloses Memento mori, nachdem der Mensch die Landschaft bereits verlassen hat.

Die Rückkehr zu den Anfängen

Die entscheidenden Katastrophen sind, wie Hildesheimer in seinem literarischen Werk seit *Der Brei auf unserem Herd* und der *Verspätung* dargelegt und mit *Hauskauf* bestätigt hat, bereits vorbei oder geschehen gerade. In einem Interview von 1985 hat er erklärt: »diese maßlose Überbevölkerung wird deshalb nicht stattfinden, weil andere Katastrophen kommen werden, die ja jetzt schon anfangen: Krankheiten wie *Aids*, von denen wir noch keine Ahnung haben, und die die Menschen reduzieren werden. Wir brauchen meiner Meinung nach die Atombombe gar nicht. Es geht schon von ganz allein (...) Die Verdrängung ist die größte kollektive Bewegung, die im Augenblick stattfindet. Man kann die Hoffnung nicht aufgeben und auf das Unheil warten – das geht nicht, das ist uns nicht gegeben. So habe ich als Beschäftigungstherapie wieder mit der bildenden Kunst begonnen. Und ich engagiere mich für alle Bewegungen, die das furchtbare Ende zumindest rauszuschieben versuchen (...) was ihnen wahrscheinlich nicht gelingen wird, weil die meisten Menschen zu dumm sind. Ich bezichtige meine Mitmenschen der Niedertracht und der Dummheit – nicht alle! 98 Prozent, würde ich sagen.«[1]

In einem Interview, das am 24. März 1986 im Zweiten Deutschen Fernsehen gesendet wurde, hat Günter Grass den Unterschied zu früheren Endzeiten betont, und zwar mit ähnlichen Worten wie Hildesheimer im Interview mit Tilman Jens »*Der Mensch wird die Erde verlassen*« zwei Jahre zuvor. Was Hildesheimer zu Tilman Jens gesagt hat und als Beweis für den unausweichlichen Untergang hält, beweist für Grass aber vor allem, daß diese Katastrophen »Menschenwerk« seien und der Mensch deshalb in der Lage sein müßte, sie abzuwenden: er hat den Glauben an die Vernunft des Menschen behalten und *Die Rättin* geschrieben. Hildesheimer dagegen sagt ja: »Menschen zu retten hat keinen Sinn mehr, aber für Tiere setze ich mich gerne ein.« Nach seiner Überzeugung ist *Die Rättin* wohl »müßige und unangemessene Anstrengung«, die Umkehr ist nicht mehr möglich, dazu war es schon viel früher zu spät.[2]

Zu Tilman Jens hat er gesagt: »es ist mir unverständlich, wie sich jemand heute noch hinsetzen und eine fiktive Geschichte schreiben kann, die unsere Gesellschaft oder Symptome unserer Gesellschaft wiedergibt (...) Gewiß, Endzeitstimmungen gab es auch schon in der Vergangenheit. Es gab aber nicht die wissenschaftlichen Möglichkeiten, das Maß ihrer Berechtigung nachzuweisen. Heute kann man das. Heute steht uns alles zur Verfügung, ganze Apparaturen, und es kann kein Zweifel mehr bestehen, daß die Schäden, die heute entstehen, nicht mehr zu reparieren sind. Wenn ganze Wälder vernichtet werden, werden sie für immer vernichtet. Die Katastrophen unserer Tage sind irreversibel. Das ist der große Unterschied zu früher. Wie gesagt: Der Mensch wird in Bälde die Erde verlassen haben. Mag sein, vielleicht kommen eines Tages wieder Menschen, oder es bleiben auch einige übrig. Aber diese Übriggebliebenen werden sich nicht gerade um Shakespeare oder Mozart kümmern.« In der *Rättin* heißt das: »Doch hätten zum Schluß viele Menschen / gerne noch einmal Mozart gehört« (S. 88).

Bereits am 25. November 1981 hatten Grass und Hildesheimer übereinstimmend von der Unmöglichkeit des Schreibens angesichts der drohenden und diesmal endgültigen Katastrophen gesprochen; doch kaum jemand hat Notiz davon genommen, einzig Luise Rinser schrieb mit zweijähriger Verspätung in ihr Tagebuch 1983, das mit derselben Verspätung 1985 publiziert worden ist: »Vor zwei Jahren sagten der Günter Grass und der Hildesheimer vor dem Wiener Fernsehen (ich war auch dabei), sie schrieben nichts mehr angesichts der bevorstehenden Katastrophe. Was erwarten sie eigentlich von diesem Kassandraruf? Daß die Welt aufschrecke, endlich? Dieser finstre Ernst des im Weltganzen zu hoch angesiedelten Selbstverständnisses von Schriftstellern ist meine Sache nicht. Ich schreibe ja auch nicht für die Nachwelt, sondern für mich und meine Zeitgenossen. Aber böse bin ich den Kollegen, die der Jugend ihr Jungsein noch mehr schwärzen. Wer nichts mehr hofft, der soll das in Gottes Namen mit sich selber ausmachen, und wenn's ihm ernst ist mit der Verzweiflung, soll er die Konsequenz ziehen, wie das der Jean Amery machte. Aber wer lebt, soll hoffen, und wer schreiben kann, soll schreiben. Ich hoffe und schreibe. Ich singe im Finstern. (So habe ich den Titel für mein neues Tagebuch gefunden: Im Dunkeln singen.)«[3]

So brutal wie Luise Rinser, die hoffnungsfreudiges Schreiben oder hoffnungslosen Freitod als einzige Alternative läßt – man denke an Hermann Burger –, hat sich allerdings, auch nach dem ungleich härteren Interview mit Tilman Jens, niemand mehr geäußert. Im Grund hat Hildesheimer in den Interviews zum Ende seines Schreibens nur wiederholt, was er in seinem Vortrag *The End of Fiction* knapp zehn Jahre zuvor schon gesagt hatte.

Damals war es Peter Handke, der ihn attackiert hat, wenn auch ohne seinen Namen zu erwähnen, aber ganz offensichtlich im aufgebrachten Drang eines Kollegen, der sich selbst schützen will, und wie er von Joyce auf Hildesheimer kommt, verrät bei aller Verständnislosigkeit doch ein gewisses Maß einer Fähigkeit der Zuordnung. In *Das Gewicht der Welt* schreibt er: »James Joyce hat einen Wortschatz von 30.000 Wörtern; deswegen ist er der bedeutendste Schriftsteller dieses Jahrhunderts«; und schickt direkt hinterher: »Eine andere Nummer 1 in der Hitparade der Blödheit: ein Schriftsteller, der nicht mehr schreibt (und daraus, wie üblich, aus Selbstschutz sogleich eine Norm für alle andern machen will), findet es rückschrittlich, daß Schriftsteller heutzutage wieder anfangen, Träume zu erzählen, statt eine Psychoanalyse zu machen, wo ihre Träume doch schon längst vor-geklärt seien. – Solche Bemerkungen sind eine Art geistiges ›Blitzen‹: der Betreffende ist nicht nur ohne etwas im Kopf und im Herzen – er läuft damit auch noch an die Öffentlichkeit« (S. 37 f.).[4]

Am 14. März 1983, in der Fernsehsendung *Autorscooter*, hat Hildesheimer öffentlich mitgeteilt, *Mitteilungen an Max* sei sein »letztes Buch«, hat noch einmal seine Gründe erläutert und auch diesmal Grass als Parallelfall genannt; diesmal im Deutschen Fernsehen, allerdings in einem der Regionalprogramme. Die einzige greifbare Reaktion war von ausgesuchter Höflichkeit: Siegfried Lenz, der offenbar vom Projekt *Rättin* noch nichts gehört hatte, schrieb: »Ich bin noch nicht so weit wie Grass oder Hildesheimer, die ihre Resignation angesichts der heutigen Lage schon formuliert haben, ich mache weiter.«

Als aber, sehr populär, am 12. April 1984 das Interview mit Tilman Jens erschienen war, hat Hildesheimers Konsequenz und ihre seit *The End of Fiction*, wie er zu Hugo Loetscher sagte, »radikalisierte« Begründung allenthalben und je nach Temperament seiner Kollegen empörte, verlegene, höhnische oder fatalistische Reaktionen hervorgerufen.[5]

Zunächst äußerte sich, ziemlich scharf, Hanno Helbling, Hildesheimer setze sein Schweigen als Druckmittel ein, schiele unziemlich auf die Nachwelt und wolle nicht »für Leute von heute arbeiten« (*Neueste Mode*). Kurz darauf konterte Martin Walser, der sich direkt auf Helbling bezog, Hildesheimer sei nicht so naiv zu glauben, Schweigen könne ein Druckmittel sein, er, Walser, fühle sich von Hildesheimers Aussagen zwar provoziert, akzeptiere aber ihre Ernsthaftigkeit, nur mache er sie sich nicht zu eigen: weder Hildesheimers Schweigen noch sein eigenes Weiterschreiben seien widerlegbar (*Der Weise von Poschiavo*). Peter Bichsel, nach einer Lesung befragt, was denn er von Hildesheimers Entschluß halte, erwiderte grimmig: »Wenn ich nicht mehr saufen würde, was mir gut tun würde, würde ich das nicht gerade im ›Stern‹ mitteilen« – ein Vorwurf, der an einen Teil der Anwürfe Handkes erinnert.[6]

Patzig und vom Selbstmitleid des unverstandenen Genies geprägt lamentierte Günter Jurczyk, ganz im Tenor seines ersten Satzes »Es ist alles im Eimer«: »Wolfgang Hildesheimer fühlt sich um seine Zukunft betrogen (...) Wie schön für ihn, dass er jemals eine Zukunft hatte – viele können nicht einmal das von sich behaupten. Diejenigen zum Beispiel, deren Schubladen von ungelesenen, ungedruckten Manuskripten überquellen (...) ganz zu schweigen von den Sprachlosen, die jeden Morgen im Übergewand zur Stechuhr marschieren. Was sollen die machen (...)? Ihren Schraubenzieher und ihre Spritzpistole hinschmeissen, sich in ihrer kleinbürgerlichen Behausung im achten Stock eines Wohnsilos einschliessen, zeichnen und warten, bis sie die Miete nicht mehr zahlen können?« In diesem Stil auch die Leserbriefe an die Redaktion des ›Stern‹, die direkt auf das Interview reagierten und die von tiefem Unverständnis zeugen. Ihr aggressiver Hohn äußert sich innerhalb einer Skala, die von der Aufforderung zur »Sterbehilfe« für die Welt bis zu fröhlicher Kenntnisnahme reicht: »So bleibt wenigstens Goethes Innenleben von seinem Scharfblick bewahrt. Es gibt also doch noch erfreuliche Nachrichten.« Im Juliheft 1984 der ›Titanic‹ reihten Adolf Sömmering und Bernd Eilert Hildesheimer an vierter Stelle unter *Die sieben peinlichsten Persönlichkeiten* ein (an selber Stelle aus demselben Grund im Februarheft 1987 noch einmal), und Gerd Fuchs schrieb in seinem Artikel *Der letzte macht das Licht aus*: »So einfach ist das. Keine Leser, keine Literatur. Nix kritische Gesamtausgabe, nix neue Texte (...) Unsere Zeit? Unsere Realität? Der Schriftsteller. Der Mensch. Der Deutsche. Der Russe. Alle ahnungslos, verblödet, nur er allein hat etwas begriffen.«[7]

Sachlich reagierte Urs Widmer, der Hildesheimer nicht namentlich erwähnt, sich aber auf dessen Behauptung bezieht, gerade die besten Autoren – Hildesheimer nennt neben Grass auch Koeppen – hätten aufgehört zu schreiben. Widmer dagegen: »Natürlich haben sich die deutschen Schriftsteller, die besten, ihrer Traueraufgabe nicht entzogen; viele schmerzvoll-schöne Bücher bezeugen es.« Peter Härtling bat Hildesheimer in seinem *Widerspruch aus Liebe*, sich seinen Entschluß doch noch einmal zu überlegen, im Grund habe er ja noch gar nicht wirklich aufgehört. Hans Bender gab bekannt, »trotz seines Verständnisses« für Hildesheimers »Abschied vom Schreiben« wolle er nicht in den »verbreiteten Kulturpessimismus« »einsteigen«. Hans Magnus Enzensberger sagte, er denke nicht »derart final« und auch nicht an den »Markt von morgen«: »Ich habe mehrere Zeitschriften abonniert und arbeite gerade an einem Reportage-Essay über Spanien, der mal ein Teil eines Buches über Europa sein soll. Nein, faktisch lebe ich wirklich nicht so, als wäre für morgen mit dem Weltuntergang zu rechnen.« Gerade aber der Markt von morgen machte Heiner Müller, der Hildesheimers Entschluß für »etwas ganz Defätistisches« hält, die größten Sorgen: »dieser Defätismus führt zur Zeit zu einer Verkommenheit auf dem ganzen Buchmarkt. Es gibt keine Maßstäbe mehr (...) Man kann die größte Scheiße zusammenschmieren – es spielt überhaupt keine Rolle mehr, wenn es verkauft wird. Und es wird verkauft mit dem Gefühl im Hinterkopf: ›Es dauert sowieso alles nicht mehr lange und jetzt noch schnell kassieren.‹ Das ist der Hauptpunkt an dem Gerede vom Weltuntergang. Ob er nun tatsächlich stattfindet oder nicht, interessiert mich wirklich erst in zweiter Linie.«[8]

Natürlich spielt Hildesheimers letzte Konsequenz bei diesen teilweise beleidigten, jedenfalls aber nahezu immer im Ton einer Verteidigung geschriebenen Statements eine große Rolle; einzig Günter Kunert schrieb nach der Lektüre des Interviews an Hildesheimer, er finde seine eigene »Überzeugung fast wörtlich« wieder (Brief vom 23. 4. 1984). Solange Hildesheimer ›nur‹ den Untergang der Welt vorhergesagt hatte, fand das niemand aufregend, als er aber *sein* Ende des Schreibens ankündigte und begründete, fielen zumindest diejenigen seiner Kollegen über ihn her, die weiterschreiben, hatte er ihnen in diesem Interview ja Unverständnis vorgeworfen und diese Vorwürfe 1986 noch einmal wiederholt, und zwar im Artikel *Endzeit – nur ein Gerede?*, seiner Abrechnung mit Peter Handkes Satz aus *Phantasien der Wiederholung*: »Sicheres Zeichen, daß einer kein Künstler ist, wenn er das Gerede von der ›Endzeit‹ mitmacht.« Hildesheimer kehrt den Spieß um: »Es gehört zum Wesen des Künstlers, daß er die, seine Existenz berührenden, Strömungen und Phänomene seismographisch aufnimmt. Daß er ihr Walten erfaßt und ihre Bedeutung früher erahnt als andere. Daß er daher auch das Bedrohliche an den Veränderungen der Natur erkennt, wenn nicht gar physisch erlebt, und, bewußt oder unbewußt, mit all seinen Sinnen verarbeitet. Künstler ist nicht nur, wer sich mitteilt, sondern auch der, dem es sich mitteilt.«

Am 30. August 1984 ist Roman Brodmanns Film *Bernina-Expreß* zu bester Sendezeit im Ersten Deutschen Fernsehen ausgestrahlt worden, ein Film, der betroffen machte und großes Echo hervorgerufen hat, weil Brodmann zu Mozarts Es-Dur Symphonie (KV 543) blumenübersäte Wiesen neben den abenteuerlichen Schienenwegen der Rhätischen Bahn zeigt, dazwischen aber immer wieder Hildesheimers Prophezeiung des nahen Unterganges einblendet. Und doch: Hildesheimer hat gerade in diesem Interview einiges an Schärfe seines Interviews mit Tilman Jens zurückgenommen und, ohne an seinen sachlichen Ausführungen etwas zu ändern, auf seine persönliche Situation hingewiesen und seine Subjektivität betont. Walter Jens alias Momos schrieb: »Aber keine Spur von feierlichem Gerede in diesem Film, im Gegenteil, Hildesheimer gab sich beinahe heiter: Fakten aufführend, Zahlen nennend, das Private mit dem Allgemeinen in bescheidener Manier verbindend« (*Unfriedlich vereint*).

Trotzdem hat diese Sendung dem Ärger neue Nahrung gegeben. Herbert Rosendorfer neidisch: »So weit möchte ich auch kommen, daß das Fernsehen berichtet, daß ich nicht mehr schreibe ... Aber in der Publicity komme ich grundsätzlich schlecht weg, denn: Meine Sätze sind halt nicht als Kernsätze zu gebrauchen.« Allerdings haben im September 1984 Hans-Christoph Buch, Friedrich Christian Delius, Günter Bruno Fuchs, Günter Grass, Karin Kiwus, Gerhard Köpf, Martin Kurbjuhn und Johano Strasser ein Gespräch geführt, das sich mit der von Hildesheimer ausgelösten Problematik sehr sachlich befaßte und das unter dem Titel *Die Maßstäbe müssen sich verändern!* in ›L '80‹ gedruckt worden ist.[9]

Grass hat mit keiner Formulierung den allgemeinen Unwillen

ausgedrückt: »Die Dinge, die Hildesheimer beim Namen nennt, sind ja nicht zu leugnen; das läßt sich in Breite und ganz sachlich begründen. Ich glaube, daß sich durch eine Lage, die jeden Tag in die Selbstvernichtung führen kann, unser Verhältnis zu dem Zeitbegriff ›Zukunft‹ verändert hat« (S. 36). Inzwischen hatte er sich allerdings wieder von Hildesheimers Überzeugung abgewandt: »Ich kann Hildesheimers Standpunkt verstehen, kann ihn aber nicht teilen, für mich nicht teilen. Bei mir hat es, als mir das mehr und mehr deutlich wurde – andere Gründe spielten da auch eine Rolle –, eine Schreibpause von drei Jahren gegeben. Und als ich dann wieder anfing zu schreiben, war das nur möglich, weil mir zumindest im Ansatz gelang, die veränderte Grundsituation mitzuschreiben. Nur so war es mir wieder möglich, in ein Manuskript hineinzufinden« (S. 36 f.).

Zwei Jahre danach hatte er sein Verständnis offenbar verloren: anläßlich seiner Lesung aus der *Rättin* im Februar 1986 im off-Theater Zürich, wo wenige Wochen zuvor Hildesheimers Collagen ausgestellt worden waren und Hildesheimer aus *Mitteilungen an Max* gelesen hatte, ließ er sich polemisch vernehmen: »Ich mag keine Literaten, die sich in Endzeitstimmung baden.« Er empfahl sich, so der Bericht von Franz Josef Görtz, auch solchen »Schweizer Kollegen«, die »ebenfalls die Mühsal der Vergeblichkeit an ihrem eigenen Land erkannt haben und dennoch weitermachen«. Aber ihm selbst wurde vorgeworfen, er schwimme im Endzeitgefühl, natürlich von Marcel Reich-Ranicki und ganz zu Recht, denn Grass, wie schon rund zwanzig Jahre davor – damals *Tagebuch einer Schnecke* und *Tynset* –, kalkuliert mit Faktoren. Reich-Ranicki schreibt zwar in seiner Rezension der *Rättin* (*Ein katastrophales Buch*), »Grass wäre nicht der erste Dichter, der aus seiner Misere eine allgemeine zu machen versucht«, meint also Hildesheimer mit, doch Hildesheimers Absage kommt aus dem Zentrum der Melancholie.

Karin Kiwus hat, im sachlichen ›L '80‹-Gespräch, darauf hingewiesen, daß Hildesheimers Ende des Schreibens aus seiner Persönlichkeit und seinem Werk zu verstehen sei. In der Tat, seine offiziellen Begründungen haben einen didaktischen Aspekt – Didaktisches war ihm zu keiner Zeit fremd –, und niemals hat er versucht, seine privaten Gründe zu verschweigen, nämlich die Sorge, ein größeres Projekt nicht mehr zu Ende bringen zu können, weil eine solche Arbeit bereits durch eine geringe Beeinträchtigung der gesundheitlichen Konstitution zum Untergang verurteilt wäre. Außerdem hat er mehrmals gesagt, daß er *Mozart* und *Marbot* nicht übertreffen könne und daß er kein Thema mehr habe. Er ist zum Beginn der *Vergeblichen Aufzeichnungen* zurückgekehrt: »Mir fällt nichts mehr ein« – ein Kreis hat sich geschlossen.

Das heißt natürlich nicht, daß ihm nicht doch etwas einfallen wird, was er auch schreibt, ungeachtet seiner Ankündigung, und aus den Interviews zu seinem siebzigsten Geburtstag konnte man durchaus ein Projekt heraushören, das vielleicht über jene Reden und Essays hinausführen könnte, die ja immer noch entstanden sind und entstehen, sonst würde er sich wohl kaum – trotz Modifizierung völlig überraschend – »Schriftsteller« nennen. Im Interview *»Nein, es ist zu Ende, und das Ende ist absehbar«* hat er ausgeführt, was er im Gespräch mit Frank A. Meyer bereits angedeutet hatte: »Vielleicht ist man doch irgendwo Schriftsteller, und ich könnte mir vorstellen, noch einen Essay über Emily Brontë zu schreiben, gleichsam als Beschäftigungstherapie. Mit etwas muss man sich ja befassen. Und es macht mir auch Spass, aus dieser Zeit auszusteigen, ich brauche das, habe Lust, etwas Objektives zu formulieren, das mit mir nichts zu tun hat. Ich habe in letzter Zeit tatsächlich gemerkt, dass es ganz ohne Schreiben doch nicht geht.«[10]

Er löst sich also von Grass' »Schriftsteller ist man nur von Mal zu Mal« – offensichtlich mit demonstrativer Absicht zitiert er diesen Satz zu Beginn des Interviews ja wieder –, denn er wird natürlich nicht nach Maßgabe von Grass schreiben und die Bedrohung der Zukunft untransponiert in ein sprachkünstlerisches Buch tragen, ist er doch – ein weiterer Kreis, eine Rückkehr zu den Anfängen – gerade vor den Gedanken an diese Zukunft in das Reich des Schönen, in die bildende Kunst geflohen, unter anderem eben aus dem Grund, den er schon zur Zeit von *The End of Fiction*, also 1975, im Gespräch mit Paul Schorno angegeben hatte: »Ich kann mich mit dem Zeitgeschehen nicht auseinandersetzen. Es gelingt mir nicht.« *Klage und Anklage* ist ein anderer Fall.

Er wird sich, falls er dieses Projekt überhaupt ausführt, nach seiner Beschäftigung mit Mozart und Marbot mit einer Schriftstellerin befassen, womit er alle drei seiner eigenen Schaffensbereiche – Musik, bildende Kunst und Literatur – exemplarisch untersucht hätte; aber diesmal wird es weniger Flucht sein, vielmehr

»Beschäftigungstherapie« wie die Arbeit als Collagist. 1956 hatte er in seiner Rede *Dichtung ohne Spontaneität* gesagt, jedes Kunstwerk sei »ein in Ehren mißlungener Versuch, die Welt zu verbessern«; inzwischen hält er selbst den Versuch für sinnlos. Dennoch: er hat das ›L '80‹-Gespräch *Die Maßstäbe müssen sich verändern!* mit Zustimmung aufgenommen, als vernünftige und maßvolle Reaktion auf seine Proklamation und wohl auch als erfreulichen Erfolg seiner provozierenden und didaktischen Ausführungen. Alle anderen der zahlreichen verunglückten Reaktionen haben ihn zu einer Entgegnung veranlaßt, zum Gedicht *Antwort*, das sich auf die *Mitteilungen an Max* bezieht und auf Christa Wolfs *Kassandra* anspielt:

> Ganz recht, ich sagte,
> es sei nicht fünf vor
> zwölf, es sei vielmehr halb
> drei. Das war um halb
> drei. Inzwischen ist es vier. Nur
> merkt ihr es nicht. Ihr lest ein Buch
> über Kassandra, aber ihre Schreie
> habt ihr nicht gehört. Bald ist es
> fünf, und wenn ihr Schreie hört,
> sind es die euren.

Diesmal war es Jürgen Becker, der seinem Unwillen Ausdruck verlieh und sich am 4. Januar 1985 unter dem Titel *Zeitansagen* über dieses Gedicht verbreitete, im Grund aber nur das eine sagte, daß es nämlich überflüssig sei, weil ohnehin schon jeder Kassandra gehört habe: »Eigentlich ist ja noch nichts, nichts Finales jedenfalls, passiert, auch nicht in diesem Gedicht.« Das »Finale« *ist* ja eben passiert, wie das Gedicht in seinem Zusammenhang sagt, aus diesem Bewußtsein heraus wurde es geschrieben. Es ist unverständlich, weshalb Becker die »letzten Schreie«, wie im Gedicht, auf fünf Uhr ansetzt, seine Interpretation aber mit den Worten schließt, es sei jetzt sieben Uhr. Vielleicht ist er der letzte Überlebende des Films *The day after*, aber dann sollte er sich nicht mehr fragen, wie er es in seiner Interpretation tut, an wen die *Antwort* gerichtet sei. Sie könnte die Antwort auf seine Interpretation sein, denn offenbar gehört er zu denen, von denen er schreibt: er hat Kassandras Schreie gehört. Verstanden aber hat er sie nicht.

In *Nachlese*, so scheint es beinahe, hat Hildesheimer direkt auf Beckers *Zeitansagen* reagiert, obwohl er sein Notat auf das Jahr

1982 datiert: denn es ist später als in den *Mitteilungen an Max*, die Zeit bis zum Untergang aber länger als in *Antwort*: »Die Frage ist: geht die Zeit wirklich nur bis zwölf? Und was geschieht zwischen eurem und meinem zwölf? Wenn *ich* zwölf sage, meine ich, die Zerstörung der Erde hat begonnen, die Katastrophe nimmt ihren unabänderlichen Lauf. Euer zwölf dagegen ist ein Kinderschreck, ein Märchentermin, Geisterstunde – daher bleibt ihr bei eurer frivolen Drohung, dem ›fünf vor zwölf‹. Dem Zwölfuhrschlag beugt ihr andauernd vor, eine Wirklichkeit, die nicht eintrifft, weil sie nicht eintreffen darf. Bei mir ist es vier, und wenn es wieder zwölf schlägt, hat der Mensch die Erde verlassen, den Schlag hört er nicht mehr« (S. 59).

Heinrich Böll hat sich in die Diskussion um das Ende des Schreibens nicht eingemischt, in seinem letzten Brief an Hildesheimer aber bekannt: »Mir bekommt das Altern gar nicht. Ich bin matt, müde, meist depressiv und kann das Schreiben nicht lassen, kann es nicht aufgeben« (29. Januar 1983). Damit hat er einen wesentlichen Punkt getroffen: die Ineinssetzung von persönlicher Gestimmtheit und Zustand der Welt, die schon Montaigne vollzogen hatte, dessen *Essais* Hildesheimer ja »als Trost« liest: »Ich sehe, Gott sei Dank, meiner Todesstunde so gefaßt entgegen, daß ich gehen kann, wenn es ihm gefällt, ohne daß mir der Abschied von irgend etwas schwer würde. Ich löse allmählich alle Bindungen. Von allen kann ich leicht Abschied nehmen außer von mir. Niemals hat sich wohl jemand so absolut und so vollständig darauf eingerichtet, daß er der Welt Lebewohl sagen muß, wie ich und sich so allseitig von ihr gelöst. Der Tod ist am selbstverständlichsten, wenn man schon vorher möglichst tot ist« (S. 57).[11]

*

Der Entschluß, nicht mehr zu schreiben, ist der Freitod auf literarischem Gebiet. Im Gegensatz zu Marbot kann Hildesheimer in die Kreativität fliehen, er beschließt nicht sein Leben, sondern wechselt das Medium und mit ihm ganz konkrete Bedingungen der Kreativität. Er kann also, mit Schopenhauer, dem ›Nein‹ zur Welt ein ›Ja‹ zur Kunst entgegenhalten: »Ja, lieber Max, ich habe, weiß Gott, lange genug das Weite gesucht, aber ohne jemandem zu nahe treten zu wollen, was, wie Du weißt, ohnehin nicht meine Art ist, darf ich von mir sagen: ich habe es gefunden« (*Mitteilungen an Max*, S. 30).

Hildesheimers Ende des Schreibens ist eine Rückkehr zu den

Anfängen, zur bildenden Kunst, immer wieder versucht – ungefähr alle zwölf Jahre – und abzulesen an den großen Zäsuren in der Entwicklung seines Werkes: zögernd begonnen 1958 zu Beginn der depressiven Phase, die man als die ›absurde‹ mißverstanden hat, 1962 dann mit demonstrativer Absicht in den *Vergeblichen Aufzeichnungen* proklamiert. Zum zweitenmal zögernd begonnen bereits 1965 nach Erscheinen *Tynsets*, bestätigt mit *Zeiten in Cornwall* 1971, 1973 beschlossen nach *Masante* und proklamiert mit *The End of Fiction* 1975. Zum drittenmal 1981 entschlossen begonnen nach *Marbot* und zwei Jahre danach besiegelt mit den *Mitteilungen an Max*.

Nach dem ersten und eher zufälligen Wechsel des Mediums im Jahr 1950 – vielleicht der »fundamentale Irrtum«, von dem er in *Zeiten in Cornwall* schreibt – kam der rasche und erfolgreiche Start mit den *Lieblosen Legenden*, wenig später mit der Funkoper *Das Ende einer Welt*, den frühen *Turandot*-Versionen und dem Hörspielpreis der Kriegsblinden. Zu dieser Zeit hat er sich in offenen Briefen und Aufsätzen für die deutsche Literatur engagiert, vor allem für die Gruppe 47, und Politik für eine Angelegenheit gehalten, an der man sich nicht beteiligt, es sei denn, um sie mit dem Genie des großen Künstlers zu erledigen. Ende der fünfziger Jahre hat sich die Fragwürdigkeit seiner Erfolge mit ihrer Begrenzung auf das Gebiet der Literatur offenbart: die Machtlosigkeit des Schriftstellers. Die *Vergeblichen Aufzeichnungen* fragen denn auch mit letzter Schärfe nach der Notwendigkeit des Schreibens und konstatieren, daß es diese Notwendigkeit nicht gibt. Hildesheimer hat wieder zu zeichnen und zu collagieren begonnen, hat sich also auf ein Gebiet zurückgezogen, von dem zwar noch weniger als von dem der Literatur auf gesellschaftliche Zustände eingewirkt worden ist, auf dem er sich aber wenigstens wohl fühlt. Und 1986, nach dem letzten Wechsel des Mediums, hat er in *Die letzten Zettel* geschrieben: »Wer von nichts eine Ahnung hat außer von Literatur, hat von nichts eine Ahnung« (S. 17), wiederholt in *Nachlese* im Jahr darauf (S. 23) und bestätigt mit einer Bemerkung über Günter Eich: »›Schriftsteller sein, heißt die Welt als Sprache sehen.‹ Das würde er heute nicht mehr sagen. Heute würde die Welt ihm die Sprache verschlagen, daher wäre er auch kein Schriftsteller mehr. Die Welt hat sich von der Sprache weltweit entfernt. Und was ihre Beherrscher sagen, hat mit Sprache nichts zu tun, ist eine kontrapunktische Parodie und als solche ein perfider Angriff auf die Sprache« (S. 35 f.). Und in seiner *Vita II* (1988) heißt es: »der Lauf der Welt (genauer: der Erde) hat mir die Sprache verschlagen (...) Kräuter züchte ich nicht mehr, ich lasse züchten und lasse den Dingen ihren Lauf, nachdem ich eingesehen habe, daß ich den Lauf der Welt (genauer: der Erde) nicht verändern kann.«

Gegen Ende der fünfziger Jahre hat er begonnen, sich politisch zu engagieren, hat Aufrufe gegen atomare Bewaffnung und Axel Springer unterzeichnet, eine Erklärung zur Internationalen Vietnam-Konferenz unterschrieben, einen offenen Brief an den Präsidenten der Vereinten Nationen, eine Erklärung zum Algerienkrieg, einen offenen Brief an André Malraux und eine Erklärung zum »Deutschland-Fernsehen«. Neben der Unterzeichnung eines Israel-Aufrufs, der gegen die arabischen Androhungen gerichtet war, hat er offene Briefe mit Peter Weiss und Erich Fried über den Nahost-Konflikt gewechselt, Hochhuths *Der Stellvertreter* rezensiert und sich verschiedentlich zu den Judenmorden und zur Verjährungsfrist für nationalsozialistische Verbrechen geäußert; 1966 hat er seine einzige ausschließlich politische Rede gehalten, die Dankesrede anläßlich der Verleihung des Bremer Literaturpreises. Doch gegen Ende der sechziger Jahre hat auch die lockere Folge der Aufrufe und Stellungnahmen ihr Ende gefunden: 1969 läßt er Maxine und seinen Reflekteur sich ihre vollkommene Machtlosigkeit bestätigen.[12]

Die Gründe für Verstummen und Tatenlosigkeit hat er in seiner Antwort auf die *Butzbacher Autorenbefragung* aus dem Jahr 1973 besonders deutlich ausgesprochen: »Eine Solidarität mit Schriftstellern als Schriftsteller habe ich, im Gegensatz zu anderen Schriftstellern, niemals verspürt« (S. 182). Engagement bewirke *in* der Literatur niemals etwas, sondern müsse »*persönlich* sein«. Mit *Hauskauf* hat er im Jahr darauf bewiesen, daß auch Engagement außerhalb der Literatur zu nichts führt: »Alle Einmischung ist sinnlos« (S. 78); und gerade 1973 ist sein kleines Selbstporträt *Beim Malen überwinde ich Müdigkeit und Depressionen* erschienen. Um das Jahr 1973, so könnte man vielleicht schließen, hat ein zweiter Höhepunkt depressiver Gestimmtheit stattgefunden.

Auf einem der *Letzten Zettel* heißt es: »Versuch, Depression zu beschreiben, beinah unmöglich. ›Negatives Lebensgefühl‹ – zu schwach, nur ein Teil. Aber vage und summarisch. Ich bin ›außer mir‹ oder ›neben mir‹, bekomme die Gedanken von mir selbst nicht mehr los. Sie haften wie Kletten an der Haut und unter der Haut, obgleich ich sie dauernd abzustreifen oder abzustoßen oder abzuschütteln versuche. Ich wünschte, sie würden das Weite suchen oder vielmehr hierbleiben, während *ich* das Weite suche, ach das Weite! Und wenn es mir gelingt, über einen Gegenstand zu sprechen, so höre ich mein Echo, wie es über diesen Gegenstand spricht. Unmöglichkeit mich zu objektivieren. Daß die meisten das auch ohne Depression nicht können, ist kein Trost. Agitierte Untröstlichkeit, das ist es.« Und nach einem Absatz: »Dennoch, verglichen mit Zbigniews Zustand erscheint meine Depression eine Euphorie. Er ist schlecht dran. Aber er kann arbeiten, ich nicht. Dafür kann ich schlafen, er nicht. Jemand, der beides nicht könnte, wäre noch schlechter dran als wir beide.«[13]

Das muß während der Arbeit an *Marbot* gewesen sein, vielleicht gerade zu der Zeit, als er geschrieben hat: »sterbensmüde bleib ich am Leben.« Wieder kündigt sich eine Zäsur an, ein Wechsel, diesmal aber – Hildesheimer spricht es aus: er kann nicht arbeiten – das Ende des Schreibens. Aus dieser Depression heraus hat er das Ende der Menschheit auf das Jahr 2015 festgelegt, in jenem spektakulären Interview, das, gekonnt aufgemacht, erschienen ist, als verkünde er seine letzten Worte – ein Trugschluß.

Die Fluchtlinien, die sich aus einer Graphik der drei Zäsuren ergeben könnten – die Absage an Engagement in der Literatur, die Absage an persönliches Engagement, die Absage an Engagement in der Kunst überhaupt –, laufen aufeinander zu, die Wände schieben sich näher, die Auswege werden enger, die Depression verstärkt sich, die Arbeit wird immer unmöglicher und die Suche nach Weite immer verzweifelter. Engagement, gleich welcher Art, ist absolut sinnlos geworden; übrig bleibt die Tätigkeit auf einem Gebiet, das nicht von vornherein an eben jene Ursachen rührt, aus denen die »agitierte Untröstlichkeit« entsteht: an die unerträgliche Gegenwart und die unausweichliche Zukunft; übrig bleibt eine »Beschäftigungstherapie«, unterbrochen von Essays über Baumsterben und sauren Regen, Rufe eines einsamen Rufers in der Wüste und Notate eines Verlierers, die den Grund ihres Entstehens niemals abstreiten: zur Beruhigung des Gewissens ihres Autors beizutragen, eines Autors, der schon immer am liebsten widerlegt worden wäre, der im Verlauf seines Lebens aber erfahren hat, daß er immer recht behalten mußte, und der zuletzt den Tag der Abrechnung herbeisehnt: *Herr, gib ihnen die ewige Ruhe nicht.*

Schriftstellerei war schon immer zweite Wahl für Hildesheimer, der ja gerne der »Maler des Jahrhunderts« geworden wäre, aber als Schriftsteller war er erfolgreich und hatte wohl Anfang der fünfziger Jahre ein Gefühl der Weite gehabt, das aber immer mehr schwand und Anfang der achtziger restlos verloren war. Der Entschluß zur Rückkehr *vor* die eigenen Anfänge als Schriftsteller könnte ein Akt der Identitätsfindung sein, aber auch ein Versuch, die Vergangenheit zu korrigieren. Die Rückkehr zur bildenden Kunst als letzter Ausweg, nur hier könnten noch Chancen liegen, das Weite zu finden und das Schöne, das sich der Welt endgültig zu entziehen droht, in Arrangements von oft wehmütiger Schönheit zu erhalten: »Was ist das Malen oder das Collagemachen anders als aktive Verdrängung?«[14]

Dann hat er jedoch geschrieben: »VERDRÄNGUNG ist eine ausfüllende Beschäftigung geworden, ein Beruf, den vor allem Schriftsteller ergreifen, oder er ergreift sie. Verdrängung bekommt nachgerade klinische Ausmaße, manchmal wird sie zur Halluzination, der Vortäuschung von Intaktheit, Verdränger sehen vor lauter Wald die Bäume nicht, – dennoch: gänzlich ohne Verdrängung leben ist nicht mehr möglich; aber sie sollte sich nicht weit vom Bewußtsein entfernen und zu zügeln sein, man sollte sich an ihr nicht berauschen können« (*Nachlese*, S. 66). So ist Schreiben »Beschäftigungstherapie« wie Collagieren, Mittel zweiter Wahl zwar, aber ebenfalls hilfreich bei kontrollierter Verdrängung.

Damit deutet sich eine ganz andere Rückkehr zu den Anfängen an, denn bereits Ende der vierziger Jahre hatte Hildesheimer ja geschrieben: »Mit all dem will ich nur sagen, dass es nicht etwa so ist, dass ich ueber diese Dinge nicht nachdenke. Aber bis zu einem gewissen Grade gelingt es mir, sie auszuschalten, sonst haette ich mich schon laengst aufhaengen koennen. Und so geht es nicht nur mir sondern Vielen, die sich auch schon lange nicht fragen, was man eigentlich tun kann. Man kann eben nichts mehr tun, denn die Fehler die gemacht worden sind, haben sich nur aus früheren Fehlern entwickelt und jetzt ist es zu spaet« (26. Juli 1949).

Ein Ende des Schreibens hat nicht stattgefunden, sondern das Ende eines jahrzehntelangen Prozesses: Hildesheimers gesamtes literarisches Werk ist Begründung und Rechtfertigung des Rückzuges, Werk für Werk Ausdruck des Vorsatzes, nichts unversucht zu lassen, um sich nichts vorwerfen zu müssen. Was wie das Ende seines Schreibens ausgesehen hat, war die exemplarische Begründung des Endes seines Engagements in der Literatur; in der bildenden Kunst war es ja von Anfang an nicht vorhanden. Er ist also zu dem zurückgekehrt, was er vor seinem Engagement als Künstler geschrieben hatte: »Die Kunst ist für mich doch eine Art Zwang, die mich ueber viele Dinge hinwegsetzt und dabei ist es noch nicht mal nur l'art pure sondern (...) alles wobei ich basteln oder spielen kann, alles wozu Phantasie gehoert« (1. Dezember 1949). Erst jetzt, endlich befreit, kann er sich mit Günter Eichs »letzten Worten« identifizieren: »Ich will gar nichts mehr, ich will spielen.«

Die Zeit des Scheiterns ist vorbei.

Anmerkungen

Seit *Tynset* (1965) setzen manche Abschnitte der Bücher Wolfgang Hildesheimers mit ganzen Wörtern oder ganzen Zeilen in Kapitälchen ein. Diese
Rhythmisierungsmittel sind in Zitaten nicht beibehalten, ebenso sind
Absätze in Zitaten nicht markiert. Zitate sind orthographisch nicht angeglichen und folgen stets der Erstausgabe, dem Erstdruck oder der ungedruckten Vorlage, falls nicht anders angegeben. Komplette bibliographische Angaben finden sich in Volker Jehle, *Wolfgang Hildesheimer. Eine
Bibliographie*, Frankfurt/Main, Bern, New York und Nancy 1984 (Helicon 3), in den Anmerkungen als »Bibliographie« bezeichnet.

Hildesheimers Prosa

1 Die Briefe Hildesheimers an seine Eltern, die in dieser Arbeit zitiert
   werden, sind bis auf zwei gekennzeichnete Ausnahmen ungedruckt.
2 Von einigen Rezensenten wurden auch die *Lieblosen Legenden* selbst
   für »kleinen Mist« gehalten: gutes Feuilleton, mehr nicht; nur wenige,
   wie etwa Walter Jens, erkannten unter der leichten Oberfläche melancholische Schwere (*Altväterliche Betrachtung*); die meisten folgten
   Karl Krolow, der die *Lieblosen Legenden* für anmutig hielt (*Mit Anmut modern*); die schärfste Ablehnung erfuhren sie von Martin Walser
   (SDR, März 1952). – Zwanzig Jahre nach ihrem Entstehen sind die
   Lieblosen Legenden in ihrer Bedeutung erkannt, wengleich zuweilen
   überraschend gewertet: einen guten Einfall hatte Rein A. Zondergeld,
   der in seinem *Lexikon der phantastischen Literatur* unter dem Stichwort »Hildesheimer« die *Lieblosen Legenden* »ein Hauptwerk der
   modernen deutschen Phantastik« nennt (S. 124); sein Artikel leidet
   allerdings daran, daß er, obwohl zwölf Jahre später erschienen, nur bis
   zu Dierk Rodewalds *Über Wolfgang Hildesheimer* von 1971 führt und
   seine Rubrik »Weitere Hauptwerke« wesentliche Werke, wiewohl
   nicht unbedingt »phantastische«, dem Nachschlagenden vorenthält.
3 Die diversen Ausgaben der *Lieblosen Legenden* werden als »DVA«,
   »Diogenes« und »Suhrkamp« zitiert.
4 Die ungeheure Zahl von Drucken und Rundfunklesungen wird nachgewiesen in *Bibliographie*, S. 42-61; zum Erfolg im Ausland S. 125-
   131 und S. 136-140; zu den Ratgebern für Lehrer S. 218f.
5 Mit den *Lieblosen Legenden* beginnen nach allgemeinen Einleitungen
   natürlich all jene Arbeiten, die sich mit Hildesheimers Gesamtwerk
   befassen, allen voran die Monographie von Heinz Puknus, die bisher
   einzige umfassende Gesamtdarstellung (siehe auch Heinz Puknus,
   Wolfgang Hildesheimer. In: *Kritisches Lexikon der Gegenwartsliteratur* – wird laufend ergänzt). – Außerdem die allgemeinen Artikel in

Handbüchern, verfaßt von Roland H. Wiegenstein, Marianne Kesting, Franz Lennartz, Dierk Rodewald, Kurt Rothmann und anderen. Dazu einige der größeren Aufsätze, z. B. Huldrych Blanke (*Die Frage nach dem Sinn in dieser Welt*), Manfred Durzak (*Die Exekution des Erzählers. Wolfgang Hildesheimers »Tynset« und »Masante«*), Ernst Nef (*Die absurde Geschichte; die Fälscher, die Häscher; der Melancholiker*). Und natürlich die Hochschulschriften: der zweite Teil der Dissertation Burckhard Dückers (*Wolfgang Hildesheimer und die deutsche Literatur des Absurden*) unter dem Titel »Die einzelnen Werke Hildesheimers. Das Absurde als Herausforderung«, S. 43-81; die Dissertation von Dorothea Frauenhuber (*Die Prosa Wolfgang Hildesheimers*, S. 24-52); die Lizentiatsarbeiten von Matthias Burri (*Das Ende des Erzählens bei Wolfgang Hildesheimer*) und von Hugo Lingg (*Kunst und Wissenschaft im Werk von Wolfgang Hildesheimer*).

6 Das Zitat entstammt dem Interview Hildesheimer/Tilman Jens, »*Der Mensch wird die Erde verlassen*«, S. 60.

7 Das vierte von Eliots *Four Quartets* trägt bekanntlich den Titel *Little Gidding*. Außer dem Titel deuten manche Passagen auf eine mögliche Vorlage für *Das Ende einer Welt* hin, aber nicht nur für dieses eine Werk Hildesheimers. An einer Stelle heißt es: »There are other places / Which also are the world's end, / some at the sea jaws, / Or over a dark lake, in a desert or a city –« (S. 322): da erscheint, wie in *Das Ende einer Welt*, ein Ort im Meer, aber auch eine Wüste, was an *Masante* erinnert. In diesem Abschnitt von *Little Gidding* spricht Eliot vom »purpose«, vom Ziel menschlicher Sinnsuche: »And what you thought you came for / Is only a shell, a husk of meaning / From which the purpose breaks only when it is fulfilled / If at all« (S. 320 und 322): einen Sinn gibt es, falls überhaupt, am Ende der Welt, alles andere »ist nichts als die Schale, die äußere Hülle des Sinns« (S. 323). An anderer Stelle schreibt Eliot: »In the uncertain hour before the morning / Near the ending of intermitable night / At the recurrent end of the unending« (S. 324): in diesen Zeilen scheinen sich Djuna Barnes' *Nightwood* und Hildesheimers *Tynset* zu kreuzen. Eliot schrieb übrigens zu *Nightwood* ein Vorwort, das auch Hildesheimers Übersetzung, *Nachtgewächs*, vorangestellt wurde. – Am Schluß der Rede *Schopenhauer und Marbot* zitiert Hildesheimer einen Teil aus *Little Gidding* und übersetzt: »Was gewesen sein könnte und was ist, / führen zu demselben Ende, das immer gegenwärtig ist« (S. 168).

8 Peter Horst Neumann (*Wolfgang Hildesheimer. Der Erzähler als Biograph – Die Konsequenz einer literarischen Entwicklung*; ders.: *Versuch über »Mozart« und Wolfgang Hildesheimer*; ders.: *Hildesheimers Ziel und Ende*) vermutet, Hildesheimer habe wegen des Mozart-Jahres 1956 die veränderte Jahreszahl in den Titel der *Legende* von Pilz geschrieben. Tatsächlich: von 1951 bis 1956 stand im Titel

jeweils die Zahl des Jahres, in dem die Geschichte abgedruckt worden ist; daß es zuletzt bei 1956 blieb, hat wohl eher mit der Diogenes-Ausgabe in diesem Jahr und der abschließenden Überarbeitung zu tun als mit Mozart. Außerdem setzt Neumann das Jahr 1956 nicht nur als Geburtsjahr *Marbots* an – weshalb nicht 1951? –, sondern auch *Mozarts*, weil Hildesheimer 1956 seinen Essay *Wer war Mozart?* geschrieben habe: tatsächlich aber trägt die erste Vorstufe *Mozarts* den Titel *Aufzeichnungen über Mozart*; *Wer war Mozart?*, also der Titel mit dem Fragezeichen, ist als dritte Vorstufe *Mozarts* zehn Jahre später erschienen, 1966, also im Jahr nach Hildesheimers Übersetzung von Shaws *Saint Joan*. – Eines der letzten Gedichte Heines, titellos und an seine letzte Geliebte, Mouche (i. e. Elise Krinitz), gerichtet, beginnt mit der Zeile: »Worte! Worte! keine Thaten!« Der kranke Heine sehnt sich in Umkehrung zur Sehnsucht Pilz' gerade nach Taten, und zwar nach Liebestaten.

9 Ausführliche Namenskataloge finden sich – nicht nur Mozart ist Bezugsgröße – auch in Joyces *Ulysses*, z. B. nach der Übersetzung von Hans Wollschläger auf S. 410f., S. 426 mit Verdrehungen, S. 471 f. mit Heiligen.

10 Zur Frage der Überarbeitung: Dorothea Frauenhuber vergleicht im Abschnitt »Stilistische Unterschiede der beiden Ausgaben« (*Die Prosa Wolfgang Hildesheimers*, S. 44-51, gemeint sind die beiden Ausgaben DVA 1952 und Suhrkamp 1962) durch parallele Zitatstellen Auszüge aus *Der hellgraue Frühjahrsmantel*, *Eine größere Anschaffung* und *Die zwei Seelen*: »Der sprachliche Ausdruck der zweiten Fassung ist präzisiert und ausgefeilt« (S. 45); »Die Komik wird verstärkt; oft geschieht dies durch das Einfügen zusätzlicher Kommentare«; »Die Tendenz geht auch dahin, den surrealen Effekt zu verstärken« (S. 46); Hildesheimer hat die zweite Fassung erweitert, »wobei die Erweiterung nicht auf einen Ausbau der Handlung abzielt (...) das sprachliche Detail gewinnt an Bedeutung« (S. 47); »Eine wichtige Tendenz, die die Überarbeitung der ersten Fassung aufweist, ist die Verstärkung des gesellschaftskritischen Gehaltes« (S. 49). – Keine Untersuchung der Überarbeitung bringt, trotz des Titels *Das Atelierfest (1952/62)*, Werner Zimmermann.

11 Auch in anderen Werken werden Feste gefeiert, die meist mit dem Untergang der Festgesellschaft und dem Rückzug des einzelnen enden, eine zwangsläufige Konsequenz, z. B. in *Tynset*, wo der Erzähler befürchtet, daß das letzte Fest, das er gegeben hat, »sich nun für immer weiterbewege« (S. 154), ein Fest, das letztlich erst mit dem Tod des Geistlichen endet, der die Auflösung der Festgesellschaft veranlaßt hat. In den *Lieblosen Legenden* können Feste auch harmloser ausfallen und milde belächelt werden, z. B. in *Weyerswyl als Symptom*, wo der Festspielgedanke ad absurdum geführt wird und Koch-

festspiele arrangiert werden. – Der Collagezyklus *Der Tod und das Mädchen* (1983-1985) beschwört romantische Vorbilder: Schubert, Liszt und andere. – Überwucherung als Signum des Endes hat Günter Eich, mit dem Hildesheimer seit Anfang der fünfziger Jahre in engem Kontakt stand, in seinem Hörspiel *Die Stunde des Huflattichs* (1956/1959) dargestellt.

12 Zitat nach Eike Christian Hirsch, *Der Witzableiter*, S. 146. – In der Sendung *Autoren lesen im Funkhaus Hannover* hat Hildesheimer am 10. 5. 1988 vor der Lesung von *Aus meinem Tagebuch* gesagt, wer hinter den Namen steckt: Friedensohn ist eine Kombination aus Bernhard Berenson und Max J. Friedländer, Usteguy ist Ortega y Gasset, und Wörtwanger ist Furtwängler.

13 Kleists Dramenfragment *Robert Guiskard. Herzog der Normänner*, 1802/03 entstanden, 1808, also im Jahr der *Penthesilea*, noch einmal aufgegriffen, hat mit Hildesheimers Figur nichts zu tun, aber Kleist merkt zum Namen »Guiskard« an: »Guiskard heißt *Schlaukopf*, ein Zuname, den die Normänner dem Herzog gaben« (S. 159). Schiller hat übrigens in den *Horen* eine der Quellen abgedruckt, die Kleist benutzt hat, nämlich: *Robert Guiscard. Herzog von Apulien und Calabrien*, hg. von Karl Wilhelm Ferdinand von Funck: dort findet sich die Schreibweise mit »c«.

14 Die Ausgaben von *Paradies der falschen Vögel* haben über jeder Seite kurzgefaßte Inhaltsangaben; über den ersten Seiten, die Velhagens Fahrt mit dem Orient-Expreß beschreiben, lauten die »Überschriften« in der Erstausgabe: »Was ist ein Fernschnellzug?«, »Beobachtungen an der Grenze« und »Eisenbahn-Metaphysik« (S. 97-99); eine minuziöse Schilderung der Aktivitäten auf einem Rangierbahnhof findet sich später auch in *Masante* (S. 300-309), dort allerdings in die Schweiz verlegt, wo eine Bahnstation übrigens St. Ignaz heißt, also St. Moritz, wie in *Paradies der falschen Vögel*.

15 Hildesheimer hat amüsiert erzählt, die Ergänzungsbände von *Riemanns Musik Lexikon* (1972) würden ein Stichwort »Jägermeier« führen, das von den Lexikographen samt der Sekundärliteratur erfunden worden sei. Wie erwartet, sei dieses Stichwort in spätere Lexika, die auf dem *Riemann* basieren, aufgenommen worden (z. B. Marc Honegger/Günther Massenkeil (Hg.), *Das grosse Lexikon der Musik in acht Bänden*), bei einigen habe sich sogar die Sekundärliteratur vermehrt. Zu den Literaturangaben kommt im *Herder* tatsächlich noch *Gradus ad Parnassum*, eine Festschrift für E. Voss »o. O. 1978«, und deren Besprechung von Reinhold Brinkmann (*Gradus ad Parnassum*), in der sich ein versteckter Hinweis findet: das Zitat aus einem angeblich »kongenial« betitelten Buch Nietzsches, das aber nicht genannt wird, ein Zitat, das Brinkmann der Festschrift, wie er sagt, voranstellen würde: »Das ganze Buch ist eben nichts als eine Lustbar-

keit (...)« (S. 439): das entstammt der Vorrede zur 2. Auflage von *Die fröhliche Wissenschaft* (S. 14). – Hereingefallen sind, mit ziemlicher Sicherheit, Frank/Altmann, *Kurzgefaßtes Tonkünstler Lexikon*. – Das Verfahren, das Hildesheimer mit *Marbot* zur Perfektion gebracht hat, nämlich eine erfundene Figur mit historischen Persönlichkeiten zu verbinden, war hier in kleiner Form vorweggenommen, deren Vorläufer wiederum Gottlieb Theodor Pilz war. Solche Biographieschreibung findet sich auch in *Ich schreibe kein Buch über Kafka*, wo der Erzähler eben nicht über Kafka schreibt, sondern über Golch, der über Boswell geschrieben hatte, den Biographen des Lexikographen Johnson, also eine mehrfache Überdrehung der Biographieschreibung. – Eine Fortführung des Verfahrens ›Marbot‹ findet sich in Jozeph von Westphalens *Sinecure* (1989).

16 Eine ähnliche Verbindung aus Erfahrung des weiblichen Körpers und kreativem Impuls stellt Hildesheimer in *Marbot* dar, dort verläuft die Entwicklung allerdings tragisch: die erste Geliebte ist nicht das Hausmädchen, sondern die eigene Mutter, der kreative Impuls wird also vom Bewußtsein, Außenseiter zu sein, entscheidend geprägt, kann sich jedoch nicht in Kunstwerke ableiten, da Marbot kein Künstler ist.

17 Rund dreißig Jahre später hat Hildesheimer den Beginn einer Karriere und den Wechsel der Lebensweise ganz ähnlich beschrieben, diesmal allerdings direkter auf sich selbst bezogen – vom Maler zum Schriftsteller –, allerdings noch immer in eine fiktive Geschichte gekleidet, denn Unseld traf Hildesheimer zum ersten Mal in Berlin, und Unseld war schließlich auch nicht sein erster Verleger: »Da mir der Beruf des Schuhputzers nicht liegt, wurde ich Straßenpflastermaler, setzte mich auf das günstigste Pflaster, nämlich in Venedig, und malte Madonnen auf die Straße. Eines kühlen und windigen Vorfrühlingstages kamst Du des Weges, auf der Suche nach Autoren, bliebst bei mir stehen und sahst mir zu, wie ich der Jungfrau Maria den Heiligenschein ausstellte. Dann sagtest Du, daß ich doch gewiß einmal bessere Tage gesehen hätte. Allerdings, sagte ich, noch vor wenigen Tagen sei es himmlisch mild gewesen, der Zephir habe einem das Hemd gebläht, der Frühling habe seine betörenden Boten vorausgesandt, etc. Dieses Thema schien Dich in seinen Bann zu ziehen, vielleicht sahst Du Möglichkeiten, jedenfalls fragtest Du, ob ich schon einmal mit dem Gedanken gespielt hätte, Schriftsteller zu werden. Nein, sagte ich, aber wenn der Herr meine, ich solle es mal versuchen, würde ich es gern tun, allzu schwer könne es ja nicht sein« (*Der Verleger und seine Autoren*, S. 47).

18 Einen Metierwechsel auf der Basis absoluter Zufälligkeit beschreibt, wohl nicht zufällig, gerade die erste Geschichte, die Hildesheimer zu den *Lieblosen Legenden* gestellt hat: *Der hellgraue Frühjahrsmantel*. – Gert Ueding schreibt: »daß schließlich demjenigen, der einst

Ajax Mazyrka erfunden hat, die Kopien seiner Erfindung als echt verkauft werden, er selber als Schwindler dasteht, dem die eigenen ›originalen Fälschungen‹ als ungeschickte Kopien zurückgebracht werden« (*Dort, wo du nicht bist, ist das Glück*); »zurückgebracht« wird ihm zwar »Lady Viola Pratt«, eine ›originale Fälschung‹ – Singular ist korrekt –, aber nicht als ›ungeschickte Kopie‹ – Singular auch hier –, wird sie ja nicht wegen ihrer ungeschickten Machart entlarvt, sondern durch eine gezielt eingesetzte andere Fälschung. Plural wäre angebracht, hätte Ueding den gravierenden Fall erwähnt, daß Velhagen attestiert wird, seine Originale seien Fälschungen. Velhagen aber erscheint bei Ueding nicht.

19 Über Bernina-Expreß, Poschiavo und Hildesheimer ist von Roman Brodmann ein ausgezeichneter Film gedreht worden: *Bernina-Expreß. Ins Paradies um fünf vor zwölf.*

20 »Aussteiger« nennt sich Hildesheimer im Interview mit Claudia Wenner und Michael Schmitt, im Gespräch mit Heinz Kerle (»*Ich bin ein Aussteiger*«) und im Interview mit Brita Steinwendtner.

21 *In Memoriam* war Hildesheimers zweites Gedicht überhaupt, das erste war *Perpetuum Mobile*, das in seinem Titel auf Vorgänge hinweist, die, wie die Feste, ewig funktionieren, ohne daß man eingreifen müßte.

22 Mit Silvia Dillmann, später Silvia Hildesheimer, hat er *Orakel und Omphalos. Aufzeichnungen aus Delphi* geschrieben: vermutlich von einer anderen Reise mit dem Orient-Expreß, eine Reise, die er eine seiner fiktiven Figuren zwei Jahre zuvor hat machen lassen. Das über fünfzigseitige Typoskript dieser Rundfunksendung erscheint zum ersten Mal in der Werkausgabe 1991.

23 Besitzer- und Reproduktionsnachweise der Collagen und Zeichnungen bis 1983 in *Bibliographie*, S. 145-168.

24 James Joyce, *Porträt des Künstlers als junger Mann*. Übersetzt von Klaus Reichert, Berlin (Ost) 1979; über Vögel S. 256-259, Zitat S. 257; Nachdruck der Frankfurter Werkausgabe, hg. von Klaus Reichert und Fritz Senn. – Laurence Sterne, *Eine empfindsame Reise durch Frankreich und Italien*, München 1979, S. 86-91. – Allerdings hat Hildesheimer 1982 zu Matthias Burri gesagt, er habe die *Sentimental Journey* niemals gelesen: »Mir wollten verschiedene Leute andichten, was ich gelesen haben müsste, Laurence Sterne usw.« (S. 146): demnach hat er auch *Tristram Shandy* nicht gelesen.

25 Zitiert bereits in *Die letzten Zettel*, S. 9, und als Motto über dem Vorwort zum Collagenband *In Erwartung der Nacht*. – Er zitiert und bezeichnet frei: tatsächlich war das »einer von Günters letzten Sätzen«, wie Ilse Aichinger am 20. 1. 1973 an Hildesheimer geschrieben hat, nicht seine »letzten Worte«, und der genaue Wortlaut, wie ihn Ilse Aichinger über dem Datum 16. Dezember 1972 auf einer Karte drucken ließ, lautet: »Ich will gar nichts mehr, ich will anfangen zu

spielen.« Obwohl Hildesheimer *Die letzten Zettel* mit den Worten beschließt: »Das Falschzitieren entlarvt den Rezensenten weitaus mehr, als die Axt im Haus den Zimmermann erspart« (S. 18), kann man ihm den eigenen Vorwurf nicht zurückgeben: er äußert sich ja nicht als Rezensent, sondern hat ein Zitat kreativ umgeformt und künstlerisch verarbeitet; *wie* er das gemacht hat, ist nicht entlarvend – in diesem Wort steckt der Vorwurf –, sondern aufschlußreich.

26 Hildesheimer schreibt außerdem, Hochhuth wäre besser, wenn er »statt der Vergangenheit die Form zu bewältigen« versuchen würde (S. 810).

27 Die Drucke von Hildesheimers Kochrezepten, 1973-1975, werden nachgewiesen in *Bibliographie*, S. 112. – Hierher gehören auch die Unterhaltungen über das Essen in *Marbot*, vor allem mit Carl Friedrich von Rumohr (S. 129-132), dessen *Geist der Kochkunst* (1822) bis heute gelesen wird. Wolfgang Koeppen hat in seinem Vorwort zur Ausgabe im Insel Verlag geschrieben: »Rumohr erreichte in Deutschland mit seinem Kochbuch nichts (...) Rumohr lebt im Gedächtnis der Literaturkenner und Tafelfreunde, doch sein Geist kommt nicht auf ihren Tisch« (1978, S. 14): das gilt auf keinen Fall für Hildesheimer.

28 Die Folge dieser Entscheidung war, daß im Jahr darauf ein Band in der edition suhrkamp erschienen ist, in dem die kürzere Prosa *Vergebliche Aufzeichnungen* ausgerechnet mit einem Theaterstück – *Nachtstück* – zusammengebunden wurde, dabei sind die *Vergeblichen Aufzeichnungen* 1962, also im gleichen Jahr wie *Schläferung*, erstmals erschienen: diese beiden Prosatexte hätten thematisch und formal zusammengehört. Im Jahr darauf hätte man zu *Nachtstück*, der zweiten Hälfte des Buches, trefflich das Theaterstück *Die Verspätung* binden können, das im selben Jahr als selbständiger editions-Band erschienen ist. – 1988 hat Hildesheimer neue Illustrationen zu den *Vergeblichen Aufzeichnungen* gemacht, Rasterpapiercollagen, die 1989 mit dem Text als selbständiges Buch erschienen sind: diese Form der Publikation wird der Wichtigkeit dieses Textes zum ersten Mal gerecht.

29 Diese Verfahren finden sich in Hildesheimers Collagetechnik wieder: die frühen Collagen aus Raster- oder Zeitungspapier setzen Allgemeingut zusammen, später, gerade nach 1965 (*Tynset*), werden wertvolle Kunstdrucke als Ausgangsmaterial benutzt, dazwischen aber immer noch Reklameplakate und ähnlich populäre Materialien.

30 Die Nacht als »der Zeit bessere Hälfte«, diese Formulierung könnte Djuna Barnes' *Nightwood* entstammen, das Hildesheimer drei Jahre zuvor übersetzt hatte, vielleicht aus dem für ihn zentralen Kapitel *Wächter. Was spricht die Nacht?*, das er vor der Buchausgabe separat und mit seinen Erläuterungen hat drucken lassen.

31 Die Verschachtelung als Rückzugssystem findet sich in Hildesheimers

Collagen wieder: mehrfach, oft vielfach umrahmt, bilden sie kleine Zentren des Rückzugs für den »Aussteiger« Hildesheimer, wie er sich denn auch im Vorwort zur ersten Ausgabe seiner Collagen, *Endlich allein*, bezeichnet. Daß diese kleinen Zentren ihrem Sinn nach oft alles andere als windstill und beschaulich sind, zeigt gerade ein Titel wie *Sturmwarnung*. Ein anderer, als Buchtitel betont, beschwört die erreichte Ruhe: *Endlich allein*.

32 Hildesheimers autobiographischer Text *Mein Judentum* ist von Heinrich Böll besprochen worden: »Die sorgfältigste Betrachtung über sein Judentum hat nach meiner Meinung Wolfgang Hildesheimer angestellt, ein ›Ungläubiger‹ und doch ein Bekenner« (*Das Gelände ist noch lange nicht entmint*). – Hildesheimers Interesse am Katholizismus zeigt sich an vielen Stellen seines Werkes, besonders deutlich in den 1968 geschriebenen *Exerzitien mit Papst Johannes*, einem Kapitel aus einem geplanten Buch über Johannes XXIII., oder auch in *Marbot*, wo die Familie der Mutter zum Katholizismus konvertierte und Andrew Marbot einen katholischen Geistlichen zum Erzieher hat.

33 Zur Melancholie siehe die hervorragenden Arbeiten von Franz Loquai, *Künstler und Melancholie in der Romantik* (*Marbot* auf S. 349); und ders., *Tynset und Hamlet oder Marbot und die Melancholie. Möglichkeiten einer Deutung des Scheiterns bei W. Hildesheimer*; dort auch der Hinweis auf Walter Jens' »Dialog über einen Roman« *Herr Meister* (1963). Im Zusammenhang mit Hildesheimer gelesen, kann man in *Herr Meister* erstaunliche Entdeckungen machen: die Briefe, die sich ein Schriftsteller A. und ein Philologe B. schicken, wurden bisher als Ausdruck der widersprüchlichen Vereinigung der beiden Schaffenszweige des Autors Jens gewertet (ein inneres Zwiegespräch also, wie später in Hildesheimers *Hauskauf*). Tatsächlich aber – Hildesheimer und Jens haben das Projekt *Herr Meister* gemeinsam besprochen – lassen sich in den Briefens A.s immer wieder versteckte Porträts Hildesheimers erkennen. Die Briefe datieren vom September 1961 bis März 1962, also gerade aus der Zeit, zu der sich ein Periodenwechsel im Werk Hildesheimers bemerkbar gemacht hat: *Herr Meister* – nicht der gelehrte altväterliche Stil! – wirkt zuweilen wie eine direkte Umsetzung der Diskussion zwischen Hildesheimer und Jens, wobei A. gewiß nicht mit Hildesheimer gleichgesetzt werden darf; verblüfft liest man aber bei Jens: »Es ist alles getan. Mir fällt nichts mehr ein; ich bin gescheitert. Was soll ich hier noch?« (S. 281) – in einem Brief vom März 1962, also ein halbes Jahr, ehe Hildesheimer die *Vergeblichen Aufzeichnungen* mit »Mir fällt nichts mehr ein« begonnen und mit »Ich gehe« beendet hat (»Mir fällt nichts mehr ein« heißt es allerdings bereits in Walter Jens' *Der Mann, der nicht alt werden wollte* von 1955, S. 217). In den Briefen von 1961 ein verworfenes »Hamletbuch« – eben zu der Zeit hat Hildesheimer den *Hamlet* auf-

gegeben; eingelagerte Geschichten, wie später in *Tynset*, Herr Meister als gescheiterter Professor, wie Scholz-Babelhaus in Hildesheimers *Verspätung* von 1961; Hamlet »liebt die Nacht und verachtet den Tag« (S. 249); von Hamlet zu Dürer; »erträumte Biographien« (S. 292); und, für Hildesheimers Periodenwechsel und Veränderung seines Stils besonders auffallend, der letzte Brief A.s: »Ist es wahr, sind wir am Ziel und haben tatsächlich das Ende unseres Weges erreicht? Der Roman wird beiseite gelegt, und es beginnt der Essay, die lyrische Meditation? (...) Ziehen wir getrost einen Strich und beginnen wir, unter der Überschrift ›Bericht von der Melancholie‹, ein neues Kapitel (...) Ich bin an Menschen und Situationen, an Parabeln und Bildern, aber nicht an Problemen interessiert. Das unterscheidet uns: Sie kümmert die Melancholie, ich schaue auf den Mann, der, hinter der Gardine versteckt, die Henkergesichter notiert (...) Einstweilen sind meine Möglichkeiten erschöpft; wir haben alles durchgespielt, aber die gesuchte, mir einzig angemessene Form des Romans nicht entdeckt. Ich sage: alles; denn was Ihren letzten Vorschlag betrifft, das Assoziieren, die sprunghafte Phantasterei und den Verzicht auf Fabel und Held, so ist mir das blinde Träumen schon deshalb zu unverbindlich, belanglos und vag, weil ihm das Zwingende fehlt« (S. 295) – und doch hat Hildesheimer in seiner Prosa zum ersten Mal in den *Vergeblichen Aufzeichnungen* mit seinem Stil der freien Assoziation begonnen (auffällig ist auch der Titel der Rezension von *Herr Meister* von Walter Widmer: *Vergebliche Aufzeichnungen*). – In der Festschrift zu Walter Jens' 65. Geburtstag ist Hildesheimers Brief vom 7. 11. 1987 abgedruckt, in dem er sich für »Denk-Anstösse« und, mehr noch, für »oft fundamentale Denk-Korrekturen« bedankt, die er seit seinen Anfängen als Schriftsteller von Jens bekommen hat. – Siehe auch Hildesheimers Tuschzeichnungen *Tafel I und II zum Lehrbuch der Melancholie* (1965); *Tafel I* war übrigens ein Geschenk Hildesheimers an Jens. – Siehe auch Günter Blamberger, *Versuch über den deutschen Gegenwartsroman. Krisenbewußtsein und Neubegründung im Zeichen der Melancholie* (1985), mit einem Kapitel »Wolfgang Hildesheimers Prosa des Absurden«. Was Blamberger über Hildesheimer schreibt, ist bei aller Verklausulierung einleuchtend, wenngleich zuweilen unglücklich belegt und formuliert: das sogenannte Absurde ist der Melancholie Kehrseite. – Nach Abschluß des vorliegendes Bandes erschienen: Dietmar Goll-Bickmann, *Aspekte der Melancholie in der frühen und mittleren Prosa Wolfgang Hildesheimers* (1989).

34 Auch im bereits zitierten Vorläufer der *Vita* von 1966, der Notiz *...und so wurde ich Schriftsteller* von 1956, lautet diese Stelle so, nur heißt es statt »hin und wieder« »ab und zu«. Selbst an der Entwicklung dieser kleinen Notiz läßt sich Hildesheimers veränderte Position ablesen: zum Beispiel hat er vor 1957 noch geschrieben, als englischer

Informationsoffizier in Palästina habe er »einen interessanten Krieg verbracht«, und fügt in Parenthese hinzu: »ich kann es nicht leugnen«. Diese provozierende und lieblos pointierte Passage hat er natürlich aus der Fassung von 1966 gestrichen.

35 Christoph Meckel hat die Idee des Nichtgeborenseins von Hildesheimer übernommen und schreibt in seiner *Biographie des Zeichners*: »Ich wurde geboren in einer Juninacht, während großer Gewitterstürme über Berlin. An dieser Tatsache hat sich nicht viel geändert. Das Recht, nicht geboren zu werden, ist vertan – wie die Chance, in Bildern und Büchern zur Welt zu kommen (...) So bleibt es dabei, daß der Mensch geboren wurde, und es ist bezeichnend, daß man Eltern hat. Man kam zu früh in die Schule, verließ sie zu spät, und geriet als Krebsreiter in die Biographie (in etwas Absurderes konnte man nicht geraten). Ohne sie auszukommen erschien nicht mehr möglich, und man hat die Zeit als das Maß aller Dinge erkannt. Aber die Biographie hat hundert Räume, und während sich andere in ihr zu schaffen machen (Fachleute, Frauen und falsche Vögel), hat man sie unbemerkt und ohne Abschied verlassen.« Mit den falschen Vögeln spielt Meckel natürlich auch auf Hildesheimer an, und Meckel hat im selben Jahr, in dem *Marbot* erschienen ist, seine Biographie des russischen Dichters Evgenij Abramovič Baratynskij (1800-1844) geschrieben (*Nachricht für Baratynski*), der ein Jahr vor Andrew Marbot geboren wurde. Bei Meckel zeigt sich, radikaler als bei Hildesheimer, die Absage an die Welt der Bilder, dafür hat Meckel aber einen phantastischen Privat-Ausweg gefunden: er kann die Biographie verlassen, wie auch immer. – Der Beginn der *Vergeblichen Aufzeichnungen* siedelt zwischen Karl Kraus' »Mir fällt zu Hitler nichts ein« und Mozarts Kommentar, als man die Ouvertüre zum *Titus* verlangte: »Mir fallt halt nix ein.«

36 Räume durchwandern, Funde kommentieren und einen manischen Drang zum Notieren aller meßbaren Daten stellt Hildesheimer auch in *Tynset* dar, in der Person des Onkels, der außerdem nichts wegwerfen konnte, wie Hildesheimer erzählte: diese Person – wenngleich nicht der Onkel Hildesheimers – hat wirklich existiert, ein Exzentriker, der abgelegte Zahnbürsten aufbewahrte und sorgfältig mit Vermerken versah, wann sie ausgebraucht waren. – Hildesheimers Umgang mit vorgefundenem Material, der Ausgangsbasis aller Collagen, zeigt sich auch in manchen Titeln der Zeichnungen, zum Beispiel *Rumpelkammer mit Dichterbildnis* (Bleistift 1972) oder *Fund* (Chinesische Tusche und Bleistift 1967). Die Collage-Technik der Bilder entspricht in Obertönen der Schreibtechnik Hildesheimers, beide werden mit fortschreitender Entwicklung immer abstrakter: in den *Lieblosen Legenden* waren die Funde noch Sprichwörter, in *Schläferung* ein Gedicht, in den *Vergeblichen Aufzeichnungen* wahllose Gegenstände am Strand, daneben aber schon *Gedanken*, die wie Funde

behandelt werden, an die sich ganze Assoziationsketten knüpfen, besonders in *Tynset* und *Masante*. Sogar die eigene Historie wird wie etwas Vorgefundenes bearbeitet (*Zeiten in Cornwall*); Biographieschreibung arbeitet ja grundsätzlich mit Vorgefundenem (*Mozart*). Bei *Marbot* werden Gedanken und Ideen so behandelt, daß sie wie Vorgefundenes wirken: Dokumente werden hergestellt. In den *Mitteilungen an Max* wird, in radikaler Konsequenz, die Sprache als Fundus an Assoziationsangeboten genommen, und in *Die letzten Zettel* und *Nachlese* ist die letzte Schranke zwischen den Techniken gefallen: dem Arrangement von bildlichen Ausschnitten und Splittern entspricht das Arrangement von disparatem textlichem Material.

37 Über *Masante* aus dem Gespräch Hildesheimers mit Paul Schorno (»*Ich gehöre der heimatlosen Linken an*«). – Als Dolmetscher erwähnt in Robert M. W. Kempner, *Ankläger einer Epoche*, S. 224. – Henry A. Lea schreibt: »works of exile literature« (*Wolfgang Hildesheimer and the German-Jewish Experience. Reflections on »Tynset« and »Masante«*, S. 19); siehe auch ders., *Wolfgang Hildesheimer's Early Work as Inner Autobiography* und *Wolfgang Hildesheimer's Path to the End of Fiction* (die letzten beiden ungedruckt: herzlichen Dank an Henry A. Lea für die Zusendung seiner beiden Vorträge!). Vor allem der dritte Aufsatz von Lea, der wie Hildesheimer in Nürnberg Simultandolmetscher war, zeugt von souveräner Einsicht, die offenbar auf ähnlichen Erfahrungen beruht. Lea über die Nürnberger Zeit: »This material was so shocking that only blocking out its implications could deal with it on a daily basis« (S. 6); »Hildesheimer was assigned to the Einsatzgruppen Case, which dealt with the mass killings of civilians in Russia including the massacre at Babi Yar« (S. 6 f.); »Hildesheimer deals quintessentially with the German-Jewish situations – a fact that most German critics neglect to mention« (S. 9); »he brings to life the existence and state of mind of the post-Holocaust German-Jewish intellectual« (S. 10). In der deutschen Fassung dieser Rede erklärt Lea: »Viel später erst taucht die Erfahrung der Prozesse in Hildesheimers Werk auf, was vielleicht u. a. auf die extreme Intensität der Dolmetscherarbeit zurückzuführen ist, die den Übersetzer zwingt, sich auf Kosten des Inhalts lediglich mit dem Wortlaut zu befassen (...) Und wenn man, wie Hildesheimer, vom Deutschen ins Englische übersetzt, kommt noch die Schwierigkeit der unterschiedlichen Satzkonstruktion dazu. Erst nach Jahren wird man sich des Inhalts bewußt« (*Hildesheimers Weg zum Ende der Fiktionen*, S. 50 f.). – Zitat Hildesheimers nach Marcel Reich-Ranicki, *Über Ruhestörer*, S. 46. Reich-Ranicki gibt als Fundstelle »Twen, Jhrg. 6, 1964/I« an (S. 96), was bisher nicht nachgewiesen werden konnte; das Statement war als Beitrag geplant für Hermann Kesten (Hg.), *Ich lebe nicht in der Bundesrepublik*, ist von Hildesheimer aber zurückgezogen worden.

38 Bezieht sich auf Friedrich Luft, *Die unerträgliche Hölle der Publicity. Zum Tode von Marilyn Monroe*.

39 In dieser frühen Prosa erscheint der Vorwurf Hamlets gegen seine Mutter noch in harmloser Variante: nur »einige Vergehen gegen die Sittlichkeit« (S. 43) hat er zu bemängeln, und zwar, als sich Tante Lydia über die Aktstudien Velhagens entrüstet; das Inzest-Motiv erscheint erst in *Marbot* voll ausgeprägt. – Das Spiel mit dem Schädel erinnert auch an Laurence Sternes *Tristram Shandy*, wo der Erzähler, der sich übrigens Yorick nennt, sagt: »Ich liebe die Pythagoräer (...) wegen ihres ›sich aus dem Körper begeben, um gut zu denken‹. Kein Mensch denkt richtig, solange er drin ist« (München 1963, S. 494).

40 In den *Spielen, in denen es dunkel wird* (1958) setzen Glaser im Verlauf der Handlung hellviolette (*Landschaft mit Figuren*) oder schwarze (*Die Uhren*) Scheiben ein, die Bühne verdunkelt sich allmählich. Ein Glaser ist übrigens schon in den *Lieblosen Legenden* aufgetreten, in *Das Atelierfest*. Daß gerade Glaser auftreten, könnte auf den Aspekt des Handwerklichen deuten, auf den Rückzug in das Reich der Collagen, der einem Tod gleichkommt – der Tod vervielfacht sich, wie gesagt – und gleichzeitig ein anderes Leben ermöglicht. Der frühe Glaser aus den *Lieblosen Legenden* hatte natürlich noch nicht diese Funktion, das heißt, er betätigt sich, als Maler, zwischen den Bereichen, zumal er »Bergmotive in Wasserfarben« malt (S. 117), was an *Aus meinem Tagebuch* anklingt: solche Handwerker sind ausgenommen, sie sind an der Ursache des Zwanges zum Rückzug beteiligt und beschleunigen ihn. Kurz nach 1960 tritt ein anderer Handwerker auf, der Sargtischler im Theaterstück *Die Verspätung*. In der *Verspätung* läßt Hildesheimer Professor Scholz-Babelhaus nach den Ursachen forschen und an den eingetroffenen Möglichkeiten scheitern, denn die Ursachen müßten sich verändern, aber dazu ist es bereits zu spät. Die Fehler liegen in den Anfängen. Damit deutet auch *Die Verspätung*, sehr privat, auf Hildesheimers Vorsatz zu jener Zeit hin, die Schreibfeder wegzulegen, die Zeichenfeder zur Hand zu nehmen und zu seinen Anfängen zurückzukehren.

41 In Vorabdrucken war *Tynset* schon ab 1963 präsent: *Texte aus Tynset* (1963), *Nasen und Namen* (1964), *Bett-Fuge* (1964) und *Tynset* (1964). – *Nasen und Namen*, man denke an Vater Shandys skurrile Vorliebe für Nasen und Namen, wendet sich gegen jede Art tarnender Veränderung, sei es körperlicher Art, nämlich indem man sich die Nase operieren läßt, damit sie nicht mehr in das Klischee von einer jüdischen Nase paßt, sei es dadurch, daß man seinen Namen ändert: die Änderung haftet ebenso wie der Makel und kehrt gerade das hervor, was man verbergen wollte. Der scharfe Ton der fiktiven Prosa mag die Schärfe des Statements über Antisemitismus, das Reich-Ranicki zitiert, bestimmt haben.

42 Zur Flut der Rezensionen und wissenschaftlichen Analysen siehe *Bibliographie*, S. 172-182, zu den Literaturpreisen S. 301-303, zu den Übersetzungen S. 122 f.

43 Hildesheimer ist zum erstenmal 1951 zur Gruppe 47 gekommen und ihr bis zu ihrer Auflösung verbunden geblieben. Er hat sich an manch harter Polemik um die Gruppe beteiligt und ist noch jetzt Gast der ›runden‹ Geburtstagsfeiern Hans Werner Richters in Saulgau (siehe den *Geburtstagsbrief an Hans Werner Richter* vom 10. 11. 1979): dort hat er 1978 sein Projekt *Marbot* erstmals einem größeren Kreis seiner Freunde und Kollegen vorgestellt. – Adriaan Morriën hat Richter 1952 gefragt: »Gibt es keine jungen jüdischen Schriftsteller in Deutschland?« Richter hat geantwortet: »Ich kenne keinen einzigen, abgesehen von Wolfgang Hildesheimer, der auf der letzten Tagung der Gruppe 47 mit kurzen satirischen Erzählungen auf sich aufmerksam gemacht hat und von dem wir viel erwarten« (*Dichter und Richter*, S. 37); siehe die aufschlußreichen Zitate aus den Briefen von und an Hildesheimer aus dem Umfeld der Gruppe 47 im Katalog zur Ausstellung anläßlich von Hans Werner Richters 80. Geburtstag (*Dichter und Richter*, S. 81, 230, 231 f., 252, 265 f., 297, 318-320). – Siehe zu Hildesheimer und die Gruppe 47 z. B. *Die falsch gestellten Weichen*: Hildesheimer protestiert gegen die Absetzung einer Sendung von Hans Werner Richter; seinen offenen »Brief an Hermann Kesten«: *»Sie nennen uns einen dichtenden Haufen«*; und *Amerys koketter Ruf nach einer Mafia*.

44 Bremer Literaturpreis am 26. 1. 1966, Georg-Büchner-Preis am 15. 10. 1966. – Ähnlich äußert er sich auch in *Folgerungen*: »Franco und Salazar und auch die Allerniedrigsten der Menschenverächter wie Batista oder Trujillo brauchten die Kirche nicht zu fürchten; denn sie distanziert sich nicht von der Gewalt, wenn diese Gewalt katholisch ist« (S. 810). Doch Hildesheimers ambivalentes Verhältnis zur katholischen Kirche hat sich wenige Jahre später in *Die unbekannte Größe* gezeigt: er versichert Böll, daß es »anderswo andere Katholiken gibt«, an denen Böll seine »Freude hätte«, wenn das auch seinen »zerrütteten Glauben an die Kirche« nicht »wieder aufrichten« könnte (S. 130): die Trennung zwischen Kirche und Gläubigen.

45 In *Antworten über Tynset* schreibt er: »Ja, das Photo gibt es, gewiß haben Sie es gesehen, es zeigt Franz Joseph Strauß und den verstorbenen Kardinal Wendel. Kardinal Wendel habe ich bei einem Besuch in Rosenheim genau beobachtet, der Bericht im Buch hat durchaus Reportage-Charakter« (S. 7 f.). – Hildesheimers Abneigung gegen den Namen Jäger erklärt sich vermutlich auch daher, daß er während seiner Arbeit als Dolmetscher im Nürnberger Ärzteprozeß auf einen Wilhelm Jäger, Oberarzt im Krupplager Essen, gestoßen sein mag.

46 »Registrator« entstammt Walter Jens, *Ein Ausgelieferter übertönt die*

Nacht. Siehe auch ders., *Die Anmut des Entsetzens. Laudatio auf den Büchner-Preisträger Wolfgang Hildesheimer.*

47 Geno Hartlaub hat über einen Besuch bei Hildesheimer berichtet: »wir sitzen uns gegenüber an dem Arbeitstisch, auf dem er mit Schere und Klebepapier einzelne Texte, Sprachmaterial, das sich Jahre hindurch in Zettelkästen und Schubladen anhäufte, nach Art von Bild-Collagen (...) zum Gesamttext von ›Tynset‹ zusammenfügte« (*Tynset ist keine Endstation*). Der Gedanke der Collage erscheint auch in Peter Horst Neumanns Rezension *Masantes*: »Auch das Typoskript von ›Masante‹ war ihm zuletzt zur Collage geraten« (*Voreingenommene Bemerkungen*, S. 497). – Siehe auch das Foto von Hildesheimer am Arbeitstisch mit dem Typoskript der *Mitteilungen an Max*, das in langen Bahnen den ganzen Tisch bedeckt und mit Zahlen, Pfeilen und angehängten Zetteln übersät ist (Dieter Bachmann/Hans-Peter Siffert, *Was macht der Mensch um halb zwölf in Recklinghausen?*). – Zum Zusammenhang von Weltsicht der Nachkriegszeit und künstlerischer Form hat Eugen Gürster geschrieben, der Schriftsteller habe »den Blick für das Ganze« verloren (*Kritische Betrachtungen zur deutschen Literatur der Gegenwart*, S. 8) und *Tynset* gehöre zu den Werken, die eine »nicht ungewöhnliche Autorenratlosigkeit« (S. 45) zu unverbindlich habe geraten lassen. – Zu Wort-Collage und Musik siehe das Nachwort von Volker Jehle zu *Gedichte und Collagen*.

48 Hilde Domin, *Denk ich an Deutschland in der Nacht.* – In *Mozart* und *Marbot*, über zwanzig Jahre später, beschreitet Hildesheimer denselben Weg von der anderen Seite und erreicht das Ziel: die Wiederherstellung des Rätsels.

49 Zu Hildesheimers Tendenz zur Flucht siehe die tendenziöse Arbeit von Arno Hochmuth: Hildesheimers Flucht »in feiger Abwehr« (*Was wird aus dem Menschen – oder: Die Flucht des Erzählers in die Einsamkeit*, S. 318) sei »geradezu die Voraussetzung für die ungestörte Weiterexistenz des Schrecklichen« (S. 310). Er zeige, »daß nämlich überall, wohin man auch greift, Dreck und Schmutz zu finden ist in dem Teil Deutschlands, den der Erzähler bewohnt« (S. 312): offensichtlich ist es im anderen Teil besser. – Sachlich, fundiert und informiert ist dagegen Franz Loquai, *Auf der Suche nach Weite. Zur Prosa Wolfgang Hildesheimers.*

50 Celestina ist übrigens der Name der Kupplerin aus Max Frischs *Don Juan oder Die Liebe zur Geometrie*, aus dem Hildesheimer in seiner Rede *Die Kunst dient der Erfindung der Wahrheit* zitiert; Celestina ist natürlich auch die spanische Hure; außerdem erinnert, wohl nicht zufällig, ihr Name an Himmlisches: Celestina und Cölestin, die Hure und der Papst. – Karl-Josef Kuschel hat er 1989 erklärt, wer hinter den drei Personen steckt: »Die eine ist ein Dienstmädchen, das wir früher hatten, eine religiös ungebrochene Frau und eine echte Dienerin. Die

zweite ist eine irische Katholikin, die ich während der Nürnberger Prozesse kennengelernt hatte, sie war Übersetzerin und Stenotypistin und trank. Die dritte ist eine ehemalige Freundin von mir, eine sehr katholische Frau, die sehr litt. Sie war nymphomanisch und meinte, Gott so nicht zu gefallen« (S. 34).

51 Patricia Haas Stanley (*Tynset. An analysis of Wolfgang Hildesheimer's lyrical modernism*; gekürzt um die beiden allgemeinen Einführungskapitel und ins Deutsche übersetzt: *Wolfgang Hildesheimers »Tynset«*) unternimmt eine detaillierte Strukturanalyse, die zuweilen in intellektuelle Spielerei ausartet: z. B. zwei Seiten »Partitur« der *Bett-Fuge* (S. 56 und 58), insgesamt aber Einsichten vermittelt, die von Wolfgang Rath weitergeführt worden sind (siehe auch dies., *The Structure of Wolfgang Hildesheimer's ›Tynset‹*). – Marco Guetg bringt in seiner Strukturanalyse eine interessante Grafik zu den Assoziationsketten, die von den fünf norwegischen Städten aus dem Kursbuch ausgehen: vier entwickeln sich weiter, die fünfte – Stoeren – nicht. Und doch zitiert Guetg einen »Einschub, der mit dem rezipierten Kontext nichts gemein hat«, nämlich: »aber irgendetwas hat mich aufgestört« (S. 38), und behauptet: »Warum gerade an dieser Stelle das Hamlet-Motiv auftaucht, ist unerklärlich und scheint ein Willkürakt Hildesheimers zu sein« (S. 39): nein! – Wolfgang Rath zieht auch in den Passagen über Heimito von Doderer und Hubert Fichte ständig Parallelen zu Hildesheimer (*Fremd im Fremden. Zur Scheidung von Ich und Welt im deutschen Gegenwartsroman*, speziell zu Hildesheimer S. 79-161). – Zum Thema Musik und Sprache bei Hildesheimer siehe die ausgezeichneten Arbeiten von Christiaan L. Hart Nibbrig, *Der andere Ton. Zur Musikalität von Wolfgang Hildesheimers Prosa* und *Die Aufferstehung des Körpers im Text*, S. 35-46 und S. 184-186.

52 Die Umsetzung musikalischer und bildkünstlerischer Kompositonsprobleme in Sprache gehört zur modernen Auseinandersetzung mit Problemen der Romantiker: nicht zufällig erinnert der Titel von Hildesheimers Theaterstück *Nachtstück* an E. T. A. Hoffmanns *Nachtstücke*, und nicht zufällig siedelt *Marbot* zur Zeit der Romantik. Den Romantikern waren die Problemstellungen Marbots nicht gar so fremd, wie Hildesheimer hin und wieder betont, nur konnten sie natürlich noch nicht mit Freudschen Kategorien umgehen.

53 Bereits in *Der Drachenthron* hat Hildesheimer auf die *Todesfuge* angespielt: »Mögen die Götter uns davor bewahren, daß die heilige Milch schwarz wird. Das bedeutet unmittelbare Vernichtung unseres Reiches« (S. 34). Im Umfeld dieser Komödie wirkt dies wie Spott, entzieht sich die Haupt- und Identifikationsfigur zuletzt doch aller Verantwortung. *Tynset* dagegen erscheint in vielen Passagen wie eine Prosaumsetzung einiger Begriffe der *Todesfuge*.

54 Auch die Fortsetzung der Welt im Jenseits ist traditionsreiches Vorstel-

lungsmodell, nach dem das Leben nach dem Tod verworfen werden
muß, wenn man das Leben überhaupt verwirft. – In den *Mitteilungen
an Max* heißt es: »Also dann schon lieber in den Himmel, aber da gibt
es Joghurt. Man weiß bald wirklich nicht mehr, wohin« (S. 47). –
Büchner läßt Woyzeck sagen: »Unsereins ist doch einmal unselig in
der und der anderen Welt, ich glaub' wenn wir in Himmel kämen so
müßten wir donnern helfen« (Lothar Bornscheuer (Hg.), *Woyzeck*,
S. 21). – In Achim von Arnims *Die Kronenwächter* lautet das: »der
Bergmann blieb dabei, ihm würde im Himmel auch nichts geschenkt
werden; er werde ›ta prav tonnern‹ helfen müssen« (*Sämtliche Ro-
mane und Erzählungen*, S. 679).

55 Wolfgang Rath wendet sich zu Recht gegen das linear-binäre Modell
von Deleuze und Guattari (*Anti-Ödipus. Kapitalismus und Schizo-
phrenie*, Bd. I, S. 22) und hält dem sein Atemmodell entgegen, das aus
Ein- und Ausatmen und einer Pause besteht (S. 116). – Peter Horst
Neumann schreibt, in *Tynset* bewege sich »ein Etwas« im »windigen
Spielraum« (*Hamlet will schlafen*), eine Formulierung, die Rath wohl-
belegt. Raths hochinteressante Studie ist detailsicher, die Analysen
wirken zuweilen etwas herbeigezaubert, insgesamt liefert er aber er-
hellende Erklärungsmodelle: unter anderem analysiert er ausführlich
das Y in *Tynset* und erklärt, weshalb Hildesheimers Bücher seit *Mary
Stuart* mit einem M beginnen.

56 Karl Krolow, *Sehnsucht nach Tynset*. – Gerhard F. Probst spricht von
einem ständigen »Hin- und Herpendeln« (*Die Kategorie von Zeit und
Raum und das Steigern der Realität*, S. 279). – Präziser formuliert
Joseph Strelka: »Gegenüberstellungen einander gegensätzlicher Pola-
ritäten und ihre Überwindung auf der Innenraum-Ebene eines über-
gesetzlichen Dritten« (*Tynset – Knotenpunkt im Nirgendwo des
Selbst*, S. 149); auch Hilde Domin ahnt etwas Richtiges: »Der Autor
und sein Leser« sind »auf einer zugleich zentripetalen und zentrifuga-
len Flucht begriffen« (S. 125). – Wolfgang Rath, der Mystik und
Kabbala als Erklärung heranzieht und zu überraschenden Schlußfolgerungen kommt, schreibt, in *Tynset* (und *Masante*) existiere eine
»Dreieinigkeit von Zeit (Vater), Raum (Sohn) und Substanz (Heiliger
Geist)« (S. 87). Und tatsächlich: bei Hildesheimer besteht, wie gesagt,
nicht die reine Duplizität der Erscheinungen, sondern, ständig und
überall, eine Dreierverbindung, von der kleinsten Einheit einer Figur
wie Celestina, die aus drei Personen zusammengesetzt ist, über *Schläferung*, wo drei Wächterinnen auftreten, bis hin zu den Dreiereinhei-
ten seiner großen Prosabücher und der Grundstruktur des Auf und
Ab bzw. Links und Rechts mit der Pause dazwischen. – Wenn man bei
bildlicher Vorstellung bleiben will, mag man sich an die konzentri-
schen Kreise erinnern, an das Rückzugssystem in *Schläferung*, das in
den *Vergeblichen Aufzeichnungen* noch um einige Kreise erweitert

worden ist: die Bewegung nach außen führte aber gleichzeitig nach innen, doch bereits in *Schläferung* hat sich gezeigt, daß die Kreise sich überschneiden, wie Rath nachgewiesen und seinen Lesern zur Veranschaulichung das Bild ins Wasser geworfener Steine und die sich kreuzenden Wellenkreise angeboten hat. Das würde aber bedeuten, daß es verschiedene Zentren gäbe, denn die Wellenkreise um einen Stein überschneiden sich nicht, sie verebben allerdings, und darin leistet Raths Bild Vortreffliches, denn die Reflekteure Hildesheimers entziehen sich zunehmend dem Geschehen. Dennoch: das bessere Bild wäre wohl die Spirale: eine Windung weiter steht man über der Stelle, an der man kurz zuvor gewesen ist: die Bewegung hat eine Veränderung gebracht. Der Vorteil des Bildes der Spirale liegt gerade darin, daß sich die Kreise nicht schließen: Tod oder Geburt gehen nicht in denselben Tod oder dieselbe Geburt über. Denkt man sich keine walzenförmige Spirale, sondern eine trichterförmige, bleibt ein tiefstes Zentrum erhalten, wie beim Stein im Wasser, aber eine einzige Linie führt nach oben und außen zugleich, während man im Bild der Wellenkreise von einem Kreis zum anderen springen muß. Und, was nicht zu unterschätzen ist: die Spirale hat eben doch einen Anfang und ein Ende, nämlich die tatsächliche Geburt, der in der Spiralbewegung die Vorstellung vom Beginn allen Übels oder der Wunsch des Nichtgeborenseins entsprechen, und erst nach einem *Großen Weg* (Hundertwasser 1955), ganz außen, oben, der endgültige Tod.

57 Schon in den *Vergeblichen Aufzeichnungen* heißt es: »Noch nicht einmal für den Tod gäbe es hier ein Versteck. Er steht senkrecht, einen liegenden oder sitzenden Tod gibt es nicht, dafür bürgen mir die alten Stiche (...) Auch liebte er das Kartenspiel. Tarock« (S. 11f.). »Des Erzählers Denkbewegungen zielen auf den Tod«, erkennt Gabriele Wohmann (*Nachtmonolog*, S. 56f.). Das führt, wieder einmal, zu Montaigne: »Der Tod kommt in verschiedener Gestalt; die eine scheint ungefälliger als die andere; er sieht verschieden aus, je nachdem jeder sich ihn vorstellt« (S. 336). Montaigne zur Sehnsucht nach dem Nirgendwo: »Sehen wir denn nicht, daß jeder Mensch immer sucht, ohne zu wissen was, und daß er sich immer danach sehnt, anderswo zu sein, als ob er dort seine Last loswerden könnte?« (S. 159) In *Tynset* die Erinnerung an eine Bahnfahrt: »ich sehe mich, mein Bild, meine dunkle Fläche und meine Umrisse, wie sie, weit dort hinten, an den Hängen entlanggetragen oder gezogen oder geschoben werden (...) und ich sehe mich weit von mir entfernt, sehe mich fern und klein und sehe mich wieder nah und riesig groß und wieder winzig klein, ich bin hier, und ich bin nicht hier, ich bin dort hinten und wieder hier und wieder weit von mir weg« (S. 13; siehe auch S. 74 und S. 98). In *Tynset* stimmen selbst die Mehrfachbedeutungen der Motive zusammen und bewirken neben der Abgeschlossenheit des Reflek-

teurs eine Geschlossenheit der sprachlichen und gedanklichen Komposition. Die Eisenbahn kann nämlich der Zug sein, der Zug aber Wind und Zeit – »Wind, ein Stoß geballter Zeit« (S. 8) –, und dieser Wind hat bereits in *Schläferung* und in den *Vergeblichen Aufzeichnungen* geweht.

58 Peter Horst Neumann wendet sich gegen Hildesheimers Umgang mit dem Hamlet-Motiv und meint, man könne das nur noch in satirischer Absicht verwenden (*Hamlet will schlafen*). – Zur Toccata der Hähne Attikas siehe die Arbeiten von D. W. (*Attikas Hähne krähen. Variationen eines Themas bei Miller und Hildesheimer*) und Hartwig Isernhagen (*Die Hähne Attikas. Lawrence Durrell und Wolfgang Hildesheimer*). – Im Anhang zu Arthur Millers *Colossus of Maroussi* ist ein Brief Lawrence Durrells abgedruckt, der das Attische Konzert beschreibt, das Katsimbalis entfacht hat. Hildesheimer kannte diese Geschichte nicht aus Millers Buch, sondern hatte sie schon 1944 erzählt und 1952 von Herbert List bestätigt bekommen: »Später fand ich es dann im ›Colossus of Maroussi‹ beschrieben, aber ganz anders, als ich es beschreiben wollte. In Durrells Brief entsteht das Bild eines Bacchanals, während dessen ein trunkener Tragiker eine Art mythisches happening auslöst. Mir kam es – als einem Bestandteil des musikalischen Aufbaus meines Buches – auf das Crescendo und das Decrescendo einer Toccata an, auf Onomatopoesie, und – nicht zuletzt: auch auf eine Demonstration der Einsamkeit. Es entsteht also bei mir beinah das Gegenteil des Durrellschen Bildes« (*Wolfgang Hildesheimer antwortet uns*).

59 Das Labyrinth als Bild einer Denksituation hat Tradition, gerade bei rastlosen und präzisen Selbstreflexionen, so zum Beispiel in Moritz' *Anton Reiser*, einem Buch, das Marbot nicht gelesen hat, zum Bedauern seines Biographen übrigens, der auf Marbots Reaktion neugierig gewesen wäre, einem Buch, das in vielen Stücken den Büchern Hildesheimers verwandt ist: Hamlet, »Traum und Wahrheit« (Stuttgart 1980, S. 432 f.) für Realität und Wirklichkeit, das »Immerwiederkehrende« (S. 449), die Lächerlichkeit des Todes (S. 17), das »Nichts« (besonders S. 210 f., 261, 264), Namen, Orte und Zeit, die Grenzen des Denkens, die unglückliche Verbindung von Kirche und Religion (S. 254 f.), wie das auch der *Tynset*-Reflekteur macht, nicht nur mit der Anlage seiner Figur Celestina, sondern vor allem mit dem Zeitungsfoto vom Minister und dem Kardinal. – In den *Nachtwachen des Bonaventura*, durch die ebenfalls eine durchgängige Linie der Diskussion um Hamlet und das Nichts führt, heißt es: »Wie andere den Kopf oder das Herz, so nehme ich den Magen für den Sitz des Lebens an (...) Ja, hätte der Schöpfer den Magen vergessen, behaupte ich, so läge die Welt noch so roh da wie bei der Schöpfung, und sei nicht der Rede wert« (Stuttgart 1984, S. 104 f.).

60 Lars Gustafsson, *Wollsachen*, München 1977, S. 71. – Zum Thema der
    Schuld siehe Giles A. Hoyt, *Guilt in Absurdity*.
61 *Masante* ist erstmals greifbar als *Meona*. *Wolfgang Hildesheimer liest
    aus seinem noch nicht veröffentlichten Roman*. Bayerischer Rund-
    funk, 28. 5. 1968. – Siehe auch die Shakespeare-Diskussion Stephen
    Dedalus' in Joyces *Ulysses* und daß auch im *Ulysses* »ein morgend-
    licher ferner Hahn« ruft (Frankfurt/Main 1979, S. 894).
62 Rath nennt *Tynset* und *Masante* »Schnipselprodukte« (S. 91), ein et-
    was unglücklicher Ausdruck, den er aber offensichtlich so verstanden
    haben will, wofür auch seine Klassifizierung der Collagetechnik Hil-
    desheimers spricht: »Hildesheimers Formgebung entspricht dem
    Baukastensytem technikgläubiger Ära – trotz seines inhaltlich gegen-
    teiligen kulturpessimistischen Standpunktes: eine Fertigteilkonstruk-
    tion nach dem Vorbild der Natur« (ebd.). Darunter würden dann
    wohl auch die Collagen fallen. Rath hat die Zertrümmerung der ge-
    schlossenen Form mißverstanden und, erstaunlich, die Natur als Vor-
    bild der Technik gewertet, anstatt den unüberbrückbaren Gegensatz
    zwischen beiden zu beachten.
    Paralipomena des *Tynset-Masante*-Komplexes:
    Die Paralipomena lassen sich in ihrer Zugehörigkeit nicht immer ein-
    deutig bestimmen: die Entstehungsgeschichte *Masantes* beginnt bei
    den Anfängen *Tynsets*, wie die zerstreut publizierten Paralipomena
    zeigen: *Der Ruf in der Wüste* (1963), also vor *Tynset*, wurde aber erst
    in *Masante* verändert eingebaut (S. 373 f.). *Hildegard mit Katze* er-
    schien zwar erst 1979 im Sammelband *Exerzitien mit Papst Johannes*,
    wurde aber ebenfalls bereits 1963 geschrieben, erschien mit ähnlichem
    Text 1967 als *Text 2* in den *Drei Paralipomena zu Tynset* und gehört als
    Erweiterung zum Abschiedsfest des Reflekteurs in *Tynset*. Die *Texte 1*
    und *3* der *Drei Paralipomena*, die mit ihrem Titel zu *Tynset* gewiesen
    worden waren, finden sich verändert in *Masante* wieder: *Text 1* han-
    delt vom Gemälde der Simonetta Vespucci von Piero di Cosimo, das
    der Reflekteur *Masantes* seiner früheren Freundin Niki Almesin be-
    schreibt (S. 335-340); *Text 3* erzählt vom Erfinder des Regenschirms,
    der auch in *Masante* Gegenstand der Reflexionen ist (S. 203-207).
    1966 erschien *In den Schlaf rangieren. Ein Paralipomenon zu »Tyn-
    set«*, ebenfalls 1963 geschrieben, das zu *Tynset* gestellt wurde. Im
    selben Jahr wie Tynset erschien *Die Margarinefabrik*, Reflexionen vor
    einer verlassenen Fabrikanlage am Ende eines norwegischen Fjordes,
    Ohlsens Margarinefabrik, geographisch *Tynset* näher, wo sie aber
    nicht auftaucht, sondern in *Masante* (S. 111-113 und 360).
63 Zu Dieter E. Zimmer hat Hildesheimer gesagt: »Maxine zum Beispiel
    setzt sich aus drei Figuren zusammen.« Und: »Es bleibt offen, ob der
    Ich-Erzähler dieselbe Figur ist. Er ist es natürlich insofern, als ›Ma-
    sante‹ eine Fortsetzung potentieller persönlicher Erfahrung ist.« –

Wind auf S. 91, 113 f., 250 f., 253-256, 280 f., 363, 365-367, 371, 373-377; auffällig die Konzentration gegen Ende des Buches. – Mona Lisa auf S. 339; Meona erinnert übrigens an ihren Namen. – Hamlet auf S. 194, 218-225 und 374. – Labyrinth auf S. 122: »Es war wie in einem Labyrinth, jede Ecke schneidet hörbar ein Stück Verbindung mit der Außenwelt ab, man spürt, wie man sich, enger und enger, in der Innenwelt verläuft.« – Mary Stuart auf S. 94 und 202. – Hähne auf S. 26. – Die Stellen mit Todes- oder Häscherthematik sind zu häufig, um sie nach Fundstellen anzugeben. – »Tynset« wird auf S. 186 und 321 erwähnt. – In *Tynset* geht es ums Einschlafen, in *Masante* ums Aufwachen; die Klänge der beiden Namen werden abgehorcht: *Tynset* S. 21 ff., *Masante* S. 62; *Tynset* S. 92 f.: »Der Held und sein Wetter«, *Masante* S. 37: »beim Wetter des Helden«; in *Tynset* war die schlimmste Stunde des Tages am frühen Morgen, in *Masante* ist sie am späten Nachmittag (S. 37-39). – Die schemenhaft bleibende Frau aus *Tynset*, Gefährtin des Reflekteurs in der Vergangenheit, wird in *Masante* konkreter: Niki Almesin, mit der er einige Tage verbracht hatte, mit der er sich Geschichten erzählt hatte, z. B. jene vom Karneval in Venedig. – Auch das Essen wird wieder thematisiert, z. B. auf S. 300: »ich sah die Göttin Gaia, deren Name über den Rodungen schwebte, eine Urmutter am Kochtopf, im Kochtopf ein göttliches Gericht.« Das erinnert an Grass' *Der Butt*: »Die erste Köchin in mir – denn nur von Köchinnen kann ich erzählen, die in mir hocken und raus wollen – hieß Aua und hatte drei Brüste. Das war in der Steinzeit« (S. 16). – 1981, also im Jahr *Marbots*, hat übrigens Botho Strauß in seinem Buch *Paare Passanten* geschrieben: »das ist die Erinnerung, so ist sie: alles Inzest. Die Städte, die Stunden, die Stufen abwärts, abwärts« (S. 128 f.): das führt von der Abwärtsbewegung *Masantes* direkt zu *Marbot*, wo sich die Aufwärtsbewegung ebenfalls findet, zum Beispiel bei der Beschreibung der Fahrt durch die Via Mala: »Aber der Kutscher (...) ließ die Kutsche in immer kürzer werdenden Abständen hin- und herpendeln, immer aufwärts in ein absolutes Nichts (into sheer nothingness)« (S. 220).

64 Noch 1977 ist eine Collage mit dem Titel *Wintergewächs* entstanden, mit deren Titel Hildesheimer den Titel seiner *Nightwood*-Übersetzung – *Nachtgewächs* – bezeichnend abwandelt. Vermutlich ist dieses Bild identisch mit *Winterbild II*, das im Katalog *Der Georg-Büchner-Preis 1951-1978* abgebildet ist.

65 Siehe Hildesheimers *Ein Abschied von Masante*. – Zur Verwendung nichtfiktionaler Elemente siehe die Arbeit von Christoph Eykmann, *Erfunden oder vorgefunden? Zur Integration des Außerfiktionalen in die epische Fiktion*. Eykmann beschränkt seine Untersuchung nicht auf Literatur, sondern bringt im letzten Abschnitt Beispiele für Collagen ab Milhaud, Picasso und Schwitters.

66 *Die Sujektivität des Biographen*, S. 48. – Für den *Weilheimer Litera-tur-Kalender 1988* haben zahlreiche Autoren Romananfänge vorge-schlagen. Hildesheimer empfiehlt Kafka – *Das Schloß* und *Der Prozeß* (Blätter für März und Juli) – und kommentiert: »Ich habe mir lange überlegt, ob in der deutschen Romanliteratur außer Kafka überhaupt irgend jemand in Frage käme, aber der ›process of elimination‹, der da einsetzte, ergab: nein. Die Wahl zwischen ›Das Schloß‹ und ›Der Pro-zeß‹ wurde mir nicht ganz leicht. Der Grund, weshalb schließlich ›Das Schloß‹ siegte, war gänzlich unliterarisch, unkritisch und eigent-lich kindlich. Die Atmosphäre des Geschehens ist mir mehr präsent als in ›Der Prozeß‹, ich habe so viele Orte gesehen und erprobt, wo das Geschehen stattfinden könnte, sogar die entsprechenden Schlösser kenne ich. Und wie Sie wissen, hat ja auch in meiner eigenen Arbeit das Ambiente, der topographische und atmosphärische Ort eine Hauptrolle gespielt. (Ich habe niemals etwas geschrieben, dessen Ort des Geschehens ich nicht genau angeben könnte.)« (Blatt für März). – Zur Namensgebung bei Hildesheimer siehe Heinz Wetzel, *Namen in Hildesheimers »Masante«: »Schall und Rauch« oder »Schächte des Schreckens«?* – Zur Problematik der Orte siehe Elizabeth Petu-chowski, *»Emptiness« and related Images in Wolfgang Hildesheimer's »Tynset« and »Masante«*.

67 Zu Matthias Burri hat Hildesheimer gesagt: »So wie in dem ›Ende einer Welt‹ die Insel der Marchesa versinkt, so habe ich dann das Gegenteil zu machen versucht, also Venedig ohne Wasser. Das beruht auf einem surrealistischen Gemälde des Italieners Clerici. Venedig ohne Wasser: sehr komisch« (S. 153). Im Jahr, bevor *Masante* als ›Me-ona‹ hätte erscheinen sollen, also 1968, war die erste große Ausstel-lung von Bildern Clericis in Deutschland, und zwar in Berlin: dort hing das Bild *Venezia senz'acqua* (1951; Helmut Uhlig, *Fabrizio Cle-rici*, S. 30). – Lange bevor Günter Grass auf Ratten als Träger von Endzeitideen gekommen war – *Die Rättin* –, haben sie diese Rolle bei Hildesheimer gespielt.

68 Die Karteikarte ist ungedruckt. Bei Montaigne heißt es diesmal an-ders: »Sicher hat der Gedanke an den Tod den meisten Menschen mehr Qualen bereitet als das Erleiden des Todes selbst« (Stuttgart 1980, S. 354). Damit spricht aber auch Montaigne das Sterben an, die letzte Hürde vor dem Tod, vor dem Tot*sein*, und um das Sterben und das Totsein kreisen die Gedanken des Reflekteurs immer wieder: hier könnte die letzte Möglichkeit des Nichts sein, doch wer könnte das garantieren? Das erinnert an den klassischen Monolog, wo Hamlets Angst allerdings nicht den Sterbensarten gilt, sondern der Ungewiß-heit über das Leben nach dem Tod – auch diese Angst teilt Hildeshei-mers Reflekteur.

69 Der Gedanke, Hildesheimers Gesamtwerk als »Hamlet-Paraphrase«

zu verstehen, stammt von Franz Loquai (*Hildesheimer, Hamlet und die Häscher*, S. 126).

70 Mündlich in Poschiavo am 16. 4. 1982. – Rath wiederholt diese hier und dort geäußerte Meinung Hildesheimers, ohne sie näher zu belegen: »Die Verhältnisse in *Tynset* erscheinen in *Masante* allgemein verschärft« (S. 331, Anm. 129). Dagegen spricht Peter Horst Neumann: *Masante* sei »Repetieren und Variieren des ›Tynset‹-Modells« und, wenn auch produktive, »Stagnation« (*Hildesheimers Ziel und Ende*, S. 30). – Peter Hanenberg hat in seinem Buch *Geschichte im Werk Wolfgang Hildesheimers* (1989) allerdings darauf hingewiesen, daß auch Alain und Polizist ein Häscherpaar sind, deren Frage nach dem Ausweis den Erzähler in dem Moment in die Wüste treibt, als er sich vor allen Häschern verborgen zu haben glaubt: »Die Häscher haben den Erzähler eingeholt, er hat seine Mörder und Verfolger gefunden, wo er sie nicht vermutet hat« (S. 160 f.). Hildesheimer selbst hat, als er am 5. Februar 1988 wichtige Passagen seiner Werke für eine Schallplatte auswählte, gerade diese Stelle vorgelesen und gesagt: »Es ist doch verblüffend, daß sie zuletzt doch nach dem Ausweis fragen.« Hanenberg hat also einen wichtigen Wendepunkt entdeckt und weiß das: »Es ist verwunderlich, daß auf diese Tatsache noch nicht deutlich hingewiesen wurde« (S. 161). Er schreibt, mit der »›Enthistorisierung‹ der Verfolgung gelingt jedoch in gewisser Weise, was in *Tynset* noch scheitern mußte: Die Häscher können als Figuren gestaltet werden« (S. 160). Allerdings meint er: »Nicht Hildesheimer schickt seinen Erzähler in die Wüste, vielmehr jagen ihn die Häscher, die Mörder seines, des Erzählers, Vaters« (S. 162). Arrangeur der Ereignisse ist aber der Autor, nicht der Erzähler: das gesamte Geschehen findet auf fiktiver Ebene statt. Der Reflekteur fällt den Häschern zuletzt also tatsächlich zum Opfer – das ist die logische Konsequenz aus *Tynset* und dem Entschluß, seine Überzeugung, daß er ihnen zum Opfer fallen würde, zu überprüfen.

71 Anthony war später Lehrer an der Hochschule für Gestaltung Ulm; siehe Ken Garland/Henri Henrion, *Anthony Froshaug 1920-1984*. In: Designer (London), Oktober 1984, S. 6 f.

72 Im selben Jahr hat Hildesheimer seine Rede *Bleibt Dürer Dürer?* gehalten, auch sie weist auf die folgenden biographischen Werke voraus. – Die Illustrationen zu *Zeiten in Cornwall* sind in zwei Etappen entstanden: 1965 *Die Möwen am Strand von Sennen Cove*, *Kormoran*, *Die verlassenen Maschinenhäuser der Zinnminen* und *Hünengräber*; 1971 *Die Austernfischer*, *Taffy-Elisabeths Schlafzimmer* und *Blick aus dem Fenster*.

73 Marcel Reich-Ranickis *Leider kein Striptease* wird, ohne Bezugsangabe, von David Bronsen repetiert (*Autobiographien der siebziger Jahre. Berühmte Schriftsteller befragen ihre Vergangenheit*).

74 Denn bereits 1968 – Reich-Ranicki hätte es kennen können – ist ein Stück der *Zeiten in Cornwall* mit dem Titel *Fuchs in Cornwall* erschienen (Heinz Piontek (Hg.), *Augenblicke unterwegs. Deutsche Reiseprosa unserer Zeit*). – Die beste Darstellung von *Zeiten in Cornwall* hat Urs Jenny geschrieben (*Verabschiedete Zeit*), dessen Arbeit nicht wesentlich schadet, daß er die Zeitebenen nicht korrekt erfaßt hat.

75 1972 ist eine Bleistiftzeichnung *Das ewig Weibliche zieht uns hinan* entstanden, zu den *Mitteilungen an Max* 1982 eine Illustration *Das ewig Scheiternde zieht uns hinan* (S. 43). – Zur Erinnerung der Schluß des *Faust II*, die Worte des »Chorus Mysticus«: »Alles Vergängliche / Ist nur ein Gleichnis; / Das Unzulängliche, / Hier wird's Ereignis; / Das Unbeschreibliche, / Hier ist's getan; / Das Ewigweibliche / Zieht uns hinan« (Artemis Bd. 5, S. 526).

76 U. T. (i. e. Wolfgang Hildesheimer), (ohne Titel). In: *Fintentisch oder Man versteht es nicht*, S. 27f.

77 Hildesheimer/Matthias Prangel, *Interview mit Wolfgang Hildesheimer*, S. 8. – Siehe auch Hildesheimer/Horst Lehner/Jürgen Kolbe, *Gespräch mit dem Autor*; und Hildesheimer/Dieter E. Zimmer, *Rückzug aus dem Leben*.

78 Die englische Originalfassung ist erstmals in *Das Ende der Fiktionen* gedruckt worden (S. 103-122), der einzige Erstdruck dieses Buches, aber nicht allein deshalb titelgebend: dieses Buch ist nach dem Ende des Schreibens erschienen.

79 Zum Begriff der Transposition siehe *Wolfgang Hildesheimer im Gespräch mit Dierk Rodewald*, S. 141-161; und Bernd Scheffer, *Transposition und sprachlich erzeugte Situation. Zur dichterischen Verfahrensweise Wolfgang Hildesheimers*.

80 Zum Beispiel in *Die Subjektivität des Biographen* (*Das Ende der Fiktionen*, S. 136).

81 In der *Lieblosen Legende* mit dem Titel *Meine Erlebnisse im Zeitalter der Ausrufe* (DVA, S. 92-96) sagt der Ich-Erzähler, er habe schon einmal gelebt und erinnere sich genau: »mir genügt das Wissen um die Wahrhaftigkeit meiner Erinnerung« (S. 92). So hat er Wagner, Liszt, Chopin, George Sand, Delacroix und andere getroffen, aber schon damals ist keineswegs eine erinnerungsselige Suada entstanden.

82 Siehe Rosemarie Zeller, *Biographie und Roman. Zur literarischen Biographie der siebziger Jahre*, zu Mozart S. 117-119. – Helmut Scheuer, *Biographie. Studien zur Funktion und zum Wandel einer literarischen Gattung vom 18. Jahrhundert bis zur Gegenwart*, S. 230-248. – Hildesheimer sagt, der Begriff »Lebensbuch« stamme nicht von ihm, Wolfgang Nagel aber behauptet: »Das Werk, das Hildesheimer sein ›Lebensbuch‹ nennt« (*Dies ist mein Lebensbuch*, S. 22).

83 Künstler schreiben über Künstler: unter diesem Aspekt gehört sogar *Marbot* in diese Reihe, als Zusammenfassung und Erledigung dieses

Themas. – Ausschließlich aus dem Trend zu erklären ist, daß *Mozart* im Zug der Begeisterung für Formans Film *Amadeus* und der Mozart-Welle Mitte der achtziger Jahre mehrere Auflagen erlebt hat, nachdem das Buch schon vorher die Auflagenhöhe aller anderen Bücher Hildesheimers übertroffen hatte. Das *Verzeichnis der lieferbaren Bücher* des Suhrkamp Verlages für 1986/87 notiert für die Leinen-Ausgabe das 101. Tausend, für die Taschenbuchausgabe das 134. Tausend, während der Sammelband mit *Wer war Mozart?* von 1966 noch immer lieferbar ist (das 27. Tausend). *Mozart* erscheint im *Bestseller-Almanach* unter den »3000 meistverkauften Büchern« (S. 79), skurrilerweise in der Sparte »Tagebücher, Autobiographien, Briefe« statt, wenn schon, in der Sparte »Biographien«. Kein anderes Buch Hildesheimers wurde in so viele Sprachen übersetzt: Tokyo 1979, Amsterdam 1979, Firenze 1979, Paris 1979 (ab einer späteren Auflage des großen Erfolgs halber nicht mehr, wie üblich, broschiert, sondern in Leinen), Kopenhagen 1980, Stockholm 1980, Milano 1982 (Taschenbuch), Barcelona/Buenos Aires/Mexico/Santiago de Chile 1982, New York 1982, London/Toronto/Melbourne 1982, New York 1983 (Taschenbuch), Ljubljana 1984, Helsinki 1984, Budapest 1985, London/Melbourne 1985 (Taschenbuch), auszugsweise Utrecht 1977 und Bratislava 1985; die *Amadeus*-Welle hat sogar Japan erreicht: nachdem die Übersetzung des Sammelbandes mit *Wer war Mozart?* bereits 1976 broschiert erschienen war, wurde *Wer war Mozart?* 1985 einzeln in Leinen gebunden herausgebracht. – Siehe Hildesheimer/Klaus Umbach, *»Musik wirkt niemals zum Wohl des Menschen«*, zu Forman S. 142f.

84 Man kann natürlich nicht behaupten, Hildesheimer würde seine »Lebensumstände und Seelenzustände« »verdunkeln«, hat er doch seinen Nachlaß zu Lebzeiten zur Einsicht freigegeben (Volker Jehle, *Das Hildesheimer-Archiv*). Zuweilen kann man sich jedoch des Eindrucks nicht erwehren, daß er die eine oder andere Korrektur vornehmen möchte. So hat er 1983 in Hannover gesagt, er habe erst 1976 begonnen, Collagen zu machen, zumindest erscheint diese falsche Angabe in den Besprechungen der Ausstellung seiner Collagen im Wilhelm-Busch-Museum Hannover und in Herwig Guratzsch, *Zu den Collagen von Wolfgang Hildesheimer*. – Das »zweckfreie Spiel« erscheint auch in *Marbot*: »Ein anregendes Fragespiel, bei dem es weder Gewinner noch Verlierer gibt« (S. 253). Und noch einmal *Mozart*: »Der Versuch, dem kreativen Genie auf die Spur zu kommen, uns auch nur den geringsten Einblick zu verschaffen, befriedigt uns als zweckfreie Beschäftigung, das Scheitern des Versuches ist in unserem Ratespiel einkalkuliert, Gewinner kann es nicht geben« (S. 229). Schon Freud hat geschrieben: »Es hat offenbar keinen Sinn, diese Phantasie weiter auszuspinnen, sie führt zu Unvorstellbarem, ja zu Absurdem (...) Unser Versuch scheint eine müßige Spielerei zu sein; er hat nur eine

Rechtfertigung: er zeigt uns, wie weit wir davon entfernt sind, die Eigentümlichkeiten des seelischen Lebens durch anschauliche Darstellung zu bewältigen« (*Das Unbehagen in der Kultur.* In: *Gesammelte Werke chronologisch geordnet*, S. 428). – In Hildesheimers Theaterstück *Die Herren der Welt* (1958) sagt eine – natürlich negative – Figur: »Einer, der kein Spiel treibt, kann jeden Augenblick eines beginnen. Und man weiß nicht, ob es ein gutes Spiel ist« (S. 83). – Zum Problem des psychoanalytischen Ansatzes in *Mozart* siehe Oscar van Weerdenburg, *Hildesheimers Mozartbuch*. Etwas peinlich allerdings für Weerdenburg, daß er die Vettern Albert und Alfred Einstein verwechselt (S. 66).

85 *Mozart* kann natürlich nicht in eine Reihe mit Erzähltexten gestellt werden, siedelt aber, wie viele Bücher Hildesheimers, im Grenzbereich von Fiction und Non-fiction. – Montaigne, der auch hinter *Mozart* steht, zeigt sich milder in seinen Erwägungen der Gründe möglicher Versagung des Verständnisses: »Wenn meine Essais hier eine ernsthafte Kritik verdienten, so würde es sich, glaube ich, ergeben, daß ganz ungebildete und interessenlose Menschen keinen rechten Geschmack daran finden würden, ebensowenig aber auch hervorragend und ganz fein gebildete Geister« (S. 151).

86 Siehe dazu die Kritik von Günter Blamberger (*Der Rest ist Schweigen. Hildesheimers Literatur des Absurden*, S. 33 f.; ähnlich in ders., *Versuch über den deutschen Gegenwartsroman*, S. 77-81).

87 In den *Mitteilungen an Max* (S. 14) spottet Hildesheimer über die Neurose (siehe die Collage *Ich, Über-Ich und Unter-Ich*, 1983). Es ist aber zweifellos so, daß die Besonderheit der Vermittlung Mozarts gerade in den Eigenheiten des Vermittlers Hildesheimer liegt.

88 Hildesheimer, *Stellenangebote männlich.* In: Münchner Faschingszeitung 1959: »Suche dringend begabten Kritiker, der imstande ist, mir schonend den Inhalt meiner Stücke beizubringen. Hildesheimer«. – Als ernste Frage dargestellt in tg., *»Walter, erklär Du's mir.« Lieblose Attacken auf den Jens-Gast Hildesheimer.*

89 Eine neuere Deutung Mozarts aus seinen Briefen hat Hildesheimers Zustimmung gefunden: Ortheils *Mozart. Im Innern seiner Sprachen.*

90 Komisch mutet an, daß in der vierten Auflage der *Salzburg-Chronik*, in Salzburg wohl an jedem Kiosk zum Zweck der Repräsentation verkauft, *Mozart* zitiert wird, selbstverständlich nicht diese Passage über Salzburg, sondern jene, in der Hildesheimer schreibt, alle anderen aus Mozarts Kreis hätten die Verhältnisse in Salzburg »durchaus erträglich, ja sogar angenehm« empfunden, was Hildesheimer gegen die Qualitäten derer aus Mozarts Kreis wertet, die Stadtväter Salzburgs aber gegen Mozart (Pert Peternell (Hg.), *Salzburg-Chronik*, S. 186). Immerhin beweisen solche Zitate einen Fortschritt des Salzburger Selbstverständnisses, denn noch in den fünfziger Jahren wurde

die *Salzburger Mozartplatte* vertrieben, von Bernhard Paumgartner gestaltet und gesprochen, die wohl denselben Zweck erfüllen sollte wie heute die *Salzburg-Chronik*. Damals hieß es, nach der Diktion Paumgartners, gegen die sich Hildesheimer in *Mozart* denn auch verwahrt: »Inmitten dieses zauberhaften Einklanges landschaftlicher Gegensätze liegt die Stadt. Sie hat wie eine kostbare Blume das Edelste des Heimatbodens in ihre Blüte gesogen (...) Hier mußte Mozart geboren werden« (S. 1). Sehr gelungen sind die Glocken der Salzburger Kollegien-Kirche, die Paumgartner direkt im Anschluß an dieses Zitat erklingen läßt, von denen er allerdings nicht explizit behauptet, sie hätten wesentlichen Einfluß auf Mozarts Werk gehabt.

91 Hofmannsthal ist zitiert nach Hans Heinz Stuckenschmidt, *Mozart als Europäer*, S. 11. – Hierher gehört auch Annette Kolb, die in ihrem *Mozart* Mozart auf ihre Weise vereinnahmte, und zwar als »Glorie des Katholizismus« (S. 308). – Siehe Gerhard Schmolze, *Mozart und die Religion*.

92 Also auch Friedrich Blume/Richard Schaal, *Mozart*. In: *MGG*, Bd. 9, Sp. 699-839. – Zu Hildesheimers Umgang mit Alfred Einstein siehe Marion Faber, *Wolfgang Hildesheimer's »Mozart« as Metabiography*; sie nennt ihn »unfair« (S. 205).

93 Zum Beispiel von Ruprecht Kurzrock (*»Mozart« – Dimensionen eines Rätsels*) und andere kleine Kritiken mehr. – Ausgenommen sind zum Beispiel: Carl Dahlhaus (*Befremdlicher Mozart*), Joachim Fest (*Mozart – das diskrete Genie*), Gerold Fierz (*Mozart neu gesehen*), Karl Krolow (*Das Genie, das sich entzieht*) und andere mehr.

94 Montaigne schreibt im Kapitel *Das menschliche Glück kann man nur nach dem Tod beurteilen*: »Wenn es sich darum handelt, das Leben eines anderen Menschen zu beurteilen, so richte ich immer meinen Blick darauf, wie es ausgeklungen ist« (S. 51).

95 Unter dem mißglückten Titel *Ein Liebhaber ohne Schmus* verbirgt sich Adolf Muschgs kollegiale und verständnisvolle Besprechung *Mozarts*, hatte Muschg ja eben seinen *Gottfried Keller* geschrieben.

96 Joachim Kaiser (*Mozart, das Ungeheuer*), Rolf Schroers (*Heiter-boshafte Spiegelbilder*). – Siehe auch Gernot Gruber (*Mozart und die Nachwelt*, S. 283f.). – Der Brief von Peter Weiss (27. 12. 1978) ist reproduziert in Volker Jehle (Hg.), *Wolfgang Hildesheimer* (1989), S. 282f. – Siehe Hildesheimers Lob von Peter Weiss' *Der Schatten des Körpers des Kutschers*.

97 Siehe aber Hans Göhl (*Ob Mozart schmutzige Fingernägel hatte?*) und das Gegenbeispiel Monika Lanzendörfer (*Mozart darf wieder Mensch sein*); dafür schrieben aber Karlheinz Roschitz (*War Mozart wirklich ein Ekel?*), Franz Endler (*Ein Genie, bloßgelegt*) und Winfried Wild (*Wolfgang Amadeus Mozart springt miauend über Tische und Sessel*).

98 Hildesheimers Interpretation von *Così fan tutte* in *Mozart* ist als grundlegende Einführung erschienen in Attila Csampai/Dietmar Holland (Hg.), *Wolfgang Amadeus Mozart. Così fan tutte. Texte, Materialien, Kommentare*, S. 271-281.

99 Tatsächlich ist zu *Mozart* nur ein Vorabdruck erschienen (Merkur 30/1976, S. 1165-1178); aber außer den erwähnten Vorstufen und Reden und der Briefauswahl war *Mozart* auch vorbereitet von Hildesheimers Rundfunksendung *Die Seelen in der Brust und die Verkleidungen. Der späte Mozart in seinen Briefen* (1975).

100 Sorgfältige Korrekturlisten von Aloys Greither (*Mozart und Hildesheimer*) und von Rudolf Klein/Joseph Heinz Eibl (»*Mozart«* – *ein Buch des Jahrhunderts?*). – Seit der 7. Auflage erscheint *Mozart* mit korrigiertem Text, als st 598 seit der 1. Auflage. – Zu Hildesheimers Auseinandersetzung mit der *Zauberflöte* siehe auch Gruber (*Mozart und die Nachwelt*, S. 284 f.): »Im Falle der ›Zauberflöte‹ will Hildesheimer einfach nicht hören, was die Musik bietet« (S. 285).

101 Komponist zu sein wäre wohl auch nicht der tiefste Wunsch Hildesheimers gewesen: 1985 hat er auf die Frage des FAZ-Fragebogens, was er hätte sein wollen, geantwortet: »Der Maler des Jahrhunderts.«

102 Peter Horst Neumann: »Hildesheimers rhetorische und psychologische Textanalysen sind Meisterstücke biografischer Brief-Exegese« (*Versuch über »Mozart« und Wolfgang Hildesheimer*).

103 Siehe auch die Collagen *Ainigma* von 1982 und 1983.

104 So hat er auch 1985 seine Rede *Der ferne Bach* beschlossen, und zwar mit dem Zitat eines Briefes von Zelter an Goethe: »›Alles erwogen, was gegen ihn zeugen könnte, ist dieser Leipziger Kantor eine Erscheinung Gottes: Klar doch unerklärbar.‹« (S. 44). »Klar doch unerklärbar« – diese Formulierung könnte von Hildesheimer selbst stammen.

105 Zwar ist die Rede *Die Subjektivität des Biographen* ein Jahr später gehalten worden, nämlich 1982, sie gilt aber nicht in erster Linie Mozart, sondern *Mozart*. – Hildesheimer hatte einige Zeit den Plan, nach Fertigstellung der *Mitteilungen an Max* eine Fortsetzung *Mozarts* für das Mozart-Jahr 1991 zu schreiben. Diesen Plan hat er aufgegeben und sich konsequent nach seiner Erklärung in der Einleitung verhalten: »Hiernach gebe ich das Thema an die Zunft zurück, dies ist meine letzte Version« (S. 7). Das Projekt ›Mozart II‹ ist erwähnt in den Interviews mit Brita Steinwendtner und Heinz Kerle (*»Ich bin ein Aussteiger«*).

106 Siehe Hildesheimer/Wilfried F. Schoeller, *Kunst- und Wunschfigur inmitten der Geschichte* und Hildesheimer/M. R. Kreutzer/Peter Horst Neumann, *Wiedergabe der Einführung zur Dichterlesung von Wolfgang Hildesheimer sowie der sich anschließenden Diskussion*, S. 54 f.

107 Im *Ulysses* heißt es: »Möglichkeiten des Möglichen als möglich: unbekannte Dinge« (S. 271); verblüffend auch der Beginn der dramatisier-
ten Passage des *Ulysses*: »MABBOT STREET, Eingang zur Nachtstadt«
(S. 604); überhaupt könnte der *Ulysses* an vielen Punkten als Vorbild
oder zumindest Parallelfall herangezogen werden: wenn z. B. auf
S. 898 ein Katalog der Bücher in Blooms Bibliothek aufgelistet wird,
wie der Reflekteur in *Tynset* das macht, aber auch noch Hildesheimer
in *Die letzten Zettel* (S. 11); oder auch das Spiel mit den Buchstaben
im *Ulysses*: »Sindbad dem Seefahrer und Tindbad dem Teefahrer und
Findbad dem Feefahrer« (S. 938).

108 Loquais Hinweis findet sich bereits in Volker Jehle, *Ironiker aus
Graubünden oder Das Lachen im Hinterkopf*. – Franz Loquai sei
Dank für zahlreiche Gespräche und Hinweise!

109 Zitat nach Hanjo Kesting, »*Mozart*« und »*Marbot*« – *Spiegelbücher?*,
S. 83. – Siehe zum Zusammenhang von *Mozart* und *Marbot* Reinhard
Baumgart, *Glücksgeist und Jammerseele*, S. 110-117.

110 Zum Beispiel von Klaus Colberg, *Ein großer Butt und viele kleine
Fische*.

111 Hildesheimer hat auch bei den Vorabdrucken stets angegeben, daß
Marbot Fiktion sei: *Marbot in Graubünden* (1981), *Marbot bei Goethe* (1981), *Der endgültige Abschied* (1981), wo der zunächst verges-
sene Hinweis auf die Fiktionalität im nächsten Heft nachgeholt
worden ist (S. 227). Dennoch hereingefallen sind Johannes Kleinstück
(*Sündiger englischer Aristokrat*) und, wohl noch von *Mozart* befan-
gen, ein anonymer Wiener Rezensent (*Marbot aus der Sicht Wolfgang
Hildesheimers*). Käte Hamburger hat darauf hingewiesen, daß Kleinstück der Autor des Buches *Die Erfindung der Realität* sei, das ein
Jahr vor *Marbot* erschienen ist, er habe wohl »ironischerweise die
Erfindung der Marbot-Realität als Realität akzeptiert« und so getan,
»als nähme er sie ernst« (S. 204 Anm. 12). Umstritten bleibt auch die
Rezension Joseph Peter Sterns (*Sweet Sin*): er hat das Spiel um die
Figur Marbot so verdeckt mitgespielt, daß sich Hildesheimer zur Entgegnung entschlossen hat: »In my view, it speaks for the book that the
reviewer has taken Marbot's existence for granted. In fact, he could
have existed« (*No joke*); darunter notierte der Editor: »It speaks for
the reviewer that the author of the book should take for granted an
assumption, on the reviewer's part, of Marbot's existence.« – Was
Hildesheimer an Grass über den *Butt* geschrieben hat, gilt auch für
Marbot: »Unabsichtlich legst Du das Nachschlagen nahe. Man will
wissen, was es mit der Historizität auf sich hat« (S. 971).

112 Hildesheimer hat das Projekt *Marbot* am 12. 11. 1978 in Saulgau vorgestellt, also an Hans Werner Richters 70. Geburtstag, wo es unter
anderen von Carl Amery, Günter Grass, Walter Jens, Hans Mayer,
Marcel Reich-Ranicki und Peter Wapnewski diskutiert worden ist. Zu

dieser Zeit hat er noch einen wissenschaftlichen Anmerkungsapparat erwogen, und zu dieser Zeit sollte Marbot sich in Poschiavo das Leben nehmen: so offensichtlich nahe ließ er sich in der endgültigen Fassung *Andrew Marbot* natürlich nicht mehr kommen, als so direkten Vorläufer Freuds wollte er ihn auch nicht mehr gesehen haben. Hildesheimer schreibt, daß Freud ein »Liebhaber« des Lago Poschiavo war (*Erlebnis des Unerwarteten*, S. 32). – Zwei Jahre vor *Mozart* ist Hans Mayers Buch *Außenseiter* erschienen, in dem Montaigne gegen Bloch gestellt und die Außenseiterrolle der Frauen, der Künstler und der Homosexuellen diskutiert wird. – Im Jahr vor *Mozart* ist Jean Amérys *Hand an sich legen* erschienen. Wie Hildesheimer spätestens seit *Tynset*, so besteht auch Améry gegen Wittgenstein auf der Existenz des Rätsels. Bei Wittgenstein heißt es: »Zu einer Antwort, die man nicht aussprechen kann, kann man auch die Frage nicht aussprechen. *Das Rätsel* gibt es nicht« (6.5). Kurz zuvor hatte Wittgenstein noch zugestanden: »Die Lösung des Rätsels liegt *außer*halb von Raum und Zeit« (6.4312), und das erinnert an die Lösungsversuche der Reflekteure des *Tynset-Masante*-Komplexes und, natürlich, an die Versuche des Reflekteurs in *Mozart*, das Rätsel zu lösen. Hildesheimer ist damit über sein etwas zu voreilig angeeignetes Zitat aus Camus' *Mythos des Sisyphos* hinausgelangt: er versucht, was die Welt verweigert, nämlich Antworten zu geben, und unternimmt dabei eben das, was Wittgenstein als unmöglich behauptet: »Was wir nicht denken können, das können wir nicht denken; wir können also auch nicht *sagen*, was wir nicht denken können« (5.61), oder, wie Améry schreibt, er tut den Sprung »nach einem Etwas, das kein Etwas ist« (S. 32), und nähert sich der »Erkenntnis des Nichterkennbaren« (S. 34). Améry hegt, wie Hildesheimer, eine Abneigung gegen das Wort »Selbstmord«, weil niemand ermordet, also gegen seinen Willen zu Tode gebracht wird. Er plädiert, wie Hildesheimer das Marbot tun läßt, für das Wort »Freitod«. Der »Suizidär«, wie Améry den zum Freitod Entschlossenen nennt, und der »Suizidant«, der die Tat eben vollbringt, gestatte sich die vollkommene Freiheit: »Als Todesart aber ist der Freitod frei noch im Schraubstock der Zwänge« (S. 13). Améry erinnert an Ingeborg Bachmanns *Todesarten*-Projekt, läßt sich jedoch eine begriffliche Ungenauigkeit durchgehen, denn strenggenommen müßte er von ›Sterbensart‹ sprechen. Im übrigen unterscheidet er präzise: »in den Tod *flüchten*. Wohin fliehen wir? Nirgendwohin. Eine Reise treten wir an, um an keinem vorstellbaren Punkte anzukommen (...) ›der Tod ist nichts, ein Nichts, eine Nichtigkeit‹, habe ich an anderer Stelle geschrieben. Dennoch, ob ›flüchten‹ in eine Region, die es nicht gibt, oder etwas an sich ziehen, das kein Sein hat, also nicht das ›Nichts‹ ist, was mir immer als liederliche Ausdrucksweise vorkam, sondern einfach ›nicht‹, ist zweierlei« (S. 23). Améry verachtet, wie Hildesheimer, das philosophische »Nichts« und meint, wie er, das schlechthin Nichtvorhandene, also den Zwischenraum zwischen etwas, das Unvorstellbare. Zu *Tynset* zitiert Heinz Puknus die bezeichnende Stelle aus Schopenhauers *Welt als Wille und Vorstellung*: »was nach gänzlicher Aufhebung des Willens übrig bleibt, ist für alle die, welche noch des Willens voll sind, allerdings Nichts. Aber auch umgekehrt ist denen, in welchen der Wille sich gewendet und verneint hat, diese unsere so sehr reale Welt mit allen ihren Sonnen und Milchstraßen – Nichts« (*Amor vacui oder Die Sehnsucht nach Nichts*, S. 119). – Der Lebenslogik stellt Améry die widerlogische »Logik des Todes« entgegen und wendet sich gegen Freuds Begriff »Todestrieb«, dem er den Begriff »Todesneigung« entgegenhält, mit dem er sich, wie Hildesheimer das Marbot tun läßt, gegen den Schopenhauerschen Willen zum Leben wendet. Im Unterschied zu Hildesheimer seit *Mozart* wendet sich Améry allerdings entschieden gegen die Psychoanalyse, die ihm der Lebenslogik verhaftet ist, von der sich der Suizidär in zunehmendem Maß befreit. Marbot ist Suizidär in Amérys Sinn, für ihn gilt, was Améry schreibt, was Hildesheimer aber nicht mit dieser Entschiedenheit darstellt: »Ich glaube in vollem Ernste daran, daß der Diskurs über den Freitod erst dort beginnt, wo die Psychologie endet« (S. 27). »Was Epikur gesagt hat«, schreibt Améry, und Epikur zu nennen scheint gerade bei Hildesheimer angebracht, »und worauf zu verweisen ich nicht müde werde, nämlich, daß der Tod uns nichts angehe, da doch, solange wir sind, er nicht ist, und sobald er eintritt, wir nicht mehr sind – bleibt gültig. Und es bleibt leer auf fast schon humoristische Art« (S. 30). Der »amor vacui« Hildesheimers bringt sich in Erinnerung, und die fast schon humoristische Leere, die auch aus der Tautologie folgt, mit der sich schon Wittgenstein auseinandergesetzt hat: sie sei »bedingungslos wahr« (4.461) und »sie sagt Nichts« (5.142), wie übrigens »alle Sätze der Logik« (5.43), die sämtlich »Tautologien« sind (6.1). Améry lehnt diese Passage des *Tractatus logico-philosophicus* ab: die Schlüsse der Logik seien »analytische Urteile« in der Terminologie Kants und brächten »niemals Neues zur Erkenntnis der Wirklichkeit« (S. 29). Der Mensch »vor dem Absprung«, das meint die Grenze vom Suizidär zum Suizidanten, stehe »gleichsam noch mit einem Bein in der Logik des Lebens, mit dem anderen aber in der widerlogischen Logik des Todes« (S. 30). Das bezeichnet sehr genau den zwiespältigen Standort der Ich-Erzähler, Reflekteure oder Biographen und der Figuren Mozart und, mehr, Marbot des Autors Hildesheimer, der den Reflekteur der *Mitteilungen an Max* schreiben läßt: »Gern wäre ich zum Beispiel auch Ordinarius für Tautologie an der Universität Kandersteg geworden. Aber um diesen Lehrstuhl reißen sich manche, die weitaus qualifizierter sind, als ich es bin. Letzten Endes bin ich ja nur ein tautophiler Dilettant« (S. 23); denn er bewahrt das Rätsel. Das ist der Standpunkt dazwischen, das Ein- und Ausatmen mit der Pause dazwischen, der Weg zwischendurch, wie Améry in Anspielung auf Schnitzler schreibt: »Der Weg ins Freie ist Weg dann und nur dann, wenn ich ihn ernsthaft einschlage, führt aber in diesem Fall nirgendwohin« (S. 144). Als einziger »Ausweg« bleibt nur der »Tod, ein Nicht-Weg« (S. 36). »Die *Todeslogik* ist keine im üblichen und allein der Vernunft standhaltendem Sinne, denn sie erlaubt keinen anderen Schluß als nur immer und immer wieder den einen: nicht ist gleich nicht, womit die an sich schon wirklichkeitsleere Aussage jeglichen logischen (id est: analytischen) Urteils die letzte Realitätsbindung verliert, jene zumal, in der die Gleichsetzung zweier Seinskategorien (...) sich nun auf etwas bezieht, das nichts und nicht ist, reine Negation, verfluchte Unausdenklichkeit« (S. 30). Der Freitod ist, so Améry, »eine Neigung« »nach dem Nirgendwo« (S. 85), und eben diese Neigung verspürt Sir Andrew Marbot, nachdem er sein Scheitern, »échec«, wie Améry das nennt, erkennt: »Man kann, grundsätzlich, im échec leben. Dies aber nur auf schimpfliche und gleichsam unnatürliche Weise« (S. 51). Auch Marbot ist nicht bereit, ein »Spiel ohne Regeln« zu spielen, dessen einziger »Weg ins Freie nur immer wieder in Einöden führt«, sei es, den Alterstod in Ergebenheit abzuwarten, sei es, sich in der »Resignation« dessen einzurichten, »der an nichts mehr glaubt und sich nicht mehr achtet« (S. 145). Jean Améry, der auch mit seinem letzten Buch, *Charles Bovary – Landarzt* (1978), Partei für die Außenseiter, für die von der kollektiven Überzeugung Gebrandmarkten genommen hat, ist den »Nicht-Weg« gegangen und hat sich 1978 in Salzburg das Leben genommen. – Erstaunlich, daß gerade im Herbst 1978 Jean Amérys »Projekt einer Novelle« in Heißenbüttels und Jentzschs ›Hermannstraße 14‹ publiziert worden ist, nachgedruckt unter dem Titel *Rendezvous in Oudenaarde*: »Die geplante Erzählung soll zugleich realistischen und phantastischen Charakter haben (...) Der Grundgedanke ist die *Macht der Imagination* (wenn die Welt meine Vorstellung ist, sind innerhalb der Gesamtvorstellung auch besondere Vorstellungen ›Welt‹) (...) Erhärtet soll die *Realität* literarischer Figuren werden« (S. 73). Einer der Kranken in einer psychiatrischen Anstalt sagt, »er sei hier, um den *Tod zu erlernen*« (S. 78). Amérys Projekt hatte aber, anders als *Marbot*, eine Kombination seiner Figur mit Figuren der Weltliteratur vorgesehen, die im modernen Belgien auferstehen: Hans Castorp, Heinrich Lee, Leopold Bloom, Werther und Effi Briest als Liebespaar etc. – Hermann Burger diskutiert in seinem *Tractatus logico-suicidalis* (1988) Wittgenstein und Améry, aber auch Kierkegaard, Kafka und Camus, ja selbst Elisabeth Kübler-Roß. Er wendet sich entschieden gegen den Begriff »Freitod«: »Der Freitod erledigt sich von selbst, weil er logisch und totologisch nur Freiheit von etwas, aber nicht Freiheit zu etwas verspricht« (S. 52, Satz 192), und so definiert Burger: »Die Totologie spricht infolgedessen nicht von einem Frei-, sondern einem Zwangstod« (S. 53, Satz 196). Burger fordert: »Man müßte Selbstmord-Schulen, Exit-Institute gründen!« (S. 34, Satz 79) Die Schweizer Vereinigung zur aktiven Sterbehilfe heißt »EXIT«, und für EXIT hat Hildesheimer eben im Jahr 1988 folgenden Text verfaßt: »Warum ich Ihnen – als freier Mensch, dessen Recht und Pflicht es ist, über sein Tun und Lassen zu verfügen – den Rat gebe, sich unverzüglich der EXIT-Bewegung anzuschliessen: / Weil Sie verhindern müssen, dass Ihre physische Existenz zum Aktionsfeld – mitunter sogar zum Experimentierobjekt – solcher Menschen wird, welche die Auffassung vertreten, dass, koste es, was es wolle, Ihr sterblicher Teil am Leben gehalten werden muss, solange das Herz sich noch bewegt. / Und wenn Sie gläubig sind, bedenken Sie dies: es kann nicht Gottes Wille sein, dass Ihr Körper mit technischen, mechanischen oder chemischen Mitteln gewaltsam zur Funktion gezwungen wird, während Ihre Seele der unwürdigen Qual entrinnen und, was ihr Recht ist, diese Erde verlassen will. / Das Sterben ist ein Teil des Lebens, nicht aber die artifizielle Verlängerung des Sterbeaktes.« Als auf Hildesheimer gemünzt, ohne ihn zu nennen, können zahlreiche der Sätze Burgers gelesen werden, zumindest sind sie so formuliert, daß sie auf Hildesheimer zutreffen: S. 54 diskutiert er in den Sätzen 202-206 das Nichtgeborensein, spricht von der »Bürde des Lebens« und nennt eine solche Formulierung »Zettelkastenkram«, als habe er Hildesheimers *Nachlese* im Sinn, worauf noch ein anderer Satz zielt: »Selbstmörder werden, wenn überhaupt, mit dem Gesicht nach unten in den Sarg gelegt« (S. 58, Satz 228; *Nachlese*, S. 60). Auf *Marbot*, und zwar sehr zustimmend, liest sich, was Burger zur Rolle der Kunst im Leben des Suizidärs schreibt: »Die Kunst gestattet, was das Leben nicht erlaubt: die zurücknehmbare Variante« (S. 135, Satz 692). Von tiefer Einsicht und, erschreckend zu lesen wie Fritz Zorns *Mars*, von radikalem autobiographischem Bekenntnis zeugen seine Ausführungen zu Depression, Psychoanalyse und Psychopharmaka: »Daß er für das Ziel der Selbstvernichtung noch aktiv töten muß, hält manchen depressiv Erkrankten, bei dem die Suizidalinklination die allergrößte ist, von der Tat zurück. Seine Sehnsucht wäre, sich aufzulösen, ins Nichts zu verschwinden« (S. 49, Satz 168): die Sehnsucht nach dem Nirgendwo des *Tynset*-Reflekteurs läßt sich so als Übertragung einer persönlichen Verfassung des Autors lesen, die Übertragung in ein Kunstwerk geradezu als Ersatz für Suizid: »Könnte man den Todesgewinn einstreichen, ohne definitiv zu krepieren, wären viele Selbstmörder, die nur ein Alarmzeichen setzen wollten, gerettet« – »Die Frage stellt sich also nach einem ›künstlichen Todesgewinn‹ in der Existenz. Der *Tractatus*, der vielleicht weiter geht, als je ein Selbstmörder zu gehen imstande ist, kommt dem künstlichen Todesgewinn gleich« (S. 136, Satz 704 f.). Burger schränkt allerdings ein, und das gilt nicht nur für seinen *Tractatus*, sondern kann auch für das Werk Hildesheimers geltend gemacht werden: »Man simuliert das perfekte Gelingen und erlebt das totale Scheitern, dies gilt insbesondere für die Literatur« (S. 139, Satz 720). Kurz vor Ende seines Buches formuliert Burger in der ihm eigentümlichen Prägnanz: »Gegeben ist der Tod, bitte finden Sie die Lebensursache heraus« (S. 187, Satz 992): das versucht, neben allem anderen, *Marbot.* – In seinem letzten Buch, *Brenner* (1989), dem ersten Teil des als Tetralogie geplanten *Brunsleben*, wird der kaum verhüllten Ich- und Identifikationsfigur Hermann Arbogast Brenner, einem eindeutigen Suizidär, entgegengehalten: »ich flüchte mich nicht in Hildesheimers ›Marbot‹« (S. 36). Einen Tag vor Erscheinen *Brenners* hat sich Hermann Burger das Leben genommen.

113 Zu platte Ineinssetzung von Autor und Figur in Ursula Reinholds Aufsatz; und Heidi Urbahn de Jauregui schreibt gar: »nicht ohne Scheu mag man ja ein unverhülltes Antlitz beobachten, das sich unter der Maske wähnt« (*Ästhetik der Verweigerung?*, S. 424).

114 Martin Swales schreibt: »Hildesheimer scheint von Marbot die existentielle Geringschätzung der analytischen Kreativität übernommen zu haben« (*Marbot. Eine Biographie*, S. 320); Henry A. Lea sieht etwas Ähnliches: »Like Marbot, Hildesheimer may not be a great creative genius, as this term is commonly understood, but his literary work, both critical and extrafictional, makes him a unique figure among post-war German writers« (*Wolfgang Hildesheimer's Path to the End of Fiction*, S. 13).

115 Aus dem Interview Hildesheimer/Wijnand Zeilstra, *Gespräch mit Wolfgang Hildesheimer*, S. 190. – Im ersten Absatz der Rede *Schopenhauer und Marbot* nennt Hildesheimer, im Gegensatz zur Unterscheidung in der Einleitung *Mozarts*, Marbot eine »Gestalt der reinen Einbildungskraft« – wohl ein Versehen, aber ernst genommen von Alexander von Bormann in einer überarbeiteten Fassung seiner *Marbot*-Rezension für den Deutschlandfunk: »der Einbildungskraft Hildesheimers entsprungen«, und lässig eingeworfen: »wie inzwischen ausreichend bekannt«, Bormann selbst allerdings offensichtlich nicht (*Der Skandal einer perfekten Biographie*, S. 76). Man ahnt, was er meint: mit »inzwischen« wohl den Zeitraum zwischen seiner Rundfunksendung und seinem Beitrag für das ›text + kritik‹-Heft.

116 Hildesheimer/anonym, *Interview*. In: Der schweizerische Beobachter, S. 68; als »Schweizerischer Beobachter« zitiert.

117 Bormann, dessen verunglückter Aufsatz nicht nur an einem Punkt hätte korrigiert werden sollen, schreibt: »Interessant also ist der Roman als Muster einer eigenen Erzählform, der fiktiven Biographie« (S. 76): für was, könnte man fragen, entscheidet er sich?

118 Die Sätze zwei und vier gelten, vorwiegend, dem Inzest, die Sätze drei und fünf gelten, hauptsächlich, den Erfahrungen Marbots auf seinen beiden Reisen, dem Antidepressivum grand tour und der endgültigen Abreise von Marbot Hall, weg von der Muttergeliebten, hin zu seinem letzten Wohnsitz: Urbino.

119 Bormann nimmt die Figur des Biographen als den Autor Hildesheimer, wenn er in Anlehnung an *Effi Briest* formuliert: »Hildesheimer schreibt so gut, wie jemand überhaupt schreiben kann, der ohne rechte Schöpferkraft ist« (S. 82). Dabei widerspricht er sich fast im gleichen Atemzug: die Begrenzung, die Hildesheimer sich mit der Wahl der Form, also der Einführung der Figur des Biographen, auferlegt habe, lasse »auch kaum anderes zu«, nämlich »wohlgestaltete Sätze«. Über die Einführung des Inzest-Motivs schreibt er: »Mit solchem Wissen läßt es sich halt leichter psychologisieren, als wenn man aus Briefen und Berichten auf innere Beweggründe schließen muß« (S. 77). Um ihn selbst zu zitieren: das »ist fast ein Skandal« (S. 80). – Hildesheimer hatte bereits 1957 in *Ein Haus der Kindheit*, einer Rezension von Marie Luise Kaschnitz' *Das Haus der Kindheit*, kritisiert: »Wenn man der Psychoanalyse nur eben das für die fiktive Situation Gewünschte entnimmt und ihren formalen Aufbau aus dem Spiel läßt, so entsteht ein Gebäude der Unlogik: wie eine Fuge, der man die Auflösung vorenthält« (S. 88). Die »Auflösung« gibt er in *Marbot* allerdings nicht, aber nicht etwa, weil er die Psychoanalyse zu oberflächlich einsetzt, sondern weil er in solche Tiefen geht, daß er den Glauben an die Allmacht der Psychoanalyse widerlegt.

120 Siehe die übersichtliche und informierte Arbeit von Walter Bohnacker (*Die Wahrheit der Fiktionen. Zur literarischen Biographie im Werk Wolfgang Hildesheimers*) und die mit einiger Verspätung erschienene Kondensation dieser Arbeit (*Biographie als Dokumentation*, 1988). – Peter Horst Neumann (*Der Erzähler als Biograph*) bezieht den Untertitel »Die Konsequenz einer literarischen Entwicklung« nicht nur auf Hildesheimers Entwicklung seit den *Lieblosen Legenden*, sondern auch auf die Entwicklung der Literaturgeschichte seit den »realistischen« Erzählern des 19. Jahrhunderts, für die »Psychologie ein Gestaltungsmittel« gewesen war, man denke nur an Dostoevskij, die Psychoanalyse aber sei »eine Methode der Hermeneutik, kaum aber ein Gestaltungsmittel«: »Wo sie auf den Vorgang des Erzählens Einfluß gewinnt, greift sie die Kohärenz ›realistischer‹ Fiktionen an, erzwingt sie neue Fingierungstypen und gebrochene Formen für Erzählung und Roman (...) Dagegen läßt sich das Gattungsprinzip der Biographie relativ mühelos mit dem Prinzip der Psychoanalyse verbinden« (S. 41). Darin, so Neumann, liege der naheliegende Grund für ein »zeitweiliges Parkieren moderner Erzähler im Biographischen« (S. 42). Neumann hätte allerdings ein paar Generationen

früher in die Literaturgeschichte einsteigen sollen, etwa in jene Zeit, in der Marbot gelebt hat, oder in jene Zeit, die dieser Epoche voranging, in die Zeit einer versuchten Selbstanalyse in den Autobiographien der Aufklärung, eben gerade zu Moritz, oder noch weiter, zu Montaigne. – Neumanns Vortrag wird nicht allein wegen der »literarischen Konsequenz« zitiert, sondern wegen seiner sehr schönen Formulierung dessen, was einige Rezensenten dazu verführt hat, von *Marbot* als von einem »Scherz« zu sprechen: »Es ist sublimste Parodie, wenn sich die Annäherung an das Ideal der historischen Biographie ausgerechnet der perfekten Erfindung verdankt (...) das Vorzeichen des Ganzen ist Ironie, es steht aber nicht im Text, sondern zwischen allen Zeilen« (S. 43 f.).

121 Was Heißenbüttel tatsächlich stört, spricht er nicht so offen aus: er stört sich an der Form, will »erzählt« haben und verkennt damit Hildesheimers Anliegen grundsätzlich, als habe Hildesheimer nie *The End of Fiction* drucken lassen. So kommt er denn zu der Auffassung, er habe selten »ein so schwerwiegendes libidinöses, erotisches Ereignis so unerotisch beschrieben, umschrieben gefunden«. Er sieht die ironische Distanz zwischen Autor und Biograph nicht richtig, vielleicht will er sie auch nicht sehen. Der Absatz über den Vollzug des Inzests beginnt, wie gesagt, mit den Worten: »Ich stelle mir vor:« (S. 74 f.), und die Vorstellungen bleiben im reizvollen Bereich der Andeutungen. Konkrete Erotik hat in einer Biographie keinen Platz. Was Heißenbüttel will, zeigt er mit seinem Buch *Ödipuskomplex Made in Germany*, das, wie *Marbot*, im Jahr 1981 erschienen ist. Doch mit dem mehrfach wiederholten Vers »jede Arschbacke die ich anfasse erinnert mich an deinen Hintern« (S. 31, 32 und zweimal auf S. 34) erzeugt er nicht gerade erotisches Flair; der Ödipuskomplex made in Switzerland ist in seiner sublimen Andeutung erotischer. Ausgerechnet Heißenbüttel, unter allen Rezensenten als einziger, wirft *Marbot* vor, »daß die mitarbeitende Phantasie des Lesers, ohne die es ›nicht funktioniert‹, abstumpft, stumpf bleibt«. – Was Hildesheimer *Über Kurt Hediger* schreibt, gilt auch für seine eigenen literarischen – und bildkünstlerischen – Werke: »Hedigers beste Bilder sind sparsam in ihrer Farbskala: ein Zurücknehmen nicht aus Gründen geschmacklicher Abtönungen sondern als Kondensation eines verborgenen Reichtums der Palette, Ausdruck seines Vermögens der Differenzierung.«

122 »Lord Claverton« entstammt Eliots Drama *The Elder Statesman*, das Hildesheimer 1959 (in diesem Jahr ist die Übersetzung von Erich Fried bei Suhrkamp erschienen) im fünften Stück seiner Glossenserie *Auf den zweiten Blick* vernichtend besprochen hat. Er beginnt referierend – »Lord Claverton ist ein verdienter Staatsmann im Ruhestand« – und kommt zu scharfer Kritik am »Nachkriegs-Eliot«.

123 Hildesheimer zitiert Montaigne nach der Übersetzung von Arthur

Franz (S. 285), aus der auch die folgenden Zitate stammen. Zur multi-valenten Qualität des Kapitels *Von der Reue*: »ich muß meine Geschichte auf die Einzelstunde einstellen; vielleicht werde ich gleich wieder anders (...) jedenfalls kommt es gelegentlich vor, daß ich mir widerspreche; der Wahrheit aber widerspreche ich nicht. Wenn seelische Stabilität für mich erreichbar wäre, würde ich nicht bloß tastende Versuche der Selbsterkenntnis mit mir anstellen, sondern ich könnte die Aufgabe, die ich mir damit stelle, *lösen*: so bleibe ich in der Seelenkenntnis immer beim Lernen und Probieren« (S. 286). Hildesheimer vereinigt, was Montaigne noch getrennt hat: »Die Schriftsteller geben dem Publikum Einsicht in ihr Inneres durch irgendein nicht zu ihrer eigentlichen Natur gehöriges besonderes Merkmal; ich, als erster, durch mein Gesamtwesen, als Michel de Montaigne, nicht als Grammatiker, Dichter oder Rechtskundiger. Wenn die Leute mir vorwerfen, daß ich zuviel von mir spreche, so werfe ich ihnen vor, daß sie überhaupt nicht über sich selber nachdenken« (S. 286).

124 Marbot zum Beispiel soll den Begriff »reflektive Malerei« geprägt haben (S. 263), und von Hildesheimers Werken spätestens seit den *Vergeblichen Aufzeichnungen* könnte man von ›reflektivem Schreiben‹ sprechen.

125 Siehe die Kritik an Hildesheimers fiktivem Interview *»Er ist ein Kunstwerk, doch mag man sich fragen, ob ein Kunstwerk Kunstwerke hervorbringt«* in Rio Preisner, *Goethe und die Gegner*, S. 1113-1115. Außerdem das Interview mit Reinhard Baumgart (*Aktualität*), in dem Hildesheimer seine Vorliebe für und Abneigung gegen einzelne Werke Goethes benennt und Schiller, vor allem den *Wallenstein*, über nahezu alle Werke Goethes stellt, aber neben den *Faust*. – In *Mozart* kritisiert er: niemals habe Mozart »versucht, diesen anderen etwas aus seiner Welt bewußt zu vermitteln, wie Beethoven oder Goethe, von dem es dennoch zumindest zweifelhaft ist, ob er tatsächlich jemals sein Brot mit Tränen aß. Falls Mozart jemals Brot mit Tränen gegessen haben sollte, hat er wohl kaum überlegt, ob es ihm schmecke; er hat es hingenommen« (S. 64 f.). Hildesheimer, so scheint es, verwechselt hier den Autor mit seiner Figur, dem Harfner in den *Lehrjahren*; Hildesheimers Vorliebe für die Wörtlichkeit solcher Prägungen hat sich wohl durchgesetzt, dazu seine Kennerschaft in Fragen der guten Küche, die sich auch in *Marbot* (verwandt mit dem *Butt*) beweist. – Kurz nach der Fertigstellung *Masantes* – die schlechten Stunden sind die spätnachmittäglichen – hat er das Gedicht *Im Lattich* geschrieben: »Im Lattich / beim reichen Nachbarn / sah ich ein Leidwesen / beim Vespern. Unerwünscht / in nachmittäglicher Verstörung / streicht es Margarine / auf sein Gnadenbrot und isst es mit Tränen«; der »Lattich« erinnert wohl nicht zufällig an Günter Eichs Hörspiel *Die Stunde des Huflattichs*. Das ist der Spott dessen, der Konventionen

für lästig und lächerlich halten kann, sei es die Verehrung Goethes oder eine sprachliche Übereinkunft. Siehe Hildesheimers Collagetriptychon *Goethe*. Marbot konnte er sich allerdings nicht über Konventionen lustig machen lassen, denn Marbot stellt sich mit der inzestuösen Beziehung zu seiner Mutter bereits völlig außerhalb der Konvention: er durfte nichts zu lachen haben.

126 Goethe, *Werther*, Artemis Bd. 4, S. 427. – Zu Heinz Kerle hat Hildesheimer gesagt: »Walter Jens fand die Muttergeschichte grossartig und sagte: Die Mutter ist die Hauptfigur. Eine Figur zum Weinen, sagt er« (*Marbots Biographie oder Ein Mann, der nie gelebt hat*). Das Buch heißt *Marbot* und nicht ›Lady Catherine‹, Jens weist mit seinem Nachdruck jedoch auf einen wichtigen Punkt: nach der Darstellung Lady Catherines könnte man Hildesheimer durchaus zutrauen, sie – oder eine andere Frau – in einem anderen Buch zur Hauptperson werden zu lassen. *Marbot* behandelt hauptsächlich Fragen psychologischer Kunstästhetik, die auch Hildesheimer bewegen, weshalb die Identitätsfigur ein Mann sein mußte. Unverständlich, wie Margarete Mitscherlich zu der Auffassung kommt, *Marbot* gehöre zu den frauenfeindlichen Büchern: »So zeigt auch diese ›Biographie‹, daß für das innere Außenseitertum der Frau offenbar weniger Interesse und Aufmerksamkeit aufgebracht wird als das des Mannes« (*Psychoanalyse und Außenseiter*, S. 15). Hildesheimer hat mit Spott reagiert und auf einen *Letzten Zettel* notiert: »Ich fühle mich heute ein wenig erklecklich, beinah ein wenig mitscherlich. Ich sollte vielleicht ein Psychopharmakon nehmen« (S. 15).

127 Beide Fotos entstammen Mark Gironard, *Life in the English Country House*, S. 124 Nr. 69: Marbot Hall, und S. 225 Nr. 137: Redmond Manor.

128 Gert Schiff (*Illusionäre Wunscherfüllung*) verzeichnet in den Anmerkungen fünf bis zehn die Fundstellen von Reproduktionen der Bilder in ihrem originalen Zusammenhang.

129 Noch einmal *Ulysses*: einer der fiktiven Vornamen Blooms ist Andrew (S. 651), man geht »Trüffeln bei Andrews probieren« (S. 690), also in einem Lokal namens Andrew, und das Périgord ist berühmt für seine Trüffeln. – Allenthalben ist ein leiser Mangel an deutschen Romantikern in *Marbot* aufgefallen, der sich natürlich daher erklärt, daß Marbot Engländer ist und eher Keats, Blake, Wordsworth, de Quincey, Byron, Shelley oder Coleridge kennengelernt haben kann. Hildesheimer schreibt allerdings von sich, er habe bei den deutschen Romantikern in der Schule gefehlt, sei schon in England gewesen und habe Shakespeare gelesen. – So erscheinen in *Marbot* strenggenommen nur die deutschen Romantiker Bettina von Arnim (schrieb über die Günderode, die in den Freitod ging) und die beiden Schlegel (übersetzten Shakespeare). Aber wie im Fall Karl Philipp Moritz hätte der

Biograph, nicht Marbot selbst, seine Kenntnis einbringen können, immerhin ist *Marbot* kein englisches Buch und zweifellos für ein deutsches Publikum gedacht. – Günter Grass wollte, daß Marbot Jean Paul getroffen haben sollte, Walter Jens wollte Hölderlin haben – also als agierende Figuren in *Marbot*, wie Hildesheimer im Gespräch mit Schöller erzählt (*Kunst- und Wunschfigur inmitten der Geschichte*), doch darauf ziele ich nicht ab, sondern auf etwas mehr Anerkennung der deutschen Romantiker, die den Zusammenhang von Künstler und Kunstwerk durchaus diskutiert haben, wie Loquai überzeugend darstellt (*Künstler und Melancholie in der Romantik*). Marbot hätte sie ja ebensowenig treffen müssen wie Caspar David Friedrich, der dennoch besprochen wird (S. 31).

Mitgespielt haben viele Rezensenten, mit einem gewissen Grad der Perfektion allerdings nur Hartmut Kraft (*Andrew Marbot. Kunst oder Leben?*), dessen Aufsatz keine Rezension ist, denn Kraft behandelt »neue Dokumente«, die Hildesheimer »noch gar nicht zur Verfügung stehen konnten«, da die »bereits von Hildesheimer vermuteten Briefe Marbots an Eugène Delacroix« vom Herbst 1827 erst »vor wenigen Wochen in einer autobiographischen Sammlung in Paris entdeckt« worden seien (S. 119). Er bietet, nach Hildesheimers Technik, anhand zweier Bildanalysen Marbots – Caravaggios *Narziß* und Tiepolos *Rastende Pierrots* – neue psychologische Deutungsmodelle an: Marbot habe in den Künstlern nach »Doppelgängern« gesucht, um sich – eben ein Narziß – zu bestätigen, anstatt durch die bewußte Aufarbeitung seiner Zweitrangigkeit an Selbstwertgefühl zu verlieren. – Mitgespielt hat auch Peter Wapnewski: hier erscheinen Anklänge an die Korrekturlisten, die *Mozart* provoziert hatte, nur natürlich nicht in Listenform: Marbot habe gar nicht am 4. 7. 1825 mit Schultz und Goethe reden können, Schultz sei nämlich erst am 3. 8. 1825 wieder bei Goethe gewesen; die Ghasel, die Platen in Urbino während seines Besuchs bei Marbot geschrieben habe, werde von Hildesheimer falsch zitiert (*Wie wahrscheinlich ist das Wahre?*, beides S. 109). – Würden im Fall *Marbots* derlei ›Korrekturen‹ nicht in Beckmesserei ausarten, könnte man durchaus noch den einen oder anderen Punkt ›korrigieren‹: Marbot liest Goethes *Maximen und Reflexionen* (S. 240), aber diesen Titel trägt die Sammlung der von Goethe auf Packpapier und Schnipsel notierten und in einer Schachtel gesammelten Gedanken erst seit der grundlegenden Ausgabe von Max Hecker (1907); Marbot kritisiert einen Satz Goethes – »Von der Kunst verlangt man deutliche, klare, bestimmte Darstellungen« –, der Goethes Aufsatz *Über die Gegenstände der bildenden Kunst* entstammt, dieser Aufsatz ist aber nach einer Handschrift aus dem Nachlaß Goethes publiziert worden, d. h., Marbot konnte diesen Satz gar nicht kennen (Artemis Bd. 13, S. 122); man könnte noch weiter gehen und die Lückenhaftigkeit des Registers ankreiden: Cimabue fehlt völlig, erscheint aber auf S. 116, Lorrain fehlt auch (S. 295), Keats auch (S. 257), andere sind nicht mit allen Fundstellen angegeben, z. B. Palladio (S. 39 und 113). Und doch, mit allem Nachdruck: was sollen diese Nachweise angeblicher Fehler in einem Buch, das zwischen Schein und Sein keinen Unterschied macht? Marbot sagt zu Leopardi, »objektiv gesehen sei es gleichgültig, ob wir etwas als Schein oder als Wirklichkeit erfahren, solange wir es überhaupt erfahren« (S. 290), und der Biograph schreibt über Marbot, er mache bei der Einschätzung seiner Vergangenheit »keinen Unterschied zwischen dem Realen und Idealen«, »Imagination und Wirklichkeit, Traum und extreme Wachheit gingen ineinander über« (S. 56).

130 Hans-Joachim Beck bietet in seinem Buch *Der Selbstmord als eine schöne Kunst begangen. Prolegomena zu Wolfgang Hildesheimers psychoanalytischem Roman »Marbot. Eine Biographie.«* (1986) zahlreiche hochinteressante und überzeugende, zum Teil aber auch etwas gesuchte Hinweise und sogar Spekulationen über die weitreichende Verankerung *Marbots* in der abendländischen Kulturgeschichte: »Festzuhalten bleibt, daß in Hildesheimers Biographie ›Marbot‹« – hier nimmt er den Begriff »Roman« zurück – »die Hildesheimer Bernwardstür und der Freskenzyklus der Oberkirche in Assisi gleicherweise ›überblendet‹ sind wie Hartmann von Aues ›Gregorius‹ und Thomas Manns ›Der Erwählte‹, Goethes ›Wilhelm Meisters Lehrjahre‹ und Novalis' ›Heinrich von Ofterdingen‹« (S. 114).

131 Im Fernseh-Film von Roman Brodmann (*Bernina-Expreß*), auch schon im Gespräch mit Hanjo Kesting (*Das Ende der Fiktion*, S. 63). – Während der Arbeit an den *Mitteilungen an Max* ist die Collage *Das Prinzip Hoffnung (Detail)* entstanden. Auf die Frage nach dem »Detail« hat Hildesheimer bei der Vernissage seiner Ausstellung im Wilhelm-Busch-Museum Hannover (28. 8. 1983) geantwortet, das *ganze* Prinzip Hoffnung sei ja ein riesiges Bild.

132 Im Gespräch »*Mozart*« und »*Marbot*« – *Spiegelbücher?* sagt Hildesheimer, Marbot sei »ein antiromantischer Romantiker« (S. 88).

133 Ein Foto dieser Tafel und weitere Auskünfte über die Arbeit an *Marbot* in Hildesheimer/Heinz Kerle, *Marbots Biographie oder Ein Mann, der nie gelebt hat*.

134 Translated from the German by Patricia Crampton. 1984 erhielt sie den Schlegel-Tieck-Preis für ihre hervorragende Übersetzung; die zusätzlichen Seiten über Schopenhauer: S. 102-104. – Siehe Ludger Lütkehaus, *Sir Andrew Marbot. Ein unbekannter früher Schopenhauer-Kenner*. – In der Festschrift zu Walter Höllerers 65. Geburtstag ist Hildesheimers Collage *Der andere Hegel* (1986) abgedruckt worden; dazu schreibt er: »Lieber Walter, gewiß hast Du Dich, den EINEN HEGEL lesend, schon gefragt, wie der ANDERE ausgesehen haben mag.

Nun: hier ist er. Wahrscheinlich sah ihn auch Schopenhauer so. Jetzt wirst Du Dich vermutlich fragen: Wie sah Hegel Schopenhauer? Die Antwort ist: überhaupt nicht. Aber dies, wie so vieles im Leben – am Rande.« Daß sich darin, neben anderem, auch Hildesheimers Identifikation mit Schopenhauer verbirgt, zeigt seine Widmung in jenem Exemplar, das er mir geschickt hat: er unterschreibt als »Wolfgang Schopenhauer«. In seiner Münchner Rede über Watteau und Marbot hat er am 5. 5. 1988 gesagt: »Schopenhauer, der in allem recht hat«; und zu Florian Rötzer: »Das dritte und vierte Buch der *Welt als Wille und Vorstellung* ist gewissermaßen meine Bibel« (S. 244), und: »Für Marbot war er der rechte Mann, ebenso für mich. Wenn ich mich auch nicht bei allen Dingen mit meinem Helden Marbot identifiziere, aber bei Schopenhauer ganz und gar« (ebd.). – Siehe die Collage *Die siebenstimmige Fuge des Satzes vom zureichenden Grund* (1987) in einem der Bände anläßlich Schopenhauers 200. Geburtstag. – Siehe über Schopenhauer auch Hildesheimer/Wolf Rosenberg, *Wolfgang Hildesheimer zum 70. Geburtstag*.

135 Leserbrief vom 30. August 1985, ungedruckt. – Gero von Boehm hat Hildesheimer gefragt: »Leben Sie gern, trotz allem?« Hildesheimer hat geantwortet: »Ja. Sehr gerne. Sehr gerne. Das Leben hat für mich etwas sehr Nostalgisches und etwas sehr Melancholisches, und es ist ja so, daß wir letztlich doch die Melancholie genießen« (1988).

136 Frans van Rossum hat einen Teil *Mozarts* übersetzt (*Wie was Mozart?*) und eine Rezension geschrieben (*Mozart zwijgt*). – Am 30. 12. 1978 hat ihm Hildesheimer brieflich mitgeteilt: »Ich habe beschlossen, den Jesuitenpater, gleichzeitig Kaplan in Marbot Hall und Beichtvater der Lady Marbot *und* des Sohnes Gerardus van Rossum zu nennen (...) Da Sie ja zwei Kardinäle in der Familie haben, warum nicht auch einen Jesuitenpater! Er muß Andrew perfektes Deutsch beigebracht haben. Aber wäre er ein Deutscher gewesen, so hätte er nur ein Bayer gewesen sein können, und das geht nicht. Ein Pater Korbinian Angermayr oder Dionysius Pferchtl paßt einfach nicht nach Marbot Hall.« – Gisela van Rossum, seine Frau, hat tatsächlich die Idee in das Buch gebracht, mit Hilfe einer Quarzlampe die unleserlich gemachten Briefstellen zu entziffern.

137 Pascals *Pensées* bieten, ähnlich den *Essais* Montaignes, eine Folie, auf der *Marbot* gelesen werden kann. Den *Pensées* wird allerdings, anders als den *Essais*, nur in einem Punkt zugestimmt, nämlich in der Verneinung der Welt. Aber schon die Begründung Pascals gilt nicht mehr für Andrew Marbot, für den einziger Schauplatz der Auseinandersetzung um Sein oder Nichtsein die Welt ist, ein Jenseits gibt es nicht, auch kein vernünftigerweise angenommenes. – Angelus Silesius hieß übrigens vor seiner Konversion zum Katholizismus Johannes Scheffler: das erinnert an *Tynset* mit seiner Diskussion um *Nasen und Namen*.

138 Auch Hofmannsthal, der eines seiner Dramen *Ödipus und die Sphinx* (1906) betitelt hat, wird erwähnt, fällt aber als beinahe einziger Künstler aus dem zeitgenössischen Rahmen, das meint, aus dem Rahmen dessen, was Marbot *noch nicht* hätte kennen können.

139 »Aus dem Verlangen, für einen unsterblichen Gott gehalten zu werden, sprang Empedokles kalt in den glühenden Ätna. Sollen die Dichter das Recht und die Freiheit haben, zugrunde zu gehen! (...) Es ist gar nicht so klar, wieso er überhaupt Verse hervorbringt; ob er wohl seines Vaters Asche bepißt oder freventlich ein schaudererregendes Blitzmal weggeräumt hat?« (*Ars poetica*, Stuttgart 1972, S. 35) Ob Eckart Schäfer da richtig übersetzt hat, scheint fraglich: »incestus« hatte auch damals die Bedeutung, auf die sie sich heute verengt hat, nämlich »Blutschande«, und das würde wohl näherliegen, wenn schon der tote Vater verachtet wird.

140 Mit Hölderlin kommt eine von *Marbot* unterschiedene Konsequenz aus gesellschaftlicher Ächtung ins Spiel, zumal wenn man Bertaux' These vom absichtlichen, wenn auch nicht freiwilligen Wahnsinn folgt, die Bertaux im Jahr 1978 vorgelegt hat, zu einer Zeit also, zu der *Marbots* Konzeption noch nicht festgelegt und deshalb, vielleicht unbewußten, Einflüssen offen war. Hölderlin ist das Gegenbeispiel, er war einer, der aus der Flucht in die Kreativität zurückgeholt wurde und seine Kreativität beinahe restlos preisgeben mußte, um, wenn man Bertaux folgt, in aktiver Verneinung zu leben. Im Zusammenhang mit *Marbot* folgen den Namen Andrew Marbot und Lady Catherine die Namen Hölderlin und Diotima. Am 8. Mai 1800 trafen sich beide zum letzten Mal, am 22. Juni 1802, rund ein Jahr nach Andrew Marbots Geburt, starb Susette Gontard, nicht an »gebrochenem Herzen«, wenn man der offiziellen Version Glauben schenken will, die behauptet, sie sei an ihrer Schwäche nach der Pflege ihrer rötelkranken Kinder gestorben. Viel wahrscheinlicher ist, daß die zwei Jahre, die Lady Catherine ihren Sohn überlebt hat, ehe sie ihm in den Tod gefolgt ist, hier verwandelt vorgezeichnet sind. – Keats, den Marbot ja trifft, hat übrigens auch einen *Hyperion* geschrieben – nicht auf Hölderlin basierend! –, der 1820, also im Jahr des ersten Inzestvollzugs, gegen seinen Willen gedruckt worden ist. – Nicht nur Zeitgenössisches: der Biograph setzt unvermittelt ein: »Ich habe niemals die Ansicht vertreten, daß der Biograph vor dem Schlafzimmer haltzumachen habe, da das erotische Leben seines Helden zu ihm gehört und wesentlich – wenn nicht gar den wesentlichsten – Aufschluß vermittelt.« Dieser Einsatz und seine Rechtfertigung (S. 152 f.) lesen sich wie eine Entgegnung, der Leser weiß aber nicht, auf was. Möglich wäre zum Beispiel eine Entgegnung auf Walter Jens' *Der Mann der nicht alt werden wollte* (1955), ein Buch, das schon im Titel eine verwandte Problemstellung verrät, über dessen Helden Wolfgang Bugen-

hagen (selbst der Nachname erinnert rhythmisch an Hildesheimer) wie über Andrew Marbot eine Biographie geschrieben werden soll; ein Buch, das zudem Hildesheimer gewidmet ist. Jens läßt den fiktiven Biographen sagen: »Ich weiß, man hat es mir oft verübelt, daß der Bereich des Erotischen in meinen Büchern nicht genügend berücksichtigt wird. Ich bin mir darüber im klaren, daß man mir das Fehlen sexueller Analysen als einen Mangel und das Verschweigen libidinöser Affekte als Prüderie ankreiden wird (...) So wenig ich verkenne, daß die Verlobungszeit bei Wolfgang manche Spuren hinterlassen hat, die auch in seinen Werken eingegraben sind, so nachdrücklich muß ich darauf hinweisen, daß sowohl Gewissenhaftigkeit wie Integrität des Forschers gebieten, vor der Tür des Schlafzimmers haltzumachen. Man mag mich abermals prüde nennen: naturalia sunt turpia; ich brauche, mit Oscar Wilde zu sprechen, ein stinkendes Ei nicht ganz aufzuessen, um zu wissen, daß es faul ist« (S. 111 f.). – Hildesheimer hat allerdings gesagt, er erinnere sich nicht mehr genau an dieses Buch, das er doch eher »Roman« nenen würde; was ja nicht zu bedeuten hat, daß die Probleme der Biographieschreibung nicht in neueren Diskussionen besprochen worden sind, zumal Walter Jens, wie Hildesheimer sagt, *Marbot* »lektoriert« hat (*Acta Hohenschwangau*, S. 54). – Peter Horst Neumann schreibt: »Hier spielt ›Bildung‹ mit sich selbst, hier nimmt sie sich nicht länger ernst, dies aber – feierlich. Wer es bemerkt, blickt in Abgründe unserer Täuschbarkeit. Es ist deshalb (recte: »dieselbe« – nach einem von Neumann korrigierten Sonderdruck) Ununterscheidbarkeit von Wirklichkeit und Fiktion, die tendenziell so viele unserer akuten Wahrnehmungen verunsichert« (S. 44). Was Neumann »feierlich« nennt, ist allerdings Ernst, was er »nicht länger ernst« nennt, ist die Austauschbarkeit von Schein und Sein, wie er ja dann treffend fortfährt: also auch Ernst, nur hätte er statt »Wirklichkeit« Realität sagen sollen. – Siehe Hildesheimers Statement über Homosexualität in Rolf Italiaander (Hg.), *Weder Krankheit noch Verbrechen*, S. 261 f.

141 Siehe auch Gert Schiff, *The Man Who Wasn't There*. – Das Spiel mit den unterschiedlichen Identifikationen hat Hildesheimer 1987 noch einmal exerziert, und zwar in *Da steht er, der hilflose Spaßmacher*, einer Interpretation des *Gilles* (das Gemälde ist übrigens – versehentlich? – seitenverkehrt reproduziert): Marbot identifiziert sich auch in dieser Interpretation mit Gilles und versucht gleichzeitig, Watteau und Gilles zu identifizieren, außerdem identifiziert sich Hildesheimer mit Marbot und also auch mit Gilles: hilflose Spaßmacher sind demnach alle. Zur Perfektion hat Hildesheimer dieses kaum mehr faßbare Identifikationsspiel in seinem Vortrag *Watteaus ›Gilles‹ und Marbot* (München, 5. 5. 1988; überarbeitet Stuttgart, 27. 1. 1989) gebracht, wo er unter anderem sagt: »letztlich steckt auch in mir ein kleiner Mar-

bot«, und: »Melancholie entsteht ja nicht mit ihren Erregern oder ihrer Betrachtung, sondern sie nistet sich ein mit dem Entgleisen psychischer Verarbeitung und durch Nicht-Bewältigung des Lebens, das sie alsbald beherrscht.« Was in diesem Vortrag wie eine Distanzierung von Marbot aussieht (also auch von der Interpretation im ›Zeit‹-Magazin), ist tatsächlich eine weitere Parallelisierung: »gegen wen hat meine kontroverse Sicht anzutreten? Ich fürchte, gegen Marbot und damit gegen mich selbst – bis etwa vor einem Jahr – und freilich gegen die Mehrzahl der anderen Interpreten. An eine bewußte Selbstidentifikation glaube ich nicht mehr, und ich bin heute überzeugt, daß das Bild nicht mehr sein wollte, als ein Aushängeschild. Daß es mehr wurde, steht auf einem anderen Blatt, dem ewig weißen Blatt des Unerklärbaren, Rätselhaften, an das ich schon glaubte, bevor die Postmoderne solche Gedanken scheinbar legitimierte« (S. 28).

142 In einem der letzten Gedichte Heines heißt es: »Gut ist der Schlaf, der Tod ist besser – freilich / Das Beste wäre, nie geboren sein« (*Morphine*. In: *Werke, Briefe, Lebenszeugnisse*, Bd. 3, S. 215). Heines Verse gehen in ihrer Wertung jenen Weg voraus, den Hildesheimers Werk seit *Schläferung* gegangen ist: der Schlaf in *Schläferung* und *Tynset*, der Schlaf auch noch in *Masante*, aber dort meldet sich bereits unmißverständlich der Tod, der dem Schlaf zugesellt ist und deshalb natürlich auch in den vorigen Werken seine machtvolle und letztlich entscheidende Rolle spielt; eine Rolle, die in *Mozart* und *Marbot* völlig über den Schlaf triumphiert. Doch in *Marbot* zeigt sich bereits der letzte und höchste Wunsch, nämlich »nie geboren zu sein«, der in den *Mitteilungen an Max* alle anderen Sehnsüchte übertrifft, auch die nahe verwandten wie den Wunsch, ein anderer zu sein. Oskar Pastior hat den Weg von der Sehnsucht nach Tynset bis zur Konsequenz in *Marbot* in seinem Gedicht *yntest* angedeutet, ein Gedicht, das bereits im Titel auf »Inzest« anspielt: »syntet / deshyl / merhey / tynset // hyides / testyn / tentys / heymer // messyl / tsyter / dentym // yelmen / retsyn / myster.« – Siehe Hildesheimers Besprechung von Oskar Pastiors *Abendlied* unter dem Titel *Sublime Unernst*: »Der Dichter appelliert an die Fähigkeit des Lesers, das Gleichnis als solches zu rezipieren, ohne es bewußt umzusetzen« (S. 255). – Pastior ist nicht der einzige Autor, der Hildesheimers Werk fortsetzt. Gerold Späth berichtet in *Sindbadland* (S. 11 f.) von den Reaktionen der Einwohner Splügens auf den jungen Engländer, der dort fieberkrank lag; S. 156 f. erzählt er die Geschichte des Klavierzertrümmerers neu, die Maxine in *Masante* erzählt hat (S. 282 f.). – Siehe Hildesheimers Besprechung *Pandämonisches Welttheater* von Späths *Commedia*. – Klaus Hoffers *Der Magnetberg* ist Hildesheimer gewidmet. – Siehe Hildesheimers Besprechung von *Bei den Bieresch* unter dem Titel *Wir leben nicht, wir erklären das Leben*. – Hanns-Josef Ortheil faßt denn auch Hildeshei-

mer, Hoffer und Späth unter dem Oberbegriff »Postmoderne« zusammen (*Das Lesen – ein Spiel*), erwähnt Hildesheimers Hoffer-Rezension bedeutsam, vergißt aber die Späth-Rezension und schreibt zu *Marbot*, was er von Hans-Joachim Beck abgeschrieben hat: Hildesheimer mute dem Leser zu, »gleichsam Geschichte als universelles Zitat zu lesen«; bei Beck heißt das: der Mythos in *Marbot* »steht als Synonym für ›Kulturgeschichte‹ überhaupt, sofern sie jederzeit als existentielles ›Zitat‹ disponibel ist« (S. 119). Ortheil weiter: »Seit den fünfziger Jahren unseres Jahrhunderts läuft ein unaufhörliches Training, Autoren und Leser auf das Programm einer postmodernen Zukunft vorzubereiten« – aber nicht etwa in der Bundesrepublik: »Mit erheblicher Verzögerung sind also postmoderne Spielarten auch in die deutschsprachige Literatur eingedrungen«; also: *Marbot* als erstes deutsches Meisterwerk »postmoderner Haltung«, aber Hildesheimers Werke der fünfziger Jahre vergißt Ortheil wieder. Um Ortheils Polemik gegen Manfred Frank zurückzugeben: »So geht das einfach nicht weiter, es ist ja beschämend, deshalb muß jetzt etwas Ernstzunehmendes her.« Reinhard Baumgart hat Ortheil denn auch widersprochen (*Postmoderne – Fröhliche Wissenschaft?*). – Franz Loquai eröffnet seinen glänzenden Essay *Hildesheimer, Hamlet und die Häscher* mit einer Aussage Kafkas über *Hamlet*: »Das ist ein Detektivstück. Im Mittelpunkt der Handlung steht ein Geheimnis, das langsam gelüftet wird. Gibt es aber ein größeres Geheimnis als die Wahrheit?« (S. 121) Das ist die Linie von der Suche nach der Wahrheit über *Tynset* zu *Marbot* und zum Ende des Schreibens. »Hamlet sehnte sich zurück in das unbekannte ferne Land, Marbot war die Rückkehr dorthin vergönnt. Hildesheimer spielt sich mit *Marbot* endgültig zurück ins Land jenseits der Grenzen, außerhalb der Geschichte im Schoß des Nirgendwo (...) Wenn der Autor erfunden ist, verschwindet er in der Kunst. Das ist das Ende der Heimatlosigkeit, der Begriff des Exils ist damit sinnlos geworden« (S. 135).

143 Auch die Umkehrbewegung entspricht alter Motivik: in *Bekenntnisse eines englischen Opiumessers* berichtet de Quincey, daß es schon bei Euripides ein zur Quelle fließendes Wasser gegeben habe (S. 101); er reflektiert übrigens das Verhältnis von Tat und Nicht-Tat und der daraus resultierenden Schuld (S. 248), erwähnt, in Anspielung auf Milton, kurz darauf eine »blutschänderische Mutter« und betont in diesem Zusammenhang mehrfach einen »Abschied für immer« (S. 249). Mit einem Hinweis auf Bacons *Essay über den Tod* schreibt er: »Es ist genauso natürlich zu sterben, wie geboren zu werden; und für ein kleines Kind ist das eine vielleicht so schmerzlich wie das andere« (S. 299). – Ein Jahr nach *Marbot* ist Hermann Burgers *Die künstliche Mutter* erschienen, in dem Burger den Wunsch, nicht geboren zu sein, dadurch darstellt, daß ein Mann nach seltsamen

Vorkehrungen tatsächlich glaubt, in den Mutterschoß zurückzukehren.

144 Zur Frage, ob denn tatsächlich Max Frisch gemeint sei, äußerten sich zahlreiche Rezensenten. Peter von Matt schreibt, die *Mitteilungen an Max* hätten mit Max Frisch nichts mehr zu tun, wobei er die Identitätsfrage übersieht, die dem Mitteilenden inzwischen zum Hals heraushängt, wie Hildesheimer ja auch in seinem Beitrag zur Festschrift zu Siegfried Unselds sechzigstem Geburtstag spöttisch geschrieben hatte. Matt meint vielleicht, die *Mitteilungen an Max* sollten ›Mitteilungen an Günter‹ heißen, und findet äußerst unangenehme Bilder, um seine Überzeugung darzulegen: »Die Zunge Günter Eichs schwebt über dem Text, nicht eben pfingstlich, aber illusionslos und keinerlei Hoffnung stiftend« (*Etüde nach der Art eines Freundes*). Tatsächlich erinnert Hildesheimer in den *Mitteilungen an Max* an den »großen toten Freund« und zitiert dessen Definition des Kalauers aus den *Maulwürfen* im Glossarium (S. 67). Siehe Thomas Schneider, *Die Antwort als Klopfzeichen. Wolfgang Hildesheimers Abschied vom Schreiben*.

145 Rilke ist ja bereits in *Mozart* als »Scheingenie« abqualifiziert worden (S. 62 f.). Daß Hölderlins *Hälfte des Lebens* oder Schillers *Wilhelm Tell* mit Oscar Wilde lächerlich gemacht werden, hat allerdings andere Gründe. Pathos und Scheingenie gehören offenbar zusammen, doch Hildesheimer schätzt Schiller, aber eben gerade nicht die Vermarktung und Verherrlichung *Wilhelm Tells*, wie sie in der Schweiz betrieben wird (siehe das Gespräch Hildesheimers mit Norbert Hochreuthener über den Schweizer Nationalfeiertag). Im Fall Hölderlins zielt die Spitze wohl auch nicht vorwiegend gegen Person und Werk, sondern gegen die weihevollen Verehrer, und gerade darin trifft sich die Rezeption Schillers, Hölderlins, Rilkes und Beethovens; von der Funktion der Musik Wagners im Dritten Reich nicht zu sprechen.

146 Willy Hochkeppel, *»Ja, ich trinke. Du auch?«* Wie bei *Marbot* haben auch bei den *Mitteilungen an Max* einige Rezensenten mitgespielt, z. B. gerade Hochkeppel: »In gewisser Weise ist er also doch auf dem Wege, in eine andere Haut zu schlüpfen, ohne daß er generell (...) hätte Schlüpfer werden wollen.« Elsbeth Pulver spottet: »Man stelle sich vor: Dutzende von Kritikern, jeder über sein Schreibblatt gebeugt, sich in Kalauern versuchend, insgeheim zu den Kollegen schielend, ob denen die ihren vielleicht besser gelängen« (*Wer ist wirklich wer?*). – Noch eine weitere aus der stattlichen Zahl der Rezensionen sollte erwähnt werden, nämlich Heinz Ludwig Arnolds Sendung im Süddeutschen Rundfunk: »Hildesheimer hat von seinem gedruckten Wort nie leben können«, wobei man sich fragt, ob er von seinem ungedruckten Wort hätte zuweilen leben können; Hildesheimer ließ dies denn auch nicht unwidersprochen. – Offensichtlich ist es den

Mitteilungen an Max bei manchen Lesern nicht besser als den *Lieblosen Legenden* ergangen: sie wurden als leichte Satire genossen. 1985 hat ein »ts.« nach einer Lesung geschrieben: »Hildesheimer hangelt sich von einem fragwürdigen Witz zum nächsten und was das Schlimmste ist: Die meisten der Zuhörer zeigten sich von diesen billigen Entertainergags amüsiert und spendeten starken Beifall. ›Das ist doch das Niveau von Otto oder Heinz Erhardt‹, machte ein Mann aus dem Publikum, der sonst durchaus das Werk Hildesheimers schätzt, seinem Ärger courägiert Luft (...) Der Autor fühlte sich dieser Auseinandersetzung nicht gewachsen, winkte ab und hinterließ auf diese Weise einen zwiespältigen Eindruck in der Zuhörerschaft: ein mißglückter Abend.« Mißglückt ist wohl auch die Formulierung, Hildesheimer habe einen Eindruck *in* der Zuhörerschaft hinterlassen: als ob sie nun alle dagesessen wären, eingedellt und zwiegespalten, natürlich nur jene, die wenigstens so courägiert gewesen sind, sich einzugestehen, daß ihnen Otto besser gefallen hätte (ts., *Von einem Witz zum andern*). – Auch Patricia Stanley hat – in Briefen an mich – auf mein Insistieren auf dem »großen Lachen« in den *Mitteilungen an Max* kopfschüttelnd reagiert und manche der »Scherze« Hildesheimers geradezu »kindisch« genannt. In ihrem Buch *The Realm of Possibilities* (1988) dagegen wertet sie die *Mitteilungen an Max* – die sie leider stets »Maxtext« nennt – dagegen mit grimmigem Ernst. Sie vergleicht *Mozart*, *Marbot* und die *Mitteilungen an Max* und schreibt: »The ›Maxtext‹ is, however, essential to my study of Hildesheimer's non-fiction for several reasons: (1) it is an elaboration of the *Marbot* material; (2) it is the third segment of what I regard as an arts-opinion triptych of books (*Mozart* – music, *Marbot* – art, ›Maxtext‹ – literature« (S. X). Die Qualität dieses Buches wird von dem Verdacht beeinträchtigt, Patricia Stanley, die zahlreiche Texte Hildesheimers übersetzt hat und auch in diesem Buch jedes Zitat übersetzt, habe hin und wieder Schwierigkeiten, selbst wenn es sich um Internationalismen handelt, übersetzt sie doch die Titel der beiden Collagen *Morphem I/II* mit »Morphine I/II« (S. 21), was natürlich falsch ist, wenn es auch die Assoziation zu Heines Gedicht (das sie nicht nennt) und zum Schlaf führt, aber es verführt gleichzeitig zur Annahme, Hildesheimer könnte bei der Erwähnung der Psychopharmaka in den *Mitteilungen an Max* Morphium mitmeinen. Außerdem nennt Patricia Stanley die *Mitteilungen an Max* ein deutsches *Finnegans Wake*, was die Unübersetzbarkeit anbetrifft (tatsächlich hat Hildesheimer auf diesen Aspekt großen Wert gelegt), und wendet sich gegen Joachim Neugroschels *Missives to Max* aus *The Collected Stories of Wolfgang Hildesheimer* (Hildesheimer meinte dazu, die Sache habe »dem Übersetzer wohl Spaß gemacht«). Ihre Analyse, vor allem der *Mitteilungen an Max*, besticht durch die Nachweise der Einflüsse von und Anspielungen auf

Goethe, Winckelmann, Friedrich Schlegel, Mozart, Spitzweg, George, Joyce und andere, allerdings nicht immer: von der Passage »bald werde ich alle Tassen im Schrank, Wäsche im Wäscheschrank, Bauern im Bauernschrank haben« (S. 53) kommt sie zu Brechts *Apfelböck oder der Familienmord* und zitiert: »Es ist die Wäsche im Wäscheschrank« (S. 134). Daß das »Fettnäpfchen« gerade von Joseph Beuys entworfen werden soll, erklärt sie damit, daß ihm die Tataren im Zweiten Weltkrieg nach einem Flugzeugabsturz mit Fett das Leben gerettet haben (S. 134 f.) – eine biographische Ungeheuerlichkeit, die Hildesheimer gewiß nicht verspottet haben wollte –, anstatt in Betracht zu ziehen, daß er Beuys' Fett- und Butterwerke – wiewohl durchaus einleuchtet, daß sie in diesem Erlebnis wurzeln – als *Kunstwerke* der Lächerlichkeit preisgeben wollte.

147 Auf einer Postkarte an mich (4. 10. 1985).

148 Zitate nach Volker Jehle, *Ein Buch, das sich von alleine schrieb*.

149 Man mag sich an die Floskel des alten Briest, »Das ist ein weites Feld«, erinnert fühlen.

150 Hildesheimer spielt in dieser Passage auf sein Judentum an, denn der Tod gibt ihm auf sein »so spricht man nicht zu Christen« zurück: »Wieso Christen?!«, worauf der Reflekteur sagt: »und da hatte er mich.« Aber auch diesem Bekenntnis fehlt die Schärfe, die früheren Bekenntnissen eigen war. – Die Passage über Hunde, die bellen und nicht beißen (S. 35-37), hat übrigens ihr Vorbild im jüdischen Witz (Elizabeth Petuchowski, *Das Herz auf der Zunge*, S. 124); außerdem gibt es in Hildesheimers Sheridan-Bearbeitung *Rivalen* einen Drachen, der bellt und nicht beißt (S. 129).

151 Hildesheimer bei der Vorbereitung der *Nachlese* siehe das Foto im Artikel von Volker Jehle, *Die letzten Zettel. Wolfgang Hildesheimer bleibt konsequent und montiert seine Texte.* Siehe Hildesheimers Einführung seiner Lesung aus den Zetteln anläßlich seines 70. Geburtstags (Österreichischer Rundfunk, 4. 12. 1986) und das einführende Gespräch mit Günter Abramzik (»*Weite Zwiespälte und triftige Gründe«. Wolfgang Hildesheimer liest aus seinem Zettelkasten*). – Das Unverständnis der Rezensenten hat sich bereits bei den Lesungen vor Erscheinen der *Nachlese* gezeigt, z. B. bei Cornelia Köster (*Ei, wer schreibt denn da?*).

Hildesheimers Hörspiele und Theaterstücke

1 Siehe Carl Hentze, *Religiose und mythische Hintergründe zu »Turandot«*. In: Antaios 1/1959, S. 21-41. – Zitat Hildesheimers nach einem anonymen Artikel in einer schweizerischen Radiozeitung um die Mitte der fünfziger Jahre. – Die »Ueberlieferung«: die persische Sammlung

Erzählungen aus tausendundein Tag, Gozzis und Schillers *Turandot*, E. T. A. Hoffmanns *Prinzessin Blandina*; Anklänge auch in Grimms Märchen *Das Rätsel* und Andersens Märchen *Der Reisekamerad*. – Ingetraud Heldt vergleicht die beiden Hörspiel- mit den beiden Dramenfassungen, bezieht die persische Sammlung, Gozzi, Schiller und Puccini ein, bringt einen Exkurs über Dürrenmatts *Romulus der Große* und Frischs *Die chinesische Mauer* (S. 35-39), wohingegen Brecht fehlt, untersucht politische und satirische Belange und beschreibt abschließend die Wirkung der Turandot-Stücke Hildesheimers und der Uraufführung unter Gründgens (S. 99-102). – Bernd Eilert schreibt in seinem *Hausbuch der literarischen Hochkomik* (1987): »Womöglich erinnern sich einige von uns auch noch an ein beliebtes Radio-Quiz der 50er Jahre, das ebenfalls mit dem Prinzip spielte, demnach bestimmte Wörtchen wie ›ja‹ und ›nein‹ nie als Antwort benutzt werden durften« (S. 1183).

2 In Andersens Märchen heißt es: »der alte König, in Schlafrock und gestickten Pantoffeln« (*Sämmtliche Märchen*, Bd. 1, S. 68). – Daß Pnina den falschen Prinzen bereits kennt, hat sein Vorbild bei Schiller und Gozzi. – In der *Geschichte des Prinzen Kalaf und der Prinzessin von China* aus *Tausendundein Tag*, wo »Kesselpauken der Henker« erscheinen (S. 244), hat eine der Sklavinnen, tatsächlich eine frühere Prinzessin, Kalaf niemals zuvor gesehen, verliebt sich in ihn und ersticht sich vor versammeltem Hof.

3 Die Konstellation falscher und echter Prinz ist nicht nur von Hildesheimers Vorliebe für Fälschergeschichten geprägt: immerhin gibt es schon bei Schiller und Gozzi eine Verdoppelung der Prinzessinnen (Turandot und Adelma/Pnina). Doppelte Prinzen erscheinen auch in E. T. A. Hoffmanns Capriccio *Prinzessin Brambilla* – immerhin wird Gozzis Name zweimal erwähnt (*Dichtungen und Schriften*, Bd. 3, S. 287 und 341) –, und Hoffmann überschreibt das siebte Kapitel unter anderem mit »Chronischer Dualismus und der Doppelprinz, der in die Quere dachte« (S. 404). Außerdem ist in die persische Geschichte von Turandot *Die Geschichte des Prinzen Fadlallah, des Sohnes Bin Ortoks, des Königs von Mosul* eingelagert, die Fadlallah den vertriebenen Herrschern von Astrachan erzählt, die aber nichts mit der Turandot-Geschichte zu tun hat (Frankfurt/Main 1963, S. 188-230). Der Derwisch, den Fadlallah auf der Jagd trifft, ist ein Vorläufer von Hildesheimers Abenteurer: er hat »ein Gelübde getan, niemals irgend ein Amt zu bekleiden; er liebe es, ein freies und ungebundenes Leben zu führen; er verachte Reichtümer und begnüge sich mit dem, was Allah (...) zum Leben spende« (S. 217). Außerdem weiß er, wie man mit zwei Zauberworten in den Körper eines Gestorbenen, sei es Tier oder Mensch, schlüpfen kann, wobei der Leichnam wieder lebendig und der eigene Körper zum Leichnam wird: das führt zu Hildesheimers Hörspiel

Herrn Walsers Raben. Der Derwisch verrät die Zauberworte, Fadlallah verwandelt sich in die Hindin, die er eben erlegt hat, und der Derwisch schlüpft in seinen Körper und kehrt als Fadlallah auf das Schloß zurück, während sich Fadlallah in eine Nachtigall verwandelt, die er tot unter einem Baum findet: das führt direkt zu *Warum ich mich in eine Nachtigall verwandelt habe.*

4 anonym, *Märchen mit Machtpolitik.* – Hildesheimers Kraftkerl Prinz von Astrachan könnte ein Vorbild im Mohrenfürsten Kilian aus E. T. A. Hoffmanns *Prinzessin Blandina* haben, der heute um die Prinzessin freit, sie sich morgen aber mit Gewalt holen und in seinen Harem stecken möchte. Aber Hildesheimer schreibt andere Märchen als Hoffmann, wie die *Lieblose Legende* gezeigt hat, das Märchen vom Riesen, das Hildesheimer im Nachwort zur Buchausgabe des *Drachenthrons* vollständig zitiert (S. 92-94).

5 Bei Schiller und Gozzi heiratet Barak, der Diener von Kalafs Eltern, in »Peckin« unter falschem Namen die Chinesin Skirina, deren Tochter Zelima Dienerin bei Turandot ist: falsche Namen und Inkognito also schon früh, nur daß die ›wahren‹ Namen sich bei Hildesheimer als die falschen herausstellen und die richtigen brutale Träger haben.

6 Offenbar konnte man sich wenige Wochen vor dem Termin der Ursendung noch solch weitreichende Überlegungen wie die Verpflichtung des Komponisten leisten: Hildesheimer wollte für das Hörspiel seinen Freund Wolf Rosenberg, mit dem er gemeinsam die Odenwaldschule besucht hatte; zuletzt hat aber Wolfgang Fortner, der Lehrer Henzes, komponiert. Die erste Theaterfassung hatte dann Musik von William Keiper. – Zu Rosenbergs 70. Geburtstag hat Hildesheimer den *Brief an Rosenberg* geschrieben. – Übrigens wollte Fritz Kortner den *Drachenthron* inszenieren und versuchte, Elisabeth Bergner als Turandot zu gewinnen. Am 2. 4. 1956 – schon im Juni 1955 hatte sie abgelehnt – hat sie an Hildesheimer geschrieben: »Ich habe den ›Drachenthron‹ natürlich sofort wieder gelesen u. wieder ganz deutlich empfunden dass diese ›Turandot‹ nicht meine Rolle ist« (ungedruckt). Im Brief vom 2. 12. 1955 an Kortner heißt es: »weder Hedda noch Iphigenie scheinen mir sincerely attractive für ein Gastspiel (oder gar eine Tour). ›Drachenthron‹ sowieso nicht« (Klaus Völker, *Fritz Kortner*, S. 250). Darauf bezieht sich Hildesheimers kurze Bemerkung über eine nicht zustande gekommene Zusammenarbeit in Claus Landsittel (Hg.), *Kortner anekdotisch*, S. 189.

7 1963 allerdings, in seiner Rezension von Hochhuths *Der Stellvertreter* unter dem Titel *Folgerungen*, hat Hildesheimer geschrieben: »Dennoch behaupte ich, daß die Mehrheit des deutschen Volkes bis 1944 von den Greueltaten in den Konzentrationslagern nichts gewußt hat« (S. 811): dies gilt, wie er ja auch betont, für die »Mehrheit« des Volkes, nicht etwa für die Verantwortlichen. – Manfred Lauffs' Aufsatz *Reden ist*

Gold. »*Die Eroberung der Prinzessin Turandot*« als politische Satire
und poetologische Parabel leidet daran, daß die Zitate alle nicht nachgewiesen werden: der falsche Prinz sagt, er habe die besiegten Freier *nach*
ihrer Niederlage getroffen, und demnach zitiert Lauffs stillschweigend
oder unwissend die Fassung von 1961 und nicht die Fassung von 1955,
von der er vorgeblich ausgeht. Was er demnach zum Hildesheimer der
fünfziger Jahre ausführt, trifft daneben, und sein Zirkel von den Anfängen zum Ende des Schreibens ist nicht schlüssig. – Im selben Heft
korrigiert Christoph F. Lorenz (*Das fragende Theater des Wolfgang
Hildesheimer*, S. 90-95) Lauffs in manchen Punkten stillschweigend;
versehentlich gibt er allerdings 1953 als Erscheinungsjahr der *Lieblosen
Legenden* an (S. 93). Erfreulich ist, daß er Puccinis *Turandot* in seinen
Vergleich einbezieht, wenngleich er E. T. A. Hoffmann und Brecht aus-
läßt und *Tausendundein Tag* zwar unter dem arabischen Titel *Heza-
ryek-Rus* erwähnt, aber offensichtlich nur jenen Auszug kennt, der im
Anhang der Buchausgabe *Der Drachenthron* abgedruckt ist (S. 95-
98).

8 Auch in Brechts *Turandot oder Der Kongress der Weisswäscher* (*Stücke*,
Bd. XIV) handelt es sich um das Denken und die Folgen: wer zum
Ratgeber der Herrschenden wird, wird selbst zum Herrscher. Die Position dazwischen, also das, was Hildesheimer in der Fassung von 1961
vorschlägt, gibt es für Brecht nicht: die Rätselfragen sind zu einer Angelegenheit diffiziler Deckmäntelei ökonomischer Sachverhalte geworden. Brechts Anliegen war ja, wie mit seinen anderen Tui-Büchern, den
»Mißbrauch des Intellekts« durchschaubar zu machen (S. 8). Allerdings: Hildesheimer konnte Brechts *Turandot* nicht kennen, zumindest keine Endfassung, denn Brecht hat in seinem Handexemplar der
letzten Fassung als Datum der Fertigstellung den 10. August 1954 notiert. Unabhängig voneinander haben beide Autoren den Turandot-
Stoff bearbeitet, Brecht nach Plänen aus den dreißiger Jahren (S. 7) seit
Sommer 1953 (Klaus Völker, *Brecht-Chronik*, S. 150: schon im Frühjahr 1954 haben allerdings die »Turandot-Proben« begonnen), und
Hildesheimer hatte mit der Arbeit beinahe zur selben Zeit angefangen:
erst in der Fassung von 1955 erscheinen die »drei Weisen« (eine Anspielung vielleicht auch auf die drei Götter aus *Der gute Mensch von
Sezuan*), die nach Anweisung des Kanzlers handeln und Meinungen
zugunsten des Hofes verdrehen, ähnlich den Tuis, die im Teehaus Re-
klame für ihre Ware machen: »Hier werden Meinungen gewendet.
Danach wie neu« (S. 14). Außerdem könnte man vom Einfluß Brechts
sprechen – wenn auch nicht von einem Beweis für Hildesheimers
Kenntnis der *Turandot* –, da Hildesheimers Kaiser gegenüber allen
anderen Vorbildern keinen Eigennamen mehr hat: er ist durch seine
Rolle und soziale Stellung ausreichend definiert; überhaupt: die Namen erinnern an Brecht: Hü, Tse, Pnina.

9 Das Fernsehspiel *Turandot* wird nach dem Rundfunktyposkript zitiert: ein Löschpapier-Konvolut von hundert Seiten mit handschriftlichen Anmerkungen Hildesheimers und dem Vermerk »2. Fassung« von fremder Hand. Ob es sich jedoch um die erste oder um die zweite Fernsehfassung handelt oder ob womöglich eine weitere Fassung gesendet worden ist, kann nicht mit letzter Sicherheit geklärt werden. Jedenfalls hat Hildesheimer die »drei Weisen« wieder gestrichen.

10 Das »Good-bye« war so endgültig, daß Hildesheimer erst im Juli 1985, also rund zwanzig Jahre später, das Heft mit der Neufassung nach einer Lesung signieren sollte und erfahren hat, daß dieses Heft überhaupt existiert und sich seit 1965 im Handel befindet.

11 Zum *Atelierfest* finden sich Inhaltsangabe und einige Informationen in Heinz Schwitzke (Hg.), *Reclams Hörspielführer*, S. 293 f. – Auch in diesem Hörspiel arbeitet Hildesheimer mit einem Sprecher, der im wesentlichen den Text der *Lieblosen Legende* spricht, aber wie er das macht und wie die Zwischendialoge und die Hintergrundmusik in der Ursendung unter der Regie von Fritz Schröder-Jahn gestaltet worden sind, das erzeugt ein Flair äußerst bösartiger Künstlichkeit, das die Komik der Prosafassung vollkommen zurücknimmt und zuweilen jenen Eindruck akustisch provoziert, der von der Darstellung eines Gelages durch George Grosz visuell hervorgerufen wird.

12 Hildesheimers Stellungnahmen zu tagespolitischem Geschehen siehe *Bibliographie*, S. 109 f. – Allerdings setzt er sich nach dem Ende seines Schreibens verstärkt für die sogenannte alternative Bewegung ein, unterstützt die Organisation Greenpeace, hat 1985 zum Stapellauf des neuen Schiffs eine Grußbotschaft verfaßt und hat, seit langer Zeit zum ersten Mal, wieder Aufrufe unterzeichnet: 1981 den *Appell der Schriftsteller Europas* gegen das Wettrüsten (Bernt Engelmann, *Weißbuch: Frieden*, S. 172); 1986 den *Künstler-Aufruf gegen SDI*, den unter anderen Günter Wallraff entworfen hat; und 1987 hat er sich für die Amnestie von RAF-Aussteigern ausgesprochen. – Wenn es um die Fragen nach dem Verhältnis der Deutschen zu Juden und Israel geht, hat er sich allerdings immer wieder mit größter Schärfe geäußert. Zum Sechstage-Krieg 1967 widersprach er mit *Denken auf eigene Gefahr* Peter Weiss' Artikel *Der Sieg, der sich selbst bedroht*: »Zwanzig Jahre hat Israel versucht, mit den Arabern ins Gespräch zu kommen, ein Gespräch, von dem nicht nur Israel, sondern auch die Araber nur profitieren würden, aber es ist gescheitert, so wie es auch in Zukunft scheitern wird.« Damals hat Hildesheimer Israels Politik der harten Vorwärtsverteidigung gebilligt: »Nicht Israel ist dafür verantwortlich, wenn fälschlicherweise sein Krieg nicht losgelöst vom Krieg in Vietnam betrachtet wird.« Erich Fried hat daraufhin den Leserbrief *Held wider Willen* geschrieben und Peter Weiss verteidigt, woraufhin Hildesheimer mit *Ist Nasser kein Faschist?* insistierte: »Was ich meinte, war, daß von

633

Israel im Moment seines Krieges nicht jene objektive Sicht der Weltlage erwartet werden konnte, die andere sich anmaßen, denn es ging um sein Leben.« Und: »Ich behaupte, daß weder Weiss noch Fried eine Ahnung haben, von was sie sprechen. Keiner von ihnen kennt Israel oder die arabischen Staaten.« Die kennt Hildesheimer ja nun von seiner Zeit als Information Officer auch in politischer Hinsicht, außerdem hat er Israel einige Male bereist und 1955 seine *Aufzeichnungen aus Israel* drucken lassen, die Politisches allerdings – typisch für diese Zeit – nahezu völlig ausklammern. Nach dem Massaker von Beirut hat er gesagt: »Man schämt sich wieder, Jude zu sein.«

13 Die Datierung ist so lange nicht endgültig, bis Hildesheimers Briefe zugänglich sind, vorausgesetzt, er hat überhaupt jemandem zu dieser Zeit über seine Projekte geschrieben. Das Typoskript trägt seinen Absenderstempel von Ambach, wo er bis 1957 gewohnt hat. Dieses Hörspiel könnte, wie die Inhaltsanalyse zeigen wird, ungefähr 1955 entstanden sein, zwischen *Paradies der falschen Vögel* und der ›absurden‹ Phase, jedenfalls nicht allzulange vor der Übersiedlung in die Schweiz.

14 Die Anspielung auf Gerhart Hauptmann, die der Name Florian Geyer vermuten läßt, erweist sich als falsche Fährte, obwohl der Hinweis auf Hauptmanns *Vor Sonnenaufgang* in der einleitenden Szene verstärkend hinzukommt: eine Sackgasse. In seiner Rezension von Hauptmanns *Großen Erzählungen* erteilt Hildesheimer unter dem Titel *Oh, du keusche, du reine ...* Hauptmann und seinen bewundernden Rezipienten eine endgültige Abfuhr: »Ist Hauptmann – um das häßliche Wort zu gebrauchen – passé? In der Tat (...) ›Der Fremde‹ aus ›Hanneles Himmelfahrt‹ ziert eine Anthologie, betitelt ›Deutscher Kitsch‹. Er ist nicht der einzige aus Hauptmanns Werk, der dorthin gehört« (S. 138). *Florian Geyer* und *Vor Sonnenaufgang* erwähnt er gar nicht, sie gehören wohl in den Band »Die großen Irrtümer« (S. 140), dessen Erscheinen er, wie er schreibt, demnächst erwartet.

15 Der Hinweis auf Shakespeares und Mendelssohn-Bartholdys Stücke verrät, daß Hildesheimer sein Stück als heiteres *und* pessimistisches Täuschungsspiel verstanden hat, als Gegenentwurf zum schweren und hohlen Pathos von Hauptmanns Stück. In seinem Kommentar zur Ursendung schreibt er: »Mein Hörspiel, ›Die Bartschedel-Idee‹, richtet sich gegen / erstens das Klischee, wie es sich im Gesellschaftsleben und in der Beamtenwelt offenbart, / zweitens die falsche Innerlichkeit und den verlogenen Gefühlsgehalt, wie sie in vielen Werken der neuen deutschen Literatur uns entgegentreten, / drittens Festspiele und Festwochen, wie sie überall aus dem Kulturleben sprießen, / viertens den Kulturbetrieb überhaupt. / Aber alle diese Anliegen haben sich von selbst eingeschmuggelt. Geschrieben habe ich das Hörspiel, weil es mir großen Spaß gemacht hat« (Frankfurter Hefte 12/1957, S. 148).

16 Das Theatertyposkript von 1959 ist bis auf minimale Änderungen z. B. der Zeichensetzung identisch abgedruckt in der Ausgabe als Fischer Taschenbuch (1969) und ist dort bezeichnenderweise mit der zweiten Theaterfassung der *Turandot* zusammengestellt worden.

17 Offenbachs *Die schöne Helena* (1864) zeigt eine entfernte Ähnlichkeit mit dieser Handlungsintrige. Dort allerdings haben die Götter die Hand noch im Spiel: die Entführung Helenas ist von Anfang an bekannt, ein Gebot der Göttin Venus, gegen das sich Menelaos vergeblich wehrt. Doch Hildesheimer hat aus dieser Vorausplanung nicht nur die Götter herausgehalten, falls er diese Operette überhaupt kannte, eine Kenntnis, die wahrscheinlicher ist als die Kenntnis vieler Bücher, die ihm von der Kritik als Vorbilder attestiert werden. – Was er aber mit größter Wahrscheinlichkeit kannte, wo sogar mit »Astrachan« auf die *Prinzessin Turandot* und die Verbindung zwischen beiden Frauengestalten angespielt wird (S. 261), war Jean Giraudoux' *Kein Krieg in Troja* (1935): die Greise scharen sich um Helena, die auf der Stadtmauer steht, einige stehen über ihr, um sie zu hören, andere gehen hinunter, um sie besser zu sehen: »Die Schlauesten schauen von unten« (nach der Übersetzung von Annette Kolb. In: *Meisterdramen*, S. 207). Hildesheimers Helena sagt: »Nestor wird noch aus dem Grabe den Frauen Blicke zuwerfen. Dann hat er auch endlich den Blickwinkel gefunden, den er begehrt« (Fischer 1969, S. 123). Trotz solch witziger Einschübe ist Giraudoux' Stück ein Spiel um die Bedingungen und Möglichkeiten, Kriege zu verhindern oder zu beginnen, Fragen, die nicht nur zur Zeit der Uraufführung wichtig waren, aber gewiß 1935 als Auseinandersetzung mit dem drohenden Krieg der Nazis verstanden worden sind, erst recht bei der deutschen Erstaufführung 1936 in Wien. Paris sagt zu Recht: »Mein Fall ist international« (S. 207), und Busiris, »der größte heute lebende Sachverständige für Fragen des Völkerrechts«, meint: »Die Vernichtung eines Volkes beeinträchtigt in keiner Weise seine internationale moralische Position« (S. 237 f.). An die Stelle der Götter sind, wie bei Hildesheimer, »Schlagworte« getreten, »Phrasen, die behaupten, daß die Führung der Welt den Menschen im allgemeinen und den Trojanern und Trojanerinnen im besonderen zukommt« (S. 205). Besonders wichtig für Hildesheimers Version ist Hektors Verdacht: »Ihr ließet Helena entführen, um einen einwandfreien Vorwand für den Krieg zu haben« (S. 269).

18 Siehe Jerry Glenn, *Hofmannsthal, Hacks and Hildesheimer: Helen in the 20th century*.

19 Die Widmung spielt natürlich auf *Faust I* an: »Du siehst mit diesem Trank im Leibe / Bald Helenen in jedem Weibe« (Artemis Bd. 5, S. 223).

20 Das Zitat von der Berliner Tagung der Gruppe 47 entstammt Günter Giefer/Peter Gundwin, *Die Siebenundvierziger*, S. 894.

21 Anne-Marie Deboeck hätte den ganzen *Helena*-Komplex überblicken
können, schreibt aber offenbar von einem Theaterprogramm des Bade-
ner Theaters im Kornhaus vom April 1967 ab, wo die Hörspielfassung
von 1965 als »mit der Bühnenvorlage (1961) identisch« bezeichnet wird
(*Wolfgang Hildesheimer und sein Werk. Beleuchtung der literarischen
Aspekte anhand einer kommentierten Uebersetzung des Hoerspiels
»Das Opfer Helena«*, S. 63): eine »Bühnenvorlage« von 1961 gibt es
aber nicht, sondern, wie gesagt, eine Theaterfassung von 1959, die erst
1969 gedruckt vorlag. Wenn die Angabe in der Suhrkamp-Ausgabe von
1965, Hildesheimer habe diese Fassung 1958 geschrieben, zutreffend
wäre, würde Anne-Marie Deboecks und anderer Autoren Angabe
nicht stimmen: dann gäbe es auch keine Fassung von 1965; diese Angabe ist aber irreführend: die Hörspielfassung von 1965 basiert auf der
1958/59 geschriebenen Theaterfassung. Anne-Marie Deboeck zitiert
Hildesheimer zuweilen, ohne anzugeben, woher diese Zitate stammen:
vermutlich aus Briefen oder Gesprächen. Zum Beispiel: »Die Änderungen sind sowieso unwesentlich‹, behauptet Hildesheimer« (S. 63).
Offensichtlich übernimmt sie diesen Satz ohne Prüfung, obwohl ihre
Formulierung ›behauptet Hildesheimer‹ kritische Distanz vorgibt.
Aber ohne weitere Begründung zitiert sie ausschließlich aus der Hörspielfassung von 1961, die sie vollständig übersetzt und kommentiert,
offensichtlich im Glauben, die *letzte* Hörspielfassung zu bearbeiten. –
Zur dritten Hörspielfassung siehe Patricia Stanley, *Wolfgang Hildesheimer's »Das Opfer Helena«. Another Triumph of the »They«*.

22 Hildesheimer hätte die Wiener Festwochen 1987 eröffnen sollen, hat
mir aber geschrieben: »Den Wiener Festvortrag habe ich abgesagt, es ist
mir dort eben doch ein wenig zu waldheimlich« (Brief vom 5. 1. 1987).
Doch in den Programmen war der Titel der Rede ausgedruckt, »Die
Eleganz der Extase«, wie ihn auch die Presse bereits angekündigt hatte,
so daß er am 16. Januar geschrieben hat, er habe den »Vortrag doch
annehmen« müssen: »Der Titel ist aber nicht ›Die Eleganz der Extase‹
sondern ›Mozart und das postmoderne Bewusstsein‹.« Zuletzt konnte
er sich aber doch nicht dazu entschließen (der Herzinfarkt vom Frühjahr 1987 hat gewiß eine Rolle dabei gespielt) und hat Hans Mayer als
Redner vorgeschlagen. Sein erster Impuls zeigt: Waldheim wäre Grund
genug für die Ablehnung gewesen, und noch ein Jahr später, Anfang
Februar 1988, hat er als entscheidendes Vergehen Waldheims genannt,
daß er sich nicht einmal an das zu erinnern behauptet habe, dem damals
niemand entgehen konnte – »Jeder war wenigstens in der Wehrmacht«
(mündlich in Poschiavo am 4. 2. 1988) –, und so den Verdacht selbst
heraufbeschwöre, er habe etwas zu verbergen, ganz anders als etwa
Richard von Weizsäcker, der seine Vergangenheit (wie das die Helena
der ersten Fassung macht) der freien Beurteilung anheimstelle und den
man – »der beste Präsident seit Heuss« – unterstützen müsse.

23 Der von Hildesheimer vorgesehene Titel sollte ›Karolin bei Nacht‹ lauten, der erste Titel eines seiner Werke, der die Nacht explizit anspricht,
immerhin ist dieses Spiel im selben Jahr wie seine *Nightwood*-Übersetzung erschienen. – In der Hörspielfassung (30. 12. 1961) hat er einige
stilistische Verfeinerungen und manche Dialogänderung angebracht
und eine unbedeutende Nebenfigur – den Pressefotografen – weggelassen: für die Interpretation keine entscheidenden Neuerungen.

24 In der *Helena* von 1955 wird übrigens »Onassis« als Bruder des Paris
genannt (S. 167).

25 Zur Datierung von *Das Unwetter* siehe *Bibliographie*, S. 77.

26 Außerdem hat Hildesheimer gesagt: »Meine unsinnige Geschichte ist
eine Geschichte vom Unsinn. Ich muß allerdings betonen, daß die Intention, einem einleuchtenden Prinzip zu folgen, nicht der Impuls
meiner Arbeit gewesen ist ... Dennoch hat mein Unsinn Methode, und
zwar die gute alte Methode des klassischen Surrealismus. Es ist – vereinfachend ausgedrückt – die Methode der freien Assoziation auf tagträumerischer Basis, einer köstlichen Basis übrigens – sehr empfehlenswert!« (Zitat nach Wilhelm Jacobs, *Moderne deutsche Literatur*,
S. 149). – Die surrealistischen Anfänge Hildesheimers lassen sich,
wenn auch nur mittelbar, an einem frühen Stück ablesen, das vermutlich 1939 entstanden ist, also während Hildesheimers ersten Cornwall-Aufenthaltes: *Pansuun. a play in one act with a prologue. from a german
libretto by wolf hildesheimer. english adaption by anthony froshaug*.
Das deutsche Libretto ist wohl verloren, aber auch diese Form läßt
Rückschlüsse auf das Original zu. Ein »Poet« sucht »Pansuun«, weiß
aber weder, was Pansuun ist, noch, wo es sich aufhalten könnte. Er
fragt diverse Personen und Dinge, einen Mann mit drei Beinen, einen
Pilz, einen Fischhändler, eine Venus aus Marmor mit echtem Haar (die
sich im Verlauf des Stückes in einen Torso und zuletzt in eine Schneiderpuppe verwandelt und deren Stimme immer von derselben Frau gesprochen wird). Chor I und II kommentieren; ein »Interpreter«, der in
der Figurenliste als Psychoanalytiker bezeichnet wird, gibt Anregungen und Hinweise; im Bühnenbild steht eine griechische Statue, darauf
ein altertümliches Telefon: der »Poet« fragt die Vermittlung nach »Pansuun«; zuletzt bricht er zusammen, weil sich herausstellt, daß seine
letzte Sehnsucht, »Pansuun«, eine gliederlose Schneiderpuppe ist: »nor
female, male, nor yet hermaphrodite.« Dieses frühe Stück deutet bereits in die Richtung, die Hildesheimers Werk genommen hat: »enigmas resolved into enigmas / without solution. / There am I, pansuun«;
oder: »In your subconscious mind, / truth breathes from twisted
forms. / Investigate and analyse«; schon damals die Abneigung gegen
blinde Expansionswut (Hitler und andere) und blinden Fortschrittsglauben (Gegenwart, international): »Is this my cacodemon? / Always
to enlarge? / Germinate all ways? / Perhaps this is pansuun?« Oder die

Schlußworte: »Here are no concrete things: / we are but abstract forms, / and enigmas, the stuff / of dreams and fantasy.« Im Gedicht *Pansuun* aus *Nachlese* (S. 15) wird »Pansuun« mit »Guricht« in Verbindung gebracht.

27 Christoph F. Lorenz kommt zu dem Schluß, Hildesheimer habe zwischen Gott und die Welt einen Demiurgen gesetzt, der die Welt erschaffe, und stellt die Gleichung auf: Demiurg = Weltschöpfer = Handwerksmeister: »Dieser ›Demiurg‹ ist also letztlich der Schriftsteller selbst, der zwischen die fragwürdige Welt und den Menschen tritt« (*Das fragende Theater des Wolfgang Hildesheimer*, S. 101), und deshalb erscheine in Hildesheimers Werk zuweilen der »biedere Handwerksmeister«. Darin irrt Lorenz vollkommen, das zeigt sich an der Symbiose aus Glaser und Vertreter unmißverständlich, aber auch am Glaser aus dem *Atelierfest*: das können keine Selbstbilder des Autors sein, nicht einmal Wunschfiguren, ihnen gelten scharfe Kritik und spöttische Worte. Auch die Einbrecher in *Nocturno im Grand Hotel* und *Nachtstück* sind, in unterschiedlicher Weise zwar, ausgesprochene Gegenfiguren der Identifikationsfiguren.

28 Bis auf zahlreiche kleinere und wenige größere Textvarianten und, natürlich, die Regieanweisungen entspricht die Hörspielfassung der Theaterfassung, die offensichtlich eine Bearbeitung des Hörspiels ist, wiewohl beide Stücke im gleichen Jahr, nämlich 1959, produziert worden sind.

29 Drei Jahre nach diesem Stück und vier Jahre vor seiner Rede hat Hildesheimer, wie zitiert, das harte Urteil ausgesprochen, daß die Deutschen fast ausnahmslos Antisemiten waren und es immer bleiben werden; seine Vorhersagen treffen ein, mit grauenvoller Genauigkeit, wie jene des Ehepaars aus *Die Uhren*, und entsetzt erinnert man sich an den Alt-Nazi Doktor Brun aus *Das Ende kommt nie* und an die Dachdecker, die für die Entnazifizierung stehen, wenn man über die Judenverfolgung liest, die sich seit Jahren im Dorf Geldern/Vogelsberg abspielt, wo sich Dan Kiesel, Nachkomme ermordeter Juden, als Arzt niedergelassen und eine Einheimische geheiratet hat; seine Frau nennt man »Judenhure«, ihm selbst würde man am liebsten den Judenstern verpassen, wie Johannes Winter berichtet: »Am Abend des 12. Januar 1987 (!) klebte der Dachdecker Ernst Brun, 45 Jahre alt, mit NPD-Aufklebern (›Ausländer Stop‹) an die Praxis von Dan Kiesel einen solchen Stern« (*Verfolgt wie damals*; siehe auch Volker Jehle, *Das Ende kommt doch*).

30 Das *Rezept* ist zuerst in ›Akzente‹ erschienen, und zwar direkt neben Günter Grass' Gedicht *Annabel Lee* (S. 387); Zitat nach *Gedichte und Collagen*, S. 17: in der Fußnote finden sich Angaben zum Fehler »geschehen durch die Brille«, der immer wieder nachgedruckt worden ist. – Hildesheimer war, wie Hans Werner Richter in *Im Etablissement*

der Schmetterlinge schreibt, als einer der ersten aus dem Kreis der Gruppe 47 von Grass' Bedeutung überzeugt. 1957, also in jenem Jahr, in dem *Die bösen Köche* entstand, hat Grass auf der Tagung in Niederpöcking im Turm einer Villa Graphiken ausgestellt, und Richter erinnert sich: »Nur Wolfgang Hildesheimer kaufte ihn (...) Als er, Wolfgang Hildesheimer, vor mir die Wendeltreppe zu der Dachstube des Turms hinaufstieg, drehte er sich zu mir um und sagte: ›Du, der ist begabter als alle anderen. Der wird noch zu großen Erfolgen kommen‹« (S. 124).

31 Hildesheimer hat wieder aufgegeben, auf was Jack in *Die Herren der Welt* bis kurz vor Schluß noch gehofft hatte: »Allein kann man sich nicht wehren« (S. 106). – Günter Blamberger schreibt: »Hildesheimer ist darin einzigartig, daß er an der Literatur des Absurden bis heute festgehalten« hat (*Wolfgang Hildesheimers Prosa des Absurden*, S. 77); damit nennt er die Werke »absurd«, weil Hildesheimer sie selbst »absurd« genannt hat. – Ingeborg Bachmann hat anläßlich der Uraufführung und Lektüre von *Landschaft mit Figuren* an Hildesheimer geschrieben: »Man begibt sich ohne Widerstand und Frage in das Stück, und am Zugang liegt es also nicht, aber nach einer Weile ergeht es einem wie beim Segeln, wenn der Wind ausbleibt. Das Boot ist gut, das Wasser ist gut, aber der Wind fehlt und ich frage mich warum (...) Du hast mir geschrieben, dass einige meinen, Du solltest zurückkehren zu Deinen frühren Ausgängen. Das hielte ich für verfehlt, Du darfst es auch nicht mehr, aber ich glaube, Du kannst diese Situation überprüfen und mit den neuen Mitteln sie verändern, zu einer neuen. Die Veränderung freilich – und das ist wie das meiste sehr persönlich und für Dich daher vielleicht nicht fruchtbar gedacht – denke ich mir weder in der Veränderung des Stils, noch in irgendeiner Hinsicht literarischer Art, sondern in der schmerzhaftesten und schwersten Wendung – zu einem Warum, einem Woraufhin, einem Wozu, und sei es auch nur dialektisch anzugeben. Ich weiss nicht, ob ich mich verständlich mache, ich kann Dir nur etwas von einer Forderung mitteilen, die ich selber noch nicht zu erfüllen weiss und die mich quält; sie liegt vor dem Schreiben, vor jeder Errungenschaft. – Verzeih mir drum, wenn ich, in meiner Sprache, meine, dass dem Stück, Deinem Stück, etwas fehlt, was vor dem Stück liegt, also nichts, was man so leichthin kritisieren könnte (...)« Hildesheimer hat sehr offen geantwortet und zunächst versichert, sein Stil habe sich überhaupt nicht verändert, auch liege das Neue nicht an einer neuen Wahl der Mittel; doch dann kommt er auf Ingeborg Bachmanns zentrale Kritik zu sprechen, die ja letztlich das innerste Problem dieser Stücke trifft, nämlich Hildesheimers depressive Situation: »Was Du freilich von der ›schmerzhaften Wendung‹ schreibst, das ist nur allzu gültig und berührt die Quelle meiner allertiefsten Zweifel (...) Ich fürchte, dass ich – zum Teil unbewusst – vor der allerletzten Konse-

quenz des Schreibens zurückschrecke, nämlich: meine Lebenssubstanz dazuzugeben. Wenn ich sie dazu gebe, dann habe ich sie verloren, dann fliesst sie in die Arbeit ein, und mein Leben versickert, es höhlt mich aus, untergräbt mein Erlebnisvermögen, meine Rezeptionsfähigkeit. Vielleicht bin ich gar kein Schriftsteller, denn Erleben ist für mich nicht gleichbedeutend mit Schreiben (...) Schreiben kommt für mich nicht an erster Stelle, und das zahlt mir das Schreiben heim. Was ich zu Papier bringe, ist, auch von mir aus gesehen, immer nur das Zweitbeste, das beste schlucke ich wieder hinunter, um es zu behalten. Vielleicht *könnte* ich es auch garnicht ausdrücken.« Jedenfalls hat er Ingeborg Bachmanns Kritik geprüft und noch in sein Tagebuch von 1966, das er später in Einzelblättern an Autographensammler verschickt hat, notiert: »Schreiben – das stelle ich fest – ist ein anomaler Vorgang, die Kompensation irgendeines anomalen Zustandes, aber das gilt wahrscheinlich für jede Ausübung einer Kunst. Ich kann mir eigentlich keinen normalen Menschen vorstellen, der schreibt, ausser dass er Geld damit verdienen möchte« (Zitat nach Stargardt-Katalog 642/1988). In *Zeiten in Cornwall* hat er abschließend festgestellt: »all das ist zweite Wahl. Das Wesen der Eintragungen erster Wahl ist, daß sie nicht gemacht werden« (S. 100). – Siehe auch den – ganz andersartigen – Briefwechsel und Hildesheimers Kommentar im ›Freibeuter‹ (Nr. 27), S. 24 und 26, auf S. 25 ein Foto mit beiden und mit Luigi Nono; siehe auch das Foto in Andreas Hapkemeyer (Hg.), *Ingeborg Bachmann. Bilder aus ihrem Leben* (S. 71), ungefähr Mitte der fünfziger Jahre entstanden, das sie, Hildesheimer, Luigi Nono und Joachim von Bernstorff zeigt (auf dem Foto auf S. 89 soll sie mit Hildesheimers Frau zu sehen sein: ob das wirklich Silvia Hildesheimer ist?).

32 Das ist die theoretische Fassung des Gedankens, daß man aus Geschichte nichts lerne als Geschichte, der aus Rumohrs *Schule der Höflichkeit* stammt (*Die letzten Zettel*, S. 13).

33 Zu Anton Kenntemich hat Hildesheimer gesagt, er finde immer noch, »daß Eliot ein ganz, ganz großer Lyriker ist«, schränkt aber ein: »Den Theoretiker allerdings, den gibt es praktisch nicht mehr«; dazu erklärt er: »Eliot war fortschrittsfeindlich. Nun ist das natürlich auch so ein Schlagwort. Fortschrittsfeindlich bin ich auch, aber in anderer Weise«, und präzisiert aus großer Retrospektive: »Er war tatsächlich ein Revolutionär, und wir, die wir nicht konservativ waren, vergaßen, daß er eigentlich ein konservativer Revolutionär war, d. h. er wollte Zustände von früher wiederherstellen« (1988). – Andreas Neumeister erwähnt in seinem Prosabuch *Äpfel vom Baum im Kies* (1988) die *Frankfurter Vorlesungen*: »Hildesheimer mißt die beiden großen englischen Lyriker der ersten Jahrhunderthälfte, Eliot und seinen Kumpel Pound, an ihren eigenen theoretischen Maßstäben und konstatiert ihr Scheitern« (S. 260).

34 Eines der fünf Gedichte zum Tod Günter Eichs, *Verspätete Antwort*, bezieht sich auf Eichs Gedicht *Bewerbung*, das Eich im Brief vom 26. 2. 1965 Hildesheimer gewidmet hat; zur Korrektur der Widmung nach der Handschrift Eichs siehe die Fußnote in *Gedichte und Collagen*, S. 25.

35 Den Neubeginn hat nicht nur Eich kommentiert; man denke auch an den Briefwechsel mit Ingeborg Bachmann oder an *Herr Meister* von Walter Jens. Eich hat allerdings, im Gegensatz zu Ingeborg Bachmann, die depressiven Stücke sehr gelobt. Noch vor der Uraufführung des *Pastorale* hat er Hildesheimer geschrieben: »Ich habe Dein Stück nochmals gelesen, es ist wunderbar und meine Hochachtung vor der Literaturkritik schwindet immer mehr« (undatierte Karte von 1958) – in der Ablehnung der Kritiker trifft er sich mit Ingeborg Bachmann, die von der »Idiotie der Rezensionen« geschrieben hatte. Vielleicht ebenfalls zum *Pastorale*, vielleicht zu einem der anderen beiden *Spiele, in denen es dunkel wird*, heißt es im Brief vom 3. 6. 1958: »Dein neues Stück möchte ich geschrieben haben« – Ilse Aichinger in einer Fußnote: »Ich auch!« – »Du hast zu dem Witz, der Dich immer auszeichnete, viel dazugewonnen, an dramatischer Sprache und an Bewegung. Sehe ich recht, fängst Du noch einmal von vorn an, – wie man es immer wieder muß. Glückwünsche!« Den *Schiefen Turm von Pisa* allerdings hat er mit Vorbehalten aufgenommen: »Hab Dank für den ›Schiefen Turm‹. Ich teile Deine negative Ansicht gar nicht« (Brief vom 22. 6. 1959). – 1968 fragt Hildesheimer in *Tödliche Heiterkeit*, einer Rezension von Eichs *Maulwürfen*, was diese Stücke, wie Eich in ihrer Präambel schreibt, »deutlicher« machen, und gibt die Antwort: »Sie machen deutlicher, daß die Gräser längst abgestorben sind: daß unsere Realität sich als Schrecknis offenbart, daß sie sich dem poetischen Ausdruck entzieht, daß ihre Banalität, ihre widersinnigen Aspekte, nur noch, gleichnishaft, in Wortspielen wiederzugeben sind, in Satzspielen, wie sie diese Maulwürfe darstellen. Mehr noch: daß der Kalauer, im rechten Moment angewandt, die verschiedensten Sichten dieser Realität metaphorisch zu Wahrheit verarbeiten kann.« So führt die Linie von Eich zu Hildesheimer über Eichs Tod hinaus in die *Mitteilungen an Max*, in denen ja die Definition des Kalauers aus den *Maulwürfen* im Glossarium steht. – In *Akazien sind keine Akazien*, Hildesheimers Eröffnung der Ausstellung *Günter Eich* (1988), hat er allerdings gesagt: »während ich aufgab und sich meine Arbeit als Kontrapunkt der Verdrängung von der Gegenwart abstieß und wegbewegte, stellte Günter sich diesem Verfolgtsein und wurde, zunehmend, von Vergangenheiten eingeholt, die sich in seinen Worten in die Gegenwart eindrängten und sie schließlich bis zur Unerträglichkeit durchdrangen«. – Siehe auch die Zitate aus dem Briefwechsel zwischen Eich und Hildesheimer in Joachim W. Storck, *Günter Eich*, S. 51, 62, 66, 77, 83 und 92.

36 Zu Matthias Burri hat Hildesheimer gesagt: »Maxine ist aber doch sehr
modelliert und hätte auch nicht geschrieben werden können ohne
›Nightwood‹, das ich übersetzt habe. Da ist der Doktor ein bisschen
wie Maxine« (S. 146).

37 Günter Blamberger: »Aus dem Ichtrug wird der Guricht« (*Der Rest ist
Schweigen*, S. 39), ein Anagramm, das er »dem Erlanger Hildesheimer-
Seminar Peter Horst Neumanns im Sommersemester 1985« verdankt
(S. 44 Anm. 50), ein Anagramm, das Hildesheimer (mündlich in Poschiavo am 5. 4. 1986) als »völlig verfehlt« bezeichnet hat. Der Guricht
sei eine Erfindung aus der Zeit, als er vor dem Krieg mit Wolf Rosenberg durch die Schweiz gereist sei, um auf sein Visum nach Palästina zu
warten, nachdem ihr Schiff von Marseille nicht gefahren sei. Sie haben
sich Gedichte und Geschichten erfunden, meist surrealistischen Ur-
sprungs, die fast alle dem Vergessen anheimgefallen sind. Eines der
erhaltenen Bruchstücke, ein Notat nach der Erinnerung, lautet: »Mein
Uland / Mein Zustand / Nachts meldet das Kraa / a-Moll. Tief unten /
darbt der Guricht, alles / vergeht – ausser dem / Amen in der Kiste / der
Parzen und der / Palimpseste« (ungedruckt); in *Nachlese* lautet das:
»Pansuun, mein Uuland, mein Zustand, nachts / meldet das Kraa
a-Moll. Dann darbt / tief unten der Guricht. Und alles vergeht, / ausser
dem Amen in der Kiste der Parzen / und der Palimpseste« (S. 15).

38 Eines der Manuskriptblätter der Vorstufen, vielleicht gerade der »Rohfassung des Stückes«, ist erhalten; der Professor sagt zu einem Diego:
»Wusstest du, dass es im Inneren Tasmaniens ein Zwergvolk gibt, das
sich mit Büffeln paart?« Das zeigt, daß es gerade die Erfindungen Florian Geyers aus *Die Bartschedel-Idee* sind – »bekanntlich haben die
Mongolen keine Backenzähne« und Bartschedel selbst –, die mit dem
Guricht verworfen werden. – Zum Vertreter schreibt Kenro Uematsu
in seiner bescheidenen Arbeit *Über die Falschheit in der »Verspätung«
von Hildesheimer*, er sei »eine Verkörperung der innersten Stimme des
verirrten Professors« (S. 412). Auch sonst kommt Uematsu zu absurden Schlußfolgerungen, z. B.: »Der Professor stirbt vor großer Enttäuschung, weil er nicht in der Lage ist einen neuen Namen für ihn zu
finden, aber man kann hier selbstverständlich nichts Tragisches fühlen«
(S. 409). – André Müller schreibt dagegen: »Der Vertreter tritt als re-
dendes Maschinengewehr auf, will der Freund jedes einzelnen sein«
(*Reale Funktion des absurden Theaters*, S. 56). Müller verrät seine etwas merkwürdige Vorstellung von einem Maschinengewehr. Hildesheimer deute gesellschaftliche Zusammenhänge »so, wie es in seinen
Kram paßt« (S. 54), habe mit der *Verspätung* die »geistigen Bedürf-
nisse« westlicher Kleinbürger bedient und habe also, wie Beckett und
Ionesco, konservatives statt revolutionäres Theater gemacht: »Die
Apologie der bestehenden Ordnung ist vollkommen« (S. 56). – Jürgen
Schröder setzt Hildesheimers *Hamlet*-Fragment und die *Verspätung* in

Beziehung zur Dramaturgie Frischs, Dürrenmatts, Walsers und Hochhuths und demonstriert an zahlreichen Details überzeugend, daß Hildesheimers Entwicklung nicht abseits stattgefunden hat, sondern parallel zu den politischen und literarischen Verhältnissen verlief (da verläuft sie übrigens auch jetzt noch). Schröder interpretiert den Professor als Hamlet-Figur – was er zweifellos auch ist – und stellt ihn neben die Hamlet-Figuren der anderen Autoren (*Hamlet als Heimkehrer*). – In Walter Jens' Rede *Der Schriftsteller und die Politik*, 1962 gehalten, heißt es: »Nicht der Koloß, ein tönerner Popanz, sondern der listig Kleine und standhaft Wendige: der sanfte Maquisard und um die *Würde des Scheiterns* wissende Häftling sind die Protagonisten der zeitgenössischen Literatur« (S. 16, Hervorhebung von mir). Bis auf die Bezeichnung »Häftling« trifft diese Beschreibung auch den Professor genau. – Zu Dierk Rodewald hat Hildesheimer gesagt: »*Die Verspätung* spielt genau an dem geographischen Ort wie die Geschichte *Der Urlaub* – damals eine gute Geschichte. Als ich sie schrieb, dachte ich mir: in diesem Wirtshaus – es liegt in Seeshaupt, am Bahnhof, ein verlassener Bahnhof, damals –: da müßte etwas angesiedelt werden« (S. 154).

39 Die Fernsehfassung der *Verspätung* kann nicht genau datiert werden, doch wird sie gewiß *nach* dem Theaterstück entstanden sein, nach dem großen Erfolg, den das Stück hatte und hat (*Bibliographie*, S. 243-247). Neben manchen kleineren Varianten gibt es einen wesentlichen Unterschied: Hildesheimer hat die Figur des Sargtischlers gestrichen. Dadurch fehlt der ausdrückliche Hinweis auf den stets gegenwärtigen Zielpunkt aller Wege und Irrwege, von dem Hildesheimer in *Mozart* spricht. Mit dieser Streichung ist er dem Vorwurf der Kritik begegnet, die Figur des Sargtischlers sei zu offensichtlich. Doch mag man sich fragen, ob er sein Fernsehspiel nicht der Dimension des Totentanzes beraubt hat, wie ihn die geistigen und körperlichen Kapriolen des Professors mit ständigem Hinweis auf diesen Kontrapunkt geschaffen haben: der Professor geht zugrunde, der Sargtischler spricht vom sanften Schaukeln einer Wiege: das Ende führt zum Anfang zurück. Auf einer Karteikarte – vielleicht aus den frühen sechziger Jahren – steht: »Alles wahre Erleben hat ein genaues kontrapunktisches Verhältnis zum Tod. Ohne das wäre es sinn- und zwecklos« (ungedruckt, verändert und später datiert in *Nachlese*, S. 37). In der Dramenfassung hat der Tod des Professors eine ernste, unausweichliche Komponente; in der Fernsehfassung ist sein Tod so lächerlich geworden, wie ihn Hildesheimer in den *Vergeblichen Aufzeichnungen* beschreibt, denn statt des Sargtischlers haben die Vögel das letzte Wort, oder besser: die letzte Aussage: »Grosse seltsame Vögel sehen unverwandt durch Fenster und Tür« (S. 52). Anders als im Theaterstück werden im Fernsehspiel die Vögel gezeigt, sie *müssen* lächerlich sein, um den Tod des Professors glaubhaft erscheinen zu lassen.

40 Nicht nur das »Loch unterm Birnbaum« spielt auf Fontanes Schauerge-
schichte *Unterm Birnbaum* an, selbst der Titel *Unter der Erde* ist ein
Zitat: »Frau Hradscheck war nun unter der Erde« (*Sämtliche Werke*,
Bd. III, S. 386). Die entscheidende Parallele ist aber das Mißtrauen
gegen das eigene Mißtrauen.

41 Die Hörspielfassung *Nachtstück* (Norddeutscher Rundfunk/Sender
Freies Berlin, 1. 4. 1964) ist eine Art Funkerzählung, in der die Regieanweisungen der Theaterfassung, zum Teil verändert, in den Part des
Sprechers übertragen worden sind, den in der Ursendung Hildesheimer selbst übernommen hat. Gekürzt hat er vor allem die Aufzählung
der Medikamente.

42 Für Hildesheimer war wohl, neben dem schwärzlichen Humor Searles,
besonders reizvoll, daß der erste Teil des Buches, der England gilt,
einen Monolog aus Shakespeares *Richard II* (II,1) illustriert; in *Zeiten
in Cornwall* zitiert er daraus übrigens eine Zeile im Original: »dies
Kleinod, in die Silbersee gefaßt« (S. 9 und 30 f.). Diesen Vers illustriert
Searle mit zwei Zeichnungen von schlafenden Männern in skurrilen
Schlafstätten: der eine hat in sein eisernes Bettgestell statt der Matratze
eine Hängematte gespannt, die er mit einem Stapel Bücher unterlegt,
damit sein Hinterteil nicht auf den Boden hängt; der andere liegt zwar
ganz korrekt auf seiner Matratze, sein Bettgestell aber, so eisern wie das
des anderen, hat sich auf die vier Beine gemacht, auf krallenbewehrte
Löwenpfoten, und trägt den Schläfer aus dem Haus auf die Straße,
einem ungewissen Erwachen entgegen.

43 Hildesheimers Figuren dieser Zeit zitieren diesen Satz aus *Twelfth
Night* immer wieder: »Well, it's all one«; er selbst hat das als Motto über
Landschaft mit Figuren gestellt (S. 66) – vielleicht als Kommentar, ob es
tatsächlich besser wäre, bildender Künstler zu sein; und nach seiner
Rückkehr zur bildenden Kunst Anfang der achtziger Jahre hat er damit
einen Teil der Auflage der *Gedichte und Collagen* signiert.

44 Auch der rieselnde Sand in *Masante* steht für »panta rhei«, auch Marbot
zitiert Heraklit und Aristoteles, und 1985 hat Hildesheimer einer Collage den Titel *Panta rei* gegeben.

45 In der Uraufführung im Düsseldorfer Kammerspiel ist der Einbrecher
nach beendeter Mahlzeit von der Bühne heruntergekommen und hat
sich, als beliebiger Vertreter der Allgemeinheit, zwischen das Publikum
gesetzt und ihm so die Beteiligung am Entsetzlichen vorgeworfen. In
Nachtstück ist es von Anfang an dunkel, wie das Bühnenbild, nach
Dammers Besprechung, in »quälendem Violett und bedrückendem
Schwarz« nahelegt (*Ein Gespräch mit Eidechsen hilft manchem Schlaflosen*). Die violetten oder schwarzen Scheiben, die die Glaser in den
Spielen eingesetzt haben, können nicht mehr herausfallen, der Mann in
Nachtstück lebt von vornherein – nach einem Begriff Gerd Vielhabers –
in einem »Gefängnis des Hypochonders« (*Schlafpillenrhapsodie*).

46 Hildesheimer schreibt in *Tödliche Heiterkeit* allerdings, Eich habe diese Aufforderung mit seinen *Maulwürfen* zurückgenommen: »die Welt ist seit den Träumen furchtbarer geworden«, in den *Maulwürfen* definiere sich das Ich Eichs durch »seine Haßlieben, seine Lieblings-Aversionen, als Individuum, das seinen Abneigungen lebt, das sich gleichzeitig decouvriert und stolz verfremdet, um nur nicht unter jene mit Recht verachteten Gestalten gezählt zu werden, die das Schicksal der Welt bestimmen«. Jetzt, und auch diese Interpretation wirkt wie eine Darstellung der eigenen Werke, führe das Ich »seine Hilflosigkeit vor«: »es bleibt ihm nichts mehr, als die Distanz zu suchen, damit es nicht unter den Mitläufern untergehe, unter jenen, die es sich im Leben allzuleicht einrichten; es will die Funktionen des Lebens nicht mehr verrichten (...) Es weigert sich, die Gegenwart zu meistern, weil es sie, in die Zukunft projiziert, als Utopie des Lächerlichen durchschaut.« Und: »Eichs Thema ist die Bewältigung der Wirklichkeit, ohne sich ihr durch Flucht zu entziehen. Nicht der verzweifelte Rückzug, sondern die Möglichkeit der Existenz innerhalb ungelöster und unerkannter und verdrängter böser Rätsel.« So sagt der Mann in *Nachtstück*, der Mond sei »Gottes steckengebliebener Steinwurf«, und fragt sich, wen dieser Wurf hätte treffen sollen: »Wer das ahnte, der wäre vielem auf der Spur! (...) Aber das Rätsel hätte er nicht gelöst« (S. 47). Erst nach Abschluß *Masantes*, besonders deutlich in *Mozart* und *Marbot*, während seiner Flucht in vergangene Jahrhunderte, hat Hildesheimer das notwendige und positive Rätsel postuliert. – Die Frage bleibt, ob der Mann zuletzt wirklich tot ist. Bei der Ursendung des Hörspiels, von den beiden Schauspielern der Düsseldorfer Uraufführung und von Hildesheimer selbst gesprochen, weist Hildesheimer in der Rolle des Erzählers ausdrücklich darauf hin, der Einbrecher betrachte sich den *Schläfer*: dann wäre er also noch nicht an einer Überdosis gestorben; die in den Erinnerungen des Mannes lebendig gewordene Vergangenheit und die im Einbrecher lebendig gewordene Gegenwart wäre die erst in Zukunft zu erwartende Todesursache.

47 Ob *Es ist alles entdeckt* tatsächlich vor *Tynset* abgeschlossen war, ist allerdings nicht ganz sicher.

48 Hildesheimer, (ohne Titel). In: Simon Wiesenthal (Hg.), *Verjährung?*; ders., (ohne Titel). In: Blätter des Max-Planck-Gymnasiums Duisburg.

49 Die Lieblosigkeit führt in die Zeit der *Lieblosen Legenden* zurück. *Floras Fauna* zeigt die Zeichnung einer Frau, die auf einem geschlossenen Koffer sitzt, aus dem die Beine des Mannes ragen, nach dem sie ruft, wie Hildesheimers Text nahelegt: »Arthur! Arthur!« (S. 24)

50 Die Angabe im *Verzeichnis der lieferbaren Bücher* 1986/87 (S. 72) des Suhrkamp Verlages trügt: die erste Auflage ist längst vergriffen und wird von Antiquaren als Rarität gehandelt. – Zitat des Tagebuches nach Volker Jehle (Hg.), *Wolfgang Hildesheimer* (1989), S. 226f.

51 Einige typische Details aus dem *Tynset-Masante*-Komplex in *Mary Stuart*: »Ja, aus den Mauern heraus und herauf, nach oben, hoch über die Erde« (S. 34): die Aufwärtsbewegung *Tynsets*; die vielen Ratten, über die der Apotheker sagt: »Morgen werden sie die Herrscher hier sein« (S. 31): das führt über *Masante* zu Grass' *Rättin*; und: »Ich ziehe die Winde an« (S. 65).

52 Marys plötzliche Rollenwechsel, die Hans Robert Jauß besonders hervorhebt (*Hildesheimers Reprise von Schillers ›Maria Stuart‹*), dienen Hildesheimer selbstverständlich zur Darstellung von Marys gekonnt inszeniertem Sterben, zeigen aber auch eine Figur mit vielen widersprüchlichen Facetten. Noch der Reflekteur der *Mitteilungen an Max* reklamiert ja für sich, er sei »immer wieder ein andrer« (S. 63).

53 Zitat nach Werner Koch, *Nachwort*, S. 112.

54 Elizabeth Petuchowski zeigt außerdem die Technik der Zeitlupenbewegung (*Perspectives on a Historical Scene*): Hildesheimer stelle die letzte Stunde vor der Hinrichtung dar, das Stück dauert aber zwei Stunden, dazu kommen die Zeitangaben im Verlauf des Stücks; daß die Begründung der Hinrichtung im Stück nicht gezeigt wird, hält Elizabeth Petuchowski für ein Indiz der ›absurden‹ Weltsicht, wie sie Hildesheimer in der *Erlanger Rede* und den *Frankfurter Vorlesungen* dargelegt hat: das ist aber doch wohl eher ein Nebeneffekt seiner Konzentration auf den Tod und seines Bemühens, die »bösen Taten« Mary Stuarts zu verdrängen, um mit dem Hinweis auf sie nicht die Größe im Sterben zu schmälern.

55 Man hat behauptet, Mary erleide »unter medizinischer Nötigung (...) chemische Prozesse, nicht ihr Schicksal«, eine Behauptung, mit der man sämtliche Äußerungen Marys, nachdem sie die Arzneien zu sich genommen hat, wegwischen kann (Heinz Beckmann, *Belladonna für Maria Stuart*). Doch die Arzneien in *Nachtstück* können auch nicht so gewertet werden, als sei alles, was der Schlafsuchende sagt, Ausdruck chemischer Einflüsse. Gewiß: das Verhältnis hat sich insofern umgekehrt, als im *Nachtstück* das Entsetzliche bereits stattgefunden hat und der Mann sich die Betäubungsmittel selbst beibringt, während das Entsetzliche nun enden wird und Mary die Betäubungsmittel von Leuten eingeflößt bekommt, die ganz andere Zwecke damit verfolgen.

56 Zur Auseinandersetzung mit Hildesheimers Widersprüchen zwischen seiner Theorie in den *Anmerkungen* und seiner Praxis in *Mary Stuart* siehe unter dem Aspekt der Rezeptionslenkung Norbert Oellers, *Bemerkungen über ›Mary Stuart‹*. – Helene Scher hält, ziemlich verfehlt, die *Anmerkungen* für ein »useful guide« zum Stück (*British Queens in German Drama*, S. 165). – Zur Gestaltung der Dialog-Regie siehe Patricia Stanley Haas, *Language Run Riot*.

57 Stefan Zweig, *Maria Stuart*, Frankfurt/Main ²1982, S. 445.

58 Hildesheimer hat im September 1984 einen Teil der Auflage der *Ge*-

dichte und Collagen eben mit diesem Zitat signiert: »Vita longa, ars brevis« bzw. »Vita brevis, ars longa«, spielt also, wie der Ansager, mit diesem Zitat, und auch er verdreht es, allerdings anders und endgültiger: die Widersprüche stehen schroff nebeneinander. Darin steckt natürlich auch ein Ausfall gegen Goethe; Wagner: »Ach Gott! die Kunst ist lang, / Und kurz ist unser Leben« (*Faust I*, Szene *Nacht*, Artemis Bd. 5, S. 161); Mephistopheles: »Die Zeit ist kurz, die Kunst ist lang« (Szene *Studierzimmer*, S. 196). Und in den *Lehrjahren* heißt es: »Die Kunst ist lang, das Urteil schwierig, die Gelegenheit flüchtig. Handeln ist leicht, Denken schwer; nach dem Gedanken handeln unbequem« (Artemis, Bd. 7, S. 533). – Schiller dagegen hat im Prolog zu *Wallensteins Lager* über die Kunst geschrieben, was Hildesheimer eher entsprechen könnte: »Ja danket ihrs, daß sie das düstre Bild / Der Wahrheit in das heitre Reich der Kunst / Hinüberspielt, die Täuschung, die sie schafft, / Aufrichtig selbst zerstört und ihren Schein / Der Wahrheit nicht betrüglich unterschiebt, / Ernst ist das Leben, heiter ist die Kunst.« – Siehe auch Hildesheimers *Wallenstein in zweifelhafter Gesellschaft* (1966, Chinesische Tusche, Sepia und Farbstift) und Hildesheimers Wertschätzung des *Wallenstein* im Gespräch mit Reinhard Baumgart (*Aktualität*, S. 20, siehe *Nachlese*, S. 26). – Übrigens erscheint auch in *Tristram Shandy* die Hippokrates-Anspielung, und zwar in einer so spöttischen Wendung, daß man sich an Hildesheimer erinnert fühlt und den Verdacht bekommen könnte, er habe Sternes Werk vielleicht doch gelesen: »*Ars longa* und *Vita brevis*. – ›Kurz ist das Leben‹, rief mein Vater, ›und die Heilkunst langweilig!‹« (S. 395)

59 Bereits im *Pastorale* heißt es: »Wir proben jetzt den *letzten* Satz (...) Keiner von uns hat ihn geübt. Wir gehen daher heran, frisch, fröhlich, frei, arglos, einfältig« (S. 35). – Eichs *Freund und Horazleser* ist zuerst in der suhrkamp-information 1972 erschienen (*Gesammelte Werke*, Bd. I, S. 201). – Meckels *Variation eines Gedichts* ist zuerst, zusammen mit Eichs Gedicht, gedruckt worden auf Wulf Segebrecht, *Fundstücke. Lyrikpostkarte*, Bamberg 1985. – Unter der Präsidentschaft Segebrechts hat die Fränkische Bibliophilengesellschaft Hildesheimers *Gedichte und Collagen* herausgebracht, wo MARY STUART – im selben Jahr wie Meckels Gedicht – erstmals gedruckt worden ist (siehe die Variante von Hildesheimers Gedicht in Hans Theo Rommerskirchen (Hg.), *Wolfgang Hildesheimer* (1989), dem schönen Heft 11 der Zeitschrift ›Signatur‹), und Segebrecht hat eine umfassende Meckel-Sammlung (*Auskünfte über eine Christoph-Meckel-Sammlung*). Meckel könnte durchaus von Hildesheimers Gedicht gewußt haben. – Wulf Segebrecht sei Dank für die Zusendung dieses und vieler anderer Fundstücke! – Hermann Burger fordert in seinem *Tractatus logico-suicidalis* allerdings, daß man »Platons These« abändern müsse: »Philosophieren heißt nicht sterben, sondern sich töten lernen« (S. 177, Satz 934).

60 Zitat nach Birgitta Ashoff, *Schlafensmüde bleib ich wach* – ein gelungenes Film-Porträt zu Hildesheimers 70. Geburtstag, das zahlreiche ältere Filmausschnitte verarbeitet, den frühesten von 1960 (Hildesheimer hält die *Erlanger Rede*), aber auch Hildesheimer bei der Arbeit an seinem Hörspiel *Goldberg-Variationen*, das er 1973 aufgegeben hat, weil, wie er zufällig erfahren hatte, Dieter Kühn ebenfalls dabei war, diesen Stoff zu einem Hörspiel zu gestalten. Der Titel des Film-Porträts entstammt natürlich Hildesheimers Gedicht *Schlafensmüde bleibe* (!) *ich wach*.

61 Um das Haus wehen Winde aus verschiedenen Richtungen zur selben Zeit (S. 9), wie Hildesheimer in *Ein Abschied von Masante* schreibt: »Manchmal scheinen zwei Winde gleichzeitig zu wehen, in den Gassen stoßen sie aufeinander, überfallen den Fußgänger an einer Kreuzung, und wir haben öfters festgestellt, daß die Rauchwolken gleichzeitig brennender Herbstfeuer in entgegengesetzte Richtungen geweht wurden« (S. 23). – Auch andere Details, wie die Schlangen, die Ritzen in den Fensterläden, der Blick durch die Äste des Baumes vor dem Fenster, der große Kamin, das Schlagen der Nachtigallen, die Zusammenbrüche der Stromversorgung, lokalisieren den Standort des Hauses, um das sich *Hauskauf* dreht: es ist Cal Masante, Hildesheimers Zweitwohnsitz bei Urbino, den er sechs Jahre vor *Hauskauf* gekauft hatte und vier Jahre nach *Hauskauf* wieder verkauft hat. – Die »hallige Akustik« der Räume und noch einmal den Blick aus dem Fenster bietet Leonhard Reinisch, *Urbino oder Die Liebe zur Renaissance*, S. 661. – A antwortet auf die Frage, was man alles höre: »Nachts die Nachtigallen«, worauf B fragt: »Ist das erträglich?« (S. 57) – das ist die Frage, die Günter Eich Hildesheimer gestellt hat, als er zu Besuch in Cal Masante war (*Akazien sind keine Akazien*).

62 Nicht nur der Wind, sondern auch die Vögel. A erzählt, er sei allein mit einem Vogel in einem Raum gewesen, und B sagt, das scheine, als »ob jemand aus einer fremden Welt gekommen wäre und etwas mitteilen will, was man nicht versteht«, und fügt hinzu: »Ich habe Angst vor Vögeln« (S. 72). Oder die Nacht, in der man mit sich allein ist, wenn der Strom ausfällt: »Jeder mit sich allein im Dunkeln« (S. 67), gespenstische Weltuntergangssituationen, *Nachtgewächs* und *Tynset*. Ein Schrank voller Medizin wie im *Nachtstück* (S. 62). Die Hagelkörner von der Größe eines Taubeneies (S. 47), die in den *Mitteilungen an Max* noch einmal erscheinen. Die fernen Ziele ohne Wiederkehr (S. 14), wie in *Masante*. Der leere Raum, der ein Panorama von Möglichkeiten aufreißt (S. 29), wie die Wüste, wie die leere Margarinefabrik oder die verlassenen Maschinenhäuser der Zinnminen in *Zeiten in Cornwall*, an die auch der Blick aus dem Fenster erinnert: »Im Winter sehen Sie Nebel und dazwischen die Äste, ein Labyrinth voll. Eine melancholische Sicht« (S. 36). Möllendorf aus der *Verspätung* wird namentlich

erwähnt (S. 35 und 54), und immer wieder ist die Rede vom Zuspätge-
kommensein (zum Beispiel auf S. 43). Die Formulierung »Das wissen
Sie. Wissen das aber auch die ... ?« (S. 35), wie in den *Mitteilungen an
Max* beim Sprichwort von den bellenden und beißenden Hunden.

63 Selbst das Buch von F. Spencer Chapman, 1952 in Hildesheimers Übersetzung unter dem Titel *Aktion »Dschungel«* erschienen, scheint er in
dieses Hörspiel eingearbeitet zu haben, wo er die Taten dieses wahrhaf-
ten Aktivisten im malaiischen Urwald natürlich als entsetzlich wertet,
was er bei seiner Übersetzung nicht offensichtlich tun konnte.

64 Zitat nach Valentin Herzog, *Beobachtungen aus einem nicht sehr fernen
Land*.

65 Auf die *Butzbacher Autorenbefragung* (1973) hat Hildesheimer geantwortet: »Ich fühle mich als ›heimatloser Linker‹, der ständig unter dem
schlechten Gewissen leidet, daß er nicht genug gegen das Elend der
Welt tut« (S. 182). Noch 1980 hat er in einem Brief an Siegfried Unseld
an Renata Adlers *Rennboot* besonders hervorgehoben, was ihm selbst
wesentlich ist: »es handelt von der Vergeblichkeit des Verlangens, als
differenzierende(r) und sensible(r) Intellektuelle(r) mit genauen Wert-
maßstäben und moralischem Engagement, eine sinnvolle Existenz führen zu können«, und betont über diese »Melancholie über diese Vergeblichkeit« (*Renata Adler*, S. 133 f.). Und 1988 hat Florian Rötzer
Lukács' Einschätzung von Schopenhauer zitiert, dessen Pessimismus
eine raffinierte Theorie sei, sich ein Leben mit Luxus und Kunstgenuß
in einem Hotel am Abgrund einzurichten. Hildesheimer hat dies vollkommen bestätigt: »Das trifft auf Schopenhauer und auch auf mich zu.
So ist das«, hatte aber nachzufragen, ob das von Lukács als Verurteilung
gemeint sei, und führte aus: »dieses soziale Engagement, das Schopenhauer nicht hatte, nützt uns, das stellen wir zunehmend fest, auch
nichts mehr« (S. 245). – In *Die Glücklichen* (1979), Peter-Paul Zahls
Roman über die politischen Aktionen im Berlin der späten sechziger
und frühen siebziger Jahre, der sich wie ein Gegenentwurf zu Hildesheimers Tatenlosigkeit und Vereinzelung lesen läßt, heißt es bedauernd: »hildesheimer und dali schreiben kochbücher, und ihr?« (1986,
S. 339 f.); in *Eingreifende oder ergriffene Literatur* (1975) hatte Zahl
allerdings noch geschrieben: »Dalis und Hildesheimers Kochbücher
sind wichtiger und wahrer, realistischer als die moralisierende Beschreibung des Kantinenfraßes der Arbeiterklasse!« (S. 78 f.) Ungebrochen abwertend äußert sich dagegen Achternbusch in seiner *Alex-
anderschlacht* (1971, S. 188). Hildesheimers allgemeine Erläuterungen
zu seinen Kochrezepten spiegeln das Dilemma wider: Essen ist »körperlich angewandte Vernunft« (*Billig, einfach – und trotzdem ein Gericht*, S. 129; er legt Wert auf die Feststellung, daß »die blödsinnigen
Titel der Kochrezepte« nicht von ihm stammen, zitiert nach *Bibliographie*, S. 112: dieser lautet nach dem Typoskript »Hildesheimer contra

Herburger«). Oder den umgekehrten Weg, nämlich vom Körper zum Kopf: Essen ist »der einzige lebensnotwendige Vollzug, der sich, ideal gesehen, dem Geist als Genuß mitteilt« (*Manifest der Freßwelle. Über Siebecks »Kochschule für Anspruchsvolle«*, S. 223). Oder: »ein Teil der Gedanken muß beim Kochen bleiben und sich durch Umrühren, Abschmecken, Wenden in die Tat umsetzen« – hier finden sich also Taten! (*Meine Küche ist die einfachste der Welt*, S. 199). – A sagt: »Sie können es wohl kaum noch erwarten, hier allein zu bleiben, wie?« (S. 60) Die engagierte Person vermutet also, wahrscheinlich zu Recht, daß die resignierte endlich allein sein möchte: auch so könnte man den Titel *Endlich allein* erklären.

66 Ein Jahr nach der Ursendung von *Biosphärenklänge* hat Hildesheimer in seiner Rezension von Gabriele Wohmanns *Frühherbst in Badenweiler* geschrieben: »Kinder gibt es bei Wohmannschen Paaren selten. Das wäre ja in Ordnung, wenn Kinderlosigkeit jemals kommentiert würde. Das wird sie nicht. Hier ist eine ausgesparte Dimension, es klafft eine Lücke« (*Huberts Wehleiden*, S. 244). – Hildesheimer hat 1988 zu Gero von Boehm gesagt, weshalb er sich bereits im Alter von 24 Jahren vorgenommen hatte, niemals Kinder haben zu wollen: »Ich möchte mich nicht schuldig gemacht haben an der Überbevölkerung der Welt.«

67 »Sowohl Richardson als auch Ebbinghaus und Rogers sind frei erfunden. Ich dachte an keinen Menschen, der existiert oder existiert hat« (Zitat nach Heinz Puknus, *Das Scheitern der Welt*, S. 116 Anm. 40). Diesem gelungenen Aufsatz über *Hauskauf* und *Biosphärenklänge* ist anzumerken, daß sich Puknus seit längerem mit dem Werk Hildesheimers befaßt hat. So knüpft er bei der Periode der Reflekteure des *Tynset-Masante*-Komplexes an und erledigt nebenbei das sogenannte Absurde: »Wohl aber werden nun, in bislang ungewohnter Direktheit und Schärfe, Schuldige benannt, verbrecherische Verursacher des Unheils, das nun also nicht mehr nur auf einer unbegreiflichen ›absurden‹ Grundbeschaffenheit der Welt beruht« (S. 109). Allerdings übersieht Puknus, daß auch in den Stücken, die man gewöhnlich zu den ›absurden‹ zählt, durchaus die Schuldigen klar benannt worden sind. – Die schwarzen Vögel, die vom Himmel fallen, erinnern an *Herrn Walsers Raben*: dieser zauberhafte Ausweg ist natürlich längst versperrt. Im Gespräch mit Wolf Rosenberg heißt es: »Vielleicht sind es die zwei Raben der Götterdämmerung« (*Porträt des Hörspiel-Autors*).

68 Als Grundlage der Besprechung wird folgendes Material herangezogen: 1) Hildesheimers Typoskripte und Notizzettel unterschiedlicher Arbeitsstufen; 2) die handschriftliche Partitur Jan Wisses; 3) die Arbeitsunterlagen Hildesheimers und Wisses; 4) Hildesheimers Tonkopie der endgültigen Produktion des Westdeutschen Rundfunks. – Jan Wisse hat übrigens 1986 auch *Landschaft mit Figuren* als Oper komponiert.

69 Hildesheimer hat auf seine Tonkopie notiert: »Ein radiophonisches Spiel«: das deutet auf radiotechnische Effekte, wie sie auch Hans Werner Henze in *Das Ende einer Welt* eingesetzt hat, Jan Wisse allerdings nicht so sparsam: Hall- und Echo-Effekte, langsamer, schneller und rückwärts laufende Bänder oder schwankende Geschwindigkeiten. *Endfunk* beginnt als Hörspiel und wird zur Funkoper.

70 In Anspielung auf *Das Ende einer Welt* hat Hildesheimer zu Klaus Fiebig gesagt: »Der Komponist, Giovanni Battista Bloch heißt er, glaube ich, das ist so eine Witzfigur, die ich mit verschiedenen Musikern teile. Mit meinem Freund, dem Komponisten Wisse, heißt er jetzt ›Sviluppi‹. Also alles, was man nicht so genau erklären kann aus dieser Zeit« – des 18. Jahrhunderts (S. 56: von mir nach der Tonkopie korrigiert).

71 Hildesheimer hat auf das Exemplar von *Klage und Anklage* für sein Archiv, das Pathos erklärend, notiert: »Bestimmter Anlass!!« Bereits in der *Lieblosen Legende* von 1951, *Meine Erlebnisse im Zeitalter der Ausrufe*, wendet sich der Ich-Erzähler gegen Pathos (z. B. DVA, S. 94). – Puknus hat nicht völlig recht, wenn er vom »Kopfschütteln« und »Gähnen« der Angeklagten schreibt, das Hildesheimers Essay hervorrufen werde (S. 116), spricht damit allerdings aus, was Hildesheimer selbst als Reaktion erwartet. Aber immerhin ist Hildesheimers Artikel zweimal nachgedruckt worden. – Vorläufer der essayistischen Arbeiten Hildesheimers zu Umweltproblemen ist sein Beitrag in Bruno Paulot/ Arno Haus (Hg.), *Ein Bild und mehr als tausend Worte* (1982).

72 Das *Notat eines Verlierers* war bereits im Monat seines Erscheinens übersetzt: *Riflessioni di un perdente*. – Kaum je zuvor, außer vielleicht in den *Exerzitien mit Papst Johannes*, hat sich Hildesheimers Nähe zum Katholizismus in solcher Deutlichkeit gezeigt, bei aller Distanz zur und Kritik an Religion, wie sie aus seinen Werken immer wieder spricht. Seine Ablehnung als Pate eines Kindes des Bildhauers Not Bott seitens der protestantischen Kirche »hat Wolfgang Hildesheimer besonders schwer genommen« und fühlte sich »neuerdings verfemt, ja verfolgt. Vielleicht nicht ganz zu Unrecht vermutete er, Antisemitismus sei im Spiel« (Huldrych Blanke, *Nichtkirche als Zuflucht der Kirche?*, S. 304). Hildesheimer ist übrigens, ohne öffentlich in Erscheinung zu treten, im Redaktions-Gremium des katholischen, zweiwöchentlich erscheinenden ›Publik-Forum‹, einer »Zeitung kritischer Christen«; siehe auch das Gespräch mit Karl-Josef Kuschel im ›Publik-Forum‹ (1989).

73 Hildesheimer/Günter Abramzik, *»Vor den neuen Schrecken verblassen die alten«*. – Siehe auch Hildesheimers Begründung seines Endes des Schreibens und seiner Weltsicht im Film von Hans-Martin Busch/Hartmut Wiehr, *Schriftsteller der Gegenwart: Fragen an Wolfgang Hildesheimer*. – Siehe Hildesheimers Antworten auf zwei Umfragen: 1) Die

Zeit, 26. 12. 1986, auf die Umfrage »Hat die Hoffnung noch eine Zukunft?« / 2) Süddeutsche Zeitung, 31. 12. 1986, auf eine der obligatorischen Neujahrsumfragen. – Siehe Hildesheimer/Birgitta Ashoff, *Warum gibt es keine Hoffnung, die Welt zu verändern, Herr Hildesheimer?*, wo er sich in überraschend ähnlichen Wendungen äußert wie Ionesco einige Wochen zuvor an gleicher Stelle (Eugène Ionesco/Birgitta Ashoff, *Warum ekelt Sie die Gegenwart, Monsieur Ionesco?*). – Pathetisch ist natürlich auch Hildesheimers Grußbotschaft für das neue Greenpeace-Schiff ausgefallen: »Wir wünschen Eurem neuen Schiff und seiner Besatzung auf seiner Fahrt und allen zukünftigen Fahrten den Sieg über alle Zerstörer unserer Erde. Unsere Gedanken sind mit Euch, jetzt und immer. Moralisch bleibt Ihr Sieger, was immer geschehe« (ungedruckt), unterzeichnet auch von Hans Magnus Enzensberger, Peter Härtling und Gabriele Wohmann; andere Bekannte und Freunde, die unfehlbar unterschrieben haben würden, hat Hildesheimer, wie er mir erklärt hat, wegen der Ferien nicht erreichen können. In einem Statement schreibt er: »Unser Kampf kann nur noch dem Aufschub gelten, einer Atempause der finalen Besinnung. Aber nicht nur darin liegt der ethische Wert der Bewegung *Greenpeace*. Für mich liegt er vor allem in seiner Moral: die Erkenntnis der Würde des Menschen, der – wie er wohl gemeint war – den Sinn des Daseins begriffen hat. Er liegt in seiner Bereitschaft, bis zum letzten für eine bessere Welt zu kämpfen oder in der schlechteren unterzugehen, mutig, zu jedem Opfer bereit und frei von Schuld« (ungedruckt). Am 10. 5. 1988 hat Hildesheimer in der Sendung *Autoren lesen im Funkhaus Hannover* während der Diskussion mit dem Publikum über die Greenpeace-Leute gesagt: »das sind die einzigen, die nicht reden, sondern etwas tun« – die umgekehrte Wertung von Pilzens Motto »Mehr Worte, weniger Taten!«, da das Ziel der Taten ausnahmsweise nicht Zerstörung ist. – Hildesheimer engagiert sich auch für die Erhaltung des Puschlavs und Veltlins (z. B. Ursula Riederer, *Grossprojekt für Kraftwerk im Puschlav. Kraftwerke Brusio planen 500-Millionen-Stausee am Bernina – Bevölkerung fordert Mitsprache* und Jürg Vollmer, *Poschiavo: Profitdenken auf Galgenhügel. Der Autor Wolfgang Hildesheimer wehrt sich für seine Wahlheimat*).

74 Im Gespräch mit Maria Chiara Ninatti hat Hildesheimer einen Satz aus Erich Fromms *Die Revolution der Hoffnung* – »Die Hoffnung ist ein dem Leben innewohnendes Element« – mit der Bemerkung kommentiert: »Das ist wohl richtig« (S. 39), und hat auf den Schluß seiner Texte zum *Requiem* hingewiesen: so modifiziert er zuletzt, was er zuvor immer wieder behauptet hat, daß Hoffnung ein ruchloses Prinzip sei.

1 Das *Poem from Stefan George's* »*Das Jahr der Seele*« lautet: »In mournfull night you heard / Steps on black velvet floor / Of darkened rooms, where love / Fought but to rise no more. // Your wishfull thought gave death; / Now speechless, without sound / You look at her: at rest / She lies; with lights around. // The lights burn low; and you / Go blind into the night, / To leave your house and hers: / The house where love has died.« Das Original: »Trauervolle nacht! / Schwarze sammetdecke dämpft / Schritte im gemach / Worin die liebe kämpft. // Den tod gab ihr dein wunsch· / Nun siehst du bleich und stumm / Sie auf der bahre ruhn· / Es stecken lichter drum· // Die lichter brennen ab· / Du eilest blind hinaus / Nachdem die liebe starb – / Und weinen schallt im haus.« (*Werke*, S. 156) – Über ein anderes titelloses Gedicht aus *Das Jahr der Seele* heißt es in *Meine Gedichte*: »Wenn man Stefan George *überhaupt* noch akzeptieren möchte, was ich schon deshalb tue, weil er eine einzigartige, wenn auch düstere und morbide, Geschehensebene heraufbeschwört, so muß man natürlich auch hier Schwächen feststellen, die freilich unter dieser suggestiven Suada zu verschwinden scheinen oder zu verschwinden suchen (...) So bietet sich auch dieses Gedicht nicht völlig ohne Gewaltsamkeiten an, dafür ist es aber auch niemals von Ungefährem oder gar Banalem getrübt. Mir selbst zaubert es eine dunkle nostalgische Welt und Zeit heran, eine längst vergangene natürlich, wie alle Wunschwelten und Wunschzeiten.« In diesem Gedicht heißt es übrigens: »Als ob von feuchten blüten ganz beronnen / Wir in den alten wald der sage träten«; und in den *Mitteilungen an Max*: »Still ist es hier wie im alten Wald der Sage« (S. 34). – Und noch ein drittes Gedicht Georges hat er interpretiert, nämlich *Das Wort* für die *Frankfurter Anthologie* unter dem Titel *Die Grenzen des Sagbaren*. Die letzte Zeile dieses Gedichtes ist die inzwischen zum Gemeinplatz gewordene Formel »Kein ding sei wo das wort gebricht«, und Hildesheimer, der das Unsagbare zu sagen versucht hat, fühlt sich davon natürlich besonders berührt: »In diesem Gedicht geht es also um das Unsagbare, wobei offenbleibt, ob dies nur das Konkrete oder auch das ins konkrete Bild gebrachte Abstrakte ist. Was mich an diesen Versen immer beschäftigt hat, ist denn auch die Frage: Hat der Dichter von diesem reichen und zarten Kleinod eine bestimmte Vorstellung gehabt, und ist es überhaupt möglich, das Nichtexistierende, das Selbsterfundene, sei es Ding, Gefühl oder Gedanke, als etwas potentiell Genanntes vor sich zu sehen? Ich denke nicht« (S. 118).

2 In seinem Statement zum 40. Jahrestag der Bücherverbrennung schreibt er: »Ich war damals in Jerusalem und lernte Tischler. Mit Literatur hatte ich nichts zu tun, und Deutschland hatte ich gleichsam vergessen.«

3 Allein zwischen Januar und Juni 1949 sind sechs Auflagen von *The Jungle is Neutral* erschienen. – Zur Datierungsfrage siehe *Bibliographie*, S. 116; außerdem zeigt das Zitat aus Hildesheimers Brief an seine Eltern, daß die Chapman-Übersetzung wohl *nach* den *Lieblosen Legenden* erschienen ist, zumindest, daß er sie, immerhin als der Übersetzer, erst nach den *Legenden* vom Verlag bekommen hatte. Der »Erstling« Hildesheimers ist demnach, mit einiger Sicherheit, die Erstausgabe der *Lieblosen Legenden*, so auch dargestellt in Volker Jehle, *Bibliographie*. In: text + kritik, S. 122. – Übrigens, die Briefe Hildesheimers an seine Eltern zeigen das, hat Wolf Rosenberg an diesem Buch mitübersetzt. Wie groß sein Anteil an der Übersetzungsarbeit war, läßt sich wohl schwerlich feststellen.

4 Hildesheimer hatte wegen Streitigkeiten mit dem Krüger Verlag um einige Übersetzungsdetails seinen Namen zurückgezogen. Die Erstausgabe von *Jack und Jenny* ist erschienen, ohne ihn zu nennen, ebenso die Taschenbuchausgabe bei Rowohlt und die Buchclubausgabe; mit versteckter Namensnennung kam aber die Neuauflage im Krüger Verlag (1976) heraus, und die Taschenbuchausgabe im Fischer Verlag verzeichnet Hildesheimer auf dem Titelblatt. Die Streitigkeiten mit dem Krüger Verlag haben wohl auch dazu geführt, daß seine zweite große Übersetzung aus diesen Jahren, nämlich Joyce Carys *A House of Children* (1941), von der er in seiner *Kleinen Selbstbiographie* (1955) berichtet, nicht erschienen ist: das fertige Manuskript muß noch im Archiv des Krüger Verlags lagern.

5 Anonym, *April, Mai, Juni*, S. 37; demnach wird die Buchclubausgabe wohl doch bereits 1961 erschienen sein, obwohl im Impressum jener zwei Exemplare, die mir zur Verfügung stehen, 1964 angegeben ist. – Jürgen Ilgner sei Dank für die glücklichen Funde der verschiedenen *Jack und Jenny*-Ausgaben, des DBG-Almanachs und vieler anderer mehr!

6 Allerdings nimmt Jenny gegen Ende des Romans den Posten einer Redakteurin der »Hundeseite der Dame« einer Tierzeitschrift an und »erteilte Rat in Fragen des Halsbandes, der Leine, des Mantels und modischen Schnittes (...) Und natürlich behandelte ich auch persönliche Fragen mit großem Einfühlungsvermögen« (S. 215). Das erinnert an Hildesheimers *Lieblose Legende* mit dem Titel *Aus der Laufbahn meines Pudels Cassius*, im Jahr der englischen Erstausgabe von *Early to Bed* erstmals erschienen. Entweder, so könnte man vermuten, hat Hildesheimer sich von Anne Pipers Buch zu dieser Legende inspirieren lassen, oder er hat, was wahrscheinlicher ist, bei der Übersetzung dieser Passage den Subjekt-Objekt-Bezug, dessen falsche Verwendung er nicht nur im Glossar der *Mitteilungen an Max* anprangert, absichtlich so verknüpft, daß aus der Zeitschrift *über* Tiere eine Zeitschrift *von* Tieren *für* Tiere geworden ist.

7 Djuna Barnes, *Nightwood. With a Preface by T. S. Eliot*, London: Faber and Faber 1958 (i. e. Reprint der 2. Ausgabe 1950), Zitate danach; ohne Eliots Vorwort erstmals 1936 in London erschienen; das Vorwort zuerst in der amerikanischen Ausgabe und dann in der Londoner Ausgabe von 1950, zusammen mit Eliots *Note to Second Edition* (1949), die Hildesheimer erwähnt: er hat sich in seiner Übersetzung wohl an diese Ausgabe gehalten. Sein *Nachwort* zur Neuausgabe seiner Übersetzung wird als »Nachwort 1971« zitiert.

8 Das Gespräch über Djuna Barnes und *Nachtgewächs* wurde im Februar 1984 geführt (Zitat nach der Tonbandaufnahme); das Gespräch fand keinen Eingang in Katharina Kaevers *Die Nachtwachen der Djuna Barnes*, Hildesheimer und *Nightwood* werden aber erwähnt auf S. 8-10, 11, 16, 34-36, 39-58; Briefe Djuna Barnes' an Hildesheimer S. 5, 10, 11 und 17. – Siehe den Briefwechsel zwischen Clemens und Hildegard ten Holder und Malcolm Lowry aus dem Jahr 1952 (*»Mit freundlicher Begrüßung«*). Ob Clemens ten Holder tatsächlich übersetzt und ob er Proben davon veröffentlicht hat, konnte nicht ermittelt werden; jedenfalls: als Buch ist seine Übersetzung nicht erschienen. – Hildesheimer hat von einem anderen Übersetzungsversuch gewußt, hatte ihm Enzensberger doch geschrieben: »an nightwood haben schon viele leute ihre zähne ausgebissen, unter anderen koval, der ein guter übersetzer ist« (ca. 1958). Alexander Koval hat Bruchstücke seiner Übersetzung aus zwei Kapiteln mit einem Kommentar 1952 in ›Das Lot‹ abdrucken lassen, darunter Stücke aus dem zentralen Kapitel, das Hildesheimer 1959 gesondert publiziert und kommentiert hat. Bei Koval liest sich jene kurze Frage und Antwort, die Hildesheimers Professor in der *Verspätung* variiert, wie folgt: »Nora wandte sich ab: ›Was soll ich tun?‹ / ›Ach, allmächtige Ungewißheit!‹ sagte der Doktor« (S. 31). Bei Hildesheimer lautet dieser kurze Dialog dagegen: »Nora wandte sich ab: ›Was soll ich denn tun?‹ / ›Ja, wer das wüßte!‹ sagte der Doktor« (S. 106). Bereits an dieser kurzen Passage – der Beispiele gäbe es genug – zeigt sich der fundamentale Unterschied der Übersetzung, ganz abgesehen davon, daß Kovals Doktor Nora mit »Sie« anspricht, Hildesheimers Doktor aber mit »du«. Bei Koval fragt Nora ganz naiv um Rat, bei Hildesheimer – das »denn« zeigt es an – schwingt in der Frage bereits die Antwort: Nora bettelt um Rat, verzweifelt, weil sie weiß, daß es keinen Rat geben kann. Entsprechend fällt die Antwort aus: bei Koval klingt der Doktor beinahe belustigt, als halte er die Antwort auf diese naive Frage für selbstverständlich. Bei Hildesheimer dagegen teilt er Noras Ratlosigkeit und Verzweiflung. Elizabeth Petuchowski, die in ihrem ausgezeichneten Essay (*»Nightwood« und »Nachtgewächs«*) Hildesheimers Übersetzung mit dem Original verglichen hat, führt zum Titel dieses zentralen Kapitels – »Whatchman, what of the Night?« – aus: »Der Leser des Englischen braucht nicht gläubig zu sein,

um hier eine ominöse Erkundigung nach dem Stand der Zeit zu erkennen, selbst wenn ihm die Quelle, Jesaja 21,11 ff., unbekannt ist: ›Whatchman, what of the night? Whatchman, what of the night? The whatchman said, The morning cometh, and also the night.‹« (S. 82 f.)

9 Brigitte Siebrasse schreibt in ihrem Nachwort zu *Ladies Almanach*: »Djuna Barnes komplizierte ›grande passion‹ zu der flatterhaften, faszinierenden Bildhauerin Thelma Wood« (S. 102 f.). Brigitte Siebrasse sei Dank für die vielen wertvollen Hinweise und Funde aus ihrem Djuna-Barnes-Archiv!

10 Brief von Djuna Barnes an Hildesheimer vom 20. 8. 1959; siehe auch die beiden Briefe an Hildesheimer, reproduziert in Jehle (Hg.), *Wolfgang Hildesheimer* (1989), S. 180 f. – Matthew O'Connor ist bereits sechs Jahre zuvor, im kaum verhüllten autobiographischen Roman *Ryder*, aufgetreten, und zwar als Hausarzt der Ryders (O'Connor auf S. 116, 118, 147 f., 163-169, auf S. 168 ist die Rede von einer »Nora«, 192, 195-198, 242-248, 277-288, dargestellt auf einer Zeichnung Djuna Barnes' auf S. 162). Auf S. 192 heißt es: »Wächter, wie spät des Nachts?« – schon in *Ryder* hat er die Funktion des Weltweisen, wenn auch noch nicht die überragende Fähigkeit des Ausdrucks, doch auf seine Homosexualität spielt Djuna Barnes bereits an.

11 Man erinnere sich an Frau Borgward aus *Herrn Walsers Raben*, die erste Gestaltung dieses Figurentyps.

12 Siehe auch Hildesheimers Collage *Nachtwache* von 1971, also im Jahr des Nachworts zur Suhrkamp-Ausgabe von *Nachtgewächs*: der Blick fällt aus einem dunklen Umfeld durch einen hohen Rahmen im linken Bilddrittel, der durchaus ein Türrahmen sein könnte, in ein helleres Zentrum, das von leinenweißen geometrischen Formen bestimmt wird: so könnte Nora aus *Nightwood* den Doktor gesehen haben.

13 Anaïs Nin hat übrigens 1936 den Roman *The House of Incest* geschrieben: »George Barker kam zu Besuch (...) Er stellt ›The House of Incest‹ neben Djuna Barnes' ›Nightwood‹« (Bd. 3, S. 117).

14 In *Meine Landschaft: Das Veltlin* schreibt Hildesheimer: »wer eine Landschaft beschreibt, der ist leider auch nicht viel besser als wer sie photographiert.« Aber selbst in diesem Artikel von 1966 beschreibt Hildesheimer die Landschaft eben doch, und zwar, wie im Fall dieser Landschaftsbeschreibung in *Marbot*, in ihrer unverwechselbaren Auswirkung auf die Person dessen, der sie wahrnehmen kann.

15 Zitat nach Ink, *Djuna Barnes 75*. – Allerdings heißt es in einem der *Träume* Eichs: »Die Griechen glaubten, die Sonne auf ihrer Fahrt über den Himmel reibe sich an ihrer Bahn und erzeuge so einen Ton, der unaufhörlich und ewig gleichbleibend und deshalb für unsere Ohren nicht vernehmbar sei. Wie viele solcher unhörbaren Laute leben um uns? Eines Tages werden sie zu vernehmen sein und unser Ohr mit Entsetzen erfüllen« (*Gesammelte Werke*, Bd. II, S. 314).

16 Hildesheimers *Übersetzung und Interpretation einer Passage aus* *»Finnegans Wake«* wird als »1969« zitiert.

17 In der ersten *Frankfurter Vorlesung* hat Hildesheimer den Begriff »Unterbewußtsein« selbst benutzt, was natürlich nicht heißt, daß er sich aus der Retrospektive zu jenen Dilettanten zählen möchte, die triviale Gemeinplätze mißbrauchen; allerdings bezeichnet er sich als »Berufsdilettanten«, was für Peter Burri »ein Meistertitel« ist (*Der »Berufsdilettant« im Puschlav*). Die Schärfe in der Joyce-Rede ist vielleicht ungerecht, sie zeigt aber, wie Hildesheimers Stadien seiner eigenen Entwicklung in sein Unbewußtes absinken.

18 Walter Jens: »ein Finder – aber ein originärer. (So wie Joyce einer war.)« (*Wolfgang Hildesheimer: ein bildender Künstler*, S. 2); siehe auch Walter Jens' Besprechung von *Nachtgewächs*: »›Nightwood‹ ist eine Summe wie der ›Ulysses‹.« – Siehe die Auseinandersetzung zwischen Richard Gerber und Klaus Reichert in der ›Neuen Rundschau‹ (›*Finnegans Wake‹ – Zum Problem einer Übersetzung*, 1972), die sich nach Gerbers Rezension von 1971 entsponnen hat.

19 Hildesheimers Tuschzeichnungen *Kommen und Gehen* (1965) und *Nach der Vorstellung* (1965) spielen beide auf Stücke Becketts an: auf *Fin de partie* und auf *Come and Go*. – Auf Müller-Schwefes Umfrage im *Lesebuch der Bibliothek Suhrkamp* (1989) – »Ich schätze folgende Titel der Bibliothek Suhrkamp« – empfiehlt Hildesheimer an dritter Stelle Becketts *Wie es ist* (S. 122); an erster Stelle nennt er übrigens *Tynset*, an zweiter Thomas Bernhards *Midland in Stilfs* – und nicht etwa *Nachtgewächs* (das empfehlen Jürgen Becker, Gertrud Leutenegger und Reto Hänny, der außerdem noch, neben Manfred Frank, die *Lieblosen Legenden* empfiehlt) oder *Anna Livia Plurabelle* (das empfehlen Jurek Becker und Walter Höllerer).

20 Der Theaterzettel ist in der Buchausgabe von Hildesheimers Bearbeitung reproduziert (S. 121). Auch das Nachwort von Franz Heinen nennt kommentarlos den 8. Mai (S. 127).

21 Eine falsche Angabe, die in der Buchausgabe unter der Reproduktion des Theaterzettels dieser Aufführung wiederholt wird (S. 122).

22 Elizabeth Petuchowski weist darauf hin, daß Sir Benjamin Dogberry nach dem Gerichtsdiener in *Much Ado about Nothing* benannt ist (*Typically Hildesheimer*, S. 258) und Lady Hunter wohl nach Mr. Hunter in *Ulysses* (S. 259). – Elizabeth Petuchowski sei Dank für die Zusendung dieses Aufsatzes und vieler wertvoller Hinweise!

23 Zitat nach Hirsch, *Der Blitzableiter*, S. 248.

24 Zitat nach Franz Clemens Gieseking, *Witzig-elegante Sitten-Komödie*.

25 Die Hörspielfassung (Südwestfunk, 30. 5. 1961) hat natürlich auf die Darstellung des Duells zu verzichten und verliert dadurch ein dramatisches Element: die Duellanten werden kurz nach Sir Lucius' »Alle

gegen alle« unterbrochen. Auch sonst hat Hildesheimer seinem Text einige Kürzungen angedeihen lassen, was dem noch immer sehr langen Hörspiel zugute kommt. Den Part von Mrs. Malaprop – der malapropism hat sich verstärkt – spricht übrigens Maria Becker, 1970 die Mary Stuart Hildesheimers, 1985 die erste Lady Wishfort der Congreve-Bearbeitung *Der Lauf der Welt*. Die Pausen zwischen den Bildern werden von einigen Takten Cembalomusik gefüllt, was eben an die Züricher Aufführung der Congreve-Bearbeitung erinnert.

26 Friedrich Luft, *Um diesen Goldoni lohnt es kaum*.

27 Goldoni selbst setzt allerdings – gegen alle späteren wissenschaftlichen Ausgaben und Angaben – das Jahr der Uraufführung auf 1755 fest.

28 Gerd Vielhaber, *Frei nach Sheridan*. – Siehe auch Günther Grack, *Ein Vorläufer Shaws*.

29 Die vierte Szene der *Saint Joan* und Hildesheimers Übersetzung parallel gesetzt und kritisch kommentiert in Raimund Borgmeier (Hg.), *Die englische Literatur in Text und Darstellung*, Bd. 9, S. 180-211. Ein Auszug aus der ersten Szene auch in Wolfgang Freese/Ulrich Karthaus (Hg.), *Friedrich Schiller: Die Jungfrau von Orleans. Erläuterungen und Dokumente*, S. 127-139; dort auch Hinweise auf die Stücke Brechts, Max Mells, Paul Claudels und Jean Anouilhs. – Zum Namen Jack findet man in Klaus Reicherts ausgezeichnetem Aufsatz *Aus der Fremde und zurück* einen Hinweis. Reichert vergleicht Hildesheimer mit Jaques aus *Wie es euch gefällt*: »Er ist der Übersensible, der das Ungeheuerliche an dem sieht, was der Normale für normal hält (...) einer der danebensteht, ein doppelt Exilierter« (S. 67).

30 Shaws *Lustspiele* und *Klassische Stücke*, beide übersetzt von Siegfried Trebitsch, beide erstmals 1947 bei Artemis und beide 1962 als »Suhrkamp Hausbuch« erschienen. – Hildesheimer/Walter Bohnacker, *Gespräch mit dem Autor*, S. A 13. – Zu Hildesheimers Vorliebe für Irland siehe auch seinen *Bericht aus einem seltsamen Paradies* (1973).

31 Später heißt es dann: »blaue Streifen / Steigen im Westen auf« (*Tristan und Isolde*, Stuttgart 1984, S. 6): so könnte *Westwärts* beschrieben werden. – Im *Pastorale* sagt übrigens Fräulein Dr. Fröbel auf die Feststellung Philips, daß Südwind herrscht: »Mein irisch Kind, wo weilest du ...?« (S. 19) – In *Cornwall Interlude* hat Hildesheimer geschrieben: »I was six then, and I could only just read. The first books I embarked upon were Richard Wagners Librettos. Most appealing to me was the tragic lovestory of ›Tristan and Isolde‹, the action of which takes place in a northern country called *Cornwall*, strange and remote. (Then I pronounced it Kurrnvull and I am sure Wagner must have done the same.)«

32 Elizabeth Petuchowski schreibt allerdings, er habe ihr mitgeteilt, daß er die Bearbeitung »about 15 years earlier« begonnen habe (*Typically Hildesheimer*, S. 263), also kurz nach Erscheinen *Tynsets*: ein erneuter

Hinweis darauf, daß er auch nach *Tynset* mit dem Schreiben aufhören wollte oder sich zumindest in einer Umbruchsituation befand.

33 Hanno Helbling spricht vom »höchst substantiellen Beitrag« Hildesheimers, nennt die Bearbeitung aber ohne weitere Bedenken »Übersetzung« (*Gefährliche Liebschaften*).

34 Wie Hans Mayer schreibt, sind Lessings Marwood, Hebbels Judith und andere »planende und rationale Verderberinnen« (*Außenseiter*, S. 131) – das gilt auch für Hildesheimers Marwood.

Hildesheimer und die bildende Kunst

1 Zitate nach Volker Jehle, *Vita Wolfgang Hildesheimer*.

2 *Der ferne Bach* ist die bisher letzte der exemplarischen Ausarbeitungen und Untermauerung der Einsicht in die Unvorstellbarkeit historischer Figuren: Mozart natürlich, Dürer, in dramatische Praxis übertragen Mary Stuart, zuletzt Watteau. In *Der ferne Bach* heißt es, nach einigen Seitenhieben gegen die Einrichtung vom Jahr des Kindes über das Jahr der Frau bis zum Jahr der Musik, ähnlich wie in *Mozart*, in den *Anmerkungen zu einer historischen Szene* und in *Bleibt Dürer Dürer?*: »Je weiter wir in der Kulturgeschichte zurückgehen, desto schwerer wird es, einen ihrer Träger als Person zu rekonstruieren« (S. 20). Wie auch schon an *Mozart* aufgefallen war, faßt er Bach aber eben an jenem Punkt besonders deutlich als Person, wo sich eine Gemeinsamkeit zwischen beiden wenigstens andeutungsweise herstellen läßt, zumindest interpretiert er den Brief Bachs von 1730 an seinen Jugendfreund Georg Erdmann wie folgt: »In ihm kommt nicht der unbequeme, ungehaltene Bach zu Wort, als der er sich scheinbar in seinen Gesuchen und Beschwerden offenbart, sondern das Gegenteil, der Bach der beherrschten Resignation« (S. 16). Und auch bei Bach die Konzentration auf den Ausklang des Lebens: »Ihm entnehmen wir mit immerwährender Bestürzung, daß Bach das letzte Drittel seines Lebens in innerer Unzufriedenheit verbracht hat« (ebd.). Gerade in der Bachrede beschäftigt er sich ausführlich mit der Unsitte der Aufführung mit Original-Instrumenten, mit der sogenannten »Werktreue«, also mit der Rezeption, und beschränkt sich dabei nicht auf Bach und Musik: »Wollte man ›Hamlet‹ so darstellen, wie er 1602 im Globe Theatre uraufgeführt wurde, würde daraus ein museales Ritual« (S. 33). – In einem Gespräch mit Heinz Kerle hat Hildesheimer gesagt: »Für mich ist Bach der erste wirkliche Komponist, der Vater aller Musik. Ich bin kein differenzierender Kenner vorbachscher Musik. Für mich ist das Wesentliche seine Instrumentalmusik; er ist der erste absolute Komponist. Ich könnte mich ohne das Wohltemperierte Klavier oder die Goldberg-Variationen oder die Kunst der Fuge oder das Musikalische Opfer gar nicht vorstel-

len. Das sind für mich Bachs bedeutendste Werke: reine, absolute Musik, Musik aus Musik« (*Warum ich kein Buch über Johann Sebastian Bach schreibe*, S. 22) – also das, was Einstein über Mozarts Musik gesagt hat.

3 Carr erwähnt *Mozart* übrigens nicht, auch nicht in der Bibliographie und auch nicht in der deutschen Ausgabe.

4 Hildesheimer, »*Der perfekte Kunstgenuß*«, S. 41.

5 Zitat nach dem unpaginierten Sonderdruck von 1967. – Schon Mitte der fünfziger Jahre war es sein pädagogisches Anliegen, die Kunst-Rezeption in richtige Bahnen zu lenken: »es gilt, die latenten rezeptiven Fakultäten des großen Publikums zu erwecken« (*Brauchen wir ein Sonderprogramm für Anspruchsvolle?*, S. 63).

6 *Nachträge zu Mozart oder Antworten*, ungedrucktes Manuskriptblatt, datiert am 17. 4. 1984.

7 Das Zitat Klees findet sich auch im Text über Enrico della Torre, in *Janssen und wir* und, ausführlich, in *Endzeit – nur ein Gerede?*

8 Aus den Briefen Hildesheimers an seine Eltern gehen noch einige Ausstellungen hervor, an denen er sich bis 1950 beteiligt hat oder zumindest seine Teilnahme geplant und vorbereitet hatte: 1948 eine Ausstellung in Cambridge, 1949 ein Wettbewerb um den Blavins-Davis-Prize mit Ausstellung der besten Arbeiten 1950 im Münchner Central Art Collecting Point, 1950 an der Münchner *Zen*-Ausstellung (siehe auch Jochen Poetter (Hg.), *ZEN 49*, S. 304).

9 Die *Lieblosen Legenden* des Vorwort-Autors waren zu dieser Zeit schon so bekannt, daß sie als werbewirksamer Untertitelspender fungieren konnten.

10 In Hildesheimers Rezension von Schnurres *Aufzeichnungen des Pudels Ali* heißt es: »Dazu ist Ali der treffendste Aphoristiker nach Lichtenberg, dem ich jemals begegnet bin, und ein Beobachter, vor dessen Gabe mancher Mensch vor Neid erblassen würde« (*Man müßte ein Pudel sein*, S. 64).

11 Immerhin hat Hildesheimer ein Paralipomenon *Masantes* für Paul Flora zur Verfügung gestellt, nämlich *Gäste, ein Fragment* als Einleitung zu Floras *Premiere*. Aber, auch das sollte nicht übersehen werden: er hat eben *kein* Vorwort mehr geschrieben und hat schon 1955 in seiner Rezension von Adriaan Morriëns *Ein unordentlicher Mensch* Floras Illustrationen nur erwähnt.

12 In *Loriot als Dramatiker* (1988), seiner Rede zur Eröffnung der Ausstellung zu Loriots 65. Geburtstag in Hannover, wiederholt Hildesheimer seine Technik der Überhöhung anhand der mit pedantischem Ernst vorgetragenen Interpretation der kurzen Szene *Deutsch für Ausländer*: er mißt sie an der griechischen Tragödie, an Sophokles, Lessing, Rilke, Hofmannsthal, Joyce und Djuna Barnes, streift Pfitzners *Palestrina* und erwähnt Günter Eich eben gerade nicht, obwohl dessen *Inventur*

in den Schlußzeilen der Szene natürlich steckt: »Das ist mein Mann« –
»Das ist meine Hose« – »Das ist meine Aktentasche« (S. 10); der Verspottung seines Freundes Eich folgt er nicht.

13 *Missverstandene Moderne* entspricht zum Teil dem ersten Beitrag
zur Glossen-Serie des Bayerischen Rundfunks *Auf den zweiten Blick*
(29. 5. 1959).

14 Zitat nach Dieter E. Zimmer, *Das Geheimnis der Ottomane*.

15 Sublime Ironie entdeckt in dieser Formulierung vor allem auch, wer
sich an Hildesheimers Illustration zu den *Vergeblichen Aufzeichnungen* mit dem Titel *Ich sehe immer den Schädel hinter dem Fleisch* (S. 23)
erinnert.

16 Brief Hildesheimers an Jo von Kalckreuth vom 18. 3. 1963, von Ern-
fried Freiherr von Fuchs, dem Nachlaßverwalter Jo von Kalckreuths,
freundlicherweise zur Verfügung gestellt. – Nahezu fünfundzwanzig
Jahre später hat Hildesheimer in seiner Rede zur Eröffnung der Kalck-
reuth-Retrospektive (*Der Maler Jo von Kalckreuth*, 1987) einen ganz
anderen Aspekt hervorgehoben: »Auf Kalckreuths Bildern erscheint
die Vergänglichkeit der Dinge, sie züchten den Wunsch, in ihm (recte:
ihnen) zu verweilen. Das gibt ihnen jenes Element der Melancholie, das
dem ›wahrhaft Schönen‹ anhaftet.« – Ein Vorläufer der Kunst-Essays
ist *Sulla pittura di Gisela Andersch* von 1960, die Rede zur Eröffnung
einer Ausstellung von Bildern Gisela Anderschs, die ja die Buchausgabe der Funkoper *Das Ende einer Welt* illustriert hat. – Der erste Essay
ist von 1946: über Angelo Daniels.

17 In *Dichtung ohne Spontani(!)tät*, einem Vortrag im Studio des Mainzer
Stadttheaters von 1956, hat Hildesheimer gesagt: »Ich halte nichts von
der Spontani(!)tät. Für mich ist sie der Ausweis sogenannter Naturbe-
gabungen, der trostlosesten Begabungen, die es gibt«; und: »Der
Schriftsteller soll nicht der spontanen Eingebung folgen, sondern seinen Gedanken« – das könnte einen der Unterschiede zwischen bilden-
dem Künstler und Schriftsteller bezeichnen, aber: »Es ist der Stil, der die
Haltung des Autors vermittelt, der ihn im Guten wie im Bösen verrät
und entlarvt. Und der Stil prägt sich nicht von allein. Und der Autor prägt
ihn in mühevoller Arbeit. Daher ist das Schreiben ein kühler, bewußter
Vorgang, kein schöpferischer Rausch« – das trifft auf Hildesheimers
bildkünstlerische Arbeit allerdings auch zu.

18 Im April und Mai 1988 haben Hildesheimer und Bott übrigens gemeinsam in Frauenfeld ausgestellt.

19 Destruktion wurde auch in *Mozart* festgestellt. Walter Gebhard
schreibt zu *Mozart*: »Der Leser des Werkes wird so einer Stretta von
Fraglichkeiten, Unmöglichkeiten, Aporien und Destruktionen ausge-
setzt« (*Die uneinholbare Welt des Genies*, S. 113).

20 Siehe auch Hildesheimers Bleistiftzeichnung *Jetsam* von 1965, entstanden also zu einer Zeit, als sich eben die ersten Spuren von *Zeiten in*

Cornwall abzeichneten. – Schon 1955 hatte Hildesheimer ein Foto Herbert Lists interpretiert: *Attisches Stilleben*.

21 1989 sind, ebenfalls in der Reihe »Die schöne Insel-Karte«, Silvia Hildesheimers *Sommerbilder* erschienen, und auch zu ihnen hat Hildesheimer einen Text für die Umschlagrückseite geschrieben: »Silvias Sommerbilder sind eine Synthese aus Wirklichkeit, an der sie topographisch und atmosphärisch orientiert sind, und dem Wunsch, das in ihnen Gesehene und Gelebte festzuhalten, und zwar nicht als zelebrierte Augenblicke, sondern als Stunden alltäglich erfahrener Vergangenheit.«

22 Andere Arbeiten mit Reproduktionen von Fotografien sind z. B. *Schattengefecht* (1985, *In Erwartung der Nacht* Nr. 26): »Farbphotographie einer Brückenmauer in Neapel, photographiert von Herbert List«; und *Chansonnière* (*In Erwartung der Nacht* Nr. 14): »Das Material ist ausschließlich reproduzierte Landschaftsphotographie.« – Hervorragende Interpretationen einiger Bilder und glänzende Ausführungen zum Zusammenhang von Wort und Bild findet man in Hart Nibbrigs Essay *Flucht – Trotz*.

23 Über *Bergamasca* (1985, *In Erwartung der Nacht* Nr. 18) heißt es: »Die erste farbige Collage mit selbsteingefärbtem Papier«; aber auch *Gespenst* (1985, ebd. Nr. 23). – Hildesheimer bei der Arbeit des Einfärbens siehe Birgitta Ashoff, *Schlafensmüde bleib ich wach*.

24 »Resteregal« – ein Begriff aus Hildesheimers Text zur Collage Nr. 7 in *Endlich allein*. – Zu Hildesheimers Arbeitsbedingungen siehe *Wohnen im Atelier*, neben dem Artikel des Architekten François Kaufmann und über den Graphiken von Hildesheimers Atelier (S. 21 f.). – Die Rot-Grün-Blindheit macht sich übrigens auch in den literarischen Werken bemerkbar: durch die häufige Nuancierung der Farb-Töne zwischen Weiß und Schwarz und die Assoziationen, die sich daran anschließen: »schwärzeste Variante des schwarzen Todes« (*Tynset*, S. 211), schneeweiß wie ein Leichentuch; daneben besteht eine Verbindung der Farbwerte Rot und Grün mit Negativem: »dunkelgrün und unerträglich vor Kiefern« (*Masante*, S. 174), die Sentenz vom grünen Weihnachtsbaum bis zum Judenmord in *Masante* und *Maxine*, oder der Tod »als Kardinal in Purpur« (S. 241), und Kains Gebet »leuchtet (...) rot zwischen den Zeilen« auf (*Tynset*, S. 108).

25 Thomas Mann, *Ansprache im Goethejahr 1949* (*Gesammelte Werke*, Bd. XI, der genaue Wortlaut S. 488 f.), gehalten am 25. 7. 1949 in der Frankfurter Paulskirche, zuerst gedruckt einen Tag später und am selben Tag, an dem Hildesheimer darüber seinen Eltern geschrieben hat, also am 26. 7. 1949, in der ›Neuen Zeitung‹, die Hildesheimer vielleicht schon abonniert hatte, ehe seine *Lieblosen Legenden* dort erschienen sind, die er aber wohl an jenem Tag, an dem er seinen Brief schrieb, noch nicht gelesen hatte.

26 Andere Tuschzeichnungen dieser Zeit besitzen dieses verfremdende

Element allerdings nicht, und die ausnahmsweise sogar reproduzierte Zeichnung *Venedig* zeigt, ganz konventionell, drei Gondeln vor Palästen, Vollmond oder Sonne spiegeln sich im Wasser (Hans Scholz/ Heinz Ohff (Hg.), *Vöglein singe mir was Schönes vor*, S. 108). Eine andere, ungedruckte, Zeichnung zeigt eine Gruppe von drei Musikanten oder musical clowns.

27 Aus der Odenwald-Schulzeit berichtet der fünfzehnjährige Hildesheimer: »Als ich in das Alter kam, wo man Karl May liest, las ich Shakespeare, denn ich hatte gehört, daß hier Menschen in einem fort ermordet werden. In der Beziehung gefiel mir am besten Romeo und Julia. Als ich in die Odenwaldschule kam, las ich zuerst fast gar nichts (...) Durch eine Aufführung von ›Troilus und Cressida‹, die ungeheuren Eindruck auf mich machte, wurde ich angeregt, wieder Shakespeare zu lesen. Aber jetzt las ich richtig und verstand auch. Ich denke mich dabei in eine Rolle hinein und stelle mir das Ganze gespielt vor. Seitdem habe ich fast nur noch Dramen gelesen. Zuerst ein paar kleine von Hofmannsthal, die mir wegen ihrer Sprache gut gefielen, und zuletzt ›Florian Geyer‹ und ›Die versunkene Glocke‹« (*Schon bevor ich fließend lesen konnte, las ich Heldensagen*). – Die anderen beiden Beiträge in der Schülerzeitung ›Der neue Waldkauz‹ tragen die Titel *Wir lasen die Odyssee von Homer* und *Ich habe Phaeton von Ovid gelesen/Ich habe Catullgedichte übersetzt*. – Zur Collage *Ein Sommernachtstraum* (1985, *In Erwartung der Nacht* Nr. 31) heißt es: »Darstellung eines Bühnengeschehens. Links ein Vordergrund mit huschenden Figuren, ätherisch, vielleicht Elfen. Rechts oben zieht sich das Geschehen in einen dunklen Hintergrund. Ich war glücklich mit dem Bild, weil es sehr starke Erinnerungsmomente jener Art enthält, die man nur als Bild formulieren kann.« Und über die Collage *Zettels Traum* (1986) hat er zu Birgitta Ashoff gesagt, Titel und Collage hätten natürlich nicht das geringste mit Arno Schmidt zu tun.

28 Außerdem hat Hildesheimer zwei Gedichtbücher von Manfred Vogel illustriert, *Herz-Floeten-Solo* (1941) und *Spiegelsterne* (1941). Das Titelblatt von *Spiegelsterne*: ein griechischer Tempel, ein Spiegel, ein Zweig mit Eichenlaub, Sterne und eine Hand verbinden sich mit dem Wort »Spiegelsterne« zu einer etwas auseinanderfallenden Komposition des Disparaten. Vogel hat übrigens sein Gedicht *Charles Baudelaire* überschrieben: »Fuer Wolf Hildesheimer.« Auf den Reklameseiten heißt es: »demnaechst erscheint: Wolf Hildesheimer/Manfred Vogel/Wolf Rosenberg: Kometen-Triole. Surrealistische Verse« – dieses Buch ist vermutlich nicht erschienen, auch Frau Dr. Gertrude Vogel-Obzyna, die freundlicherweise Nachforschungen angestellt hat, konnte nicht in Erfahrung bringen, ob und wo sich die Druckvorlagen erhalten haben. – Als Textgraphik direkt ausgewiesen ist allerdings nur das bereits erwähnte Blatt aus der Serie »Textgraphik deutscher Schrift-

steller«, die Goetheparaphrase neben einer stark vergrößerten Tuschzeichnung: »Das Unzulängliche, hier ist's getan.« Textgraphik exklusiver Art bietet natürlich das bereits erwähnte Heft 11 der Zeitschrift ›Signatur‹: zahlreiche Reproduktionen von Bildern – Collagen, Chinesische Tuschen, Tuschzeichnungen bis hin zu kleinen Vignetten – und eben von Hildesheimers Texten in seiner Handschrift: eine Nachlese der *Nachlese*. Eines der kleinen Notate lautet: »Dietmar Polaczek con Mimma, Padre Camillo, Valerio Righini, Marilena Caravatti a cena da Isepponi« – Isepponi führt ein Lokal in Poschiavo, und über Valerio Righini hat Hildesheimer geschrieben, er wolle in seinen Bildern »das Rätsel darstellen (...) und nicht die Lösung«: »Righinis beste Bilder sind niemals Antworten, sondern dringende und antwortheischende Fragen, sein Element ist nicht die Versöhnlichkeit einer heilen Welt, sondern die lastende Permanenz der Probleme unserer unheilen Welt« (1987).

29 Übrigens erscheint in *Rivalen* (S. 84) die Beschreibung eines Meeresgrundes, die nicht bei Sheridan vorkommt; man denke auch an die Abwärtsbewegung in *Masante*, die den Reflekteur durch Schlinggewächse zu den Meeresungeheuern im Dunkel des Meeresgrundes bringt. *Marina* ist jedenfalls während der Arbeit an *Masante* entstanden, nachdem *Zeiten in Cornwall* bereits abgeschlossen war.

30 Die Titel der Bilder stammen aus den Briefen vom 2. 7. und 7. 10. 1949. – Dirk Teuber sei Dank für die Zusendung der Exponatenliste der Blavins-Davis-Prize-Ausstellung! Und Hans Werner Richter für die Erlaubnis, die Originale der *Hähne* zu besichtigen und zu fotografieren! Das Vogelreptil von 1950 hat Hildesheimer im Januar 1987 begutachtet und, übereinstimmend mit Silvia Hildesheimer, nicht als seine Arbeit anerkannt: kein Detail erinnere an irgend etwas, was er jemals gemalt habe, außerdem habe er niemals das »H« der Signatur mit dermaßen langem und geschwungenem rechten Strich gemacht.

31 1979 hat er übrigens eine Geschichte für Kinder zu Bildern von Rebecca Berlinger geschrieben: *Was Waschbären alles machen*.

32 Man könnte vielleicht auch an Ionescos *Les chaises* denken, die 1952 erschienen sind und gegen Ende der fünfziger Jahre in das deutsche Umfeld des sogenannten Absurden gehört haben. Allerdings dürften die *Stühle* Hildesheimers mehr mit seiner eigenen Lage als mit den *Stühlen* Ionescos zu tun haben.

33 Nach Hildesheimers eigenen Angaben (z. B. Vorwort zu *Endlich allein*) vernichtet er zwar drei von vier Collagen (laut Vorwort zu *In Erwartung der Nacht* von jenen mit selbsteingefärbtem Papier sogar vier von fünf), doch vermutlich meint er damit solche, die nicht bis zum Abschluß gelangt sind. Die vernichteten Collagen der frühen Jahre haben immerhin Titel und Nummer in seinem privaten Werkverzeichnis und können deshalb mitgerechnet werden.

34 Verwandt scheint die Collage *Erdballspiel* von 1983 zu sein: nun ist die Erde Gottes steckengebliebener Steinwurf.

35 1982 ist übrigens eine Collage *Spiessgesellen* entstanden.

36 *Notturno di frutta* ist im Studio für zeitgenössische Kunst des Landesmuseums Oldenburg zu besichtigen.

37 Die Zeichnung *Blitzableiter* (1973) erinnert an die Reflexionen in *Hauskauf*, der Blitzableiter zieht den Blitz erst recht an. – Zur Brille Hildesheimers siehe das Foto in Bachmann/Siffert, *Was macht der Mensch um zwölf in Recklinghausen*, S. 6.

38 Die erste Buchstaben-Collage als Geburtstagsgeschenk ist, soweit bekannt, zu Hans Werner Richters 65. Geburtstag entstanden (12. 11. 1973, verzeichnet in *Dichter und Richter*, Nr. 6.7): eine Komposition aus roten, schwarzen und einem weißen Buchstaben (nur Buchstaben, die in Richters Namen erscheinen) um ein zentrales, rotes »HWR«. Jürgen Schutte sei Dank für die Zusendung einer ausgezeichneten Farbkopie!

39 Das *Gespenst* (1985) ist schwarzweiß gemeint, enthält aber eindeutig Rosa: ein möglicher Hinweis auf Hildesheimers Rot-Grün-Blindheit.

40 Siehe auch die Chinesischen Tuschen in Jehle (Hg.), *Wolfgang Hildesheimer* (1989) und in Rommerskirchen (Hg.), *Wolfgang Hildesheimer* (1989). Die *Knochenmaschine* (1987) ist übrigens nicht versehentlich kopfstehend reproduziert, sondern Hildesheimer hat das Bild, wie es im Materialienband abgedruckt ist (S. 141), später gedreht: so erscheint es in ›Signatur‹.

41 Nachdem nahe Bormio die 3066 Meter hohe Flanke des Pizzo Competto bereits zu Tale gestürzt war, sich 400 Meter am gegenüberliegenden Hang hinaufgeschoben, Menschen und ganze Dörfer unter sich begraben hatte und die Adda sich allmählich zu einem ungeheuren See staute, hat in der Nacht vom 18. auf den 19. Juli 1987 (zum zweitenmal und etwas schwächer am 24./25. August) die Unwetterkatastrophe auch Poschiavo ereilt: am frühen Abend haben die Einwohner noch versucht, Baumstämme und anderes Treibgut unter den Brücken des Poschiavino durchzuschieben, am späten Abend konnte Hildesheimers Galeristin Franziska Bammatter (Galerie Maske, Zürich) die Straßen zum Hotel nicht mehr überqueren, am anderen Morgen konnte niemand mehr aus dem Haus gehen. Zwei Tage war Hildesheimer in seiner Wohnung eingesperrt, Wassermassen, Schlamm und Geröll haben die schweren Flügeltüren zu Hof und Garten herausgerissen, flossen durch den Hausflur als gewaltiger Bach und sind die Stufen zum ersten Stock hinaufgekrochen, ein merkwürdiger Lärm hat sich erst später erklärt: die Autos sind in der Garage geschwommen und gegeneinandergestoßen. Der Strom ist ausgefallen, aus den Fenstern konnte man beobachten, wie die Nachbarn auf den Hausdächern von Hubschraubern abgeholt worden sind. Poschiavo war zerstört, das

Straßenpflaster nach Süden aus dem Dorf gespült, einige Häuser waren eingestürzt, andere mühsam abgestützt, die Straßen von verseuchtem Schlamm bedeckt, in dem sich Treibgut – Möbel, der Inhalt von Kaufläden, Tierkadaver – zu manchmal surrealistischen Gebilden häufte (über das Ausmaß der Katastrophe ist ein Videofilm *Poschiavo Alluvioni 18/19-7-1978 / 24/25-8-87* aus privaten Aufnahmen der Einwohner Poschiavos zusammengestellt worden). Beinahe als einziges Haus ist Hildesheimers Atelier vollkommen verschont geblieben, nicht einmal der Garten war betroffen, obwohl er direkt an den Fluß grenzt. In der ›Weltwoche‹ (im Artikel von Margrit Sprecher) hat man wenige Wochen darauf lesen können, Hildesheimers »Schreibbedürfnis« rege sich »zögernd« wieder. Diese Mitteilung hat umgehend Häme hervorgerufen: jetzt sei sein Weinkeller kaputt, jetzt müsse er wieder schreiben. Hildesheimer selbst hat versichert, er habe sich während der Katastrophe nicht an seine literarischen Werke erinnert, nicht an *Das Ende einer Welt* – im Bach, der durch den Flur floß, habe man gar nicht schwimmen können, der sei zu reißend gewesen –, nicht an *Biosphärenklänge*, nicht an *Endfunk*. Dabei spottet die Frau in *Biosphärenklänge*: »Du sprichst wie ein Prophet. Eine neue Variante«, und der Mann wehrt ab: »Ironie trifft nicht mehr. An Hilflosigkeit prallt sie ab. Und hilflos sind wir jetzt alle« (S. 25). – Siehe Hildesheimers Kommentar *»Spendenaktionen lebenswichtig«*, zum Projekt der Staumauer, der Gruppe *Pro Bernina-Palü*, deren Emblem Hildesheimer entworfen hat, und den Auseinandersetzungen mit den Kraftwerken Brusio rund um die Unwetterkatastrophe die Artikel von Jost auf der Maur (*Nicht leicht, im Tal des Poschiavino mutig zu sein*), R. B. (*Hildesheimer bleibt in der »Pro Bernina-Palü«*) und sr. (*Erste Bilanz der Kraftwerke Brusio AG*).

42 1987 ist ein weiterer bildkünstlerischer Beitrag erschienen, die erwähnte Collage *Der andere Hegel* (1986). Außerdem ist in diesem Jahr *WH für WH* (1985) reproduziert worden, einer jener »Faltschnäbel«, die Hildesheimer während der Tagungen der Berliner Akademie für Walter Höllerer (einmal auch für Hans Bender) auf Tagungsunterlagen oder Servietten gezeichnet hat.

43 *Dorthin* bezieht sich nicht allein auf diese Textstelle *Tynsets*: Paul Klee, den Hildesheimer ja immer wieder zitiert, hat einer aquarellierten Ölfarbezeichnung den Titel *Wandbild aus dem Tempel der Sehnsucht: Dorthin* (1922) gegeben. Sabine Rewald schreibt dazu: »Während in Klees Werk Pfeile mit langen Schäften für Unglück stehen (...) beziehen sich die dickeren Pfeile hier auf Angenehmeres. Vielleicht steht ihre Bedeutung in Verbindung mit Klees Vorlesung über den Pfeil als Geschoß und Bewegungsform, die er am 3. April 1922 hielt (...) In einem etwas weit hergeholten Vergleich steht Klees Pfeil – unter dem in einem Diagramm zu der erwähnten Vorlesung das Wort ›dorthin?‹ zu lesen

ist – für die Fähigkeit des Menschen, mit seinen Gedanken ›geistig irdisches und überirdisches beliebig zu durchmessen im gegensatz zu seiner physischen ohnmacht‹‹, also für seine »Sehnsucht« nach dem »Kosmos« oder der »Geistigkeit« (*Paul Klee*, S. 154). Diese Anspielung auf Klee gilt natürlich nicht nur für die Collage *Dorthin*, sondern auch für die Sehnsucht des Reflekteurs in *Tynset*: Hildesheimers Bild und Text beziehen sich auf Klees Bild und Text. – Auch Vögel und Stühle finden sich bei Klee, z. B. *Das Stuhltier* (1922), *Vogellandschaft* (1925) oder – zu weitreichender Spekulation anregend – *Abwandernder Vogel* (1926).

44 Zur Collage *Dark Lady* (1984, *In Erwartung der Nacht* Nr. 9) schreibt er: »Die schräge Gestalt auf diesem Bild hat, leider, nichts mit Shakespeares dark lady zu tun.« – Ein weiteres Beispiel sind die beiden Collagen *La Belle et la Bête* (beide 1984): Hildesheimer zitiert gerade in diesem Jahr in *The Jewishness of Mr. Bloom* aus dem *Ulysses*: »Aber man weiß ja nie. Hübsche Mädchen und häßliche Männer heiraten. Die Schöne und das Tier« (S. 57). Wollschläger übersetzt: »Die Schöne und das Untier« (*Ulysses*, S. 618). – Überhaupt: seit 1965 hat er wieder Bilder ausstellen lassen, und 1966 hat er zum ersten Mal Joyce übersetzt: die Assoziationstechnik Joyces hat ihren Einfluß wohl auch auf die Collagen gehabt.

45 Kokoschkas *Die Windsbraut* (1914) sollte ursprünglich »Das große Boot« heißen, dann »Tristan und Isolde«, und hat den endgültigen Titel nach Trakls Gedicht *Die Nacht* (1914/15) erhalten; siehe Volker Jehle, *Kunst aus Kunst. Gedanken zu einer Collage von Wolfgang Hildesheimer*.

46 Härtling ist ausdrücklich und direkt von Martin Stingelin widersprochen worden: *Verzweifelte Koketterie mit dem Schweigen*. Zum Verhältnis von Wort und Bild siehe Kurt Böttcher/Werner Mittenzwei, *Zwiegespräch (S. 332 f.)*, Karl Veit Riedel, *Der Prozess der Auf-Zeichnung* und Elizabeth Petuchowski, *»Emptiness« and related Images in Wolfgang Hildesheimer's »Tynset« and »Masante«* (z. B. S. 19 f., 120 und 142). Elizabeth Petuchowski hat, bisher als einzige, den Weg umgekehrt beschritten und den bildenden Künstler im Aufbau einzelner Szenen seiner literarischen Werke gefunden. Über die Beschreibung der Wüstenbar Meona: »The narrator fills an empty stage with characters; a stage designer sees the inn from the draftsman's viewpoint« (S. 142); Elizabeth Petuchowski hat mir übrigens ihren Plan mitgeteilt, eine Art Zitat-Lexikon zu Hildesheimers Werk zusammenzustellen. Zu Bild und Wort, wie in den Ausstellungsbesprechungen meist (*Bibliographie*, S. 309-318), siehe auch Erwin Leiser, *Geklebte Träume*, und Annie Bardon *Endstation Collagen*. – Einen besonderen Fall unbewußter Verarbeitung einer Vorlage hat Walter Jens gefunden: zur Collage *Der gelbe Fleck* (*Endlich allein* Nr. 17) habe Hildesheimer geschrieben, daß

er sich an den Judenstern erinnert fühle, »obwohl« ihm »kein Sinnzu-sammenhang zwischen der vulgärhistorischen Tatsache und dem leuch-tenden Bildmittelpunkt bewußt« geworden sei; aber in seiner Rede *Bleibt Dürer Dürer?* von 1971 habe er selbst an Dürers Selbstporträt erinnert, auf dem Dürer »auf einen gelb aquarellierten Punkt am linken Oberbauch weist«: »Do der gelb fleck ist vnd mit dem Finger drwaff dewt so ist mir we«. Jens schreibt dazu: »Milzschmerz: Zeichen der Melancholie – Symbol jener Seelen-Krankheit, die Hildesheimers Werk leitmotivisch akzentuiert; der gelbe Fleck; der Judenlappen; die Traurigkeit des Gezeichneten; Schwermut des Künstlers« (*Wolfgang Hildesheimer: ein bildender Künstler*, S. 6).

Die Rückkehr zu den Anfängen

1 Hildesheimer/Peter Krümmel, *Die Flucht des Autors vor der Dumm-heit*.

2 Das Interview mit Günter Grass im Zweiten Deutschen Fernsehen, 24. 3. 1986, in der Reihe »Literatur im Gespräch«.

3 Luise Rinser, *Ich hatte nur geträumt*. – Die Fernsehsendung: Günter Grass/Ulrich Greiner/Wolfgang Hildesheimer/Margarete Mitscher-lich/Alfred Kolleritsch/Luise Rinser: (Übertragung aus dem Literatur-symposion »Aussenseiter« des Grazer Forum Stadtpark, 20.-22. 11. 1981). – Kommentar zu dieser Tagung von Hans Mayer, *Wir sind alle Außenseiter*, Dokumentation von Max Droschl/Klaus Hoffer/Alfred Kolleritsch (Hg.), manuskripte 21/1981. Sondernummer: *Literatur-symposion 1981 »Aussenseiter«*.

4 Peter Handke paßt, nicht allein nach den Notizen in diesem Journal, genau in das Bild, das Hildesheimer in *Mozart* vom Scheingenie ge-zeichnet hat.

5 Einzig im Schweizerdeutschen Rundfunk wurde, wohl als Reaktion auf den Film von Roman Brodmann, auf *The End of Fiction* zurückgegrif-fen. Hildesheimer hat seine Rede auf Deutsch vorgetragen, wohl zum ersten Mal, und sie im Hinblick auf sein Ende des Schreibens mit Hugo Loetscher diskutiert. Hier hat er, was im Interview mit Tilman Jens vielleicht ohne seine Schuld versäumt worden war, wie ja in allen seinen Reden und Diskussionen, ausdrücklich auf seine Subjektivität hinge-wiesen.

6 Der kleine Vorläufer des ›Stern‹-Interviews mit Tilman Jens war übri-gens Hildesheimers Antwort auf die Frage der ›Stern‹-Redaktion »Was lesen Sie gerade, Wolfgang Hildesheimer?« Hildesheimer hat Theo Löb-sacks *Die letzten Jahre der Menschheit* genannt und kommentiert: »Daß in der Mitte des nächsten Jahrhunderts der Mensch die Erde verlassen hat, weiß ich schon längst.« – Walsers Artikel ist erweitert als *Bordmusi-*

ker auf der ›Titanic‹ erschienen. – Tilman Jens transportiert ein Mißverständnis: »Mit einigen prominenten Kollegen, die unverdrossen, erfüllt von unbändigem Lebensgefühl weiterschreiben, hat er sich überworfen. Mit Martin Walser etwa, der den verstummten Dichter ob dessen ›hingesagter Angst‹ als ›Bordmusiker auf der Titanic‹ verhöhnt hat« (*Gelassen zeigt er düstere Visionen*, S. 130): das letztere ist nun allerdings nicht richtig, denn Walser bezeichnet sich selbst, den Weiterschreibenden auf untergehendem Schiff, als »Bordmusiker auf der ›Titanic‹«. – Peter Bichsel nach einer Lesung am 8. 5. 1984 in Tübingen.

7 Günter Jurczyk, *Eine viel zu lange Glosse über ein viel zu altes Thema*. – Leserbriefe an den ›Stern‹, 10. 5. 1984, S. 9 f., Zitat aus der Zuschrift Fritz Hartogs' (S. 9). – In seinem ebenso perfekt gemachten wie unerträglich plumpen Buch *Die deutschen Ängste* (1988) schreibt Erich Wiedemann: »Ein ›Stern‹-Leser namens Reiser, der das las, gab dem gelähmten Poeten die passende Antwort: ›Was, wenn der Bäcker im schönen, luftigen Graubündener Dorf, in dem Hildesheimer wohnt, still für sich entscheiden würde, kein Brot für Herrn Hildesheimer mehr zu backen? Wie ist es mit den Wasserwerken bestellt? Was, wenn alle plötzlich in Endzeitstimmung machten‹? Hildesheimer hat nichts erwidert. Er hat wieder angefangen zu schreiben« (S. 59). In diesem Stil kommentiert er auch die Wasserkatastrophe vom Juli 1987 (S. 214). – Gero von Boehm hat Hildesheimer 1988 gefragt: »Sind denn die, die noch schreiben, etwa ganz und gar ignorant oder zu selbstverliebt, um zu erkennen, daß es eigentlich nicht mehr geht, um das alles zu erkennen, was Sie uns dargelegt haben?« Hildesheimer hat geantwortet: »Ja. Ja. Es fehlt ihnen eine Dimension, nicht wahr, es fehlt ihnen eine Dimension, zu der sie offensichtlich noch nicht erwacht sind. Es fehlt ihnen tatsächlich das Verhältnis zur Natur.« – In der Vorbemerkung zum Sammelband *Klage und Anklage* (1989), der drei der Essays wider die Umweltzerstörer und den Text *Herr, gib ihnen die ewige Ruhe nicht* versammelt, schreibt Hildesheimer: »Das Thema dieses Bandes ist evident, es ist für mich das einzige Thema, das Wirklichkeit hat.«

8 Urs Widmer, *U oder E. Kleines Nachdenken über Unterhaltungsliteratur und die sogenannten ernsten Bücher*. – Urs Widmer hat in einem burlesken Text zur Sondernummer anläßlich des fünfundzwanzigjährigen Bestehens der ›manuskripte‹, in dem er unter anderem Schriftsteller mit Radrennfahrern vergleicht, geschrieben: »Zu meiner Verblüffung habe ich übrigens gehört, daß Wolfi Hildesheimer das Rad an den Nagel gehängt hat. Er war doch recht gut in Form und hat zuletzt noch eine der *Classiques* (ich glaube, es war Calais-Dover) ohne Probleme gewonnen. Und jetzt will er malen! – Nun denn. Wir sind in der gleichen Mannschaft gefahren (Chianti Ruffino), er wird uns schon fehlen« (*Der erste Sieg des Gabriel Garcia Marquez in der Spanienrundfahrt*,

S. 10). – hor., *Wir sprachen mit Hans Magnus Enzensberger*. – Hildesheimer hat übrigens 1984 noch einmal ein Gedicht Enzensbergers besprochen, nämlich *Finnischer Tango* unter dem Titel *Das ist immer so*. – kmz., *Leben für und mit Literatur. Schriftsteller Hans Bender bei den ›Bremer Beiträgern‹*. – Heiner Müller/Uwe Wittstock, *Warum verdient man so gut am Weltuntergang, Herr Müller?*

9 Armin Eichholz, »*Der Buster Keaton unserer Literatur*«. *Ein Gespräch mit Münchens Dichter auf dem Richterstuhl: Herbert Rosendorfer*. – In einem Brief (15. 1. 1984) hat Hildesheimer geschrieben: »Mein Nichtschreiben wird allmählich zur Sensation. Demnächst wollen Leute vom ›Institut für Film und Bild im Unterricht‹ aus München kommen, um mich beim Nichtschreiben zu filmen« (Zitat nach Volker Jehle, *Kulmbacher Rede über Wolfgang Hildesheimer*). – Immerhin zwei der Teilnehmer des ›L ʼ80‹-Gesprächs sind von Hildesheimer besprochen worden, Grass, wie bereits erwähnt, und Karin Kiwus' Gedicht *Im ersten Licht* in *Enttäuschung einkalkuliert* von 1978; schon 1976 hat Hildesheimer den Gedichtband *Von beiden Seiten der Gegenwart*, aus dem *Im ersten Licht* stammt, empfohlen: »Dies alles ist so *wahr* und so unpathetisch ausgedrückt, kurz, ich finde das so gut, daß ich Frau Kiwus umarmen möchte – werde es auch tun, wenn ich sie wieder sehe« (im Artikel *Bremer Literaturpreisträger antworteten auf drei Fragen*). – Einer der Gesprächsteilnehmer läßt in einem seiner Bücher Gottlieb Theodor Pilz auferstehen, nämlich Gerhard Köpf in *Innerfern* (1983), S. 153. – Die Teilnehmer kennen also Hildesheimer und sein Werk, was Hohn verhindert. Man benötigt eben, wie Andrew Marbot, stets den Künstler zum Werk: gerade Freunde und Bekannte eines Autors sollten seine Bücher besprechen. – Daß nicht für jeden die Bekanntschaft mit dem Autor Unverständnis verhindert, zeigt der Fall Jürgen Becker, denn Hildesheimer hat 1968 unter dem Titel *Stimme der Ohnmacht* Beckers *Ränder* besprochen.

10 Inzwischen hält Hildesheimer also auch Schreiben für »Beschäftigungstherapie«, was er kurz darauf im Gespräch mit Fritz Billeter (*Spielen am Vorabend des Untergangs*) und 1988 im Gespräch mit Florian Rötzer (S. 246) wieder auf seine Arbeit als Collagist bezogen hat. Zu Rötzer hat er übrigens gesagt, der Untergang sei »sozusagen die gerechte Strafe für das, was wir getan haben« (S. 245).

11 Montaigne: »Es ist mir gerade recht, wenn es schlechter wird; ich denke, es lohnt sich nichts mehr: entweder ist alles recht oder alles schlecht. Es befriedigt mich, daß die jetzige verzweifelte politische Situation zu dem Elend meines Alters paßt« (S. 323). – Bereits zu Beginn des Jahres 1987 hatte sich die Diskussion um Hildesheimers Entschluß in die Belletristik fortgesetzt: Michael Schneider läßt in *Die Traumfabrik* einen Schriftsteller namens Norbert Noak an einen Verleger Siegfried (Nachname Dr. Stoiber) schreiben: »Wahrscheinlich denkst Du

jetzt, daß ich derzeit in einer Schaffenskrise stecke (...) Vielleicht be-
fürchtest Du sogar, daß ich aus meiner höchstpersönlichen Not nur
eine moralische, politische oder gar weltanschauliche Tugend mache,
wie es jüngst ein Schriftsteller Deines Verlages mit dem Hinweis auf den
wahrscheinlichen Untergang unseres Planeten, der auch ein Untergang
der Kultur wäre, getan hat. Auch der denkbar gewordene Weltuntergang, so bedrohlich auch immer, könnte mich schwerlich vom Schreiben abhalten, zumal ich, wie Du weißt, nicht zu jenen Dauerabonnen-
ten in Sachen Menschheitsverzweiflung gehöre, die den Eindruck
erwecken, als seien sie Tag und Nacht, Stunde um Stunde von tiefster
Sorge und Angst um das Schicksal der Menschheit erfüllt« (S. 181). – In
Gerhard Köpfs *Die Erbengemeinschaft* heißt es dagegen: »Ich höre auf,
weil ich rissig geworden bin von Geschichte zu Geschichte, nicht weil
demnächst sowieso alles vorbei sein soll und schiefgelaufen. Es ist nicht
fünf vor Zwölf. Es ist längst halb Drei. Mit dem allseits beliebten Wel-
tenbrand habe ich nichts zu tun, nichts mit der wohlfeilen Apokalyptik
rundum, die neuerdings wieder ins Gespräch kommt« (S. 392 f.). – Im
April 1987 ist das *Rowohlt Literaturmagazin* 19 erschienen, in dem die
Herausgeber Martin Lüdke und Delf Schmidt die Antworten auf ihre
Umfrage »Warum sie schreiben wie sie schreiben« abgedruckt haben.
Da sie bereits in der Umfrage Hildesheimer nennen (S. 16 f.), beziehen
sich *alle* Antworten in unterschiedlicher Deutlichkeit auf ihn; genannt
wird er in den Beiträgen von Silvio Blatter (S. 23 und 26), Hans Christoph Buch (S. 33) und Friedrich Christian Delius (S. 40), eindeutige
Anspielungen finden sich bei Lothar Baier (S. 19), Diedrich Diederich-
sen (S. 43), Bodo Kirchhoff (S. 63), Gerhard Köpf (S. 64), Sten Na-
dolny (S. 87), Hanns Josef Ortheil (S. 88) und Peter Renz (S. 97).
Delius faßt die allgemeine Tendenz der Antworten zusammen: »Wenn
ein bekannter Autor, der immerhin vier Jahrzehnte daran gearbeitet
hat, Wolfgang Hildesheimer zu werden, sagt: Greenpeace statt Roman,
sage ich lieber: Greenpeace *und* Roman, amnesty *und* Lyrik, taz *und*
Theaterstück« (S. 40). – Ebenfalls im April 1987 hat sich Dieter Bachmann unter dem Titel *Faktum!* wie folgt geäußert: »Wenn die Unken
das Welt- mit dem Kunstende verknüpfen, weht der Moderatem der
Resignation. Selbst wenn das auf so hohem Niveau geschieht (...) wie
bei Wolfgang Hildesheimer im fernen Poschiavo. Fern von wo? Gar
nicht weit von jener andern Hilflosigkeit der bürgerlich-reaktionären
Mehrheit, die sich unter dem Ansturm der selbstgebackenen Katastrophen wie ein Rudel verängstigter Schafe drängt.«

12 Zahlreiche der Gemeinschaftserklärungen und Aufrufe in Klaus Wa-
genbach/Winfried Stephan/Michael Krüger (Hg.), *Vaterland, Muttersprache*, S. 145, 176 f., 178, 188 f., 251 und 260 f.; und in Reinhard
Lettau (Hg.), *Die Gruppe 47*, S. 451-455 und 462 f. – Siehe auch Hildesheimers Beitrag zu *Der Jugend eine Antwort* von 1961.

13 Zitat nach *Nachlese*, S. 47f. Die ungeglättete Fassung, wohl das ursprüngliche Notat während der Depression, das den Versuch der Selbstobjektivierung auch sprachlich nachvollzieht, in *Die letzten Zettel*, S. 14.

14 1986 im Gespräch mit Maria Chiara Ninatti (S. 40). – In *In den Wind geschrieben* heißt es: »Die stehengebliebene Uhr, Symbol des sich ins Ewige ziehenden Entscheides der Verdrängung, der anscheinend alles beiseite schiebenden, furchtbaren Eigenschaft des Menschen, ist ihm nunmehr zum Verhängnis geworden, und er hat es immer noch nicht gemerkt. Jeder verdrängt auf seine Weise« (1988).

Register

Wolfgang Hildesheimer
im Suhrkamp Verlag und
im Insel Verlag

Biosphäizentanlage. Ein Hörspiel. BS 583

Das Ende der Fiktionen. Gesammelte Reden. Lektüren unter 1859
Endlich allein. Collagen. Mit einer Einführung des Künstlers. WDr
Aufbruch der Collagen. Nummerierte und signierte Ausgabe. Leinen
Endlich allein. Collagen. Mit einer Einführung des Künstlers. Die
Ausstatt der Collagen. it 898

Lieremien und Papierfabaken. Wegehinte Aufzeichnungen. BS 673
Der Arm Richard 1025

Die Hörspiele. Herausgegeben und mit einem Nachwort versehen von
Volker Lehle. st 1543

In Erwartung der Nacht. 72 Collagen im Originalformat. Mit einem
Vorwort des Künstlers. Nummeriert von 1–1000 und signiert. Leinen
In Erwartung der Nacht. Collagen. Mit einer Einführung des Künstlers.
Zu inücken seinen Collagene. it 1132

Klage und Ausklage. Zwei Berichte.

Endlose Legende. US 84 und it 2043

Marbot. Eine Biographie. Leinen und it 1009
Masante. Roman. st 1465

Mitteilungen an Max über den Stand der Dinge und anderes. Mit einem
Grußreihen und eines Nachbetrachtungen des Autors. Broschiert und
it 1276

Mozart. Leinen und st 5958
Nachlese. Engla Broschiert

Paradies der falschen Vögel. Roman. st 295

The Jewishness of Mr. Bloom. Das Jüdische an Mr. Bloom. Englisch
und deutsch. es 1325

Theaterstücke. Übridas absurde Theater. st 362

Die Theaterstücke. Herausgegeben und mit einem Nachwort versehen
von Volker Lehle. st 1655

Tynset. Roman. BS 365

Vergebliche Aufzeichnungen. Mit Collagen des Autors. BS 516

Zeiten in Cornwall. Mit 6 Zeichnungen des Autors. BS 281

Übersetzungen Hildesheimer

Djuna Barnes. Nachtgewächs. Roman. Deutsch von Wolfgang Hildesheimer. Nachwort von T.S. Eliot. BS 293

William Congreve. Der Lauf der Welt. Eine liederliche Komödie. Deutsch
von Wolfgang Hildesheimer. Mit einer Nachbemerkung von Wolfgang Hildesheimer und einem Nachwort von Holger M. Klein.
Leinen

Wolfgang Hildesheimer
im Suhrkamp Verlag und
im Insel Verlag

Biosphärenklänge. Ein Hörspiel. BS 533

Das Ende der Fiktionen. Gesammelte Reden. Leinen und st 1539

Endlich allein. Collagen. Mit einer Einführung des Künstlers: »Die Ästhetik der Collage«. Numerierte und signierte Ausgabe. Leinen

Endlich allein. Collagen. Mit einer Einführung des Künstlers: »Die Ästhetik der Collage«. it 898

Exerzitien mit Papst Johannes. Vergebliche Aufzeichnungen. BS 647

Der ferne Bach. IB 1025

Die Hörspiele. Herausgegeben und mit einem Nachwort versehen von Volker Jehle. st 1583

In Erwartung der Nacht. 32 Collagen im Originalformat. Mit einem Vorwort des Künstlers. Numeriert von 1-1000 und signiert. Leinen

In Erwartung der Nacht. Collagen. Mit einer Einführung des Künstlers: »Zu meinen neuen Collagen«. it 1052

Klage und Anklage. Engl. Broschur

Lieblose Legenden. BS 84 und it 2305

Marbot. Eine Biographie. Leinen und st 1009

Masante. Roman. st 1467

Mitteilungen an Max über den Stand der Dinge und anderes. Mit einem Glossarium und sechs Tuschezeichnungen des Autors. Broschiert und st 1276

Mozart. Leinen und st 598

Nachlese. Engl. Broschur

Paradies der falschen Vögel. Roman. st 295

The Jewishness of Mr. Bloom. Das Jüdische an Mr. Bloom. Englisch und deutsch. es 1292

Theaterstücke. Über das absurde Theater. st 362

Die Theaterstücke. Herausgegeben und mit einem Nachwort versehen von Volker Jehle. st 1655

Tynset. Roman. BS 365

Vergebliche Aufzeichnungen. Mit Collagen des Autors. BS 516

Zeiten in Cornwall. Mit 6 Zeichnungen des Autors. BS 281

Übersetzungen, Editionen

Djuna Barnes: Nachtgewächs. Roman. Deutsch von Wolfgang Hildesheimer. Einleitung von T.S. Eliot. BS 293

William Congreve: Der Lauf der Welt. Eine lieblose Komödie. Deutsch von Wolfgang Hildesheimer. Mit einer Nachbemerkung von Wolfgang Hildesheimer und einem Nachwort von Holger M. Klein. Leinen

48/1/8.89

Wolfgang Hildesheimer
im Suhrkamp Verlag und
im Insel Verlag

James Joyce: Band 4.2: Gesammelte Gedichte. Englisch und deutsch. Deutsch von Hans Wollschläger und Wolfgang Hildesheimer. Leinen und Leder

James Joyce: Band 5: Gesammelte Gedichte. Anna Livia Plurabelle. Deutsch von Wolfgang Hildesheimer und Hans Wollschläger. es 1438

James Joyce: Anna Livia Plurabelle. Englisch und deutsch. Einführung von Klaus Reichert. Übertragen von Wolfgang Hildesheimer und Hans Wollschläger. BS 253 und st 751

Mozart-Briefe. Ausgewählt, eingeleitet und kommentiert von Wolfgang Hildesheimer. Mit zeitgenössischen Porträts. it 128

Bernard Shaw: Die heilige Johanna. Dramatische Chronik in sechs Szenen und einem Epilog. Deutsch von Wolfgang Hildesheimer. BS 295

Bernard Shaw: Helden. Deutsch von Wolfgang Hildesheimer. BS 42

Zu Wolfgang Hildesheimer

Wolfgang Hildesheimer. Herausgegeben von Volker Jehle. stm. st 2103

48/2/8.89